Reclams Sachlexikon des Films

Reclams Sachlexikon des Films

Herausgegeben von
Thomas Koebner

Mit 138 Abbildungen

Philipp Reclam jun. Stuttgart

Redaktionelle Mitarbeit:
Stefanie Weinsheimer

Die Deutsche Bibliothek – CIP-Einheitsaufnahme

Koebner, Thomas:
Reclams Sachlexikon des Films / Thomas Koebner. –
Stuttgart : Reclam, 2002
ISBN 3-15-010495-5

Alle Rechte vorbehalten
© 2002 Philipp Reclam jun. GmbH & Co., Stuttgart
Umschlagentwurf: Werner Rüb, Bietigheim-Bissingen,
unter Verwendung von zwei Fotos
aus dem Filmmuseum Berlin / Deutsche Kinemathek
(Vorderseite: Sven Nykvist, oben, und Ingmar Bergman)
Satz: Reclam, Ditzingen
Druck und buchbinderische Verarbeitung: Franz Spiegel Buch GmbH, Ulm
Printed in Germany 2002
RECLAM ist eine eingetragene Marke
der Philipp Reclam jun. GmbH & Co., Stuttgart
ISBN 3-15-010495-5

Vorwort

Dieses Sachlexikon zum Film ist nicht das erste, aber das bisher umfassendste Kompendium seiner Art in deutscher Sprache. In rund 320 Artikeln geht es u. a. darum:
- die wichtigsten Gattungen, Formen und historischen Stile des Films zu beschreiben;
- Verfahren darzulegen, die bei der Filmentstehung von Bedeutung sind: bei der Planung, Drehbuchentwicklung, Inszenierung, Kameraarbeit, Schauspielkunst, Montage, Musikkomposition und beim Sound Design;
- die meisten der technischen Bedingungen zu nennen, die für die Filmgestaltung Folgen haben: von der Bildaufzeichnung bis zur Mischung, vom Special Effect bis zum digitalen Videosystem;
- Institutionen der Filmproduktion und des Filmmarkts vorzustellen: von den verschiedenen Hollywoodstudios bis zu Typen der Kinoarchitektur, ebenso Einrichtungen der Filmkultur: Filmfestivals oder Filmmuseen;
- ästhetische Kategorien zu diskutieren, die in der Filmkritik, Filmgeschichtsschreibung und in der öffentlichen Debatte über Filme eine Rolle spielen.

Beiträge zur nationalen Entwicklung von Film und Kino in den einzelnen Ländern sind ausgespart worden, da sie angestammten Platz in einer Darstellung der Filmgeschichte finden. Ebenso dürfen in einem Sachlexikon keine Beiträge zu Personen gesucht werden.

Die Artikel mussten zwei Forderungen gerecht werden: den jeweiligen Gegenstand so differenziert wie möglich zu erörtern und zugleich so knapp wie möglich formuliert zu werden. Die meisten der ausgeprägten Sachartikel konzentrieren sich auf die sinnvolle Präsentation der Fakten, andere Einträge, zumal zu ästhetischen Begriffen, sehen sich dazu gezwungen, bei wahrhaft unerschöpflichen Themen, wie Ironie oder Parodie im Film, kursorische Überblicke und Tendenzen zu skizzieren. Selbst wenn die Darstellung im Einzelfall nicht vollständig sein kann, wird sie hoffentlich für das erste Verständnis der Fachterminologie des Films dienlich sein. Weitere Hilfe leisten die Hinweise auf internationale und deutschsprachige Veröffentlichungen als Ergänzungen zu fast allen Einträgen. Obwohl der Film immer noch das »Vorbildmedium« in der Konkurrenz der audiovisuellen Produktionen ist, werden die neuen Medien mehrfach berücksichtigt, z. B. die Digitaltechnik, und durchaus nicht nur am Rande.

70 Autoren haben an diesem Buch mitgewirkt. Ihnen sei an dieser Stelle noch einmal für ihre Mühe und Geduld nachdrücklich gedankt – ebenso dem Mainzer Team, das am Ende wieder die Hauptlast der Arbeit tragen musste, vor allem Stefanie Weinsheimer M. A., die – in allen Lebenslagen – Zeit aufbrachte für tatkräftige redaktionelle Mitarbeit.

Juli 2001 *Thomas Koebner*

Abenteuerfilm. Die Abenteuerliteratur stellte eine Unzahl von Stoffen bereit, einen Fundus, aus dem sich das Kino nur zu bedienen brauchte. Hier waren archetypische Erzählungen, Heldenfiguren und Motive zu finden, die ein Massenpublikum zu faszinieren imstande waren: Männer, die für Freiheit und Moral den Kampf gegen das Böse wagen, für die Liebe einer Frau ihr Leben aufs Spiel setzen und den Zuschauer auf Erkundungen und Reisen in ferne exotische Länder entführen. In seiner reinsten Form tendiert der Abenteuerfilm daher zu einem Kino der Illusionen. Er ist *das* Produkt des klassischen → Hollywoodkinos (David Bordwell), weil er weniger der sozialen Realität als der phantastischen Imagination verpflichtet sein will. Die Einführung des Farbfilms kam dem Abenteuerfilm besonders zugute, konnten gerade exotische Welten und Völker doch endlich phantasievoll und pittoresk in Szene gesetzt werden. Daher wurden Ausstattung und Kostümierung zu essentiellen Elementen des Abenteuerfilms.

Wird der Abenteuerroman als Oberbegriff für zahlreiche literarische Fiktionen unterschiedlicher Gattungen verwendet, in deren Mittelpunkt das Abenteuer eines Helden steht, so ist noch nicht geklärt, ob der Abenteuerfilm ein Filmgenre ist oder ebenfalls als Oberbegriff für eine große Anzahl von Genres dient: den → Mantel-und-Degen-Film, den → Historien- und → Monumentalfilm, den → Piratenfilm oder den → Ritterfilm, um nur einige zu nennen. Alexandre Dumas' Romane wie »Die drei Musketiere« oder »Der Graf von Monte Christo« haben sozusagen Subgenres des Mantel-und-Degen-Films entstehen lassen, so zahlreiche und unterschiedliche Verfilmungen um die Figur des D'Artagnan und des Grafen sind entstanden. Die Aventiuren der Artusepen und Sir Walter Scotts »Ivanhoe« prägten den Ritterfilm, und die in Theaterstücken und Kolportageliteratur immer wieder aktualisierte Legende um Robin Hood ließ gleichfalls nahezu ein Subgenre entstehen. Die literarische Vorlage für die Filme um den Piratenkapitän Captain Blood stammte von dem 1950 verstorbenen Autor Rafael Sabatini, der zahlreiche Abenteuerromane (z. B. auch »Scaramouche«) verfasste und mit seinem Werk einen großen Einfluss auf die Genese des Abenteuerfilms ausübte.

Der klassische Abenteurer des Kinos ist der Swashbuckler, ein überaus positiver, geradlinig gezeichneter Held mit einem schier unerschöpflichen Tatendrang, »ein Mann, der zwischen Bürger und Revolutionär einen dritten Weg sucht, mal mit mehr bürgerlichen (im Kontext des Genres natürlich: nobel-loyalen), mal mehr revolutionären Impulsen in seinem Traum« (Seeßlen). Der Abenteurer verkörpert den Kindheitstraum vom Ausbruch aus allen Konventionen, vom Ausziehen in die weite Welt, von der ehrenhaften Tat. Frauen treten daher selten als Swashbuckler in Erscheinung, sie sind ins mythische Konstrukt gerade der Aventiure überwiegend eingeschrieben als Love Interest, als ›Preis‹, den der Held für seine Taten erhält. In seiner Personifizierung von Freiheit fand der Swashbuckler im Piratenfilm sein möglicherweise zentrales Genre, weil der Pirat als Outlaw, die Konventionen der Gesellschaft von vornherein meiden will und die Weite des Meeres den Traum von Freiheit unmittelbar erfahrbar macht. Interessanterweise überschnitt sich der Abenteuerfilm selten mit dem → Western trotz dessen Thematisierung von Freiheit und seiner zahlreichen Outlaw-Figuren. Selbst die Winnetou-Filme sind eher dem Genre des Westerns zuzurechnen, obwohl Karl Mays Romane als Abenteuerliteratur gelten.

Douglas Fairbanks setzte Maßstäbe für den Figurentyp des Swashbuckler. Er verkörperte D'Artagnan in Fred Niblos 1921 entstandener Variante der »Drei Musketiere«, Robin Hood in Allan Dwans Film aus dem Jahre 1922 und den Piraten in Albert Parkers *Der schwarze Pirat* (1926), Zorro und viele andere klassische Heldenfiguren. Fairbanks war der akrobatische, der stets lächelnde,

Der Tiger von Eschnapur (1958, R: Fritz Lang)
Etliche Motive des Abenteuerfilms entstammen dem Umkreis von Exotik und Erotik. Bizarre Kulte und verführerische Frauen, Gefahr und Verlockung machen die Angstlust des Publikums aus, das den Abenteurern in das Labyrinth der Fremde hinein folgt – in der Hoffnung, dass die Helden sich bewähren und am Ende retten können. Die Doppelgesichtigkeit des Abenteuers: das Verheißungsvolle und das Erschreckende, wird auch durch die im übrigen klischeehafte, ›touristische‹ Inszenierung dieser jungen Tänzerin hervorgerufen: an den grazilen Fingern stecken lange scharfe Klauen.

mit jeder Situation spielerisch hantierende Abenteurer. Sein Nachfolger für den Tonfilm wurde Errol Flynn. Nahezu alle Rollen, die Fairbanks' Ruhm begründeten, waren nun auch maßgeblich für den Flynns, dessen Filme gleichsam Zeichen eines Neubeginns in Bezug auf Filmtechnik und Dramaturgie waren. Michael Curtiz' *Unter Piratenflagge* (1935) gilt als bedeutende Fortentwicklung des Piratenfilms, des Swashbuckler-Genres überhaupt, die sich insbesondere in der Anlage des Protagonisten und des ihn verkörpernden Schauspielers manifestierte. Curtiz' *Robin Hood – König der Vagabunden* (1938) war einer der ersten Filme in Technicolor. Errol Flynn war nicht ganz so akrobatisch wie Douglas Fairbanks, doch fügte er dem Swashbuckler das Verhalten des Gentleman hinzu; »die fulminante Fähigkeit des Flynn-Abenteurers war es, die Anarchie des Abenteuers mit der Treuherzigkeit des in die Männergesellschaft aufgenommenen Jungen zu verbinden« (Seeßlen 1996). Weitere Abenteurer-Stars wurden Tyrone Power, der in Henry Kings *Der schwarze Schwan* (1943) seinen ersten bedeutenden Auftritt hatte, Burt Lancaster, der als *Der rote Korsar* (1952, R: Robert Siodmak) einem der schönsten und komischsten Piratenfilme seinen Stempel aufdrückte, sowie Stewart Granger, der vielleicht letzte ungebrochene Gentleman-Abenteurer, der als *Scaramouche, der galante Marquis* (1952, R: George Sidney) seinen bekanntesten Auftritt hatte.

Zwar ist der Abenteuerfilm ein typisches Produkt Hollywoods, doch auch für den europäischen Film war der Abenteurer von Interesse. In Frankreich entstanden in den

50er Jahren einige der schönsten Abenteuerfilme überhaupt, hier bildeten sich auch Swashbuckler-Stars heraus. Gérard Philipe wirbelte als Titelheld durch *Fanfan, der Husar* (1952, R: Christian Jaque) wie kaum ein Swashbuckler zuvor. Der in der Nouvelle Vague zum Star gewordene Jean-Paul Belmondo spielte einen der originellsten guten Räuber in *Cartouche, der Bandit* (1961, R: Philippe de Broca), und auch Jean Marais und Alain Delon konnten sich mehrfach als Abenteurer bewähren.

In zahlreichen Abenteuerfilmen der Nachkriegszeit wird die Selbstverständlichkeit und Unbeschwertheit des Swashbuckler zunehmend in Frage gestellt, »der Abenteurer lernt etwas, das ihm nicht bestimmt schien, er lernt zu leiden« (Seeßlen). Die drei Männer in Henri-Georges Clouzots *Lohn der Angst* (1952) handeln losgelöst von einer moralischen Mission oder einem Love Interest. Ihr Abenteuer findet in einer hermetischen und daher zwiespältigen Männerwelt statt, es resultiert aus einem Geschäft: 2000 Dollar für den Transport von Nitroglycerin. Paradigmatisch sind auch die späten Anti-Abenteuerhelden Humphrey Bogarts. In John Hustons *Der Schatz der Sierra Madre* (1948) scheitert er letztendlich am Abenteuer, setzt ein zerstörerisches Potential frei, das ihn und seine Kumpane fast zwangsläufig ins Verderben reißt. In diesen Filmen nähert sich der Abenteuerfilm einem Abbild der sozialen Realität, immer häufiger visualisiert durch eine zuweilen harte Schwarzweißfotografie. Der moderne Abenteurer kehrt im Unterschied zu seinen traditionellen Vorbildern kaum noch in die bürgerliche Gesellschaft zurück, nicht selten muss er das Abenteuer mit dem Leben bezahlen.

Eine Renaissance feierte der Abenteuerfilm mit Steven Spielbergs Indiana-Jones-Filmen *Jäger des verlorenen Schatzes* (1980), *Indiana Jones und der Tempel des Todes* (1983) und *Indiana Jones und der letzte Kreuzzug* (1989). Das postmoderne Anything goes auf die Spitze treibend, erreichen die Indiana-Jones-Filme eine perfekte Verbindung aus modernem Action- und naivem Jahrmarktskino, ein Kino, das, wie Georg Seeßlen konstatierte, »Phantastik, Liebe, Komik, Technik, Magie, Nostalgie, Sentiment und Sinnentaumel« bietet. Mit *Krieg der Sterne* (1977, R: George Lucas) siedelte sich der Abenteuerfilm zuvor bereits zum ersten Mal deutlich im → Science-Fiction-Genre an, indem Mythen und Märchen mit der Weite des Weltalls und der Technik der Zukunft kombiniert wurden.

Thomas Klein

Literatur: Georg Seeßlen: Abenteuer: Geschichte und Mythologie des Abenteuerfilms. 3., überarb. und aktualis. Aufl. Marburg 1996. – Jörg Schöning (Red.): Triviale Tropen. Exotische Reise- und Abenteuerfilme aus Deutschland 1919–1939. München 1997.

Abstrakter Film / absoluter Film / Cinéma pur. In der Filmavantgarde der 20er Jahre aufgekommene Bezeichnung für einen Film, der im Gegensatz zum von Fotografie und Literatur beeinflussten gegenständlichen Handlungsfilm auf narrative Strukturen und zunächst auch auf figurative Elemente verzichtet. Stattdessen versucht er, durch Komposition, Bewegung und Rhythmus von Farben und Formen eine neue, rein visuelle Filmsprache zu gestalten, die gleichzeitig auf die Materialität und den Prozess des Filmens hinweist.

Vorläufer waren optische Geräte der kinetischen Schaukunst des 18. und 19. Jahrhunderts, vor allem Kaleidoskop und Lichtorgel; den wichtigsten Anstoß jedoch gab die abstrakte Malerei Wassilij Kandinskys, der Kubisten und der Futuristen, deren Versuche der Bewegungsdarstellung durch Organisation von Formen und Farben die Filmavantgardisten weiterführten und auf ihr Medium übertrugen. Die ersten filmischen Experimente in dieser Richtung machten Arnaldo Gina und Bruno Corra um 1910. Nach weiteren Versuchen von Hans L. Stoltenberg (*Buntfilm*, 1911) und Léopold Survage (*Rythmes colorés pour le cinéma*, 1912–14) erforschten und verbreiteten vor allem Viking Eggeling, Hans Richter, Walther Ruttmann und Oskar Fischinger Anfang der 20er Jahre die Möglichkeiten des abstrakten Films, anfangs nur mittels Animationstechniken.

Neben der Malerei orientierten sich alle an der Musik und wollten gewissermaßen als graphische Choreographen »Musik fürs Auge« (Eggeling), »Malerei mit Zeit« (Ruttmann) und »optischen Rhythmus« (Richter) schaffen. Eggeling und Richter wandten z. B. das System der aus chinesischer Tradition stammenden Rollbilder auf den Film an. In Eggelings *Diagonal-Symphonie* (1923/24) verändern sich harfen- bzw. kammartige Figuren aus weißen Linien in sich selbst ohne Bewegung im Raum. Er betonte Linie und Form, während Richter, dessen Arbeit auf Eggelings Forschungen beruhte, in *Rhythmus 21, 22, 23* und *25* (benannt nach den Entstehungsjahren) geometrische Flächen und Figuren animierte, die sich durch den Raum und in die Tiefe bewegen und so einen Rhythmus erzeugen. In Ruttmanns *Lichtspiel Opus I* (1921) bewegen sich farbige Formen und Gebilde fast tänzerisch durchs Bild. Sie erinnern an organische Formen wie aufsteigende Wasserblasen, weshalb manche Kritiker die Filme Ruttmanns eher als figürlich denn abstrakt ansehen und ihn z. T. nicht zur Bewegung des abstrakten Films zählen, obwohl er z. B. in *Opus II–IV* (um 1921–25) mehr zu geometrischen Formen überging.

Richter filmte in seiner *Filmstudie* (1926) als Erster im deutschen abstrakten Film gegenständliche Elemente wie Augäpfel und Gesichter, die aber durch eine Montage nach visuellen und kinetischen Gesichtspunkten auch zu abstrakten Formelementen wurden. Die Abstrahierung realer Objekte hatte Man Ray in Frankreich schon 1923 in *Retour à la raison* gezeigt, in welchem er seine Rayogramme auf den Film anwandte, d. h. Nägel und Nadeln direkt auf den Filmstreifen legte und belichtete. Ebenso Fernand Léger in *Ballet mécanique* (1924): Banale Küchengeräte wurden durch ungewohnte Blickwinkel, verfremdende Beleuchtung und Montage meist bis zur Unkenntlichkeit von ihrem Realitätsbezug losgelöst und damit abstrahiert. In Frankreich arbeiteten die Avantgardefilmer nicht vorrangig mit bewegten Flächen und Farben, sondern wie Léger und Ray mit Objekten, Licht und Lichtreflexen und deren Bewegungskomposition. Allerdings erprobte Marcel Duchamp in *Anémic Cinéma* (1926) die Raumwirkung zweidimensionaler bewegter Flächen, indem er Scheiben mit nichtkonzentrischen Kreisen rotieren ließ, die eine spiralenartige Tiefenwirkung entfalteten. Er brachte damit als Erster Erkenntnisse der Wahrnehmungstheorie auf die Leinwand.

Diese Filme entsprachen Henri Chomettes Theorie des Cinéma pur mit der Forderung nach künstlerischer Autonomie des Films: Er sollte von allen dokumentarischen und dramaturgischen Elementen befreit sein und seine Wirkung nur durch Licht, Form, Rhythmus und Bewegung erzielen, was Chomette in *Jeux des reflets et de la vitesse* (1923) und *Cinq minutes de cinéma pur* (1925) anhand von Lichtreflexen sich drehender Kristalle demonstrierte. Ein solches Spiel mit Licht und Reflexionen zeigen auch Ralph Steiner in H_2O (1929) und László Moholy-Nagy in *Lichtspiel, schwarz, weiß, grau* (1930). Chomette leitete diese Theorie von den »absoluten Filmen« ab, wie die deutschen Avantgardisten ihre abstrakten Filme auch bezeichneten. Die Definition dieses Begriffes variiert jedoch: Manche Kritiker zählen Cocteaus und Buñuels frühe Filme dazu, Balázs auch semidokumentarische Filme wie Joris Ivens' *Die Brücke* (1928; das Cinéma pur lehnte dokumentarische Formen ab). Scheugl versteht darunter einen nach ›rein filmischen‹ Gesetzen gestalteten Film ohne die dramatischen Elemente des Handlungsfilms, wobei er Dziga Vertovs *Der Mann mit der Kamera* (1929) hervorhebt. Insofern sind die Definitionen und Abgrenzungen der drei Begriffe »abstrakter Film«, »Cinéma pur« und »absoluter Film« fließend.

In den 30er Jahren brach die Entwicklung des abstrakten Künstlerfilms mit Ausnahme von Len Lye in Großbritannien und Oskar Fischinger in Deutschland weitgehend ab. Lye ersetzte die Animationstechnik dadurch, dass er z. B. *Colour Box* (1935) direkt aufs Zelluloid malte und wie Ray den Materialcharakter im Selbstverweis bewusst machte. Er begründete damit ein eigenes Genre, den »handmade film«, in welchem Rohfilm durch Bemalen oder Zerkratzen bearbeitet wurde (später durch Norman McLaren popularisiert). In *Rainbow Dance* (1936) und *Trade Tattoo* (1937) entwickelte er neue Bildabstrahierungen durch spezielle, verfremdende Kopier- und Entwicklungstechniken.

Oskar Fischinger, der schon in den 20ern mit abstrakten Filmen experimentiert und eine Wachsschneidemaschine für Animationsfilme erfunden hatte, stellt das Bindeglied zwischen den frühen Abstrakten und denen der Nachkriegszeit in den USA dar. Er setzte klassische oder populäre Musik durch Form, Farbe und Bewegung filmisch um, synchronisierte z. B. seine *Studie Nr. 7* (1931) zu Brahms' »Ungarischem Tanz Nr. 5«. Wie Ruttmann und Lye machte er mit seinen Animationen → Werbefilme und gab nach seiner Emigration 1936 mit Filmen wie *An Optical Poem* (1937) und *Radio Dynamics* (1941) den Anstoß für den amerikanischen abstrakten Film: Neben anderen Filmern der 20er Jahre war er das große Vorbild für das → New American Cinema, das sich vor allem an der Westküste bildete und die Tradition des nichtfigurativen Films weiterführte. Zu dieser Bewegung zählten u. a. Harry Smith, John und James Whitney, Hy Hirsh, Jordan Belson und Pat O'Neill.

Harry Smith wendete in *Film Number 1–7* Ende der 40er Jahre Batik-Sprühmethoden auf den Film an, während die Whitney-Brüder nach Entwicklung neuer Animationstechniken und synthetischen Lichttons (*Five Film Exercises*, 1943/44) neben Hirsh und McLaren in den 50er Jahren anfingen, mit Computern und Oszillographen zu arbeiten. John Whitney, von Schönberg beeinflusst, versuchte eine der Sprache oder Musik analoge Filmstruktur zu schaffen, während sein Bruder James mit Filmen wie *Lapis* (1965), einer Kombination aus kaleidoskopartigen Mandalas und Sitar-Musik, wie Jordan Belson den mystisch-religiösen Teil der Bewegung vertrat.

Insgesamt verlagerte sich die Abstrahierungstendenz in den 50er und 60er Jahren auf die zweite Phase des Filmprozesses, die Filmbearbeitung (Ron Nameth, Scott Bartlett, Pat O'Neill).

Parallel zum New American Cinema gab es in Europa einen Neuanfang des abstrakten Films: Filmer wie Peter Kubelka, Kurt Kren oder Werner Nekes experimentierten mit dem Zelluloid durch Zerreißen des Films, Kratzer, Abblättern der Schicht, dicke Klebestellen, Über- bzw. Unterbelichtung oder auch durch Abfilmen und mehrmaliges Kopieren. Kubelka eliminierte in *Arnulf Rainer* (1958/60) jegliche Filmbilder, nur schwarze und weiße Felder wechseln sich in verschiedenen Abständen ab, so dass die Abstraktion in der Zeit als gestaltendem, rhythmusgebenden Element liegt. Der Film ist ein Vorläufer des Wahrnehmungs- oder Flackerfilms (»flicker film«), wie er Mitte der 60er Jahre in den USA von Tony Conrad (*The Flicker*, 1966), Paul Sharits (*Nothing*, 1968), Takahiro Iimura und anderen in der so genannten optischen Phase des abstrakten Films angeblich zur Erforschung der Filmwahrnehmung des Zuschauers produziert wurde.

In den späten 60ern und 70ern wandte man die Abstrahierung vorwiegend auf die dritte Phase des Filmprozesses an, die Projektion. Hans Scheugl ließ in *ZZZ Hamburg spezial* (1968) anstelle des Films einen Bindfaden projizieren, Anthony McCall erzeugte in *Light Describing a Cone* (1973) mit den Projektionsstrahlen ein dreidimensionales Bild ohne Leinwand, und in Performances rund um die Projektion spielten Malcolm LeGrice, David Dye, Valie Export oder Annabel Nicolson mit der Vorführsituation im Kino (»expanded cinema«).

Der abstrakte Film machte also eine Entwicklung vom Experiment mit Malerei und Fotografie, mit Materialbeschaffenheit und Bearbeitungsmöglichkeiten des Filmstreifens und mit dem Projektionsprozess hin zur Beschäftigung mit der Wahrnehmung des Zuschauers und der Abstrahierung von Zeitstrukturen durch. In den späten 70er und 80er Jahren verebbte die Bewegung des abstrakten Films zum großen Teil. Die meisten der heutigen Vertreter bedienen sich der Videotechnik (Norbert Meissner) oder des Computers (LeGrice, Vibeke Sorenson); abstrakte Computerkompositionen wie Fraktale und Mandalas findet man in vielen Techno-Videoclips (→ Video).

Marion Müller

Literatur: Hans Scheugl / Ernst Schmidt jr.: Eine Subgeschichte des Films. Lexikon des Avantgarde-, Experimental- und Undergroundfilms. 2 Bde. Frankfurt a. M. 1974. – Malcolm LeGrice: Abstract Film and Beyond. New York 1977. – William C. Wees: Light Moving in Time. Studies in the Visual Aesthetics of Avant-Garde Film. Oxford 1992.
Filmdokumentationen: Victoria von Flemming: Experiment Film. 1978. – Keith Griffiths: Abstract Cinema. 1993.

Academy of Motion Picture Arts and Sciences. Die weltweit bekannteste Aktivität der Academy ist die jährliche Vergabe ihrer Filmpreise (Academy Awards), die seit 1929 verliehen werden und seit Ende der 30er Jahre → Oscars heißen. Gegründet wurde die Academy zum Selbstschutz der Filmindustrie gegen wachsenden Puritanismus und zunehmende Zensurdrohungen Mitte der 20er Jahre in den USA. Als Gründungsdatum gilt der 4. 5. 1927. Zu den 36 Gründungsmitgliedern gehörten Louis B. Mayer, Mary Pickford, Douglas Fairbanks (erster Präsident der Academy), Harold Lloyd, Cecil B. DeMille, Henry King, Raoul Walsh, Jack L. Warner, Joseph M. Schenck und Cedric Gibbons. An einer ersten Vollversammlung am 11. 5. 1927 im Biltmore Hotel in Hollywood nahmen bereits über 300 Persönlichkeiten aus der Filmindustrie teil. Die zunächst sehr produzentenorientierte Academy öffnete sich Mitte der 30er Jahre für alle Bereiche der Filmarbeit. Eine Mitgliedschaft, zu der man nur vom Präsidium vorgeschlagen und eingeladen werden kann, gilt noch immer als Auszeichnung. Sie berechtigt zur Nutzung aller Institutseinrichtungen und zur Teilnahme an den Abstimmungen zur Nominierung (in bestimmten Kategorien) und Vergabe der Oscars.

Die Academy bemüht sich seit ihrer Gründung um die Förderung aller Belange des amerikanischen Films, ohne dabei mit den speziellen Berufsverbänden oder den Gewerkschaften zu konkurrieren. Ihre Öffentlichkeitsarbeit geschieht vor allem in Form von Veranstaltungen, Seminaren, Publikationen und Dokumentationen (u. a. »Screen Achievement Records Bulletin« und »Academy Players Directory«, eine Bibel im Bereich des → Castings). Beeindruckend ist die umfangreiche Filmbibliothek des Hauses (nach ihrer Gründerin Margaret Herrick Library genannt), zu der auch ein Foto-, Dokumenten- und Nachlassarchiv gehört. Forschungen zur amerikanischen Filmgeschichte sind inzwischen ohne Nutzung dieser Quellensammlung kaum vorstellbar. Ein eigenes Filmarchiv wird seit den 60er Jahren unterhalten.

Die Academy hatte zunächst ein kleines Office am Hollywood Boulevard, war dann im Roseveld Hotel untergebracht, besaß von 1946 bis 1975 ein bescheidenes Haus in der Melrose Avenue und residiert seit Dezember 1975 in einem repräsentativen Gebäude am Wilshire Boulevard in Beverly Hills. Die Mitgliederzahl beträgt inzwischen rund 5000. Unter ihnen bilden die Schauspieler die größte Gruppierung. Zum gesellschaftlichen Leben Hollywoods gehören die Vorführungen neuer Filme für alle Mitglieder an jedem Sonntag im luxuriös ausgestatteten Samuel Goldwyn Theater im Hause. Die Academy finanziert sich aus Mitgliedsbeiträgen und den Einnahmen aus den Übertragungsrechten der Oscar-Verleihung. Eine Nachahmung der Academy in europäischen Ländern ist immer wieder versucht worden. Besser als erwartet scheint sich die 1989 gegründete European Film Academy zu etablieren. Ihr gehören inzwischen 1300 Mitglieder (vor allem Produzenten und Regisseure) an. Sie verleiht jeweils im Dezember den Europäischen Filmpreis (→ Filmpreise).

Hans Helmut Prinzler

Literatur: Pierre Norman Sands: A Historical Study of the Academy of Motion Picture Arts and Sciences. New York 1973.

Duell (1971, R: Steven Spielberg)

Die Rasanz des Lastwagens, die Gebärde des Mannes verraten Heftigkeit und Gleichklang äußerer und innerer Bewegung. Bei der typischen Actionszene handelt es sich um eine Duell- oder Konfliktsituation, in der Menschen gegen Menschen kämpfen, manchmal auch gegen Maschinen. Es gilt, blitzartige Reflexe zu zeigen, schneller zu sein als die anderen, Tempo bestimmt die Auseinandersetzung. Action ist eine der physischen Erscheinungsweisen des Kinos, die das Publikum aufs äußerste erregen kann.

Actionfilm. Action ist ursprünglich ein dem Kino immanentes Motiv, aus dem sich in den 60er Jahren ein eigenständiges Genre entwickelt. In der Frühzeit des Kinos ist Action (z. B. in der Verfolgungsjagd) bereits ein Bestandteil im Kanon eines »Kinos der Attraktionen«, das die Ausstellung von Schauwerten über das Erzählen von Geschichten stellt. Action bedeutet Bewegung in der bewegten Fotografie des Kinos: die Fortbewegung des Körpers in Akrobatik und Kampf und die Bewegung von Transportmitteln, wie Pferde, Kutschen, Züge, Autos, Flugzeuge und Raumschiffe und schließlich die Bewegung des Geschosses, die Explosion, mit der die Kugel aus dem Lauf der Waffe austritt, und die Explosion des Einschlags. Diese bewegten Momente können als Nummern, in dem Sinne, wie sie Komiker, Zauberer und Schausteller präsentieren, verstanden werden. Die Nummer bildet eine in sich geschlossene pointierte Erzähleinheit, die sich in der Entwicklung des narrativen Kinos in die Erzählstruktur einfügt, als Schauwert dennoch isoliert betrachtet werden kann (z. B. Standardsituationen wie der Shootout in Michael Manns *Heat*, 1995).

Die Konvergenzmontage und Last Minute Rescue, wie in D. W. Griffiths *Die Geburt einer Nation* (1915), strukturiert als filmisches Mittel Nummern im narrativen Kontext und beschwört gleichzeitig Spannung im Hinblick auf eine zu erwartende Aktion: die Konfrontation zweier Kontrahenten. Das parallele Montieren (→ Parallelmontage) zweier Ereignisse an verschiedenen Schauplätzen suggeriert durch die Bewegungsrichtung (zwei Züge, die aus zwei verschiedenen Richtungen auf die Bildmitte zufahren) die Konvergenz, den Zusammenstoß. Somit wird Action zu einem erzählerisch involvierenden Mittel, das über die selbstgenügende Funktion als Attraktion hinausgeht.

Buster Keaton (1895–1966), der in den Vaudeville-Theatern der USA aufwuchs und wie ein Ball über die Bühne geworfen, gerollt und getreten wurde, entwickelt als Regisseur und Schauspieler zahlreiche Action-

Muster des Kinos, was sowohl die Tricktechnik betrifft (wobei die Realisierung einiger Nummern heute noch nicht enträtselt ist) als auch die traumtänzerische Akrobatik, mit der Keaton der Tücke der Objekte trotzt. In *Steamboat Bill jr.* (1928) findet sich eine der schönsten Actionsequenzen der frühen Filmgeschichte, in der ein Sturm das Dekor (Häuser und geparkte Autos) in Bewegung setzt. Diese → Sequenz gipfelt in einer Nummer, in der eine Häuserfront auf Keaton stürzt, der im Vertrauen auf seine eigenen Berechnungen unverletzt in einem Fensterrahmen stehen bleibt. Keatons Gesamtwerk ist symptomatisch für das Engagement, den Körpereinsatz und die Ideenvielfalt, die der akrobatische Actionfilm seinen Schöpfern abverlangt. Der Hongkong-Action-Star Jackie Chan zitiert die Nummer mit der Häuserfront in *Project B* (1987) weniger als ästhetische, denn als physische Hommage: Chan lässt das physisch akrobatische Actionkino trotz aller verfügbaren Tricktechnik Ende des 20. Jahrhunderts wiederaufleben.

Der körperliche Einsatz für Actionaufnahmen wird bei den meisten Produktionen von Stuntmen übernommen. In aktionsreichen → Genres, wie dem → Western, kamen diese namentlich unbekannten Darsteller bei Stürzen, Kämpfen auf fahrenden Zügen, gefährlichen Reitmanövern u. Ä. zum Einsatz. Einige Stars, wie Keaton und Chan, verstehen den Stunt als Teil ihrer Schauspielkunst – sie sind Stuntstars.

Das eigentliche Action-Genre entwickelt sich aus dem → Kriminalfilm sowie einem generell gesteigerten Bedürfnis des Publikums nach physisch intensiveren Darstellungen. In Filmen wie *Asphalt Dschungel* (1950, R: John Huston) und *Die Rechnung geht nicht auf* (1956, R: Stanley Kubrick) gewinnt die ›Aktion‹ des Verbrechens gegenüber der Narration seiner Aufklärung an Bedeutung. Ein zentrales Motiv wird die spannungsgeladene Verfolgungsjagd mit verschiedenen Fortbewegungsmitteln in *Brennpunkt Brooklyn* (1971, R: William Friedkin), *Bullitt* (1968, R: Peter Yates) und *Dirty Harry* (1971, R: Don Siegel).

Gesteigerte Schauwerte mischen sich mit Action und Suspense zum → Thriller-Konzept des späten Alfred Hitchcock, z. B. in *Der unsichtbare Dritte* (1959). Cary Grant stolpert als Werbefachmann in einen Geheimagentenplot und somit von einer Action-Sequenz in die nächste. Halsbrecherische Autofahrten, Kämpfe in einem fahrenden Zug, die Attacke eines Flugzeugs auf einen Menschen, sowie der spektakuläre Schlusskampf auf den Felsenbildern des Mount Rushmore bilden die Stationen einer Odyssee, in der der vorwiegend männliche Körper seiner Zerbrechlichkeit trotzen muss. *Der unsichtbare Dritte* wird zur Blaupause des »geschlossenen Actionfilms«, in dem die ganze Erde und bald der Weltraum zur Spielwiese für visuelle Attraktionen werden. Dies setzt sich in den *James Bond*-Filmen fort, vor allem in jenen mit Roger Moore, die den Zynismus der Hauptfigur durch ein spektakuläres Inventar ergänzen. Da verwandeln sich venezianische Gondeln in Luftkissenboote, Autos in U-Boote und Vulkane in Raumbasen. Ähnlich geschlossene Actionwelten, die die Technik in den Vordergrund stellen, sind in *Mission Impossible*, sowohl der Fernsehserie als auch der ersten Kino-Verfilmung, von Brian De Palma (1996) zu finden. Hinter dem Gitter der spektakulären Attraktionen ist kaum mehr eine wirkliche Welt wahrzunehmen, sie suggerieren uns eine Parallelwelt der unbegrenzten Möglichkeiten, in der technische Innovation und körperliche Akrobatik triumphieren.

Die zweite Tendenz in den 60er Jahren, die zur Entwicklung des Actionfilms führt, ist im Gegensatz dazu die Neigung von → New-Hollywood-Regisseuren zu einer realistischen Darstellung von Gewalt. *Bonnie und Clyde* (1967) von Arthur Penn und *The Wild Bunch – Sie kannten kein Gesetz* (1969) von Sam Peckinpah betonen bei Schießereien im Kriminalfilm und Westerngenre die Verletzlichkeit des menschlichen Körpers. Dieser »offene Actionfilm«, in dem der Schauwert Action moralische Ambivalenz erhält, reagiert auf politische (Vietnamkrieg) und gesellschaftliche Zustände, die über das öffentliche Bewusstsein (Protestbewegung) Zugang in die Welt des Kinos finden. Der Grundton dieser Filme ist pessimistisch, fern von der ironischen bis zynischen Haltung der geschlossenen Actionfilme. Sam Peckinpah wendet sich mit *Getaway* (1972) der Gegenwart der 70er Jahre zu, den pessimistischen Grundton behält er bei. Ein Gangsterpärchen, mit zwei Stars (Ali McGraw und Steve McQueen) besetzt, wird jedoch gegen den Starmythos Hollywoods inszeniert: Sie schlagen sich, streiten sich, schweigen sich an, wie ein durchschnittliches amerikanisches Ehepaar. Der Film kontrastiert dynamische Action in der temporeichen Dramaturgie eines → Roadmovie mit einem ernüchternden Menschenbild. In der Instrumentalisierung von Schauwerten geht Peckinpah dabei weit über herkömmliche Motive des Actionfilms hinaus, wenn etwa das Paar auf dem Höhepunkt der Beziehungskrise aus einem Müllwagen gekippt wird.

Mit Bruce Lee beginnt dann eine Überbetonung des Körpers als Waffe. Zeitlupensequenzen der Kampfszenen mit ihrem verfremdeten Ton und ein Score zwischen Jazz und asiatischen Harmonien (Lalo Shifrin) verleihen Filmen wie *Bruce Lee – Der Mann mit der Todeskralle* (1973) eine bedrohliche Atmosphäre. Bruce Lee wird zum Vorläufer für ein → Martial-Arts-Kino, das sich, vorwiegend in Hongkong produziert, über die Akrobatik der fliegenden Körper definiert. Das junge Genre bildet bald Hybriden mit dem Phantastischen (*A Chinese Ghost Story*, 1987, R: Ching Siu-Tung, und die *Shaolin*-Reihe) und der Crimestory (John Woo). Es wird zum Vorbild der Spectacular Bodies der 80er Jahre. Die Stars dieses Kinos, Arnold Schwarzenegger und Sylvester Stallone, transportieren mit Bodybuilding und Rächerphantasie meist reaktionäre Inhalte. Ihr außerfilmischer Wettstreit um Einspielergebnisse und Popularität mündet schließlich in der Ironisierung: In *Der letzte Action-Held* (1993) von John McTiernan, einer autoreflexiven Actionkomödie, entdeckt der Held (Schwarzenegger) in einer Videothek einen Pappaufsteller mit Stallone (!) als *Terminator* (1984, R: James Cameron). Mit der *Stirb langsam*-Serie (1988–95) überführt John McTiernan die Ironisierung des Actionfilms in ›postklassisches‹ Kino. Der Held John McClane (Bruce Willis) erweist sich im Gegensatz zu den Hardbodies als leidensfähig, wenn er etwa mit nackten Füßen durch Glassplitter laufen muss. Die physische Extreme durchläuft die Figur als Jedermann – was in der Welt eines James Bond nonchalant in Kauf genommenes Beiwerk ist, wird für McClane zur kathartischen Erfahrung, die letzten Endes jedoch genauso spurlos an ihm vorübergeht, wie an dem britischen Geheimagenten. Im postklassischen Kino erfährt der Actionfilm neben anderen Genres (→ Katastrophenfilm, → Science-Fiction-Film, → Horrorfilm usw.) eine ebenso mythische wie ironische Renaissance im Bewusstsein um seine Geschichte als Kinogenre.

Michael Gruteser

Literatur: Tom Gunning: Das Kino der Attraktionen. Der frühe Film, seine Zuschauer und die Avantgarde. In: Meteor. Texte zum Laufbild 4 (1996) [Amerikan. Orig. 1986.] – Yvonne Tasker: Spectacular Bodies. Gender, Genre and the Action Cinema. London 1993. – Georg Seeßlen: Grundlagen des Populären Films: Actionfilm. Marburg 1996.

Actors Studio. Das am 12. 9. 1947 von Elia Kazan, Robert Lewis und Cheryl Crawford in New York gegründete Actors Studio ist eine bereits im ersten Jahrzehnt ihrer Existenz zu legendärer Berühmtheit gelangte Schauspielschule. Hier entwickelte der Schauspiellehrer Lee Strasberg (1901–82), der 1951 zum künstlerischen Leiter des Actors Studio berufen wurde, seit 1948 die Technik des Method Acting. Diese Technik zielt auf eine besonders natürliche, realistische Darstellung durch eine vollkommene Verschmelzung des Schauspieler-Ichs mit den Gedanken und Emotionen, mit dem Bewusstsein und dem Körper des darzustellenden Charakters. Das illusionistische Als-ob des Agierens soll zu einer vollkommenen Identifikation von »actor« und »character« werden. Obwohl ursprünglich für Bühnenschauspieler entwickelt, wurde das Method Acting durch Montgomery Clift, Marlon Brando und James Dean in den 50er Jahren

Actors Studio

Endstation Sehnsucht (1951, R: Elia Kazan)
Marlon Brando und Vivien Leigh in den Rollen des brutalen Machos und der verdrehten frustrierten Frau: gestisch deutliches Kammerspiel der hochflammenden Leidenschaften, als hätten die Schauspieler alles selbst erfahren, was sie vorführen. Stanislawskis in Russland entwickelte Methode der Einfühlung wird durch das in New York beheimatete Actors Studio amerikanischen Verhältnissen angepasst und noch gesteigert zur Methode der Identifikation: Brando ist einer der berühmtesten Absolventen des Studios

zum Inbegriff einer Revolution der Darstellungskunst vor der Kamera und auf der Leinwand. In den folgenden Jahrzehnten studierten Generationen von Schauspielern und Schauspielerinnen am Actors Studio oder besuchten Workshops von Strasberg und seinen Adepten, und das Method Acting prägt das amerikanische Filmschauspielen und seine Star-Performances bis in die Gegenwart. Stars wie Robert De Niro, Al Pacino und Dustin Hoffman kultivierten es bis zur Obsession monatelanger Vorbereitungen auf eine Rolle, inklusive des Erlernens des Saxophonspielens oder des Boxens, der immensen Gewichtszunahme oder des intensiven Studiums autistischer Menschen, wenn die Rolle es erforderte. In ihrem Spiel, das keines sein soll, vor allem aber schon in den Performances Marlon Brandos seit den 60er Jahren, wird die intendierte Natürlichkeit des Method Acting erst zum Stil, dann zum individuellen Manierismus, schließlich zum Selbstzitat und auch zur (Selbst-)Parodie.

Lee Strasbergs Konzeption des Method Acting basiert auf der Schauspiel-Theorie des russischen Theaterregisseurs Konstantin Stanislawski (1863–1938): dem »Stanislawski-System« des »Arbeitens des Schauspielers an sich selbst« (Stanislawski). Schon während seiner Arbeit am politisch links orientierten Group Theatre in den 30er Jahren ließ Strasberg die Schauspieler an ihrem

»emotionalen Gedächtnis« arbeiten, um einen darzustellenden Charakter für sich zu erschaffen und um aus der Darstellung ein persönliches Erlebnis für sich selbst zu machen. Durch Improvisation und durch eine – der Psychoanalyse nahen – Arbeit am emotionalen Gedächtnis und am Wahrnehmungsgedächtnis soll der Schauspieler imstande sein, sich in eine bestimmte Situation zu versetzen und in ihr »den von der Rolle geforderten und ihr entsprechenden Emotionen wirklichen *Ausdruck* zu verleihen« (Strasberg). Dieser Kern des Method Acting wurde, mit Variationen, schnell kodifiziert. Steve Vineberg bringt den Kodex auf acht entscheidende Punkte: die Erzeugung erkennbarer Realität der Darstellung durch genaue Beobachtung der Welt und durch Selbstbeobachtung, die Fundierung der Charakter-Motivation in der Psyche des Darstellers, die Erzeugung wahrer Emotionen durch die Aktivierung eigener Erfahrung, die Bestimmung der Persönlichkeit des Darstellers als Fundus der psychologischen Wahrheit, die Bedeutung der Improvisation als Teil der Darstellung, die Förderung sehr persönlicher Kommunikation zwischen den Darstellern in Form der Entäußerung, der psychologisch-symbolische Gebrauch von Requisiten und schließlich der fast mystische Glaube an die Macht der Wahrheit im Schauspiel. Diese antiillusionistische und realistische Tendenz im amerikanischen Filmschauspiel-Stil setzte sich vor allem mit Brandos Aufsehen erregender Darstellung des Stanley Kowalski in Elia Kazans *Endstation Sehnsucht* (1951) und mit seiner Oscar-prämierten Darstellung des gescheiterten und dennoch aufbegehrenden Boxers Terry Malloy in Kazans *Die Faust im Nacken* (1954) durch. Brando als Malloy ist »ein entscheidender Moment im amerikanischen Kino; ein Schauspieler stellt einen Charakter so kraftvoll dar, dass er zu einem dauernden Muster der Kultur wird« (Naremore). Brando, Montgomery Clift und James Dean machten die »method« zu einem Signum der Authentizität. Sie waren die »Rebel Males« der 50er Jahre: für beide Geschlechter höchst attraktive Männer, maskulin, aber physisch und psychisch höchst idiosynkratisch: »faszinierende Neurotiker« (McCann), deren changierende sexuelle Orientierung Männlichkeit plötzlich neu definierte. Brando artikulierte nuschelnd und wie beiseite, dann plötzlich aggressiv und den ganzen Körper in seiner Wildheit und Verletzbarkeit präsentierend. Clift zog sich in seinen Körper zurück und blickte mit durchdringender Intensität ins Innere des Gegenüber, und James Dean forderte als *Rebel without a Cause* (... denn sie wissen nicht, was sie tun, 1955) wütend und larmoyant zugleich seinen Platz in der Welt ein. Man kann daraus den Schluss ziehen, dass Method Acting eine Technik zur Erzeugung männlicher Performances war und ist. Tatsächlich konnten sich nur wenige Schauspielerinnen, die am Actors Studio lernten, als Stars auf Dauer etablieren, etwa Faye Dunaway und Diane Keaton. Das Method Acting nach Brando ist vor allem assoziiert mit Robert De Niro und Al Pacino, mit zwei Schauspielern, für die Brando die entscheidende Herausforderung war, den eigenen Stil zu finden. Francis Ford Coppolas *Der Pate* (1972 und 1974) ist für das Method Acting ein »Familienroman« im Freud'schen Sinne: Brando gibt den Übervater, Pacino, der bekundete, mit Brando zu agieren sei wie mit »Gott« zu spielen, verkörpert seinen Sohn, De Niro gibt den jungen Paten und wird damit zu Brando, und Lee Strasberg, erstmals vor der Kamera, ist Pacinos Ersatzvater. Das alles eskalierte im Ringen um die Oscars. – Method Acting ist heute ein Stil, der imitiert werden kann, da schon Brando Manierismen ausbildete, die zitierbar wurden: Manierismen der Natürlichkeit des physischen und psychischen Leidens von verletzten Männern.

Bernd Kiefer

Literatur: Richard Blum: American Film Acting. The Stanislavski Heritage. Ann Arbor 1984. – Foster Hirsch: A Method to Their Madness. The History of the Actors Studio. New York 1984. – Lee Strasberg: Ein Traum der Leidenschaft. Die Entwicklung der »Methode«. Eine Theorie der Schauspielkunst. München 1988. [Amerikan. Orig. 1987.] – James Naremore: Acting in the Cinema. Berkeley / Los Angeles / London 1990. – Graham McCann: Rebel Males. Clift, Brando and Dean.

London 1991. – Steve Vineberg: Method Actors. Three Generations Of An American Acting Style. New York / Toronto / Oxford 1991.

A-Film / Event Movie. Der A-Film definiert sich weniger über ein bestimmtes Genre oder inhaltliche Merkmale, sondern in erster Linie über seine Production Values und die Mitwirkung zugkräftiger Stars. Nachdem das → New Hollywood in den 70er Jahren narrative Elemente und Motive des → B-Films erfolgreich in den Mainstream integrierte, zählen früher mit dem B-Film assoziierte Genres inzwischen zum festen Repertoire des → Blockbuster-Kinos. → Horror- und → Science-Fiction-Filme werden seit den Überraschungserfolgen von *Der Exorzist* (1973, R: William Friedkin), *Der weiße Hai* (1976, R: Steven Spielberg) und der *Krieg der Sterne*-Saga (1977, R: George Lucas) ebenfalls in der A-Kategorie produziert. Angesichts der in den späten 80er und frühen 90er Jahren enorm angestiegenen Produktionskosten ergab sich die Kategorie des Event Movies, das sich über die permanente Suche nach neuen Superlativen definiert. Durch die Integration der klassischen Hollywood-Studios in übergeordnete Konzerne wie Sony oder Time-Warner, gestaltet sich das Event Movie nicht mehr einfach nur als A-Film, sondern als multimediales Marketing-Ereignis. Den Start des Films begleitet eine ausufernde Produktpalette. Nicht selten bilden Soundtracks, Comics, Romane (»Novelizations«) und Computerspiele über den Film hinaus gleichwertige mediale Räume, in denen sich das kalkulierte ›Ereignis‹ fortsetzt. Beschränkte sich diese Vermarktungsstrategie früher in erster Linie auf die Produktionen der Disney-Studios, die ihren filmischen Kosmos bereits in den 50er Jahren um Vergnügungsparks und zahlreiche Merchandising-Artikel erweiterten, finden sich heute ähnliche Konzepte bei zahlreichen Blockbustern. Nicht selten werden diese von vornherein als potentielle Serien angelegt, deren Fortsetzungen (→ Sequels) die selbst geschaffenen Maßstäbe in Sachen Stars und Production Values überbieten sollen. Zwischen den einzelnen Filmen sorgen Merchandising-Produkte und Spin-offs in Computerspiel- und Buchform für die mediale Präsenz.

Gleichzeitig dienen die A-Filme, wie schon im klassischen Hollywood-System, als auf Hochglanz polierte Aushängeschilder der Studios. Neben dem entsprechenden Marketing-Aufwand bemühen sich die Studios um die Mitwirkung bekannter Stars. Die Beteiligung namhafter Regisseure an seriellen Franchises lässt sich mittlerweile nicht mehr allein aus finanziellen Gründen erklären. Aktuelle Beispiele finden sich zuhauf: Der Hongkong-Action-Auteur John Woo (*Blast Killer*) inszenierte das Sequel zu Brian De Palmas *Mission Impossible* (2000). Ridley Scott (*Alien – Das unheimliche Wesen aus einer fremden Welt, Blade Runner, Thelma & Louise*) übernahm mit dem Thriller *Hannibal* (2001) die Fortführung von Jonathan Demmes *Schweigen der Lämmer* (1991). Selbst das langlebigste Franchise der Filmgeschichte, die britische *James Bond*-Serie, bemüht sich, nachdem man jahrzehntelang auf Handwerker wie John Glen vertraute, in den letzten Jahren um die Beteiligung renommierter Regisseure wie Michael Apted (*James Bond – Die Welt ist nicht genug*, 1999). Die Grenzen zwischen künstlerisch integrem Independent-Film und finanzstarkem kommerziellen A-Film haben sich im postklassischen Kino zunehmend aufgelöst. Nachdem er mit den Filmen *PI* und *Requiem für einen Traum* zwei Erfolge in der Independent-Szene erzielte, unterzeichnete z. B. der talentierte Newcomer Darren Aronofsky einen Vertrag für die Regie des fünften *Batman*-Films.

Die Kategorie A-Film umfasst sowohl die potentiellen Blockbuster des Popcorn-Kinos als auch jene prestigeträchtigen Mainstream-Produktionen, deren Starttermin nicht selten in Hinblick auf die Auswahl der → Oscar-Kandidaten fixiert wird. Neben den gegenwärtigen Major-Studios → Paramount, → MGM, → Universal, → 20th Century-Fox, → Walt Disney, Sony und → Warner Bros. hat sich in Hollywood mit Miramax (*Pulp Fiction, Shakespeare in Love*) und New Line eine

Form des ›Independent-Majors‹ etabliert. Diese Entwicklung trug zusätzlich zu der Auflösung zwischen Mainstream und Independent bei.

In der klassischen Phase des Studio-Systems bis 1948 (→ Hollywood), in der die begriffliche Unterscheidung zwischen A- und B-Film ihren Ursprung hat, gestalteten sich die Kategorien hingegen noch relativ eindeutig. Um dem Bedürfnis des Publikums nach Ablenkung während der wirtschaftlichen Depression der 30er Jahre zu entsprechen, führten die Major-Studios (damals zählten dazu MGM, Warner, Paramount, Fox, RKO) so genannte »double-bills« ein. Die Hauptattraktion des verlängerten Kinoabends bildete der A-Film (auch als Feature bezeichnet). Ergänzt wurde er durch einen günstig produzierten B-Film, der als Zusatzprogramm das Double Feature abrundete. Während der B-Film in erster Linie über das jeweilige Genre funktionierte, wartete der A-Film mit Stars, Glamour und spektakulären Studiokulissen auf. Mit dem Verlust ihrer Kinoketten durch ein Urteil des Obersten Gerichtshofs gaben die Studios auch die strikte Trennung zwischen A- und B-Film auf. Der B-Film fand seine Fortsetzung im Fernsehen und in den Produktionen unabhängiger Firmen wie AIP (American International Pictures). Der traditionelle A-Film existierte in Form von teuren Musicals und Western-Produktionen weiter, bis sich mit dem Beginn New Hollywoods in den späten 60er Jahren gravierende Veränderungen ergaben. Persönliche Projekte, wie sie der europäische → Autorenfilm propagierte, und Hollywoods A-Kategorie stellten bei den Produktionen von Francis Ford Coppola und William Friedkin keinen Widerspruch mehr dar. Regisseure wie Coppola, Martin Scorsese, Steven Spielberg und George Lucas erneuerten das Hollywood-System, das sich Ende der 60er Jahre selbst überlebt hatte. Anfang der 80er Jahre zeigte sich jedoch nicht zuletzt an Coppolas gescheitertem Versuch, ein neues künstlerisch ambitioniertes Studio mitten in der Traumfabrik aufzubauen, dass Hollywood durch die Renaissance der Blockbuster seine Macht zurückgewonnen hatte. In den 80er und 90er Jahren bestimmten nicht mehr wie in den 70er Jahren die Regisseure, sondern unabhängige Produzenten, die ihre Filme den Studios im Paket überließen, das Angebot. Von den New Hollywood-Regisseuren konnte sich lediglich Spielberg geschickt aus der Affäre ziehen. Gemeinsam mit dem damaligen Disney-Manager Jeffrey Katzenberg und dem Platten-Mogul David Geffen gründete er das Studio Dreamworks zur Produktion von A-Filmen im Freiraum zwischen altem und neuem Hollywood.

Andreas Rauscher

Akt. Akt und Szene sind Einteilungsbegriffe, die aus der Theaterpraxis stammen. In der Stummfilmzeit wurde ein Akt oft mit einer Filmrolle gleichgesetzt. Die so entstandenen, vornehmlich technikbedingten Einschnitte sind oft weniger markant als im Drama für die Schaubühne. Nach wie vor empfiehlt es sich, den Begriff »Szene« im Film wie im Theater zu benutzen: als Ausdruck für eine Einheit im Spiel, zusätzlich bestimmt durch die Einheit des Ortes und der Zeit, die so lange dauert, bis ein Ereignis unterbricht, ein Spieler fortgeht oder ein neuer hinzukommt. Eine Szene kann sich also in mehrere Einstellungen auflösen lassen. Eine größere erzählerische Einheit – z. B. zwei Parallelhandlungen vom Beginn der hin- und herschneidenden Montage bis zum Kulminations- oder Wendepunkt, eine Passage durch eine Straße, eine Kette von Szenen, die um dasselbe Thema gerankt sind, eine länger ausgeführte Standardsituation (→ Dramaturgie) wie ein Duell oder eine vielteilige Abschiedsszenenfolge – wird aus praktischen Gründen als → Sequenz bezeichnet.

Thomas Koebner

Alan Smithee (auch: Allan Smithee, Allen Smithee). Alan Smithee gab sein von der Kritik wohlwollend aufgenommenes Debüt 1969 mit dem Film *Frank Patch – Deine Stunden sind gezählt*. Seine Filmographie umfasst bis heute 43 Einträge als Regisseur.

Renommierte Filme wie die verlängerte TV-Version des Science-Fiction-Klassikers *Der Wüstenplanet* (1984) finden sich jedoch nur selten darunter. Überwiegend besteht das Œuvre dieses mysteriösen Regisseurs aus zwiespältigen Werken wie *Die Vögel 2* (1994) und *Die O. J. Simpson-Story* (1995). Trotz der mangelhaften Qualität seiner Arbeit gehört Alan Smithee zu den wichtigsten Verantwortungsträgern der amerikanischen Filmindustrie: Sämtliche Produktionen, von denen Regisseure oder Drehbuchautoren ihren Namen zurückziehen, erscheinen unter diesem Pseudonym.

Seine Karriere verdankt Alan Smithee Don Siegel, der 1969 seinen Namen aus den Credits zu dem gemeinsam mit Robert Totten inszenierten Western *Frank Patch* entfernen und durch Alan Smithee ersetzen ließ. In seinen Memoiren erklärt Siegel die Hintergründe: »Als ich mich weigerte, als Regisseur des Films *Frank Patch* genannt zu werden, erfand die Direktors' Guild ein Pseudonym für Totten und mich. Nachdem der Film positiv aufgenommen wurde, empfahl ich meinen jungen Freunden, die Regisseure werden wollten, dass sie ihren Namen in Smithee ändern und sich die Regie des Films zuschreiben sollten. Ich weiß nicht, ob jemand meinem Rat gefolgt ist. Ich glaube immer noch, dass sie unter gewissen Umständen die magische Barriere durchbrochen hätten und Regisseure geworden wären.«

Die weitere Laufbahn des ominösen Phantom-Regisseurs sah allerdings weniger vielversprechend aus, als es Siegel prophezeit hatte. Der Name Alan Smithee entwickelte sich zum Synonym für unfreiwillig komischen Trash, dem jegliches Bewusstsein für selbstironische Camp-Qualitäten fehlt. Die meisten Produktionen, für die Alan Smithee einsteht, zeichnen sich durch ihren unfertigen Charakter und ihren unmotivierten Stil aus. Neben der Goldenen Himbeere für den schlechtesten Film des Jahres, die sich Alan Smithee 1999 mit Arthur Hiller teilte, erhielt lediglich der Horrorfilm *Hellraiser IV – Bloodline* (1997) eine ernsthafte Nominierung für den International Fantasy Film Award.

1998 widmeten Regisseur Hiller und Drehbuchautor Joe Eszterhas (*Basic Instinct, Showgirls*) Alan Smithee einen eigenen Film. Doch der mit Sylvester Stallone, Jackie Chan und Ex-Monty Python-Mitglied Eric Idle prominent besetzte *Fahr zur Hölle Hollywood* entwickelte sich zu einem der skurrilsten Debakel der letzten Jahre. Auf bemüht ironische Weise versuchen in dieser Persiflage Produzenten wie Robert Evans und Harvey Weinstein das Hollywood der → Blockbuster-Filme, zu dem sie selbst wesentliche Beiträge geleistet haben, zu demontieren. Ein Regisseur namens Alan Smithee (dargestellt von Eric Idle) versucht vergeblich, sein neuestes Werk gegen die Änderungsabsichten der Studiobosse zu verteidigen. In einer letzten Verzweiflungstat stiehlt er die einzige Kopie seines Films und ergreift die Flucht. *Fahr zur Hölle Hollywood* kombiniert die fiktive Spielhandlung mit Elementen einer typischen Fake-Dokumentation in der Tradition von *Spinal Tap* (1982), geriet jedoch allzu selbstgefällig. Nachdem *Fahr zur Hölle Hollywood* bei ersten Testvorführungen auf mäßige Resonanz stieß, kürzte Joe Eszterhas eigenmächtig zwanzig Minuten. Arthur Hiller zog daraufhin seinen Namen zurück und die komödiantische Hommage wurde zu einem echten Alan-Smithee-Film. Das an den Kinokassen und bei der Kritik weitgehend durchgefallene Projekt erhielt schließlich fünf Goldene Himbeeren und wurde darüber hinaus als schlechtester Film der Dekade nominiert.

Aufgrund der neuen Popularität, die Alan Smithee durch die Streitigkeiten um *Fahr zur Hölle Hollywood* erlangte, entstand ein weiteres Pseudonym, das nicht auf den ersten Blick als solches zu erkennen ist. Für den Science-Fiction-Film *Supernova* (2000) zeichnet, nachdem Walter Hill und Francis Ford Coppola zu unterschiedlichen Anteilen an der Regie beteiligt waren, der Alan-Smithee-Epigone Thomas Lee verantwortlich.

Andreas Rauscher

Literatur: Don Siegel: A Siegel Film. London 1993.

Amateurfilm. Alle nicht berufsmäßig und nicht kommerziell hergestellten Filme fallen in diese Kategorie. Als Liebhaberei betrieben, stehen bei diesem Filmschaffen das Hobby und persönliche Interessen im Vordergrund. Der materielle Gewinn ist von untergeordneter Bedeutung. Vielmehr werden die Filme meist für ideelle, private und insbesondere familiäre Zwecke z. B. der Erinnerung oder Selbstvergewisserung hergestellt. Dennoch ist die Bandbreite von Amateurfilmen groß und umfasst sowohl intime Familienzeugnisse, Clubfilme unterschiedlicher Genres und Altersstufen als auch auf Veröffentlichung angelegte Videos, z. B. in Offenen Kanälen. Gelegentlich greifen Filmkünstler auf Amateurfilmformate und -verständnis zurück (Herbert Achternbusch, Stan Brakhage) und suchen dadurch eine Abgrenzung zum Konformismus der Filmindustrie. Kennzeichnend für Amateurfilme sind außerdem ein nicht allzu hoher Kapitaleinsatz und eher geringe Arbeitsteilung.

Technische Voraussetzung des Amateurfilms bildete zunächst der 17,5-mm-Film (1898/99 durch Halbierung des 35-mm-Normalfilms gewonnen, in Deutschland ist die Firma Ernemann – später eingegangen in die Zeiss Ikon AG – mit diesem Format ab 1902 besonders erfolgreich gewesen), dann der 16-mm-Film (Schmalfilm). In den 20er Jahren konnten Amateure unter neun verschiedenen Formaten auswählen, wobei der 9,5-mm-Film als Umkehrfilm ab 1925 an Bedeutung gewann. Später kamen der 8-mm-Film und der Farbfilm in den 30er Jahren, schließlich der Super-8-Film (1965) hinzu. Seit den 50er Jahren setzte sich zudem mehr und mehr der Tonfilm durch. Die Einführung der Videoaufzeichnung in den 70er Jahren hat den Super-8-Film nahezu verdrängt. VHS und S-VHS, HI-8 und digitale Videotechnik haben sich auf diesem Gebiet durchgesetzt.

In den 20er Jahren gab es in Deutschland bereits zwei Zeitschriften für Amateurfilmer und eine interessierte Leserschaft: »Film für Alle« und der »Der Kino-Amateur«. In Hessen entstand 1926 als erster Amateurfilmverein in Deutschland der Frankfurter Film-Amateur-Club. In Berlin wurde 1927 der Bund der Filmamateure (BdFA) als Dachorganisation gegründet, der dieses Hobby mehr und mehr als »Filmsport« mit Wettbewerbsgedanken ansah. Im nationalsozialistischen Deutschland kam es zur Umbenennung zum Bund deutscher Filmamateure (BDFA; Neugründung 1949, Zeitschrift »Schmalfilm«, später »film 8/16«, heute »Film + Video«). International organisierten sich die Filmamateure im Jahr 1937 in der Union Internationale du Cinéma d'Amateur (UNICA). Filmwettbewerbe gibt es sowohl auf nationaler wie auf internationaler Ebene.

Das Nationale Zentrum Amateurfilm der DDR wurde 1960 gegründet. In der DDR war der Amateurfilm »wesentlicher Bestandteil des volkskünstlerischen Schaffens« (Bonk/Ruhberg) und sollte der »Herausbildung der sozialistischen Gesellschaft« dienen. Er genoss staatlicherseits seit den frühen 50er Jahren großzügige finanzielle Förderung, sodass in Betrieben, Kombinaten, Kulturhäusern und anderen gesellschaftlichen Einrichtungen ca. 250 Amateurfilmstudios, teilweise mit hauptamtlichem Personal, eingerichtet wurden. Alimentierung und Indoktrinierung sowie technische Rückständigkeit ab Mitte der 60er Jahre (z. B. keine Weiterentwicklung der Kameratypen Pentacon AK 8, Pentaflex 8 und 16) verhinderten letztlich jedoch kreative Eigenständigkeit.

Häufig hat das Schielen auf das »große Kino« dem Amateurfilm seine ›Naivität‹ der ersten Jahrzehnte genommen. Gewiss haben auch Amateure »hilfreich zur Demokratisierung des Mediums Film« (Hilmar Hoffmann) beigetragen, wenngleich die Hoffnungen alternativer Kreise in den 70er Jahren auf »Gegenöffentlichkeit« durch Videoeinsatz, auf Verwirklichung eines (basis)demokratischen Mediums im Rückblick nicht gelungen ist. Auf lokaler Ebene konnten sich jedoch Offene Kanäle in den meisten Bundesländern als multikulturelle Plattformen des Bürgerfernsehens sowie als Produktions- und Abspielstätten nichtkommerzieller Videoproduktionen etablieren.

Walter Dehnert / Eckhard Schenke

Literatur: Jürgen Bonk / Karl-Heinz Ruhberg: Greif zur Kamera. Amateurfilm und Filmamateure in der DDR. [o. O.] 1970. – Roberto Faenza: Wir fragen nicht mehr um Erlaubnis. Handbuch zur politischen Videopraxis. Berlin 1975. – Garleff Zacharias-Langhans: Bürgermedium Video. Ein Bericht über alternative Medienarbeit. Berlin 1977. – Michael Kuball: Familienkino. Geschichte des Amateurfilms in Deutschland. 2 Bde. Reinbek bei Hamburg 1980. – Patricia Rodden Zimmermann: Reel Families. A Social History of the Discourse on Amateur Film. 1897–1962. Madison 1985. – Bernd Schwer: In Frankfurt feiert Deutschlands ältester Filmamateur-Club sein stolzes Jubiläum. In: Frankfurter Rundschau. 17. 3. 1986. – Franz Schlager: Amateurfilm in Österreich. An Beispielen des persönlichen Gebrauchs. Diss. Wien 1992. – Eckhard Schenke: Der Amateurfilm. Gebrauchsweisen privater Filme. Göttingen 1998.

TV-Dokumentationen: Alfred Behrens / Michael Kuball: Familienkino. 7 Folgen. NDR 1978/79. – Jan Thilo Haux / Max Rendez: Film als Hobby. 59 Folgen. NDR 1965–71. – Heiner Sylvester / Bernd Wagner: Volkskino Zwo. MDR 1993.

American Society of Cinematographers (A.S.C.). 1919 gegründete Organisation von Kameraleuten, die es sich zur Aufgabe macht »to advance the art and science of cinematography«. Die Mitgliedschaft erfolgt auf Einladung und verlangt »die Demonstration herausragender Fähigkeiten« auf dem Gebiet der Filmfotografie. Die A.S.C. ist weder eine Gewerkschaft noch eine Zunft, sie gleicht vielmehr einem exklusiven Privatclub.

Bereits 1913 hatten sich mit dem Cinema Camera Club in New York und dem Static Club of America in Los Angeles zwei Organisationen formiert, in denen sich die erste Generation von Kameraleuten der noch jungen amerikanischen Filmindustrie zusammenfand, um sich über technische und ästhetische Probleme auszutauschen. Um 1918 waren viele der ursprünglich in New York ansässigen Kameramänner mit der Verlagerung der Filmproduktion an die Westküste nach Hollywood übergesiedelt. So wurde im Dezember 1918 die Fusion beider Vereine zur American Society of Cinematographers beschlossen und Charles Rosher zum ersten Präsidenten gewählt. Am 8. 1. 1919 wurde die Gründung der Gesellschaft, die damit die erste Interessenvereinigung der amerikanischen Filmindustrie bildete, rechtskräftig. Noch im gleichen Jahr fügten die Produzenten William S. Hart und Mary Pickford den Namen der Kameramänner Joe August und Charles Rosher in den Credits erstmals das Kürzel A.S.C. bei, welches rasch zum Gütesiegel für fotografische Qualität avancierte.

Im November 1920 erschien die erste Ausgabe des »American Cinematographer«, einer von der A.S.C. herausgegebenen Monatszeitschrift. Das Magazin entwickelte sich schnell zu einem bedeutenden Branchenblatt, das bis heute ausführlich und kenntnisreich über alle Aspekte der Filmfotografie informiert.

Um 1930 waren etwa alle 130 bedeutenden Kameraleute Hollywoods Mitglieder der A.S.C., die es sich zur Aufgabe gemacht hatte, die Position der Kameraleute in der Industrie zu stärken und das Qualitätsniveau der eigenen Arbeit zu heben. Nachdem die Gesellschaft anfangs auch die vertraglichen Vereinbarungen der Mitglieder regelte, fiel diese Aufgabe seit Mitte der 30er Jahre der für die Kameraleute zuständigen Abteilung des gewerkschaftlichen Dachverbandes IATSE (International Alliance of Theatrical Stage Employes and Moving Picture Machine Operators of the Unites States and Canada) zu.

Für die aus den faschistischen Ländern Europas in die USA emigrierten Kameramänner war die Aufnahme in die A.S.C. Voraussetzung für eine Fortsetzung der Karriere in der neuen Heimat. Der Verband hatte inzwischen so großen Einfluss, dass kein Kameramann in einem der Studios Arbeit fand, wenn er nicht der A.S.C. angehörte. Die wiederum achtete während der 30er und 40er Jahre strikt darauf, dass kein Mitglied durch einen aus dem Ausland immigrierten Kollegen berufliche Nachteile erfuhr. Prominente Opfer dieser rigiden, mit einem ausgeprägten Standesdünkel einhergehenden Protektion der eigenen Pfründe, waren Eugen Schüfftan und Curt Courant.

Seit den 60er Jahren finden Fernsehkameraleute und Experten für visuelle Effekte ebenso Aufnahme wie führende Kameraleute anderer Nationalitäten. Heute zählt die A.S.C. etwa 225 aktive Mitglieder, darunter auch die Deutschen Michael Ballhaus und Jost Vacano. Die A.S.C. residiert seit 1937 in einem 1903 im kalifornisch-spanischen Missionsstil erbauten Haus am North Orange Drive, das heute zu den ältesten erhaltenen Gebäuden Hollywoods zählt.

Robert Müller

<small>Literatur: [George J. Mitchell:] Six Decades of »Loyalty, Progress, Artistry«. In: American Cinematographer. Juni 1979.</small>

Amerikanische Nacht (engl. »day for night«). Bezeichnung für einen ›Kameratrick‹, der das Drehen einer Nachtszene am helllichten Tag erlaubt. Dabei wird mit Unterbelichtung oder mit Filtern gearbeitet, die vor dem Objektiv der Kamera befestigt werden, um so Licht abzuwenden und den Eindruck von Dunkelheit zu erzeugen. Der französische Regisseur François Truffaut wählte den Begriff für dieses Verfahren, das bereits seit den 50er Jahren bevorzugt in den Genres → Western und → Abenteuerfilm verwendet wurde, als Titel für eine Produktion: *Die Amerikanische Nacht* (1973) ist ein berühmter Film im Film, in dem Truffaut – der selbst auch den Regisseur spielt – etliche Tricks offenbart und der Traummaschine Kino liebevoll huldigt: Neben der Vorspiegelung von nächtlicher Dunkelheit durch die Anwendung der amerikanischen Nacht erweisen sich z. B. auch natürliche Vorgänge wie Regen und Kaminfeuer als versierte Installationen. Nicht selten erkennt man die Technik der amerikanischen Nacht an den starken Schatten, die die Personen und Ausstattungsgegenstände werfen, selbst wenn Mond oder Laternen als mögliche, ohnehin im Vergleich zur Sonne viel schwächere Lichtquellen im Bild überhaupt nicht vorhanden sind.

Miriam Fuchs

Animation. Animation, d. h. die Fähigkeit zur Auflösung eines Bewegungsvorgangs in Einzelbilder und deren Rekonstruktion zwecks nachträglicher Wiedergabe dieses Bewegungsvorgangs, ist ein kulturgeschichtlich weit zurückreichendes Phänomen, das mit der Erfindung der Kinematographie zwar erhebliche Verbreitung erfuhr, aber nicht unabdingbar an diese gebunden ist.

Vor 15 000 Jahren verdoppelte ein Künstler im Gebiet des heutigen Nordspanien (Höhle von Altamira) die Beinpaare eines Wildebers, um dessen Lauf anzudeuten. Dipl.-Ing. Wolfgang Grau (Berlin) hat in Pharaonengräbern im ägyptischen Beni Hasan gefundene 4000 Jahre alte Phasenbilder eines Ringkampfes durch Zwischenphasen und Filmaufnahme dergestalt verbunden, dass die fortlaufende Bewegung zweifelsfrei nachgewiesen werden konnte. Ein anderes (gleichwohl zweifelhaftes) Beispiel aus der ägyptischen Kunst überlieferte uns der russische Zeichenfilmer Iwan Iwanow-Wano: »Zwischen den Säulen eines Tempels sind Zeichnungen angebracht, die einen Gott in aufeinander folgender Grußhaltung darstellen. Wenn der Pharao in seinem Wagen am Tempel vorbeijagte, konnte er, da die Abstände zwischen den Säulen gering waren, sodass sie wie gitterförmige Fensterläden wirkten, seinen Gott in Bewegung sehen, wie er die Hand zum Gruß oder zum Segen erhob. So entstand durch diese Reihe von Zeichnungen der Eindruck eines lebenden Bildes, auf dem der Gott den Pharao grüßte.«

Die Tendenz zum Laufbild ist demnach kunstgeschichtlich sehr früh anzusetzen. Gedanken, die man über den Ursprung anstellt, werden hypothetisch bleiben: Man darf aber mit einigem Recht vermuten, dass es der Lauf der Sonne war und die durch ihn entstehende Erscheinung eines wandernden, belebten Schattens, die den Frühmenschen darauf brachten, die Konturen eben dieses Schattens festzuhalten. Indem er dies tat, wurde ihm bewusst, dass man Bewegung in Einzelteile zerlegen konnte. Dadurch, dass er den belebten Schatten abbildete, gewann er Macht nicht nur über das Objekt seiner Begierde, sondern auch über dessen Lauf, den er bannte. Dieser Bann sollte möglichst auf lange Sicht wirksam sein. Die Bilderkünstler sprechen in diesem Zusammenhang häufig vom »Verewigen«. Aber indem das Objekt oder die abgebildete Person zeichnerisch auf möglichst festem Material konserviert wird, kann man sie auch neu erstehen lassen, reproduzieren. Mit der Abbildung wird ein Schöpfungsakt vollzogen.

Das Studium der in Einzelteile zerlegten Bewegung ist bedeutsam für unterschiedliche technische und wissenschaftliche Disziplinen. In der Fotografie wurde Grundlagenarbeit geleistet von »Chronofotografien« des Engländers Eadweard Muybridge, der 1878 den Galopp eines Pferdes festhielt; des französischen Physiologen Étienne-Jules Marey, der 1882 eine »Fotografische Flinte« (spätestens seit diesem Zeitpunkt »schießt« man Bilder) zur Reihenaufnahme des Vogelfluges entwickelte; des Deutschen Ottomar Anschütz (seit 1882).

1836 hatte der Belgier Joseph Antoine Ferdinand Plateau die Gesetze des »Stroboskopischen Effektes«, die die Basis für die Wiedergabe oder gar Projektion der späteren Reihenbilder liefern sollten, wie folgt festgehalten: Zerlegt man eine Bewegung, die in einer Sekunde stattfindet, in eine bestimmte Anzahl bildmäßig dargestellter Phasen und führt dem Auge diese Phasen in wiederum einer Sekunde vor, so werden sie vom träge arbeitenden Gesichtssinn »zusammengesehen« zum ursprünglichen Bewegungsvorgang.

Von den Lichtbildern der Laterna magica führte der Weg folgerichtig über die so genannten Wundertrommeln hin zu Émile Reynaud, der seine Version der Wundertrommel, das Praxinoskop, mit auswechselbaren Papierstreifen gezeichneter Bewegungsvorgänge, mit einem Bildwerfersystem verband. Mittels eines Lampaskops schuf er eine unbewegliche Szenerie, auf die seine Zauberlaterne die Phasenbilder projizierte. Reynauds »Théâtre Optique«, am 28. 10. 1892 im »Cabinet fantastique« des Musée Grevin eröffnet, gehörte viele Jahre zu den Attraktionen von Paris: »Dessins animés« in der ursprünglichen Wortbedeutung, bewegte Zeichnungen.

Nach diesem Verständnis fußt auch alle Kinematographie auf Animation. Nur dass es hier nicht primär bewegte Zeichnungen sind, sondern bewegte Fotografien. Dementsprechend wurde die Abbildung von Zeichnungen im Kino erst einige Jahre nach Entwicklung der Kinematographie in Angriff genommen: von dem Karikaturisten Émile Cohl, der 1908 mit *Fantasmagorie* einen kurzen abstrakten Zeichenfilm herstellte, in dem sich Formen mischen und verändern. Es waren nicht zuletzt Comiczeichner wie Winsor McKay (*Little Nemo*), die in Cohls Nachfolge den Zeichenfilm über eine Animation der aus den Zeitungen bekannten Bildergeschichten popularisierten. 1919 schufen der Produzent Pat Sullivan und sein Zeichner Otto Messner den ersten im Zeichenfilmmedium »geborenen« Star, den Kater Felix. Über diese Figur schrieb Béla Balázs: »Dem Kater Felix reißt einmal der Schweif ab und geht verloren. Er überlegt, wie er sich helfen könnte. Diese besorgte Frage wächst als Fragezeichen aus seinem Kopf heraus, als graphische Andeutung seiner Zweifel und Nöte. Felix beäugt das schön geschwungene Fragezeichen. Er überlegt nicht lange, sondern steckt es sich hinten als Schwanz an – die Sache ist erledigt. Vielleicht könnte jemand an diesem Unsinn Anstoß nehmen, denn das Fragezeichen ist ja doch ein abstraktes Symbol! Aber es erscheint ja als Linie und unterliegt daher dem Gesetz der Zeichnung, wie der Körper des Katers Felix. Er ist aus dem gleichen Stoff. In der Welt der Linienwesen ist nur das unmöglich, was man nicht zeichnen kann.«

Die Ultima Ratio der konventionellen Zeichenfilmproduktion repräsentierte der Amerikaner → Walt Disney, der dem animierten Film endgültig den Nimbus des reinen Beiprogramms nahm und ihn, ab *Schneewittchen und die sieben Zwerge* (1937), »abendfüllend« etablierte. In Filmen wie *Bambi* (1942) strebten Disneys Künstler zeichnerisch einen fast »fotografischen Realismus« an. Dieser wiederum schlug sich in einer Vielzahl von → Merchandising-Produkten und der Gründung eigener »Disneyländer« nieder. Auf diese Weise durchdringt der Animationsfilm, die einbildweise Filmaufnahme von Zeichnungen, Puppen, Model-

len und Knetfiguren, Scherenschnitten und Flachfiguren, alle Lebensbereiche. Stets präsent ist er auf dem Fernsehschirm, wenn auch in limitierter Form, d. h. in einer qualitativ reduzierten Animation, die im Hinblick auf Masse produziert wird (in Amerika gibt es mittlerweile sogar einen Cartoon Channel).
Eine neue Variante liefert der Einsatz der Computeranimation. Was von Experimentalfilmern wie John Whitney, Mathematikern, Elektronikern nicht zuletzt auch der NASA auf den Weg gebracht wurde, hat die Unterhaltungsindustrie über Disneyschen Anthropomorphismus popularisiert. Wie in der *Fantasmagorie* Émile Cohls dient die Metamorphose als Gimmick und Köder für Akzeptanz: Was Cohl noch mit dem Zeichenstift realisieren musste, die strich- und bildweise Veränderung menschlicher Gesichter hin zur übertriebenen Karikatur, erledigt der Computer bald auf Knopfdruck: Seit den bahnbrechenden Bildern des *Terminator 2* (1991, R: James Cameron) ist Morphing, vor allem im Werbefilm, als Spiel verbreitet (→ digitale Ästhetik). Es gilt, mit einem hohen Grad an Realismus in die Physis von Lebewesen einzugreifen und sie ästhetisch zu verändern.
Letztlich läuft dies alles auf den synthetischen, im Computer erzeugten Menschen hinaus. Die ersten Versuche stecken zwar immer noch in den Kinderschuhen und wirken wenig realistisch, aber à la longue geht es ja nicht um die Reproduktion eines menschlichen Individuums, sondern um die Konservierung des so genannten Massengeschmacks, die Abbildung eines Androidentyps, der mit faltenlosem Gesicht und matten Augen das Ideal des Durchschnitts repräsentiert. Mehr noch: der Computer wird der Masse die Möglichkeit an die Hand geben, sich »künstlerisch« selbst zu verwirklichen in einer Art, die weit über das Videofilmen hinausgeht: Jeder sein eigener Schöpfer! Dann wäre das Stadium der Antikunst, die das 20. Jahrhundert so massiv propagiert hat, erreicht und dazu ein »künstlerisches« Pendant zur Gentechnik.
Toy Story (1995, R: John Lasseter), *Antz!* (1998, R: Eric Darnell, Tim Johnson), *Das große Krabbeln* (1998, R: John Lasseter, Andrew Stanton) und *Shrek – Der tollkühne Held* (2001, R: Andrew Adamson, Vicky Jenson) gelten als Meilensteine in der Geschichte des computergenerierten Animationsfilms. Darüber hinaus gelang in *Final Fantasy* (2001, R: Hironobu Sakaguchi, Motonori Sakakibara) bereits die annähernd fotorealistische Abbildung digital gerenderter »Menschmarionetten«, »Replikanten«, »Avatare«, die in Zukunft sogar mit künstlicher Intelligenz agieren sollen.

Rolf Giesen

Literatur: Béla Balázs: Der Film. Werden und Wesen einer neuen Kunst. Wien 1949. – C. W. Ceram: Eine Archäologie des Kinos. Reinbek bei Hamburg 1965. – Rolf Giesen (Hrsg.): Das große Buch vom Zeichenfilm. Berlin 1982. – Wolfgang Grau: Phasenbilder, Phasenbildreihen und ihre Anwendung in der Kinematographie. In: Fernseh- und Kino-Technik 46 (1992) Nr. 3. – Rolf Giesen: Lexikon der Special Effects. Berlin 2001.

Anschlussfehler. Es handelt sich um einen Anschlussfehler, wenn sich Kostüm, Schminke, Frisur eines Schauspielers oder auch wichtige Elemente der Ausstattung zwischen zwei Einstellungen, die eine einheitliche Handlungszeit suggerieren wollen, merklich ändern – in dem Fall handelt es sich meistens um einen Fehler derer, die auf dem Set auf → Kontinuität zu achten haben. Grobe Fehler, wie sie in der Frühzeit der Filmgeschichte auftreten, sind heute kaum mehr zu bemerken – etwa der Umstand, dass eine Figur den Handlungsraum nach links verlässt, um vielleicht in die Stadt zu gehen, und bei der Rückkehr plötzlich von rechts ins Bild kommt.
Anschlussfehler in der Montage liegen vor, wenn zwischen zwei Einstellungen, die eine gleitende Bewegung darstellen, keine kleine Zeitdifferenz zugestanden wird. Eine Figur, die in der Totalen ihren Fuß auf die erste Stufe einer längeren Treppe setzt, muss beim Umschnitt auf einen Medium Shot (→ Einstellungsgrößen) dann schon mit dem anderen Fuß nachgezogen haben, der bereits die zweite oder dritte Stufe der Treppe berührt. Würde bei der folgenden Einstellung diesel-

be Haltung wiederkehren, hätte dies etwas Künstliches oder gar Kurioses an sich, als würde die Figur kaum von der Stelle kommen. Zwischen zwei Einstellungen, auch wenn sie unmittelbar aufeinander folgen, wird immer eine bestimmte Zeitspanne angenommen – als wäre mit dem Wechsel des Blickwinkels tatsächlich eine gewisse Zeit verbunden, damit der Beobachter von einem Standpunkt auf den anderen ›springen‹ kann.

Thomas Koebner

Architektur / Bauten (engl. »film design«, frz. »décor«). Im weitesten Sinne alles, was außer der Handlung im Bild zu sehen ist, also Bauten, Dekorationen, Requisiten und Kostüme sowie deren Anordnung im Raum, wobei die Architektur wesentlich von → Licht und → Kamera mitgestaltet wird. Sie dient in den meisten Fällen nicht nur als dekoratives Element oder zur visuellen Bestimmung des Milieus und der sozialen Stellung der Charaktere, sondern kann beim Zuschauer Stimmungen und Gefühle erzeugen, die die Aussage des Films verstärken, sowie die Psychologie von Figuren widerspiegeln, besitzt also emotionalen wie symbolischen Gehalt. So können geschlossene Räume das Gefangensein eines Charakters verdeutlichen und gleichzeitig den Mythos der Höhle evozieren. Außerdem kann die Architektur den Plot (→ Erzählen) vorantreiben (etwa die Mount-Rushmore-Sequenz in Alfred Hitchcocks *Der unsichtbare Dritte*, 1959) oder selbst aktiv zum Schauspieler werden wie in Roman Polanskis *Ekel* (1965). Architektur ist immer auch eine ›sprechende‹ Architektur, die die politischen und sozialen Verhältnisse ihrer Zeit reflektiert, und sie steht in Wechselbeziehung zu realer Architektur. So hatte z. B. die Moderne einen der stärksten Einflüsse auf Filmgestaltung: Szenenbildner der 20er und 30er Jahre wurden vom Bauhaus, von Le Corbusier und Frank Lloyd Wright nachhaltig geprägt. Mittels Architektur wiederum konnten phantastische und utopische Projekte entstehen, die in der Wirklichkeit nicht realisierbar waren, und Architekten ließen sich von Filmkreationen für ihre eigenen Bauten inspirieren. Dabei sind jedoch Filmarchitekturen lediglich ›potemkinsche Bauten‹ mit ephemerem Charakter, die gerade für die Zeit eines Drehs und meist nur als Fassade oder Modell angefertigt werden.

Verantwortlich für die Architektur ist der Filmarchitekt (auch Ausstatter oder Szenenbildner), den man heute häufig mit dem englischen Begriff »Production Designer« bezeichnet. Dieser Titel wurde erstmals William Cameron Menzies für seine üppige Ausstattung von *Vom Winde verweht* (1939, R: Victor Fleming) zuerkannt. In den frühen europäischen Filmen entwarf ein Filmarchitekt die gesamte Ausstattung, weswegen ihm vor allem im deutschen und französischen Stummfilm fast der gleiche Rang wie dem Regisseur zukam, da er den Film wesentlich prägte. Im Studiosystem → Hollywoods hingegen wurde der Production Designer zum Leiter einer riesigen, arbeitsteiligen Ausstattungsorganisation, wobei die künstlerische Ausführung nach und nach dem Art Director übertragen wurde.

Als man Anfang des Jahrhunderts nach den Filmen Edisons und der Brüder Lumière, die an Realschauplätzen drehten und kaum Wert auf Ausstattung legten, in die Studios ging, um kurze Spielfilme zu drehen, brauchte man einen Dekor. Dieser bestand zunächst aus konventionellen Theaterkulissen, in Trompe-l'Œil-Manier, also in perspektivisch bemalten, leicht beweglichen Leinwänden (so genannten Hintersetzern). Georges Méliès war der Erste, der diese flachen Kulissen aus der Tradition des Zauber- und Jahrmarkttheaters in ihren Motiven variierte, indem er phantastisch-bizarre Traumwelten schuf, die z. B. in *Die Reise zum Mond* (1902) ins Weltall führten. Méliès' antinaturalistische Dekors waren oft naiv und eklektisch, bereicherten aber die Filmkulissen um bis dahin nie Gesehenes, denn die sonstigen Kulissen waren einheitlich standardisiert: Für den → Film d'Art etwa entwarf Émile Bertin der Theatertradition entsprechende, historisch-überladene Hintergrundbilder, die sich dem theatralisch-deklamierenden Stil der Schauspieler anpassten. Der Regisseur Louis Feuillade und Robert-Jules Garnier, Chefausstatter der → Gaumont, entfernten sich von diesen Theaterkonventionen, indem sie Studioaufnahmen mit Realschauplätzen kombinierten (*Fantômas*, 1914; *Judex*, 1916) und damit die Künstlichkeit auflockerten. Zu den bekannten französischen Filmausstattern dieser Zeit gehörten außerdem Victorin Jasset, Henri Ménessier, Gaston Dumesnil und der vom Jugendstil kommende Paul Iribe, die meistens verschiedene Studios durchliefen.

Auf Grund der statischen Kamera der frühen Filme hatte die optische Täuschung der flachen Kulissen zum Eindruck räumlicher Tiefe ausgereicht. Dies änderte sich mit Etablierung der beweglichen Kamera, denn nun konnte man am Dekor entlangfahren und ihn räumlich erschließen. Der Film, der hier mit dreidimensionalen Kulissen neue Maßstäbe setzte, war Giovanni Pastrones monumentaler Historienfilm *Cabiria* (1914), der mit seiner riesigen orientalischen Tempelanlage in natürlicher Größe den Wandel in der Funktion des Ausstatters vom Bühnenbildner zum veritablen Filmarchitekten vollzog. Die ersten historischen → Monumentalfilme waren zwar schon Mitte des ersten Jahrzehnts entstanden, und 1912/13 hatte Enrico Guazzoni Pompbauten für *Quo vadis?* entworfen, sie alle aber wurden an kolossalem Prunk von *Cabiria* übertroffen. Neuartig war die große Plastizität und Raumwirkung in die Tiefe, die durch Rampen und perspektivische Tricks wie verkleinertem Hintergrund erzielt wurde, so dass erstmals die Raumillusion auf der zweidimensionalen Leinwand perfekt war. Durch die Verwendung von Holz und Gips statt Leinwand und Pappe wirkten die Bauten massiver und damit authentischer.

In Italien verlor dieses aufwendige Genre nach *Cabiria* an Qualität, während in anderen Ländern eine Vielzahl davon beeinflusster Historienfilme produziert wurde, allen voran David Wark Griffiths *Intoleranz – Die Tragödie der Menschheit* (1916), dessen Ausstatter Frank Wortman und Walter L. Hall den Palast der babylonischen Episode mit noch mehr Prunk als das italienische Vorbild gestalteten. Weitere Nachfolger waren Mihály Kertész' (später: Michael Curtiz) *Sodom und Gomorrah* (1923), Fred Niblos *Ben Hur* (1925) sowie die Ausstattungsfilme Ernst Lubitschs (*Madame Dubarry*, 1919, A: Karl Macchus; *Das Weib des Pharao*, 1922, A: Ernst Stern, Ernö Metzner, Kurt Richter) oder – in den USA – Erich von Stroheims (*Queen Kelly*, 1929, A: Richard Day). Beiden wurde – wie auch später Fritz Lang – wegen der unmenschlichen Proportionen ihrer Kolossalbauten der Vorwurf gemacht, sie hätten eine präfaschistische Machtarchitektur vorgeführt.

In Italien entstanden derweil vom Futurismus beeinflusste Filme wie Anton Giulio Bragaglias *Thaïs* und *Perfido incanto* (beide 1916, A: Enrico Prampolini), die mit konstruktivistisch-geometrischen Formen und optischen Effekten arbeiteten, um eine Dynamisierung des Dekors zu erreichen. Den gleichen Zielen und Methoden folgten die russischen Kubo-Futuristen, z. B. Jakow Protasanow mit *Aelita* (1924, A: Sergej Koslowski, Victor Simow, Isaac Rabinowitsch), in dem realistische mit abstrakt-geometrischen, futuristischen Dekorationselementen vermischt sind. Im russischen Stummfilm benutzten Wsewolod Pudowkin (*Das Ende von St. Petersburg*, 1927, A: Nathan Zarkhi) und Sergej Eisenstein (*Panzerkreuzer Potemkin*, 1925, A: Wassili Rachals; *Oktober*, 1927) Architektur zur Unterstützung ihrer Ideologie, indem sie durch Einbindung realer, monumentaler Repräsentativbauten wie dem Winterpalast oder der Freitreppe von Odessa die Tyrannenherrschaft des Zarismus versinnbildlichten.

Im deutschen Film gab es nach dem Ersten Weltkrieg zwei Strömungen, die wesentlich auf Architektur als tragendem Element ruhten. Zum einen begann mit Lubitschs *Die Augen der Mumie Ma* (1918, A: Kurt Richter) eine Welle von orientalisch-exotischen Abenteuerfilmen wie Langs *Die Spinnen* (1919, A: Otto Hunte) oder *Das indische Grabmal* (1921, A: Otto Hunte) von Joe May, die die Zuschauer aus dem Nachkriegsalltag in unbekannte und ferne Welten ägyptischer oder indischer Tempelanlagen

Intoleranz
(1916, R:
David W. Griffith)

Schon der frühe Monumentalfilm in Italien vor 1914 zeichnet sich durch die Inszenierung von Menschenmassen und den Bau ›imperialer‹ Architektur aus. Griffith steigerte diese Pathos-Elemente in seinen großen Epen noch weiter. Für die Babylon-Geschichte der viersträngigen Erzählung in *Intoleranz* lässt er hohe, gemauerte Fassaden in Kalifornien errichten – die Kameras selbst sind auf einem Turm positioniert. Griffiths Vorliebe für Elefanten ist archäologisch allerdings nicht begründet, im archaischen Babylon gab es diese Tiere seltener als in Karthago, das die italienischen Regisseure als Gegenwelt zum alten Rom rekonstruierten (z. B. Giovanni Pastrone in *Cabiria*, 1914) – offenbar Griffith zum Vorbild. All diese Filmbauten sind zerstört. Heute würde man sie von der UNESCO als Kulturdenkmal schützen lassen.

und Städte aus 1001 Nacht führten. Zum anderen begründete Robert Wienes *Das Cabinet des Dr. Caligari* (1920, A: Hermann Warm, Walter Röhrig, Walter Reimann) den filmischen → Expressionismus, dessen Dekor durch diagonale Linienführung, verzerrte Perspektiven, übersteigerte Proportionen, aufgemalte Licht- und Schatteneffekte, Stilisierung und Abstrahierung die Psychologie der Figuren sichtbar machte, z. B. ihren Wahnsinn wie im Falle Caligaris. Henri Langlois sprach daher von der »Metaphysik des Dekors« im klassischen deutschen Stummfilm. Diese ver-rückte und groteske Filmwelt übersetzte den geistigen Zustand einer traumatisierten, verängstigten Nachkriegsgesellschaft in Bilder. Der Dekor enthielt viele Rückbezüge auf mittelalterliche Gotik, auf Romantik und Biedermeier. So entwarf Hans Poelzig für Paul Wegeners *Der Golem, wie er in die Welt kam* (1920) ein verwinkeltes, spitzgiebeliges und ›windschiefes‹ Prager Ghetto des Mittelalters. Diese Bauten vertraten im Gegensatz zum *Cabinet des Dr. Caligari*, wo durch Graphik räumliche Wirkung erzielt wurde, einen plastischen Expressionismus. Beendet wurde die Zeit der expressionistischen Filme wie Wienes *Raskolnikow* (1923, A: André Andrejew) oder Paul Lenis *Das Wachsfigurenkabinett* (1924, A: Paul Leni, Alfred Junge, Ernst Stern, Fritz Maurischat) durch den von → Realismus und → Neuer Sachlichkeit beeinflussten Kammerspielfilm, der trotzdem nicht ganz frei von expressionistischen Elementen war. In Murnaus *Der letzte Mann* (1924) benutzten die Ausstatter Robert Herlth, Walter Röhrig und Rochus Gliese einen naturalistischen Dekor mit unverzerrten Perspektiven und menschlichen Maßstäben, der dem Zuschauer eine ihm vertraute Umwelt zeigte. Neben Murnau hatten sich auch Georg Wilhelm Pabst (*Die freudlose Gasse*, 1925, A: Hans Söhnle) und Fritz Lang vom Expressionismus gelöst. Die riesige, das gesamte Bild füllende Mauer in *Der müde Tod* (1921, A: Walter Röhrig, Robert Herlth) kündigte schon die Monumentalität der Bauten für *Die Nibelungen* (1924, A: Otto Hunte, Erich Kettelhut, Karl Vollbrecht) an. In diesem Musterbeispiel für Architektur als Bedeutungsträger werden antagonistische Welten auch architektonisch gegenübergestellt: die monumentale, hermetisch-blockartige, steinerne Macht verkörpernde Burg der Burgunden mit ihren geometrischen Ornamenten oder die gewaltige Treppe vor dem Dom, die die Darsteller zu unscheinbaren Zwergen werden lassen, gegen die erdnahen, organischen, dunklen Höhlenbehausungen der ›wilden‹ Hunnen; des Weiteren ein kolossaler, archaisierender Wald mit undurchdringlich wirkenden Stämmen, den Siegfried durchreitet, wobei die Architektur erst durch die symbolistische Ausleuchtung konstituiert wird. Einflüsse auf diese Filmbilder kamen aus Jugendstil und Impressionismus, aus Bildern Böcklins, Czeschkas und Klingers wie auch von der wilhelminischen Monumentalarchitektur. Die Figuren sind manchmal ein ornamentaler, willenloser Teil dieser Architektur, sind Elemente geometrischer Muster, z. B. wenn Soldaten mit ihren Körpern und Schilden eine Landungsbrücke bilden: ein »Ornament der Masse« (Kracauer), wie es Lang auch in *Metropolis* inszenierte.

Insgesamt kennzeichnet den Dekor der Ufa-Filme des klassischen deutschen Stummfilms eine hohe handwerkliche Qualität und ein relativ einheitlicher Gesamtstil, den ein rotierender Stab von erstklassigen Filmarchitekten wie Paul Leni, Hermann Warm, Erich Kettelhut, Walter Röhrig, Otto Hunte, Karl Vollbrecht, Kurt Richter, Robert Herlth, Hans Poelzig, Erno Metzner u. a. prägte. Außer *Nosferatu* (1922, A: Albin Grau), in dem Natur und Realschauplätze wie verfallene Kornspeicher oder verlassene Häuser in eine beredte, Grauen und Unheimlichkeit verbreitende Stimmungsarchitektur verwandelt wurden, und den Naturdekor-→Bergfilmen Arnold Fancks handelte es sich dabei überwiegend um Studioproduktionen.

Als Reaktion auf den deutschen → Caligarismus und dessen biedermeierlich-romantische Retrovisionen entstand 1924 in Frankreich Marcel L'Herbiers Film *Die Unmenschliche*, der moderne Architektur in den Film übernahm und dies zu popularisieren versuchte. An der Ausstattung beteiligten sich namhafte Künstler wie Robert Mallet-Stevens, Alberto Cavalcanti, Fernand Léger und Claude Autant-Lara. Es entstand ein sachlich-modernes Gemisch aus Kubismus, Konstruktivismus, Futurismus und Formalismus. Der französische Film erkundete auch reale moderne Architektur: In Man Rays *Les Mystères du château du dé* (1928) wird die von Mallet-Stevens erbaute kubistische Villa des Vicomte de Noailles zum ›Protagonisten‹ des Films.

In den USA zeigte sich die Moderne im Film zunächst Anfang der 20er Jahre in den Dokumentarfilmen über Wolkenkratzer (*Mannahatta* 1921, R: Charles Sheeler, Paul Strand), *dem* amerikanischen Symbol der Moderne schlechthin. Fritz Lang platzierte *Metropolis* (A: Hunte, Kettelhut, Vollbrecht) 1927 zwischen expressionistischer Großstadtwahrnehmung und Neuer Sachlichkeit. Die in Schichten geteilte Klassengesellschaft wird durch ihre entsprechende Architektur charakterisiert: Die hochtechnologisierte, moderne Oberstadt der Reichen aus Stahl und Glas und einem Wald von Wolkenkratzern, darunter die Wohnkasernen der Arbeiter, der monströse Maschinenmoloch, die gotische Kathedrale und Rotwangs anachronistisches Hexenhäuschen ergeben eine Zukunftsstadt zwischen Traum und Alptraum, zwischen Ästhetisierung und Dämonisierung der Technik, in der der Architektur die Funktion von Herrschaft und Ordnung zukommt.

Ab 1929 begann die große Zeit der Wolkenkratzer im amerikanischen Film. Wie Lang kritisierten auch Harold Lloyd (*Ausgerechnet Wolkenkratzer*, 1923; *Harold Lloyd – Der Traumtänzer*, 1930) sowie Ernest B. Schoedsack und Merian C. Cooper mit

Metropolis
(1927, R:
Fritz Lang)

Die Zukunftsstadt wird als Modell aufgebaut, als eine Art übersteigertes New York – Wolkenkratzer verraten zum Teil den Stil des ornamentlosen neuen Bauens, der mittlere Turm weist noch ausgeprägt dekorative Formen auf, die kleinen Flugzeuge entsprechen einer alten Technik. Die Stadt als gewachsenes Gebilde enthält in *Metropolis* alle möglichen steinernen Zeugnisse aus verschiedenen Epochen – vergangener wie des Altertums, des gotischen Mittelalters oder einer visionären Moderne.

King Kong und die weiße Frau (1933) diese Hochhauskultur als tyrannisierende Stadtarchitektur, und auch die von Charles D. Hall entworfene Fabrik mit Charlie Chaplin als menschlichem Rädchen im Getriebe der *Modernen Zeiten* (1936) kommentierte jene kritisch. Die meisten Filme dieser Zeit jedoch verherrlichten durch ihren Dekor die moderne Großstadt (→ Stadt im Film). Die Ästhetisierung des Machtsymbols Wolkenkratzer und der dynamischen Großstadt spielte vor allem in den → Musical- und Revuefilmen eine große Rolle, denn je exorbitanter die Ausstattung, desto größer war der Erfolg. *The Broadway Melody* (1929, R: Harry Beaumont) markierte den Anfangspunkt für eine Reihe gleichartiger Musicalfilme mit luxuriös-verschwenderischen Dekors, die ein exotisches Glamour-Ambiente schufen. Höhepunkt dieser extravaganten Ausstattungen waren die riesigen Treppentableaus, meist mit Wolkenkratzer-Skyline im Hintergrund, auf denen sich Menschen zu Massenornamenten formierten. Als Fritz Lang des Musicals entpuppte sich hier der Massenchoreograph Busby Berkeley, der Ballettmädchen zu geometrischen Mustern formte, so dass ein Dekor von Blumen oder Rosetten aus menschlichen Körpern entstand. Mit wenigen Jahren Verspätung gegenüber Europa fand seit 1930 auch die moderne Innenausstattung ihren Weg in den amerikanischen Film. Architekt Paul Nelson benutzte, von Le Corbusier beeinflußt, als Dekor für *What a Widow!* (1930, R: Allan Dwan) frei stehende Wände, indirektes Licht (als Bestandteil der Ausstattung), Stahlrohrmöbel und helle, offene Räume. Dieser Modern Look bestimmte ein Jahrzehnt lang die Filmsets Hollywoods, wenn auch hier die ursprüngliche Ideologie bzw. Funktion der modernen Architektur von einer egalitären Bauweise zum exklusiven Statussymbol für Reiche uminterpretiert wurde. Daher spielen die Filme oft in prunkvollen Nachtclubs, auf stromlinienförmigen Ozeandampfern oder in pompösen Hotels (z. B. *Menschen im Hotel*, 1932, R: Edmund Goulding, A: Cedric Gibbons, einer der berühmtesten Production Designer Hollywoods, und Alexander Toluboff).

Zu den Filmarchitekten, die in Europa und den USA modernes Filmdesign entwarfen, gehören u. a. Hans Dreier, Joseph Urban, Lazare Meerson (mit seinem Meisterwerk des modernen Industriedesigns *Es lebe die Freiheit,* 1931, R: René Clair), Cedric Gibbons, Charles D. Hall, Lyle Wheeler und Anton Grot. Die moderne Phase der Architektur verebbte in Europa Mitte und in den USA Ende der 30er Jahre. In Italien ging der Neorealismus aus den Studios an Realschauplätze, in Frankreich entstand der poetische Realismus, der ohne den Ausstatter Alexander Trauner nicht denkbar wäre (*Hafen im Nebel,* 1938, R: Marcel Carné); in Großbritannien wandte man sich → Historien- und Fantasy-Filmen (→ phantastischer Film) und -dekors zu (Vincent Korda, Alfred Junge, Hein Heckroth), während auch in den USA eine Wiederbelebung des Historienfilms im uniformen Ausstattungsstil Hollywoods stattfand. Geradezu detailbesessen war die Ausstattung für Orson Welles' *Citizen Kane* (1941, A: Van Nest Polglase, Perry Ferguson), dessen Kameraperspektiven den Dekor ins Unproportionierte übersteigerten.

Im → Film noir wich die helle, offene, moderne Studioausstattung dunklen, klaustrophobisch wirkenden Schauplätzen, die den Zerfall der Städte (Abbruchhäuser, heruntergekommene Hinterhöfe usw.) und die negative Seite der Urbanität in Form von Gewalt und Zerstörung zeigten. In ähnlicher Weise hat Carol Reeds *Der dritte Mann* (1949, A: Vincent Korda) das zerbombte Nachkriegswien zur Kulisse, dessen Ruinen und düstere Kanalsysteme möglichst authentisch zwielichtige Milieus wiedergeben sollten.

In den 60er Jahren setzte sich – u. a. im Rahmen von → Free Cinema und → Nouvelle Vague – das Drehen an Realschauplätzen fort, diese wurden jedoch für die Erzeugung einer spezifischen Stimmung oft verfremdet, etwa die Landschaft in Michelangelo Antonionis *Die rote Wüste* (1964) durch das Bemalen mit Farben oder die barocke Architektur bayrischer Schlösser durch Kamera und Montage in *Letztes Jahr in Marienbad* (R: Alain Resnais, A: Jacques Saulnier).

Die Architektur ist oft genretypisch standardisiert: im → Western wird die Weite der Landschaft (auch eine Form von ›natürlicher‹ Architektur) betont, während der → Horrorfilm meist in engen, dunklen, bedrohlich scheinenden Räumen verlassener Häuser spielt. Prädestiniert für ausgefallene Architektur ist der → Science-Fiction-Film, in dem phantastische Zukunftswelten entworfen werden. Mit *Metropolis* begann die Vision einer voll urbanisierten und technologisierten Welt, die in den 30er Jahren von David Butlers *Just Imagine* (1930, A: Stephen Goosson) oder William Cameron Menzies' *Was kommen wird* (1936) aufgegriffen wurde. In letzterem entwarf Vincent Korda eine avantgardistisch-moderne, riesige Metall- und Glasstadt der Zukunft. Allgemein zeichnet sich das Science-Fiction-Design durch schnörkellose Glätte und kühle, glänzende ›Metalligkeit‹ oder Plastik-Dekos aus, wie etwa Syd Cains Gestaltung von Truffauts *Fahrenheit 451* (1966) zeigt. Neue Maßstäbe setzte 1968 Stanley Kubricks *2001 – Odyssee im Weltraum* (A: Anthony Masters, Harry Lange, Ernest Archer) mit panoptischen oder kugelförmigen Raumschiffen und deren weißer, hypermoderner und klinisch-steriler Kunststoff-Innenausstattung, wobei der (rotierende) Kreis bzw. die Kugel als geometrische Elemente oft formgebend sind. Außerdem wurden durch Spezial-Trickaufnahmen verfremdete Bilder in die ›Raumgebung‹ mit einbezogen, um beispielsweise Daves Wahrnehmungs-Reise durch den unendlichen Raum zu visualisieren. Dieser klaren, hellen Architekturästhetisierung setzte Ridley Scott in *Alien – Das unheimliche Wesen aus einer fremden Welt* (1979) eine von H. R. Giger entworfene, düster-verrottende, organische Technologie entgegen, bei der z. B. Raumschiffe zoo- oder anthropomorph gestaltet sind. Die Postmoderne hielt ihren Einzug in die Architektur des Science-Fiction-Films mit Ridley Scotts *Blade Runner* (1982, A: Lawrence G. Paull, Syd Mead): Das Los Angeles des Jahres 2019 ist ein dunkler, verfallener, vom ständigen Regen zerfressener High-Tech-Moloch, der aus gigantischen Bauwerken und Ruinen aller Stile und Epochen zusammengewürfelt ist. Ebenso ist Terry Gilliams *Brazil* (1984, A: Norman Garwood, John Beard, Keith Paine) ein alptraumhaftes Dekor-Konglomerat aus verschiedensten Versatzstücken und Zitaten. Von kafkaesken Massenbüros, verschachtelten Gängen à la Piranesi, orientalischen Salons und automatisierten Wohnungen voller Drähte, Kabel und Röhren über schäbige, heruntergekommene Wohnblöcke und ein industrielles ›Wasteland‹ bis hin zum Bürohaus im Stil der monumentalen NS-Architektur eines Albert Speer reicht diese heterogene Collage, die eine geradezu entfesselte Dekorlust zur Schau stellt.

Neben Ausstattern wie Ken Adam, der mit unverkennbarem Stil das Design der *James Bond*-Filme mit ihren phantastisch-gewaltigen Kommandozentralen der Bösewichte und unzähligen technischen Spielereien entwarf, erschaffen Regisseure wie Peter Greenaway, dessen opulent-dekadente, manchmal auch morbide Dekors der Malerei des Manierismus und der Barockzeit nachempfunden sind, oder Ken Russell mit seinen exzentrischen Dekors ihre eigenen Bildwelten.

Im amerikanischen Blockbuster-Kino der letzten Jahre hat die Architektur – ähnlich wie in → Musicals – wieder einen solchen Schauwert und ist so aufwendig, dass die Handlung zugunsten der Zurschaustellung dieser megalomanen Architektur zurücktritt, wie es beispielsweise bei Kevin Costners *Waterworld* (1995) der Fall ist.

Stützte sich die Architektur immer schon in starkem Maße auf Trickverfahren (→ Special Effects) vor allem der Bildkombination, bei denen auf Glas gemalte Architekturteile oder eingespiegelte Modelle (→ Schüfftan-

Blade Runner (1982, R: Ridley Scott)
Auch in jüngeren Konzeptionen ›utopischer‹ Stadtlandschaften vermischen sich archaische Modelle mit Vorstellungen futuristischer Bauten. In Scotts Film liegt Los Angeles unter einer dichten Wolkendecke (schon dies ein meteorologisches Wunder). Die berühmte Schlusssequenz findet in einem historisch realen Bau statt, der an Gothic Architecture erinnert, während das Tyrell-Gebäude, das Zentrum der Roboterindustrie in der Stadt, sich wie eine Pyramide erhebt: älteste Baudenkmäler bilden eine Art mythischen Aufriss, dem sich die Avantgarde der Zukunft einschmiegt.

Verfahren) die Illusion oft riesiger Bauten vortäuschen, so gibt es im Computerzeitalter eine Tendenz, die Architektur zunehmend zu virtualisieren. Seit Steven Lisbergers *Tron* (1982), der zur Hälfte aus computergenerierten Bildern besteht, wird das Umfeld der Schauspieler, werden architektonische Bildwelten immer häufiger künstlich erzeugt und kaum mehr gebaut, sodass der Beruf des Filmarchitekten mehr und mehr dem des Computeranimateurs und Trickspezialisten weicht (→ Animation, → digitale Ästhetik).

Marion Müller

Literatur: Robert Herlth: Filmarchitektur. Katalog des Deutschen Instituts für Film und Fernsehen. München 1965. – Léon Barsacq: Caligari's Cabinet and Other Grand Illusions. A History of Film Design. New York 1975. – Terence St. John Marner: Filmdesign. Hanau 1980. – Architektur im Film. Cinema 4 (1981). – Dieter Bartetzko: Illusionen in Stein. Stimmungsarchitektur im deutschen Faschismus. Ihre Vorgeschichte in Theater- und Filmbauten. Reinbek bei Hamburg 1985. – Donald Albrecht: Architektur im Film. Die Moderne als große Illusion. Basel [u. a.] 1989. [Amerikan. Orig. 1986.] – Helmut Weihsmann: Gebaute Illusionen. Architektur im Film. Wien 1988. – Max Douy / Jacques Douy: Décors de cinéma. Les studios français de Méliès à nos jours. Paris 1993.

Archive. Ein Archiv ist nach heutiger Sprachbedeutung eine Einrichtung, die der Sammlung, Erfassung, Verwahrung, Betreuung, Erschließung und Nutzbarmachung von Schrift-, Bild- und/oder Tongut dient. Archive werden auf staatlicher, institutioneller oder privater Basis betrieben; die dort verwahrten Materialien gelten als historische Quellen, die vor allem für wissenschaftliche und publizistische Zwecke genutzt werden. Die Sicherung und Erschließung von Bild- und Tonträgern hat in diesem Zusammenhang eine besondere Bedeutung, weil sie unmittelbarer als andere Materialien für mediale Nutzungen verwendet werden können (Publikationen, Kino, Hörfunk, Fernsehen, neue Medien). Andererseits sind Verwahrung und Verwertung dieser Materialien mit speziellen rechtlichen und vor allem technischen Problemen verbunden.

Die Geschichte der Filmarchivierung ist weltweit über viele Jahrzehnte dominiert von Fehlern, Versäumnissen und Verlusten. Bis in die 30er Jahre wurden nirgendwo systematisch Ausgangsmaterialien oder Kopien gesammelt, weil sich keine staatlichen Stellen für die vorwiegend privatwirtschaftlich produzierten Filme zuständig fühlten. Die Produkte wurden ohnehin mehr der Unterhaltung als der Kunst zugerechnet. Eine Abgabepflicht von Belegkopien war nicht vorgeschrieben. Es gab einsame Rufer in der Wüste: den Kinoreformer Hermann Häfker (1913), den Filmtheoretiker Béla Balázs (1931: »Ein Museum der Filmkunst anzulegen wäre dringende Pflicht des Staates.«). Aufgehoben wurden Filmkopien vorwiegend bei Produktions- oder Verleihfirmen und privaten Sammlern. Erst nach der Etablierung des Tonfilms, in den 30er Jahren, wurden die ersten offiziellen Filmarchive gegründet: 1933 das Svenska Filmsamfundet in Stockholm, 1934 das Reichsfilmarchiv in Berlin, 1935 die National Film Library in London und die Film Library des Museum of Modern Art in New York, 1936 die Cinémathèque Française in Paris, 1938 die Cinémathèque Royale in Brüssel. Im Juni 1938 wurde in Paris die Féderation Internationale des Archives du Film (FIAF) gegründet, ein Verband, dem zunächst die Archive aus Berlin, London, New York und Paris angehörten. Sie verständigten sich auf eine Zusammenarbeit mit nichtgewerblicher Zielsetzung. Allerdings hatten die Archivare noch keine Vorstellung von der Sicherung ihrer Materialien. Sie sammelten in der Regel Kopien ohne Verwahrung der Negative. Der Ausbruch des Zweiten Weltkriegs zerstörte dann auch die Entwicklung gemeinsamer filmarchivarischer Interessen. In den 40er Jahren wurden weitere wichtige Filmarchive gegründet: 1941 Det Danske Filmmuseum in Kopenhagen, 1942 die Motion Picture, Broadcasting and Recorded Sound Division der Library of Congress in Washington, D.C., 1943 das Ceskoslovensky Filmovy Ustar in Prag, 1946 das Nederlands Filmmuseum in Amsterdam, 1948 die Cinémathèque Suisse in Lausanne und Gosfilmofond in Moskau, 1949 die Cineteca Nazionale in Rom. Als Pioniere der Filmarchivierung gelten heute Iris Barry (New York), Frank Hensel (Berlin), Henri Langlois (Paris), Ernest Lindgren (London), Einar Lauritzen (Stockholm), Jacques Ledoux (Brüssel) und Jerzy Toeplitz (Warschau).

In den 50er Jahren konkretisierten sich angesichts der Gefährlichkeit des leicht entflammbaren Nitrozellulose-Materials und dessen Eigenschaft, sich unter bestimmten Bedingungen selbst zu zersetzen, Überlegungen und Programme zur langfristigen Rettung der nationalen Filmkulturen (→ Filmmaterial, → Filmrestaurierung). Die notwendigen Umkopierungen auf so genanntes Sicherheitsmaterial (zunächst Acetatfilm, dann Polyester) erforderten allerdings große finanzielle Aufwendungen, zu denen nur wenige Archive in der Lage waren. Außerdem wurden bei den seit den 40er Jahren gebräuchlichen Farbmaterialien (ausgenommen Technicolor) Ausbleichungen festgestellt, die nur durch gekühlte und klimatisierte Lagerung (optimal: $-7\,°C$, $25\,\%$ relative Luftfeuchte) aufzuhalten sind. Auch die schadlose Langzeitarchivierung umkopierter Schwarzweißfilme ist nur unter speziellen Bedingungen möglich. Inzwischen gelten zahlreiche Filme früherer Jahrzehnte als definitiv verloren, bei anderen wird mit großem Aufwand und in Kooperation der Filmarchive an Restaurierungen oder Rekonstruktionen gearbeitet. Neue Technologien wie die Digitalisierung (→ digitale Ästhetik) sind dabei hilfreich, garantieren aber auch bei großen Investitionen kein dauerhaftes Überleben.

In der FIAF sind inzwischen 115 Archive zusammengeschlossen, die einen lebhaften Erfahrungs- und Kopienaustausch betreiben, in verschiedenen Kommissionen zusammenarbeiten und sich jährlich zu einem Kongress treffen. Auch die Stummfilmfestivals in Pordenone und Bologna dienen der fachlichen Kommunikation. Die westeuropäischen Archive haben einen eigenen Zusammenschluss gebildet (ACCE) und konnten in den 90er Jahren von Mitteln aus dem Media-Programm der Europäischen Union profitieren.

Deutschland war mit der Gründung des Reichsfilmarchivs 1934 und einer dann zunehmend staatlich gelenkten Filmproduktion archivarisch gesehen in einer guten Ausgangsposition. Allerdings wurden auch hier vorwiegend Kopien und wenig Negative gesammelt. Die Stummfilmproduktion der Kaiserzeit und der Weimarer Republik galt im Übrigen schon in den 30er Jahren als nur noch fragmentarisch erhalten. Vor allem einige Privatsammler haben hier das Schlimmste – den Gesamtverlust – verhindert. Nach dem Ende des Zweiten Weltkriegs gingen die Materialien des Reichsfilmarchivs in die Verfügung der alliierten – vor allem der sowjetischen und amerikanischen – Administration über. Zu großen Teilen wurden die Kopien in den 50er Jahren an die DDR und die Bundesrepublik zurückgegeben.

In der DDR fand 1955 die Gründung des Staatlichen Filmarchivs statt, in dem die nationale Produktion (Spiel-, Trick- und Dokumentarfilm) gesichert und internationale Produktionen, soweit sie in den Kinos der DDR gezeigt wurden, verwahrt werden konnten. Es bestand dort eine Abgabepflicht für Filmmaterialien und filmbegleitende Dokumente.

In der Bundesrepublik gab es jahrzehntelang nur regionale, unkoordinierte Aktivitäten. Die Einrichtung einer zentralen Kinemathek scheiterte an einem Vorbehalt der bundesdeutschen Verfassung: Kultur untersteht danach der Hoheit der Länder. Diese sind aber nur schwer zu bewegen, nationale Aufgaben gemeinsam zu lösen. Seit 1978 arbeiten das Bundesarchiv-Filmarchiv (früher: Koblenz, jetzt: Berlin), das Deutsche Filminstitut – DIF (früher: Wiesbaden, jetzt: Frankfurt am Main) und die Stiftung Deutsche Kinemathek (Berlin) auf der Basis eines Verwaltungsabkommens im so genannten Kinematheksverbund zusammen. Das Bundesarchiv, zunächst nur mit der Sammlung von Dokumentarfilmen und staatlich geförderten Spielfilmen befasst, hat in dem neu gefundenen Zusammenhang die Aufgaben eines zentralen deutschen Filmarchivs übernommen und ist mit der Sammlung und Sicherung der deutschen Filmproduktion von den Anfängen bis zur Gegenwart beauftragt. Das Deutsche Institut für Filmkunde (gegründet 1949; heute: Deutsches Filminstitut, DIF) und die Stiftung Deutsche Kinemathek (gegründet 1963, heute: Filmmuseum Berlin) konzentrieren sich auf den nichtgewerblichen Verleih historischer deutscher Filme, die Veranstaltung von Retrospektiven und Ausstellungen, die Veröffentlichung filmhistorischer Untersuchungen und die Sammlung von Sekundärmaterialien zur Filmgeschichte. Dem Kinematheksverbund gehören inzwischen als kooptierte Mitglieder das Deutsche Filmmuseum in Frankfurt am Main, das Filmmuseum Düsseldorf, das Filmmuseum München und das Filmmuseum Potsdam sowie CineGraph Hamburg an. Die Sammlungen und Tätigkeiten dieser Institute haben unterschiedliche Schwerpunkte. In München ist durch Restaurierungen und Rekonstruktionen deutscher Filme der 20er und 30er Jahre besondere Arbeit geleistet worden. In Frankfurt, Düsseldorf und Potsdam stehen die Museumsaktivitäten im Mittelpunkt (→ Filmmuseum), in Hamburg wird filmhistorisch geforscht. Nach der deutschen Einigung im Oktober 1990 wurde das Staatliche Filmarchiv der DDR Teil des Bundesarchivs, dessen Filmabteilung weitgehend nach Berlin verlagert wurde. Der Gesamtbestand dieses Archivs wird auf 143000 Titel beziffert, 115000 Dokumentarfilme und 28000 Spielfilme. Im Zusammenwirken des Kinematheksverbundes wurde 1995 die erste Stufe einer »Nationalfilmographie« erarbeitet: die Grunddatei aller deutschen Spielfilme.

Hans Helmut Prinzler

Literatur: Raymond Borde: Les cinémathèques. Bordeaux 1983. – Richard Roud: A Passion for Films. Henri Langlois and the Cinémathèque Française. New York 1983. – Robert Daudelin (Red.): 50 Years of Film Archives / 50 ans d'Archives du Film. Brüssel 1988. – Eva Orbanz (Hrsg.): Archiving the Audio-Visual Heritage. A Joint Technical Symposium. Berlin 1988. – Eileen Bowser / John Kuiper (Hrsg.): A Handbook for Film Archives. New York / London 1991. – Harriet W. Harrison (Hrsg.): The FIAF Cataloging Rules for Film Archives. München 1991. – Susanne Pollert: Film- und Fernseharchive. Bewahrung und Erschließung audiovisueller Quellen in der Bundesrepublik Deutschland. Potsdam 1996. – Catherine A. Surowiec (Hrsg.): The European Film Archives at the Crossroads. Lissabon/London 1996.

Atmosphäre / Atmo. Atmosphäre bezeichnet einen Raumeindruck, der der physiognomischen Wahrnehmung einer Gestalt gleichzusetzen ist. Dieser Eindruck lässt sich als Stimmung umschreiben, die auf mehrere Sinne des Publikums zugleich einwirkt (synästhetischer Effekt): auf Gesicht, Gehör, Gefühl. Die Atmosphäre eines Außen- oder Innenraums wird bestimmt durch dessen Größe, Weite oder Enge, die Menge und Eigenart der Dinge, die in diesem Raum versammelt sind, durch das Licht und dessen Abstufung, auch durch charakteristische Akustik. Begriffe, die zur Kennzeichnung einer Landschaft tauglich sind, lassen sich auch auf die Atmosphäre eines Schauplatzes übertragen, wobei Assoziationen oder Analogien mit leiblichen Empfindungen immer nahe liegen: So kann eine Szenerie wie die Atmosphäre eines Raumes als lieblich, häuslich, gemütlich, fröhlich, aufgeräumt, erhaben, gewaltig, sanft oder schroff, bedrohlich, düster, dumpf und dunkel, schwer lastend, ernst und melancholisch gelten. Die Atmosphäre lässt sich ebenso in Begriffen der Witterung (heiter, sonnig, aber auch schwül-warm, dumpfbrütend, heiß oder kalt, frostig usw.) beschreiben oder auch mit Ausdrücken, die für die Einteilung der Zeit in Beginn und Ende üblich sind (auflebend, absterbend). Bei näherer Betrachtung stellt sich fast immer heraus, dass die zuerst diffuse Benennung einer spezifischen Atmosphäre oft durch präzisere Angaben ersetzt werden kann.

Bei der Inszenierung von Atmosphäre kommt es oft auf die Auswahl bestimmter, deutlich erkennbarer Zeichen an: eine Straße im Abendlicht weist eine andere Atmosphäre auf als dieselbe Straße in der Nacht, wenn nur eine einsame Laterne einen schmalen Umkreis erleuchtet, die noch dazu vom Wind hin- und herbewegt wird – den man dann auf der Tonebene noch als kaltes Sausen hört. Eine Landschaft mit einem

Liebelei
(1933, R: Max Ophüls): Magda Schneider und Luise Ullrich

Der Tag bricht an
(1939, R: Marcel Carné): Jean Gabin

Die Mörder sind unter uns
(1946, R: Wolfgang Staudte): Hildegard Knef und Ernst Wilhelm Borchert

Lebensgier (1954, R: Fritz Lang):
Gloria Grahame und Glenn Ford

Kreuz im Abendlicht kann wie Heimatkitsch wirken, dieselbe Landschaft, in der das Kreuz durch einen hohen aufgerichteten Galgen ersetzt wird, erhält sofort schauerromantisches Gepräge. Musik im Film kann die Atmosphäre, die von den Bildern evoziert wird, verstärken oder dämpfen.

Meist ist die Atmosphäre im Film auf bestimmte Genreerwartungen abgestimmt, wobei die Genres, die mit Ängsten spielen, den Vorrang haben: Im → Horrorfilm dominiert etwa eine extreme Hell-Dunkel-Modellierung des Raums, aus dessen Schattenzonen das Unheimliche und Ungeheuerliche hervorzudrängen scheint. Ruinen mit den Spuren des Verfalls sind viel benutzte atmosphärische Kulissen für Erzählungen zwischen Tag und Traum, in denen Begegnungen mit Vampiren und dergleichen Platz finden, während z. B. → Science-Fiction-Filme futuristische Stadtlandschaften aufbauen, die durch Kälte gekennzeichnet sind: Trutzburgen einer künftigen Welt und Schreckensutopie, zwischen deren Mauern und Apparaten sich der lebende Mensch verirrt. So können unendliche Schutthalden die Welt nach der umfassenden Katastrophe bedeuten. Der amerikanische → Film noir hat in den 40er und 50er Jahren durch die segmenthafte Ausleuchtung einer sonst in schwarzen Schatten versinkenden nächtlichen Großstadtwelt eine Art nihilistischer Sphäre, einen Raum ohne Ausweg konstituiert, in dem auch Schicksale ohne Auswege bleiben.

Als Atmo bezeichnet man die (oft aus ›Konserven‹ entnommenen und nicht mehr als O-Ton aufgezeichneten) Hintergrundgeräusche bei Außen- oder Innenaufnahmen, die den Ort als vertrauten realen oder als fremdartigen Tonraum darstellen, z. B. durch Naturlaute hier oder ein mysteriöses Dröhnen dort, dessen Herkunft man sich nicht erklären kann. Dabei tritt die Atmo, ähnlich der Begleitmusik, im Wechsel mit dem Dialog deutlicher oder schwächer hervor, kann Akzente setzen und die Aufmerksamkeit lenken: Dann werden Geräusche manchmal zu ›dramatischen‹ Vordergrund-Signalen wie z. B. bei Schritten in der leer geglaubten Wohnung. Atmo steigert auf diese Weise die Spannung oder lässt Entspannung eintreten. Atmo kann – auch unabhängig vom Bild – einen weiten oder einen engen Raumeindruck erwecken: Hundebellen in der Ferne eröffnet in Nachtszenen ein weites ›Feld‹, Vogelzwitschern, fernes Motorengeräusch, fallende Wassertropfen, gedämpfter Lärm von draußen, stellen durch kleinen Lautpegel den Eindruck von Stille her, während völlige Ruhe als unnatürlich empfunden wird. Atmo ist meist objektiv erfahrbar, kann aber ebenso die subjektive Tonwelt einer Figur darstellen. Meist setzt man die Atmo mit Dialog, anderen Tönen und der Musik bei der Tonmischung (→ Sound Design, → Mischung) in das richtige Verhältnis, steuert sie aus – selten begleitet sie als starrer Laute-Fries eine Szene, sondern wird, wenn die Figuren zu sprechen beginnen, zurückgedrängt (andernfalls ließe sich eine sprachliche Auseinandersetzung nicht mehr deutlich verfolgen).

Thomas Koebner

Literatur: Gernot Böhme: Atmosphäre. Frankfurt a. M. 1995.

Nicht nur der Blick durch das Fenster (triste Straßen oder grünes Land, Öde oder Lichterglanz) erschließt etwas von der Atmosphäre der Umwelt, in der sich die Figuren des Films bewegen. Ebenso offenbart die Art, wie diese Figuren aus dem Fenster schauen, im Äußeren das Innere – entsprechend der altüberlieferten Analogie von Augen als den Fenstern der Seele. Bei Ophüls ist es das zerbrechliche Glück zweier junger Wiener Mädchen, das flüchtig wie der Schnee sein kann, bei Carné die düstere Einsamkeit eines Gerechten, der wider Willen schuldig geworden ist und sich im Grauen des neuen Tages selbst erschießen wird, ein existentialistischer Held. In Staudtes Trümmerfilm symbolisieren die Scherben der Fensterscheiben der zerbrochenen Hoffnungen zweier Menschen in der Ruine zerbombter Stadt (Berlin), die notdürftig ein Haus neu bestellen, vor allem die Frau. Im amerikanischen Film Fritz Langs nach der Erzählung von Émile Zola leuchtet der Blick der jungen Frau aus dem Fenster als Ausdruck einer überlebensgroßen und zugleich unerfüllbaren Sehnsucht, sie wartet dringlich auf eine glückliche Zukunft, die nie eintreffen wird.

Attraktionsmontage. Die Attraktionsmontage oder → Montage der Attraktionen ist ein ästhetisches Konzept, das der sowjetische Filmregisseur und -theoretiker Sergej Eisenstein (1898–1948) in den frühen 20er Jahren zunächst für seine Arbeit als Theaterregisseur und dann für seine Filmpraxis entwickelte. Es steht im engsten Zusammenhang mit der Revolutionierung der gesamten Kunst und Ästhetik nach der Russischen Revolution von 1917 und dem sich allmählich etablierenden Sowjetstaat, die im → Revolutionsfilm kulminiert. Eine radikal antibürgerliche und ganz auf die Dynamik eines sich zum Sozialismus hin entwickelnden Kollektivs ausgerichtete Kunst sollte entstehen, die vor allem die traditionellen Produktions- und Wirkungsweisen von Theater und Film zu verändern hatte. 1923 erschien Eisensteins Schrift »Montage der Attraktionen« zu seiner Inszenierung von Ostrowskis Stück »Eine Dummheit macht auch der Gescheiteste« (1868) für das Moskauer Arbeitertheater des Proletkult. Diese paradigmatisch montierte Inszenierung, so Eisenstein, sollte nicht nur das Stück als Vorlage und Sujet umfunktionieren, sondern vor allem die bürgerliche Institution Theater abschaffen und das Theater zu einem »beispielgebenden Schaulaboratorium« machen, das die Massen für den neuen sozialistischen Alltag wappnet. Dabei kommt der Montage der Attraktionen die Aufgabe zu, die Darstellung aus der »Knechtschaft« des ästhetischen Illusionismus zu befreien: Attraktionsmontage als Mittel der Inszenierung mit bewusst gewählten Versatzstücken wird zum »Bearbeitungswerkzeug« des Zuschauers – der Zuschauer, der verändert werden soll, wird zum »Grundstoff des Theaters« erklärt: »Eine Attraktion [...] ist jedes aggressive Moment des Theaters, das heißt jedwedes seiner Elemente, das den Zuschauer einer sinnlichen oder psychologischen Einwirkung aussetzt, welche [...] auf bestimmte emotionale Erschütterungen des Rezipierenden hin durchgerechnet wurde«, und als »Gesamtsumme« der Montage solcher Attraktionen soll eine ideologische Aussage im Sinne des Sozialismus wahrgenommen werden (Eisenstein).

Das Konzept der Montage der Attraktionen setzt also zunächst auf Aggressivität, auf das → Schock-Element, das Eisenstein dem französischen Grand-Guignol-Theater (Theater des Schreckens), aber auch dem Zirkus und den Music-Halls, also den populären Formen der Unterhaltung entlehnte, die von Unterbrechungen des Fortgangs und immer wieder neuen Sensationen leben. Zugleich spielt die rationale Berechnung der aggressiven Wirkung von montierten, also geballt kombinierten Attraktionen eine Rolle: ihre ideologische Planung und entsprechende politische Wirkung. Ob die allerdings in der Ostrowski-Inszenierung mit permanenter Unterbrechung der Handlung durch Couplets und Tänze, durch ein Stück Filmkomödie, durch Drahtseilakte und Degenkämpfe und schließlich durch eine »Salve unter den Zuschauersitzen als Schlussakkord« (Eisenstein) im Theater wirklich erreicht wurde, mag wohl auch Eisenstein bezweifelt haben, denn er wandte sich danach dem Film zu.

Die Schrift »Montage der Filmattraktionen« (1924) ist das Manifest der Ästhetik von Eisensteins erstem Film *Streik* (1924). Montage ist im Film das ästhetische Prinzip der Technizität des Mediums selbst: Als ein aus Bausteinen kombiniertes »einwirkendes Gebilde« (Eisenstein) koppelt der Film in Bildern, die Raum und Zeit frei assoziieren können, gelenkte Attraktionen zusammen als Assoziationen, die im Zuschauer einen Effekt auslösen. In *Streik* ist die berühmteste Attraktionsmontage sicher die, in der die Bilder des Mordes an den Streikenden mit Bildern aus einem Schlachthof montiert werden. Die ideologisch-politische Aussage ist klar: Die herrschenden Kapitalisten schlachten die Aufbegehrenden wie Vieh ab. Diese »Verfahrensweise blutigen Horrors« (Eisenstein) ist jedoch nur ein Element der Attraktionsmontage. Eisenstein wollte das Konzept auf die »Natur des Films als Ganzes« übertragen. Er sah 1924 die Zukunft des Mediums in der immer komplexer werdenden Montage von Bildern, die vom affektiven Wahrnehmen zum intellektuellen Erfassen überleiten, ohne dass diese neuen Filme ein einheitliches psychologisches Sujet besitzen oder einen individuellen Helden, der zur Zuschauer-Identifikation bestimmt ist. Im Konzept der Montage der Attraktionen zeigt sich, dass Eisensteins Filmtheorie – und darin ist sie avantgardistisch – die dem Film vorausgehenden Formen der attraktiven Massenunterhaltung (Theater, Zirkus, Music-Halls) und auch den frühen → Slapstick-Film in ihren Wirkungsmodi als Sensationen aufgreift. Zudem ist Eisenstein beeinflusst von den Filmen von D. W. Griffith, dessen *Intoleranz* (1916) bereits die → Parallelmontage zu einer filmischen Geschichts- und Kulturmontage von Zeiten und Räumen erweiterte. Eisenstein aber drängt zu einer ästhetischen Stilisierung, die sinnliche Stimuli filmisch durch Montage so organisiert, dass sie »klassenmäßig nützlichen Einwirkungen« und damit den »utilitaristischen Zielen des Kinos in der Sowjetrepublik« dient. Dem politischen Impetus folgend, gab er das Konzept der Attraktionsmontage in der Folge auf und entwickelte das Konzept einer rein intellektuellen Montage für seinen Film *Oktober / Zehn Tage, die die Welt erschütterten* (1927). Beide Montagekonzepte Eisensteins wurden im sich verhärtenden Stalinismus als ›formalistisch‹ denunziert.

Tom Gunning hat dem Konzept der Attraktionsmontage Eisensteins eine neue Bedeutung gegeben: als Schlüssel zur Erfassung des frühen Kinos und seiner Zurschaustellung von Schocks oder Überraschungen und als – ungewollte – Vorwegnahme des Spektakel-Kinos eines Steven Spielberg und George Lucas, das ein intentional völlig unpolitisches Einwirken auf den Zuschauer durch ein wahres Bombardement seiner Sinne will.

Bernd Kiefer

Literatur: Tom Gunning: Das Kino der Attraktionen. Der frühe Film, seine Zuschauer und die Avantgarde. In: Meteor. Texte zum Laufbild 4 (1996) [Amerikan. Orig. 1986.] – Sergej Eisenstein: Das dynamische Quadrat. Schriften zum Film. Köln 1988. – David Bordwell: The Cinema of Eisenstein. Cambridge, Mass. / London 1993. – Oksana Bulgakowa: Sergej Eisenstein. Eine Biographie. Berlin 1998. – Christine Engel (Hrsg.): Geschichte des sowjetischen und russischen Films. Stuttgart/ Weimar 1999.

Aufklärungsfilm (auch: Sexual-Aufklärungsfilm). → Dokumentarfilm oder Semi-Dokumentarfilm mit Spielszenen, der eine Veränderung des Sexualverhaltens der Zuschauer anstrebt. Die bisher drei Wellen von Aufklärungsfilmen hängen mit prägnanten gesellschaftlichen Veränderungen jeweils nach beiden Weltkriegen und in den 60er Jahren zusammen.

Zwischen 1917 und 1919 drehte der Österreicher Richard Oswald drei Dokumentationen zur »Bekämpfung« der Geschlechtskrankheit Syphilis. In Zusammenarbeit mit dem Sexualforscher Magnus Hirschfeld weitete er die Thematik schließlich auch auf eine Behandlung der Prostitution aus. Schon hier zeigte sich, dass im Rahmen der »Aufklärungsfunktion« den Filmemachern stilistisch nur geringe Beschränkungen gesetzt waren. Die einsetzende Welle ähnlicher und spekulativer Produktionen wurde bereits 1920 durch das Reichslichtspielgesetz eingedämmt, das verlangte, dass alle Filme vor ihrer öffentlichen Vorführung durch amtliche Prüfstellen zugelassen werden müssen.

Die mit dem Zweiten Weltkrieg erneut aufkommende Problematik der Geschlechtskrankheiten zog eine Reihe für den Kinoeinsatz produzierter Filme nach sich (z. B. *Schleichendes Gift*, 1946), die thematisch auch vermehrt alltäglichere Bezüge aufzeigen (*Vom Mädchen zur Frau*, 1949). Auch aus den USA und Dänemark kamen teilweise durchaus ernsthafte Dokumentationen (z. B. *So beginnt ein Leben*, 1949). Die sich langsam »normalisierenden« gesellschaftlichen Verhältnisse ließen diese Wellen recht schnell wieder abebben.

Die kommerziell bedeutendste Welle sexuell orientierter Aufklärungsfilme war durch das veränderte Sexualverhalten der westlichen Industriegesellschaften in den ausgehenden 60er Jahren bedingt. Oft in staatlichem Auftrag wurden vis-à-vis mit Illustriertenserien populäre medizinische Lehrfilme in Reihe produziert; wichtige Vertreter sind Erich Bender (*Helga*, 1967), Van de Velde (1968/69) und Oswald Kolle (1968–72). Vermehrt wurden auch so genannte sexuelle »Randgruppenerscheinungen« (Homosexualität, Sadomasochismus, Fetischismus) thematisiert – oft mit moralisierendem Unterton (z. B. in *Sex Pervers*, 1970), wobei der dokumentarische Habitus oft lediglich als spekulativer Vorwand dient, um modellhafte Spielszenen in softpornographischen Handlungen gipfeln zu lassen. Trotz des signifikanten Aids-Problems seit den 80er Jahren blieb eine vierte Welle an Aufklärungsfilmen bislang aus. Nur vereinzelt tauchten Aufklärungsfilme mit anderer Thematik (z. B. Drogen) auf (→ Sexfilm).

Marcus Stiglegger

Literatur: Rolf Thissen: Sex verklärt. München 1994.

Außenaufnahme / Innenaufnahme (engl. »exterior« / »interior«, frz. »extérieur« / »intérieur«). Typisierung von Filmaufnahmen nach dem Ort, an dem sie gemacht werden bzw. an dem sie spielen. Trotz gewisser Unklarheiten aufgrund dieser Differenzierung kann man zwei Verwendungsweisen des Begriffspaars unterscheiden: 1) Im engeren Sinne ist damit gemeint, ob eine Einstellung außer- oder innerhalb eines geschlossenen Raumes aufgenommen ist oder dort spielt (gängige Abkürzungen im Drehbuch dafür sind EXT und INT). 2) Im weiteren, produktionstechnischen Sinne bezeichnen Außenaufnahmen Dreharbeiten ausschließlich außerhalb des Studiogeländes und Innenaufnahmen die reine Studio-Produktion, wobei in beiden Fällen sowohl an Innen- als auch an Außenschauplätzen gefilmt werden kann. Dokumentarfilme bestehen in der Regel aus Außenaufnahmen, die 1) und 2) kombinieren. Für *Die Männer von Aran* (1934) drehte Robert J. Flaherty z. B. auf den irischen Aran-Inseln. Nur wenige Filme mit dokumentarischem Ansatz, wie Andy Warhols Porträt eines schlafenden Mannes in *Sleep* (1963), beschränken sich auf Innenaufnahmen im engeren Sinne. In der Spielfilmproduktion verwenden die meisten Werke seit dem italienischen Neorealismus (→ Realismus) Innen- und Außenaufnahmen in beiden Bedeutungen; deren jeweiliger Anteil ist allerdings je nach Genre unterschiedlich groß. → Kammerspielartige Filme wie Alfred Hitchcocks *Cocktail für eine Leiche* (1948) kommen fast vollständig ohne Aufnahmen im Freien aus; hingegen ist der → Western das Genre schlechthin für eindrucksvolle Natur- und Landschaftsaufnahmen (→ Natur im Film). In den Werken einiger Regisseure überwiegt aufgrund einer persönlichen Präferenz die im produktionstechnischen Sinne verstandene Innen- oder Außenaufnahme: Pedro Almodóvar kann beispielsweise bei der Arbeit im Studio eine Kunstwelt nach seinen Vorstellungen schaffen, während ein sozialkritischer Regisseur wie Ken Loach um der größeren Authentizität der Aufnahmen willen die Arbeit außerhalb der Studio-Welt bevorzugt.

Die Entscheidung, eine Außenaufnahme im Sinne von 2) zu realisieren, wird relativ früh im Produktionsprozess auf Basis des Drehbuchs gefällt. Im Vorfeld solcher Außenaufnahmen ist ein großer organisatorischer Aufwand notwendig: Am Anfang steht die Motivsuche nach geeigneten Außen- und Innenschauplätzen. Wenn ein Schauplatz nicht verfügbar ist, muss ein geeigneter Ersatz gefunden werden. Miloš Forman nutzt beispielsweise in *Amadeus* (1984) die Prager Altstadt als das Wien zu Mozarts Lebzeiten und Michael Apteds Kriminalfilm *Gorky Park* (1983) die finnische Hauptstadt Helsinki stellvertretend für das winterliche Moskau. Die Anzahl der Außendrehorte ist ein wichtiger Faktor für die Produktionskosten. Mike Todds *In 80 Tagen um die Welt* (1956) war so teuer, weil an mehr als 140 über die ganze Erdkugel verteilten Orten gedreht wurde. Um die Produktionskosten vor allem bei → B-Filmen möglichst niedrig zu halten, war in Hollywood der 30er Jahre auf einer Landkarte von Kalifornien verzeichnet, welche Landschaft in welcher Region des Landes simuliert werden konnte, z. B. eine Südseelandschaft auf dem Santa Catalina Island. Ein Außendreh ist von vielen kostentreibenden Unsicherheitsfaktoren abhängig. An erster Stelle stehen dabei ungünstige Wetter- und Lichtverhältnisse. Die Arbeiten zu Francis Ford Coppolas *Apocalypse Now* (1979) erlit-

Sunrise (1927, R: Friedrich Wilhelm Murnau): George O'Brien
»Nacht draußen« wird noch lange Zeit im Atelier gedreht, weil hier bei eng begrenztem Horizont mit künstlichem Licht effektvoll gearbeitet werden kann. Wer bei dieser Einstellung näher hinsieht, kann zwei Leuchtzentren beobachten, halb links und ganz rechts – sollte es sich gar um zwei Monde handeln? Die Gestaltung nächtlicher Szenerien entfernt sich oft von realen Beleuchtungsverhältnissen und gehorcht der Dramaturgie der jeweiligen Erzählung – und die verlangt in *Sunrise* einen düsteren Ort.

ten beispielsweise einen Rückschlag, als ein Wirbelsturm auf den Philippinen alle Filmbauten zerstörte; Marlon Brando ließ für seinen Western *Der Besessene* (1961) das Filmteam tagelang auf einen geeigneten Sonnenaufgang warten. Bei den Dreharbeiten vor Ort stellt sich eine Vielzahl von Problemen für den Produktions- und seine Aufnahmeleiter: von der Vorbereitung des Drehortes über das Aufstellen von Absperrungen, das Fernhalten von Schaulustigen und die Regelung des Verkehrs bis zur Unterbringung und Verpflegung des Filmteams.

Die Dreharbeiten finden im Bereich des Filmstudios statt, wenn kein natürlicher Schauplatz den Vorstellungen des Regisseurs entspricht oder nicht verfügbar ist oder ein Dreh dort zu teuer käme. Zudem sind auf dem Studiogelände die Arbeitsbedingungen stärker kontrollier- und planbar. Die Licht- und Wetterbedingungen können hier künstlich erzeugt werden, wie z. B. der prasselnde Regen für Gene Kellys Freudentanz in Stanley Donens und Kellys *Singin' in the Rain* (1952). Die notwendigen Bauten und Landschaften werden – nach einem realen Vorbild oder nach Originalentwürfen – im Studiobereich nachgebaut. Im Studio entstanden beispielsweise ein Venedig aus Pappmaché für Mark Sandrichs Musical *Ich tanz mich in Dein Herz hinein* (1935) und eine Nachbildung des Südpols für Charles Frens *Scotts*

1900 (1976, R: Bernardo Bertolucci)
Bertolucci ordnet die Außenaufnahme der Landarbeiter im schon halbmotorisierten Gutshof (es gibt eine Dampfmaschine) so an, als handle es sich um ein Arrangement für einen Fotografen der Jahrhundertwende: weiter Winkel, große Schärfentiefe, viele Personen passen ins Bild. Über der mühsamen Plackerei wölbt sich der blaue Himmel Italiens. Außenaufnahmen brauchen oft nicht zusätzliches Licht, allenfalls Aufheller. Der Nachteil besteht darin, dass sich in Regionen mit vielen Wolken der Lichteinfall von Minute zu Minute ändern kann, was dem Kameramann erhebliche Sorgen macht.

letzte Fahrt (1949). Bei der Konstruktion von Innenräumen müssen die notwendige Ausleuchtung und der Platz für Bewegungen und Fahrten der Kamera berücksichtigt werden. Außenbauten bestehen zumeist nur aus einer gestützten Fassade, es sei denn, dass die Kulisse häufiger benutzt werden kann, sodass sich Massivbauten lohnen. Auch bei Aufnahmen außerhalb des Studiokomplexes entstehen Filmbauten; für David Leans *Ryans Tochter* (1971) wurde ein ganzes Dorf in Irland gebaut.

In der Anfangszeit des Kinos bis Ende der 30er Jahre fanden Filmaufnahmen prinzipiell auf dem studioeigenen Gelände, zudem meist im Atelier statt. Die einzige Ausnahme bildeten Western. Das erste Filmstudio war Edisons Black Maria; es hatte kein Dach, sodass bei Tageslicht gearbeitet werden konnte. Spätere Ateliers bestanden ganz oder partiell aus Glas und wurden teilweise auf Drehscheiben erbaut, um sie nach dem Sonnenlicht ausrichten zu können. Der erste Hollywoodfilm, der vorwiegend an Außenschauplätzen außerhalb des Studiogeländes entstand, war King Vidors *Ein Mensch der Masse* (1928). Während des Zweiten Weltkriegs wurde das Budget für Bauten pro Film so stark reduziert, dass Regisseure gezwungenermaßen verstärkt außerhalb der

Studios zu arbeiten begannen. Im Nachkriegsitalien geschah dies ebenfalls zunächst aus purer Notwendigkeit – die Filmstudios waren zerstört oder stark beschädigt und Filmbauten zudem zu teuer –, um dann jedoch programmatisch zu werden für die Vertreter des Neorealismus, da es ihrem Interesse an Direktheit und Authentizität des Bild- und Tonmaterials entsprach. 15 Jahre später folgten ihnen hierin die Anhänger der französischen → Nouvelle Vague. Technisch wurden diese Außenaufnahmen ermöglicht durch leichte, unkompliziert zu transportierende Aufnahmegeräte für Bild und Ton.

Aufnahmen, die eine ›Außenwelt‹ auf betont antinaturalistische Weise abzubilden suchen, indem sie die Entstehung im Studio deutlich erkennen lassen, spielen mit dem Gedanken, dass auch die ›Außenwelt‹ zur ›Innenwelt‹ gehört oder betonen das künstlich Theatralische der Szene. Beispiele hierfür sind Federico Fellinis Spätwerke, Resnais' Verfilmung des Stücks *Mélo* (1986), die die Bühnenatmosphäre reproduziert, oder Peter Greenaways *Das Wunder von Mâcon* (1993).

Ursula Vossen

Ausstattung (engl. »production design«). Oberbegriff für das Szenenbild, Kulissen, Dekorationen, Filmbauten (→ Architektur) und Requisiten im Spielfilm. Auch vorgefundene Schauplätze außerhalb eines Filmstudios werden meist durch Ausstattung verändert und der jeweiligen Handlungszeit des Films optisch angepasst. Die Entwicklung bewegt sich seit Beginn der Filmgeschichte zwischen den Polen → Realismus (meist verbunden mit → Außenaufnahmen) und Stilisierung; dieser Eindruck wird im Allgemeinen in einem Filmstudio mittels Kulissen erzeugt. Rudimentäre Dekorationen, die ihre Herkunft aus der Theaterwelt nicht verleugnen konnten, gab es bereits in Thomas A. Edisons frühem Filmstudio Black Maria, aber erst Georges Méliès setzte die Ausstattung in Form von perspektivisch gemalten zweidimensionalen Kulissen konsequent für die Erschaffung phantastischer Welten ein (*Die Reise zum Mond*, 1902). Realistisch orientiert – und damit wegweisend für die weitere Entwicklung im Production Design – war die detailreiche dreidimensionale Ausstattung für Giovanni Pastrones Antikenfilm *Cabiria* (1914). Für seinen → Monumentalfilm *Intoleranz* (1916), dessen vier Episoden zur Zeit der Eroberung Babylons, zu Lebzeiten von Jesus Christus, in der Renaissance und im 20. Jahrhundert spielen, ließ David W. Griffith eine der bis heute größten Studiodekorationen errichten. Einen Meilenstein für das stilisierende Verständnis von Ausstattung bedeuten die verwinkelten Kulissen und klaustrophobisch wirkenden Sets, die Hermann Warm, Walter Reimann und Walter Röhrig für Robert Wienes *Das Cabinet des Dr. Caligari* (1919) entwarfen. Die drei Ausstatter wollten damit psychische Prozesse sichtbar machen. Ihre Arbeit für den expressionistischen Stummfilm zeigt besonders deutlich, wie stark die Ausstattung von der bildenden Kunst und der Architektur inspiriert wurde. Da die Ausstattung den Ausdruckscharakter eines Films entscheidend mitprägt, arbeiten Regisseure häufig mit demselben Production Designer oder Chefarchitekten zusammen, Ernst Lubitsch mit Hans Dreier, Marcel Carné mit Alexandre Trauner, Cecil B. DeMille mit Mitchell Leisen, Federico Fellini mit Piero Gherardi und Woody Allen mit Mel Bourne. Neben den Genannten zählen zu den Bekanntesten ihres Fachs: Ken Adam (verantwortlich für die Ausstattung von Stanley Kubricks *Barry Lyndon*, 1975, und die Filme der *James Bond*-Reihe), Richard Day (Erich von Stroheims *Die lustige Witwe*, 1925), Dante Ferretti (z. B. Martin Scorseses *Zeit der Unschuld*, 1992), Anton Furst (Tim Burtons *Batman*, 1988), Cedric Gibbons (Chefausstatter vom Metro-Goldwyn-Mayer, z. B. Victor Flemings *Das zauberhafte Land*, 1939), das Team Otto Hunte, Karl Vollbrecht und Erich Kettelhut (Fritz Langs *Nibelungen*, 1924, und *Metropolis*, 1927), Vincent Korda (Carol Reeds *Der dritte Mann*, 1949), William Cameron Menzies (der als erster Ausstatter im Vorspann von Victor Flemings *Vom Winde verweht*, 1939, als Production Designer bezeichnet wurde), Lawrence G. Paull (Robert Zemeckis' *Zurück in die Zukunft*, 1985), Van Nest Polglase (Orson Welles' *Citizen Kane*, 1941) oder Rolf Zehetbauer (Production Designer der Bavaria Filmstudios und für Bob Fosses *Cabaret*, 1972).

Der Production Designer trägt als oberster Ausstatter entscheidend zur visuellen Gesamtkonzeption des Films bei. Auf Basis des Drehbuchs und eigener Recherchen entwirft er alle Filmsets sowie ein Farbkonzept und visualisiert beides in Rohlayouts – d. h. in Skizzen von der Umgebung, Designstudien, beispielsweise von Zukunftsautos, und Architekturzeichnungen von Innen- und Außenräumen sowohl in Innen- als auch Außenansicht. Diese Layouts sind die Grundlage für die Abstimmung mit dem Regisseur, dem Kostümbildner und dem Kameramann. Nur in seltenen Fällen übernimmt der Regisseur auch die Aufgaben des Ausstatters, wie z. B. Paul Leni für seinen Film *Das Wachsfigurenkabinett* (1924) und Max Ophüls für *Pläsier* (1951). Der Production Designer erstellt auch eine Kostenkalkulation des Gesamtbudgets, in der berechnet wird, ob die Bauten als Volldekoration (Massivbauten mit ausgebauten Innenräumen) oder – wie allgemein üblich – nur als Fassadenkulissen realisiert werden können. Zu den bekanntesten Volldekorationen gehört die so genannte Berliner Straße in den Bavaria Filmstudios, die ursprünglich für Ingmar Bergmans *Das Schlangenei* (1977) konstruiert wurde.

Die Entwürfe des Production Designers werden vom Ausstattungsteam, auch Art Department genannt, unter Leitung des Filmarchitekten (oder Art Director) umgesetzt. Das Art Department besteht aus Produktionszeichnern (Production Illustrators), die Skizzen nach den Rohlayouts anfertigen, aus Szenenbildnern (Set Designers oder Decorators), die sich um die Details der Ausstattung kümmern, aus Kunstmalern (Scenic Artists), zuständig für alle Arten von Farbaufträgen, und aus Requisiteuren (Property oder Prop Masters), die für die Möbelausstattung bis hin zu Teppichen und Gardinen sowie für Handrequisiten verantwortlich sind. Sie alle werden von Handwerkern verschiedener Sparten unterstützt, die stilsicher

Regisseure wie Erich von Stroheim legten Wert auf exakte Ausstattung ihrer historischen Schauplätze und präzise Rekonstruktion der Kostüme bis auf den richtigen Knopf am Uniformrock. Doch soll die Ausstattung im Historienfilm eher atmosphärische Effekte erzielen, anstatt museale Detailtreue am Original zu beweisen. In *Madame de …* kommt es Max Ophüls und seinem Kameramann Christian Matras darauf an, etwas vom Glanz der Belle Époque einzufangen: Lichter, Spiegelungen – eine verwirrende Welt, die sich in funkelnden Reflexen aufzulösen scheint, passende Szenerie für eine Liebesgeschichte, bei der die alte Ordnung ihre Legitimität verliert.

Madame de … (1953, R: Max Ophüls): sitzend Danielle Darrieux und Vittorio De Sica, vor ihnen Charles Boyer

jede Epoche nacharbeiten müssen. Bei Großproduktionen kann das gesamte Art Department, zu dem auch die Modellbauer gehören, bis zu 150 Personen umfassen, von denen in großen Studios viele fest angestellt sind.
Neben ihrer Funktion, rein dekorative Kulissen beispielsweise für → Musical- und Revuefilme (z. B. Roy del Ruth' *Broadway Melody of 1936*, 1935) bereitzustellen, geht es in der Filmausstattung häufig darum, Welten, die vergangen oder gegenwärtig, vertraut oder fremd, gewöhnlich oder exotisch sein können, vor Augen zu führen (im → Historienfilm oder im → Ausstattungs- und Kostümfilm). Das von den Ausstattern entworfene Zeitbild muss dabei nicht viel mit der historisch-gesellschaftlichen Wirklichkeit zu tun haben, wie z. B. in Ernst Marischkas *Sissi* (1955), es kann aber durchaus auf Authentizität und Realitätsnähe abzielen. Beispielhaft dafür sind die Arbeiten von Rolf Zehetbauer für Wolfgang Petersens *Das Boot* (1981) oder von George Jenkins und George Gaines für Alan J. Pakulas *Die Unbestechlichen* (1976). Zehetbauer entwarf originalgetreue U-Boot-Modelle in verschiedenen Größen für Außen-, Unterwasser- und Innenaufnahmen. Das Hauptmodell wurde sogar im Maßstab 1:1 realitätsgetreu (und zudem seetauglich) aus Originalwerkstoffen nachgebaut, um das Leben einer U-Boot-Mannschaft auf äußerst beengtem Raum deutlich vermitteln zu können. Für *Die Unbestechlichen* wurden die Redaktionsräume der »Washington Post« einschließlich Originalaltpapier und -abfällen detailgenau nachgestaltet. Die stilisierende Tendenz in der Ausstattung drückt sich hingegen vorwiegend im → Science-Fiction-, im → phantastischen und im → Horrorfilm mit ihrer Erschaffung neuer und andersartiger Welten aus. Eine der gelungensten Ausstattungen in diesem Bereich ist Lawrence G. Paulls Production Design für Ridley Scotts *Blade Runner* (1982). Inspiriert von den Bauten des US-amerikanischen Architekten Frank Lloyd Wright und von Fritz Langs *Metropolis* gestaltete Paull mit vielen Details eine ungewöhnliche Vision des Los Angeles im Jahre 2019, die gleichermaßen durch an Dritte-Welt-Zustände erinnernde Rückständigkeit und futuristisches High-Tech geprägt ist.

Ursula Vossen

Literatur: Donald Albrecht: Architektur im Film. Die Moderne als große Illusion. Basel [u. a.] 1989. [Amerikan. Orig. 1986.] – Helmut Weihsmann: Gebaute Illusionen. Architektur im Film. Wien 1988.

Ausstattungs- und Kostümfilm (engl. »period picture«, frz. »film à grand spectacle«). Sammelbegriff für Spielfilme, deren gemeinsamer Nenner im produktionstechnischen Bereich in einem überdurchschnittlich hohen Aufwand für Filmdekorationen, Bauten, Kostüme und Requisiten liegt. Allein für Mervin LeRoys *Quo Vadis?* (1951) wurden beispielsweise 32000 Kostüme angefertigt. Ausstattungs- und Kostümfilme werden im Allgemeinen im Filmstudio und auf dem Studiogelände hergestellt, da dort die meist ungewöhnlich langen Dreharbeiten kontrolierbarer sind; die Dreharbeiten können aber auch an Originalschauplätzen stattfinden wie bei Ernst Lubitschs *Madame Dubarry* (1919) im Park des Versailler Schlosses. Weil die Kosten dieser Großproduktionen immens hoch sind, kann ein kommerziell erfolgloser Ausstattungs- und Kostümfilm die Existenz eines gesamten Studios gefährden, wie es beispielsweise bei Michael Ciminos 50 Mio. Dollar teurem Flop *Heaven's Gate – Das Tor zum Himmel* (1980) für United Artists der Fall war.

Der Prunk und die Pracht, die der Ausstattungs- und Kostümfilm auf die Leinwand bringt, sind Programm: Man darf, man soll den Filmen ansehen, wie kostspielig sie waren: In Joseph L. Mankiewicz' *Cleopatra* (1962) trägt Elizabeth Taylor in vier Filmstunden 65 Kostüme (davon eines sogar aus 24-karätigem Goldstoff), die zusammen mit ihrem Kopfschmuck mit 200000 Dollar zu Buche schlugen. Mit ihrer luxuriösen Aufwendigkeit sind Ausstattungs- und Kostümfilme immer auch eine Demonstration der visuellen Macht und der künstlerischen Leistungsfähigkeit der Filmindustrie, vor allem des Hollywoodfilms. Die Höhe des Budgets wird denn auch gerne unter dem Motto »Der teuerste Film aller Zeiten« in der Filmwerbung herausgestellt. Ausstattungs- und Kostümfilme spielen vor allem in zurückliegenden Zeiten und Epochen sowie häufig in Herrscher- und Adelshäusern, da dieser historische und hierarchische Rahmen eine opulentere Prachtentfaltung ermöglicht als die vermeintlich glanzlose Gegenwart, aus der – zumindest zeitweilig – in den Prunk vergangener Zeiten zu entkommen dem Bedürfnis eines Massenpublikums entspricht (→ Historienfilm). In diesen Rahmen passen die unzähligen Kriegsschlachten (King Vidors *Krieg und Frieden*, 1956; Jean-Paul Rappeneaus *Cyrano von Bergerac*, 1989) und Ballszenen (Victor Flemings *Vom Winde verweht*, 1939; Luchino Viscontis *Der Leopard*, 1963) der Ausstattungs- und Kostümfilme. Diese Schlüsselszenen verlangen prachtvolle Uniformen und imposante Abendroben in großer Anzahl sowie eine exquisite Raumdekoration, an denen sich die Kunstfertigkeit der Kostümbildner und Ausstatter augenfällig demonstrieren lässt. Aber auch im zukunftsbezogenen Science-Fiction-Genre gibt es einige Beispiele für den Ausstattungs- und Kostümfilm, wie George Lucas' *Krieg der Sterne*-Reihe (1977, 1980, 1982).

Der Ausstattungs- und Kostümfilm teilt sich in zwei Richtungen: Die eine weiß sich historischer Treue verpflichtet, die andere erschafft eine Welt nach ihren Vorstellungen, wenn auch vor einem geschichtlichen Hintergrund (Ernst Marischkas *Sissi*-Trilogie, 1955, 1956, 1957). Den Vertretern dieser Richtung geht es vor allem um das dekorative Moment und eine möglichst großartige und unterhaltende Inszenierung, ohne dass diese durch die Handlung begründet sein muss.

Die Vertreter der ersten Richtung arbeiten möglichst an Originalschauplätzen oder lassen diese naturgetreu nachbauen. Die Requisiten und Kostüme sollen den Originalen der jeweiligen Epoche so nahe wie möglich kommen. Für Ang Lees *Sinn und Sinnlichkeit* (1995) suchte die Kostümbildnerin Flohmärkte ab nach Stoffen, die aus dem 18. Jahrhundert stammen. Den Höhepunkt dieser Richtung markiert (immer noch) Stanley Kubricks *Barry Lyndon* (1975), der mit großer Akribie und Präzision das ausgehende 18. Jahrhundert rekonstruiert. Sogar die Kerzenbeleuchtung der Zeit konnte dank für die Raumfahrt entwickelter hoch lichtempfindlicher Speziallinsen authentisch wiedergegeben werden.

Ursula Vossen

Autorenfilm. Einerseits bezieht sich dieser Begriff auf das deutsche Kino der Autoren zu Beginn des 20. Jahrhunderts, auf das Ideal eines literarisch geprägten und künstlerisch ausgerichteten Kinos, für das wichtige Schriftsteller, wie Gerhart Hauptmann, Paul Lindau oder Hermann Sudermann, Peter Altenberg, Arthur Schnitzler oder Hugo von Hofmannsthal, das Drehbuch schreiben sollten. Andererseits impliziert der Begriff auch das moderne Verständnis, wonach es der persönliche Blick eines Filmemachers ist, der – unabhängig von Thema und Buch – die jeweilige Geschichte auf intime Art stilisiert, der in seinem Film den persönlichen Ausdruck seiner Vorstellungen von der Welt und vom Filmemachen realisiert – mit einem eigenen Blick auf Figuren, einer betont subjektiven visuellen Phantasie, einer ganz eigenen Ordnung der Figuren im Raum, einem individuellen Rhythmus.

In Deutschland zog das frühe Verständnis vom Film der Autoren viele Missverständnisse nach sich. Schon in den 10er Jahren, als die Bewegung der »Kinoreformer« vehement gegen den »Schundfilm« zu Felde zog, schimmerte hinter dem Engagement für »ein reineres und besseres, mehr der Kultur dienendes Lichtspiel« (Lange) die Erwartung durch, Filme durch literarische, theatralische oder kunstmalerische Einflüsse zu »veredeln«. Das künstlerische Prestige der durch bewegte Bilder erzählten Geschichten sollte erhöht werden durch Einbindung berühmter Bühnen- und Buchautoren. 1913 inszenierte Max Mack nach einem Theaterstück von Paul Lindau den Film *Der Andere* (mit Albert Bassermann in der Hauptrolle), der allgemein als frühester deutscher Autorenfilm gilt. Erzählt wird von einem Rechtsanwalt, der nach einem Sturz vom Pferd unter Bewusstseinsspaltung leidet, »der bei Tag arbeitet und würdig repräsentiert und bei Nacht in Gesellschaft schwerer Jungen Diebstähle und Einbrüche ausführt« (Klaar), in einem Sanatorium aber geheilt wird. Ästhetisch geprägt ist der Film nicht von sensationellen Effekten, sondern von der ausdrucksstarken Darstellung des Nebeneinanders von bürgerlicher Saturiertheit und gesetzeswidrigem, unmoralischem Tun. Nach Kurt Pinthus waren so »Kino und Film« 1913 »plötzlich gesellschaftsfähig, literaturfähig, ja kunstfähig geworden, von einer ›Kulturschande‹ zu einer höchst achtbaren Darbietung von unabsehbarer Entwicklungsmöglichkeit avanciert.

Im selben Jahr drehte Max Reinhardt *Eine venezianische Nacht* und *Insel der Seligen*, wobei er auf vertraute Theater- und Märchenmotive zurückgriff (nach Szenarien von Arthur Kahane). Und Paul von Woringen inszenierte (nach Paul Lindau) *Die Landstraße*, »ein tragisches Filmmelodram, das mit der Weite der Einstellungen und der ruhigen Insistenz der Kamera beeindruckt, ein Film, der seine Spannung nicht zuletzt aus der Inszenierung von Landschaft zieht« (Jacobsen). Weitere Autorenfilme von 1913 waren *Atlantis* (nach einem Roman von Gerhart Hauptmann, R: August Blom), *Liebesintrige* (nach Arthur Schnitzlers »Liebelei«, R: Forrest Holger Madsen), *Das fremde Mädchen* (nach einem Originalstoff von Hugo von Hofmannsthal, R: Mauritz Stiller) und vor allem: *Der Student von Prag* (nach einem Szenarium von Hanns Heinz Ewers; R: Stellan Rye), die Geschichte vom Untergang eines Mannes, der seinen Schatten für 100 000 Gulden verkauft, weil er sich in eine zuvor für ihn unerreichbare Frau verliebt hat, dann aber ertragen muss, wie sein anderes Ich eigene Wege geht. Als er die Eskapaden seines Doppelgängers nicht länger aushält, schießt er auf ihn, tötet ihn – und so auch sich selbst. Das Thema der Persönlichkeitsspaltung ist in diesem Film in irritierende Tiefe getrieben, weniger metaphorisch erhöht, eher schicksalhaft konkretisiert.

Autorenfilm in diesem frühen Verständnis war, ganz in der Tradition des französischen Film d'Art, der anspruchsvolle Versuch, dem Kino die Kinderkrankheit des Sensationslüsternen und Schmuddligen auszutreiben und es auf die erwachsenen Pfade von Kunst und Kultur zu führen. Doch, wie schon Siegfried Kracauer ausführte, erwies sich »diese Nobilitierung des Films zu literarischem Adel [...] als ein Fehlgriff. Die Leute vom Theater, ganz dem herkömmlichen Bühnenstil verpflichtet, waren außerstande, die verschiedenen Gesetze des neuen filmischen Mediums zu erfassen.« Von heute aus gesehen, fasziniert selbst *Der Student von Prag* nicht so sehr wegen des ambitionierten Themas, sondern wegen der geradezu artistischen Tricks, mit denen Stellan Rye und sein phantasievoller Kameramann Guido Seeber das filmische Ausdruckspotential ausschöpften: die Doppelgängeraufnahmen; das »Übereinanderfotografieren« zweier Wirklichkeitsebenen, die Vorder- und Hintergrund in der Schärfe halten; die Schwenks mit der schweren Kamera; die Inszenierung der räumlichen Weite und Tiefe, die das Geschehen um den Studenten zur gegenständlichen Welt hin öffnen.

Als dann fünfzig Jahre später junge Filmemacher in Deutschland Papas Kino ablösen wollten, war wiederum viel vom Autorenfilm die Rede. Und wiederum zielte das Verständnis auf künstlerische Veredelung, auf Anerkennung ihrer künstlerischen Arbeit (die sie den Dichtern, Malern, Komponisten gleichstellen sollte), auch auf Verklärung des Regisseurs als alleinigen Schöpfer eines Films. Die jungen Filmemacher aber, 1962 mit ihrem »Oberhausener Manifest« in die Öffentlichkeit getreten, kannten sich in der Literatur besser aus als im Kino, sie hielten, so Alexander Kluge einmal, »von literarischen Vorbildern wesentlich mehr als von jedem Vorbild, das es innerhalb des Films gibt« (→ Neuer deutscher Film). Diese Vorlieben wirkten sich auch auf die Filme aus, die im Visuellen seltsam spröde und ungelenk blieben – vor allem, weil die Filmemacher sich nicht auf eine möglichst phantasievolle Mise en Scène konzentrierten, sondern auf möglichst engagierte Standpunkte, so Edgar Reitz in *Mahlzeiten* (1967), Hansjürgen Pohland in *Katz und Maus* (1966), Haro Senft in *Der sanfte Lauf* (1967), Hans Rolf Strobel und Heinz Tichawsky in *Eine Ehe* (1968), Hans Jürgen Syberberg in *Scarabea* (1969).

Für das Verständnis des Autorenfilms allgemein hatte die literarische Orientierung Konsequenzen. Man nahm den Autorenfilm eher vordergründig als Spielfeld für Regisseure, die ihre Mitarbeiter dirigieren, um dadurch ihre sozialkritischen Positionen zu propagieren, als Podium einer kritischen Avantgarde, die sich in den gesellschaftlich-politischen Kontext einmischen und sich gleichzeitig ihre persönliche Verantwortung beim Filmemachen sichern wollte. Hans Rolf Strobels Parole »Von Kunst reden wir später!« charakterisierte eine weit verbreitete Ansicht unter den Oberhausenern. Das zentrale Interesse galt dem interessanten Stoff, nicht der Vermittlung sinnlicher, visueller Erfahrungen, auch nicht dem ästhetischen Ausdruck als Einheit von Inhalt und Form, Thema und Haltung, Story und Stil.

Worum es im Autorenfilm allerdings auf der visuellen Ebene geht, ist der einzigartige, originelle, jede Konvention sprengende Blick auf Mensch und Welt, der zugleich eine Einstellung gegenüber Mensch und Welt ausdrückt. Ein visionärer Blick, der eine inszenierte Realität zum Sprechen bringt, indem er die üblichen, eingefahrenen Formen ins Fanatische, Furiose, Obsessive und manchmal auch einfach ins Subjektive transformiert – unterstützt und zugespitzt durch die Kunst der Inszenierung, die Kunst der räumlichen Konstruktion und des körperlichen Ausdrucks.

Erst nach und nach forderten dann auch in Deutschland junge Filmemacher »Projekte«, die »ein Engagement des Autors an seinem Stoff verraten lassen – eines Autors, der sich mit seinem Film ausdrückt und sich dem Publikum zur Diskussion stellt« (Lemke). Und erst nach und nach war diese Forderung nach dem »Neuen Film« auch mit einem veränderten Verständnis des Regisseurs verbunden: mit der Suche nach der »Freiheit des echten Autoren«, der »Freiheit, umzudenken, zu zögern, neue Einfälle zu verarbeiten«, der »Freiheit, in jedem Augenblick unabhängig zu gestalten« (Klick). Filme von Klaus Lemke (*48 Stunden bis Acapulco*, 1967) und Roland Klick (*Deadlock*, 1970) zählten dazu, auch Filme von Alexander Kluge (*Abschied von gestern*, 1966), Rainer Werner Fassbinder (*Katzelmacher*, 1969), Werner Herzog (*Lebenszeichen*, 1968), Rudolf Thome (*Rote Sonne*, 1970) und Wim Wenders (*Alice in den Städten*, 1973).

Vorbild für dieses Verständnis von Autorenfilm waren ein paar junge Wilde der französischen Filmkritik (die späteren Regisseure der → Nouvelle Vague), die in den 50er Jahren das Kino ganz neu erkundet hatten. Ihnen war am wichtigsten, dass ein »gelungener Film« immer auch »eine Vorstellung von der Welt und eine Vorstellung vom Kino« vermittelt, gleichgültig, ob in künstlerischer Freiheit entstanden oder unter den kommerziellen Bedingungen Hollywoods. Sie verteidigten Jean Renoir und Roberto Rossellini, Howard Hawks und Alfred Hitchcock, und sie entdeckten ganz neu: Samuel Fuller, Anthony Mann, Otto Preminger, Nicholas Ray.

Diese jungen Wilden der französischen Nouvelle Vague waren es auch, die als Erste wieder einklagten, dass in Filmen eine subjektive Haltung durchschimmern müsse, eine moralische oder philosophische, eine politische oder ideologische, und dass diese Haltung als persönlicher Ausdruck des Filmemachers zu sehen sei. Er möge, so Jean-Luc Godard Ende der 50er Jahre, »nur Filme, die ihren Autoren gleichen«. Allerdings vermieden er und seine Freunde dabei strikt, jeden Regisseur automatisch als Autor zu verklären; sie wollten lediglich erreichen, »dass ein Film von Hitchcock, zum Beispiel, genauso wichtig ist wie ein Buch von Aragon«.

Sie unterschieden deshalb zwischen zwei Positionen unter den Filmemachern: zwischen dem »réalisateur«, der, wenn auch mit

Intelligenz, Phantasie und Inspiration inszeniert, stets nur die vorgegebene Geschichte eines Drehbuchautors umsetzt, und dem »auteur«, der, wenn er auch voller Flecken und Fehler, voller Manien und Schwächen arbeitet, stets bekennt, wie er zur Welt, zu den Menschen und seiner Arbeit steht. Ihrem Verständnis von Autorenfilm lag deswegen von vornherein eine cineastische Perspektive zugrunde, es war für sie eine Frage neuer »Ideen der Mise en Scène«, neuer »Ideen der Cadrage oder Abfolge der Einstellungen«.

Wichtig dabei: »auteur« und »réalisateur« sind distinktive, keine wertenden Kategorien. Sie zählen nicht auf der Ebene von Qualität, sondern nur auf der Ebene von Haltung, Tonart, Klangfarbe, Timbre. Auch gelungene Filme der »réalisateurs« können beeindrucken und erstaunen – ob des sicheren Strichs ihrer Gestaltung. Doch gelungene Filme der »auteurs« vermögen darüber hinaus zu berühren – oft schon wegen der enormen Zärtlichkeit, mit der sie sich ihren Figuren nähern oder das Unbeholfene nahe bringen, auch wegen ihrer »kleinen Schönheiten«, die erst »die große Kunst« ausmachen. Auch, weil so oft ein »neuer und abweichender Klang« (Rohmer) in ihnen hervortritt.

Als Godard und Truffaut, Rivette und Rohmer dann Ende der 50er Jahre als Regisseure anfingen, das Kino zu erneuern, galt ihre Auflehnung der »Tradition der Qualität«: Filmen voller Talent und Geschmack, ordentlich geschrieben, ausgestattet und inszeniert – »brillant, aber formlos«. Truffaut klagte gegen das »nutzlose Mühewalten«, das »auf der Leinwand doch zu nichts« führe als zu »ausgeklügelten Einstellungen«, komplizierten Beleuchtungseffekten, ›geleckten‹ Fotos«.

Für ihre eigene Arbeit war wichtig, den Point of View betont subjektiv anzulegen, und der Mise en Scène, der Anordnung ihrer Figuren im Raum, höchste Aufmerksamkeit zu widmen. Das ließ sie sensibel bleiben für die Geheimnisse zwischen den Bildern, auch in den Filmen anderer. Hitchcock z. B. war einer ihrer Favoriten. In seinen Filmen erkannten sie eine »écriture« (Handschrift), die, wie Truffaut erklärte, darin bestehe, »in den Mittelpunkt die Person zu stellen, durch deren Augen die Dinge gesehen werden (und durch die hindurch wir, das Publikum, sie begreifen)«.

Für das europäische Verständnis von Film waren diese Bekenntnisse prägend. Plötzlich ging es nicht mehr nur um grandiose Geschichten, gefasst in vollendeten Formen, wo man ein mehr oder weniger gelungenes Drehbuch oder eine mehr oder weniger gelungene Kamera oder einen mehr oder weniger gelungenen Schnitt diskutieren konnte. Plötzlich ging es vor allem um die unbekannte, unerwartete Perspektive dahinter: um die spürbare Gegenwart dessen, der alles zu verantworten hatte. Plötzlich war erkennbar, dass der eigenwillige persönliche Blick auf eine gewählte Geschichte so wichtig ist wie die Geschichte selbst, die Dichte einer subjektiven Konstruktion der Welt überaus wesentlich als sinngebende Arbeit in der Welt.

Gerade durch die Spuren, die oft als Hinweise aufs Fiktive der Filme funktionierten, wird das Gemachte, Inszenierte, Montierte des Ganzen als eigene, ästhetische Kategorie erkennbar. »Aufgabe des Films ist es, unser Auge auf die Aspekte der Welt zu lenken, für die wir bislang noch keinen Blick hatten« (Rohmer). Oder, nach Godard: »Der Blick«, den das Autorenkino »auf die Dinge wirft, ist in jedem Moment so neu, dass er sie mehr durchdringt als beschwört und dass er erfasst, was in ihnen nach Abstraktion verlangt«.

Jeder Film eines »auteur« zeigt »entweder die Freude am Filmemachen oder die Angst vorm Filmemachen« (Truffaut). Nur deshalb kann man das Vergnügen an Stilbrüchen, Exzessen und Schlampereien schätzen: den Blick fürs Daneben, den Sinn auch fürs Sinnlose (gegen den Makel des Makellosen). Deshalb hat die Lust am Autorenfilm damit zu tun, dass man da und dort einen ungewöhnlichen Blick, einen ungewöhnlichen Rahmen, einen ungewöhnlichen Rhythmus entdeckt: dass man zwischen dem, was das Drama im Zentrum stärkt, und dem, was dem sonst eher Unbeachteten Raum gewährt, neue Zusammenhänge herstellt.

Norbert Grob

Literatur: Siegfried Kracauer: Von Caligari zu Hitler. Eine psychologische Geschichte des deutschen Films. Frankfurt a. M. 1979. [Amerikan. Orig. 1947.] – Thomas Koebner: Die literarische Intelligenz und der Film. In: Helmut Kreuzer (Hrsg.): Literaturwissenschaft – Medienwissenschaft. Heidelberg 1977. – Edgar Reitz: Das Kino der Autoren lebt! In: medium 5 (1980). – Kurt Pinthus: Das Kinobuch. Frankfurt a. M. 1983. – André Bazin / Jacques Becker / Charles Bitch [u. a.]: La politique des auteurs. Paris 1984. – François Truffaut: Eine gewisse Tendenz im französischen Film. In: F. T.: Die Lust am Sehen. Frankfurt a. M. 1999. [Frz. Orig. 1987.] – Jacques Rivette: Schriften fürs Kino. München 1989. (Cicim 24/25.) – Annette Brauerhoch: Der Autorenfilm. Emanzipatorisches Konzept oder autoritäres Modell. In: Hilmar Hoffmann / Walter Schobert (Hrsg.): Abschied vom Gestern. Bundesdeutscher Film der sechziger und siebziger Jahre. Frankfurt a.M. 1991. – Jörg Schweinitz (Hrsg.): Prolog vor dem Film. Leipzig 1992. [Darin: Paul Wegener: Von den künstlerischen Möglichkeiten des Wandelbildes. Alfred Klaar: Paul Lindau als Filmdramatiker. Fritz Engel: Die Bilanz des Lichtspiels. Julius Hart: Der Atlantis-Film.] – Wolfgang Jacobsen: Frühgeschichte des deutschen Films. Licht am Ende des Tunnels. In: W. J. /Anton Kaes / Hans Helmut Prinzler (Hrsg.): Geschichte des deutschen Films. Stuttgart/ Weimar 1993. – Corinna Müller: Frühe deutsche Kinematographie. Stuttgart 1994. – Hans Helmut Prinzler: Chronik des deutschen Films. Stuttgart/ Weimar 1995. – Norbert Grob: Die List des auteur. In: Irmbert Schenk (Hrsg.): Filmkritik. Bestandsaufnahme und Perspektiven. Marburg 1998. – Norbert Grob: Über die Freiheit, (auch) im Film »ICH« zu sagen. In: N. G.: Zwischen Licht und Schatten. Essays. St. Augustin 2002.

Avantgardefilm / Experimentalfilm / Undergroundfilm. Die Bezeichnung »Avantgardefilm« wird zum ersten Mal in den 20er Jahren in Frankreich verwendet, in Anlehnung an die Avantgarde der zeitgenössischen bildenden Kunst, die zu formalen und stilistischen Experimenten neigt. Im Gegensatz zum erzählenden Film versteht sich der Avantgardefilm als autonomer Kunstfilm, der nicht wie die industriell hergestellte ›kommerzielle‹ Produktion in erster Linie an der Wirkung auf ein Publikum interessiert ist, sondern an der Entdeckung der Möglichkeiten und Ausdrucksweisen, die das neue Medium bietet. So will der Avantgardefilm der rein filmische Ausdruck einer Idee sein, wobei die erzählerische Handlung vernachlässigt oder auch völlig unterschlagen wird, um sich der ›undisziplinierten‹ Darstellung von Gefühlen und der Untersuchung von Bewegungs-, Rhythmus- oder Bildstrukturen zu widmen. Die Bezeichnung »Experimentalfilm« kommt erst nach dem Zweiten Weltkrieg auf und weist auf die Haltung methodischer Neugier und die wiederholte Prüfung des ›Materials‹ hin. Der Experimentalfilm schließt solche Werke ein, die stilistisch und formal an den Avantgardefilm anknüpfen. Beide zusammen stellen ein eigenständiges Genre dar.

Einer der Wegbereiter des eigentlichen Avantgardefilms ist der Regisseur Abel Gance, zugleich Vertreter der impressionistischen Avantgarde. In seinem Film *Das Rad* (1922) spielen Fotografie und Montage eine ebenso wichtige Rolle wie Personen und Handlung. Die filmische Technik scheint mit der Mechanik des Zuges im Film zu korrespondieren:»Montage rapide« (Kurzmontage), veränderte Kamerawinkel, Licht und Rhythmus stellen eine Analogie her zwischen echtem Erlebnis und filmischer Nachahmung. Weitere Vorreiter, die im Rahmen des Spielfilms zu einer formalen Auflösung streben und somit zur Semi-Avantgarde zählen, sind u. a. Louis Delluc, Germaine Dulac und Marcel L'Herbier.

Mit *Ballet mécanique* (1924) des kubistischen Malers Fernand Léger entstand ein früher abstrakter Film. Man Ray drehte die ersten dadaistischen Filme *Le Retour à la raison* (1923) und *Emak Bakia* (1926). Anschließend arbeitete er mit Marcel Duchamp an *Anémic Cinéma* (1926), einem dadaistisch-kinetischen Film: Bild- und Schrift-Spiralen verlangen eine veränderte Wahrnehmung, brechen mit alten Seh- und Lesegewohnheiten. Die kreisende Bewegung der Spiralen erzeugt eine dreidimensional wirkende, saugende Kraft, die das Publikum scheinbar zwingt, sich ebenfalls zu bewegen.

In Deutschland entstehen vergleichbare abstrakte Filme von Viking Eggeling, Hans Richter und Walter Ruttmann. Die Avantgardisten befreien den Film von allem, wie sie glauben, ihm Fremden und führen ihn zurück auf sein Wesen: Bewegung und visuelle Werte. Einer der wichtigsten Avantgardefilme ist René Clairs *Zwischenspiel* (1924). Die Handlung ist minimal. Nach Slow-Motion-Aufnahmen von hüpfenden Menschen in einer Trauerprozession steigert sich die Bewegung zum Rausch: Menschen rennen, Autos, Züge, Schiffe, Räder fahren, Achterbahnen donnern in die Tiefe. Mit der Geschwindigkeit der Fahrzeuge steigt die Frequenz der Montage, sie gipfelt in kurz aufflackernden Einstellungen und zahlreichen Überblendungen. Zusätzlich wird durch die Erzeugung von Fluchtpunkten auf der Ebene der Bildkomposition ein Sog nach vorne wirksam, der – wie beim Looping – die Zuschauer mitzureißen scheint. Höhepunkt vor dem plötzlichen Stillstand ist die Umkehrung der Bilder: Das Auto fährt auf dem Kopf. Film unterliegt nicht realen Gesetzen, sondern sprengt die Ketten, erfindet sich neu. Wenn schließlich das Ende des Films angekündigt wird, zerreißt ein Mann von hinten die weiße Leinwand und springt hindurch zum Publikum. Das Loch, das er hinterlässt, offenbart den Blick auf eine Stadt und suggeriert so eine weitere Ebene von ›Realität‹. Henri Chomette, der Bruder von René Clair, geht noch einen Schritt weiter. Mit *Cinq Minutes de cinéma pur* (1925) prägt er den Begriff des Cinéma pur, des reinen Kinos: Film, befreit von allen dokumentarischen und erzählerischen Aspekten, als persönlicher Ausdruck der Welt, wie der Künstler sie erfasst (→ abstrakter Film).

Die in Frankreich vorherrschende künstlerische Strömung, der Surrealismus, wirkte auf den Avantgardefilm ein und beeinflusste nachhaltig Filmemacher in der ganzen Welt. Eines der ersten surrealistischen Werke ist Germaine Dulacs *La Coquille et le Clergyman* (1928), nach dem Buch des späteren Theaterrevolutionärs Antonin Artaud. Hier lässt sich die vorherrschende Symbolik psychoanalytisch interpretieren, ganz im Gegensatz zu dem gleichwohl aus dem Unterbewussten inspirierten und schwer zu deutenden Film *Ein andalusischer Hund* (1928) von Luis Buñuel und Salvador Dalí. Der Film beginnt mit einem seinerzeit skandalösen und auch heute noch schmerzhaften Schnitt eines Rasiermessers durch das Auge einer Frau und liefert damit zugleich eine mögliche Lesart für die Zuschauer: Durch die Zerstörung des Sehorgans wird das zentrale Nervensystem aktiviert. Das Geschehen, in dessen Zentrum die Beziehung zwischen Mann und Frau steht, ist nicht im Sinne einer stringent erzählten Geschichte zu erfassen, sondern kann höchstens assoziativ erfahren werden. In einem Fluss von Anspielungen und doppelsinnigen Bildern ohne Kontinuität von Zeit und Raum kann nicht mehr zwischen Traum und Realität unterschieden werden. Die offene Darstellung unterbewusster sexueller Wünsche und die Anprangerung von bürgerlichen Werten, die das Ausleben dieser Wünsche verhindern, sorgten zur Zeit der Entstehung für großes Aufsehen und machen *Ein andalusischer Hund*, genauso wie Buñuels zweiten Film *Das goldene Zeitalter* (1930), neben dem ebenso erfolgreichen *Das Blut eines Dichters* (1930) von Jean Cocteau, zu den wohl bekanntesten surrealistischen Avantgardefilmen.

Die ersten Avantgardefilme werden im kleinen Kreis unter Künstlern gezeigt. Nach und nach eröffnen in Paris Programmkinos. Auf diese Weise findet sich ein Publikum, und der Avantgardefilm tritt bereits Ende der 20er Jahre in die Öffentlichkeit. Finanzielle Hilfe bieten dabei einzelne Produzenten und Filmclubs, die die Verbreitung in andere Länder fördern, sodass bald schon eine internationale Vernetzung der Avantgarde entsteht: Ländereigene Produktionen entstehen, und es kommt zum schriftlichen und direkten Austausch. Diese Entwicklung wirkt sich wiederum auf den kommerziellen Film aus, der sich filmische Mittel des Avantgardefilms aneignet.

Gleichzeitig entsteht in Russland die revolutionäre Filmavantgarde. Sergej M. Eisenstein setzt sich mit der Theorie und ›Sprache‹ des Films auseinander und entwickelt für seinen ersten Spielfilm *Streik* (1920) die »Montage der Attraktionen« (→ Attraktionsmontage). Er schneidet nichtzusammenhängende, sogar gegensätzliche Handlungen ineinander, die Assoziation der Einstellungen gewinnt eigene Bedeutung: So versinnbildlicht z. B. die Kollision der Bilder von beratenden Firmenchefs, die eine Zitrone ausquetschen, einerseits und Arbeitern andererseits das Verhältnis zwischen den beiden Klassen. *Der Mann mit der Kamera* (1929) von Dziga Vertov ist eine Reflexion über die Illusion der Kunst. Vertov spielt mit dem Publikum, indem er Bilder zeigt, die sich als Film im Film entpuppen. Gleichzeitig stellt er so in Frage, wie verlässlich der Augenschein der Realität sei.

Die von Buñuel und Cocteau beeinflusste amerikanische Experimentalfilmerin und Theoretikerin Maya Deren führte mit ihrem Film *Meshes in the Afternoon* (1943) den Begriff der »vertikalen Montage« ein: Anstelle einer linearen Erzählung findet sich hier ein Nebeneinander von Handlungseinheiten, die fragmentarisch bleiben und vielfach wiederholt werden. Gepaart mit langen Einstellungen entsteht so ein tranceähnlicher Rhythmus, der das Traumhafte des Films verstärkt. Verzerrungen, Verdopplung und Verdreifachung sowie die unterschiedlichen Kamerawinkel und die dadurch entstehenden veränderten Perspektiven der Figur evozieren bei den Zuschauern ein Schwindelgefühl, das der inneren Befindlichkeit der Protagonistin – die von Deren selbst dargestellt wird – zu entsprechen scheint. Die surrealistischen Elemente wirken hier nicht schockierend, sie bezeugen die Vereinsamung des Individuums.

Ebenso persönlich, dabei noch mehr die Außenseiterrolle betonend und direkter in der Darstellung von Sexualität, sind die Filme von Kenneth Anger: homosexuelle Wunschphantasien von Beherrschung und Unterwerfung, die durch ihre morbide Erotik provozieren. Zwar arbeitet auch Anger mit Symbolen, doch ihre Bedeutung ist unmittelbar verständlich. So wird z. B. in *Fireworks* (1947) ein das männliche Glied symbolisierender Feuerwerkskörper angezündet und beginnt zu sprühen. Mit *Scorpio Rising* (1963) erreicht die Sexualität ein noch gewaltigeres Aggressionspotential: Die Jungen in Matrosenanzügen aus *Fireworks* sind Muskelmännern mit Lederjacken und Motorrädern gewichen. *Scorpio Rising* gilt als eines der Hauptwerke des → New American Cinema, einer antikommerziellen Bewegung nach dem Vorbild der französischen → Nouvelle Vague und des englischen → Free Cinema, die in den 60er Jahren mit der Gründung der New American Cinema Group – ihr Sprecher ist der Experimentalfilmer Jonas Mekas – und der New Yorker Film Maker's Cooperative ein unabhängiges Organisations- und Vertriebssystem schafft.

In diesem Zusammenhang entsteht eine neue Subkultur, der Underground. Der Widerspruch der Filmemacher gegen das Establishment drückt sich zum einen auf der formalen Ebene durch die Verwendung von billigem 16- und 8-mm-Material aus. Im Gegensatz zum perfektionistischen kommerziellen Film sind die Undergroundfilme bewusst amateurhaft. Zum anderen drängen sie inhaltlich auf die freie Darstellung von Sexualität und politischen Themen. Zwei wesentliche Richtungen sind zu unterscheiden: zum einen der subjektive Film, der farbenprächtig und mit kurzen Schnitten die von den Künstlern erlebte Realität spiegelt (hier ist aufgrund des erhöhten Drogenkonsums in den 60er Jahren besonders auf die psychedelischen Filme, u. a. von Jonas Mekas, hinzuweisen); zum anderen der objektive Film, z. B. *Empire* (1964) von Andy Warhol, der in einer acht Stunden langen Einstellung ohne Schnitt die Dimension von Zeit untersucht. Obwohl einzelne Filme dieser Epoche durchaus kommerzielle Erfolge verbuchen, bleibt der größte Teil der Produktion im Untergrund. Im Unterschied zu Europa, wo der Undergroundfilm den Anspruch von Kunst aufrechterhält, gilt er in den USA als Ausdruck alternativer Lebensweise.

Einen Rückbezug zur bildenden Kunst und damit zum eigentlichen Handwerk erfährt der Avantgardefilm durch die so genannten Handmade Films. Besonders auffallend sind die Arbeiten von Norman McLaren und Stan Brakhage: Ohne Verwendung der Kamera wird direkt auf das Filmmaterial gemalt und gekratzt. McLaren ritzt Figuren in die schwarze Emulsionsschicht und koloriert die Umrisse (*Blinkity Blank*, 1955). Brakhage zerlöchert den rohen Filmstreifen, klebt zerschnittenes Filmmaterial oder Mottenflügel darauf (*Dog Star Man II* und *Mothlight*, beide 1963). Schon 1940 hatte McLaren gezeigt, dass Film vielfach verwendbar ist: *Rumba* ist ein Film ohne Bilder. Der Filmstreifen dient lediglich als Tonträger für synthetisch hergestellte Geräusche.

Eine umgekehrte Richtung schlägt das Expanded Cinema ein: Es ist der Versuch, Film über die Grenzen der Leinwand hinaus lebendig zu machen und ihn an seine mediale Funktion zu erinnern, an die Zeit seiner Entstehung als sprachloses Kino der Attraktionen. Expanded-Cinema-Aktionen finden sich z. B. bei Peter Kubelka, der denselben Filmstreifen (*adebar*, 1957) erst in einer Projektion zeigt und anschließend auf Holzpflöcke nagelt, die auf einer Wiese stehen. Auf diese Art wird das optische Erlebnis Film materiell ertastbar: Das Publikum kann um den aufgespannten Film herumgehen, ihn anfassen oder zusehen, wie er in der Witterung verwest. Die Aktionskünstlerin Valie Export schnallt sich ein tragbares ›Kino‹ vor die Brust: Der *Tapp und Tast Film* (1968) kann in dem kleinen dunklen Kasten mit zwei Händen erfühlt werden. Diese Richtung des Experimentalfilms steht durch die aktive Performance in enger Verbindung zum Happening, wo traditionelle Kunstformen wie Malerei, Literatur, Tanz und Musik vermischt und ebenfalls erweitert werden. Dem Happening verwandt sind ebenfalls die Fluxus-Filme, die ab 1966 entstehen. Sie bauen auf einem Gag auf, der den Film ironisiert und die neo-dadaistische Haltung der Filmemacher, die sich gegen die Institutionalisierung von Kunst auflehnen, verdeutlicht: In Yoko Onos *Number 4* (1967) spazieren 76 Minuten lang 365 nackte Hintern vor der Kamera und präsentieren nur sich selbst.

1970 erfährt der Experimentalfilm mit Michael Snows *Die Zentralregion* eine »kosmisch-planetarische und atomare« (Snow) Erweiterung: Eine auf einer Bergspitze installierte ferngesteuerte Maschine mit einer beweglichen Kamera filmt die Umgebung und eröffnet Perspektiven, die außerhalb der menschlichen Erfahrung liegen.

Durch die Frauenbewegung kommt es seit den 70er Jahren zu persönlich-politischem Engagement. Die deutsche Experimentalfilmerin Birgit Hein behandelt z. B. in *Love Stinks – Bilder des täglichen Wahnsinns* (1982, zusammen mit Wilhelm Hein) das Thema weiblicher Sexualität. In den 80er Jahren wird vermehrt mit Computern gearbeitet. So widmet sich auch Jean-Luc Godard, der u. a. neben Alain Resnais und Chris. Marker zur neuen Semi-Avantgarde zählt, also experimentelle Spielfilme dreht, den neuen Medien Computer und Video. Seine Idee der »One-Dollar-Filme« zeugt von einer den Undergroundkünstlern verwandten Haltung, nämlich dass Film keine elitäre, sondern allen Menschen zugängliche Kunstform sei: billig und einfach in der Handhabung. Die → Videotechnik erlaubte zudem durch das Bluescreen-Verfahren surreale Kombinationen von Figuren und Hintergründen, durch Farb- und Formverwandlungen die ›Manipulation‹ der realen Welt. Angesichts dieser ›grenzenlosen‹ Möglichkeiten strebten einige experimentelle Künstler – wie der früh verstorbene Gabór Body – die Annäherung der Avantgarde an traditionelle Erzählmuster an.

Miriam Fuchs

Literatur: Hans Scheugl / Ernst Schmidt jr.: Eine Subgeschichte des Films. Lexikon des Avantgarde-, Experimental- und Undergroundfilms. 2 Bde. Frankfurt a. M. 1974. – Avantgarde und Experiment. Frauen und Film 37 (1984). – Ingo Petzke: Das Experimentalfilm-Handbuch. Frankfurt a. M. 1989. – Parker Tyler: Underground Film. A Critical History. New York 1995. – Peter Weiss: Avantgarde Film. Frankfurt a. M. 1995. – Rudolf E. Kuenzli (Hrsg.): Dada and Surrealist Film. Cambridge/London 1996.

B

Babelsberg. Im Südwesten von Berlin, auf dem Industriegebiet von Nowawes, nahe der Wohnkolonie Neubabelsberg, entdeckte der Cheftechniker der Deutschen Bioscop, Guido Seeber, im Jahr 1911 ein Grundstück, das ihm für die Errichtung eines Filmateliers geeignet erschien. Das vorhandene Gebäude wurde im Winter 1911/12 um ein Glashaus für Filmaufnahmen erweitert, am 12. 2. 1912 fanden hier die ersten Dreharbeiten statt: für den Asta-Nielsen-Film *Der Totentanz* (R: Urban Gad). Bereits ein Jahr später wurden ein weiteres Atelier und ein Kopierwerk in Betrieb genommen. Zu den ersten »großen« Filmen, die in Neubabelsberg gedreht wurden, gehörten *Der Student von Prag* (1913, R: Stellan Rye; mit Außenaufnahmen in Prag) und *Der Golem* (1914, R: Henrik Galeen). Die 10er Jahre waren filmtechnisch geprägt von Tageslichtaufnahmen, die durch Kunstlicht zunächst nur unterstützt wurden. Schwierigkeiten bereiteten dabei die unterschiedlichen und zum Teil teuren Stromarten (Gleichstrom, Drehstrom, Wechselstrom). In den Neubabelsberger Studios und auf dem Freigelände (anfangs ca. 60 000 qm) entwickelte sich – beeinträchtigt durch den Ersten Weltkrieg – die Filmproduktion der Deutschen Bioscop in krisenhaften Schwankungen. Erfolgreich waren der sechsteilige *Homunculus* (1916/17, R: Otto Rippert) und der dreiteilige *Ahasver* (1917, R: Robert Reinert).

1918 scheiterte ein Verkauf der Deutschen Bioscop an die neu gegründete → Ufa, 1920 kam eine Fusion mit der Berliner Decla Filmgesellschaft zustande, die neues Leben in die Studios brachte, bevor 1922 die Decla-Bioscop mit den Neubabelsberger Anlagen in den Besitz der Ufa überging. In der ersten Hälfte der 20er Jahre wurden in den Studios und auf dem Freigelände u. a. *Der müde Tod* (1921, R: Fritz Lang), *Der verlorene Schuh* (1923, R: Ludwig Berger), *Die Nibelungen* (1924, R: Fritz Lang), *Zur Chronik von Grieshuus* (1924, Regie: Arthur von Gerlach), *Der letzte Mann* (1924, Regie: F. W. Murnau) und *Varieté* (1925, Regie: E. A. Dupont) gedreht. Das Gelände hatte sich inzwischen auf 300 000 qm erweitert, es gab Ver-

Typische Dreharbeit aus der frühen Stummfilmzeit, vermutlich vor Beginn des Ersten Weltkriegs: Glasdach und Glaswände lassen Tageslicht herein, gespielt wird in einer aus zwei Wänden bestehenden Dekoration, ein anderes Zimmerdekor gleich daneben. Oft entstanden mehrere Filme gleichzeitig, unvorstellbarer Lärm erfüllte die Halle – ganz anders als zur frühen Tonfilmzeit, als während der Aufnahmen wegen der Aufzeichnung des Originaltons völlige Stille geboten war. Keine leichte Aufgabe also für Schauspieler in dieser frühen Ära, sich zu konzentrieren. Hier ist die Dänin Asta Nielsen zu erkennen (in einem nicht näher identifizierbaren Film), ein großer Schauspielerstar des frühen deutschen Films. Auf dem Regiestuhl vermutlich ihr Lebensgefährte Urban Gad, hinter der Kamera steht und kurbelt mit der Hand der erfindungsreiche Kameramann Guido Seeber.

Auf dem Studiogelände in Babelsberg errichtete man künstlich den unergründlichen deutschen Wald – selbst die riesigen Baumstämme wurden gemauert –, in dem Siegfried in Fritz Langs *Nibelungen*-Film (1924) den Drachen trifft, den er der Sage nach töten muss. Rechts neben dem Untier, vor einem großen Scheinwerfer, der hier selbst im Freien nötig schien, der Regisseur Fritz Lang, der die spektakuläre Szene förmlich dirigiert. Als halb nackter Kraftprotz wirft sich für Drache und Kamera Paul Richter in Positur. Diese aufwendigen Produktionen machten Babelsberg und die Ufa in den 20er Jahren weltberühmt.

waltungsgebäude, Ateliers, Werkstätten, Fundus, technische Lager, das Kopierwerk, einen kleinen Zoo und viel Platz für Bauten zu Außenaufnahmen. Allerdings waren die beiden Ateliers längst zu klein geworden, zumal mit Aufnahmehallen in Tempelhof, Johannisthal und Staaken Konkurrenz in relativer Nähe entstanden war. So wurde 1926 eine neue Halle gebaut (123 m lang, 56 m breit, 14 m hoch), die durch Querwände beliebig unterteilbar war.

Zu den großen Ufa-Filmen der folgenden Jahre gehörten *Metropolis* (1927, R: Fritz Lang, nur teilweise in Neubabelsberg gedreht), *Die Liebe der Jeanne Ney* (1927, R: G. W. Pabst), *Geheimnisse des Orients* (1928, R: Alexander Wolkoff) und *Asphalt* (1928, R: Joe May). Ab 1928 geriet das Studio zunehmend unter Druck, sich rechtzeitig auf den kommenden Tonfilm einzustellen. Unter Ausnutzung der vorhandenen Hallen wurde 1929 auf einer Fläche von 3500 qm das »Tonkreuz« errichtet: ein Ensemble von vier Ateliers mit vielen Nebenräumen. Am 24. 9. 1929 wurden die Neubauten der Öffentlichkeit präsentiert, am 4. 11. begannen die Dreharbeiten zu der Prestigeproduktion *Der blaue Engel* (R: Josef von Sternberg).

Auch die anderen großen Erich-Pommer-Filme der Ufa – *Die Drei von der Tankstelle* (1930, R: Wilhelm Thiele), *Liebling der Götter* (1930, R: Hanns Schwarz), *Der Kongreß tanzt* (1931, R: Erik Charell), *Ein blonder Traum* (1932, R: Paul Martin), *Ich bei Tag und du bei Nacht* (1932, R: Ludwig Berger), *F.P.1 antwortet nicht* (1932, R: Karl Hartl) – wurden in Neubabelsberg gedreht, meist parallel in drei Versionen: deutsch, englisch und französisch.

Das vaterländische Epos *Morgenrot* (1933, R: Gustav Ucicky) war der Willkommensgruß für die neuen Machthaber: Hitler und Goebbels. Nunmehr produzierte man unter Aufsicht des Propagandaministeriums. Die jüdischen Mitarbeiter mussten das Studio verlassen. Joseph Goebbels gab sich als »Schirmherr des deutschen Films« und war häufiger Gast in Neubabelsberg. Produktionsschwerpunkte wurden die → Komödie, die → Literaturverfilmung und das → Melodram; es begannen die Karrieren von Detlef Sierck und Veit Harlan. Zu den Lieblingsregisseuren der nationalsozialistischen Machthaber gehörten vor allem Hans Steinhoff, Karl Ritter und Gustav Ucicky. 1938 fusionierten nach einer Gebietsreform die Orte

Nowawes und Neubabelsberg zu Babelsberg, der S-Bahnhof Neubabelsberg wurde in Babelsberg Ufastadt umbenannt. Nach vielen Vorversuchen entstanden in Babelsberg die ersten deutschen Farbspielfilme in Agfacolor: *Frauen sind doch bessere Diplomaten* (1941, R: Georg Jacoby), *Die goldene Stadt* (1942, R: Veit Harlan), *Das Bad auf der Tenne* (1942, R: Volker von Collande) und der aufwendige Film zum Ufa-Jubiläum: *Münchhausen* (1943, R: Josef von Baky), eine Anthologie der damals möglichen → Special Effects. Seit September 1939 erschwerte der Zweite Weltkrieg die Arbeit in Babelsberg. Die wehrfähigen Männer wurden eingezogen, es gab Engpässe bei der Materialversorgung, zivile Kraftwagen wurden beschlagnahmt, Alarm und Bombenangriffe unterbrachen ab 1943 häufig die Dreharbeiten. Dennoch wurde bis April 1945 produziert. Am 24. 4. 1945 besetzte die Rote Armee das Babelsberger Areal, in der Folgezeit wurden die technischen Einrichtungen demontiert oder demoliert.

Das zweite Leben der Filmstadt Babelsberg begann im Januar 1948 mit den Dreharbeiten zu dem DEFA-Film *1-2-3 Corona* (R: Hans Müller). Die (ost-)Deutsche Film AG (→ DEFA) war am 17. 5. 1946 gegründet worden und hatte zunächst in Johannisthal und im Althoff-Atelier in Nowawes produziert. Sie verlagerte ab 1949 ihre Dreharbeiten mehr und mehr nach Babelsberg, die Studioadresse hieß nunmehr: August-Bebel-Straße 26–53. Technisch wurde das Areal langsam aufgerüstet, zu größeren Neubauten kam es allerdings nicht. Pro Jahr drehte die DEFA in Babelsberg 15–20 Filme, darunter jeweils 3–4 Kinderfilme. Bis Ende der 50er Jahre wurden auch noch westliche Künstler und Techniker beschäftigt, Wolfgang Staudte drehte die Satire *Der Untertan* (1951) und den Kinderfilm *Die Geschichte vom kleinen Muck* (1953), es gab Koproduktionen mit französischen Filmfirmen (*Die Abenteuer des Till Ulenspiegel*, 1957, R: Gérard Philipe, Joris Ivens). Die wichtigsten Regisseure waren zunächst Kurt Maetzig, Martin Hellberg und Slatan Dudow, ab Mitte der 50er Jahre begannen Gerhard Klein, Konrad Wolf, Heiner Carow und Frank Beyer mit ihrer Filmarbeit. Vor allem die filmtechnische Phantasie (Ernst Kunstmann, Kurt Marks) und das szenographische Handwerk (Willy Schiller, Alfred Hirschmeier) wurden über die Grenzen der DDR hinaus registriert.

In den Themen und Stoffen orientierte sich das Studio an politischen Ansprüchen, in den Genres auch an den Unterhaltungsbedürfnissen des Publikums. Für die Drehbuchentwicklung gab es spezielle Dramaturgen, zur Erhöhung der Effizienz wurden — nach polnischem Vorbild — »Künstlerische Arbeitsgruppen« gebildet. Eine davon trug den Namen »Babelsberg«. Die Lage des Studios im grenznahen Bereich machte die Ateliers für westliche Besucher fast unzugänglich. Die Mitarbeiter aus Ostberlin mussten ab 1961 eine lange, den Westteil der Stadt umkreisende Anfahrt in Kauf nehmen. Zu den erfolgreichsten DEFA-Filmen der 60er und 70er Jahre, die in Babelsberg gedreht wurden, gehörten *Karbid und Sauerampfer* (1963, R: Frank Beyer), *Der Dritte* (1972, R: Egon Günther) und *Die Legende von Paul und Paula* (1973, R: Heiner Carow). Produziert wurde vornehmlich für das Kino. TV-Filme waren beim Fernsehen der DDR / Deutscher Fernsehfunk in Adlershof angesiedelt. In den 70er Jahren entwickelte man in Babelsberg eine eigenständige 70-mm-Technik, für die es allerdings nicht genügend Spielstätten gab.

Seit den 80er Jahren hatten DEFA-Filme zunehmend Schwierigkeiten, ihr Publikum zu finden, da inzwischen immer mehr westliche (amerikanische) Produktionen in die Kinos der DDR kamen. Die deutsche Einigung führte für die meisten der 2600 fest angestellten Mitarbeiterinnen und Mitarbeiter des Studios in die berufliche Krise. Im Zuge der »Abwicklung« wurde die Mehrzahl von ihnen entlassen. 1992 verkaufte die Treuhandanstalt das Areal der DEFA in Babelsberg für 130 Mio. DM an die Compagnie Immobilière Phénix (CIP) Deutschland GmbH, eine Tochtergesellschaft des französischen Mischkonzerns Compagnie Générale des Eaux (CGE). Geschäftsführer der in diesem Zusammenhang gegründeten Studio Babelsberg GmbH wurden der deutsche Regisseur Volker Schlöndorff und der französische Manager Pierre Couveinhes. Inzwischen bemühen sich verschiedene Nachfolger, dem Studio zu einer profitablen Auslastung zu verhelfen.

Prominente Besucher und spezielle Studioführungen hatte es in Babelsberg schon in den 20er und 30er Jahren gegeben. Ab 1936 war dort die Ufa-Lehrschau untergebracht, eine Sammlung und Ausstellung zu Bildungszwecken. Seit 1991 kann man in einer Studiotour Teile des Ateliergeländes (mit Außenbauten, Fundus und Ausstellungshallen) besichtigen. Ende der 30er Jahre sollte in Babelsberg eine Deutsche Filmakademie errichtet werden. Über die Grundsteinlegung kam das Projekt nicht hinaus. Seit 2000 ist die Hochschule für Film und Fernsehen Konrad Wolf (gegründet 1954) in einem eigenen Gebäudekomplex auf dem Studiogelände in Babelsberg untergebracht.

Hans Helmut Prinzler

Literatur: Wolfgang Jacobsen (Hrsg.): Babelsberg. Ein Filmstudio. Berlin 1992. 3., aktualis. Aufl. 1994. – Axel Geiss (Hrsg.): Filmstadt Babelsberg. Zur Geschichte des Studios und seiner Filme. Berlin 1994. [Katalog zur Dauerausstellung des Filmmuseums Potsdam.] – Ralf Schenk (Red.): Das zweite Leben der Filmstadt Babelsberg. DEFA-Spielfilme 1946–1992. Berlin 1994.

Ballettfilm / Tanzfilm. Von einem eigenständigen Genre des Ballettfilms kann man erst nach dem Zweiten Weltkrieg sprechen. Zwar sind Tanz und Film seit Beginn der Filmgeschichte eng miteinander verbunden, da sich die tänzerische Bewegung des menschlichen Körpers bestens dazu eignete, Bewegung im Film vorzuführen. Jedoch handelte es sich anfänglich nur um kurze dokumentarische Aufnahmen. Der an das gleichnamige Märchen von Hans Christian Andersen angelehnte englische Farbfilm *Die roten Schuhe* (1948, R: Michael Powell, Emeric Pressburger) mit den berühmten Tänzern Moira Shearer und Léonide Massine verhalf dem Genre des Ballettfilms zum endgültigen Durchbruch. In diesem Film wirken Tanz, Musik, Malerei und filmische Mittel außergewöhnlich intensiv und virtuos zusammen. So löst sich die viertelstündige Sequenz, in der die Premiere des Balletts »Die roten Schuhe« gezeigt wird, von der Darstellung des Balletts als Bühnengeschehen zugunsten einer bewusst filmischen Gestaltung.

Der Begriff Ballettfilm bezeichnet sowohl die abendfüllende dokumentarische wie auch die spielfilmartige Präsentation von Ballett. Wichtige Filmdokumentationen sind beispielsweise die Bühnen- oder Studioaufzeichnungen des Kirow- oder Bolschoi-Ballettensembles (*Romeo i Julia* mit Rudolf Nurejew und Margot Fonteyn) der 50er Jahre oder die englischen Ballettfilme, die die BBC seit den späten 50er Jahren erstellte und die auch im Kino gezeigt wurden. Berühmte Choreographien von George Balanchine gingen durch solche Filme wie *A Midsummer Night's Dream* (1966) in die Ballettfilmgeschichte ein. In Frankreich entstand ein Ballettfilm mit Spielfilmlänge aus vier Balletten von Roland Petit (*Carmen 62*, 1960). Eine sehr gelungene Verbindung zwischen den Erfordernissen des Mediums Film und der Achtung vor der Originalaufführung im Theater stellt die deutsche Verfilmung der Nurejew-Inszenierung von *Schwanensee* (1966) dar. Hollywood-Musicalfilme bezogen vor allem in den 50er Jahren reine Ballett- und Tanzsequenzen in ihre Dramaturgie ein, beispielsweise die 17-minütige Ballettnummer in *Ein Amerikaner in Paris* (1951, R: Vincente Minnelli), die ›Broadway-Ballett‹-Sequenz aus *Singin' in the Rain* (1951, R: Stanley Donen, Gene Kelly) oder das Traumballett in *Oklahoma!* (1955, R: Fred Zinnemann). Jedoch existieren daneben auch eigenständige Spielfilme, die im Ballettmilieu spielen und in denen Ballettsequenzen die Handlung tragen. Karel Reisz' *Isadora* (1968) beschreibt ebenso wie *Anna Pawlowa – Ein Leben für den Tanz* (1985, R: Emil Loteanu) das Leben einer berühmten Tänzerin. Herbert Ross' *Am Wendepunkt* (1977) handelt von den schmerzhaften Verzichten, die eine Ballettkarriere mit sich bringen kann. Eine Mischform zwischen Ballett- und Tanzfilm stellt Taylor Hackfords *Die Nacht der Entscheidung* (1985) dar. Vor dem Hintergrund des Kalten Krieges liefern sich der Balletttänzer Michail Barischnikow und der farbige Stepptänzer Gregory Hines freundschaftliche Tanzgefechte.

Das Genre des Tanzfilms entwickelte sich streng genommen erst in den 70er Jahren. Es vereint Elemente des → Musical- und Revuefilms Hollywoodscher Prägung in sich, enthält aber keinen erzählenden Gesang und auch keine von den Protagonisten gesungenen Tanznummern. Tanzfilme tragen tendenziell melodramatischere Züge als der Musicalfilm. Persönliche, gesellschaftliche und kulturelle Konflikte treten in den Vordergrund. Die Choreographie verdeutlicht oft Gefühle, Konflikte und Charaktere der Figuren, während die Begleitmusik, im amerikanischen Tanzfilm meist populäre Hits, oft die Gedanken der Tänzer artikuliert und kommentiert. Tanz wird als Probensituation, gesellschaftliches Ereignis oder Vorführung, somit als ›realistisches‹ Element und nicht als Übersprung ins Traumhafte eingesetzt. Das Genre des Tanzfilms zeigt sich seit den 70er Jahren in Amerika innovativer und experimentierfreudiger als der Musicalfilm. Es bedient sich der neuen musikalischen Formen der zeitgenössischen populären Musik und geht somit eher auf die Bedürfnisse des jüngeren Publikums ein. So verwenden die Filme *Nur Samstag Nacht* (1977, R: John Badham) und *Staying Alive* (USA 1983, R: Sylvester Stallone) erfolgreiche Musiknummern der Bee Gees. Beide Filme erzählen vom Aufstieg des Helden aus der Working Class durch den Tanz. Nicht von Ferne angebetete Balletttänzer stehen nun im Mittelpunkt der Geschichten, sondern ›gewöhnliche‹ Leute. Mit der Discowelle der 70er Jahre und den leicht erlernbaren Tänzen ging ein betontes Präsentieren des eigenen Körpers einher. Die Körperlust des Tanzens verband sich mit einer neuen Körpernorm von Makellosigkeit, Jugendlichkeit und Sportlichkeit. Neben den Tanzszenen in der Disco stellt *Nur Samstag Nacht* auch John Travoltas intensives narzisstisches Herrichten für das abendliche Tanzvergnügen heraus. Nicht zuletzt diesem Film und seinem Hauptdarsteller ist es zu verdanken, dass nach längerer Zeit (die letzten großen Tanzstars Fred Astaire und Gene Kelly fanden lange keine adäquaten Nachfolger) auch wieder der männliche Körper ins Zentrum der Aufmerksamkeit vieler Tanzfilme rückt. *Dirty Dancing* (1987, R: Emile Ardolino), *Footloose* (1984, R: Herbert Ross), *Tap Dance* (1988, R: Nick Castle), *Strictly Ballroom – Die gegen alle Regeln tanzen* (1991, R: Baz Luhrmann) und *Shall We Dansu?* (1996, R: Masayuki Suo) führen mit Patrick Swayze, Kevin Bacon, Gregory Hines, Paul Mercurio und Koji Yakusho diese Tendenz fort. Die Aerobic- und Fitness-Welle der 80er Jahre unterstützte den Erfolg von *Flashdance* (1983, R: Adrian Lyne) und erleichterte die Identifikation mit der weiblichen Hauptfigur Alex. Ballett als sozial anerkannte Kunst, hohe Selbstdisziplin und hartes Training eröffnen ihr den Weg aus dem Strippermilieu in eine höhere Gesellschaftsschicht. Nachdem sich schon Busby Berkeley und Bob Fosse in ihren Revue- und Musicalfilmen ausdrücklich der ästhetischen Möglichkeiten von Kamera und Montage bedienten, fotografiert Adrian Lyne den weiblichen Körper nun meist fragmentiert und fügt ihn in der Montage im Rhythmus der Musik zu einem neuen ›Ganzen‹ zusammen. Künstlerisch gesetztes Licht unterstreicht die stilisierten Choreographien, die für den Blick eines männlich-voyeuristischen Publikums bestimmt sind und aufreizen sollen, jedoch bleibt der weibliche Körper durch die verfremdende Ästhetik und eine in manchen Teilen aggressive Choreographie seltsam fern und unnahbar. Lynes Inszenierung knüpft teilweise an Bob Fosses Darstellung des weiblichen Körpers in *Sweet Charity* (1968) und *Cabaret* (1972) an. Die Tanz- und Bildchoreographie von *Flashdance* wird im Zusammenspiel von Farbdramaturgie, Kulisse und Lichtgestaltung zur prägenden Form der Videoclipästhetik der 80er Jahre.

Das Genre des vom Hollywood-Musical geprägten Tanzfilms bedient sich der ästhetischen und dramaturgischen Neuerungen, die unter dem Einfluss der Popkultur in den

60er und 70er Jahren im Musicalfilm entstanden: Rockmusik, die die Filmbilder begleitet und popclipartige Sequenzen, die die in den Tanzszenen bis zu den 60er Jahren übliche Einheit der Zeit und des Raums aufheben. Während der kurzen Dauer eines Popsongs wird die Handlung von mehreren Tagen oft innerhalb unterschiedlicher räumlicher Stationen gerafft, sodass meist eine sprunghafte Entwicklung der Charaktere, oft deren Probenfortschritte, gezeigt wird (*Dirty Dancing, Strictly Ballroom, Shall We Dansu?, Billy Elliot – I Will Dance*, 2000, R: Stephen Daldrey). Diese Tanzfilme stellen das Üben des Tanzens und den Arbeitsprozess in den Vordergrund, durch den es meist zu einer Annäherung des Liebespaares kommt. Im Gegensatz zu früheren Musicalfilmen gibt es kein von vornherein tänzerisch perfektes Paar mehr. Vielmehr ist einer der Partner ein professioneller Tänzer, der dem anderen das Tanzen erst vermitteln muss. Ähnlich wie im Musicalfilm spiegelt sich Rick Altmans Dual-Focus-Modell auch im zeitgenössischen Tanzfilm wider: Die Protagonisten unterscheiden sich durch gesellschaftliche und charakterliche Differenzen voneinander, die sich im Miteinander-Tanzen jedoch aufheben, wie es beispielsweise Baby und Johnny in *Dirty Dancing* oder Fran und Scott im australischen *Strictly Ballroom* demonstrieren. Ferner bedient sich der vom Hollywood-Musical geprägte Tanzfilm der Erzählmuster der von Altman klassifizierten Subgenres des Fairy Tale Musicals, des Show Musicals und des Folk Musicals. Spuren des Show Musicals finden sich in den Tanzfilmen *Fame* (1980, R: Alan Parker), *Tap Dance, Flashdance, Dirty Dancing, Strictly Ballroom* und *Shall We Dansu?*. Die ›entrückte‹ Welt des Fairy Tale Musicals findet sich in den nichtalltäglichen Schauplätzen der Catskills in *Dirty Dancing* und der Tanzschulen in *Tap Dance, Shall We Dansu?* und *Strictly Ballroom*. Die im Folk Musical wichtigen Familienmitglieder, die im kleinsten Horizont oft gesellschaftliche Phänomene widerspiegeln, und die klassischen Bösewichte finden sich in *Dirty Dancing, Tap Dance, Strictly Ballroom* und *Shall We Dansu?*. Gesang und Tanz entspringen dort oft spontan dem Rhythmus des Lebens oder lassen sich von Geräuschen der Stadt inspirieren (so in *Tap* Dance und *Flashdance*). Die Begegnung der Kulturen im Tanz und durch den Tanz ist ein wichtiges Motiv im zeitgenössischen Tanzfilm, so in *Dirty Dancing* und *Strictly Ballroom*. Tanz fungiert dort als kommunikations- und identitätsstiftendes Moment. Ferner wird das Bewusstmachen des eigenen Körpers als Ausdrucksmerkmal, gleichsam ein Wiederentdecken eines bis dahin unterdrückten Lebenselans betont, so vor allem im japanischen Tanzfilm *Shall We Dansu?*, der überdies noch mit kulturellen Missverständnissen bei der Rezeption fremdländischer Tänze spielt. Der britische Film *Billy Elliot – I Will Dance* führt vor dem politischen Hintergrund der Thatcher-Ära eindrucksvoll den Ausbruch aus gesellschaftlichen Normen vor.

Neben diesen Produktionen, die sich am Hollywood-Schema orientieren, werden in Europa Tanzfilme produziert, die im Gegensatz zu den oben genannten Filmen tendenziell das Theater als Schauplatz oder das Kulissenhafte der Inszenierung betonen. Ettore Scolas bemerkenswerter Film *Le Bal – Der Tanzpalast* (1983) erzählt allein durch die Sprache der Musik und des Tanzes persönliche Schicksale vor einem politischen Hintergrund. Carlos Saura stellt in den 80er Jahren mit seiner Flamenco-Trilogie *Bluthochzeit* (1981), *Carmen* (1983) und *Liebeszauber* (1986) einen traditionellen spanischen Tanz in den Mittelpunkt. In Sauras Trilogie gehen unterschiedliche Elemente wie Theater, Oper, Musik und Tanz eine Symbiose ein, wobei das Theaterhafte nie in den Hintergrund tritt, sondern als Bühnenszenerie oder als Probenraum allgegenwärtig ist und den theatralen Einsatz des Tanzes rechtfertigt. In allen drei Filmen ist Tanz das primäre Ausdrucksmittel der Figuren, auch bildet er eine Brücke zwischen Realität und Phantasie. Dialoge haben in der Filmhandlung im Gegensatz zum von Hollywood geprägten Tanzfilm fast kein Gewicht.

In den 80er und 90er Jahren entwickelt sich das Subgenre des Tangofilms, in dem Tanz oft Ausdruck politischer Gesinnung ist.

Fernando E. Solanas' *Tangos* (1985) erzählt von einer argentinischen Tanzgruppe, die vom Militärputsch 1976 ins Pariser Exil vertrieben wurde und nun dort ihre politische Einstellung durch die künstlerische Arbeit vertritt. Mittels der Inszenierung einer Tanguedia verarbeiten die Künstler die Schrecken der argentinischen Militärdiktatur und des Exils. Die Engländerin Sally Potter entdeckt 1997 in dem autobiographischen *Tango Lesson* den Tango als Tanz einer anderen Kultur. In den unterschiedlich inszenierten Tangoszenen artikulieren sich die unterschiedlichen Stadien ihrer Liebesbeziehung zu einem Tangolehrer. Auch in Carlos Sauras *Tango* (1997) erzählt der Tango in der großen finalen Retrospektive vom Grauen der Diktatur. Die dürftige Handlung – eine Dreiecksbeziehung und der kreative Arbeitsprozess – dient als Gerüst für eine Folge von Tanzszenen, die den Tango als einfachen Gesellschaftstanz oder als perfekt einstudierte Gruppenchoreographie mit Ballettelementen zelebrieren.

Dorothee Ott

Literatur: Rick Altman: The American Film Musical. Bloomington 1987. – Dorothee Ott: Körper-Ausdruck. Zum zeitgenössischen Tanzfilm. Mainz 2000.

Bavaria. Die Geschichte der verschiedenen, nacheinander unter dem Namen »Bavaria« tätigen Filmfirmen begann mit zwei Ereignissen im Jahre 1919. Der Produzent Erich Wagowski gründete damals in München das Filmhaus Bavaria GmbH, die in den 20er Jahren als Bavaria-Film-Gesellschaft zeitweise zum Emelka-Konzern gehörte, einige Großprojekte realisierte und 1926 in Konkurs ging. Wagowski nahm sich 1927 das Leben. Ebenfalls 1919 erwarb der Produzent und Regisseur Peter Ostermayr, Anteilseigner der Münchner Lichtspielkunst GmbH (genannt Emelka) im Südosten von München, in Geiselgasteig, ein Areal von 37 Hektar und ließ dort ein Glasatelier errichten, das – wie damals üblich – Filmaufnahmen mit natürlichem Licht gestattete. Das Atelier wurde im Juni 1920 eingeweiht. Als erster Film entstand dort *Der Ochsenkrieg* unter der Regie von Franz Osten (d. i. Franz Ostermayr). In den 20er Jahren prosperierte die Emelka, in Geiselgasteig wurden zahlreiche, zum Teil groß dimensionierte Filme gedreht, zu den internationalen Talenten, die dort arbeiteten, gehörte 1925/26 auch Alfred Hitchcock. Peter Ostermayr war schon 1923 aus der Emelka ausgeschieden, deren Anteile nach einigen Kapitalerhöhungen zu einem Drittel von der deutschen Reichsregierung gehalten wurden. 1930/31 trieb der aufkommende Tonfilm, der zu umfangreichen Investitionen zwang, die Emelka, die sich inzwischen auch eine Kinokette zugelegt hatte, in den Ruin. Verschiedene Banken taten sich im September 1932 zusammen und gründeten – als Auffanggesellschaft für die zusammengebrochene Emelka – die Bavaria AG. Auf dem Areal in Geiselgasteig waren inzwischen verschiedene neue Ateliers, Produktions- und Verwaltungsgebäude errichtet worden. Die Studiobetriebsstätten wurden von der Bavaria AG ersteigert. Zu den ersten Produktionen der neuen Gesellschaft gehörten *Der Tunnel* (1933, R: Kurt Bernhardt) und *SA-Mann Brand* (1933, R: Franz Seitz). Dies war schon ein Tribut an die neuen Machthaber des Nationalsozialismus.

In den folgenden Jahren entstand eine Reihe beliebiger Komödien, Volksstücke und Musikfilme, meist im bayerischen Milieu. 1937 geriet die Bavaria AG in eine finanzielle Krise, die von der Reichsregierung in Berlin erst relativ spät bereinigt wurde: durch die Gründung der Bavaria-Filmkunst GmbH im Februar 1938. Unter der Hand erfolgte damit – der nationalsozialistischen Filmpolitik entsprechend – eine Verstaatlichung der Firma. Die neue GmbH erwarb Grundstücke, Atelieranlagen und Kopierwerk von der zusammengebrochenen Vorgängerin. Außer einigen wenigen Erfolgsfilmen (*Befreite Hände, Wasser für Canitoga*) blieb das Programm der verstaatlichten Bavaria weiter ohne Profil. Zu den »Hausregisseuren« gehörten damals Erich Engel, Hans Schweikart, Joe Stöckel, Viktor Tourjansky und Hans H. Zerlett. Wegen der Kriegseinwirkungen wurden ab Anfang der 40er Jahre

Bavaria-Filme zum Teil in den Barrandow-Ateliers in Prag gedreht (z. B. *Carl Peters* von Herbert Selpin, *Anuschka* von Helmut Käutner, *Paracelsus* von G. W. Pabst).

Unmittelbar nach Kriegsende unterstellte die amerikanische Militärregierung das unzerstört gebliebene Gelände in Geiselgasteig ihrer Kontrolle. Ab 1947 konnten dort die ersten neu lizenzierten Produktionsfirmen ihre Filme drehen, und die Studioanlagen entwickelten sich schnell zum Zentrum des westdeutschen Nachkriegsfilms. Auch ausländische Regisseure kamen nach München und drehten in den langsam modernisierten Ateliers: Anatole Litvak (*Entscheidung vor Morgengrauen*, 1950), Elia Kazan (*Der Mann auf dem Drahtseil*, 1953), Orson Welles (*Herr Satan persönlich*, 1955), Stanley Kubrick (*Wege zum Ruhm*, 1957). Im Februar 1956 wurde die Bavaria Filmkunst AG als erste Gesellschaft des ehemals reichseigenen Ufi-Konzerns reprivatisiert. Drei Banken und drei Filmfirmen (Agfa, NDF und Schorcht Film) übernahmen die Aktien für 6,8 Mio. DM. Vorsitzender des Aufsichtsrates der neuen Bavaria wurde Peter Ostermayr. Die Ambitionen waren groß. 1957 wurde der Schorcht Verleih erworben und in Bavaria Verleih umbenannt, es entstanden eigene Abteilungen für Kultur-, Dokumentar-, Industrie-, Wirtschafts- und Werbefilm, für Besetzung und für den Nachwuchs. Aber die Firma konnte nicht mehr vom Boom des westdeutschen Films der 50er Jahre profitieren. Nur mit Hilfe des Fernsehens war nach drei Jahren der Konkurs abzuwenden.

Am 1. 8. 1959 wurde in Geiselgasteig die Bavaria Atelier Gesellschaft mbH gegründet. Anteilseigner waren das Westdeutsche Werbefernsehen (25,5 %), die Rundfunkwerbung Stuttgart (25,5 %) und die alte Bavaria Filmkunst (49 %). Erster Geschäftsführer wurde der ehemalige Stuttgarter Fernsehdirektor Helmut Jedele. Nun hielten TV-Produktionen Einzug in die Ateliers, große Fernsehspiele (*Hamlet*, *Wallenstein*, *Don Carlos*), später auch TV-Shows von Michael Pfleghar, Heinz Liesendahl, Reinhard Hauff und Serien wie *Raumschiff Orion*, *Funkstreife Isar 12*, Beiträge zum *Tatort*. 1963 fusionierte der Bavaria Filmverleih mit der Columbia zur Columbia-Bavaria (und ging bald darauf in Konkurs), 1965 verkaufte die Bavaria Filmkunst das Gelände von Geiselgasteig mit allen Liegenschaften für 8 Mio. DM an die Bavaria Atelier Gesellschaft, 1973 wurden die Anteile der Firma neu aufgeteilt: 50 % hielt nunmehr das Westdeutsche Werbefernsehen, 25 % die Rundfunkwerbung Stuttgart und 25 % die alte Bavaria Filmkunst. Mit Fernsehaufträgen und internationalen Koproduktionen prosperierte die Bavaria. Zu den Highlights der 70er Jahre gehörten *Cabaret* (1972, R: Bob Fosse) und *Das Schlangenei* (1977, R: Ingmar Bergman). Zum 1. 2. 1979 löste Günter Rohrbach, vormals Leiter der Programmbereiche Fernsehspiel, Unterhaltung und Familie beim WDR, den bisherigen Geschäftsführer der Bavaria, Helmut Jedele, ab. In den Beginn seiner Amtszeit fielen drei Großproduktionen: der 13teilige Fernsehfilm *Berlin Alexanderplatz* (1980) von Rainer Werner Fassbinder, *Das Boot* (1981) von Wolfgang Petersen, gedreht als Kinofilm und als TV-Mehrteiler, sowie *Die unendliche Geschichte* (1984) ebenfalls von Petersen. Rohrbach plädierte für den »amphibischen Film«, der sowohl für das Kino wie für das Fernsehen geeignet wäre. Eine neue Attraktion der Bavaria, die schnell von Einheimischen und Touristen geschätzt wurde, gab es ab 1. 8. 1981: eine Studiotour, bei der auf dem Gelände und in einigen Hallen Bauten und Dekorationen vor allem zum Film *Das Boot* zu sehen waren. Später kamen Ausstattungsrelikte aus der *Unendlichen Geschichte* und anderen Bavaria-Produktionen hinzu. 1985 wurde der Freistaat Bayern Anteilseigner der Bavaria (mit 20 %). 1987 gab man sich einen neuen Firmennamen: Bavaria Film GmbH.

Neue Trick- und Tonanlagen animierten auch andere Produzenten, bei der Bavaria vor allem die Post-Production zu realisieren. Allerdings war inzwischen durch die Zulassung privater Fernsehanbieter, den Rückgang der deutschen Kinofilmproduktion und die konkurrierenden Förderungshilfen anderer Bundesländer die wirtschaftliche Situation der Bavaria angespannter geworden. Der

Versuch, mit einem »Filmpark« in Nordrhein-Westfalen einen neuen Markt zu öffnen, scheiterte schon nach zwei Jahren. Mit dem Studio → Babelsberg kam 1990 ein neuer Konkurrent ins Spiel. Nach 15 Bavaria-Jahren verabschiedete sich Günter Rohrbach 1994 in den Ruhestand. Die nachfolgende Geschäftsführung konzentriert sich stark auf das Fernsehen. Sie profitiert auch von der finanzstarken Filmförderung (FilmFernsehFond) des Freistaates Bayern. Über alle Aktivitäten informiert die Website des Studios: www.bavaria.de.

Hans Helmut Prinzler

Literatur: Roland Keller: Die Traumfabrik. Bavaria-Filmstadt Geiselgasteig. München 1988. – Sylvia Wolf / Ulrich Kurowski: Das Münchner Film- und Kino-Buch. Ebersberg 1988.

Bergfilm. Spielfilmgenre aus der Zeit der Weimarer Republik, oft zu Unrecht in die Nähe des → Heimatfilms gerückt. Der Bergfilm spielt in der deutschen Hochgebirgslandschaft und enthält Elemente sowohl des → Abenteuerfilms (etwa das Bezwingen des Gipfels oder das Überwinden der Schlucht als genretypische Spannungsmomente) als auch des → Melodrams (wie beispielsweise die unerwiderte Liebe als klassisches Motiv für den Aufstieg auf den Berg). Am deutlichsten erschließt sich die Ikonographie des Bergfilms jedoch, wenn man ihn als deutsches Pendant zum amerikanischen → Western versteht: Wie die amerikanische »frontier« erhebt sich das Gebirge als mythische Grenze zwischen menschlicher Zivilisation und wilder, ungeformter Natur, an der Moral und Männlichkeit der Helden sich bewähren müssen. Die Gesetzmäßigkeiten der Natur (der Stärkere überlebt) werden metaphorisch umgewandelt in Gesetzmäßigkeiten der Moral (der Ehrbare überlebt). Und wie im Western ist auch der Held des Bergfilms in Wahrheit ein Antiheld: der stets männliche Outsider, der die Zivilisation flieht, weil er in ihr nicht heimisch werden kann. Verwirrt und aus der Gesellschaft ausgeschlossen, sucht er sich selbst und seine Männlichkeit in der ungezähmten, kantigen Natur zu begreifen, so wie es der Westerner in der Weite der Wälder und Prärien will. Mit der »Eroberung des Nutzlosen« (Kiefer) wird er sich endgültig aus der Dorfgemeinschaft ausgrenzen.

Die widersprüchliche Motivation des Bergsteigers, einerseits die gewaltige Natur zu bezwingen, sich zugleich aber mit ihr in Einklang zu bringen, spiegelt sich vor allem in den Filmen Arnold Fancks (1889–1974), des Begründers des Genres: Der leidenschaftliche Alpinist Fanck will als Filmregisseur die Faszination der Berge einfangen, ohne dabei Anstrengungen und Gefahren zu scheuen. Die Kameramänner Sepp Allgeier, Richard Angst und Harry Schneeberger, mit denen Fanck später arbeitet, müssen stets auf Skiern und in felsigen Steilwänden mit der schweren und kostbaren Filmausrüstung hantieren, die Darsteller erleben die Strapazen ihrer Rollenfiguren am eigenen Leib. Die Auseinandersetzung mit der → Natur in ihren extremen Landschaften und Witterungsbedingungen ist nicht allein in der Filmhandlung das entscheidende Moment, sie macht die Dreharbeiten selbst zur Extremerfahrung: In Fancks Filmteam hatte jeder rund 30 kg Ausrüstung zu schleppen.

Fancks erste filmische Arbeiten zu Beginn der 20er Jahre sind Semidokumentationen wie *Das Wunder des Schneeschuhs* (1920), in denen er die Möglichkeiten auslotet, Natur im Bild einzufangen, die Kamera beispielsweise bei Abfahrten auf dem Ski installiert. Stets visualisiert Fanck die Winzigkeit des Menschen in der Konfrontation mit der Größe und Weite des Gebirges. Mit *Der Berg des Schicksals* (1924), *Der heilige Berg* (1926) und *Die weiße Hölle vom Piz Palü* (1929, mit G. W. Pabst) bringt es Fanck zu internationalem Ansehen. Béla Balázs schwärmt vom »größten Filmbildner der Natur«, der Regie führt »mit Gletschern, Stürmen und Lawinen«. Siegfried Kracauer teilt diese Ansicht nicht. Er sieht in den Filmen Fancks vielmehr eine »gigantische Komposition aus Körperkult-Phantasien, Sonnentrotteln und kosmischem Geschwöge«.

Höhepunkt und Standardsituation des Bergfilms ist der Aufstieg auf den Gipfel.

Die weiße Hölle vom Piz Palü (1929, R: Arnold Fanck)

Die erhoffte Initiation in der Einsamkeit der Gebirgswildnis erweist sich jedoch oft als tödliche Illusion, wie in *Der heilige Berg*. Aus einer melodramatischen Dreiecksgeschichte (zwei Freunde, Ernst Petersen und Luis Trenker, lieben die Tänzerin Diotima, erstmals Leni Riefenstahl) entfaltet Fanck mit expressionistischen Licht-und-Schatten-Kontrasten eine Elegie über die Unvereinbarkeit der Gegensätze Mann und Frau, Meer und Gebirge, Mensch und Natur. In der Bezwingung der steilen Wände soll zugleich die Versuchung des Hochmutes und die sexuelle Verlockung überwunden werden, der Gipfel verheißt in dieser männlichen Naturanschauung ein für alle Mal das Mannsein. Doch »Kinder sind sie alle«, befindet die Mutter im Film über die Männer. Die beiden Helden werden nicht gereift aus den Bergen zurückkehren, sondern ihre Initiation mit dem Leben bezahlen.

Auch *Die weiße Hölle vom Piz Palü* endet tragisch: Ein Bergsteiger, der sich am Unfalltod seiner Frau schuldig fühlt, irrt wie ein ruheloser Geist durch die eisige Schnee- und Gletscherwelt. Er findet erst Erlösung, als er ein junggemähltes Paar vor dem Erfrieren bewahrt – sich selbst opfernd, indem er seine wärmende Kleidung gibt. So vereint der Kältetod den erfrorenen Witwer wieder mit seiner Frau, die junggeblieben im Gletschereis begraben liegt wie Schneewittchen im gläsernen Sarg. Wie eine religiöse Formel gilt auch hier das Schlusswort aus *Der heilige Berg*: »das größte Wort, das über den Menschen steht: die Treue«.

Fanck dreht weitere Hochgebirgsepen wie *Stürme über dem Montblanc* (1930) und *Der weiße Rausch* (1931). Dabei lässt er niemals ab von seinem Authentizitätsanspruch, sich gefährlichen Situationen während der Dreharbeiten selbst zu stellen und sie nicht durch filmtechnische Tricks bloß vorzugaukeln. In den 30er Jahren führen Leni Riefenstahl und Luis Trenker, beide von Fanck als Darsteller entdeckt, als Regisseure das Genre des Bergfilms weiter. In Riefenstahls *Das blaue Licht* (1932) wird der Naturmystizismus ins Übersinnliche, ja ins romantisch Märchenhafte gesteigert, während Trenker mit Filmen wie *Der Berg ruft* (1937) den bei Fanck noch vergleichsweise subtilen und als Idealbild verstandenen Heroismus, an dem die Protagonisten zugrunde gehen, in unverhohlenen Männlichkeits- und Ehrenkult verwandelt.

Seit den 40er Jahren beginnt das Interesse an Bergfilmen zu verblassen. Die von Kracauer geprägte Auffassung vom präfaschistischen Bergfilm, der die NS-Ideologie publikumswirksam unterstützt habe, führt in der Nachkriegszeit beinahe zu einer Tabuisierung des Genres. Erst in der jüngeren Forschung sieht man Fancks innovative Filmsprache nicht mehr primär als Wegbereiter der NS-Ideologie und -Ästhetik, sondern im Kontext der filmischen Avantgarde.

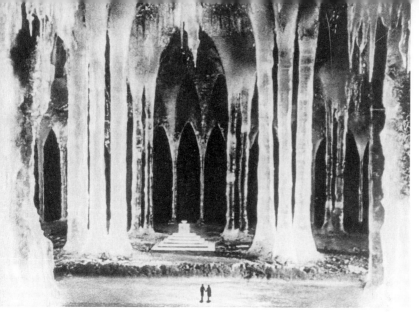

Der heilige Berg
(1926, R: Arnold
Fanck)

Fanck begründete mit seinen Bergfilmen ein eigenes Genre in der Zeit der Weimarer Republik. Vor Ort in Eis und Schnee und nicht im Atelier drehte er seine meist melodramatischen Erzählungen, die allerdings Pathos gewannen durch die unmittelbare Präsenz der Hochgebirge. Fanck bildete eine Riege von Kameramännern heran, die unter äußerst strapaziösen Bedingungen Bilder von einer ›erhabenen‹ Welt schossen – und eine Tänzerin, die alsbald steile Felsen behände hinaufklettern konnte und sich von Schneelawinen effektvoll begraben ließ: Leni Riefenstahl. Von der ästhetischen Harmonie einer ›schönen Natur‹ zeugt die Aufnahme aus *Die weiße Hölle vom Piz Palü*, von mythisierender Inszenierung, die durch Montage erreicht wurde, die Ansicht des monumentalen Gralsdoms in *Der heilige Berg*.

Werner Herzog greift 1991 mit *Schrei aus Stein* noch einmal das fast vergessene Genre auf, indem er einen Freeclimber gegen einen traditionellen Bergsteiger zum Duell um die Erstbesteigung und sinnbildlich um eine Frau antreten lässt. Die Fancksche »Desillusionsromantik« (Kiefer) wird buchstäblich auf die Spitze getrieben: Einer der beiden stürzt zu Tode; der Rivale erreicht zwar den Gipfel, muss jedoch erkennen, dass vor ihm längst ein anderer dort war.

In Filmen wie *Cliffhanger* (1993, R: Renny Harlin) mit Muskelheld Sylvester Stallone versuchte Hollywood, das Spannungspotential des Bergfilms für einen → Blockbuster nutzbar zu machen. Dabei bestimmt das Gebirge jedoch nicht wie im klassischen Bergfilm Handlung und Persönlichkeitsentwicklung der Protagonisten, ist nicht mehr Metapher für Ohnmacht und Innenleben des Menschen, sondern bloß noch Kulisse für ein Actionspektakel. Diese Filme sind daher nicht mehr dem Genre im engeren Sinne zuzurechnen.

Stefanie Weinsheimer

Literatur: Siegfried Kracauer: Der Heilige Berg. [1927.] In: S. K.: Von Caligari zu Hitler. Eine psychologische Geschichte des deutschen Films. Frankfurt a. M. 1979. – Béla Balázs: Der Fall Dr. Fanck. [1931.] In: Der Fall Fanck Revisited. Film und Kritik 1 (1992). – Arnold Fanck: Er führte Regie mit Gletschern, Stürmen und Lawinen. Ein Filmpionier erzählt. München 1973. – Arnold Fanck – Regisseur, Produzent. In: Cinegraph. Lexikon zum deutschsprachigen Film. München 1984ff. – Thomas Jacobs: Der Bergfilm als Heimatfilm. In: Augen-Blick 5 (1988). – Der Fall Fanck Revisited. Film und Kritik 1 (1992). – Herbert Spaich: Bergwanderungen. Film, Mensch, Gebirge. In: Jan Berg / Kay Hoffmann (Hrsg.): Natur und ihre filmische Auflösung. Marburg 1994. – Jan-Christopher Horak (Hrsg.): Berge, Licht und Traum. Dr. Arnold Fanck und der deutsche Bergfilm. München 1997. [Ausstellungskatalog.] – Bernd Kiefer: Eroberer des Nutzlosen. Abenteuer und Abenteurer bei Arnold Fanck und Werner Herzog. In: Thomas Koebner (Hrsg.): Idole des deutschen Films. München 1997. – Christian Rapp: Höhenrausch. Der deutsche Bergfilm. Wien 1997.

Bewegung. Bewegung verbürgt Leben, schnelle Bewegung sogar kräftigen Elan vital. Selbst Zustände erfüllter Ruhe enthalten eine flimmernde ›Aura‹. Deutliche Verlangsamung und Erstarrung haben lähmende Wirkung und künden Tod an. Solche anthropologischen Primärerfahrungen schwingen bei der Wahrnehmung von Bewegungen manifest oder latent mit. Bewegung im Film kommt dreifach zustande: durch die Bewegungen der Personen und Objekte vor der Kamera, die Bewegung der Kamera selbst und die Art und Weise des Schnitts.

1) Die Bewegung der Objekte und Personen vor der Kamera hängt vornehmlich von der jeweiligen Standardsituation und dem Inszenierungsstil des Regisseurs ab. Grundsätzlich kann man zwischen zwei Prototypen unterscheiden, die man mit den französischen Ausdrücken als Mise en Scène und Mise en Caméra (auch: Mise en Cadre) bezeichnen kann. Die Mise en Scène drückt das Interesse aus, vor der Kamera eine Szene schlüssig und möglichst ununterbrochen zu entwickeln, während die Mise en Caméra immer wieder inszeniert mit Rücksicht darauf, dass die Montage den eigentlichen Rhythmus und die Logik der Aussage konstituiert. Ein Beispiel für die langen Einstellungen, die für die Mise en Scène bezeichnend sind, ist der Film *Erzählungen unter dem Regenmond* (1953) des japanischen Regisseurs Kenji Mizoguchi. Hier finden sich Sequenzen zwischen Tag und Traum, zwischen zwei Räumen und zwei Zeiten, die nicht einmal durch einen merklichen Schnitt unterbrochen sind. Ein Mord an einer jungen Frau, begangen von Wegelagerern, wird von der langsam vorbeigleitenden Kamera aufgezeichnet, ›bezeugt‹, ohne dass es eine Zäsur gibt oder den geringsten Versuch der spektakulären Verdeutlichung durch das Heranspringen an den Ort des Schreckens, das Gesicht des Opfers o. ä. Sergej Eisensteins frühe Filme leben dagegen von der heftigen Bewegung, die zwar schon vor der Kamera zu konstatieren ist, durch oft sehr schnelle Schnittfolgen aber noch zusätzlich verstärkt wird.

Durch Überdrehen des Aufnahmetempos oder durch Unterdrehen entstehen zusätzliche Bewegungseffekte: Slow-Motion und Fast-Motion, Zeitlupe und Zeitraffer. Der überschnell aufgenommene Film zeigt, bei normalem Tempo projiziert, 24 Bilder pro Sekunde, gedehnte Abläufe: Im amerikanischen Film der 60er und frühen 70er Jahre erhalten Szenen der Destruktion, der zerstörerischen Gewalt auf diese Art und Weise ein besonderes → Pathos. Das schnell Vorübergehende des tödlichen Geschosses, das rasche Zucken des sich aufbäumenden Körpers, das Zappeln der Opfer im Kugelhagel – all diese Schreckensmomente werden durch Slow-Motion zu schauerlichen Choreographien verwandelt, die den Eindruck des unfassbar Absoluten, des Todes, verlangsamen und dadurch steigern. Beispiele dafür sind neben Szenen aus den Filmen von Sam Peckinpah wie *The Wild Bunch – Sie kannten kein Gesetz* (1969) etwa der Schluss von Arthur Penns *Bonnie und Clyde* (1967), als das Gangsterpärchen von den Verfolgern regelrecht niederkartätscht wird. Fast-Motion, die Beschleunigung der Vorgänge vor der Kamera, hat oft einen komischen Effekt, überdreht Gänge und Gesten ins Karikaturistische, kann aber auch die Rasanz von Verfolgungen verstärken. Im zeitgenössischen Kino wird gewöhnlich vorsichtig, aber dennoch bei aller Dosierung häufig mit beiden Techniken, der Verlangsamung und der Beschleunigung, gearbeitet: z. B. ist es fast zum Klischee geworden, die Berührung zwischen zwei Personen, das Ausstrecken der Hand, die den anderen Körper anfasst, oft ein wenig zu verlangsamen, um die Bedeutung dieser Handlung hervorzuheben, sie sichtbar werden und nicht als unscheinbares Nebenbei ablaufen zu lassen.

2) Die Bewegung der → Kamera: Schon sehr früh war das Interesse an der bewegten Kamera auffällig, das Subgenre der Phantom-Rides erfreute sich im Zeitalter des Attraktionen-Kinos großer Beliebtheit: Kamera

und Kameramann setzten sich vor oder auf eine Lokomotive und sausten mit ihr die Schienen entlang – dadurch entstand ein Geschwindigkeitseffekt, der von den Zeitgenossen, ebenso von der intellektuellen Debatte über das Kino, als unzweideutiges Indiz der Moderne, auch der modernen Wahrnehmung von Umwelt, betrachtet wurde. Bereits ein so früher Film wie *Der große Eisenbahnraub* (1903, R: Edwin S. Porter) will nicht auf Schwenks verzichten, wobei der Schwenkkopf, der gleitende Bewegungen erlaubt, durchaus nicht immer zur Verfügung stand: Für die Kameraleute war es eine schwierige Übung, während des Kurbelns auch noch vorsichtig und möglichst ohne stark zu rütteln, die Kamera nach oben und unten oder zur Seite zu schwenken. Die italienischen Regisseure der frühen → Monumentalfilme vor 1914 und spätestens dann David Wark Griffith setzten die Kamera auch auf Schienenwagen, um so, ähnlich den Phantom-Rides, die Kamera mit Pferden, Wagen, Menschenmassen ›mitlaufen‹ zu lassen. Daraus entstand auf die Dauer der Dolly (Fahrstativ), der bis in die Gegenwart, mit und ohne Schienen, als wichtigstes Instrument für Fahraufnahmen gilt. Nach allen Seiten hin konnte sich der Kran bewegen, der dementsprechend auch komplizierte Kamerabewegungen erlaubte – von der Totale bis zur Nahaufnahme (→ Einstellungsgrößen). In Alfred Hitchcocks *Berüchtigt* (1946) z. B. fotografiert die Kamera von oben die Halle eines großen Hauses, in dem sich eine Gesellschaft tummelt, gleitet dann langsam hinab und endet mit der Einstellung auf die Hand der Hauptdarstellerin, die einen kleinen Schlüssel vor den Augen der anderen zu verbergen sucht. Das → Zoom-Objektiv mit seinen verstellbaren Brennweiten konnte im Kino der 60er und 70er Jahre einen Teil der Fahrten mit der Kamera ersetzen, obwohl diese Technik des Heran- und Fortzoomens bald bis zum Überdruss ausgenutzt wurde. Die eigentliche Funktion der unmerklichen Heranfahrt an eine Figur, an ein Gesicht, nämlich besondere Aufmerksamkeit für eine Reaktion oder Aussage, für mimische oder gestische Zeichen einzufordern, als Vermittlung einer erzählerischen Erwartung, als spannungssteigerndes Moment, drohte in der Menge von Pseudobewegungen, die der Zoom erlaubte, verloren zu gehen. Es galt, neben allen Effekten, die die neuere Aufnahmetechnik zuließ, die einfachen Regeln der Distanzverringerung oder -vergrößerung zu beachten, eine Klassizität zu retten, die durch die Verwendung stehender Objektive garantiert schien.

Die Entwicklung der → Steadicam-Aufnahme, bei der die Kamera in ein kompliziertes Gerüst eingehängt ist, das am Körper des Kameramanns befestigt wird und gleitende schnelle Bewegungen aus geringer Höhe oder über Stufen und Hindernisse hinweg gestattet, erzeugt einen manchmal traumhaft oder halluzinatorisch wirkenden Bewegungseffekt, der ähnlich wie manche Kranfahrten den Widerstand der Wirklichkeit, die Trägheit und Unebenheit der Erde aufzuheben schien. Die suggestive Glätte der Steadicam-Bewegung wiederum provozierte in den 90er Jahren eine Rückkehr zur Handkamera, die ein angeblich authentischeres, ein verwackeltes, verzerrtes Bild präsentierte – das eine höhere Erregung bei den Zuschauern zur Folge hatte. Diese neue Ästhetik der Handkamera setzte sich übrigens ebenso in Amerika (z. B. in Kathryn Bigelows *Strange Days*, 1995) wie in Europa (z. B. Dogma 95) durch.

Die → »entfesselte Kamera« ist noch zu der Zeit in Aktion getreten, als die Kameraleute vornehmlich mit der Handkurbel das Filmband bewegten, als noch nicht Elektromotoren diese Funktion übernahmen – in der Filmgeschichte wird vor allem ein Film immer wieder genannt: Friedrich Wilhelm Murnaus *Der letzte Mann* (1924), bei dem Karl Freund in Übereinstimmung mit dem Regisseur die Kamera auf neue Weise durch den Raum bewegte, indem er sich beispielsweise auf ein Fahrrad setzte oder sich mit dem Hauptdarsteller vor dem Hintergrund bewegte, um dessen Trunkenheit sichtbar werden zu lassen. Zu einem Ausdrucksklischee ist es heute beinahe geworden, ein Liebespaar mit der Kamera zu umfahren, als binde gleichsam diese Bewegung die beiden Figuren fest zusammen.

3) Bewegung durch → Montage: Eine ziemlich gleichmäßige Bewegung bringt die beinahe schematische Abfolge von Totale, Medium Shot, Nahaufnahme, Medium Shot, Totale hervor, die in vielen Szenen traditionell verwendet wird, um einer Figur oder zwei Personen, die im Gespräch sind, näher zu kommen und sich dann, vor dem zu erwartenden Ende der Szene, wieder von ihnen zu entfernen. Die Totale markiert dabei Eingang und Ausgang des jeweiligen Erzählabschnitts. Beabsichtigte Sprünge zwischen den Distanzen, den Einstellungsgrößen, etwa zwischen Totale und Großaufnahme, sind Ausdruck starker Effekte, können Schrecken evozieren (in Filmen der Horrorphantastik) oder Begehren (im Liebesfilm, wenn die Kamera aus der Subjektiven die Fülle vorbeiflanierender Menschen mustert und plötzlich an das Gesicht einer jungen Frau ›heranspringt‹). Der unsichtbare Schnitt (→ Montage) in die Bewegung einer Figur hinein sorgt ähnlich wie die weiche → Überblendung für einen bruchlosen, aber auch im Tempo moderaten Erzählfluss. Bewegung im Schnitt wird eher durch Kontraste, schroffe Differenzen hervorgerufen.

Allgemein ist Bewegung etwas Relatives, nichts Absolutes: Wenn z. B. die Bewegungsrichtung eines Objekts und die Bewegungsrichtung der begleitenden Kamera nicht übereinstimmen, sondern auseinander klaffen, die Kamera das Objekt überholt, etwa bei einer Travelling-Aufnahme, und sich dann zusehends schnell von ihm entfernt, ist der Bewegungseindruck sehr viel stärker, als wenn es eben nicht zu einem solchen Auseinanderklaffen der Vektoren von Kamera und Figur käme. Eine schnelle Schärfenverlagerung von vorne nach hinten enthält gleichfalls einen Bewegungsimpuls. Es ist vom jeweiligen Grundrhythmus eines Films abhängig, ob solche Bewegungsimpulse auf allen Ebenen, der Bewegung vor der Kamera, der Bewegung der Kamera und der Montage, gesucht und gehäuft oder vermieden werden. Natürlich gibt es wie in einer musikalischen Suite auch die Möglichkeit, einzelne Sequenzen sehr bewegt und andere wiederum sehr ruhig zu erzählen.

Ob das Spektrum dieser Varianten ausgenutzt wird, hängt von der Musikalität des ›Filmerzählers‹ ab, wofür letztlich der Regisseur (aber er nicht allein) verantwortlich ist.

Thomas Koebner

B-Film. Die Unterscheidung zwischen → A- und B-Filmen bezog sich ursprünglich auf die → Double Features der 30er Jahre, die sich während der Depressionszeit zum Standard entwickelten. Angesichts der Wirtschaftskrise entstand ein verstärktes Bedürfnis nach Ablenkung. Die → Hollywood-Studios, die zu diesem Zeitpunkt noch einen Großteil der Abspielstätten kontrollierten, entsprachen der Nachfrage mit der Einführung der Double Bills. Während die erste Hälfte des Programms aus einer aufwendigen Major-Produktion bestand, folgte in der zweiten ein billig und schnell produzierter B-Film. Im Vergleich zu den A-Filmen, bei denen sich die Einnahmen aus einer prozentualen Beteiligung am → Box-Office-Erlös ergaben, brachten die B-Filme für die Studios zwar weniger Gewinn ein, aber dafür waren sie auch mit einem geringeren finanziellen Risiko als teure Star-Produktionen verbunden. Sie wurden zu einem festen Preis vermietet, sodass die konkreten Besucherzahlen keine gravierende Rolle spielten. Die favorisierten Genres der B-Filme waren → Kriminalfilme, → Melodramen und → Western, aber auch → Horror- und → Science-Fiction-Filme.

Neben den Major Studios etablierten sich als Spezialisten für B-Filme kleine unabhängige Studios wie Republic, für die John Ford und Raoul Walsh gelegentlich arbeiteten, und Monogram, denen Jean-Luc Godard sein Debüt *Außer Atem* (1959) widmete. Die Majors übernahmen teilweise von Unabhängigen produzierte B-Filme in ihr Verleihprogramm. Nachdem der Oberste Gerichtshof 1948 den fünf Major-Studios Warner Bros., Fox, Paramount, MGM und RKO die Kontrolle über Vertrieb und Aufführung von Filmen entzog, schwand das Interesse der Majors an B-Filmen. Die Filmhistorikerin Susan Hayward sah darin das Ende der klassischen Konstellation: »Die Auswirkungen dieses Urteils führten zu einem erbitterten Konkurrenzkampf zwischen den Majors. Als Folge davon stiegen die Kosten, um einen Film in und für Hollywood zu produzieren, in astronomische Höhen. Dies bedeutete das Ende für die B-Pictures und Double Bills.«

Auch wenn die klassischen Hollywood-Independents, die B-Filme produzierten, sich im Laufe der 50er Jahre auf Produktionen für das Fernsehen umstellten, setzt sich die Geschichte der B-Filme in anderer Form bis heute fort. Die einfachste Weiterführung findet sich in schnell abgedrehten, aus filmischen Versatzstücken zusammengesetzten Fernseh- und Direct-to-Video-Produktionen, die sich an einen beliebigen Trend anhängen oder lediglich eine weitere Variation altbekannter Klischees ohne besonderen Einfallsreichtum bieten. In den Jahrzehnten nach 1950 bildeten die weiterhin überwiegend von Independents produzierten B-Filme jedoch auch deutlicher als zuvor eigene Konzepte einer → Low-Budget-Ästhetik und verschiedene Stilformen heraus. Auf paradoxe Weise changierte der B-Film zwischen der routinierten Erfüllung konventioneller Erwartungen und eigenwilligen Innovationen, die sich im vorsichtigen Hollywood-Mainstream, in dem weitaus höhere Budgets auf dem Spiel standen, erst gar nicht realisieren ließen. Zwar konzentriert sich bis heute ein Großteil der B-Produktionen auf die Einhaltung zuvor etablierter Formeln. Doch immer wieder nutzten Regisseure wie in den 50er und 60er Jahren Sam Fuller und Don Siegel, gefolgt von John Carpenter und George Romero in den 70er Jahren die Freiräume des Low-Budget-Films für subversive Projekte mit eigener Handschrift.

Durch Wiederholungen im Fernsehen und später auch durch die Verfügbarkeit eines Films auf Video und DVD entwickelten früher übersehene oder unterschätzte Produktionen ein Eigenleben und fanden lange nach ihrer ursprünglichen Aufführung erst ihr Publikum. Unabhängig von den Hollywood-Studios entwickelten sich Firmen wie American International Pictures (AIP) und der Produzent Roger Corman zu bestimmenden Größen im B-Film-Bereich. Dieser von der konventionellen Filmkritik anfangs geschmähte Sektor teilte sich in eine Vielzahl von Kategorien und Subgenres wie → Trash und Camp (→ Kitsch). Während im → Exploitationfilm tradierte Genreformen durch die Steigerung der Schockmomente ausgeschlachtet oder systematisch zur Implosion gebracht wurden, entwickelten sich Cormans Produktionen zum Versuchsfeld für Hollywoods spätere Starregisseure wie Martin Scorsese, Francis Ford Coppola, James Cameron und Peter Bogdanovich.

Seit den 70er Jahren hat sich ein anderer Umgang mit den ästhetischen und erzählerischen Qualitäten des B-Films ergeben. »Typisch für das New Hollywood sind die selbstbewusste Gebrauch von Genre-Stereotypen und die Wiederbelebung von Genres, die in den 50er Jahren als B-Movies betrachtet wurden, der Science-Fiction-Film, der Monsterfilm und die vielen Variationen des Horrorfilms« (Elsaesser). Dieser Bezug auf Genres des B-Films reicht von der kritischen Infragestellung tradierter Stereotypen des → Gangsterfilms (Francis Ford Coppolas *Der Pate*-Serie) über postmoderne → Ironie (Steven Spielbergs *Indiana Jones*-Filme) bis hin zur Entstehung neuer Pop-Mythologien (George Lucas' *Krieg der Sterne*-Saga). Coppola, Spielberg und Lucas integrierten jeweils individuell und zugleich finanziell ausgesprochen erfolgreich Motive des klassischen B-Films in den Mainstream. Die gerade für billig produzierte B-Filme charakteristische Serialität (→ Serie) wurde in den 80er Jahren zu einem wesentlichen Kennzeichen der größten Erfolge der Major-Studios. Parallel dazu tauchte mit den von Independents wie New Line Cinema vorangetriebenen Endlosserien *Halloween* (seit 1978), *Nightmare – Mörderische Träume* (seit 1984) und *Freitag der 13.* (seit 1979) auch eine der typischsten Produktionsweisen des Horror-B-Films wieder auf. Der Umgang mit dem Erbe der B-Filme gestaltet sich in den Arbeiten von Regisseuren wie Tim Burton,

John Carpenter und Joe Dante als persönliche Reflexion auf vergessene oder vernachlässigte Kapitel der Filmgeschichte.

Andreas Rauscher

Literatur: Jonathan Ross: The Incredible Strange Filmbook. London 1993. – Susan Hayward: Key Concepts in Cinema Studies. London 1996. – Michael J. Weldon: The Psychotronic Video Guide. New York 1996. – Thomas Elsaesser: Augenweide am Auge des Maelstroms? In: Andreas Rost (Hrsg.): Die Filmgespenster der Postmoderne. Frankfurt a. M. 1998.

Bibelfilm. Beim Bibelfilm handelt es sich um die wichtigste Spielart des → Historien- oder epischen Films, auch des → Monumentalfilms, dessen Handlung im Altertum spielt, wobei vor allem Ereignisse des Alten und Neuen Testaments aufgegriffen werden. Stoffe aus historischen Romanen über Bekehrungslegenden, meist Romanen aus dem 19. Jahrhundert, ergänzen die Bibelberichte, beispielsweise die Geschichte eines Juden, der sich zum Christentum bekehrt in »Ben Hur: A Tale of Christ« (1880) des Generals Lew Wallace oder »Quo Vadis?« von Henryk Sienkiewicz, Erzählungen, die in die Frühgeschichte der christlichen Gemeinden im römischen Kaiserreich zurückführen und das Bekenntnis zuvor ungläubiger Helden zur neuen Religion als Ziel einer Entwicklungsgeschichte wählen, die abenteuerliche Bewährungsproben, Schlachten, Gladiatorenkämpfe, Folter- und Liebesszenen bereithält (als Modell liegt die Wandlung vom Christenverfolger Saulus zum christlichen Apostel Paulus vor). Allgemein vermischt der Bibelfilm buntes Schaugepränge vielfacher Art, oft verbunden mit Massenszenen, mit der Demonstration von Glaubensstärke, die sich gegen die Macht dieser Welt durchsetzt, und dem – durch die weitere Geschichte der christlichen Mission bekräftigten – Triumph der rechten Konfession als Gütesiegel, das die guten Charaktere der Fabel auszeichnet. Ohne ausdrücklichen kirchlichen Auftrag befestigt der Bibelfilm auf holzschnitthafte Weise ein religiöses Gemeindegefühl, wobei aktuell zeitgenössisches Verständnis im Hintergrund der frommen Fabel zur Geltung kommt. So ist von der amerikanischen Kritik hervorgehoben worden, dass die Hollywood-Epen, die im Kalten Krieg entstanden sind, für die heidnischen Bösewichter, die Repräsentanten des dekadenten Rom vor allem britische Schauspieler einsetzen (z. B. den Komödianten Peter Ustinov als lasziv-verdorbten und elegant-manierierten Diktator Nero in *Quo Vadis?*, 1951), für die Verfechter des wahren Glaubens dagegen amerikanische Akteure, als wiederhole sich hier der Streit der Kolonie Amerika gegen das knechtende Mutterland, als sei Amerika das neugelobte Land Christi, das Bestand hat über die dekadenten Imperien hinaus (Wood).

Auch die Erzählungen aus dem Alten Testament werden selten zur Erbauung jüdischer Zuschauer im Film rekonstruiert (etwa die Esther-Geschichte oder der Liebesbetrug der schönen Spionin Dalilah am langhaarigen Samson). Weder bieten die Bibelfilme raffinierte theologische Auslegung des Schriftworts noch sind sie als Ersatzpredigten gedacht, doch können sie als populäre Fortsetzung der Legendenliteratur gelten und als Biblia Pauperum: als Bibel für Arme, die der Schrift unkundig sind und daher nach Bildern verlangen, nach spektakulären Szenen und extravaganten Wundern, nach Staunen erregendem Monumentalismus in Filmbauten und einer ›fabelhaften‹ Tricktechnik: Samson, der den Tempel der Philister zum Einsturz bringt; das Rote Meer, das sich für das jüdische Volk öffnet, das vor dem Heer des Pharao flieht; die Finsternis, die nach Jesu Kreuzigung hereinbricht; das den Atem verschlagende Quadriga-Rennen, das Ben Hur gewinnt (virtuos vor Augen geführt bereits in Fred Niblos *Ben Hur*, 1926, und dann im Remake von William Wyler, 1959) usw. Es sind allemal Erzählungen nach dem Muster, das nach der vorläufigen Niederlage einen endgültigen Sieg verheißt, wie auf die Kreuzigung und den Karfreitag die Auferstehung und das Osterfest folgen. Bibelfilme weisen oder versprechen einen Weg durch das Jammertal zum endgültigen Licht, zur Erhebung, zum Sieg über alle Feinde. Dies im Grunde fest-

Das Erste Evangelium – Matthäus (1964, R: Pier Paolo Pasolini)

Schon früh in der Filmgeschichte entstanden Bibelfilme, oft nach der Vorlage historischer Romane des 19. Jahrhunderts – und ebenso früh drängten sich große Schauspieler dazu, die in christlichem Umkreis populären und attraktiven Rollen zu übernehmen. Dem Starkino entspricht das Szenenarrangement aus *Das Gewand*, dem ersten Cinemascope-Film überhaupt. Victor Mature in Fesseln bildet das eine Zentrum des Dramas, Richard Burton im römischen Soldatenrock das andere. Die Akteure sind aufgereiht wie bei einem Schaugepränge, gut sichtbar nebeneinander für das breite Format dieses Bibelfilms – im Hintergrund ist dekorative Architektur von erheblichem Ausmaß wahrzunehmen. Ganz anders die Auffassung von Pasolini: Die Personen seiner biblischen Geschichte sind einfache Menschen, Laien mit Gesichtern von Fischern und Zimmerleuten – eben das Personal, das Jesus aus Galiläa folgte, eine einfache, wenngleich nicht einfältige ›Bauernversion‹ der Passionsgeschichte, die durch das Authentische der Gesichter und das schlichte, kontrastreiche Schwarzweiß wahrhaftiger und berührender wirkt als die barocke Dekorativität des Hollywoodfilms.

liegende und vorgegebene Programm erlaubt die Provokation unterschiedlichster Affekte mit heftigem Amplitudenausschlag unterwegs, da es prinzipiell keine Unsicherheit über das gloriose Ende geben kann (und sei es die Gewissheit eines himmlischen Friedens nach dem irdischen Leben).

Ein Darstellungsproblem ist die Figur Jesu Christi selbst, die oft ausgespart bleibt, nur als Rückenansicht, als Fragment erscheint – in neueren Produktionen indes ›handgreiflich‹ durch einen der landläufigen Ikonologie Christi entsprechenden Schauspieler auch in Großaufnahme präsentiert wird. Die Bedenken, die übernatürliche Erhabenheit der Figur Christi ins Bild zu übersetzen, wurden in der Vergangenheit gewöhnlich dadurch berücksichtigt, dass man die ehrfürchtigen Reaktionen der Umstehenden zeigte.

Einer der frühesten Versuche, die Jesusgeschichte ins Bild zu übertragen, findet sich in einer der vier Episoden von *Intoleranz*, dem Monumentalfilm von David Wark Griffith (1916). Beinahe sprichwörtlich wurde der amerikanische Regisseur Cecil B. DeMille zum Verwalter dieser ›grandiosen‹ Erzählstoffe. Etliche Filme, die er bereits in der Stummfilmzeit drehte, wiederholte er später mit Hilfe noch größerer Budgets und Statistenheere, noch raffinierterer Effekte, nicht zuletzt *Die Zehn Gebote*, die Ende der 50er Jahre zum krönenden Abschluss seines Œuvres wurden. In Deutschland gab es während der Weimarer Ära nur vereinzelte Versuche: Der *Caligari*-Regisseur Robert Wiene inszenierte beispielsweise den Ufa-Großfilm *I.N.R.I.* (1923). In den 50er Jahren kam nach dem Erfolg von *Quo Vadis?* das neue Breitformat Cinemascope dem Bibelfilm zugute (*Das Gewand*, 1953, der erste Cinemascope-Film überhaupt), um nicht nur das Publikum vom Fernsehapparat wegzulocken, sondern

Bibelfilm 71

auch den rechten Glauben mit großem Aufwand und Machtgebärde zu demonstrieren. Durch Sujet, Format und Propaganda-Auftrag bedingt, entwickelte sich ein Gigantismus, den man als verdeckte politische Imponiergestik in der Zeit des Kalten Krieges begreifen konnte. Kraftnaturen mit leidverzerrten Gesichtern wie Victor Mature oder Charlton Heston wurden zu typischen Schauspielern der muskulösen Märtyrerhelden in diesen filmischen Epen.

Von diesem pompösen Kolossalstil wich Pier Paolo Pasolini in Italien mit seinem Schwarzweißfilm *Das Erste Evangelium – Matthäus* (1964) weit ab, der – mit Laien, realen Bauern, Schafhirten, Landarbeitern gedreht, deren ›archaische‹ Gesichter in vielen Großaufnahmen eingefangen werden – den sozialen Aspekt der Botschaft Christi als einer Religion für Arme und Bedürftige hervorhob. Keine amerikanische Produktion fand zu solch franziskanischer Strenge, obgleich einige einräumten, dass das neutestamentliche Geschehen fast revolutionäre Konflikte zwischen Fischern, Handwerkern, Hirten und einer ungnädigen geistlichen und weltlichen Obrigkeit spiegelt – etwa Nicholas Rays *König der Könige* (1960, wieder ein Remake eines Vorläufers aus dem Jahr 1927). John Hustons *Die Bibel* (1965) dagegen beschränkt sich auf die ersten 22 Kapitel des Alten Testaments. Eine vorläufig letzte Anstrengung, den Bildreiz der in quasi-orientalischem Milieu spielenden ›exotischen‹ Bibelgeschichten mit geistig überhöhendem Kammerspiel zu verbinden, stellt die vielteilige deutsch-italienisch-amerikanische Fernsehproduktion *Die Bibel* (1993–99)

Das Gewand (1953, R: Henry Koster)

dar, für die international angesehene Regisseure (wie Ermanno Olmi) und Schauspieler gewonnen wurden. Subtile, vielleicht auch profanierende Psychologisierung erfuhr das Christus-Drama in Martin Scorseses *Die letzte Versuchung Christi* (1988) nach dem Roman von Nikos Kazantzakis und Denys Arcands kanadischem Film *Jesus von Montreal* (1989), der die Passion in die Welt von heute zu übersetzen strebt. Eine Abfertigung von hoher satirischer Intelligenz (→ Ironie, Satire) erfuhr das Genre des Bibelfilms schließlich durch *Das Leben des Brian* (1979), eine Produktion der englischen Komödiantengruppe Monty Python, in der anstelle der Christusfigur ein Doppelgänger, eben Brian, in einen parallelen Lebenslauf versetzt wurde, der auch ihn am Kreuz enden lässt. Der Film tastet den Kern der christlichen Heilslehre nicht an, ›entzaubert‹ jedoch vielseitig quasi-sakrale Phraseologie und Rituale. Er analysiert zudem das ›irrationale‹ Verhalten von Gläubigen scharfsichtig und ironisch.

Thomas Koebner

Literatur: Donald Hayne (Hrsg.): The Autobiography of Cecil B. DeMille. London 1960. – Charles Higham: Cecil B. DeMille. New York 1973. – Michael Wood: America in the Movies. London 1975. – Jon Solomon: The Ancient World in the Cinema. South Brunswick 1978. – Foster Hirsch: The Hollywood Epic. South Brunswick / New York 1978. – Pierre Sorlin: The Film in History. Restaging the Past. Oxford 1980. – Derek Elley: The Epic Film. Myth and History. London 1984. – Gary A. Smith: Epic Films: Casts, Credits and Commentary on Over 250 Historical Spectacle Movies. Jefferson 1991. – Bruce Babington / Peter W. Evans: Biblical Epics. Sacred Narrative in the Hollywood Cinema. Manchester / New York 1993. – Grindon Leger: Shadows of the Past. Studies in the Historical Fiction Film. Philadelphia 1994. – Maria Wyke: Projecting the Past. Ancient Drame, Cinema and History. New York / London 1997. – Thomas Koebner: »Bevor ich nicht pfeife, wird hier nicht gesteinigt«. Monty Pythons *Life of Brian*. In Th. K.: Halbnah. Schriften zum Film. Zweite Folge. St. Augustin 1999.

Bildkomposition. Organisation aller visuellen Elemente innerhalb eines vom Rahmen begrenzten Bildraumes nach inhaltlichen, formalen oder stilistischen Gesichtspunkten. Sie erfolgt in der Regel nach denselben Kompositionsprinzipien, wie sie in Malerei und Fotografie Anwendung finden. Wie dort ist für das Bild zunächst das Verhältnis der Bildfläche zu ihrer Begrenzung ausschlaggebend; der durch den Rahmen

Spartacus (1960, R: Stanley Kubrick): Kirk Douglas

Das breite Format verlockt üblicherweise dazu, die Konfliktpole rechts und links zu verorten, so dass sich die Handlungsachse horizontal erstreckt – dies verleiht dem Geschehen oft etwas Behäbig-Statuarisches und der Erzählung tendenziell epische Breite. Kubrick will jedoch den wuchtigen Impuls einer Revolte ins Bild setzen. Also lässt er die aufständischen Sklaven unter der Führung von Spartacus in einem Halbkreis, der in die Tiefe des Raums führt, nach vorn drängen, wie eine vorschießende Schlange, der Blick von Douglas richtet sich nach rechts außen und setzt so die gespannte Bogenform noch fort. Das Panorama von Cinemascope wird durch die heftige Bewegung der Darsteller, durch Kubricks Choreographie »dynamisiert«.

Mademoiselle (1966, R: Tony Richardson): Jeanne Moreau

Die Kamera ist knapp unter der Höhe des Gesichts der Darstellerin platziert, die sich liegend auf ihre Arme stützt: Der Blick der Zuschauer nimmt so Anteil an ihrer gedemütigten Haltung. Die riesigen Beine scheinen eine gewalttätige männliche Macht zu symbolisieren. Eine »parteiliche« Bildkomposition mit polemischem Akzent, beinahe so demonstrativ wie ein Plakat: Von der im Moment behaupteten Anonymität der übermächtigen Figur, die schon durch ihre breitspurige Grätsche provoziert, und der Ausgeliefertheit der mit unbestimmbarem Ausdruck nach oben schauenden Frau geht eine starke Beunruhigung aus. Fast fürchtet man die Fortsetzung der Handlung, will den Blick von der nächsten Einstellung, die schlimme Ahnungen bestätigen könnte, abwenden. Es handelt sich um eine Bildkomposition, die einen (leichten?) Schock auslöst.

Goldenes Gift (1947, R: Regie: Jacques Tourneur): Jane Greer, Robert Mitchum

Ein Mann ertappt ein Paar: Bildkompositionen, die auf szenische Spannung Wert legen, verschieben die Handlungsachse zwischen den Konfliktpositionen oft schräg in die Tiefe, belassen sie nicht quer zur Blickachse. Vorne links die Figur, die aus dem Dunkel aufgetaucht ist, ein Schatten, dessen Oberkörper sich vom erleuchteten Fenster abhebt, fast in der Mitte das helle Rechteck der Tür, in der die beiden überraschten Protagonisten stehen. Sie wirken merklich kleiner, offenbar ist mit einem Weitwinkelobjektiv gedreht worden, das eine Figur mit wachsendem Abstand von der Kamera schneller ›schrumpfen‹ lässt. Die beiden Läufe der Treppengeländer streben wie Pfeiler aufwärts, die den Blick lenken, feine Hell-Dunkel-Schattierungen, am Bildrand verschwommen, umgeben diese Kernzone des Bildes, die geöffnete Tür, die beiden Hauptpersonen, auf denen auch deutlich die Schärfe liegt. Selbst als stehendes Bild, das den Blick der Betrachter konzentriert und dabei auf subtile Weise ausbalanciert wirkt, erregt diese Einstellung Neugier auf den Fortgang der Handlung. Das »Koexistierende« der Bildzeichen, die Fixierung des Augenblicks, drängt zum »Konsekutiven«: Was wird als nächstes geschehen?

gewählte Ausschnitt setzt die einzelnen Farb- und Formelemente in Beziehung zum Bildganzen. Während jedoch beim statischen Bild das Format variabel ist, wird das Filmformat durch Kamera und Projektor festgelegt und wirkt sich auf die Bildkomposition und die ihr eigenen Spannungsverhältnisse aus. Das Format hat somit Einfluss auf die im Bildfeld gezeigten Elemente; so nimmt das Bild einer Landschaft im Cinemascope-Format monumentalere Züge an als im Normalformat. Innere Rahmen wie Fenster oder Türen können Teilen des Bildes ein eigenes Gewicht verleihen, die Komposition aufteilen oder erweitern.

Linien, Flächen und Formen werden zueinander in Beziehung gesetzt und bilden Spannungsverhältnisse. Die Wahrnehmung dieser Verhältnisse ist häufig durch kulturelle Konventionen geprägt (vgl. Arnheim, 1978). So können Linien durch horizontalen Verlauf einem Bild Ruhe vermitteln, Diagonalen dagegen aktionsreicher oder konfrontierend wirken und der Bildkomposition Tiefe geben. Gerade Linien erscheinen strenger als kurvige Linien. Flächen kontrastieren durch ihre Größe, durch ihre Grauwerte (Hell – Dunkel) oder Farbigkeit miteinander. Die Anordnung von Formen und Flächen im Bild vermitteln ihr Gewicht für die Bildkomposition durch ihre Entfernung zu den Rahmenseiten oder ihr Verhältnis zueinander, so kann Nähe oder Distanz ausgedrückt werden, Schwere (unteres Bildfeld) oder Leichtigkeit.

Durch Kamerastandpunkt, Einstellungsgröße und Aufnahmedistanz, die Brennweite des Objektivs und die Bildschärfe kann die Bildkomposition dynamisiert und kontrolliert werden. Aufnahmewinkel und Neigungsachse der Kamera vermitteln die → Perspektive des Bildes. Die Neigung bestimmt Aufsicht, Augenhöhe oder Untersicht und dadurch das Verhältnis des Betrachters zum Gezeigten. Aufsicht kann einen Überblick verschaffen, aber Figuren auch isolieren. Untersicht kann Kinderperspektive vermitteln, Figuren ins Überlebensgroße

Tombstone (1946, R: John Ford): Henry Fonda, Victor Mature

Fluß ohne Wiederkehr (1954, R: Otto Preminger): Marilyn Monroe

Zwei Barszenen: vor dem Duell, so ist zu befürchten, in der Einstellung aus John Fords Film, und die Bewunderung einer Männergesellschaft für eine ebenso schöne wie traurige Sängerin. Ford arbeitet im Innenraum mit Weitwinkel, so dass die Hände von Doc Holliday, nahe der Kamera, besonders groß erscheinen – die Hände, die demnächst zum Colt greifen können – und auch Wyatt Earp dahinter noch im tiefreichenden Schärfenraum steht. Die Diagonale von rechts vorne nach links hinten wird durch die lange Theke und die fast parallel aufgestellte wartende Menge der Barbesucher verstärkt. Die niedrig hängende Zimmerdecke mit ihren vielen Lampen verstärkt das Bedrückende, Aufgeladene der Szene, die sich in tödlichem Zweikampf oder in Versöhnung auflösen kann. Wieder drängt die Einstellung, so pointiert sie die antithetische Komposition auch hervorhebt, aus der bangen Stille des »Davor« in die nächste Szene der »Entscheidung«.

Dagegen das Arrangement aus Premingers Film: Dekorativ und gleichsam fließend entspannt liegt die Heldin, auf dem Klavier hingestreckt wie eine liegende Venus auf alten Gemälden, von der über ihrem Kopf hängenden Lampe – so soll es aussehen – strahlend herausgehoben aus der Menge der sie von allen Seiten umgebenden friedlichen Männer und Musikanten (Statisterie). Die Diagonale ihres Oberkörpers setzt sich im aufsteigenden Treppengeländer fort, auf ihrem Gesäß scheint die Säule hinter ihr zu ruhen – sie wird in ihrer Pose festgehalten, bleibt unbeweglich. Sie singt ein Lied, die Handlung steht währenddessen still – es braucht bei dieser Bildkomposition keine Tiefe, keinen Vordergrund, keine Spannungsdifferenz zwischen Raumplänen.

strecken usw. Ein schräger Aufnahmewinkel lässt das Bild kippen und stört das Gleichgewichtsgefühl, das sich vor allem an der Waagerechten des Horizonts festmacht. Extreme Perspektiven werden häufig durch den Kontext (Traum-, Schwindel-, Geschwindigkeitserlebnis) motiviert und unterstützen die Bildaussage. Besonders innovativ in diesem Bereich war die Arbeit des Kameramanns Gregg Toland für *Citizen Kane* (1941) von Orson Welles (→ Kamera). Durch den Einsatz extremer Weitwinkelobjektive und große Hell-Dunkel-Kontraste gewann er, wie zuvor schon Jean Renoir in Filmen wie *Die Spielregel* (1939), erhebliche → Schärfentiefe, sodass mehrere Handlungen hintereinander gestaffelt werden konnten: sich also gleichzeitig in Vorder-, Mittel- und Hintergrund abspielen.

Ein weiteres, wichtiges kompositorisches Mittel für den Film ist die → Bewegung. Gegenstände oder Menschen können sich im Bild oder aus dem Bild heraus bewegen und die Kompositionsverhältnisse verändern. Vor allem aber ist die Kamera selbst beweglich und beeinflusst durch Schwenk, Fahrt oder → Zoom die Perspektive der Bildkomposition. Schärfenwechsel oder Schärfenmitführung innerhalb einer Einstellung können ebenfalls Bildkomposition und Bildaussage verändern. Die Bedeutung des einzelnen Bildes steht immer im Kontext zu den vorangehenden und folgenden Bildern. Die Konzeption des Einzelbildes und die Aussage der Bildkomposition wird daher dem → Stil und der Komposition des gesamten Films unterworfen.

Eine besondere Bedeutung in der Bildkomposition kommt nach Rudolf Arnheim (1977) dem → Licht und der Lichtführung zu. Er betont vier Funktionen: Durch das Licht erhält das Bild Plastizität und Tiefe (Räumlichkeit), es beeinflusst Stimmung und Charakter der Szene (Atmosphäre), es dient der Blickführung in der Komposition und der ornamentalen Flächenaufteilung. Wichtig dafür ist die kreative Zusammenarbeit von Kameraleuten und Regie. Henri Alekan bezeichnet die Zusammensetzung eines Bildes, die Bildkomposition als das Ergebnis eines Kompromisses zwischen den Vorstellungen des Regisseurs und den Ideen sowie den Modifikationen der Beleuchtung durch den Kameramann (vgl. Wiese). Alekan hat seine Erfahrungen in einem berühmt gewordenen Buch niedergelegt, in dem er vor allem über die Angleichung der von ihm geschaffenen raffinierten Lichtstimmungen in Jean Cocteaus *Es war einmal* (1946) an Vorbilder aus der europäischen Malerei wie Georges de la Tour oder Rembrandt berichtet.

Peter Ruckriegl

Literatur: Rudolf Arnheim: Kritiken und Aufsätze zum Film. München 1977. – Rudolf Arnheim: Kunst und Sehen. Eine Psychologie des schöpferischen Auges. Berlin 1978. – Gilles Deleuze: Das Bewegungsbild. Kino 1. Frankfurt a. M. 1989. [Frz. Orig. 1983.] – Henri Alekan: Des lumières et des ombres. Paris 1991. – Peter Ward: Picture Composition for Film and Television. Oxford 1996. – Heidi Wiese (Hrsg.): Die Metaphysik des Lichts. Der Kameramann Henri Alekan. Marburg 1996.

Biopicture (auch: Biopic). Spielfilm, der das Leben berühmter Persönlichkeiten nacherzählt. Biopictures werden dem Bedürfnis gerecht, Einblick in das Privatleben populärer Personen zu nehmen. Sie zeigen Berühmtheiten einerseits als durchschnittliche Menschen, stellen aber andererseits auch ihre Besonderheit aus und überhöhen sie erneut. Die Protagonisten können unterschiedlichen Charakters sein, entstammen allerdings bevorzugten Berufsgruppen: Waren es in den 30er und 40er Jahren überwiegend Ärzte und Forscher, die ihr Privatleben dem Wohl der Menschen und der Berufung zur Wissenschaft opferten, sind es heute meist Künstler, die den typischen Stoff für die Verfilmung von Lebensläufen bieten (→ Künstlerfilm). In ihrer Existenz zwischen Ruhm und Einsamkeit, zwischen Genuss und Selbstzerstörung, zwischen Aufstieg und Abgrund werden sie zu »exemplarisch Leidenden« (Susan Sontag). Die dritte Art der Protagonisten sind historische Figuren wie Herrscher oder Politiker. Ihre Lebensläufe werden zu Sinnbildern nationalen Triumphes und/oder nationaler Krise, oszillierend zwischen immenser Macht wie in *Napoleon* (1927) von Abel Gance, eiferndem Patriotismus wie in *Der alte Fritz* (1928) von Gerhard Lamprecht, aufrichtiger Verantwortung wie in *Der junge Mr. Lincoln* (1939) von John Ford oder völliger Ohnmacht wie in Bernardo Bertoluccis *Der letzte Kaiser* (1987).

Verfilmte Lebensläufe gibt es seit Anbeginn der Filmgeschichte, der Begriff »Biopicture« wurde jedoch erst durch die Filmindustrie Hollywoods geprägt. Dort drehte in den 30er und 40er Jahren insbesondere der aus Nazi-Deutschland geflohene William Dieterle für Warner Bros. eine Reihe Biopictures, etwa *Louis Pasteur* (1936), *Paul Ehrlich – Ein Leben für die Forschung* (1940) oder die Schriftsteller-Biographie *Das Leben des Émile Zola* (1937). Schwerfällige Erzählweise und das Votum der Protagonisten für humanitäre Ideen sind bezeichnend für diese Filme.

Im Gegensatz zu dieser soliden Sachlichkeit gibt es eine Reihe von Biopictures, die sich des Nimbus verehrter Persönlichkeiten bedienen und am Ausverkauf ihres Mythos teilhaben wollen, wie etwa *Die Marilyn Monroe Story* (1976) von Larry Buchanan oder Oliver Stones *The Doors* (1991).

Eine Variation der herkömmlichen Biopictures lenkt den Blick auf die Frauen hinter den männlichen Berühmtheiten. Nur selten gewährt diese andere Perspektive Einblick in die soziale Rolle oder historische Einflussnahme der Frau. Meist wird eine weibliche Protagonistin nur einbezogen, um die Handlung um eine Liebesgeschichte zu bereichern. So wird beispielsweise in *Clara Schumanns große Liebe* (1947) von Clarence Brown die Pianistin auf die Rolle der Liebenden und Geliebten reduziert. Auffällig selten sind Biopictures, die Frauen als eigenständige Persönlichkeiten würdigen, wie etwa *Madame Curie* (1942, R: Mervin LeRoy) oder *Camille Claudel* (1988, R: Bruno Nuytten). Die erfolgreiche Trilogie *Sissi, Mädchenjahre einer Kaiserin* (1955), *Sissi, die junge Kaiserin* (1956) und *Sissi, Schicksalsjahre einer Kaiserin* (1957) von Ernst Marischka lebt zwar in erster Linie von der

Vincent van Gogh – Ein Leben in Leidenschaft (1956, R: Vincente Minnelli): Kirk Douglas

Künstlerbiographien legen vornehmlich das Missverhältnis zwischen dem Verkanntsein zu Lebzeiten und dem Nachruhm dar, den Skandal des Unverständnisses, der das Leben der Maler, Musiker, Dichter usw. manchmal in bitterer Verzweiflung enden lässt, weil sie als Menschen scheitern, während sie als Künstler triumphieren. Der Film stellt ein Stück historischer Gerechtigkeit wieder her, indem er die Wertschätzung der Nachgeborenen bezeugt – so auch in Vincente Minnellis und Kirk Douglas' einfühlsamer Darstellung des krisengeschüttelten Außenseiters Vincent van Gogh.

Darstellung der reizenden Kaisersgattin (Romy Schneider), zeigt aber zugleich ihre wachsende Einflussnahme.

In den 60er und 70er Jahren gab ein Brite dem Biopicture neue Impulse: Ken Russell inszenierte außergewöhnliche Komponisten-Biographien, in denen er die inneren Konflikte und Ängste des sich am Rande der Gesellschaft bewegenden ›Genies‹ in bildgewaltigen Szenen umsetzte (*Tschaikowsky – Genie und Wahnsinn*, 1970; *Mahler*, 1974; *Lisztomania*, 1975). Auch bei Luchino Viscontis *Ludwig II.* (1973), Miloš Formans *Amadeus* (1984) und Derek Jarmans *Caravaggio* (1986) geht es weniger um die bloßen Lebensumstände als um die künstlerische Interpretation außergewöhnlicher Individuen.

Stefanie Weinsheimer

Literatur: George F. Custen: Bio/Pics. How Hollywood Constructed Public History. New Brunswick 1992. – Jürgen Felix (Hrsg.): Genie und Leidenschaft. Künstlerleben im Film. St. Augustin 2000.

Black Cinema. Die Geschichte der Marginalisierung und Unterdrückung der Afroamerikaner spiegelt sich auch in der Filmgeschichte, die gleichzeitig eine Geschichte der Ausgrenzung wie der verzerrten und entwürdigenden Darstellungen Schwarzer ist. Parallel zu dieser Geschichte existierte jedoch von Beginn an eine afroamerikanische Filmpraxis, die schwarzen Autoren, Darstellern sowie Themen, Geschichten und Ausdrucksformen des schwarzen Amerika verpflichtet war. Unter Black Cinema ist also das häufig abseits des Mainstream entstehende Kino afroamerikanischer Filmemacher zu verstehen. Es kann gleichwohl nicht auf einen bestimmten ästhetischen Nenner gebracht oder auf eine politisch oppositionelle Haltung festgelegt werden. Gladstone L. Yearwoods Konzept eines Black Cinema als Kino der Differenz, das sich ideologisch, ökonomisch wie ästhetisch als radikale Opposition gegenüber Hollywood versteht, ist unter den Bedingungen des Marktes Utopie geblieben. Es erscheint fragwürdig, eine Gruppe von Filmen nur unter dem Aspekt der Hautfarbe ihrer Produzenten zu klassifizieren. Solange jedoch »schwarz« als historisch-soziale Kategorie in der amerikanischen Gesellschaft fortbesteht, wird auch von Black Cinema zu sprechen sein.

In den Gründerjahren des Kinos blieben Afroamerikaner aufgrund der institutionalisierten Rassentrennung von der Filmindustrie weitgehend ausgeschlossen. Filmtitel wie *In Slavery Days* (1911) oder *The Nigger* (1915) spiegeln ihre stereotypisierte Präsenz im frühen Film. D. W. Griffiths unverhüllt rassistisches Epos *Die Geburt einer Nation* (1915) inspirierte schließlich den ersten maßgeblich von Schwarzen produzierten Spielfilm. Als Protestreaktion gründete der schwarze Aktivist Emmett J. Scott die »Birth of a Race Company«. Der gleichnamige Film (1918) behält trotz seiner Unzulänglichkeiten historischen Rang als Pioniertat des Black Cinema. Zum Symbol des unabhängigen schwarzen Kinos wurde in den Jahren danach der legendäre Oscar Micheaux, der als Autor, Regisseur, Produzent und Verleiher von 1918 bis 1948 mit schwarzen Darstellern rund vierzig Filme realisierte, die er im ganzen Land in segregierten Schulen und Kirchen vorführte (darunter *Within Our Gates*, 1920; *Body and Soul*, 1925; *God's Stepchildren*, 1938).

Die 50er und 60er Jahre bedeuteten eine Dürrezeit für das Black Cinema. Während in Hollywood vor allem Sidney Poitier das schwarze Amerika auf der Leinwand repräsentieren durfte, lebte das Black Cinema noch am ehesten auf dem Gebiet des Dokumentarfilms, wo St. Clair Bourne und William Greaves Maßstäbe setzten. 1971 schließlich begründete Melvin Van Peebles unabhängig produzierter Sensationserfolg *Sweet Sweetback's Baadasssss Song* einen Boom des Black Cinema. Diese »Blaxploitation«-Filme (→ Exploitationfilm; stilbildend: *Shaft*, 1971; *Superfly*, 1972) feierten den urbanen schwarzen Helden, der sich in einem Großstadtdschungel voller Diskriminierung und Gewalt zu behaupten hat. Trotz ihrer genrebedingten thematischen Beschränkungen gelang es dabei einigen schwarzen Filmemachern, etwas von der politischen Militanz, der Kultur und dem Lebensgefühl Afroamerikas der frühen 70er Jahre einzufangen. Bald wurde »Blaxploitation« jedoch zur Kommerzformel, die weiße Routiniers mit rasch nachlassendem Erfolg ausbeuteten. Abseits des Mainstream machte zur gleichen Zeit eine Gruppe oppositioneller afroameri-

Malcolm X
(1992, R:
Spike Lee):
Denzel Washington

Eine politisch-symbolische Szene: Der Held betet allein in der Moschee. Schwarze, afroamerikanische Widerstandskämpfer gegen die Rassendiskriminierung in den USA vertiefen in den 60er Jahren ihren Protest gegen die WASP-Gesellschaft (white, anglo-saxon, protestant), indem sie sogar dem Islam beitreten – auch ein Weg zu den Wurzeln, da diese Religion sich in Schwarzafrika gegen die christliche Mission behauptet. Was für Muhammad Ali gilt, das gilt in etwa auch für Malcolm X.

kanischer Autorenfilmer unter dem Namen »L. A. School« von sich reden, die der historischen Erfahrung der Afroamerikaner in ihren Filmen die Geltung verschafften, die das dominierende Kino so hartnäckig verweigerte. Am bekanntesten wurden Haile Gerima (*Bush Mama*, 1974) und Charles Burnett (*Schafe töten*, 1977), der mit *Zorniger Schlaf* (1991) einen der bedeutendsten schwarzen Autorenfilme drehte.

Nach dem Ende der »Blaxploitation«-Ära kam das Black Cinema eine Dekade lang kaum zum Zug. Das neokonservative politische Klima der Reagan-Ära suggerierte vielen, die Rassenbeziehungen seien in Ordnung und Rassismus gehöre weitgehend der Vergangenheit an. Hollywood half diese Unbeschwertheit zu illustrieren mit schwarzen Komödianten wie Eddy Murphy und Whoopi Goldberg, oder indem es schwarz-weiße Polizistengespanne durch dick und dünn gehen ließ. Erst der durchschlagende Erfolg von Spike Lees Low-Budget-Debüt *She's Gotta Have It* (1986) belebte die unabhängige schwarze Filmproduktion von neuem und brachte den kommerziellen Durchbruch des

Black Cinema. Lee wurde mit seinen Filmen *Do the Right Thing* (1989), *Mo' Better Blues* (1990), *Jungle Fever* (1991) und *Malcolm X* (1992) zur Galionsfigur des so genannten New Black Cinema. Zum ersten Mal in der Filmgeschichte griffen schwarze Regisseure eine breite Palette von Themen und Geschichten aus Afroamerika auf. Es entstanden Komödien mit satirischem Touch wie *Hollywood Shuffle* (1987, R: Robert Townsend) oder nostalgischem wie *Harlem Action – Eine schwarze Komödie* (1991, R: Bill Duke), Teenagerfilme wie *House Party* (1990, R: Ellen Brown, Reginald Hudlin), das poetische Meisterwerk *Sidewalk Stories* (1989, R: Charles Lane) und sogar ein schwarzer Western (*Posse – Die Rache des Jessie Lee*, 1993, R: Mario Van Peebles). Mit *Daughters of the Dust* (1991, R: Julie Dash) und *Brooklyn Girl* (1992, R: Leslie Harris) konnten auch erstmals zwei schwarze Regisseurinnen einen kommerziellen Spielfilm realisieren.

Als besonders publikumswirksam erwiesen sich in der Folge von *Boyz 'n the Hood – Jungs im Viertel* (1991, R: John Singleton)

Filme, die das Leben und Sterben in den schwarzen Ghettos thematisieren, wie etwa *New Jack City* (1991, R: Mario Van Peebles), *Juice* (1992, R: Ernest R. Dickerson) oder *Menace II Society* (1992, R: Albert und Allen Hughes). In der Flut der Ghettofilme drückte sich die Gefahr für das Black Cinema aus, vom Markt aufs Neue in eine thematische Ecke gedrängt zu werden und unter dem Deckmantel der Authentizität die Bebilderung von Vorurteilsketten wie »schwarz = Armut, Drogen, Kriminalität« zu liefern. Filme wie Spike Lees *Crooklyn* (1994) oder Forest Whitakers *Warten auf Mr. Right* (1996) zeigten jedoch, dass auch andere afroamerikanische Lebenswelten, wie etwa die schwarze Bourgeoisie, durchaus Eingang in den Mainstream finden können. Mit der Diversifizierung des Black Cinema scheint auch allmählich jene Hypothek der Stellvertretung zu schwinden, an der sich schwarze Filmschaffende jahrzehntelang abarbeiteten: dass jeder Film des Black Cinema als Gesamtaussage über die Befindlichkeit Afroamerikas interpretiert wurde. Solange es jedoch die Industrie schwarzen Filmemachern nach wie vor sehr schwer macht, Filme über »weiße« Themen zu realisieren, ist ein Kino jenseits aller Rassenschranken noch nicht in Sicht.

Stephan Hoffstadt

Literatur: Thomas Cripps: Black Film as Genre. Bloomington 1978. – Donald Bogle: Toms, Coons, Mulattoes, Mammies and Bucks. New York 1989. – Stephan Hoffstadt: Black Cinema. Afroamerikanische Filmemacher der Gegenwart. Marburg 1995. – Gladstone L. Yearwood: Black Film as a Signifying Practice. Cinema, Narration and the African American Aesthetic Tradition. Trenton 2000.

Blende. 1) (engl. »diaphragm«, frz. »diaphragme«) Apertur- oder Irisblende, den Lichteinfall regulierender Mechanismus zwischen den Linsen eines Kameraobjektivs (→ Kamera). Er besteht aus dünnen, einander überlappenden Plättchen, die durch Federn gespannt werden. Die Größe der kreisrunden Öffnung ist im Objektiv so verstellbar, dass die Menge des einfallenden → Lichts und somit die → Schärfentiefe des Bildes gesteuert werden können. Je größer die Öffnung der Blende, desto mehr Licht lässt sie hindurch und desto geringer ist die Schärfentiefe. Die international genormte Blendenzahl, auch »f-stop« genannt, die auf dem Objektiv angegeben ist, bezeichnet die relative Öffnung, d. h. das Verhältnis des Durchmessers der Blende zur Brennweite.

2) (engl. »fade«, frz. »fondue«) Vor das Objekt gesetzte mechanische Vorrichtung, durch die das Filmbild allmählich freigegeben bzw. sukzessiv zum Teil oder ganz abgedeckt wird. Seit den 20er Jahren wird der mechanische Blendeneffekt zunehmend während der Post-Production auf dem Wege des optischen Kopierens oder chemisch in der Kopieranstalt erzeugt. Die am häufigsten eingesetzten Blendeneffekte sind die Auf- und Abblende sowie die → Überblendung; daneben gibt es die Kreisblende, die Unschärfen- und die Fettblende sowie zahlreiche Formblenden (Schiebe-, Klapp-, Jalousie- und Zerreißblende, Fächer- und Spiralblende). Mechanische Blenden wurden vor allem im Stummfilm eingesetzt. Häufig war beispielsweise zuerst das Gesicht einer Figur oder ein Detail zu sehen, dann wurde das Umfeld sichtbar. Die Blende wurde als erzählerisches Stilmittel bereits von David W. Griffith, z. B. bei *Die Geburt einer Nation* (1915), eingesetzt. Berühmt sind die Kreisblenden am Ende von Chaplin-Filmen, wenn der Tramp Charlie stöckchenschwingend von dannen eilt. Die Verwendung im Tonfilm zeugt von einem filmhistorischen Bewusstsein im Umgang mit den stilistischen Mitteln des Mediums, beispielsweise bei François Truffaut in *Schießen Sie auf den Pianisten* (1960) und *Der Wolfsjunge* (1970), sowie bei Jean-Luc Godard in *Die Außenseiterbande* (1964), oder soll gezielt eine historisierende Wirkung entfalten, z. B. in Peter Bogdanovichs *Nickelodeon* (1976), der in den Anfangsjahren der Kinematographie spielt.

3) Vorgefertigte Teile der Filmdekoration (→ Architektur).

Ursula Vossen

Blicke. Film unterscheidet sich von anderen Medien vor allem durch die Inszenierung von Blicken, im Kino findet die Kultivierung und Institutionalisierung von Schaulust statt. Die Blicke spielen sich dabei auf drei Ebenen ab: a) zwischen den Protagonisten im Film, b) zwischen Zuschauer und Leinwand im Kino und c) als Blick der Kamera, der in gewisser Weise den des Zuschauers erzeugt und vorstrukturiert. Diese Macht der Kamera, den Zuschauer im Kino als ›machtvollen‹ zu konstituieren, der scheinbar vermittlungslos auf das Geschehen blickt und »alles« sieht, wurde zum einen als Transparenzillusion des Kinos dekuvriert und kritisiert (in der so genannten Apparatustheorie) und zum anderen als Voraussetzung für lustvolle Einbindung in den Film analysiert, die bestimmter Techniken (Suture) bedarf. Diese Theorien beziehen

Das Fenster zum Hof (1954, R: Alfred Hitchcock): James Stewart
Im riesigen Teleobjektiv spiegelt sich der Mörder aus der Wohnung gegenüber, der gerade ein etwas überdimensioniertes Messer in Zeitungspapier wickelt: der Voyeur und das Objekt seiner Neugier in einer witzigen Montage versammelt. Zeichensprache und gesellschaftliche Ritualisierung des Blicks: das Anschauen und das Angeschaut-Werden sind nicht nur in der erzählten Handlung selbst von Bedeutung, zwischen Liebenden und Kämpfenden, im öffentlichen und privaten Raum, sondern auch beim Verhältnis von Zuschauer und Film. So unterscheidet die feministische Filmtheorie primär männliche und primär weibliche Blicke der Produzenten und des Publikums – in Hitchcocks Film verharrt der vorübergehend gehunfähige Mann zwangsläufig in der Reserve dessen, der beim Blick in die Fenster anderer Wohnungen nicht ertappt werden will, die Frau dagegen klettert hinüber.

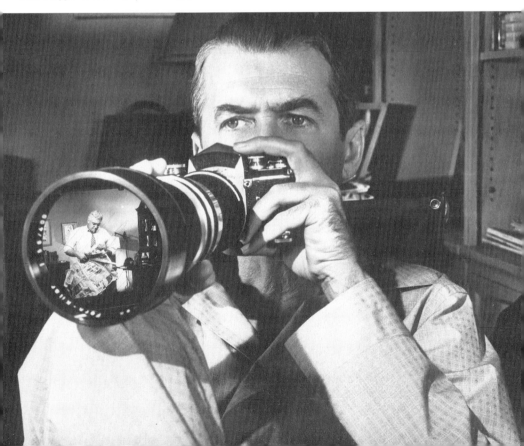

sich auf etablierte Spielfilmformen (Hollywoods); frühe Stummfilmformen, in denen diese Mechanismen der Blicklenkung noch nicht existierten, oder Experimentalfilme werden dabei nicht berücksichtigt. Psychoanalytisch orientierten Blicktheorien geht es vor allem um die psychologische Dimension des Zuschauers im Gegensatz zum Publikum als kultursoziologischer Kategorie. Sie untersuchen die Adressierung des Blicks im Kino hinsichtlich der psychischen Prozesse, die Blickaktivitäten zugrunde liegen. Wichtig sind dabei unter Rekurs auf die Psychoanalyse Sigmund Freuds und Jacques Lacans Konzepte der Skopophilie, des Voyeurismus und des Fetischismus, der Identifikation und des Narzissmus geworden.

Die feministische Filmtheorie (→ Feminismus und Film) hat diese Konzepte einer geschlechtsspezifischen Analyse unterzogen, um darauf hinzuweisen, dass im Patriarchat weder das Blicken noch seine Inszenierung im Film und seine Ausübung als Schaulust im Kino eine geschlechtsneutrale Aktivität darstellen. Weibliche und männliche Blicke im Kino unterliegen unterschiedlichen Inszenierungsstrategien, die die gesellschaftlich bedingte, ungleich verteilte Blickmacht reflektieren und strukturell reproduzieren. Das patriarchale Kino erzeugt mit seiner Privilegierung des männlichen Blicks, die den Mann zum »Träger«, die Frau zum »Objekt« des Blicks macht (Mulvey), eine Schaulust, die im Wesentlichen Manifestationen der männlichen Psyche entspricht (Voyeurismus, Fetischismus) und, unabhängig vom tatsächlichen Geschlecht der Zuschauer, eine männliche Zuschauerposition erzeugt. Identifikationen laufen entweder über den Helden als »Ideal-Ich« oder für Frauen, die in ihrer Sozialisationsgeschichte gelernt haben, sich selbst als »Anblick« zu sehen, über das fetischisierte Schauobjekt Frau, was eine masochistisch-narzisstische Position einschließt (Doane).

Der Bezug auf Lacans Spiegelphase und Freuds Kastrationskomplex bindet in diesen Theorien die Lust im Kino an die Etablierung von Subjektivität und Geschlechtsidentität über den Blick in Formen des Sehens, die an Prozesse der Kontrolle, Differenzierung und Abgrenzung gekoppelt sind: Kulturhistorisch eine männliche Form des Sehens, der womöglich eine weibliche entgegensteht. In der feministischen Filmtheorie interessierte man sich für alternative Schaulustkonzepte, die in der Beschreibung einer »masochistischen Schaulust« (Studlar) und der Adressierung eines »polymorph-perversen Blicks« (Hansen) im Kino ausformuliert wurden. Damit können Zuschauerlüste benannt werden, die, anders als Voyeurismus und Fetischismus, eine im Blick grundsätzlich angelegte Ambivalenz zwischen Kontrolle und Lust am Kontrollverlust aufrechterhalten und Identifikationen im Kino über den Blick als einen uneindeutigen, multiplen Prozess beschreiben.

Annette Brauerhoch

Literatur: Jean-Pierre Oudart: Cinema and Suture. In: Screen 18 (1977/78) Nr. 4. [Frz. Orig. 1969.] – Laura Mulvey: Visuelle Lust und narratives Kino. In: Gieslind Nabakowski / Helke Sander / Peter Gorsen (Hrsg.): Frauen in der Kunst. Bd. 1. Frankfurt a. M. 1980. [Amerikan. Orig. 1973.] – Christian Metz: The Imaginary Signifier: Psychoanalysis and the Cinema. Bloomington 1982. [Frz. Orig. 1977.] – Jacques-Alain Miller: Suture. Elements of the Logic of the Signifier. In: Screen 18 (1977/78) Nr. 4. – Gisela Schneider / Klaus Laermann: »Blicke«. Über einige Vorurteile und Einschränkungen geschlechtsspezifischer Wahrnmung«. In: Kursbuch 49 (1977). – E. Ann Kaplan: Ist der Blick männlich? In: Frauen und Film 36 (1984). – Mary Ann Doane: Film und Maskerade: Zur Theorie des weiblichen Zuschauers. In: Frauen und Film 38 (1985). – Gaylyn Studlar: Schaulust und masochistische Ästhetik. In: Frauen und Film 39 (1985). – Miriam Hansen: Pleasure, Ambivalence, Identification: Valentino and Female Spectatorship. In: Cinema Journal 25 (1986) Nr. 4. – Philip Rosen (Hrsg.): Narrative, Apparatus, Ideology. New York 1986. – Gertrud Koch: »Was ich erbeute sind Bilder«. Zum Diskurs der Geschlechter im Film. Basel / Frankfurt a. M. 1989. – Heide Schlüpmann: Unheimlichkeit des Blicks. Das Drama der frühen deutschen Kinos. Basel / Frankfurt a. M. 1990. – Linda Williams: Wenn sie hinausschaut. In: Frauen und Film 49 (1990).

Blockbuster (engl., ›Luftmine‹, ›Bombe, die ein ganzes Stadtviertel in die Luft sprengt‹). Bezeichnung für einen Film, der entweder extrem viel Geld einspielt, oder von dem man erwartet, dass er es tun wird (nachdem er extrem viel Geld gekostet hat). Klassische Beispiele sind Steven Spielbergs *Der weiße Hai* (1975) oder die *Batman*-Serie (1989–97) der Warner-Bros.-Produktion.

Kerstin-Luise Neumann

Box Office. Engl. Bezeichnung der Kartenverkaufsstelle für Theater und Film. Im Fachjargon der Filmbranche häufig verwendet, um den Publikumserfolg eines Films anzuzeigen. Der Erfolg lässt sich z. B. an den Einspielsummen ablesen, die vom renommierten Fachblatt »Variety« wöchentlich veröffentlicht werden. Ein Box-Office-Erfolg tröstet nicht nur Produzenten allemal über einen Kritikverriss (→ Filmkritik) ihres Produkts hinweg.

Kerstin-Luise Neumann

Breitwand. Experimente mit anderen Formaten als dem des üblichen 35-mm-Normalformats (mit seinem Seitenverhältnis von 4:3) hatte es bereits in den Kindertagen des Films gegeben. In Frankreich haben, so Gert Koshofer, schon 1896 der Chronophotographe von Léon → Gaumont mit einem 60-mm-Film, 1897 der Biograph mit einem 68-mm-Film und 1900 die Gebrüder Lumière mit einem 75-mm-Film gearbeitet. In Hollywood wurde Ende der 20er, Anfang der 30er Jahre verstärkt mit breiteren Formaten experimentiert: Magnafilm mit 56mm, Natural Vision mit 63mm, Vitascope mit 65mm, Fox Grandeur und Realife von MGM mit 70mm.

Doch erst Anfang der 50er Jahre wurde es mehr als offensichtlich, dass das Kino – auch äußerlich – nach neuen Attraktionen verlangte, und so versuchten die großen Produktionsfirmen in Hollywood durch überbreite Bildformate ungewöhnliche Effekte zu erzielen. Warner Bros. erprobten Vitascope. Andere Studios arbeiteten mit Metallmasken vor dem Bildfenster, um durch Beschnitt der Filmbilder den Effekt der Überbreite zu erzielen.

1952 kam der erste Cinerama-Film in die Kinos, ein mit drei gekoppelten Kameras aufgenommenes und mit drei Projektoren vorgeführtes Breitwand-System, das ein Bildseitenverhältnis von 2,68:1 ermöglichte. Da dieses aufwendige Verfahren aber ständig zu technischen und auch ästhetischen Problemen führte, wurden letztlich nur zwei Großproduktionen realisiert: *Die Wunderwelt der Gebrüder Grimm* (1961, R: George Pal, Henry Levin) und *Durch die Hölle nach Westen* (1962, R: John Ford, Henry Hathaway, George Marshall). Mitte der 50er Jahre entwickelte Michael Todd, zusammen mit der American Optical Co., sein Todd-AO-Verfahren, bis heute der »Inbegriff für 70-mm-Filme schlechthin« (Koshofer), das, ohne mit anamorphotischen Objektiven zu arbeiten, ein Seitenverhältnis von 2,2:1 ermöglichte und eine bis dahin unbekannte Schärfe, Feinkörnigkeit und Farbbrillanz erreichte. Die erfolgreichsten Filme in Todd-AO: *Oklahoma!* (1955, R: Fred Zinnemann), *In 80 Tagen um die Welt* (1956, R: Michael Anderson), *Porgy und Bess* (1959, R: Otto Preminger), *Meine Lieder – meine Träume* (1964, R: Robert Wise). Ab 1956/57 experimentierte MGM mit der schweren Camera 65, die sogar ein Bildseitenverhältnis von 2,75:1 erreichte, letztlich aber nur in einem Film ihre magischen Wirkungen vorstellte, in *Ben Hur* (1959, R: William Wyler).

Der amerikanischen Filmgesellschaft → 20th Century-Fox – seit 1935 eines der fünf großen Studios in Hollywood – brachte die Entscheidung für das breitere Format einen überwältigenden Erfolg. In der Chefetage des Studios hatte man sich einer Erfindung des französischen Wissenschaftlers Henri Chrétien erinnert, der bereits 1927 ein mit einem neuen Objektiv, dem Hypergonar, ausgestattetes optisches Verfahren zur Aufnahme und Wiedergabe von plastischen Filmen auf eine gekrümmte Projektionsfläche entwickelt und 1937 auf der Weltausstellung in Paris vorgeführt hatte. 1952 kauften Ingenieure der Fox Chrétiens Verfahren in Paris, nahmen es mit nach Hollywood und testeten es mit Erfolg. Die Fox erwarb die Weltpatente der Erfindung und nannte sie von nun an Cinemascope. 1953 erklärte Spyros P. Skouras, dass seine Gesellschaft ihre wichtigen Produktionen auf Cinemascope umstellen werde. Skouras bezeichnete das Potential der Scope-Technik als Beginn einer »neuen Ära [...], so folgenschwer wie die Umwandlung vom Stummfilm zum Ton im Jahre 1927 [...]. Die Zuschauer stehen unter dem gleichen Eindruck wie bei einer lebendigen Darstellung auf der Bühne [...]. Cinemascope bringt die dritte Dimension so stark hervor, dass Dinge und Personen Teil und Fortsetzung des Zuschauerraums sind.« Cinemascope-Filme waren in den 50er Jahren das große Geschäft, rund um die Welt. So überstand die Fox ihre Krise mit satten Gewinnen. »Über die attraktive Trademark gelang es Fox, auch die Konkurrenz auf Cinemascope einzuschwören: Schon im März 1953 ließ sich MGM bekehren, im Juni United Artists, im Oktober Columbia – und im November gaben die Warner Bros., denen die Fox-Beauftragten das Verfahren sozusagen vor der Nase weggeschnappt hatten, ihren Widerstand auf. Allein Paramount setzte mit Vista-Vision auf ein anderes System.« (Rolf Giesen.)

Cinemascope – was ist das? Erste Antworten, einer Broschüre der 20th Century-Fox entnommen: »Cinemascope gibt ein plastisches Bild auf einer Leinwand wieder, die anstelle des seitherigen 4:3-Verhältnisses bei gleich bleibender Höhe wesentlich breiter ist. Der große Vorteil dieses Verfahrens liegt darin, dass der gebräuchliche 35-mm-Film sowie die vorhandenen 35-mm-Kameras und -Projektoren bei Verwendung einer Spezial-Optik weiterhin benutzt werden können. Es ist daher ohne weiteres möglich, normale Filme mit denselben Projektoren vorzuführen.« Die Vorteile beim Einsatz in den Kinos, die ihre Projektoren für das neue Verfahren mit zusätzlichen Linsen ausstatten mussten, lagen zunächst einmal in den überschaubaren Kosten und in der simplen Handhabung. »Im Prinzip ist das Cinemascope äußerst einfach. Die Bilder werden bei der Aufnahme durch eine zusätzliche Speziallinse horizontal zusammengezogen und dann bei der Projektion durch eine ähnliche zusätzliche Speziallinse horizontal gestreckt.« Oder anders, präziser: »Zwischen dem üblichen Objektiv und dem Film sitzen zwei zylindrische Linsen, die erste plan-konvex, die zweite bi-konkav. Dieser Linsensatz beeinflusst nicht die Höhe, deshalb bleibt das Blickfeld vertikal unverändert. Die Breite weicht jedoch stark ab, da die Linsen das Bild in der Horizontalen um das Doppelte dehnen. Die Folge davon ist, dass das Blickfeld im [...] Verhältnis 8:3 verändert wird.« Technisch gesehen war durch Chrétiens Hypergonar der Bann gebrochen: Der alte Traum vom panoramatischen Bild auch im Kino war realisiert. Und da, nach anfänglichen Problemen mit dem etwas zu grobkörnigen Eastman Color-Negativfilm und mit den ersten Objektiven (die 1954 ersetzt wurden durch die verbesserten Anamorphot-Objektive der Firma Bausch & Lomb, Rochester), die Einbauten in den Kinos finanziell überschaubar blieb, waren bereits Anfang 1955 »62% der westlichen Filmtheater für Cinemascope-Projektoren eingerichtet – wenn der Kinosaal zu schmal war, mussten auch Leinwände mit einem geringeren Bildseitenverhältnis als der bald festgelegten Cinemascope-Norm 2,35:1 reichen« (Koshofer). Seit Ende der 60er Jahre werden die Scope-Filme im Panavision-Verfahren hergestellt, das bis heute für Filme in Überbreite genutzt wird.

Die ersten Scope-Filme waren: *Das Gewand* (1953, R: Henry Koster), *Wie angelt man sich einen Millionär?* (1953, R: Jean Negulesco), *20000 Meilen unter dem Meer* (1954, R: Richard Fleischer), *Sinuhe, der Ägypter* (1954, R: Michael Curtiz), *Die gebrochene Lanze* (1954, R: Edward Dmytryk). »Die ersten Cinemascope-Filme [...] sind nicht ruhmreich experimentell«, schrieb Frieda Grafe 1993. »Die Fox betraute Handwerker aus Europa mit der Regie, die Erfahrung im Ausstattungskino hatten.« Für ihre These nennt sie die ersten Scope-Filme von Koster und Curtiz. Doch arbeiteten in den ersten beiden Jahren nach Kosters *Das Gewand* auch Otto Preminger und Henry Hathaway, Henry King und Richard Brooks mit Cinemascope und veränderten mit ihren

Inszenierungen der überbreiten Bilder schon damals ein Stück weit das filmische Erzählen.

Nicht nur technisch also, sondern auch ästhetisch veränderten die Cinemascope-Filme das Kino. Die 20th Century-Fox sprach von einer »dritten Revolution auf dem Gebiete des Films«. Der Kameramann Joseph MacDonald, der schon früh mit Samuel Fuller und Edward Dmytryk, Henry Hathaway und Nicholas Ray in Scope drehte, sah einen größeren visuellen Reichtum voraus: »Der Zuschauer bekommt nun Dinge zu sehen, die er nie zuvor gesehen hat. Wenn man sich Cinemascope ansieht, ist es, als ob einem Scheuklappen vor den Augen weggenommen würden. Es gibt einem ein Gefühl der räumlichen Tiefenwirkung, wie man es sich kaum erhofft hat. Das wichtigste aber ist: Man wird bessere schauspielerische Leistungen zu sehen bekommen, denn die Szenen werden länger und schwieriger, und nur die talentiertesten Schauspieler werden bestehen können.« Die letzte Bemerkung sollte ein frommer Wunsch bleiben. Cinemascope, das ist sicherlich der kleinste gemeinsame Nenner, zeigt die Welt in Überbreite. Schon *Das Gewand* ist voller Paradenmärsche, Prunkszenen, Schlachtgemälde. In der Kreuzigungssequenz z. B. werden die verschiedenen Momente des Geschehens gleichrangig sichtbar – die Soldaten, die Gekreuzigten, Maria Magdalena, die Schaulustigen, die Stadt Jerusalem (→ Bibelfilm).

Andererseits gab es in den ersten Jahren der Scope-Ära häufig Arrangements im Raum, die der Breite nicht trauten, die reduzierten, drapierten, kaschierten: Im Inneren gab es Treppen, Türen, Möbel, Stoffe, die ganze Flächen wegnahmen, um das Drama im Zentrum zu forcieren. Im Äußeren gab es (in der Stadt) Häuser, Türme, Autos, Laternen und (auf dem Land) Hügel, Bäume, Pfähle, Sträucher, die das Bild links und rechts enger kadrierten. Anfangs schien es gelegentlich, als sei der neue, erweiterte Raum einzig und allein dazu da, wieder voll gestopft zu werden. Krimskrams füllte die Fläche, je leerer die Geschichten in ihrem Inneren waren. Charles Vidor ließ in *Der Schwan* (1956) seine Protagonisten, in prächtige Uniformen und kostbare Roben gekleidet, durch riesige, pompös dekorierte Hallen, Säle, Fluren gehen und über endlose, üppig angelegte Gartenterrassen, Parkwege, Birkenalleen toben. Ständig verdecken drinnen (sehr ausladend) samtene Chaiselonguen, goldene Sessel, seidene Vorhänge und draußen (eher kurz) wehende Bäume und steinerne Löwen den Bildrand. Für einen Schwan, der einmal durchs Bild zieht, hat Vidor dagegen nur einen kurzen Blick.

Die raffinierteren Regisseure jedoch begannen sofort, mit kühnem Zugriff das Format zu nutzen. Voller Lust nahmen sie das Paradoxe des neuen Formats als Einbuße und Herausforderung zugleich. Sie inszenierten in die offene Horizontale, in die seitliche Leere, um die Dramatik des erweiterten Raums zu erproben. Otto Preminger macht in *Fluß ohne Wiederkehr* (1954) einen ungebändigten Fluss zum idealen Schauplatz fürs überbreite Format. Der Konflikt ist, wie üblich, nahe ans Zentrum gesetzt; doch erst die Gefährdung durch den Fluss, die Preminger bis zum äußersten Rand sichtbar hält, die Erweiterung der Tragödie über die Enge des kleinen Floßes hinaus, öffnet den Blick für das Gewaltsame des Geschehens. In der Mitte tobt der Kampf, vom Rand her droht das Nichts. In *Prinz Eisenherz* (1954) stellt Henry Hathaway seinen jugendlichen Helden, kurz nach seiner Ankunft in England, ganz verloren in die Weite eines kleinen Waldes, wodurch der Anschein sich ergibt, als stehe er allein gegen den Rest der Welt. In *Alle Herrlichkeit auf Erden* (1955) reizt Henry King das Format aus, indem er die Protagonisten rechts und links platziert und die ganze Mitte dem Hintergrund überlässt – Bildern der Stadt, dem Gewusel der Straße also, dem »Fluss des Lebens«. Er öffnet so seine in sich geschlossene Geschichte, macht das Drama beiläufiger, die Emotion aber dichter. Richard Brooks wechselt in *Die letzte Jagd* (1955) abrupt von extremer Nähe zu extremer Weite, indem er vom Gesicht des besessenen Büffeljägers auf den Augenblick danach schneidet, wenn der das

Resultat seines Tuns begutachtet – beim wohlgefälligen Durchschreiten des weiten Feldes voller toter Büffel. Erst die Scope-Totale offenbart das volle Ausmaß des Skandalon, ohne es direkt aufzudrängen. Breitwand ist das Format des nachdrücklicheren Augenscheins, es zeigt nicht, es präsentiert. Wenn die alte Maxime gilt, dass die Spannung im Film aus dem Konflikt geboren wird, dann wird in den Scope-Filmen die Spannung aus dem Konflikt und dem Raum drumherum geboren. Form und Dynamik des Visuellen, Gefühl für Raum und Zeit, Akzente durch Bewegung im Spannungsverhältnis von rechts/links und horizontal/vertikal: Einige der grundlegenden Ausdrucksformen des Kinos wurden durch das Breitwandkino umdefiniert. Seine Erzählstrategie ist nun das besondere, spannungsvolle Arrangement von skizzierter Aktion und grandiosem Raum. Die Bilder neigen zur Überschau – und setzen am Rande gleichzeitig ihre dramatischen Akzente. Der visuelle Sinn dabei ist – als ästhetische Konsequenz des überbreiten Formats – nicht auf den ersten Blick vorgegeben, sondern entwickelt sich erst nach und nach. Der Raum bleibt offen. Und die Bilder zeigen davon mehr als einen Widerhall. Sie legen schon ihre narrative Spur, doch sie behalten den Hang zur Abschweifung bei, die Tendenz zu Widerrede und Erhöhung.

Das alte Credo der Klassiker, jeder Film könne nur die Körper der Menschen und der Dinge zeigen, nie ihre Essenz, er könne allerdings die Essenz suggerieren, während er die Dinge zeigt, erhält durch das Cinemascope eine neue Variante: Scope-Filme können Menschen und Dinge in ihrer besonderen Umgebung zeigen, sehr klar, sehr komplex, und sie können durch die Spannung daneben, dazwischen und dahinter suggerieren, was an Essentiellem wahrzunehmen ist.

Norbert Grob

Literatur: François Truffaut: En avoir plein vue. In: Cahiers du Cinéma. Juli 1953. – 20th Century-Fox (Hrsg.): CinemaScope. Frankfurt a. M. 1953. – Charles Barr: CinemaScope: Before and After. In: Film Quarterly 4 (1963). – Jacques Rivette: Cinemascope. Das Zeitalter der *metteurs en scène*. In: J. R.: Schriften fürs Kino. München 1989. (Cicim 24/25.) – Helga Belach / Wolfgang Jacobsen (Hrsg.): CinemaScope. Berlin 1993. [Darin: Rolf Giesen: Kainsmal des Spektakel. Norbert Grob: Der entgrenzte Blick. Gert Koshofer: Zur Geschichte der Breitwandfilme.] – Frieda Grafe: Als die Breitwand sich auftat. In: Die Zeit. 12. 3. 1993.

Buddy-Film. Es handelt sich um ein Subgenre, das zumal von Männerfreundschaften handelt, die sich in jeder Krise bewähren und selbst durch Liebschaften mit Frauen nicht getrennt werden können. Bei dieser vor allem im amerikanischen Kino häufig nach dem Zweiten Weltkrieg auftretenden Konstellation wird gelegentlich ein homoerotisches Interesse unterstellt, doch handelt es sich eher um einen ›Gesellschaftsvertrag‹ von hoher Bindungskraft, der die üblichen bürgerlichen Bindungen zwischen Menschen, z. B. die Ehe, an Lebensdauer und Unkorrumpierbarkeit weit übertrifft: um die ›Kohabitation‹ zwischen zwei Menschen, die sich in Gefahr und größter Not unbedingt aufeinander verlassen können (›Gefechtsgenossen‹). Die Buddys werden daher meist als Schicksalsgemeinschaft zusammengeschweißt, eine solche Art der Freundschaft entsteht nicht in friedlicher Nachbarschaft. Der Begriff wird seit Ende der 60er, Anfang der 70er Jahre auf Filme bezogen wie u. a. *Asphalt-Cowboy* (1969, R: John Schlesinger, D: Dustin Hoffman, John Voight), *Zwei Banditen* (1969, R: George Roy Hill, D: Paul Newman, Robert Redford), *Der Clou* (1973, R: George Roy Hill, D: Paul Newman, Robert Redford). Doch schon früher traten die Buddys auf, etwa in Filmen von Howard Hawks (*Der weite Himmel*, 1952). Umgekehrt können auch Filme über Frauenfreundschaften dasselbe Muster übernehmen, z. B. *Thelma & Louise* (1991, R: Ridley Scott, D: Susan Sarandon, Geena Davis). Ihre Freundschaft ist wichtiger als durch Sexualität und gesellschaftliche Konventionen bedingte Beziehungen zu Männern, Männer erscheinen (mit wenigen Ausnahmen) als Feinde der weiblichen Buddys. In der Buddy-Idee ist ein Kern sozialer Utopie enthalten, der auf bestimmte Sehnsüchte rück-

Zwei Banditen (1969, R: George Roy Hill): Robert Redford und Paul Newman

Thelma und Louise (1991, R: Ridley Scott): Susan Sarandon und Geena Davis

Buddys sind Freunde, Kumpane: So gilt es, zwei Helden oder Heldinnen zu begleiten. Das ursprünglich womöglich ökonomische Kalkül – meist werden diese Rollen mit Stars besetzt, zwei davon versprechen doppelte Zugkraft – ergibt einen erzählerischen Vorteil. Das Spiel von zwei ähnlichen Hauptfiguren lässt die Unterschiede zwischen ihnen deutlicher hervortreten – und zugleich die freundschaftliche Gemeinsamkeit, eine neue Form von Ersatzfamilie.

schließen lässt: eine Bruder- oder Schwesternschaft, die durch unbedingtes gegenseitiges Vertrauen gesegnet ist und vor den Verlockungen der Erotik gleich welcher Spielart auch immer dauerhaft gefeit zu sein scheint, da Sexualität nur in Episoden eine Rolle spielt – eine puritanische Sozialidylle von beinahe konservativem Zuschnitt in einer offenbar moralisch deregulierten Welt. Zugleich handelt es sich dabei um die Beschwörung eines Freundschaftsideals, das im sozialen Verhalten junger Menschen zu Beginn der Adoleszenz eine erhebliche Rolle spielt – im Film übertragen auf das Erwachsenenalter.

Thomas Koebner

Cadrage (engl. »framing«). Bildausschnitt. Wie in der Fotografie muss auch im Film ein bestimmter Bildausschnitt gewählt werden. Mit der Festlegung der Einstellung wird gleichzeitig entschieden, wo der Rahmen des Filmbildes verlaufen soll, welcher Teil des Geschehens im Filmbild zu sehen sein soll und welcher Teil nicht.

Da der Bildrahmen das Filmbild aus einem größeren Kontinuum quasi herausstanzt, ist er häufig mit dem Blick durch ein Fenster verglichen worden, und viele Regisseure bedienen sich eines so genannten Viewfinders, der ihnen die genaue Wirkung der Cadrage zeigt. Gleichzeitig bedeutet die Cadrage die Umsetzung eines dreidimensionalen → Raumes in ein zweidimensionales Bild. Dabei kann die optische Wirkung in der Fläche vollständig anders sein, als der natürliche Blick hätte vermuten lassen, Gegenstände können sich überlagern, Größenverhältnisse verzerrt erscheinen, Details können aufgrund ihrer optischen Eigenschaften hervortreten. Und zusätzlich hängt die visuelle Wirkung von der gewählten fotografischen Optik ab.

Überlegungen zur Cadrage münden deshalb unmittelbar in Überlegungen zur → Bildkomposition. Die optischen Schwerpunkte des Bildes müssen festgelegt und die Gewichte verteilt werden, die innere Gliederung des Bildes muss plausibel sein; die Gegenstände werden in den Bildrahmen quasi hineinkomponiert.

Allzu sorgfältig geplante Bilder aber können unnatürlich wirken. Anders als die Malerei verlangen Fotografie und Film immer ein Moment des scheinbar Zufälligen, und dieses bestimmt auch und gerade die Cadrage. Da das fotografische Bild als ein Ausschnitt verstanden wird, ist die grundlegende Annahme des Zuschauers, dass außerhalb des Bildes derselbe kontinuierliche Raum weitergeht und der Bildrahmen mehr oder minder zufällig das Gezeigte vom Nicht-Gezeigten trennt. Und mehr noch: der Zuschauer muss darauf vertrauen, dass er alles, was wichtig ist, im Bild selbst gezeigt bekommt und dass ihm nicht notwendige Informationen vorenthalten werden. Da er den Raum außerhalb des Bildes nicht kontrollieren kann, geht von diesem Raum eine ständige Verunsicherung aus; und die Frame Lines erscheinen als eine Krisenlinie, die zwei Räume, den sicheren On-Screen-Space vom verunsichernden Off-Screen-Space, trennt. Hitchcock etwa hat diese Verunsicherung in seinen Suspense-Einstellungen weidlich ausgenutzt und nach dem Muster der Geisterbahn alle Arten von Überraschungen im Off-Screen-Space bereitgehalten. Im Normalfall aber wird es darum gehen, die Verunsicherung in Grenzen zu halten.

In der klassischen Hollywood-Ästhetik hat die Cadrage zum Ziel, die Begrenzung des Bildes möglichst unauffällig erscheinen zu lassen. Sobald sie dem Zuschauer zu Bewusstsein kommt, wird dieser mit Unlust reagieren; er muss sich fragen, wer für die Begrenzung seiner Sicht verantwortlich ist, seine Illusion wird unterbrochen und seine Aufmerksamkeit wird vom Filmbild auf die Äußerung (den ›Autor‹) umgeleitet. Um dies zu vermeiden, soll der → Frame selbstverständlich wirken. Die meisten Filmbilder repräsentieren eine durchschnittliche, ›natürliche‹ Sicht. Die visuelle Aufmerksamkeit erwartet, dass die wichtigen Dinge im räumlichen Zentrum des Filmbildes auftreten werden, während die Peripherie dem Dekor, der Landschaft oder der Dingwelt vorbehalten bleibt.

Eine andere Technik besteht darin, den Frame selbst zu motivieren. Wenn der berühmte Torbogen den Bildausschnitt begrenzt oder wenn herabhängende Zweige im Vordergrund das Bild einrahmen, wird die Cadrage auf die Ebene des Abgebildeten verlegt, wieder mit dem Effekt, sie selbstverständlich und natürlich erscheinen zu lassen.

Allgemein also nimmt die Signifikanz des Bildes von innen nach außen ab, bis hin zum Frame, der auf diese Weise an einer möglichst wenig schmerzhaften Stelle schneidet. (Und dies ist notwendig u. a. für die Projektion im Kino, wo die Projektionsformate nie exakt übereinstimmen, sodass trotz aller Vorkehrungen der Regisseure Gefahr besteht, dass wichtige Bildinhalte abgeschnitten werden.)

Selbstverständlich sind die Regeln zur Cadrage und zur ›natürlichen Zentrierung des Filmbildes‹ nicht unwidersprochen geblieben. So ist die Annahme, dass der gefilmte Raum außerhalb des Frames (im Off) kontinuierlich weitergeht, nur in dokumentarischen Aufnahmen einigermaßen wahr. Und auch hier bleiben die Kamera und das Team (als ein Teil der vorfilmischen Situation) von der Abbildung grundsätzlich ausgeschlossen. Im Spielfilm ist der gefilmte Raum von vornherein konstruiert; wo der Blick der Kamera endet, können auch die Kulissen enden, völlig heterogene Situationen werden zu einem scheinbaren Raum-Kontinuum zusammengesetzt und der eigentliche Raumeindruck des Films entsteht allein in der Phantasie des Zuschauers, der die verschiedenen Perspektiven zu einer einheitlichen Vorstellung zusammenbringt. In der Konsequenz bedeutet dies, dass dem Zuschauer selten bewusst wird, dass die Cadrage tatsächlich etwas ausschließt.

Vielmehr regt die Trennung der beiden Räume die Phantasiebildung des Zuschauers an. Und der Film selbst stützt dies mit vielfältigen Mitteln. Die Blicke der Schauspieler können über den Bildrahmen hinausgehen und den Raum jenseits des Frames thematisieren und damit die Erwartung des Zuschauers in eine bestimmte Richtung lenken. Die Kamera kann sich den Bewegungen einzelner Darsteller anpassen (Frame Movement), um eine weiche, natürliche Sicht zu erreichen, der Schnitt kann eine bestimmte Verkettung der Einzelperspektiven anbieten. Der Frame ist damit Trennlinie und Bindeglied zugleich. Und wie der Film die einzelne Einstellung überschreitet, so interagieren On-Screen- und Off-Screen-Space, das Sichtbare und das, was aktuell nicht sichtbar ist, möglicherweise aber gleich erscheint, oder auf Dauer der Phantasie des Zuschauers überlassen bleibt.

Hartmut Winkler

Literatur: Noël Burch: Theory of Film Practice. London 1973. [Frz. Orig. 1969.] – Jean-Pierre Oudart: Cinema and Suture. In: Screen 18 (1977/78) Nr. 4. [Frz. Orig. 1969.] – Christian Metz: The Imaginary Signifier. Psychoanalysis and the Cinema. Bloomington 1982. [Frz. Orig. 1977.] – Pascal Bonitzer: Partial Vision. Film and the Labyrinth. In: Wide Angle 4 (1981) Nr. 4. [Frz. Orig. 1979.] – Stephen Heath: Questions of Cinema. London/Basingstoke 1981.

Caligarismus. Von französischen Filmkritikern im Nachhinein geprägter Begriff (»caligarisme«), der einen dem → Expressionismus zugeordneten Filmstil beschreibt. Vorbild war Robert Wienes *Das Cabinet des Dr. Caligari* (1920).

Der Caligarismus ist vom expressionistischen Filmstil nur schwer zu trennen und wird vielfach mit diesem vermischt oder gleichgesetzt. Wienes Film hatte Signalcharakter für den Aufbruch des Films in die künstlerische Moderne. Als expressionistisches Gesamtkunstwerk bezieht er Elemente der zeitgenössischen Literatur und Malerei mit ein. Ausgehend von Wienes Film gelten für den Caligarismus Filme als symptomatisch, in denen überwiegend Innenwelten einer – zumeist wahnsinnigen – Psyche thematisiert und über Licht, Schauspiel, Dekoration und Architektur nach außen transportiert werden.

Das von den Architekten Hermann Warm, Walter Reimann und Walter Röhrig in *Caligari* gewagte Stilexperiment stellte auf filmischem Gebiet eine Neuerung dar. Gebäude und Bäume sind deformiert, scheinen, Kristallen gleich, aus dem Boden gewachsen zu sein; sie sind Gebilde einer Welt, die im Begriff ist, über den Köpfen der Protagonisten zusammenzubrechen. So neigen sich die Häuser, die die engen Gassen säumen, schräg vornüber, als wollten sie einem ungeheuerlichen dunklen Sog nachgeben, der von der Erde ausgeht – versinnbildlicht auch durchgeteilt, sich verjüngende Schatten. Der verschobene, ›verrückte‹ Raum voller Schrägen wird zum Wahngebilde einer explizit psychisch kranken Person (zunächst des Erzählers).

Das Cabinet des Doktor Caligari (1920, R: Robert Wiene): Conrad Veidt und Werner Krauß

Nach dem Ersten Weltkrieg verebbt in kurzer Zeit der Expressionismus der gebrochenen Linien, spitzen Winkel und irrealen Schatten, der eine destabilisierte Welt entwirft. Im Kino setzt er sich, dank der stilistisch ausgeprägten gemalten Kulissen des *Caligari*, bei einer kleinen Gruppe von Filmen durch, die in ähnlicher Weise auf Dekorelemente eigentlich antimoderner und vielleicht sogar ›altdeutscher‹ spätromantischer Schauerphantastik zurückgreifen – und gerade durch diesen Stilwillen sich als modern und zeitgenössisch ausweisen.

Die Schauspielkunst der Hauptdarsteller Conrad Veidt (Cesare, das ›Medium‹) und Werner Krauß (Dr. Caligari), die sich mittels stilisierter Körperchoreographien in den kunstvoll gestalteten Raum einzufügen wissen, komplettiert das Stilideal und den Formwillen der Ausstatter. Die Figuren gleichen sich ihrer Umwelt an; zumal Veidt erscheint als Ornament, wenn er beinahe vor der Dekoration verschwindet, um dann wieder, die jäh aufsteigenden Dächer der Häuser emporklimmend, die artifiziellen Konturlinien in seiner Silhouette fortzuführen. Der antirealistische Gestaltungswille, der in *Caligari* zum Ausdruck kommt, wurde durch spätere Werke, die sich ebenfalls der expressionistischen Formensprache bedienten, nicht mehr übertroffen.

Gestaltungsmerkmale des Caligarismus, die Schilderung einer düsteren, oft ausweglosen Welt, finden sich zumal in Architektur und Schauspielkunst der Filme von Paul Wegener (*Der Golem, wie er in die Welt kam*, 1920), F. W. Murnau (*Nosferatu – Eine Symphonie des Grauens*, 1922; *Der letzte Mann*, 1924) und Paul Leni (*Das Wachsfigurenkabinett*, 1924). Die Anwendung des Begriffs »Caligarismus« auf F. W. Murnaus *Nosferatu* erweist sich jedoch bereits als problematisch, da hier auch mit Außenaufnahmen real vorgefundener Natur gearbeitet wird.

Ausdrücklich soll auf Fritz Langs *Metropolis* hingewiesen werden. Obwohl ›erst‹ 1927 uraufgeführt, finden sich in diesem Film mit Blick auf Ausstattung und Schauspielkunst deutliche Verweise auf den Caligarismus. Zumal das ›windschief-verbogene‹ Haus des mysteriösen ›Frankenstein‹ Rotwang stellt sich als labyrinthisch-beengter Bau dar. Rudolf Klein-Rogge erinnert in seiner Darstellung des Rotwang deutlich an Werner Krauss' Dr. Caligari. Seine gedrungene Haltung, der schleichende Gang verleihen der Figur den einprägsamen Umriss des wahnsinnigen Genies.

Julia Gerdes

Literatur: Rudolf Kurtz: Expressionismus und Film. Berlin 1926. – Siegfried Kracauer: Von Caligari zu Hitler. Eine psychologische Geschichte des deutschen Films. Frankfurt a. M. 1979. [Amerikan. Orig. 1947.] – Walter Kaul (Hrsg.): Caligari und Caligarismus. Berlin 1970. – Lotte H. Eisner: Die dämonische Leinwand. [1955.] Erw. und überarb. Neuausg. Frankfurt a. M. 1975. – Siegbert Prawer: Caligari's Children: The Film as Tale of Terror. Oxford 1980. – John D. Barlow: German Expressionist Film. Boston 1982. – Francis Courtade: Cinéma expressioniste. Paris 1984. – Jürgen Kasten: Der expressionistische Film. Abgefilmtes Theater oder avantgardistisches Erzählkino? Münster 1990. – Siegbert Prawer [u. a.]: *Das Cabinet des Dr. Caligari*. Drehbuch. München 1995.

Cameo. Prägnanter Kurzauftritt eines Schauspielers, Regisseurs oder eines Prominenten in einem Film. In der angloamerikanischen Filmliteratur fasst man darunter auch den speziellen Fall des Walk-on im Unterschied zu einer elaborierteren Gastrolle. Der Walk-on beschränkt sich auf das Auftauchen eines Prominenten im Bildhintergrund, während unter den allgemeinen Begriff »Cameo« auch kleine markante Rollen mit Dialog fallen. Der Walk-on funktioniert meistens als cineastisches Suchspiel, das zu einer weiteren Betrachtung des Films einlädt, gerade wenn er nicht in den Credits genannt wird. Das bekannteste Beispiel für diese Form eines Cameo sind die Auftritte Alfred Hitchcocks, der in seinen Filmen als Passant einen Bus verpasst (*Der unsichtbare Dritte*, 1959) oder am Rande des Geschehens in einen Zug steigt (*Der Fremde im Zug*, 1951). Hitchcock kultivierte den Cameo als Markenzeichen seiner Filme. Der Komödienregisseur John Landis (*Blues Brothers*, 1979; *Kopfüber in die Nacht*, 1985) lässt hingegen mit Vorliebe andere bekannte Regisseure wie Steven Spielberg, George Lucas, Frank Oz oder David Cronenberg in seinen Filmen auftreten.

Ausgearbeitete Cameo-Rollen finden sich in den Arbeiten von Woody Allen. Gerade in den letzten Jahren absolvierten zahlreiche prominente Stars wie Madonna als Zigeunerin (*Schatten und Nebel*, 1992), Robin Williams als Familienvater (*Harry außer sich*, 1997) und Leonardo Di Caprio als arrogantes Teenieidol (*Celebrity*, 1998) Cameos bei Allen, die sich nicht auf einen Auftritt im Hintergrund beschränken, sondern sie in die Handlung einbeziehen.

Gastrollen dieser Art legen dem Zuschauer unterschwellig nahe, dass die Betroffenen mit der filmischen Umsetzung einverstanden sind. Daher bedient die Anwältin Erin Brockovich in Steven Soderberghs gleichnamiger Verfilmung (2000) ihrer Geschichte als namenlose Kellnerin ihr filmisches Alter Ego Julia Roberts, und in Oliver Stones *The Doors* (1991) nimmt der echte Doors-Drummer John Densmore die letzte Studiosession des von Val Kilmer dargestellten Sängers Jim Morrison auf. In Miloš Formans *Der Mondmann* (2000) spielen bei den Aufnahmen der TV-Serie *Taxi* die ehemaligen Kollegen des verstorbenen, im Film von Jim Carrey verkörperten, Komikers Andy Kaufman sich selbst. Ähnliches gilt für Cameos in Remakes, wenn in der Neuverfilmung Regisseure oder Schauspieler, die am Original beteiligt waren, erscheinen und damit indirekt ihre Anerkennung der neuen Variante ausdrücken. Don Siegel, Regisseur der ersten *Invasion der Körperfresser (Die Dämonischen)* (1956), und sein Hauptdarsteller Kevin McCarthy traten im 1978 von Philip Kaufman inszenierten Remake auf. Auch in Martin Scorseses *Kap der Angst* (1991) waren Gregory Peck und Robert Mitchum, die Stars des Originals *Cape Fear – Ein Köder für die Bestie* (1962), zu sehen.

Eine seltenere Form des Cameos geht auf das stilistische Prinzip zurück, mit dem in Spin-offs, den Ablegern populärer Fernsehserien, der Anschluss an den Vorgänger geschaffen wird. Zu Beginn und in einzelnen Episoden des Spin-offs treten Schauspieler aus der vorangegangenen Serie in Cameos auf, um den Eindruck von Kontinuität zu schaffen, so in der *Star Trek*-Kinoserie, die selbst ein Spin-off der TV-Serien ist. Durch Cameos der alten Crew wurde in *Star Trek – Treffen der Generation* (1994) der im Fernsehen bereits zuvor realisierte Generationswechsel auch auf der Leinwand vollzogen.

Cameos verstärken die gesellschaftlichen Bezüge der Handlung, wenn Personen als sie selbst auftreten. Tim Robbins besetzt in Robert Altmans Satire *The Player* (1992) als fiktiver Hollywood-Produzent seinen Film-im-Film mit den realen Stars Bruce Willis und Julia Roberts, und in *Prêt-à-porter* (1995), Altmans Persiflage auf die Pariser Modewelt, interagieren die Schauspieler mit prominenten Models. Sam Fuller teilt in Jean-Luc Godards *Elf Uhr nachts* (1965) auf einer Party dem Protagonisten beiläufig seine Definition des Kinos als Schlachtfeld mit.

Andreas Rauscher

Cartoon / (Zeichen-)Trickfilm / Animationsfilm. Den Begriff »Cartoon« gab es bereits vor dem Film, für Karton, ganzseitige Illustration, Karikatur; schließlich wurde er auch für Trickzeichnung und Trickzeichnungsfilm, Trickfilm verwandt. Der Wandel der etymologischen Bedeutung des Begriffs bezeichnet seine geschichtliche Entwicklung. Spätestens seit dem 18./19. Jahrhundert nennt man kleine, satirisch-humorvolle Zeichnungen und Karikaturen, auch groteske Bildfolgen Cartoon, die – wegen ihrer politischen Absicht – meist in satirischen Zeitschriften, wie dem englischen »Punch«, in Deutschland ab 1848 in der Parteipresse und vereinzelt auch in Tageszeitungen abgedruckt wurden. Bereits in den 30er und frühen 40er Jahren des 19. Jahrhunderts entwickelte der Schweizer Rodolphe Toepffer »eine Reihe humoristischer Bilderromane«, die »im neuen technischen Reproduktionsverfahren der Autographie publiziert« wurden (Riha). Toepffer handhabte seine Bilderzählung so, dass »sie in der Aufteilung der Bildsegmente einem rollenden Fries oder Panorama folgten«, wobei sich die »in Prosa gehaltenen Untertitel« durch »ihre Lakonismen, witzige Wiederholungen etc. diesem graphisch-filmischen Verfahren« (Riha) anpassten. 1864 erschienen in Deutschland Wilhelm Buschs Bildergeschichten »Max und Moritz«, 1872 folgte »Die fromme Helene« und 1879 »Fipps der Affe«, die sämtlich gegen spießige Biederkeit gerichtet waren.

Sie bestehen nicht nur aus pointiert karikierenden Zeichnungen mit groteskkomischer Bildfolge, sondern sind zudem mit kunstvoll verknappten Versen versehen, die sich in ihrer Gestik und Komik auf die Bilder beziehen. Hier wie bei Toepffer wird durch das eigentümliche Verhältnis von Bild- und Sprachkunst eine neue Art des Erzählkontinuums entwickelt. Durch die Publizierung von Bildergeschichten als Serie in den Tageszeitungen der amerikanischen Pressekonzerne von J. Pulitzer (1894) und William Randolph Hearst (1896 mit den »Yellow Kids«) entwickelt sich das »mixed medium« (Riha) zum Comicstrip (›komischen Bildstreifen‹), dessen Bezeichnung um 1900 in den USA zum festen Begriff wird. Der ehemals satirische Cartoon ist zu einer trivialen Form der witzigen Bildergeschichte mutiert und besteht nun aus gezeichneten Bildstreifen, erläuternden Zwischentexten und Dialogen. Bis heute gehören Comics zum festen Bestandteil (mit meist eigener Rubrik) der amerikanischen und englischen Tagespresse. Populäre amerikanische Comic-Serien waren Rudolph Dirks »Katzenjammer-Kids« (1897–99), die schließlich Ende des Ersten Weltkrieges in den USA als Cartoon-Serie auf die Leinwand kamen, »Popeye«, »Krazy Kat« oder, um ein deutsches Beispiel zu nennen, O. E. Plauens »Vater und Sohn«.

Der Cartoon als »animated« (›lebendig gemachter‹) Cartoon gehört wegen der → Animation, die die Illusion bewegter Bilder erzeugt, »ohne Abstriche zum Film [...], weil die Zeichnung hier keine vollendete Stellung oder Figur mehr bildet« (wie in der statischen Bilderzählung) und »nicht die in einem einzigen Moment beschriebene Figur« vorführt, sondern »vielmehr die Kontinuität der die Figur beschreibenden Bewegung« (Deleuze). Der Cartoon erzählt, wie sein Vorgänger, der Comicstrip, eine kurze witzige Geschichte, die häufig auch satirisch gefärbt ist, da es in der Natur dieses Genres liegt, die Dinge auf ihre Wesensmerkmale hin zu abstrahieren und auf diese Weise Komik hervorzurufen. Cartoons genießen eine gewisse Narrenfreiheit: »In der Welt der Linienwesen ist nur das unmöglich, was man nicht zeichnen kann« (Balázs). Häufig kommen in Cartoons menschlich aussehende und ›menschlich‹ handelnde Tiergestalten vor, groteske Comic-Figuren, die aktionsreiche Abenteuer erleben. Jeder Zeichentrickfilm erfindet hier seine eigenen Gesetze und Handlungsweisen, die zwar unabhängig von der gesellschaftlichen Realität scheinen – durch den häufig absurden und übertriebenen Gebrauch von Gewalt (mit meist explosiver Munition), die gegen andere Comicstrip-Figuren gewendet wird –, aber nur deswegen absurd und witzig wirken, weil sie der realen Lebenserfahrung auf tollkühne Art widersprechen. Sofern Cartoons nicht als autonome Kurzfilme erscheinen, werden sie häufig als Werbefilme und als Serien produziert (*Katzenjammer-Kids, Krazy Kat, Felix the Cat, Pinocchio, Bambi, Bugs Bunny, Porky Pig, Daffie Duck, Der rosarote Panther, Tom & Jerry* usw.), wobei auch hier jede einzelne Folge wiederum als Kurzfilm betrachtet werden kann. Diese Serien wie beispielsweise *Felix the Cat* und *Krazy Kat* (1916) waren sämtlich für den Zeichentrickfilm adaptierte Comicstrip-Figuren aus den Cartoon-Rubriken der Zeitungen des Hearst-Konzerns, der 1915 ein eigenes Filmstudio (Hearst's International Film Service) gründete, das sich ausschließlich der Erfindung neuer Comic-Figuren widmete.

Das Jahrhundert der Animated Cartoons begann in den USA 1906, mit J. Stuart Blacktons *Humorous Phases of Funny Faces*, einem Kurzfilm, der durch die Technik der Einzelbildschaltung (Stop-Motion-Fotografie) hergestellt worden war. Zwei Jahre später entwarf der Franzose Émile Cohl den ersten Cartoon-Charakter, Fantoche, eine kleine weiße Streichholzfigur, die sich auf dem schwarzen Hintergrund des Films magisch tänzelnd und pantomimenhaft bewegte. Cohl gab diesen Cartoons den Namen *Fantasmagorie*; zwischen 1908 und 1918 entwarf er über 100 weitere Zeichentrickfilme. Die Pionierleistung in den USA leistete währenddessen Winsor McCay, ein Cartoon-Zeichner des »New York Journal«, um nach zahlreichen Versuchen der Cartoon-Animation, schließlich mit *Gertie the Dinosaur* (1914), einer Tango tanzenden Comicstrip-Figur, einen Triumph zu feiern. McCay realisierte auch den ersten Cartoon in Spielfilmlänge, *The Sinking of the Lusitania* (1918). Nach dem Ersten Weltkrieg entstanden weitere Produktionsgemeinschaften für Cartoons, die Form wurde immer mehr standardisiert und die Produktionsweise immer fabrikmäßiger, der Zeichentrickfilm erhielt einen festen Platz im Kinoprogramm. So konnte eine Comicstrip-Figur wie *Krazy Kat*, die George Herriman erfunden hatte, durch den Trickzeichner Leon Searl, der die Zeichnungen animierte, verändert werden. Die Herstellung eines Cartoons durch einen einzigen Zeichner war seit der Etablierung der großen Studios die Ausnahme geworden. Die spezialisierten Trickfilmstudios stellten fast ausschließlich Einakter, Kurzfilme von nicht mehr als 10 Minuten Länge her. Mit der Erfindung des Tonfilms erlebte der Cartoon erneut einen qualitativen Sprung. Hinzu kam die Kreativität von → Walt Disney, der 1928 mit der *Silly Symphony*-Serie begann und mit Mickey Mouse in *Steamboat Willie* (Titel und Idee frei adaptiert nach Buster Keatons Stummfilm *Steamboat Bill jr.*, 1928!) einen Zeichentrickfilm schuf, der das Publikum mit seinen sprechenden, singenden und musizierenden Zeichentrickfiguren verzaubern musste.

Die Bedeutung des europäischen Cartoons wird seit 1988 durch die »Initiative CARTOON« der Europäischen Union gefördert. Ein Beispiel für seine neue Attraktivität sind die Kreationen der Aardman Collection aus dem englischen Bristol. Hier entstand das berühmte *Sledgehammer*-Video von Peter Gabriel. Sein Schöpfer Nick Park, Modelanimator, Regisseur und Drehbuchautor erreichte mit seinem 70-minütigen Trickfilm *Wallace & Gromit unter Schafen*, der in Großbritannien Weihnachten 1995 durch die BBC ausgestrahlt wurde, 47 % der Zuschauer.

Esther Maxine Behrendt

Literatur: Chris. Marker: Der Trickfilm. In: DOK 50 (1950) Sonderh.: Film und Kultur. – John Halas (Hrsg.): The Great Movie Cartoon Book. New York 1976. – Kit Laybourne: The Animation

Book. A Complete Guide to Animated Filmmaking – from Flip-Books to Sound Cartoons. New York 1979. – Leonard Maltin: Der klassische amerikanische Zeichentrickfilm. Der berühmteste Film der Welt und seine Geschichte. München 1980. [Amerikan. Orig. 1980.] – Karl Riha: Wilhelm Buschs Bildergeschichten. In: Horst Albert Glaser (Hrsg.): Deutsche Literatur. Eine Sozialgeschichte. Bd. 7: Vom Nachmärz zur Gründerzeit: Realismus 1848–1880. Hamburg 1982. – Gilles Deleuze: Das Bewegungs-Bild. Kino 1. Frankfurt a. M. 1989. [Frz. Orig. 1983.] – Massimo Moscati: Comics und Film. Frankfurt a. M. / Berlin 1988. [Ital. Orig. 1986.] – Walton Rawls (Hrsg.): Treasures of Disney Animation. New York / London / Paris 1994. – Best of Annecy. Preisträger und weitere herausragende Filme des bedeutendsten internationalen Trickfilmfestivals '95. Filmbewertungsstelle Wiesbaden 1995. – Bill Blackbeard (Hrsg.): 100 Jahre Comic-Strips. 2 Bde. Hamburg 1995. – Barbara Esser: Entertainment. Die Cartoon-Offensive. In: Focus. 4. 3. 1996.

Cast / Casting. Im Abspann eines Films werden unter dem Begriff »Cast« alle beteiligten Schauspielerinnen und Schauspieler genannt (in Abhebung von der Crew, dem Team ›hinter‹ der Kamera, von Produzenten bis zum Cutter) – entweder in der Reihenfolge des Alphabets, nach der Chronologie ihres Auftretens, nach der Bedeutung der Rolle (Hauptrollen, Nebenrollen, Komparserie) und häufig auch nach ihrem Bekanntheitsgrad. Vor allem im Hollywood-Film stehen die Stars an erster Stelle. Mit dem Begriff »Casting« ist das Auswahlverfahren zur Besetzung der Rollen vor Beginn der Drehabeiten gemeint. Tauchen in den ersten Kinofilmen zu Beginn des Jahrhunderts noch selten professionelle Schauspieler auf der Leinwand auf und die Besetzung scheint beliebig, so zeichnet sich schnell ab, dass mit der Auswahl der Darsteller eine wichtige künstlerische Entscheidung für den Film getroffen ist. In der Zeit der großen Studios in → Hollywood, deren Aufgabenspektrum die Produktion, den Studiobetrieb, den Filmverleih und den Betrieb der Kinos umfasst, binden die Produzenten ihre Stars an sich und bilden gezielt auch Nebendarsteller für bestimmte Rollenfächer aus. Nach dem Ende der Studioära übernehmen zunehmend unabhängige Agenturen das Casting-Geschäft, wobei sich die wirklichen Starschauspieler von den übrigen nach wie vor unterscheiden, weil sie sich ihre Rollen, meistens auch ihre Regisseure und Produzenten selbst aussuchen können. Eine der wichtigsten Aufgaben der Casting-Agenturen besteht in der Nachwuchspflege, in der Suche nach neuen Gesichtern.

Viele Filmschauspieler spezialisieren sich in stärkerem Maße als reine Theaterschauspieler auf ein besonderes Rollenfach und legen sich damit auch auf Genres fest. Aus der Gesamtheit der unterschiedlichen Charaktere, die ein Schauspieler während seiner Karriere verkörpert, ergibt sich die jeweilige Rollengeschichte. Es gibt viele Beispiele für kohärente Rollengeschichten, d. h. für eine Weiterentwicklung eines Rollentypus ohne besondere Abweichungen weder von dem inneren Kern noch von der äußeren Gestalt der Grundfigur. Gerade die weiblichen Ikonen Marlene Dietrich, Greta Garbo oder Marilyn Monroe bleiben ihrem einmal erfundenen Modell treu. Dagegen zeigt die Karriere Romy Schneiders einen radikalen Bruch mit den frühen »Prinzessinnen«-Rollen, welche die deutsche Schauspielerin beinahe verzweifelt in Frankreich abzuschütteln versuchte, indem sie mit Vorliebe abgründige, dunkle Frauencharaktere verkörperte. Gegen einen Rollentypus zu besetzen ist risikobehaftet, aber häufig auch erfolgreich. Actionhelden wie Sylvester Stallone, Arnold Schwarzenegger oder Bruce Willis spielen hin und wieder mit guter Publikumsresonanz in komödiantischen oder in dramatischen Rollen.

Susanne Marschall

CCC (Central Cinema Company). Der Legende nach begann alles mit dem Pelzmantel der Schwiegermutter, den Artur Brauner versetzte, um Geld beisteuern zu können für die Produktion des ersten westdeutschen Films nach dem Krieg, für *Sag die Wahrheit* (1946, R: Helmut Weiss). Von Verwicklungen in den Berliner Schwarzmarkt war die Rede, aber auch von Unterstützung durch amerikanische Freunde, die Brauner dann gestatteten, am 16. 9. 1946 zusammen mit Joseph Einstein die Central Cinema Comp.-Film GmbH zu gründen mit einem Stammkapital von 21 000 Reichsmark (Geschäftsführer waren Brauner und Günter Regenberg). Zwei Monate später gab Einstein seine Firmenanteile an Brauner ab, der danach alleiniger Studioboss war und das Stammkapital der CCC auf 100 000 Reichsmark erhöhte.

Mit dem ersten Film, den die CCC produzierte, mit *Herzkönig* (1947, R: Helmut Weiss) bewegte sich Brauner auf altbewährtem Lustspiel-Terrain. Wobei schon das Prinzip erkennbar war, das typisch für dieses Studio bleiben sollte: mit geringsten Mitteln das gerade Gefragte zu bieten – und so stattliche Gewinne zu erzielen. Brauner selbst nahm für sich in Anspruch, die Komödie »um eine königliche Liebe« nur gedreht zu haben, um danach sein Prestigeprojekt *Morituri* (1948, R: Eugen York) produzieren zu können, ein Drama über die Opfer des Nazi-Terrors, über die Flucht einiger Häftlinge aus einem polnischen KZ und ihr Leiden danach. Yorks Film wurde an der Kasse ein Fiasko. Doch die drei Filme, die CCC 1949 herstellte: *Mädchen hinter Gittern* (R: Alfred Braun), *Man spielt nicht mit der Liebe* (R: Hans Deppe) und *Fünf unter Verdacht* (R: Kurt Hoffmann), konsolidierten die Firma durch die risikoreiche, aber spannende Mischung von modernem Drama, Lustspiel und Krimi. »Unkonventionell, phantasievoll, anpassungsfähig, wendig und hart: so stellte sich Artur Brauner branchenintern zu jener Zeit dar« (Dillmann-Kühn).

Diese Mischung von ernsthaften und unterhaltenden Projekten, von künstlerischen Versuchen und kommerziellen »Tralala-Filmen« (Brauner) wurde im Weiteren auch als Rezept für die Zukunft verstanden. 1950/51 etwa kombinierte die CCC Helmut Käutners düsteres Soziodram *Epilog* mit der Komödie *Das Mädel aus der Konfektion* (R: Carl Boese), den »Zeitfilm« *Sündige Grenze* (R: R. A. Stemmle) mit dem Melodram *Schwarze Augen* (R: Geza von Bolvary). In der weiteren Realität der 50er und 60er Jahre aber neigte das Studio doch mehr zur kommerziellen Allerweltsware. Es wurde alles produziert, was gerade gefragt und erfolgversprechend war: zunächst vor allem Komödien wie *Der keusche Lebemann* (1952, R: Carl Boese) oder *Der Raub der Sabinerinnen* (1953, R: Kurt Hoffmann), Abenteuerfilme wie *Maharadscha wider Willen* (1950, R: Akos von Ratony) oder *Stern von Rio* (1954, R: Kurt Neumann), Melodramen wie *Die Privatsekretärin* (1953, R: Paul Martin) oder *Liebe ohne Illusion* (1955, R: Erich Engel).

Auch wenn Brauner öffentlich bekundete »nur Originalität und Qualität« könne es dem deutschen Nachkriegsfilm »ermöglichen, sich gegenüber dem unverminderten Ansturm an ausländischen und alten deutschen Filmen zu behaupten«, so blieben die wenigen ambitionierten Filme, die in dieser Zeit von der CCC produziert wurden, wie *Die Spur führt nach Berlin* (1952, R: Franz Cap) oder *Der 20. Juli* (1955, R: Falk Harnack), überschaubar und konzentrierten sich ab Mitte der 50er Jahre stark auf Literaturverfilmungen, wie *Die Ratten* (nach Gerhart Hauptmann, 1955, R: Robert Siodmak), *Studentin Helene Willfüer* (nach Vicki Baum, 1956, R: Rudolf Jugert) oder *Vor Sonnenuntergang* (nach Gerhart Hauptmann, 1956, R: Gottfried Reinhardt). Doch selbst diese Filme blieben stets dem kommerziellen Diktat unterworfen. »Wie weit die Ambition dieser Versuche gehen durfte, bestimmte allein er [Brauner] – volle künstlerische Freiheit hat er keinem einzigen der von ihm Engagierten jemals zugestanden« (Dillmann-Kühn).

Zur CCC gehörte seit Februar 1950 auch das Studiogelände bei Haselhorst in Berlin-Spandau, das Artur Brauner auf einer alten, stillgelegten Versuchsanstalt für chemische Kampfstoffe errichten ließ. Das Atelier umfasste zunächst zwei Hallen, einige Schuppen und Gebäude, in denen die Werkstätten und Büros untergebracht wurden, auch einen Wasserturm, der als Filmlager diente. Von Anfang an war das Ganze auf spartanische Funktionalität angelegt, nicht auf Glanz und Glamour. 1954 wurde die Anlage um zwei Hallen ergänzt, die sich gegebenenfalls miteinander verbinden ließen, im Laufe der Jahre danach um weitere drei Hallen, sodass das Atelier Ende der 50er Jahre als eine der modernsten europäischen Produktionsstätten galt. Was auch US-amerikanische Fernsehanstalten zu nutzen wussten, die seit 1951 regelmäßig in den CCC-Ateliers produzierten. Das Prinzip, das eigene Studio auch für andere, auch für ausländische Produktionen freizugeben, garantierte CCC einerseits regelmäßige Umsätze. Andererseits zwang die Größe der Anlage oft auch zu kommerziellen Entscheidungen. Er habe, so gestand Brauner in seinen Erinnerungen, oft »Durchschnittsware« produzieren müssen. »Und wenn es vielleicht ein paar zu viel von dieser Sorte sind, dann möge man bedenken, dass ich einen Atelierbetrieb hatte mit sieben Hallen und fünfhundert Mann Belegschaft. Diese Hallen wollten gefüllt sein und meine Leute beschäftigt [...]. Deshalb hat die Qualität nicht immer die erste Geige gespielt, sondern Quantität.«

In den 60er Jahren führte dieser Zwang zur Auslastung der Atelierräume zu manchen Großproduktionen: mythischen Exotik- und Historienfilmen, wie *Der Tiger von Eschnapur / Das indische Grabmal* (1959, R: Fritz Lang), *Herrin der Welt* (1960, R: William Dieterle), *Dschingis Khan* (1964, R: Henry Levin), *Die Nibelungen* (1966, R: Harald Reinl) oder *Kampf um Rom* (1968, R: Robert Siodmak). Für die Produktion dieser Filme lud Brauner immer wieder deutsche Emigranten ein, die Erfahrungen in Hollywood gesammelt hatten: Fritz Lang und Robert Siodmak, Gerd Oswald und William Dieterle. Daneben arbeitete er mit amerikanischen Regisseuren, die ihre Meriten in Hollywood-B-Filmen erworben hatten: u. a. Hugo Fregonese und Russ Meyer.

In den knapp zwanzig Jahren, in denen die CCC kontinuierlich produzierte, hatten nahezu alle deutschen Schauspieler mit Rang und Namen in den Filmen des Studios ihre Auftritte: Dieter Borsche, O. W. Fischer und Gert Fröbe, Curd Jürgens, Hardy Krüger und Heinz Rühmann, Lilli Palmer, Maria Schell und Romy Schneider, Paul Hubschmid, Rudolf Prack und Peter van Eyck, Ruth Leuwerik und Winnie Markus, Nadja Tiller, Johanna von Koczian und Sonja Ziemann. Später auch Mario Adorf und Hansjörg Felmy, Joachim Fuchsberger, Götz George und Horst Tappert, Karin Baal, Senta Berger und Karin Dor, Marianne Koch, Elke Sommer und Sabine Sinjen.

Mitte der 60er Jahre, als immer mehr junge Regisseure einen zeitgemäßeren Film propagierten, rief Brauner (in Anlehnung an die französische → Nouvelle Vague) seine »Riskante Welle« aus, mit der, wie er vorgab, die CCC sich den Anforderungen der Zeit zu stellen gedachte. Noch einmal wurde das früher so erfolgreiche Mischprogramm in Erwägung gezogen, das gleichzeitig Kommerz und Kunst ermöglichen sollte. Aber dieser Aufbruch kam über Lippenbekenntnisse nicht hinaus. Für die Jungen, die ihm im Film-Telegramm vom 3. 4. 1962 öffentlich zehn Fragen stellten, um seine »Vorstellungen besser kennen zu lernen«, hatte er noch nicht einmal eine Antwort. So blieb Edwin Zboneks *Mensch und Bestie* (mit Götz George) der einzige Versuch seiner »Welle«. Der Film wurde, künstlerisch und kommerziell, ein Desaster. Die Konsequenz, die Brauner und seine CCC daraus zogen, war die Fortsetzung des risikolosen Kommerzfilms – zwischen Krimi, Melodram und Karl-May-Film, zwischen Dr. Mabuse und Frauenarzt Dr. Sibelius, Mädchen hinter Gittern und Kara Ben-Nemsi.

1965 musste Brauner, als auch das ZDF das Studio in Spandau nicht mehr nutzte, fünf seiner Hallen zumachen, Anfang der 70er Jahre seine Ateliers insgesamt schließen. Er entließ die letzten 85 Angestellten, wobei nur die, die älter als 60 Jahre alt waren und länger als 20 Jahre bei CCC gearbeitet hatten, eine Abfindung von 2000 DM erhielten. Danach gab es keine kontinuierlichen CCC-Produktionen mehr. Nur hin und wieder einzelne Projekte wie *Sie sind frei, Dr. Korczak* (1974, R: Aleksandr Ford), *Eine Liebe in Deutschland* (1983, R: Andrej Wajda), *Hanussen* (1988, R: István Szabó) oder *Hitlerjunge Salomon* (1990, R: Agnieszka Holland).

Norbert Grob

Literatur: Volker Baer: Ein Stück Berliner Filmgeschichte. In: Der Tagesspiegel. 21. 8. 1966. – Artur Brauner: Mich gibt's nur einmal. Rückblende eines Lebens. München 1978. – Volker Baer: Produziert wurde alles, was gefragt war. In: Der Tagesspiegel. 24. 8. 1986. – Michael Esser (Red.): In Berlin produziert: 24 Filmgeschichten. Berlin 1987. – Claudia Dillmann-Kühn: Artur Brauner und die CCC. Filmgeschäft, Produktionsalltag, Studiogeschichte 1946–1990. Frankfurt a. M. 1990.

Cinecittà. Filmstudios an der Peripherie Roms in der Via Tuscolana. Sie wurden von dem Industriellen Carlo Roncoroni, Präsident der SAISC (Società Anonima Italiana degli Stabilimenti Cinematografici), und dem italienischen Staat gegründet. Die faschistische Regierung Italiens hatte zunächst wenig zur Unterstützung der Filmindustrie getan, erst mit der Entwicklung des Tonfilms wuchs das Interesse am Film und seiner propagandistischen Ausbeutung. 1935 wurde das Centro sperimentale di cinematografia gegründet und der Leitung von Vittorio Mussolini, dem Sohn des Duce, unterstellt. Zur selben Zeit begann man mit dem Bau eines ausgedehnten Studiokomplexes am Rande Roms. Der Komplex wurde Cine Città genannt und sollte die 1935 abgebrannten ältesten italienischen Studios der Cines (1905/06 von Filoteo Alberini und Dante Santori gegründet) ersetzen, Rom zum Zentrum der Filmindustrie der Achsenmächte werden lassen. Geplant war eine Filmstadt, die die Fertigstellung von Filmen vom Drehbuch bis zur ersten Kopie ermöglichte.

Sie wurde am 28. 4. 1937 von Benito Mussolini unter großem Pomp eröffnet und bildete mit mehr als 20 Gebäuden und drei künstlichen Seen auf 60 ha den größten Studiokomplex in Europa. Die Filmstadt stand zunächst unter der Leitung von Roncoroni, nach dessen Tod ging das gesamte Gelände an den italienischen Staat. In dieser Zeit entstanden einige propagandistische Filme, der größte Teil der Produktionen jedoch bestand aus seichten Komödien und → Historienfilmen. Während des Krieges wurde auch Cinecittà bombardiert und zum Teil zerstört, doch wurde schon zuvor die gesamte technische Ausrüstung in den noch faschistischen Norden Italiens gebracht. Nach der Befreiung Roms dienten die Studios als Militärlager und Übergangslager für Flüchtlinge. Erst 1950 waren die Studios repariert, und der Betrieb konnte wieder aufgenommen werden.

Als einer der ersten Filme entstand 1951 *Bellissima* von Luchino Visconti. Die Geschichte einer Frau aus den römischen Vorstädten, die ihre Tochter zum Film bringen möchte, beleuchtete dabei auch kritisch die Rolle der ›Traumfabrik‹ und des gängigen Filmbetriebs in Rom. Cinecittà war in *Bellissima* nicht nur Drehort, sondern auch Handlungsort. In den 50er Jahren wurden aber vor allem B-Filme gedreht, leichte Commedia-all'italiana-Filme wie *Brot, Liebe und Fantasie* (1953) von Luigi Comencini. Ende der 50er Jahre entdeckten amerikanische Produzenten Cinecittà als kostengünstige Alternative zu den Filmstudios in Hollywood, etwa für aufwendige Großproduktionen wie *Ben Hur* (1959) von William Wyler. Das Wort von »Hollywood am Tiber« bürgerte sich ein. Die amerikanische Dominanz der 60er und 70er Jahre brachte aber auch Probleme für die italienische Filmindustrie. Von der wirtschaftlichen Krise des Kinos in der Folgezeit, dem Rückzug der amerikanischen Produktionsgesellschaften und dem Aufkommen des Fernsehens war auch Cinecittà betroffen. Immer weniger Kinofilme wurden produziert, das Fernsehen hielt Einzug auf dem Gelände. Ein Rückgang der Produktion war auch durch spektakuläre Maßnahmen wie die Besetzung der Studios durch die Belegschaft und die Versteigerung des Fundus 1983 nicht aufzuhalten. Als eine der letzten großen Produktionen entstand in Cinecittà *Der Name der Rose* (1985) von Jean-Jacques Annaud. Seitdem werden die Filmstudios vor allem für Fernsehproduktionen genutzt. Der Regisseur, dessen Name am stärksten mit Cinecittà verbunden ist, ist Federico Fellini. Nach zahlreichen Filmen, die in Cinecittà entstanden waren (u. a. *Das süße Leben*, 1960; *Achteinhalb*, 1963; *Fellinis Satyricon*, 1969; *Fellinis Roma*, 1971; *Fellinis Casanova*, 1976; *Fellinis Schiff der Träume*,

1983) realisierte er 1987 mit *Fellinis Intervista* einen Film über Cinecittà, ihre ›Bewohner‹, die Geschichte seiner Beziehung zu Cinecittà und die schöpferischen Möglichkeiten, aber auch die Schwierigkeiten, die sich an einem solchen Ort ergeben.

Peter Ruckriegl

<small>Literatur: Carlo Lizzani: Storia del cinema italiano 1895–1961. Florenz 1961. – Federico Fellini: Cinecittà – meine Filme und ich. Hamburg 1990. [Ital. Orig. 1988.]</small>

Cinema Nôvo. Gruppierung brasilianischer Filmschaffender der späten 50er und 60er Jahre als Teil einer von der Studentenbewegung ausgehenden kulturellen Erneuerungsbestrebung, die auch das Theater und den Tanz erfasste und die durch den Sieg der Revolution in Kuba weiteren Auftrieb erhielt. Ziel des Cinema Nôvo war es, die Übermacht des als kolonialistisch empfundenen US-amerikanischen Films mit einer eigenständigen Kinematographie zu bekämpfen, die sich auf nationale Traditionen besinnen und der Wirklichkeit des Landes authentisch Ausdruck geben sollte. Beeinflusst vom italienischen Neorealismus (→ Realismus) und von der französischen → Nouvelle Vague, wollten die Autorenfilmer des Cinema Nôvo mit einem aufklärerischen Anspruch sowohl kritische Impulse gegen die soziale Ungerechtigkeit und die Unterentwicklung ihres Heimatlandes setzen als auch in einen filmischen Dialog mit den breiten Volksmassen treten. Die Wichtigkeit von ökonomisch gesunden, unabhängigen Produktions- und Distributionsstrukturen wurde zwar frühzeitig von den Regisseuren erkannt, die Mehrzahl der Filme erreichte indes nur das Minderheitenpublikum der Kinematheken und Filmclubs.

Zu den herausragenden Vertretern des Cinema Nôvo zählen die Dokumentarfilmer Thomas Farkas, Geraldo Sarno und Sérgio Múniz sowie die Spielfilmregisseure Ruy Guerra, Paulo Cesar Saraceni, Leon Hirszman, Nelson Pereira dos Santos, der mit Filmen wie *Rio bei 40 Grad* (1955) zum Wegbereiter des Cinema Nôvo wurde, und der ehemalige Filmkritiker Glauber Rocha, der zugleich der Theoretiker der Bewegung war und 1963 eine Geschichte des brasilianischen Films veröffentlichte. Ihre Filme, deren Drehbücher sie selbst verfassten, zielen auf die überindividuellen Probleme und Konflikte Brasiliens ab und handeln von Elend und Armut, Unterdrückung und Ausbeutung auf dem Land und in den städtischen Favelas. In einer eigenwilligen Stilmischung aus Dokumentarischem, Mystischem und Motiven aus Legenden und Überlieferungen schildert Rocha in *Gott und der Teufel im Lande der Sonne* (1964) und *Antonio das Mortes* (1969) die menschenunwürdigen Lebensumstände der bettelarmen Menschen in der Einöde im Nordosten Brasiliens. Während Rocha den gewaltsamen Aufstand als Perspektive für die von Großgrundbesitzern, religiösen Fanatikern und Kriminellen Geknechteten vorführte, inszenierten Pereira dos Santos mit *Vidas Secas – Nach Eden ist es weit* (1963) und Guerra mit *Die Gewehre* (1963) Porträts derselben Region, die von Verzweiflung und Hoffnungslosigkeit geprägt sind. Den Zustand der zeitgenössischen brasilianischen Gesellschaft bringt der Titel von Rochas *Land in Trance* (1967) auf den Punkt; angesiedelt in dem fiktiven Land Eldorado will der Film mit einem Appell zum Widerstand in der Guerilla die Apathie überwinden helfen.

Seit dem Militärputsch von 1964 nahmen die Repressionen gegen das Cinema Nôvo zu und führten zu einer Zerschlagung dieser filmischen Emanzipationsbewegung. Die unabhängigen Filmemacher wurden inhaftiert und gefoltert, nahmen die politischen Aussagen ihrer Filme zurück oder emigrierten wie Rocha und Guerra.

Auch wenn Rocha Ende der 60er Jahre das Cinema Nôvo offiziell für tot erklärte, so lebt dessen Tradition im brasilianischen Film doch bis heute fort. Junge Regisseure wie Walter Salles, der 1998 mit dem Roadmovie *Central Station* (1997) den Goldenen Bären in Berlin gewann, bekennen sich ausdrücklich zu diesem »reichen kinematographischen Erbe« (Salles im Interview mit Spielmann).

Ursula Vossen

Literatur: Peter B. Schumann (Hrsg.): Film und Revolution in Lateinamerika. Frankfurt a. M. 1975. – Peter B. Schumann (Hrsg.): Kino und Kampf in Lateinamerika. München/Wien 1976. – Wolfgang Martin Hamdorf: Zwischentöne. Spanische und lateinamerikanische Filme auf der Berlinale. In: filmdienst 51 (1998) Nr. 6. – Ellen Spielmann: »Unsere alten Meister kehren zurück«. Interview mit Walter Salles. In: Berliner Morgenpost. 15. 2. 1998.

Cinéma Vérité (frz., ›Kino-Wahrheit‹, ›Wahrheits-Kino‹). In Anlehnung an Dziga Vertovs »Kino-Prawda« entstandene Schule des → Dokumentarfilms, die sich Ende der 50er / Anfang der 60er Jahre in Frankreich parallel zum → Direct Cinema in den USA entwickelte. Ziel war es, Wahrhaftigkeit und Lebensechtheit, die andere Filmformen bis dahin nicht erreicht oder vernachlässigt hatten, mit größtmöglicher Spontaneität und Unmittelbarkeit auf Film einzufangen. Mit sozialkritischem Ansatz sollten nach dem Muster einer Fernsehreportage, jedoch tiefergehend als diese, soziale Probleme aufgezeigt werden, indem man reale Personen in realen Situationen an authentischen Schauplätzen etwa durch Interviews und Diskussionen dazu brachte, sich vor laufender Kamera zu öffnen und von ihrem Leben und ihren Gefühlen zu berichten. Um dabei weder Zuschauer noch Subjekte in eine vorgegebene Richtung zu lenken, verzichtete man auf Drehbücher und andere filmtechnische Vorausplanungen; die Rolle des Regisseurs als Kontrollinstanz wurde reduziert, er war eher ein ›Film-Macher‹ oder Reporter, die Kamera bloßes Aufnahmegerät.

Möglich wurde eine solche Spontaneität und Unabhängigkeit von Studiobedingungen erst durch neuentwickelte, kleine und leichte 16-mm-Handkameras (Arriflex, Eclair) und Synchronton-Aufnahmegeräte, die das oft nur aus Regie/Kamera und Ton bestehende Team extrem beweglich und flexibel machten. Das Filmmaterial (meist schwarzweiß) erlaubte natürliches Licht, Richtmikrofone ermöglichten Aufnahmen aus der Distanz; außerdem konnte man mittels Zoom nahe beim Subjekt sein, ohne es in seiner Intimität und seinen Handlungen zu stören. Auf technische Qualität kam es den Machern nicht an, weshalb diese Filme mit körnigen Bildern, wackelnder Kamera und nicht ausgesteuertem Ton teilweise ziemlich amateurhaft wirken, was aber den Eindruck der Direktheit und Authentizität im Gegensatz zur Künstlichkeit anderer Filme noch verstärkte.

Auch in der Nachbearbeitung mischte man sich technisch kaum ein: auf untermalende Musik und interpretierenden Kommentar wurde verzichtet, die Montage sollte am besten schon in der Kamera stattfinden und nicht zur Emotionssteigerung verwendet werden. Darin unterscheidet sich das Cinéma Vérité bewusst von Vertovs Methoden, dessen »Kino-Prawda«, eine 1922–25 entstandene Serie aus 23 Aktualitätenfilmen, in gewisser Weise ein Vorbild für die Bewegung war. Beide teilten den Ansatz, dass die Gefilmten die Kamera vergessen sollten, aber Vertovs zu diesem Zweck benutzte versteckte oder Infrarot-Kamera lehnten die Cinéma-Vérité-Filmer ab, ebenso seine strenge Vorausplanung und seine experimentellen Aufnahmen. Auch zu Robert J. Flaherty, dem »Vater des Dokumentarfilms« (*Nanuk, der Eskimo*, 1922) war ihr Verhältnis gespalten: Einerseits gab er vor, wie sie ohne vorgefasste Meinung an die Dinge heranzugehen und zu hoffen, dass sich aus den Situationen und Subjekten heraus eine Handlung entwickeln werde. Andererseits distanzierten sie sich von der poetischen Wirkung seiner Bilder und von seinen offensichtlichen Manipulationen, denn er ließ Szenen oft spielen oder wiederholen. Außerdem lag ihnen fern, wie er Musik und Montage als dramatisierende Elemente (so etwa das mit Paukenschlägen synchronisierte Steinhacken des Fischers in *Die Männer von Aran*, 1934) zu benutzen. Beide, Vertov und Flaherty, waren also nicht unbedingt Vorläufer des Cinéma Vérité, teilten aber dessen wichtigste Ansätze und Vorgehensweisen. Als weitere Einflüsse wirkten Fernsehnachrichten und -dokumentationen, nur bedingt ältere Dokumentarfilmer wie Joris Ivens oder John Grierson und, ganz am Rande, der italienische Neorealismus (→ Realismus) etwa eines Cesare Zavattini auf das Cinéma Vérité.

Der erste Film, der den Begriff prägte, indem er sich explizit als Produkt des »Experiments Cinéma Vérité« bezeichnete, war *Chronik eines Sommers* (1961) von Jean Rouch und Edgar Morin. Sie befragten Bekannte und Fremde auf den Straßen von Paris über deren Lebensumstände und Einstellungen zu Problemen wie dem Algerienkrieg oder Rassismus. Andere Vertreter des Cinéma Vérité waren François Reichenbach (*Mit meinen Augen*, 1961), Jean Herman (*Les Chemins de la mauvaise route*, 1961), Marcel Ophüls (*Das Haus nebenan – Chronik einer französischen Stadt im Kriege*, 1970) oder Chris. Marker (*Der schöne Mai*, 1963), der allerdings von den übrigen Filmern wegen seiner persönlichen, poetischen Filme abgelehnt wurde.

Einfluss hatte das Cinéma Vérité auf die Spielfilme der → Nouvelle Vague und des → Free Cinema; Jacques Roziers *Adieu Philippine* (1962) bediente sich z. B. der Handkamera und improvisierter Dialoge. In Canada vertraten Michel Brault, Pierre Perrault und Allan King vom National Film Board das Cinéma Vérité. In den USA bildete sich mit den Drew Associates (Robert Drew, Richard Leacock z. B. mit *Der elektrische Stuhl*, 1962, über die Rettung eines zum Tode verurteilten Mannes vor dem elektrischen Stuhl, Don Pennebaker und die Gebrüder Maysles) das Direct Cinema aus, das durchaus dieselben Ursprünge, Interessen und Vorgehensweisen teilte. Es unterschied sich jedoch darin vom Cinéma Vérité, dass es zum einen auf eine strukturgebende Montage nicht verzichten wollte, zum anderen die Form des Interviews und damit jegliche Intervention seitens der Filmemacher ablehnte, um sich als passiver, stiller Beobachter auf möglichst objektive Weise der Wahrheit zu nähern.

Marion Müller

Literatur: Edgar Morin: Schwierigkeiten beim Zeigen der Wahrheit. In: Filmkritik 1964. H. 4. – Jean Rouch: Notizen auf Zelluloid. In: Filmkritik 1964. H. 4. – M. Ali Isari: Cinéma Vérité. East Lansing 1971. – Stephen Mamber: Cinéma Vérité in America. Studies in Uncontrolled Documentary. Cambridge (Mass.) 1974.

Cliffhanger. Aus dem Amerikanischen übernommene Bezeichnung dafür, dass die Einzelfolge einer Fortsetzungsserie auf dem Höhepunkt der Spannung abbricht (in der frühen Stummfilm-Serie *The Perils of Pauline* hing die Heldin tatsächlich an der wörtlich genommenen Klippe) – zu dem Zweck, das Publikum auch für die nächste Folge zu gewinnen. Dabei gibt es Varianten: Der Held / die Heldin wird in der nächsten Folge aus der hochnotpeinlichen Situation, bei der es sich um eine physische oder moralische Klemme handeln kann, gerade noch befreit, die beiden Folgen schließen unmittelbar aneinander an. Oder es ist zwischen den Handlungen beider Folgen Zeit verstrichen, sodass von der Rettung im Nachhinein erzählt werden muss. Die Cliffhanger-Dramaturgie wurde insbesondere für das Fernsehgenre der → Soap Opera kultiviert.

Kerstin-Luise Neumann

Columbia Pictures. Mitte der 20er Jahre forderte noch einmal ein Studio die damals Allmächtigen von Famous Players, Fox Corp. und MGM heraus: Columbia Pictures, das sich Ende des Jahrzehnts als eines der drei kleineren Studios (neben → Universal und → United Artists) etablieren konnte. Die Gründer des Studios, Harry (geb. 1891) und Jack Cohn (geb. 1889), hielten ihre Firma bis zu ihrem Tod 1958 bzw. 1956 fest im Griff. Danach ging die Zeit der klassischen Studios zu Ende.

Harry Cohn hatte in den 10er Jahren als Vaudeville-Schauspieler und Sänger begonnen, während sein Bruder Jack sich als Werbefachmann, dann auch als Labortechniker und Cutter bei Carl Laemmles Independent Motion Picture Co. (IMP) ausbilden ließ. 1912 wurde Jack Cohn Newsreel-Produzent, arbeitete mit bei Universal Weekly und lernte zusätzlich, wie bei Universal das Geschäft mit den Ein- und Zweiaktern lief. 1913 war er als Cutter an *Traffic in Souls* beteiligt (R: George Loane Tucker), einem Film über den weißen Sklavenhandel in New York, den er von zehn auf sechs Rollen kürzen musste, von etwa 130 Minuten auf 78 Minuten; es war der erste Film, der unter dem Universal-Logo vertrieben und ein sensationeller Erfolg wurde (mit einem Gewinn von 450 000 Dollar bei Produktionskosten von 57 000 Dollar).

1915 schrieb Harry Cohn Musik für Werbefilme und hatte dabei die Idee, die damals populären »singenden Pianisten« zu filmen, sie in den Kinos zu präsentieren und live nachsingen zu lassen (womit er im Grunde die ersten Vorläufer der Pop-Videos schuf). 1918 wurde er für kurze Zeit Sekretär von Carl Laemmle in Kalifornien, während sein Bruder in New York blieb.

1919 gründeten die beiden Brüder zusammen mit dem Anwalt Joe Brandt die Firma Cohn-Brandt-Cohn Film Sales, für die Harry sofort mit der Filmproduktion begann. Seine ersten Filme waren erfolgreich und zeigten schon die später so typischen, geldsparenden Produktionsstrategien. Berühmt sein Verfahren, die Tafeln im Hintergrund von beiden Seiten bemalen zu lassen, sodass sie für zwei Filme verwendbar waren. Oder auch seine Entscheidung, die Darsteller bloß auf der Gesichtshälfte schminken zu lassen, die gerade fotografiert wurde. Der erste längere Film, den CBC in die Kinos brachte, im August 1922, war *More to Be Pitied than Scorned*, inszeniert von Edward LeSaint.

Am 10. 1. 1924 erweiterten sie ihre Gesellschaft zu Columbia Pictures Corp., für die Joe Brandt als Präsident fungierte, Jack Cohn als Vize-Präsident und Harry Cohn als Produktionschef, dessen Assistent Sam Briskin wurde. Anders als Paramount, Warner oder MGM hatte Columbia nie ein Interesse an einer eigenen Kinokette, sondern investierte gezielt in die Filmproduktion und den Ausbau des Verleihs. Das Motto lautete: »Making the most with the least.«

1925 eröffneten sie ihr eigenes Studio am Sunset Boulevard. 1927 erzielten sie ihren ersten überragenden Erfolg mit *The Blood Ship* (R: George B. Seitz). Es war der erste Film, der mit ihrem Torch-Lady-Logo präsentiert wurde, einer Variante der die Fackel hochstreckenden Freiheitsstatue an der Hafeneinfahrt von New York. 1928 brachte Columbia den ersten Film mit Toneffekten in die Kinos: *Submarine*, kurz danach das erste All-Talkie: *The Donovan Affair*, beide inszeniert von Frank Capra. 1932 verließ Joe Brandt das Studio, Harry Cohn übernahm seine Anteile, wurde Präsident und vergrößerte nach und nach auch das Studiogelände. Gleichzeitig erweiterte er seine Verleihtätigkeit. Mitte der 30er Jahre hatte Columbia 32 Distributionsbüros in den wichtigsten Staaten der USA, dazu gab es Büros in Europa, Südafrika, Australien und im Fernen Osten. Produziert wurden um die fünfzig Filme pro Jahr, manchmal sogar mehr, wobei Cohn darauf achtete, stets zwei erfolgreiche → A-Filme herauszubringen, daneben B-Western und die erfolgreichen Serien (wie *Lone Wolf* mit Melvyn Douglas, später Warren William, 1935–49; *Blondie* mit Penny Singleton, 1938–51; *Boston Blackie* mit Chester Morris, 1941–1949; *Crime Doctors* mit Warner Baxter, 1943–48; *The Whistler* mit Richard Dix, 1944–47; *Jungle Jim* mit Johnny Weissmuller, 1948–54) weiterzuführen. Bis zu seinem Tod 1958 gelang es ihm so, das Studio in den schwarzen Zahlen zu halten.

Für Harry Cohn waren Aufbau und Pflege seiner Stars von enormer Bedeutung. Wie vor ihm vielleicht nur Adolph Zukor und später nur Jack Warner bestimmte er Aussehen und Alltag seiner Stars, ließ sie speziell ausbilden und befahl en détail, was sie zu tun und zu lassen hatten. Von Rita Hayworth und Rosalind Russel abgesehen, den beiden Superstars des Studios, schieden wohl deshalb auch die meisten im Streit: Barbara Stanwyck (schon 1933), Irene Dunne, Katharine Hepburn, Jean Arthur, Cary Grant – und zuletzt noch Kim Novak.

Columbias wichtigster Regisseur war (ab 1927) Frank Capra, der 1934 mit *Es geschah in einer Nacht* einen überragenden Erfolg erzielte. Es geht um einen armen Reporter (Clark Gable), eine reiche Widerspenstige (Claudette Colbert) und ihren gemeinsamen, schier endlosen Weg von Florida nach New York, wobei Capra die antipodische Kraft seines Paares vor allem als Grundlage nimmt, um vom Krieg der Geschlechter und von den Wunden zu erzählen, die er schlägt – und von der zweiten Chance, die jede Niederlage in sich trägt.

Capras Markenzeichen war die Wendung ins Mirakulöse. *Mr. Deeds geht in die Stadt* (1937) und *Lebenskünstler* (1938) etwa zeigen einfache Männer vom Land, die eines Tages (oft in der Stadt) in den Kuddelmuddel unterschiedlichster Interessen gezogen werden, die sie nicht durchschauen – gleichgültig, ob es um Geschäfte, um persönliche Intrigen oder Politik geht. Capra treibt die Niederlagen, in die seine Helden geraten, so weit, dass kaum noch Rettung denkbar scheint – doch das nur, um die Wendung am Schluss noch sentimentaler, noch erschütternder formen zu können. Der Glaube an den Sieg des Guten war für ihn jedoch keine simpel gestrickte Masche, sondern Ausdruck seiner innersten Überzeugung. Wenn das Kino in Hollywood jemals die Kraft aufbrachte, die schönsten Hoffnungen zu wecken, ohne den düsteren Alltag zu überdecken, dann bei Frank Capra.

Für kurze Zeit arbeiteten auch John Ford (*Stadtgespräch*, 1935), George Cukor (*Holiday*, 1937), Leo McCarey (*Die schreckliche Wahrheit*, 1937) und Howard Hawks (*Das Strafgesetzbuch*, 1930; *SOS – Feuer an Bord*, 1939; *Sein Mädchen für besondere Fälle*, 1940) als Gäste für Columbia. Hawks nannte Cohn später einen »phantastischen Showman, rau und hartgesotten«, für den der Regisseur wichtiger gewesen sei als die Stars. Cohn habe fest daran geglaubt, »dass der Regisseur seine Geschichte erzählen und mit den Leuten arbeiten sollte, die er haben wollte«.

Die 40er Jahre waren ohne Zweifel die Glanzzeit der Columbia. Cohn entschied, mehr Prestigefilme zu drehen und die Herstellung der → B-Filme seinem Assistenten Sam Briskin zu überlassen. Er ließ Raoul Walsh (ausgeliehen von Warner) *The Strawberry Blonde* (1941) und Rouben Mamoulian (ausgeliehen von MGM) *König der Toreros* (1942) inszenieren, holte Fred Astaire für zwei Filme (*Reich wirst du nie*, 1941; *Du warst nie berückender*, 1942) und Gene Kelly für einen Film mit Rita Hayworth (*Es tanzt die Göttin*, 1944). Die größten Erfolge aber waren 1944 *Polonaise* (R: Charles Vidor), 1946 *The Jolson Story* (R: Alfred E. Green), dem drei Jahre später *Jolson Sings Again* (R: Henry Levin) folgte, 1946 *Gilda* (R: Charles Vidor) und 1949 *Der Mann, der herrschen wollte* (R: Robert Rossen), der dem Studio noch einmal einen Oscar für den besten Film brachte.

In den 50er Jahren überstand Columbia, da es keine eigene Kinokette abzugeben hatte, die Probleme der Studios noch am besten. Harry Cohn arrangierte sich mit einigen der nun unabhängig produzierenden Regisseuren, wie Elia Kazan und David Lean, Otto Preminger und Fred Zinnemann, die für ihn so erfolgreiche Filme schufen wie *Verdammt in alle Ewigkeit* (1953), *Die Faust im Nacken* (1954) oder *Die Brücke am Kwai* (1957).

Nach Harry Cohns Tod 1958 übernahmen Abe Schneider (als Präsident) und Leo Jaffe (als Vize-Präsident und Finanzboss) das Studio, die mit großen Produktionen rasch reüssierten: mit J. L. Thompsons *Die Kanonen von Navarone* (1961), David Leans *Lawrence von Arabien* (1962), Fred Zinnemanns *Ein Mann zu jeder Jahreszeit* (1966), Stanley Kramers *Rat mal, wer zum Essen kommt* (1967), Richard Brooks *Kaltblütig* (1967) und William Wylers *Funny Girl* (1968). Zur gleichen Zeit wagten Schneider und Jaffe die Zusammenarbeit mit neuen Filmemachern, die von einem Kino jenseits von Hollywood träumten. 1969 brachten sie *Easy Rider* (mit Dennis Hopper und Peter Fonda) in die Kinos und erzielten damit einen Erfolg, der alle Erwartungen sprengte: einen Gewinn von über 20 Mio. Dollar bei Produktionskosten von 400 000 Dollar. So konnten, für kurze Zeit jedenfalls, ein paar Außenseiter ihre Filme für Columbia machen: Paul Mazursky, Bob Rafelson, Richard Rush, Harry Jaglom und – noch einmal – Dennis Hopper.

Norbert Grob

Literatur: Bob Thomas: King Cohn. New York 1967. – Philip French: The Movie Moguls. London 1969. – Frank Capra: The Name Above the Title. New York 1971. [Dt. 1992.] – Rochelle Larkin:

Hail, Columbia. New Rochelle 1975. – Hans C. Blumenberg: Die Kamera in Augenhöhe. Begegnungen mit Howard Hawks. Köln 1979. – Douglas Gomery: The Hollywood Studio System. London 1986. – Clive Hirschhorn: Columbia Story. The Complete History of the Studio and All Its Films. New York 1989.

Comicverfilmung. Adaption gezeichneter Comicstrips und Comic-Serien für das Medium Film. Comicverfilmungen gelten dann als gelungen, wenn die filmische Realisierung die ästhetischen Paradigmen beider Ausgangsmedien auf originelle Weise zu einer neuen Form verschmilzt. Dabei gibt die Gattung Comic, zumeist eine Abenteuer-, Detektiv- oder Fantasygeschichte, die Ausgangsposition vor: Comicstrips setzen Schlaglichter auf die Eck- und Höhepunkte einer Geschichte, vergleichbar mit extrem reduzierten und verdichteten Filmstills. Die Gesetze der Logik und der Wahrscheinlichkeit sind im Comic ebenso dehnbar und variabel wie die Grenze zwischen Leben und Tod. In Kampfsituationen bleiben die gezeichneten Körper letztlich resistent gegen jegliche Brutalität des Gegners, weder Erdenschwere noch Flugabenteuer können den Helden und Heldinnen etwas anhaben. Im Gegensatz zum Filmbild steht das Bild im Comic still, aber es suggeriert dennoch permanent Bewegung und Aktion. Emotion und Reaktion der Figuren artikulieren sich in graphischen Lautmalereien, für ausführliche Dialoge bleibt selten Platz im Bild. Die Ästhetik des Comics beruht auf der ausgeklügelten Verdichtung der Geschichte, dem Entwurf eines Figurenensembles aus Helden und Antihelden, die einander im Rahmen einer Grundstory mit schematischen Variationen immer wieder begegnen, und vor allem auf der genauen Komposition von Zeichenstrich, Form und gegebenenfalls Farbe (→ Cartoon).

Die Notwendigkeit zur wohl überlegten Bildgestaltung, der wenige Frames genügen müssen, um eine Vielzahl von Details der Geschichte sichtbar zu machen, verbindet den Comic mit dem Film. Seit 1895, interessanterweise das Geburtsjahr beider Künste, sind nahezu alle Klassiker der Zeichenkunst mittlerweile verfilmt worden. Die großen Comic-Helden Flash Gordon, Superman, Batman, Conan, Dick Tracy, Popeye u. v. m., einst mittels Zeichenstift auf Papier entworfen und mit entsprechend grotesker Physiognomie und übermenschlichen Fähigkeiten ausgestattet, erscheinen irgendwann in menschlicher Gestalt auf der Leinwand, um Abenteuer auf Abenteuer zu bestehen. Für die Regisseure der Comicverfilmungen ist das Experiment mit der Ästhetik des Comics eine filmische Herausforderung, die im Übrigen nicht selten misslingt.

1978 verfilmte Richard Donner *Superman* von Jerome Siegel und Joe Shuster mit gewaltigem Aufwand und ebensolchem Publikumserfolg, beinahe noch übertrumpft durch Richard Lesters ironische Fortsetzung *Superman II – Allein gegen Alle* im folgenden Jahr. Christopher Reeve als Superman, ein sympathischer, unscheinbarer junger Mann mit einer zweiten »außerirdischen« Identität, kämpft gegen seinen Erzfeind, den Bösewicht Lex Luthor (Gene Hackman). Es geht vor allem um die Rettung des amerikanischen Traums von Moral und Gerechtigkeit. Eine ähnliche Karriere vom Comic über die Fernsehserie zum Kinomehrteiler erlebte Bob Kanes düsteres Heldenepos *Batman*, wie *Superman* ein Produkt der 30er Jahre. 1966 verfilmte Leslie H. Martinson die Geschichte des Superreichen Batman, der gemeinsam mit seinem Freund und Assistenten Robin gegen Catwomen, Joker, Pinguin und Riddler, die Fürstinnen und Fürsten der Unterwelt, antritt, um die Welt vor deren üblen Taten zu bewahren. 1989 nimmt sich der Regisseur Tim Burton des Stoffs an und kehrt mit *Batman* und *Batmans Rückkehr* (1992) zum tragischen Zynismus des ursprünglichen Comics zurück. Joel Schumachers *Batman Forever* (1995) setzt wie Burtons Kultkino auf die Starbesetzung, entfernt sich allerdings durch ein knallbuntes Farbspektakel auf der Leinwand von der Düsterkeit der Burton-Filme. *Batman* und *Superman* sind Heldengeschichten, die einen Grundmythos variieren, der die Rettung des Kosmos vor dem dunklen Cha-

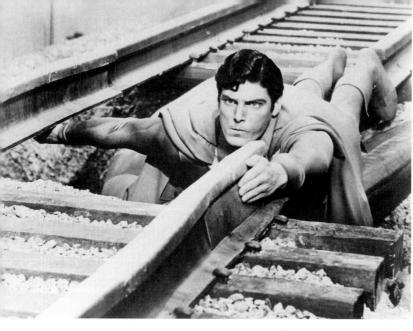

Superman
(1978, R:
Richard Donner)

Comicverfilmungen müssen mit Tricks arbeiten, um die erstaunlichen und übermenschlichen Taten der gezeichneten Helden im Filmbild zu ›realisieren‹. Der überdurchschnittlich kräftig gebaute Schauspieler Christopher Reeve war trefflich dazu geeignet, die Doppelrolle des biederen und unauffälligen Büroangestellten und des im Zirkuskostüm grandiosen Lebensretters ohne Furcht und Tadel zu spielen. Hier sorgt er mit seinem Körper dafür, dass ein Zug nicht entgleist. Das Unmögliche, es wird Ereignis – die Comicverfilmung erschließt die Dimension der zauberhaften Kraftakte.

os immer wieder neu erzählt und vor allem in moralische Kategorien packt. Im Kino kann dieser Kampf zwischen Gut und Böse, zwischen Ordnung und Anarchie in Dimensionen von Größe und Bombast getrieben werden, die der gezeichnete Comic der Phantasie seiner Leser überlassen muss.

In der Geschichte der Comicverfilmung existieren verschiedene Konzeptionen zur medialen Transformation vom Comic zum Film. Robert Altman verfilmt die Abenteuer des spinatgestählten Matrosen *Popeye* (1980), eine Schöpfung von Elzie C. Segar aus dem Jahr 1929, mit Robin Williams als Popeye und Shelley Duvall als idealtypischer Verkörperung der zickigen Olive Oil. Altman eröffnet seinen Figuren durch die Tricktechnik Bewegungsspielräume und verleiht ihnen akrobatische Leichtigkeit jenseits des Menschenmöglichen – wie im Comic üblich. Durch Ganzkörpermaske – Popeyes Unterarme und Unterschenkel sind mindestens so monströs wie in der gezeichneten Version – und überzeichnete Körperaktion

bleiben die Schauspieler stets Kunstfiguren, immer im engen Korsett der Comicwelt. Noch weitaus radikaler als Altman entwirft Warren Beatty die opulenten Masken und die farbdramaturgisch durchdachte Ausstattung seiner Verfilmung des Krimicomics *Dick Tracy* (1990), der 1931 von Chester Gould erfunden und zunächst als Comicstrip für »New York Daily News« und den »Detroit Mirror« gezeichnet wurde. In Beattys Film, dem eine Unmenge filmischer *Dick Tracy*-Serials in den 30er und 40er Jahren vorausgehen, verschwinden die Darsteller fast vollständig hinter der Maskerade und kehren somit – visuell konsequent – zur grotesken physiognomischen Freiheit der gezeichneten Vorlage zurück. Mit *Dick Tracy* gelang Warren Beatty die wohl gelungenste filmische Realisierung eines berühmten Comics.

Susanne Marschall

Literatur: Massimo Moscati: Comics und Film. Frankfurt a. M. / Berlin 1988. [Ital. Orig. 1986.]

Computeranimation. Zeichnungen oder Objekte werden durch einen Computer »animiert« (belebt). Voraussetzung ist hier – wie beim Film allgemein – die Trägheit des menschlichen Auges, das bei einer Abfolge von mindestens 14 Einzelbildern pro Sekunde nicht mehr in der Lage ist, diese getrennt wahrzunehmen, sondern sie stattdessen als Bewegungsablauf registriert. Während die Filmkamera beim Ablichten einer realen Bewegungsfolge mit der konstanten Anzahl von 24 Bildern pro Sekunde mitläuft, wird beim → Animationsfilm im Stop-and-go-Verfahren durch einzeln aufgenommene Bilder für den Zuschauer die Illusion von Bewegung erzeugt. Im Gegensatz zum herkömmlichen Animationsfilm, bei dem Zeichnungen und andere zweidimensionale Vorlagen oder auch dreidimensionale Objekte z. B. beim Puppentrick jeweils in Einzelschritten manipuliert werden müssen, macht sich die Computeranimation den Vorteil der Digitalisierung von Objekten zunutze, die deren Manipulation auf rein rechnerischem Wege erlaubt.

Es ist zu unterscheiden zwischen 2 D- und 3 D-Computeranimation. Die 2 D-Computeranimation machte sich vor allem die japanische Filmindustrie für die Massenproduktion von Zeichentrickfilmen zunutze (wobei eine enorme Kostenersparnis dadurch entsteht, dass nicht, wie beim klassischen Zeichentrickfilm, jede Phase einer Bewegung einzeln gezeichnet werden muss, sondern der Computer die einzeln definierten ›Akteure‹ entlang vorgegebener Kontrollpunkte bewegt, indem er die Zwischenphasen auf rechnerischem Wege erstellt).

Wesentlich interessanter, wenn auch ungleich aufwendiger im Rechenaufwand, ist die 3 D-Animation. Die ›Akteure‹ werden zunächst als Drahtgittermodell (Wire Frame) definiert, die wiederum anhand von gruppenweise vorgegebenen Kontrollpunkten auf definierbaren 3 D-Pfaden frei bewegt werden können. Wenn die grundlegenden Schlüsselpositionen (Key Frames) festgelegt sind, kann der Computer alle weiteren notwendigen Zwischenphasen errechnen, um eine fließende Bewegung zu erzeugen. Dann

Computeranimation kann von graphischer Abstraktion bis zu fast lebensechter Abbildung von Menschen und Landschaften reichen, nur Feinstrukturen wie z. B. Haare bereiten der neuen Abbild-Technologie immer noch Schwierigkeiten. Um teure Architektur und zusätzliche Komparsen zu ersparen (wie bei James Camerons *Titanic* oder Ridley Scotts *Gladiator*), kann Computeranimation die Bilder füllen und ergänzen, also manipulieren – für den kundigen Blick indes immer noch auf Anhieb erkennbar. Die mögliche Fälschung von Bildern, etwa die ›Wiederbelebung‹ längst gestorbener Stars, erschien zu Beginn der 90er Jahre noch faszinierend und unheimlich zugleich. In der Zwischenzeit stellt sich die Situation weniger dramatisch dar: Computeranimierte Szenen sind allemal teurer als gespielte mit realen Schauspielern (falls diese keine exorbitanten Gagen verlangen).

Level 5 (1997, R: Chris. Marker)

erst werden in einem weiteren Schnitt die Oberflächen für das Drahtgittermodell definiert, die wie beim ›echten‹ Film durch vorzugebende Lichtquellen ausgeleuchtet werden. Erst nach dem Rendern, dem eigentlichen Rechenvorgang, kann der Animateur sein Produkt beurteilen. Da der Rendervorgang umso aufwendiger ist, je höher die Auflösung ist, durchläuft eine Animation meist mehrere Testphasen. Die Bewegungsabläufe können bereits anhand des Drahtgittermodells in relativ geringer Auflösung kontrolliert werden (etwa 360 × 216 Bildpunkte bzw. Pixel), für die Beurteilung der Ausleuchtung – die umso komplexer sein muss, je realistischer das Endprodukt wirken soll, und entsprechend viele Lichtquellen einbezieht – ist eine Auflösung von 720 × 432 Pixeln nötig. Das Endergebnis in Produktionsqualität wird schließlich mit 1536 × 922 Pixeln gerendert.

Um einen Eindruck für den Rechenaufwand zu gewinnen (Daten beziehen sich auf den Stand der Technik 1996 bei der Produktion von Disneys *Toy Story*): Für ein einziges (!) Frame (Einzelbild) in der Lightning-Test-Phase waren 40 Rechnerminuten erforderlich, für die Produktionsqualität ganze 150 Workstation-Minuten. Da jedes Einzelbild mindestens dreimal generiert werden muss, bedeutet das pro Einzelbild eine Rechenzeit von 2 bis 20 Stunden. Die Produktion arbeitete mit 170 Workstations (mit jeweils 192 Megabyte Arbeitsspeicher), gleichzeitig mit einem maximalen Output von 3,5 Filmminuten pro Woche.

Schon in den 60er Jahren hatten Experimentalfilmer wie John Whitney und Stan Vanderbeck sich der Computeranimation als Möglichkeit des künstlerischen Ausdrucks in abstrakten Filmen bedient. Solange die Computertechnologie noch weniger ausgestattet und Prozessoren noch sehr kostspielig waren, wurde 3 D-Computeranimation im konventionellen Kino nur in begrenztem Maße für spezielle Effekte – meist des Science-Fiction- oder Abenteuer-Genres – eingesetzt, wie etwa in Stephen Lisbergers *Tron* (1982), Ridley Scotts *Der Blade Runner* (1982) oder Nicholas Meyers *Star Trek II –* *Der Zorn des Khan* (1982). Während die relativ schlichten Computeranimationen in *Tron* für die Darstellung der semirealistischen Computer- und Videowelt ausreichend waren, erlaubt die Weiterentwicklung der Technologie seither einen sehr viel größeren Realismus in der Darstellung und damit eine stärkere Einbindung digitaler Artefakte in den herkömmlichen Film. Aufsehen erregten u. a. die digitalen Morphing-Effekte in *Der Terminator II* (1991) und die täuschend lebensechten ›Fälschungen‹ von Begegnungen des fiktiven Helden mit historischen Personen in *Forrest Gump* (1993) und vor allem die sechs Minuten lang lebensecht computeranimierten Dinosaurier in Spielbergs *Jurassic Park* (1993), die der Animationsfirma Industrial Light and Magic von George Lucas Weltruhm bescherten. Nach 35 Minuten Computeranimation in *Caspar* (1995) erschien mit *Toy Story* 1995 erstmals ein abendfüllender, komplett 3 D- computergenerierter Film (Länge: 77 Minuten). Es bleibt abzuwarten, welche Auswirkungen die nun erschwinglich und ausgereifter gewordene Technik der 3 D-Animation auf die weitere Entwicklung des Kinos haben wird. Da auch Re-Animationen bereits dahingeschiedener Stars wie Marilyn Monroe und Humphrey Bogart zu den Zukunftsplänen der Animationsmeister gehören und immer realistischere Animationen möglich werden, scheint dem klassischen Medium Film hier ein schwer einschätzbarer Konkurrent zu erwachsen. Zwar waren → Special Effects seit den Anfängen des Films (Meliès) ein integrierter Bestandteil des Mediums – aber sie haben sich nie zuvor in dem Maße verselbständigt, wie sich das gegenwärtig für die Realität simulierende Computeranimation abzeichnet (→ Animation, → digitale Ästhetik).

Kerstin-Luise Neumann

Literatur: Almuth Hoberg: Film und Computer. Wie digitale Bilder entstehen. Frankfurt a. M. / New York 1999.

Credits (auch: Credit Titles, frz. »générique«, Vor- und Abspanntitel). Bestandteil des Vor- und Abspanns, in dem die Namen der an einer Filmproduktion Beteiligten aufgelistet sind. Die Vorspann-Credits enthalten die Namen der wichtigsten Schauspieler (→ Cast) und der künstlerisch Verantwortlichen ›hinter der Kamera‹ (Crew) sowie die Angabe des Produzenten und des Verleihs. Obwohl die Reihenfolge nicht normiert ist, hat es sich international durchgesetzt, zuerst die Schauspieler in Haupt- und größeren Nebenrollen und dann die Verantwortlichen für Casting, Kostüm- und Produktionsdesign, Musik und Schnitt zu nennen; es folgen Drehbuchautor, Kameramann, Produzenten und Regisseur, der standardmäßig als Letzter aufgeführt wird. Nicht selten allerdings wird zum Beginn der Vorspann-Credits auf ihn verwiesen (»A James Ivory Film« / »A Film by Robert Redford«); dies kann auf ein Selbstverständnis des Regisseurs als Autorenfilmer (→ Autorenfilm) hindeuten. Der jeweilige Verantwortungsbereich der Mitarbeiter wird manchmal durch graphische Symbole dargestellt. Bei den Schauspielern gilt die ungeschriebene Regel: Je größer die Schrifttype und je früher die Nennung, desto größer die Rolle und die dem Genannten zugeschriebene Starqualität. Beides ist deshalb, wie bei → Filmplakaten, zumeist vertraglich festgelegt.

Die Credits sind ein wesentlicher gestalterischer Bestandteil des Titelvorspanns und bieten große Variationsmöglichkeiten: Sie können über die ersten Einstellungen des Films gelegt oder dazwischen geschnitten sein. Bei Kriminal- und Actionfilmen, etwa bei *James Bond*-Filmen, beginnen die Credits häufig erst nach einer »Pretitle Sequence«. Das Schriftdesign der Credits kann sehr vielfältig sein und steht häufig in einem Bezug zum Filminhalt: in *Plácido* (1961) erzeugt Luis García Berlanga den Eindruck von beschrifteten Emailleschildern, in Alan J. Pakulas *Die Unbestechlichen* (1976) wirken die Credits wie mit der Schreibmaschine geschrieben, in *Sieben* (1995) von David Fincher sind sie experimentell verrissen und gekritzelt. Nur selten fehlen die Anfangs-Credits ganz, z. B. in Francis Ford Coppolas *Apocalypse Now* (1979). Die Tendenz geht dahin, die Credits nicht mehr über einen gestalteten Hintergrund zu legen, sondern diese ersten Filmminuten für eine Vielzahl von visuellen (Beginn der Handlung, wichtige Ereignisse, Fotografien, Vorgeschichte der Figuren) und akustischen Informationen (Voice-over, Musik) zu nutzen, beispielsweise in Robert Redfords *Aus der Mitte entspringt ein Fluß* (1992). Zum ungekrönten König des Titeldesigns avancierte der US-amerikanische Grafiker Saul Bass. Seine herausragenden Vorspanngestaltungen beispielsweise für Edward Dmytryks *Auf glühendem Pflaster* (1962), Alfred Hitchcocks *Vertigo – Aus dem Reich der Toten* (1958) mit seiner Augen- und Spiralenmotivik und *Psycho* (1960) mit gitterartigen schwarzweiß-Schraffuren sowie – nach einem Comeback Ende der 80er Jahre – für Martin Scorseses *Zeit der Unschuld* (1993) und *Casino* (1995) schlagen als filmische Introduktion das Thema des Films an und stimmen emotional darauf ein.

Ein vergleichbarer Designaufwand ist bei den Schluß-Credits nicht üblich. Sachlich listen sie als Rolltitel die vollständigen Besetzungs- und Stabangaben (im Allgemeinen mit Ausnahme des Regisseurs) auf, inklusive des zweiten Aufnahmeteams und der Verantwortlichen für Spezialeffekte. Sie sind wesentlich länger als die Vorspann-Credits, besonders bei aufwendigen Produktionen können sie bis zu mehreren Minuten dauern. Die Namen der Schauspieler können nach der Größe der Rolle, nach der Reihenfolge des Auftretens oder alphabetisch geordnet erscheinen. Komödien zeigen – eine Tradition des frühen Hollywoodfilms aufgreifend – öfters als Schlussgag die Schauspieler und die Filmcrew während der Credits im Bild, beispielsweise in John Landis' *Blues Brothers* (1979) und Doris Dörries *Männer* (1985), in dem sich das Team, mit aufschlussreichen Requisiten ausgestattet, im Paternoster vor der Kamera präsentiert.

Die Schluss-Credits umfassen auch eine vollständige Auflistung der eingesetzten Musiktitel, Danksagungen und rechtliche Hinweise sowie – als neuere Erscheinung – häufig eine Versicherung, dass die im Film vorkommenden Tiere gemäß den Tierschutzbestimmungen behandelt worden sind. Meistens wird der Abspann ins Schwarzbild überblendet, er kann aber auch über Filmbilder gelegt sein, die noch einmal die Höhepunkte des Films zeigen. In nur sehr wenigen Fällen geht die Handlung während des Abspanns weiter, wie z. B. in Barry Levinsons *Das Geheimnis des verborgenen Tempels* (1985).

Ursula Vossen

DEFA. Die Deutsche Film Aktien Gesellschaft (Signet: schwarzes DE auf weißem und weißes FA auf schwarzem Filmbildgrund) wurde am 17.5.1946 in der Sowjetischen Besatzungszone als erste deutsche Nachkriegs-Filmgesellschaft mit der Lizenzübergabe durch Oberst Tulpanow, Leiter der Abteilung Information der Sowjetischen Militäradministration, im Althoff-Atelier in Potsdam-Babelsberg gegründet. Im Oktober 1945 war das seit August 1945 tätige »Filmaktiv« von der SMAD und auf Initiative der Zentralverwaltung für Volksbildung (beratende Körperschaft der Militärverwaltung) offiziell mit der Vorarbeit zur Aufnahme der Filmproduktion betraut worden. Die fünf Mitglieder des Aktivs, Antifaschisten und Kommunisten, Alfred Fischer (ehemals Piscator-Schauspieler), Carl Haacker (ehemals Szenenbildner bei Prometheus), Hans Klering (Schauspieler, Emigrant), Alfred Lindemann (vor 1933 u.a. Organisator von Vorführungen für die Internationale Arbeiterhilfe), Kurt Maetzig (vor 1933 erste Filmmitarbeit, aus »rassischen« Gründen unterbrochen) und Willy Schiller (Szenenbildner), bildeten die erste künstlerische und administrative Leitung der DEFA. Am 15.1.1946 fiel die erste Klappe für die erste deutsche Nachkriegswochenschau (vorerst als Monatsschau) unter der Leitung von Kurt Maetzig und Marion Keller. Am 4.5. folgte der Drehbeginn für den ersten deutschen Nachkriegsfilm: *Die Mörder sind unter uns* (1946, R: Wolfgang Staudte). Am Tag der Gründung waren außerdem bereits in Produktion: *Freies Land* (1946, R: Milo Harbich) und *Irgendwo in Berlin* (1946, Gerhard Lamprecht). Von den 372 899 Quadratmetern umbauten Raumes des ehemaligen Ufa-Geländes in → Babelsberg, der einst größten Filmstadt Europas, war noch ein Zehntel nutzbar (während der Potsdamer Konferenz im August 1945 kampierten hier die Wachtruppen der britischen und französischen Armeen). Die ersten Dreharbeiten für einen DEFA-Film auf dem Gelände erfolgten 1948.

Am 13.8.1946 wurde die DEFA in die Deutsche Film GmbH mit einem Stammkapital von 20 000 Reichsmark umgewandelt. Gleichzeitig beteiligt war die sowjetische staatliche A.G. Linsa mit 5,5 Mio. Reichsmark als Verwalterin des gesamten Vermögens der dem ehemaligen Deutschen Reich unmittelbar gehörenden Filmbetriebe (Ufa, Tobis, Afifa u. a.), das der UdSSR durch das Potsdamer Abkommen zugesprochen worden war. Am 11.11.1947 wurde die DEFA eine deutsch-sowjetische Aktiengesellschaft. Das Gründungs-Stammkapital, durch den SED-Parteibetrieb Zentrag erworben, wurde einen Tag darauf auf 10 Mio. erhöht (55% Anteil für die sowjetische, 45% für die deutsche Seite). Am 6.10.1948 wurde die DEFA zur Deutschen Film-Aktiengesellschaft. Die Linsa schied am 1.1.1951 aus der Beteiligung an der DEFA aus, nachdem dieses Vermögen der DDR übereignet worden war.

1952 wurden einzelne Studios gegründet, die ab Oktober 1952 als volkseigene Betriebe (VEB) die Arbeit aufnahmen. Der Hauptverwaltung Film des am 7.1.1954 gegründeten Ministeriums für Kultur der DDR wurde das gesamte Filmwesen unterstellt: die VEB DEFA-Studios für Spielfilme, für Dokumentarfilme, für Trickfilme, für Synchronisation, das DEFA-Kopierwerk, der DEFA-Außenhandel, der Progreß Filmverleih, das Staatliche Filmarchiv der DDR, die Direktion nationale und internationale Filmfestivals in der DDR, die Zentralschule für das Lichtspielwesen, die DEFA-Zentralstelle für Filmtechnik. Der Leiter der HV Film war gleichzeitig einer der Stellvertreter des Ministers für Kultur. Auf Parteiebene unterstand die DEFA der Kulturabteilung des Zentralkomitees der SED. Im Laufe der Zeit wachten verschiedene politische Kontrollorgane mit jeweils zeitlicher Begrenzung und unterschiedlicher Intensität vor allem über die künstlerische Produktion, als Erste die beim Zentralsekretariat der SED bereits am 10.11.1947 gebildete Filmkommission. Die Leitungsstrukturen in den Studios entsprachen im Wesentlichen denen anderer VEB. Seit den 60er Jahren gab es im Spielfilmstudio künstlerische Arbeitsgruppen mit einer gewissen Eigenverantwortlichkeit.

DEFA-Filme bemühten sich um eine kritische Sicht auf deutsche Geschichte. Zu den Klassikern zählt *Der Untertan* (1951, R: Wolfgang Staudte). Zu den bedeutendsten künstlerischen Leistungen gehört die Auseinandersetzung mit dem Nationalsozialismus. *Ehe im Schatten* (1947, R: Kurt Maetzig) erhielt den ersten Nachkriegsbambi als publikumswirksamster deutscher Film des Jahres, *Sterne* (1959, R: Konrad Wolf) den Spezialpreis der Jury in Cannes, *Jakob der Lügner* (1974, R: Frank Beyer, Koproduktion mit dem Fernsehen DDR) eine Oscar-Nominierung. Was die Kontinuität der Beschäftigung mit dem Thema und die Vielseitigkeit der Gesichtspunkte anbelangt, nahm die DEFA eine Sonderstellung unter den deutschen Filmproduktionen ein: *Rotation* (1949, R: Wolfgang Staudte), *Das Beil von Wandsbek* (1951, R: Falk Harnack), *Lissy* (1957, R: Konrad Wolf), *Fünf Patronenhülsen* (1960, R: Frank Beyer), *Der Fall Gleiwitz* (1961, R: Gerhard Klein), *Nackt unter Wölfen* (1962, R: Frank Beyer), *Ich war 19* (1968, R: Konrad Wolf), *Die Verlobte* (1980, R: Günter Reisch, Günther Rücker), *Dein unbekannter Bruder* (1982, R: Ulrich Weiß) u. a. Mit Filmen wie *Ernst Thälmann – Sohn seiner Klasse* (1952, R: Kurt Maetzig) und *Ernst Thälmann – Führer seiner Klasse* (1954, R: Kurt Maetzig) versuchte die DEFA die von der Parteiführung vorgegebene Darstellung historischer Vorgänge zu vermitteln.

Zu den wichtigsten Gegenwartsfilmen, von denen nicht wenige Zensureingriffen ausgesetzt waren, gehören *Unser täglich Brot* (1949, R: Slatan Dudow), *Berlin, Ecke Schönhauser* (1957, R: Gerhard Klein), *Sonnensucher* (1958/72, R: Konrad Wolf), *Der geteilte Himmel* (1964, R: Konrad Wolf), *Lots Weib* (1965, R: Egon Günther), *Der Dritte* (1973, R: Egon Günther), *Kennen Sie Urban?* (1971, R: Ingrid Reschke), *Das zweite Leben des Friedrich Wilhelm Georg Platow* (1973, R: Siegfried Kühn), *Die Legende von Paul und Paula* (1973, R: Heiner Carow), *Jadup und Boel* (1980/88, R: Rainer Simon), *Solo Sunny* (1980, R: Konrad Wolf), *Die Beunruhigung* (1982, R: Lothar Warnecke), *Märkische Forschungen* (1982, R: Roland Gräf), *Das Fahrrad* (1982, R: Evelyn Schmidt), *Insel der Schwäne* (1983, R: Herrmann Zschoche), *Erscheinen Pflicht* (1984, R: Helmut Dziuba), *Die Architekten* (1990, R: Peter Kahane) und die 1965 durch das 11. Plenum des ZK der SED verbotenen Filme wie *Das Kaninchen bin ich* (1965/90, R: Kurt Maetzig), *Karla* (1965/90, R: Herrmann Zschoche), *Jahrgang 45* (1965/90, R: Jürgen Böttcher), *Denk bloß nicht, ich heule* (1965/90, R: Frank Vogel), *Spur der Steine* (1966/90, R: Frank Beyer), *Berlin um die Ecke* (1966/90, R: Gerhard Klein).

Im Umfang und in der Qualität der → Kinderfilm-Produktion blieb die DEFA in Deutschland ohne Konkurrenz: *Das kalte Herz* (1950, R: Paul Verhoeven), *Die Geschichte vom kleinen Muck* (1953, R: Wolfgang Staudte), *Sie nannten ihn Amigo* (1959, R: Heiner Carow), *Verdammt, ich bin erwachsen* (1974, R: Ralf Losansky), *Sieben Sommersprossen* (1978, R: Herrmann Zschoche), *Sabine Kleist, 7 Jahre* (1982, R: Helmut Dziuba), *Gitta von Rattenzuhausbeiuns* (1985, R: Jürgen Brauer). Zu den Publikumslieblingen gehörten die Indianerfilme mit Gojko Mitić als Winnetou wie *Die Söhne der großen Bärin* (1966, R: Josef Mach), *Chingachgook, die Große Schlange* (1968, R: Richard Groschopp), *Spur des Falken* (1968, R: Gottfried Kolditz) u. a. Ansonsten ist der Unterhaltungsfilm schwach entwickelt. Gelungene Filme des heiteren Genres sind: *Auf der Sonnenseite* (1962, R: Ralf Kirsten), *Mir nach, Canaillen* (1964, R: Ralf Kirsten), *Karbid und Sauerampfer* (1964, R: Frank Beyer), u. a.

Bei der DEFA debütierten oder wurden durch sie bekannt: Hildegard Knef, Hans Christian Blech, Hilmar Thate, Armin Mueller-Stahl, Jutta Hoffmann, Angelica Domröse, Manfred Krug, Erwin Geschonneck, Renate Krößner, Ulrich Mühe, Corinna Harfouch, Michael Gwisdek, Jutta Wachowiak

u. a. Das Spielfilmstudio hatte ca. 2400 Mitarbeiter, ca. 30 Gewerke und die umfangreichsten Fundi in Deutschland.

Die DEFA entwickelte eine im In- und Ausland stark beachtete → Dokumentarfilm-Produktion: von 1946 bis 1952 in den Abteilungen Wochenschau, Kurzfilm und in den Außenstellen Sachsen und Sachsen-Anhalt, von 1952 bis 1968 in den DEFA-Studios für Wochenschau und Dokumentarfilme, Berlin, sowie für populärwissenschaftliche Filme in Potsdam-Babelsberg, 1969 wurden beide zum Studio für Kurzfilme mit den Betriebsteilen Berlin, Babelsberg, Kleinmachnow zusammengelegt. Ab 1975 hieß es DEFA-Studio für Dokumentarfilme. Vor allem die erste Generation der Dokumentaristen setzte sich vornehmlich mit dem Faschismus und der Haltung beider deutscher Staaten zur Vergangenheit auseinander. Die jüngere Generation interessierte fast ausschließlich die kritische Auseinandersetzung mit dem Alltag in ihrem Land, die den Dokumentarfilm ab den 70er Jahren bestimmte. Zu den bekanntesten Dokumentarfilmern gehören: Annelie und Andrew Thorndike (*Du und mancher Kamerad*, 1956; *Unternehmen Teutonenschwert*, 1958; *Das russische Wunder*, 1963, 2 Teile), Karl Gass (*Schaut auf diese* Stadt, 1962; *Feierabend*, 1964; *Asse*, 1966; *Zwei Tage im August*, 1982), das Studio H & S von Walter Heynowski und Gerhard Scheumann (*Der lachende Mann*, 1966; *Piloten im Pyjama*, 1968, 4 Teile), Gitta Nickel (*Heuwetter*, 1972), Jürgen Böttcher (*Wäscherinnen*, 1973; *Martha*, 1978; *Rangierer*, 1982), Roland Steiner (*Jugendwerkhof*, 1982), Winfried Junge (*Wenn ich erst zur Schule geh*, 1961, Beginn einer bis in die Gegenwart geführten Langzeitbeobachtung der Kinder von Golzow), Volker Koepp (*Mädchen in Wittstock*, 1975, über die in der Folgezeit weitere Filme entstanden), Helke Misselwitz (*Winter ade*, 1988), Eduard Schreiber (*Östliche Landschaft*, 1991). Außerdem entstanden ca. 2000 Ausgaben der Wochenschau *Der Augenzeuge*, diverse Periodika wie Pionier, Sport- und Kulturmonatsschauen, die Armeefilmschau, *Treffpunkt Kino*, *DEFA-Kinobox*, Filme für Betriebe, Behörden und für die Auslandsinformation, insgesamt ca. 10 000 Titel.

Nach der Wende wurden die Mitarbeiter aller Studios etappenweise entlassen, die DEFA durch die Treuhand privatisiert. Am 10. 12. 1992 wurde der Kaufvertrag für das DEFA-Studio für Spielfilme mit der französischen Firma CGE rechtskräftig. Der »Abschiedsfilm« der DEFA war *Letztes aus der DADAER* (1991) von Jörg Foth, der letzte Film mit dem DEFA-Signet *Novalis – die blaue Blume* (1993) von Herwig Kipping. 1993 wurde die Firma im Handelsregister gelöscht. Der 1999 gegründeten DEFA-Stiftung wurden von der BRD die Rechte am DEFA-Filmstock übertragen (800 Spielfilme, 300 Kurzspielfilme, 6000 Dokumentarfilme und Wochenschauen, 700 Animationsfilme, über 6000 Synchronisationen ausländischer Titel). Aufgabe der Stiftung ist es, DEFA-Filme als Teil des nationalen Kulturerbes zu erhalten und nutzbar zu machen.

Christiane Mückenberger

Literatur: Wolfgang Gersch: Film in der DDR. In: Wolfgang Jacobsen / Anton Kaes / Hans Helmut Prinzler (Hrsg.): Geschichte des deutschen Films. Stuttgart/Weimar 1993. – Thomas Heimann: DEFA, Künstler und SED-Kulturpolitik. Berlin 1994. – Christiane Mückenberger / Günter Jordan: »Sie sehen selbst, Sie hören selbst ...« Eine Geschichte der DEFA von ihren Anfängen bis 1949. Marburg 1994. – Christiane Mückenberger in: Ralf Schenk: Das zweite Leben der Filmstadt Babelsberg. DEFA-Spielfilme 1946–1992. Berlin 1994. – Heinz Kersten: So viele Träume. DEFA-Film-Kritiken aus 3 Jahrzehnten. Berlin 1996. – Günter Jordan / Ralf Schenk: Schwarzweiß und Farbe. DEFA-Dokumentarfilme 1946–1992. Berlin 1996. – Frank-Burkhard Habel: Das Lexikon der DEFA-Spielfilme. Berlin 2000.

Detektivfilm. Eines der wichtigeren Subgenres des → Kriminalfilms, das bestimmt wird durch rätselhafte Situationen zu Beginn, die nach und nach geklärt werden, und durch seinen spezifischen Point of View (wie die anderen Subgenres: → Gangster-, → Gerichts- und → Polizeifilm, → Thriller und → Spionagefilm). Die Aufdeckung, nicht die Durchführung eines Verbrechens steht im

Mittelpunkt. Nur gelingt es gerade in den besseren Filmen kaum noch, Licht ins Dunkel des Geschehens zu bringen und das Chaos zu ordnen. Undurchsichtige Verhältnisse dominieren.

Durch ein Verbrechen, einen Einbruch, eine Entführung, einen Mord, kommt alles in Gang. Ein(e) Auftraggeber(in) taucht auf, bittet den Detektiv um Hilfe und schickt ihn damit in eine völlig fremde, oft labyrinthische Welt, die nur auf den ersten Blick überschaubar zu sein scheint, sich dann aber im Laufe der Ermittlungen als verwirrend und undurchdringlich entpuppt.

Als erste Detektivfilme gelten die abenteuerlichen Geschichten um Sherlock Holmes, *The Adventures of Sherlock Holmes* (1905, R: James Stuart Blackton) und *Sherlock Holmes and the Great Murder Mystery* (1908), eine Serie, die ihre ersten Höhepunkte in *Sherlock Holmes* von 1916 (R: Arthur Berthelet) und 1922 fand (mit John Barrymore in der Titelrolle, Sam Goldwyn als Produzent und Albert Parker als Regisseur). In den frühen 30er Jahren entstand die interessanteste Serie um Sherlock Holmes mit Basil Rathbone in der Titelrolle: *Der Hund von Baskerville* (1939, R: Sidney Lanfield) und *Die Abenteuer des Sherlock Holmes* (1939, R: Alfred Werker).

Auch in Deutschland begann es mit Detektivfilmen um Sherlock Holmes, in den frühen 10er Jahren inszeniert von Rudolf Meinert und Richard Oswald, Joe May setzte hier mit seinen Filmen um Stuart Webbs und Joe Deebs fort. Es ging um spielerische Phantasien, um mysteriöse Geschehnisse und einen klugen, kultivierten Mann im Zentrum, der den Geheimnissen auf den Grund zu gehen sucht. Diesen frühen Detektiven war das Verbrechen Verlockung und Provokation zugleich, lustvolle Gefährdung und Herausforderung. Es bot für sie die Gelegenheit, sich der eigenen Fähigkeiten zu versichern – aus kleinen, eher nebensächlichen Details weitreichende Schlussfolgerungen zu ziehen. Nach Heide Schlüpmann machte der Detektivfilm 1914 eine »Wandlung« durch: »Von zeitgenössischen Beobachtern wird sie lobend als Wechsel vom sensationsgeladenen, mit groben Effekten arbeitenden Streifen zu Filmen beschrieben, die Psychologie und Logik aufweisen.« Für Joe Mays ersten Webbs-Film *Die geheimnisvolle Villa* (1914) wird mit dem Hinweis auf »strengste Logik« geworben: »Nur wirklich mögliche Sensationen!«, »Psychologischer Aufbau!«, »Höchstes Interesse bis zum Schluss!«.

Thomas Elsaesser hat zu Joe Mays zweitem Webbs-Film *Der Mann im Keller* (1914) nachgewiesen, dass darin die »Handlung aus einem Netz komplizierter Bezüge und Querverbindungen zwischen mehreren Personen« entwickelt wird – im Gegensatz zu den eher auf Sensationen, auf »Schauplatz- und Sensationswechsel« beruhenden Detektivfilmen zuvor (Elsaesser nennt als Gegenbeispiel Max Macks *Wo ist Coletti?* von 1913).

Artisten der Beobachtung und der Phantasie sind die frühen Detektive, elegant in der Erscheinung, aristokratisch im Verhalten. In ihren Versuchen, das Rätselhafte zu erhellen und zu lösen, zeigt sich oft eine Sturheit, die schon an Besessenheit grenzt. Meistens achten diese Detektive auf Distanz zu den Irrungen und Wirrungen um sie herum. Werden sie persönlich hineingezogen in die undurchsichtigen Geschehnisse, wie der junge Geistliche in Wilhelm Dieterles *Das Geheimnis des Abbé X* (1927), der das spurlose Verschwinden seines Bruders aufzuklären sucht und sich dabei in dessen Frau verliebt, kommt Melodramatisches mit ins Spiel.

Der Detektiv als Hüter der Welt, als einer, der suchend herumkommt und seine Spur hinterlässt, die einiges im Dunkeln erhellt, einige Böse läutert, einige Undurchsichtigkeiten klärt. Béla Balázs bezeichnete 1923/24 den Detektiv als Bedeutungsträger der »Romantik des Kapitalismus«, als den »unerschrockenen Beschützer des Privategentums«. Siegfried Kracauer sah 1947 demgegenüber im Detektiv »den Typus des auf eigene Faust arbeitenden ›Spähers‹ und ›Auskundschafters‹, der der Vernunft zum Sieg über die Anschläge irrationaler Gewalten und menschlicher Anständigkeit zum Triumph über düstere Triebe verhilft; als solcher ist er der vorgeprägte Held einer Zivilisation, die an die Segnungen der Aufklärung und persönlichen Freiheit glaubt«. 1950 erklärte Raymond Chandler, der Detektiv müsse »der beste Mensch auf der Welt sein und ein Mensch, der gut genug ist für jede Welt«. Er müsse »ein relativ armer Mann« sein, »ein einfacher Mann, sonst könnte er nicht mit einfachen Menschen umgehen. Er hat Sinn für Charakter, sonst verstünde er nichts von seinem Beruf«. Er rede, »wie ein Mann seines Alters redet – das heißt, mit rauem Witz, mit lebhaftem Sinn fürs Groteske, mit Abscheu vor Heuchelei und Verachtung für alles Kleinliche«. Hartmut Bitomsky beschrieb 1972 den Detektiv als zutiefst filmische Figur: »Der Film braucht Leute, die in der Welt herumkommen, weil er immer zeigen muss, wie es in der Welt aussieht, was es zu sehen gibt. Der Detektiv, der seine Umwelt durchforscht und allen Dingen, auch den geringsten noch, seine volle Aufmerksamkeit widmet, gleicht dem Zuschauer, dessen Blicke über die Leinwand spüren. Im Detektivfilm kann man dabei zuschauen, wie sich Dinge in die Story eingraben und wie man erst mit Hilfe der Story die Üppigkeit der Dinge wieder findet.«

Nur in wenigen Detektivfilmen gelingt es den Helden (am ehesten noch den »armchair detectives« in der Sherlock-Holmes-Tradition), die ihnen gestellten Rätsel zu lösen, die geheimnisvollen Ereignisse zu entwirren, auch wenn am Ende nicht alles wirklich klar und eindeutig wird. Häufig bleibt doch ein gewisser Rest, der Unbehagen oder Irritation oder auch Zweifel weiter wirken lässt. Diese »armchair detectives« sind die Eleganten der Branche, die die neueste Mode tragen und mehrfach am Tag ihre Kleidung wechseln. Sie sind forsch und zielsicher. Und wenn sie sich durch die Welt bewegen, schreiten sie. Clive Brook und Basil Rathbone als Sherlock Holmes; William Powell als Philo Vance; Warner Oland und Sidney Toler als Charlie Chan; Margaret Rutherford als Miss Marple; Albert Finney und Peter Ustinov als Hercule Poirot.

In den 30er Jahren führten dann einige Comic-Detektive, der bekannteste ist wohl Dick Tracy, auch im Kino ihre Kriege gegen übermächtige Verbrecherbanden, die mit List und Gewalt am Ende überführt, überwältigt und besiegt werden, in *Dick Tracy* (1935, R: Ray Taylor), *Dick Tracy's G-men* (1938, R: William Witney) oder *Dick Tracy vs. Crime, Inc.* (1941, R: John English). Das wichtigste Charakteristikum dabei: der Kampf gegen Organisationen, die die Ordnung der USA gefährden und deshalb ohne Rücksichten zu vernichten sind, mit artistischem Geschick und aggressiven Aktionen (→ Comicverfilmung). In der Bereitschaft zur Gewalt wird Dick Tracy später allein von Mike Hammer übertroffen, der auf alle modernistischen und liberalen Verbrämungen seines Gewerbes pfeift und nach den Gesetzen des Wilden Westens agiert, wonach nur der, der zuerst zieht, länger lebt – in *Der Richter bin ich* (1953, R: Harry Essex), *Rattennest* (1955, R: Robert Aldrich) oder *Der Killer wird gekillt* (1963, R: Roy Rowland). Als lizenzierter Killer galt er danach, als oberster Hüter der öffentlichen Moral von eigenen Gnaden und auch als atavistischer Rächer. Hammer funktioniert nach immer demselben Muster: An einem bestimmten Punkt der Geschichte macht er jeden Fall zu seiner persönlichen Angelegenheit – und versteht sich selbst danach als Richter und Henker zugleich. Im Inferno der Großstadt vertraut er nicht länger seinem Mut und seiner List allein, sondern vor allem der Durchschlagskraft seiner großkalibrigen Waffen. Hammer schießt auf alles, was sich ihm in den Weg stellt. So, als seien seine Kugeln in der Lage, nicht nur seine Gegner zu beseitigen, sondern auch ihre ideologische Haltung.

In den meisten Detektivfilmen gerät der Held aber in ein Durcheinander aus bösen Intrigen und falschen Gefühlen, aus dem heraus er keinen Ausweg mehr findet oder wenn doch, dann körperlich zerschunden und innerlich zutiefst verletzt. Ab einem bestimmten Punkt begreift da der Detektiv, dass er noch nicht einmal versteht, worum es eigentlich geht. Humphrey Bogart gestattete sich in seiner Arbeit bei John Huston (*Die Spur des Falken*, 1941) keinerlei Gefühle,

Tote schlafen fest (1946, R: Howard Hawks): Lauren Bacall und Humphrey Bogart

Eine Ursituation im Metier des »private eye«, des Privatdetektivs amerikanischen Zuschnitts: der argwöhnische Blick aus dem Fenster, weil das Unheil naht, den Revolver in der Hand, falls es zum Letzten kommen sollte, die Frau, die er beschützt, hinter sich. Der durch Geld nicht anfechtbare Detektiv geht durch eine kaum berechenbare und zudem korrupte Welt – ein »Loner«, ohne Freunde. Schließlich gewinnt er dennoch die Liebe einer schönen Gefährtin, die am Anfang noch undurchsichtig ist, gar mit dem Gegner paktieren könnte. Er, der grimmige, sarkastische, desillusionierte Held kennt nur eine Welt der grauen Zwischenstufen, weder strahlendes Weiß, noch tiefes Schwarz. Dämmerung, Düsternis, Halbschatten bestimmen die Atmosphäre, in der er umherstreunt. Ein Held einer kapitalistisch regierten Sphäre, der vor der Gier des Habenwollens gefeit zu sein scheint, einer der letzten Gerechten.

aus Angst davor, am Ende nur als der Dumme dazustehen, und bei Howard Hawks (*Tote schlafen fest*, 1946) suchte er nur jeden gegen jeden auszuspielen. Für die Detektive der 40er und 50er Jahre ist Misstrauen die wichtigste Voraussetzung ihres Jobs, Gleichgültigkeit gegenüber Macht und Geld die notwendigste, Vorsicht vor Mitgefühl und Liebe die klügste. Jeder kämpft gegen jeden. Und nur wer darum weiß und es beachtet, hat zumindest eine kleine Chance zu überleben. Für Bogarts »private eyes« sind Härte und Ruppigkeit integrale Bestandteile ihrer Arbeit, Eigennutz und Zynismus wichtige Bausteine ihres persönlichen Panzers. Mit Bogart ist zugleich eine Kino-Ikone entworfen: die des harten Burschen mit undurchsichtiger Vergangenheit, der immer ein aggressives Wort auf den Lippen hat oder einen zynischen Spruch, Trenchcoat überm Arm, Pistole im Gürtel und Borsalino auf dem Kopf, oft eine Zigarette in der linken, einen Whiskey in der rechten Hand.

Dieser »private eye« ist das extreme Gegenteil des »armchair detective«; er definiert sich nicht durch den Sinn für Analyse und Logik, sondern durch den Mut zur schnellen Tat. In der Verkörperung durch Bogart wirkt er wie ein Spiegel der Welt, der überdeutlich zeigt, wie wenig ein Wort noch zählt, wie falsch die Moral ist, wie überaltert das Recht. Bogart variiert den Mythos des Sisyphos im existentialistischen Sinne, er weiß genau, er mag sich noch so anstrengen, am Ende wird er dennoch verlieren. Erfolg heißt für ihn, mitten im Chaos eine eigene Linie zu ziehen, die ihre Kontur behält gegenüber den ungestümen Interessen seiner Gegner. »Der Detektiv des Film noir kommt immer zu spät. Er ist kein Retter. Er hat die Schlüssel, die Misere der Menschen aufzudecken, aber nicht die, das Gefängnis aufzuschließen, in dem sie stecken.« (Böhringer.)

Diese sarkastischen Detektive sind die Pragmatischen der Branche. Sie tragen keine modischen Anzüge, achten aber doch auf einen gewissen Chic. Sie sind selbstbewusst und selbstbezogen. Und wenn sie sich durch die Welt bewegen, stolzieren sie: Preston Foster als namenloser Detektiv in Charles Vidors *Muss 'em up* (1936) und als William Crane in Christy Cabannes *The Westland Case* (1937); Van Heflin in Sylvan Simons *Grand Central Murder* (1942); Jack Nicholson als J. J. Gittes in Roman Polanskis *Chinatown* (1974) und *Die Spur führt zurück – The Two Jakes* (1990), bei dem er selbst Regie führte; M. Emmet Walsh als Visser in Joel Coens *Blood Simple* (1984).

Ihre Nachfolger sind die zynischen »hardboiled detectives«, die jeden Tag erst einmal klären müssen, wovon sie ihr nächstes Essen bezahlen. Also erlauben sie sich keinen allzu wählerischen Geschmack gegenüber ihren Auftraggebern. Ohne Zögern verkaufen sie ihre Arbeitskraft an den Erstbesten und wühlen im Schmutz anderer Leute. Gelegentlich akzeptieren sie sogar Gangster als Partner; jedenfalls, solange der Preis stimmt und ihnen keiner dabei zu nahe tritt. Sie sind Brüder des Götterboten Hermes, die sich dem Krieg der Menschen stellen. Wobei ihre zur Schau getragene Härte nur die eine Seite ist, hinter der sie sich Anteilnahme und Rührung bewahrt haben, dabei aber wissen, wie wenig Gefühl in einer Welt voller Korruption, zwielichtiger Interessen und offener Gewalt noch zählt.

Jenseits von Bogart gibt es diesen »hardboiled detective« (auch als Marlowe) in vielen Facetten: zunächst melancholisch mit Dick Powell in Edward Dmytryks *Mord, mein Liebling* (1945); dann manieriert mit Robert Montgomery in *Die Dame im See* (1948), später schwermütig mit James Garner in Paul Bogarts *Der Dritte im Hinterhalt* (1970), hippiehaft mit Elliott Gould in Robert Altmans *Der Tod kennt keine Wiederkehr* (1973) und nostalgisch mit Robert Mitchum in Dick Richards *Fahr zur Hölle, Liebling* (1975). In *Mord, mein Liebling* darf er einmal sein Credo formulieren: Wenn er immer wüsste, was er meine, wäre er ein Genie.

Marlowe und seine Nachfolger sind die Schäbigen der Branche. Sie tragen ihre alten Anzüge eine ganze Woche, von Bügelfalten können sie nur träumen. Sie sind mal tatkräftiger, mal schwermütiger, mal ironischer. Und wenn sie sich durch die Welt bewegen, torkeln sie: Walter Matthau in Edward Dmytryks *Die 27. Etage* (1965), Paul Newman in Jack Smights *Ein Fall für Harper* (1965), George Segal in Smights *Bizarre Morde* (1967), Frank Sinatra in Gordon Douglas' *Der Schnüffler* (1967) und *Die Lady in Zement* (1968), Kirk Douglas in David Lowell Richs *Der schnellste Weg zum Jenseits* (1967), George Peppard in John Guillermins *Der Gnadenlose* (1968), Donald Sutherland in Alan J. Pakulas *Klute* (1971), Burt Reynolds in Buzz Kuliks *Der Spürhund* (1972), Gene Hackman in Arthur Penns *Die heiße Spur* (1975). In *Farewell My Lovely* wird Marlowe verprügelt, unter Drogen gesetzt und zum Narren gehalten. Ohne zu wissen, wie alles zusammenpasst, tappt er am Ende in des Rätsels Lösung wie eine Maus in die Falle. In Stuart Rosenbergs *Unter Wasser stirbt man nicht* (1975) wird Harper vorgeworfen, ihm fehle das Talent zu kapitulieren. Vielleicht ist dies das Konstituens des Genres: Auch wenn diese »hardboiled detectives« von Niederlage zu Niederlage stolpern, auch wenn sie das Wirrwarr im Interesse ihrer Gegner nicht durchblicken, sie finden kein Ende, wenn sie einmal richtig angefangen haben, sondern bleiben an ihren »lausigen Fällen«, einfach so. Ein metaphorisches Bild dazu am Ende in Penns *Die heiße Spur*: Da liegt Gene Hackman als Moseby zusammengeschossen und unfähig, sich zu bewegen, in einem Motorboot, das sich auf offener See nur noch im Kreise dreht. Temps perdu.

Norbert Grob

Literatur: Siegfried Kracauer: Theorie des Films. Die Errettung der äußeren Wirklichkeit. Frankfurt a. M. 1964. [Amerikan. Orig. 1960.] – William K. Everson: The Detective in Film. Secaucus 1972. – Béla Balázs: Der Geist des Films. München 1972.

[Einl.: Hartmut Bitomsky: Der Abstand des Lesers zum Text und der Abstand des Textes zum Film.] – Jon Tuska: The Detective in Hollywood. Garden City 1978. – Michael R. Pitts: Famous Movie Detectives. Metuchen 1979. – Hans-Michael Bock / Claudia Lenssen (Hrsg.): Joe May. Regisseur und Produzent. München 1991. – Hannes Böhringer: Auf dem Rücken Amerikas. Eine Mythologie der neuen Welt im Western und Gangsterfilm. Berlin 1998. – Georg Seeßlen: Mord im Kino. Überarb. und aktualis. Neuausg. Marburg 1998. – David Thomson: *The Big Sleep*. Berlin 2000.

Dialog. Dialoge, also Gespräche zwischen zwei oder mehr Personen finden sich schon im frühen Stummfilm, nur werden sie dort im Drehbuch lakonisch angemerkt oder in indirekter Rede wiedergegeben und bei der Filmaufnahme improvisiert. Es ist keineswegs so, dass Sprache ganz vermieden oder wie bei der stummen Pantomime komplett in körperlichen Gestus übertragen worden sei. Man spricht im stummen Film, oft verstehen die Zuschauer auch ohne die Hilfe der Zwischentitel, worum es geht, und können das Sprachverhalten unabgelenkt studieren, z. B. in den Vorkriegsfilmen von Asta Nielsen, die auffällig lange Gesprächsszenen in ›Echtzeit‹ und ohne Schnitt durchfilmen ließ: etwa Verführungsszenen in *Das Mädchen ohne Vaterland* (1912), die ihre innere Spannung entwickeln.

Wie Theaterdialoge haben Filmdialoge verschiedene Funktionen:

1) Sie dienen primär der Unterrichtung der Zuschauer über Ort, Zeit, soziale Verhältnisse und nicht nur der Verständigung unter den Rollenfiguren. Fast bis zur Grenze der Parodie können schlecht geschriebene Dialoge ihren Informationsauftrag übererfüllen. (A: Hier bin ich, deine fünfzigjährige Mutter. – B: Wie kannst du, seit drei Jahren reiche Witwe, mir als deinem einzigen Kind das Unrecht antun, dein Geld für das eigene Wohlleben auszugeben, während ich vor dir aus Schwäche zusammenbreche?)

2) Dialoge dienen der Charakterisierung der Figuren – durch ihre Sprechweise, die z. B. zögernd, auffällig mitteilsam oder gleichmütig plaudernd sein kann, durch ihre Haltung in Tonfall und Lautstärke, die ironisch abschätzig anderen Figuren gegenüber, pathetisch, sachlich oder angriffslustig ausfallen mag, durch die Wahl ihrer Sprechakte, z. B. den Gebrauch versteckter Befehle. Unverzichtbar scheint bei sorgfältig erzählten Filmen, dass die Personen über eine eigene, unter Umständen gender-/geschlechtsgeformte Sprache verfügen, die vielleicht auch noch verrät, woher sie kommen: aus welcher Sprachlandschaft (Dialekt), welchen Bildungsgrad sie vertreten, welcher Generation sie angehören, welchen Beruf sie ausüben.

3) Dialoge hängen von der jeweiligen (Standard-)Situation (→ Dramaturgie) ab: Zwei Personen, die z. B. einander im Speisewagen der Eisenbahn gegenüber sitzen, werden gelassener, offener, fließender miteinander sprechen als in der Lage höchster Not, wenn sie am abschüssigen Felsen hängen und allenfalls Rettungsrufe ausstoßen. Die Menge der Sätze, der Schwierigkeitsgrad des Satzbaus, die Wahl der Wörter werden voneinander abstechen. Standardsituationen haben ihre eigene Rhetorik: In Liebesszenen wird anders gesprochen als beim Abschied oder beim Duell.

4) Dialoge verdeutlichen Nähe oder Gegensatz zwischen Figuren, Freundschaft oder Feindschaft, Übereinstimmung oder Rivalität, auch, besonders spannend, Annäherung oder Entfremdung, also den Wechsel der Distanz. Ein Gespräch unter Freundinnen wird sich durch mehr Intimität und Vertraulichkeit auszeichnen als ein Gespräch zwischen Fremden im Bus oder Geschäftsleuten nach dem Abschluss.

5) Dialoge befördern im günstigen Fall die Handlung und halten sie nicht auf. Sokratische Dialoge, die der offenen Erörterung von Problemen dienen, finden sich im Film selten.

Einige übliche Typen des Gesprächs seien besonders hervorgehoben:

1) Dialoge geben äußerlich vor, unbestimmt und ungerichtet zu sein (Gesellschaftspalaver, Smalltalk), verfolgen jedoch unter Umständen versteckt bestimmte Ziele: *(scheinbar)* freischweifender Dialog.

2) Dialoge können zum Handeln auffordern: Das Gespräch will ein bestimmtes Tun oder Lassen auslösen (etwa bei Konfrontation von Widersachern oder Notsituationen) und begrenzt sich dadurch auf einen kurzen, oft heftigen Austausch von Befehlen, Bitten, Ermahnungen usw.

3) Dialoge können das Motiv einer Tat oder verborgenes Wissen aufdecken, z. B. in einer für den Kriminalfilm typischen Standardsituation, der Enthüllungsszene: investigativer oder analytischer Dialog. Sie dienen der oft zögernden Erklärung der geheimen, verletzbaren, wahren Gefühle: Selbstdarstellung durch Selbstoffenbarung. Sie geben Vergangenheit preis, um zu begründen, weshalb man jetzt so oder so urteilt, sich so oder so verhält.

4) Dialoge können eine Figur umstimmen oder zu einem anderen Verhalten bringen durch Überzeugung, Versprechen (bei einer Verführung etwa) oder Zwangsandrohung: umstimmender oder nötigender Dialog. Sie dienen auch dem streitbaren Widerspruch gegen Auffassungen, Handlungsregeln, die ›Philosophie‹ eines oder einer anderen.

Tendenziell sollte in einem Film nicht mehr gesprochen werden als nötig, gerade so viel, dass Figuren deutlich und Konflikte begreiflich werden. Schweigen, Verstummen, ›beredte‹ Blicke oder andere mimische und gestische Zeichen können die Rede ersparen. Verbreitet ist die Technik, durch gesprochene Hinweise den Szenenwechsel vorzubereiten (z. B. »Sie ist zurück ins Hotel gefahren.« Schnitt: Hotelfassade, ein Auto fährt vor).

Natürlich sind kulturelle Muster zu unterscheiden: Die wortgrüblerischen Dialoge und Monologe in den Filmen Ingmar Bergmans entsprechen einer anderen, einer sprachskeptischen Tradition (z. B. in *Persona*, wo die eine Hauptfigur konsequent schweigt, während die andere plappert – bis zu den Momenten, in denen sie eine Antwort erpressen will) als die leichtflüssige und schnelle Redeweise in der Commedia all'italiana. In der amerikanischen Komödie spielen die »One-Liner« eine Rolle, sehr kurze, oft sarkastische Kommentare von provozierender Zuspitzung (von W. C. Fields bis zu Woody Allen), eine bewährte Bühnenpraxis. Eine weitere Theatertradition erlaubt dem Komödienspiel eng verfugte oder überlappende Redewechsel. In der amerikanischen Screwball Comedy der 30er Jahre haben Regisseure wie Howard Hawks oder Frank Capra Rede und Gegenrede zu solchem Tempo gesteigert, dass sie sich ineinander schieben – also nicht bis zu Ende angehört werden.

Im französischen Kino wird vergleichsweise viel und lustvoll gesprochen. Die Filme z. B. Eric Rohmers dokumentieren, vermutlich in der Tradition der entlarvenden Gesellschaftskomödien des Aufklärers Marivaux, wiederholt eine Rhetorik des Selbstbetrugs und des oberflächlichen Geschwätzes, oft am Beispiel jüngerer Protagonisten. Rohmers Dialoge zeigen auch Widersprüche zwischen Reden und Handeln auf, so dass man zu doppelter Aufmerksamkeit gezwungen ist: genau hinzuhören und hinzusehen. Bei einigen Figuren ist nicht zu verkennen, dass der Motor ihrer schier endlosen Gesprächsbereitschaft der Drang ist, jenseits der konventionellen Phrasen die Wahrheit zu finden.

Bisweilen werden die während des Drehs aufgenommenen Dialoge mittels späterer Synchronisation durch andere oder präzisierte Redeteile ersetzt, zumal wenn man (die von Taubstummen ablesbaren) Lippenbewegungen der Schauspieler nicht allzu deutlich sieht. Ausgerechnet der italienische Neorealismus pflegte O-Töne durch nachsynchronisierte Dialoge zu ersetzen. In Italien blieb diese Praxis lange Zeit erhalten. Einige Regisseure wie Federico Fellini wahrten bisweilen – wie zur Stummfilmzeit – während des Spiels durch Zurufe ständig Kontakt mit den Akteuren, die ihre ›Rede‹ dann improvisierten – oder einfach nur Zahlen artikulierten.

Thomas Koebner

Literatur: Gerhard Bauer: Zur Poetik des Dialogs. Leistung und Formen der Gesprächsführung in der neueren deutschen Literatur. Darmstadt 1977. – Jean-Claude Carrière / Pascal Bonitzer: Praxis des Drehbuchschreibens. Jean-Claude Carrière: Über das Geschichtenerzählen. Berlin 1999. [Frz. Orig. 1990/93.] – Sabine Jarothe: Die Kunst des Drehbuchschreibens. Eine internationale Bibliographie der Literatur zum Drehbuchschreiben. München 1991. – Syd Field: Drehbuchschreiben für Fernsehen und Film. Ein Handbuch für Ausbildung und Praxis. Leipzig 1994. – David Howard: Drehbuchhandwerk. Techniken und Grundlagen mit Analysen erfolgreicher Filme. Köln 1996.

Digitale Ästhetik. Das fotografische Bild, in der Verbindung von Chemie und Mechanik noch der Tradition des 19. Jahrhunderts verhaftet, könnte schon in absehbarer Zeit ganz durch das digitale Bild verdrängt werden. Diesen Schluss jedenfalls erlauben jüngste Entwicklungen im Breich der digitalen Videotechnik. Anders als bei der analogen Bildproduktion wird beim digitalen Bild die Bildinformation in binäre Zahlencodes, so genannte Bits, transformiert. Die Digitalisierung erlaubt das gespeicherte Bild durch Rechenoperationen am Computer bis in jeden einzelnen Punkt (Pixel) des elektronischen Bildrasters hinein zu verändern. Das hat Konsequenzen, die den ontologischen Status des Bildes selbst betreffen. Im Unterschied zu Fotografie und Film ist beim numerischen Bild die Analogie zwischen Repräsentation und repräsentiertem Gegenstand (Referent) aufgehoben. »Das synthetische Bild repräsentiert nicht das Reale, es simuliert es«; es gibt keinen fotochemischen Abdruck einer realen Sache, sondern erzeugt eine Art »logisch-mathematisches Modell« (Couchot). Begriffe wie Unikat oder Original verlieren hierüber ihren Sinn, da die digitalen Informationsdaten unendlich reproduzierbar und variierbar sind. So rasant die Entwicklung derzeit auch verläuft, es gibt Beispiele für den computergenerierten Film in den USA bereits seit den frühen 60er Jahren. Er ist mit Namen wie Stan Van Der Beek, Kenneth Knowlton und vor allem John Whitney sen. verbunden. Dieser Experimentalfilmer (→ Avantgardefilm) trat mit Kurzfilmen wie *Catalog* (1962) oder *Permutations* (1967) hervor, wobei er sich des Analog- wie des Digitalcomputers bediente, um seine kybernetischen Filmexperimente zu realisieren.

Anfang der 80er Jahre fanden die Begriffe »Digitale Kunst« und »Digitale Bilder« im Zuge von Ausstellungen wie der Electra 1983/84 in Paris und der Ars electronica 1984 in Linz erstmals Resonanz auf breiter künstlerischer Basis. Zeitgleich entdeckte der kommerzielle Spielfilm die Möglichkeiten des Dynamic Computer Generated Animation Imaging zur Erzeugung von Spezialeffekten vorzugsweise im Genre des → Science-Fiction-Films. Beispiele für solche Produktionsweisen liefern (in begrenztem Umfang) Filme wie *Tron*, *Blade Runner* oder *Star Trek II – Der Zorn des Khan*. Zu Beginn der 90er Jahre revolutionierte Hollywood-Regisseur George Lucas mit seinem Trickstudio ILM – Industrial Light and Magic die Filmproduktion. Dort war man mit der Computerfirma Silicon Graphics in Kontakt getreten, deren hochleistungsfähiger Grafic-Computer-Onyx bei ILM zur tricktechnischen Bearbeitung von Filmsequenzen eingesetzt wurde. Als einer der Ersten nutzte Regisseur James Cameron die Möglichkeiten von ILM für eine Tricksequenz in seinem Film *Abyss* (1989). In *Terminator 2* (1991) setzte Cameron die Technik zur Realisierung der Figur des zu Metall zerlaufenden, bösen Terminators ein (→ Computeranimation).

Vorherrschender Trend im kommerziellen Hollywood-Film ist der Einsatz hochleistungsfähiger Rechner zur Erzeugung visueller Scheinwelten als realitätsnahe Simulation. Die neue Technik schreibt dabei die Illusionsstrategien des → Hollywoodkinos im Zeitalter der digitalen Bilder fort. Vorläufiger Höhepunkt dieser Entwicklung ist der Film *Final Fantasy* (2001), dessen vollständig computergenerierte Bilder als fotorealistische, lebensechte Darstellung angelegt sind.

Im Gegensatz dazu sieht der Experimentalfilmer und Medientheoretiker Peter Weibel das Kennzeichen einer neuen »Techno-Ästhetik« in der künstlerischen Arbeit mit dem »befreiten Bild«. Im Zuge digitaler Bildproduktion kristallisieren sich inzwischen neue Formen mit veränderten Bildstrukturen heraus, die auf eine grundsätzliche Transformation der Codes visuellen

Darstellens und Erzählens hindeuten. Für Weibel ist die Aufhebung räumlicher und zeitlicher Konstanten zentrales Charakteristikum digitaler Ästhetik. Darin geht sie jedoch noch nicht über den Status quo des in der bildenden Kunst seit den 20er Jahren Erreichten hinaus. Ähnlich wie der Kubismus, der mit der Tradition des zentralperspektivisch organisierten Bildraumes der klassischen Malerei brach und dem Betrachter jeden festen Standpunkt der Wahrnehmung entzog, tritt der Betrachter nun einem digitalen Informationsraum gegenüber, der aus einer Vielzahl von Raumschichten und einer Überlagerung und mehrfachen Schichtung dieser Bildebenen bestehen kann. Die Simultaneität disparater Raumschichten löst auch hier traditionelle visuelle und narrative Wahrnehmungsschemata auf. Tiefenwirkung und Raumillusion gehen ebenso verloren wie linear-sukzessive Handlungsverläufe. Im Bereich des Erzählkinos hat Peter Greenaway mit *Prosperos Bücher* (1991) mittels moderner Videotechnik (Paintbox) und HDTV die Möglichkeiten digitaler Bildproduktion erprobt. Allerdings musste für die Rezeption im Kino das elektronische Bildmaterial mit Hilfe aufwendiger Transferverfahren (Laser-Beam-Recording) auf Celluloid übertragen werden. Das grundlegend Neue der digitalen Bilder erscheint jedoch erst in der Möglichkeit zur Arbeit mit ›unbegrenzten‹, interaktiven Bildern, wie sie die aktuelle Computerkunst umzusetzen sucht. Der traditionelle Bildkader erscheint nun als Bildfenster, in dem sich virtuelle, computergenerierte Bilder aktualisieren, die der Zuschauer selbst abrufen kann. Zwar bewegt sich der Zuschauer hierbei auf den virtuellen Pfaden, die im Computer abgespeichert vorliegen. Doch er hat die Möglichkeit zwischen verschiedenen Pfaden zu wählen oder die Daten neu miteinander zu kombinieren.

Gefordert ist nicht mehr die Rezeption als »interesselose Anschauung«, sondern als interaktives Spiel zwischen Bild und Betrachter. »Unbegrenzt« scheint die digitale Welt, weil die → Cadrage als bildkonstituierende Konstante, über die sich Bildinhalte zu einem quasi holistischen Sinngefüge zusammenschließen, verloren geht. Im immateriellen Datenraum wird alles verfügbar und Bewegungsabläufe sind unabhängig von physikalischen Gesetzen frei komponierbar.

Die Wirklichkeit als Maßstab wird verabschiedet und die Fiktionalisierung der natürlichen Wahrnehmungswelt forciert. Wo Cadrage und Montage bislang als sinnstiftende Instrumente fungierten, löscht die digitale Bildstruktur Kategorien wie Vorher/Nachher, On-Screen/Off-Screen in der unbegrenzten Informationsflut auf. In diesem Sinne bedeutet für Peter Weibel die digitale Ästhetik in der Medienkunst »eine Transformation, wenn nicht gar eine Transgression, eine Überschreibung und Überschreitung der klassischen Künste«.

Kerstin Eberhard

Literatur: Florian Rötzer (Hrsg.): Digitaler Schein. Ästhetik der elektronischen Medien. Frankfurt a. M. 1991. – Angelika Erhardt-Ferron / Philippe Held: Digitale Bildverarbeitung. Eine Einführung in Theorie und Praxis. Heidelberg 1999.

Digitalschnitt. Ende der 80er Jahre begannen mit spezieller Hard- und Software ausgerüstete Computer die etablierten Post-Production-Verfahren nachhaltig zu verändern. Bei der nonlinearen, computergestützten Schnitttechnik wird das gedrehte Material in Bild und Ton digitalisiert und im Computer auf Festplatten gespeichert, beim folgenden Digitalschnitt werden die ausgewählten Szenen nonlinear bearbeitet, d. h. es wird nur die Wiedergabereihenfolge der Bild- und Tondaten editiert (der in der Computersprache übliche Ausdruck für ›geschnitten‹, ›montiert‹), die eigentlichen Aufnahmen bleiben unverändert. Die so entstehenden Schnittfassungen können entweder online als sendefertiges Video ausgegeben werden, oder als reine → Timecode-Schnittliste offline als zeitliche Referenz beim Schnitt des Filmnegativs dienen.

Da beim Digitalschnitt kein lineares Produkt, wie etwa ein geschnittener/geklebter Filmstreifen oder ein Videoband, entsteht, kann die Schnittarbeit jederzeit an jeder Stelle verändert oder fortgesetzt werden; die Montagestruktur eines Films kann in jeder Bearbeitungsstufe überprüft und gegebenenfalls ohne technischen Aufwand (z. B. bleiben Bild und Ton automatisch synchron) modifiziert werden. Bei der Schnitt- und Trickbearbeitung bieten digitale Schnittsysteme gegenüber konventioneller Bearbeitung am Filmschneidetisch oder im Videostudio einige Vorteile. Sämtliches Material steht jederzeit ohne Rollen- oder Bandwechsel zur Verfügung, zeitaufwendiges Synchronisieren / Anlegen von Bild und Ton entfällt durch die Verwendung von Timecode. Jede Schnittvariante kann beliebig oft ausprobiert und auch nachträglich verändert werden, aus dem gleichen Material können problemlos (z. B. ohne weitere Kopierwerkskosten) verschiedene Schnittfassungen erstellt werden. Weitere Vorteile sind die Editierung nahezu beliebig vieler Bild- und Tonspuren gleichzeitig und die digitale Archivierung bereits abgeschlossener Projekte. Durch die computerorientierte Schnitttechnik verändern sich etablierte Berufs- und Tätigkeitsfelder in der Post-Production von Film und Video (→ digitale Ästhetik, → Computeranimation).

Christian Roggy

Direct Cinema. Direct Cinema, zuweilen auch »Uncontrolled Cinema« genannt, stellt wie sein französisches Pendant → Cinéma Vérité ein um 1960 neu entstandenes Paradigma des → Dokumentarfilms dar. Seine technische Basis hat es in der Entwicklung leichter, tragbarer 16-mm-Kameras in Verbindung mit neuen Synchronton-Aufnahmegeräten (besonders der Schweizer Nagra) sowie lichtempfindlicheren Filmmaterials für Innen- und Außenaufnahmen. Dadurch erschloss sich eine völlig neue Beweglichkeit der O-Ton-Dokumentarfilmpraxis, die eine zuvor unbekannte Unmittelbarkeit in der faktographischen filmischen Repräsentation von Wirklichkeit versprach. Im Unterschied zur bisherigen Praxis, in der ein nachträglicher auktorialer Voice-over-Kommentar die Bilder einer verbalen argumentativen Strategie und Rhetorik des Filmemachers unterwarf, schien nun die Wirklichkeit unverstellt, in Bild und Ton selbstredend und selbstevident zur Anschauung kommen zu können. Idealtypisch verbindet sich in der Vorstellung des Direct Cinema ein filmisches Konzept, das gegenständlich reale Personen in ungestellten, authentischen Situationen zeigt, wobei die Rolle des Filmemachers die eines Beobachters ist, der ohne vorgefasste Meinung und Drehplan an sein Projekt geht und die Ereignisse im Prozess ihrer Entfaltung mit Kamera und Mikrofon zu entdecken und einzufangen sucht. Er arbeitet spontan, ohne Drehbuch, stellt keine Fragen, gibt keine Anweisungen und vermeidet während der Aufnahme jede direkte Kommunikation mit den gefilmten Personen. Keine Szene wird inszeniert, möglichst wenig nachgestellt oder wiederholt. Auch Interviews, die in anderen Dokumentarfilmtraditionen zum Grundstock gehören, gelten im Rahmen des Direct Cinema eher als untypisch und selten; denn ihr veranstaltender Charakter widerspricht dem Prinzip des Nicht-Eingreifens und Nicht-Beeinflussens durch den Filmemacher. Direct Cinema »asks nothing of people beyond their permission to be filmed« (Mamber). Vor diesem idealtypisch umrissenen doppelten Hintergrund, der sich über Sujetauswahl und Produktionsethos bestimmt, wird zugleich die latente Affinität des Direct Cinema zu gesellschaftspolitischen Konzepten kenntlich, die – wie verstärkt seit Mitte der 60er Jahre – auf die Herstellung von »Gegenöffentlichkeit(en)« zielen sollten: Einsichten in Bereiche des gesellschaftlichen Lebens oder Menschen Gesicht und Stimme zu geben, für die die etablierten Medien sich nicht interessieren oder zu denen der Zugang verschlossen ist.

Treibende Kräfte insbesondere in der Anfangsphase des amerikanischen Direct Cinema war die unter dem Signum von Drew Associates arbeitende, zunächst von Time-Life finanzierte Kooperative von Robert Drew und Richard Leacock, zu denen später Don A. Pennebaker, Albert und David Maysles, Hope Ryden, Joyce Chopra und James Lipscomb stießen. Bereits an *Primary* (1960), einem Film, der für Drew Associates und das amerikanische Direct Cinema den Durchbruch brachte, lassen sich exemplarisch die besonderen Qualitäten dieses neuen Dokumentarismus, aber auch die nur begrenzte Einlösung des Anspruchs auf Wiedergabe einer spontanen, unverstellten Unmittelbarkeit ablesen. Zum einen eröffnet der Film tatsächlich bislang nicht gekannte Einblicke hinter die Kulissen eines politischen Spektakels, hier hinter die öffentliche Inszenierung und Selbstinszenierung der beiden demokratischen Präsidentschaftskandidaten Hubert Humphrey und John F. Kennedy im amerikanischen Vorwahlkampf. Zum anderen lässt der Film von den ersten Bildern an eine vom Spielfilm vertraute, den gefilmten Realergebnissen unterlegte und konsequent ausdifferenzierte Spannungsdramaturgie erkennen, die teils der Sujetwahl (Modell des Zweikampfs), vor allem aber der nachträglichen Bildauswahl und Montage geschuldet ist: Von Anfang an wird gegenüber dem als rückständig und politisches ›Auslaufmodell‹ präsentierten Humphrey John F. Kennedy als strahlende Helden- und Siegerfigur stilisiert. Dokumentationen über Menschen in Entscheidungs- und Krisensituationen, die sich zu Geschichten entwickeln und zu einem Höhepunkt, einer Auflösung und einem Ende drängen – dies ist ein Grundmuster zahlreicher Filme des amerikanischen Direct Cinema und zugleich Indiz für dessen starke Verwurzelung im (Foto-)Journalismus.

Im Vergleich dazu sind im französischen Cinéma Vérité, das mit seinem US-amerikanischen Pendant neben den technischen Grundlagen auch seinen dokumentarischen Authentizitätsanspruch teilt, andere Traditionen wirksam. Setzt es schon im Titel unübersehbare Bezüge zum faktographischen Filmwerk eines Dziga Vertov, so gilt dies in nicht unbeträchtlichem Ausmaß auch für dessen konstruktivistische Implikationen. Wo das Direct Cinema glaubte, die Funktion und die Präsenz der Filmkamera, vor der und vor allem auch *für* die immer auch gespielt wurde, minimieren zu können, da suchte das Cinéma Vérité einen offensiven und reflektierten Umgang mit der Kamera beim Filmen. Vor allem Jean Rouch und Edgar Morin setzten hier entscheidende Maßstäbe. Erfahren im Umgang mit Methodenproblemen der Ethnographie (Rouch) und der Soziologie (Morin), war ihnen nicht nur die Involviertheit des recherchierenden Subjekts im Prozess des Dokumentierens bewusst; darüber hinaus suchten sie zugleich das Problem mit der unhintergehbaren Präsenz der Kamera auch im Bewußtsein der *vor* der Filmapparatur Agierenden produktiv zu wenden. In *Ich, ein Schwarzer* (1958), einem Film über das Lumpenproletariat im afrikanischen Abidjan, lässt Rouch einzelne Schwarze, die wissen, dass sie in einem und für einen Film agieren, selbstgewählte Rollen spielen – Filmrollen (Edward G. Robinson, Tarzan, Eddie Constantin usw.); soziale Phantasien und Tagträume also, die sich mit der Dokumentation ihrer objektiven Lebensumstände durchmischen und insofern mehr über deren Lebensrealität aussagen, als eine objektivistische, rein faktographische Sozialreportage je vermocht hätte. In *Chronik eines Sommers* (1961), einer von Jean Rouch und Edgar Morin in Paris und in Südfrankreich 1960 durchgeführten soziologisch-ethnographischen Enquete unter der Fragestellung »Wie leben Sie? Sind Sie glücklich?«, werden die aus unterschiedlichsten Bevölkerungskreisen vor der Kamera Befragten, ausgestattet mit Kamera und Tonband, mitunter selbst zu Filmemachern – und dabei wiederum gefilmt. Am Ende sichten die am Film Beteiligten das gesamte geschnittene Bildmaterial und kommentieren das Gesehene. Dokumentarische Authentizität – so das Credo des Cinéma Vérité – ist keine allein der technischen Filmapparatur zuzuschreibende Qualität. »Ändert die sichtbare Anwesenheit der Kamera nicht die Wirklichkeit? Wird die Wirklichkeit nicht gespreizt und aufgeputzt in Erscheinung treten, ihre eigentliche Substanz – die Spontaneität – einbüßen und erstarren? Oder könnte andererseits dieses Zusammentreffen von Kamera und Wirklichkeit nicht einen neuen Typus von Wahrheit hervorbringen, der in einem Dialog zwischen Beobachter und Beobachtetem besteht?« (Morin). Die vor allem in den 70er Jahren sich formierende Kritik am Direct Cinema – in Deutschland ist vor allem Klaus Wildenhahn dessen profiliertester Vermittler und Exponent – wird die im Cinéma Vérité angelegten selbstreflexiven Momente systematisch ausbauen und in konsequent konstruktivistische Konzepte überführen, in denen der Anspruch des Direct Cinema auf selbstevidente filmisch dokumentarische Unmittelbarkeit als Fiktion – nicht verworfen, sondern ernst genommen und in selbstreflexiven, semidokumentarischen oder essayistischen Non-Fiction-Filmen thematisiert wird.

Heinz-B. Heller

Literatur: Edgar Morin: Schwierigkeiten beim Zeigen der Wahrheit. In: Filmkritik 1964. H. 4. – Stephen Mamber: Cinéma Vérité in America. Studies in Uncontrolled Documentary. Cambridge (Mass.) 1974. – Klaus Wildenhahn: Über synthetischen und dokumentarischen Film. Zwölf Lesestunden. Erw. Neuausg. Frankfurt a. M. 1975. – Wilhelm Roth: Der Dokumentarfilm seit 1960. München/Luzern 1982. – Alan Rosenthal (Hrsg.): New Challenges for Documentary. Berkeley / Los Angeles / London 1988. – Bill Nichols: Representing Reality. Issues and Concepts in Documentary. Bloomington 1991. – Mo Beyerle / Christine N. Brinckmann (Hrsg.): Der amerikanische Dokumentarfilm der 60er Jahre. Direct Cinema und Radical Cinema. Frankfurt a. M. / New York 1991. – Christof Decker: Die ambivalente Macht des Films. Explorationen des Privaten im amerikanischen Dokumentarfilm. Trier 1995. – Guy Gauthier: Le documentaire: un autre cinéma. Paris 1995. – Brian Winston: Claiming the Real. The Griersonian Documentary and Its Legitimations. London 1995. – William Rothman: Documentary Film Classics. New York 1997.

Doku-Drama. Filmische Rekonstruktion dokumentierter oder erlebter Realität von Personen und Ereignissen mit dem Anspruch, das vergangene Geschehen so zu dokumentieren, dass es den Eindruck von Authentizität und Wahrhaftigkeit erhält, und dem Ziel, aufzuklären und den Zuschauer »zum Mitdenken, zum Beziehen eines Standpunktes, zu Selbsterkenntnis, Verständnis und Toleranz«, aber auch zu »kritischer Distanz anzuregen« (Grabe). Zur Verwirklichung dieser nachgestellten Dramatisierung dokumentierter Wirklichkeit werden häufig Schauspieler und Laiendarsteller engagiert. Dabei greift auch diese Art des → Dokumentarfilms – wie jeder Dokumentarismus – »Konflikte meist aus der ›Vorgeschichte‹ der Gegenwart auf, die er für ungelöst erklärt« (Koebner) und deren gegenwärtige Diskussion er wünscht. Die »Geschichte als Stoffreservoir reicht für den szenischen Dokumentarismus so weit in die Vergangenheit zurück, soweit die Fälle oder die sie auslösenden Personen unter detektivischem Aspekt auch heute noch Aufmerksamkeit erregen« (Koebner).

Die Anfänge des Dokumentarismus liegen mehr als 100 Jahre zurück und beginnen mit den literarischen Experimenten Émile Zolas, der eine neue literarische Methode erfand (»Le Roman expérimental«, 1880), die auf genauer Beobachtung beruhte. Die »beobachteten und notierten Tatsachen«, wie Zola sie nannte, verwendete er als Gerüst seines Rougon-Macquart-Romanzyklus. Zolas Methode kann insofern mit der des Doku-Dramas verglichen werden, als es auch hier um eine dramatisierte Form der Dokumentation geht, im Gegensatz zum → Cinéma Vérité und zum → Direct cinema, deren wichtigstes Element die spontane filmische Realitätserfassung darstellt. Dennoch ist ein Doku-Drama nicht mit reiner Fiktion zu verwechseln; es stellt eher eine Art ›Zwitter‹ dar zwischen einem Dokumentarfilm, der – wie etwa die Interviewreportage – ohne Fiktion auskommen kann und einem Spielfilm. Der Ausdruck »Semi-Dokumentarfilm« (Semidocumentary) eignet sich am besten, wobei die Bemerkung wichtig ist, dass die um die beobachteten Tatsachen herum konstruierte Geschichte nicht frei erfunden, sondern der Unterstreichung der authentischen Wirklichkeitsrekonstruktionen und -vermittlung dient (denn ohne die Fiktion, die die Fakten in eine erlebbare Handlung umsetzt, bliebe im Falle des Doku-Dramas nur ein Gerüst von Daten übrig).

Ein Doku-Drama kann als → Fernsehspiel, aber auch als Spielfilm inszeniert werden – wie etwa die Doku-Dramen des Neorealismus (→ Realismus) zeigen: *Rom – offene Stadt* (1945, R: Roberto Rossellini) oder *Fahrraddiebe* (1948, R: Vittorio De Sica) –, ohne den Anspruch auf Authentizität aufzugeben. Ein Beispiel aus jüngster Zeit sind Heinrich Breloers als Fernseh-Format sehr erfolgreiche Doku-Dramen, z. B. *Wehner – die unerzählte Geschichte* (1993). Der Film rekonstruiert das Leben des Zeitgenossen Herbert Wehner – der in der Weimarer Republik dem Leitungskader der KPD angehörte, während der Nazi-Zeit den kommunistischen Widerstand organisierte, die Stalin-Zeit in Moskau überlebte, im Exil in Schweden dann mit dem Kommunismus brach und schließlich in der Bundesrepublik Deutschland zu einem führenden Sozialdemokraten aufstieg –, indem er es in Spielszenen (mit Ulrich Tukur als jungem Wehner / Heinz Baumann als altem Wehner) und Dokumentarszenen zu veranschaulichen sucht. Die einmontierten Dokumentarszenen erweitern das inszenierte Spiel, das das alltägliche (›unpolitische‹) Leben Wehners aufzuzeigen versucht – wobei diese authentischen Dokumente (teils aus Archivmaterial und persönlichen Dokumenten, teils aus zahlreichen, für diesen Film erstellten Interviews und Reportagen vor Ort) sein vielschichtiges politisches und soziales Leben dokumentieren sollen. Alte Freunde, Bekannte, Nachbarn, Parteigenossen Wehners kommen zu Wort und geben einen multiperspektivischen Blick auf jenen charismatischen Politiker, den der Zuschauer besonders im zweiten Teil des Fernsehspiels, das Wehners karges Leben in Moskau, im Hotel Lux, während der stalinistischen Säuberungen, erzählt, schließlich mit anderen Augen betrachtet als vorher.

Gianni Amelios Film *Lamerica* (1994) ist als Spielfilm inszeniert und hat doch den Anspruch des Doku-Dramas, durch inszenierte Rekonstruktion einer erlebten Vergangenheit, auf bestehende Verhältnisse aufmerksam zu machen. *Lamerica* wird eingeleitet von schwarzweißen Dokumentaraufnahmen (Archivmaterial) aus der jüngeren Geschichte Italiens, als das Land mehrfach unter italienischer Besatzung stand. Anschließend werden Szenen albanischer Flüchtlinge rekonstruiert, die 1991 auf zwei völlig überfüllten Schiffen im Hafen von Bari um Asyl suchten und mit Gewalt wieder zurückgeschickt wurden. *Lamerica* kam überwiegend mit Laiendarstellern aus und wurde, bis auf wenige Innenaufnahmen, vollständig in Albanien gedreht. Der Film vermittelt dem Zuschauer das Gefühl, trotz Inszenierung quasi Dokumentaraufnahmen zu sehen von verwahrlosten und verarmten Menschen, denen zum Überleben nichts anderes als die Flucht bleibt. Durch die Identifikation des Zuschauers mit der Hauptfigur Gino, dem Assistenten des betrügerischen italienischen Investors, wird dem Zuschauer seine eigene ›Komplizenschaft‹ an der Ausbeutung eines Landes wie Albanien bewusst. Amelio erklärte in einem Interview, dass er 1991 die Gelegenheit hatte, Gesandte der italienischen Regierung, die mit Grundnahrungsmitteln ausgestattet, nach Albanien reisten, zu begleiten. »Ich hatte das Gefühl, in eine Zeitmaschine geraten zu sein, die mich in die Vergangenheit zurücktransportiert hat, und zwar in mein Dorf, als ich fünf Jahre alt war«, stellte Amelio fest, »Albanien als Spiegel des Italiens vor vierzig Jahren.« Sein Film ist ein Appell gegen das Vergessen der eigenen Geschichte mit den Mitteln der inszenierenden Dokumentation.

Esther Maxine Behrendt

Literatur: Thomas Koebner: Zur Typologie des dokumentarischen Fernsehspiels. In: Ludwig Arnold / Stephan Reinhardt (Hrsg.): Dokumentarliteratur. München 1973. Wiederabgedr. in Th. K.: Vor dem Bildschirm. Studien, Kritiken und Glossen zum Fernsehen. St. Augustin 2000. – Peter Zimmermann: Fernseh-Dokumentarismus. Bilanz und Perspektiven. München 1992. [Darin: Hans-Dieter Grabe: Mein Weg zum Gesprächsfilm.] – Martina Wegner: »Wir sind alle Albaner«. Interview mit Gianni Amelio über *Lamerica*. In: Süddeutsche Zeitung. 24. 3. 1995.

Dokumentarfilm. Der Begriff ist wesentlich jünger als das, was er heute bezeichnet: das breite Ensemble von Non-Fiction- oder Factual-Filmen. Von der Filmgeschichte erstmals 1926 in einer Besprechung des Engländers John Grierson zu Robert Flahertys Film *Moana* registriert (»*Moana*, being a visual account of events in the daily life of a Polynesian youth and his family, has documentary value«), sollte der Begriff zunächst eine besondere Qualität des Authentischen unterstreichen, die keineswegs im Widerspruch zu erkennbar narrativen Überformungen der Wirklichkeit und zu inszenatorischen Eingriffen in das aktuelle »Tatsachenmaterial« stand. Wenig später wird Grierson den Dokumentarfilm als »the creative treatment of actuality« bezeichnen, und Paul Rotha, Weggefährte Griersons, wird ihm sekundieren: »Documentary's essence lies in the dramatization of actual material.« Schon hier deutet sich an, was erst in der jüngeren Theoriediskussion über den Dokumentarfilm seine explizite Ausformulierung finden sollte: Dokumentarfilmische Authentizität ist vor allem als ein Rezeptionseffekt, als ein spezifischer Wirklichkeitseindruck zu begreifen, der sich weniger der fotografischen Qualität des Filmbildes an sich als vielmehr konventionalisierten Präsentations- und Diskursstrukturen verdankt.

Dies belegen auch neuere Forschungen zum frühen Film. Entgegen allen »Ursprungsmythen« (Hohenberger) von einer »grundlegenden Dichotomie der Filmkunst« (Monaco; Kracauer sprach immerhin noch von einer »These und Antithese im Hegelschen Sinn«) kam zu Beginn der Filmgeschichte im »Kino der Attraktionen« (Gunning) der Differenz von Spielfilm und Non-Fiction-Film (»vues«, d. h. »Ansichten«, nannten die Lumières ihre Streifen) noch nicht die Bedeutung zu, die ihr später beigemessen werden sollte. »Die frühen ›Ansichten‹ zeigten dem Publikum Bilder von Ereignissen, denen es nicht beiwohnen konnte, oder von fernen Ländern, die es nicht bereisen konnte. Die ›Authentizität‹ dieser Bilder wurde nicht diskutiert, sondern schlicht vorausgesetzt.« (Kessler [u. a.]). Erst mit der »Verschiebung von der ›autonomen‹ Aufnahme zur funktionalen Einstellungsfolge«, die sich insbesondere in den Propagandafilmen des Ersten Weltkriegs vollzog, wurde die Authentizität des filmischen Bildes zu einem zentralen Problem, weil – so Gunning – im Unterschied zu den »Ansichten« nun »Bilder in eine Argumentation eingebettet werden und als Beweismittel zur Unterstützung oder Verstärkung eines Diskurses dienen«. – »[...] der Dokumentarfilm entsteht in dem Moment, in dem [...] das filmische Material neu geordnet wird, also durch Schnitt und Zwischentitel in einen diskursiven Zusammenhang gestellt wird. Der Dokumentarfilm ist nicht mehr eine Abfolge von Aufnahmen; er entwickelt mit Hilfe der Bilder entweder eine artikulierte Argumentation, wie in den Filmen aus dem Krieg, oder eine dramatische Struktur, die auf dem Vokabular des *continuity editing* und der dem Spielfilm entlehnten Gestaltung von Charakteren beruht« (Gunning).

Nanuk, der Eskimo (1922) des Amerikaners Robert Flaherty, augenscheinlich eine ethnographische Studie über den Überlebenskampf eines Eskimos und seiner Familie im äußersten Norden des amerikanischen Kontinents, brachte erstmals das exotistische Interesse des Reisefilms an fremden Wirklichkeiten mit der dramaturgischen Modellierung des Spielfilms filmästhetisch so nachhaltig zur Synthese, dass diesem Film in den Kinos der US-amerikanischen und westeuropäischen Metropolen nicht nur ein außerordentlicher Publikumserfolg zuteil, sondern er überdies auch produktionsästhetisch zum Prototyp eines neuen Genres wurde.

Auf der anderen Seite stand vor allem das Interesse der sich ausbildenden Avantgardebewegungen, auf der Basis filmisch gesammelten Faktenmaterials und inszenierten Montage der aktuellen Lebenswirklichkeit einen Ausdruck zu verleihen, der die neuen, seit der Jahrhundertwende in zahlreichen kulturkritischen Diagnosen beschriebenen gesellschaftlichen Wahrnehmungsmodi in sich aufnahm: Subjektdezentrierung, Polyperspektivik, Mobilität, Technikfaszination, Beschleunigung, Sachlichkeit sind die

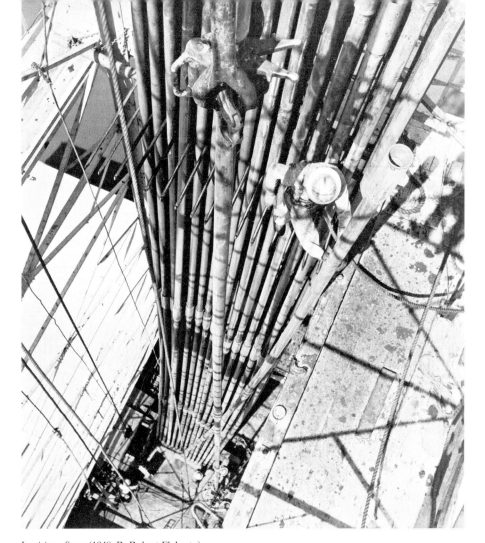

Louisiana Story (1948, R: Robert Flaherty)

Dass Spielfilme immer einen dokumentarischen Anteil haben und Dokumentarfilme eine fiktive, erzählerische Komponente, ist vertraute Erkenntnis. Auch, dass dokumentarische Bilder eine symbolische, ›zweite‹ Bedeutung, jenseits der bloßen Abbildung erhalten. Wiederholt ist Kameraleuten des dokumentarischen Films die Wahl nur durch erhebliche Mühe zu erreichender Blickpunkte abverlangt worden. Während der Kameramann des Spielfilms sich meist im Atelier aufhielt oder bei Außenaufnahmen in bequemer, den Schauspielern naher Position verharren durfte, musste der Dokumentarfilm-Kameramann in die Kälte Grönlands, in die Hitze brasilianischer Wälder oder wie hier, in Flahertys *Louisiana Story* zu sehen, auf die Spitze eines Ölbohrturms, um von dort aus in schwindelnde Tiefe zu fotografieren. Der Dokumentarfilm-Kameramann sah sich immer wieder dazu gezwungen, das zivilisatorische Umfeld zu verlassen und Abenteuer einzugehen, um die authentische oder auch die riskante Perspektive auf eine dem breiten Publikum noch unbekannte Welt zu finden. Dass dabei auch vielsinnige Einstellungen zustande kamen, beweist dieses Bild aus Flahertys letztem großen Film. Die schwere Arbeit der Leute, die im Förderturm arbeiten, wird durch den Schwindel erregenden Blick nach unten suggeriert, gleichzeitig bilden sich Linien und Gitter, Schraffuren und Symmetrien, so dass auch eine graphisch reiche Komposition entsteht. Nicht zuletzt ›dokumentiert‹ dieses Bild die Moderne, in der die Menschen in die ›schöne neue Welt‹ der Maschine integriert werden und kaum mehr sichtbar erscheinen.

immer wiederkehrenden Schlüsselbegriffe für eine Wahrnehmungsform, die sich mit der Moderne verbindet und im Film ihr adäquates Medium findet. Nicht zufällig sind es Großstadtfilme (→ Stadt im Film), in denen sich diese Form eines Dokumentarismus konstruktivistischer Prägung am ausgeprägtesten artikulierte. Alberto Cavalcanti (*Rien que les heures*, 1926), Walter Ruttmann (*Berlin. Die Sinfonie der Großstadt*, 1927) und Dziga Vertov (*Der Mann mit der Kamera*, 1929) sind die bekanntesten Beispiele.

An Vertovs Film und seiner Theorie des »Kinoglaz« (›Kino-Auge‹) lässt sich zugleich zeigen, zu welch ausgefeilten und radikalen Konzepten einer operativen Ästhetik sich die von dieser Art Dokumentarismus oft beanspruchte sozialkritische Zeitgenossenschaft und Verantwortung verdichten konnte – unter den Bedingungen der sich in einem fundamentalen Umbruch und Modernisierungsprozess befindlichen sozialistischen Sowjetunion. Vertovs Film der Fakten versteht sich als »die dokumentarische filmische Entschlüsselung der sichtbaren und dem menschlichen Auge unsichtbaren Welt« mit dem Ziel, »im Leben selbst eine Antwort auf ein gestelltes Thema zu finden«. »Ich bin Kinoglaz. Ich bin ein mechanisches Auge. Ich, die Maschine, zeige euch die Welt so, wie nur ich sie sehen kann« (Vertov). Dokumentarische Kamera und Montage »dechiffrieren« die Realität, behandeln die Fakten nicht als »objets trouvés«, sondern machen sie als Momente eines gesellschaftlichen Umformungsprozesses in einer Weise kenntlich, der auch praktisch »die nötige Losung« (Vertov) einsichtig werden lasse.

Gegenüber solch exponierten Konzepten, in denen sich ästhetischer und politischer Avantgardismus vermitteln (vgl. u. a. auch Boris und Michail Kaufmann, Victor Turin, Hans Richter, Jean Vigo, Joris Ivens, Henri Storck), erhält der Dokumentarfilm mit dem Engländer John Grierson in den 30er Jahren »die Bedeutung eines realistischen Genres, das seine gesellschaftliche Funktion in der Bildung von Öffentlichkeit und politischem Konsens gewinnt. Dokumentarfilme vermitteln Weltbilder und schaffen konsensuale Werte im Rahmen demokratischer Gesellschaftsnormen« (Hohenberger). Die unter Griersons Ägide in seiner Eigenschaft zunächst als Leiter des britischen Empire Marketing Board, einer staatlichen Public-Relations-Agentur, entstandenen Filme eines Edgar Anstey, Arthur Elton, Stuart Legg, Paul Rotha, Harry Watt oder Basil Wright veranschaulichen mit ihren Fallstudien zum britischen Lebensalltag die gesellschaftliche Produktivkraft derjenigen, deren Beitrag zum sozialen Gemeinwohl gemeinhin dem öffentlichen Blick entgeht. Zugleich werben sie für die integrative Funktion staatlicher Institutionen, die dieser Arbeit den notwendigen Handlungsrahmen garantieren. Griersons Zielvorstellungen waren also in erster Linie didaktisch ausgerichtet, die am Leitbild Flaherty orientierte Filmästhetik hatte primär eine dienende Funktion. Nicht in einer in der ästhetischen Wahrnehmung und filmischen Transformation verankerten Erkenntnisproduktion (wie bei Vertov) lag das Ziel der Grierson-Schule, sondern in dem affirmativen Wiedererkennen vorhandener gesellschaftlicher Strukturen und Einrichtungen.

Im historischen Rückblick aus jüngerer Perspektive vereinigt der Filmwissenschaftler Bill Nichols diese produktionsästhetischen Befunde mit einer rezeptionsästhetisch ausgerichteten Betrachtungsweise und berücksichtigt auch spätere dokumentarfilmische Praktiken, wobei er der Konventionalität und Vergänglichkeit der Referenz- und Authentizitätsversprechen des Dokumentarfilms Rechnung zu tragen versucht. Denn: »The comfortably accepted realism of one generation seems like artifice to the next. New strategies must constantly be fabricated to re-present ›things as they are‹ and still others to contest this very representation« (Nichols, 1983). Dabei unterscheidet Nichols im Hinblick auf die dominanten Modi des expositorischen Diskurses im Dokumentarfilm und seiner eingelagerten Appellstrukturen zunächst vier, in einer jüngsten Skizze fünf Paradigmen:

1) Im »direct-address-style« à la Grierson, der bis in die 50er Jahre auch im westlichen

Fernsehen vorwaltet, wird die scheinbar selbstevidente visuelle Narration überlagert von einem auktorial-allwissenden Kommentar (»voice of God«), der keinen Zweifel an der erklärenden und deutenden Autorität des Filmemachers gegenüber dem Repräsentierten aufkommen lässt.

2) Mit dem »beobachtenden Modus« des um 1960 sich entwickelnden → Direct Cinema (besonders Robert Drew, Richard Leacock, Don A. Pennebaker, Albert und David Maysles) und seines französischen Pendants, des → Cinéma Vérité (Jean Rouch, Edgar Morin), der auf der Basis einer neuen, beweglicheren Kameratechnik und Synchrontontechnologie operiert, etabliert sich zugleich eine neuartige Produktionsästhetik der »Unmittelbarkeit« bei weitestgehender Zurückdrängung eines auktorialen Kommentars. Für den Zuschauer – so das filmische Versprechen – wird »die Wahrnehmung eines Dokumentarfilms gleichbedeutend mit der Teilhabe an der in ihm aufgehobenen Realität«. Dabei schrumpft der gerade von Vertov einst betonte »erkenntniskritische Abstand zwischen der Welt und ihrem Bild [...] mit dem *cinema direct* auf Null« (Hohenberger).

3) Der interaktive Dokumentarfilm der 60er und 70er Jahre, der sich vor allem auf Interviews nach der Methode der Oral History stützt, in denen die Befragten vorzugsweise aus sozialen Randgruppen Gelegenheit erhalten, ihre ›Geschichte‹ vor der Kamera öffentlich zu erzählen, verstärkt mit der Möglichkeit der direkten Zuschauer-Apostrophe den vom Direct Cinema intendierten Effekt einer unmittelbaren Wahrnehmung authentischer Wirklichkeit.

4) Der selbstreflexive Dokumentarfilm, wie er sich seit den späten 70er Jahren ausbildet, ist als praktische Kritik an den unzureichend reflektierten Authentizitätsversprechen des Direct Cinema zu verstehen. Vor allem dessen – allen Vorsätzen eines »uncontrolled cinema« zum Trotz – in der Montage kaum camouflierte Spannungsdramaturgie und die Selbstverleugnung der Filmemacher in ihrer Rolle als »a participant-witness and an active fabricator of meaning, a producer of cinematic discourse« (Nichols, 1983) sollten zum Stein des Anstoßes werden. Indem der selbstreflexive Dokumentarfilm sich bewußt zum konstruktivistischen Verfahren jeglichen dokumentarischen Filmens bekannte und dies in vielfältigen Formen in den eigenen Produktionen offen ausstellte, veränderten sich auch dessen Appellstrukturen: Der Zuschauer sollte als gleichberechtigter Partner in einem filmischen Diskurs in sein Recht gesetzt werden. Alexander Kluge hat mit seiner oft zitierten Formulierung gleichsam die grundlegende Blaupause dieses Paradigmas geliefert: »Ein Dokumentarfilm wird mit drei ›Kameras‹ gefilmt: der Kamera im technischen Sinn (1), dem Kopf des Filmmachers (2), dem Gattungskopf des Dokumentarfilm-Genres, fundiert aus der Zuschauererwartung, die sich auf Dokumentarfilm richtet (3). Man kann deshalb nicht einfach sagen, dass der Dokumentarfilm Tatsachen abbildet. Er fotografiert einzelne Tatsachen und montiert daraus nach drei, z. T. gegeneinander laufenden Schematismen einen Tatsachenzusammenhang« (Kluge).

5) Mit dem performativen Dokumentarfilm schließlich, einer Erscheinung vor allem seit den späten 80er Jahren, artikuliert sich nach Nichols ein Modus, der seinen Schwerpunkt »ganz markant« verlagert: »nämlich weg vom bisher dominierenden referentiellen Aspekt. Seine ›fenstergleiche‹ Eigenschaft besteht im Verweis auf die historische Welt um sich herum, und dies führt zu ganz verschiedenartigen Kombinationen von expressiven, poetischen und rhetorischen Aspekten, die nun dominant werden«. Nichols setzt solche Filme in die Nähe zur zeitgenössischen Avantgarde. Beispiele liefern u. a. in Großbritannien Pratibha Parmar (*Sari Red*, 1988; *Khush*, 1991; Gurinder Chadha (*I'm British But ...*, 1989) und Isaac Julien (*Territories*, 1984; *Looking for Langston*, 1991), in Kanada Marilu Mallet (*Unfinished Diary*, 1983) und Brenda Longfellow (*Our Marilyn*, 1988), in den USA Robert Gardner (*Forest of Bliss*, 1989), Marlon Riggs (*Tongues United*, 1989) und Trinh T. Minh-ha (*Naked Spaces: Living Is Round*,

1985; *Reassemblage*, 1982). – »Mit seiner auf Assoziation, Kontext, aber auch auf gesellschaftliche Dialektik bauenden evokativen Kraft erweist sich der performative Dokumentarfilm als Mittel der Wahl in einer Zeit, in der ›Meistererzählungen‹ ebenso wie ›Generalpläne‹ einen schlechten Ruf haben. Performative Dokumentarfilme ziehen die Epistemologie des Augenblicks, der Erinnerung und des Ortes der Darstellung einer geschichtlichen Epoche vor. Diese Filme setzen ihren Schwerpunkt anders, sie folgen anderen epistemologischen Grundsätzen, bleiben aber dabei offen, zielökonomisch und sozial« (Nichols, 1995).

Auch wenn oder vielleicht gerade weil Dokumentarfilme – anders als *Nanuk, der Eskimo* – schon seit geraumer Zeit im Kommerzkino keinen Platz mehr haben, so stellen sie in der gegenwärtigen Situation das Terrain dar, auf dem die – auch international – filmästhetisch interessantesten Innovationen zu sehen sind.

Heinz-B. Heller

Literatur: Siegfried Kracauer: Theorie des Films. Die Errettung der äußeren Wirklichkeit. Frankfurt a. M. 1964. [Amerikan. Orig. 1960.] – Dziga Vertov: Schriften zum Film. Hrsg. von Wolfgang Beilenhoff. München 1973. – Alexander Kluge: Gelegenheitsarbeit einer Sklavin. Zur realistischen Methode. Frankfurt a. M. 1975. – Klaus Wildenhahn: Über synthetischen und dokumentarischen Film. Zwölf Lesestunden. Erw. Neuausg. Frankfurt a. M. 1975. – James Monaco: How to Read a Film. The Art, Technology, Language, History, and Theory of Film and Media. Überarb. Ausg. New York / Oxford 1981. – Bill Nichols: Ideology and the Image. Bloomington 1981. – Wilhelm Roth: Der Dokumentarfilm seit 1960. München/Luzern 1982. – Bill Nichols: The Voice of Documentary. [1983.] In: Alan Rosenthal (Hrsg.): New Challenges for Documentary. Berkeley / Los Angeles / London 1988. – Christa Blümlinger (Hrsg.): Sprung im Spiegel. Filmisches Wahrnehmen zwischen Fiktion und Wirklichkeit. Wien 1990. – William Howard Guynn: A Cinema of Nonfiction. Rutherford (N. J.) 1990. – Heinz-B. Heller / Peter Zimmermann (Hrsg.): Bilderwelten. Weltbilder. Dokumentarfilm und Fernsehen. Marburg 1990. – Bill Nichols: Representing Reality. Issues and Concepts in Documentary. Bloomington 1991. – Mo Beyerle / Christine N. Brinckmann: Der amerikanische Dokumentarfilm der 60er Jahre. Direct Cinema und Radical Cinema. Frankfurt a. M. / New York 1991. – Peter Zimmermann (Hrsg.): Fernsehdokumentarismus. Bilanz und Perspektiven. Konstanz 1992. – Michael Renov (Hrsg.): Theorizing Documentary. New York / London 1993. – Manfred Hattendorf: Dokumentarfilm und Authentizität. Ästhetik und Pragmatik einer Gattung. Konstanz 1994. – Anfänge des dokumentarischen Films. KINtop 4 (1995). [Darin: Frank Kessler / Sabine Lenk / Martin Loiperdinger: Editorial. Tom Gunning: Vor dem Dokumentarfilm. Frühe *non-fiction*-Filme und die Ästhetik der »Ansicht«.] – Guy Gauthier: Le documentaire: un autre cinéma. Paris 1995. – Manfred Hattendorf (Hrsg.): Perspektiven des Dokumentarfilms. München 1995. [Darin: Bill Nichols: Performativer Dokumentarfilm.] – Brian Winston: Claiming the Real. The Griersonian Documentary and Its Legitimations. London 1995. – Eva Hohenberger (Hrsg.): Bilder des Wirklichen. Berlin 1998.

Double / Stunt / Stand-in. Als Doubles bezeichnet man Schauspieler(innen), die für kurze Einstellungen vertretend für die Hauptdarsteller vor der Kamera stehen. Besonders in Übersicht verschaffenden Totalen, in denen die Protagonisten nur aus der Ferne zu sehen sind oder in Schuss-Gegenschuss-Sequenzen, wenn z. B. während einer Konversation nur die Schulter einer der beiden Protagonisten im Anschnitt zu sehen ist, in Szenen und Sequenzen also, in denen der Schauspieler als solcher nicht direkt zu erkennen ist, werden häufig Doubles eingesetzt. Besonders in Genres wie dem Western, dem Abenteuer-, Action- und Kriegsfilm wird mit Doubles gearbeitet, wenn die zu realisierenden Stunts (produktionstechnisch aufwendige und riskante Szenen) die Schauspieler gefährden oder sie von ihren körperlichen Fähigkeiten her überfordern würden. Während frühe Slapstick-Komiker wie Buster Keaton oder Harold Lloyd in ihren wüsten Zerstörungsorgien und waghalsigen Verfolgungsjagden mit vollem Körpereinsatz agierten und ihre Gesundheit aufs Spiel setzten, zog Hollywood mit der Entwicklung des Starsystems das Stunt-Double dem Star aus finanz- und versicherungstechnischen Gründen vor. In vielerlei Hinsicht bemerkenswert und wie die frühen Slapstick-Komiker in seinem Körpereinsatz einzigartig, ist der Hongkong-Chinese Jackie Chan, der Anfang der 90er Jahre in die USA übersiedelte und bislang jeden seiner Stunts selbst ausführte. Wie behände, flink und gleichsam elegant, nahezu tänzerisch, sich ein Körper über die widrigsten Hindernisse hinwegzusetzen vermag, dafür sind seine Actionkomödien die besten Beispiele. Artistisch und von einer unglaublichen Leichtigkeit sind seine perfekt choreographierten Aktionen, auch wenn man ihn im Abspann seiner Filme, die ein Sammelsurium seiner fehlgeschlagenen Stunts bieten, so manches Mal mit einem eingegipsten Arm oder Bein, aber allen Blessuren zum Trotz mit einem breiten Grinsen auf den Lippen sieht.

Nicht nur bei riskanten Stunts vertreten Doubles die Stars, sondern auch in nicht minder brenzligen Situationen. So sieht man z. B. in *Pretty Woman* (1990, R: Garry Marshall) nicht etwa die langen Beine von Julia Roberts, die sich im Schaumbad aalt, und in den Sexszenen in *Basic Instinct* (1992, R: Paul Verhoeven) auch nur selten den scheinbar perfekten Körper von Sharon Stone, der sich dominant und unheilschwanger über den von Michael Douglas erhebt, sondern die Beine und Körper von Stand-ins, die mit ihren Körpern das ›Abbild‹ der Stars kosmetisch vervollkommnen.

Die Körper der Stars scheinen niemals zu altern, und wie im Actionkino der 80er Jahre am Beispiel von Arnold Schwarzenegger und Sylvester Stallone zu beobachten ist, scheinen sie unverletzbar, nahezu unsterblich zu sein. Die Wunschvorstellung vom niemals alternden und unbezwingbaren Körper realisiert sich in der Illusion der makellosen authentischen Körperlichkeit des Doubles, die mit der des Stars in der Montage des Films assoziiert wird. Doch nicht nur in der Montage von zwei unterschiedlichen Körpern zu einem scheinbar Ganzen wird diesem Wunschdenken Rechnung getragen. Unsterblichkeit ist durch den Einsatz von Computereffekten bislang nur im Kino möglich. Als der Schauspieler Brandon Lee bei den Dreharbeiten zu Alex Proyas Realverfilmung des Comics *The Crow* (1994) zu Tode kam, wurde er kurzerhand durch ein Double ersetzt, auf dessen Gesicht das computergenerierte Antlitz Lees projiziert wurde. Bereits sechs Jahre später war es Ridley Scott in seinem Film *Gladiator* (2000) möglich, den während des Drehs verstorbenen Oliver Reed durch perfekte Tricktechnik wiederauferstehen zu lassen, um gegen Ende des Films seinen Computer-Klon in den Tod gehen zu lassen.

Daniel Schössler

Double Feature. Doppelprogramm von zwei Spielfilmen desselben Verleihs mit zusammen bis zu 180 Minuten Länge, vorwiegend üblich in den USA und im England der 30er und 40er Jahre als Resultat der Verleihpolitik der großen Filmstudios in → Hollywood. Das Programm, für das nur eine Eintrittskarte gelöst wurde, bestand im Allgemeinen aus einem längeren → A-Film mit Stars und hohem Produktionsbudget, dem ein kürzerer → B-Film, der in den Low-Budget-Bereich fiel, vorausging, konnte aber auch aus zwei B-Filmen bestehen. Am Tag des Programmwechsels wurden Double Features häufig aus dem alten und dem neu anlaufenden Film zusammengestellt. Vor dem ersten Film wurden oft noch Wochenschauen oder kurze Animationsfilme gezeigt.

Die Double Features sind untrennbar mit der Ästhetik der B-Filme verbunden. Regisseure wie der international arbeitende Spanier Jesús Franco oder auch die so genannte Spielberg-Factory sind von ihrem Einfluss geprägt. Double Features sind in der Zeit immer länger werdender Spielfilme – an der früheren Durchschnittslänge orientiert sich heute nur noch Woody Allen – nicht mehr üblich und werden, wenn überhaupt, als eine Art Zeitdokument oder aus nostalgischem Interesse, z. B. bei der Wiederaufführung eines alten Films, veranstaltet. Ihr Geist lebt fort in den »Langen Filmnächten« der → Programmkinos, in denen allerdings meist zwei oder drei thematisch oder durch denselben Regisseur oder Schauspieler verbundene Filme gezeigt werden.

Ursula Vossen

Dramaturgie. Der Begriff entstammt dem Vokabular der Theaterpraxis – Vorbild sind die Niederschriften des Theaterkritikers und -theoretikers Gotthold Ephraim Lessing (»Hamburgische Dramaturgie«, 1769). Eigentlich heißt Dramaturgie Beschäftigung mit der Komposition eines Dramas, seiner Zusammensetzung aus Teilen. Beim Gespräch über Filme ist der Ausdruck Dramaturgie durchaus verbreitet, obwohl starke Neigung besteht, eher vom filmischen Erzählen als von einer filmischen Aufführung zu sprechen: wegen der Vielfalt der durch die Kamera einzunehmenden Perspektiven und Distanzen, also der Einstellungswechsel, der Freiheit, zwischen Schauplätzen hin- und herzuspringen, auf der Zeitachse zurückzulaufen (bei Rückblenden) und wieder voran, wegen typisch kinematographischer Erzählformen wie der ›gleichzeitigen‹ Parallelhandlung, wegen der veränderten oder verminderten Bedeutung des Dialogs im Konzert von Geräusch, Atmo und Musik usw. Die Theaterbezüge der filmischen Strukturen scheinen geringer zu sein als die Zusammenhänge zwischen literarischer und filmischer ›Prosa und Poesie‹. Wer von der Dramaturgie eines Films spricht und dabei die Erzählweisen, Gliederung und Komposition meint, bedient sich also eines üblichen, aber nicht ganz zutreffenden Begriffs.

Aufbau und Gliederung einer Handlung: Primär ist dies die Aufgabe des Drehbuchautors (→ Drehbuch). Er muss sich zwischen vorgegebenen Mustern bewegen und dabei, wenn der Auftrag es denn zulässt, individuellen Spielraum bewahren. Bei den vorgegebenen Mustern sind vornehmlich drei Typologien zu unterscheiden:

1) Genres: → Melodram, Romanze, → Kriminal- und → Detektivfilm, → Komödie, → Horrorfilm, → Science-Fiction-, → Märchen- und → phantastischer Film, → Abenteuerfilm und → Monumentalfilm, → Western und andere Genres haben sich seit den ersten Jahrzehnten der Filmgeschichte bis zur jüngsten Gegenwart als dominante Arten behauptet, denen sich unzählige Kombinationen (so genannter Genre-Mix) und Subgenres hinzugesellen: von der → Slapstick Comedy bis zum → Film noir (wenn es sich denn streng genommen um ein Genre, nicht um eine spezifische Stilform handelt) vom → Roadmovie zum → Buddy-Film usw. Nicht jeder Film ist einem solchen Genre zuzuordnen – speziell die Theorie des Autorenfilms hat seit den späten 50er Jahren in Frankreich und anschließend auch in Deutschland den Film völlig dem Dunstkreis der Fabrikation entzogen, um dafür jeden Film als Niederschrift einer persönlichen Erlebnis- oder Erfahrungsspur, eines individuellen Ausdruckswillens zu deklarieren. Zwischen radikalem Autorenkonzept, das nur ›unvergleichliche‹ ›Entäußerungen‹ einer kreativen Person kennen will, und dem radikalen Genrefilm, der gleichsam mit geringsten Abweichungen nach einem vorhandenen Modell funktioniert, ergibt sich ein weites Spektrum der Mischformen. Eine Produktionskapazität wie die Hollywoods, die auf die Berechenbarkeit eines ökonomischen Erfolgs angewiesen ist, bildet vorzugsweise Genres aus, die bewährten Vorbildern folgen. Dagegen ist das neue europäische Kino, für das Hollywood an den Rand des Wahrnehmungshorizonts gerückt ist, durch originelleres, weniger an dramaturgischen Leitfäden orientiertes Erzählen gekennzeichnet.

2) Standardsituationen: Es wird meist übersehen, dass sich eine Handlung manchmal lückenlos in eine Kette von Standardsituationen auflösen lässt: Situationen, die immer wiederkehren, unabhängig vom jeweiligen Film, und ein bestimmtes Ablaufschema gleichsam als Kanalisierung des erzählerischen Flusses vorgeben. Standardsituationen, die eine zentrale Stellung im Erzählgefüge einnehmen, werden im Amerikanischen als Master Plots bezeichnet. Bei der zugegeben breit gefassten Standardsituation Fest/Feier ist das Zeremonialwesen so wichtig, dass das Missglücken bestimmter Riten, das Umkippen des Erhabenen ins Lächerliche zum Programm dieser Situation gehört. Ein anderes Beispiel: Für die Standardsituation Abschied ist es wichtig, dass sich Personen, die vorher zusammen waren, nun voneinander trennen, wobei der Ausdruck der Trauer, des Verlustgefühls durch Dialog akzentu-

iert wird, durch Gesten oder eine Kamera-Rückfahrt. Weitere Standardsituationen sind u. a: Erste Begegnung (mit dem Fremden), Begegnung mit dem Unheimlichen, Wiedersehen/Wiedererkennung, Familientreffen, Umstimmung/Verführung, Widerstand/Widerstreben, Kussszene, Liebesszene (Vorspiel/Akt), Ekstase/Panik (Individuen/Massen), Streit (Familie/Generationen/Beziehung), Anklage und Verteidigung, Aufbruch und Suche, Fahrt/Passage, Wettlauf und Jagd, Eindringen in unbekanntes Territorium/Grenzüberschreitung, Umkehr, Ausbruch/Entkommen, Verfolgungsjagd, Rettung in letzter Minute, Katastrophe, Duell/Zweikampf/Wettstreit, Spiel, Mord, Schlacht, Täuschung und Entlarvung, Verwandlung (Gesicht/Körper/Landschaft), Angst, Furcht, Bedrohung, Trost, Warten/Erwartung, Thrill- und Krisensituationen, Opfer/Opfergang, Trauer, Sterbeszene.

Natürlich kommen diese Standardsituationen nicht in allen Genres in gleichem Ausmaß vor: im Melodram wird es mehr Liebesszenen, Streitfälle, Abschieds- und Trauerszenen geben als im typischen Western. In der Komödie wiederum ist ein Fest zum Abschluss nicht ungewöhnlich, Mord- und Schlachtszenen hingegen finden sich seltener. Der ›dramaturgische‹ Vorteil der Verwendung von Standardsituationen liegt auf der Hand. Das Publikum erkennt die Situation wieder und kann kennerhaft auf die spezifische Nuance reagieren. Vordem schon hat das Team, das den Film dreht (Regie, Kamera, Schauspieler usw.) die Chance erkannt, ein Stereotyp in je eigener Weise zu modellieren und damit auch die abstrakte Formel zu verbergen, die sich für die Analyse hinter jeder Standardsituation verbirgt.

3) Wie für einen Teil der Erzählforschung haben sich auch bei der ›Tiefenanalyse‹ von Filmen Beobachtungen gehäuft, die auf spezifische wiederkehrende Topoi (Denk- und Ausdrucks-Schemata), auf so genannte mythische Strukturen der jeweiligen Filmerzählung rückschließen lassen: Am populärsten ist das Modell von der Reise des Helden (»the hero's journey«), das aus Studien des Psychologen und Mythologen Joseph Campbell entwickelt worden ist, die 1949 unter dem Titel »A Hero With a Thousand Faces« erschienen sind. Für Campbell und die vielen, die ihn für die Zwecke des Drehbuchschreibens nutzen wollen, zerfällt die Reise des Helden in drei große Abschnitte: Aufbruch, Initiation und Rückkehr, wobei Campbell unter der Rubrik Aufbruch einzelne Widerstände und Wendungen anspricht, die in solcher Erzählung eine Rolle spielen: Berufung und Weigerung, übernatürliche Hilfe und das Überschreiten der ersten Schwelle, die Gefangenschaft im Bauch des Walfischs. Unter dem Stichwort Initiation versammelt er Motive wie den Weg der Prüfung, die Frau als Verführerin, die Versöhnung mit dem Vater und die endgültige Segnung, unter Rückkehr: Verweigerung der Rückkehr und magische Flucht, Rettung von außen und Rückkehr über die Schwelle usw. Christopher Vogler, der als Exeget Campbells viel Anerkennung errungen hat, fügt noch einige Akzente hinzu, z. B. die Begegnung mit dem Mentor, der dem Helden durch seine Erfahrungen und seine Erkenntnisse bei der Bewältigung des Prüfungsweges hilft, die Wiedergeburt des Helden, die Wiederauferstehung, die ihn reinigt und gleichsam heiligt usw. Inspiriert durch Vogler hat etwa Stuart Voytilla den Versuch unternommen, in 50 »unvergesslichen« Filmen die mythische Struktur zu entdecken. Der Vorteil dieser Konstruktion einer Heldenreise liegt sicherlich darin, dass sie sowohl für männliche als auch für weibliche Helden gilt, mit entsprechenden Anpassungen.

Hat der solcherart von Genreregeln, den Ablaufschemata der Standardsituationen und mythischen Strukturen in vorhinein ›gefesselte‹ Drehbuchautor überhaupt noch die Chance, seine Geschichte so zu entwickeln, dass sie als unverwechselbare Erzählung erscheint? Die meisten Drehbuchlehren stimmen darin überein, daß sie die Dreiaktigkeit der meisten gut funktionierenden Handlungen hervorheben: die Einteilungen in Exposition, eigentlichen Konflikt und schließlich die Lösung des Konflikts in komischer, tragikomischer oder tragischer Weise. Zwischen jedem Akt hat ein so genannter Plotpoint seine Berechtigung, ein Wendepunkt, ein zusätzlicher Impuls in Gestalt einer neuen Figur, eines neuen Motivs, einer neuen Verwicklung (vor allem Syd Field legt auf diese Plotpoints großen Wert). Genauso richtig ist es allerdings, auf die vielen Meisterwerke der Filmkunst aufmerksam zu machen, die keineswegs diesem Dreiaktsschema entsprechen oder es nur sehr schwach als Grundmuster durchschimmern lassen.

Das Dilemma des Drehbuchautors besteht zusätzlich noch darin, dass er eine Art Partitur vorgibt, nach der vom Regisseur ›musiziert‹ wird – in Verbindung mit dem Kameramann und den Schauspielern, dem Szenenausstatter, dem Cutter usw. Kein Drehbuchautor kann vor allem drei Dinge exakt voraussehen: 1) die Physiognomik der Schauspieler, der Dinge, der Schauplätze, die eine bestimmte eigene Atmosphäre tragen und unversehens zu einer Verschiebung des Handlungs- und Konfliktcharakters beitragen können; 2) den endgültigen Rhythmus der filmischen Erzählung, der wesentlich durch das Zusammenspiel vor der Kamera, die Bewegung der Kamera und die Montage entsteht und im Drehbuch oft nur rudimentär zu erahnen ist; 3) die Intensität des Erzählens, durch die Wahl der Einstellung, etwa von Großaufnahmen, und die Schauspielkunst bedingt, das Verharren bei manchen Augenblicken, die Wirkung, die durch Besonderheiten während der Dreharbeiten zustande gekommen sind (strahlendes Wetter anstelle von wolkenverhangener Düsternis usw.); 4) die Tonkulisse aus Geräuschen, Atmo, Sprachklang und Musik.

Außerdem muss der Drehbuchautor immer damit leben, dass der Regisseur während des Drehens das Buch verändert, Fehlstellen entdeckt, Motive nachbessert, → Dialoge flüssiger gestalten muss, also in die Planungsgrundlage eingreift. Als solche dient das Drehbuch auf jeden Fall für den Produzenten. Die Filmgeschichte kennt genug Regisseure, die ihre Drehbücher selber schreiben, oft mit sehr präzisen Angaben, oder mit Autoren zusammen ein sehr genau auskalkuliertes Script entwickeln, um dann beim Drehen alles zu verändern (Robert Bresson gehörte zu ihnen, Federico Fellini manchmal auch), während andere Regisseure (wie Alfred Hitchcock) das Drehbuch einschließlich des → Storyboards so präzise festlegen, dass der fertige Film tatsächlich nur noch der technischen Umsetzung bedarf.

Praktische Dramaturgie besteht vor allem darin, die einzelnen Schritte der Drehbuchentwicklung genau zu kontrollieren: die deutliche Kennzeichnung der Charaktere und ihrer Motive, die übersichtliche Fortspinnung der Handlungsfäden, die genaue Vorstellung von Ort und Zeit. Überdies ergeben sich etliche Fragen, die immer wieder während des Arbeitsprozesses gestellt werden müssen. Jean-Claude Carrière, einer der bedeutendsten französischen Drehbuchautoren, hat einige dieser Fragen festgehalten: Ist die Szene einleuchtend? Kennen dieses Wort im Dialog wirklich alle? Wird das Publikum diese Ausstattung, die es erst einmal und dazu nachts gesehen hat, wieder erkennen? Ist eine Antwort nicht zu lang, zu undurchschaubar? Könnte man nicht eine Handlung finden, die dieser Passage einen etwas weniger statischen und dozierenden Charakter verleiht?

Carrière schlägt weiter etliche Maßnahmen vor, deren Sinn durchaus einleuchtet: Man solle Figuren nicht in die Schablone der Schwarzweißmalerei pressen. Auch jede Nebenrolle muss ihre große Szene erhalten. Man solle keine Angst davor haben, vom Klischee auszugehen – viel schlimmer sei es, beim Klischee anzukommen. Man soll schöne Phrasen, poetische Formulierungen notfalls opfern und daran denken, dass kurze Dialoge gewöhnlich den Regisseur dazu zwingen, eigene Phantasien zu entwickeln. Man soll auch als Drehbuchautor dichte und reiche Bilder und Sinnbilder erfinden, um danach erst den Dialog einzuführen. Man dürfe nicht vergessen, dass auch wirkliche Charaktere oft unvorhersehbar sind und dennoch nach einer bestimmten Logik handeln. Dramatische Ereignisse müssten im Film unerwartet und unausweichlich eintreten. Man dürfe nie vergessen, dass Geräusche, Töne und Musik zu hören seien – der

Drehbuchautor kann sich über die akustische Inszenierung ebenso Gedanken machen wie über die visuelle, wenn er z. B. Großaufnahmen vorschlägt (bei dem Satz »Er führt den Kugelschreiber in seiner Hand zum Mund« wird ein Übergang von der Halbnahen in die Großaufnahme unausdrücklich vorgeschlagen). Man soll bei der Verwendung von Ambivalenzen zurückhaltend sein, körperlicher Ausdruck sei oft ambivalent genug, Undurchschaubarkeit muss sich am Ende weitgehend auflösen lassen. Carrière nimmt in sein kleines Organon der Filmdramaturgie den Hinweis auf eine kluge Bemerkung Anton Tschechows auf, dass man als Autor versuchen müsse, die seelische Verfassung nicht zu beschreiben, sondern durch die Handlung des Helden begreiflich zu machen.

Thomas Koebner

Literatur: Joseph Campbell: Der Heros in tausend Gestalten. Frankfurt a. M. 1953. [Engl. Orig. 1949.] – Syd Field: Das Handbuch zum Drehbuch. Übungen und Anleitungen zu einem guten Drehbuch. Frankfurt a. M. 1991. [Amerikan. Orig. 1984.] – David Bordwell: Narration in the Fiction Film. Madison 1985. – Jean-Claude Carrière / Pascal Bonitzer: Praxis des Drehbuchschreibens. Jean-Claude Carrière: Über das Geschichtenerzählen. Berlin 1999. [Frz. Orig. 1990/93.] – Ronald B. Tobias: 20 Masterplots. Frankfurt a. M. 1999. [Amerikan. Orig. 1993.] – Syd Field: Four Screenplays: Studies in the American Screenplay. New York 1994. – David Lodge: Roman, Theaterstück, Drehbuch. Drei Arten, eine Geschichte zu erzählen. In: Jörg Helbig (Hrsg.): Intermedialität. Theorie und Praxis eines interdisziplinären Forschungsgebiets. Berlin 1998. – Christopher Vogler: Die Odyssee des Drehbuchschreibers. Über die mythologischen Grundmuster des amerikanischen Erfolgskinos. 2., erw. Aufl. Frankfurt a. M. 1998. [Amerikan. Orig. 1998.] – Stuart Voytilla: Myths and the Movies. Discovering the Mythic Structure of 50 Unforgettable Films. Studio City 1999.

Drehbuch (auch: Szenario, Script). Schriftliche Strukturierung einer Handlung, auf deren Grundlage ein Film gedreht wird.

Die Bedeutung des Drehbuchs für die Entstehung und Stilistik eines Films ist in der Filmgeschichtsschreibung, verglichen mit den Untersuchungen über Regie, Kamera und Schauspieler, weitgehend vernachlässigt worden. Dies überrascht, zumal die Rolle des Autors für das Theater immer herausragend war, und hängt vermutlich mit der Genese des Films als eines massenpopulären Gesamtkunstwerks zusammen. In dessen frühester Epoche gab es zunächst keine Drehbuchvorlagen, da die Filme nur eine Länge von wenigen Minuten hatten und sich auf die Sensation weniger improvisierter Bewegungsabläufe konzentrierten, die noch keiner zeitlichen und damit dramaturgischen Strukturierung und Ausarbeitung bedurften. Erst mit den technischen Möglichkeiten, längere Filme mit komplexer Erzählweise herstellen zu können, wurde die Notwendigkeit des Drehbuchs überhaupt offenkundig: mit stichwortartigen Notizen, wie sie die ersten Regisseure (wenn überhaupt) verwendeten, war ein längerer Handlungsablauf mit häufigerem Schauplatzwechsel und zahlreichen Darstellern (auch vom Organisatorischen her) nicht mehr zu bewältigen. Hinzu kam, dass die Filmindustrie (besonders die europäische mit ihrem Ruf nach dem → Film d'Art) sich seit den 10er Jahren verstärkt darum bemühte, das neue Medium als Kunstform auch einem anspruchsvolleren Publikum schmackhaft zu machen und zu diesem Zweck namhafte Schriftsteller als Drehbuchautoren zu engagieren, wie etwa Arthur Schnitzler, Gabriele d'Annunzio oder Ludwig Ganghofer. Allerdings war der Versuch, die Arbeitsweise eines Theaterautors, Opernlibrettisten oder Romanciers auf die Erstellung von Drehbüchern zu übertragen, nur bedingt erfolgreich, erfordert das Medium Film doch eine spezifische, visuell orientierte → Dramaturgie.

Ab 1929 machte der Tonfilm das Drehbuch, jetzt mit → Dialogen statt Zwischentiteln ausgestaltet, als Grundlage des Films endgültig unentbehrlich, zumal auf seiner Basis auch Kalkulation und Drehplan erarbeitet werden. Der formale Aufbau eines Drehbuchs, dem zumeist die Ausarbeitung eines Exposés und eines Treatments vorausgehen, ist etwa seit den 30er Jahren gleich geblieben: der Film wird gegliedert in Segmente bzw. Bilder (mit einleitender Angabe von Ort und Tageszeit, z. B. »Schlosssaal, Innen/Nacht«), die Regieanweisungen (in der europäischen Tradition oft als »linke Seite« bezeichnet), in denen Schauplätze, Atmosphäre, Figuren und der Ablauf von Handlungen beschrieben werden, sind deutlich abgehoben vom Dialog/Ton (der so genannten »rechten Seite«). Heute wird, dem amerikanischen Brauch folgend, der Dialog formal meist nur noch durch einen größeren Einzug vom übrigen Text abgehoben. Im günstigen Fall führt eine intensive Zusammenarbeit von Drehbuchautor und Regisseur (wie z. B. bei langjährigen Teams wie Thea von Harbou und Fritz Lang, Suso Cecchi D'Amico und Luchino Visconti, Jeanie MacPherson und Cecil B. DeMille, I. A. L. Diamond und Billy Wilder) zur kongenialen Umsetzung der Vorlage; der Regisseur bereitet sein Shooting Script vor, in dem das Bild bereits in einzelne Einstellungen unterteilt wird, unter Berücksichtigung der Kamerawinkel, des Lichts usw. und danach meist ein → Storyboard auf der Grundlage des fertigen Drehbuchs.

Abgesehen vom → Autorenfilm, wo Drehbuchautor und Regisseur in Personalunion für das fertige Produkt stehen, ist für das Medium Film als extrem arbeitsteiliger Kunstform die »Autorschaft« des Drehbuchschreibers schwerer auszumachen als die offensichtlichere Arbeit des Regisseurs oder Schauspielers; erst wenige wissenschaftliche Untersuchungen haben sich mit der stilistischen Einheitlichkeit der Scripts so erfolgreicher Autoren wie Carl Mayer, Thea von Harbou, Jean-Claude Carrière, Ben Hecht oder Dudley Nichols befasst.

Besonders in den USA hat sich schon früh die Praxis eingebürgert, Scripts gleich von mehreren Autoren überarbeiten zu lassen, was der Ausprägung eines persönlichen Stils entgegensteht. Dabei haben sich die Script-Berater oder Script Consultants als neuer Berufsstand herausgebildet, vorläufig jedenfalls in den USA. Trotz vergleichsweise guter Entlohnung und erheblichen Prestiges in Fachkreisen bleiben Drehbuchautoren dem Publikum meist unbekannt und haben im Allgemeinen nur geringen Einfluss auf die Umsetzung ihrer Werke, was in Ausnahmefällen dazu geführt hat, dass renommierte Autoren (wie z. B. Billy Wilder oder Preston Sturges) zur Regie überwechselten.

Kerstin-Luise Neumann

Literatur: Stephen Farber: The Writer in American Films. In: Film Quarterly 21 (Sommer 1968). – Richard Corliss: The Hollywood Screenwriters. New York 1972. – Eugene Vale: Die Technik des Drehbuchschreibens. München 2000. [Amerikan. Orig. 1972.] – Syd Field: Das Handbuch zum Drehbuch. Übungen und Anleitungen zu einem guten Drehbuch. Frankfurt a. M. 1991. [Amerikan. Orig. 1984.] – Linda Seger: Das Geheimnis guter Drehbücher. Berlin 1999. [Amerikan. Orig. 1987.] – Jürgen Kasten: Film schreiben. Eine Geschichte des Drehbuches. Wien 1990. – Linda Seger: Von der Figur zum Charakter. Berlin 1999. [Amerikan. Orig. 1990.] – David Howard / Edward Mabley: Drehbuchhandwerk. Köln 1996. [Amerikan. Orig. 1993.] – Jochen Brunow (Hrsg.): Schreiben für den Film. Das Drehbuch als eine andere Art des Erzählens. München 1996. – Christopher Vogler: Die Odyssee des Drehbuchschreibers. Über die mythologischen Grundmuster des amerikanischen Erfolgskinos. 2., erw. Aufl. Frankfurt a. M. 1998. [Amerikan. Orig. 1998.] – Julian Friedmann: Unternehmen Drehbuch. Bergisch Gladbach 1999. – C. P. Hant: Das Drehbuch. Praktische Filmdramaturgie. Erw. Neuausg. Frankfurt a. M. 1999. – Daniela Holzer: Die deutsche Sitcom. Format, Konzeption, Drehbuch, Umsetzung. Bergisch Gladbach 1999. – Oliver Schütte: Die Kunst des Drehbuchlesens. Bergisch Gladbach 1999.

Dritte-Welt-Film. Die so genannten Dritte-Welt-Filme stellen keine eigene künstlerische oder nach ihrer Herkunft nationale Kategorie dar, sondern sind ein in Deutschland gängig gewordener Sammelbegriff für alle Filme, die sich mit der (sozio)politischen Situation in Ländern der – ebenfalls so genannten – Dritten Welt befassen. Hatten sich ursprünglich Länder Afrikas, Asiens und Lateinamerikas selbst in der Bewegung der blockfreien Staaten durch die Bezeichnung »Dritte Welt« von der »Ersten Welt« der westlichen Industrienationen und der »Zweiten Welt« der sozialistisch geprägten Staaten Osteuropas abgrenzen wollen, so wurde ihnen dieser Begriff bald enteignet und im Rahmen der Entwicklungspolitik und -hilfe seitens der Geberländer (in der

»Ersten Welt«) allen Hilfe empfangenden Entwicklungsländern übergestülpt.

Während verwandte Begriffe im europäischen Ausland – »Film du Tiers Monde« in Frankreich oder »Third World Cinema« in England – entsprechende Produktionen dieser Kategorie üblicherweise nur aufgrund ihrer Herkunftsländer zuordnen, also Filme *aus* Afrika, Asien oder Lateinamerika meinen, ist in Deutschland der Ausdruck »Dritte-Welt-Film« so umfassend wie pauschal: Die in zwei Wochen aufgezeichnete Produktion einer Reisereportage für das deutsche Fernsehen gehört ebenso dazu wie der künstlerisch anspruchsvolle und vergleichsweise kostspielige Spielfilm eines Regisseurs aus Burkina Faso. Denn verwendet wird der Ausdruck nahezu ausschließlich von Personenkreisen, die sich als aktiv in der »Dritte-Welt-Arbeit« betrachten und die Filme im Rahmen dieser Arbeit einsetzen wollen. Und dieses Verwertungsinteresse blickt ausschließlich auf die Thematik der Filme, auf das, was man durch sie vermitteln will und kann, und kaum auf künstlerisch-ästhetische Aspekte, geschweige denn auf Produktionszusammenhänge.

Dementsprechend werden viele Filmländer in der so genannten Dritten Welt mit teils langer Tradition gar nicht oder nur ausschnittweise zur Kenntnis genommen. Das augenfälligste Beispiel dafür liefert Indien, ein Land mit langer Kinotradition und mit einem jährlichen Produktionsvolumen von 6000 Filmen den USA durchaus ebenbürtig. Die überwiegend operettenhaft unterhaltenden Hindi-Filme, die Indien in großem Umfang auch ins asiatische und afrikanische Ausland exportiert, kommen gar nicht erst nach Deutschland. Künstlerische Werke wie die des indischen Regisseurs Satyajit Ray gelangen gelegentlich in die Nachtprogramme des deutschen Fernsehens, aber kaum durch Verleihe ins Kino. Sobald aber ein westlicher oder indischer Dokumentarfilmer (was letzterem nur selten möglich wird) gesellschaftliche Konflikte in Indien aufgreift und Armut auf dem Land oder die Not von Slumbewohnern am Rande der Städte schildert, wird das Ergebnis als »Dritte-Welt-Film« eingeordnet und dank der Promotion vor allem durch karitative Einrichtungen womöglich breit verwertet.

Dieser nutzungsorientierte Blickwinkel hat lange Tradition und greift inzwischen längst auch auf Produktionsmöglichkeiten einheimischer Filmemacher in Afrika, Asien und Lateinamerika durch. Einige Beispiele aus der Historie: Als in den frühen 60er Jahren die ersten Filminteressierten in Schwarzafrika – viele damals angeleitet von dem französischen Ethnographen Jean Rouch – zur Kamera griffen, konnten Kopien früher Werke von der damaligen Deutschen Afrika-Gesellschaft in der Ära Brandt/Eppler 1969 aus Mitteln des Entwicklungshilfeministeriums angeschafft werden. Als einer der ersten Filmkreise entdeckte kurz darauf die Bundesarbeitsgemeinschaft der Jugendfilmclubs e. V. diese neu entstehenden Filmländer und veranstaltete 1973 in Volkersberg (Rhön) eine Jahrestagung mit dem bezeichnenden Titel »Afrika heute – im Film«. Dabei wurden übrigens afrikanische Produktionen gleich um einige deutsche Features ergänzt, um das Afrika-Bild abzurunden.

Eine noch bis Ende der 70er Jahre in allen öffentlichen Bildstellen vorherrschende Kolonialdemagogik der angebotenen Filme über Entwicklungsländer führte zur Gründung medienpädagogischer Initiativen, die das gesamte Material sichteten, bewerteten und schließlich Leitfäden für einen seriösen, kritischen – und selbstkritischen! – filmischen Umgang mit den entsprechenden Ländern entwickelten. Vor allem aber wurde die verstärkte Einbeziehung von Produktionen aus den Ländern selbst gefordert als Dialogmöglichkeit mit deren authentischer Selbstsicht. Der damals einschlägige, unabhängige Verleih Cine Terz warb konsequenterweise mit dem Slogan »Filme aus der Dritten Welt – Realitäten aus der Welt, von der wir leben«.

In Frankreich hatte die Beschäftigung mit Filmen aus Afrika, Asien und Lateinamerika nicht weniger sendungsbewusst begonnen. So hat sich der französische Publizist Guy Hennebelle in den 70er Jahren einen Namen gemacht mit Kompendien des afrikanischen und arabischen Films, die betitelt waren als »Guide des films anti-imperialistes« (»Führer des antiimperialistischen Films«). Doch bald schon gab es in Frankreich eine heftige öffentliche Kritik am »Tiersmondisme«, der »Drittweltlerei«, die vor allem von namhaften Philosophen geführt wurde. In deutscher Sprache sind die Thesen nachzulesen bei Pascal Bruckner, dessen Polemik »Das Schluchzen des weißen Mannes« 1984 veröffentlicht wurde: »Es gab wohl eine Dritte Welt, aber sie war nur ein Abbild unserer Welt. [...] Auf der politischen Ebene entsprach die Dritte-Welt-Solidarität jener Verirrung der Leidenschaft, die die Moralisten seit jeher anprangern: der narzisstischen Liebe, der gefälligen Liebe, die unfähig ist, ihr direktes Objekt zu benennen.« Als Folge der Kontroverse um den »Tiersmondisme« wurde Guy Hennebelle bei den Filmemachern, die er mit seiner Publizistik hatte fördern wollen, zur Unperson. Ferid Boughedir, eine der führenden Kräfte des tunesischen Films, erkannte schließlich: »Guy Hennebelle hat dem arabischen Film einen Bärendienst erwiesen.«

Obwohl eine vergleichbare Auseinandersetzung um die Dritte-Welt-Bewegten in Deutschland nie stattgefunden hat, erfolgte aber auch hier seit den frühen 80er Jahren ein spürbarer Rückzug vom »Dritte-Welt«-Begriff. Allerdings: Ob Abwärtsdifferenzierung in Richtung »Vierte« und »Fünfte« Welt, scheinbare Versachlichung wie »Nord-Süd«, ob Verbrüderungsterminologie wie »Eine Welt« oder Irritationsversuche wie mit dem Namen »alle(r)weltskino«, all diese Bemühungen können die tief verinnerlichten Zugangsbarrieren zu fremden (Film-)Kulturen kaum verbergen.

Die politische Wende und Wiedervereinigung Deutschlands bewirkte ab 1991 einen drastischen Schwenk der Interessen- und Orientierungsachse von Nord-Süd nach West-Ost. Wahrscheinlich hatte die politische Wende und Neuorientierung nach Osten auch ihr Gutes, da sie half, den Dritte-Welt-Begriff zu sprengen. Neue filmische Horizonte taten sich auf, auch fremde Kulturen: Georgien, Tadschikistan, Kirgisien

usw. Mehr noch: Ein Film wie *Geld für Brot* von Serap Berrakkarasu über das buchstäbliche Nebeneinander von Türkinnen und Wanderarbeiterinnen aus Mecklenburg-Vorpommern in einer Lübecker Fischkonservenfabrik macht deutlich, dass »Dritte Welt« überall zu finden ist, auch in Deutschland.

Ralph Sikau

DVD (Digital Versatile Disc). Von ihrem äußeren Erscheinungsbild entspricht die DVD, mit 12 bzw. 8 cm Durchmesser und einer Dicke von 1,2 mm, einer handelsüblichen CD. Während die CD, als digitaler Datenträger, eine Speicherkapazität von 680 bis 800 Megabyte besitzt, finden auf einer DVD bis zu 17 Gigabyte Bild- und Tondaten in digitaler Form Platz. DVD, bislang ein reines Abspielmedium (die ersten DVD-Brenner für den Heimgebrauch sind noch unerschwinglich), erweist sich im Gegensatz zu den quasi-digitalen Medien wie der Video-CD, der (von Philipps entwickelten) CD-I und der Laserdisc als qualitativ höherwertige und flexiblere Variante des Homeentertainments: Die Bild- und Tonqualität der Formate Video-CD und CD-I sind unwesentlich höher einzuschätzen als bei einem herkömmlichen Videoband, wobei auf einer Laserdisc zumindest der Ton digital, das Bild hingegen nur analog vorliegt. Kinoqualitäten wie ein gestochen scharfes Bild, das selbst in extremen Helldunkelkontrasten immer noch homogen und ruhig ist, einen klaren und ausgeglichenen Ton in den Formaten Dolby Surround, Dolby Digital, Digital dts Sound bis hin zu dem wegweisenden, von Lucas Arts entwickelten, THX Sound bietet bislang, neben dem Film, nur die DVD.

Um die gigantische Datenmenge, eine Sekunde Bildmaterial entsprechen 158,20 Megabyte, zu komprimieren, wird für die Herstellung von DVDs das Datenkompressionsverfahren MPEG 2 verwendet. Bei diesem Verfahren werden die Daten komprimiert und digital kodiert, wobei im Vergleich zu anderen Verfahren, wie dem JPEG-Verfahren, das primär für die Kompression von Bilddateien und deren Versand im Internet verwendet wird, eine brillante Bildqualität gewahrt bleibt. Je nach Kompressionsrate passen auf eine normale DVD zwei, auf eine (zweischichtige) Dual-Layer-DVD und eine (zweiseitige) Two-Sided-DVD vier und auf eine (zweischichtig und zweiseitig beschriebene) DVD-18 ganze acht Stunden Bildmaterial in hervorragender Qualität. Da die meisten Filme diese Obergrenze von acht Stunden unterschreiten, wird der verbleibende Speicherplatz in einigen Fällen mit Informationen ausgefüllt, die über den eigentlichen Film hinausgehen. Auf einigen DVDs finden sich neben dem Film aufschlussreiche Dokumentationen, Making-ofs, Interviews, geschnittene Szenen, Fotogalerien, Storyboards oder das komplette Drehbuch des Films. Der Zugriff auf die verschiedenen Features der DVD gestaltet sich über interaktive Menüs, eine Benutzeroberfläche. Neben der bestechenden Bild- und Tonqualität, dem nicht immer gelungenen Bonusmaterial, zeichnen die Möglichkeit der exakten Reproduktion des Breitwandformats des Films und die Wahlmöglichkeit von bis zu sechs verschiedenen Tonspuren, die den Ton in verschiedenen digitalen Formaten, den Kommentar des Regisseurs oder den isolierten Soundtrack beinhalten können, sowie die Auswahl von Untertiteln in bis zu 32 verschiedenen Sprachen dieses digitale Medium in seiner noch nicht erschöpften technischen Vielseitigkeit aus.

Daniel Schössler

E

Einstellungsgrößen. Die Kamera als Auge des Betrachters stellt das Blickfeld her und begrenzt es zugleich. Das Publikum kann durch die Kamera vom Geschehen distanziert werden und einen größeren Überblick erhalten als die einzelnen Figuren (neutrale oder objektive → Perspektive), es kann aber auch in die Handlung einbezogen sein und mit einer Spielfigur für eine kurze Weile gleichsam verschmelzen – dann übernimmt die Kamera den Standpunkt dieser Figur und das Publikum sieht gleichsam durch die Augen einer Person auf deren spezifische Umwelt. Um den Eindruck dieser subjektiven Perspektive zu erreichen, genügt es oft, wenn sich die Kamera in herausgehobenen Momenten an die Stelle der Figur setzt, mit ihr mitbewegt, oder wenn eine Figur sich im Spiegel betrachtet. Mit der Perspektive verbunden ist auch jeweils eine besonders strukturierte Umwelt, wobei diese besondere Strukturiertheit bei subjektiven Perspektiven natürlich eher auffällt oder beim Dreh absichtsvoll (auch durch die → Ausstattung) hergestellt werden muss. Perspektive und Bildausschnitt (→ Cadrage, → Frame) werden in Abhängigkeit vom → Drehbuch entschieden, das Vorschläge zu Einstellungsgrößen äußern kann, unmittelbar oder mittelbar. Wenn es im Drehbuch beispielsweise heißt: »Sie rüttelte an der Tür«, kann dies in folgende Einstellungen aufgelöst werden: Totale auf die Person, die an der Tür rüttelt, Schnitt: Großeinstellung auf die Klinke, an der die Hand heftig rüttelt. In der Phase der Vorbereitung können die Einstellungsgrößen mittels kleiner Skizzen im so genannten → Storyboard festgehalten werden.

Je nach Bildausschnitt werden folgende Einstellungsgrößen unterschieden:

1) Totale (Supertotale [Extreme Long Shot, ELS] und normale Totale [Long Shot, LS])

Zu Beginn der Filmgeschichte ist die Totale die vorherrschende Einstellung gewesen, unabhängig von allen technischen Bedingungen, bestätigte sie doch das Publikum in einer herkömmlichen und vertrauten Seherfahrung: die Figuren als Ganzkörper vor Augen, aus einer bestimmten, selten veränderten Distanz betrachtet (in den frühen Ateliers bestand gewöhnlich ein Abstand von fünf bis sieben Metern zwischen der Kamera und der jeweils abgedrehten Szene). Diese Einstellung wiederholt den Blick auf die Bühne: Das abgefilmte Geschehen ereignet sich wie hinter einer unsichtbaren Rampe. Die Totale verheißt auf diese Weise den Anschein von Objektivität, da der Überblick über den Schauplatz gewährleistet, die Figur in die Umwelt eingeordnet zu sein scheint. Diese Einstellungsgröße wird meist so beschrieben, dass ein Mensch von normaler Größe ungefähr die Hälfte der Höhe des Bildkaders einnimmt. Als Medium Long Shot (MLS) gilt eine Einstellung, die ein kleineres Bildfeld hat, aber doch noch die Figuren ganz von Kopf bis Fuß zeigt.

Die Supertotale ist erst zur Geltung gekommen, als die Aufnahmen im freien Raum üblich geworden sind. Objekte wie Berge, Wüsten, Meereslandschaften, monumentale Stadtarchitekturen usw., in und neben denen die Menschen nur noch als kleine Wesen vorkommen, verlangen die Supertotale als passende Einstellung, die das Pathos der Szenerie zur Geltung bringt. David W. Griffith hat als einer der Ersten den grandiosen Effekt der Supertotale entdeckt, z. B. in den Schlachtszenen in *Die Geburt einer Nation* (1915), die die Kameras von Billy Bitzer u. a. von weit oben, quasi aus den Rängen abgehobener Zuschauer, ›dokumentieren‹. Bei Establishing Shots ist in manchen Genres, etwa dem Western, ein Panoramaschwenk verbunden mit einer Supertotalen üblich, um die Weite des Raums zu verdeutlichen, in dem die Handlung sich nun abspielen wird. Bei Establishing Shots besteht auch die Möglichkeit, sich von der Supertotalen anzunähern, bis die Kamera unmittelbar vor einer der Figuren des Spiels innehält: Mit dieser virtuosen, oftmals durch mehrere Schnitte aneinander gebundenen ›Überbrückung‹ des Raums (die in etwa der

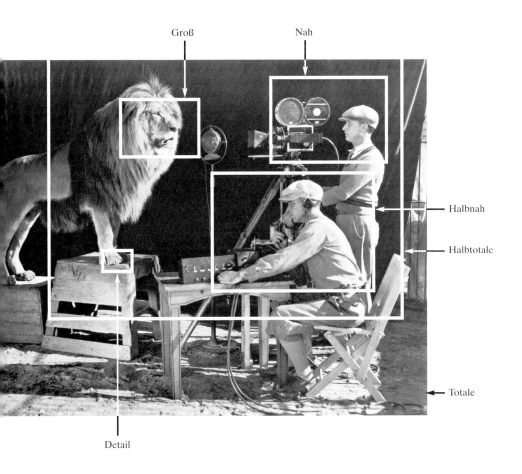

literarischen Beschreibung entsprechen würde: »In einer großen Stadt stand ein Haus, in dessen vierzehntem Stock ein Mann arbeitete, der knapp über dreißig war und Baxter hieß«) eröffnen Filme wie Alfred Hitchcocks *Psycho* (1960) oder Billy Wilders *Das Appartement* (1960), wo dem Blick auf die New Yorker Skyline in absteigender Einstellungsgrößenordnung der Blick auf ein Bürogebäude folgt, dann der Blick auf ein Großraumbüro, bis die Kamera schließlich den Hauptdarsteller, den Büroangestellten Baxter, ins Auge fasst. Der Eindruck der Supertotale verstärkt sich noch dadurch, dass sie meist von einer hochgelegenen Position (Vogelperspektive, High-Angle, oder Flugaufnahme) und dazu noch mit einem Weitwinkelobjektiv aufgenommen wird.

Nach einer konservativen, wenngleich erprobten Montageregel wird meist ein neuer Handlungsort durch eine Supertotale, zumindest durch eine Totale eingeführt, damit das Publikum einen bestimmten Raum erkennt, eine bestimmte Szenenanordnung, in der sich das Konfliktpotential der Handlung über das Spiel der Figuren entwickeln kann. Beim so genannten Master Shot nimmt man eine komplizierte Szene zunächst einmal durchgehend aus der Totalen auf, um später dann verschiedene nähere Einstellungen ergänzend hinzuzufügen.

2) Halbtotale, amerikanische Einstellung (Medium Shot, Mid Shot, MS)

Bei dieser Einstellungsgröße wird das Verhältnis Mensch zu Bildgrenze besonders wichtig. Die Halbtotale kann den Schauspieler bis zu seiner vollen Größe zeigen, meist aber wird sie bereits beschnitten, und zwar von unten her. Als »amerikanische Einstellung« wird die Kadrierung bezeichnet, die die menschliche Figur vom Kopf bis zu den Knien zeigt. In dieser Einstellung scheint noch eine Balance zwischen der Bedeutung der Figur und der ihrer Umwelt gegeben zu sein, doch gewinnen die Figur und ihr Handeln – raumgreifende Gesten fallen besonders auf, zumal wenn die Figur dabei still steht – wachsende Bedeutung. Für das Fernsehen ist der Medium Shot eine beliebte Kompromisslösung, da in einem begrenzten Raum alle Handlungen der meist passiv an einem Ort verharrenden oder nur geringfügig sich bewegenden Darsteller erfasst werden – und bereits die mimischen Ausdrücke, die feineren Zeichen ihrer Emotionen lesbar sind. In der Praxis des klassischen amerikanischen Kinos gibt cs oft den Sprung auf der Blickachse von der Halbtotalen zur Halbnahen, um die Aufmerksamkeit auf die Figuren zu konzentrieren.

3) Halbnah, nahe Einstellung (Close Shot, CS)

Einstellungen, die sich den Figuren so weit nähern, dass sie vom Gürtel an aufwärts (oder auch vom Gürtel an abwärts) sichtbar sind. Dabei rückt die Naheinstellung so auf die Person zu, wie es die unterschiedlichen sozialen Konventionen für den Umgang zwischen einander Fremden gerade noch zulassen. Außer dem Kopf ragen auch die obere Brusthälfte, die Schultern, der Ansatz der Arme ins Bild. In der Malerei würde man von einem Porträtformat oder einem Brustbild sprechen. Bei der Inszenierung von Dialogen, die meist nach dem Schuss-Gegenschuss-Verfahren die Köpfe hintereinander montiert, bevorzugt man solche halbnahen oder nahen Einstellungen: Das Augenmerk wird von Umweltelementen nicht weiter abgelenkt, die Physiognomie, die Accessoires des Kostüms, die Art der Schminke, die Frisur, also alle persönlichkeitsnahen Elemente spielen jetzt eine größere Rolle als der Schauplatz. Entsprechendes gilt für den Two-Shot. Diese Einstellungsgröße ist mehr durch eine Handlungssituation als durch die Distanz der Kamera zum Geschehen definiert, doch werden immer zwei Akteure gezeigt, die aktiv oder passiv miteinander verbunden sind. Die wachsende Anzahl der ins Gespräch oder ins Geschehen eingebundenen Personen (Three-Shot, Four-Shot usw.) macht auch ein erweitertes Blickfeld nötig.

4) Großaufnahme (Close-up, CU)

Die Großaufnahme bricht gleichsam in die Persönlichkeitssphäre einer Person ein, sie rückt dem Gesicht so nahe, wie man es nur bei intimen Begegnungen gewohnt ist. Dafür ist nun jede Regung, jeder Wimpernschlag genau zu erkennen. Die Großaufnahme kann den Abstand zum menschlichen Körper wie auch zu Gegenständen noch verringern und heißt dann Detailaufnahme (Extreme Close-up). In der frühen Filmtheorie ist sie eine besonders gewürdigte Einstellungsgröße, da sie in Analogie zum Mikroskop oder zur Porträtkunst die feinsten Spuren oder Veränderungen in der Mimik zu registrieren half und auf den unverhohlenen, ja ›schamlos‹ zudringlichen Blick der Kamera aufmerksam machte, der die Intensität der Beobachtung zugleich steigerte und die Reflexion dieser extremen Annäherung aufdrängte. Übrigens wird die Großaufnahme erst viel später gewohnheitsmäßig verwendet, als man glaubt: Noch bis Ende der 10er Jahre dominieren die Naheinstellungen auf Figuren und Gesichter. Im amerikanischen Melodram (vor allem bestimmt durch die Arbeit von Griffith) kommt es zu einer besonderen Beleuchtung von Frauen in Großaufnahme: Hinterlicht und Kantenlicht auf der Frisur und ›gesoftetes‹ Seitenlicht geben dem Gesicht von Lillian Gish in *Welt im Osten* (1920) einen ätherischen Schimmer, eine gewisse Glanzaura – selbst in Szenen, in denen sie äußerste Verzweiflung spielen muss. Noch heute gilt zwar als Faustregel, dass sich die schauspielerische Arbeit bei Großaufnahmen (aber bereits für Nahaufnahmen gilt dies) minimalisieren muss, indem sich das Gesicht ›entleert‹, um das Publikum dazu anzureizen, aufgrund des Handlungszusammenhangs den Ausdruck bestimmter, gar nicht so deutlich artikulierbarer Gefühle im Gesicht wieder zu finden. Ein Beispiel für diese ›Entleerung‹ des Ausdrucks ist etwa die abschließende Großaufnahme von Greta Garbo in der Rolle der Königin Christine im gleichnamigen Film (1935, R: Rouben Mamoulian). Bereits die Gish unter der Regie von Griffith bewies indes, dass auch heftige Gefühle und Anzeichen höchster Erregung in der Großaufnahme umsetzbar sind. Mehr als ein Virtuosenstück ist z. B. Carl Theodor Dreyers *Die Passion der Jungfrau von Orléans* (1928): Die Kamera saugt sich sozusagen in langen Großaufnahmen am Gesicht der Darstellerin Maria Falconetti in der Rolle der heiligen Johanna fest und bezeugt die kontrastiven Ausdrucksbilder der ängstlichen Unruhe und der seligen Gefasstheit, ebenso die Übergänge zwischen diesen beiden mimischen Grundformen in Dreyers Charakteristik der Figur.

Die Großaufnahme wurde von jüngeren Regisseuren der 80er und frühen 90er Jahre aus dem Grunde verachtet, weil das Fernsehen mit seiner Tendenz, ›Talking Heads‹ zu präsentieren, diese Einstellungsgröße angeblich völlig abgenutzt, ästhetisch und moralisch korrumpiert habe. Neuere Produktionen wie etwa Tom Tykwers *Der Krieger und die Kaiserin* (2000) beweisen, dass Großaufnahme und Entdeckung des Gesichts einer Spielfigur nach wie vor zu den subtilsten Techniken der Kinematographie gehören: Tykwer fragmentiert gleichsam das Gesicht seiner Hauptdarstellerin Franka Potente, rückt ihm durch die Kamera mit einer so zärtlichen Behutsamkeit nahe – wie ein Liebender sonst nur im realen Leben –, als solle man den Duft der Haut einatmen und sich ganz und gar mit dieser Figur identifizieren dürfen.

Filmgeschichtlich gibt es mehrere Versuche, durch Trickeffekte den Eindruck einer Großaufnahme herzustellen: z. B. dient die so genannte Irisblende dazu, Umfeld wegzublenden und das Blickfenster so weit zu verengen, dass zum Schluss meist nur ein Gesicht oder Gegenstand übrig bleiben, die auf diese Weise wie in einer Quasi-Großaufnahme erscheinen.

In der Moderne ist es durchaus üblich geworden, Einstellungsgrößen pointiert zu verschränken – z. b. hat der Italowestern der 60er Jahre mit dem Effekt gespielt, in eine Totale oder Supertotale ganz nahe vor der Kamera von links oder rechts das Gesicht einer Figur ins Bildfeld hineintreten zu lassen, sodass die Totale sofort zu einer Großaufnahme ›umkippt‹ oder genauer: zu einer Komposition beider Einstellungsgrößen innerhalb eines Bildkaders. Fahrten und Zooms verändern die Einstellungsgröße genauso wie der Wechsel feststehender Objektive von unterschiedlicher Brennweite bei gleich bleibender Kameraposition: Ein Arrangement von Figuren und Dingen, durch ein Weitwinkelobjektiv (z. B. 28 mm Brennweite) betrachtet, kommt dem Eindruck einer Totalen nahe, dasselbe Arrangement durch ein Teleobjektiv (mit der Brennweite von etwa 205 mm) verengt merklich den Bildausschnitt und verändert ebenso deutlich die Proportionen der Dinge untereinander, vor allem in der Tiefenstaffelung (die hinteren Begrenzungen des Raums werden plötzlich größer und nahe herangerückt).

Mit den Einstellungsgrößen ist oft unterschiedliche Dauer der Einstellungen verbunden: Großaufnahmen, vor allem Extreme Close-ups auf Gegenstände (wie etwa die erwähnte Klinke, an der die Hand rüttelt), können viel kürzer gehalten werden als Totalen und Supertotalen, da hier das Auge die Weite des Raums mit seinen möglicherweise zahlreichen Details erst allmählich erfassen kann. Eine beschleunigende Montage wird fast immer den Wechsel von weiteren zu engeren Einstellungen wählen, während umgekehrt der Wechsel von Großaufnahmen zu Totalen meist automatisch mit einer Verlangsamung des Erzählablaufs verbunden ist. Die Aufeinanderfolge von Totalen würde einen objektiven und zugleich gemäßigten Erzählstil kennzeichnen, während das Beharren auf Nah- und Großeinstellungen oft stakkatoartig und demonstrativ wirkt.

Der Umschnitt von einer Totalen auf eine Nah- oder Großaufnahme entspricht offenbar dem natürlichen Bedürfnis des Publikums, der Szenerie näher zu rücken und einen Verständnisschlüssel für den nun folgenden Vorgang zu erhalten: Es wird in die mit diesem verdeutlichenden Einstellungswechsel eröffnete Handlung einbezogen. Nach dieser Logik haben bereits frühe Filme die Einstellungen hintereinander gestellt: Edwin S. Porter schneidet in *Gay Shoe Clerk* (1903) in eine Totale eines Schuhsalons eine Großaufnahme eines Frauenschuhs, der gerade angepasst wird. Man kann diese Verschiebung als Konkretisierung und auch als Personalisierung der Erzählung deuten: Denn in den seltensten Fällen geht es nur um die Geschichte des Schuhs, sondern um die Geschichte des- oder derjenigen, die mit diesen Schuhen hantieren – als Schuhverkäufer oder als Kunden.

Julia Gerdes / Thomas Koebner

Literatur: Joseph V. Mascelli: The Five C's of Cinematography. Hollywood 1965. – Barry Salt: The Early Development of Film Form. In: John L. Fell (Hrsg.): Film Before Griffith. Berkeley / London 1982. – Steven D. Katz: Die richtige Einstellung. Zur Bildsprache des Films. Frankfurt a. M. 1998. [Amerikan. Orig. 1991.] – Mike Crisp: The Practical Director. London [u. a.] 1993.

Entfesselte Kamera. Der Kameramann Karl Freund schnallte für *Der letzte Mann* (1924) von F. W. Murnau die Kamera an seinem Körper fest und fuhr so auf einem Fahrrad aus einem gerade im Erdgeschoss ankommenden Aufzug in die Empfangshalle eines Hotels hinaus. Auf diese Art konnte Freund die Abwärts- mit der Vorwärtsbewegung vereinen, ohne dass das Filmmaterial geschnitten oder überblendet werden musste. Später im selben Film ahmte Freund mit der Kamera das Schwanken eines Betrunkenen nach und fing so die Subjektive des torkelnden Portiers ein. Es entstanden bewegte Bilder, wie sie das Kinopublikum weder gekannt noch für möglich gehalten hatte – Bilder einer entfesselten Kamera.

Bisher hatte die → Kamera stets auf einem Stativ gestanden oder war auf einem rasenden Zug (Phantom-Rides) oder einem Auto befestigt gewesen; in der Frühzeit der Kinematographie vermied man selbst Schwenks (immerhin sind schon welche in Edwin S. Porters *Der große Eisenbahnraub*, 1903, zu finden), um ein erschütterungsfreies Bild zu gewährleisten. Die Kamera saß bereits auf Schienenwagen im frühen italienischen → Monumentalfilm, bei David W. Griffith und in deutschen Nachkriegsproduktionen wie *Scherben* (1921) oder *Sylvester* (1923) von Lupu Pick. Doch erst mit ihrer Entfesselung entfaltet sich das raumerschließende Element der Kamera bis hin zu ihrer Verselbstständigung. → Bewegung, nicht nur vor der Kamera, sondern Bewegung der Kamera selbst wurde zu einem weiteren Spezifikum des Films.

Abel Gance in Frankreich riskierte noch mehr. Für *Napoleon* (1927) montierte er die Kamera auf einer riesigen Schaukel, die über die Menschenmenge hinwegsauste, um mit schwankenden Bewegungen die Unruhe bei der Beratung des Konvents oder den Tumult bei den Bällen der Pariser Gesellschaft zu vermitteln, er schnallte einem Schauspieler die Kamera um, damit sie vor dessen Brust im Rhythmus der Marseillaise mitvibrieren konnte usw. Alfred Hitchcock liebte bereits in den 30er Jahren (in seiner englischen Periode) komplizierte Kranfahrten, die große Säle durchmessen konnten.

Inzwischen gehört der Einsatz von Dolly, Handkamera oder → Steadicam zu jeder größeren Filmproduktion. Rasante Fahrten, Reißschwenks, extreme Zooms und schnelle Schnittfolgen sind aus der filmischen Erzählung kaum noch wegzudenken. Spätestens mit der Ästhetik des → Videoclips hat sich ein extremes Tempo von Kamerabewegung und Montage als eine der Dynamik des gegenwärtigen Erlebens angemessene Erzählkonvention durchgesetzt.

Stefanie Weinsheimer

Literatur: Jerzy Toeplitz: Geschichte des Films. Bd. 1: 1895–1928. Berlin 1972. – Lotte H. Eisner: Die dämonische Leinwand. [1955.] Erw. und überarb. Neuausg. Frankfurt a. M. 1975. – Robert Müller: Lichtbildner. Zur Arbeit des Kameramanns. In: Gleißende Schatten. Kamerapioniere der zwanziger Jahre. Berlin 1994.

Episch, dramatisch, lyrisch, dokumentarisch. Die in der Literatur traditionell vorwaltende Dreiteilung der Gattungen in epische, dramatische und lyrische gilt nicht für den Film, da sich hier zahlreiche → Genres mit eigenen Regeln ausgebildet haben, entsprechend bestimmter Handlungstypen, Figurenkonstellationen und Schauplätzen. Doch zur Beschreibung eines → Stils ist die Unterscheidung durchaus tauglich – zumindest in gewissen Grenzen.

Als episch ließe sich ein Stil beschreiben, der weitgespannte Spannungsbögen, reichverzweigte Fabeln mit etlichen Episoden, ruhiges Erzähltempo aufweist, Einzelschicksale in einen großen Zusammenhang einordnet, oft zu historischen Krisenzeiten spielt, um das Individuum mit den Zwängen der Geschichte zu konzentrieren (im Amerikanischen dient der Ausdruck »Epic Film« oft zur Kategorisierung solcher historischer Ausstattungsfilme).

Dramatisch könnte ein Stil heißen, der sich knapp an die Haupt- und allenfalls noch eine Nebenhandlung hält, die Zahl der Figuren einschränkt und ein rasches Erzähltempo mit vielen kurzen Spannungsphasen wählt, die sich zusätzlich zur übergeordneten Spannung ergeben, eine steigernde Wiederholung des Verlaufsmusters: Notlage und Rettung oder der Zwang zur Rätsellösung. Landschaftseinstellungen, behagliche Totalen wird man in der dramatischen Filmerzählung seltener finden, dafür aber Beschleunigungstechniken, wie die Parallelmontage, auch Standardsituationen wie die → Last Minute Rescue.

Lyrisch könnte ein Filmstil heißen, der auffällige und wechselnde Rhythmen wählt, der subjektiven Perspektiven viel Platz einräumt und seine Protagonisten nicht ununterbrochen zum Handeln zwingt, sondern ihnen wie auch der Kamera Zeit zur Kontemplation lässt: Da erhalten alltägliche Dinge in der beliebten Naheinstellung unversehens tiefere Bedeutung, Ansichten eines heiteren Frühlingstages oder eines trübe verhangenen Abends verwandeln sich zu Seelenbildern, die gleichsam den inneren Zustand einer Figur wiedergeben. Sonst vielleicht als beiläufig geltende Impressionen erschließen einen zweiten, tieferen Sinn der Bilder, die sichtbare Welt wird zum Zeichen, zur → Metapher.

Der dokumentarische Gestus lässt sich vor allem mit dem lyrischen Stil verbinden – in der scheinbar absichtslosen Aufzeichnung von Dingen und Vorgängen, die das Objektiv im Visier hat –, er besteht aber unabhängig davon als bedingte Erzählweise, die sich an der Logik der äußeren Welt oder an dem Prinzip der Recherche orientieren muss.

In der Praxis werden sich die verschiedenen Stilarten, wie sie hier kursorisch beschrieben worden sind, zu vielfältigen Kombinationen vermischen.

Thomas Koebner

Epischer Film. Häufig verwandte Bezeichnung für Filme, die in weit ausholender Form (epischer Breite) und breit angelegter Hintergrundschilderung historische oder legendäre Ereignisse über einen längeren Zeitraum behandeln. Die Entwicklung der Protagonisten tritt dementsprechend häufig hinter der Darstellung der Geschehnisse zurück, auch der exotischen Milieus.

Am Anfang des epischen Films steht der frühe italienische → Monumentalfilm. Giovanni Pastrones *Der Untergang Trojas* (1911) orientiert sich in seiner Schilderung der mythischen Ereignisse direkt an der epischen Vorlage der »Ilias« und wurde dem Publikum als »epopea cinematografica« präsentiert. Der erfolgreiche und für die frühe Entstehung relativ lange Film zeigte dabei neben einer hohen Zahl an Mitwirkenden auch monumentale Architektur und stand so am Anfang einer Reihe von immer aufwendigeren und längeren Produktionen mit mythischen oder historischen Themen. An deren Ende stand in Italien *Cabiria* (1914), ebenfalls von Pastrone, dessen Erfolg in den USA großen Einfluss auf die amerikanische Filmproduktion ausübte. Während in Europa der Erste Weltkrieg den aufwendigen Großproduktionen die finanziellen Mittel entzog, entstand in den USA durch David W. Griffith der ideologisch umstrittene, aber erfolgreiche epische Film *Die Geburt einer Nation* (1915), der sich auf die Seite der amerikanischen Südstaaten und ihres Rassismus schlug. Der ein Jahr später entstandene Film *Intoleranz*, dessen vier Episoden in Babylon, in Palästina zur Zeit Christi, im Paris der Renaissance und im Amerika der Gegenwart spielen, wurde hingegen zu einem finanziellen Misserfolg und veranschaulichte das erhöhte Risiko, das die Filmgesellschaften mit den aufwendigen → Ausstattungsfilmen eingingen. Dennoch blieb der epische Film ein beliebtes Genre, und der amerikanischen Filmtheorie galt besonders der → Western als typischer Vertreter des epischen Films.

In den 50er Jahren kamen mit der Entwicklung von → Breitwandformaten einige der frühen epischen Filme als → Remake wieder auf die Leinwand, so gewann *Ben Hur* (1924, R: Fred Niblo; 1959, R: William Wyler) neben der ausholenden Erzählweise und opulenten Ausstattung auch visuelle Breite. Es entstanden aber auch nach den → Bibelfilmen neue Großproduktionen – wie David Leans *Lawrence von Arabien* (1962), die die Figur des ›heroischen‹ Einzelgängers im »Eisgang« der Geschichte auf den Prüfstand setzten, während sie Urlandschaften wie die Wüste, unberührbar und unveränderlich durch jegliches Heldentum, in ihrer wahren Größe erschlossen. In Griechenland schuf Theo Angelopoulos mit *Die Wanderschauspieler* (1975) ein Beispiel für einen Film mit epischer Erzählweise, dessen Handlung nicht in mythischer oder historischer Zeit spielt, sondern von der jüngeren griechischen Vergangenheit handelt, in die sich die Einzelschicksale einbetten: historischer ›Roman‹ und Familiensaga zugleich.

Peter Ruckriegl

Literatur: Louis Giannetti: Understanding Movies. Englewood Cliffs 1972. – Irmbert Schenk: Die Anfänge des italienischen Monumentalfilms. In: Werner Faulstich / Helmut Korte (Hrsg.): Fischer Filmgeschichte. Bd. 1. Frankfurt a. M. 1994. – Gottfried Schlemmer: Das frühe Filmepos. In: Werner Faulstich / Helmut Korte (Hrsg.): Fischer Filmgeschichte. Bd. 1. Frankfurt a. M. 1994.

Episodenfilm. Mehrere in sich geschlossene, von einem Regisseur inszenierte Kurzfilme, die in ihrer Gesamtheit der durchschnittlichen Länge eines Spielfilms entsprechen. Zeichnen für diese meist inhaltlich-motivisch miteinander verknüpften Episoden verschiedene Regisseure verantwortlich, spricht man von einem Omnibus-Film. Bereits 1916 realisierte D. W. Griffith mit *Intoleranz* einen in vier verschiedenen Epochen angesiedelten Episodenfilm, in dem die Geschichte nicht mehr durch eine Rahmenhandlung eingefasst und in Beziehung gesetzt wird, sondern sich thematisch-historische Bezugspunkte der Epochen zueinander über die Montage konkretisieren. Grundsätzlich ist eine Unterscheidung zu treffen zwischen dem Episoden- bzw. Omnibus-Film und episodisch erzählenden Filmen, die sich durch einen elliptischen Erzählgestus auszeichnen. Letztere Gattung wurde maßgeblich von Robert Altman mit seinem Film *Nashville* (1975) geprägt. Mit Präzision, Eleganz und Virtuosität führt Altman 24 Charaktere, die einander finden und verlieren, begehren und entsagen, achten und verachten, durch das Mekka der amerikanischen Volksmusik. Er spinnt scheinbar lose Handlungsfäden, die parallel laufen, sich kreuzen oder kaum berühren und verwebt sie mit spielerischer Leichtigkeit zu einem kunstvollen Muster der Befindlichkeiten. Wiederum die Stadt als gemeinsamen Handlungsraum wählten die italienischen Regisseure Michelangelo Antonioni, Federico Fellini u. a. für ihren Liebesreigen in *Liebe in der Stadt* (1953), während bei vergleichbaren Omnibus-Produktionen wie *Boccaccio 70* (1961) und *Hexen von heute* (1966), an denen u. a. Pier Paolo Pasolini und Luchino Visconti mitwirkten, mehr oder minder sinnliche Frauenporträts die Grundlage der Episoden bildeten.

Beim Episodenfilm finden sich oft Novellen und Shortstorys als Vorlage. Robert Altmans *Short Cuts* (1993), basierend auf den Kurzgeschichten von Raymond Carver, hingegen gibt die Geschlossenheit der literarischen Vorlage, somit die der Episoden, zu Gunsten einer offenen Dramaturgie, die mit der von *Nashville* korrespondiert, auf. Ferner lässt sich im Episodenfilm ein ausgeprägter Hang zur Ort-, Zeit- und Objektfixierung ausmachen. In dem Omnibusfilm *New Yorker Geschichten* (1989) verleihen die Regisseure Martin Scorsese, Francis Ford Coppola und Woody Allen in mitunter kurzweiligen Episoden ihrer subjektiven Wahrnehmung New Yorks Ausdruck. In Jim Jarmuschs *Night on Earth* (1991) ist es die Gleichzeitigkeit der weltweit unterschiedlich situierten Episoden, die den Zusammenhang herstellt, und in François Girards *Die rote Violine* (1998) gar die besagte Violine, die, epochenübergreifend weitergegeben wird und die Geschichten derer, die sie berührt haben, in sich zu tragen scheint. Nicht selten hingegen sind es inhaltliche Motive, etwa eine kollektive Leidens- oder Verlusterfahrung, wie sie Atom Egoyan auf sensible und eindringliche Weise in seinem Drama *Das süße Jenseits* (1997) thematisiert, die den Ausgangspunkt der Erzählung und das Bindeglied zwischen den Episoden bildet.

Daniel Schössler

Erzählen. Kommunikative Übermittlung von realen oder erdachten, imaginären Handlungsabläufen. Ursprünglich war die Sprache (zunächst in gesprochener, bald auch in geschriebener und literarisierter Form) das dominierende Medium für das Erzählen. Die kulturelle Etablierung des Films an der Wende zum 20. Jahrhundert ging mit dessen Entwicklung zum neuen Medium für das Erzählen einher. Schon einige der frühesten Stummfilme (wie *Der begossene Gärtner*, 1896, der Brüder Lumière) wiesen Züge elementarer Narration auf. Zunächst dominierte jedoch noch die unmittelbare Attraktion der präsentierten Bildinhalte, weshalb die Phase der frühen Kurzfilmprogramme auch als »cinema of attraction« (Gunning) bezeichnet wird. Bald bildete sich indes die Praxis langer Filme aus, übergreifend strukturiert durch eine wesentlich komplexere Geschichte – das »cinema of narrative integration« (Gunning). In Verbindung damit entwickelten sich Techniken der Bildführung und Montage sowie Darstellungskonventionen, die es ermöglichten, die zeitliche Ordnung, Kausalität und Motivierung der Handlungen vor allem über die Bildebene zu vermitteln. Theoretiker des Stummfilms erklärten den weitgehenden Verzicht auf geschriebene Zwischentitel sogar zum Ideal. Durch den späteren Tonfilm wurden dann – vor allem mit der gesprochenen Sprache – die narrativen Möglichkeiten des Films noch einmal erweitert. Das klassische Kino gilt als Haupterbe der literarischen Erzähltradition des 19. Jahrhunderts; es befriedigt ähnliche Bedürfnisse nach Erzählung mit ähnlich strukturierten Geschichten.

Folgerichtig werden Filme heute auch durch eine in literaturwissenschaftlicher Tradition wurzelnde Erzähltheorie (Narrativik) untersucht (→ Dramaturgie). Das ist sinnvoll, solange die audiovisuelle Qualität des Films, die Sagen und Zeigen verbindet, dabei nicht gedanklich auf das Modell der Literatur reduziert wird. Die von Bordwell vorgeschlagene, an die strukturalistische Literaturtheorie angelehnte Differenzierung von drei Aspekten für die Erzählanalyse stellt einen Versuch dar, dieses Problem zu lösen. Er unterscheidet zwischen der Fabel (oder Story), einem Abstraktionsprodukt, das die kausale Kette der wesentlichen Ereignisse zeitlich linear angeordnet als verbale Synopsis wiedergibt, und dem Sujet (oder Plot), bei dessen Beschreibung es um die tatsächliche Anordnung der Ereignisse in der Erzählung geht (→ Formalismus). Während diese beiden Konstrukte von der jeweiligen Medialität der Erzählung (Literatur oder Film) abstrahieren, ist der dritte Aspekt, der → Stil, unmittelbar an die Materialität des jeweiligen Mediums gebunden. Denn bei der Analyse des Stils geht es um die Beziehung der Erzählinhalte zum systematischen Gebrauch der filmischen (oder literarischen) Mittel.

Insbesondere die Begriffe »Story« und »Plot« haben sich als zentrale Instrumente der Narrativik etabliert. Gilt doch vielen Theoretikern (vgl. Chatman und Metz) die Entfaltung einer erzählten Ereignisfolge in der neuen Zeitordnung der medialen Repräsentation als Hauptspezifikum des Erzählens überhaupt. So manipulieren nahezu alle Narrationen die Zeitlichkeit der erzählten Handlung, und zwar in zweierlei Hinsicht: einerseits, was die Reihenfolge der Abläufe, andererseits was deren Dauer betrifft. Die Narrativik differenziert zwischen erzählter Zeit und Erzählzeit. In Hinsicht auf die Zeitdauer ist die Raffung eine grundsätzliche Technik des Erzählens. Die Filme fassen größere Zeiträume durch Zeitsprünge zwischen den Szenen zusammen. Besonders auffällig sind in klassischen Filmen Montagesequenzen kurzer Schnittbilder oder auch konventionelle Formen wie rasch drehende Uhrzeiger oder davonfliegende Kalenderblätter usw., die den in der Erzählung gerafften Fluss der Zeit symbolisieren. Aber auch Zeitdehnungen sind nicht selten. Sie werden z. B. durch das Hin- und Herschneiden zwischen verschiedenen Orten mit paralleler Handlung errreicht, wobei derselbe Zeitablauf am anderen Ort teilweise wiederholt wird. Insbesondere → Thriller oder → Katastrophenfilme verwenden Techniken der Dehnung gern, um an Höhepunkten die Spannung zu verstärken. Sie können aber auch – wie bei den durch zahlreiche Schnitte übertrieben gedehnten Stürzen vom Hochhaus in *Hudsucker – Der große Sprung* (1994, R: Joel Coen) – der Betonung des Grotesken dienen. Geläufig ist die Veränderung der zeitlichen Reihenfolge der erzählten Ereignisse. So werden in den Spannungsgenres gern Ereignisse zurückgehalten und erst später präsentiert, um so das Interesse und die Spannung zu forcieren. Konventionelle Techniken zur Veränderung der zeitlichen Sequenz sind Rückblenden und (seltener) Vorausblenden, die schon früh – etwa in David W. Griffiths *Die Geburt einer Nation* (1915) – verwendet wurden.

Theoretisch umstritten für den Film ist die Frage nach dem Erzähler. Unter anderem, weil Spielfilme arbeitsteilig produziert werden und weil sie vielfach ihren Charakter als narrative Konstruktion durch Scheinobjektivierung des Geschehens verwischen, fällt es schwer, *den* Erzähler eindeutig zu definieren. Einige Filmtheoretiker (vgl. Bordwell) verwerfen daher die Frage nach dem Erzähler. Dennoch spürt der Zuschauer hinter dem Film einen Brennpunkt der narrativen Organisation, eine ›erzählende Instanz‹, die meist mit der Person des Regisseurs identifiziert wird. Vom Problem des Erzählers zu trennen sind Erzähler- und Kommentarstimmen im Film (→ Kommentar / Voice-over), die ebenso wie die Filmfiguren lediglich Funktionen des Erzählens sind.

Abzuheben vom externen Erzähler (und seiner Position zum Geschehen) ist auch die Frage nach internen Erzählperspektiven, nach der »Fokalisierung« (vgl. Genette). So können Filme ihr Geschehen wechselnd aus der Perspektive verschiedener Erzählfiguren erzählen, ohne dass eine dieser Fokalisierungen privilegiert wird. Ein klassisches Beispiel für solch polyphones Erzählen bietet Orson Welles mit *Citizen Kane* (1941). Hier werden die Titelfigur und ihr Handeln aus ganz unterschiedlichen Wahrnehmungen und Erinnerungen durch andere Figuren des Films konstruiert. Vom Problem der Fokalisierung ist im Film schließlich das des → Point of View (der Bestimmung einzelner Einstellungen als Blickinhalt von Figuren) theoretisch abzugrenzen, der nicht mit der jeweiligen Fokalisierung des Erzählens identisch sein muss.

Viele Kritiker und auch einige Theoretiker (vgl. Branigan) identifizieren mit dem Begriff »Erzählkino« häufig eine bestimmte Organisationsform filmischen Erzählens. Nämlich jene, die auf einem kanonischen Storymodell beruht mit Anfang, Mitte und Schluss, mit durchgehender Konfliktlage und Figurenkonstellation, und die dem nahe kommt, was Bordwell – auch in Hinsicht auf die visuelle Präsentation – als »classical narration« fasst. Die im Autorenkino besonders der 60er Jahre üblichen Abweichungen von diesem Typus werden dann gern als Auflösung des Erzählens interpretiert. Christian Metz plädierte demgegenüber dafür, »dass uns das neue Kino, weit davon entfernt, die Erzählung zu verlassen, verschiedene verzweigtere, komplexere Erzählungen beschert hat«. Es erscheint sinnvoll, auch diese Filme als historische Formen des Erzählens zu untersuchen.

Jörg Schweinitz

Literatur: Christian Metz: Semiologie des Films. München 1972. – John Fell: Film and the Narrative Tradition. Norman 1974. – Seymour Chatman: Story and Discourse: Narrative Structure in Fiction and Film. Ithaca 1978. – David Bordwell: Narration in the Fiction Film. Madison 1985. – Tom Gunning: Das Kino der Attraktionen. Der frühe Film, seine Zuschauer und die Avantgarde. In: Meteor. Texte zum Laufbild 4 (1996) [Amerikan. Orig. 1986.] – Joachim Paech: Literatur und Film. Stuttgart 1988. – Seymour Chatman: Coming to Terms. The Rhetoric of Narrative in Fiction and Film. Ithaca/London 1990. – Edward Branigan: Narrative Comprehension and Film. London / New York 1992. – Gérard Genette: Die Erzählung. München 1994. – Jörg Schweinitz: Zur Erzählforschung in der Filmwissenschaft. In: Eberhard Lämmert (Hrsg.): Die erzählerische Dimension. Eine Gemeinsamkeit der Künste. Berlin 1999.

Essayfilm. Filmform, die – in Anlehnung an den aus der Literatur stammenden Gattungsbegriff (von frz. »essai« ›Versuch‹) –, zwischen den Gattungen → Dokumentar- und Spielfilm steht, weil der Autor und Regisseur seine Themen aus dem Zwang der Erzählmuster und der Recherche herauszulösen und in bewusst subjektiver Weise darzustellen versucht, wobei er unterschiedliche Perspektiven einnimmt, sich ebenso auf verschiedene Spielarten der Vermittlung und unterschiedliche Genreregeln einlassen kann. Der Essayfilm hat daher als ein offenes Werk zu gelten, da er bei seinen Reaktionen auf Zufälle, seiner manchmal zerstreuten Aufmerksamkeit, seiner Suche nach Zusammenhängen eine künstlerische Freiheit beansprucht, die sich Konventionen entzieht. Zu diesen Konventionen zählen auch die Prinzipien der Kohärenz, der Kausalität oder Kontinuität von Raum und Zeit. Der Essayfilm riskiert dagegen sprunghafte Wechsel in Raum und Zeit. Eine spezifische Kombinatorik fällt im Essayfilm auf: Es kommt ihm auf die Herstellung von Analogien und Oppositionen an, auf die Bildung von Bildmetaphern oder zumindest von Bildern, die zum Reflektieren auffordern, die eine vielsinnige, eine oberflächliche und eine tiefere Bedeutung enthalten. Nicht selten vollzieht die Montage auch Assoziationen des Autors/Regisseurs nach und ist dafür bereit, die äußere Handlung in fragmentarische Vorstellungen, Eindrücke, Erinnerungsbilder und bewusst manipulatorische Bildfügungen zerfallen zu lassen. Ein Beispiel: In Hartmut Bitomskys *Das Kino und der Tod* (1988) wird das Verglimmen einer Zigarette mit dem Sterben eines Menschen verglichen. Diese Parallelbildung schafft ein neues »Spannungsverhältnis« (Möbius) zwischen Begriffen und Vorstellungen, das durch Scharfsinn und Scharfsicht entstanden ist und die entsprechenden Qualifikationen auch den Zuschauern abverlangt. Der Essayfilm umkreist immer wieder das Problem der Abgrenzung zwischen ›außen‹ und ›innen‹: Kann Außenwelt als Spiegel der inneren Befindlichkeit dienen oder nicht?

Der große Anteil an freischweifenden Reflexionen im Essayfilm braucht häufig die Stimme eines Erzählers, der als Erklärer der gezeigten Bilder auftreten kann. Ob in Form von vorgelesenen Briefen, Tagebüchern, erlebter Rede, innerem Monolog oder Stream of Consciousness – die Tonebene hat so viel Gewicht wie die Bildebene. Die Bilder neigen dazu, sich als Beweisstücke oder als Objets trouvés, als Fundstücke, dem Gedankengang des Autors unter- oder einzuordnen. Der Essayfilm kann schließlich den Wirklichkeitscharakter des Kommentars wie der Bilder selbst ironisch aufheben oder verfremden. Auf der Suche nach authentischer Erfahrung schärft sich der Sinn, das Gehör und die Optik, für das Nicht-Authentische, für Denkfloskeln und Bildfloskeln. In *Sans Soleil – Unsichtbare Sonne* (1983), einem vielbeachteten Meisterwerk des Essayfilms, leitet der französische Regisseur Chris Marker das Nachdenken über das Wirkliche, das Beständige, das Unvergessliche als einen Prozess der Selbstfindung ein. Der Film über afrikanische Märkte, japanische Maskenrituale auf nächtlichen Straßen usw. wird durch die selbstkritischen Erinnerungen und Briefe einer fiktiven Figur (die mit Marker identisch ist) in einer eigentümlichen Schwebe zwischen Vergangenheit und Gegenwart gehalten. Die Bilder, mal präsentiert als Dokumente, mal als Visionen, lassen einen vielfältigen Sinn erkennen oder verharren manchmal in rätselhafter unerschließbarer Dichte. In diesem Umgang mit einer nie völlig ergründbaren Wirklichkeit, soweit sie Eingang in Bildern und in Erinnerungen gefunden hat, auch im Umgang mit der Zeit, spontanen Sprüngen zwischen einst und jetzt, beweist sich die Modernität des Essayfilms.

Schon in der Frühzeit der Filmgeschichte bot sich der Mitteilungsform des neuen Mediums eine fundamentale Alternative: Während auf der einen Seite die Brüder Lumière mit ihren Filmen quasi Realität wie vorgefunden abbilden wollten (obgleich die neuere Forschung nachweisen konnte, wie viel Inszenierung in diesen angeblichen Dokumentarfilmen auch steckt), lag es im Interesse von Georges Méliès andererseits, wunderbare Ausgeburten der Phantasie in Filmbildern einzufangen. In den Übergängen zwischen beiden Modellen siedelt sich der Essayfilm an, der in gewisser Hinsicht mit seinen »subjektivistischen« Erzähl- oder Reflexionsimpulsen die frühen großen Dokumentarfilme und ihren vorgeblichen Abbildungsrealismus durchsetzt – wie z. B. in Walter Ruttmanns *Berlin. Die Sinfonie der Großstadt* (1927), einem Film, der keineswegs nur die Chronologie der äußeren Verhältnisse zwischen Morgen und Abend widerspiegelt, sondern auch die innere Lebensform einer Stadt, die Pathologie wie deren Sehnsüchte, in Einstellungen und Montagen übersetzen will. Ruttmanns Film erfüllt bereits die Forderung, die der deutsche Filmavantgardist Hans Richter später an den Essayfilm richtete, nämlich, die »unsichtbare Welt« der Vorstellungen, Gedanken und Ideen sichtbar zu machen (vgl. Blümlinger). Die für den Essayfilm bezeichnende rhapsodische, umherschweifende, zögernde, anspielungshafte Annäherung an einen heiklen Gegenstand – also im Gegensatz zu einer unerschütterlichen Methode ›geometrischer Vermessung‹ der Dinge – prägt auch einen der frühesten Filme über das Unfassliche des Holocaust, Alain Resnais' *Nacht und Nebel* (1956).

Die Diskussion über den Essayfilm wurde in Deutschland durch Alexander Kluge und Edgar Reitz in den 60er Jahren wieder aufgenommen: In *Abschied von gestern* (1966) von Alexander Kluge kündigen sich bereits die assoziative Montage und die bewusste Vermischung von dokumentarisch offenem Blick für den bundesdeutschen Alltag und inszenatorischem Kalkül durch die ›Regie‹ des Erzählers an, eine Stilistik der offenen Form, die sich in späteren Filmen Alexander Kluges, etwa in *Die Macht der Gefühle* (1983) noch viel stärker ausprägt. Auch in den erzählerischen Filmen des französischen Regisseurs Jean-Luc Godard sind Elemente des Essayfilms eingesprengt: verblüffende Konstellationen von Bildern, die Verwendung zahlreicher Zitate, die Selbstreflexivität, die Unterbrechung der Bilderzählung durch Sprachzeichen und andere von der Erzähllinie abweichende ›Angriffe‹ auf die herkömmlichen Abbildungsregeln des ›banalen Realismus‹. Auf der anderen Seite haben sich so strenge Dokumentarfilmer wie Joris Ivens wiederholt der Verlockung der freier sich entfaltenden Essayform hingegeben, Ivens zuletzt in seinem großen Spätwerk *Eine Geschichte über den Wind* (1988), in dem er den Fokus der Darstellung immer wieder auf sich selbst, den greisen Mann an der Grenze zum Tod, richtet, der mitten in der Wüste auf das Aufkommen des Windes wartet – eine unvergessliche poetische Chiffre für die Grenzsituation, ein Gleichnis und doch mehr: ein haftendes, nie restlos ausdeutbares Bild für das Ausgesetztsein des Menschen in einer großen Natur, einer nie ganz fasslichen gewaltigen Welt, in der er nur klein und merkwürdig erscheint.

Thomas Koebner

Literatur: Freunde der Deutschen Kinemathek e. V.: Chris. Marker. Berlin 1965. – Hochschule für Film und Fernsehen der DDR »Konrad Wolf«: Beiträge zur Theorie der Film- & Fernsehkunst. Gattungen. Kategorien. Gestaltungsmittel. Berlin 1987. – Hanno Möbius: Versuche über den Essayfilm. Marburg 1991. – Christa Blümlinger: Schreiben – Bilder – Sprechen. Texte zum essayistischen Film. Wien 1992.

Ethnographischer Film. Eine besondere Gruppe (Genre) innerhalb des Dokumentarfilms: Der ethnographische Film zeigt, beschreibt oder erklärt (fremde) Kulturen oder ausgewählte Aspekte einer (fremden) Kultur. Die Zielgruppe (Zuschauer) ist in der Regel einem anderen Kulturkreis verbunden. Thematisiert werden unterschiedliche menschliche Lebensstile, wobei Arbeit, Werten und Normen eine wichtige Rolle zukommt.

Stehen wissenschaftliche Aspekte und Fragestellungen im Vordergrund, so hat die Ethnologie (Völkerkunde) als Fachdisziplin einen starken Anteil. Handelt es sich um kulturelle Phänomene (in) der eigenen Gesellschaft, betrifft dies vorwiegend das Fach Volkskunde (Europäische Ethnologie, Empirische Kulturwissenschaft); teilweise wird dabei vom kulturwissenschaftlichen Film gesprochen. Umfassender Begriff für die Arbeit mit Film und Foto auf diesen Gebieten ist die »Visuelle Anthropologie«.

Im Idealfall verfügt das Filmteam über hohe künstlerische, technische und ethnologische Kenntnisse. Die Filmkamera wird dabei je nach Zielsetzung als Aufzeichnungsinstrument, als Kommunikationsmittel im Prozess der Feldforschung oder als Katalysator bestimmter gesellschaftlicher Prozesse (Jean Rouch beschrieb dies als »ciné trance«) begriffen und eingesetzt. Das »Aufzeichnen von Daten im Feld« mit Hilfe der Kamera durch »pure Beobachtung« ist nicht mehr die gewünschte und geforderte Form, Andere darzustellen. Die Kamera als Kommunikationsmittel versteht die Filmarbeit als kooperatives Projekt (Konzeption, Filmen, Montage; z. B. Filme von David und Judith MacDougall). Auch in der geschnittenen Filmfassung kann das »Machen« dieser Bilder und die ihr zugrunde liegende Interaktion thematisiert werden.

Spielen wissenschaftliche Aspekte eine untergeordnete oder keine Rolle, so kann sich der ethnographische Aspekt im Sinne einer »Kultur-Beschreibung« auf das Herausstellen kultureller Traditionen und exotischer Aspekte (in der eigenen Kultur: Binnenexotik) begrenzen, weshalb so genannte Reise- und Expeditionsfilme, ja selbst Abenteuerfilme Kenntnisse und Erfahrungen über andere Kulturen vermitteln. Häufig zeigen diese Filme in besonderer Weise »unseren Blick auf die Anderen«.

Ziel des ethnographischen Films ist die Vermittlung und das Verständnis von anderen Lebensweisen und -vorstellungen, das Verstehenwollen einer mehr oder minder fremden Gesellschaft, er gibt eine Vorstellung und Informationen über Menschen in ihren Kulturen, er zeigt Erfahrungen mit den Erfahrungen anderer Leute (Robert Gardner), er repräsentiert das Andere. Stärke des Mediums Film in der Ethnologie: visuelle und auditive Eindrücke können eine Unmittelbarkeit ausmachen und damit eine gewisse Nähe zu den Menschen erzeugen. Dass diese stets vermittelt ist – subjektiver Blick der Filmautoren –, braucht nicht weiter betont zu werden, zumal die »filmische Welt« eigenen Regeln unterliegt: Schnitt, Schnittrhythmus, dramaturgische Elemente, Verwendung von Musik usw.

In der Frühzeit des ethnographischen Films um 1900 begleiteten Kameraleute Expeditionen (z. B. filmte Alfred C. Haddon 1898 Maskentänze auf den Inseln der Torres-Straße), das Filmemachen versteht sich als »Belegstück« und gleicht eher einem Beutezug. Der französische Arzt Félix-Louis Regnault filmte 1895 eine töpfernde Wolof-Frau auf der Kolonialausstellung in Paris und forderte filmische Dokumente zur Ergänzung (musealer) Artefakte, um Erkenntnisse für die physische Anthropologie zu gewinnen. Im Vordergrund standen in dieser frühen Zeit »Bewegungsvorgänge« und traditionelle Kulturen. Bereits der Internationale Völkerkundekongress in Paris im Jahre 1900 forderte Filmarchive für Völkerkundemuseen.

Robert Flahertys Film *Nanuk, der Eskimo* (1922) gilt als erster abendfüllender Dokumentarfilm und ist eine Rekonstruktion des täglichen Lebens der Inuit, eine dokumentarisch angereicherte Fiktion. Der Kartograph und Filmemacher Flaherty hat sich (zwar) nie als Ethnologe verstanden, dennoch verdankt ihm der ethnographische Film entscheidende Anregungen, insbesondere hinsichtlich der Zusammenarbeit von Filmemacher und seinen Akteuren.

Bis in die Zeit nach dem Zweiten Weltkrieg war der ethnographische Film Thema interner Diskussionen innerhalb der Fachdisziplin der Ethnologen. Seine Bedeutung war nicht sonderlich groß, da ethnologische Texte gegenüber visuellen Zeugnissen (Filme, Fotos) eine höhere Wertschätzung erfuhren. Das vorherrschende Paradigma der »schriftlichen Repräsentation der Anderen« geriet seit den 60er Jahren in eine Krise. Durch die Etablierung von Filmveranstaltungen (z. B. seit 1959 Festival dei Popoli in Florenz; Cinéma du Réel in Paris) konnte ein gewisses Interesse der Öffentlichkeit hergestellt werden. Wichtige Anregungen kommen von den Filmautoren Jean Rouch (*Ich, ein Schwarzer*, 1958), John Marshall (*The Hunters*, 1958) und Robert Gardner (*Dead Birds*, 1963). In den 60er Jahren entwickelte sich eine neue Ära des ethnographischen Films; technische Entwicklungen (z. B. Möglichkeit der synchronen Tonaufzeichnung, leichtere technische Geräte) erweiterten die Möglichkeiten des Filmteams und damit auch die Darstellung der gefilmten Menschen. Unter vielen anderen haben David und Judith MacDougall innovativ gewirkt (*Turkana Conversations*, 3 Teile, 1980). In den letzten Jahrzehnten gab es öfter Zusammenarbeit zwischen professionellen Filmemachern und Ethnologen als Kooperationspartner oder Ko-Regisseuren. Die Zusammenarbeit mit Fernsehanstalten wurde auch im deutschsprachigen Raum gesucht und verwirklicht (u. a. Ivo Streckers Hamar-Filme, z. B. *Süsse Hirse*, 1994; *Sorge und Hoffnung im Angesicht der Dürre*, 1994).

Die neuere Diskussion betont den Film als Konstrukt der Wirklichkeit und steht dem »allwissenden bzw. universalen Kommentar« eher ablehnend gegenüber. Die Lebensumstände und -abläufe der gefilmten Menschen interessieren mehr als die Darstellung einzelner ritueller Abläufe. Zahlreiche ethnographische Filmemacher (z. B John Marshall) ergreifen in ihren Filmen bewusst Partei für die gefilmten Menschen und ihren Kampf gegen Vertreibung und Enteignung. Engagierte Filmemacher thematisieren immer wieder die ethische Verantwortung von Ethnologen und fragen nach den speziellen Bedingungen, wie und was gefilmt und welche Form der Darstellung gewählt wird. – Das Institut für den Wissenschaftlichen Film (IWF) in Göttingen verfügt über eine große Sammlung ethnologischer Filme, die zum Verleih zur Verfügung stehen.

In der Volkskunde hat die Filmarbeit seit den 60er Jahren einen Aufschwung genommen. Die erste Kooperation mit dem Fernsehen (Hessischer Rundfunk) realisierte Ingeborg Weber-Kellermann (von 1967 bis 1981, 42 Filmprojekte). Neben dem IWF verwirklicht das Amt für rheinische Landeskunde (ARL) in Bonn regional gebundene Filmprojekte. Ein neues Forum hat sich mit der Gesellschaft für den kulturwissenschaftlichen Film (GfkF) in Göttingen etabliert, die der Diskussion neuen Auftrieb gab (Edmund Ballhaus, Eckhard Schenke). Mit großem Erfolg hat die Schweizerische Gesellschaft für Volkskunde die Zusammenarbeit mit Profi-Filmemachern gesucht (u. a. *Der schöne Augenblick*, von Hans-Ulrich Schlumpf, 1985).

Trotz aller Differenzen und unterschiedlicher Wertungen kristallisieren sich einige markante Punkte für den Film in der Ethnologie heraus: 1) Das Verhältnis der Filmemacher zu den Gefilmten soll auf guten, vertrauensvollen Beziehungen beruhen. Häufig werden die Menschen in die Vorbereitung des Filmprojekts einbezogen. Zweck und Absicht des Filmprojekts sind transparent zu machen, Interaktion und Kommunikation stehen im Vordergrund: Dialog des Ethnologen mit den Menschen, bevorzugt wird eher ein kleines Filmteam. 2) Filmemacher sollen Zeit für ihr Filmprojekt haben/mitbringen. Während der Anfangsphase eines Forschungsaufenthaltes sollte eher nicht gefilmt werden, keine (zu) kurze Aufenthaltsdauer im Feld eingeräumt werden. 3) Vertrautheit mit der Kultur, der gefilmten Gesellschaft, ihrer Sprache, den Handlungen und Handlungsabläufen sollte vorhanden sein. 4) Filme sollen auch den Gefilmten vorgeführt werden, neue Aspekte entstehen durch Feedback und Reflexion (z. B. Beate Engelbrechts Mexiko-Filme, veröffentlicht im IWF). 5) Erwünscht/notwendig sind Begleitveröffentlichungen, Daten und Hintergrund zur Entstehung des Films, ethnographische Literatur, didaktische Hilfen.

Walter Dehnert / Sonja Speeter-Blaudszun

Literatur: Paul Hockings (Hrsg.): Principles of Visual Anthropology. Den Haag / Paris 1975. – Karl Heider: Ethnographic Film. Austin/London 1976. – Margarete Friedrich [u. a.] (Hrsg.): Die Fremden sehen. Ethnologie und Film. München 1984. – Rolf Husmann (Hrsg.): Mit der Kamera in fremden Kulturen. Aspekte des Films in Ethnologie und Volkskunde. Emsdetten 1987. – Visual Anthropology 1987 ff. [Zs., hrsg von Paul Hockings; international ausgerichtet.] – Paul Hockings / Yasuhiro Omori (Hrsg.): Cinematographic Theory and New Dimensions in Ethnographic Film. Osaka 1988. – Eva Hohenberger: Die Wirklichkeit des Films. Dokumentarfilm. Ethnographischer Film. Jean Rouch. Studien zur Filmgeschichte. Hildesheim [u. a.] 1988. – Jack R. Rollwagen (Hrsg): Anthropological Filmmaking. Chur [u. a.] 1988. – Reinhard Kapfer / Werner Petermann / Ralph Thoms (Hrsg.): Jäger und Gejagte. John Marshall und seine Filme. München 1991. – Rolf Husmann / Ingrid Wellinger: A Bibliography of Ethnographic Film. Münster/Hamburg 1992. – Paul Stoller: The Cinematic Griot. The Ethnography of Jean Rouch. Chicago/London 1992. – Robert M. Boonzajer Flaes / Douglas Harper (Hrsg.): Essays on Visual Anthropology and Sociology. Amsterdam 1993. – Peter Loizos: Innovation in Ethnographic Film. From Innocence to Self-Consciousness 1955–1985. Chicago 1993. – Walter Dehnert: Fest und Brauch im Film. Der volkskundliche Film als wissenschaftliches Dokumentationsmittel. 2 Tle. Marburg 1994. – Sonja Speeter: N / um Tchai-Trance und Heilung. Analyse eines ethnographischen Filmes von John Marshall. Göttingen 1994. – Edmund Ballhaus / Beate Engelbrecht (Hrsg.): Der ethnographische Film. Einführung in Methoden und Praxis. Berlin 1995. – Marcus Banks / Howard Maorphy: Rethinking Visual Anthropology. London 1997. – Ilisa Barbash / Lucien Taylor: Cross-Cultural Filmmaking. Berkeley / Los Angeles 1997. – Walter Dehnert: Bibliographie zum volkskundlich-kulturwissenschaftlichen Film. Marburg 1998. – David MacDougall: Transcultural Cinema. Princeton 1998. – Edmund Ballhaus (Hrsg.): Kulturwissenschaft, Film und Öffentlichkeit. Münster [u. a.] 2001.

Exilfilm. Exilfilme entstehen immer da, wo Autoren, Regisseure und andere Filmschaffende außerhalb ihrer Ursprungsländer ihrem Beruf nachgehen müssen, weil eine Diktatur mit kunstfeindlicher Zensur (das eine bedingt meist das andere) in ihrem Staat herrscht und individuelle wie oppositionelle Produktion verhindert.

Vor allem ist der Exodus von einem Drittel der deutschen Filmindustrie in den 30er Jahren gemeint. Unter dem Eindruck der zunehmenden Macht der Nationalsozialisten und ab 1933 von deren antisemitischer und terroristischer Herrschaft bedroht, haben über tausend Menschen aus der Branche Deutschland verlassen – die meisten, weil sie nach Auffassung der Nazis jüdischer Abstammung waren, etliche aber auch aus politischem Protest. Zu dieser großen Gruppe gehören Regisseure wie Fritz Lang, G. W. Pabst, Max Ophüls, Robert Siodmak und später auch Reinhold Schünzel, Schauspieler wie Conrad Veidt, Fritz Kortner, Peter Lorre, Oskar Homolka, Paul Henreid, Felix Bressart, Elisabeth Bergner, Kameraleute wie Eugen Schüfftan, Karl Freund, Curt Courant oder Franz Planer, Komponisten wie Erich Wolfgang Korngold, Franz Wachsmann, Friedrich Holländer, Werner Richard Heymann oder Robert Stolz, Drehbuchautoren wie Walter Reisch, Filmagenten wie Paul Kohner, ferner Filmarchitekten, Cutter, Toningenieure, Kinobetriebsbesitzer, Kaufleute usw. Der Weg der meisten Emigranten führte, soweit sie nicht für eine Weile nach Österreich, Frankreich oder England ausweichen konnten, nach Hollywood, wo etliche, ähnlich wie frühere Einwanderer (Ernst Lubitsch, Otto Preminger, Billy Wilder, Fred Zinnemann u. a.), die Chance erhielten, nach Überwindung aller bürokratischen Hürden ihre Arbeit fortzusetzen. Geringere Widerstände für gewöhnlich mussten Regisseure, Kameraleute und Komponisten überwinden, während Autoren und zumal Schauspieler weit größere Hemmnisse vorfanden, um sich zu etablieren. Etliche Akteure mussten sich in den 40er Jahren wegen ihres deutschen Akzents ausgerechnet dazu bereit finden, Nazis darzustellen, vor deren mörderischer Gewalt sie geflohen waren. Nur einige wenige Emigranten aus dem Dritten Reich kehrten nach dem Krieg nach Deutschland zurück, wie z. B. Erich Pommer, der sich als Filmoffizier darum bemühte, die deutsche Filmindustrie in der amerikanischen Zone wieder aufzubauen. Andere wandten dem Hollywood-System wegen der Unvereinbarkeit der Arbeitsmethoden und des Verständnisses von Filmkünstlern früher oder später den Rücken zu: Ophüls etwa, der nach 1945 vor allem Filme in Frankreich drehte, Siodmak oder Lang, die jedoch in der Bundesrepublik unter mediokren Produktionsverhältnissen selten an ihre früheren Leistungen anknüpfen konnten. Einige kommunistische Emigranten, z. B. Gustav von Wangenheim, wichen vor Hitler nach Moskau aus. Soweit sie den Terror Stalins überstanden, suchten sie nach dem Krieg den Weg vornehmlich in die DDR. Die Bedrohung durch das Dritte Reich zwang auch Filmschaffende aus benachbarten Ländern, die vorübergehend von deutschen Truppen besetzt wurden, zur Flucht. Dazu zählen etwa die französischen Regisseure Jean Renoir und René Clair, die

Ein Drittel der deutschen Filmindustrie strebte wegen des drohenden oder regierenden Nationalsozialismus ins Exil, die überwiegende Mehrheit von ihnen fand sich in Hollywood ein. Regisseure, Schauspieler, Kameraleute, Produzenten bildeten eine wichtige Komponente kreativer Immigration: Auf diesem Foto aus den späten 30er Jahren sind auf der Couch in Hollywood versammelt: links G. W. Pabst, neben ihm Fritz Lang, dann Peter Lorre, rechts außen Erich von Stroheim, auf der Rückenlehne halb liegend der Schauspieler Joseph Schildkraut. Man könnte sich noch Billy Wilder, Fred Zinnemann oder Robert Siodmak hinzudenken, auch Conrad Veidt – der, typisches Schicksal der Schauspieler, deren deutscher Akzent immer wieder durchklang, in *Casablanca* etwa den Nazimajor Strasser spielen musste. So agierten etliche der emigrierten Schauspieler in Nazirollen des Hollywoodkinos – sie verkörperten gerade jene, vor denen sie geflohen waren, bittere Ironie der Geschichte und der Emigration. Nur Pabst kehrte wieder zurück – aus unterschiedlichen Gründen –, um noch während der 40er Jahre im Dritten Reich Filme zu drehen. Den anderen war eine solche Rückkehr schon dadurch verwehrt, dass sie nach den ›Arierparagraphen‹ im braunen Deutschland als Juden galten.

in ihrer Exilzeit in Hollywood darum kämpften, ihre künstlerische Individualität nicht aufgeben zu müssen.

In der Filmgeschichte ist das Phänomen der Auswanderung nach Amerika seit Beginn des 20. Jahrhunderts – zumal für die europäischen Länder – vertraut: Mihály Kertész, ein schon in Ungarn und Österreich erfolgreicher junger Regisseur, strebte in die USA, um dort als Michael Curtiz zahlreiche Filme zu inszenieren, ebenso wie Ernst Lubitsch oder F. W. Murnau, die Berlin verlassen, um im fernen Kalifornien in einer hoch industrialisierten Filmfabrikation ihre Arbeit fortzusetzen. In diesen Fällen ist der Begriff Exilfilm fehl am Platz, da es sich jeweils um einen nicht politisch erzwungenen Ortswechsel handelt. Dies gilt wahrscheinlich auch für die Überfahrt Alfred Hitchcocks aus dem 1940 vom Krieg überzogenen England nach Amerika.

Die Geflohenen, vornehmlich aus Deutschland und Österreich-Ungarn stammenden Filmschaffenden reagieren in ihren Filmen der 40er Jahre oft sensibler als die einheimischen Kollegen auf die Nazi-Gefahr, lassen sich auf Themen wie Spionagefurcht und Abwehr des totalitären Verbrechens ein, nicht zuletzt auch auf die Not der Exilierten selbst (z. B. in *Das siebte Kreuz* (1944, R: Fred Zinnemann), *Casablanca* (1942, R: Michael Curtiz), *Ministerium der Angst* (1944, R: Fritz Lang), *Auch Henker sterben* (1943, R: Fritz Lang) oder *Sein oder Nichtsein* (1942, R: Ernst Lubitsch). In Exilfilmen schlägt sich oft die ›andere‹ Erfahrung der Emigranten nieder, so dass auch ihre Perspektive auf die gastgebenden Länder mehr oder weniger deutlich von Skepsis oder Dankbarkeit bestimmt sind. Es ist nicht verwunderlich, dass die Emigranten in Hollywood in den 40er Jahren wesentlich bei der Entwicklung des → Film noir beteiligt gewesen sind: Nicht nur ist es leichter gewesen, in den → Low-Budget-Produktionen Arbeit zu finden, das im Film noir um sich greifende Misstrauen gegen eine scheinbar wohlverwaltete Welt, der scharfe Blick für die allseitige Korrumpierbarkeit, die Vorliebe für abgebrühte, desillusionierte Helden und Verliererfiguren, sogar die Amerikaskepsis korrespondieren mit der Erfahrung des Exils und seinen komplizierten Überlebenskämpfen, auch mit der von vielen nie ganz überwundenen Außenseiterposition.

Eine umgekehrte Flucht aus Hollywood setzte übrigens während der Zeit der antikommunistischen Inquisition des von Senator McCarthy hervorgerufenen House Committee of Unamerican Activities Ende der 40er / Anfang der 50er Jahre ein. Es entstand eine Black List von Autoren und Regisseuren, die unter dem Druck dieser Verfolgungsjagd auf angebliche Parteigänger des Feindes im Kalten Krieg keine Arbeitsmöglichkeit mehr finden sollten, jedenfalls zunächst nicht. Einer der prominentesten Emigranten aus McCarthys orthodoxem Amerika ist Charles Chaplin, der seine Rückkehr nach Europa politisch motiviert. Ähnlich verhält es sich beim Regisseur Joseph Losey, der nach England und schließlich Frankreich auswandert, um dort seine Meisterwerke zu drehen.

Thomas Koebner

Literatur: John Russell Taylor: Fremde im Paradies. Emigranten in Hollywood 1933–1950. Berlin 1984. [Amerikan. Orig. 1983.] – Jan-Christopher Horak: Fluchtpunkt Hollywood. Münster 1986. – Kathinka Dittrich: Die deutsche Filmemigration. Amsterdam 1987. – Filmexil 1992ff. [Zs. Hrsg. von Gero Gandert u. a. Berlin/München.] – Christian Cargnelli / Michael Omasta (Hrsg.): Aufbruch ins Ungewisse. 2 Bde. Wien 1993. – Barbara Steinbauer-Grötsch: Film noir und Filmexil. Berlin 1997.

Exploitationfilm. Kein Genre, sondern eine nahezu wertende Kategorisierung, die sich auf Filme bezieht, die aus einer reißerischen Grundidee das Höchstmaß an visuellen Schauwerten beziehen (von engl. »exploitation« ›Ausbeutung‹). Oft dienen aktuelle Ereignisse als Aufhänger und werden in der Inszenierung spekulativ ausgeschlachtet. Allgemein bezeichnet man Filme mit exzessiver Sex- und Gewaltpräsentation als exploitativ (→ Splatterfilm).

Beliebte Themenbereiche sind politische oder weltanschauliche Systeme, die auf Unterdrückungs- und Zwangssituationen basieren, z. B. der Jim-Jones-Kult (*Guyana – Kult der Verdammten*, 1979, R: René Cardona), die deutschen Konzentrationslager (*Ilsa – Die Hündin vom Liebeslager 7*, 1974, R: Don Edmonds) oder etwa der Straßenstrich (*Streetwalkin' – Auf den Straßen von Manhattan*, 1984, R: Joan Freeman). Hier werden Szenarien entworfen, die möglichst viele Gelegenheiten für die Darstellung von Nacktheit, Folter, Vergewaltigung und Exekution bieten. Oft ergeben sich unzusammenhängende Filmreihen, die nachträglich wie Subgenres behandelt werden, z. B. Hexenjägerfilme, Nonnenfilme, Frauenlagerfilme usw.

Eifriger Produzent in diesem Bereich war und ist Roger Corman mit seiner Firma AIP (American International Pictures), der vielen später renommierten Regisseuren im Exploitationsektor eine Einstiegschance bieten konnte, z. B. Martin Scorsese (*Die Faust der Rebellen*, 1972), Francis Ford Coppola (*Dementia 13*, 1964) oder Jonathan Demme (*Das Zuchthaus der verlorenen Mädchen*, 1974). Auch Italien (mit Umberto Lenzi) und Spanien (mit Jesús Franco Manera) zählen zu den Hauptproduktionsländern exploitativer Spielfilme.

Marcus Stiglegger

Literatur: Kim Newman: Nightmare Movies. New York / London 1984. – Splatting Image 1990 ff. [Zs.] – Redeemer 1992 ff. [Zs.]

Expressionismus. War der Expressionismus bis zum Ersten Weltkrieg noch eine relativ abstrakt gegen die Väterwelt gerichtete antibürgerliche Umbruchsbewegung junger bildender Künstler und Schriftsteller, so entwickelte er sich – bedingt durch die Erschütterungen der Kriegserfahrung und der Revolten des Winters 1918/19 – zu einer stark politisch gefärbten breiten Denk-Opposition gegen Staatsautorität, Kapitalismus und Militarismus.

Zeitgenössische Literatur, Malerei und darstellende Künste spiegelten die Bedrohung wider, die die Menschen durch eine scheinbar ins Unendliche wachsende gesichtslose Massengesellschaft erfuhren. Dem ornamentalen Schönheitskult der Jahrhun-

Schatten (1923, R: Artur Robison): Ruth Weyher
Expressionistische Filme in Deutschland arbeiten bevorzugt mit Schatteneffekten – bald auch ironisch –, um eine ebenso ornamentale wie unheimliche Kunstwelt herzustellen, in der die Spielfiguren tief greifende Verstörungen erleben: Sie geraten »außer sich« – dazu passen überzogene, auffällige, oft ekstatische Gesten der Schauspieler. Die Bizarrerie des beliebten Krallenspuks als Schattenriss grenzt aus heutiger Sicht ans Kuriose; wohl nur bei den Klauen von F. W. Murnaus Vampir Nosferatu (im gleichnamigen Film, 1922) bleibt die so zeichenhaft beschworene Angst noch fühlbar.

dertwende hielten die Expressionisten den Anspruch auf die frostig-klare Vermittlung ekstatischer und schreckensvoller Visionen entgegen. Eine aus dem Gleichgewicht geratene Welt zeigte sich oft in apokalyptischen Bildern, deren Wirkung sich auf den ersten Blick, in einer Art ›Deutungsvorhof‹, erschloss. Ein physiognomischer Typus, der ausgemergelte, zu einer Urform des Leidens verwandelte Körper, der exemplarisch in Edvard Munchs schreiendem Menschen (»Der Schrei«, 1895) vorgebildet ist, konnte als Leitmotiv gelten.

Im Unterschied zum Theater mit seinen zahlreichen expressionistischen Dramen und einer entsprechenden Aufführungsstilistik ist Expressionismus als Periodisierungsbegriff für den deutschen Stummfilm ungeeignet. Vielmehr bezeichnet der expressionistische Film ein bestimmtes Stilvokabular und einen begrenzten Themenkreis, die in einigen, erstaunlich wenigen Produktionen der Zeit von ca. 1919 bis 1926, also bis zum deutlichen Vorwalten der Neuen Sachlichkeit, zu bemerken sind (→ Caligarismus). In sichtbarer Anlehnung an die Malerei gibt sich ein expressionistischer Form- und Gestaltungswille – zumal in der Filmarchitektur – zu erkennen: an Abstraktion grenzende Licht- und Schattenlandschaften, vielfach verzerrte Formen, aus der Horizontalen gekippte Bildkompositionen, graphische Dekors, verwirrende, weil unregelmäßige Raumarrangements, schräge und vertikale Linien sowie eine dunkle und eng-unheimliche Stadtkulisse, die sich über schmalen Gassen erhebt.

Die für den expressionistischen Film als typisch geltenden plakativen Schatten wurden besonders zur Darstellung des Unheimlichen, Bedrohlichen, Gruseligen genutzt. Der Schatten von F. W. Murnaus anschleichendem Nosferatu (*Nosferatu – Eine Symphonie des Grauens*, 1922), auf der Wand eines Treppenhauses, figurierte als Menetekel, als Sinnbild sich anschleichender Angst. Ähnliches trifft für den Schatten des mordenden Cesare in Robert Wienes *Das Cabinet des Dr. Caligari* (1920) zu. In der Mehrheit waren die charakteristischen ›Dunkelzonen‹, zumal sie statische Gebilde konturierten, gemalt, da das orthochromatische (nicht für alle Farben empfindliche) Filmmaterial der Zeit noch kein kunstvoll nuanciertes Helldunkel zuließ.

Der expressionistischen Ausstattung entsprach nur selten eine angemessen stilisierte Schauspielkunst. Beispielhaft war hier der Schauspielstil von Werner Krauss, der der Figur des wahnsinnigen Dr. Caligari die bösartige Unauffälligkeit eines schleichenden Bürgerdämons verlieh. Er verkörperte nahezu exemplarisch den Typus des Wahnsinnigen, dessen extrem abweichendes Verhalten auch im schauspielerischen Habitus deutlich erkennbaren Niederschlag findet. Bemerkenswert ist, dass die architektonische Ausstattung vieler expressionistischer Filme unverkennbare Bezüge zur biedermeierlich-romantischen Kleinstadt aufweist. Enge Gassen und sich nahezu berührende gegenüberliegende Häuserfronten (z. B. in Paul Wegeners *Der Golem, wie er in die Welt kam*, 1920, oder in *Das Cabinet des Dr. Caligari*) gestalten Schauplätze einer schauerromantischen Vormoderne und machen Bedrängung und oftmals Auswegslosigkeit in Bildkategorien des vorindustriellen 19. Jahrhunderts sichtbar.

Die Überwindung und Parodie des expressionistischen Films findet bereits in Fritz Langs Film *Dr. Mabuse, der Spieler* (1922) statt.

Julia Gerdes

Literatur: Rudolf Kurtz: Expressionismus und Film. Berlin 1926. – Siegfried Kracauer: Von Caligari zu Hitler. Eine psychologische Geschichte des deutschen Films. Frankfurt a. M. 1979. [Amerikan. Orig. 1947.] – Lotte H. Eisner: Die dämonische Leinwand. [1955.] Erw. und überarb. Neuausg. Frankfurt a. M. 1975. – John D. Barlow: German Expressionist Film. Boston 1982. – Francis Courtade: Cinéma expressioniste. Paris 1984. – Jürgen Kasten: Der expressionistische Film. Abgefilmtes Theater oder avantgardistisches Erzählkino? Münster 1990.

F

Farbe. Eines der wichtigsten Ausdrucksmittel des Films, um eine gewünschte Atmosphäre zu schaffen oder zu intensivieren. Farbe wurde zunächst wegen des »increase of realism« geschätzt, wegen der Verdichtung des Realitätseindrucks. Andere schwärmten davon, dass Farbe auch als eigenständige Strategie filmischer Erzählung zu nutzen sei. Durch die Entwicklung des Dreifarbverfahrens von Technicolor wurde Mitte der 30er Jahre im Kino möglich, was Henri Matisse 1935 »eine große Errungenschaft der Moderne« genannt hatte: »das Geheimnis des Ausdrucks durch Farbe entdeckt zu haben.« Die Farbenpracht von Technicolor war direkte Folge der Entwicklung der Three Strip Beam Splitter Camera, in der »zwei als Bipack kombinierte Filme und ein Einzelfilm im Gehäuse rechtwinklig zueinander angeordnet waren«, damit »über ein teildurchlässiges Doppelprisma im Strahlengang des Objektivs die benötigten drei Farbauszüge deckungsgleich und gleichzeitig aufbelichtet« werden konnten. »Die so von der neuen Kamera aufgenommenen Teilbilder wurden auf die schon vom vorigen Zweifarben-Prozess bekannten Relieffilme kopiert, um als ›Druckstücke‹ für gelben Farbstoff (beim Blauauszug), purpurnen (beim Grünauszug) und blaugrünen (Rotauszug) benutzt zu werden« (Koshofer).

»Farben«, schrieb schon Béla Balázs, haben »eine außerordentlich große symbolische, assoziierende und Empfindungen erweckende Kraft«. Die Versuche im Nachhinein, dieses Symbolische, Assoziative, Emotionale präzise zu entschlüsseln, sind inzwischen Legende. Ganz allgemein sind viele Farben durch einfache Vergleiche definiert, zuallererst durch Vergleiche zur Natur: schwarz wie die Nacht und weiß wie der lichte Tag, rot wie das Blut und blau wie der Himmel, gelb wie die Sterne und grün wie das Gras. Betont gängig sind diese Vergleiche, dazu in unterschiedlichen Kulturen noch unterschiedlich akzentuiert. So bleibt genügend Raum für individuelle Imagination. Die Assoziationen zu den Farben erscheinen darüber als integraler Bestandteil der Farben selbst. Rudolf Arnheim nennt die Farbe »eine höchst wirkungsvolle Dimension des Unterscheidens«. Das menschliche Auge nehme »die Grenzlinien, die die Form von Objekten festlegen«, wahr, indem es sie nach Licht und Farbe differenziere. »Streng genommen sind es Helligkeit und Farbe, denen alle sichtbaren Erscheinungen ihre Existenz verdanken.«

Im Kino wurde Farbe zunächst eher als Attraktion nebenbei gesehen, »als Ornament, als qualité négligeable«, wie Frieda Grafe bemerkte. Dennoch: Bevor man daran dachte, die Farben zu bändigen, indem man sie den Regeln der Konvention unterwarf, auch dem Gebot des Natürlichen, nutzte man sie als Signal und Symbol. Die Färbung im Stummfilm folgte festen Gewohnheiten; ihre »Konventionen gehörten zur Filmsprache, und der Zuschauer nahm sie zumeist unbewusst wahr« (Borde). Über die meist monochrome Einfärbung der Bilder gelang eine Intensivierung der Atmosphäre. Eine bestimmte Gefühlslage wurde ausgebreitet und akzentuiert und die Emotionen des Publikums in die entsprechende Richtung gelenkt. »Das Färben ganzer Filmpassagen«, erklärte Kracauer, sollte »zur Belebung des Bildes im Bereich des Sichtbaren beitragen.« Rötliche Tönung stand für Feuer (und darüber für elementare Leidenschaft); Sepia signalisierte den Tag (oder Lampenlicht); blaue Schattierung blieb der Nacht vorbehalten (und darüber Szenen, die das Treiben von Verbrechern und Liebenden zeigen). »Die verschiedenen Färbungen dienten einfach dazu, Stimmungen zu erwecken, die dem Gegenstand und der Handlung entsprachen.«

In den frühen 30er Jahren ging es in der technischen Entwicklung vor allem um Farbanalogien zur gegenständlichen Realität. Das Kino war auf der Suche nach »Filmen in natürlicher Farbe«, wie die Werbesprüche versprachen. »Farbe sollte [...] nicht länger schön oder brillant sein, sondern sie sollte Menschen und Dingen ihr wahres Gesicht geben« (Borde). Im Nachhinein sind es jedoch nicht die halbwegs gelungenen Versuche, die historisch interessant sind, sondern die fehlerhaften, übertriebenen und exzessiven. Gerade da, wo die Filme durch Farbe besondere Akzente setzen, wo sie den Menschen und Dingen ein ganz eigenes ›Gesicht‹ geben, schimmern jene »märchenhafte Kraft und Pracht« (Kandinsky) auf, die dem Visuellen eine neue Dimension eröffnen. Ein anderes Reich von Magie tut sich auf, das – jenseits irgendeines Bezugs zum Alltäglichen – in erster Linie auf den ästhetischen Ausdruck zielt: auf den Bereich in den Bildern, der ungebändigt bleiben soll von konventionellen (oder gar begrifflichen) Begrenzungen. Von einem »Wahrnehmungsluxus« sprach Frieda Grafe, als sie Farbe im Film näher charakterisierte. Farbe verleihe »den Bildern eine Aura«, sei »eine Erfahrung, die nicht aufgeht in Funktionalität«, sie lasse sich nicht »auf Information reduzieren«.

In → Hollywood blieb die Farbe zunächst auf → Walt Disneys Zeichentrickfilme und auf wenige Genres beschränkt: auf Melos, Musicals und Kostümfilme. Und schon bald setzte der Streit über die Funktion der Farbe ein, über ihre Rolle als repräsentierendes oder dramatisierendes (bzw. akzentuierendes) Gestaltungsmittel; ein Streit, der im Grunde bis heute andauert. Eine unerbittliche Verfechterin realitätsnaher Filme war Natalie Kalmus, Ex-Gattin des Präsidenten von Technicolor und langjährige Farbberaterin für fast alle amerikanischen und englischen Filme in Technicolor. Ihr Einfluss reichte, sofern es um Farbgebung ging, bis ins letzte Detail – vom Dekor im Hintergrund über die Kostüme bis hin zum Makeup. Ihr Credo lautete: »A super abundance of color is unnatural. [...] On the other hand, the complete absence of color is unnatural.« Sie wollte weder allzu blasses Pastell noch allzu grelle Kontraste, sondern harmonische, »natürliche« Töne. Ihr Ideal war davon geprägt, die Farbeigenschaften von Technicolor zu präsentieren und zu unterstreichen. Es liegt auf der Hand, dass visionäre Regisseure, Kameraleute und Ausstatter anderen Idealen folgten. Rouben Mamoulian etwa, der glaubte, »dass Farben auf der Filmleinwand als Emotionen eingesetzt werden sollten«. Doch auch für viele andere war am Anfang Farbe, so Agnès Varda, »Kennzeichen der Dinge, die schöner waren als die Realität. Die ersten Farbfilme waren Luxusfilme.«

1935/36 ist der Gegensatz direkt festzumachen an Rouben Mamoulians *Becky Sharp* und Henry Hathaways *Kampf in den Bergen*. Hathaway suchte vor allem die Landschaft der Blue Ridge Mountains in zauberhaften Farben einzufangen (→ Natur im Film). Die Berge, die Wälder und der Himmel sollten in ihrem Farbenspiel so gezeigt werden, wie es sich sonst allein den Augen vor Ort präsentiert. Mamoulian dagegen folgte seiner Devise, Farben »ihres emotionalen und dramatischen Wertes wegen« einzusetzen. In der berühmten Ballszene, wenn bekannt wird, dass Napoleons Truppen im Anmarsch sind, stellt er seiner Farbdramaturgie sogar die Plausibilität hintan. Um die Emotion von Schwarzweiß bis zum Rot zu steigern, lässt er Wellingtons Offiziere, die eigentlich als Erste hätten aufbrechen müssen, um die Verteidigung ihres Landes zu organisieren, als Letzte den Ball verlassen. »Jeder Schnitt, jedes Bild wurde intensiver in der Farbe. Und wann immer dieser Film gezeigt wird, bemerkt kein Mensch diesen völligen Mangel an [...] naturalistischer Logik.« Vielleicht gebührt *Becky Sharp* deshalb für den Farbfilm der Stellenwert, den *Der Jazzsänger* (1927) für den Tonfilm und *Citizen Kane* (1941) mit seinen tiefenscharfen Bildern für die Ästhetik des filmischen Raums einnehmen: Schnittpunkt eines innovativen Formwandels zu sein. Für Mamoulian steht fest, dass Farben eine bestimmte Wirkung auf Menschen haben, ob nun bewusst oder nicht. Deshalb sucht seine Farbästhetik auch stets den expressiven, den entweder »besänftigenden« oder »erregenden« Effekt.

Andere Farbvisionen Ende der 30er / Anfang der 40er Jahre: etwa bei Fritz Lang, der in seinen Western Farbe nutzte, um die Intensität der Legenden zu festigen; oder bei Michael Curtiz in *Robin Hood, König der Vagabunden* (1938), der mit Farbe überaus deutlich das Verhältnis von Gut und Böse strukturierte; oder Victor Flemings (bzw. David O. Selznicks) *Vom Winde verweht* (1939), der mit grellen Farbkontrasten die emotionalen Effekte ins Maßlose zu steigern suchte. Und zu Hitchcocks realistischer Farbe, die Emotionales suggestiv dirigiert, schrieb Frieda Grafe, sie erzähle »unterschwellig murmelnd eine andere Version der offiziellen Geschichte«. Sie sei »das Übersehene, weil so Vertraute, auf das [...] kein Verlass ist«.

In Deutschland leisten Veit Harlan und sein Kameramann Bruno Mondi Pionierarbeit für die ästhetische Entwicklung des Farbfilms. Nachdem Harlan – als einer der Ersten – mit Agfacolor arbeiten konnte, nutzte er die Farbe sofort für starke Kontraste und derbe Akzente. Auch wenn er wiederholt erklärte, die Farbdramaturgie seiner Filme sei betont »realistisch«, er habe durch die Farbe stets »die Natürlichkeit, die Wirklichkeit steigern« wollen. Seine These: »Der Filmkünstler sollte daran festhalten, dass er kein Maler ist, sondern ein Fotograf.«

Die goldene Stadt (1942) aber, der (historisch gesehen) zweite deutsche Farbfilm, zeigte schon, als Höhepunkt, ein irreales, goldenes Glitzern der Dächer. Postkartenglanz als geträumte Vorstellung. Auch *Opfergang* (1944) hatte klarere Konturen, deutlichere Kontraste. »An der Intensität der Rottöne [...] lassen die dramatischen Höhepunkte sich ablesen« (Grafe). Als Variation zwischen Weiß und Rot lässt sich der Film sehen, wo die Dinge in Bewegung geraten, wo die Emotionen dominieren; als Variation zwischen Schwarz/Dunkelblau und Grau, wo die Geschichte sich verfestigt, wo die Ordnung dominiert.

Harlans Farbästhetik zielte auf dramatische Effekte, die seinen strikten, deutschnationalen Geschichten einen offeneren, ambivalenteren, karnevalesken Sinn unterlegten. Andere Farbvisionäre Mitte der 40er Jahre: Josef von Baky etwa, der in *Münchhausen* (1943) mit Pastellfarben den irrealen Zauber einer bombastischen Abenteuerreise beschwor, Farbe so als puren Ausdruck von Phantasie nutzend; oder Helmut Käutner, der in *Große Freiheit Nr. 7* (1944) Farbe nahm, um der Zeit zu trotzen, um – mitten im Bombenhagel – eine verträumte Atmosphäre von Ruhe und Alltag zu konturieren – Farbe als Mittel der Beschwörung, auf dass auch Nichtsichtbares wieder vorstellbar wird.

Von Anfang an wurden jenseits sinnstiftender Wirkung auch die Momente reflektiert, wo durch Farben die Ikonographie selbst sich signifikant veränderte. Balázs dazu: »Farben [verleihen] den Bildern Tiefe und Perspektive. [...] Es sind nicht mehr zweidimensionale Gebilde, die in einer Fläche ineinander übergehen. Dank den Farben können wir auch im Hintergrund der Bilder Dinge voneinander unterscheiden, die in einem entsprechenden Schwarzweißfilm in einem allgemeinen Nebel verschwammen.« Durch die prononcierte Staffelung der Farben in Vorder-, Mittel- und Hintergrund wäre also die Illusion von Plastizität zu inszenieren oder, wie es Natalie Kalmus bereits 1935 ausdrückte: »the illusion of the third dimension.«

Diese Tiefenwirkung durch die Farbe ermöglicht sehr differenzierte Charakterisierungen von Figuren zueinander, auch von Figuren im Raum. Außerdem sorgt die Farbe für nuancierte Ordnung im Raum, nicht nur im groben Verhältnis von Vorder- und Hintergrund, von Zentrum und Peripherie, sondern gerade auch im Beziehungsgeflecht einzelner Elemente zueinander. Die Farbe »fängt und leitet diskret die Blicke, verknüpft die Dinge und Orte, die sie ergreift, oder treibt sie auseinander. Eine Farbe lässt sich zurückhalten, dann – mit einem Mal – flackert sie auf und mit ihr ein Motiv« (Kohler). Farben konturieren und kontrastieren zugleich, gliedern und strukturieren.

Norbert Grob

Literatur: Natalie Kalmus: Color Consciousness. In: Journal of the Society of Motion Picture Engineers 1935. Nr. 25. – Veit Harlan: Der Forschrittsweg des Farbfilms. In: Film-Kurier. 24. 12. 1943. –

Béla Balázs: Der Film. Werden und Wesen einer neuen Kunst. Wien 1949. – Siegfried Kracauer: Theorie des Films. Die Errettung der äußeren Wirklichkeit. Frankfurt a. M. 1964. [Amerikan. Orig. 1960.] – Agnès Varda: Über Farbe im Film. In: Filmkritik 1968. Nr. 7. – Rudolf Arnheim: Kunst und Sehen. Berlin 1978. – Eric Rohmer: Betrachtungen über die Farbe. Über Geschmack und Farben. In E. R.: Der Geschmack des Schönen. Frankfurt a. M. 2000. [Frz. Orig. 1984.] – Antje Goldau / Hans Helmut Prinzler (Hrsg.): Rouben Mamoulian. Berlin 1987. – Frieda Grafe: Licht im Auge, Farbe im Kopf. In: Süddeutsche Zeitung 20./21. 8. 1988. – Gert Koshofer: Color. Die Farben des Films. Berlin 1988. [Darin: Raymond Borde.] – Frieda Grafe: FarbFilmFest. Berlin 1998. – Michael Kohler: »Mehr Trieb als Bedeutung«. Farbe im Film. In: Filmbulletin 2000. H. 4.

Faschismus und Film. Der Begriff »Faschismus« geht auf die lateinische Bezeichnung »fasces« für ein Rutenbündel mit Beil zurück, das Symbol der Amtsgewalt der Magistrate im römischen Imperium, das vor allem für das Recht des Strafens stand. Der italienische Faschismus, der sich als Renaissance des Imperiums begriff, machte es als »fascio« zum Staatssymbol. In der politischen Theorie bezeichnet Faschismus eine totalitäre Staatsform mit extrem nationalistischen, antikommunistischen, rassistischen, militaristischen und imperialistischen Zügen, beruhend auf der Diktatur eines Führers und einer Partei. Historisch meint der Begriff vor allem die Herrschaft Benito Mussolinis in Italien von 1922 bis 1943 und die Adolf Hitlers im nationalsozialistischen Deutschland von 1933 bis 1945. In beiden Ländern – aber auch in der diesen beiden Staaten ab 1936 verbundenen ›Achsenmacht‹, dem Kaiserreich Japan – wurde im Zuge der Unterordnung der gesamten Kultur unter die Imperative der autoritären Ideologie auch das Medium Film für politische Propaganda instrumentalisiert. Dies geschah durch eine Reorganisation der Filmindustrie, ihre staatliche Förderung und Kontrolle, durch scharfe Zensurbestimmungen und durch die Propagierung regimekonformer Filmstoffe, für die oft ein dezidierter Antimodernismus kennzeichnend ist. Die ökonomischen und politisch-administrativen Maßnahmen der faschistischen Indienstnahme des Mediums sind heute filmhistorisch weitgehend gut erforscht. Zentral bleibt jedoch weiterhin die Frage, ob nicht gerade »der deutsche Faschismus Ästhetik nicht nur usurpiert und sich zu Eigen gemacht« hat, sondern ob er nicht »selbst ein ästhetischer Entwurf von Politik war, der »die Errungenschaften der menschlichen Zivilisation aufs Spiel setzt« (Kreimeier) und sich dabei auch des Massenmediums Film bediente. Das macht allein die etwa tausend Spielfilme, die zwischen 1933 und 1945 in Deutschland produziert wurden, zu einem »verruchten Erbe«, doch es ist zu differenzieren: »Es gab faschistische Filme. Und es gab Filme in Faschismen. Man muss nach der Funktionsform fragen« (Witte).

In den faschistischen Staaten Italien und Deutschland entstanden Filme unterschiedlichster Gattungen und Genres: → Dokumentarfilme und → Wochenschauen, → Historienfilme, die eine mythisch verklärte Vergangenheit zum Vorbild der Gegenwart machten, → Komödien, die abgegoltene Lebensformen ridikülisierten, → Melodramen, die Sehnsüchte entfachten und – überwiegend in Italien und Japan – auch → Kriegsfilme, die direkt die imperiale Politik propagierten.

Die Frage nach der politischen Funktion ästhetischer Gebilde, die in Faschismen entstanden – und vor allem die Frage nach ihrer heutigen Wirkung –, entzündet sich immer wieder neu in Kontroversen über die Filme von Leni Riefenstahl. In seiner klassischen Darstellung einer psychologischen Geschichte des deutschen Films »Von Caligari zu Hitler« (1947) figuriert für Siegfried Kracauer schon *Das blaue Licht* (1932), ein Bergfilm, durch seine antirationale Naturmystik unter den »Pro-Nazitendenzen« der späten Weimarer Republik. Riefenstahls *Triumph des Willens* (1935), der im Auftrag der NSDAP entstandene Film über den Parteitag in Nürnberg 1934, polarisiert bis heute Fürsprecher, die in ihm, in Übereinstimmung mit der Regisseurin, einen brillant gefilmten und montierten Dokumentarfilm sehen wollen, und Gegner, die den Film als ästhetische Meta-Inszenierung einer bereits für die Kameras inszenierten Feier Hitlers begreifen, also als Propagandafilm. Riefenstahls Film jedenfalls konstruiert um Hitler die »Aura des Machtzentrums«, indem er vorführt, »wie unendlich viele Menschen sich von dieser Macht bestimmen und entindividualisiert in Großformationen einpressen lassen« (Koebner).

Klar ist die Funktion der dezidiert rassistischen und antisemitischen Filme, wie sie nur in Deutschland entstanden: von Filmen wie *Die Rothschilds* (1940) und vor allem Veit Harlans *Jud Süß* (1940) und Fritz Hipplers *Der ewige Jude* (1940). Sie stehen in engstem Zusammenhang mit den ersten Deportationen, mit der geplanten und dann durchgeführten Ermordung der europäischen Juden. Während Harlan seine tendenziöse Adaption eines historischen Stoffes nach 1945 damit verteidigte, er habe das bösartige Thema wenigstens auf eine künstlerische Ebene zu heben und damit zu mildern versucht, so zeigt sich mit dem Film Hipplers, dem »niederträchtigsten der antisemitischen Nazifilme« (Courtade/Cadars), klar die Funktionalisierung des Mediums. Hippler war Reichsfilmintendant im Propagandaministerium von Joseph Goebbels, zudem SS-Hauptsturmführer: einer der zahlreichen ›Intellektuellen‹ im Dienst des Nationalsozialismus. Sein vorgeblicher Dokumentarfilm, in dem sich die Assoziation jüdischer Menschen mit Ungeziefer als exterminatorischer Antisemitismus ausweist, belegt, mit welcher Macht die Filmbilder im deutschen Faschismus eingesetzt werden konnten.

Doch selbst der Unterhaltungsfilm ist im Faschismus nicht frei von politischer Funktion. Die Macht der Bilder als massenpsychologischer Faktor war den faschistischen Diktatoren Mussolini und Hitler, war vor allem dem Reichsminister für Volksaufklärung und Propaganda und ›Schirmherrn‹ des deutschen Films, Joseph Goebbels, an der Macht Hollywoods und seiner weltweit populären Filme bewusst geworden: durch Filme ließen sich Ideen und Ideale massenwirksam verbreiten. Vor allem jedoch der politisch agitatorische Impetus der sowjetischen Revolutionsfilme Sergej Eisensteins, dessen *Panzerkreuzer Potemkin* (1925) eine revolutionäre Montageästhetik mit einer klaren politischen Botschaft verband, ließ die faschistischen Machthaber daran glauben, auch sie könnten ihre politischen Ziele dem Film oktroyieren. Die politische Funktion des Films im Faschismus lässt sich beschreiben als die der massenmedial wirksamen Formierung der Bevölkerung zu einer national ethnischen Gemeinschaft durch erzwungene Zustimmung zu ästhetisch-ideologischen Vorbildern.

Als erster faschistischer Diktator organisierte Mussolini ab 1922 eine Filmindustrie nach den Bedürfnissen des Staates um. 1923 wurde in Italien die faschistische Zensur eingeführt, und 1924 verschaffte sich das Regime mit der Übernahme des Istituto Nazionale LUCE ein »Monopol auf gefilmte Informationen«, auf »Dokumentarfilme und Wochenschauen, deren Aufführung Pflicht wurde« (Morandini). Mussolini förderte insgesamt den Film. 1932 gliederte er der Kunstausstellung in Venedig, der Biennale, das erste Filmfestival der Welt an, auf dem in der Folge Filme aus dem nationalsozialistischen Deutschland gezeigt und prämiert wurden. 1937 eröffnete er die → Cinecittà-Studios in Rom. Die Industrie wurde subventioniert, Kinos wurden verpflichtet, ein beständig wachsendes Kontingent an italienischen Filmen zu zeigen, und schließlich wurde, allerdings recht spät, 1934 eine politische Generaldirektion für den Film institutionalisiert. Filmzensur war beständiges Instrument der Repression; allerdings erwiesen sich die 1935 gegrundete Filmschule Centro Sperimentale di Cinematografia und die 1935 und 1937 erstmals erscheinenden Filmzeitschriften »Cinema« und »Bianco e Nero« als »wahre Schmieden der fortschrittlichen Filmidee« (Toeplitz). Hier konnten sich subversiv gegen das eskapistische Unterhaltungskino der »Telefoni bianchi«, der ›weißen Telefone‹, einer Spielart des bourgeoisen Melodrams und der Komödie, und gegen die das Imperium verherrlichenden Historienfilme die Konzepte entwickeln, die zum Neorealismus (→ Realismus) der Nachkriegszeit führten. Der italienische Faschismus trieb nicht – wie der aggressivere deutsche Nationalsozialismus 1933 – die bedeutendsten Filmkünstler und Filmkritiker ins Exil. Sie konnten gleichsam ›überwintern‹ und wie Roberto Rossellini und Luchino Visconti mit dem bahnbrechenden *Ossessione ... von Liebe besessen* (1943) noch unterm Faschismus erste Versuche eines autonomen Autorenfilms riskieren.

In Deutschland hingegen begann nach der Machtergreifung Hitlers der Exodus jüdischer oder linker und liberaler Regisseure, Autoren und Schauspieler und damit die Zeit des Filmexils vor allem in Hollywood. Rund ein Drittel der gesamten deutschen Filmindustrie verließ Deutschland, u. a. die Regisseure Fritz Lang, Max Ophüls, G. W. Pabst, Robert Siodmak und Billy Wilder, der Kameramann Karl Freund, der Produzent Erich Pommer, die Schauspieler Fritz Kortner, Peter Lorre und Conrad Veidt, und die Kritiker Siegfried Kracauer und Rudolf Arnheim (→ Exilfilm). Nach dem Weggang der bedeutendsten Filmkünstler musste der nationalsozialistische Film neu ansetzen. An Hollywood, also an den Unterhaltungsfilm, und an Moskau, an den Agitationsfilm, wollte Goebbels denn auch die deutsche Filmproduktion anschließen lassen. Die dem Propagandaminister unterstellte Reichsfilmkammer regulierte die gesamte Filmproduktion, die bis 1942 komplett verstaatlicht wurde, und nahm die riesigen und technisch avancierten Studios der Ufa in Berlin unter Kontrolle. 1936 verbot Goebbels die → ›Filmkritik‹ und ersetzte sie durch ›Filmbetrachtung‹, die zu fördern hatte, was dem Regime behagte. Es wurde ein Filmbewertungssystem etabliert, das die Kategorien »staatspolitisch« und »volkstümlich wertvoll« enthielt und in der Auszeichnung »Film der Nation« gipfelte. Die auf ein Ende des Modernismus in allen Künsten angelegte Kulturpolitik des Nationalsozialismus, die als »entartet« stigmatisierte, was formal und ästhetisch avanciert war, verlegte sich, nach dem kommerziellen Scheitern streng ideologisch ausgerichteter Filme wie *SA-Mann*

Triumph des Willens (1935, R: Leni Riefenstahl)
Leni Riefenstahls Dokumentation des Nazi-Parteitags in Nürnberg 1934 gilt bis heute als Inbegriff des Propagandafilms. Geschickte Kamerafahrten in der Horizontalen und in der Vertikalen ergänzen die vergleichsweise plumpen Bewegungsabläufe, die Montage versucht zusätzlich Rhythmus zu akzentuieren. Dennoch, die angeblich so erzeugte Faszination hält sich in engen Grenzen. Die Vielzahl der Aufmärsche, der sich hinschleppende Triumphzug durch Nürnbergs Straßen, die wiederholten Wechsel zwischen Ansprachen und chorischen Ausrufen des soldatisch disziplinierten Volkes, dieser vorgebliche »Wechselgesang« zwischen Führung und Volk, auch die Inszenierung des »einzigen« Hitler ermüden durch ihre Monotonie. Immerhin, diese Art von Massenregie ist für etliche amerikanische Monumentalfilme Vorbild geworden, wenn es darum ging, zumal das römische Volk unter der Cäsarenherrschaft auf dem nachkonstruierten Forum Romanum ähnlich entindividualisierend zu gruppieren (→ Monumentalfilm).

Brand (1933) und *Hitlerjunge Quex* (1933, mit Heinrich George), auf die Produktion von Unterhaltungsfilmen mit bereits etablierten Stars wie Willy Fritsch, dem kleinbürgerlichen Lebemann, Hans Albers, dem

Abenteurer des Alltags, Heinz Rühmann, dem »kleinen Mann, ganz groß« und – später – der leicht exotischen Diva Zarah Leander und ihrem Gegenpart, dem blonden ›Wirbelwind‹ Marika Rökk. Dabei wurde durchaus der Starkult als Propagandamittel (vgl. Winkler-Mayerhöfer) eingesetzt. Trotz der Divergenz der Typen hatten alle Filme mit diesen Stars die Funktion, Charme und Schönheit, körperliche Gewandtheit, Intelligenz und Sehnsucht so auszurichten, dass sie der propagierten ›Volksgemeinschaft‹ nie zuwiderliefen. Alles Fremde wurde als fatal verlockendes, dann als böses und zu beseitigendes Element kenntlich. Dabei darf nicht übersehen werden, dass ein immens populärer Star und Gegner des NS-Regimes wie Hans Albers mit einem ebenso orientierten Regisseur wie Josef von Baky und dem unter Pseudonym schreibenden Drehbuchautor Erich Kästner gerade den Jubiläumsfilm der Ufa *Münchhausen* (1943), ein Prestigeprojekt der Nazis, zu einer Eskapade freilich privater Dissidenz werden ließ. Das Private erwies sich ohnehin im Film des Nationalsozialismus als Fluchtpunkt der Dissidenz, etwa in der »Poetik des Kleinen« (Hickethier) in Filmen Helmut Käutners.

Mit den antisemitischen Propagandafilmen des Jahres 1940 einher ging dann auch die Produktion von Filmen, in denen der Krieg als notwendig, aber als in seinen Konsequenzen im privaten Bereich der Ehe und Familie abzufangendes Unternehmen dargestellt wurde. Beispielhaft dafür sind die Filme Veit Harlans mit seiner Gattin, dem Star Kristina Söderbaum: *Die Reise nach Tilsit* (1939), *Der große König* (1942), *Die goldene Stadt* (1942) und *Opfergang* (1944). Was die dokumentarischen Wochenschauen der Ufa im Vorprogramm in den Kinos präsentierten, war ein ›total mobil gemachtes‹ Deutschland, das auf die Welt ausgriff und in den Spielfilmen buchstäblich nach innen stabilisiert werden sollte. Gegen Ende des aussichtslosen Krieges drehte Veit Harlan noch mit ungeheurem Aufwand *Kolberg* (1945), einen Historienfilm, der – so Goebbels in seinem Auftragsschreiben – zu zeigen habe, »dass ein in Heimat und Front geeintes Volk jeden Gegner überwindet« (zit. nach: Courtade/Cadars).

Das »verruchte Erbe« (Witte) der faschistischen Filme wurde nach 1945 von der neu sich gründenden Filmindustrie in der Bundesrepublik Deutschland akzeptiert. Nach einer kurzen Phase der → Trümmerfilme konnten viele Regisseure und Schauspieler aus der Ära des Nationalsozialismus ihre Karriere fortsetzen, und sie gelangten erneut zu Popularität. Auch das Fernsehen zeigt bis heute Unterhaltungsfilme der Ära wie *Heimat* (1938) und *Die Feuerzangenbowle* (1944). Erst mit dem → Neuen deutschen Film war in Deutschland das möglich, was in Italien mit dem Neorealismus begann: eine ästhetische und politische Auseinandersetzung mit den Bildwelten, die der Faschismus geschaffen hatte.

Bernd Kiefer

Literatur: Siegfried Kracauer: Von Caligari zu Hitler. Eine psychologische Geschichte des deutschen Films. Frankfurt a. M. 1979. [Amerikan. Orig. 1947.] – Francis Courtade / Pierre Cadars: Geschichte des Films im Dritten Reich. München/ Wien 1975. [Frz. Orig. 1972.] – Jerzy Toeplitz: Geschichte des Films 1895–1953. 5 Bde. Berlin 1972–91. – David Welch: Propaganda and the German Cinema 1933–1945. Oxford 1983. – Erwin Leiser: »Deutschland, erwache!«. Propaganda im Film des Dritten Reiches. Erw. Neuausg. Reinbek bei Hamburg 1989. – Joseph Wulf: Theater und Film im Dritten Reich. Eine Dokumentation. Frankfurt a. M. / Berlin 1989. – Stephen Lowry: Pathos und Politik. Ideologie in Spielfilmen des Nationalsozialismus. Tübingen 1991. – Andrea Winkler-Mayerhöfer: Starkult als Propagandamittel? Studien zum Unterhaltungsfilm im Dritten Reich. München 1992. – Karsten Witte: Film im Nationalsozialismus. Blendung und Überblendung. In: Wolfgang Jacobson [u. a.] (Hrsg.): Geschichte des deutschen Films. Stuttgart/Weimar 1993. – Klaus Kreimeier: Die UFA-Story. Geschichte eines Filmkonzerns. München 1995. – Karsten Witte: Lachende Erben, toller Tag. Filmkomödie im Dritten Reich. Berlin 1995. – Peter Bondanella: Italian Cinema. From Neorealism to the Present. Erw. Neuausg. New York 1996. – Morando Morandini: Italien: Vom Faschismus zum Neo-Realismus. In: Geoffrey Nowell-Smith (Hrsg.): Geschichte des internationalen Films. Stuttgart/Weimar 1998. [Amerikan. Orig. 1996.] – Thomas Koebner: Der unversehrbare Körper: Anmerkungen zu den Filmen Leni Riefenstahls. In: Th. K.: Lehrjahre im Kino: Schriften zum Film. St. Augustin 1997. – Knut Hickethier:

Poetik des Kleinen. Hannelore Schroth und Carl Raddatz in *Unter den Brücken*. In: Thomas Koebner (Hrsg.): Schauspielkunst im Film. Erstes Symposium (1997). St. Augustin 1998. – Ulrich von der Osten: NS-Filme im Kontext sehen! »Staatspolitisch besonders wertvolle« Filme der Jahre 1934–1938. München 1998.

Feminismus und Film. Im Zuge der Neukonstituierung der Frauenbewegung 1968/1969, der damit beginnenden Spurensuche und Neuschreibung von Geschichte geriet auch der Film als bisher unberücksichtigt gebliebenes künstlerisches und dokumentarisches Mittel des Ausdrucks, vor allem aber auch als wichtiger Bereich gesellschaftlicher Bedeutungsvermittlung in den Blick. Ein wachsendes Bewusstsein davon, wie sehr weibliche Identität und Selbstbilder sich über visuelle Repräsentation herstellen, deren Diktat Frauen sich stärker unterworfen fühlen als Männer (etwa im Bereich der Bilder weiblicher Schönheit), ließen den Film zu einem wichtigen Feld der Auseinandersetzung um die gesellschaftlich (re)produzierten Bilder von Frauen und die mit ihnen transportierte Ideologie werden. Nicht umsonst prangt auf dem Cover von Claire Johnstons »Notes on Women's Cinema« (1972), einer der ersten theoretischen Auseinandersetzungen mit der Darstellung von Frauen im Film, kein Bild, z. B. eines weiblichen Stars, sondern Text; Sprache wird programmatisch als analytisches Mittel eingesetzt, um die (unbewussten) Mechanismen der Bildproduktion und -aneignung zu hinterfragen. Ansätze eigener Filmarbeit entstanden im Zusammenhang mit der Studentenbewegung, dem Beginn des Jungen deutschen Films (→ Neuer deutscher Film) und einer wiederbelebten → Avantgardefilmbewegung. Sie formulierten sich dokumentarisch (z. B. bei Erika Runge, Gisela Tuchtenhagen, Nina Gladitz), experimentell und in Spielfilmen (z. B. bei Helke Sander, Claudia von Alemann, Jutta Brückner, Ula Stöckl), wobei Genrekonventionen oft überschritten, unterlaufen und ihre Festschreibungen im emanzipatorischen Sinne aufgelöst wurden. Entsprechend dem Wunsch nach konkreter politischer Veränderung und Diskussion lag der Schwerpunkt feministischer Filmarbeit in der Anfangsphase im dokumentarischen Bereich, in dem Bemühen, für so genannte private Themen wie Empfängnisverhütung, Abtreibung, Hausarbeit und die Formulierung weiblicher Sexualerfahrungen und -wünsche eine Öffentlichkeit zu finden. Es ging aber auch um die Dokumentation weiblicher Erwerbsarbeit, der Beteiligung von Frauen an (revolutionären) Kriegen und um die Verbesserung von Arbeits- und Ausbildungsbedingungen. Film wurde als aufklärerisches und agitatorisches Mittel eingesetzt.

Parallel dazu setzte die Suche nach Zeugnissen weiblicher Filmarbeit in der Filmgeschichte ein, die sich nicht auf die der Schauspielerin oder des Stars vor der Kamera beschränkte. Feministischer Filmgeschichtsschreibung ist es zu verdanken, dass der von offiziellen Filmgeschichten vermittelte Eindruck völliger Traditionslosigkeit weiblicher Filmarbeit aufgehoben wurde und die oft unsichtbare und nicht registrierte Arbeit zahlloser Drehbuchautorinnen, Kostümbildnerinnen, Script-Girls, Cutterinnen und nicht zuletzt Regisseurinnen benannt wurde. Man erinnerte sich z. B. der Filmpionierin Alice Guy-Blaché (1873–1968), die noch vor Georges Méliès ihre ersten Filme machte und eine angesehene Produzentin war, an Lois Weber (1882–1939), die zu ihrer Zeit so bekannt wie Cecil B. DeMille und D. W. Griffith war, und an Nell Shipman (1892–1970), die ihre Filme schrieb, produzierte, Regie führte und der Star vor der Kamera war. Es wurde deutlich, dass die anarchischen Anfangsjahre des Films Frauen Möglichkeiten der Entfaltung und Professionalität geboten hatten, die ihnen mit der Etablierung der Filmindustrie zunehmend wieder entzogen wurden. Wiederentdeckten Regisseurinnen wie z. B. Germaine Dulac (1822–1942), einer der wichtigsten Personen der französischen Avantgardefilmbewegung, oder Olga Preobraschenskaja (1881–1971) und Esfir Schub (1894–1959), die am russischen Revolutionsfilm mitarbeiteten, wurden Retrospektiven auf der sich langsam etablierenden Frauenfilmfestivals gewidmet.

An solchen Regisseurinnen, die erfolgreich im kommerziellen Rahmen Hollywoods gearbeitet hatten, wie z. B. Ida Lupino, Jacqueline Audry oder Dorothy Arzner, wurde entdeckt und analysiert, wie sie Mittel der männlichen Filmsprache subtil gegen herrschende Konventionen und Ideologien einsetzten, ohne dass es zu einem radikalen Bruch mit herrschenden Inszenierungsstrategien gekommen wäre. Im Zusammenhang mit der Reflexion von »Filmsprache« wurden auch solche Regisseurinnen neu diskutiert, die nicht erst durch die feministische Filmgeschichtsschreibung entdeckt wurden, sondern schon bekannt waren, wie z. B. Agnès Varda, Marguerite Duras, Maya Deren, Vera Chytilová, Márta Mészáros, Liliana Cavani, Lina Wertmüller und Elaine May.

Mit dem so genannten Frauenfilm sind vor allem Männer bekannt geworden, deren Filme sich unter diesem Etikett gewinnbringend vermarkten ließen. Sie stellten eine Reaktion auf die Frauenbewegung dar, ohne jedoch deren Interessen zu vertreten oder zu reflektieren. Feministinnen unterscheiden deshalb zwischen feministischem Film, den ein Erkenntnisinteresse am Macht- und Geschlechterverhältnis kennzeichnet, das er thematisiert, und dem Frauenfilm, der bestimmte Themen zwar aufgreift, sie aber als »frauenspezifisch« in einen Bereich außerhalb gesamtgesellschaftlicher Relevanz verweist. Die Problematik dieses Begriffs wird noch deutlicher, wenn man sich erinnert, was er ursprünglich einmal bedeutete: ein in den 40er und 50er Jahren weit verbreitetes melodramatisches Genre, das sich mit seinen zur heroischen Geste hochstilisierten Leidensgeschichten von Frauen explizit an ein weibliches Publikum wandte und zur Identifikation mit einer masochistischen Position einlud.

Mit der Ausprägung feministischer → Filmkritik und → Filmtheorie, die vor allem im angelsächsischen Raum ihren Anfang nahm und dort inzwischen einen nicht mehr wegzudenkenden integralen Bestandteil universitärer Curricula darstellt, entwickeln sich verschiedene Methoden und Ansätze, die sich bis heute breit ausdifferenziert haben.

Anfänglich überwogen soziologisch ausgerichtete Inhaltsanalysen, die filmische Bildentwürfe von Frauen an deren Lebensrealitäten maßen, und semiotisch bestimmte Funktionsbestimmungen der Frau als bedeutungsherstellendem »Zeichen« im Film. Mit der psychoanalytisch ausgerichteten feministischen Filmtheorie, die den stärksten Entwicklungszweig darstellt, wurden unter Rekurs auf Begriffe des Unbewussten, der Schaulust, des Voyeurismus und des Fetischismus Frauen auf der Leinwand als Repräsentanzen männlicher Projektionen, Wünsche und Ängste beschreibbar. Hinzu kamen genre-, narrations- und rezeptionstheoretische Ansätze. In diesem Rahmen wurde auch der eigenen Lust an einer vorwiegend als repressiv identifizierten Bildwelt nachgegangen, und in einem Blick, der nicht nur Unterwerfung bedeutete, eine Form weiblicher Gegenproduktivität benannt, die in einer Strategie des »Gegen-den-Strich-Lesens« Brüche und Widersprüche in der patriarchalen Filmproduktion erkannte.

Um die eigenen, kommerziell oft nicht erfolgreichen Filme zeigen und diskutieren zu können, fanden internationale Frauenfilmfestivals statt, die auch die Arbeiten der wenigen Frauen, die schon vor der Frauenbewegung Filme gemacht hatten, integrierten. Obgleich den Unsicherheiten von Zuschüssen ausgesetzt, sind z. B. in Deutschland die Femme Totale in Dortmund und die Feminale in Köln inzwischen fest etabliert, in Frankreich das Festival des Films de Femmes in Créteil. 1972 erschien in Amerika die erste feministische Filmzeitschrift »Women and Film« und 1974 wurde in der Bundesrepublik die bis heute einzige feministische Filmzeitschrift Europas »Frauen und Film« gegründet.

Dem Verband der Filmarbeiterinnen ist es allerdings seit seiner Gründung 1979 nicht gelungen, seine Forderung nach Geschlechterparität in allen Bereichen der Filmproduktion und in den Filmförderungsgremien durchzusetzen. In Zeiten des »Postfeminismus« haben Frauen, wenn sie sich nicht, z. B. Doris Dörrie an den vorherrschenden Geschmack anpassen, größte Schwierigkeiten, ihre Projekte gefördert zu bekommen. Viele ehemaligen Filmemacherinnen der »ersten Generation« arbeiten heute unerkannt und wieder unbekannt für das Fernsehen. Nach der Auseinanderentwicklung von feministischer Filmtheorie und -praxis entspricht einer zunehmenden Institutionalisierung der Theorie das zunehmende Verschwinden radikaler feministischer Filmpraxis, wie sie sich z. B. noch in der Ästhetik früher Filme von Valie Export oder Chantal Akerman ausdrückte. Stattdessen haben sich die radikalen Filmformen historisch verändert und ausdifferenziert und sind, selbst wenn vielleicht nicht mehr auf den ersten Blick erkennbar, nicht ohne Einfluss und Folgen für den Mainstream geblieben.

Annette Brauerhoch

Literatur: Molly Haskell: From Reverence to Rape. The Treatment of Women in the Movies. New York / Chicago / San Francisco 1973. – Laura Mulvey: Visuelle Lust und narratives Kino. In: Gieslind Nabakowski / Helke Sander / Peter Gorsen: Frauen in der Kunst. Bd. 1. Frankfurt a. M. 1980. [Amerikan. Orig. 1973.] – Karyn Kay / Gerald Peary: Women and the Cinema. A Critical Anthology. New York 1977. – Annette Kuhn: Women's Pictures, Feminism and Cinema. New York / London 1982. – Annette Kuhn (Hrsg.): The Women's Companion to International Film. London 1990. – Ally Acker: Reel Women. Pioneers of the Cinema. New York 1991.

Fernsehen und Film. »Fernsehen und Film« bezeichnet ein Spannungsverhältnis, in dem die beiden Medien (Kino-)Film und Fernsehen zueinander stehen. Es ist auf den Ebenen der Medienkonkurrenz, der Ökonomie und Produktion, der technischen Produktionsmittel, der Rezeption und der Ästhetik bestimmbar und hat sich historisch mehrfach gewandelt. Steht am Beginn des Verhältnisses in den 50er Jahren die Angst vor der Substitution des älteren Mediums (Kino) durch das jüngere Medium (Fernsehen), so wird die Gegenwart durch die Gewissheit bestimmt, dass Film und Fernsehen zusammen mit dem neuen Medium des Computers zu einem neuen Supermedium der Audiovision verschmelzen werden.

Technisch sind das fotochemische Projektionsmedium Film und das elektrofotografische Bildemanationsmedium Fernsehen gegensätzlich, doch weisen sie zugleich in der Konstruktion der audiovisuellen Aussagen zahlreiche Gemeinsamkeiten (zweidimensionales Bewegungsbild, Ton-Bild-Verbindungen) auf, sodass für die technische Erprobung der ersten Fernsehbilder regelmäßig Filme über einen Filmabtaster verwendet wurden und der Film seither aus der Fernsehproduktion nicht mehr wegzudenken ist. Seit seinem Beginn hat deshalb das Fernsehen nicht nur elektronisch Sendungen produziert (anfangs nur live, ab 1957 auch auf Magnetband aufgezeichnet), sondern immer auch den Film als Produktionsmittel (zuerst nur bei der aktuellen Bildberichterstattung mit 16 mm, später auch im Fernsehspiel mit 35 mm) eingesetzt. Die Sendungs- und Programmgestaltung des Fernsehens hat deshalb zahlreiche Anleihen beim Kinofilm genommen. Die Möglichkeiten der Liveproduktion und die damit verbundene Aktualität sind dem Kinofilm jedoch prinzipiell verwehrt. Die mit der Digitalisierung (→ digitale Ästhetik) erwartete technische Vereinheitlichung wird solche Unterschiede jedoch in der Zukunft reduzieren.

Bereits seit Beginn des Fernsehens wurden Kinospielfilme im Fernsehen gezeigt, und ein Großteil des Publikums hat sich an dem kleinen Bildschirm nicht gestört. In den 50er Jahren begann das Fernsehen auch Kinospielfilme zu zeigen, die in Deutschland keinen Verleiher fanden. Der damalige Betriebswirtschaftsstudent Leo Kirch legte in den 50er Jahren mit dem Lizenzhandel von Filmrechten den Grundstein zu seinem Konzern. Seit den 60er Jahren zeigte das Fernsehen vermehrt Kinospielfilme, betrieb zugleich durch Filmdokumentationen und Retrospektiven eine filmische Bildung des Publikums. Der immer umfangreichere Einsatz von Kinofilmen im Fernsehen führte zu einer Ausrichtung der Fernsehwahrnehmung an filmischen Standards und zu deren Durchsetzung in der Fernsehproduktion. Man kann deshalb behaupten, dass erst mit dem Fernsehen der Film seine zentrale ge-

Händler der vier Jahreszeiten (1972, R: Rainer Werner Fassbinder): Hans Hirschmüller, Irm Herrmann

Das Boot (1981, R: Wolfgang Petersen)

Die grüblerischen Unterscheidungen deutscher Filmemacher zwischen Kinofilm und Fernsehfilm erweisen sich spätestens seit Einführung des Farbfernsehens in ihrer Mehrheit als hinfällig. Weder muss sich das Fernsehspiel auf Groß- und Nahaufnahmen beschränken noch der Kinofilm auf Totalen. Die Grenzen zwischen den Medien verfließen in der Ära »amphibischer« Produktionen: Beispiele sind dafür Filme wie *Händler der vier Jahreszeiten* – ursprünglich als »Kleines Fernsehspiel« des ZDF primär für die TV-Ausstrahlung gedacht, aber ebenso als Kammerspielfilm einzuordnen. Oder *Das Boot*, ein äußerst aufwendiges Großprojekt – wie dieses Werkfoto andeutet –, aus dem sowohl eine Kinoversion als auch eine längere und erzählerisch genauere mehrteilige Fernsehfassung entstanden sind. Allenfalls das Prinzip des Seriellen oder das »Erzählen in Raten« (Jochen Brunow) könnten als unverkennbare Eigenarten des Fernsehens gelten. Aber nicht einmal das stimmt – denn beides gab es schon in der Frühgeschichte des Films und davor im Literaturgeschäft.

sellschaftliche Bedeutung für die Kultur des 20. Jahrhunderts erlangt hat. Mit dem Programmbetrieb kommerzieller Sender und der Programmvermehrung in den 90er Jahren nahm die Ausstrahlung von Kinofilmen im Fernsehen weiterhin zu, sodass bereits Mitte der 90er Jahre erste ›Ermüdungserscheinungen‹ beim Publikum zu beobachten waren.

Die unterschiedliche Distribution (Film: kollektiv im öffentlichen Raum, Fernsehen: einzeln oder familial im privaten Raum) hat vor allem in den 50er und 60er Jahren zu einer heftigen Medienkonkurrenz geführt. Der Ausruf des Hamburger Filmproduzenten Walter Koppel von 1956: »Keinen Meter Film dem Fernsehen!« steht für den Abwehrkampf der Filmwirtschaft gegenüber dem sich seit Ende der 50er Jahre verstärkt ausbreitenden Fernsehen. Die Filmwirtschaft hat die Schlacht gegen das Fernsehen verloren und zugleich langfristig gewonnen: Die Ausbreitung des Fernsehens wurde dadurch nicht verhindert, sondern hat das Fernsehen in seinen eigenproduktiven Bemühungen bestärkt. Die Filmwirtschaft selbst hat sich neu strukturiert und wurde zum großen Zulieferer und Produzenten für das Fernsehen, das seinen Programmbedarf schon Ende der 50er Jahre nicht mehr allein durch Eigenproduktionen decken konnte. 1959/60 verkaufte Koppel seine Hamburger Real-Film-Produktionsgesellschaft an den noch kurz zuvor heftig bekämpften Gegner, den Norddeutschen Rundfunk, der daraus Studio Hamburg entstehen ließ (analog kauften der Westdeutsche und der Süddeutsche Rundfunk die Bavaria in München und gründeten die Bavaria Atelier-Betriebsgesellschaft). Das 1961 errichtete Zweite Deutsche Fernsehen beschäftigte für die Produktion seiner Fernsehspiele und Dokumentationen schon 1963 ca. 80 Auftragsproduzenten der deutschen Filmwirtschaft. Die Aufwendungen von ARD und ZDF für Leistungen der Filmwirtschaft sind seither ständig gestiegen und betrugen allein 1994 1092 Mio. DM und erreichten damit für den Zeitraum von 1960 bis 1994 den Umfang von 13 332 Mio. DM (Media-Perspektiven 1995).

Die immer engere Zusammenarbeit von Filmwirtschaft und Fernsehen führte neben den Auftragsproduktionen auch zur Form der Film-Fernseh-Koproduktion, die ab 1974 vertraglich geregelt wurde, sodass sich das Fernsehen an der Herstellung von Spielfilmen beteiligte. Diese Praxis hat zur Blüte des → Neuen deutschen Spielfilms in den 70er und frühen 80er Jahren geführt, Regisseure wie Volker Schlöndorff, Werner Herzog, Alexander Kluge, Wim Wenders u. a. haben fast alle ihre Filme als Film-Fernseh-Koproduktionen hergestellt. Die Novellierung des Film-Fernseh-Abkommens etwa alle vier Jahre führt jedoch regelmäßig zu Grundsatzdebatten über Sinn und Zweck der Koproduktion, wobei die ästhetische Debatte oft nur verdeckt, dass es dabei um materielle Interessen geht, die durch einen Streit über den ästhetischen Gewinn und Verlust befördert werden sollen.

Grundsätzliche Unterschiede zwischen dem → Fernsehfilm und dem Kinospielfilm bestehen nicht, allenfalls lassen sich unterschiedliche ästhetische Konzepte und Gebrauchsweisen feststellen. Fernsehfilme werden häufiger mit einem geringeren Etat als Kinofilme produziert. Dass im Fernsehen wegen der kleineren Bildfläche mehr Großaufnahmen verwendet werden, wie vielfach angenommen, lässt sich nicht belegen. Die von der Filmkritik behauptete »Depravation des Kinofilms« (Meyer) im Fernsehen ist generell nicht nachzuweisen. Qualitätsunterschiede gibt es im Kino wie im Fernsehen.

Die wesentlichen Differenzen liegen (bislang noch) in den unterschiedlichen Rezeptionssituationen: Die differenzierende Größe und Auflösung der Bilder im Kino (z. B. in den neuen Multiplexkinos) und im Fernsehen beeinflussen auch das Filmerleben und die Wirkungen, die von den filmischen Inszenierungsweisen ausgehen. Daraus resultieren die Bemühungen des Fernsehens, den Bildschirm zu vergrößern (HDTV) und das Format stärker dem Breitwandformat (16:9) des Kinos anzupassen. Gegen diese Angleichung steht, dass die Programmzusammensetzung von Fiktion, Unterhaltung und Information dazu geführt hat, dass das Fernsehen weniger als Institution unterhaltender Fiktionswelten, sondern stärker als ein Ort permanenter gesellschaftlicher Kommunikation verstanden wird, an den sich die Zuschauer nach Bedarf an- und abkoppeln.

Knut Hickethier

Literatur: Media-Perspektiven: Daten zur Mediensituation in Deutschland. Frankfurt a. M. 1970ff. – Andreas Meyer: Auf dem Wege zum Staatsfilm? Bausteine zu einer Situationsanalyse des bundesdeutschen Kinos. In: Medium 7 (1977) H. 10–12. – Siegfried Zielinski: Audiovisionen. Kino und Fernsehen als Zwischenspiele der Geschichte. Reinbek bei Hamburg 1989. – Knut Hickethier: Vom Ende des Kinos und vom Anfang des Fernsehens. Das Verhältnis von Film und Fernsehen in den fünfziger Jahren. In: Deutsches Filmmuseum Frankfurt a. M. (Hrsg.): Zwischen gestern und morgen. Westdeutscher Nachkriegsfilm 1946–1962. Frankfurt a. M. 1989. – Martin Blaney: Symbiose or Confrontation? The Relationship between the Film Industry and Television in the Federal Republic of Germany from 1950 to 1985. Berlin 1992. – Knut Hickethier: Die Zugewinngemeinschaft. Zum Verhältnis von Film und Fernsehen in den sechziger und siebziger Jahren. In: Deutsches Filmmuseum Frankfurt a. M. (Hrsg.): Abschied von gestern. Bundesdeutscher Film der sechziger und siebziger Jahre. Frankfurt a. M. 1992.

Fernsehspiel. Fiktionale Fernsehgattung und Programmsparte des Fernsehens, die sich bereits in der Frühzeit des Mediums in den 30er Jahren in Analogie zu dem in den 20er Jahren entstandenen Begriff des Hörspiels herausgebildet hat. Das Fernsehspiel hat sich seit den 60er Jahren nach seinen technischen Produktionsweisen (elektronisch: Fernsehspiel; filmisch: Fernsehfilm), seinem Umfang (Einzelfilm, Mehrteiler, Serie), seinen Genres (Fernsehkomödie, Kriminalfilm, Familiengeschichte, Dokumentarspiel), seiner Beschaffungsart (Eigenproduktion der Sendeanstalten, Auftragsproduktion, Koproduktion, Kaufproduktion) ausdifferenziert. Zahlreiche Unterformen haben sich herausgebildet, die mit divergierenden ästhetischen Konzepten verbunden sind. So war im DDR-Fernsehen der Begriff »Fernsehdramatik« üblich, während heute die Begriffe »Fernsehfilm« oder »TV-Film«, bei den kommerziellen Sendern seit etwa 1922 auch der Begriff »TV-Movie« üblich sind.

Kennzeichen sind audiovisuelles Erzählen und schauspielerisches Darstellen, die das Fernsehspiel mit dem Kinospielfilm verbinden, weiterhin die Einbindung spezifischer Möglichkeiten des Fernsehens (z. B. die Liveproduktion), über die der Kinospielfilm nicht verfügt, sowie die Adaption anderer Programmformen des Fernsehens (Showelemente, dokumentarische Formen, Nachrichtengenres) und der fernsehspezifische Verbreitungsmodus: Die Ausstrahlung eines Fernsehspiels vermittelt dieses gleichzeitig an potentiell alle Fernsehzuschauer und schafft damit eine dem Radio vergleichbare Distribution.

Lange Zeit war umstritten, ob das Fernsehspiel überhaupt eine eigene Kunstgattung sei. Eine medienspezifisch definierte Fernsehkunst im Sinne einer an Lessings »Laokoon‹-Studie orientierten Differenzästhetik der Künste ließ sich vor allem gegenüber dem Kinospielfilm wie gegenüber dem Theater nicht immer trennscharf ermitteln. Ungeachtet des jahrzehntelangen Definitionsstreits, der bis hin zur völligen Ablehnung jeder Eigenständigkeit des Fernsehspiels durch den Autor Oliver Storz, den Regisseur Rudolf Noelte und den Theaterkritiker Henning Rischbieter ging, besteht seit den 50er Jahren eine umfangreiche Fernsehspiel- und Fernsehfilmproduktion.

Als erstes deutsches Fernsehspiel gilt Adolf Webers *Das Schaukelpferd*, am 7. 11. 1936 gesendet, als »Kurzspiel aus dem Fernsehlabor« annonciert. Es handelte sich um eine Liveproduktion des damaligen Fernsehsenders Paul Nipkow, der während der Zeit des Nationalsozialismus von 1935 bis 1944 ein Programm im Raum Berlin ausstrahlte. Von 1936 bis zum Ende des Programmbetriebs etwa 1943 wurden zahlreiche, zumeist schwank- und lustspielhafte Fernsehspiele produziert.

Mit dem Neubeginn des Fernsehens in der Bundesrepublik ab 1948 beim Nordwestdeutschen Rundfunk in Hamburg galt das Fernsehspiel als »Krönung« des Programms (Gerhard Eckert), wobei diese Sonderstellung spätestens in den 80er Jahren verloren ging. Mit Wolfgang Martin Schwedes Spiel *Es war der Wind* (1951), mehr aber noch mit dem programmatisch gemeinten *Vorspiel auf dem Theater* aus Goethes »Faust« begann 1952 die bundesdeutsche Fernsehspielproduktion, in deren Vordergrund in den 50er Jahren neben der Lustspiel- und der Unterhaltungsproduktion die Inszenierung von Theaterstücken, später auch die Adaption epischer Literatur stand. Das Fernsehspiel sah seine Aufgabe in den 50er Jahren in der Vermittlung der wichtigsten modernen westeuropäischen Literatur. Gleichzeitig begann man aber auch direkt für das Fernsehen Stücke (so genannte Originalfernsehspiele) zu schreiben.

Mit der Einführung der Magnetaufzeichnung 1957 und der Durchsetzung des Films als Produktionsmittel schwand die Liveproduktion von Fernsehspielen aus dem Programm. Die Autoren entdeckten ihr Engagement für die bundesdeutsche Realität, gingen mit der Kamera hinaus in die Wirklichkeit. Egon Monk, wichtigster Fernsehdramaturg der 60er Jahre, zielte auf politische Aufklärungsarbeit durch das Fernsehspiel, die er auch mit eigenen Regiearbeiten wie *Wilhelmsburger Freitag* (1964), *Mauern* (1963), *Anfrage* (1962) und *Ein Tag* (1965) betrieb. Regisseure wie z. B. Rainer Erler, Franz Peter Wirth, Peter Beauvais und andere prägten neben Autoren wie z. B. Dieter Meichsner, Christian Geissler und Wolfgang Menge das Fernsehspiel.

Die Besonderheit des Fernsehspiels gegenüber dem zeitgenössischen Kinospielfilm bestand und besteht in der breiten Thematisierung von Alltagsproblemen und sozialen Konflikten der Zeit, sodass sich das Publikum über die Fernsehspiele eine Anschauung von der Gesellschaft bilden kann. Die Fernsehspiele der 60er und 70er Jahre sind heute bereits als Dokumente von Stimmungen und Mentalitäten dieser Zeit zu sehen.

Das Fernsehspiel entwickelte in den 60er Jahren ein breites Spektrum eigenständiger Fernsehkomödien (z. B. von Horst Lommer / Peter Beauvais, Helga Feddersen, Rainer Erler und Dieter Hildebrandt). Die Familienthematik stand ebenfalls in vielen Produktionen im Vordergrund. Daneben bildete sich ein breites Spektrum an Kriminalgeschichten (z. B. von Wolfgang Menge, Herbert Reinecker und Herbert Lichtenfeld) heraus, sodass der Fernsehkrimi in den 70er Jahren den Kriminalfilm fast ganz aus dem Kino drängte. Vor allem die *Tatort*-Reihe ließ eine eigene kriminalerzählerische Tradition entstehen. Sehr früh hat das Fernsehspiel auch das Fernsehen selbst zum Thema gemacht. Vor allem die Filme von Wolfgang Menge (*Millionenspiel*, 1971; *Smog*, 1972, u. a.) bilden hier eine Tradition, die bis zur *Private Life Show* (1995) reicht.

Die Öffnung zum Film und seinen Ausdrucksmöglichkeiten setzte sich in den 60er Jahren durch, forciert durch den Fernsehspielleiter des Westdeutschen Rundfunks, Günter Rohrbach, und, ab Mitte der 70er Jahre, durch den Fernsehspielleiter des Zweiten Deutschen Fernsehens, Heinz Ungureit. Zahlreiche wichtige deutsche Kinoregisseure begannen beim Fernsehen, wie Peter Lilienthal und Wolfgang Petersen, oder arbeiteten, wie Rainer Werner Fassbinder, Reinhard Hauff oder Alexander Kluge, wiederholt für das Fernsehspiel.

Das 1974 zwischen den Fernsehanstalten und der Filmwirtschaft geschlossene Film-Fernseh-Abkommen führte zur Form der Film-Fernseh-Koproduktion (→ Fernsehen und Film) und damit zu einer noch stärkeren Filmisierung des Fernsehspiels, als dies bereits in den 60er Jahren angelegt war. Gleichzeitig etablierte sich seit Ende der 60er Jahre auch das mehrteilige Erzählen, sodass sich das Fernsehen (in den Arbeiten von Eberhard Fechner, Heinrich Breloer u. a.) als eine Art Chronist der Mentalitäten von Gruppen und Schichten der Bevölkerung verstand. Produktionen wie z. B. Fassbinders Serie *Acht Stunden sind kein Tag* (1972/73), seine 13teilige Döblin-Verfilmung *Berlin Alexanderplatz* (1980), Klaus Emmerichs *Rote Erde* (1983) und Edgar Reitz' *Heimat* (1984) betrieben eine starke kulturelle Selbstvergewisserung der Zuschauer. Auch in der Fernsehdramatik der DDR waren (wenn auch in abgeschwächter Form und unter der direkten Staatskontrolle) ähnliche Tendenzen zu beobachten.

Das Fernsehspiel hat immer wieder Romane und Erzählungen filmisch adaptiert, Theaterstücke im Studio inszeniert und auf diese Weise den literarischen Kanon gesellschaftlich vermittelt und neu formuliert. In den 70er Jahren sind opulente Verfilmungen entstanden wie die Fontane-Verfilmung *Der Stechlin* (1975, R: Rolf Hädrich) oder *Fischkonzert* (1973, R: Rolf Hädrich) nach Halldór Laxness und *Am Wege* (1974, R: Peter Beauvais) nach Hermann Bang. In den 80er und 90er Jahren prägten Filme von Axel Corti (*Eine blaßblaue Frauenschrift*, 1984; *Radetzkymarsch*, 1994) die Stilistik der Literaturadaption.

Ebenso wandte sich das Fernsehspiel immer wieder experimentellen Formen zu. Besonders die ZDF-Redaktion »Das Kleine Fernsehspiel« gab in den frühen 70er Jahren zahlreichen jungen Filmemachern eine Chance, ihre eigene Handschrift zu erproben, sie bot Filmemacherinnen wie Ula Stöckl, Jutta Brückner, Elfi Mikesch und Ulrike Ottinger ein Forum. In den 70er und 80er Jahren drehten Filmemacher aus Südamerika und Afrika für das »Kleine Fernsehspiel« Filme und gaben damit dem deutschen Zuschauer Einblick in andere nationale Filmsprachen.

Immer wieder setzt sich im Fernsehspiel die medienspezifische Kombination von Dokumentation und Drama, das so genannte → Doku-Drama, durch – z. B. in den Produktionen von Heinrich Breloer (*Wehner – die unerzählte Geschichte*, 1993, u. a.).

Mit der Einführung der kommerziellen Programme Mitte der 80er Jahre schien der Niedergang des Fernsehspiels vorausbestimmt, doch hat sich das ambitionierte Fernsehspiel gehalten. Die ab 1992 von den kommerziellen Sendern begonnene Produktion von Fernsehfilmen mit dem Anspruch, ›kinogemäßes Fernsehen‹ herzustellen, schien zunächst nur die schlechten Traditionen amerikanischer TV-Movies aufzugreifen (sensationelle Geschichten, voyeuristische Inszenierungen, schlechte Spielweise). Ab 1993 sind jedoch auch herausragende Filme wie *Der Sandmann* (1995, R: Nico Hofmann) entstanden. Es ist auffällig, dass die zunächst den besser bezahlenden Privatsendern zugeeilten Autoren und Regisseure zwischenzeitlich wieder zu den Öffentlich-Rechtlichen zurückkehren – und zu deren offenbar eher hilfreichen als hinderlichen Redakteuren.

Knut Hickethier

Literatur: Thomas Koebner: Das Fernsehspiel – Themen und Motive. In: Peter von Rüden (Hrsg.): Das Fernsehspiel. München 1975. – Werner Waldmann: Das deutsche Fernsehspiel. Wiesbaden 1977. – Deutsches Rundfunkarchiv (Hrsg.): Lexikon der Fernsehspiele. München [u. a.] 1978–94. – Irmela Schneider (Hrsg.): Dramaturgie des Fernsehspiels. München 1979. – Knut Hickethier: Das Fernsehspiel der Bundesrepublik Deutschland. Stuttgart 1980. – William Hawes: American Television Drama. Alabama 1986. – Knut Hickethier: Fernsehspielforschung in der Bundesrepublik Deutschland und in der DDR 1950–1985. Bern [u. a.] 1989. – John Tulloch: Television Drama. London / New York 1990. – Knut Hickethier: Das Fernsehspiel im Dritten Reich. In: William Uricchio (Hrsg.): Die Anfänge des deutschen Fernsehens. Tübingen 1991. – Egon Netenjakob: TV-Film Lexikon. Frankfurt a. M. 1994.

Festivals. Ein nahe liegender Gedanke: Filme aus verschiedenen Ländern an einem Ort innerhalb kurzer Zeit zu zeigen, zu diskutieren, zu bewerten. Dies geschah erstmals 1932 in Venedig, dann 1934 in Locarno, 1935 in Moskau, 1946 in Cannes, 1947 in Edinburgh, 1951 in Berlin (West), 1952 in Mannheim, 1955 in Oberhausen und Leipzig usw. Einem ersten Versuch folgten in der Regel jährliche Wiederholungen zur gleichen Zeit am selben Ort und damit entstanden Kontinuitäten, die aus Festivals internationale, nationale oder regionale Ereignisse machten. Heute gibt es weltweit rund 500 Veranstaltungen, die als Filmfestspiele zu bezeichnen wären. Sie konkurrieren miteinander, unterscheiden sich aber durch differierende Reglements, Größenordnungen, Zielvorstellungen und Programme. So gibt es Festivals für Spiel-, Dokumentar, Animations-, Experimental-, Kurz-, Kinder-, Studenten-, Fernseh- oder Frauenfilme, phantastische, religiöse, ökologische, ethnographische, lesbisch-schwule, europäische, nordische, unabhängige, junge oder stumme Filme.

Unter den internationalen Veranstaltungen gilt das Festival International du Film in Cannes als das weltweit bedeutendste. Es findet als Wettbewerb mit jeweils prominent besetzter Jury im Mai statt. Hauptpreis ist die Goldene Palme (Palme d'or). Mit ihren verschiedenen Nebensektionen (Semaine de la critique, Un certain regard, Quinzaine des réalisateurs) und einer Filmmesse ist die zwölftägige Veranstaltung einer der großen Treffpunkte der Medienwelt. In den 70er und 80er Jahren waren auch deutsche Filmemacher (Werner Herzog, Rainer Werner Fassbinder, Volker Schlöndorff, Wim Wenders) in Cannes erfolgreich.

Als wichtigstes Festival nach Cannes gelten inzwischen die Internationalen Filmfestspiele Berlin, 1951 mit politischer Zielrichtung gegründet, bis 1977 im Sommer veranstaltet, seit 1978 mit stark gewachsenem Filmangebot ein Kulturereignis im Februar. Auch hier begutachtet eine internationale Jury das Wettbewerbsprogramm und vergibt Preise (Goldene, Silberne Bären). Als Nebensektionen gibt es das Internationale Forum des jungen Films (seit 1971), das Panorama (seit 1986), das Kinderfilmfest, die Reihe »Neue deutsche Filme«, den European Film Market und die filmhistorische Retrospektive. Zu den Gewinnern des Wettbewerbs in Berlin gehörten auch Filme der deutschen Regisseure Peter Lilienthal, Werner Schroeter, Rainer Werner Fassbinder, Rainer Simon und Reinhard Hauff.

Auf Platz 3 der Festival-Rangliste (die natürlich für individuelle Präferenzen offen bleibt) wird zurzeit die älteste entsprechende Veranstaltung angesiedelt: die Mostra Internazionale del Cinema in Venedig, die jeweils im August/September stattfindet. 1993 wurde die 50. Mostra gefeiert. Eine internationale Jury verleiht Goldene und Silberne Löwen. Auch hier wird das Wettbewerbsprogramm durch Nebenveranstaltungen ergänzt. In Venedig waren u. a. die deutschen Regisseure Alexander Kluge, Margarethe von Trotta und Wim Wenders erfolgreich.

Weitere wichtige internationale Festivals für Spielfilme mit Wettbewerb finden in Rotterdam (Januar/Februar), Hongkong (April), Locarno (August), Montreal (August/September), Toronto (September), San Sebastian (September), Chicago (Oktober), Tokio (Oktober) und Havanna (Dezember) statt. Die osteuropäischen Festivals in Moskau und Karlovy Vary haben seit Beginn der 90er Jahre an Bedeutung verloren. Festivals ohne Wettbewerb von internationalem Rang gibt es in München (Juni/Juli), Sydney (Juni), Wien (Viennale, Oktober), New York (Oktober) und London (November). Hinzu kommen Filmmärkte und -messen u. a. in Mailand und Los Angeles.

Zwei spezielle, für Filmhistoriker unverzichtbare Festivals haben sich inzwischen in Italien etabliert: die Giornate del Cinema Muto in Pordenone (Oktober), initiiert Anfang der 80er Jahre, und Il Cinema Ritrovato in Bologna (Juni) seit Anfang der 90er Jahre. Beide Veranstaltungen präsentieren rekonstruierte, restaurierte, wieder entdeckte Werke aus früheren Epochen der Filmgeschichte, in Pordenone thematisch zu Schwerpunkten geordnet, in Bologna mit Fachdiskussionen der beteiligten Archivare.

In Deutschland waren Festivals vor 1945 unbekannt, die wichtigsten NS-Filme wurden in dieser Zeit in Venedig vorgestellt. Für die DDR war das Dokumentarfilmfestival in Leipzig ein herausragendes Ereignis. Als »Leistungsvergleich« der DEFA-Produktion fanden in den 80er Jahren so genannte nationale Festivals für Spielfilm (in Karl-Marx-Stadt), Dokumentarfilm (in Neubrandenburg) und Kinderfilm (in Gera) statt. Österreich hat seine nationalen Filmtage in Graz, die Schweiz in Solothurn.

In der Bundesrepublik konkurriert eine wachsende Zahl von Festivals um die Gunst der Medien, der Stadt- oder Landesväter (von denen sie zumindest teilweise finanziert werden) und der Besucher. Die wichtigsten sind mit kurzer Charakterisierung und in alphabetischer Reihenfolge der Orte:

Die Duisburger Filmwoche, gegründet 1977, gibt jeweils im November einen Überblick über den deutschen Dokumentarfilm, der hier sein intensivstes Diskussionsforum hat. (Weitere Dokumentarfilmfestivals finden in Kassel und München statt.)

Das Internationale Kinderfilm Festival in Frankfurt am Main, gegründet 1975, präsentiert jeweils im September in- und ausländische Kinderfilme. Vergeben wird ein Preis, der Lucas heißt. (Weitere Kinderfilmfestivals finden in Augsburg, Gera und im Rahmen der Berlinale statt.)

Das Filmfest Hamburg hatte seit 1974 verschiedene Namen, wechselnde Verantwortliche und bemüht sich jeweils im September um ein attraktives Programm mit unabhängigen europäischen Filmen.

Die Internationalen Hofer Filmtage, gegründet 1967, werden in der Programmauswahl und Präsentation stark von ihrem Initiator und Leiter Heinz Badewitz geprägt. Im Mittelpunkt stehen neue deutschsprachige Produktionen vor allem von Nachwuchsregisseuren, sowie europäische und amerikanische Filme. Zu den Rahmenveranstaltungen gehört ein Fußballspiel.

Das Internationale Festival für Dokumentar- und Animationsfilm in Leipzig, 1957 gegründet und in der DDR als Diskussionsforum des politisch engagierten Dokumentarfilms geschätzt, hat sich inzwischen neu etabliert. Die Veranstaltung findet im Oktober statt. Eine Jury verleiht Preise, das Bundesarchiv organisiert Retrospektiven.

Die Nordischen Filmtage in Lübeck, gegründet 1956, informieren jeweils im Oktober/November über neue skandinavische Filme, verbunden mit kleinen Retrospektiven.

Das Internationale Film-Festival Mannheim im November, neuerdings mit Heidelberg verbunden, wurde als Filmwoche 1952 gegründet und profilierte sich vor allem in den 60er und 70er Jahren mit der Entdeckung neuer Talente des jungen ost- und westeuropäischen, wie auch des unabhängigen amerikanischen Films. Über das Wettbewerbsprogramm urteilt eine internationale Jury.

Das Münchner Filmfest, nach einer skurrilen Gründungsgeschichte 1983 zum ersten Mal veranstaltet, präsentiert jeweils im Juni/Juli ein breit gefächertes Programm mit Filmen aus Cannes, unabhängigen amerikanischen Produktionen, neuen deutschen Filmen und verschiedene Werkschauen. Zeitgleich findet ein internationales Festival der Filmhochschulen statt.

Die Internationalen Kurzfilmtage in Oberhausen, 1955 von Hilmar Hoffmann gegründet, haben sich trotz verminderter Bedeutung des Kurzfilms als Kulturereignis im Ruhrgebiet gehalten. Seminare, Retrospektiven und eine Kinderfilmreihe ergänzen das Wettbewerbsprogramm.

Beim Wettbewerb um den Max-Ophüls-Preis in Saarbrücken, gegründet 1979, begutachtet eine jährlich wechselnde Jury die besten Spiel- und Dokumentarfilme von Nachwuchsregisseuren aus dem deutschsprachigen Raum. Es gibt auch ein Kurzfilmprogramm und Nebensektionen. Die Veranstaltung findet jeweils Ende Januar statt.

Weitere, zum Teil regional ausgerichtete Festivals gibt es in der Bundesrepublik u. a. in Augsburg (Tage des unabhängigen Films und Kurzfilmwochenende), Bamberg (Kurzfilmtage), Biberach (Filmfestspiele), Bielefeld (Stummfilm- & Musikfest), Bonn (Sommerkino: Stummfilme mit Musik), Braunschweig (Filmfest), Cottbus (Festival des osteuropäischen Films), Dortmund (femme totale), Dresden (Filmfest), Emden (Filmfest), Frankfurt am Main (Filmschau), Freiburg (Ökomedia), Heidelberg (Filmtage des Mittelmeers), Husum (Filmtage – Thema: Schleswig-Holstein), Kiel (Cinearchea - Archäologie-Filmfestival), Köln (Feminale - FrauenFilmFest), Ludwigsburg (Filmschau), Lünen (Kinofest), Marburg (Filmfest »Open Eyes«), Münster (Filmfestival), Neubrandenburg (dokumentArt), Oldenburg (Filmfest), Osnabrück (Unabhängiges Filmfest), Poel (Dokfilmwerkstatt), Potsdam (Sehsüchte: Studentenfilmfestival), Regensburg (Kurzfilmwoche und Stummfilmwoche), Rüsselsheim (Filmtage), Schwerin (Film-Kunst-Fest), Selb (Grenzland-Filmtage), Stuttgart (Trickfilmfestival/Filmwinter/Filmschau), Tübingen (Cine Latino/Französische Filmtage/Kurzfilmfest), Weiterstadt (Open-Air-Filmfest), Wiesbaden (exground on screen und goEast), Würzburg (Internationales Filmwochenende). Hier sind nur Veranstaltungen genannt, die schon mehrfach stattgefunden haben. Allerdings ist die Zukunft oft ungewiss. Alle wichtigen Festivals informieren inzwischen auf eigenen Websites über ihre Programme und Termine.

Hans Helmut Prinzler

Literatur: Bodo Fründt / Bernd Lepel: Träume unter Goldenen Palmen. Der deutsche Film auf dem Internationalen Filmfestival in Cannes. Ebersberg 1987. – Wolfgang Jacobsen: 50 Jahre Berlinale. Internationale Filmfestspiele Berlin. Berlin 2000.

Film d'Art (frz., ›Kunstfilm‹). Benannt nach der 1908 in Paris von den Brüdern Lafitte und den Schauspielern André Calmettes und Charles Le Bargy gegründeten Produktionsgesellschaft Le Film d'Art hatte die Bewegung das Ziel, den schlechten Ruf des Films zu verbessern und ein größeres, wohlhabenderes und gebildeteres Publikum für ihn zu gewinnen. Zu diesem Zweck sollten qualitativ hochwertige Filme mit künstlerischem Anspruch für den bis dahin eher am Massengeschmack orientierten Markt produziert werden. Also übertrug man das Lieblingskind des Bürgertums, das Theater, auf den Film: Der Film d'Art entstand aus der Zusammenarbeit der berühmtesten Theaterregisseure, Bühnenbildner und vor allem Schauspieler (Sarah Bernhardt, Gabrielle Réjane, Jean Mounet-Sully). Hinzu kamen → Drehbücher von angesehenen Schriftstellern (Anatole France, Edmond Rostand) und Musik von hochrangigen Komponisten (Camille Saint-Saëns). Durch Adaptionen großer Werke erwarb man sich den Schutz literarischer Autorität. Die Schauspieler ihrerseits versuchten, durch psychologische Recherchen und detailgenaues Spiel ihren Figuren mehr Wahrhaftigkeit zu verleihen.

Die erste bedeutende Produktion des Film d'Art war *Die Ermordung des Herzogs von Guise* (1908, R: André Calmettes, Charles Le Bargy, Verleih: → Pathé). 1912 folgten Louis Feuillades *Die Königin Elisabeth* (R: Louis Mercanton, D: Sarah Bernhardt) und von der Konkurrenzgesellschaft S.C.A.G.L. (Société Cinématographique des Auteurs et Gens de Lettres) Albert Capellanis *Die Elenden* nach Victor Hugo.

Filmtechnisch stellten diese Filme keine Neuerung dar: Dank statischer Kamera und starrer Einstellungen waren sie bloß abgefilmtes Theater. Außerdem sah das Publikum lieber lebensnahes als klassizistisch-überladenes, schwülstiges Filmtheater. Als positive Folge gewann das Kino dessen ungeachtet an Prestige und trug vor allem auf dem amerikanischen Markt zur Popularisierung längerer Spielfilme bei. Außerdem änderte der Film d'Art grundlegend die Stellung der Schauspieler, die nun als Künstler anerkannt wurden und nicht mehr beim Umbau Kulissen schieben mussten.

Auch im Ausland nahm der Film d'Art großen Einfluss: Dänische, schwedische, italienische und russische Gesellschaften setzten sich dieselben Ziele. In Deutschland vertrat diese Paul Davidsons Projektion-AG Union (Pagu), die neben Max Reinhardt (*Die Insel der Seligen*, 1913; *Venezianische Nacht*, 1914) viele bekannte Theaterleute zum Film brachte und nicht zuletzt der fulminanten Laufbahn der großen Schauspielerin Asta Nielsen in Deutschland den Weg bereitete. In den USA gründete Adolph Zukor, amerikanischer Verleiher des Kassenschlagers *Die Königin Elisabeth*, die »Famous Players in Famous Plays Company« als Pendant zum Film d'Art (*Der Gefangene von Zenda*, 1913, R: Edwin S. Porter).

Nach 1920 stellte der Film d'Art die Produktion, die bis auf Abel Gances frühe Werke keine nennenswerten Filme mehr hervorgebracht hatte, weitgehend ein.

Marion Müller

Literatur: Jerzy Toeplitz: Geschichte des Films. Bd. 1: 1895–1928. Berlin 1972.

Filmförderung. Im Gegensatz zum Hollywoodfilm, bei dem die Investitionen durch den Markterfolg ausgeglichen und nach Möglichkeit übertroffen werden sollen, ist der Großteil des europäischen Films spätestens seit den 50er Jahren auf zusätzliche Förderung angewiesen. Während ein amerikanischer Film unter Umständen an einem Wochenende allein in den USA die Herstellungskosten wieder einspielen kann, sind die Märkte für die europäischen Filme, insbesondere für das Kunstkino, viel kleiner – das hängt nicht nur mit sprachlichen Grenzen zusammen, sondern auch mit Unterschieden der Mentalität. Nur in wenigen Ausnahmefällen hat ein europäischer Film beim amerikanischen Publikum starken Zuspruch gefunden, aus welchen Gründen auch immer. Umgekehrt versucht Hollywood, ein Kino zu produzieren, das weltweit auf Neugier und Interesse, gegebenenfalls bei spezifischen Publikumsgruppen treffen wird: durch Spannungsdramaturgie, ausgedehnte Actionszenen und den Aufbau von Heldenfiguren, durch attraktive Ausstattung oder die Eingrenzung der Konflikte auf Notlagen, in denen spektakuläre Rettung erforderlich und möglich ist. Ein ›intellektuelleres‹ oder regionalen Verhältnissen entsprechendes oder im erzählerischen Konzept abweichendes Kino hat unter diesen Geschäftsbedingungen keine Chance, es sei denn, es lässt sich auf Kompromisse ein. Da Filmherstellung ein kapitalintensives Verfahren ist, muss in den im Vergleich zu Amerika oft viel kleineren Filmnationen Subventionierung hinzukommen. Dies gilt für Frankreich, Deutschland, selbst England, wo nur wenige Produktionen ohne solche Hilfe Dritter (seien es Medienunternehmen oder das British Film Institute) entstanden sind.

In den 50er Jahren galt es in Westdeutschland noch als Regel, dass die Einspielergebnisse das Budget der kunftigen Produktion erwirtschaften müssen. Erst mit dem Zusammenbruch der deutschen Filmindustrie Anfang der 60er Jahre – woran die Branche dank ihrer Unbeweglichkeit zum Teil selbst schuld gewesen ist, nicht zuletzt bewirkt durch das Konkurrenzmedium Fernsehen – war es erforderlich, ein Filmförderungsgesetz zu etablieren, am 1. 1. 1968 in Kraft getreten und seitdem vielfach erneuert und verbessert, das anfangs jedoch nicht zur Unterstützung von künstlerisch anspruchsvollen Filmen taugte, da es vorzugsweise die Kassenerfolge belohnte (und dies waren im Westdeutschland der 60er Jahre nach den Edgar-Wallace- und Karl-May-Serien die Schulmädchen-Reporte und derlei). Das Kuratorium Junger deutscher Film, mit einem kleinen Etat ausgestattet, musste speziell den Anfängern helfen, die sich die Reform des deutschen Films zum Ziel gesetzt hatten. Die Entwicklung des Neuen deutschen Films in den 70er Jahren wäre undenkbar ohne die merkliche Unterstützung des Fernsehens (insbesondere der Fernsehspielabteilung des Westdeutschen Rundfunks unter der Leitung von Günther Rohrbach und Gunther Witte, später auch des ZDF unter der Leitung von Heinz Ungureit). Der »amphibische« Film, der für die Kino- und die Fernsehauswertung gleichermaßen geplant war, setzte sich als Modell durch und dominiert noch heute. Dass der ursprüngliche, triumphierende Gegner beim Wettbewerb um die Publikumsgunst, das Fernsehen, somit zum tatkräftigsten Mäzen des »unabhängigen« und künstlerisch kreativen Kinos wurde, ist nicht nur in der Bundesrepublik zu beobachten, sondern auch in England: Die furiose Produktion des britischen Kinos der 80er Jahre ist völlig undenkbar ohne die Hilfe des privatrechtlichen Fernsehsenders Channel Four. Oder in Frankreich: Canal + ist an beinahe jeder französischen Produktion von mittlerem und größerem Budget beteiligt.

Die Subventionierung des Films durch das Fernsehen wirkt sich in Deutschland unabhängig von den üblichen Koproduktionen mit Vertrags- und Vertriebsregeln, die beide Märkte, den Kino- und den Fernsehmarkt, berücksichtigen, noch in der Einrichtung der so genannten Filmstiftungen aus, bei denen die öffentlich-rechtlichen Fernsehanstalten der ARD und des ZDF und Privatsender oft mit erheblichen Anteilen engagiert sind: Zu den wichtigsten Filmstiftungen gehören die Filmstiftung Nordrhein-Westfalen (1991 gegründet, mit dem größten Finanzvolumen ausgestattet), der Film-Fernsehfonds Bayern, der Filmboard Berlin-Brandenburg, die Mitteldeutsche Medienförderung und die Medien- und Filmgesellschaft Baden-Württemberg. Um ein Beispiel herauszugreifen: Der Finanzbedarf der Filmstiftung Nordrhein-Westfalen wird gedeckt durch Zuschüsse des Landes und des WDR, des ZDF, ferner der privatrechtlichen Sender Sat 1 und Pro 7. Neben den Filmstiftungen ist für Produzenten vor allem die Filmförderungsanstalt (FFA) von Bedeutung, die von Filmtheaterbesitzern und Videoprogrammanbietern eine Filmabgabe erhebt, so dass der jährliche Etat ca. 105 Mio. DM beträgt. Neben den Filmstiftungen, der Filmförderungsanstalt, dem Kuratorium Junger deutscher Film (das mit einem äußerst bescheidenen Etat von 1,5 Mio. DM auskommen muss) gibt es noch die kulturelle Filmförderung der Bundesregierung, die früher beim Bundesinnenminister, jetzt beim Beauftragten der Bundesregierung für Angelegenheiten der Kultur und der Medien angesiedelt ist. Die Filmförderung bezieht sich zumeist auf folgende Etappen: Stoff und Projektentwicklung, Drehbuch- und Produktionsförderung, Unterstützung von Verleih und Vertrieb (darunter sind in neuster Zeit auch Videotheken zu verstehen), in einigen Fällen auch Beteiligung an Investitionen im filmtechnischen Betrieb und an der filmberuflichen Weiterbildung. Über die Vergabe der Mittel entscheiden meist für einen bestimmten Zeitraum zusammenberufene Jurys, wobei speziell die Filmstiftungen in der Mehrheit darauf Wert legen, dass ein merklicher Teil der Produktion im jeweiligen Bundesland stattfindet, so dass die gewährten Mittel wieder dem Land als Ganzem zugute kommen – dies hat zur Folge, dass Produzenten, die mit ihren Anträgen Einrichtungen der Filmförderung beschäftigen, in den verschiedenen Bundesländern jeweils Dependancen begründen.

Es gibt zudem eine europäische Filmförderung, die ursprünglich Media I und Media II genannt wurde, seit 2001 Media Plus. Die Filmförderung der EU bezieht sich auf alle möglichen Formen der Unterstützung, von der Subventionierung der Produktion bis zur filmberuflichen Weiterbildung, wobei die insgesamt 400 Mio. Euro nur 50 % der Gesamtkosten ausmachen dürfen. Das heißt, wer von der europäischen Film- und Medienförderung Gelder haben will, muss garantieren, dass die andere Hälfte z. B. durch Landesmittel gewährleistet ist. Die Förderung durch Eurimage verlangt, dass mindestens zwei bis drei Mitgliedsländer sich an einer Filmproduktion beteiligen, so dass Koproduktionen über die Ländergrenzen hinweg jedenfalls in den 90er Jahren sehr üblich geworden sind. Die entsprechend zustande gekommenen Filme haben aber in ihrer Mehrheit wenig eigenständiges Profil bewiesen, so dass bald die Formel von »Europudding«-Produktionen im Umlauf war.

Die Filmförderung hat wesentlich zur Erneuerung des neuen deutschen Films in den 90er Jahren beigetragen, doch sollte angesichts der Summe von gegenwärtig ca. 300 Mio. DM (die Säckel aller deutschen Filmförderungen zusammengenommen) keine übertriebene Euphorie aufkommen. Man bedenke, dass im Vergleich ein großes Opernhaus staatliche oder städtische Subventionen von jährlich ca. 100 Mio. Mark erwarten darf, bei einem ungleich kleineren Wirkungskreis. Diese Relation macht deutlich, dass nach wie vor die Filmförderung im System der Kulturförderung auf den untersten Plätzen rangiert. Dies entspricht auch der Wertabstufung der Künste im Bewusstsein vieler Deutscher. Demnach hat der Film immer noch Schwierigkeiten, als Kunstform anerkannt zu werden – im eklatanten Widerspruch zur Wertschätzung dieser Kunst in Frankreich oder auch Italien.

Die Effekte der Filmförderung sind vermutlich nach wie vor am größten, wenn Produktionen unterstützt werden, die konkret geplant sind, so dass ein Missgriff oder Fehlurteil der Jurys kaum mehr möglich scheint. Am wirkungslosesten ist die Filmförderung bei der Entwicklung von → Drehbüchern geblieben. Sicherlich trägt die naive Vorstellung Schuld daran, die zumal von einigen amerikanischen Drehbuchlehrern wie Syd Field u. a. verbreitet wird, dass die Beachtung einiger simpler Regeln bereits brauchbare Scripts hervorbringen würde. Auch die Filme, die nach preisgekrönten Drehbüchern entstanden sind, konnten vor der Kritik und dem Publikum kaum bestehen. Vermutlich ist es eine sinnvolle Perspektive, das neue Metier des »Script-doctoring« sorgfältiger zu entwickeln und die Entstehung von Drehbüchern generell derjenigen komplizierter Partituren gleichzusetzen. Dazu gehört, dass Drehbücher als Voraussetzung für Filme nicht von Autoren verfasst werden dürfen, die vorgeben, sie würden sich nicht weiter um die Inszenierung, den Blick durch die Kamera, die Schauspielkunst der Akteure kümmern wollen. Drehbuchförderung müsste also, sollte sie einen neuen qualitativen Zustand erreichen, die Beratung durch Regisseure, Kameraleute, Schauspieler, Filmausstatter, Cutter und sogar Filmkomponisten mit einschließen.

Thomas Koebner

Literatur: Alle wichtigen Filmförderungseinrichtungen sind im Internet vertreten. Dort wird jeweils die aktuellste Information geboten.

Filmformate. Die Formate des Filmmaterials prägen das projizierte Bild hinsichtlich zweier Faktoren: einerseits durch die Größe der Bildfläche und andererseits durch das Seitenverhältnis (Breite : Höhe) dieser Fläche. Das Seitenverhältnis beeinflusst die Proportionen des projizierten Bildes, die Größe der Bildflächen dessen Qualität. Denn je größer das Bildfenster auf dem Filmstreifen ist, umso mehr Detailinformationen vermag das Bild bei seiner Aufnahme zu speichern und eine umso feinere Durchzeichnung des Leinwandbildes erlaubt es. Veränderte Proportionen hingegen haben erheblichen Einfluss auf die Komposition und auf die Wahrnehmung der Bilder.

Das Gewand (1954, R: Henry Koster)

Der erste Cinemascope-Film überhaupt, Hollywoods Antwort auf die drohende Konkurrenz des Fernsehens, übertraf mit seiner Breite (1 : 2,55) das seinerzeit übliche Normalformat (1 : 1,33) beträchtlich. Die boshafte Bemerkung des Filmregisseurs Fritz Lang, dieses Format sei für Trauerzüge und Schlangen geeignet, trifft zum Teil das Problem: Die erweiterte Szene und Totale begünstigte spektakuläre wie zirkushafte Aufzüge und Aktionen, Massenchoreographie und ausladende Landschaftsveduten, erschwerte aber die Konzentration auf intimes Spiel. Doch konnte ebenso Tiefe des Raumes, als paradoxe Wirkung der vorgegebenen Breite des Formats, noch »einengender« dargestellt werden als zuvor. Dies erwiesen allerdings erst spätere Filme, die sich nicht an die Bildtraditionen der Kunstgeschichte gebunden fühlten.

Die Größe der Bildfläche auf dem Filmstreifen hängt von dessen Breite ab. Bereits seit Edison dominiert der 35 mm breite Normalfilm die Kinematographie. Nach 1920 kam, ursprünglich als Amateurformat gedacht, der 16 mm breite Film hinzu. Er hat Eingang in die professionelle Filmarbeit gefunden, vor allem für Dokumentarfilme und Low-Budget-Produktionen. Teilweise stellt man auch – vor allem für den nichtkommerziellen Bereich – 16-mm-Kopien von 35-mm-Filmen her. Als Amateurformat folgte schließlich der 8-mm-Schmalfilm, der in den 60er Jahren durch eine leichte Vergrößerung der Bildfenster (zur besseren Ausnutzung derselben Filmbreite) modifiziert wurde. Das so entstandene Super-8-Format hat heute den Normal-8-Film verdrängt. Neben diesen drei Standards existierten in der Filmgeschichte auch Materialbreiten, u. a. 9,5 mm, 17,5 mm, 28 mm, 65 mm und 70 mm, die sich aber auf Dauer nicht durchsetzten.

Der 35-mm-Film besitzt Bildfelder mit dem Seitenverhältnis von etwa 1,33 : 1 – ein Verhältnis, das auch das projizierte Bild kennzeichnete. Dieses schon während der Stummfilmzeit durchgesetzte und für das Publikum gewohnte Normalbild erfuhr während der frühen Tonfilmperiode kurzzeitig eine Modifikation. Da die Tonspur am Rande des Bildes auf dem Filmstreifen untergebracht wurde, ergab sich ein fast quadratisches Format. Es ist der Macht der Gewohnheit zu verdanken, dass in den USA bald die Academy of Motion Picture Arts and Sciences eingriff und die Rückkehr zum Seitenverhältnis von 1,33 : 1 verordnete (dort seither Academy-Format genannt), was durch eine Verkleinerung der Bildhöhe und damit der Bildfläche gelang.

Als sich in den 50er Jahren mit dem Fernsehen ein ökonomischer Konkurrent durchsetzte, der vom Kino das 1,33 : 1-Format übernahm, strebte der Film nach neuen Schauwerten, zu denen die → Breitwand gehörte. Als Breitbildformate gelten solche, die das Bildseitenverhältnis deutlich über 1,4 : 1 hinaus verschieben.

Jörg Schweinitz

Filmgeschichte. »Die Geschichte existiert nirgendwo anders als in dem Diskurs, der sie spricht« (Sorlin). Dies gilt auch für die Filmhistoriographie, die beinahe so alt ist wie das Medium, das sie zum Gegenstand hat. Insofern lässt eine frühe Studie wie die 1912 von Hermann Lemke veröffentlichte Schrift »Die Kinematographie der Gegenwart, Vergangenheit und Zukunft. Eine kulturgeschichtliche und industrielle Studie« bereits im Titel eine doppelte Perspektivierung erkennen, die zugleich zwei markante Fluchtpunkte, genauer: Spannungspole, späteren Schreibens über den Film und seine Geschichte vorgibt: Filmgeschichte als Konstrukt, das seine innere Dynamik aus den sich überlagernden, verstärkenden und oft genug auch einander widerstreitenden Interessen im Verhältnis insbesondere von technischen, wirtschaftlichen und künstlerischen Entwicklungstendenzen des Films bezieht – und dies vor dem Hintergrund seiner gesellschaftlichen Institutionalisierung, die den Film für Jahrzehnte, zumindest bis zur massenhaften Durchsetzung des Fernsehens, zum Leitmedium der Moderne werden ließ. Insofern ist nicht nur von Bedeutung, wo Autoren von Filmgeschichten ihre Perspektivkonstruktionen vorrangig verankert sehen: in den technischen, den ökonomischen, den soziopolitischen oder den ästhetischen Entwicklungsschüben des Mediums; nicht minder bedeutsam und damit folgenreich ist, in welchem Horizont sie diese Konstruktionen verankern: Film im nationalen oder im internationalen Kontext, Film als Sujet- bzw. Motivgeschichte versus Film als Geschichte seiner filmsprachlichen Ausdifferenzierungen, Film als kulturindustrielle Serien- bzw. Genreproduktion oder als komplexes Ensemble von Einzelwerken, zumal von künstlerisch herausragenden, sowie nicht zuletzt Film als Geschichte der Bildproduktion versus Film als Kinogeschichte, d. h. als Geschichte sozialer Medienereignisse und öffentlicher wie privater Rezeptionsarten.

Eine historisch-systematische Übersicht über filmhistoriographische Paradigmen fällt deshalb nicht leicht, weil sich ihnen oftmals sekundäre Motivationen eingeschrieben haben, die scheinbar Vergleichbares letztlich doch unvergleichbar machen – und umgekehrt. Eine so verdienstvolle empirische Studie etwa wie jene frühe Dissertation von Emilie Altenloh, »Zur Soziologie des Kino« (1914), stellt zum einen den Prototyp für jene in jüngster Zeit in auffälliger Zahl veröffentlichten lokalen Kinogeschichten dar; zum anderen fehlt letzteren, überwiegend einer Ethnographie der Alltagskultur verpflichtet, jener produktionskritische und medientheoretisch verallgemeinernde Duktus, der Altenlohs Arbeit bestimmte. Umgekehrt haben etwa die so unterschiedlich konzipierten Filmgeschichten des Weimarer Films – Siegfried Kracauers »Von Caligari zu Hitler« (1947) und Lotte Eisners »Die dämonische Leinwand« (1955) – ihre Gemeinsamkeit doch darin, dass sie nicht nur »die deutsche Nation im Bann ihrer Kinoleinwände und die Filme im Bann deutscher Geschichte« sehen, sondern dass »ihre Bücher selbst im Bann deutscher Geschichte [stehen], die nach den Filmen kam« (Elsaesser).

Symptomatisch für den Stand der Filmgeschichtsschreibung ist, dass sie sich selbst erst in jüngerer Zeit zu einem breiter diskutierten Problem geworden ist (vgl. besonders Allen/Gomery und Hickethier). Lange Zeit dominierte das unausgesprochene Selbstverständnis, durch die Niederschrift der Geschichte den Film im Ensemble der anerkannten ›alten‹ Künste nun als »siebte Kunst« zu etablieren. Analogien zur frühen Filmtheorie eines Hugo Münsterberg in den USA, eines Ricciotto Canudo und Louis Delluc in Frankreich oder eines Béla Balázs, Rudolf Harms, Rudolf Arnheim in Deutschland sind unübersehbar. Je umstrittener die kulturelle Nobilität des Films war, desto ausgreifender oft die Versuche früher Geschichtsschreibung, den Film mit einer ähnlich weit zurückreichenden Tradition auszustatten wie die etablierten Künste. »Der Film ist so alt wie die Menschheit.« Mit diesem Satz beginnt Joseph Gregor 1932 sein Buch »Das Zeitalter des Films«, um bereits in den Phasenbildern und Wiederholungsdarstellungen der vorzeitlichen Höhlenmalerei die »erkenntnistheoretische Urzelle« des Filmischen auszumachen, das dann über die Camera obscura und Laterna magica, die Wundertrommeln, Nebelbilder usw. in der Erfindung der Kinematographie zu sich gekommen sei; ein immer wieder aufgegriffenes kulturgeschichtliches Gedankenmuster, das noch 1979 in der Neuauflage von Friedrich von Zglinickis Darstellung »Der Weg des Films« seine Reformulierung finden sollte.

Auch wenn im Laufe der Geschichte dieser Legitimationsdruck schwinden sollte, so blieben doch zwei Momente dieser kulturgeschichtlichen Perspektivierung selbst in einem eingeschränkteren Horizont der Filmhistoriographie nachhaltig wirksam: die vorrangige Orientierung an kunstgeschichtlich bedeutsamen Entwicklungsschüben und, damit in engem Zusammenhang stehend, an einem personen- bzw. autorengebundenen Darstellungsprinzip. Selbst die durch die sozialgeschichtliche Schule Kracauers gegangenen Autoren Ulrich Gregor und Enno Patalas räumen im Vorwort ihrer erstmals 1962 erschienenen »Geschichte des Films« ein: »Eigentlich sollte dieses Buch *Geschichte der Filmkunst* heißen, denn nur mit der Geschichte des Films als Kunst befasst es sich, mit den geglückten und nicht geglückten Versuchen, Filmkunst zu realisieren, mit den Pionierleistungen, die zur Etablierung neuer Stilformen beitrugen.« Insofern ist von hier aus der Weg zur Kanonbildung nicht weit, wie sie in der Filmpublizistik mit der Frage nach den »besten Filmen aller Zeiten« nach dem Zweiten Weltkrieg immer wieder aufgeworfen wurde (vgl. besonders die im Zehnjahresturnus seit 1952 von der englischen Zeitschrift »Sight and Sound« veranstalteten Erhebungen, aber auch die gerade im Umkreis des Zentenariums des Films 1995 immer wieder propagierten Titellisten diverser Organe). Es ist ein im Grunde paradoxer Sachverhalt: Ausgerechnet im Umgang mit dem Medium Film, von dem einmal Walter Benjamin in seiner Schrift »Das Kunstwerk im Zeitalter seiner technischen Reproduzierbarkeit« die kathartische »Liquidierung des Traditionswertes am Kulturerbe« erwartet hatte, behauptet sich besonders hartnäckig eine normierende, traditionssichernde Begrifflichkeit.

Dabei hatten gerade dies Gregor/Patalas wohl nicht im Sinn. Zum einen grenzten sie sich bewusst von einem sterilen Historismus ab: »Geschichte wird hier nicht sub specie aeternitatis, sondern mit Blick auf die Gegenwart dargestellt. Die Autoren wenden sich nicht an einen idealen Leser, der alle Zeiträume der Filmgeschichte aus der gleichen Perspektive betrachtet [...], wie es in vielen vorliegenden Filmgeschichten der Fall ist [...]. Das Buch richtet sich an die Filmfreunde unter den Zeitgenossen. Was ohne Belang für das Verständnis gegenwärtiger Filmkunst schien, bleibt angedeutet oder unerwähnt; was dagegen im modernen Filmschaffen als Tradition oder Stimulans lebendig geblieben ist, erfährt ausführlichere Behandlung.« Und schon gar nicht verfestigte sich ihre mit »dezidierter Parteilichkeit« gestellte Frage, »wie die Filme auf die gesellschaftliche Realität geantwortet haben«, zu einem Dogmatismus, wie er das Opus magnum von Jerzy Toeplitz, »Geschichte des Films« (5 Bde., 1972–91) durchzog: Der Filmhistoriker muss »verfolgen, wie der Film als Widerspiegelung der Wirklichkeit hilft, diese Wirklichkeit zu erkennen. Der Historiker muss erforschen, ob diese Widerspiegelung (natürlich nicht mechanisch, fotografisch aufgefasst) objektiv wahr ist, ob sie über die vorliegenden, die im Entstehen oder die im Absterben begriffenen Prozesse informiert, ob sie ein Bild vom Leben und Denken der Menschen des jeweiligen Zeitabschnitts gibt« (Toeplitz).

Enno Patalas hat in einer Nachschrift zum Reprint (1976) seiner mit Gregor verfassten Geschichte des Films von dessen Konzept distanziert und gleichzeitig der dann von Gregor allein unternommenen Fortschreibung, »Geschichte des Films ab 1960« (1978), eine Absage erteilt. Diese Nachschrift ist vor allem deshalb von Bedeutung, weil sie nicht nur die methodischen Grenzen ihrer filmhistorischen Konstruktion selbstkritisch aufzeigt: das Operieren mit einem maßgeblich von Kracauer imprägnierten Realismuskonzept und analytischen Instrumentarium, die naive Verkennung der hermeneutischen Situation in der Konstruktionsarbeit des Filmhistorikers (»dass wir uns das erkennende Subjekt autonom vom Gegenstand dachten. [...] Mit der subjektiven Erfahrung klammerten wir das Spezifische des Films aus«), schließlich das »isomorph« gezeichnete Verhältnis von Filmgeschichte und allgemeiner Geschichte. Mit dieser (Selbst-)Kritik entwickelte Patalas gleichzeitig ansatzweise das Szenario einer rezeptionsästhetisch verankerten Konstruktion, die einem gänzlich anderen Verständnis von Filmgeschichte verpflichtet ist: »Wünschenswert erschiene mir heute eine Filmgeschichte, die überhaupt nicht chronologisch, horizontal vorginge, sondern vertikal, die die über achtzig Jahre verstreuten Erscheinungen wie gleichzeitige ansähe und ihre historischen Schichten und deren Verwerfungen aufdeckte.« Waren es vor allem die filmischen Erfahrungen mit der Nouvelle Vague, allen voran mit Godard und Straub, gewesen, die Patalas zu dieser Re-Vision veranlassten, so ist es kein Zufall, dass es Jean-Luc Godard vorbehalten war, einem solch neuen Konzept von Filmgeschichte praktisch Ausdruck zu verleihen: in seiner 1980 veröffentlichten »Introduction à une véritable histoire du cinéma« (dt. »Einführung in eine wahre Geschichte des Kinos«, 1981) sowie in der 1998 in jeweils vier Teilen veröffentlichten Buch- und Videoproduktion »Histoire(s) du cinéma«.

Von Seiten der akademischen Filmhistoriographie hielt sich die Resonanz auf diese Projekte bislang in engen Grenzen. Eingeklagt wurden hier vor allem Desiderate, die sich vor allem in einer mediengeschichtlichen Perspektive ergeben und den in jeder Hinsicht prekären Status des traditionellen Kinofilms betreffen. Ob man nicht nur das Kino, sondern auch das Fernsehen lediglich als »Zwischenspiele in der Geschichte« einer globalen Welt der »Audiovisionen« marginalisieren kann (so etwa Zielinski, 1989), bleibt abzuwarten; unstritig aber ist, dass sich angesichts der medialen Konfiguration von Film, Fernsehen, Video und DVD unser Blick auf Filme (und keineswegs nur aktuelle), auf ihre Produktion, ihre

Veröffentlichung, ihren institutionellen Status sowie ihre Rezeption verändert hat. Jüngere Filmgeschichten, zumal international ausgerichtete, haben bislang darauf nicht (Thompson/Bordwell, 1994) oder erst ansatzweise reagiert (Nowell-Smith, 1996). Auf der anderen Seite ist nicht zu übersehen, dass gerade die letztgenannten Publikationen – und mit Blick auf die deutschen Verhältnisse wäre auch die von Wolfgang Jacobsen, Anton Kaes und Hans Helmut Prinzler herausgegebene »Geschichte des deutschen Films« (1993) zu nennen – sich vom Konstruktionsprinzip einer Filmgeschichte, einer Master-Erzählung (»large-scale narrative«, Thompson/Bordwell), wie sie für die ›klassischen‹ Werke eines Paul Rotha (1930), Georges Sadoul (1946–54), Ulrich Gregor/Enno Patalas (1962), Jerzy Toeplitz (1972–91) oder Jean Mitry (1980) charakteristisch ist, trennen zugunsten einer polyperspektivischen Re-Präsentation, die dem vielschichtigen Vermittlungszusammenhang von Technik-, Produktions-, Kultur- und Formgeschichte und ihren diskursiven Oberformungen im Sinne eines New Historicism mehr oder weniger konsequent Rechnung zu tragen versucht.

Heinz-B. Heller

Literatur: Hermann Lemke: Die Kinematographie der Gegenwart, Vergangenheit und Zukunft. Eine kulturgeschichtliche und industrielle Studie. Leipzig 1912. – Emilie Altenloh: Zur Soziologie des Kino. Jena 1914. – Paul Rotha: The Film Till Now. London 1930. – Joseph Gregor: Das Zeitalter des Films. Wien/Leipzig 1932. – Georges Sadoul: Histoire générale du cinéma. 6 Bde. Paris 1946–54. – Siegfried Kracauer: Von Caligari zu Hitler. Eine psychologische Geschichte des deutschen Films. Frankfurt a. M. 1979. [Amerikan. Orig. 1947.] – Friedrich von Zglinicki: Der Weg des Films. Berlin 1956. Reprogr. Nachdr. Hildesheim / New York 1979. – Ulrich Gregor / Enno Patalas: Geschichte des Films. Gütersloh 1962. Neuausg. Reinbek bei Hamburg 1976. – Jerzy Toeplitz: Geschichte des Films. 5 Bde. Berlin 1972–91. – Lotte H. Eisner: Die dämonische Leinwand. [1955.] Erw. und überarb. Neuausg. Frankfurt a. M. 1975. – Ulrich Gregor: Geschichte des Films ab 1960. München 1978. – Jean-Luc Godard: Einführung in eine wahre Geschichte des Kinos. München/Wien 1981. [Frz. Orig. 1980.] – Jean Mitry: Histoire du cinéma. 5 Bde. Paris 1980. – Robert C. Allen / Douglas Gomery: Film History. Theory and Practice. New York 1985. – Knut Hickethier (Hrsg.): Filmgeschichte schreiben. Ansätze, Entwürfe und Methoden. Berlin 1989. – Siegfried Zielinski: Audiovisionen. Kino und Fernsehen als Zwischenspiele in der Geschichte. Reinbek bei Hamburg 1989. – Wolfgang Jacobsen / Anton Kaes / Hans Helmut Prinzler (Hrsg.): Geschichte des deutschen Films. Stuttgart/Weimar 1993. – Kristin Thompson / David Bordwell: Film History. An Introduction. New York [u. a.] 1994. – Geoffrey Nowell-Smith (Hrsg.): Geschichte des internationalen Films. Stuttgart/Weimar 1998. [Amerikan. Orig. 1996.] – Pierre Sorlin: Ist es möglich, eine Geschichte des Kinos zu schreiben? In: Montage/AV. 5. 1. 1996. – Jean-Luc Godard: Histoire(s) du cinéma. 4 Bde. Paris 1998. – Thomas Elsaesser: Das Weimarer Kino – aufgeklärt und doppelbödig. Berlin 1999.

Film im Film. Was anfänglich eindeutig parodistisch ausgerichtet war, in Robert W. Pauls *The Countryman and the Cinematographe* (1901), um die Reaktionsweisen des naiven Zuschauers angesichts der kinematographischen Realitätsillusion zu karikieren, in Charles Chaplins *Sein neuer Job* (1915), um einen Filmstar als dilettantischen Filmstatisten zu inszenieren, erhob Buster Keatons *Sherlock Junior* (1924) erstmals zur Kunstform: die Reflexion des Mediums Film im filmischen Medium. Auch nach der großen Zeit der → Slapstick-Komiker haben unzählige Filmkomödien dieses Film-im-Film-Prinzip variiert, von Preston Sturges' romantischer Komödie *Sullivans Reisen* (1941) und H. C. Potters Hollywood-Satire *In der Hölle ist der Teufel los* (1941) bis zu Woody Allens melancholischer Romanze *Purple Rose of Cairo* (1985) und den parodistischen Nummernrevuen à la *Hot Shots! – Die Mutter aller Filme* (1991, R: Jim Abrahams). Hollywoods Star- und Studiosystem schürte und befriedigte auch das Verlangen eines ›Blicks hinter die Kulissen‹, in glorifizierenden Starbiographien wie *Ein Stern geht auf* (1937, R: William A. Wellman) und in mitunter sarkastischen Selbstporträts der ›Traumfabrik‹ wie Billy Wilders *Boulevard der Dämmerung* (1952) oder Vincente Minnellis *Stadt der Illusionen* (1952).

Als der Regisseur selbst zum Star avancierte, mit der ›Autorenpolitik‹ der → Nouvelle Vague, wurden Filme über das Filmemachen zum festen Bestandteil eines modernen Autorenkinos, das in Jean-Luc Godards *Die Verachtung* (1963) die eigenen ökonomischen Abhängigkeiten reflektiert und in Federico Fellinis *Achteinhalb* (1963) die kreativen Krisen des Regisseurs, in dem der Filmemacher auch als sein eigener Hauptdarsteller agiert, so auch in Rainer Werner Fassbinders *Warnung vor einer heiligen Nutte* (1971) oder in François Truffauts *Die amerikanische Nacht* (1973). In *Stardust Memories* (1980), in dem der Filmregisseur Woody Allen den Filmregisseur Sandy Bates verkörpert, wird das Verfahren der »Mise en abyme« und die damit einhergehende Subjektivierung der filmischen Erzählung bis zur Auflösung jeder kausalen, narrativen und zeitlichen Logik potenziert – bis sich der Film schließlich als »Film im Film« herausstellt, nämlich als Projektion des neuesten Films von Sandy Bates, den ein Film-im-Film-Publikum in der Schlusssequenz ziemlich ratlos kommentiert und der außer zahlreichen autobiographischen Anspielungen auf die Person Woody Allens auch ebenso viele Zitate aus der Filmgeschichte enthält.

Dass sich das Leben zunehmend nach Maßgabe des Kinos gestaltet, was die Literatur bereits seit den 30er Jahren thematisiert, zeigen nicht nur postmoderne Produktionen über Filmschaffende, die – wie *Barton Fink* (1992) von den Coen-Brüdern – im ironischen Spiel mit klassischen Genremustern das filmische Realitätsprinzip transzendieren, sondern auch realistisch erzählende Porträts der jungen Hollywood-Szene, die nachgestellte Filmszenen – in Doug Limans *Swingers* (1997) etwa die berühmte Zeitlupensequenz aus Quentin Tarantinos *Reservoir Dogs – Wilde Hunde* (1992) – in die Filmhandlung einschneiden: Hatten bereits Peter Bogdanovichs *Die letzte Vorstellung* (1971) und Fellinis *Amarcord* (1973) das Kino als sozialen Ort, nämlich als Erlebnisraum jugendlicher Sozialisation und erster sexueller Erfahrungen inszeniert, retrospektiv und mit unverkennbar melancholischem Touch, so lassen Filme wie Giuseppe Tornatores nostalgisches Melodram *Cinema Paradiso* (1989) die Faszination der alten ›Traumfabrik‹ in einer Zeit noch einmal aufleben, in der das Kino selbst zum historischen Medium geworden ist. Am Ende der Geschichte des Kinos und seiner Transformation in das Gefüge der Audiovision, in dem der Film nur noch ein Partikel einer multimedialen Verwertungskette darstellt, bietet die Filmgeschichte ein nahezu unerschöpfliches Reservoir für Anspielungen und Zitate, für Retro-Filme und Neo Noirs, in sämtlichen Genres, von der Filmkomödie bis hin zum Pornofilm, und zumal für die Erben des modernen → Autorenfilms, die – wie Abel Ferrara in *Snake Eyes* (1993) – die filmische Realität verhängnisvoll doppelt codieren: als Drama einer Identität, die zwischen nachgespieltem Kino und eigenem Leben haltlos changiert. Im Zeichen des postmodernen »anything goes« haben die selbstreflexiven Tendenzen des Films, die sich im klassischen Hollywood ebenso finden wie im modernen Autorenkino eines John Cassavetes oder in unzähligen → Avantgarde-, Experimental- und Undergroundfilmen, etwa bei Kenneth Anger, Andy Warhol und Michael Snow, hat die Verwendung des Film-im-Film-Prinzips den bislang avanciertesten Status erreicht: in Form des ironischen Spiels mit Filmzitaten und in Formen der Dekonstruktion, die die Mechanismen filmischer Realitätsproduktion bis an die Schmerzgrenze vorantreibt. Das Erschrecken der Filmzuschauer, so es denn im Kino überhaupt noch geschieht, ist heute nicht zuletzt ein Produkt filmischer Selbstreflexion.

Jürgen Felix

Literatur: Richard Meyers: Movies on Movies. How Hollywood Sees Itself. New York / London 1978. – Horst Schäfer: Film im Film. Selbstporträts der Traumfabrik. Frankfurt a. M. 1985. – Harald Schleicher: Film-Reflexionen. Autothematische Filme von Wim Wenders, Jean-Luc Godard und Federico Fellini. Tübingen 1991. – Ernst Karpf / Doron Kiesel / Karsten Visarius (Hrsg.):»Im Spiegelkabinett der Illusionen«. Filme über sich selbst. Marburg 1996 – Christopher Ames: Movies about the Movies. Hollywood Reflected. Lexington 1997. –

Dominique Blüher: Le cinéma dans le cinéma. Film(s) dans le film et mise en abyme. Villeneuve 1998. – Jürgen Felix (Hrsg.): Genie und Leidenschaft. Künstlerleben im Film. St. Augustin 2000. – Matthias Kraus [u. a.]: Filmische Selbst-Reflexionen. Marburg 2000.

Filmkritik. Schriftliche (in Zeitungen und Zeitschriften), auditive (im Radio) oder visuell-auditive (im Fernsehen) Auseinandersetzung mit einem zumeist aktuellen Film.

Filme zu kritisieren hieß anfangs: den neuen, ästhetischen Ausdruck der Bilder in Bewegung zu würdigen. Die ersten Filmkritiken mussten aufmerksam machen auf das neue Medium, auf die »Sache der Lichtbildkunst«, auf »besondere Geschicklichkeiten der Dekorationstechnik, besondere Feinheiten des Stoffes, besondere Raffinements der Darsteller oder der Inszene« (Walter Turszinsky), auf neue Bewegungs-, Bild- und Blickformen, auf neue Arrangements, Kompositionen, Rhythmen. Es ging darum, adäquate Maßstäbe zu finden, nach denen Qualitätsmerkmale von Filmen festzustellen sind (und dazu das Publikum zu erziehen). Die Pioniere der Filmkritik hatten also zunächst aus dem Film einen anerkannten Gegenstand der Kunstbetrachtung zu machen. Fachzeitschriften für die Branche entstanden in Deutschland früh: 1907 »Der Kinematograph«, 1908 »Die Lichtbild-Bühne«, 1912 »Bild und Film«.

Die ersten Filmkritiken wurden geschrieben, so Heinz-B. Heller, »als das ursprünglich plebejisch-proletarische Medium der Jahrmärkte und Wanderkinos sich anschickte, über die Destillen- und Ladenkinos der Vorstädte hinaus in die kulturellen Reservate des Bürgertums in den Zentren der Großstädte einzubrechen – mit Filmen, die nur allzu bereit den [...] Kunstanspruch des französischen ›film d'art‹ für sich reklamierten und dabei doch geschäftstüchtig vor allem neue soziale Besucherschichten im Auge hatten.« Bereits 1912 fand eine allgemeine Debatte darüber statt, ob »das Filmdrama« überhaupt kritisiert werden solle, eine Umfrage der »Ersten Internationalen Film-Zeitung«. Seitdem haben Diskussionen und Debatten über Macht und Ohnmacht, über Funktionen und Positionen von Filmkritik Konjunktur, bis heute, wie an den zahllosen Veranstaltungen der letzten Jahre zu sehen ist.

Nach dem Ersten Weltkrieg kamen Publikumszeitschriften auf den Markt, die sich in erster Linie an die äußeren Attraktionen der Filme hielten, an besondere Stars, Kostüme, Schauplätze, Dekorationen usw. Diese Zeitschriften lebten vor allem von den Anzeigen der Industrie. Kritik entfiel, die Reklame dominierte. In Deutschland war Malwine Rennert mit ihren Kritiken für die Kinoreformer-Zeitschrift »Bild und Film« (1912/13) wohl die Begründerin einer »ästhetischen Filmkritik«. Für Heller legte sie wichtige Grundlagen einer »formästhetischen Filmtheorie«, die in den Arbeiten von Béla Balázs ihren ersten Systematiker fand. Kurt Pinthus begann (im »Tagebuch« und im »8-Uhr-Abendblatt«) 1914 mit Filmkritik, ebenso Kurt Tucholsky (in der »Schaubühne« und später in der »Weltbühne«). Herbert Ihering fing 1918 (im »Berliner Börsen Courier«) an, Hans Siemsen 1919 (in der »Weltbühne«), Willy Haas 1920 (im »Film-Kurier«), Siegfried Kracauer 1921 (in der »Frankfurter Zeitung«), Béla Balázs 1922 (im Wiener »Tag«), Axel Eggebrecht 1925 (in der »Weltbühne«), Rudolf Arnheim 1925 (im »Stachelschwein«), Hans Feld 1926 (im »Film-Kurier«). In den Texten dieser frühen Kritiker wurden erste Ansätze für filmästhetische Maßstäbe entwickelt. Ihering beispielsweise schrieb 1919: Filmkritik ordne »sich den Erfordernissen des Bildes unter, sie geht vom Gebot der Photographie, von den plastischen Möglichkeiten des Schauspielers aus und löst von den technischen Gesetzen her die tendenziösen und kulturellen Fragen des Films«.

In den Tageszeitungen war es allerdings ein weiter Weg bis zur kontinuierlichen kritischen Begleitung der neu anlaufenden Filme: zunächst kamen die Inserate, dann die Notizen im Lokalteil, danach die ersten sporadischen Hinweise im Feuilleton, und erst nach dem Ersten Weltkrieg, im Grunde erst

Anfang der 20er Jahre begannen Filmkritiker kontinuierlich zu arbeiten. Dabei blieben journalistische und filmgeschäftliche Interessen nicht immer getrennt. Filmkritik suchte von Anfang an Informations- und Servicefunktionen zu erfüllen. Das bezog sich zunächst auf die Produktionsdaten: auf Herkunft, Dauer, Format, Genre, Namen aller Beteiligten. Es schloss aber auch Zusammenhänge ein, die sich ergaben durch Autoren und Regisseure, Kameraleute, Produzenten und Schauspieler und durch ihre jeweiligen Kenntnisse und Erfahrungen aus anderen Produktionen. Inwieweit dies auch Nacherzählung der Story und direkte Wertung umfasste, war eine Frage des Standpunkts. Irmbert Schenk zählt zur Informationsfunktion der Filmkritik, »dem Leser Form, Inhalt und Struktur des Films zu beschreiben und dann in Kontextualisierungen, Ordnungen und Zuordnungen einzutreten, die dem Leser selbst ein Urteil über den Film ermöglichen«. Frieda Grafe nennt andererseits »das Vermitteln von Urteilen und Wertungen [...] die primitivste Form von Kritik«, sie mache »aus Lesern Konsumenten«.

In den 20er Jahren kam erstmals auch eine dezidiert politische Filmkritik auf in Zeitschriften der Arbeiterbewegung, in »Film und Volk«, später auch im KPD-Blatt »Arbeiterbühne und Film«, die »kulturpolitisch entschiedenste, filmästhetisch indes eher unbedarfte Anstöße« (Heller) gaben. Durus, 1931: »Uns ist heute die klare und scharfe Feststellung der besonderen Ideologie eines Kunstwerks und der Wirkung dieser Ideologie auf die breiten Massen wichtiger als die Analyse der besonderen ästhetischen Merkmale des betreffenden Kunstwerkes.«

In den 30er/40er Jahren wurde unter dem Nationalsozialismus in Deutschland »Kunstkritik in der bisherigen Form« suspendiert und stattdessen die würdigende »Kunstbetrachtung« gefordert. Aus einem Text von 1937, von Emil Dovifat, der nach dem Zweiten Weltkrieg Professor für Publizistik an der Freien Universität Berlin wurde: »Die Kunstbetrachtung (und damit ist auch die Filmbetrachtung gemeint) vermittelt das Kunstwerk der Gemeinschaft, sie wertet seine Bedeutung für die Gemeinschaft nach den Grundsätzen der kulturpolitischen Führung und würdigt das Können des Künstlers, um es zur Höchstleistung anzuspornen.« Als Dovifat dann seine Professur angetreten hatte, glich er seine Position den veränderten Bedingungen in West-Berlin an: »Kunstkritik ist die subjektive, aber sachlich und künstlerisch verantwortliche Beurteilung des Kunstwerkes, dem der Kritiker verpflichtet ist. Er berät Künstler, vermittelt das Kunstwerk der Öffentlichkeit, scheidet die Werte und Unwerte überzeugend voneinander und gibt so zur Höherentwicklung der Kunst seinen Beitrag.« Hans Helmut Prinzler kommentiert diese Wandlung: »Mit der Forderung, Wert und Unwerte voneinander zu scheiden und mit dem Aufruf zu Verpflichtung, Vermittlung und Höherentwicklung verzettelt sich diese Definition vollends zwischen NS-Vokabular und Reeducation-Terminologie. Immerhin ist in Dovifats Formulierung ein Wort der Schlüssel für die Identitätssuche der Filmkritik in den fünfziger Jahren: *subjektiv*.«

Neben das Schlüsselwort »subjektiv« sind, nach Prinzler, zwei weitere zu stellen: »Unabhängigkeit« und »Verantwortung«. Zum Anspruch des Subjektiven, dem »Bestehen auf einer eigenen Meinung, die nicht objektivierbar sein muss«, bekennen sich zunächst nahezu alle Filmkritiker dieser Zeit. Prinzler nennt ihn den »demokratischen Zugewinn«, der helfe, sich abzugrenzen gegenüber der NS-Vergangenheit wie gegenüber dem anderen, nicht meinungsfreien, sozialistischen Teil Deutschlands. Der Anspruch der »Verantwortung« zielt wohl in zwei Richtungen, was sie heute hin und wieder diskutiert wird: Gilt sie in erster Linie dem Film oder doch eher dem Leser gegenüber (abgesehen davon, dass sowohl die Filmverleiher als auch die Kinobesitzer sie immer mal wieder gegenüber ihren wirtschaftlichen Interessen einklagen)? Die Antwort auf diese Frage klärte schon damals zugleich den Charakter der jeweiligen Filmkritik.

Unabhängigkeit von Filmkritik ist heute wohl, zumindest in den seriösen Zeitungen und Zeitschriften, keine Problem mehr. In den 50er Jahren war sie allerdings oft Druck ausgesetzt – im Verhältnis zwischen ökonomischen Interessen einerseits (geleitet von möglichst vielen Anzeigen) und Autoren- und Redakteursinteressen andererseits (die auf größtmögliche Freiheit pochten). Im Alltag der Tageszeitungen gab es in dieser Zeit so gut wie keine »wertenden Filmkritiken«. Nur 2 % aller Kritiken, so Prinzler, gingen über Inhaltsangaben, Werbetexte und Kurzrezensionen hinaus. »Film und Kino wurden im Allgemeinen nicht des Ranges von Kultur [...] für würdig gefunden. Sie rangierten unter ferner liefen, von populärer Unterhaltung bis hin zu Volksverdummung, je nach Traditionsbewusstsein und Sozialdünkel« (Schenk). Die wichtigsten Kritiker, noch aus der Nazi-Zeit, waren Karl Korn und Erwin Goelz, die neuen: Karena Niehoff und Gunter Groll, Ulrich Gregor und Enno Patalas.

In der Bundesrepublik der 50er Jahre dominierten zunächst betont subjektive, feuilletonistische Texte (etwa die von Gunter Groll), bis die an Adorno und Kracauer geschulten Autoren der Zeitschrift »Filmkritik« ihre unversöhnliche Gegenposition formulierten. Sie forderten den Filmkritiker als »Gesellschaftskritiker«, der ideologiekritisch den Film als Produkt einer kapitalistischen Industrie reflektiert und politische Aussagen und soziale Haltungen untersucht – nicht nur das, was auf der Leinwand zu sehen war. Grolls Forderung dagegen: »Der Kritiker sage das Schwere leicht.« Seine »drei Grundzüge der guten Kritik: die Fähigkeit zu klären, die Liebe zur Sache und die Distance zum Objekt«. Und: »Kritik soll klären, doch nicht dozieren. Sie soll Witz haben, doch nicht witzeln. Sie darf spielen, doch das Wortspiel verwende sie nur, wenn es auch Gedankenspiel ist. Sie soll pointiert sein – doch immer nur dann, wenn die sprachliche auch eine geistige Pointe ist.«

Eine wichtige Aufgabe der Filmkritik war von Anfang an ihre Interpretations-, also ästhetische Übersetzungsfunktion. Kritik als Protokoll der ersten Lektüre eines neuen Films, der nicht nur in den Zusammenhang gestellt werden muss zur Geschichte, zur Ästhetik der Genres oder zur Tradition nationaler Kinematographien, sondern auch in seinem jeweils besonderen Ausdruck zu entdecken, entweder zu würdigen oder abzulehnen ist.

In den 60er und 70er Jahren war die Debatte um die Filmkritik in der BRD stark geprägt von der Kontroverse zwischen der so genannten Politischen Linken und der Ästhetischen Linken, die vor allem innerhalb der Münchener Zeitschrift »Filmkritik« geführt wurde, zwischen Ulrich Gregor, Peter W. Jansen und Theodor Kotulla einerseits und Frieda Grafe, Helmut Färber, Herbert Linder und Enno Patalas andererseits. Entzündet hatte sich die Kontroverse an den Filmen der französischen → Nouvelle Vague, in denen eine völlig neue Ästhetik entdeckt und für die deshalb auch andere Rezeptionsweisen gefordert wurden. Die Auseinandersetzung mit diesen Filmen sollte zu einem Wandel der kritischen Arbeit führen. Auf dissonante, brüchig inszenierte Kinovisionen könne der Zuschauer, so die These, doch nicht dem Ganzen erliegen (wie etwa in einem suggestiven Kinothriller), sondern er müsse sich ans Einzelne halten, über dessen Aussagekraft fürs Ganze er am Ende selbst entscheide. Frieda Grafe verwies darauf, wie sehr die Filme der Nouvelle Vague das Nachdenken übers Kino insgesamt veränderten: »Vor unseren Augen organisieren sich Dinge unabhängig von dem, was wir denken können«, so sei es äußerst wichtig, dieser »veränderten Optik gerecht zu werden«. Der veränderten Filmproduktion mit veränderter Filmkritik zu begegnen wurde als unmittelbare Aufgabe der Sensibilisierungsfunktion von Filmkritik begriffen.

Claudia Lenssen: »Grafe, Färber und Linder machten Opposition gegen die Begriffsstutzigkeit und die eingeschliffenen Formeln der Kritik. Sie beharrten auf einer anderen Schreibweise und griffen das Schema an, nach dem die Aussage eines Films gegen die Stimmigkeit seiner Gestaltung abgewogen und vor dem Hintergrund seines ökonomischen und ideologischen Kontextes beurteilt werden sollte.« Es ging vor allem um den Vorwurf, dass eine »nur soziologisch orientierte Filmkritik [...] die wichtigen Filme« der Zeit nicht mehr fasse und eine »ästhetische Methode für die Filmkritik« entwickelt werden müsse. »Eine solchermaßen ästhetisch engagierte Kritik hat nicht so sehr die fertigen Ideen des Werkes in ihre Sprache zu übersetzen und auch nicht die in ihm angelegten Bedeutungen auszuformulieren, sondern den Blick des Betrachters freizulegen von fermentierten Auffassungen, die ihm den Zugang verstellen« (Patalas). Vertreter der Politischen Linken, vor allem der spätere Regisseur Theodor Kotulla, setzten sich dagegen strikt zur Wehr und warfen ihren Kollegen ein statisch-ahistorisches Strukturverständnis vor und einen »gefährlich verschleierten Blick auf die Dinge um uns, auf den Film sowohl als auf die gesamte übrige Realität«. Die Filmkritiken der Ästhetischen Linken zielten aber gerade auf Entschleierung des Blicks, darauf, aufmerksam zu machen für ungewohnte Bilder oder irritierende Rhythmen, für poetische Zwischentöne oder subversive Untertöne. Andreas Kilb, langjähriger Filmredakteur der Hamburger »Zeit«, bekannte später, dass selbst für ihn diese Sensibilisierungsfunktion das wichtigste sei: An anderen Filmkritiken interessiere ihn, was er *nicht* oder *anders* gesehen habe. Ihn interessiere, »was scheinbar ›nicht hierher gehört‹, nämlich eine überraschende Beobachtung, ein von weither geholtes Zitat, eine ungewöhnliche Gedankenverbindung.«

Filmkritik ist zudem stets Medientransfer, erfüllt also mediale Übersetzungsfunktion. Kritik ist immer »Diskurs über einen Diskurs«, wie Roland Barthes einmal formulierte. Der Diskurs der Filmkritik, so Karl Prümm, »setzt einen Transfer [...] voraus«, ist sprachlicher Diskurs über einen oft dramatischen, visuellen Diskurs. Manchmal hinken da die Worte ziemlich hinterher, wo die Bilder längst die eindeutigere Sprache präsentiert haben. »Wenn Wörter über Bilder sprechen, die dafür nicht gemacht sind«, werde es »schief«, hat Jean-Luc Godard einmal angemerkt. Es ist jedoch Aufgabe der seriösen Filmkritik, Worte zu finden, ohne dass sie unpräzise oder gar schief werden.

In den 80er Jahren wiederholte sich der Streit um Politisches versus Ästhetisches mehrfach, auch der Streit um den → Autorenfilm, nur in anderen Medien und mit anderen Personen. In Berlin wurde die Zeitschrift »Filme« gegründet (von Jochen Brunow, Antje Goldau, Norbert Grob, Norbert Jochum), die sich bewusst in die Tradition der Ästhetischen Linken stellte und ihre Auseinandersetzung führte mit Kollegen der Politischen Linken, die damals vor allem in der »Frankfurter Rundschau« publizierten: Gertrud Koch, Wolfram Schütte, Karsten Witte.

In den 90er Jahren näherten sich die Positionen an, die grundlegenden Differenzen wurden eingeebnet. »So droht eine allgemein akzeptierte, mittlere, normalisierte Kritik, ein etabliertes Rezensionswesen, das sich fast automatisch weiterschreibt, ohne sich jemals zu problematisieren« (Prümm). Vor allem durch die Ausweitung der Medien, durch private Radio- und Fernsehstationen, aber auch durch Programm- und Stadtzeitschriften, dominierten weitgehend unreflektierte Geschmackskritiken: »Filmkritik als wortreich-bewusstloses Schwimmen ohne Kategorien und Kontextmühe, dafür aber im Strom der Kino-Moden, in denen eine Oberfläche an die andere geknüpft und in denen letztlich die Werbung weitergesponnen wird« (Schenk). Klaus Kreimeier konstatierte dazu, ernüchtert, konsterniert: »Der Zustand der gegenwärtigen Filmkritik wird durch ihre Harmlosigkeit definiert.« Dagegen versuchten Fachzeitschriften weiterhin ein größeres Spektrum an Methoden und Stilen der Filmkritik anzubieten: der katholische »Film-Dienst« aus Köln (Red.: Horst Peter Koll), die evangelische »epd Film« aus Frankfurt (Red.: Wilhelm Roth, Bettina Thienhaus, Rudolf Worschech), das cinephile »Filmbulletin« aus Zürich (Hrsg.: Walt R. Vian), »Steadycam« aus Köln (Hrsg.: Milan Pavlovic), »Blimp« aus Graz (Hrsg.: Bogdan Grbic) und »Schnitt« aus Bochum (Hrsg.: Nikolaj Nikitin).

Filmkritik hatte und hat auch Kommunikations- und Öffentlichkeitsfunktionen, d. h., sie muss sich bewegen im Zwischenfeld von Information und Beschreibung, von Entzifferung/Interpretation und Wertung. Unabdingbar ist sie Teil einer umfassenderen, gesellschaftlichen Rede über Film allgemein. Das schließt sowohl die Beachtung ihrer sozialen und politischen als auch ihrer ökonomischen Komponenten ein. Jacques Rivette: »Die ideale Filmkritik kann nur eine Synthese der Fragen sein, die diesem Film zugrunde liegen: ein Parallelwerk, seine Brechung auf verbaler Ebene.« Dagegen Ezra Pound: »Die wahren Kritiker sind nicht die sterilen Richter, die Sprüchemacher. Der wirksamste Kritiker ist der nachfolgende Künstler, der entweder aus dem Weg räumt oder erbt, der über eine Form hinausgeht oder sie erweitert, sie zusammenstutzt oder begräbt.«

Norbert Grob

Literatur: Gunter Groll: Magie des Films. München 1953. – Enno Patalas: Plädoyer fur eine Ästhetische Linke. In: Filmkritik 1966. Nr. 7. – Frieda Grafe: Zum Selbstverständnis von Filmkritik. In: Filmkritik 1966. Nr. 10. – Theodor Kotulla: Zum Selbstverständnis der Filmkritik. In: Filmkritik 1966. Nr.12. – Roland Barthes: Literatur oder Geschichte. Frankfurt a. M. 1969. – Jacques Rivette: Schriften fürs Kino. München 1989. (Cicim 24/25.) – Norbert Grob / Karl Prümm (Hrsg.): Die Macht der Filmkritik. München 1990. [Darin u. a.: Frieda Grafe, Heinz-B. Heller, Andreas Kilb, Claudia Lenssen, Hans Helmut Prinzler sowie eine umfangreiche Bibliographie.] – Irmbert Schenk (Hrsg.): Filmkritik. Bestandsaufnahme und Perspektiven. Marburg 1998. [Darin u. a.: Helmut H. Diederichs, Norbert Grob, Klaus Kreimeier, Karl Prümm.]

Filmmaterial. Filmmaterial ist das Werkzeug der Kameraleute. Jeder hat seine eigenen Vorlieben bei der Belichtung und Weiterbearbeitung. Durch Über- oder Unterbelichtung, Cross-Entwicklung, Push- oder Pull-Entwicklung, Pre-Flashing, Bleichbadüberbrückung, Farbkorrekturen usw. können aus demselben Ausgangsmaterial die unterschiedlichsten »Looks« entstehen.

Filmmaterial besteht aus übereinander geordneten, für verschiedene → Farben empfindlichen Emulsionen, die auf eine zunächst lichtundurchlässige Schutz-/Trägerschicht auf Polyesterbasis aufgebracht werden. Bei der Belichtung in der Filmkamera trifft das → Licht nacheinander die unterschiedlichen Schichten. Die obere Schicht ist für blaues Licht empfindlich, die mittlere für grünes und die untere für rotes. Bei der Entwicklung werden die überflüssigen Silberpartikel aus der Emulsion gewaschen und der dunkle Lichtschutz der Trägerschicht entfernt. Es bleibt ein komplementärfarbenes Bild, rote Farbtöne werden z. B. cyanfarben dargestellt. Beim Umkopieren dieses Negativs auf Positiv-Print-Material entsteht dann das originalgetreue Farbbild.

Die konsequente Weiterentwicklung der Emulsionen führte zu neuen Formen von lichtempfindlichen Partikeln mit hexagonaler bzw. T-förmiger Struktur. So wurde es möglich, eine wesentlich höhere Auflösung (kleineres, weniger sichtbares Korn) bei höherempfindlichem Material (für geringere Lichtintensitäten, höhere DIN/ASA-Zahl) zu realisieren. Grundsätzlich gilt:»langsamere« Filmempfindlichkeiten haben eine höhere Schärfe und weniger sichtbares Korn. Ein durchschnittliches Filmbild enthält ca. 12 Mio. Pixel an Information – Werte von denen die Videotechnik noch weit entfernt ist. Auch die Lagerfähigkeit von Filmmaterial ist weitaus besser als die von Videobändern. Spricht man bei Magnetbändern von Jahrzehnten, kann richtig gelagertes Filmmaterial bis zu 500 Jahre konserviert werden.

Üblicherweise wird heute auf Farbnegativ gedreht, es hat die fortschrittlichsten Emulsionen. Verfügbar sind Kunstlichtemulsionen für die Belichtung unter Glühlichtbeleuchtung (3200 Grad Kelvin) und Tageslichtemulsionen zur Belichtung unter Tageslichtbeleuchtung (5600 Grad Kelvin). Farbpositiv war bis zur weiten Verbreitung der Videotechnik das Aufnahmematerial im News-Bereich. Es ermöglichte schnelles Entwickeln und sofortiges Weiterverarbeiten. Für besondere Aufwendungen, hauptsächlich im wissenschaftlichen Bereich, steht auch Infrarot- und UV-empfindliches Material zur Verfügung. Schwarzweißmaterial ist etwas aus der Mode gekommen und wurde seit einigen Jahren nicht mehr auf den neuesten Stand der Emulsionstechnologie gebracht. Es ist heute ein Spezialmaterial für besondere Anwendungen, deshalb nicht ohne Probleme in der Bearbeitung. Entsprechend wird es zumeist durch die Verwendung von Farbnegativmaterial, welches nachbearbeitet wird, ersetzt.

Für die professionelle Verwendung wird Filmmaterial heute in drei verschiedenen Formaten hergestellt: 65 mm, 35 mm und 16 mm. Große Filmbahnen mit einer Länge von mehreren hundert Metern werden so lange in Breite und Länge geteilt, bis sie die üblichen Längen 61 m, 122 m und 305 m erreicht haben. 122 m, die meistgenutzte Länge, reicht bei 24 fps (frames per second) und 65 mm / 5 perf für 3 Min. 33 Sek., bei 35 mm/ 4 perf für 4 Min. 26 Sek. und bei 16 mm für 11 Min. 6 Sek.

Das Filmmaterial wird perforiert und mit einem lesbaren Randcode versehen, der es ermöglicht, jedes einzelne Bild in der Nachbearbeitung zu finden.

Eingelagert wird Filmmaterial zur sofortigen Verwendung bei Temperaturen von unter 13 Grad Celsius und einer Luftfeuchte von weniger als 50%. Vermieden werden sollten rasche Temperaturschwankungen, Erwärmung in direktem Sonnenlicht oder Röntgenstrahlung.

Nils Keber

Literatur: Rod Ryan: American Cinematographer Manual. Hollywood [7]1993. – Pierre Kandorfer: Lehrbuch der Filmgestaltung. Köln [5]1994. – David Samuelson: Manual for Cinematographers. Oxford [2]1998. – Jay Holben: Talking Stock. In: American Cinematographer 2000. Nr. 4.– Christopher Probst: Talking Stock. In: American Cinematographer 2000. Nr. 4.

Filmmuseum. Museen sind Sammlungs- und Ausstellungsorte für Kunst und Wissenschaft, Natur und Technik. Sie sollen ihre Bestände archivieren und der Öffentlichkeit zugänglich machen. Auf den Film übertragen hieße dies zunächst: in einem entsprechenden Museum werden alte Filme gesichert, aufbewahrt und vorgeführt. Alle Kraft wird in die entsprechenden technischen Einrichtungen investiert. So puristisch begreifen zahlreiche → Archive ihre Aufgabenstellung. Wenn zusätzlich Materialien zur Produktion und Rezeption des Films (Apparate, Architekturentwürfe, Kostüme, Requisiten, Drehbücher, Fotos, Plakate, Programme, Dokumente) gesammelt wurden, so geschah dies zunächst als ergänzende, dokumentierende Tätigkeit. Zwar gab es schon in früheren Jahrzehnten Ausstellungen, bei denen Exponate und Dokumente aus berühmten Filmen zu sehen waren, aber erst in jüngerer Zeit entstehen an verschiedenen Orten Filmmuseen mit Dauerausstellungen zur Geschichte des Mediums.

Diese Filmmuseen sind Orte für eine überschüssige Neugier, wie es sie in der Musik, in der Literatur, in der bildenden Kunst so kaum gibt. Die Popularität des Films, seine schwer durchschaubaren Produktionsvorgänge, seine tief greifenden Phantasien und Mythen, seine ziemlich komplizierte Technik, seine vielfältigen Beziehungen zu anderen Künsten, sein Zusammenspiel mit Mode und Design, mit Politik und Ökonomie – all das schafft die Neugierde, hinter den Film zu schauen, hinter die Kamera, hinter die Kulissen, ins Innere eines schöpferischen Prozesses. Dieses Interesse ist mit Filmbüchern und Fernsehsendungen nur unzureichend zu befriedigen. Die Neugierde drängt in eine dritte Dimension: Studiotour, Ausstellung, Filmmuseum. Gefragt sind: Originale, Memorabilia, Schauplätze, Atmosphäre, Erlebnis.

Filmmuseen können diese Bedürfnisse in Erkenntnis, Aufklärung und Reflexion verwandeln. Sie sollten zeigen, wie sich die optische Wahrnehmung des Menschen, wie sich das Medium Film und seine Geschichte entwickelt haben. In einer bestimmten Zeit, unter bestimmten Bedingungen, in einem bestimmten Land. Aber auch in einem internationalen Zusammenhang, in der Verbindung ganz unterschiedlicher Intentionen, im Wechselspiel von Kunst und Kommerz, im Streit der Generationen, im Kampf der politischen Systeme.

Als historische Ausgangslage gibt es für Filmmuseen zwei Extreme: in Europa die

Sammlung des französischen Filmhistorikers und Archivars Henri Langlois, in Amerika die Studiotour von Universal in Burbank. In Paris konzentrierte sich ein vom Film Besessener mit Kennerschaft auf einzelne Requisiten, Kostümstücke, Entwürfe oder Dokumente, die ihre Bedeutung im Kontext großer Werke bekommen (Stroheim, Eisenstein, Buñuel, Lang, Welles). In Los Angeles simuliert ein Studio die Produktionsrealität, offenbart die Kunst der Effekte, würdigt die Profession der Handwerker und vermarktet die Geschichte der Firma. Zwischen dem cineastischen französischen und dem populistischen amerikanischen Konzept suchen internationale Filmmuseen ihren individuellen Standort. Das American Museum of the Moving Image in New York (Queens) zeigt technische Geräte, originale Masken und Kostüme und bietet interaktiven Medienunterricht an. Das Museum of the Moving Image in London präsentierte von 1988 bis 1999 einen unterhaltsamen und informierenden Gang durch die internationale Film- und Fernsehgeschichte. Zur Zeit ist es während einer längeren Umbauphase geschlossen. Das Museo nazionale del cinema in Turin profitiert vor allem von seinem beeindruckenden Gebäude, der Mole Antonelliana, einem historischen Kuppelbau; ausgestellt sind Pretiosen aus der Frühzeit des Kinos und Versatzstücke aus den Produktionsprozessen des Films.

In Deutschland sind – nach einigen großen Filmausstellungen (München 1957, Ostberlin 1967, Westberlin 1987) – inzwischen vier Filmmuseen in Betrieb:

Das Deutsche Filmmuseum in Frankfurt am Main wurde 1984 in einer umgebauten Jugendstilvilla am Mainufer eröffnet. Den Grundstock bildete die Paul-Sauerlaender-Sammlung, ein umfangreiches privates Archiv mit Schätzen vor allem zur Frühgeschichte. Die ständige Ausstellung des Museums dokumentiert auf zwei Etagen die Entwicklung des Films von seinen frühesten Anfängen bis in die 80er Jahre. Im Erdgeschoß werden Sonderausstellungen präsentiert. Das Kommunale Kino im Untergeschoss des Museums, bestückt mit einer alten Kinoorgel, bietet ein filmhistorisches Programm. Auch die Nähe zur Abteilung Dokumentation/Information des Deutschen Filminstituts macht das Filmmuseum zu einem Zentrum historischer Forschung.

Das Filmmuseum Potsdam wurde 1981 mit einer Ausstellung filmtechnischer Geräte im historischen Marstall eröffnet. Ab 1983 war eine ständige Ausstellung zur deutschen Filmgeschichte von 1895 bis in die (DDR-)Gegenwart zu sehen. Die meisten Exponate stammten aus dem Besitz des Staatlichen Filmarchivs der DDR. Die stark ideologisierte Ausstellung wurde 1990 stillgelegt. Nach einem Umbau des Museums ist die neue, im Januar 1994 eröffnete Dauerausstellung der Geschichte der Filmstadt Babelsberg gewidmet. Das Museum veranstaltet interessante Sonderausstellungen und veröffentlicht wichtige Publikationen. Das Kino im Museum (ausgestattet mit einer alten Kinoorgel) ist mit Retrospektiven, Seminaren, Gesprächen und gelegentlichen Premieren inzwischen ein kulturelles Zentrum in Potsdam.

Das Filmmuseum Düsseldorf wurde im August 1993 nach langer Vorbereitungszeit am alten Hafen eröffnet. Auf 2200 qm Fläche ermöglicht es Entdeckungsreisen in die Geschichte der Filmtechnik und -ästhetik, des Kinos und der Beziehungen des Films zu anderen Künsten. Grundstock waren über Jahre gesammelte Dokumente, Entwürfe, Objekte, Geräte und Requisiten aus der deutschen und internationalen Filmgeschichte. Auch dem Düsseldorfer Filmmuseum ist ein Kino assoziiert: die »Black Box«, die ebenfalls über eine alte Kinoorgel verfügt.

Das Filmmuseum Berlin wurde im September 2000 im Filmhaus am Potsdamer Platz eröffnet. Basierend auf den Sammlungen der Deutschen Kinemathek, bietet es einen weitgehend chronologischen Gang durch die deutsche Filmgeschichte mit Ausflügen nach Amerika (Marlene Dietrich/Filmexil). In einer zweiten Sektion (Künstliche Welten) wird die Entwicklung der Special Effects thematisiert. Filmausschnitte stellen in beiden Bereichen die Exponate in konkrete Kontexte. Die 15 Räume des Filmmuseums Berlin sind stark inszeniert (Gestaltung: Hans Dieter Schaal). Sonderausstellungen und Veranstaltungen ergänzen das Angebot des Filmmuseums. Im Filmhaus befinden sich außerdem die Kinos Arsenal 1 und 2 der Freunde der Deutschen Kinemathek und die Deutsche Film- und Fernsehakademie Berlin.

An amerikanischen Vorbildern sind die Studiotouren in München (→ Bavaria) und → Babelsberg orientiert. Auch sie liefern einen Hauch musealer Filmgeschichte und beschwören die Zukunft des Mediums.

Hans Helmut Prinzler

Literatur: Walter Schobert: Deutsches Filmmuseum Frankfurt am Main. München 1986. – Huguette Marquand Ferreux: Musée du Cinéma Henri Langlois. 3 Bde. Paris 1991. – Axel Geiss (Hrsg.): Filmstadt Babelsberg. Zur Geschichte des Studios und seiner Filme. Berlin 1994. – Filmmuseum Düsseldorf. Führer durch die Sammlungen. Düsseldorf 1996. – Wolfgang Jacobsen (Hrsg.): Filmmuseum Berlin. Berlin 2000.

Filmmusik. Musik ist im Film eine gestaltende Komponente unter anderen. Im Vergleich zu Inszenierung, Kamera, Szenenbild und Schauspielkunst ist sie jedoch von besonderer Bedeutung, da sie als selbständige auditive Mitteilungsform vom jeweiligen Film ablösbar zu sein scheint. Sie verschmilzt nicht für immer in der Legierung ›Gesamtkunstwerk Film‹.

Seit 1895 ist der Film stets von Musik begleitet gewesen. Bereits die ersten Stummfilmaufführungen vor einem größeren Publikum fanden mit Klavier- oder Orchesterbegleitung statt. In Abhängigkeit von der Größe des Kinos konnten sich die Betreiber nicht nur Kinoerzähler und Pianisten, sondern auch ein Orchester leisten. Kleinere Lichtspielhäuser verfügten zur Filmbegleitung zumeist über Musikmaschinen, wie z. B. die Kinoorgel, die neben Melodien auch Lauteffekte (Türklingeln, Schuss) erzeugte. Zeitzeugen begründen die Untrennbarkeit von Stummfilm und Musik mit dem hohen Geräuschpegel der Projektoren in den Zuschauerräumen, den es zu übertönen galt. Zudem erfüllt die Begleitung einen erzählerischen Zweck. Die Grundstimmung der jeweiligen Szene wurde durch Musik verstärkt und typische Handlungselemente (Abschied, Liebesszene, Ankunft der Retter, Tanz, Hochzeit, Lied eines Straßensängers) erhielten pointierendes Signaleement durch Standardstücke wie etwa den »Hochzeitsmarsch« von Felix Mendelssohn Bartholdy, den »Trauermarsch« von Frédéric Chopin oder den »Liebestraum« von Franz Liszt. Klassiker und Salonmusik des 19. und frühen 20. Jahrhunderts, für die es regelmäßig Klavierbearbeitungen gab, wenn es nicht von vornherein Klavierkompositionen waren, bilden das Hauptrepertoire. Im Druck erschienen Kompendien, die Musikstücke (»Cue-Sheets«) für die Filmillustration enthielten. Eigens für einzelne Filme geschriebene Musik findet sich selten, zumal so lange, wie die Vorführgeschwindigkeit von Hand variierte und nicht durch Elektromotor auf Bilder pro Sekunde festgelegt wurde. Eric Satie komponierte etwa 1924 die Begleitmusik zu René Clairs kleiner Groteske *Zwischenspiel*. Edmund Meisel setzte Sergej Eisensteins *Panzerkreuzer Potemkin* (1926) eine programmatische Musik an die Seite, die mit kräftigem und revolutionärem Pathos den Film regelrecht zum Agitprop-Produkt forcierte. Spätestens in den 20er Jahren ließen sich also zwei Arten von Filmmusik unterscheiden – diese Differenzierung gilt im Wesentlichen bis heute: die Werkkompilation, die Zusammenstellung unabhängig von der Produktion existierender Kompositionen, die passend zum Filmgeschehen ausgewählt werden, und die originale Filmkomposition, die eigens für einen bestimmten Film geschaffen wird.

1926 entwickelten William Axt und David Mendoza für die Warner Bros.-Produktion *Don Juan* das Vitaphon-System, mit dem der Ton synchron zum Film auf einer Schallplatte aufgenommen wurde, wenngleich nicht durchgehend. 1927 brachte Warner Bros. den ersten Film mit vollständig eingespielten Songs und Auftritten des prominenten Sängers Al Jolson zur Premiere: *Der Jazzsänger*, eine melodramatische Erzählung, in der bereits zwei kontrastive Musikwelten eine Rolle spielten: die Jazzmusik, die die aktuelle Existenz des Helden, eines ›verlorenen‹ Sohnes und erfolgreichen Entertainers, kennzeichnet, und die jüdische Synagogenmusik, die die Sphäre seines Vaterhauses bezeichnet – am Ende singt Jolson als Kantor beim Begräbnis seines Vaters und kehrt damit musikalisch auch nach Hause zurück.

Trotz hoch entwickelter magnetischer und computergesteuerter Tonaufzeichnungsverfahren hat sich die Methode der Filmmusik-Einspielung kaum verändert. Der Komponist bekommt nach dem Drehbuch den ersten Rohschnitt des Films zu sehen, um sich gemeinsam mit Regisseur und Cutter für die Sequenzen zu entscheiden, zu denen Filmmusik eingespielt werden soll. Bis zur Mischung der fertigen Kompositionen, die meist einen letzten Schritt im Ablauf der → Post-Production darstellt, werden dem Film aus Präsentationsgründen im Schneideraum ›Dummies‹ unterlegt, also verschiedene und für passend erachtete andere Musikstücke – eine Praxis, die an die Musikbegleitung der Stummfilmzeit erinnert. Die abgeschlossene Komposition wird synchron zur Monitorübertragung der Bilder eingespielt, um dann noch mit → Dialog, Geräusch und → Atmo abgestimmt zu werden. Handelt es sich um eine Orchesterkomposition, findet im besten Fall eine Einspielung zum Leinwandbild statt. Im Vorfeld sind übrigens die musikalischen Einsätze auf dem Filmmaterial als visuelle Akzente markiert worden.

Nach der Einführung des → Tonfilms entwickeln sich aus der Verbindung Musik und Handlung bald neue Genres: 1) die Einbeziehung von Gesangsnummern und Tanzauftritten in den melodramatischen Spielfilm, wie z. B. in Josef von Sternbergs *Der blaue Engel* (1930), wobei speziell in Deutschland Varieté-Lieder und Kabarett-Traditionen zur Geltung kamen, oder in die Komödie mit Musik, die Ernst Lubitsch zur Vollendung brachte vielleicht auch dadurch, dass er neben witzigen Dialoggefechten nur wenige Musikstücke zuließ (z. B. in *Monte Carlo*, 1930); 2) der → Revue- und Musicalfilm in den USA, dem in Deutschland die Tonfilm-Operette entsprach, die der aus Amerika zur Ufa zurückgekehrte Produzent Erich Pommer förderte: *Die Drei von der Tankstelle* (1930, R: Wilhelm Thiele), *Der Kongreß tanzt* (1931, R: Eric Charell) oder *Viktor und Viktoria* (1933, R: Reinhold Schünzel). Die tänzerische Inszenierung des Revuefilms setzte sich in schmalerem Umfang im Dritten Reich fort und auch in geringerer Qualität, wenn man von Reinhold Schünzels *Amphitryon – Aus den Wolken kommt das Glück* (1935) absieht: Es sei an einige weitere Liebeskomödien à la Lilian Harvey und Willi Fritsch erinnert oder an die in den Melodramen als Sängerin auftretende Zarah Leander, schließlich an die musikalischen Lustspiele mit Marika Rökk. Währenddessen, in den 30er Jahren, wurden die Tanzrevuen des Regisseurs Busby Berkeley, vor allem aber das Duo Fred Astaire und Ginger Rogers in den USA zu einer der legendären Spielarten des Musik-Körper-Parallelismus überhaupt. 3) Der → Opern- und Operettenfilm: Die Auflösung der oft starren Theaterkonstruktion in die fließende Filmerzählung (wenn es sich nicht um eine simple Dokumentation des Bühnengeschehens handelt) stellt bis heute die größte Herausforderung bei diesem Medientransfer dar. Bereits früh und vorbildlich gelang Max Ophüls diese Umsetzung in seiner auch kameraästhetisch virtuosen Version von Bedřich Smetanas *Die verkaufte Braut* (1932).

Die Verbindung von Filmmusik und Bilderzählung ist im Grunde problematisch: Der oft langsamen Entfaltung der musikalischen Komposition steht eine Inszenierungs- und Montagepraxis gegenüber, die schnelle Variationen der Einstellungen bevorzugt. Die Konsequenz daraus ist, die musikalische Konstruktion für den Film möglichst kleinteilig zu gestalten, damit sie sich dem Szenenwechsel anschmiegen kann. Da dies dem Duktus der Zeitkunst Musik widerstrebt, ist ebenso oft das Umgekehrte der Fall: Die Komposition klammert einzelne kürzere Szenen zusammen und prägt ihnen einen gemeinsamen emotionalen Impuls auf (z. B. bei verschiedenen Einstellungen vom Glück eines jungen Paares während seiner Hochzeitsreise). Für den Komponisten gibt es tatsächlich nur drei Möglichkeiten im Film, sich weiträumiger zu entfalten: Vor- und Abspann, bei ›Bühnenauftritten‹, meist einer quasi dokumentarisch aufgezeichneten Gesangs- oder Tanznummer, und bei Passagen, in denen eine Person sich im Auto, auf dem Pferd oder zu Fuß von einem Ort zum anderen bewegt – indes ist dies eine Standardsituation, die häufiger erst im Film der zweiten Jahrhunderthälfte auftritt.

Musik als Begleitung der Handlung kann grundsätzlich folgende Funktionen übernehmen:

1) Charakteristik der Figuren:
Die wichtigsten handelnden Personen erhalten jeweils spezifische Leitmotive oder Themen, zumal wenn sich mit ihnen ausgeprägte Leidenschaften verbinden, z. B. die Liebende (Lara-Thema aus *Doktor Schiwago*, 1965) oder der Rächer (z. B. Harmonika aus *Spiel mir das Lied vom Tod*, 1968). Musikalische Themen kündigen bisweilen den Auftritt von Protagonisten an, bevor man sie sehen kann. In Otto Premingers *Laura* (1944, M: David Raksin) ist die Heldin durch das ihr zugeordnete Leitmotiv von der ersten Filmminute an präsent, obwohl sie selbst erst später auftritt. Je nach Genre kann den Figuren eine spezifische musikalische Aura zugewiesen werden: der Femme fatale, dem guten Helden und dem bösen Helden im Western usw.

2) Charakteristik der Handlung:
Je nach der Standardsituation (→ Dramaturgie) kann sich der musikalische Ausdruckstypus verändern: Zweikampf, Liebesszene, Ausfahrt, Abschied, Verfolgungssequenz, Überfall, Schlacht, Rettung usw. Gewöhnlich lässt sich die musikalische Komposition auf ein Grundmuster beziehen: Streit und Versöhnung, Zwist und Besänftigung, Spannung, weil Gefahr droht, und Entspannung, Entwarnung. Es handelt sich dabei um Aufbau und Abbau von Erregung, zwei gegenläufige Phasen einer Konflikt- oder Handlungsentwicklung.

Bestimmte → Genres (Western, Romanze, Piratenfilm, Science-Fiction usw.) haben ganz bestimmte musikalische Grundstimmungen, Melodie- und Klangtypen ausgebildet, wobei es im Film oft eher auf den Klang- als auf den Melodietypus ankommt (da Melodien eben mehrere Takte zur Entwicklung brauchen, also Zeit, die von der Bilderzählung nicht eingeräumt wird).

Musik kann alle möglichen Szenen als eine Art akustischer Handlungskulisse begleiten, wobei Spannungsmomente manchmal völlige Stille verlangen, das Abbrechen des musikalischen Frieses. Die Tendenz, nach Möglichkeit jede Einstellung mit einem musikalischen Teppich zu versehen, bestand vor allem in der Frühzeit des Tonfilms, zumal in den 30er Jahren – in Amerika wurde diese allgegenwärtige Komposition als Underscoring bezeichnet. Diese Technik hat unter der Hand den Komponisten zur wichtigen Person im kreativen Team werden lassen – bis weit in die 50er Jahre hinein ist im Vorspann des Hollywoodfilms der Name des Komponisten so groß wie der des Produzenten und des Regisseurs geschrieben worden, während der Kameramann oft im Verbund mit vielen anderen Kräften in merklich kleineren Lettern angekündigt wird.

In einer Art Pantomime kann die Musik jede Bewegung der handelnden Personen gleichsam analog oder imitatorisch begleiten: z. B. den Fall eines Körpers auf den Boden, der durch eine herabgleitende Tonfolge konnotiert wird. Dieses melodische Nachzeichnen der visuellen Bewegung vor der Kamera und der Kamera selbst wird auch als Mickey-Mousing bezeichnet – nach dem auffälligen Gleichlauf zwischen Figurenbewegung und musikalischer Bewegung in den frühen Zeichentrickfilmen von → Walt Disney. Zu dieser illustrativen Funktion von Musik gehört auch das Pointieren einzelner Bildelemente in Großaufnahme – wie z. B. das Aufblinken eines Edelsteins, das durch einen hellen durchdringenden Klang akustisch verdoppelt wird. Der Filmkomponist Max Steiner – wie viele andere seiner Generation, Franz Waxman, Erich Wolfgang Korngold, Miklós Rózsa, Dimitri Tiomkin usw. noch in Europa und im europäischen Musikbetrieb groß geworden und daher der klassisch-romantischen Tradition verbunden – hat die Technik des Mickey-Mousings mustergültig in einem Film ganz anderen Genres, nämlich *King Kong* (1933), umgesetzt. Diese zwangsläufige oder mechanische Echowirkung der Musik in Verbindung mit den entsprechenden Bildern kann auf die Dauer natürlich komisch wirken – was Walt Disney einkalkuliert.

Nicht zuletzt kann eine musikalische Nummer einen bestimmten Rhythmus vorgeben, dem sich die Choreographie der Personen anzugleichen scheint, sie tanzen gleichsam oder bewegen sich nach einem Takt, der oft nicht auf Anhieb erkennbar ist. Es lässt sich beobachten, dass auch später unterlegte Musik fast immer den Eindruck erweckt, die Figuren in der Szene würden sich nach ihrem Metrum richten – während die Schauspieler doch bei der Aufnahme ganz andere Musik im Ohr gehabt haben können.

3) Charakteristik des Handlungsraums/ Milieus:

Durch spezifische Melodietypen und Intervalle, durch bestimmte Klangcharaktere, durch die Breite oder Behändigkeit eines musikalischen Verlaufs kann der sichtbare Raum des Schauplatzes mimetisch ins Tonräumliche übertragen werden, z. B. die Enge eines Zimmers durch reibende Dissonanzen widergespiegelt werden, die Weite der Prärie oder der Wüste durch große raumgreifende Intervalle oder das Labyrinth der Großstadt durch polyphone, vielstimmige Sinfonik. Die Wahl der Tonarten, spezifischer Harmonien usw. können beispielsweise Tag und Nacht assoziieren, ebenso Phänomene der Witterung: Regen und Sonnenschein, Wind und Sturm, Kälte und Hitze. Das Knirschen im Schnee, das Sirren der glühenden Luft, das Pfeifen des Windes usw. lassen sich lautmalerisch ausdrücken. Das Gleiche gilt für vertraute Räume, die etwa den Spielpersonen als Heimat gelten (gehört dazu nicht das Schlagen einer alten Standuhr und die Melodie einer kleinen Spielpuppe?), oder unvertraute Räume wie das schwarze Weltall. Dabei werden z. B. in Stanley Kubricks *2001 – Odyssee im Weltraum* (1968),

das Unendliche und Angsterregende des Weltalls durch entsprechend moderne, avantgardistische und atonale Musik von György Ligeti wie durch einen zusätzlichen Schauereffekt verdoppelt, während die Wahl vertrauter, mehr oder weniger ironisch zitierter alter Musik die visuelle Erschließung der neuen Welt relativiert, beharrendem Denken und Fühlen nahe bringt (z. B. der Wiener Walzer »An der schönen blauen Donau« in *2001*), gleichsam an eine behagliche Zukunft denken lässt.

Historische Musik soll in Kostümfilmen das passende Lokalkolorit beisteuern: Barocksuiten gehören zu entsprechenden Schlössern und Gärten, romantische Weisen ins Biedermeier-Interieur. Bestimmte Werke – wie Richard Wagners »Walkürenritt« – evozieren Kampf (z. B. noch in Francis Ford Coppolas *Apocalypse Now*, 1979), andere, wie die Marseillaise, bedeuten pathetische Erhebung und Aufruf zur Freiheit (wie in Michael Curtiz' *Casablanca*, 1942). Diese Musik funktioniert als Programm und Stimulus, die im Publikum bestimmte konditionierte Reflexe auslösen soll. Zur ortstypischen Musik, die gleichfalls der schnellen und schematischen Orientierung dient, gehören Volkstänze und Karussellschlager, Zirkusweisen und Kaffeehausgeklimper, Seemannslieder oder Choräle, ethnologisch unterscheidbare Klangfarben wie bei der indischen, der afrikanischen Musik, der jüdischen Musik im weitesten Sinne.

Es ist wohl nicht falsch, sogar von ›musikalischen Archetypen‹ zu sprechen: So passt das Tremolo der Streicher gut zum Angstbeben einer Figur, der Paukenwirbel entspricht dem Donnergrollen, die tiefen Lagen evozieren Nacht und Dunkel, wie die hohen Lagen mit Licht und Sonne assoziiert werden, kontinuierliches Fortspinnen der Musik kann Sicherheit verbürgen, wie Diskontinuität Verunsicherung, Schock, Schrecken. Dissonanzen beunruhigen und erzeugen Spannung, während Konsonanzen Entspannung verheißen: Dieses musikalische Formprinzip unterstützt erzählerische Bögen.

Für bestimmte Gefühle gibt es bestimmte Klangcharaktere – dies ist der Musik auch

schon vor der Erfindung des Films vertraut. Einige dieser Ausdruckscharaktere seien aufgeführt (nach Maas/Schudack):
— Liebe/Romantik: sanfte Saxophonmelodie, langanhaltende, harmonische Streicher- oder Synthesizerakkorde, langsames, leicht freies Tempo, ›schöne Klaviermelodie‹;
— Unheimliches: Stabinstrument in hoher Lage wiederholt ständig einige Töne, zögernde Frauenstimme singt mehrmals einige Töne an, ohne Text in langsamen Tonbögen usw.;
— Trauer/Einsamkeit: einzelne Horntöne ohne genau bestimmbare Tondauer, ohne festen Grundschlag, Klavierthema in Moll mit tiefer Streicherbegleitung löst sich in einzelne Klaviertöne auf;
— Freude/Triumph: Fanfarensignal (Trompeten), ›fetziges‹ Bigband-Thema, Begleitung sehr rhythmisch, sehr schnelles, leicht verzerrtes Solo einer E-Gitarre, Frauenchor mit entsprechender Bigband-Begleitung.

Meist unterstützt die musikalische Komposition die Absicht der filmischen Erzählung, sie wird also die Trauer und den Schmerz einer Abschiedsszene mit einer Musik konfigurieren, die Erinnerungen weckt, die Sehnsucht und Zögern der Abschiednehmenden aufruft usw. Seltener ist es der Fall, dass die Musik in dieser Parallelkonstruktion von Bild, Erzählung und musikalischer Begleitung die Führungsrolle übernimmt, z. B. die nahende Rettung ankündigt durch Trompetensignale wie in John Fords *Ringo* (1939), während die rettende Kavallerie noch gar nicht im Bild zu sehen ist. Noch seltener ist es indes der Fall, dass sich die Musik nicht »in den Konventionen der Nachahmung des Bildvorgangs oder seiner Stimmung« erschöpft, sondern sich »im Gegensatz zum Oberflächengeschehen stellt« — wie das Hanns Eisler und Theodor Adorno in ihren überkritischen Ausführungen zur Filmmusik gemeint haben. Ihre Hoffnung war, dass die Divergenz von Bild und Ton der Arbeit des Komponisten mehr Selbständigkeit, der Komposition die Rolle eigenständiger Narration zuweist. Möglich ist solches Auseinanderklaffen von Bild und Musik, wenn etwa die Innenwelt einer Figur hörbar gemacht werden soll, die sich möglicherweise kontrastierend zur Außenwelt verhält, geheimer Schmerz versus allgemeine Karnevalsfreude. Musik, die sich in Dauer und Rhythmus bewusst über den Rhythmus der Montage hinwegsetzt, kann vielleicht die Dynamik der filmischen Erzählung hemmen oder beschleunigen, vermutlich sogar im Auftrag des Regisseurs oder des Produzenten. Dennoch sind solche Fälle in der Filmmusik außerordentlich selten: Ein Beispiel ist etwa Peter Greenaways *Der Kontrakt des Zeichners* (1982), in dem die raschen Rhythmen der Filmmusik des Komponisten Michael Nyman in einzelnen Sequenzen den Rhythmus der Bewegung vor der Kamera so überformen, dass man glaubt, einen zügig gespielten Vorgang zu verfolgen (aber so ist es nicht).

Die Verknüpfung von Musik und Bild erfolgt auf zwei Arten. Beim synchronen Ton ist die Lautquelle entweder im filmischen Raum, im On vorhanden – eine Schallplatte wird abgespielt und Personen hören zu, Publikum im Konzertsaal usw. – oder im Off, außerhalb des Bildkaders, doch im selben Raum anzunehmen, z. B. wenn man bei einer Szene an der Theke Barmusik hört, aber den Pianisten nicht zu sehen bekommt. Das strenge Reglement der Dogma-95-Gruppe um Lars von Trier und Thomas Vinterberg sieht den synchronen Ton als einzig denkbare Filmmusik in ihrem apodiktischen Zehn-Punkte-Manifest vor. Doch handelt es sich hierbei um eine witzige Übertreibung. Beim asynchronen Ton wird die Musik nachträglich in der Mischung den Bildern hinzugefügt. Dies ist das übliche Verfahren.

Oft werden beide Formen – synchroner und asynchroner Ton – miteinander verschränkt. In *Das Piano* (1992, R: Jane Campion, M: Michael Nyman) ist die stumme Ada zunächst musizierend am Piano zu sehen. Wenn sie später durch den Regenwald zu ihrem Geliebten rennt, klingt ihre Klavierkomposition weiter – asynchron. Musik wird so zu einer Erzählerstimme, einem narrativen Kommentar vergleichbar, der, allwissend oder zumindest zu einem tiefen Blick in die Seele seiner Figuren befähigt, die innere Erregtheit der Personen vergegenwärtigt.

Die Stilistik der meisten Filmkompositionen lehnt sich bis heute überraschenderweise an die Klassik, Romantik und die frühe Moderne an. Zitate, die sich in der Filmmusik finden, verweisen überwiegend auf die Werke der großen Meister (Gustav Mahlers Satz aus der Fünften Sinfonie in Luchino Viscontis *Tod in Venedig*, 1971, oder Mozarts Klarinettenkonzert in Sydney Pollacks *Jenseits von Afrika*, 1985). Während in den 30er und 40er Jahren Filmkomponisten auf die Erfindung eingängiger Melodien und Motive eher stolz waren, da sie unter Umständen dafür mit einem Oscar prämiert wurden, hatte sich in den 50er Jahren der Mut etlicher Komponisten gesteigert, ungewöhnliche Register zu wählen, Dissonanzen oder forcierte Rhythmen über längere Zeit auszuhalten, den Einfluss von Strawinsky und Bartók zuzulassen. Franz Waxman ist mit seiner durch die Mischtonalität von Wagners »Tristan« inspirierten Musik zu Hitchcocks Romance noir *Rebecca* (1940) vorangegangen, Bernard Herrmann hat ebenfalls für Hitchcock – in Filmen wie *Vertigo* (1958) oder *Psycho* (1960) – neue Dimensionen erschlossen. Angst und Grauen brauchten jetzt die schrillen Elemente neuer Musik, um angemessenen Ausdruck zu finden – ein Novum in der sonst so konservativen Filmmusik.

In den 60er und frühen 70er Jahren schien die Einfallskraft des Filmkomponisten ersetzt zu werden durch den Arrangeur fertiger Musikstücke, die der Popmusik, dem Folksong, dem Blues entnommen wurden. Bob Dylan, Leonhard Cohen und viele andere lieferten mit ihren Liedern Vorlagen, die patchworkartig die Musikkompilationen von Filmen der 60er und 70er Jahre charakterisierten – Francis Ford Coppolas *Apocalypse Now* (1979) bildet mit dem Schlüsselsong der Doors »The End«, geschaltet zu den aufflammenden Urwäldern, die unter den Napalm-Bomben verbrennen, nicht den Endpunkt in dieser altneuen Praxis der Verschränkung fertiger Musik-Welten und ihrer Zeitstimmung mit dadurch symbolisch aufgeladenen Bildern. Andererseits ist es gerade ein junger Regisseur des → New Hollywood, Steven Spielberg, der die klassisch-romantische Musikform mit vollem Orchester, frei von elektronischen Klang-Erzeugern oder Popmusik wieder rehabilitiert: Beispielhaft wäre etwa der Komponist John Williams zu nennen, der ausgerechnet die Weltraumoper *Krieg der Sterne* (1977) mit einer im Vergleich zu Kubricks Musikgeschmack bemerkenswert konservativen Invention ausstattet.

Natürlich haben sich im Laufe der Zeit zahlreiche Künstlerpersönlichkeiten in der Filmmusik herausgebildet, von oft unverwechselbarer Eigenart, die als Partner des Regisseurs unverzichtbar sind: Exemplarisch steht dafür die Zusammenarbeit zwischen Federico Fellini und Nino Rota, der im Doppelgestus seiner Kompositionen von optimistisch-losplärrender, zirkushafter Avanti-Fröhlichkeit und diese immer wieder abbrechender Modulation ins Melancholische, bisweilen Trauernde, dem Widerspiel der Temperamente und Tendenzen in Fellinis Erzählungen selbst gleichsam ein musikalisches Spiegelbild entgegenhält. Ohne den Komponisten Ennio Morricone ist der Italo-Western (→ Western) an seinem Beginn nicht denkbar, ohne die Fähigkeit Morricones, die weit ausgedehnten Duell-Situationen mit einer Musik zu begleiten, die Vergangenheit und Gegenwart zusammenmischt, folkloristische Elemente mit einer ganz eigenen für ihn typischen weichen Klanglichkeit vereinigt.

Der Streit oder Konflikt musikalisch divergierender Typen hat bereits den ersten Tonfilm, *Der Jazzsänger*, geprägt: Diese Dramaturgie setzt sich in vielen Musikerbiographien fort, die den Kampf um das Neue als Lebensziel des Künstler-Helden rekonstruieren. Das gilt etwa für den in Österreich populären *Walzerkrieg* (1932, R: Ludwig Berger), in dem sich der ältere Johann Strauß und der noch ältere Franz Lanner als Kontrahenten gegenüberstehen, bis sie sich endlich versöhnen, und auch für spätere, unzweifelhaft bedeutendere Produktionen wie des Engländers Ken Russell: *Tschaikowsky –*

Genie und Wahnsinn (1970) oder *Mahler* (1974). Wie üblich in → Künstlerfilmen wird die musikalische Sprache der jeweiligen Komponisten, die als historische Figuren mehr oder weniger frei porträtiert sind, als Ausdruck nicht nur ihrer inneren Befindlichkeit, sondern auch ihrer Auseinandersetzung mit der umgebenden Gesellschaft, als Spur ihrer Erlebnisse, ihres Lebensdramas aufgefasst. Das Missverhältnis zwischen dem nach menschlichem Ermessen kaum begreiflichen Genie und der oft problematischen bürgerlichen Existenz beschäftigt auch zwei der bedeutendsten Musikerbiographien aus der jüngeren Zeit: *Amadeus* von Miloš Forman (1984) und den dreiteiligen Schubert-Film von Fritz Lehner *Mit meinen heißen Tränen* (1985 im Fernsehen ausgestrahlt).

Den Soundtrack, ursprünglich eine Bezeichnung für die Tonspur des Films, heute Begriff für die original komponierte und aufgezeichnete Musik (vor der Mischung, bei der sie dem Dialog oder den Geräuschen zuliebe zurückgedämmt wird), nimmt man seit langem als eigene Form von Kunstproduktion ernst. Andererseits handelt es sich um eine Merchandisingware, die auch Gewinne für den Produzenten einfährt. Zumal in den USA werden Soundtracks im Interesse der Filmstudios veröffentlicht, die seit den späten 20er Jahren mit Firmengruppen großer Unterhaltungs- und Musikkonzerne eng verknüpft sind. Das Doppelinteresse von Musik- und Filmherstellung prägt sich auch in einer Doppelverwertung aus.

Thomas Koebner / Julia Gerdes

Literatur: Kurt London: Film Music. London 1936. – Hanns Eisler / Theodor W. Adorno: Composing for the Films. New York 1947. – Zofia Lissa: Ästhetik der Filmmusik. Berlin 1965. – Hansjörg Pauli: Filmmusik: Stummfilm. Stuttgart 1981. – Hans-Christian Schmidt: Filmmusik. Kassel [u. a.] 1986. – Klaus-Ernst Behne (Hrsg.): Film-Musik-Video oder: Die Konkurrenz von Auge und Ohr. Regensburg 1987. – Claudia Gorbman: Unheard Melodies. Narrative Film Music. Bloomington 1987. – Kathryn Kalinak: Settling the Score. Music and the Classical Film. Madison 1992. – Royal S. Brown: Overstones and Understones: Reading Film Music. Berkeley [u. a.] 1994.– Michel Chion: Audi-Vision. Sound On Screen. New York 1994. – Georg Maas / Achim Schudack: Musik und Film – Filmmusik. Informationen und Modelle für die Unterrichtspraxis. Mainz [u. a.] 1994. – Matthias Keller: Stars and Sounds. Filmmusik? Die dritte Kinodimension. Kassel 1996. – Josef Kloppenburg (Hrsg.): Musik multimedial. Filmmusik, Videoclip, Fernsehen. Laaber 1998. – William Darby / Jack Du Bois: American Film Music. Major Composers, Techniques, Trends, 1915–1990. Jefferson/London 1999. – Claudia Büllerjahn: Grundlagen der Wirkung von Filmmusik. Augsburg 2001. – Georg Maas: Filmmusik. CD. 2001.

Film noir. Ein zunächst stilistisches Phänomen des amerikanischen Films der 40er und 50er Jahre. Als Begriff wurde »Film noir« 1946 durch die französische Rezeption der düsteren amerikanischen Kriminalfilme der Jahre nach dem Zweiten Weltkrieg in die Diskussion eingeführt. Der Begriff basiert auf der literarischen Bezeichnung »roman noir«, die die frühen Romane der »hardboiled school of fiction« kennzeichnet, einer Reihe harter, desillusionierender Kriminalromane von Autoren wie Dashiell Hammett, Cornell Woolrich, James M. Cain, David Goodis oder Raymond Chandler, die zum großen Teil schon in den 30er Jahren, der Ära der Unsicherheit und wirtschaftlichen Depression, entstanden sind. Die meisten der klassischen amerikanischen Film noirs – angefangen mit *Die Spur des Falken* (1941) von John Huston – sind → Thriller, → Detektiv- oder → Gangsterfilme, weiter gefasste Definitionen betrachten den Begriff jedoch als genreübergreifendes Stilphänomen, das auch etwa einen → Western wie *Red River* (1948) von Howard Hawks oder → Melodramen und Period Pictures (→ Ausstattungs- und Kostümfilm) wie Robert Siodmaks *Die Wendeltreppe* (1945) sowie die → Horrorfilme von Jacques Tourneur (*Katzenmenschen*, 1942) umfassen kann. Man kann also den Film noir entweder als zeitlich begrenzte Bewegung begreifen – Paul Werner schlägt hierfür die Bezeichnung »Schwarze Serie« (»série noire«) vor –, oder man bezeichnet damit alle Filme, die sich der Stilmittel und Themen des Film noir bedienen, womit das Phänomen von den 30er Jahren bis in die Gegenwart ausgedehnt wäre.

Die Killer (1946, R: Robert Siodmak): Ava Gardner, Burt Lancaster

Im Film noir der vierziger Jahre scheint die bis dahin noch immer übliche Hierarchie der Geschlechter vertauscht: geheimnisvolle Frauen beherrschen die ihnen verfallenen Männer, die sie als Werkzeuge ihrer zunächst undurchsichtigen Pläne (oft enthüllt sich simple Gier als treibende Kraft) manipulieren, selbst zum zweckmäßigen Mord treiben. Reizvoll, unnahbar, kühl bis ins Herz – so erscheint die Femme fatale, der vernarrte Mann dagegen, mag er noch so viel größer und stärker sein, wirkt hingegeben, folgsam, devot. Ist dieser Frauentypus nur Projektion von Männerängsten vor der Emanzipation der Frauen – oder eine Spielart des Unheimlichen, Unkalkulierbaren, anziehend und beunruhigend Faszinierenden, das erotischem Begehren anhaftet, selbst im technischen Zeitalter?

Die frühen Film noirs sind Produkte einer Zeit der politischen Instabilität. Sie entstanden während des Zweiten Weltkriegs, der in die manifeste und latente Bedrohung des Kalten Krieges überging. Familienväter waren im Krieg gefallen und hinterließen ein Klima von Trauer, Wut und Zynismus. Die Frauen mussten ihre Männer an den Arbeitsplätzen ersetzen und ihr verbreitetes Hausfrauendasein aufgeben. Für die Kriegsheimkehrer war mit einem Mal die Lebensgrundlage in Frage gestellt: Sie fühlten sich ersetzbar, geradezu bedroht in ihrer maskulinen Rolle. Viele Figurentypen des klassischen Film noir scheinen diese persönliche und kollektive Identitätskrise zu verdichten: der desillusionierte Ermittler, dessen ruppige Methoden kaum von denen der Kriminellen zu unterscheiden sind, wenngleich er moralisch unantastbar, unkorrumpierbar bleibt, die Femme fatale, die ihm als schicksalhafte Bedrohung oder als ebenbürtige Kontrahentin an die Seite gestellt wird, oder der seinen Gefühlen in masochistischer Lust ausgelieferte schwache Mann und die oft kränkelnde Femme fragile, prädestiniertes Intrigen-Opfer (Kaplan).

Gleich, ob man den Film noir als Bewegung, Genre oder als Stil begreift, die Definition der verwendeten Stilmittel bleibt sehr ähnlich. Vorläufer des düsteren Phänomens sind im Poetischen → Realismus Frankreichs (Marcel Carnés *Der Tag bricht an*, 1939, oder Jean Renoirs Filme), vielleicht auch in den vom → Expressionismus beeinflussten deutschen Filmen (F. W. Murnaus *Der letzte Mann*, 1924) oder dem englischen Kriminalfilm jener Zeit (z. B. Alfred Hitchcocks frühe Thriller) zu suchen. Auch der amerikanische Gangsterfilm der 30er Jahre (Howard Hawks' *Scarface*, 1932) und die Hell-Dunkel-Inszenierung des frühen Horrorfilms (Rouben Mamoulians *Dr. Jekyll und Mr. Hyde*, 1932) wurden im Film noir weiterentwickelt. Zahlreiche Regisseure des amerikanischen Film noir sind tatsächlich deutsche und österreichische Emigranten, die vor oder während der Machtübernahme der Nazis 1933 Europa verlassen hatten: Fritz Lang, Robert Siodmak oder etwa Billy Wilder. Immer noch Außenseiter, war ihr Blick geschärft für die Anfälligkeit des amerikanischen Systems, so ließen sie auch eher einen unamerikanischen Pessimismus in ihren Erzählungen zu. Ferner wurde häufig von einer komplexen Rückblendenstruktur und der ebenso kommentierenden wie subjektiven Voice-over (→ Kommentar) Gebrauch gemacht, um die Vergangenheit als einen ›Fluch‹ zu klassifizieren, dem die Gegenwart nicht entkommen kann. So verwundert es nicht, dass Lang in seinem → Spionagefilm *Ministerium der Angst* (1944) Nazi-Spione als Gegenspieler einführt. Eine direkte Herleitung des Film noir aus dem »Caligarismus«, als »Caligaris Wiederkehr in Hollywood« wird jedoch heute als zu einseitig betrachtet (Koebner, Elsaesser).

Der Filmkritiker, Drehbuchautor und spätere Filmemacher Paul Schrader, dessen eigene Werke eine starke Affinität zum Film noir aufweisen (*Hardcore – Ein Vater sieht rot*, 1978; *Light Sleeper*, 1991; Drehbuch zu Martin Scorseses *Taxi Driver*, 1976) teilte Anfang der 70er Jahre die Entwicklung in drei (sich überschneidende) Phasen ein, wobei die Abgrenzung nach Jahreszahlen aus heutiger Sicht nicht mehr zu rechtfertigen ist: 1) 1941–1946: Romantisch konnotierte Einzelgänger (Gangster, Detektive, Polizisten) bewegen sich in meist artifizieller Studioumgebung; extreme Lowkey- und Chiaroscuro-Ausleuchtung ist noch nicht üblich (z. B. John Hustons *Die Spur des Falken*). 2) 1945–1949: Die Nachkriegszeit brachte eine realistische Phase, in denen der Schauplatz vom Studio auf die (Großstadt-)Straße oder deren Peripherie (Lagerhallen, ausgestorbene Fabrikgelände, Bars, Parkplätze usw.) verlegt wird; polizeiliche Recherche, die Planung und Durchführung von Verbrechen sowie das Milieu werden mitunter mit akribischer, fast dokumentarischer Genauigkeit geschildert (z. B. Robert Rossens Boxer-/Gangsterfilm *Jagd nach Millionen*, 1947). 3) 1949–1953: Psychotische Einzelgänger werden im krassen Gegensatz zur Gesellschaft als unberechenbare Bedrohung geschildert; mit den aggressiven und obsessiven Protagonisten verändert sich schließlich der Stil zu dem extremen Ausdruck dessen, was heute als Film noir bekannt ist: das Schattenspiel des Chiaroscuro dominiert, schafft extreme Kontraste, die Einstellungen sind verkantet oder durch Perspektive verfremdet; ein brutaler Einzelgänger wie die von Mickey Spillane entwickelte Detektivfigur Mike Hammer taucht hier prototypisch auf in *Der Richter bin ich* (1953) von Harry Essex. Oder der Held geht traumwandlerisch, unaufhaltsam dem eigenen Tod entgegen, weil er sich von der Femme fatale nicht losreißen kann, wie der Privatdetektiv in *Goldenes Gift* (1947, R: Jacques Tourneur). Mit der ›neurotischen‹ Phase gegen Ende der 50er Jahre endete der klassische Film noir. In Filmen wie *The Hitch-Hiker* (1953) von Ida Lupino (der einzigen Regisseurin in diesem Kontext), *Rattennest* (1955) von Robert Aldrich oder *Im Zeichen des Bösen* (1957) von Orson Welles hat dieser Stil eine destruktive Eigendynamik entwickelt, die Handlung und Charaktere fast ad absurdum führt. Im radikalsten Sinne sind diese Spätwerke selbst als

›neurotisch‹ zu bezeichnen. Analog zu dieser Tendenz änderte sich die amerikanische Filmproduktion allmählich, der Schwerpunkt lag nun auf dem monumentalen und eskapistischen Unterhaltungsfilm.

In den folgenden Jahrzehnten hat sich jedoch der Noir-Stil als äußerst langlebig erwiesen, handelt es sich nun um eine jeweils zeitgemäße Adaption der klassischen Stilmittel (John Boormans *Point Blank*, 1968) oder um Retro-Noir-Kostümfilme, die die Atmosphäre der 40er Jahre beschwören (*Fahr zur Hölle, Liebling*, 1976, R: Dick Richards; *L. A. Confidential*, 1997, R: Curtis Hanson). Roman Polanski nutzte in *Chinatown* (1973) die Standards des Film noir, um eine vielschichtige Politparabel auf die Entstehung der Stadt Los Angeles zu formulieren. Martin Scorsese und Paul Schrader reagierten im sozial bewussten New Hollywood der 70er Jahre auf den Vietnamkrieg, wie einst die Schwarze Serie auf den Zweiten Weltkrieg reagiert hatte. In ihrem *Taxi Driver* (1976) entwickelt sich ein vereinsamter Veteran zum neurotischen Amokläufer. 1984 gelang es Scorsese gar, mit *Die Zeit nach Mitternacht* eine Noir-Komödie zu inszenieren. Neben zahlreichen Neuverfilmungen der Hardboiled-Romane, die stilistisch nicht immer dem Film noir verpflichtet waren (Bob Rafelsons *Wenn der Postmann zweimal klingelt*, 1980; Taylor Hackfords *Gegen jede Chance*, 1984), haben sich einige Regisseure etabliert, die entweder experimentell (Lars von Trier in *Element of Crime*, 1984) oder grundsätzlich neuartig mit den Noir-Elementen umgingen: Claude Miller schuf eine französische Variante des Film noir mit seinen bitteren und gelegentlich skurrilen Psychothrillern *Das Verhör* (1981) und *Das Auge* (1984), in denen er Michel Serrault als melancholischen Neurotiker auftreten ließ; in Japan orientierte sich Takeshi Kitano an den Filmen Jean-Pierre Melvilles wie auch des klassischen Film noir (*Violent Cop*, 1989), ebenso Takashi Ishiis neongrelle, grausame Gangsterballade *Gonin* (1996), wo Kitano einen nervösen Killer spielt; Nico Hofmann inszenierte mit der deutschen Produktion *Solo für Klarinette* (1998) einen düsteren Psychothriller in Noir-Tradition; Michael Mann verband seine Neonästhetik mit emotionalen Parabeln absoluter Einsamkeit in *Der Einzelgänger* (1981), *Manhunter* (1986) und *Heat* (1996); nicht zuletzt die Filme des New Yorkers Abel Ferrara sind in Stil und Struktur allesamt dem Film noir verpflichtet, was neben seinen ›schwarzen‹ Psychodramen (*Bad Lieutenant*, 1992) sogar für einen futuristischen Stoff wie *New Rose Hotel* (1999) gilt. Manns und Ferraras Werke können neben einigen anderen Spezialisten (wie z. B. John Dahl und William Friedkin) für die ausgeprägte Präsenz eines Neo-Noir-Kinos stehen.

Marcus Stiglegger

Literatur: Raymond Borde / Étienne Duhamel: Panorama du film noir américain. Paris 1955. – Paul Schrader: Notes on Film Noir. In: Film Comment 1972. Nr. 1. – Alain Silver / Elizabeth Ward: Film Noir. An Encyclopedic Reference to the American Style. New York 1973. – E. Ann Kaplan (Hrsg.): Women in Film Noir. London 1978. – Peter Hankoff: Le film noir américain. Paris 1979. – Foster Hirsch: The Dark Side of the Screen: Film Noir. San Diego / New York / London 1981. – Bruce Crowther: Film Noir. Reflections in a Dark Mirror. London 1988. – J. P. Telotte: Voices in the Dark. The Narrative Patterns of Film Noir. Urbana / Chicago 1989. – Ian Cameron (Hrsg.): The Movie Book of Film Noir. London 1992. – Joan Copjec (Hrsg.): Shades of Noir. A Reader. London / New York 1993. – R. Barton Palmer: Hollywood's Dark Cinema. The American Film Noir. New York 1994. – Nicholas Christopher: Somewhere in the Night. Film Noir and the American City. New York 1997. – Thomas Koebner: Caligaris Wiederkehr in Hollywood? In: Th. K.: Lehrjahre im Kino. Schriften zum Film. St. Augustin 1997. – Richard Martin: Mean Streets and Raging Bulls. The Legacy of Film Noir in Contemporary American Cinema. London 1997. – Barbara Steinbauer-Grötsch: Die lange Nacht der Schatten. Film noir und Filmexil. Berlin 1997. – Thomas Elsaesser: Das Weimarer Kino – aufgeklärt und doppelbödig. Berlin 1999. – Norbert Grob: Where the Sidewalk Ends ... Abel Ferraras Neo Noirs. In: Bernd Kiefer / Marcus Stiglegger (Hrsg.): Die bizarre Schönheit der Verdammten. Die Filme von Abel Ferrara. Marburg 2000. – Paul Werner: Film noir und Neo-Noir. München 2000.

Filmographie. Bezeichnung für ein Verzeichnis von Filmen. Sie wird analog zur Bibliographie (bei Büchern bzw. Zeitschriften) bzw. zur Diskographie (bei Musikstücken) verwendet. Normalerweise führt eine solche Liste Werktitel alphabetisch auf, sie kann aber auch nach Regisseur(inn)en, Kameramännern/-frauen usw. geordnet sein. Weiterhin sind chronologische, nationale oder thematische Reihenfolgen möglich. Die Filmographie bietet Informationen zum Titel des Films, zu Ort und Datum seiner Uraufführung, weiterhin zu Crew (Regie, Produktion, Drehbuch, Kamera, Ton, Schnitt, Musik, Ausstattung usw.) und → Cast (Schauspieler- und Rollennamen). Manchmal enthält die Filmographie auch kurze Kommentare zum Inhalt.

Oliver Keutzer

Literatur: Lexikon des internationalen Films. Neuausg. Reinbek bei Hamburg 1995ff. – Thomas Koebner (Hrsg.): Filmregisseure. Biographien, Werkbeschreibungen, Filmographien. Stuttgart 1999. – Internet Movie Database (www.imdb.com).

Filmplakat. Das Filmplakat ist neben Zeitungsinserat und → Trailer ein wesentliches Werbemittel, eine Art individuelles Aushängeschild, das für das Produkt Interesse wecken will. Als das Kino entstand, setzte man das Plakat ein, um diese neue Unterhaltungsform populär zu machen. In der Anfangszeit war es sogar üblich die Zuschauer mit abzubilden, so in der Lithographie zu *Die Ankunft des Zuges* (1895), dem ersten Film der Brüder Lumière.

Die ›Sprache‹ der Filmplakate hat sich im Laufe der Geschichte nicht grundlegend geändert: schnell erfassbare Motive, die Aufmerksamkeit erregen; Reduzierung und Stilisierung, um das Wesentliche pointiert und eindrucksvoll auf kleinstem Raum darzustellen; Einprägsamkeit durch formale Gestaltungsmittel wie Farbgebung und Typographie.

Um dem potentiellen Publikum eine Genrezuordnung (→ Genre) zu ermöglichen, wurde meistens der dramatische Höhepunkt des Films illustriert (Action-Plakate). Mit Aufkommen des Starsystems wurde der Publizitätswert der Schauspieler für die visuelle Werbung genutzt, wobei jedes Studio bei der Darstellung seinen individuellen Stil entwickelte. MGM z. B. bevorzugte Semi-Porträts seiner Stars auf monochromem Hintergrund. Auch heute noch sind Filmplakate größtenteils Starplakate. Reine Schriftplakate sind selten, weil Filmtitel eindeutig Genre-Etiketten sein müssen (*Fort Laramie*, 1956, kann nur ein Western sein). Sie können durch Farbe und Schrifttyp genretypisierend sein (blutrote Schrift z. B. bezeichnet den Horrorfilm *Dracula*, 1993). Seit den 80er und 90er Jahren sind zunehmend Logos auf Filmplakaten zu finden (*Ghostbusters – die Geisterjäger*, 1984; *Jurassic Park*, 1993). Spielbergs Dinosaurier-Logo ist auch kommerziell auf anderen Produkten (T-Shirts, Tassen usw.) vermarktet worden.

Im Laufe der Filmgeschichte wurden auch künstlerische Filmplakate geschaffen. Meist versuchten sie, graphisch den filmischen Charakter zu assimilieren. Die Lithographie zu *Das Cabinet des Dr. Caligari* (1920) übernahm die visuellen Motive des Expressionismus, seine aperspektivisch verzerrten Proportionen und definierte damit ein Genre nicht aufgrund seiner Erzählmotive, sondern seiner distinktiven Stilmerkmale. In den 70er Jahren wurde merkmalhafte Ausstattung wieder als kommerzieller Aufhänger für Science-Fiction-Filme verwandt. Das Plakat zu *Die Büchse der Pandora* (1929) spiegelte die Zeitgeistströmung der Neuen Sachlichkeit und des Art déco wider. Im noch revolutionären Russland experimentierten Künstler der Russischen Avantgarde, basierend auf den Prinzipien des Konstruktivismus, mit Farbe, Formen und Perspektiven. Der Blick durch die Kamera als ›technoides Sehen‹ wurde für ihre Filmplakate programmatisch. Gleichzeitig wurden sie aber auch für Agitations-Propaganda genutzt (z. B. Sergej Eisensteins *Panzerkreuzer Potemkin*, 1926). Der Stil der Nouvelle Vague zeigt sich deutlich im Plakat zu *Außer Atem* (1959): Ein Stakkato der Bildelemente versucht die filmische Handschrift von Jean-Luc Godard zu imitieren.

Aktuelle Filmplakate sind primär nach ihrer kommerziell strategischen Wirkung ausgerichtet. Es wird sich zeigen, welche Art von Plakaten die ›Virtual Reality‹ in Zukunft hervorbringt.

Ilona Grzeschik

Literatur: Anton Sailer: Das Plakat. Geschichte, Stil und gezielter Einsatz eines unentbehrlichen Werbemittels. München 1965. – Herbert Lechner: Filmplakate. Sieben Exkurse zu einem übersehenen Thema. In: Jahrbuch Film 1983/84. – Volker Pantel: Das Buch der Filmplakate (1945 bis 1965). Schönaich 1984. – Gregory J. Edwards: The International Film Poster. London 1985. – Wolfgang Beilenhoff / Martin Heller (Hrsg.): Das Filmplakat. Zürich 1995.

Filmpreise. Es charakterisiert die Ambivalenz des Films, sein Changieren zwischen Kunst und Kommerz, dass es Auszeichnungen sowohl für künstlerische Leistungen wie für kommerzielle Erfolge gibt. Preisgekrönt wird auf nationaler und internationaler Ebene, staatlich und privat, offiziell und halboffiziell. Mit den Auszeichnungen sind oft Geldprämien oder Trophäen, zumindest aber Urkunden verbunden. Renommierte Preise haben werbenden Effekt für Filme, künstlerische Auszeichnungen steigern die Reputation ihrer Empfänger.

Die wichtigsten Preise für neue Filme und außergewöhnliche Einzelleistungen (Buch, Regie, Kamera, Darstellung) werden auf internationalen → Festivals verliehen; sie haben Namen aus Edelmetall: Goldene Palme (Cannes), Goldener Bär (Berlin), Goldener Löwe (Venedig), Goldener Leopard (Locarno), Goldene Muschel (San Sebastian), Goldene Taube (Leipzig). Über ihre Vergabe entscheidet jeweils eine internationale Jury nach festem Reglement. Dass diese Entscheidungen offenbar zwanghaft entweder falsch und ungerecht oder bestenfalls diplomatisch getroffen werden, weiß man aus allen Festival-Schlussberichten. Zu den salomonischen Urteilsmöglichkeiten einer Jury gehört es, einen Preis »ex aequo«, also zu gleichen Teilen, an zwei Filme oder Künstler zu verleihen.

Der weltweit bekannteste Filmpreis ist der von der Academy of Motion Picture Arts and Sciences verliehene → Oscar, der inzwischen in 25 verschiedenen Kategorien jeweils im März in Los Angeles vergeben wird. Anhaltspunkte für Favoriten gibt die Verleihung der Golden Globes durch die Vereinigung der Auslandspresse in Hollywood jeweils im Januar. Die Globes sind ebenfalls in verschiedene Sparten aufgeteilt, unterscheiden aber zusätzlich zwischen Drama und Komödie. Die British Academy of Film and Televisions Art verleiht jährlich im März in London die British Academy Awards. Die französischen »Oscars« heißen Césars und werden seit 1976 jeweils im März von der Académie des arts et techniques du cinéma in Paris vergeben.

Einer Initiative europäischer Regisseure ist die Auslobung des Europäischen Filmpreises zu verdanken, der seit 1988 jeweils im Dezember vorzugsweise in Berlin vergeben wird. In verschiedenen Kategorien (Bester Film, Regie, Haupt- und Nebendarsteller usw.) werden Titel und Namen nominiert, unter denen die Mitglieder der European Film Academy durch Abstimmung die Gewinner ermitteln. Es gibt auch Ehrenpreise und eine Auszeichnung für den besten Dokumentarfilm.

Zur Situation in der Bundesrepublik: Das größte Ansehen genießt trotz mancher Fehlentscheidungen der Deutsche Filmpreis, der seit 1951 jährlich vom Bundesminister des Innern, seit 1999 vom Beauftragten der Bundesregierung für Angelegenheiten der Kultur und der Medien (BKM) vergeben wird. Er ist Bestandteil der kulturellen Filmförderung des Bundes. Ausgezeichnet werden hervorragende programmfüllende deutsche Filme, Einzelleistungen (Regie, Darstellung in männlicher und weiblicher Haupt- und Nebenrolle, Kamera, Schnitt, Musik, Szenenbild) und herausragende Verdienste um den deutschen Film. Es können jährlich bis zu sechs Spielfilme und zwei Dokumentarfilme nominiert werden. Bereits die Nominierung ist mit Geldprämien verbunden. Ausgezeichnet werden schließlich drei Spielfilme, ein Dokumentarfilm und ein Kinder- und Jugendfilm mit Filmpreisen in Gold oder Silber sowie Prämien zwischen 200000 und 500 000 Euro. Über die Vergabe entscheidet eine unabhängige Kommission, der zurzeit zwölf Mitglieder angehören. Die Prämien werden den Herstellern der Filme zuerkannt und sollen der Realisierung neuer Projekte dienen. Der Preis – früher ein Filmband aus veredeltem Metall – ist seit 1998 eine Statuette, die inzwischen den Namen Lola trägt. Die Verleihung des Deutschen Filmpreises findet jeweils im Juni in Berlin statt. Separat vergibt der BKM Auszeichnungen für Drehbücher, Kurzfilme, Kinoprogramme, Verleiher und Innovationen (www.filmfoerderung-bkm.de).

»Für hervorragende Leistungen im deutschen Filmschaffen« vergibt die Bayerische Landesregierung seit 1980 den Bayerischen Filmpreis, für den jährlich bis zu 800 000 DM zur Verfügung stehen. Ein zweckgebundener Produzentenpreis in Höhe von 500 000 DM und weitere mit Geldpreisen verbundene Auszeichnungen belohnen hervorragende künstlerische Leistungen. Nachwuchskräfte sollen dabei gleichrangig berücksichtigt werden. Der Auswahlausschuss besteht aus elf fachkundigen Persönlichkeiten. Die Verleihung findet jeweils im Januar statt. Der Schauplatz, das Münchner Cuvilliés-Theater, ermöglicht dem gastgebenden Ministerpräsidenten einen repräsentativen Auftritt.

Da Filmkritiker über einen speziellen Sachverstand verfügen, vergeben sie, wo immer es möglich ist, ihre eigenen Preise – auf internationalen Festivals (FIPRESCI-Preis) und im nationalen Rahmen. Ein Preis der Filmkritik, gestiftet von der Zeitschrift »Star-Revue«, wurde in der Bundesrepublik erstmals 1957 vergeben, 1961 wurde er in die Verantwortung der Arbeitsgemeinschaft der Filmjournalisten (inzwischen: Verband der deutschen Filmkritik) übernommen, seit 1968 gibt es den Preis der deutschen Filmkritik jeweils für einen Spielfilm und einen Kurzfilm, seit 1979 auch für einen Dokumentarfilm, seit 1981 schließlich auch für einen Experimentalfilm. Ebenfalls ein Kritikerpreis für Film wird (neben Literatur, Theater, Musik usw.) jährlich vom Verband der deutschen Kritiker e. V. in Berlin vergeben.

Ökonomischer Erfolg wird seit 1964 vom Hauptverband Deutscher Filmtheater und der Zeitschrift »Filmecho/Filmwoche« belohnt: Für einen Film, der innerhalb von 18 Monaten 3 Mio. Besucher hat, erhält der Verleih eine Goldene Leinwand. In den 60er Jahren waren viele deutsche Filme erfolgreich, so zum Beispiel acht Karl-May-Filme, fünf Oswald-Kolle-Filme, vier Lümmel-Filme, drei Schulmädchen-Reports. Seit 1973 haben nur noch wenige deutsche Filme eine Goldene Leinwand erhalten, u. a. *Die Blechtrommel, Das Boot, Die unendliche Geschichte, Männer, Der Name der Rose, Otto – Der Film, Otto – Der neue Film, Otto – Der Außerfriesische, Ödipussi, Papa ante portas, Werner – Beinhart, Der bewegte Mann, Männerpension, Der Schuh des Manitu*.

Der älteste Filmpreis in der Bundesrepublik ist der Bambi, der ab 1948 von der Zeitschrift »Film-Revue« vergeben wurde und seit 1968 für die Bereiche Fernsehen und Film vom Burda-Verlag betreut wird. In den letzten Jahren konzentrierte sich der Preissegen auf Persönlichkeiten der Politik, des Sports und des Fernsehens. An die Tradition der Leserbefragungen der »Film-Revue« knüpft seit 1979 die Zeitschrift »Cinema« an. Sie lässt jährlich darüber abstimmen, welche Darsteller und Filme einen Cinema-Jupiter bekommen sollen. In kleinerem Rahmen ermittelt auch die Zeitschrift »epd Film« bei ihren Leserinnen und Lesern die Höhepunkte des Kinojahres. Einen Preis hat sie noch nicht ausgelobt.

Der Deutsche Kamerapreis Köln wird seit 1982 in verschiedenen Kategorien alle zwei Jahre anläßlich der Photokina verliehen. Spezielle Drehbuchpreise vergeben die Länder Baden-Württemberg (seit 1999), Hessen (seit 1997), Nordrhein-Westfalen (seit 1988) und der Beauftragte der Bundesregierung für Angelegenheiten der Kultur und der Medien. Einen internationalen Filmmusikpreis vergibt die Kunst- und Ausstellungshalle der Bundesrepublik Deutschland gemeinsam mit der Filmstiftung Nordrhein-Westfalen alle zwei Jahre im Rahmen einer Internationalen Filmmusik Biennale.

Seit 1989 gibt es im Rahmen des Münchner Filmfestes den Regie-Förderpreis, gestiftet von der Bayerischen Hypobank, dotiert mit 80000 DM/40000 Euro. Den Nachwuchs fördern mit Geldpreisen auch Studio Hamburg, die Verwertungsgesellschaften VGF und GWFF sowie in einer gemeinsamen Trägerschaft der Privatsender SAT 1, der Verleih Constantin und die Produktionsfirma teamWorx mit der Auszeichnung First Steps, die jeweils im August in Berlin vergeben wird. Bescheiden ausgestattet sind die Filmpreise der Landeshauptstadt München und der Hansestadt Bremen, bei denen es mehr um die Ehre geht.

Eine Reihe sehr unterschiedlicher deutscher Filmpreise sind nach berühmten Regisseuren benannt. Auf Anregung von Billy Wilder vergibt der Club der Filmjournalisten Berlin e. V. seit 1958 jährlich den Ernst-Lubitsch-Preis für die beste Leistung in einer deutschsprachigen Filmkomödie. Sehr schnell hat sich der von der Stadt Saarbrücken gestiftete Max-Ophüls-Preis etabliert, der seit 1980 jährlich für einen Nachwuchsregisseur aus dem deutschsprachigen Raum vergeben wird. Die konkurrierenden Filme werden in einem Festivalprogramm gezeigt. Der Helmut-Käutner-Preis, den die Stadt Düsseldorf 1981 gestiftet hat, wird Persönlichkeiten zuerkannt, »die durch ihr Schaffen die Entwicklung der deutschen Filmkultur nachdrücklich unterstützt und beeinflusst, ihr Verständnis gefördert und zu ihrer Anerkennung beigetragen haben«. Der Preis wird alle zwei Jahre vergeben. Ein Konrad-Wolf-Preis, 1986 von der Akademie der Künste der DDR initiiert, wurde für »hervorragende Leistungen sozialistischer darstellender Kunst« vergeben. Etwas allgemeiner spezifiziert verleiht ihn inzwischen die Berlin-Brandenburgische Akademie der Künste. Der Wolfgang-Staudte-Preis, 1990 zum 20-jährigen Bestehen des Internationalen Forums des jungen Films von der Pressestiftung Tagesspiegel begründet, wird jährlich einem im Programm des Forums gezeigten Beitrag zuerkannt. Einen Friedrich-Wilhelm-Murnau-Preis vergibt die Geburtsstadt des Regisseurs, Bielefeld, alle zwei Jahre an Filmschaffende und Publizisten, die sich um die Weiterentwicklung der zeitgenössischen Filmsprache und Kinokultur verdient gemacht haben. Der William-Dieterle-Preis wird seit 1993 alle drei Jahre von der Stadt Ludwigshafen an deutschsprachige Filmemacher »für herausragende cineastische Leistungen in der Beschäftigung mit kulturellen und gesellschaftlichen Fragen« vergeben. Einen Douglas-Sirk-Preis vergibt das Filmfest Hamburg jährlich an eine Persönlichkeit, die sich durch ihre Arbeit besondere Verdienste um die Filmkultur erworben hat. Einen Rainer-Werner-Fassbinder-Preis kann man beim Internationalen Filmfestival in Mannheim-Heidelberg gewinnen oder als European Discovery of the Year – Fassbinder Award im Rahmen des Europäischen Filmpreises. Einen Fritz-Lang-Preis gibt es noch nicht.

Hans Helmut Prinzler

Literatur: Martin Hofmann (Hrsg.): 50 Jahre Deutscher Filmpreis. Berlin 2000.

Filmprotokoll. Schriftliche Transkription eines Films. In der Filmpraxis dient das Filmprotokoll dazu, die Abläufe der Dreharbeiten festzuhalten. Kamerapositionen, Positionen von Schauspielern und Requisiten werden notiert, um Fehler insbesondere bei Anschlüssen (→ Kontinuität) zu vermeiden.

In der Filmwissenschaft versteht man unter dem Filmprotokoll die teilweise oder vollständige schriftliche Transkription eines Films, der auf diese Weise für die Analyse zitierbar gemacht werden und intersubjektiver Nachprüfbarkeit standhalten soll. Unterschieden werden das Sequenzprotokoll, das sämtliche Sequenzen eines Filmes erfasst, und das Einstellungsprotokoll, das Beschreibungen aller in der Sequenz benutzten Einstellungen enthält. Während das Sequenzprotokoll mit Angaben zu Handlungsort, Personen und Handlungsabläufen lediglich eine Orientierung über den Gesamtaufbau eines Films gibt, erfasst das Einstellungsprotokoll detaillierte Beschreibungen vieler für eine Einstellung wichtigen filmästhetischen Merkmale. Bild- und Tonebene werden in der Regel in zwei getrennten Spalten notiert. Diese formale Struktur des Filmprotokolls ähnelt der des Shooting Scripts in der Filmpraxis.

Das Problem des Filmprotokolls besteht grundsätzlich darin, dass es stets eine Transkription des filmischen Originals in ein anderes Medium bedeutet und dadurch nicht alle ästhetischen Merkmale adäquat wiederzugeben in der Lage ist – z. B. nicht die erzählerische Funktion oder emotionale Wirkung von → Einstellungsgrößen. Mit Computer und DVD stehen technische Hilfsmittel zur Verfügung, die bereits in der Filmanalyse Verwendung finden und die traditionelle Filmprotokollierung ablösen werden.

Thomas Klein

Literatur: Knut Hickethier: Film- und Fernsehanalyse. 3., überarb. Aufl. Stuttgart/Weimar 1996. – Klaus Kanzog: Einführung in die Filmphilologie. 2., erw. Aufl. München 1997.

Filmrecht. Filmschaffende können in Deutschland auf ein starkes rechtliches Fundament bauen: Da vor allem die Erfahrungen mit den → Propagandafilmen des Dritten Reiches deutlich gemacht haben, dass nicht nur Nachrichten-, sondern vielmehr auch Unterhaltungsfilme eine wichtige Rolle im Meinungsbildungsprozess der Bevölkerung spielen, gewährleistet die deutsche Verfassung in Art. 5 Abs. 1 S. 2 GG die Filmfreiheit. Zusätzlich normiert Art. 5 Abs. 1 S. 3 GG das Zensurverbot, um zu verhindern, dass der Staat reguliert, welche Meinungen und Inhalte durch das Medium Film verbreitet werden. Zensur ist definiert als staatliche, präventive und systematische Kontrolle – nur wenn diese drei Merkmale zusammentreffen, liegt Zensur vor. So stellt etwa die staatsanwaltschaftliche Beschlagnahme eines Films vor dessen erstmaliger Vorführung im Kino keine unzulässige Zensur dar: Zwar ist die Staatsanwaltschaft eine staatliche Behörde und schreitet im Beispielsfall auch präventiv ein, d. h. vor der öffentlichen Aufführung des Films. Jedoch kontrolliert sie nicht planmäßig die auf den deutschen Markt drängende Filmproduktion, sondern greift vielmehr lediglich in Einzelfällen ein, sodass das dritte Merkmal – die systematische Kontrolle – fehlt. Maßnahmen, die keine Zensur darstellen, können die Filmfreiheit durchaus einschränken, da die Verfassung ein einheitliches Rechtssystem bildet und neben der Filmfreiheit andere Rechtsgüter schützt, die mit der Filmfreiheit kollidieren können. Hier ist im Einzelfall abzuwägen, welches Rechtsgut höherrangig ist.

An der Spitze des Grundrechtskatalogs stehen Art. 1 und 2 GG, die die Menschenwürde und die allgemeine Handlungsfreiheit gewährleisten. Aus der Verbindung dieser beiden Rechte hat die Rechtsprechung das allgemeine Persönlichkeitsrecht entwickelt – das Recht auf Achtung und Entfaltung der Persönlichkeit, das insbesondere im Non-Fiction-Bereich (Dokumentarfilme, Reportagen, Nachrichtenfilme) häufig eine Schranke der Filmfreiheit darstellt. Ein zentrales Element des allgemeinen Persönlichkeitsrechts ist der Schutz der Ehre, die sowohl durch Tatsachenbehauptungen als auch durch Meinungsäußerungen verletzt werden kann. Tatsachenbehauptungen sind objektiv nachprüfbar und dem Beweis zugänglich. Eine ehrverletzende Tatsachenbehauptung liegt beispielsweise vor, wenn in einem Nachrichtenfilm irrtümlich behauptet wird, ein Politiker habe Steuern hinterzogen. Meinungsäußerungen hingegen bringen lediglich subjektive, persönliche Werturteile zum Ausdruck, die weder richtig noch falsch sein können. Daher sind Meinungsäußerungen zulässig, solange sie nicht die Grenze zur so genannten Schmähkritik überschreiten, bei der es dem Kritiker nicht um eine Auseinandersetzung in der Sache, sondern allein um die Herabwürdigung einer Person geht. So entschied etwa der Bundesgerichtshof, es sei keine sachliche Kritik der journalistischen Leistung, sondern vielmehr Schmähkritik, im Rahmen der Berichterstattung über eine Fernsehansagerin festzustellen, diese sehe aus wie eine »ausgemolkene Ziege«.

Einen weiteren wesentlichen Bereich des Persönlichkeitsschutzes stellt der Schutz der so genannten Tabuzonen dar. Hier geht es um die Frage, inwieweit über verschiedene Lebensbereiche eines Menschen berichtet werden darf, wobei man üblicherweise zwischen der Intim-, der Privat- und der Individualsphäre differenziert. Entscheidend ist, ob das Geheimhaltungsbedürfnis des Einzelnen oder das Informationsinteresse der Öffentlichkeit überwiegt. Wegweisend waren in diesem Zusammenhang die Ausführungen des Bundesverfassungsgerichts (BVerfG) in einer Entscheidung aus dem Jahre 1973: Drei junge Männer wollten aus der Gesellschaft ausbrechen und eine Lebensgemeinschaft in der Südsee begründen. Um sich hierfür Waffen zu beschaffen, überfielen zwei von ihnen ein Munitionsdepot der Bundeswehr in Lebach und töteten dabei vier schlafende Soldaten. Bei der Tatausführung selbst war der dritte Beteiligte zwar nicht dabei, er hatte den Überfall jedoch mitgeplant und wurde deshalb wegen Beihilfe zu sechs Jahren Freiheitsstrafe verurteilt. Kurz vor seiner Entlassung wollte das ZDF ein Dokumentar-Fernsehspiel über den Fall ausstrahlen, das BVerfG untersagte dies jedoch mit Hinweis auf das allgemeine Persönlichkeitsrecht des Gefangenen und argumentierte: Zwar habe die Bevölkerung grundsätzlich ein berechtigtes Interesse daran, durch aktuelle Berichterstattung über schwere Straftaten informiert zu werden. Allerdings liege im konkreten Fall die Straftat bereits einige Zeit zurück und darüber hinaus solle der Fall durch ein Dokumentarspiel dargestellt werden. Kennzeichen eines Dokumentarspieles sei es, durch das Nachspielen eines Ereignisses den Schein der Authentizität zu erwecken, was beim Zuschauer die Illusion des ›Dabeigewesenseins‹ und eine starke emotionale Beteiligung auslöse. Gerade die Intensität des Dokumentarspiels führe zu einer nachhaltigen Prangerwirkung, es dem Beschwerdeführer erheblich erschwere, nach seiner Entlassung von der Gesellschaft akzeptiert zu werden und sich wieder eine Existenz aufzubauen. Da aber das Ziel des modernen Strafvollzugs die Wiedereingliederung des Straftäters in die Gesellschaft ist, entschied das BVerfG, dass in diesem Fall das Geheimhaltungsinteresse des Betroffenen das berechtigte Informationsinteresse der Allgemeinheit überwog. Das Dokumentarspiel durfte daher nicht ausgestrahlt werden.

Das BVerfG stützte seine Entscheidung zusätzlich auf das Recht am eigenen Bild, das in § 22 Kunsturhebergesetz (KUG) geregelt ist und besagt, dass das Bildnis einer Person grundsätzlich nur mit deren Einwilligung verbreitet werden darf. Als Basis wird dabei nicht nur die Fotografie oder die filmische Aufnahme eines Menschen betrachtet. Auch die Darstellung durch einen Schauspieler, der auf der Leinwand einen anderen Menschen verkörpert, tangiert das Recht am eigenen Bild – auch diese Variante der Bildnisverbreitung ist grundsätzlich nur mit Einwilligung des Dargestellten zulässig. Eine Einwilligung ist allerdings dann entbehrlich, wenn einer der Ausnahmetatbestände des § 23 KUG vorliegt. Besonders praxisrelevant ist § 23 Abs. 1 Nr. 1 KUG, wonach Bildnisse von Personen der Zeitgeschichte auch ohne deren Einverständnis veröffentlicht werden können. Man differenziert zwischen absoluten und relativen Personen der Zeitgeschichte. Absolute Personen der Zeitgeschichte stehen aufgrund ihrer gesellschaftlichen Position und ihres gesamten Wirkens dauerhaft im öffentlichen Interesse, wie etwa Spitzenpolitiker oder Spitzensportler. Relative Personen der Zeitgeschichte stehen ausschließlich im Zusammenhang mit einem konkreten Einzelereignis im Interesse der Öffentlichkeit, wie beispielsweise Straftäter. Relative Personen der Zeitgeschichte dürfen nur so lange ohne Einwilligung abgebildet werden, als hinsichtlich des in Frage stehenden Ereignisses noch ein ernsthaftes Informationsbedürfnis der Öffentlichkeit besteht.

Während bislang die Rechte Dritter im Vordergrund standen, die bereits bei der Filmproduktion beachtet werden müssen, schützt das Urheberrecht die Rechte der Filmschaffenden an ihren Werken. Dabei enthält das Urheberrecht eine materielle und eine ideelle Komponente. Die ideellen Interessen des Urhebers an seinem Werk werden durch das Urheberpersönlichkeitsrecht geschützt. Niemand darf ohne Einwilligung des Urhebers Änderungen an dessen Werk vornehmen, wie z. B. einzelne Szenen eines Films schneiden, einen Schwarzweißfilm nachträglich kolorieren oder einen Kinofilm ans Fernsehformat anpassen. Die materiellen Interessen hingegen werden durch die Verwertungsrechte geschützt: Der Urheber soll das ausschließliche Recht haben, von seinem geistigen Eigentum materiell zu profitieren. Zunächst ist jedoch zu klären, wer überhaupt Urheber eines Films ist. Generell gilt: Urheber eines Werkes ist, wer diesem den Stempel seiner individuellen Kreativität aufdrückt. Da ein Film nicht das Ergebnis der Arbeit eines Einzelnen ist, sondern vielmehr das Resultat des Zusammenwirkens vieler, ist hier die Frage nach dem Urheber im Einzelfall nicht immer einfach zu beantworten. Im Folgenden soll beispielhaft kurz auf die Urheberschaft von Drehbuchautor, Kameramann, Regisseur und Produzent eingegangen werden.

Das Schreiben eines Drehbuchs ist eine schöpferische Leistung, sodass das Drehbuch ein Werk im Sinne des § 2 UrhG ist und nur dann als Grundlage für einen Film herangezogen werden darf, wenn der Autor einem Dritten in einem Lizenzvertrag das Recht hierzu überträgt. In dem Lizenzvertrag werden beispielsweise das Entgelt oder etwaige Mitspracherechte des Drehbuchautors bei der Filmproduktion geregelt. Da die anschließende visuelle Umsetzung des Textes beachtliche weitere kreative Tätigkeit erfordert, entsteht mit dem Film ein neues Werk, an dem der Drehbuchautor kein Urheberrecht hat. Ebenso wenig wie der Drehbuchautor hat in aller Regel der Kameramann ein Urheberrecht am Film, wenn er lediglich die Anweisungen des Regisseurs ausführt, ohne dass dabei Raum für die Entfaltung seiner eigenen Kreativität bleibt. Wenn allerdings ein Film deutlich die Handschrift eines Kameramannes trägt, kann dieser Miturheber neben dem Filmregisseur sein. Die Urheberschaft des Regisseurs steht außer Frage, da unter seiner künstlerischen Gesamtleistung der Film entsteht und sich seine Vorstellungen im gesamten Werk niederschlagen. Gleichwohl bestimmt § 88 UrhG, dass im Zweifel die Verwertungsrechte nicht beim Regisseur, sondern beim Filmproduzenten liegen. Dieser tritt zwar nicht kreativ in Erscheinung und ist damit auch kein Urheber, er trägt jedoch die unternehmerische Verantwortung für den Film und könnte diese Aufgabe nicht effektiv erfüllen, wenn bei Meinungsverschiedenheiten die Urheber aus künstlerischen oder persönlichen Gründen einer wirtschaftlich sinnvollen Verwertung widersprechen würden.

Nicht nur die Herstellung, sondern auch die Verbreitung von Filmen unterliegt gesetzlichen Einschränkungen. Besondere Aufmerksamkeit wird hier dem Jugendschutz geschenkt: Aus Art. 6 GG ergibt sich für Kinder und Jugendliche ein Anspruch auf eine ungestörte Entwicklung ihrer Persönlichkeit. Gewalttätige Inhalte oder sexuelle Darstellungen, die auf die Entwicklung der Jugendlichen einen negativen Einfluss haben, sind daher von diesen fern zu halten. Bestimmte Fälle der Gewaltdarstellung bzw. der Darstellung von Sexualität stehen per se in Widerspruch zu den Grundwerten unserer Gesellschaft; hier ist sowohl das Filmen als auch die Filmverbreitung für jedermann, also auch für Erwachsene, verboten. So verbietet § 131 StGB Filme mit gewaltverherrlichendem oder gewaltverharmlosendem Inhalt. Gewaltverherrlichung liegt vor, wenn das Begehen von Gewalttaten als erstrebens- und bewundernswert dargestellt wird, gewaltverharmlosende Filme stellen Gewalt als normales Mittel der Konfliktlösung dar. In diesem Zusammenhang ist zu beachten, dass als strafbare Gewaltdarstellung im Sinne des § 131 StGB lediglich die physische Krafteinwirkung auf die körperliche Integrität eines Menschen in Betracht kommt. Die Darstellung einer rein psychischen Bedrohung eines Menschen oder der Misshandlung eines nichtmenschlichen Phantasiewesens können daher nicht nach § 131 StGB strafbar sein. § 184 StGB verbietet bestimmte pornographische Darstellungen, wie etwa Kinderpornographie oder Sodomie. Pornographie ist definiert als die anreißerische Darstellung sexueller Vorgänge, die überwiegend auf die Erregung sexueller Reize abzielt und dabei – im Gegensatz zu erotischen Darstellungen – sonstige soziale Bezüge außer Acht lässt. In den allermeisten Fällen jedoch greift weder § 184 StGB noch § 131 StGB ein. Daher dürfen Filme mit gewalttätigen oder sexuellen Inhalten grundsätzlich verbreitet werden. Jedoch prüfen dann die Sachverständigen-Gremien der Freiwilligen Selbstkontrolle der Filmwirtschaft (FSK), ob ein Film für Kinder und Jugendliche geeignet ist. Dabei kommt es zu einer abgestuften Kennzeichnung – möglich sind die Freigabe ohne Altersbeschränkung oder ab 6, 12, 16 oder 18 Jahren. Verweigert ein Filmhersteller die Prüfung durch die FSK, ist der Film automatisch erst für Volljährige freigegeben.

Der Fortschritt der Technik stellt die Filmwirtschaft vor immer neue Rechtsprobleme, so ist etwa die rechtliche Behandlung virtueller Figuren noch ungeklärt. Auch das Zusammenwachsen Europas mit den verschiedenen Rechtssystemen der einzelnen Staaten stellt die Rechtswissenschaft vor immer neue Herausforderungen. Gerade bei der Erarbeitung einer europäischen Medienordnung sollte dabei trotz der Notwendigkeit einer maßvollen Regulierung nie die herausragende Bedeutung der Filmfreiheit aus den Augen verloren werden.

Cornelia Schwarz

Literatur: Horst von Hartlieb: Handbuch des Film- und Videorechts. München ²1984. – Wilhelm Nordemann [u. a.]: Urheberrecht. Stuttgart [u. a.] ⁹1998. – Reinhart Ricker: Handbuch des Presserechts. München ⁴2000.

Filmrestaurierung. Der Zweck eines Kinofilms besteht in seiner Projektion, in der Betrachtung der »bewegten Bilder« auf einer Leinwand. Somit ist das Ziel einer Filmrestaurierung die Erhaltung und die Sicherung der Kopiervorlage sowie die Herstellung einer Benutzungskopie.

Um eine Sicherung zu erreichen, wird der Film umkopiert. Dabei muss der Inhalt des Films besonders berücksichtigt werden, denn oft existieren von einem Film zahlreiche Kopien unterschiedlicher Fassungen. Mögliche Fassungen können sein: »1) die Schnittfassung des Regisseurs, 2) die Zensurfassung in Deutschland, 3) die Exportfassung(en), die vom Produzenten, Regisseur oder vom Importeur bearbeitet wurde(n), 4) eine spätere Bearbeitung, die unabhängig vom ursprünglichen Produktionsstab und zumeist zweckgebunden hergestellt wurde (z. B. gekürzte, zusammengefasste Mehrteiler, Nachkriegsfassungen von Nazifilmen, Tonbearbeitungen von Stummfilmen, Fernsehbearbeitungen etc.)« (Hampicke, zit. nach: von Keitz).

Hier sind eine eindeutige Zielsetzung und ›filmphilologische‹ Grundsätze gefragt, um nicht womöglich eine ganz neue Variante zu produzieren. Die Entscheidung für eine bestimmte Fassung ist in erster Linie von Zustand und Umfang des überlieferten Filmmaterials abhängig, wenn möglich sollte wieder die Schnittfassung des Regisseurs hergestellt werden.

Der wohl markanteste Unterschied zwischen der Restaurierung »klassischer« Objekte wie Gemälden, Skulpturen, Möbeln usw. und der des Films liegt darin, dass nicht der Filmträger, sondern vor allem die Bildinformation Gegenstand der Bearbeitung ist. Durch die Sicherung (Umkopierung) findet eine Übertragung der Bildinformation vom ursprünglichen Filmträger auf einen anderen Träger statt. Zur Verdeutlichung ein Beispiel: Um z. B. Kratzer zu beseitigen, wird nicht das einzelne Bildfeld retuschiert, sondern bewirkt, dass bestimmte mechanische Schäden der Vorlage auf der neuen Kopie nicht mehr erscheinen. Das heißt, die Beschädigung ist nach wie vor auf der Vorlage vorhanden. Die Vorlage sollte, damit sie geschont und länger erhalten werden kann, nach der Kopierung nicht mehr benutzt werden. Bei altem Filmmaterial mit Zellulosenitratunterlage ist eine Projektion aus Sicherheitsgründen zudem gesetzlich verboten, und nur eine Kopierung auf Sicherheitsfilm (den es seit 1951 gibt) macht die Präsentation überhaupt möglich. Für eine Umkopierung spricht auch die Geschwindigkeit, mit der sich das Filmmaterial zersetzt (besonders Zellulosenitrat, aber auch Zellulosetriacetat). Dieser Zerfall kann nur durch optimale Lagerungsbedingungen, mit besonderer Aufmerksamkeit auf das Raumklima, verlangsamt werden.

Der in der Restaurierung wesentliche Begriff der Reversibilität bekommt in der Filmrestaurierung einen anderen Charakter. Er bezieht sich auch hier auf die Bilder, auf die Möglichkeit des Wieder-rückgängig-machen-Könnens von Eingriffen, die sich z. B. auf die Schnittfolge beziehen oder auf die Bearbeitung der Zwischentitel. Die Prozedur der Kopierung ist für die Vorlage irreversibel. Sie ist materialbelastend, denn die Vorlage wird sowohl mechanischen (Zahnkränzen, Wickelzug) als auch chemischen Einflüssen (Nasskopierung) und physikalischen Einflüssen (Kopierlicht) ausgesetzt. Doch die Kopierung ist unvermeidlich als wesentlicher Teil der Filmbearbeitung.

Ein neues Feld eröffnet die digitale Filmbearbeitung. Hier können auch Schäden beseitigt werden, die mit konventionellen Restaurierungs- und Kopiermethoden nicht zu beheben sind, wie Materialveränderungen durch Zersetzung, tiefe Schrammen oder starke Farbverschiebungen (bei Farbfilmen). Die Einzelbildbearbeitung ist möglich und wird auch praktiziert. Noch sind die Kosten für eine digitale Filmbearbeitung gewaltig und erlauben ihre Anwendung nur in Einzelfällen. So stellt die in Zukunft mögliche digitale Bearbeitung eine zusätzliche Herausforderung an die Filmarchive dar, die Originale nicht nur umzukopieren, sondern sie auch zu erhalten, um gegebenenfalls eine digitale Bearbeitung zu ermöglichen. Besonderes Augenmerk gilt den ethischen Grenzen dieser neuen Technik, denn die Gefahr der Verfälschung ist enorm.

Der Begriff Original verträgt sich schlecht mit dem Begriff der Reproduktion (im Sinne von Vervielfältigung). In der Filmrestaurierung kann es, durch die Technik der Vervielfältigung und der dadurch resultierenden Möglichkeit der Neubearbeitung, mehrere Originale geben. Zusätzlich zu den unterschiedlichen Fassungen können unterschiedliche Kopien überliefert sein. »Bei Kopien muss unterschieden werden zwischen einer Null-Kopie, einer Korrekturkopie, einer Massenkopie und einer Premierenkopie, die ein Regisseur begleitet hat von der Kameraarbeit bis zur Fertigstellung eben dieser Kopie« (Brandes). Aber »keine Materialart ist für ein Archiv aufgrund seiner Entstehung automatisch ein Original, Originale können Duplikatmaterialien sein, Kopien, schlimmstenfalls Reduktionskopien, natürlich auch Originalnegative. Was immer sich erhalten hat, kann zum Original werden« (ebd.). Liegt z. B. eine von einer Premierenkopie abweichende Fassung vor, so gehört sie als ein Bestandteil zu der Geschichte dieses Films. Aus ihr können eventuelle Vorlieben und Abneigungen eines späteren Zeitgeists abgelesen werden. Wenn festgestellt werden kann, dass einige der im Filmarchiv lagernden Materialien Umkopierungen einer vorhandenen Vorlage sind, so kann diese Vorlage zum Original werden. Keinesfalls sollten die einzelnen Kopien in irgendeiner Form verändert werden, z. B. in der Schnittfolge. Eingriffe sollten in einer späteren Kopierstufe erfolgen, um die Reversibilität der Restaurierung zu gewährleisten. Vor allen Dingen muss eine Dokumentation des überlieferten Materials erstellt werden.

Nikola Klein

Literatur: Autorenkollektiv des VEB DEFA Kopierwerks: Grundwissen des Filmkopierfacharbeiters. [o. O., o. J.] – Mark-Paul Meyer: Work in Progress. Ethics of Film Restoration and New Technology. In: The Gamma Group (Hrsg.): The Use of New Technologies Applied to Film Restoration. Technical and Ethical Problems. Bologna [o. J.]. – Johannes Webers: Handbuch der Film- und Videotechnik. Film, Videoband und Platte im Studio und Labor. München 1983. – Bachmann [u. a]: Der Restaurator. Eine Definition des Berufes. In: Rundschreiben des AdR. Bamberg 1987. [Grundlage: ICOM Kopenhagen 1984.] – Bachmann [u. a.]: Ehrenkodex für Restauratoren. In: Rundschreiben des AdR. Bamberg 1987. [Grundlage: Code of Ethics 1986 IIC-CG and CAPC.] – The Book of Film Care. Kodak Publication Nr. H-23. 1992. – Eastman Professional Motion Picture Films. Kodak Publication Nr. H-1DE. 1992. – Harald Brandes: Zur Wertigkeit von Originalen in der Welt der Archive. In: FkT 11 (1997). – Ursula von Keitz (Hrsg.): Früher Film und späte Folgen. Restaurierung, Rekonstruktion und Neupräsentation historischer Kinematographie. Marburg 1998. – Paul Read / Mark-Paul Meyer: Restoration of Motion Picture Film. Oxford 2000.

Filmschulen. Bis gegen Ende der 80er Jahre kam es relativ häufig vor, dass Filmschaffende in Deutschland ihren Weg ins Berufsleben als Autodidakten oder per Quereinstieg meisterten. Je mehr die Branche jedoch einerseits wirtschaftlich expandierte und das Medium Film andererseits gesamtgesellschaftlich als Kunstform Anerkennung fand, desto stärker wuchs der Bedarf an qualifiziertem Personal. Insbesondere das Aufkommen privater Fernsehsender sorgte für einen sprunghaften Anstieg des Produktionsvolumens. Gleichzeitig erkannte auch die Politik das enorme ökonomische Potenzial des Medienbooms. Folgerichtig wurden Anfang der 90er Jahre regionale Filmförderungen ins Leben gerufen oder ausgebaut und neue Filmschulen gegründet. Die Standorte der nunmehr sechs größeren deutschen Ausbildungsstätten für Film und Medien spiegeln dabei die föderale Struktur der Bundesrepublik: Sie befinden sich in und werden getragen von sechs verschiedenen Bundesländern, während in Frankreich beispielsweise die traditionsreiche FEMIS (École Nationale Supérieure des Métiers de l'Image et du Son) in Paris nach wie vor die einzige Filmschule von Rang ist. Die deutschen Hochschulen stehen in losem Kontakt untereinander, zwischen einigen sind Kooperationen entstanden, jedoch konkurrieren sie auch um die Stärkung des jeweiligen Medienstandortes durch die Bindung qualifizierter Nachwuchstalente.

Deutschlands älteste Filmschule hat ihren Standort in Potsdam. Die Hochschule für Film und Fernsehen »Konrad Wolf« wurde 1954 gegründet und ist seit Sommer 2000 auf dem Gelände der Medienstadt Babelsberg beheimatet. Seit 1985 trägt sie den Namen des Regisseurs bekannter DEFA-Filme wie *Solo Sunny* oder *Der geteilte Himmel*. Mit der Wiedervereinigung setzte nicht nur eine politisch-ideologische Diskussion um eine mögliche Umbenennung ein, die HFF Babelsberg musste sich auch strukturell neu ausrichten. Das Ausbildungsangebot für 250 Studierende umfasst heute zwei Fachbereiche. Der erste beinhaltet AV-Medienwissenschaft, Film- und Fernsehdramaturgie, Film- und Fernsehproduktion, Film- und Fernsehregie sowie Medienspezifisches Schauspiel, der zweite Animation, Kamera, Schnitt, Szenografie und Ton. Zudem organisiert die HFF »Konrad Wolf« die jährlich im April stattfindenden Internationalen Studentenfilmtage »Sehsüchte« in Babelsberg. Einer ihrer bekanntesten Absolventen ist Andreas Dresen.

Nicht weit entfernt befindet sich die Deutsche Film- und Fernsehakademie Berlin (DFFB), seit Sommer 2000 im Sony Center am Potsdamer Platz, zusammen mit dem Filmmuseum und dem Arsenal Kino. Aufgrund der gesellschaftspolitischen Unruhen der damaligen Zeit war die DFFB in den ersten Jahren nach ihrer Gründung 1966 geprägt von experimentellem Filmemachen und Rebellion, die 1968 in der Exmatrikulation von 18 Studierenden gipfelte. Die Lust am Querdenken und am Bruch mit Konventionen hat sich teilweise bis in die Gegenwart erhalten und wird vom heutigen Direktor, Reinhard Hauff, unter dem Motto »low budget, high energy« bewusst geschürt. Das vierjährige Studium konzentriert sich auf Regie, Drehbuch, Kamera und Produktion, bietet aber auch die Möglichkeit zur Spezialisierung auf Schnitt und Digitale Technologien. Hinzu kommen ein zweijähriger Kurs der Drehbuch-Akademie und eine jeweils einjährige Ausbildung für Creative Producer und TV Producer. Erfolgreiche Absolventen der DFFB sind u. a. Wolfgang Petersen, Wolfgang Becker und Detlev Buck.

Ein Jahr später als die DFFB nahm die Hochschule für Fernsehen und Film in München (HFF) ihren Betrieb auf. Das Studium untergliedert sich in fünf Abteilungen: Kommunikationswissenschaften, Technik, Film und Fernsehspiel, Dokumentarfilm und Fernsehpublizistik sowie Produktion und Medienwirtschaft. In den drei letztgenannten Bereichen sind seit 1997 zudem Angewandte Ästhetik, Bildgestaltung und Kameratechnik, Dramaturgie und Stoffentwicklung, Fernsehjournalismus, Werbe-PR- und Imagefilm im Programm. Die HFF unterhält enge Verbindungen zur Bayerischen Theaterakademie (Studiengang Theater-, Film-

und Fernsehkritik), zur Hochschule für Musik (Studiengang Komposition für Film und Fernsehen) und zur Fachhochschule Rosenheim (Ergänzungsstudium Szenografie). Weiterhin tritt sie als Ko-Organisator des Internationalen Festivals der Filmschulen in Erscheinung, das jedes Jahr parallel zum Filmfest München veranstaltet wird. Zu den Absolventen der HFF zählen Doris Dörrie, Wim Wenders, Bernd Eichinger, Sönke Wortmann, Roland Emmerich, Nico Hofmann und Dominik Graf.

Die Filmakademie Baden-Württemberg ist Deutschlands jüngste Filmschule. 1990 von Albrecht Ade in Ludwigsburg gegründet, avancierte sie schnell zum Motor der Medienentwicklung im Land. Derzeit 380 Studierende werden im zweijährigen Grundstudium in den Fächern Drehbuch, Regie, Kamera, Filmgestaltung und Animation unterrichtet. Am Ende des ebenfalls zweijährigen Projektstudiums steht ein Diplom in Drehbuch, Regie oder Kamera in einem der folgenden Fächer: Szenischer Film, Dokumentarfilm, Werbefilm, Wirtschafts- und Wissenschaftsfilm, Animation, Virtual Design oder TV/Film-Design. Weitere Studienmöglichkeiten sind Produktion, Filmmusik/Sounddesign, Szenenbild sowie Kurse für Filmschauspiel. Ab dem Wintersemester 2001/2002 werden zusätzlich Ausbildungen für Filmmontage und TV-Serienformate sowie ein Entwicklungspool für Animationsfilme eingerichtet. Insbesondere die Abteilung Animation / Digitale Bildgestaltung genießt auch international einen hervorragenden Ruf, exemplarisch belegt durch den Oscar für Volker Engels Special Effects zu *Independence Day* (1996). An der Filmakademie in Ludwigsburg angesiedelt ist seit April 2001 die Masterclass der Deutsch-Französischen Filmakademie, einer von Bundeskanzler Schröder und Staatspräsident Chirac initiierten Weiterbildung. Die Akademie fungiert zudem als Spielstätte für das Europäische Kurzfilmfestival im Rahmen des Filmfests Stuttgart/Ludwigsburg.

Zwei weitere Ausbildungsinstitutionen sind keine Filmschulen im engeren Sinn. Die Kunsthochschule für Medien in Köln (KHM), 1990 gegründet, zielt nicht so sehr auf den Filmnachwuchs, sondern nimmt alle Bereiche audiovisueller Medien in den Blick, wobei die technische Beherrschung des Handwerks und experimentelles Arbeiten im Vordergrund stehen. Der Studiengang Audiovisuelle Medien gliedert sich in die Fächergruppen Fernsehen und Film, Mediengestaltung, Medienkunst sowie Kunst- und Medienwissenschaften. Er soll für bestimmte Tätigkeitsfelder, nicht aber für fest definierte Berufsziele qualifizieren.

Das Filmstudium Hamburg schließlich ist an das Institut für Theater, Musiktheater und Film der dortigen Universität angeschlossen. Es wurde 1988 unter anderem von Hark Bohm ins Leben gerufen und startete 1992 mit einer Drehbuch- und Regieausbildung. Seitdem sind noch die Bereiche Bildregie/Kamera und Produktionsmanagement hinzugekommen. Das zweijährige Studium hat weiterführenden Charakter, die Bewerber müssen also entsprechende Vorqualifikationen nachweisen. Die Veranstaltungen finden im Medienkomplex Zeisehallen in Hamburg-Ottensen statt, wo auch die Hamburger Filmwerkstatt untergebracht ist. Sie produziert alle Studentenfilme und finanziert über Gelder von Mitgliedern und Sponsoren einen Großteil des Studiums.

Der ungebrochene Aufschwung der Medienbranche hat unlängst zu neuen Weiterbildungsangeboten geführt. So bietet zum Beispiel die im Jahr 2000 gegründete Internationale FilmSchule Köln bis zu 12-monatige Fortbildungen, angefangen von Drehbuch und Filmschauspiel über Internationales Produktionsmanagement bis zu Trickfilm und Filmmusik. Mit ähnlichen Initiativen dürfte auch in Zukunft zu rechnen sein.

Andreas Friedrich

Filmsemiotik. Semiotische und kommunikationstheoretische Fragen und Bezugstheorien haben in der wissenschaftlichen Beschäftigung mit Film von Beginn an eine Rolle gespielt. Vor allem die Frage nach der Art und Weise, wie sich der Film auf Wirklichkeit bezieht und welche Modi der Repräsentation (oder Signifikation) ihm verfügbar sind, wird in fast jeder → Filmtheorie gestellt. Schließlich ist die Analogie des Films zur Sprache (in solchen Wendungen wie »Filmsprache«) schon in den 20er Jahren behauptet worden.

Das Projekt einer eigenständigen Filmsemiotik wurde aber erst in den 60er Jahren gefasst und bildet einen wichtigen Schritt in der Formierung der eigenständigen Disziplin Filmwissenschaft. Es waren damals im Wesentlichen drei Positionen, die – in drei paradigmatischen und berühmt gewordenen Texten formuliert – gegeneinander standen:

1) Umberto Eco versuchte, die Filmsemiotik nach der methodischen Maßgabe der strukturalen Sprachwissenschaft zu betreiben: er suchte nach »kleinsten Einheiten« und deren Komponenten. So fand er dann das Einzelbild, das sich wiederum in Bildbestandteile zergliedern ließ, die schließlich als kleinste Einheiten der kinematographischen »Sprache« angesehen werden dürften. Die Annahme, ein System der kinematographischen Ausdrucks- und Inhaltsebene zu rekonstruieren, wie es in der Sprachwissenschaft bezogen auf die natürliche Sprache gelungen ist, lässt sich aber am Film wohl nicht halten und kann auch durch die zahlreichen Befunde der Wahrnehmungs- und Kognitionspsychologie nicht gestützt werden. Offenbar hat man es beim Film mit einem signifikativen Apparat zu tun, der anders arbeitet und andere Einheiten hat als die natürliche Sprache.

2) Pier Paolo Pasolini setzte mit einer anderen These an: Er behauptete, dass der Film eine »lingua scritta della realtà«, eine geschriebene Sprache der Realität sei. Vor allem seien es Strukturen der menschlichen Handlung, die der Film aufnehme und als Strukturprinzip nutze. Das Strukturprinzip, dem filmische Montage und filmische Signifikation unterworfen ist, sei kein genuin filmisches Prinzip, sondern entlehne der konzeptuell-kognitiven Gliederung menschlichen Handelns wesentliche Momente. In eine ähnliche Richtung ging Karl-Dietmar Möller, der die These vertrat, Film repräsentiere menschliche Handlungen diagrammatisch, aufgrund struktureller Ähnlichkeit.

3) Christian Metz schließlich nahm an, dass nicht die mechanische Analyse des Films hinab auf das Niveau des Einzelkaders – das ja in der Projektion bzw. in der Perzeption gar nicht als eigenständiges Element wahrgenommen werden kann –, dass auch nicht die strukturanaloge Abbildung von Gegenständen der sozialen Wirklichkeit der Ansatzpunkt für eine Filmsemiotik sein könne, sondern dass man dazu operational verfahren müsse; auch in der Sprache sind die Operationen der Isolierung, Segmentierung, Oppositionsbildung usw. zu beobachten. Metz behandelte im Anschluss an die klassischen Montagetheorien das Problem der »großen«, filmspezifischen syntagmatischen Einheiten, und er stellte, wiederum im Anschluss an klassische Theorien der Montage, eine Liste von Sequenztypen auf, die er »Syntagmen« nannte – ihre Systematisierung ist bis heute als »große Syntagmatik des Films« bekannt.

Die Rezeption dieser filmsemiotischen Entwürfe aus den 60er Jahren ist sehr schmal gewesen: Eco und Pasolini spielten im Grunde keine nennenswerte Rolle, und Außenseiter wie Jan Marie Peters, Peter Wollen, Jurij M. Lotman oder Hartmut Bitomsky wurden nur wenig rezipiert. Die seinerzeit allenthalben spürbare, unter den Filmsemiotikern vor allem durch Metz vertretene Anlehnung an strukturale Sprachwissenschaft endete Mitte der 70er Jahre. Möller schrieb zu Recht: »Die Orientierung an der Linguistik führte in dieser Phase mitunter zu einer Art ›negativer Linguistik des Films‹, d. h. die Texte lesen sich gelegentlich so, als fragten sich die Autoren, was der Film, verglichen mit der Sprache, alles nicht ist (hat – kann), statt den Mechanismus der filmischen Kommunikation selbst zu untersuchen.« Metz gab das Programm einer der Sprachmetapher verpflichteten deskriptiven Filmsemiotik auf und wandte sich der → Psychoanalyse zu, vielleicht auch aus dem Grunde, weil ihm eine Neufundierung der filmsemiotischen Beschreibung auf andere Paradigmata semiotischer Forschung unmöglich schien oder nicht klar war.

Seit 1975 etwa ist eine wie auch immer geartete Einheit der filmsemiotischen Arbeit außer Sicht geraten. Zum Teil orientierte sich die Analyse an der Symbolik der Freudianischen und insbesondere der Lacanschen Psychoanalyse. Ein an Althusser orientierter Marxismus spielte in der Folge eine wichtige Rolle und lebt heute in diversen Konzepten der »Cultural Studies« weiter. Schließlich wurden Entwicklungen der Text- und vor allem der Erzähltheorie, der neueren Kasus- und Frame-Theorien sowie semiogenetische Überlegungen auf filmische Gegenstände übertragen. Eine eigenständige Filmsemiotik wird kaum noch reklamiert, die Filmwissenschaft hat sich aus jenem ersten Forschungsprogramm fortentwickelt. Gleichwohl ist der Horizont semiotischer Analyse nicht nur in diversen Teilgebieten wie der Theorie des filmischen Bildes oder der Untersuchung basaler Montageformen wichtig und zentral geblieben, sondern bildet weiterhin einen dynamischen Faktor im Nachdenken über Film überhaupt.

Drei Konzepte werden derzeit bearbeitet, die explizit einer Filmsemiotik zugerechnet werden können, allerdings nicht auf der Untersuchung der morphologischen und syntaktischen Strukturen aufruhen, sondern den pragmatischen Beziehungen zwischen dem Film, dem Filmemacher und dem Zuschauer gewidmet sind: Eine »Enunziationstheorie« des Films, in der ein Film auf den Akt, der ihn hervorbringt und der in vielfältiger Art und Weise im Film selbst manifestiert ist, zurückgeführt wird (Metz hat sich dieser Theorie in den 80er Jahren zugewandt); eine Transzendentalpragmatik des Films (in Anlehnung an die Theorie der Konversationsmaximen von H. P. Grice), die von Francesco Cassetti vorgeschlagen wurde und in der es darum geht, den »kommunikativen Kontrakt« zu modellieren, der filmischer Kommunikation zugrunde liegt; eine Semiopragmatik, in der es um die Institutionalisierung filmischer Aussage- und Rezeptionsweisen geht, die vor allem im Kreis um Roger Odin bearbeitet wird.

Eine Psychosemiotik des Films untersucht einzelne Elemente und Niveaus der filmischen Form in Bezug auf die Denk- und Lernprozesse, in denen sie als zeichenmächtige Strukturen aufgebaut werden. Sie nimmt neuerdings recht breite Aufmerksamkeit ein und ist nicht zuletzt dadurch, dass David Bordwell eine Kognitionspsychologie des Films als Element einer integralen formalistischen Filmtheorie (→ Formalismus) gefordert hat, ins Zentrum der Filmwissenschaft gerückt worden. Ein Beispiel ist Peter Wuss' Modell, in dem er perzeptions-, kognitions- und stereotypengeleitete Strukturen des filmischen Wahrnehmungs- und Bedeutungsangebots unterscheidet.

Darüber hinaus sind zahllose Einzeluntersuchungen zu verzeichnen – zu → Point of View und → Rückblende, zu intertextuellen und intermedialen Strukturen und zur Frage der Genrestrukturen (→ Genres), zu → Farbe und → Ton und anderem mehr. Verwiesen sei auch auf semiogenetische Ansätze, die versuchen, eine logische und eine empirische Formengeschichte des Films und der im Film vorherrschenden Darstellungsweisen in Einklang miteinander zu bringen. Beispielhaft können dazu die zahlreichen Forschungen zum frühen Film, zur Entwicklung der → Parallelmontage und dergleichen mehr genauso dienen wie die Untersuchungen zu Entwicklungen der filmischen Erzählweisen oder von filmischen Stilen.

Hans J. Wulff

Literatur: Peter Wollen: Signs and Meaning in the Cinema. London 1969. – Christian Metz: Sprache und Film. Frankfurt a. M. 1973. [Frz. Orig. 1971.] – Christian Metz: Semiologie des Films. München 1972. – Karl-Dietmar Möller: Filmsprache. Eine kritische Theoriegeschichte. Münster 1986. – Peter Wuss: Filmanalyse und Psychologie. Berlin 1993. – Christian Metz: Die anthropoide Enunziation. In: Montage/AV 3 (1994). H.1. – Hans J. Wulff: Darstellen und Mitteilen. Tübingen 1999.

Filmtheorie. Bezeichnung für das historisch gewachsene Korpus von Texten, die sich wissenschaftlich-theoretisch, also kritisch-reflexiv, mit der spezifischen Technizität, Ästhetik und Rezeption des Mediums Film auseinandersetzen. Idealtypisch gesehen will Filmtheorie das Wesen der durch Kamera und Montage erzeugten Bildfolgen, des apparativ aufgezeichneten Tons und die Gesamtwirkung des durch Projektion dem Zuschauer im Kino sinnlich wahrnehmbar gemachten Filmwerkes erforschen. Damit ist Filmtheorie neben → Filmgeschichte und exemplarischer Filmanalyse der dritte Bereich filmwissenschaftlicher Tätigkeit, wobei filmtheoretische Konzepte die Filmgeschichtsschreibung und die Filmanalyse – aber auch die → Filmkritik – immer, bewusst oder unbewusst, beeinflussen.

Filmtheorie ist zugleich ein Feld der allgemeinen Kunsttheorie seit den 10er Jahren des 20. Jahrhunderts. Sie entwickelt sich historisch zeitgleich mit der theoretischen Erfassung und Bestimmung des Modernismus in Malerei, Literatur und Theater und teilt oft auch deren Begrifflichkeit wie Realismus und Klassizität (etwa »Classical Hollywood«), Tradition und Avantgarde, Gattung (Differenzen von Spiel- und Dokumentarfilm), Genre (thematische, dramaturgische und stilistische Gemeinsamkeiten einer Gruppe von Filmen, etwa des Western) und Autorschaft (die individuelle Stilistik und Weltsicht eines Regisseurs in seinem Œuvre). Sie teilt auch die Inspiration durch Disziplinen wie Philosophie, Psychologie und Soziologie, die für die Kunsttheorie von erheblichem Einfluss waren und sind. Filmtheorie unterscheidet sich von anderen Theorien der Künste jedoch vor allem durch die Tatsache, dass das neue Medium Film seine kulturelle Legitimität, seinen ›Kunstcharakter‹ erst in Konkurrenz zu den etablierten Künsten wie Literatur und Theater durchsetzen musste. So trägt noch 1932 eine der bedeutendsten filmtheoretischen Schriften, die des Psychologen Rudolf Arnheim, den programmatischen Titel »Film als Kunst« und grenzt den Film vom reinen Vergnügen des »Kientopp« ab. Seither hat Filmtheorie in mehreren Entwicklungsschüben den komplexen Charakter des Mediums und seiner Wirkungen auch durch eine immer elaboriertere Theoriesprache und in einer kaum noch überschaubaren Bandbreite von Konzepten herausgearbeitet. Sie hat sich historisch insgesamt verwissenschaftlicht und oft auch zu ›Schulen‹ institutionalisiert, etwa strukturalistische Genre-Theorie versus phänomenologische Autoren-Theorie. Zwar gibt es bis dato die *eine* Theorie des Films so wenig wie *die* Theorie der Literatur oder der Malerei, aber es hat sich seit den 1970er Jahren, wie David Bordwell und Noël Carroll 1996 formulieren, ein »Aggregat« der Theorie gebildet, das bestimmt ist von der Reformulierung der Psychoanalyse durch Jacques Lacan, von der strukturalistischen Semiotik, der poststrukturalistischen Literaturtheorie und von Varianten des Marxismus von Louis Althusser. Für dieses Theorie-Aggregat ist kennzeichnend, dass die Wirkung des Mediums Film in der illusionär-spiegelhaften Schaffung einer Subjekt-Positionierung des Zuschauers gesehen wird, die den Apparat Kino zu einer ideologischen Agentur der (spät)kapitalistischen Gesellschaft macht, in der das Individuum in Fragmente zerfällt und nur noch medial stabilisiert werden kann. Hier wird die Analyse der innerfilmischen Blicklenkung und ihrer ideologischen Konnotation und die des traumanalogen Mechanismus der Filmwahrnehmung favorisiert. Der marxistische amerikanische Kulturtheoretiker Fredric Jameson hat in seinen Büchern »Postmodernism, or, The Cultural Logic of Late Capitalism« (1991) und »Signatures of the Visible« (1992) diese Theorieansätze gebündelt. Für Jameson ist Filmtheorie Teil einer umfassenden Theorie der gegenwärtigen Kultur, in der die »Audiovisionen« (Zielinski) Film, Fernsehen und Video ineinander greifen und in der das Mediale die ökonomische Determinante wurde, damit zugleich Machtinstrument zur Beherrschung der Medienkonsumenten. Von diesem Augenblick der postmodernen Filmtheorie ausgehend, lassen sich Geschichte und Funktion der Filmtheorie bestimmen. Jede Theorie des Films setzt an dem Punkt an, dass einem jeden Film und dass jeder Wahrnehmung eines Films »Theorien der Repräsentation, der menschlichen Natur, der Moral, der Natur der Realität, der Bedingungen für menschliches Glück usw.« zugrunde liegen (Lapsley/

Westlake). Filmtheorie ist also befasst mit der soziokulturellen Bedeutung dessen, was Filme als massenmediale Konstrukte sind und bewirken – und dies im Rahmen einer historischen Entwicklung, in der Medien wie Film und Fernsehen immer tiefer in die Binnenstrukturen des Alltags, der Intimität und damit in die Struktur des Selbstverständnisses und der Selbstdefinition von Medienkonsumenten eingreifen.

Seit Laura Mulveys bahnbrechendem Aufsatz über »Visuelle Lust und narratives Kino« (1973) kann auch nicht mehr von *dem* Kinozuschauer geredet werden, denn Mulvey wies darauf hin, »wie das Unbewusste der patriarchalischen Gesellschaft die Filmform« des klassischen Hollywood-Kinos und seiner Repräsentation des Weiblichen, also der weiblichen Stars bestimmt und sie als passives Material dem aktiven männlichen Zuschauerblick zur Schau stellt. Wie Frauen Filme wahrnehmen, in denen der weibliche Blick vom männlichen dominiert wird, ist seither Teil der Fragestellung feministischer Filmtheorie (→ Feminismus und Film), wie sie etwa Mary Ann Doane vertritt. Bell Hooks hat diesen feministischen Ansatz, aufgegriffen und erweitert zur Frage nach dem »oppositionellen Blick« afroamerikanischer Zuschauer(innen) im Kino, in dem Filme »Stereotypen vom Körper schwarzer Frauen« präsentieren. Im Rahmen von Gay and Lesbian Studies wird seit einiger Zeit auch filmtheoretisch und filmgeschichtlich analysiert, wie von der klassisch heterosexuell grundierten Dramaturgie der Filmplots abweichendes sexuelles Verhalten in den Film-Blick und damit in den Zuschauerblick gerät und funktionalisiert wird. Filmtheorie heute historisch zu rekonstruieren, das heißt also, die Theorien in ihrer Wissenschaftlichkeit auch als Theorien zu lesen, die kulturell und politisch in Kontexten stehen, in denen jeweils von einem bestimmten Zuschauer die Rede ist – meist von einem männlichen, weißen und heterosexuellen.

Hugo Münsterbergs Studie »The Photoplay. A Psychological Study« (»Das Lichtspiel«, 1916) leitet die Geschichte der Filmtheorie ein im Geist der Illusionsästhetik des 19. Jahrhunderts und mit einer weitreichenden Prognose: »Die massive Außenwelt hat ihr Gewicht verloren, sie wurde von Raum, Zeit und Kausalität befreit und in die Formen unseres eigenen Bewusstseins gekleidet. Der Geist hat über die Materie triumphiert, und die Bilder rollen mit der Leichtigkeit musikalischer Klänge ab. Es ist ein Hochgenuss, den uns keine andere Kunst bereiten kann.« Damit sind entscheidende Begriffe der gesamten Filmtheorie benannt: die Relation von außerfilmischer Welt (sozialer Realität), auf die Filme sich abbildend oder verweisend beziehen, und dem Bewusstsein des Zuschauers, dann die kaum verbal zu fassenden Eindrücke der illusionären Bilder und der voyeuristische Genuss, den diese Bilder bereiten. Von Beginn an steht Filmtheorie vor der Aufgabe, den offenbaren Voyeurismus, den das Kino als Mechanismus seiner Wirkung voraussetzt, in Beziehung zu setzen zum Realitätsprinzip, das im Kino, anders als im Theater, in dem die Akteure in Räumen und im Licht physisch präsent sind, außer Kraft gesetzt ist.

Erkenntnistheoretisch handelt alle Filmtheorie also von einer Abwesenheit, die wie in keiner anderen Kunstform Anwesenheit simuliert. Daraus entsteht der in der Filmtheorie immer wieder ausgetragene Dissens über den in den bildenden Künsten des 20. Jahrhunderts und in ihrer Theorie vorherrschenden Konflikt um das Konzept des Realismus. Béla Balázs vertritt in »Der sichtbare Mensch« (1924) die Auffassung, der Film als neue Kunst sei zugleich »eine von Grund aus neue Offenbarung des Menschen«, und zwar in der ersten international verständlichen Sprache: der der Mienen und Gebärden. Als eigenstes Gebiet des Films gilt Balázs die Großaufnahme, in der Gesichter ihre lebendige Physiognomie auf eine Weise offenbaren, wie keine andere Kunst dies vermag. Auch für Rudolf Arnheim geht Film als Kunst durch die elementaren Materialeigenschaften des filmischen Bildes weit hinaus über die mechanische Reproduktion von Realität und gewinnt durch die Montage der Realität gegenüber eine raumzeitliche Selbständigkeit. Das ästhetische Mittel der → Montage steht ohnehin im Zentrum früher Filmtheorie: »Die Grundlage der Filmkunst ist die Montage«, so Wsewolod Pudowkin 1928. Von Bedeutung sind hier die Theorien von Dziga Vertov und Sergej Eisenstein, wesentlichen Vertretern des sowjetischen Revolutionsfilms der 20er Jahre. Vertov konzipierte ein → »Kinoglaz«, ein »Kino-Auge«, das sich produktions- und rezeptionsästhetisch von allen physischen Bedingungen der räumlich-zeitlichen Existenz lösen und durch Montage eine absolute filmische Dynamik als Wahrnehmungsmodus schaffen will. Eisenstein, der Regisseur von *Streik* (1924), *Panzerkreuzer Potemkin* (1925) und *Oktober* (1927), war mit seiner Filmtheorie fast so einflussreich wie mit seinen Filmen. Er schuf eine Theorie der Montage, die darauf setzt, dass Film als eigenständige ästhetische Konstruktion der Realität das Bewusstsein und Unterbewusstsein der Zuschauer auch politisch verändern kann: Film sollte, darin stimmen die revolutionären Sowjet-Regisseure und Theoretiker in den 20er Jahren überein, eine neue Welt und einen neuen Menschen schaffen helfen. Eisensteins Entwicklung führt von der Theorie der »Montage der Filmattraktionen« mit ihrer assoziativ-schockartigen Kopplung von Einzelbildern schließlich zum Konzept einer dialektisch-intellektuellen Montage von Ideogrammen, die auch höchst komplexe Zusammenhänge darstellen soll. Mit den Konzepten von Vertov und Eisenstein beginnt in der Filmtheorie eine Tendenz zur Politisierung der Filmpraxis und der intendierten Wirkung des Mediums. Sie zeigt sich in der emphatischen Hoffnung auf eine Erneuerung der Künste durch den Film, die Walter Benjamin Ende der 30er Jahre in seinem von der Film- und Medienwissenschaft später viel zitierten Aufsatz »Das Kunstwerk im Zeitalter seiner technischen Reproduzierbarkeit« formuliert. Durch die »Vertiefung der Apperzeption«, die der Film gerade durch die Großaufnahme und die Montage »mit dem Dynamit der Zehntelsekunde« bewirkte, und durch den kollektiven Charakter seiner Rezeption sei die Chance seiner wissenschaftlichen und politischen Verwendung gegeben. Bewusst gegen solche Hoffnung auf das Medium ist die Theorie der → Kulturindustrie gerichtet, die Theodor W. Adorno und Max Horkheimer in den frühen 40er Jahren im amerikanischen Exil und unter dem Eindruck des Hollywood-Kinos in ihrer »Dialektik der Aufklärung« (1947) entwickeln. Film ist ihnen Medium der Manipulation. Im Kino werde massenhaft eingeübt, was die kapitalistische Gesellschaft von jedem Einzelnen fordere: bedingungslose Zustimmung zur Wirklichkeit, wie sie ist. Noch in Jean-Luc Godards dezidiert politischer Film- und Videopraxis Ende der 60er und Anfang der 70er Jahre und in seinen kritischen Stellungnahmen zum amerikanischen Mainstream-Kino treffen sich die Impulse Vertovs und Eisensteins im Bemühen, Filme vor allem politisch zu machen und sich der Bewusstseinsindustrie, der »Traumfabrik« (Ilja Ehrenburg) Kino zu verweigern durch systematische Dekonstruktion der Narration, des Realismuseffekts und des subjektbezogenen Blicks, der Identifikation mit dem Dargestellten bewirkt – eine Position, die vor allem in der Theorie des → Avantgarde- und Experimentalfilms begegnet.

Nach dem Zweiten Weltkrieg – und zumal unter dem Einfluss des italienischen Neorealismus im Film – setzt sich zunächst in der Filmtheorie das Paradigma des → Realismus als dominant durch. Für den französischen Filmkritiker und Filmtheoretiker André Bazin, der 1951 die in der Folge einflussreiche Filmzeitschrift »Cahiers du Cinéma« gründete, geht es um eine Ontologie und eine Ethik des filmischen Bildes. Film ist ihm »die Vollendung der fotografischen Objektivität in der Zeit«. Bazins Theorie favorisiert als filmische Gestaltungsmittel nicht die Eisensteinsche Montage-Technik, sondern die → Plansequenz und die → Schärfentiefe, die für ihn einen »erhöhten Realismus« bewirken, der zugleich »einen revolutionären Humanismus« bewahre. Siegfried Kracauer, der schon in seinem Essay »Film 1928« beklagte, mit wachsender »Vollendung der photographischen Technik« mache sich ein »Mangel an Beobachtungsgabe« im Film bemerkbar und der eigentliche »Gegenstand« des Films, die Realität, »verflüchtige« sich immer mehr, warf gerade den sowjetischen Montagefilmen vor, sie fragmentierten die Realität zu Mosaiken. Kracauers 1960 erschienenes Opus magnum »Theory of Film. The Redemption of Physical Reality« (»Theorie des Films. Die Errettung der äußeren Wirklichkeit«) kodifiziert dann als materielle, nicht formale Ästhetik geradezu die ontologische Auffassung Bazins vom per se dem Realismus verpflichteten Medium – bis zur metaphysischen, fast theologischen Unterstellung, Film habe die Wirklichkeit aus ihrer Zerstückelung zu erretten, zu erlösen.

Unter dem Einfluss Bazins stand eine ganze Generation von jungen Pariser Filmkritikern der »Cahiers du Cinéma«, die dann als Filmregisseure Ende der 50er, Anfang der 60er Jahre die → Nouvelle Vague begründeten: François Truffaut, Jean-Luc Godard, Claude Chabrol und Eric Rohmer. Sie verpflichteten den Film nicht mehr primär auf den Realismus, sondern auf eine Ästhetik des individuellen Ausdrucks des Regisseurs, die zugleich eine Ethik enthält. Stichwortgeber war ein kurzer Essay von Alexandre Astruc: »Naissance d'une nouvelle avantgarde: La Caméra-Stylo« (»Die Geburt einer neuen Avantgarde: die Kamera als Federhalter«, 1948). Für Astruc ist Film eine Sprache, eine Form, »in der und durch die ein Künstler seine Gedanken, so abstrakt sie auch seien,« ausdrücken kann. Mit der Kamera als Federhalter schreibt der Regisseur wie ein Romancier oder ein Essayist. In seinem Text »Une certaine tendance du cinéma française« (»Eine gewisse Tendenz im französischen Film«, 1954) fordert Truffaut gegen das konformistische Kino seiner Zeit ein »cinéma des auteurs«, ein Autoren-Kino (→ Autorenfilm) des individuellen Ausdrucks, der individuellen Weltsicht und Handschrift des Regisseurs, und diese Forderung wurde dann zum Merkmal einer Neubewertung gerade der von in Hollywood arbeitenden Filmemachern wie Alfred Hitchcock, die trotz der Produktionszwänge im Studio-System jedem ihrer Filme ihre eigene filmsprachliche Signatur gaben. Die »politique des auteurs«, die Theorie des Autorenfilms, die, anders als es der Terminus nahe legt, keine politische Verpflichtung bedeutet, beeinflusste den Jungen und → Neuen deutschen Film und das → New Hollywood, aber auch die Filmgeschichtsschreibung und die Filmkritik, die nun stärker als die Genredramaturgie die je eigene stilistische Realisation dieser Regeln durch einen Regisseur als Autoren hervorhob. Zwar wurde im Zuge der Rezeption des französischen Strukturalismus und seiner Betonung überindividueller Regeln gerade der Erzählformen und Genres die Bedeutung des Filmautoren wieder relativiert, zwar wurde auch im Zuge der Rezeption des Poststrukturalismus und seiner Ankündigung vom »Tod des Autors« (Roland Barthes) dann Film primär als »Text« und intertextuelles Gewebe begriffen, als Film, der immer auf andere Filme verweise, nicht auf die Individualität eines Regisseurs, doch vermag auch die postmoderne Filmtheorie es nicht – vor allem nicht für das Filmpublikum – die Instanz des Autors eines Films zu eliminieren. Gerade postmoderne Filme erreichen trotz des intertextuellen Spiels mit Genres und Zitaten in der Wirkung Kultstatus als Werke eines Regisseurs, wie der Kult um Quentin Tarantino belegt.

Das 1963 und 1965 erschienene zweibändige Werk »Esthétique et psychologie du cinéma« von Jean Mitry gilt der Geschichtsschreibung der Filmtheorie häufig als ein Wendepunkt, da Mitry konzentriert die Frage nach der Sprache des Films und ihrer spezifischen Wirkung stellt. Das ist der Ansatzpunkt der Semiotik des Films, die Christian Metz mit »Langage et cinéma« (»Sprache und Film«, 1971), ausgehend von Mitry, zu entwickeln begann und die ihn dann an die Psychoanalyse Jacques Lacans anschließen ließ. Metz analysiert die Codes syntagmatischer und paradigmatischer Verbindung von Bildern, um aus der Linearität filmischen Erzählens in Bildern und aus der Auswahl zusammengehörender Bilder eine Grammatik des Films zu erstellen. Die Psychoanalyse Lacans wies – nicht nur für Metz – den Weg zur Erfassung der spezifischen Filmwahrnehmung. Für Lacan ist ein Subjekt immer im Imaginären einer symbolischen Struktur, immer in einem Code situiert, sogar das Unbewusste ist ihm wie eine Sprache strukturiert. Vor allem Jean-Louis Baudry hat dies zur Theorie des filmischen Apparatus und Dispositivs ausgearbeitet. Film bedingt schon durch seinen Rezeptionsort im dunklen Kinosaal und durch die Positionierung des wahrnehmenden Subjekts zwischen Projektor und Leinwand eine illusionäre Wunscherfüllung: das Kino ist eine »Simulationsmaschine«, die quasi halluzinatorischen Charakter besitzt, der mit der Wirkung des Realen versehen ist.

Die neuere und neueste Filmtheorie bezieht ihre Impulse aus der Semiotik, dem russischen → Formalismus und der → Psychoanalyse. Gilles Deleuze legte mit »Cinéma 1. L'image-mouvement« (»Das Bewegungs-Bild. Kino 1«, 1983) und »Cinéma 2. L'image-temps« (»Das Zeit-Bild. Kino 2«, 1985) eine Philosophie des Films vor, die »die großen Autoren des Films« als Denker in Bewegungs- und Zeit-Bildern begreift, und er schreibt zugleich eine autorfixierte Geschichte des filmischen Denkens in und mit Bildern und Tönen. Die neoformalistische Filmtheorie von Kristin Thompson und David Bordwell stellt die vom einzelnen Film durch Verfremdung der gewohnten Wahrnehmung im Zuschauer angeregten kognitiven Prozesse heraus, um letztlich Funktionen und Motivationen eines Films historisch zu verstehen. In Patrick Fuerys Überblick über »New Developments in Film Theory« (2000) werden vor allem der Blick und die »Corporeality«, die Illusion körperlicher Realität, als Arbeitsfelder filmtheoretischer Reflexion hervorgehoben. Mit der Erweiterung der feministischen Filmtheorie von der Analyse des dominanten männlichen Blicks über die Theorie des weiblichen Zuschauers zur Gender-Theory, zur Theorie des kulturell, also auch medial generierten Geschlechts, greift Filmtheorie derzeit in zahlreiche Debatten über Identität im medialen Zeitalter ein. Ob die weitere Entwicklung der Filmtheorie nicht ohnehin zu einer Theorie der Intermedialität führt, in der das Literarische, das Malerische, das Fotografische und das Musikalische als Figurationen im Film zu beschreiben sind, ob nicht Filmtheorie zu einer »Ikonik« (Max Imdahl)

findet, die sich an der ästhetischen Figuration des Menschen im Raum neu orientiert und damit auch zu einer noch ausstehenden Theorie der Schauspielkunst im Film gelangt – das steht dahin. Als Herausforderung jeder künftigen Filmtheorie bleibt die Einsicht des Kunsthistorikers Erwin Panofsky aus dem Jahr 1947: »Denn im modernen Leben [...] ist der Film, was die meisten anderen Kunstformen nicht mehr sind, nicht Verzierung, sondern Notwendigkeit.«

Bernd Kiefer

Literatur: Wsewolod I. Pudowkin: Filmtechnik. Filmmanuskript und Filmregie. Zürich 1961. – Jean Mitry: Esthétique et psychologie du cinéma. 2 Bde. Paris 1963–65. – Alexandre Astruc: Die Geburt einer neuen Avantgarde: die Kamera als Federhalter. In: Theodor Kotulla (Hrsg.): Der Film. Manifeste, Gespräche, Dokumente. Bd. 2: 1945 bis heute. München 1964. – François Truffaut: Eine gewisse Tendenz im französischen Film. In: Theodor Kotulla (Hrsg.): Der Film. Manifeste, Gespräche, Dokumente. Bd. 2: 1945 bis heute. München 1964. – Dieter Prokop (Hrsg.): Materialien zur Theorie des Films. Ästhetik, Soziologie, Politik. München 1971. – Karsten Witte (Hrsg.): Theorie der Kinos. Frankfurt a. M. 1973. – Christian Metz: Sprache und Film. Frankfurt a. M. 1973. – Dziga Vertov: Schriften zum Film. München 1973. – Siegfried Kracauer: Kino. Frankfurt a. M. 1974. – Gerald Mast / Marshall Cohen (Hrsg.): Film Theory and Criticism. New York / London / Toronto 1974. – André Bazin: Was ist Kino? Bausteine zur Theorie des Films. Köln 1975. – Bill Nichols (Hrsg.): Movies and Methods. 2 Bde. Berkeley / Los Angeles / London 1976–85. – Siegfried Kracauer: Das Ornament der Masse. Frankfurt a. M. 1977. – Max Horkheimer / Theodor W. Adorno: Dialektik der Aufklärung. [1947.] Frankfurt a. M. 1979. – Rudolf Arnheim: Film als Kunst. Frankfurt a. M. 1979. – Béla Balázs: Schriften zum Film. Bd 1: Der sichtbare Mensch. Kritiken und Aufsätze 1922–1926. München/Berlin/Budapest 1982. – Philip Rosen (Hrsg.): Narrative, Apparatus, Ideology. A Film Reader. New York 1986. – Sergej Eisenstein: Das dynamische Quadrat. Schriften zum Film. [1924–46.] Köln 1988. – Kristin Thompson: Breaking the Glass Armor. Neoformalist Film Analysis. Princeton / New York 1988. – Gilles Deleuze: Kino. 2 Bde. Frankfurt a. M. 1989–91. – Siegfried Zielinski: Audiovisionen. Kino und Fernsehen als Zwischenspiele in der Geschichte. Reinbek bei Hamburg 1989. – Peter Wuss: Kunstwert des Films und Massencharakter des Mediums. Konspekte zur Geschichte der Theorie des Spielfilms. Berlin 1990. – Fredric Jameson: Postmodernism, or, The Cultural Logic of Late Capitalism. Durham 1991. – Walter Benjamin: Das Kunstwerk im Zeitalter seiner technischen Reproduzierbarkeit. [1936.] In: W. B.: Gesammelte Schriften. Bd. 1,2. Frankfurt a. M. 1991. – Fredric Jameson: Signatures of the Visible. New York / London 1992. – Mary Ann Doane: Film and the Masquerade: Theorizing the Female Spectator. In: Screen (Hrsg.): The Sexual Subject. A Screen Reader in Sexuality. London / New York 1992. – Siegfried Kracauer: Theorie des Films. Die Errettung der äußeren Wirklichkeit. [1960.] Frankfurt a. M. 1993. – Bell Hooks: Black Looks. Popkultur, Medien, Rassismus. Berlin 1994. – Robert Lapsley / Michael Westlake: Film Theory. An Introduction. Manchester / New York 1994. – James Monaco: Film verstehen. Neuausg. Reinbek bei Hamburg 1995. – David Bordwell / Noël Carroll (Hrsg.): Post-Theory. Reconstructing Film Studies. Madison/London 1996. – Hugo Münsterberg: Das Lichtspiel. Eine psychologische Studie (1916) und andere Schriften zum Kino. Hrsg. von Jörg Schweinitz. Wien 1996. – Laura Mulvey: Visuelle Lust und narratives Kino. In: Franz-Josef Albersmeier (Hrsg.): Texte zur Theorie des Films. 3., durchges. und erw. Aufl. Stuttgart 1998.– Jean-Louis Baudry: Das Dispositiv. Metapsychologische Betrachtungen des Realitätseindrucks. In: Claus Pias / Joseph Vogl [u. a.] (Hrsg.): Kursbuch Medienkultur. Die maßgeblichen Theorien von Brecht bis Baudrillard. Stuttgart 1999. – Toby Miller / Robert Stam (Hrsg.): A Companion to Film Theory. London 1999.– Erwin Panofsky: Stil und Medium im Film & Die ideologischen Vorläufer des Rolls-Royce-Kühlers. Frankfurt a. M. 1999. – Robert Stam: Film Theory. An Introduction. London 1999. – Robert Stam / Toby Miller (Hrsg.): Film and Theory. An Anthology. London 1999. – Patrick Fuery: New Developments in Film Theory. Hampshire/London 2000.

Filmwissenschaft. Wissenschaftliche Beschäftigung mit dem Film bewegt sich zwischen zwei Polen der Interdisziplinarität: Zum einen kann der Film zu den Forschungsgegenständen verschiedener Disziplinen wie der Soziologie, der Psychologie, der Pädagogik usw. zählen; zum anderen bilden sich im engeren disziplinären Arbeitsfeld der Filmwissenschaft Fragen heraus, zu deren Behandlung die Filmtheorie auf Erkenntnisse und Methoden unterschiedlichster Bezugs- und Nachbarwissenschaften zurückgreift. Die Grenze zwischen diesen beiden Formen der wissenschaftlichen Beschäftigung mit Film und Kino ist fließend, beide ergänzen einander bis heute. Die Herausbildung einer eigenen Filmwissenschaft als akademische Disziplin kann als die Entwicklung eigener Fragestellungen aus dem Gegenstand heraus angesehen werden, oft als eine Ablösung aus einer anderen Disziplin.

Schon in den 10er Jahren des 20. Jahrhunderts wird der Film zum Gegenstand wissenschaftlicher Arbeiten. Das Phänomen Kino wird dabei von verschiedenen Disziplinen her mit unterschiedlichen Erkenntnisinteressen untersucht. Eine erste große Gruppe von Arbeiten entstammt eigentlich soziologischen und pädagogischen Interessen. Emilie Altenlohs Dissertation »Zur Soziologie des Kino« (1914) befasst sich in erster Linie mit der sozialen Schichtung des Publikums. Die Schriften zahlreicher »Kinoreformer« wie Albert Hellwig (Jurist), Konrad Lange (Kunstwissenschaftler) oder Robert Gaupp (Neurologe) behandeln den Film primär unter sozialhygienischen Gesichtspunkten im Hinblick auf die physischen, psychischen und moralischen Gefahren, die der Kinobesuch mit sich bringen kann. Untersuchungen dieser Art findet man immer wieder, so z. B. in den »Payne-Funds-Studies« (1933) in den USA, in denen es um die Wirkungspotentiale des Films auf das Erleben von Kindern und Jugendlichen ging. Die Eigenständigkeit soziologischer und wirkungspsychologischer Ansätze bildete sich aber erst im Lauf der Jahre heraus – gerade in den Texten der 10er Jahre finden sich auch immer wieder Reflexionen über die medialen und ästhetischen Eigenschaften des Films.

Ein zweiter wichtiger Impuls, der schließlich in eine eigenständige Filmwissenschaft mündete, entstammt der Psychologie. Hugo Münsterbergs Studie »The Photoplay. A Psychological Study« (1916) ist zwar deutlich von dem wissenschaftlichen Hintergrund des Psychologen geprägt, doch handelt es sich um einen Versuch, die spezifischen Möglichkeiten des Films herauszuarbeiten, um aus ihnen die den Eigenschaften des Mediums gemäßen ästhetischen Normen herzuleiten. Dazu analysiert Münsterberg auch die Filmwahrnehmung zugrunde liegenden mentalen Mechanismen, sodass er in die Ahnenreihe der heutigen von der Kognitionspsychologie beeinflussten Filmtheorie aufzunehmen ist. Andere frühe Arbeiten eher psychologischer Prägung entstammen der Gestaltpsychologie (Adolf Korte, Max Wertheimer). Die Psychologie Rudolf Arnheims ist ein erster integraler Versuch, eine Psychologie des Films als Theorie des »anschaulichen Denkens« zu formulieren (nach zahlreichen Vorarbeiten zusammengefasst erst 1969).

Ein dritter Impuls, der die Entwicklung der Filmtheorie als wissenschaftlicher Disziplin geprägt hat, sind die Arbeiten, die aus der praktischen Auseinandersetzung mit dem Material des Films und seinen signifikativen Möglichkeiten selbst entspringen – die Schriften Sergej Eisensteins, Dziga Vertovs, Wsewolod Pudowkins insbesondere seien hier genannt. Aber auch die Untersuchungen Vladimir Nilsens (»The Cinema as Graphic Art«, 1936) oder Urban Gads (»Filmen«, 1919) eröffneten einen Raum von Fragen und Beschreibungsmitteln, der unter Umständen bis heute Geltung beanspruchen kann.

Bei Münsterberg wie bei den meisten filmtheoretischen Arbeiten bis zum Ende des Zweiten Weltkriegs ist die Untersuchung der spezifischen Eigenschaften des Mediums gekoppelt an eine mehr oder weniger normative Ästhetik. Dieser Grundzug der so genannten klassischen Filmtheorie erklärt sich zum einen aus der Tatsache, dass die Reflexion über den Film unter der großen Leitfrage »Film als Kunst« stand, zum anderen gerade aus der engen Verzahnung mit der jeweils zeitgenössischen Filmpraxis: Béla Balázs, Rudolf Arnheim oder André Bazin entwickeln ihre theoretischen Positionen aus ihren filmkritischen Arbeiten, Gad, Eisenstein oder Jean Epstein gehören neben vielen anderen ihrer Kollegen zu den Theoretikern, deren Überlegungen ihre Wurzeln in der Reflexion der eigenen Praxis haben. Der Titel des Hauptwerks von André Bazin – »Was ist Kino?« – ist gewissermaßen der Leitsatz all dieser Theorien, wobei sich die unterschiedlichen Antworten auf die Frage aus den jeweiligen filmästhetischen Überzeugungen der Autoren herleiten lassen.

Ein wichtiges Anzeichen für die Verwissenschaftlichung der Filmtheorie ist die Verschiebung in der Fragestellung: Die Theorie begleitet nicht mehr in erster Linie die künstlerische Praxis, sondern richtet ihre Aufmerksamkeit auf den Zuschauer. Nun lässt sich das zentrale Problem mit den Worten von Christian Metz so fassen: »Verstehen, wie Filme verstanden werden«. Eine der wichtigsten Initiativen, Film und Kino von verschiedenen Disziplinen unter einer solcherart verschobenen Fragestellung zu erforschen, ist die 1948/49 ins Leben gerufene »École de Filmologie« an der Pariser Sorbonne. Ihre von der Idee her interdisziplinäre, vom Ergebnis her multidisziplinäre Herangehensweise findet in der »Revue Internationale de Filmologie« ein Publikationsorgan, in dem vor allem Psychologen und Soziologen ihre (häufig auf empirischen und experimentellen Untersuchungen beruhenden) Arbeiten veröffentlichten. Gleichzeitig handelt es sich hier um eines der ersten institutionell in einem universitären Rahmen verankerten Forschungsprojekte.

Ist die Arbeit der Filmologen multidisziplinär geprägt, erweist sich für spätere filmtheoretische Debatten vor allem die Frage nach dem spezifischen »Realitätseindruck« in der Filmwahrnehmung als folgenreich. Während André Michotte van den Berck und Jean-Jacques Riniéri in den 50er Jahren das Problem noch vor allem als wahrnehmungspsychologisches auffassen, nimmt Christian Metz rund zehn Jahre später diese Frage wieder auf, versucht aber nun, sie im Licht einer Analyse der dem Film eigenen Ausdrucksmaterie zu erörtern. Mit Hilfe des Instrumentariums der strukturalistischen Linguistik (Ferdinand de Saussure, Louis Hjelmslev) will dann die → Filmsemiotik der 60er Jahre (Metz, Jan Marie Peters, Umberto Eco, Jurij M. Lotman) die Struktureigenschaften der »Filmsprache« beschreiben. Deren »Beherrschung« wäre auch die implizite Vorbedingung für alle Verstehensprozesse beim Zuschauer. Unter dem Einfluss der generativen Grammatik Noam Chomskys erproben Theoretiker wie Michel Colin, Dominique Chateau, John Carroll oder

Karl-Dietmar Möller-Naß weitergehende Formalisierungsmodelle für den Film. Unter Rückgriff auf die Psychoanalyse (Freudscher und Lacanscher Prägung) entstehen in den 70er Jahren die so genannten Apparatus-Theorien, in denen die Positionierung des Zuschauer-Subjekts und die durch die Anordnung (»dispositif«) der kinematographischen Apparatur bestimmten Identifikationsprozesse analysiert werden (Metz, Jean-Louis Baudry, Stephen Heath). Dieser Ansatz wird dann unter Bezugnahme auf die Marx-Interpretation Louis Althussers auch ideologiekritisch gewendet: Das durch die Apparatur positionierte Subjekt ist ein bürgerlich und, wie schließlich die feministische Filmtheorie (Laura Mulvey, Mary Ann Doane, Constance Pentley) immer wieder beteuerte, auch ein männlich konfiguriertes Subjekt.

Seit den 80er Jahren bilden sich vor allem zwei große Strömungen in der Zuschauertheorie heraus: die semiopragmatische Analyse des Einflusses kontextueller Bedingungen auf die Art und Weise, wie ein Text gelesen wird (Roger Odin, Francesco Casetti) sowie die Untersuchung von Verstehensprozessen mit Hilfe von Erkenntnissen der kognitiven Psychologie (David Bordwell, Edward Branigan, Michel Colin, Peter Ohler, Peter Wuss). Schließlich lässt sich auch das Verhältnis der Geschichtswissenschaft zum Film in Hinblick auf die einleitend genannten Pole beschreiben, zwischen denen sich Filmwissenschaft ausgerichtet hat und weiterhin ausrichtet: Zum einen ist der Film Teil des Quellenmaterials, mit dem der Historiker arbeitet, und es bedarf darum besonderer textkritischer Verfahren, um Filme überhaupt als historische Quellen verwenden zu können. Zum anderen sieht sich die Geschichtsschreibung des Films in zunehmendem Maße mit den Problemen der allgemeinen Historiographie konfrontiert, um wissenschaftlichen Kriterien genügen zu können (Robert C. Allen, Douglas Gomery, Michèle Lagny, Pierre Sorlin).

Die Akademisierung des Fachs ging in den 70er und 80er Jahren in Frankreich und im angloamerikanischen Sprachraum recht zügig voran. Das erste autonome filmwissenschaftliche Institut in Deutschland wurde 1993 an der Universität Mainz gegründet. Neben den umfassenden theoretischen Diskussionen, die seitdem Aufmerksamkeit gefunden haben, wurden in der Filmwissenschaft Fragestellungen entwickelt, die ein weites Feld geistes- und sozialwissenschaftlicher Arbeit überdecken – von der Erzählforschung zur Methodologie und Praxis der Filmanalyse, von soziokulturellen Studien hin zur komparativen Ästhetik, von historischer Poetik zur rhetorischen Analyse verschiedenster ›Textsorten‹, von der kulturhistorischen Rezeptionsanalyse bis hin zur Mediengeschichtsschreibung. Filmwissenschaft ist in dieser Hinsicht ein multidisziplinäres Arbeitsfeld geblieben, dessen Dynamik sich gerade auch in der fortwährenden Assimilation verschiedenster methodischer Zugangsweisen zu seinem Gegenstand erweist.

Frank Kessler / Hans J. Wulff

Literatur: Peter Wuss: Kunstwert des Films und Massencharakter des Mediums. Konspekte zur Geschichte der Theorie des Spielfilms. Berlin 1990.

Filmzeitschriften. Die ersten Zeitschriften des Films waren Anzeigenblätter für einen oder mehrere Filmproduzenten. Branchenblätter wie »Der Kinematograph« (Düsseldorf 1907–35; Berlin 1922–35), »Variety« (New York 1905 ff.), »Moving Picture World« (USA 1907–27) oder »Bioscope« (London 1908–32) enthielten neben Anzeigen auch Kommentare, Berichte und Kritiken. In Deutschland ist »Film-Echo – Filmwoche« (Wiesbaden 1946 ff.) heute als wichtigste Zeitschrift dieses Typs zu nennen.

Auch technisch orientierte Blätter wie »Journal of the Society of Motion Picture Engineers« (New York 1916 ff.; heute: »Society of Motion Picture and Television Engineers Journal«) oder »Kinotechnik« (Berlin 1919 ff.; später: »Kinotechnik und Filmtechnik«) entstehen früh und spielen bis heute eine wichtige Rolle – man denke an »Film und TV Kameramann« (München 1951 ff.)

oder auch den »American Cinematographer« (Los Angeles 1920ff.).

Allgemeine Publikumszeitschriften und Fanzines entstehen erst mit dem Durchbruch des → Starsystems. Sie erschienen zum Teil täglich und sind heute wichtige Quellen, weil sie nicht nur Porträts und Kritiken einzelner Filme, sondern auch Projekte, Drehberichte, Produktionsdetails, Klatsch und dergleichen mehr enthalten. Zu den wichtigsten frühen Publikumszeitschriften des Films zählen die täglich erscheinenden »Photoplay« (Hollywood 1917ff.), der »Filmkurier« (Berlin 1919–44) mit der Beilage »Illustrierter Film-Kurier« und die »Licht-Bild-Bühne« (Berlin 1908–34). Das Monatsmagazin »Cinema« (Hamburg 1976ff.) ist heute die mit Abstand auflagenstärkste deutschsprachige Zeitschrift dieses Typs.

Ein eigenes Korpus von Filmzeitschriften bilden kritische Magazine und Besprechungsorgane, deren Filmbesprechungen oft empfehlenden Charakter haben. So begann die »Films in Review« (1950ff.) als Nachfolgeorgan der »New Movies« (1925–50), die ihrerseits die drei Zeitschriften »Exceptional Photoplays« (1920–25), »Film Progress« (1917–26) und »Photoplay Guide to Better Pictures« (1924–26) beerbte, die vom National Board of Review herausgegeben wurden, einer Organisation, die 1909 gegründet wurde, um die Interessen des Publikums am guten Film zu vertreten. Ähnliche Ziele verfolgen das BFI-Organ »Monthly Film Bulletin« (London 1934ff.), der vom Katholischen Institut für Medieninformation herausgebene »Filmdienst« (Köln 1949ff.; früher: »Katholischer Film-Dienst«) oder die »epd Film« (Frankfurt a. M. 1984ff.), die die Nachfolge des evangelischen Konkurrenzprodukts »Filmbeobachter« (1976–83; zuerst: »Evangelischer Filmbeobachter«, 1948–1971) angetreten hat.

Manche Magazine gehen über die unmittelbare Kritik und Beratung weit hinaus und spielen in der Diskussion der ästhetischen und politischen Qualitäten eine höchst zentrale Rolle, die schon früh an den Namen gewisser Zeitschriften gebunden gewesen ist: So ist die »Close Up« (Genf 1927–33) zu nennen ebenso wie die »Cinéa« (Paris 1921–1923; danach: »Cinéa – Ciné pour tous«, 1923–30), die von Luis Delluc herausgegeben wurde. Die »Filmkritik« (1957–79) z. B. ist ursprünglich ein reines Besprechungsorgan gewesen, bevor sie sich zu einem der wichtigsten bundesrepublikanischen Foren der filmästhetischen und filmpolitischen Diskussion der 60er und 70er Jahre entwickelte. Auch »Sight and Sound« (London 1932ff.) entstand zunächst als medienpädagogische Zeitschrift (unter dem eigenartigen Titel »Quarterly Review of Modern Aids«), bevor sie sich zu dem zwischen Filmtheorie und -praxis lokalisierten kritischen Magazin entwickelte, das sie heute ist. Die von Luigi Chiarini und Umberto Barbaro begründete und vom römischen Centro Sperimentale di Cinematografia herausgegebene »Bianco e Nero« (1937ff.) war einer der Orte, an denen die → Realismusdiskussionen, die schließlich im Neorealismus auch kinematographischen Ausdruck gewannen, geführt wurden. Ähnlich lag auch für die »Cahiers du Cinéma« (Paris 1951ff.), die aus der »Revue du Cinéma« (Paris 1946–49) hervorging, ursprünglich der Akzent auf der kritischen Besprechung, bevor das Blatt Artikel jener Nachwuchsgeneration abdruckte, die später als Autoren der → Nouvelle Vague auftraten (darunter Claude Chabrol, Jean-Luc Godard, Jacques Rivette und François Truffaut). Nach dem Tode des Herausgebers Bazin, der für die Herausbildung der ästhetischen Positionen und des Programms einer »politique des auteurs« (→ Autorenfilm) äußerst wichtig gewesen ist, wurden die »Cahiers« in die politökonomische Diskussion um den Film einbezogen, und 1969 markierte ein Editorial die eigene Position als »marxistisch, politisch und wissenschaftlich«. Heute, unter dem Druck von Depolitisierung und Differenzierung, kehrt die Zeitschrift mehr und mehr von diesen Positionen ab und nimmt die ursprünglich kritische Absicht als Kulturmagazin wieder auf.

Cinephile Elemente finden sich in nahezu allen Magazinen. Für manche (wie die »Filmwärts«, Hannover 1985–95) steht dieser Bezug ganz im Vordergrund, wird allerdings selten auf so hohem Niveau verhandelt wie in »Film Comment« (New York 1962 ff.) oder der auffallend theoretisch interessierten »Film Quarterly« (gegründet als »Hollywood Quarterly«, 1945–51; danach: »Quarterly of Film, Radio and Television«, 1951–57; seit 1957 unter dem jetzigen Titel).

Verbandszeitschriften spielen manchmal auch in der ästhetischen und programmatischen Debatte eine wichtige Rolle. So ist die »Filmliga« (Amsterdam 1927–35) der Ort gewesen, an dem die Debatten der holländischen Avantgarde geführt werden konnten. Und auch die »Screen« (London 1969 ff.), die in der neueren Filmtheorie eine so wichtige Rolle gespielt hat, ist eigentlich eine Vereinszeitschrift. Die Society for Education in Film and Television wurde 1950 gegründet und gab nach 17 Ausgaben »The Film Teacher« (1952–59) die »Screen Education« (46 Ausgaben, 1959–68) heraus, die 1969 geteilt wurde: Die »Screen« übernahm die Publikation medientheoretischer und -politischer Artikel und erlangte für die Diskussion semiotischer, ideologiekritischer und feministischer Ansätze der Filmtheorie höchste Bedeutung; dagegen war die »Screen Education« ein eher unbedeutendes medienpädagogisches Fachblatt. 1982 wurden die beiden Zeitschriften wieder zusammengeführt.

Schon früh erscheinen Zeitschriften, die sich einzelnen Gattungen und Genres widmen und entsprechend spezielle (sei es durch Profession oder Liebhaberei ausgezeichnete) Publika ansprechen – vom Lehr- und Unterrichtsfilm über den Dokumentarfilm bis zum → Horror- und Splatterfilm. »Das Millenium Film Journal« (New York 1977 ff.) z. B. ist neuerdings für die ästhetische Reflexion des → Avantgardefilms von größter Bedeutung und ergänzt die unregelmäßig erscheinende, von Jonas Mekas herausgegebene »Film Culture« (New York 1955 ff.), die lange einzigartig war, und die »Afterimage« (London 1970 ff.). »L'Écran Fantastique« (Paris 1968 ff.), »Cinéfantastique« (1970 ff.) oder neuerdings »Splatting Image« (Berlin 1990 ff.) sind Fanzines und zunehmend ernst zu nehmende Fachblätter für die Analyse und Filmographie der phantastischen Genres.

Viele wissenschaftliche Zeitschriften des Films haben sich aus Magazinen entwickelt. Als eigener Typus entstehen sie erst im Umfeld der zunehmenden Akademisierung und der damit einhergehenden Institutionalisierung von Filmwissenschaft. Ein Vorläufer ist die »Revue de Filmologie« (1947–61; ab 1962: »Ikon«), die der Publikation der experimentellen und theoretischen Arbeiten der Filmologen gewidmet war. Heute gibt es eine große Anzahl von Zeitschriften, die in engem Sinne von einem »wissenschaftlichen« Selbstverständnis geprägt sind und die eine Vielzahl von Einzelinteressen aufgreifen: Das »Cinema Journal« (Evanston 1961 ff.) ist das Mitteilungsorgan der Society for Cinema Studies und publiziert in thematischen Blöcken. »Wide Angle« (Athens 1976 ff.) begann als feministisches Theorieorgan, entwickelte sich aber schnell zu einem Forum, auf dem die Theoriediskussion des Films (und neuerdings auch des Fernsehens) vorangetrieben wurde. Die »CinémAction« (Paris 1978 ff.) erscheint ähnlich wie die »Diskurs Film: Münchner Beiträge zur Filmphilologie« (München 1987 ff.) in Themenheften z. B. über Sujets wie → Spannung, Italienischer Neorealismus oder → Genre. »Camera Obscura« (1978 ff.) ist ebenso wie »Frauen und Film« (Frankfurt a. M. 1973 ff.) der feministischen Film- und Fernsehtheorie gewidmet. Probleme der Historiographie des Films bilden das Zentrum der »Film and History« (Cleveland 1971 ff.), des »Historical Journal of Film, Radio and Television« (Oxford 1980 ff.) sowie einiger Spezialzeitschriften, die von Filmarchiven herausgegeben werden (wie z. B. die »Cahiers de la Cinémathèque«, Perpignan 1971 ff.). Laufende wissenschaftliche Zeitschriften des Films in Deutschland: »KINtop« (Frankfurt a. M. 1992 ff.) ist ein Jahrbuch zur Erforschung des frühen Films, »Montage/AV« (Berlin 1992 ff.) eine sowohl historisch wie theoretisch orientierte Zeitschrift, die in manchem an das Profil der »Screen« und der »Iris« (Paris 1983 ff.) erinnert.

Frank Kessler / Hans J. Wulff

Bibliographien: Fédération Internationale des Archives du Film: International Index to Film Periodicals. London 1970 ff. – Jane Graves (Hrsg.): Film Literature Index. Albany 1973 ff. – Linda Schmidt Batty: Retrospective Index to Film Periodicals. 1930–1971. New York / London 1975. – Richard Dyer MacCann / Edward S. Perry: The New Film Index: A Bibliography of Magazine Articles in English, 1930–1970. New York 1975.

Finanzierung. Film als Wirtschaftsgut zu betrachten heißt, ein Filmwerk als Vermögensgegenstand zu verstehen, mit dem zukünftig Erträge erzielt werden können. Die Bewertung solcher zukünftigen Vorteile aus heutiger Sicht erfolgt in Konkurrenz zu anderen Möglichkeiten, Geld oder andere Ressourcen, etwa eigene Fähigkeiten, vorteilhaft zu verwenden. In einen Film wie in ein Unternehmen investieren bedeutet also heutige Mittelverwendung zugunsten eines zukünftigen Vorteils. Diese Vorteilserwartung ist grundsätzlich individuell unterschiedlich, ebenso wie die Bewertung. Der mittelverwendenden Investition steht die Mittelbeschaffung gegenüber, in Geld ausgedrückt: die Finanzierung.

Der → Produzent, der sich einen »Vermögenswert Film« schaffen will, bestimmt zunächst die für seine Herstellung notwendigen Finanzmittel. Dabei löst jede künstlerische Entscheidung materielle und damit finanzielle Konsequenzen aus. Er legt damit u. a. fest, wie und wann er Finanzmittel verwenden muss, um den Film fertig zu stellen. Grundlage dafür ist eine genau fixierte Planung des Investitionsvorhabens.

Auf der Grundlage dieser Planung identifiziert der Produzent dann in einem zweiten Schritt die Möglichkeiten zur Mittelbeschaffung. Dies kann durch feste Abnahmevereinbarungen, Vorverkäufe von Nutzungsrechten an Endabnehmer und/oder Zwischenhändler oder durch die Beteiligung von Fremd- oder Eigenkapitalgebern (u. a. dem Produzenten selbst) erfolgen.

Die hauptsächlich relevante Fragestellung auf dieser Stufe ist dabei: Wie kann der Produzent als Kapitalnehmer Kapitalgeber trotz der zwischen beiden Gruppen (natur)gegebenen Interessenkonflikte dazu veranlassen, ihm Kapital, also Geld, zur Verfügung zu stellen? Die Beantwortung dieser Frage wird dadurch erschwert, dass sie mit einer Vielzahl der für eine Filmproduktion typischen Unwägbarkeiten verbunden ist (Wetterrisiko bei den Außenaufnahmen u. v. m.). Das ist das Grundproblem der Filmfinanzierung.

Die nächste Frage, die sich für eine Realisierung des Vorhabens ergibt, ist die, wie der Produzent – als natürliche und als juristische Person – eine durchgängige Zahlungsfähigkeit gewährleistet, also umgekehrt Zahlungsunfähigkeit vermeidet. Bei der Wahl der geeigneten Finanzierungsform müssen die möglichen Nachteile für Kapitalgeber wie -nehmer so beschrieben und verteilt werden, dass die von allen gemeinsam zu tragenden Lasten möglichst gering sind.

Für den Fall einer im Auftrag, z. B. eines Fernsehsenders, durchgeführten Filmherstellung bedeutet das etwa den Verkauf des Negativs und aller damit verbundenen Nutzungs- und Verwertungsrechte gegen eine volle Bezahlung der Herstellungskosten inklusive Finanzierungskosten (Zinseffekt). Zur Minderung des Fabrikationsrisikos wird der Sender sich ein Mitspracherecht bei der Produktion sichern, in Form verschiedener Abnahmestufen inklusive eines Produktionsabbruchrechts. Im Gegenzug wird der Produzent zur Sicherstellung seiner für dieses Projekt notwendigen Liquidation Vorauszahlungen erhalten. Diese Form der Filmherstellung ist die Auftragsproduktion. Der Produzent beginnt mit der Produktion erst, wenn der Abnehmer feststeht. Durch die Abtretung sämtlicher Nutzungs- und Verwertungsrechte an dem Filmnegativ überträgt er fast das gesamte Produktions- und Auswertungs- (sprich: das wirtschaftliche) Risiko auf den Auftraggeber.

Davon zu unterscheiden ist die Eigenproduktion. Hierbei finanziert der Produzent einen Teil der Herstellungskosten selbst (Eigenfinanzierung) und erhält somit Anteile an den zu erwartenden Verwertungserlösen aus bei ihm verbleibenden Nutzungs- und Verwertungsrechten. Er ist damit auch am Auswertungsrisiko beteiligt. Die Finanzierung von nicht im Auftrag hergestellten Filmen kann daneben auf verschiedene Weise erfolgen:

1) Bei Ko- oder Gemeinschaftsproduktionen teilen sich zwei oder mehrere Produzenten die Finanzlasten, die Risiken und die Verwertungsrechte aus dem Filmwerk. Dabei ist die internationale Koproduktion häufiger anzutreffen als die nationale.

2) Bei der so genannten Kofinanzierung beteiligt sich ein Partner, der in der Regel kein Filmhersteller ist, z. B. eine Verleih- und/oder Vertriebsgesellschaft, an der Produktion des Films. Solche Finanzierungen sind zu unterscheiden von Vorabverkäufen (Presales), die durch Vorauszahlungen auf zu erwartende Erlöse aus der Verwertung (etwa durch Minimum Guarantees) zur Finanzierung beitragen.

3) Die Form der Beteiligungsfinanzierung bedeutet die Suche nach Investoren, die Finanzmittel gegen eine Beteiligung an zu erwartenden Verwertungserlösen einräumen. Da der finanzielle Erfolg eines Films in der Regel schwer vorhersehbar ist, erwartet der Investor in der Regel eine hohe Risikoprämie, also einen gegenüber seiner Investition überproportionalen Aufschlag auf seine Beteiligung. Bei vor allem im Ausland praktizierten Steuersparmodellen wird dieser überproportionale Aufschlag durch steuerliche Vorteile des Investors substituiert bzw. ergänzt.

Daneben verbindet eine weitere Gruppe von Investoren ihr Engagement meist mit anderen Zielsetzungen. So wandeln etwa Dienstleistungsunternehmen wie Kopierwerke die Bezahlung ihrer Leistungen gelegentlich in Beteiligungsansprüche an zu erwartende Erlöse um, um eine Auslastung ihrer Kapazitäten zu erreichen. In diesem Sinne sind auch »Gagenrückstellungen« zu verstehen.

4) Im Bereich der Finanzierung mit Hilfe von Fremdkapital spielen neben Banken vor allem Förderinstitutionen des Bundes (FFA) und der Länder (Filmboard Berlin-Brandenburg GmbH, NRW-Stiftung u. a.) eine große Rolle (→ Filmförderung). Fördermittel werden überwiegend als Projekt-, aber auch als zweckgebundene Betriebsmittelkredite vergeben. Meist handelt es sich um bedingt rückzahlbare Darlehen mit begünstigtem Zinssatz, es sind aber auch vereinzelt Zuschüsse anzutreffen.

Diese Möglichkeiten werden ergänzt durch die Referenzfilmförderung, bei der ein nach vorbestimmten Kriterien erreichter Erfolg (meist Zahl der Zuschauer) zu einer Aufstockung der zur Verfügung gestellten Finanzmittel führt. Die Vielzahl der Fördermöglichkeiten darf nicht darüber hinwegtäuschen, dass die Finanzierung eines Films wie eines Produktionsunternehmens den wirtschaftlichen Erfolg einer Investition nur zu befördern vermag, ersetzen kann sie ihn nicht.

Alexander Thies

Formalismus / Neoformalismus. Formalismus (auch: russischer Formalismus) ist die Sammelbezeichnung für eine literaturtheoretische Strömung (um 1915–30), die im Wesentlichen vom Moskauer Linguistenzirkel um Roman Jakobson und von der Petersburger Gruppe OPOJAZ, der Gesellschaft zum Studium der poetischen Sprache, getragen wurde. Neben Jakobson und Viktor Schklowski zählen Boris Eichenbaum, Jurij Tynjanow, Jurij Tomaschewski und Ossip Brik zu seinen Hauptvertretern. Gemein ist den unterschiedlichen Spielarten des Formalismus ihre Bemühung, die Besonderheit der poetischen Sprache gegenüber der Alltagssprache zu bestimmen und überhaupt erst eine genuine und systematische Literaturwissenschaft zu begründen, die nicht auf Biographismus oder Geniekult fußt. Schlüsselkonzept ist »ostranenie« (›Verseltsamung‹; häufig mit ›Verfremdung‹ übersetzt und damit irreführenderweise in die Nähe der Brechtschen Poetik gerückt): Die poetische Sprache erschwert durch verschiedene Verfahren der »Verseltsamung« die automatisierte Wahrnehmung der Wirklichkeit, sorgt so für »Differenzerfahrung« und lenkt zugleich die Aufmerksamkeit auf die Sprache selbst. Das Kunstwerk wird in einer ersten Phase formalistischer Überlegungen als »Summe seiner

Verfahren« (»priom«) angesehen, die in genauen Analysen zunächst fast ausschließlich an lyrischen Werken, später auch an Novellen und Romanen herausgearbeitet werden. Der vor allem von Tynjanow formulierte Funktionalismus der poetischen Verfahren fragt nach den je besonderen Leistungen, die ein spezifisches Verfahren im Aufbau des künstlerischen Textes erbringt. In der Folge tritt der dynamisch-funktionale Charakter des literarischen Textes in den Mittelpunkt der Beschreibung, wodurch der russische Formalismus bereits wesentliche Bestimmungselemente der strukturalen Ästhetik der Prager Schule (Jan Mukařovský, René Wellek u. a.) vorwegnimmt.

Bis heute folgenreich ist neben dem Konzept der »ostranenie« und der »priom« vor allem das narratologische Modell der Gegenüberstellung von Sujet und Fabel: Die Formalisten schlagen darin eine Differenzierung von »Erzählung« in eine Inhalts- und Ausdrucksebene vor. Als »Fabel« (heute oft als Story bezeichnet) wird die zeitlich-lineare (chronologische) und kausal verknüpfte Kette von Ereignissen und handelnden Figuren bezeichnet. Die Fabel ist eine abstrakte, formale Struktur, die mit dem »Geschichten-Wissen« des Zuschauers – seinem Wissen von Handlungsschemata, -motiven und Genres – korrespondiert. Das »Sujet« (heute meistens: Plot) ist dagegen die Präsentation der Fabelereignisse, ihre Auswahl und Anordnung. Auch die narratologischen Kategorien, die zur Modellierung der Substanz der Erzählung von den Formalisten verwendet wurden, haben eine lange, bis heute währende Wirkungsgeschichte. Insbesondere die Vorstellung des Motivs (Tomaschewski) und der elementaren narrativen »Funktion« aus der Märchenanalyse Wladimir Propps, die der formalistisch-strukturalen Poetik eng verschwistert war, die beide sowohl funktionalen wie morphologischen Auffassungen entspringen, haben in den neueren Erzähltheorien weiterhin ihren Ort.

Die Veränderung poetischer Verfahren beschreiben die Formalisten als einen innerliterarischen Prozess, der in einem dynamischen Wechselverhältnis von Normerfüllung und -abweichung (sowohl im Sinne von »Verstoß« wie auch im Sinne von »Innovation«) zu Reihen literarischer Werke führt, die man als »evolutionäre Reihen« ansehen kann. Die Beschränkung auf innerliterarische Entwicklungsprozesse und die Annahme der Autonomie der Kunstwerke und der Entwicklung der Künste führte mit der Stalinisierung zu einer vehementen und fundamentalen Kritik der marxistischen Literaturwissenschaft, sodass nach etwa 1930 die russischen Formalisten ihre Arbeit nicht mehr fortsetzen konnten. In der strukturalen Ästhetik der Prager Schule, der Arbeiten Michail Bachtins oder der Texttheorie Jurij M. Lotmans und Wjaceslaw Iwanows wurden indes die Grundüberlegungen des Formalismus aufgegriffen und weiterentwickelt.

Neben ihren literaturwissenschaftlichen Überlegungen begannen die russischen Formalisten, sich zunehmend auch für den Film zu begeistern – einige ihrer Vertreter entwarfen Szenarien, schrieben Drehbücher, arbeiteten als Filmkritiker, führten sogar Regie. Ihre Aufsätze zum Film, die diesen als eigenständige Kunstform mit spezifischen Gestaltungs- und Wirkungsweisen zu bestimmen suchten, erschienen 1927 in dem berühmt gewordenen Sammelband »Poetika Kino«. Vor allem Eichenbaums Beitrag ist theoriegeschichtlich von höchster Bedeutung, versucht er doch erstmals, so etwas wie eine »Syntax« des Films zu bestimmen – in aufsteigender Hierarchie kontrastiert er das Einzelkader, das Bewegungsbild, die Einstellungsfolge (»Filmsatz«) und die Filmsequenz als Organisations- und Ausdruckseinheiten der »filmischen Rede«. Bezeichnenderweise ist es Aufgabe des Zuschauers in einem Erkenntnis-Prozeß, den Eichenbaum entsprechend als »innere Rede« fasst, den Zusammenhang zwischen diesen heterogenen Elementen herzustellen.

Ähnlich wie Formalismus ursprünglich eine diffamierende Bezeichnung der formalistischen Literaturtheorie war, geht auch die Bezeichnung Neoformalismus für die filmtheoretischen und -historischen Arbeiten David Bordwells und Kristin Thompsons auf eine Rezension zurück, in der ihr Buch

»Film Art« (1979) einer heftigen Kritik unterzogen wurde. Vom Formalismus übernehmen sie vor allem die Auffassung, daß die Form-Inhalt-Distinktion zumindest tendenziell aufzuheben sei – das, was gemeinhin als »Inhalt« gefasst ist, erscheint als nur eine Manifestation der formalen Gestaltetheit des Werks. Ähnlich wie die Formalisten das Projekt verfolgten, die spezifischen Strukturen der künstlerisch-poetischen Ausdrucksweisen zu bestimmen, geht das Interesse der Neoformalisten von der Annahme aus, dass formale Charakteristiken des Films bzw. besonderer filmischer Formen und Stile die Bedingung dafür bilden, dass und wie Filme verstanden werden – und dass sie vor dem Hintergrund von historisch und kulturell spezifischen Wissensbeständen und Erfahrungen der Rezipienten verstanden werden.

Bordwell und Thompson schlagen einen Aufbau der Filmwissenschaft vor, in dem drei Teildisziplinen miteinander korreliert sind: a) ein Ansatz zur Filmanalyse, der von Thompson in Anlehnung an die Überlegungen der russischen Formalisten (vor allem Schklowskis, Eichenbaums, Tynjanows und Tomaschewskis) inzwischen selbst als »neoformalistisch« bezeichnet wird, b) eine kognitiv orientierte Theorie des Films, die das interaktive Verhältnis von Zuschauer und Textstruktur zu bestimmen und den Prozess filmischer Textverarbeitung schematheoretisch zu modellieren versucht, und c) der Entwurf einer historischen Poetik des Films im engeren Sinne, die die theoretische und methodologische Grundlage für eine Geschichte der filmischen Stile bereitstellt und als Bezugsrahmen des kognitiven Ansatzes wie der Analysen einzelner Filme gesehen werden muss.

Am weitesten ausgeführt ist das Projekt einer »historischen Poetik«: Das Stilsystem Hollywoods wird hier als ein Modus filmischer Praxis (»mode of film practice«) angesehen, der eine spezifische Form filmischer Repräsentation mit einem Modus filmisch-industrieller Produktion (»mode of film production«) integriert: Ein derartiger Modus umfasst einerseits eine Reihe stilistischer Normen, die mit einem Produktionsformat korrespondieren. Der industrielle Charakter des Studiosystems bedingt, dass diese kommunikativ-ästhetischen Normen geprägt sind von der kapitalistisch-arbeitsteiligen Organisation von Filmproduktion, -distribution und -aufführung, möglicherweise sogar von diesem Produktionssystem hervorgebracht werden.

In diesem Entwurf sind die Überlegungen zur »revisionistischen« Filmgeschichtsschreibung aufgenommen, die filmische Kanonbildung und Autorenorientierung bezweifelt sowie Filme als einzige primäre Quelle der Filmgeschichtsschreibung relativiert zugunsten bislang vernachlässigter Dokumente wie Firmenunterlagen, Verträge, Gerichtsurteile, Anzeigen in der Fachpresse, Abrechnungen usw. Gemeinsamer Fluchtpunkt »revisionistischer« Ansätze ist die Synthetisierung ästhetischer, soziologischer, ökonomischer und technologischer Ansätze zur Historiographie des Films.

Das Projekt der »Historischen Poetik« ist oft polemisch vorgetragen worden, in strikter Abwehr psychoanalytischer, poststrukturalistischer und marxistischer Ansätze der Filmtheorie, ganz darauf konzentriert, spezifische Charakteristiken des Films als Kunst herauszupräparieren. Das Projekt hat daher oft heftige Kritik auf sich gezogen, die vor allem auf folgende Punkte zielt: a) Die Annahme einer tendenziell autonomen Entwicklung der Filmkunst gegenüber ihrer sozialen und ökonomischen Bedingtheiten ist in Frage zu stellen. b) Dem Ansatz wird theoretische »Blindheit« gegenüber den ideologischen Prozessen vorgeworfen, die filmische Kommunikation modifiziert und durchdringt. c) Die Rolle des Zuschauers (→ Publikum) erscheint weitestgehend determiniert durch die textuellen Strukturvorgaben, und es ist oft unklar, ob »Zuschauer« im Sinne eines empirischen historischen Subjekts oder als textinterne Rolle verstanden wird; eine Differenzierung der Zuschauer-Größe (historisch, sozial, in den Kategorien von »gender« usw.) findet nicht statt. d) Das Narrative wird als dominantes Mitteilungsformat genommen, andere Möglichkeiten der Zuschauerteilhabe und Sinnzuweisung sind demgegenüber vernachlässigt worden.

Der neoformalistische Ansatz überzeugt trotz dieser Einwände durch genaue und aufschlussreiche Analysen einzelner Filme und detaillierte Untersuchungen zu spezifischen, häufig vernachlässigten Aspekten filmischer Signifikation und durch den Versuch, einen integralen Ansatz der Filmgeschichtsschreibung zu entwickeln.

Britta Hartmann / Hans J. Wulff

Literatur: Victor Erlich: Russischer Formalismus. München 1964. – Wolfgang Beilenhoff (Hrsg.): Poetik des Films. München 1974. – David Bordwell / Kristin Thompson: Film Art. An Introduction. Reading [u. a.] 1979. – David Bordwell / Janet Staiger / Kristin Thompson: The Classical Hollywood Cinema. Film Style and Mode of Production to 1960. Madison 1985. – Britta Hartmann / Hans J. Wulff: Vom Spezifischen des Films. Neoformalismus – Kognitivismus – Historische Poetik. In: Montage/AV 4,1 (1995). – Kristin Thompson: Neoformalistische Filmanalyse. Ein Ansatz, viele Methoden. In: Montage/AV 4 (1995). H.1.

Fotografie und Film. Film ist ursprünglich eine aus dem Englischen stammende Materialbezeichnung für eine biegsame fotografische Emulsionsschicht und wurde erst später als Begriff der Kinematographie übernommen. Der Entstehung von Film gehen Entwicklungen in der Projektion (Laterna magica), Erkenntnisse hinsichtlich der Phasenverschmelzung in der Darstellung von Bewegungsabläufen (Lebensrad, Wundertrommel) und Fortschritte im Bereich der Fotografie voraus. Ausgangspunkt für die Erfindung der Fotografie war dabei die durch das Werk des arabischen Gelehrten Ibn al-Haitham (965–1065) vermittelte Wiederentdeckung des bereits Aristoteles bekannten Prinzips der Camera obscura (dunkle Kammer, Lochkamera) in der Renaissance. Sie diente dazu, ein exaktes Abbild der Natur, der Perspektiven und Proportionen zu schaffen und befriedigte das wachsende Bedürfnis nach naturnaher, getreuer Wiedergabe.

Eine andere wichtige Voraussetzung für die Erfindung der Fotografie bestand in der Entdeckung lichtempfindlicher Materialien und ihrer Sensibilisierung. Die Kombination der chemischen und optischen Grundlagen führte zu Beginn des 19. Jahrhunderts zur Entwicklung fotografischer Verfahren. 1839 meldete Louis Daguerre ein auf einer Erfindung von Nicéphore Niepce basierendes Verfahren zum Patent an. Die Daguerrotypie erlaubte jedoch nur die Erzeugung eines fotografischen Unikats. Zukunftsweisender für den Film war die zeitgleiche Erfindung des Negativverfahrens durch Henry Fox Talbot, dessen Vorteil gegenüber der Daguerrotypie in der Reproduzierbarkeit des Bildes lag. Die Fotografie wurde vor allem von der Naturwissenschaft begeistert aufgenommen, schien sie doch ein exaktes Abbild der Welt, eine objektive Wirklichkeitsdarstellung zu sein.

In die Zeit der Entwicklung der Fotografie fällt auch die Beschäftigung mit Bewegungsphänomenen. 1832/33 entwickelten unabhängig voneinander der Belgier Joseph Plateau und der Österreicher Simon Stampfer das Lebensrad, stroboskopische Scheiben, die mit Bildern einzelner Bewegungsphasen bemalt waren. In Drehung versetzt und durch Sehschlitze betrachtet, erzeugte das Verschmelzen der Phasen eine Bewegungsillusion. Schon 1849 regte Plateau an, die gezeichneten Bewegungsphasen durch Fotografien zu ersetzen und zu projizieren, aber erst mit der Entwicklung von hoch empfindlichen Materialien und kürzeren Belichtungszeiten in der Fotografie konnte dies erreicht werden. Auf dem Weg vom feststehenden fotografischen Bild zum bewegten Film waren daher die Bemühungen, Bewegungen von Menschen oder Tieren aufzunehmen, besonders bedeutsam. Die ersten Bewegungsfotografien gelangen dem französischen Physiker Jules Janssen 1874 mit seinem so genannten fotografischen Revolver, der mit einem Malteserkreuz zum Transport der Bildplatte ausgestattet war. Die wichtigsten Ergebnisse der Serien- oder Chronofotografie erzielten aber Eadweard Muybridge in den USA und der Physiologe Étienne Jules Marey in Frankreich. Muybridge arbeitete mit bis zu 24 in Reihe hintereinander geschalteten Kameras, die elektromagnetisch ausgelöst wurden und so 24 Bilder pro Sekunde erzeugen konnten. Es gelangen ihm so Fotografien von Bewegungsabläufen bei hoher Geschwindigkeit. Mit dem von ihm 1879 erfundenen Zoopraxiskop konnte er seine Ergebnisse in schneller Abfolge projizieren. Auch Maray ging es um »die möglichst präzise und lückenlose Darstellung von Ortsveränderungen in der Zeit« (Die Mobilisierung des Blicks, 1995, S. 75). Er entwickelte einen fotografischen Apparat, mit dem er auf einer lichtempfindlichen Platte mit Hilfe einer rotierenden Verschlussscheibe 12 Bilder pro Sekunde eines Bewegungsablaufes aufzeichnen konnte. 1888 ersetzte er die feste Scheibe durch Papier, zwei Jahre später durch das von Hannibal Goodwin entwickelte Zelluloid.

Wie schon bei der Fotografie fanden die weiteren Entwicklungen zum Film etwa zeitgleich an verschiedenen Orten statt. In Deutschland experimentierte um 1890 Ottomar Anschütz mit Serienfotografie und ihrer Projektion. Die Brüder Max und Emil Skladanowski zeigten mit einem auf einer Erfindung von Anschütz basierenden Projektor, dem so genannten Bioskop, am 1.11.1895 im Berliner Wintergarten acht Filme, die aus kurzen Endlosschleifen von ca. sechs Sekunden Länge bestanden. Weiter war bereits Thomas Edison, dessen seit 1889 entwickeltes Kinetoskop ca. 20 Sekunden lange Filme vorführen konnte, allerdings nur für einzelne Betrachter. Er benutzte den von Eastman entwickelten 70-mm-Rollfilm, den er halbierte und so unwillkürlich die Normalbreite des Films von 35 mm festlegte. Mit einem Kinetoskopen experimentierten auch die Brüder Auguste und Louis Lumière, deren Vater eine Fabrik für fotografische Geräte besaß. Ihr Ziel war die Projektion der kinetoskopischen Filme, was ihnen mit dem 1895 patentierten Cinematographen schließlich gelang.

In der weiteren Entwicklung des Films blieb Fotografie in verschiedenen Funktionen von Bedeutung. Schon in den Anfängen der Filmproduktion übernahmen Kameraleute die Aufgabe, die Szene im Studio mit Fotos zu dokumentieren, was aber bald von eigens angestellten Szenefotografen übernommen wurde. In den USA fertigten Fotografen wie James Abbe, die aus der Theaterfotografie kamen, Bilder für Werbe- und Pressematerialien an, die als Vorlagen für (gemalte) → Filmplakate, als Aushangfotos oder als Bildmaterial für die seit 1910 entstandenen Filmmagazine benutzt wurden. Diese als Filmstills bezeichneten Fotos wurden am Drehort eigens inszeniert oder im Studio nachgestellt. Der deutsche Begriff »Standfotografie« unterscheidet dagegen nicht zwischen der dokumentarischen Fotografie während der Dreharbeiten und dem zu Werbezwecken erzeugten Bild (→ Standfoto). Die Blütezeit der Filmstills reichte bis in die 50er Jahre. Neben einer Unzahl anonym gebliebener Szene- und Stillfotografen waren vor allem Mitglieder der 1947 gegründeten Magnum-Gruppe wie Henri Cartier Bresson, Dennis Stock oder Ernst Haas in der Filmfotografie und Reportage produktiv. Sie arbeiteten häufig eng mit einzelnen Regisseuren wie z. B. John Huston zusammen. Als einer der am besten fotografisch dokumentierten Filme gilt so *Misfits – Nicht gesellschaftsfähig* (1960), an dem fast alle bedeutenden Fotografen von Magnum beteiligt waren.

Aber nicht nur Fotografen benutzten den Film als Sujet, auch Regisseure stützen sich auf Fotografien als visuelles Quellenmaterial historischer Fakten. So zog Victor Fleming für *Vom Winde verweht* (1939) historische Fotos aus dem amerikanischen Bürgerkrieg für die Produktion heran. Nach dem Aufkommen von Trailern als Filmwerbung in den 60er Jahren und der Verbreitung des Fernsehens nahm die Zahl von Filmstills und fotografischer Reportagen zunächst in den USA, später auch in Europa stark ab.

Fotografie wurde aber nicht nur als Werbe- oder Dokumentationsmaterial verwendet, sondern auch im Film selbst eingesetzt, in extremer Form z. B. bei Chris. Markers *La Jeteé* (1962), der seine Geschichte fast nur durch Fotografien erzählt. Die Bedeutung von Fotografie im Film und für den Film zeigt sich exemplarisch in den Werken von Michelangelo Antonioni und Wim Wenders. Antonioni arbeitete eng mit Fotografen zusammen und bezog ihre Arbeit vielfach in seinen Filmen mit ein – z. B. in der Zusammenarbeit mit Bruce Davidson für *Zabriskie Point* (1970) –, er stellte aber mit *Blow Up* (1966) auch den Wahrheitsanspruch der Fotografie, der seit ihrer Erfindung propagiert wurde, in Frage. In seinem letzten Film *Jenseits der Wolken* (1995) ist der Protagonist der von Wenders inszenierten Rahmenhandlung ein Regisseur, der sich, mit einem Fotoapparat ausgestattet, auf Motivsuche begibt. Wenders verwandte ebenfalls wiederholt Fotografie in seinen Filmen und reflektierte über fotografische Wahrnehmung, die Fixierung von Vergänglichem und Vergangenem (z. B. in *Alice in den Städten*, 1973; *Der amerikanische Freund*, 1977, oder noch in *Lisbon Story*, 1995). Seine enge Verbindung zur Fotografie zeigt sich auch in der Dokumentation seiner Arbeit mit Antonioni in einem Band mit eigenen Fotografien oder in seinen Fotoausstellungen.

Peter Ruckriegl

Literatur: Siegfried Kracauer: Theorie des Films. Die Errettung der äußeren Wirklichkeit. Frankfurt a. M. 1964. [Amerikan. Orig. 1960.] – Helmut Gernsheim: Geschichte der Photographie. Frankfurt a. M. 1983. –Annemarie Hürlimann / Alois Martin Müller (Hrsg.): Film Stills. Emotions Made in Hollywood. Ostfildern 1993. – Magnum Cinema. Mit Texten von Alain Bergala. München 1994. – Ernst Kieninger / Doris Rauschgatt: Die Mobilisierung des Blicks. Wien 1995.

Frame / Einzelbild. Der Filmstreifen setzt sich aus lauter Einzelbildern zusammen, auch Bildkader genannt, deren schnelle Abfolge die Illusion der fließenden Bewegung hervorruft. Auch bei der Magnetbandaufzeichnung für Video spricht man von Frames. Jedes Einzelbild hat eine Doppelfunktion: Es dient einerseits als Fenster in eine im Studio arrangierte oder in der Natur vorgefundene Welt, von der ein Ausschnitt die Augen der Zuschauer erreicht. Andererseits erscheint es zugleich als Bild, das zwar eine Raumillusion hervorruft, aber durch Horizontale, Vertikale und Diagonale gestaltet ist, eine Komposition aus hellen und dunklen Flächen. Der Verdruss an voraussehbaren Handlungsabläufen, an stereotypen Gesten und Mienen, Reaktionen und Reflexen hat in den 20er Jahren bereits die Forderung nach einem »Cinéma pur« (René Clair, André Maurois) laut werden lassen, das nur noch aus Bildern besteht, die einem bestimmten Rhythmus unterworfen sind, Bildern, die also nicht mehr die Funktion des Fensters in eine bestimmte fiktionale Welt erfüllen, sondern für sich als graphisch-malerische Einheiten oder auch – ein Kompromiss zwischen beiden Funktionen – als Kette von einmaligen Momentaufnahmen zu betrachten seien (→ abstrakter Film).

Für Zuschauer ist wichtig, die Grenze zwischen dem, was on screen zu sehen ist, und dem Raum off screen betont zu wissen, außerhalb des Bildkaders (→ Cadrage): So können Gefahren von außerhalb sich dadurch ankündigen, daß man die Wirkung der schrecklichen Erscheinung off screen zuerst on screen in den Gesichtern der Personen sich spiegeln sieht und dann erst im Umschnitt oder im Schwenk die Ursache, das Ungeheure selbst, in Augenschein nimmt. Aus dem Off-Screen können auch Personen sprechen, so dass man nur die Reaktion der Zuhörenden on screen beobachten kann – in den für Schauspieler schwierigen Reaction-Shots, da sie hier mit minimalen Mitteln, vorwiegend aus der Nähe mit beinahe klinischer Aufmerksamkeit betrachtet, ihre Anteilnahme an dem Geschehen, ihre Bewegtheit ausdrücken müssen, wobei die mimischen Indizien Rückschlüsse auf ihren inneren Zustand verraten oder verbergen – dies ist etwa in einer im Kriminalfilm üblichen Standardsituation der Fall, wenn Familienangehörige die Nachricht vom Tod einer nahe stehenden Person mitgeteilt bekommen und die Kamera unverdrossen, beinahe schamlos auf ihrem Gesicht verharrt, um mit dem Blick des forschenden Detektivs aus der ›Antwort‹ des Gesichtsausdrucks auf wahre oder nur vorgetäuschte Empfindungen zu schließen.

Der Kameramann hat stets beide Funktionen des Erzählbilds, Fenster und Fläche, zu beachten. Wie ein Maler (→ Malerei und Film) überprüft er Überschneidungen und Kontraste im anvisierten Bild, die Ränder des Ausschnitts, wo der Horizont liegt, ob er von oben oder unten eine Szene aufnimmt, wie er die Figuren am besten im Bild platziert. Wenn er sie etwa im Profil aufnimmt, sollte mehr Luft vor dem Gesicht als hinter dem Kopf erkennbar sein, da der Raum vor dem Gesicht gleichsam dichter ist und z. B. bei einer Dialogszene mit den Blicken der Figuren selbst durchmessen, erschlossen, als Abstand kontrolliert wird. Auch hat der Kameramann je nach seiner Neigung zu einer geometrisch ausgewogenen Ästhetik die Möglichkeit, in etwas abstrakter Sicht Kreise, Quadrate und Rechtecke innerhalb des Bildes anzuordnen oder selbst das Einzelbild als Teil eines dynamischen Vorgangs aufzufassen. Eine ältere ästhetische Praxis meint als Lehre begriffen zu haben, dass der Bildschwerpunkt eher rechts unten anzusiedeln sei, ebenso wie die untere Seite des Rahmens als stabiler gelten müsse als die obere, die sich gleichsam gegen den Himmel hin öffne (→ Bildkomposition). Zu diesen ›Erfahrungsregeln‹ gehört auch die Vorstellung, dass die Diagonale von links unten nach rechts oben die Tendenz habe, den rechten oberen Bildwinkel aufzustoßen. Oder: dass die untere Bildhälfte meist schwerer wirkt als die obere. Oder: dass sich der Horizont nicht durch die Mitte des Kaders ziehen dürfe, da er so wie eine Achse wirkt, um die das Bild kippen kann, sondern entweder unten anzusetzen sei, damit mehr ›Himmel‹ den Bildeindruck auflichtet, während der hochliegende Horizont, bei einem Blick, der nach unten gerichtet ist, auf die Erde, den Bildeindruck eher verdunkelt, beschwert oder ans Gegenständliche bindet. Für die Kamera ist ebenso von Bedeutung, ob eine Figur vor einen bestimmten Hintergrund gestellt ist, der sich flach hinter ihr erstreckt, oder ob sie sich in einem Raum bewegt, der sich in mehreren Zonen nach hinten staffelt, je nach dem Wunsch des Regisseurs, in die Tiefe zu inszenieren oder eine aus dem weit zurückliegenden Hintergrund auftauchende Figur mit ins Spiel zu bringen – was entweder eine Verschiebung der Schärfe verlangt, von der vorderen auf die hintere Figur oder zurück, wobei die jeweils andere Person unscharf bleibt, oder eine kurze Brennweite mit engeschlossener Blende, so dass ein großer Raum von → Schärfentiefe entsteht (wie der Kameramann Gregg Toland dies in Orson Welles' *Citizen Kane*, 1941, vorführt).

Die Bildformate (→ Filmformate) sind im Verlauf der Kinogeschichte breiter geworden, bereits in den 20er Jahren galt das Verhältnis (Breite zu Höhe) 4:3 als üblich, während der frühe Tonfilm wegen der zwischen Perforation und eigentlichem Bild hinzutretenden Tonspur das Bild vorübergehend beinahe wieder zum Quadrat zurechtstauchte. Die Erweiterung des Blickwinkels durch die verschiedenen Scope-Formate hat eine eigene ästhetische Anstrengung herausgefordert, dieses breite Format auch mit entsprechenden Bildelementen zu füllen, wobei nicht verwundert, dass die Bildzonen links und rechts immer noch als weniger bedeutsame Flächen gelten. Cinemascope ist vorzüglich dazu geeignet, die Leere des Raums, die Unbegrenztheit einer Szenerie, aber auch die Ausweglosigkeit eines einengenden Labyrinths oder das Alleinsein eines Helden inmitten einer oft unwirklichen Welt zu visualisieren (→ Breitwand).

Eine üble Überraschung erwartet unerfahrene Operateure an der Kamera, wenn sie die von ihnen so schön komponierten Bilder zum ersten Mal auf der Leinwand sehen – sie haben vergessen, dass sowohl der Projektor durch einen Bildkasch als auch die schwarze Umrandung auf der Projektionsleinwand das Bild verkleinert. Gerade die breiteren Filmformate erleiden bei der Übertragung auf Video-Vollbild eine erhebliche Amputation des ursprünglich vorgesehenen Bildes, auch wenn, wie zwischenzeitlich üblich gewesen, das Aufzeichnungsgerät des Umspielers wie eine zweite Kamera hin- und herwandert, um die angeblich wichtigen Ereignisse innerhalb des für TV oder Video bestimmten Bildkaders zu zeigen. Nun gibt es Filme, die das Breitformat nützen und zwei, mitunter weit voneinander entfernte

Bildschwerpunkte setzen – gewöhnlich geht der eine dann verloren. Alan J. Pakulas *Klute* (1970) arbeitet z. B. konsequent damit, dass gewisse Vorgänge von einem Betrachter registriert werden, dessen Ohr und Kopf fragmentarisch und ganz nah am äußersten Bildrand plötzlich sichtbar werden – dieser unheimliche Beobachter bringt einen Aspekt des Bedrohlichen in das Bild, der bei den meisten zugänglichen Videoaufzeichnungen des Films gar nicht erkennbar wird, weil eben diese Randphänomene weggeschnitten bleiben. Dass die Differenziertheit der Helligkeit im projizierten Bild bei der Umwandlung ins Videoformat gleichfalls Einbußen erfährt, ist bekannt. Gewöhnlich muss man dann für die Ausstrahlung im Fernsehen, etwa bei sehr dunklen Aufnahmen in der Nacht oder in wenig erhellten Räumen, technisch nachhelfen und die Grundhelligkeit des Bildes in der Videoaufzeichnung stark anheben, damit überhaupt noch Figuren und Dinge im Raum erkennbar bleiben: Dieser Rettungsakt misslang etwa bei Rainer Werner Fassbinders mehrteiligem Fernsehroman *Berlin Alexanderplatz* (1980, nach dem Buch von Alfred Döblin), bei dem sich die Binnenzeichnung der Bilder auf dem Bildschirm nicht selten im Dunklen verlor, während die Kinoprojektion die beabsichtigte Strukturiertheit der Frames durchaus aufwies.

Thomas Koebner

Free Cinema. Englische Filmbewegung von Mitte der 50er bis Mitte der 60er Jahre mit stark dokumentarischem Charakter. Namengeber waren sechs Filmprogramme, die von 1956 bis 1959 im National Film Theatre gezeigt wurden. In ihnen waren mit Tony Richardson, Lindsay Anderson oder Karel Reisz bereits die später führenden Regisseure des Free Cinema vertreten, die teilweise aus der Filmkritik stammten (»Sequence« und später »Sight and Sound«).

Die programmatischen Elemente des Free Cinema sind kompakt in dem von Reisz und Richardson 1955 gedrehten Kurzfilm *Momma Don't Allow* enthalten: Er handelt von jungen Menschen aus der Arbeiterklasse und ihrem eintönigen Leben in der Fabrik und in beengten familiären Verhältnissen, die sich am Abend und am Wochenende schick machen und als Kontrast zu ihrer tristen Alltagswelt unbeschwerte Vergnügungen in Clubs, beim Tanzen und im Alkohol suchen. Die Dreharbeiten an Originalschauplätzen in einem Industrie- und Arbeiterviertel und die stark umgangssprachlichen Dialoge illustrieren das Selbstverständnis des Free Cinema als dokumentarische Chronik. Um sich von der Filmindustrie positiv zu unterscheiden, wurde besonderer Wert auf die Wiedergabe realer Verhältnisse und den Verzicht auf übliche Studioausleuchtung (leitbildhaft die Arbeit des Kameramanns Walter Lassally und seine Praxis des »available light«) sowie auf die langsame Montage gelegt (Anderson und Reisz arbeiteten zuvor als Cutter; Reisz schrieb 1953 das bis heute gängige Lehrwerk »The Technique of Film Editing«).

Die Free-Cinema-Bewegung war der engagierte Versuch, außerhalb der auf vergnügliche Unterhaltung spezialisierten englischen Filmindustrie ein proletarisches, sozialkritisches und offen politisches Kino zu etablieren. Andersons *Oh Dreamland* (1953) porträtiert Menschen auf der Flucht vor dem Alltag in einem Vergnügungspark. Reisz' Kurzfilme *Every Day Except Christmas* (1957) und *We Are the Lambeth Boys* (1959) beschreiben den Arbeitsrhythmus auf dem Londoner Covent Garden Market und einen Jugendclub in der englischen Hauptstadt. Jack Claytons *Der Weg nach oben* (1958) über einen jungen Angestellten, der um der sozialen Karriere willen die Liebe verrät, gilt als der erste Spielfilm der »British New Wave«. Reisz' Film *Samstagnacht bis Sonntagmorgen* (1960) erzählt von den rauschhaften Wochenendvergnügungen eines jungen Metallarbeiters, mit denen er die stupide Fabrikarbeit kompensiert, Lindsay Andersons *Lockender Lorbeer* (1962) vom Aufstieg eines Bergarbeiters zum bejubelten Sportler, der darüber seine Menschlichkeit einbüßt, ist ein weiteres Exempel für die Korruption des Humanen durch die gesellschaftliche

Samstagnacht bis Sonntagmorgen (1960, R: Karel Reisz): Albert Finney im Hintergrund

Eine Gruppe von englischen Dokumentarfilmern ist um 1960 unter der Kategorie des Free Cinema zusammengefasst worden. Ihr Ethos galt der Erkundung von Lebensverhältnissen der Working-Class – Erkundung auch in ihren Spielfilmen. Die jungen Männer und Frauen in diesen Erzählungen, auch deren Fluchtträume und Fluchtreaktionen, sind von den ärmlichen Existenzbedingungen der mittelenglischen Industriestädte und beschränkten Zukunftsaussichten geprägt. Die Küche ist einer der wichtigsten Orte im Haus – wie in den »kitchen sink« (Spülstein)-Dramen der damaligen englischen Literatur. Da stellt der Fernsehapparat, in den die Eltern gebannt schauen, ein bedeutsames »Fenster nach außen« im trivialen Alltag dar: das Fenster in eine andere Welt.

›Ausbeutung‹. Wie in Richardsons *Bitterer Honig* (1961) spielen die Themen Familienkrise, Jugendliche im Widerspruch zu den alten Regeln, (außereheliche) Sexualität und ungewollte Schwangerschaft eine wichtige Rolle. *Bitterer Honig* schildert z. B., wie eine verlassene Schwangere und ein Homosexueller eine alternative Lebensgemeinschaft eingehen, die sich am Ende jedoch nicht gegen die Umwelt zu behaupten vermag.

Grundlegend für das Free Cinema war die enge Verbindung zu den »angry young men« der zeitgenössischen englischen Literatur und des Theaters. So schrieb Alan Sillitoe für Richardsons *Die Einsamkeit des Langstreckenläufers* (1962) und *Samstagnacht bis Sonntagmorgen* die Drehbücher nach seinen eigenen Romanen. Richardson adaptierte John Osbornes Theaterstück *Blick zurück im Zorn* (1959) und gründete mit dem Schriftsteller zusammen die Produktionsgesellschaft Woodfall, die gemeinsam mit dem Experimental Fund des British Film Institute und der Ford Company die meisten Filme des Free Cinema finanzierte. In diesem gesamtkünstlerischen Selbstverständnis des Free Cinema liegt der besondere Stellenwert der Bewegung. Ihr Einfluss ist noch in den Filmen von Stephen Frears und Ken Loach spürbar. Außerdem entwickelte sich das Free Cinema zur Talentschmiede für den englischen Film: Für Schauspieler wie Albert Finney und Rita Tushingham, Julie Christie und Tom Courteney, Alan Bates und Richard Harris bedeutete es den Start ihrer Filmkarriere.

Ursula Vossen

Literatur: John Hill: Sex, Class, and Realism: British Cinema 1956–1963. London 1986. – Jörg Helbig: Geschichte des britischen Films. Stuttgart 1998.

Fünfte Generation. Die Fünfte Generation beginnt mit jener Gruppe chinesischer Filmschaffender, die 1982 als Erste ihren Abschluss an der 1978 wieder eröffneten Filmakademie Peking absolvierten. Protegiert von Wu Tianming, der 1984 die Leitung der Xian Studios übernahm, entstand eine neue Welle des chinesischen Autorenfilms. Die Fünfte Generation vertritt im Gegensatz zur vorherrschenden Betonung des Kollektiven in ihren Filmen eine persönliche Sichtweise auf die chinesische Gesellschaft. Die allgemeine Liberalisierung der Kunst nach dem Ende der Kulturrevolution ermöglichte einen neuen kritischen Umgang mit der chinesischen Geschichte. In Abgrenzung zu ihren Vorgängern verzichteten die Regisseure der Fünften Generation auf die Stereotypen der dogmatischen Staatskunst und konzentrierten sich auf psychologisch vielschichtige Charaktere. Ihr Ziel bestand darin, in emotional intensiven Filmen spezifisch chinesische Themen einem internationalen Publikum auf technisch und narrativ innovative Weise zu vermitteln. Eine grundlegende Skepsis gegenüber dem gesellschaftlichen Konformismus kennzeichnet die Werke der Fünften Generation. Immer wieder geht es um die Auswirkungen historischer Ereignisse auf den Einzelnen und dessen Konfrontation mit der Anonymität der Macht. Ein weiteres Motiv bildet, vor allem in den Filmen von Zhang Yimou, die Auseinandersetzung mit dem ländlichen China und die langsame Überwindung der patriarchal geprägten, feudalen Strukturen. Im Mittelpunkt stehen dabei nicht Kollektivschicksale, sondern individuelle Existenzen. Trotz der häufig in der Vergangenheit angesiedelten Handlung lassen die meisten Filme der Fünften Generation unmittelbare Schlüsse auf das heutige China zu. Der Blick in die Geschichte wird zur allegorischen Bestandsaufnahme der Gegenwart.

Die Arbeiten der prominentesten Vertreter Zhang Yimou (*Das rote Kornfeld*, 1988; *Leben!*, 1994) und Chen Kaige (*Lebewohl meine Konkubine*, 1993) verhalfen dem neuen chinesischen Autorenkino zum internationalen Durchbruch. Yimou begann seine Karriere als Kameramann, u. a. bei dem von Kaige inszenierten *Gelbes Land* (1985). 1988 gewann er mit *Das rote Kornfeld* auf der Berlinale den Goldenen Bären. Seine Hauptdarstellerin und langjährige Lebensgefährtin Gong Li avancierte mit ihrer einfühlsamen Darstellung und selbstbewussten Ausstrahlung zum Star des neuen chinesischen Kinos. Yimou erhielt für seine bisher zehn Filme zahlreiche Auszeichnungen, darunter den Silbernen und den Goldenen Löwen in Venedig, als erster chinesischer Regisseur wurde er mehrfach für den Oscar in der Kategorie Bester ausländischer Film nominiert. Durch ihre zahlreichen Erfolge auf Festivals etablierten sich Yimou und Kaige als gefeierte Auteurs des neuen chinesischen Kinos. Doch ganz im Gegensatz zu ihrem Ansehen bei der westlichen Kritik und dem anhaltenden Interesse des internationalen Publikums gerieten beide Regisseure in ihrer Heimat immer wieder in strapaziöse Konflikte mit der rigiden Zensur. Während Filme wie *Rote Laterne* (1991), in dem Yimou allegorisch das restriktive gesellschaftliche Klima thematisiert, und *Leben!* zum festen Spielplan westlicher Programmkinos gehören, gelangten sie in China erst gar nicht zur Aufführung. Das liberale Klima in China erfuhr durch das Massaker auf dem Platz des Himmlischen Friedens 1989 einen brutalen Rückschlag. Die Arbeiten der Regisseure aus der Fünften Generation können inzwischen größtenteils nur durch die finanzielle Beteiligung ausländischer Produzenten realisiert werden. Kaige bezog einen zweiten Wohnsitz in New York, Wu Tianming emigrierte, und die Grundhaltung von Yimous Filmen fiel für einige Zeit pessimistischer aus.

Einen signifikanten stilistischen Bruch vollzog Yimou mit *Die Geschichte der Qiu Ju* (1992). Im Gegensatz zu den hochstilisierten, dabei jedoch niemals selbstgefälligen Bildkompositionen und der raffinierten Farbdramaturgie seiner früheren Arbeiten, wandte er sich dezidiert realistischen Stilformen zu. In seinen neueren Arbeiten *Heimweg* (1999) und *Keiner weniger* (1998) brachte Yimou dokumentarische Mittel zum Einsatz. Er filmte mit versteckter Kamera und engagierte überwiegend Laiendarsteller, um die Authentizität seiner Schilderung des ländlichen Lebens zu verstärken. In einem Interview mit »epd Film« erklärte Yimou: »Meiner Meinung nach wird im chinesischen Film zu selten das Schicksal der kleinen

Verführerischer Mond (1996, R: Chen Kaige): Gong Li
Der so genannten Fünften Generation, einer an der Filmhochschule in Peking ausgebildeten Gruppe von Regisseuren, gelang es, dem chinesischen Film der Volksrepublik zum internationalen Durchbruch zu verhelfen, zunächst bei den Festivals in Berlin, Cannes und Venedig. Nun beachtete der »Westen« nicht nur das Hongkong-Kino und den taiwanesischen Film, sondern auch eine dritte Komponente chinesischer Filmkultur, die den Einfluss der japanischen Produktionen in der Wahrnehmung der Cineasten beinahe verdrängte. Die bittere Erfahrung der von Mao ausgelösten kunst- und intellektfeindlichen Kulturrevolution der 60er und 70er Jahre mag die Fünfte Generation besonders geprägt haben: Sie hängen keinem blinden Geschichtsoptimismus an, versetzen die Handlungszeit ihrer Filme zurück und lassen ihre Hauptfiguren manche Qualen durchleiden. Dass eine so außerordentlich ausdrucksvolle, präzise gestaltende und zudem noch schöne Schauspielerin wie Gong Li – auch im Ausland bald viel bewundert – in zentralen Frauenrollen auftrat, erleichterte die Rezeption.

Leute dargestellt [...]. Viele Jahre haben sie [die Regisseure der Fünften Generation] fast einheitlich Filme produziert mit schöner Verpackung, sehr stilisiert und mit sehr tiefsinnigem Inhalt. Ich interessiere mich jetzt mehr für einfache Leute aus dem Volk. Das ist übrigens ein Trend, der heute im chinesischen Kino allgemein zu beobachten ist.« Der gesuchte Realismus verhindert in den aktuellen Werken Yimous die sentimentale Verklärung der ländlichen Idylle. Darin ähneln seine künstlerischen Strategien den Arbeiten des neuen iranischen Kinos, zu dessen Vertreter Abbas Kiarostami Yimou eine deutliche Affinität aufweist.

Die Situation des gegenwärtigen chinesischen Films wird durch das dialektische Verhältnis zwischen Tradition und Modernisierung bestimmt. Die Öffnung Chinas für den internationalen Markt weckte zwangsläufig das Interesse Hollywoods, das momentan nur zehn Produktionen pro Jahr in China zur Aufführung bringen kann. Chen Kaige sieht die Situation jedoch im Unterschied zu einigen anderen Kulturschaffenden gelassen:

»Durch die Bemühungen, dem GATT beizutreten, ist der gesamte Kultursektor in China schon jetzt in Bewegung geraten. Dies wird sich langfristig auch auf die Künstler, auf ihre Denkweise, ihr Leben und natürlich auch ihre Werke auswirken [...]. Die Zeit, in der die Kunst noch um ihre grundlegenden Freiheiten zu kämpfen hatte, ist in China endgültig Vergangenheit.«

Andreas Rauscher

Literatur: Nick Browne: New Chinese Cinema. London 1994. – Rey Chow: Primitive Passions. Visuality, Sexuality, Ethnography, and Contemporary Chinese Cinema. New York 1995. – Marli Feldvoß: Der Chinesische Frühling oder: Der lange Marsch der Fünften Generation. In: epd Film 11 (1994) H. 4. – Marli Feldvoß: Weltstar aus China: Gong Li – Ein Portrait. In: epd Film 14 (1997) H. 6. – Stefan Kramer: Die Kunst ist wie der Wind und das Wasser. Gespräch mit Chen Kaige. In: epd Film 14 (1997) H. 6. – Stefan Kramer: Geschichte des chinesischen Films. Stuttgart 1997. – Tam Kwok-Kan: New Chinese Cinema. New York 1998. – Ralph Umard: Mit dem Publikum leben, leiden oder fluchen. Zhang Yimou auf dem Weg zu den einfachen Leuten. In: epd Film 17 (2000) H. 9.

Gag. Der aus dem Englischen stammende Begriff kennzeichnet den witzigen, überraschenden und effektvollen Einfall in Filmen und im Kabarett/Entertainment. Im Film versteht man unter Gag jeden komischen Einfall, dem die Absicht zugrunde liegt, das Publikum zum Lachen zu bringen. Filme wie etwa Charlie Chaplins *Goldrausch* (1925), Buster Keatons *Der General* (1926) und *Die Marx Brothers im Krieg* (1933) haben den Begriff Filmgag installiert. Der filmische Gag ist dadurch definiert, dass er nur im Medium Film realisierbar ist und auch nur dort richtig funktioniert (Kopiertricks, Screen-Splitting, Zeitraffer u. a.).

Über den rein filmischen Gag hinaus sind die klassischen Gagformen aus der Vaudeville-, Music-Hall-, Theater- und Kabarett-Tradition Bestandteil jeder Filmkomödie, wobei grundsätzlich zu unterscheiden ist zwischen verbalen und visuellen Gags. Eine häufig eingesetzte Variante des visuellen Gags spielt z. B. mit der »Tücke des Objekts«; das → Slapstick-Genre kommt, von der fast sprichwörtlich gewordenen Bananenschale, auf der jemand ausrutscht, bis hin zu den beliebten Tortenschlachten und einstürzenden Kulissenwänden, fast ausschließlich mit visuellen Gags aus.

Der verbale Gag, in der Stummfilmzeit allenfalls durch Zwischentitel oder Inserts präsent, erhielt mit dem Tonfilm ein weites Medium; Wortspiele in allen Variationen, vom harmlosen Missverständnis über Ironie bis zum bösen Sarkasmus, bilden das Spektrum. Besondere Bedeutung kommt hierbei dem »double meaning« (Doppeldeutigkeit) zu; klassisches Beispiel: Ein polnischer Auswanderer wird in *Casablanca* (1942) aufgefordert: »You must polish your English«, worauf er erwidert: »My English is Polish enough.«

Essentiell für jede Form des Gags ist das Timing; der Gag muss mit dem jedem guten Komiker (und Komödien-Regisseur!) eigenen Gespür zeitlich so platziert werden, dass die angestrebte Pointe und der kalkulierte Lacher nicht ihre geplante Wirkung verfehlen. Berühmt für ihre Slowburn-Gags (›Langsambrenner‹) sind zum Beispiel Laurel und Hardy, die in den Produktionen von Hal Roach dem temporeichen Stil von Mack Sennetts Filmen ihren eigenen, von Retardierung geprägten Gag-Rhythmus entgegensetzen: »Mit mühseliger Beherrschung kämpft das Opfer seinen Drang nieder, eine Aggression sofort zu erwidern, und wartet, bis der Gegner seine zerstörerische Aktion abgeschlossen und genau gezeigt hat, wie weit er gehen will. Erst dann bemessen die beiden den Umfang ihrer ›Strafmaßnahmen‹, die nun der Gegner seinerseits über sich ergehen lassen muss, ohne sich zu wehren« (Seeßlen).

Running-Gags entfalten in Wiederholung und Variation ihre besondere Wirkung. Eine atemlose Aneinanderreihung aller denkbarer Gag-Formen präsentiert z. B. die Verfilmung des Broadway-Erfolges *In der Hölle ist der Teufel los* (1941) von H. C. Potter.

Hans-Joachim Hüttenrauch

Literatur: François Mars: Le gag. Paris 1964. – Kurt-Uwe Nastvogel: Der komische Film. Schondorf 1982.

Gangsterfilm. Ein wichtiges Subgenre des Kriminalfilms, differenzierbar durch Atmosphäre und ›Point of View‹ (wie auch die anderen Subgenres → Detektiv-, → Gerichts- und → Polizeifilm, → Thriller und → Spionagefilm. Die ganz eigene Atmosphäre ist Folge des Lebens im Dickicht der Großstädte, der Flüchtigkeit wechselnder Eindrücke, wo »unerwartete Zwischenfälle fast die Regel sind« (Kracauer), der Präsenz des Schattens, da das Licht unentwegt gebrochen wird, an senkrechten oder diagonalen Konturen, Flächen, Formen, dem Überlebenskampf in den Straßen der Slums. Der Gangster, so Robert Warshow, »ist der Mann der Stadt, mit der Sprache der Stadt und dem Wissen der Stadt, mit ihren fragwürdigen und unehrlichen Fertigkeiten und ihrer rücksichtslosen Waghalsigkeit«. Der besondere Point of View betont die Geschichte der Gangster. Gleichgültig, ob es nun um Aufstieg und Fall eines einzelnen Gangsters oder einen spektakulären Einbruch, um tragische Erlebnisse im Gefängnis oder eine abenteuerliche Flucht daraus geht, nahezu alles, was passiert, wird aus dem Blickwinkel des Gangsters gezeigt, der so von Anfang an zum Geschöpf der Phantasie wurde. Als Protagonist im Schattenreich der spätbürgerlichen Gesellschaft ist ihm alles erlaubt, solange nur der äußere Rahmen gewahrt bleibt. Rücksichtsloses Handeln ist selbstverständlich, brutale Gesetzesüberschreitung alltäglich. Die Anwendung von Gewalt gilt als nachdrückliches Mittel, um die Geschäfte zu sichern. Eine Kinematographie des Wahns, auch der verbotenen Phantasien. Je raffinierter dabei die Konstruktion der Verbrechen und die Charakterisierung des Grauens, desto brüchiger die Selbstverständlichkeit gängiger Ordnungen. Sicherlich liegt darin ein subversives Moment. Gangsterfilme halten oft dazu an, das Unbedachte zu bedenken, das Unvorstellbare sich vorzustellen, das Verbotene sich – zumindest in der Phantasie – zu gestatten, es nachvollziehbar und nachfühlbar zu machen. Der Gangster »ist das, was wir sein wollen, und das, was wir zu werden fürchten« (Warshow).

In den USA Ende der 20er, Anfang der 30er Jahre konnte dieses Genre reüssieren, da infolge der Depressionszeit die geminderten Zukunftschancen im Alltag lustvoll kompensiert wurden durch die gewaltträchtigen Visionen einer mythischen Welt, in der selbst verbotene Wünsche gestattet und grandiose Unternehmung realisierbar schienen. »Der Gangster ist der Held des trotzigen Festhaltens an den alten Idealen, die Rache für die Enttäuschung durch den American Way of Life. Er ist ein Held, der sich in der Kultur der Gewalt bedingungslos selbst zu verwirklichen sucht« (Seeßlen). »Das ganze Leben des Gangsters ist der Versuch, sich als Individuum zur Geltung zu bringen, sich von der Masse zu entfernen; und immer stirbt er, *weil* er ein Individuum ist; die letzte Kugel wirft ihn zurück, lässt ihn am Ende doch scheitern« (Warshow).

Wichtig dabei, auch dies von Anfang an, die lustvolle Präsentation von Bewegung um der Bewegung willen: Verfolgungsjagden mit dem Auto, die die Reifen zum Quietschen bringen; wilde Schießereien mit der MP, die Einrichtungen zerlegen oder Flaschen und Gläser zum Tanzen bringen; dazu die Vergnügungen der Nacht – die teuersten Drinks, die wilden Rhythmen des Jazz, die erotischsten Tänze, die heißen Flirts mit den glamourösen Ladies and Vamps, die endlosen Pokerpartien in rauchverhangenen Hinterzimmern.

Schon die ersten, wichtigeren Versuche in diesem Genre, zwischen 1928 und 1932, zeigen die filmische Affinität des Genres: handlungsreiches Geschehen, ein rasanter Erzählrhythmus, ungewohnt harte Schwarzweiß-Kontraste, eine nahezu mythische Heldenverklärung. Josef von Sternberg zeigte in *Unterwelt* (1927), *Die Docks von New York* (1928) oder *Sie nannten ihn Thunderbolt* (1929) den Gangster (stets dargestellt von George Bancroft) noch als Außenseiter, dessen Zeit bereits abgelaufen zu sein scheint, bevor sie überhaupt begonnen hat. In *Unterwelt* lässt er sich von der Polizei erschießen, damit sein bester Freund und die Frau, die er liebt, aus dem Haus, in dem sie festsitzen, fliehen können und so eine Chance für die Zukunft bekommen. In *Sie nannten ihn Thunderbolt* akzeptiert er sogar am Ende, auf den elektrischen Stuhl zu gehen, ohne die Rache an seinem Konkurrenten zu vollziehen, der ihm das Mädchen ausgespannt hat.

In den 30er Jahren charakterisierten die Regisseure der Warner Bros. ihre Gangster auch als obsessiv und erfolgreich. Mervyn LeRoy begann den Zyklus 1931 mit *Der kleine Caesar*, in dem Aufstieg und Fall des Gangsters Rico Bandello (Edward G. Robinson), für den Gewalt etwas Selbstverständliches ist, mit Nachsicht und Sympathie erzählt wird. Immer weiter nach oben will er, immer mehr Geld und Einfluss, und doch geht es ihm letztlich nur um Bestätigung der eigenen Identität. Stehlen und töten als Mittel für Karriere und Selbstverwirklichung gleichermaßen. »Frauen? Tanzen? Ich will nicht tanzen. Ich will andre Leute tanzen lassen.«

William A. Wellmans *Der öffentliche Feind* (1931) konkretisierte den Gangster erstmals als soziales Wesen, im Verhältnis zur Familie und zu den Lebensbedingungen zur Zeit der Depression. Als getriebenes Wesen erscheint hier der »koboldhafte« Held (James Cagney), der von Kindesbeinen an nur eine Chance sieht, von seiner tristen Umgebung wegzukommen: keine Grenzen zu akzeptieren und alles, was in seiner Familie als normal gilt, anders zu machen. »Zur Schule gehen? Das heißt doch nur, arm zu bleiben.« Er wird zum Dieb und Mörder, um nicht als Habenichts und Hungerleider zu enden.

In LeRoys *Jagd auf James A.* (1932) ist das Genre sozialkritisch genutzt, als Folie der Klage über eine Welt ohne Aussichten und Chancen. Erzählt wird von einem Mann, der keine Arbeit findet, eher zufällig bei einem Raub mitmacht, verurteilt und in eine Strafkolonie versetzt wird, wo er systematisch zugrunde gerichtet zu werden droht. Er flieht, baut sich ein bürgerliches Leben auf, bis ihn ein Verrat zurückbringt in die Strafkolonie. Er flieht erneut und ist danach zu einer Existenz am Rande der Gesellschaft gezwungen.

Weitere Warner-Filme in den 30er Jahren u. a.: *Dangerous Female* (1931; R: Roy Del Ruth), *Doorway to Hell* (1931; R: Archie Mayo), *Der kleine Gangsterkönig* (1933; R: Roy Del Ruth), *Ein feiner Herr* (1934; R: Michael Curtiz); *Wem gehört die Stadt?* (1936; R: William Keighley), *Die Frau des G-Man* (1936; R: Nick Grinde), *San Quentin* (1937; R: Lloyd Bacon). Schließlich *Die wilden Zwanziger* (1939) und *Entscheidung in der Sierra* (1940) von Raoul Walsh, die von radikalen Tatmenschen erzählen, die jenseits der Gesetze leben, und aber diesseits des Rechts wähnen. Der Erste handelt von einer engen Freundschaft zwischen zwei Gangstern, die im Laufe der Jahre zerbricht, der eine (James Cagney) möchte nach der Aufhebung der Prohibition seriös werden, der andere (Humphrey Bogart) weiter im Trüben fischen. Walsh betont hier noch einmal das Mythische des Genres, indem er seinen Helden jenseits der kriminellen Tat als Mann von Ehre zeichnet, der sich am Ende opfert, um seine Integrität zu wahren, der auf den Treppen vor der Kirche stirbt, nachdem er die Rechnung mit dem Rivalen beglichen hat. Wobei sein Scheitern auch ein Eingeständnis der Schuld ist, gleichzeitig ein Moment der Sühne.

Die Gangsterfilme der Warner Bros. brachten eine neue Klangfarbe ins Kino. Szenen des American Dream von Erfolg und Einfluss – mit Mord und Totschlag erkämpft: Bilder eines anderen American Way of Life, so knapp wie grob, so direkt wie rasant, Bilder, die das Gewaltsame der Geschehnisse, von denen die Filme erzählten, noch zuspitzten. Was vom Schnitt kam, vom rabiaten Gestus der Kamera, auch vom betont physischen Spiel der Darsteller. Es kam vom ›mannhaften Zorn‹ dahinter, der seine Wurzeln im Ton des Erzählens hatte. Diese Filme zelebrierten nichts und stellten nichts aus. Sie führten nur in überhöhter Weise vor, was amerikanisches Leben im Innersten zusammenhielt. So wurde selbst der Mord zur weiteren Variante amerikanischer Fließbandarbeit.

Howard Hawks variierte dieses Muster wohl am erfolgreichsten, 1932 in *Scarface*, für Howard Hughes gedreht, von United Artists verliehen; das Porträt eines erfolgreichen Killers, in den harten Schwarzweiß-Kontrasten der Nacht inszeniert, im Stakkato der MP-Salven geschnitten. Ein Leben aus Erpressung und Mord, also aus Erfolg und Geld. Das Motto: »Do it first. Do it yourself. And keep on doing!« Von den zahllosen Leichen aber, die der Krieg zwischen rivalisierenden Gangsterbanden fordert, sieht man nicht allzu viel. Hawks ist an Brutalität nicht interessiert, nur an Szenen, die im rasanten Spiel von Andeutung und Auslassung eine Atmosphäre der Gewalttätigkeit suggerieren. So zeigt er ein Massaker als Schattenspiel, zu dem die Maschinenpistolen die Musik machen. Und die Ermordung eines Mannes symbolisiert er durch den Lauf der Kugel auf einer Kegelbahn und dadurch, dass der letzte Kegel noch ein wenig kreiselt, bevor er umfällt. Das Fazit des Genres in dieser frühen Phase lautete im Grunde: Die Zeit für Fairness und Ritterlichkeit ist vorüber. In den großen Städten hat nur der noch eine Chance, nach oben zu kommen, der tötet, bevor er redet. Die Bereitschaft zur kriminellen, grenzüberschreitenden Tat als Befreiung und Karriereschritt zugleich. In diesem Sinne erschien der Gangsterfilm als die amerikanische Erzählung par excellence: Rede über das Land und Mythos des Landes zugleich. »Der Gangster ist Täter, Unternehmer, draufgängerisch, aggressiv [...]. Er ist der Einzelne, der mit Gewalt sein Glück machen will [...], der stellvertretend für die Zuschauer sein individuelles Erfolgsstreben mit dem Tod bezahlen muss« (Böhringer).

Der amerikanische Film noir brachte dem Genre zwischen 1941 und 1956 seinen zweiten Höhepunkt: von Frank Tuttles *Die Narbenhand* (1942) und Otto Premingers *Mord in der Hochzeitsnacht* (1945) über Nicholas Rays *Sie leben bei Nacht* (1949) bis zu John Hustons *Asphalt-Dschungel* (1950) und Samuel Fullers *Tokio Story* (1955). Dazwischen, vielleicht der wichtigste: Walshs *Sprung in den Tod* (1949), der von einem obsessiven Mann (James Cagney) erzählt, der immer alles beherrschen muss, Männer wie Frauen, am Ende aber sich hereinlegen lässt von einem falschen Freund, der das Allerschlimmste zu tun bereit ist, um etwas Schlimmes zu verhüten. Am Rande des Wahnsinns führt der Gangster seine Coups durch, Linderung dabei allein von seiner Mutter erwartend, an der er wie ein kleines, verstörtes Kind hängt. Nach ihrem Tod kennt er dann keine Hemmung mehr und keine Grenze. Er betrügt, stiehlt, tötet. Als er schließlich erkennen muss, wie sehr er getäuscht und reingelegt wurde, bekennt er sich – bevor er auf der Plattform eines Öltanks in die Luft fliegt – voller Lust zu seiner irren, karnevalesken Anarchie: »Ma, I'm on top of the world!« Mit einem diffusen Licht, das die Grauwerte intensiviert, poetisiert Walsh seine Geschichte: die Fremdheit der Helden in schäbigen Motels, ihre Verlorenheit auf den Straßen, ihre psychische Deformation, ihre Verstricktheit in Mächte, die sie nie so recht begreifen.

In den 60er Jahren wurde das Genre noch direkter und härter, auch rüder und zynischer – und behielt gleichzeitig einen gewissen romantischen Touch. Samuel Fullers *Alles auf eine Karte* (1961) charakterisierte den Gangster als unerbittlichen Rächer, der sein Leben lang nach den Mördern seines Vaters sucht, die er als Junge nur als Schatten auf einer Backsteinwand sehen konnte. Für diese Rache lügt und betrügt und trickst er, dafür wird er zum Mörder, dafür geht er sogar ins Gefängnis. Die Entschiedenheit zur Tat als tragisches Schicksal zum Tode, wo das Lebensziel, je näher es rückt, zugleich den Verlust des Lebenssinns bedeutet. In Arthur Penns *Bonnie und Clyde* (1967), einem balladesken Gangster-Roadmovie, korrespondiert – ganz in der Tradition von Joseph H. Lewis' *Gefährliche Leidenschaft* (1949) – die Lust an Raub und Mord mit dem Vergnügen an ständiger Beweglichkeit, wobei das Killerpärchen die Coups wie im Rausch durchzieht, ohne besonderes Ethos, ohne jede Rücksichten auf Freund wie Feind – und für all das auch noch die Bewunderung der Menschen um sie herum goutiert. Weitere Beispiele des Genres in den 60er und 70er Jahren: John Boormans *Point Blank* (1967), Roger Cormans *Bloody Mama* (1970), Robert Aldrichs *Die Grissom Bande* (1970), John Milius' *Dillinger* (1971).

In den 60er Jahren hatte der Gangsterfilm auch in Frankreich seinen Höhepunkt: in den extrem stilisierten Welten des Jean-Pierre Melville. In *Drei Uhr nachts* (1956) und *Der Teufel mit der weißen Weste* (1963), *Der eiskalte Engel* (1967) und *Vier im roten Kreis* (1970) entwickelte Melville eine märchenhafte Unterwelt mit ganz eigenen Regeln und Normen, die für ihn »Vehikel« waren »für geträumte Abenteuer« (Melville). Eine Mischung aus rätselhafter Kunstwelt und ritualisiertem Stadt-Western glückte da, bei der die gigantischsten Coups gelingen – und doch am Ende nur Niederlage und Tod

Scarface (1932, R: Howard Hawks): Paul Muni

Die frühen amerikanischen Gangsterfilme – Anfang der 30er Jahre, also zu Beginn der Periode wirtschaftlicher Depression, die die USA in diesem Jahrzehnt bedrückte – präsentieren Gangster zwiespältig: als interessante Zeitphänomene (das Vorbild für den Protagonisten von *Scarface* war der reale Gangster Al Capone aus Chicago) und als Feinde der Gesellschaft. Die Schlüsse der Filme sind einheitlich: »Crime doesn't pay«, das Verbrechen zahlt sich nicht aus. Aber die, die sich ihm widmen, stechen doch für einen Moment durch ihren Unternehmungsgeist, ihren Mut oder ihre wahnwitzige Tollkühnheit von der banalen Alltagsexistenz der übrigen Menschen ab. Vor allen Dingen ist im Zeitalter der Prohibition, des Alkoholverbots, für viele Amerikaner nicht einsichtig, wofür diese Sanktion gut sein soll – da konnten Gangster selbst in den Ruch eines Robin Hood kommen, der die darbenden Whiskey-Trinker mit ihrem Stoff versorgt, gegen den Willen einer gouvernantenhaften puritanischen Obrigkeit.

stehen. Nachfolger haben diese Gangsterfilme in den 70er und 80er Jahren in *Police Python 357* (1975), *Lohn der Giganten* (1977) und *Wahl der Waffen* (1981) von Alain Corneau gefunden.

In den 70er Jahren kam es noch einmal zu einem Höhepunkt des Genres: in Francis Ford Coppolas *Paten*-Saga (1972/74), einer Studie über die Macht äußerster Gewalt. Wobei zugleich die Grenzen des Genres reflektiert werden, wonach jedem Frieden zwischen den Gangstern stets der offene Krieg vorausgeht – der jeder Befriedung wieder folgen wird. Im Grunde erzählen die Filme die Geschichte einer Wiedergeburt. Anfangs steht das Imperium in voller Blüte. Ausdruck dafür sind die große Hochzeitssequenz und mehr noch: die Hollywood-Sequenz, die ganz für sich die Stärke des Paten deutlich macht, ohne sie zu demonstrieren. »An offer you can't refuse«, das ist die Maxime eines Mannes, der bereit ist, bis zum Äußersten zu gehen, damit er seinen engen Rahmen weiter festigt. Das Wissen des »Godfather« um die Menschen gipfelt in seinem Standpunkt, dass »auch der kleinste Mann, wenn er seine Augen offen hält, sich am Mächtigsten rächen kann«. Durch Verrat und eine kurze Unachtsamkeit gerät das Imperium in Gefahr; schließlich in die Krise. Die Befreiung davon bringt allein die Tat, wiederum ist dem weiteren Morden nur durch Mord zu entgehen.

Coppolas Saga schwankt unentwegt zwischen Geschäftlichem und Privatem, zwischen Gewalt und Gefühl, wobei die gegenseitige Zerstörung des einen durch das andere dargestellt ist. Der Sohn kann nicht mehr auseinander halten, was der Vater noch trennte: Firma und Familie. Für ihn gibt es weder Gewalt mit Gefühl noch Gefühl mit Gewalt. Nur wenn er eines ausschließt, hat er im anderen Erfolg. Wenn er seine Gefühle zurückdrängt (wenn er etwa seiner Frau die Tür vor der Nase zuwirft), gedeihen die Geschäfte.

Letzte Höhepunkte des Genres in den 80er und 90er Jahren: Abel Ferraras *König zwischen Tag und Nacht* (1989), der von einem Gangsterboss erzählt, der über Leichen gehen zu müssen glaubt, um sich durchzusetzen – als Hinweis auf die Moral der Mächtigen wie auf den Zustand der Gesellschaft; Barry Levinsons *Bugsy* (1991), das Porträt eines subalternen Killers, der vom New Yorker Mob beauftragt ist, die Westküste zu erobern, als tragikomische Variante eines Siegers, dessen Kriege unentwegt ins Leere stoßen, da niemand ihn ernsthaft stellt, der geblendet ist von ›stardom‹ und ›show business‹ und sich deshalb unentwegt selbst als Star in Szene setzt; und Bryan Singers *Die üblichen Verdächtigen* (1996), in dem noch einmal ein mythischer Gangster sein eigenes Universum errichtet, indem er, wie einst Dr. Mabuse bei Fritz Lang, unentwegt seine Maskerade wechselt, bis niemand überhaupt mehr weiß, wer er ist und wie er aussieht.

Norbert Grob

Literatur: Andrew Bergman: We're in the Money. Depression America and its Films. New York 1962. – Robert Warshow: The Gangster as Tragic Hero. In: R. W.: The Immediate Experience. New York 1962. [Dt.: Der Gangster als tragischer Held. In: Filmkritik 1969. Nr. 4.). – John Baxter: The Gangster Film. New York 1970. – Steven Lewis Karpf: The Gangster Film. Emergence Variation and Decay of a Genre 1930–1940. New York 1973. – Hans-G. Kellner / J. M. Thie / Meinolf Zurhorst: Der Gangster-Film. München 1977. – Georg Seeßlen: Der Asphalt-Dschungel. München 1977. – Jack Shadoian: Dreams and Dead Ends. The American Gangster/Crime Film. London 1977. – Carlos Clarens: Crime Movies. From Griffith to the *Godfather* and Beyond. London 1980. – Ulrich von Berg / Norbert Grob (Hrsg.): Fuller. München 1984. – Norbert Grob: The Empire Strikes Back. Coppolas Mafia-Trilogie *The Godfather*. In: epd Film 8 (1991) H. 4. – Phil Hardy: Der amerikanische Kriminalfilm. In: Geoffrey Nowell-Smith (Hrsg.): Geschichte des internationalen Films. Stuttgart/Weimar 1998. [Amerikan. Orig. 1996.] – Hannes Böhringer: Auf dem Rücken Amerikas. Eine Mythologie der neuen Welt im Western und Gangsterfilm. Berlin 1998.

Gaumont. 1895 von Filmpionier und Erfinder Léon Gaumont (1864–1946) als Société Léon Gaumont et Compagnie gegründeter französischer Filmkonzern, der später zum Hauptrivalen von → Pathé wurde. Mit seinem Comptoir Général de Photographie (1885) baute und verkaufte Gaumont zunächst fotografische Geräte, bevor er 1896 den Chronophotographe Demeny-Gaumont, eine auf der von Marey und Demeny entwickelten Chronofotografie basierende Kombination aus Kamera und Projektor, auf den Markt brachte. Der Erfolg dieses Vorläufers heutiger Projektoren veranlasste ihn zur Filmproduktion.

Ab 1898 gruppierten sich auf den Buttes-Chaumont bei Paris Filmfabriken und -labors in der Cité Elgé, die 1905 durch den Bau eines modernen Studios zum größten Filmproduktionszentrum Europas wurde. Gaumonts rechte Hand, seine Sekretärin Alice Guy, führte ab 1897 als künstlerische Leiterin der Produktion bei fast allen Filmen Regie (*Esmeralda*, 1905), oft assistiert von Ferdinand Zecca. Sie ersetzte dabei das bloße Abfilmen von Straßenszenen, wie es seit den Brüdern Lumière üblich war, durch eine Mise en Scène. Später arbeiteten Regisseure wie Louis Feuillade (*Fantômas*-Serie), Jacques Feyder, Marcel L'Herbier oder Claude Autant-Lara für Gaumont.

Nach ersten Versuchen, einen Tonfilm herzustellen, entwickelte der experimentierfreudige Léon Gaumont 1902 das Chronophon, ein Tonsystem, das Filmbilder mit einem Plattenspieler synchronisierte und mit dem er ab 1908 Sprechfilme, kurze Sketche oder Operntonbilder vorführen konnte. Inzwischen erfuhr die Gesellschaft, die sich 1906 in S.E.G. (Société des Établissements Gaumont) umbenennen musste, eine rapide Expansion: neben dem Bau von Studios, Labors und Lichtspielhäusern in Frankreich eröffnete sie Produktionsfilialen in England (Gaumont Film Company, aus der 1927 nach dem Bruch mit der Mutterfirma die Gaumont British wurde), Russland und den USA sowie Verleihbüros in der ganzen Welt, sodass sie mit Pathé die führende Rolle in der europäischen Filmindustrie einnahm.

1908 produzierte sie die Wochenschau *Gaumont Actualités* und den ersten Zeichentrickfilm, *Fantasmagorie* des Karikaturisten Émile Cohl. Auf den → Film d'Art reagierte Gaumont mit der 17-teiligen Serie *Das Leben, wie es ist* (1911–13) von Hauptregisseur Feuillade. Mittels eines möglichst naturalistischen Stils sollten den historisch-theatralischen abgefilmten Dramen des Film d'Art ›wahrhaftigere‹ Filme mit größerer Lebensnähe entgegengesetzt werden, wenn auch ohne sozialkritischen Ansatz. Letzten Endes verfolgen aber auch diese Filme das gleiche Ziel wie der Film d'Art, nämlich mehr Zuschauer anzulocken und damit größere Gewinne zu erzielen.

Der Erste Weltkrieg brachte eine Krise für den französischen Film: Amerikanische Filme eroberten zunehmend den Markt, während in Frankreich die Produktionskosten drastisch stiegen (1918 kamen nur noch 10 % des gesamten Angebots aus nationaler Produktion). 1924, als die Gesellschaft dringend Gelder von außen brauchte, kaufte sich die Metro-Goldwyn-Mayer (→ MGM) bei der Gaumont ein, die den französischen Verleih der MGM-Filme übernahm und von nun an Gaumont Metro Goldwyn (G.M.G.) hieß.

Schon 1929 kam es zum Bruch und zum Ende der Zusammenarbeit. Im gleichen Jahr zog sich Léon Gaumont in den Ruhestand zurück und beendete damit eine Ära des französischen Kinos. Er verkaufte seine Anteile an die Société des Établissements Louis Aubert und Franco Film, woraus 1930 die Gaumont Franco Film Aubert (G.F.F.A.) hervorging, die ein Netz von Lichtspielhäusern aufbaute. Sie produzierte vor allem Komödien, aber auch große Klassiker wie Jean Vigos *Betragen ungenügend* (1933) und *Atlanta* (1934). Mit ihrem Konkurs war das Ende der Konzernherrschaft besiegelt, 1938 folgte die formelle Auflösung und der Übergang in Staatseigentum.

In Großbritannien produzierte die Gaumont British unter Michael Balcon nach dem Zusammenschluss mit Gainsborough Pictures 1932 Flahertys → Dokumentarfilm *Männer von Aran* (1934) und einige von Hitchcocks britischen Filmen (z. B. *39 Stufen*, 1935). Nach dem Ausscheiden Balcons übernahm J. Arthur Rank die hochverschuldete Gesellschaft.

In Frankreich lebte der Name in der im gleichen Jahr gegründeten Société Nouvelle des Établissements Gaumont (S.N.E.G.) weiter. Nach dem Zweiten Weltkrieg widmete sich die S.N.E.G. dem Verleih, ab 1961 wurden auch zwei neue Produktionszweige geschaffen, Gaumont International und Gaumont Industrie, dazu die Kinokette erheblich erweitert. 1975 übernahm Nicolas Seydoux die Aktienmehrheit und führte die Gesellschaft, nun nur noch unter dem Namen Gaumont, in den 70er und 80er Jahren erneut in eine Expansionsphase mit (Ko-)Produktionen und international renommierten Regisseuren (Bergman, Fellini, Visconti u. a.). 1983 jedoch versetzte das finanzielle Fiasko der hochverschuldeten Rom-Filiale der Gesellschaft einen Schlag, von dem sie sich nur schwer erholte. Heute besitzt Seydoux die Kinokette Gaumont, die Produktionsfirmen Gaumont und Gaumont Télévision (seit 1991) und betreibt den Verleih und Verkauf von Film und Video (Gaumont Buena Vista International, Gaumont/Columbia/Tri-Star Home Video). Außerdem widmet sich die Cinémathèque et Musée Gaumont u. a. der Restaurierung alter Filme.

Marion Müller

Literatur: La Cinémathèque Française (Hrsg.): Gaumont, 90 ans de cinéma. Paris 1986. – François Garçon: Gaumont, un siècle de cinéma. Paris 1994.

Gefängnisfilm. Subgenre des klassischen → Gangsterfilms, das sich parallel zu dessen Entstehung zu Beginn der 30er Jahre herausbildete. Die Haftanstalt nimmt in diesem Genre eine ebenso mythische wie notwendige Position ein, da der Gefängnisaufenthalt entweder das Ende einer Gangsterkarriere bedeutet oder ihre Fortsetzung unter veränderten Voraussetzungen: »Gefängnis und Gangster-Existenz bedingen einander so sehr, dass das eine ohne das andere kaum vorstellbar erscheint« (Kellner u. a.). Der Gefängnisfilm ist letztlich ein Gangsterfilm, der seinen Haupthandlungsschauplatz in die Haftanstalt verlegt hat und dort entweder von der Läuterung des Gangsters, von dem Schicksal eines zu Unrecht Verurteilten oder einem Gefängnisaufstand erzählt. Gerade der amerikanische Gefängnisfilm nimmt oft durch die Bloßstellung inhumaner Haftbedingungen eine gesellschaftskritische Position ein, wobei die verbreitete Moralvorstellung, der Gangster habe seine Haftstrafe wohl verdient, unangetastet bleibt. Einer jener kritischen Gesellschaftsspiegel ist *Jagd auf James A.* (1932) von Mervyn LeRoy: Das Gefängnis wird hier zum offenen Widerspruch der liberalen Gesellschaft.

Zahlreiche Gefängnisfilme wurden zur Steigerung ihrer authentischen Wirkung in realen Gefängnissen gedreht, etwa *20 000 Jahre in Sing Sing* (1933) von Michael Curtiz oder *Der Gefangene von Alcatraz* (1962) von John Frankenheimer. Hier wie z. B. auch in einer deutschen Variante, Reinhard Hauffs *Die Verrohung des Franz Blum* (1973), geht es immer wieder um die zusätzliche Brutalisierung des Individuums unter dem psychologischen Stress der Haftsituation. Das Gefängnis scheint den Gangster zu motivieren und letztlich immer neu zu produzieren. Auch das Thema der Meuterei, des Gefangenenaufstandes, lässt sich bis in die 30er Jahre zurückverfolgen (*Aufstand im Zuchthaus*, 1939, R: William Nigh). *Terror in Block 11* (1954) von Don Siegel gehört zu den Höhepunkten dieser Variante: Drei Gefangenen gelingt zwar die Durchführung der Revolte, sie haben am Ende jedoch nicht viel gewonnen. Siegels im harten Reportagestil gefilmtes Soziodrama stellt deutlich die Missstände der Haft bloß. John Frankenheimer konnte 1993 an diese Tradition des semidokumentarischen Gefängnisfilms noch einmal mit *Against the Wall* anschließen, in dem er aus Sicht eines idealistischen Wärters (Kyle MacLachlan) von dem Aufstand in Attica erzählt, bevor Oliver Stone später in der zweiten Hälfte seiner Mediensatire *Natural Born Killers* (1994) die Gefängnisrevolte zum blutigen Inferno geraten ließ.

Der Ausbruchsfilm, eine weitere Variante des Gefängnisfilms, hat oft einen unschuldig Verurteilten als Protagonisten, um dem Zuschauer die Identifikation zu erleichtern.

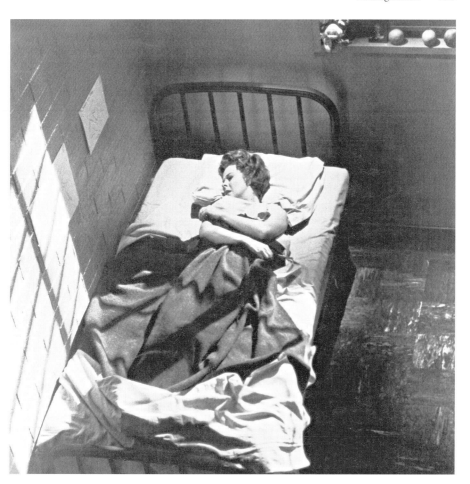

Laßt mich leben (1958, R: Robert Wise): Susan Hayward
Ein Eisenbett, kahle Mauern, Licht durch Gitter, feuchtglänzender Boden, ein aufgewühltes Bett, die verzweifelt verschränkten Arme der Heldin: Dies alles symbolisiert ein Leben unter Zwang und auf engstem Raum. Gefängnis als Sinnbild für allseitig reduziertes Dasein: keine freie Bewegung, keine Selbstbestimmung, kein ungehinderter Ortswechsel, keine Frauen (im Männerknast), keine Männer (im Frauentrakt), keine Familie. Was bleibt vom Menschen im Kerker?

Das Loch (1960) von Jacques Becker erzählt in beklemmenden Schwarzweißbildern vom Entstehen einer Männerfreundschaft unter den Bedingungen der Haft und einer geplanten Flucht. Sehr komplex setzt sich auch Stuart Rosenbergs Außenseiterdrama *Der Unbeugsame* (1966) mit Paul Newman mit diesem Topos auseinander; hier scheint der Wille des Individuums nach und nach gebrochen zu werden. Wiederum Don Siegel gelang ein kleiner Höhepunkt dieser Variante mit dem düsteren Thriller *Flucht von Alcatraz* (1979), in dem Clint Eastwood einen verschlossenen Rebellen darstellt, dem die auf den ersten Blick unmögliche Flucht von der Gefängnisinsel am Ende zu gelingen scheint.

Vor allem seit den 70er Jahren werden auch immer wieder Gefängnisfilme produziert, die sich nicht dem Gangsterfilm zuordnen lassen. Nach dem autobiographischen Roman von Henri Charrière drehte Franklin J. Schaffner den äußerst erfolgreichen → Abenteuer- und Fluchtfilm *Papillon* (1973), in dem Dustin Hoffman und Steve McQueen Häftlinge der berüchtigten Gefängnisinsel Cayenne in Französisch-Guayana spielen. Die preisgekrönte Fernsehproduktion *Jericho Mile* (1978) von Michael Mann zeigt die innere Befreiung des Häftlings (Peter Strauss) im Marathonlauf und kann als Höhepunkt einiger sportorientierter Gefängnisfilme betrachtet werden, die vor allem in den 70er Jahren produziert wurden. *12 Uhr nachts – Midnight Express* (1978) von Alan Parker folgt in seinem von Oliver Stone verfassten Drehbuch ebenfalls einem Erlebnisbericht; in diesem Fall ist es ein junger amerikanischer Student (Brad Davis), der für mehrere Jahre in türkische Haft gerät und dort die Hölle durchlebt, bevor ihm die Flucht gelingt. Der australische Regisseur John Hillcoat erzählt in seinem nüchtern-stilisierten Psychodrama *Hölle ohne Helden* (1988) von einem Hochsicherheitsgefängnis in der Wüste, in dem psychopathische Gewalttäter den Aufstand proben.

Auch der → Exploitationfilm nahm sich immer wieder der Gefängnisthematik an. Hier sind es vor allem die Frauengefängnisse, die als Schauplatz von Demütigung und Folter der Häftlingsfrauen dienen. *Das Zuchthaus der verlorenen Mädchen* (1974) von Jonathan Demme und *The Big Doll House* (1971) von Jack Hill gehören zu den bekannteren Beispielen; auch aus Europa kam eine Reihe dieser sexbetonten Spielart, z. B. *Das Haus der Peitschen* (1977) von Pete Walker aus England und *Frauengefängnis* (1975) von Jesús Franco Manera aus Spanien.

Einen aktuellen Höhepunkt erfuhr der Gefängnisfilm mit *Die Verurteilten* (1994), den Frank Darabont nach einer Novelle von Stephen King inszenierte. Tim Robbins spielt einen zu Unrecht zu zwanzig Jahren Haft verurteilten Mann, der sich mit einem Mörder (Morgan Freeman) zusammentut, um sich an dem ausbeuterischen Gefängniswärter zu rächen und schließlich zu fliehen. Kameramann Roger Deakins filmte das melancholische Drama in tendenziell monochromen Bildern. In Tony Kayes Neonazi-Drama *American History X* (1997) wird das Gefängnis einmal mehr zur resozialisierenden Instanz.

Marcus Stiglegger

Literatur: Hans-G. Kellner / J. M. Thie / Meinolf Zurhorst: Der Gangster-Film. München 1977. – Georg Seeßlen: Der Asphalt-Dschungel. München 1977. – Georg Seeßlen: Kino der Angst. Reinbek bei Hamburg 1980. – James Robert Parish: Prison Pictures from Hollywood. Jefferson 1991.

Genre. Unter Genres versteht die Filmwissenschaft Gruppen von Spielfilmen. Der Name des Genres hebt jeweils ein Gruppierungsmerkmal hervor, wobei diese Merkmale auf unterschiedlichen Abstraktionsebenen angesiedelt sein können und etwa thematische (→ Abenteuerfilm, → Katastrophenfilm), kulturelle, zeitliche und topographische Momente (→ Western, → Roadmovie, → Gefängnisfilm, → Gerichtsfilm), Figurenkonstellationen (→ Gangsterfilm, → Samuraifilm), die Rolle der Musik (→ Musical-, Revuefilm, Filmoperette) oder auch dramaturgisch-psychologische Effekte (→ Thriller, → Horrorfilm, → Melodram, → Komödie, → Slapstick) in den Vordergrund stellen. Weil die Merkmale kombinierbar sind (Genre-Mix) und Genres geschichtlichem Wandel unterliegen, hat sich das gesamte Ensemble der Gruppierungskennzeichen einer übergreifenden Systematik bisher entzogen. Gebräuchlich ist es aber, den Begriff »Genre« auf Filmgruppen unterhalb der Gattungsebene des Films anzuwenden. Unter Gattungen versteht man filmische Großbereiche wie Spielfilm, → Dokumentarfilm, → Animationsfilm, Lehr- oder → Werbefilm.

Die große Vielfalt der in der Filmkritik und in der Kinowerbung umlaufenden, häufig kurzlebigen Genrenamen resultiert zu einem nicht geringen Teil aus lediglich rhetorischen Bedürfnissen, Vergleiche zu ziehen und Erinnerungen an andere Filme zu wecken. Im Zentrum der filmwissenschaftlichen Genretheorie stehen hingegen Filmgruppen, die jeweils gekennzeichnet sind durch relativ enge faktische Zusammenhänge in der Filmproduktion, ein Repertoire von konventionalisierten Formen und ein kulturell stabilisiertes Bewusstsein über das Genre sowohl auf Seiten der Produzierenden als auch des Publikums. Treibende Kraft für die Ausbildung der Genrepraxis, die in der seriell hergestellten Unterhaltungsliteratur des 19. Jahrhunderts einen Vorläufer hat, war das Bedürfnis der Filmindustrie nach Senkung des Produktionsaufwandes und des Absatzrisikos durch eine tendenzielle Standardisierung der Filmware. Schon vor 1910 bildeten sich typisierte Erzählformen aus: Sie erlaubten es einerseits, mit eingespielten Teams, Kameratechniken, Bauten und Ausstattungen zyklisch und effizient zu produzieren, und halfen andererseits, durch die Variation von erfolgreichen Mustern den Gebrauchswert zu sichern. Auch für Verleih, Kinobetreiber und Publikum wurden Genrefilme zur gut kalkulierbaren Größe, in der sich Bewährtes mit Innovationen verband. Besonders weit ging diese Tendenz in den USA. Um 1911 konnte man dort etwa von einer größeren Filmgesellschaft wöchentliche Lieferungen bestehend aus einem Western, einem Melodram, einer Comedy usw. erwarten, während sich kleinere Gesellschaften auf einzelne Genres spezialisierten (vgl. Bowser). In den 30er bis 50er Jahren wurden die Genres zu einer Leitgröße für das → Studiosystem Hollywoods. Auf besonders markante Weise prägten sie → B-Filme.

Auch der europäische Film lehnte sich vielfach an Genres an und brachte selbst besondere Formate hervor, wie den → Bergfilm, den → Heimatfilm oder den → Mantel- und-Degen-Film. Mit der Etablierung des Fernsehens als Alltagsmedium trat für den Kinofilm der Aspekt serieller Massenproduktion (nach krisenhaften Entwicklungen) weitgehend zurück zugunsten eines Kinos, das an seinen Produkten den Charakter des unikalen Kunstprodukts (→ Autorenfilm) und/oder des besonderen Ereignisses (wie bei den Großproduktionen der letzten zwei Dekaden) betont.

Dennoch bleibt das Phänomen Genre bedeutungsvoll. Denn mit den klassischen Filmgenres haben sich konventionalisierte Welten und symbolische Systeme der filmischen Imagination ausgebildet und entsprechende Erwartungen der Rezipienten. Diese Genrewelten werden von Kultur- und Filmtheoretikern vielfach als mythenähnliche Konstrukte interpretiert. Sie bieten einen spezifischen Rahmen für Handeln, Motivation und Charakteristik der meist stark typisierten Figuren und ermöglichen ein verkürztes, elliptisches Erzählen, das überdies die Beziehungen zur Logik der Realität zu lockern vermag, indem es der Logik des Konventionellen folgt. Daran knüpft die Filmproduktion bis heute gern an. Nicht zuletzt, weil Genres als Routine-Formen mit den Dispositionen breiter Publikumsgruppen (Vorwissen, aber auch Begehren) koordiniert sind und vielfach wirksame ›Erzählformen‹ für die Stimulierung gesuchter emotionaler Effekte (Spannung, Angstlust, Komik usw.) entwickelt haben.

Das postklassische Mainstream-Kino feiert die konventionellen Formen der Genrenarration geradezu. Dabei steigert es die Tendenz des klassischen Kinos noch einmal, die Plausibilität der Erzählungen stärker durch den Rückgriff auf das Repertoire der Genrekonvention als auf Erfahrungen in der alltäglichen Realität zu stützen. Das geht bis zu dem Punkt, an dem (wie etwa in jüngeren *James Bond*-Filmen) die Plausibilität sich aufhebt und die Konventionalität selbstreflexiv offen gelegt wird. Die Filme präsentieren spielerisch eine Welt der Uneigentlichkeit, des Zitats und der nostalgischen Anspielung, deren Konstruktion vielfach von freundlicher Ironie und von der Faszination durch das Bizarre beherrscht wird.

Die filmwissenschaftliche Theoriebildung zur Genrefrage begann Ende der 60er Jahre. Ein Problem, das die wissenschaftliche Debatte lange bestimmte, resultierte aus dem strukturalistisch gedachten Versuch, die wahrgenommene Komplexität von Ähnlichkeiten innerhalb einzelner Genres, die weit über den im Genrenamen gegebenen Indikator hinausreicht, mit Hilfe fixierter Systeme von Merkmalen zu beschreiben. Diese wurden dann als notwendig gedacht, um einen Film dem jeweiligen Genre zuordnen zu können (vgl. Kaminsky).

Heute hat sich die von Rick Altman, David Bordwell u. a. unterstrichene Einsicht durchgesetzt, dass solche Merkmalsanhäufungen nicht im Sinne einer statischen Taxonomie zu erfassen sind. Genres beruhen vielmehr auf Familienähnlichkeiten, auf einer Häufung typischer Facetten, die gleichzeitig historischen Wandlungen und Verschiebungen unterliegen (vgl. Schweinitz). Genreanalytiker haben daher – wie z. B. Will Wright in einer Westernanalyse – versucht, in methodischer Anlehnung an Wladimir Propps Modell der russischen Märchen historisch flexible (einander innerhalb der filmhistorischen Entwicklung ablösende oder auch koexistierende) Genremodelle zu entwickeln. Modelle, die durch »Facettenklassifikation« (Wulff) gezeichnet werden. Andere haben darauf aufmerksam gemacht, dass es innerhalb eines weiteren Feldes vor allem wenige besonders markante und einflussreiche Filme – Prototypen (vgl. Bordwell) – sind, die das kulturelle Bewusstsein über ein Genre in einer Periode nachhaltig prägen.

Jörg Schweinitz

Literatur: Will Wright: Six Guns and Society: A Structural Study of the Western. Berkeley 1975. – Hans Jürgen Wulff: Drei Bemerkungen zur Motiv- und Genreanalyse am Beispiel des Gefängnisfilms. In: Sechstes Film- und Fernsehwissenschaftliches Kolloquium, Berlin 1983. Berlin 1984. – David Bordwell / Janet Staiger / Kristin Thompson: The Classical Hollywood. Film Style and Mode of Production to 1960. New York 1985. – Wes D. Gehring (Hrsg.): Handbook of American Film Genres. New York / London 1988. – David Bordwell: Making Meaning. Inference and Interpretation of Cinema. Cambridge (Mass.) 1989. – Eileen Bowser: The Transformation of Cinema 1907–1915. New York 1990. – Jörg Schweinitz: ›Genre‹ und lebendiges Genrebewußtsein. In: Montage/AV 3 (1994) H. 2 – Barry Keith Grant (Hrsg): Film Genre Reader. Neuausg. Austin 1995. – Stuart M. Kaminsky: American Film Genres. Chicago 1995. – Nick Browne (Hrsg.): Refiguring American Film Genres: Theory and History. Berkeley / Los Angeles 1998. – Thomas Elsaesser: Augenweide am Auge des Maelstroms? Francis Ford Coppola inszenierte Bram Stoker's Dracula als den ewig jungen Mythos Hollywood. In: Andreas Rost / Mike Sandbothe: Die Filmgespenster der Postmoderne. Frankfurt a. M. 1998. – Rick Altman: Film/Genre. London 1999.

Gerichtsfilm (engl. »courtroom drama«). Obgleich vereinzelte Gerichtssequenzen bereits während der Stummfilmzeit inszeniert wurden, konnte das dialogdominierte und überwiegend amerikanische Genre erst mit der Entwicklung des Tonfilms entstehen. Seither nahm die Anzahl produzierter Gerichtsfilme kontinuierlich zu, in den 90er Jahren hatte das kostengünstig herzustellende Courtroom Drama seinen quantitativen Höhepunkt. Schon die späten 50er und frühen 60er Jahre brachten eine Reihe maßgeblicher Klassiker hervor wie *Die zwölf Geschworenen* (1957, R: Sidney Lumet), *Zeugin der Anklage* (1958, R: Billy Wilder), *Wer den Wind sät* (1959, R: Stanley Kramer), *Anatomie eines Mordes* (1959, R: Otto Preminger), *Urteil von Nürnberg* (1961, R: Stanley Kramer) oder auch *Wer die Nachtigall stört* (1962, R: Alan J. Pakula).

Unterschiedliche Handlungsschemata erschweren oft eine genaue Genreklassifizierung, da der Gerichtsprozess als beliebte Erzähleinheit in fast allen Genres auftaucht. Er kann insbesondere im amerikanischen Starsystem erstens durch die Reduktion von Interieur und Kamerabeweglichkeit Schauspieler besonders ausdrucksstark agieren lassen, und zweitens können Gerichtsverhandlungen mit dem plötzlichen Auftauchen von Zeugen oder neuem Beweismaterial in erstaunlich glaubhafter Weise mit einem Deus ex Machina operieren und ermöglichen dadurch eine flexible Handlungslenkung. Erst wenn sich die Erzählung um eine Prozessdarstellung rankt, von spannungsdramaturgischen Elementen begleitet wird und auf ein finales Urteil zuläuft, kann von einem Gerichtsfilm gesprochen werden. Die Besonderheiten des amerikanischen Rechtssystems begünstigen den Spielcharakter des

Genres, weil die Neigung zu Präzedenzfallurteilen und vor allem das Geschworenengerichtsverfahren jeden Prozessausgang durch den menschlichen Faktor potentiell in der Schwebe halten. Eine meist hoffnungslose Ausgangssituation bildet die Grundlage für ein Oszillieren zwischen Optimismus und Pessimismus, das durch eine Vielzahl retardierender Momente forciert wird: Aussageunwillige Personen scheinen sich nicht überreden zu lassen, plötzlich auftauchende Wissensdefizite des Anwalts drohen seine Bemühungen zu unterminieren, Entlastungszeugen werden sehnsüchtig erwartet, der Prozess wird aus vielerlei Gründen unterbrochen, und am letzten Verhandlungstag verspätet sich der Anwalt, oder der entscheidende Hinweis des assistierenden Privatde-

Zeugin der Anklage (1958, R: Billy Wilder): Charles Laughton

Der »Courtroom«-Film ist vornehmlich ein US-amerikanisches Genre, da die mehr auf Präzedenzfälle als auf Paragraphen gegründete Rechtsordnung Anwälten und Geschworenen viel Spielraum zur Entscheidung gewährt. So wird jeder Prozess, zumal bei Kapitalverbrechen, zum wirklichen Drama, da der Ausgang nicht vorhersehbar ist. Das Genre spiegelt aktuelles Rechtsempfinden und Rechtsverständnis wider und betont oft die Leichtgläubigkeit der Geschworenen und der Öffentlichkeit, ebenso wie den Mut der Einzelnen, die der Wahrheit gegen alle Widerstände zum Recht verhelfen wollen. Wohin käme, so bezeugen die Gerichtsfilme seit den 50er Jahren, spätestens mit *Die zwölf Geschworenen* (1957, R: Sidney Lumet), eine Demokratie ohne die zunächst einsamen Unbestechlichen, die der Mehrheitsmeinung Paroli zu bieten wagen? Soll die Szene ehrwürdiger sein, wird der Schauplatz ins britische Milieu verlagert, zumal das Zeremonialwesen hier noch pittoreske Züge hat – die obligatorische Perücke auf dem Kopf des hier so grimmig und (zu Unrecht) selbstsicher agierenden Verteidigers verleiht zusätzliche Würde. Aber, kein Wunder, auch unter den Perücken, die das hohe Amt markieren, stecken fehlbare Menschen.

tektivs dringt erst im letzten Moment an sein Ohr. Vor allem wartet man aber auf die Entscheidung der Jury, verbunden mit der immer wieder gestellten Frage, ob es denn ein gutes oder schlechtes Zeichen sei, wenn die Geschworenen so lange beraten. Kurz vor dem Urteil verzögert sich die Handlung erneut, und der Zuschauer versucht, in der Mimik des Richters eine Antwort abzulesen, da der das Urteil der Geschworenen über einen gereichten Zettel bereits zur Kenntnis genommen hat.

Die genretypische Bildästhetik hat sich im Laufe der Jahrzehnte kaum verändert. Es dominieren halbnahe Einstellungen, da sie dem Schauspieler trotz mangelnder Bewegungsfreiheit im Gerichtssaal ein gewisses Maß an körperlicher Ausdrucksstärke erlauben und weil sie das individuelle Geschehen in einen öffentlichen Bedeutungszusammenhang stellen. Auch der Reaction-Shot ist in diesem Genre überdurchschnittlich häufig vertreten, macht er doch gedankliche Prozesse geradezu hörbar, indem er während der Verhandlung häufig wortlose Gesichter zeigt, deren Gedanken und Empfindungen vom Publikum variabel gedeutet werden können. Der Rezeptionsmodus des Zuschauers wird wie in kaum einem anderen Genre in die Handlung eingebettet, erweist sich doch der Kinosaal immer als zweite Geschworenenbank.

Abhängig von der jeweiligen Inszenierung erinnert der Gerichtsfilm mit seiner Einheit von Ort, Zeit und Handlung, mit seiner personalen Grundkonstellation und dem narrativen Aufbau auch an die Dramaturgie griechischer Tragödien. Held versus Antiheld (Verteidiger nebst Angeklagter versus Staatsanwalt) stehen sich gegenüber, begleitet von einem zeitweise raunenden Chor (Zuschauer im Saal oder Presseberichte) und einem kommentierenden Chorführer (Richter). Zu Beginn des Films unterläuft in der Regel ein Fehler oder Versehen (Hamartia), meist in der Form, dass ein Unschuldiger angeklagt wird, während der Handlung gibt es plötzliche Wechsel (Peripetien), Einsichten werden gewonnen (Anagnorisis), aber nur selten mündet die Handlung in die Katastrophe, da der Zuschauer die Katharsis wohl eher im Happyend erwartet.

Mordprozesse stehen überwiegend im Mittelpunkt des Courtroom Dramas, weil die Schwere der Tat die zeitlosen Fragen nach Schuld und Sühne, nach Lüge und Wahrheit, nach Recht und Gerechtigkeit prinzipieller aufwirft. Die Wiederherstellung der Rechtssicherheit wird aber nicht über Sühne und Strafe erreicht, sondern in den meisten Fällen wird sie lediglich über den Befreiungskampf des Einzelnen aus einer schicksalhaften Ohnmacht gewährleistet. Erscheinen die übergroßen Widersacher heute in Form eines gnadenlosen Justizapparates, in Gestalt internationaler Großkonzerne oder bei rassistisch motivierten Konflikten als borniertes Öffentlichkeit – immer wieder wird das Individuum von größeren Mächten gefährdet, und das Unrecht der Mordtat droht sich durch die Verfolgung Unschuldiger zu potenzieren. Bei dieser Ausgangslage scheint der Zweck die Mittel zu heiligen, denn die Abwendung des drohenden Fehlurteils wird nicht nur mit List und flammender Rede geführt, sondern erscheint oft genug als aggressives Gebaren, sei es das Einschüchtern von Zeugen, die Diffamierung, die erniedrigende Enthüllung intimer Abgründe, um entweder die Bösartigkeit des einen oder das verzweifelte Engagement des anderen zu verdeutlichen. Jede Kommunikation wirkt bedrohlich, Worte werden verdreht, umgedeutet oder erweisen sich im Kontext tendenziöser Ausdrucksschattierungen als falsch. Aussagen der jeweils gegnerischen Zeugen werden desavouiert, und jedes Aufbäumen dagegen wird mit »no further questions« radikal abgewürgt. Zeigt der → Polizeifilm Ermittlungsvorgänge als körperliche Bewegung im Raum, vollzieht sich im Gerichtsfilm der investigative Prozess, die Wahrheitssuche, als geistiger Vorgang statischer Körper. Die dafür notwendige körperliche Gewalt des anderen Genres wird hier verbal eingesetzt. Neben seiner Fähigkeit, spannend zu unterhalten, kritisiert der Gerichtsfilm in vielen Fällen soziale Missstände, kann er doch unter dem Vorwand eines juristischen Konfliktes gesellschaftliche Mechanismen im Tat-Umfeld offen legen und Fragen der Moral diskutieren, ohne dabei anachronistisch zu wirken. Gelungen ist ein Gerichtsfilm gerade dann, wenn er Sozialkritik und Spannung gleichermaßen zu verbinden weiß.

Frank Henschke

Literatur: Paul Bergman / Michael Asimow: Reel Justice. The Courtroom Goes to the Movies. Kansas City 1996. – Matthias Kuzina: Der amerikanische Gerichtsfilm. Justiz, Ideologie, Dramatik. Göttingen 2000.

H

Heimatfilm. Der westdeutsche Heimatfilm zwischen 1950 und 1960 nimmt fast ein Viertel der nationalen Filmproduktion ein und kann als Antwort auf die äußeren und inneren Zerstörungen der Kriegs- und Nachkriegszeit verstanden werden – filmgeschichtlich gesehen, löst der Heimatfilm den → Trümmerfilm der 40er Jahre ab, in dem sich die ruinierte Lebenswelt der Deutschen nach dem untergegangenen Dritten Reich abgespiegelt hat. Den Beginn des Genres Heimatfilm markieren zwei Filme des als Regisseur zuvor wenig bekannten Hans Deppe: *Schwarzwaldmädel* (1950, nach der Operette, die wegen der jüdischen Herkunft des Komponisten Leon Jessel im Dritten Reich nicht aufgeführt worden ist) und *Grün ist die Heide* (1951). Realgeschichtlich ist anzumerken, dass die Erfahrung der Heimatlosigkeit von beinahe 20 % der westdeutschen Bevölkerung 1950 geteilt wird (8 Mio. Vertriebene, 1,6 Mio. Flüchtlinge); dieser Anteil wächst sogar noch auf 25 % im Jahr 1960. Die Integration dieser Menschen, die ihren ursprünglichen Lebensort verloren haben, viele darunter wegen der Ost-West-Wanderung, die bereits im letzten Kriegsjahr, bedingt durch das Vorrücken der Roten Armee, einsetzte, gehört zu den großen gesellschaftlichen Aufgaben der jungen Bundesrepublik Deutschland. Dass das Problem der Heimatverlustes selbst nach Jahrzehnten nicht als erledigt gilt, ist etwa an der politischen Agitation der schlesischen Landsmannschaft noch in jüngster Gegenwart zu erkennen. Unter diesem Aspekt betrachtet, stellt der Heimatfilm eine Art utopischen Versprechens dar: Vor der realen Eingemeindung in die Gesellschaft, zumal in Groß-, Mittel- und Kleinstädte (während die ›Immigration‹ auf dem Land selbst selten zu beobachten gewesen ist) signalisiert er gleichsam metaphorisch durch positiv endende Dramen in bäuerlichem Milieu eine Art Ankunft im neuen Lebensraum. Während das Wirtschaftswunder, so schnell es auch voranschritt, alle Reste der Kriegszerstörung keineswegs mit einem Schlag beseitigen konnte, suggerierte die schöne Landschaft, ob in der Heide, am Rhein oder vor allen Dingen in den Bergen, den Alpen, eine unberührte Natur, an der die verhängnisvolle Geschichte des 20. Jahrhunderts scheinbar spurlos vorbeigegangen war. Zwischen Bergwald, Bächen, davonpreschenden Hirschen und Vogelgezwitscher schien ›Parteiengezänk‹ und demokratischer Disput keinen Platz zu haben. Nebenbei, es handelt sich bei der ›Fotografie‹ der Idyllen um eine fromme Fiktion: Bereits bei den Aufnahmen zu *Schwarzwaldmädel* hatte das Team Schwierigkeiten zu schwenken, da selbst im Schwarzwald die kriegsbedingten Verwüstungen nur allzu sichtbar waren, so dass sich das Trug-Bild der heilen Landschaft aus vielen einzelnen Einstellungen zusammensetzte, die an verschiedenen Orten gedreht wurden. Die Reinstallation der Heimat als eines unbeschädigten Lebensraums – der nicht mehr, wie die nationalsozialistische Kolonisierungspolitik in den 30er Jahren anstrebte, vor allem im Osten zu finden sei für ein Volk, das angeblich neuen Raum braucht – greift auf ältere und älteste Traditionen zurück.

Die älteste Tradition: Es handelt sich um die Idee der Pastorale, der arkadischen Gefilde, die seit der Antike eine ahistorische Sphäre jenseits der heroischen Geschichte, der Kämpfe und Blutopfer, eröffnet, in der es nicht auf Heldentum und Heldenverehrung ankommt, sondern auf die Fortführung eines katastrophenfreien friedlichen Lebens. Diese Phantasien vom ›sanften‹ Landleben sind seit je verdächtigt worden, sich als kompensatorische Traumgespinste von Großstädtern zu enthüllen – das Lob des Mannes, der selig sein könne, abseits aller Geschäfte sein Glück in Hain und Flur zu suchen, wird bei Horaz vom Geldwechsler Alfius angestimmt, einem in sein erfolgreiches ›Business‹ nur allzu verstrickten Römer.

Die ältere Tradition: Im 19. Jahrhundert setzte sich, beinahe in demselben Maße, in dem sich die Moderne in der Technisierung, in den Konflikten zwischen Kapital und Arbeit, in der Bildung großer Städte und der Entstehung der ›Massen‹ auswirkte, eine Gegenbewegung durch, die die Modernisierung eher als Verlust alter Werte und Einbuße geheiligter Ordnung betrachtete. Diese Gegenbewegung, in Deutschland trat sie z. B. als Heimatkunstbewegung um die Jahrhundertwende in Erscheinung, enthielt häufig einen verstockt-reaktionären Kern und paarte sich mit der angstvollen Abwehr der Großstadt, des technischen Fortschritts, der verderbten Zivilisation, der europäischen Mischkultur, des Internationalismus der Sozialdemokratie und der Toleranz des liberalen Bürgertums, sowie mit einem dummstolzen Nationalismus. Selbst weite Teile der natursüchtigen Jugendbewegung zwischen 1900 und 1930 sind von dieser antimodernen Programmatik geprägt. Etliche Dorfgeschichten des 19. Jahrhunderts lassen von diesem Affekt noch nichts spüren, sie entdecken eher in der kleinen Mikrowelt Konflikte und Erschütterungen, die großen Verhältnissen analog sind. Doch die bald als Heimat- oder Bauernroman firmierende Prosaproduktion pointierte den Gegensatz von Schreckbild Stadt und Wunschbild Land als Gegeneinander von Böse und Gut – als seien die konservativen Tugenden ausschließlich bei Förstern und Bergbauern aufgehoben. Der Schriftsteller Ludwig Ganghofer (»Der Jäger vom Fall«, 1883; »Das Schweigen im Walde«, 1899; »Schloß Hubertus«, 1917) trug wesentlich zu dieser Mythologie des Lebens im Schatten der Berge bei, das frei von aller tückischen Sündhaftigkeit einer verstädterten Kultur bleibe. Die literarische Doktrin setzte sich in den filmgeschichtlich unbeachtet gebliebenen Münchner Produktionen des Ganghofer-Spezialisten Peter Ostermayer schon vor 1933 und, gleichsam mit einer Phasenverschiebung, im Heimatfilm der Nachkriegszeit fort.

Die → Bergfilme von Arnold Fanck, Leni Riefenstahl oder Luis Trenker aus den 20er und 30er Jahren können in gewisser Hinsicht als Modelle für die Heimatfilme der 50er Jahre gelten – zumindest darin, dass Filmteams keine Mühe scheuten, vor Ort, in einer manchmal schwer zugänglichen Natur, ihre Aufnahmen zu machen. Diese Vorgänger-Bergfilme betonen den besonderen Charakter einiger auserwählter naturnaher Menschen, die bisweilen vor dem Zugriff der Gesellschaft in den Tod flüchten, als sei die Verteidigung dieses pathetischen Areals (der hohen Berge, der Schneewüsten usw.) bereits in der Defensive und weiche vor der unaufhaltsam sich ausbreitenden Zivilisation zurück. Eine andere Komponente des westdeutschen Heimatfilms stammt aus der Operette. Diese populäre Gattung des Musiktheaters wählte auf der Suche nach neuem Lokalkolorit zumal im frühen 20. Jahrhundert zusehends pastorale Szenerien, die unter gleichsam touristischer Perspektive als vormoderne Paradiese musikalisch identifiziert und hörbar wurden: von Tirol und dem Salzburger Land bis Hawaii, vom Jodler bis zum Ukulele-Schmalz. Der Anteil der Heimatmusik oder des so genannten Volksliedes (manchmal handelt es sich tatsächlich um solche) im Heimatfilm zwischen 1950 und 1960 ist erheblich: über Melodie und Text dieses Gesangswesens wird offensichtlich eine Art Identität gestiftet, ähnlich wie über Trachten, Umzüge und das für viele Heimatfilme charakteristische gemeinsam gefeierte Dorffest am Schluss, das mit den obligatorischen Hochzeitsfeiern zusammenfällt oder diese zumindest ankündigt.

Folklore symbolisiert die vorgebliche Anwesenheit einer heilen Welt, in der die Nöte der Gegenwart und einer zutiefst verstörten Gesellschaft abgedrängt scheinen, deren fragwürdiges altes Selbstbewusstsein durch den Fall des Dritten Reichs, die Niederlage, den befohlenen Beginn der Demokratie beinahe komplett demontiert worden war. Der Heimatfilm hat also eine therapeutische Tröstungsfunktion, in besonderem Maße für das ältere Publikum, während sich das jüngere Publikum spätestens gegen Ende der 50er Jahre den neuen amerikanischen Modellen der Jugendkultur zuwandte. Erstaunlich bleibt, dass das selbst für etliche Zeitgenossen lächerliche und einfältige Weltbild des Heimatfilms so ungehemmten Zuspruch

Grün ist die Heide (1951, R: Hans Deppe): Rudolf Prack, Sonja Ziemann

Die Tradition patriarchalischer Idyllen und spätbiedermeierlicher Dorferzählungen setzt sich im antiheroischen Genre des Heimatfilms fort. Da in die Filme offen und versteckt Hinweise auf reale Verhältnisse, z. B. auf die Fluchtbewegungen nach dem Zweiten Weltkrieg, einfließen, könnte man dem Heimatfilm beinahe Teilrealismus zusprechen. Wenn nicht der oft hilflose Inszenierungs- und Schauspielstil wäre, der die manchmal scheinheilige, manchmal kurzschlüssige Moral der Filme keinesfalls bemänteln kann! Das Liebespaar dieser Zeit und dieses Genres waren Rudolf Prack und Sonja Ziemann, im Metierjargon schlicht Zieprack genannt: Wie sie hier durch das Heidegras schnüren, brav hintereinander, das kennzeichnet sie selbst und die Art ihrer Erlebnisse als naiv-unbedarft und gefällig-harmlos. Die Natur bleibt Kulisse, bisweilen schöne Kulisse.

erhalten konnte: Die Vertreter des üblichen städtischen Wesens (geschminkte Frauen, die rauchen) werden vertrieben oder diskriminiert wie einst in der Blut-und-Boden-Propaganda der Nazis, die Kinder lösen sich vom üblen Erbe ihrer Eltern, insbesondere der Väter, um gemeinsam eine neue bessere Zukunft anzusteuern, auf der Heide oder auf der Alm, so setzt sich auch nichts vom Fluch der bösen Taten fort, die Vorfahren, Väter begangen haben. Kollektive Schuldzuschreibungen (Schuldzuschreibungen, wie sie in der Nachkriegsperiode weit verbreitet gewesen sind, auch beim Kampf um neue Arbeitsplätze und Karrieren) werden ignoriert und die naive Freude an Naturbildern gerät zum Instrument, alles historische Denken, zumal die Auseinandersetzung mit der eigenen Vergangenheit unter Hitlers Herrschaft, auszulöschen. So betrachtet, gehört der Konsum der Heimatfilme sicherlich zu dem Phänomen der ›Regeneration‹, das Sebastian Haffner einst als »Heilsschlaf« der Deutschen nach Ende des Dritten Reichs bezeichnet hat. In den Verfall des deutschen Nachkriegsfilms um 1960 geriet auch der Heimatfilm – Karl Mays Amerikaillusionen ersetzten die bayrischen Berge.

Für den jungen deutschen Film entpuppt sich Heimat allerdings – da half das Umdenken der 68er-Generation – oft als Inbegriff engstirnigen Denkens und einer gegen Außenseiter unbarmherzigen Gesellschaft. Martin Sperrs Drama *Jagdszenen in Niederbayern* (1969) in der filmischen Version des Regisseurs Peter Fleischmann setzt hier einen markanten Gegenpol zu allen Silberwaldförstern und Bodenseefischerinnen. Der »kritische Heimatfilm«, den die Generation der jungen Regisseure wie Volker Schlöndorff, Reinhard Hauff oder Volker Vogeler anstrebte, diente der für die endsechziger Jahre typischen Recherche nach Revolutionen in der deutschen Geschichte. Dass es Aufständische aus Hungersnot auf dem Land gab, dass sich sogar das europäische Banditenwesen häufig aus unzufriedenen Bauernsöhnen rekrutierte, die sich gegen die Vorherrschaft der Großgrundbesitzer, der Aristokraten und deren willige, untertänige Polizei empörten, inspirierte zu Filmen wie *Der plötzliche Reichtum der armen Leute von Kombach* (1971, R: Volker Schlöndorff) oder *Mathias Kneissl* (1971, R: Reinhard Hauff). Mit der Rehabilitierung der armen Leute, die durch die Ungunst ihrer Lebensbedingungen zur Rebellion getrieben worden sind, kreuzte sich manchmal eine vom Italo-Western geprägte Ästhetik, die die ›Gesetzlosen‹ zu einsamen Rächern verklärte.

Seitdem bestehen in der deutschen medialen Produktion beide Modelle nebeneinander: der konservative Heimatfilm, der sich vor allem in den 80er und 90er Jahren in Fernsehserien wie *Die Schwarzwaldklinik* oder *Forsthaus Falkenau* wieder beleben ließ und dem kitschigen Kunstgewerbe der Programme zur so genannten Volksmusik benachbart ist, und der kritische Heimatfilm, der ungleich analytischer und wahrhaftiger mit dem real existierenden Landleben konfrontiert: Dabei entstanden so außerordentliche Produktionen wie *Die Alpen-Saga* (1976–80, R: Dieter Berner, nach Peter Turrini und Wolfgang Pevny), *Heimat* (1984, R: Edgar Reitz, nach dem Buch von Reitz und Peter Steinbach), *Herbstmilch* (1988, R: Joseph Vilsmaier) oder *Hölleisengretl* (1994, R: Jo Baier), aber auch eine Reihe Schweizer Produktionen, z. B. Fredi M. Murers Dokumentarfilm *Wir Bergler in den Bergen sind eigentlich nicht schuld, daß wir da sind* (1975) oder sein zehn Jahre später aufgeführter Film *Höhenfeuer* (1985) und noch in jüngster Vergangenheit die gesellschaftskritischen Parabeln junger Österreicher wie Stefan Ruzowitzkys *Siebtelbauern* (1988). Edgar Reitz' Versuch, mit *Die Zweite Heimat* den Erfolg seines ersten vielteiligen Fernsehromans fortzusetzen, scheiterte beim Publikum nicht zuletzt aus dem Grund, weil *Die Zweite Heimat* sich auf eine einzige Generation konzentrierte, und zwar auf die Jugend der um 1940 geborenen jungen Kunst- und Musikstudenten, während sein erstes Großprojekt *Heimat* mit dem Fokus auf eine Dorfbevölkerung und deren vielfältige Konflikte, auf dies verkleinerte Abbild der großen Welt, eine wesentlich breitere Zuschauerschaft angesprochen hat, u. a. Zuschauer, die sich mehr Nostalgie als ungeschönte Chronik in diesem Heimatfilm erhofften.

Thomas Koebner

Literatur: Willi Höfig: Der deutsche Heimatfilm 1947–1960. Stuttgart 1973. – Jan Berg [u. a.] (Hrsg.): Heimatstück, Heimatfilm, Volksstück. Köln 1973. – Ina Maria Greverus: Auf der Suche nach Heimat. München 1979. – Wilfried von Bredow / Hans-Friedrich Foltin: Zwiespältige Zufluchten. Zur Renaissance des Heimatgefühls. Berlin/Bonn 1981. – Gertraud Steiner: Die Heimat-Macher. Kino in Österreich 1946–1966. Wien 1986. – Heimat. Augenblick. Marburger Hefte zur Medienwissenschaft 1988. Nr. 5. – Gerhard Bliersbach: So grün war die Heide … Die gar nicht so heile Welt im Nachkriegsfilm. [1985.] Gekürzte Ausg. Weinheim/Basel 1989. – Wolfgang Kaschuba [u. a.] (Hrsg.): Der deutsche Heimatfilm. Bildwelten und Weltbilder. Tübingen 1989. – Daniel Alexander Schacht: Fluchtpunkt Provinz. Der neue Heimatfilm zwischen 1968 und 1972. Münster 1992. – Edgar Reitz: Drehort Heimat. Arbeitsnotizen und Zukunftsentwürfe. Frankfurt a. M. 1993. – Jürgen Trimborn: Der deutsche Heimatfilm der fünfziger Jahre: Motive, Symbole und Handlungsmuster. Köln 1998. – Martin Hecht: Das Verschwinden der Heimat. Zur Gefühlslage der Nation. Leipzig 2000.

Historienfilm. Sammelbegriff für Spielfilme, deren Handlung in der Vergangenheit angesiedelt ist, die sie – häufig orientiert an der jeweils zeitgenössischen Malerei und Literatur – visuell rekonstruieren. Für den Zuschauer ist der → Historienfilm stets eine Zeitreise. Typisch für die im Allgemeinen überdurchschnittlich teuren Filme ist die Kombination von historischem Hintergrund und fiktivem Einzelschicksal, an dem die Auswirkungen der ›Haupt- und Staatsaktionen‹ demonstriert werden.

Der Historienfilm kennt viele Ausprägungen: Wird besonderer Wert gelegt auf die aufwendige Präsentation vergangener Architektur und Kleidung (z. B. in David W. Griffiths *Intoleranz*, 1916) und auf spektakuläre Massenszenen (*Ben Hur* von Fred Niblo,

Die Machtergreifung Ludwigs XIV. (1966, R: Roberto Rossellini): Jean-Marie Patte als König

Der Historienfilm versteckt das Vertraute im Unvertrauten, zeitgenössische Konflikte in Konstellationen vergangener Zeiten, aktuelle Psychologie in einer anderen Epoche. Am wenigsten sollte man von ihm Faktentreue und Berücksichtigung aller erdenkbaren Quellen verlangen. Manchmal, nicht allzu häufig, verbindet sich die Lust am Prunk früherer Zeiten mit scharfsinniger Analyse sozialer Prozesse – dann erschließt der Historienfilm nicht nur etwas, was wir heute von der Vergangenheit wissen sollten, sondern auch Einsichten in sonst abstrakt bleibende Strukturen, z. B. Ränke, Intrigen und Strategien, die vor der Öffentlichkeit seit je geheim gehalten worden sind. Ein mustergültiges Beispiel dafür ist Rossellinis ursprünglich für das Fernsehen gedrehter Film: Er führt vor, wie der junge König durch ein kompliziertes Zeremoniasystem die Adligen, denkbare Konkurrenten, systematisch entmachtet. Nicht nur historische Rekonstruktion von hoher Glaubwürdigkeit, sondern auch faszinierte Diagnose der virtuosen Technik eines Monarchen, alle in seiner Umgebung von sich abhängig zu machen.

1925, und William Wyler, 1959), geht der Historienfilm über in den → epischen Film, den → Ausstattungs- und Kostümfilm oder den → Monumentalfilm. Hierbei tritt das Individuum häufig zugunsten der ornamentalen Anordnung von Statistenmassen in den Hintergrund (Fritz Langs *Die Nibelungen*, 1924). Stehen Abenteuer und Action im Vordergrund wie bei → Piraten- und → Mantel-und-Degen-Filmen, aber auch bei → Western, handelt es sich um den historischen → Abenteuerfilm. Geht es vor allem um die Rekonstruktion der Lebensgewohnheiten und des Alltags einer Epoche, spricht man vom Period Picture, dem häufig ein literarischer Text zugrunde liegt (z. B. Martin Scorseses *Zeit der Unschuld*, 1992).

Historienfilme sind nicht nur ein reines Unterhaltungskino, das der selbstvergessenen Schaulust oder einem Nostalgiebedürf-

nis entspringt, sondern sie können auch politisch fruchtbar werden: im schlimmsten Falle in propagandistisch-manipulativer Absicht (immer noch unübertroffen: Veit Harlans *Jud Süß*, 1940), im positiven Sinn als Mittel einer filmischen Auseinandersetzung mit der Gegenwart oder der Vergangenheit. So werden aktuelle Problemkonstellationen in die Vergangenheit projiziert, um entweder mittels der historischen Verfremdung einen neuen Zugang zu ihnen zu eröffnen (Andrzej Wajdas *Danton*, 1982) oder die staatliche Zensur zu umgehen (Zhang Yimous *Judou*, 1990).

Schwerpunktthemen der Vergangenheitsbewältigung dagegen sind die Kriege des 20. Jahrhunderts (→ Kriegsfilm): der Spanische Bürgerkrieg (Vicente Arandas *Libertarias*, 1996), der Zweite Weltkrieg (*Der längste Tag*, 1962, R: Ken Annakin, Andrew Morton, Gerd Oswald und Bernhard Wicki) und der Vietnamkrieg (Michael Ciminos *Die durch die Hölle gehen*, 1978). Soweit es die Zensur zulässt, nutzen beispielsweise chinesische Regisseure (→ Fünfte Generation) konsequent die Möglichkeiten des Historienfilms, um ein Gegengewicht zur offiziell von den Machthabern vorgegebenen Interpretation der Vergangenheit zu schaffen: Zhang Yimou in *Rote Laterne* (1991) und Chen Kaige in *Lebewohl, meine Konkubine* (1993). Deutsche Vergangenheitsbewältigung beschäftigt sich vor allem mit der Zeit des Nationalsozialismus (István Szabós *Mephisto*, 1980) und inzwischen auch mit der SED-Diktatur und ihren Folgen (Frank Beyers *Nikolaikirche*, 1996).

Diese Beispiele zeigen, dass der Historienfilm nicht zwingend vorschreibt, wie groß der zeitliche Abstand zwischen der Gegenwart und der dargestellten Epoche zu sein hat, jedoch wird diese generell als abgeschlossen erlebt. Die Spannweite reicht von Filmen über das alte Ägypten (Joseph L. Mankiewicz' *Cleopatra*, 1962) und die griechisch-römische Antike (Mankiewicz' *Julius Cäsar*, 1959) über biblische Themen (John Hustons *Die Bibel*, 1965; → Bibelfilm) und die Zeit des mittelalterlichen Rittertums (Michael Curtiz' *Robin Hood, König der Vagabunden*, 1938) bis zur Neuzeit (Stanley Kubricks *Barry Lyndon*, 1975), die unmittelbar zurückliegende Vergangenheit eingeschlossen.

Rainer Werner Fassbinders Filme über die deutsche Befindlichkeit in den 50er Jahren (*Die Ehe der Maria Braun*, 1978) sowie Oliver Stones Porträts der US-amerikanischen Gesellschaft der letzten 40 Jahre (*John F. Kennedy – Tatort Dallas*, 1991, und *Nixon*, 1996) zählen im weitesten Sinne auch zum Historienfilm. Sie beschäftigen sich mit einem anderen wichtigen Thema dieses Genres: mit den Mythen und Identifikationsmomenten der jeweiligen nationalen Geschichte. Dies kann eine Staatsgründung wie in *Die Geburt einer Nation* (1915) von David W. Griffith, dem ersten Meister des Historienfilms, sein oder die Eroberung eines neuen Kontinents wie in Carlos Sauras Konquistadorenepos *El Dorado* (1988). In John Fords *Der junge Mr. Lincoln* (1939) und Kurt Maetzigs *Ernst Thälmann – Sohn seiner Klasse* (1954) steht die nationale Heldenverehrung im Vordergrund; wie David Leans *Lawrence von Arabien* (1962), Bernardo Bertoluccis *Der letzte Kaiser* (1987) und die zahlreichen Filme über Jeanne d'Arc (Cecil B. DeMille, 1917; Dreyer, 1928; Fleming, 1948; Preminger, 1957; Bresson, 1961; Rivette, 1995; Besson, 1999) gehören sie zu den im Historienfilm beliebten → Biopics (Biographical Pictures) über das Leben bedeutender Persönlichkeiten. Historienfilme werden auch marktgerecht pünktlich zur Feier großer Jubiläen produziert, beispielsweise zum 500. Jahrestag der Entdeckung Amerikas (John Glens *Christopher Columbus – Der Entdecker*, 1991, und Ridley Scotts *1492 – Die Eroberung des Paradieses*, 1992).

Auf die historische Treue kommt es beim Historienfilm nicht immer an. Der erzählerische Freiraum ist groß und wird vor allem vom historischen → Melodram ausgenutzt. Die gleichnamige Herrscherin in Rouben Mamoulians *Königin Christine* (1933) hat mit ihrem historischen Vorbild ebenso wenig gemein wie der reale Napoleon mit der Leinwandfigur in Henry Kosters *Désirée* (1954), sondern beide werden für die Leinwand romantisiert. Die historische Genauigkeit spielt inzwischen jedoch eine zunehmend größere Rolle (mittlerweile werden die Berater in historischen Fachfragen im Abspann genannt). In Einzelfällen konnte und kann die Rekonstruktion in eine historische Detailversessenheit umschlagen, die bei Erich von Stroheim beispielsweise bis zur historisch korrekten Unterwäsche mit kaiserlichem Abzeichen für Statisten ging (*Der Hochzeitsmarsch*, 1928).

Trotz seines nicht immer eindeutigen Verhältnisses zur historischen Realität wurde der Historienfilm aufgrund seiner expliziten historischen Thematik als erstes Spielfilmgenre von Geschichtswissenschaftlern als Untersuchungsgegenstand akzeptiert. Da er zudem indirekt Informationen vermittelt über das Selbstverständnis und die Geschichtsauffassung vergangener Jahrzehnte, ist er heute ein wichtiger Bezugspunkt in der Diskussion zum Verhältnis von Film und Geschichte. In den 60er Jahren hatte Siegfried Kracauer den Historienfilm noch als unergiebig für diese Fragestellung und als »Maskerade« scharf abgelehnt. Neben Hollywood leistet sich heute nur noch Frankreich konsequent den Luxus von Großproduktionen mit nationalen Themen (Jean-Paul Rappeneaus *Cyrano von Bergerac*, 1989, und *Der Husar auf dem Dach*, 1995; Claude Berris *Germinal*, 1993, und Patrice Chéreaus *Die Bartholomäusnacht*, 1994, sowie Patrice Lecontes *Ridicule*, 1996).

Ursula Vossen

Literatur: Siegfried Kracauer: Theorie des Films. Die Errettung der äußeren Wirklichkeit. Frankfurt a. M. 1964. [Amerikan. Orig. 1960.] – Rainer Rother (Hrsg.): Bilder schreiben Geschichte. Der Historiker im Kino. Berlin 1991.

Hollywood. Hollywood war bis Ende der 30er Jahre ein Vorort von Los Angeles, in dem die wichtigsten Filmgesellschaften in den 10er Jahren ihre Studiogelände einrichteten. Davor war New York das Zentrum der amerikanischen Filmindustrie gewesen. Spätestens seit 1917 galt das nicht mehr. Ein kleines Dorf in Kalifornien wurde zum Zentrum des Kinos. Warum die Nähe zu Los Angeles, warum Hollywood? Eine erste Antwort: Es gab billiges Land und preiswerte Arbeitskräfte, vielfältige Schauplätze und ein mildes Klima. Für Hollywood als Drehort war aber auch wichtig, dass die Filmcrews schnell über die mexikanische Grenze ausweichen konnten, sobald sich Vertreter der Edison Co. näherten. Einer der Pioniere Hollywoods, Allan Dwan, dazu: »Die Company behauptete, sie hätte ein Patent auf die Schleife in der Filmkamera [die Latham Loop] und deshalb sollte niemand sonst die Kameras benutzen dürfen [...]. Doch die einzige Möglichkeit, uns zu stoppen, bestand darin, unsere Kamera zu zerstören. Also heuerten sie Revolvermänner an, die sich in den Hügeln versteckten oder wo wir sonst gerade waren. Sie schossen auf die Kameras, nicht auf uns, und zerstörten auf diese Weise eine ganze Menge Kameras. [...] Also [...] gingen wir in kleine, abgelegene Orte außerhalb von Los Angeles.«

Zu Beginn des 20. Jahrhunderts wurde das Kinogewerbe von Firmen beherrscht, die eigentlich eher das Interesse hatten, ihre technischen Erfindungen finanziell zu nützen. Die Firmen, die die Apparaturen herstellten, waren entweder mit den Firmen identisch oder aber in engem Kontakt, die auch die Filme produzierten: allen voran die Edison Manufacturing Co. (die 1896 die erste Vorführung veranstaltete und für die später u. a. Edwin S. Porter arbeitete, der 1903 erstmals Dokumentarisches mit Fiktivem mischte, in *Das Leben eines amerikanischen Feuerwehrmannes*), die American Mutoscope & Biograph Co. (die in den 90er Jahren die Patentrechte der Edison Co. nicht anerkannte und 1902 deswegen vor Gericht ging und gewann, sich dann als erste Gesellschaft 1906 in Los Angeles ansiedelte, zu deren wichtigsten Darstellern Florence Lawrence, Lillian Gish und Mary Pickford zählten und für die bis 1912 Mack Sennett und zwischen 1908 und 1913 auch David W. Griffith arbeiteten), die Essanay Film M. C. (für die G. M. Anderson 1906 seinen »Broncho Billy« erfand und Mitte der 10er Jahre auch Charlie Chaplin arbeitete), die Kalem Co., die Lubin Manufacturing Co., die Vitagraph Co. (die schon früh mit der Edison Co. kooperierte und in den 10er Jahren berühmt wurde durch ihre rasanten Slapstick-Filme, in deren Mittelpunkt der Tollpatsch Larry C. stand, die 1916 die Kalem Co. übernahm, 1925 aber selbst von Warner Bros. geschluckt wurde). 1908 schlossen diese Firmen sich zur Motion Picture Patents Company zusammen, dem Trust, dessen Kontrolle über die Branche noch wuchs durch die enge Zusammenarbeit mit der General Film Co., in der nahezu alle Verleihfirmen vereint waren, und dem Exklusivvertrag mit der Eastman Kodak Co., die das Filmmaterial lieferte.

Doch rasch widersetzten sich immer neue Independents dieser Monopolisierung. Auf Umwegen besorgten sie sich die nötigen Apparaturen, drehten ihre bis zu zehn Minuten

Die enorme Macht der Studios zwischen den 20er und den 50er Jahren äußert sich auch in Elementen ihrer architektonischen Selbstdarstellung. Der Eingang zum Gelände von Paramount Pictures wird durch eine Art römisches Triumphtor markiert, das mit Schmuckelementen besetzt das Pompöse und Prätentiöse des neuen Kulturbetriebs, der neuen Filmwirtschaft, demonstriert. Davor stehen links der Drehbuchautor und Regisseur Billy Wilder, im offenen kurzärmeligen Hemd, salopp, rechts neben ihm Rodolfo Loewenthal, Agent und Produzent (übrigens ein Emigrant aus Deutschland, der hauptsächlich in der mexikanischen Filmindustrie arbeitete), ordentlich gekleidet, in generöser Chefattitüde. Die Zufallsaufnahme spiegelt ein Konfliktverhältnis, das für Hollywood seit je konstitutiv war: die Polarität zwischen dem Produzenten, der das Geld beschafft und von daher auch weitgehenden Einfluss auf die Gestaltung des Films nehmen will, und dem Regisseur, der seine künstlerische Freiheit gegen die Übermacht der Ökonomie und ihre Ansprüche verteidigt.

langen Schaustücke und verliehen (oder verkauften) sie an mobile Spielstätten, fernab der Metropolen im Osten. Zwischen 1909 und 1917 kam es dann zum Krieg. Der Trust versuchte seine Machtstellung, die er über die Patente besaß, rigoros auf alle entstehenden Filme auszudehnen. Dafür scheuten seine Manager weder vor Korruption noch vor Gewalt zurück. Ganz brutal sollten Kapitalinteressen durchgesetzt werden.

Die »unabhängigen« Gesellschaften zogen wegen der ständigen Bedrohung durch den Trust nach Florida oder Kalifornien. Ein Vorteil dort war das natürliche Licht, das eine größere Beweglichkeit ermöglichte, ein zweiter die interessanten, abwechslungsreichen Schauplätze, die neben den einfachen Hütten, die als Studios dienten, Außenaufnahmen ermöglichten. Eine Veteranin Hollywoods dazu, die Darstellerin Lillian Gish: »Als ich zum ersten Mal nach Kalifornien kam, arbeiteten wir im Freien in einem alten Straßenbahn-Schuppen. Wir hatten weder elektrisches Licht noch Studios für Innenaufnahmen. Wir [...] spannten Tücher auf die Oberleitung, um die Sonneneinstrahlung zu regulieren. Gegen den Wind konnten wir nichts machen, und so hatten wir Innenaufnahmen, in denen alles flatterte. [...] Es musste alles ganz schnell gehen. Manchmal drehten wir eine Rolle Film an einem Tag. Mehr als zwei Tage hatten wir nie.«

Inzwischen gilt es eher als Legende, dass der Wechsel nach Kalifornien allein mit den Drohungen des Trusts zusammenhing. Auch Firmen, die dem Trust angeschlossen waren, siedelten nach und nach an die Westküste über: Biograph war schon 1906, Selig und seine Crews schon 1907 in Los Angeles, auch wenn ihre Zentralen weiterhin im Osten blieben. Fest steht, dass Anfang der 10er Jahre die (von heute aus gesehen) wichtigeren Filmleute in der Nähe von Los Angeles arbeiteten: David W. Griffith, Mack Sennett, die Brüder Ince, Adolph Zukor, Jesse Lasky, Cecil B. DeMille. 1919 entstanden nahezu 80% der amerikanischen Filme im Süden Kaliforniens.

Während die Firmen des Trusts an den bewährten, kurzen Einaktern festhielten, favorisierten die Independents (allen voran Adolph Zukor und Carl Laemmle, William Fox und Jesse Lasky) längere Filme, die differenziertere Geschichten erzählten. Und sie öffneten den Blick für die Welt um ihre Darsteller herum, machten deren Leben öffentlich und setzten sie gezielt für Werbezwecke ein, denn bereits in den 10er Jahren begann das Interesse für die Darsteller in den Filmen zu wachsen. Das Publikum wollte endlich wissen, für wen es schwärmte. Die anonymen Helden bekamen plötzlich ihr eigenes Gesicht. So wurde der → Star geboren.

Darüber vollzog sich die erste kopernikanische Wende des Kinos: Die mächtigen Gesellschaften der M.P.P.C., die sich dem Rummel um ihre Stars verweigerten, verloren – langsam, aber stetig – ihre Macht. Die neuen Studios aber, die auf längere Filme und auf ihre Stars setzten, erzielten Erfolge – in bis dahin unbekanntem Ausmaß. In den Jahren nach dem Ersten Weltkrieg konnten sich so die wichtigeren der Independents ökonomisch konsolidieren. Nach und nach nahmen sie selbst die Macht ein, die sie dem Trust entrissen hatten (dem 1917 aufgrund des »Sherman Anti-Trust Act« auch höchstrichterlich das weitere Wirken untersagt wurde), bauten ihre Stellung aus und errichteten ihre großen Studios.

Den frühen weiblichen Stars bekam ihr Erfolg allerdings nicht. Sowohl Florence Turner, dem Vitagraph-Girl, als auch Florence Lawrence, dem Biograph-Girl, stieg er allzu sehr zu Kopf. Die eine endete in der Gosse, die andere beging Selbstmord. Erst ihre Nachfolgerinnen konnten ihren Ruhm voll auskosten, allen voran das zweite Biograph-Girl: Mary Pickford. George Max »Broncho Billy« Anderson gilt (ab 1908) als der früheste Kino-Held, der mit schnellem Tun alles Innere übers Äußerste klärt – mal eher rabaukenhaft, mal eher liebenswürdig-melancholisch. Auch er hatte nur vorübergehend seine Glanzzeit, den Niedergang überstand er jedoch besser als seine weiblichen Kollegen. Ihm folgten William (Surrey) Hart (ab 1913), »Cheyenne Harry« Carey (ab 1915 bei D. W. Griffith) und Thomas »Tom Mix« Edwin (ab 1917).

Anfang der 20er Jahre erreichte das Starwesen neue Dimensionen: mit Rudolph Valentino, dem ersten »zartfühlenden Liebhaber«, dem Charmeur, Tänzer und Liebhaber par excellence. Valentino war Macho und Melancholiker zugleich, der erste Kino-Star, der vor allem suggerierte, was er zur Darstellung brachte. Wie kein anderer vor ihm und nur wenige nach ihm begeisterte und faszinierte Valentino die Massen. Er löste die ersten Hystcrien aus, für ihn wurden die ersten Fanclubs gegründet, er beeinflusste als erster Star nachhaltig die Mode. Als erstem Kino-Star widmeten Zeitungen, Zeitschriften, Fan-Magazine sich fast jedem Ereignis seines Privatlebens. Noch kurz vor seinem Tod nahmen die Nachrichten über den Verlauf seiner Krankheit breiten Raum ein. Er besaß, wie David W. Griffith bewundernd geschrieben hat, jenes »einzigartige, undefinierbare und unfassbare Etwas in der Ausstrahlung«, das »ihn zum Idol von Millionen Menschen rund um den Erdball machte«.

Hollywood blieb (im Vordergrund) verknüpft mit diesem Glamour seiner Stars – aber für immer auch untrennbar gebunden an die Filme, die in den 10er und 20er Jahren dort entstanden sind: Mack Sennetts Keystone-Slapstick, Thomas Inces Triangle-Western mit William S. Hart, Chaplins Tramp-Abenteuer, Buster Keatons Katastrophen-Visionen, auch Griffiths überlange Filme *Die Geburt einer Nation* (1915) und *Intoleranz* (1916), Erich von Stroheims epische Versuche *Närrische Weiber* (1922) und *Gier* (1924), John Fords erste Western, King Vidors elegische Parabel *Die große Parade* (1925). »Die Goldene Ära war die Zeit zwischen 1916 und 1928«, schreibt Kevin Brownlow. »In den Spitzenwerken glitzerte und glänzte die Aufnahme, Lichter und Filter verschmolzen zu magischen Effekten, bis die Kunst der Lichtgebung ihren Höhepunkt erreichte. Es waren nicht nur die Film-Stories oder die Stars, die der Leinwand ihre magische Wirkung verliehen. Es waren die Sorgfalt, die harte Arbeit, die Beharrlichkeit und das Können der Stummfilm-Techniker.«

Im Hintergrund aber bestand die Geschichte Hollywoods aus Intrigen und Gezänk um Macht, Einfluss und Profit. Die ehemaligen Independents mauserten sich zu Moguln der Filmindustrie, die ihrerseits, als die Filme in den 20er Jahren immer teurer wurden (und im Grunde allein die Verleihfirmen noch sichere Gewinne versprachen), sich mit Banken und Finanzmaklern arrangieren mussten. Sie formierten so die großen Hollywood-Studios, die jedes für sich einen ganz eigenen Stil entwickelten, gewährleistet durch ihre gezielt ausgesuchten Stars und den besonderen Touch ihrer Autoren, Regisseure und Kameraleute.

Das Hollywood-System entstand aus dem Zwang heraus, die vorhandenen Kinoketten ausreichend mit Filmen zu versorgen. Nachdem der abendfüllende Spielfilm sich durchgesetzt hatte, ging es darum, die Herstellung der Filme immer rascher und flüssiger zu gewährleisten. Thomas H. Ince war wohl der Erste, der den Produktionsablauf radikal rationalisierte. An der Spitze stand der Produzent, der das Projekt genehmigte, die Studioräume zur Verfügung stellte, Autoren, Architekten und Ausstatter beauftragte, den gewählten Stoff in Szenen umzusetzen, Kulissen und Kostüme zu entwerfen, und der schließlich dem Regisseur überließ, alles zu koordinieren. Beim Schnitt griff er dann wieder selbst ein. Irving Thalberg, das »Produktionsgenie« zunächst bei Universal, dann bei MGM, war der Perfektionist dieses anteiligen Arbeitens. Er nutzte sein Studio als Maschinerie, in der er so viele Regisseure, Autoren, Techniker engagierte, wie er gerade brauchte. Seine Devise lautete: »Filme werden nicht gedreht, sie werden nachgedreht.« Bei ihm war alles Material, wobei im Zentrum die Stars standen.

Zum Hollywood-System gehörte nicht nur die Produktion, sondern auch die Distribution und die Präsentation der Filme. Von den Studios (Universal, United Artists und Columbia) abgesehen, die sich auf Herstellung und Verleih beschränkten, waren die großen Majors darauf angewiesen, ihre Kinoketten mit Filmen zu versorgen. Als die Folgen der Depression 1929/30 auch die großen Filmfirmen erschütterten, suchten sie rasch mit rabiaten Geschäftspraktiken zu kontern: einerseits erhöhten sie die Anreize, indem sie immer häufiger Double Features anboten, also einen attraktiven Prestigefilm mit einem billig produzierten Genrefilm (B-Film) kombinierten; andererseits zwangen sie auch die unabhängigen Kinobesitzer zu Block- und Blindbuchungen und einigten sich untereinander auf regionale Absprachen ihrer Verleihbezirke. Dazu trieben sie die Standardisierung ihrer Produktionsmethoden weiter voran, so dass sie Ende der 30er Jahre die Höhe ihrer Macht erreichten: 75 % aller Spielfilme wurden von ihnen hergestellt; was ihnen 90 % der Kassen-Einnahmen und 95 % der Verleih-Einnahmen garantierte.

Carl Laemmle konnte 1909 als Erster seine Produktionsfirma, die Independent Motion Picture Co., etablieren, die er bis 1912 zur → Universal Pictures ausbaute. Schon 1915, im ersten Jahr seiner Universal City, entstanden über 250 Filme auf dem Studiogelände, überwiegend Zwei- und Dreiakter, die nicht sonderlich teuer waren, aber auf äußere Attraktionen Wert legten. Von Anfang war das Studio für Besucher geöffnet (die Universal Studio Tour kostete zu Beginn 25 Cents), die ein Lunch Bag erhielten und während der Dreharbeiten die Helden beklatschten, die Bösen ausbuhen durften. 1920 wurde Irving Thalberg Produktionschef. 1930 entstand das erste Outdoor All-Talkie: William Wylers *Galgenvögel*.

Universal blieb, auch wenn Laemmle Erich von Stroheim die ersten Filme ermöglichte, spezialisiert auf Genre-Filme, die mit minimalem Aufwand höchste Erträge versprachen, anfangs auf Western (mit Johnny Mack Brown oder Tom Mix), später auf Horrorfilme (von Tod Browning oder James Whale) und Melodramen (vor allem von John M. Stahl). 1937 drehte Henry Koster den ersten Film mit Deanna Durbin (*100 Männer und ein Mädchen*), die danach zum Liebling der Amerikaner avancierte. In den 40er Jahren arbeiteten u. a. George Marshall, Robert Siodmak, W. C. Fields, Abbott und Costello für Universal, in den 50er Jahren Jack Arnold, Anthony Mann, Douglas Sirk.

William Fox gründete 1912 einen eigenen Verleih. 1915 begann er auch zu produzieren (sein erster Produktionschef war Winfield Sheehan). 1917 eröffnete er sein erstes Studio in Hollywood. 1919 vereinte er Kinokette und Produktionsstudio zur Fox Film Corp. 1930 besaß William Fox 532 Kinos in den USA und 450 Kinos in Übersee, das Produktionsgeschäft florierte (er hatte u. a. Will Rogers und Shirley Temple unter Vertrag). Doch den Folgen der Depression konnte auch er nicht ausweichen: Er verlor sein Vermögen und nach und nach auch an Einfluss. 1932 übernahm Sidney Kent die Fox Corporation, ein Mann, der, wie Darryl F. Zanuck später erläuterte, »von Film keine Ahnung hatte«, aber ein »hervorragender Finanzmann« war. Um dieses Manko auszugleichen, trat Kent an Zanuck heran und bot ihm die Fusion mit seiner 20th Century Corp. an. So entstand 1935 die → 20th Century-Fox.

Zanuck begann sofort damit, das Studio zu reorganisieren. In den 40er Jahren ließ er mehr Filme in Technicolor produzieren als jeder andere Studioboss in Hollywood, wobei er auch kontroverse Themen aufgriff – jenseits von Illusion und Glamour im alten Stil. Seine Regisseure: Otto Preminger, Joseph L. Mankiewicz, Henry King, Elia Kazan, William A. Wellman.

Adolph Zukor gründete 1913 die Famous Players, ein Jahr danach akzeptierte er, seine Filme von W. W. Hodkinsons Paramount Corp. verleihen zu lassen. 1916 verband sich Zukor mit Jesse L. Lasky zu Famous Players-Lasky, die zu der Zeit wichtigste Produktionsgesellschaft längerer Filme (4-, 5-, 6-Akter). 1917 übernahm Zukor die Mehrheit bei der Verleihfirma Paramount (und integrierte so wieder Produktion und Distribution seiner Firma). 1927 schuf er die → Paramount Pictures. Zukor und Lasky zeichneten sich besonders dadurch aus, dass sie zuspitzten, was andere nur im Ansatz wagten: die Förderung der Stars, die Entscheidung zu längeren, auch überlangen Filmen, den Ausbau der Kinos übers ganze Land. In den 20er Jahren war Famous Players/Paramount auf der Höhe ihres Erfolgs. Das Studio unterhielt Ateliers in Los Angeles und New York, besaß einen weltweit operierenden Verleih und die erfolgreichste Kinokette, die Publix Theatres.

Filme von Paramount waren stets Visionen des schönen Scheins, Triumphe der Illusion: Kino, erschaffen als Spielwiese für geträumtes Leben, für zauberhafte, geheimnisvolle Geschichten. »If it's a Paramount picture, it's the best show in town.« In den 30er Jahren war Paramount besonders für seinen europäischen Stil bekannt – durch Filme von Josef von Sternberg und Ernst Lubitsch, bevor dann ab 1936, nach einer abgewendeten Krise, der neue Präsident Barney Balaban dem Studio wieder einen American Touch verlieh – durch die Stars Claudette Colbert und Carol Lombard, Bob Hope, Bing Crosby, Alan Ladd und die Regisseure Preston Sturges, Mitchell Leisen, Cecil B. DeMille, Frank Tashlin.

Die → Warner Bros. arbeiteten schon früh in der Branche, verdienten aber bis 1918 ihr Geld vor allem als Verleiher und Kinobesitzer. Ihre Spezialität war, europäische Filme in die USA zu holen und ins Kino zu bringen. 1923 gründeten sie die Warner Bros. Film Corporation: Harry wurde Präsident in New York, Albert kümmerte sich um den Vertrieb, Jack wurde Produktionschef in Kalifornien. 1925 übernahmen sie die Vitagraph Corp. und richteten ihr Studio in Burbank, Hollywood, ein. 1927 brachten sie mit *Der Jazzsänger*, der ein sensationeller Erfolg wurde, den ersten Tonfilm ins Kino. Ab 1930 zählten sie zu den »Big Five« der US Motion Picture Industry.

In den 30er Jahren waren die Warner bekannt für ihre mythischen Filme über Gangster und Polizisten im Dickicht der Großstädte, inszeniert von Mervyn LeRoy, Raoul Walsh oder William A. Wellman, verkörpert von James Cagney, Humphrey Bogart, Edward G. Robinson. Busby Berkeley choreographierte seine Musicals. William Wyler entwarf seine ersten kritischen Gesellschaftsdramen (mit Bette Davis). Und William Dieterle drehte seine Biopics. In den 40er Jahren wurden die Filme noch dunkler und die Botschaft noch düsterer, es wurde wie nirgendwo sonst auch politisch gedacht. 1939 entstand Anatole Litvaks *Ich war ein Spion der Nazis*, 1942 Michael Curtiz' *Casablanca*. Auch nach dem Ende des Zweiten Weltkriegs hielten die Warner an ihrem Grundsatz fest, ihren Filmen ein realitätsnahes Timbre zu geben. 1946 drehte Howard Hawks *Tote schlafen fest*, 1947 John Huston *Der Schatz der Sierra Madre*, 1949 Raoul Walsh *Sprung in den Tod*.

Marcus Loew reüssierte zunächst mit seiner Vaudeville Co. und wandte sich erst 1918 voll und ganz dem Kinogeschäft zu. Er baute eine Kinokette auf, übernahm 1920 die Metro Pictures und gründete 1924 Metro-Goldwyn-Mayer (→ MGM), die Kinokette (Loew's Inc.), Verleih (Metro) und Produktionsgesellschaft (Goldwyn) vereinte und der er bis zu seinem Tod 1927 vorstand. Danach wurde Nicholas Schenck Präsident, Louis B. Mayer Studioleiter, und als Produktionschef kam Irving Thalberg von Universal, dem später David O. Selznick folgte. MGM wurde innerhalb kürzester Zeit das erfolgreichste Studio in Hollywood – mit mehr Regisseuren unter Vertrag (u. a. Clarence Brown, George Cukor, Victor Fleming, King Vidor, Vincente Minnelli) und »more stars than there are in heaven«: Greta Garbo, Joan Crawford, Clark Gable, John Gilbert, Spencer Tracy, Judy Garland, Mickey Rooney. MGM war unter Hollywoods Glamour-Studios das prächtigste. Alles hatte höchsten Standard: überzeugende Darsteller, präzise konstruierte Stimmungen, äußerster technischer Einsatz, sorgfältigste Regie, glamouröse Fotografie (mit viel Kunstlicht).

Vor allem in den 30er Jahren entfalteten die MGM-Filme eine Atmosphäre präzis kalkulierter Künstlichkeit, alles wirkte überaus sauber, reich, glänzend – und glatt. Edmund Goulding drehte *Menschen im Hotel* (1932), das erste All Star-Movie, George Cukor *Die Kameliendame* (1937, mit Greta Garbo), Jack Conway *Saratoga* (1937, mit Jean Harlow), Victor Fleming *Junge über Bord* (1937, mit Spencer Tracy) und *Vom Winde verweht* (1939, mit Clark Gable), Ernst Lubitsch *Ninotschka* (1939, mit Greta Garbo).

→ United Artists wurde 1919 gegründet (von David W. Griffith und Douglas Fairbanks, Charlie Chaplin und Mary Pickford, die mehr Kontrolle über ihre Filme haben wollten). Das Studio hatte keine eigenen Produktionsateliers, da die vier Gründungsmitglieder allesamt ihre eigenen Ateliers besaßen. Der Anspruch war, in den ersten fünf Jahren alle Filme der Besitzer zu vertreiben (und in die verschiedenen Erstaufführungskinos der großen Ketten zu bringen). So drehte Griffith seine letzten 13 Filme für United Artists, darunter *Gebrochene Blüten* (1919), *Weit im Osten* (1920) und *Zwei Waisen im Sturm* (1922), Fairbanks 14 Filme, Pickford 16 Filme, Chaplin ab 1923 seine großen späten Filme, darunter *Goldrausch* (1925), *Lichter der Großstadt* (1931) und *Moderne Zeiten* (1936).

1926 wurde Joseph Schenck Präsident der United Artists. Ihm gelang es, Samuel Goldwyn an das Studio zu binden, den bedeutendsten unabhängigen Produzenten in der Geschichte Hollywoods, dazu für kurze Zeit auch Buster Keaton, in den 30er Jahren zudem Alexander Korda, David O. Selznick, Walter Wanger und Hal Roach.

Mitte der 20er forderte noch einmal ein Studio die damals Allmächtigen heraus: → Columbia, das Ende des Jahrzehnts sich etablieren konnte als eines der drei kleineren Studios (neben Universal und United Artists). Die Gründer des Studios: Harry und Jack Cohn, die ihre Firma fest im Griff hatten bis 1958, als die Zeit der klassischen Studios zu Ende ging. Harry Cohn hatte in den 10er Jahren als Vaudeville-Schauspieler und Sänger begonnen, während sein Bruder Jack sich als Werbefachmann, dann auch als Labortechniker und Cutter bei Laemmles IMP ausbilden ließ. 1919 gründeten beide zusammen mit dem Anwalt Joe Brandt die Firma Cohn-Brandt-Cohn Film Sales, die sich dann am 10. 1. 1924 zu Columbia Pictures Corp. erweiterte. Anders als Paramount, Warner oder MGM hatte Columbia nie ein Interesse an einer eigenen Kinokette, sondern investierte das eigene Geld gezielt in die Filmproduktion. Wie vor ihm vielleicht nur Adolph Zukor bestimmte Harry Cohn Aussehen und Alltag seiner Stars. Von Rita Hayworth und Rosalind Russell abgesehen, schieden wohl deshalb auch die meisten mit Cohn im Streit: Barbara Stanwyck (schon 1933), Irene Dunne, Katharine Hepburn (1938), Jean Arthur (1944) und Cary Grant (1940) – und zuletzt noch Kim Novak. Columbias wichtigster Regisseur war (ab 1927) Frank Capra, der 1934 mit *Es geschah in einer Nacht* einen überragenden Erfolg erzielte.

Als Letztes der großen Studios wurde 1928 Radio Keith Orpheum (→ RKO) gegründet: durch Vereinigung von J. Kennedys Film Booking Office of America, von David Sarnoffs Radio Corp. of Amerika, die das Tonsystem beisteuerte, und der Kinokette Keith, Albee & Orpheum-Theatre Corp. Das Studio war von Anfang an Teil eines riesigen Unterhaltungskonzerns, der nicht nur Filme, sondern auch Radio, Schallplatten und Musikverlage umfasste. So gehörte es bereits ein Jahr nach siner Gründung zu den »Big Five« Hollywoods. 1931 entstand Wesley Ruggles *Cimarron*, für den das Studio seinen ersten Oscar erhielt, 1933 *King Kong und die weiße Frau*. Zwischen 1934 und 1938 tanzten Fred Astaire und Ginger Rogers durch ihre Musicals. Leo McCarey und George Stevens drehten ihre Tragödien und Melodramen. Und nur bei RKO konnte 1941 Orson Welles sein grandioses Kino-Debüt *Citizen Kane* realisieren – und Val Lewton seine mysteriösen Low-Budget-Horrorfilme, seine irritierenden schwarzweißen Licht- und Schattenspiele, inszeniert von Jacques Tourneur, Mark Robson und Robert Wise.

Die 40er Jahre gelten als das goldene Zeitalter von RKO. Auch wenn MGM und Paramount, Fox und Warner größere Profite erzielten, konnte RKO den fünften Platz unter den Studios sicher halten – weit vor Universal. Die interessantesten Filme dieser Zeit: Jean Renoirs *Dies ist mein Land* (1943), Robert Siodmaks *Die Wendeltreppe* (1945), Hitchcocks *Berüchtigt* (1946), Leo McCareys *Die Glocken von St. Marien* (1945), Lewis Milestones *The North Star* (1943) und William Wylers *Die besten Jahre unseres Lebens* (1946).

Bis 1948, als der Supreme Court die Studios zwang, sich auf Produktion und Distribution ohne Block- und Blindbuchung zu beschränken und sich von ihren Kinoketten zu trennen, wurde die gesamte Branche von diesen acht Studios, den »Big Five« und »Little Three«, beherrscht. Nach dem Zweiten Weltkrieg aber nahmen die Zuschauerzahlen rapide ab. Die Studios konnten ihre Stars, ihre Autoren und Techniker nicht mehr längerfristig binden. Die alte Zweiteilung von Prestige- und B-Filmen zog nicht mehr. Und die einzelnen Filme wurden immer teurer. So büßten Mitte der 50er Jahre diese Studios nicht nur ihre marktbeherrschende Macht, sondern auch ihren allseits vertrauten, homogenen Stil ein. Mit dem Ende des Studiosystems schwand auch rasch der alte Glamour Hollywoods.

Ab Mitte der 50er Jahre nahmen unabhängige Produzenten, seit den frühen 60er Jahren auch größere Künstleragenturen immer mehr Einfluss auf Hollywoods Filme. RKO stellte 1957 seine Produktion ein, nachdem es keinem der vielen Eigentümer (u. a. Howard Hughes) gelungen war, es Gewinn bringend zu erneuern. Andere Studios wurden nach und nach von Magnaten oder Konzernen übernommen: Universal 1962 von Music Corporation of America (MCA), die das Filmstudio als Teil ihres umfassenden Unterhaltungsimperiums verstand und einsetzte und ihrerseits 1990 von Matsushita Electric Industrial Company aufgekauft wurde; Paramount ging 1966 an Gulf & Western; United Artists 1968 an Transamerica Corporation; Warner 1967 an Seven Arts, die 1969 mit Kinney National Services fusionierten und 1989 von Time/Life Inc. übernommen wurden; MGM wurde 1968 von Kirk Kerkorian gekauft, 1981 mit United Artists verbunden, 1985 von Ted Turner übernommen, 1990 an Pathé Communications, 1992 an die französische Bank Crédit Lyonnais verkauft, die das Studio 1996 wieder Kirk Kerkorian überließ; 20th Century-Fox ging 1981 an Marvin Davis, der das Studio 1985 an den australischen Medienzar Rupert Murdoch übergab; Columbia Pictures gehörte ab 1982 zunächst zur Coca Cola Company, die das Studio 1989 an Sony Corporation weiterverkaufte.

Seitdem ist Hollywood nicht mehr, was es einst war: ein geniales, hoch kapitalisiertes System, das industriell geträumte Abenteuer für die gesamte Welt fabrizierte und sie an den entlegensten Orten zur Aufführung brachte, wieder und wieder – entwickelt aus einer begrenzten Menge akzeptierter Genres (die unendlich zu variieren waren) und einer überschaubaren Anzahl glamouröser Stars.

Norbert Grob

Literatur: Benjamin Hampton: A History of the Movies. New York 1931. – Leo C. Rosten: Hollywood – The Movie Colony. The Movie Makers. New York 1941. – Siegfried Kracauer: Theorie des Films. Die Errettung der äußeren Wirklichkeit. Frankfurt a. M. 1964. [Amerikan. Orig. 1960.] – Kevin Brownlow: Pioniere des Films. Vom Stummfilm bis Hollywood. Basel / Frankfurt a. M. 1997. [Amerikan. Orig. 1968.] – Hans C. Blumenberg: Hollywood: Fluchtort – Gründung und Aufstieg. WDR 3. Köln 1972. – Günter Peter Straschek: Handbuch wider das Kino. Frankfurt a. M. 1975. – Tino Balio: The American Film Industry. Madison 1976. – Bruce Torrence: Hollywood: The First 100 Years. Hollywood 1979. – Stiftung Deutsche Kinemathek (Hrsg.): Valentino. Berlin 1979. – Zelda Cimi / Bob Crane: Hollywood. Land and Legend. Westport 1980. – Budd Schulberg: Moving Pictures: Memories of a Hollywood Prince. New York 1981. – Rudy Behlmer: America's Favorite Movies. New York 1982. – John L. Fell: Film before Griffith. New York 1983. – Stephen Farber / Marc Green: Hollywood Dynasties. New York 1984. – Robert B. Ray: A Certain Tendency of the Hollywood Cinema. Princeton 1985. – Douglas Gomery: The Hollywood Studio System. London 1986. – Michael Webb (Hrsg.): Hollywood: Legend and Reality. New York 1986. – Dieter Prokop: Hollywood, Hollywood. Köln 1988. – Thomas Schatz: The Genius of the System. New York 1988. – Thomas Elsaesser (Hrsg.): Early Cinema: Space, Frame, Narrative. London 1990. – Donald Knox: The Magic Factory. New York 1993. – Kristin Thompson / David Bordwell: Film History. An Introduction. New York 1993. – Richard Maltby / Jan Craven: Hollywood Cinema. An Introduction. Oxford 1995.

Horrorfilm. Genre aus dem Bereich des → phantastischen Films, das durch die Stimulation von Urängsten im Zuschauer Angstge-

fühle erzeugen will. Zu diesem Zweck bedient sich der Horrorfilm einer Palette unterschiedlicher Erzählmuster und Symbole:
1) Übernatürliche Mächte (Geister) oder Wesen (»Monster«) bedrohen die Lebensgemeinschaft der Protagonisten (Überschneidungen zum → Science-Fiction- – und Fantasy-Film).

2) Das Innenleben des wahnsinnigen oder psychisch verwirrten Protagonisten wird für den Zuschauer visualisiert (Überschneidungen zum → Thriller: *Wenn die Gondeln Trauer tragen*, 1973, R: Nicholas Roeg).

3) Die Bedrohung durch destruktive Menschen nimmt alptraumhafte Züge an (Terrorfilm, Überschneidungen zum → Splatterfilm: *Blutgericht in Texas*, 1974, R: Tobe Hooper).

4) Übernatürliche Mächte ergreifen Besitz vom Protagonisten und lassen ihn zur Bedrohung werden (Besessenheit, z. B. in *Der Exorzist*, 1973, R: William Friedkin, oder *Angel Heart*, 1986, R: Alan Parker); hier wäre auch das Wiedergänger- und Vampir-Motiv anzusiedeln.

5) Intrigen und Komplotte führen zur Vorspiegelung der erwähnten ›schockierenden‹ Ereignisse (Überschneidungen zum Psychothriller, z. B. in *Wiegenlied für eine Leiche*, 1964, R: Robert Aldrich).

6) Fluchbeladene Orte oder Objekte führen zu einer Heimsuchung der Protagonisten (»haunted house«-Motiv, z. B. in *Bis das Blut gefriert*, 1960, R: Robert Wise).

Die Auffassung des Begriffes »Horror« (Grauen) hat sich über die Jahrzehnte verändert, und somit auch die Stilmittel des Genres. Schon im Stummfilm wurden klassische literarische Stoffe von Robert Louis Stevenson und Bram Stoker als Grundlage für frühe Genreexperimente genommen: John Robertsons *Dr. Jekyll und Mr. Hyde* (1920) oder Friedrich Wilhelm Murnaus *Nosferatu – Eine Sinfonie des Grauens* (1922). Im deutschen Expressionismus, dessen prominentestes Beispiel ebenfalls ein Horrorfilm ist, *Das Cabinet des Dr. Caligari* (1920), wurde hauptsächlich mit atmosphärischer Ausleuchtung und Maske versucht, Schrecken zu erzeugen. Auch die große Welle an amerikanischen Horrorfilmen in den 30er Jahren blieb von diesen Genrekonventionen nicht unberührt. Tod Brownings *Dracula* und James Whales *Frankenstein* (beide 1931) vereinigten ebenso wie Rouben Mamoulians *Dr. Jekyll und Mr. Hyde* (1932) extreme Schattenspiele mit zeitgenössischer amerikanischer Filmtechnik und zum Teil subtiler Schauspielkunst bei den ›Verwandlungen‹ auf offener ›Szene‹; sie gelten seitdem als Meilensteine dieses Genres. Insbesondere die Gestaltung der Kreaturen prägt heute noch die populäre Vorstellung von diesen Figuren. Einen der prototypischen Klassiker des frühen Horrorkinos schuf James Whale 1935 mit *Frankensteins Braut*, in dem auch erstmals Spezialeffekte (in der Realisierung der Homunculi) eine große Rolle spielten.

Die 40er Jahre waren bestimmt von den atmosphärisch stimmigen und bereits stark psychologisierenden Filmen Val Lewtons (Produktion) und Jacques Tourneurs (Regie, z. B. *Katzenmenschen*, 1942), die gern als Paradestücke des Gruselkinos zitiert werden, nach heutigen Maßstäben aber sehr diskret wirken. Erst die 50er Jahre brachten entscheidende Neuerungen. Beeinflusst von den neuen Ängsten des Atomzeitalters betraten »Strahlenmutationen« aus Japan die Leinwand (Inoshiro Hondas *Godzilla*, 1955). Die Grenze zum Science-Fiction-Film wurde hier durchbrochen. Auch in Amerika fanden sich Ausläufer dieses Subgenres (*Formicula*, 1954, R: Gordon Douglas). Maßgeblicher war jedoch die soziale und ideologische Verunsicherung durch die McCarthy-Ära, die in solch alptraumhaften Visionen wie Don Siegels *Die Dämonischen* (1956) nachträglich einen deutlichen Niederschlag fand. Hier wird die Frage nach der gesellschaftlichen Normalität aufgegriffen und beängstigend nihilistisch beantwortet. In einer Welt der sich unaufhaltsam ausbreitenden Gleichschaltung wird der Freidenkende zur Anomalie und muss fliehen.

Bereits Ende der 50er Jahre begann die englische Hammer Film Production, mit ihren mehr auf die Visualisierung von spektakulären Schauwerten ausgerichteten Verfil-

Frankensteins Braut (1935, R: James Whale): Boris Karloff

Gegen Ende der 20er Jahre etablierte sich in Hollywood das neue Genre des Horrorfilms – nicht zuletzt, weil einige Schauspieler in ihrer jeweiligen Maske regelrecht als Ikonen des Schreckens figurierten, die in die Filmgeschichte, sogar in die gesamte Kulturgeschichte Einlass fanden. Zu ihnen gehört der Schauspieler Boris Karloff in der Maske von Frankensteins Monster: Die traurigen Augen, die feinen Züge stehen in eigentümlichem Widerspruch zu dem Groben des Umrisses, dem Übergroßen des Kopfes und der auf dicke Sohlen gestellten mageren Gestalt. Das Ungeheuer stolpert durch eine Welt, in der es aus Angst verachtet, abgelehnt und verfolgt wird. Dass es sich gegen diese Pein des Ausgestoßenseins manchmal brutal, oft ahnungslos, zur Wehr setzt, muss nicht verwundern. Selbst eine künstlich geschaffene Frau erschrickt vor ihm, als sie ihn zu Gesicht bekommt. Frankensteins Monster ist der einsamste aller Männer – diese vollständige Isolation und die Abwehr, die er erregt, haben etwas mit der Erfahrung der Moderne zu tun, einer Art von »Geworfensein« (Heidegger) in eine radikale Außenseiterposition.

mungen von *Dracula* und *Frankenstein* die klassische Variante abzulösen. Sie kreierten eine neue Generation der »Horrorstars«, Christopher Lee und Peter Cushing, die den Platz von Boris Karloff und Lon Cheney einnahmen. Terence Fisher schuf als Regisseur die bedeutendsten Werke dieser Reihe, die bis in die 70er Jahre fortgesetzt wurde.

Den möglicherweise ersten Horrorfilm modernen Zuschnitts präsentierte Alfred Hitchcock 1960 mit *Psycho*, in dem Anthony Perkins einen bewusstseinsgespaltenen Serienmörder spielt. Schon der Kunstgriff, die Protagonistin vor der Hälfte des Films ermorden zu lassen, weist auf die Body-count-Dramaturgie der → Serial-Killer-Filme voraus, die nur knapp umrissene Charaktere gleich reihenweise beseitigen ließ. Obwohl die scharfgezeichnete Schwarzweißfotografie Bezüge zur Tradition der Gothic Fiction (»haunted house«-Motiv usw.) und zum Horrorfilm der 30er Jahre aufweist, herrscht in der Inszenierung psychischer Gewaltakte bereits eine bemerkenswerte Direktheit. Im

Zuge des »Psycho-Syndroms«, wie Georg Seeßlen es nennt, entstanden weitere Meisterwerke wie *Ekel* (1964) von Roman Polanski oder mehrere Thriller von Robert Aldrich. Alle diese Filme bedienen sich der narrativen Konstruktionen des Psychothrillers, übersteigern jedoch die Terrormomente fast ins Surreale. Michael Powell präsentierte mit seinem bereits ein Jahr vor *Psycho* entstandenen Psychothriller *Augen der Angst* eine erschreckende Kongruenz zwischen der Sexualneurose des »Helden« (Karlheinz Böhm) und seiner manischen Mordlust. In seiner Funktion als Kameramann, der den Augenblick der Angst im Gesicht seines Opfers angesichts einer tödlichen Bedrohung filmen möchte, reflektierte er zudem auf groteske Weise die tiefenpsychologischen Motivationen der Genrekünstler.

Die letzten bedeutenden Ausläufer des »klassischen« Horrorfilms stellen Jack Claytons *Schloß des Schreckens* (1961) und *Bis das Blut gefriert* (1963) von Robert Wise dar. Hier besannen sich die Filmemacher noch einmal auf die atmosphärischen Qualitäten der Val-Lewton-Produktionen und mischten sie mit dem viktorianischen Flair der britischen Gothic-Phantasie.

Die weltweite Lockerung der Zensurebestimmungen Ende der 60er Jahre führte schließlich zu einer deutlichen Brutalisierung der Gräuelbilder und zur Entstehung des → Splatterfilms. Beeinflusst von diesen ästhetischen Strömungen aus dem Undergroundfilm suchten viele junge Regisseure nach neuen Vermittlungsmöglichkeiten ihrer Schreckensvisionen. Der früh verstorbene Michael Reeves steigerte die Konventionen der Hammer-Produktionen in *Der Hexenjäger* (1968) und entfachte eine ganze Welle ähnlicher Produktionen. In Amerika entpuppte sich Tobe Hoopers Terrorfilm *Blutgericht in Texas* (1974) als Schlüsselproduktion, die Spannungssteigerung aus einem möglichst großen Potential an Verunsicherung und Quälereien bezog. Durch intensive Nutzung schneller Bildmontagen und schriller Klänge wird der Zuschauer selbst zum Opfer. Die zeitgenössische Kritik vermutete in diesen extremen Ausdrucksformen einen Reflex auf die Geschehnisse des Vietnamkrieges.

In diesen Zeitabschnitt fällt auch die geheime Blüte der französischen und italienischen Horrorproduktion. Jean Rollin drehte für minimale Budgets nahezu lyrisch-verträumte erotische Vampirmärchen (*Die nackten Vampire*, 1967). Zur Kultfigur des italienischen Horrorkinos avancierte Mario Bava, der sich sowohl den phantastischen Strömungen (*Die Stunde, wenn Dracula erwacht*, 1964), als auch den Psychothrillern anschloß (*Blutige Seide*, 1963). Er bediente sich vornehmlich farbenprächtiger Tableaus, in denen die Gewalt ästhetisiert pittoreske Züge annimmt. Zu seinen stilistischen Erben zählen Dario Argento (*Horror Infernal*, 1980) und Michele Soavi (*The Church*, 1990), die dem modernen italienischen Horrorfilm eine eigene Identität bewahren konnten.

Mit den überwältigenden finanziellen Erfolgen von Steven Spielbergs Monsterfilm *Der weiße Hai* (1974) und William Friedkins Besessenheitsdrama *Der Exorzist* (1974) begann der Einzug des Horrorfilms ins populäre Kino. Aufwendige Spezialeffekte wurden immer bedeutender. Auch hier wurden erneut Urängste angesprochen (z. B. die Angst vor den unbekannten Tiefen des Meeres), jedoch mit komplett anderen Stilmitteln. Immerhin war das Horrorgenre in dieser neuen Blütezeit salonfähig geworden. Brian De Palmas übersteigertes Pubertätsdrama *Carrie* (1976), in dem der düster-destruktive Habitus zeitgenössischer Genrebeiträge erstmalig einem ästhetisierenden Weichzeichnerstil wich, der das Geschehen als traumgleichentrückt erscheinen lässt, wurde schnell als Meisterwerk gefeiert, und sogar angesehene Regiestars wie Stanley Kubrick schreckten nicht mehr vor Horrorstoffen zurück (*Shining*, 1980). Die kreativen Möglichkeiten, die das Spiel mit der Angst bot, waren endlich akzeptiert und wurden genutzt.

Die Schwemme von Splatterfilmen in den späten 70er Jahren brachte den Horrorfilm jedoch erneut in Verruf. Nur wenige potentielle Klassiker entstammen dieser Ära;

John Carpenter legte mit *Halloween* (1978) die Spielregeln der sog. Teenie-Slasher-Filme fest und George A. Romero entwarf mit seiner apokalyptischen Gesellschaftsvision *Zombie* (1978) das Szenario für eine ganze Reihe vornehmlich italienischer Plagiate. Vor allem das filmische Tabu der Darstellung des Kannibalismus wurde in der Flut von südeuropäischen Zombie- und Kannibalenfilmen (z. B. *Nackt und zerfleischt*, 1979, R: Ruggero Deodato) vielfach durchbrochen. Trotz hilfloser Restriktionen von staatlicher Seite erfreuen sich diese »Genrebastarde« noch heute hoher Beliebtheit beim spezialisierten genreorientierten Publikum.

Der Horrorfilm der 70er Jahre suchte mehr denn je nach filmischen Manipulationsmechanismen und erreichte mitunter fast experimentelle Qualität: Friedkin arbeitete z. B. mit $1/24$tel Sekunde langen Einblendungen von Teufelsfratzen, die der Zuschauer nur unterbewusst wahrnehmen sollte; *Alien – Das unheimliche Wesen aus einer fremden Welt* (1979) von Ridley Scott ist über weite Strecken mit dumpf pochenden Herzschlägen unterlegt; überhaupt stammt die Verwendung monströs verfremdeter Geräusche aus dieser Dekade des Filmschaffens.

Die 80er Jahre brachten die Horrorfilmwelle langsam zum Erliegen. Neben unbedeutenden kleinen Genreproduktionen erregten lediglich einige äußerst aufwendig produzierte Werke wie *Die Fliege* (1987) von David Cronenberg oder *Angel Heart* (1986) von Alan Parker Aufsehen bei Publikum und Kritik. Stilistisch neu war die Selbstreflexion des Mediums in einerseits satirischen Filmen wie *Videodrome* (1983) von Cronenberg, in dem blutrünstige Videoproduktionen zum Suchtfaktor werden, und andererseits den klamaukartigen Variationen des Splatterfilms, dem mit Peter Jacksons neuseeländischer Zombiegroteske *Braindead* (1992) ein Endpunkt gesetzt werden sollte. Ab 1996 bekam zumindest der Teenie-Slasher-Film durch den Erfolg von Wes Cravens »Scream«-Reihe neuen Auftrieb.

Marcus Stiglegger

Literatur: Georg Seeßlen: Kino der Angst. Reinbek bei Hamburg, 1980. – Ronald M. Hahn / Volker Jansen: Lexikon des Horrorfilms. Bergisch Gladbach 1985. – Norbert Stresau: Der Horrorfilm. Von Dracula zum Zombie-Schocker. München 1987. – Hans D. Baumann: Horror. Die Lust am Grauen. Weinheim/Basel 1989. – Phil Hardy (Hrsg.): Horror. The Aurum Film Encyclopedia. London 1993.

Impressionistischer Film. Der Begriff bezeichnet kein einheitliches Epochenphänomen, sondern eher eine diffuse filmästhetische Zielsetzung, bei der die Elemente des Impressionistischen nur der ungefähren künstlerischen und programmatischen Orientierung dienen. Er bezieht sich vor allem auf den französischen Film der 20er Jahre, auf Regisseure wie Germaine Dulac, Louis Delluc, Jean Epstein, Abel Gance, Marcel L'Herbier, Dimitri Kirsanoff u. a. In dieser mitunter auch »première avantgarde« genannten locker verbundenen Gruppe war die Berufung auf die impressionistische Malerei des 19. Jahrhunderts und die Musik Debussys (Delluc, L'Herbier) zunächst ein wichtiges Element der eigenen Standortbestimmung, bis dann Filmkritiker und Filmhistoriker (Henri Langlois, Georges Sadoul) die Benennung gebräuchlich machten. Die Orientierung am Impressionismus des 19. Jahrhunderts gewinnt ihre Berechtigung durch ein vergleichbares kritisches Verhältnis zur Tradition. Die Abkehr impressionistischer Maler wie Claude Monet und Alfred Sisley von den ›erzählenden‹ Sujets der zuvor herrschenden Akademiekunst und der Verzicht auf das Konzept einer zeitlich und räumlich stabilen Wirklichkeit finden ihre Entsprechung im Bemühen der genannten Regisseure, den Film aus seiner Bindung an herkömmliche theatrale Darstellungsformen und an lineare, streng kausale Handlungs- und Erzählmuster zu befreien. Stattdessen suchte man, wiederum in struktureller Analogie zum malerischen Impressionismus, eine primär am momentanen subjektiven Erleben interessierte filmische Ästhetik, welche die Realität als dynamisches, vielperspektivisches Kontinuum punktueller Eindrücke und flüchtiger Impressionen begreift. Die physische Konsistenz der Dinge verschwimmt. Sie weicht dem Changieren wechselnder Sinnesreize, in denen der Fluss des Erlebens materielle Gestalt gewinnt. Die von der Kamera erfassten Realien vertreten nicht mehr eine verlässliche ›objektive‹ Wirklichkeit, sie dienen der extrem nuancierten Projektion seelischer Zustände. Das Filmbild, in seiner Verweisfunktion nun von sekundärer Bedeutung, etabliert sich als ästhetisches Gebilde mit eigenwertiger sinnlicher Präsenz. Damit bereitet der impressionistische Film zugleich dem Cinéma pur (→ Avantgardefilm) den Weg (Dulacs *Disque No. 957*, 1928).

Die angestrebte Subjektivierung führt in der Praxis zu einer Fülle filmästhetischer Verfahren, die den stilgeschichtlichen Ort des impressionistischen Films markieren. Die Formintention des »mouvement des choses« (Epstein) zeigt sich in der Hinwendung zum Pleinair wie auch in der Bevorzugung geeigneter Gegenstandsbereiche: Nebelschwaden, ziehende Wolken, das Spiel von Licht und Schatten auf Blättern, Regentropfen und auf bewegter Wasserfläche (Kirsanoffs *Brumes d'automne*, 1928; Dulacs *Die lächelnde Madame Beudet*, 1923; Joris Ivens' *Pluie*, 1929). Solche Dynamisierung erfasst auch die vom Menschen erzeugte Dingwelt, wobei vor allem das neue Tempo der urbanen und technischen Realität ins Blickfeld gerät: das Pulsieren der Großstadt (Alberto Cavalcantis *Rien que les heures*, 1926), die Eisenbahnen mit ihrem Stakkato der Räder und Pleuelstangen (Abel Gances *Das Rad*, 1923). Die formalen und stilistischen Intentionen des impressionistischen Films, schon vorgeprägt bei Regisseuren wie David W. Griffith und Victor Sjöström, tragen solcher Dynamisierung und Subjektivierung Rechnung: beschleunigte Montage, abrupt wechselnde Einstellungen, Zeitraffer, eine extrem mobile, bei Gance mitunter sogar geschleuderte Kamera. Die beabsichtigte Destabilisierung verlässlicher Realitätswahrnehmung führt zu einer differenzierten Handhabung des Lichts: bewusst erzeugte Unschärfe, Doppelbelichtung, Weichzeichnereffekte, Experimente mit Lichtbrechungen (Gances *Der Wahnsinn des Dr. Tube*, 1915). Dem entspricht oft eine nichtlineare, antikausale Zeitgestaltung in Form von unvermittelten Zeitsprüngen und assoziativen Erinnerungsfetzen. In solchem Perspektivismus manifestiert sich das momentane und fluktuierende Erleben der Protagonisten und Protagonistinnen, die der impressionistische Film zumeist als zwar hochsensible, aber psychisch unstete Charaktere vorführt.

Horst Fritz

Literatur: Georges Sadoul: Histoire de l'art du cinéma des origines à nos jours. Paris 1955. [Dt. 1957.] – Sophie Daria: Abel Gance. Hier et demain. Paris/Genf 1959. – Marcel Tariol: Louis Delluc. Paris 1965. – Jean-Pierre Brossard: Marcel L'Herbier et son temps. La Chaux-de-Fonds 1980. – Richard Abel: French Cinema. The First Wave, 1915–1929. Princeton 1984. – Richard Abel: French Film. Theory and Criticism. Bd. 1: 1907–1929. Princeton 1988.

Independent-Film. Der Terminus meint zweierlei: erstens die Filme von Regisseur(innen), die unabhängig von den großen kommerziellen Produktionsfirmen (etwa denen → Hollywoods) und Verleihern hergestellt und auch vertrieben werden, um größtmögliche ästhetische Unabhängigkeit und Abweichung von der Dramaturgie und Äs-

Das Frühstück im Grünen (1959, R: Jean Renoir)
Durch die ganze französische Kunstgeschichte zieht sich die Paradies-Idee, wobei das Paradies auf Erden als schöner Garten, als teils verwilderte, teils kultivierte Landschaft für Zivilisationsflüchtlinge vorgestellt wird. Der Traum von Licht und Schatten einer wärmenden Sommersonne auf einem Haus im Grünen, weitab von den Städten, bezauberte nicht nur die Maler der impressionistischen Generation im 19. Jahrhundert, sondern auch etliche französische Filmemacher. Jean Renoir, einer der Söhne Auguste Renoirs, hat sich wiederholt mit dieser Idee des einfachen Lebens auf einem idyllischen Schauplatz beschäftigt. Dass das Leben zwischen friedlich gackernden Hühnern und alten Bäumen schön sein kann, eine Befreiung vom Großstadtqualm und hochgestochenen intellektuellen Diskursen aller Art, davon will auch Renoirs zweite Version von *Das Frühstück im Grünen* überzeugen – ein beinahe konservatives und romantisches Konzept vom ›alternativen‹ Leben, das auf verführerische Weise Entlastung von den Bedrängnissen der Moderne und Rückkehr zur Natur verspricht.

thetik des internationalen Mainstream-Kinos zu erreichen. Vor allem → Avantgarde- und Experimentalfilme, aber auch innovative → Dokumentarfilme entstehen in der Regel als unabhängige Produktionen. Undergroundfilme (→ Avantgardefilm), also oft Kurzfilme mit avanciertester Ästhetik und/ oder provozierenden Inhalten, die im Kino oder im Fernsehen nie eine Abspielstätte fänden, sind als Independent-Filme im engsten Sinn zu bezeichnen. Der amerikanische Filmwissenschaftler Scott MacDonald rechnet denn auch nur Filmavantgardisten wie Yoko Ono, Laura Mulvey und Peter Wollen, Michael Snow, Yvonne Rainer und Jonas Mekas zu den Independent Filmmakers.

Der Begriff ist von der Filmkritik und der Filmgeschichtsschreibung in den letzten beiden Jahrzehnten jedoch erweitert worden und umfasst jetzt auch die Werke von Regisseuren, die von kleinen Produktionsfirmen oder in eigener Produktion und unabhängig von den ästhetischen und kommerziellen Zwängen der Filmindustrie hergestellt werden, dennoch aber durch professionellen Vertrieb ein größeres Publikum suchen und auch finden. So erlangte etwa Quentin Tarantino mit *Reservoir Dogs – Wilde Hunde* (1992) und vor allem mit *Pulp Fiction* (1994), der in Cannes mit der Goldenen Palme ausgezeichnet wurde, als Regisseur, Autor und Darsteller Kultstatus und bewies, dass auch unabhängig produzierte Filme kommerziell erfolgreich sein können. Mit Tarantino setzte geradezu ein Boom des Independent-Film ein, der wohl in der dänischen Dogma 95-Bewegung gipfelt und zum Trademark wurde, wodurch mit dem Dogma-Zertifikat versehene kleinste, auf Video gedrehte und minimal budgetierte Filme in die Kinos kommen, auch wenn sie ästhetisch weit entfernt sind von den Konventionen herkömmlicher Spielfilme.

Dem erweiterten Begriff folgend entwarf die Filmgeschichtsschreibung inzwischen eine stattliche Ahnenreihe des Independent-Films, die mit der Gründung der United Artists Corporation im Jahr 1919 durch Charles Chaplin, David W. Griffith, Mary Pickford und Douglas Fairbanks beginnt. Sie wollten autonom und in künstlerischer Freiheit in Hollywood arbeiten. Die Geschichte setzt sich fort mit den so genannten Maverick-Directors: Regisseuren, die zwar innerhalb des Studiosystems in Hollywood arbeiteten, aber sich nicht ›zähmen‹ ließen und keine Kompromisse eingingen, wie etwa Orson Welles oder Samuel Fuller. Regisseure wie John Ford, Howard Hawks, Alfred Hitchcock und Billy Wilder hingegen nutzten ihren Erfolg, um als eigene Produzenten in Hollywood unabhängig und frei ihren Individualstil zu entwickeln. Auch ein Produzent wie Walter Wanger, der in den 40er Jahren mit dem Emigranten Fritz Lang zusammenarbeitete und nach der McCarthy-Ära u. a. den Film *Die Dämonischen* (1956) des Maverick-Directors Don Siegel produzierte, wird inzwischen als »Hollywood Independent« (Bernstein) gewürdigt. Der Schauspieler und Filmregisseur John Cassavetes ist für viele Vertreter des Independent-Films zur Ikone geworden. Mit seinem Debüt *Schatten* (1959), einem inhaltlich und formal gegen alle Konventionen des Classical Hollywood verstoßenden Film, der weitgehend selbst und durch Spenden finanziert wurde, inspirierte Cassavetes das → New American Cinema, die Bewegung, die dezidiert Abstand zu Hollywood wahrte, um höchst persönliche Filme machen zu können. Kenneth Angers mystisch-erotische Kurzfilme aus dem Umfeld des New American Cinema, Filme wie *Scorpio Rising* (1963) und *Lucifer Rising* (1966), erlangten derartige Prominenz, dass sie aus dem Underground sogar den Weg in die dritten Programme des deutschen Fernsehens fanden. Auch die von Andy Warhol in seiner Factory betriebene unabhängige Produktion von Experimentalfilmen in den 60er Jahren und die von Warhol produzierten Filme von Paul Morrissey, etwa der Kammerspiel-Porno *Blue Movie* (1968) und die Filme über die New Yorker Subkultur wie *Flesh* (1968) und *Trash* (1970) mit dem Warhol-»Superstar« Joe Dallesandro, gelten als wegweisend für ein unabhängiges Kino, das durch seine offene und lakonische Darstellung von Sexualität und Drogenkonsum in allen Spielarten gegen soziale Tabus verstieß und den unabhängigen

Film durchaus als »subversive Kunst« (Vogel) etablierte.

Durch den Erfolg von *Easy Rider* (1969), produziert, geschrieben, gespielt und inszeniert von den beiden Schauspielern Dennis Hopper und Peter Fonda und hergestellt mit dem Budget von 375 000 Dollar, veränderte sich sogar Hollywood auf dem Höhepunkt seiner Krise. Regisseuren des → New Hollywood wie Francis Ford Coppola und Robert Altman wurden zu Anfang der 70er Jahre bei hohen Budgets Freiheiten gewährt, die einem amerikanischen Kino der Auteurs für kurze Zeit die Bahn brachen. Lediglich der völlig autonom arbeitende Autor, Regisseur und Schauspieler Woody Allen konnte sich diese Freiheiten als unabhängiger Filmemacher über die Jahrzehnte bewahren. Neuere Publikationen von Donald Lyons und Geoff Andrew verstehen so unterschiedliche Regisseure wie David Lynch, Jim Jarmusch, Todd Haynes, Spike Lee, John Sayles, Steven Soderbergh, Abel Ferrara und die Coen-Brüder als unabhängige Filmemacher. Was sie thematisch wohl eint, ist das Interesse an Bildern, die den amerikanischen Alltag nicht schönen und die auch die Schatten- und Nachtseiten des American Dream betonen. Ihre Unabhängigkeit besteht vor allem darin, dem Konformitätsdruck Hollywoods, das für ein immer jünger werdendes Publikum produziert, standzuhalten.

Seit 1981 fördert der Schauspieler und Regisseur Robert Redford in seinem Sundance Institute und auf dem Sundance Festival den unabhängigen Film. Ebenfalls seit 1981 existiert in New York das Independent Feature Project, dem der Independent Film Market angeschlossen ist. Hier wird seit 1985 alljährlich der Independent Spirit Award in zahlreichen Kategorien vergeben, den seither u. a. Joel Coen, Steven Soderbergh und Gus Van Sant erhielten.

Bernd Kiefer

Literatur: Parker Tyler: Underground Film. A Critical History. New York 1969. – Amos Vogel: Film als subversive Kunst. St. Andrä-Wördern 1997. [Engl. Orig. 1974.] – Matthew Bernstein: Walter Wanger, Hollywood Independent. Berkeley / Los Angeles / London 1994. – Donald Lyons: Independent Visions. A Critical Introduction to Recent Independent American Film. New York 1994. – Scott MacDonald (Hrsg.): Screen Writings. Scripts and Texts by Independent Filmmakers. Berkeley / Los Angeles / London 1995. – Geoff Andrew: Stranger than Paradise. Mavericks – Regisseure des amerikanischen Independent-Kinos. Mainz 1999. [Engl. Orig. 1998.]

Industriefilm. Industriefilme sind gewöhnlich nicht für öffentliche Aufführungen gedacht, sondern dienen der Selbstdarstellung von Industrieunternehmen. Sie werden also – diese Regel gilt seit der Zeit vor dem Ersten Weltkrieg – meist Interessenten, Aktionären, Besuchern vorgeführt und fallen daher in die Rubrik relativ kurzer Dokumentarfilme. Industriefilme ergreifen Partei für die Firma, in deren Auftrag sie hergestellt werden: Sie helfen erstens durch die Wiedergabe der Werksanlagen, meist handelt es sich um große Betriebe, der Repräsentation dieser Unternehmen, kehren, wenn es sich um Industrien handelt, die stark diversifiziert sind, die Vielfalt der Produktion und zugleich die Corporate Identity besonders hervor. Zweitens kümmern sich Industriefilme um Fertigungsprozesse, die Entstehung bestimmter Waren oder Maschinen. Dabei wird meist darauf Wert gelegt, diese Herstellungsvorgänge so zu zeigen, dass Vertrauen zur Qualität der Produkte entstehen kann. Industriefilme zeichnen sich ideologisch vor allem dadurch aus, dass sie fortschrittsoptimistisch sind, wodurch sie dem Auftrag ihrer Geldgeber gerecht werden. Technik erscheint vor allen Dingen als ›saubere Technik‹, die weder Abfall produziert noch ökologisch gefährlich sein kann. Im Gegenteil: Schon bei den Industriefilmen der 20er und 30er Jahre ist neben der Faszination für Treibriemen, sich drehende Räder, blitzende Kolben usw. die Neigung auffällig, die Technik in die Natur zu integrieren, gleichsam als adäquate Fortsetzung der Naturordnung zu verstehen: Staudämme fügen sich in die Bergwelt ein, Fabrikationsanlagen in der untergehenden Sonne ergeben eine attraktive Kulisse. Dass es Katastrophen geben könnte, wird in Industriefilmen kaum als Gedankenspiel zugelassen: Alles funktioniert fehlerlos, oder es ist bei Unfällen für perfekte Hilfe vorgesorgt.

Auffällig ist in Industriefilmen seit je, dass technische Apparaturen oder Leistungen (Brücken, Staudämme, Autobahnen, Hochöfen, automatisierte Fertigungsstraßen usw.) als Monumente der Moderne gesehen werden und gleichsam pathetisierende Aufnahmen erzwingen, die Größe, Schönheit, Formvollendetheit hervorkehren. Der Industriefilm verlangt zumal von den Kameraleuten viel handwerkliches Können, da mit allen möglichen Objektiven gearbeitet werden muss, aus großer Nähe und aus großem Abstand – wobei das Attraktive jeder einzelnen Einstellung beachtet werden muss. Selten werden Spielszenen in die Industriefilme integriert – wie überhaupt die mit den Maschinen arbeitenden Menschen eher den Charakter von Staffage-Figuren erhalten, während die Aussagen der Personen aus der Chefetage tendenziell als hoheitsvolle Deklaration in würdigem Ambiente – zur Bekräftigung der Autorität des Managements – inszeniert werden.

Mit dem Begriff »Industriefilm« konkurriert seit einiger Zeit der Ausdruck »Imagefilm«, der unverhohlener preisgibt, dass es sich bei dieser Gattung von Produktionen eher um Werbefilme als um Dokumentarfilme handelt. Neutralität oder kritische Perspektiven sind ausgeschlossen, dafür überwiegt Überzeugungsrhetorik in den Bildern und in den oft als Voice-over hinzugefügten Kommentaren.

Thomas Koebner

Literatur: Gottfried Kinski Weinfurter: Filmmusik als Instrument staatlicher Propaganda. Der Kultur- und Industriefilm im Dritten Reich und nach 1945. München 1993. – Manfred Rasch [u. a.] (Hrsg.): Industriefilm. Medium und Quelle. Beispiele aus der Eisen- und Stahlindustrie. Essen 1997. – Hans Schaller: Der Industriefilm schrieb Geschichte. 1895–1995: Hundert Jahre Industrie- und Wirtschaftsfilm. Dortmund 1997.

Insert. 1) Insertive Montage: Ein Insert ist eine Einstellung, die »in eine andere Einstellung« eingeschnitten wird. In das Bild von jemandem, der durch ein Schlüsselloch blickt, wird das Bild insertiert, das zeigt, was er sieht. Handlung und Objekt der Handlung können durch insertive Montage verbunden werden.

Zwischenbilder (manchmal auch Mischbilder) werden bis heute in der → Montage verwendet, um die Zeit zu raffen und den Eindruck von → Kontinuität zu vertiefen: Man schneidet z. B. vom Hauptgeschehen auf solche Personen, die es beobachten. Außerdem werden sie verwendet, um defektes Material zu »reparieren« – ist die Haupthandlung mit einer Unterbrechung aufgezeichnet worden, sodass ein → Jump Cut, ein Sprung zwischen den Kamerapositionen entstünde, vermag ein Umschnitt auf Publikum, eine beliebige Nebenhandlung oder ein Handlungsdetail den Sprung zu überdecken.

2) Ein Heranschnitt (Cut-in) ist ein Umschnitt aufs selbe Motiv – die Aufmerksamkeit bleibt bei der Haupthandlung, zeigt aber nur einen gewissen, für die Handlung wichtigen Ausschnitt (z. B. ein Messer, einen Revolver oder einen Körperteil eines Akteurs). Ein Sonderfall ist der »Cut-in on the axis«, der Heranschnitt auf der Kameraachse. Er ist in der frühen Stummfilmpraxis sehr wichtig gewesen und war eine der wenigen Operationen der Kamera im Raum; er diente immer dazu, das narrativ wichtige Detail herauszuheben (→ Einstellungsgrößen).

3) Der Wegschnitt (Cut-away) ist ein Motivwechsel innerhalb einer Szene: Der Gang der Handlung wird unterbrochen, von einer Haupthandlung wird auf ein nebensächliches Detail umgeschnitten, Zeit vergeht. Cut-aways haben mehrere verschiedene Funktionen: Sie zeigen das Vergehen der Zeit an und ermöglichen Zeitsprünge. Gegebenenfalls wird ein Detail hervorgehoben, das die narrative Verwicklung, manchmal auch die Spannung erhöht. Eine Szene ist zu Ende, ein Cut-away zeigt noch einmal ein vergessenes Beweisstück / die nächste Szene. Zeigt der Cut-away ein Detail der vorhergehenden Szene, werden Bridging Shots konventionellerweise dazu eingesetzt, das Vergehen von Zeit anzuzeigen (häufig als kleine Montagesequenzen realisiert): flie-

gende Kalenderblätter, rotierende Eisenbahnräder, Schlagzeilen, Veränderungen der Jahreszeiten.

4) Passage wird jene Einstellung oder Einstellungsfolge genannt, die den Helden auf dem Weg von einem Ort zum anderen zeigt. Fehlt die Passage, kann in fast grotesker Weise der Eindruck von »rasender Geschwindigkeit« entstehen. Passagen sind wichtig zur Erzeugung des Eindrucks von Kontinuität und Rhythmus. Zugleich ist der körperliche Tonus der Bewegung eine Ausdrucksbewegung und zeigt den psychischen Zustand des Helden an und hat so eine wichtige Funktion für die Vorbereitung der kommenden Szene.

Hans J. Wulff

Ironie / Satire. Ironie, das scheinbare Ernstnehmen einer Haltung, ist eine Form intelligenter Verstellung und oft eleganter Vortäuschung, man betreibe ein Ritual ernsthaft mit. Durch Ironiesignale indes wird sichtbar, dass Ironie nur eine Maske des Einverständnisses ist, hinter der sich aber eine kontradiktorische Auffassung verbirgt. Ironie kann leicht sein oder auch grimmig ausfallen, sie hat immer mit einer gewissen Distanz zu Denkgewohnheiten und Darstellungskonventionen zu tun. Sie probiert gleichsam alte Formeln und konservative Einstellungen durch, kündigt aber gleichzeitig den Glauben daran auf, dass man die Dinge noch so sehen und gestalten könne. Ironie im Film wird meist erkennbar an der Relativierung naiven Wirklichkeitsverständnisses: Regisseure, die wie Federico Fellini in ihrem Spätwerk beinahe nur noch im Atelier arbeiten und Meereswogen durch blaue Planen vortäuschen, die sich auf und ab bewegen, die großen Schiffe durch phantastische Modelle ersetzen (wie z. B. in *Fellinis Casanova*, 1976, oder *Fellinis Schiff der Träume*, 1983) beweisen ein ironisches Verhältnis zum üblichen Realitätsverständnis, das auch im Kino das Meer als Meer identifizieren will, das Schiff als Schiff – und die betonte Kulissenhaftigkeit als artistische Verfremdung registriert. Wenn Ingmar Bergman in seinem letzten großen Alterswerk *Fanny und Alexander* (1982) sogar ein Wunder zulässt, um die Rettung der beiden Kinder aus dem Haus des feindlichen Bischofs zu ermöglichen, setzt dies wiederum einen ironischen Bruch mit allen Wahrscheinlichkeitsregeln voraus. Ironie bedeutet Regelverletzung im Bewusstsein anderer Möglichkeiten, meist frei von deutlicher Aggressivität.

Satire bezeichnet einen sehr viel energischeren ›Abwehrmechanismus‹, der die Welt, die man für verkehrt hält, in ihrem scheinbaren Hochmut, in ihrer unbefragten Selbstverständlichkeit entlarvt und verspottet: als Fehlentwicklung, als Verranntsein in der falschen Richtung, als eine Welt der Pseudo-Ideale, der Popanze, die als Idole verehrt werden, der Unwerte, die man hochhält, während die wahren Werte der Verachtung anheim fallen. Die satirische Haltung ist parodistisch und polemisch. Die → Parodie gilt vorweg den Genres, wie dem Western, dem Film noir oder dem Bibelfilm, deren Regeln als lächerliche Übereinkunft entzaubert werden. Ein Beispiel für solchen parodistischen Impuls sind die Spielfilme der Monty-Python-Gruppe, etwa *Die Ritter der Kokosnuß* (1974), ein Film, der die Prozeduren und Formeln der Ritterfilme als pompös aufgedonnerten Mittelalter-Exotismus bloßlegt, oder *Das Leben des Brian* (1979), eine der scharfsinnigsten Satiren der Filmgeschichte, die mit Propheten und Gläubigen ins Gericht geht am Beispiel eines Doppelgängers von Jesus Christus. Die Polemik der Satire neigt dazu, all das zu übersteigern, was man als Denkphrase und Gestaltungsklischee durchschaut zu haben glaubt. Dabei misst sich die Satire, die mutig sein will, an großen Gegnern: an Institutionen, deren Autorität seit langer Zeit unangefochten besteht, wie etwa der Kirche (z. B. die Satire auf den Klerus in der Modenschau-Episode aus *Fellinis Roma*, 1972) oder gegen mächtige Regierungssysteme, die ihre Opponenten mit Gewalt verfolgen, also zumal Diktaturen. Da die Satire den Schrecken der Realität nicht verleugnen, aber den

Der große Diktator (1940, R: Charles Chaplin)
Chaplins satirische Imitation des deutschen »Führers« entlarvt vor allem den ›real existierenden‹ Größenwahn, das Närrische und Alberne, das prahlend Bramarbasierende eines Volkstribunen, der seinen Ehrgeiz darauf verwandte, entweder Furcht oder ›besoffene‹ Hingabe zu erregen. Das Spiel mit der Erdkugel wird zum Spiel mit einem Luftballon, der schließlich zerplatzt: Prognose eines bitteren Endes für die verbrecherische Leichtfertigkeit, mit der Hitler, der nur scheinbar große Diktator, mit der Welt spielt. Chaplins Spott ist politisch deutlich und dank der Inszenierung zugleich burlesk, auch elegant. Ganz selten hat politische Satire im Film ein ähnlich plausibles Sinnbild für Hybris, für dummstolze und verstiegene Selbstüberhebung gefunden wie in dieser Filmsequenz. Wagners Lohengrin-Musik begleitet den Pas de deux von Chaplin und Luftballon und verleiht diesem allegorischen Tanz geradezu ›unheimliche‹ Grazie, die vom Schrecken des Nazireichs, des Zweiten Weltkriegs und nicht zuletzt der Konzentrationslager absticht. Chaplin hat später erklärt, wenn er von der Vernichtung der Juden gewusst hätte, wäre es nicht zum Dreh dieses Films gekommen. Doch auch hier gilt das existentielle und ästhetische Dilemma: Vom Grauen zu berichten, hat ebenso viel Legitimität wie von ihm zu schweigen.

Bann, der von ihm ausgeht, durchbrechen will, muss sie im Schatten des Entsetzens auch den Scherz entdecken: So verfahren etwa Charles Chaplin mit dem Diktator Hitler in *Der große Diktator* (1940), Ernst Lubitsch mit nationalsozialistischen Gewalttätern in *Sein oder Nichtsein* (1942), Roberto Benigni mit dem Grauen des Konzentrationslagers in *Das Leben ist schön* (1997). Leichtere Spielarten der Satire, die sich an kleineren Objekten misst, finden sich in der Filmgeschichte zuhauf. Man denke etwa an die Trauergemeinde, die von René Clair in *Zwischenspiel* (1924) zu groteskem Hüpfen gebracht wird, verstärkt durch Slow-Motion, und am Ende hinter dem davonsausenden Leichenwagen wie irrsinnig hinterherrennen muss. Man denke auch an die Kritik überwundener oder vergangener Macht-Instanzen wie Wolfgang Staudtes Literaturadaption des Romans von Heinrich Mann, *Der Untertan* (1951), seine Satire auf Demuts- und Knechtsinn der Bürger im Wilhelminismus und danach, oder seine Durchleuchtung der ›braunfleckigen‹ Nachkriegsdemokratie BRD in *Rosen für den Staatsanwalt* (1959): Wenn in diesem Film die Figur des Staatsanwalts, der während der Nazizeit bedenkenlos Todesurteile gefordert hat, eines der einfachsten und schönsten Gedichte der deutschen Literatur, nämlich das »Mondlied« von Matthias Claudius (»Der Mond ist aufgegangen«) mit preußischer Härte und Kasernenhof-Zackigkeit vorträgt, diskreditiert dies auf komische Weise den falschen Anspruch des Mannes, seine Mentalität des groben Ungeistes mit deutscher Poesie für verwandt zu erklären.

Ist dem ironischen Bewusstsein klar, dass nichts mehr als authentisch gelten kann, alles durch Geschichte und Erkenntnis überholbare und korrigierbare Übereinkunft ist, etwas Vorläufiges und begrenzt Gültiges, sieht die Satire deutlicher, wogegen sie sich zu wehren hat: die Zumutungen angriffslustiger Propaganda, die Lügen Folgsamkeit einfordernder Doktrinen, den einschüchternden Zwang von Ritualen, die ohne Grund als erhaben postuliert werden. Die Demonstrationsfigur, der ›Held‹ der Satire ist deswegen durch Unabhängigkeit gekennzeichnet, es kann ein scharfsichtiger Einzelgänger sein oder ein Außenseiter, der in seiner Aufrichtigkeit oder Einfalt das böse Spiel nicht mitmachen kann: ein Narr. So sind auch in Filmen, die von der Satire dominiert werden, die Narren zu Hause – etwa in Chaplins *Moderne Zeiten* (1936), wo der Tramp eben nicht voll funktionsfähig ist in der modernen Industrie, am Fließband verrückt wird bei Anforderungen, die den Menschen entmenschlichen; oder in *Das Leben ist schön*, wo der zärtlich-überschwängliche Narr, den Benigni immer wieder in seinen Filmen spielt, seinen kleinen Sohn durch die pfiffige Umdeutung der rohen Verhältnisse vor dem blutigen Ernst einer wahnsinnigen Diktatur schützen will. Die Qualität der Satire hängt weitgehend von ihrem Realitätssinn ab: je genauer sie sich an der Provokation einer auftrumpfenden Unordnung oder falschen Ordnung abarbeitet, durch ihren relativierenden, entzaubernden Widerspruch, desto treffsicherer wird sie sein, desto riskanter ist aber auch ihre konkrete Opposition. So kann Satire auch den Anflug von Trauer erhalten, weil sie sich über die realen Umstände nicht hinwegtäuschen will, auch nicht durch eine leichtfertig errichtete Utopie. Bei scharfsinniger Satire wird dem Publikum daher immer wieder das Lachen vergehen. Dort, wo fröhliche Kettenreaktionen scheinbar nicht abzubrechen sind, ist zu vermuten, dass die Satire sich auf unscharfe Karikaturen (es gibt auch scharfe und deutlich umrissene), auf Unterhaltung zurückgezogen hat oder auf Galgenhumor: Beide verdrängen die Gegenwart des falschen Lebens so weit, dass man sich darüber lustig machen kann. Diese Spannweite ist bereits von Friedrich Schiller annähernd dadurch beschrieben worden, dass er auf der einen Seite des Spektrums die »strafende« Satire ansetzt, auf der anderen Seite die »scherzende« Satire. Ironie und Satire haben ihren legitimen Platz in der Filmkomödie. Beide Haltungen kommen aber auch außerhalb dieser großen Gattung vor und signalisieren meist Weltkenntnis und Weltüberlegenheit komplexer Filmkunst.

Thomas Koebner

Jump Cut. Als Jump Cuts werden Anschlüsse zwischen zwei Einstellungen bezeichnet, die deren räumliche und zeitliche Kontinuität bewusst einschränken oder aufbrechen und auf diese Weise Bildsprünge erzeugen. Dies kann entweder durch gezieltes Montieren unzusammenhängender Teile einer ansonsten kontinuierlich gedrehten Einstellung geschehen oder durch plötzlichen, aber nicht unmotivierten Wechsel von Kameraperspektive bzw. -position, Licht oder Hintergrund. In beiden Fällen ist der Schnitt »assoziativ, bruchstückhaft, ungewöhnlich« (Reisz/Millar). Jump Cuts sind jedoch vom so genannten harten Schnitt zu unterscheiden: Dieser kann zwar durch extreme Orts- oder Zeitwechsel ebenfalls die Zuschauerwahrnehmung irritieren, will aber natürliche Bewegungsabläufe nicht ausdrücklich unterbrechen. Während die auf der Logik von Zeit und Raum basierende Ästhetik des Classical Hollywood den Jump Cut als Stilmittel weitgehend ächtete, machten ihn sich besonders die Regisseure der französischen → Nouvelle Vague zu Eigen und ordneten ihn einer »Logik der Gedankengänge« (Reisz/Millar) unter. In *Außer Atem* (1960) z. B. zeigt Jean-Luc Godard Jean-Paul Belmondo im Auto. Die Fahraufnahme durch die Windschutzscheibe wirkt durch abrupte Schnitte diskontinuierlich und sprunghaft, obwohl oder gerade weil Belmondo auf der Tonebene durchgängig singt. Jump Cuts fragmentieren und irritieren die Orts- und Zeitwahrnehmung, raffen das Geschehen und sind deshalb ein beliebtes Stilmittel im → Videoclip.

Oliver Keutzer

Literatur: Karel Reisz / Gavin Millar: Geschichte und Technik der Filmmontage. München 1988. [Engl. Orig. 1953.] – David Bordwell: Classical Hollywood Cinema: Narrational Principles and Procedures. In: Philip K. Rosen (Hrsg.): Narrative, Apparatus, Ideology. A Film Theory Reader. New York 1996.

Kamera.

1) Technik und Geschichte

Die Funktionsweise der Filmkamera ähnelt der eines Fotoapparats mit einem entscheidenden Unterschied: Die Filmkamera nimmt nicht ein Einzelbild auf, sondern eine Folge von Bildern in regelmäßigen Intervallen auf einem Filmstreifen. Bei der Filmkamera wird der Film durch das Gerät bewegt, normalerweise 24-mal in der Sekunde angehalten, belichtet und so weiter transportiert, dass währenddessen kein Licht auf ihn fällt.

Die Bestandteile einer Filmkamera sind der Antrieb, der den Film von der Vorratsrolle über den Vorwickler durch den Filmkanal und das Bildfenster über den Nachwickler zur Aufwickelrolle transportiert; Schleifen vermitteln zwischen diesen kontinuierlich ablaufenden Bewegungen und dem Greifen bzw. dem Malteserkreuz, deren Aufgabe der schrittweise Transport des Filmmaterials vor und nach der Belichtung ist. Der Lichteinfall während des Filmtransports wird durch die Umlauf- oder Sektorenblende, eine rotierende Flügelblende, unterbrochen; durch eine verstellbare Sektorenblende kann die ansonsten feststehende Belichtungszeit in gewissem Umfang variiert werden. Das Linsensystem der Kamera seinerseits besitzt wiederum die Merkmale eines Fotoobjektivs: Brennweite (normal, Weitwinkel, Tele, Zoom), Blende, Schärfebereich, Verzerrung usw. Ein Suchersystem erlaubt die Bildkontrolle. Weiteres Zubehör wie Stative, Filter usw. komplettieren die Kameraausrüstung.

Die ersten Kameras waren zugleich als Projektor verwendbar; dann wurden diese Aufgaben von getrennten Geräten übernommen und seitdem hat sich am Grundprinzip der Kamera nichts geändert. Die Entwicklungen der kommenden Jahrzehnte betrafen dann die Kameragröße und die Mechanik, den Ton, den Farbfilm, Sonderformate wie Cinemascope (→ Breitwand) und ergänzendes Equipment wie → Steadicam, ein System, das der Kamera größtmögliche Bewegungsfreiheit verleiht. Die Filmkamera registriert Bewegungen, und sie bewegt sich selbst. Horizontalschwenks und Vertikalschwenks (Neigungen) zeigen einen sich verändernden Ausschnitt, sie können begleiten oder Beziehungen herstellen, können einen Überblick verschaffen, den Blick des Zuschauers leiten, ihn sukzessive die Szenerie erschließen lassen, bewegte Objekte verfolgen, bestimmte Details zeigen oder aussparen, Räumlichkeit suggerieren, einen Schnitt ersetzen und Rhythmus erzeugen.

Bei Fahrten oder Kranaufnahmen verändert sich die Perspektive ständig, Motive gewinnen – im Gegensatz zum Zoom – plastische Qualität; Dollys ermöglichen Bewegungen in der Horizontalen, Kräne in der Vertikalen und in Kombinationen von Bewegungen. Die Handkamera, ursprünglich für Reportageeinsätze gedacht, befreit die Kamera von dem Stativ; zunächst in → Dokumentar- und → Avantgardefilmen benutzt, fand sie dank ihrer suggestiven Kraft und ihrer »realistischen« Qualitäten auch im Spielfilmbereich verstärkt Anwendung (→ entfesselte Kamera).

Unter technischen Gesichtspunkten hat die Arbeit des Filmkameramanns viel mit der des Fotografen gemeinsam: Beleuchtung (Betonung von Details, Trennung von Bildflächen usw.); visuelle Schilderung eines Schauplatzes, der Tages- und Jahreszeit; Schaffen von → Atmosphäre, von Farbstimmung; → Bildkomposition usw. Unter Produktionsaspekten betrachtet ist die Arbeit des Filmkameramanns jedoch in weit stärkerem Maße Teamarbeit, wobei die Teamgröße je nach Projekt stark variiert (übrigens scheint es sich bei der Kameraarbeit – noch – um eine männliche Domäne zu handeln; einstweilen und zur Vereinfachung ist deshalb hier von Kameramännern die Rede).

Der Chefkameramann, der »Director of Photography«, ist nach dem Regisseur wichtigstes Teammitglied; er gestaltet gemeinsam mit dem Regisseur und dem Ausstatter das visuelle Gesicht des Films. Der Chefkameramann trifft in enger Zusammenarbeit mit dem Regisseur Entscheidungen über die Positionen und Bewegungen der Kamera, über das Kameraequipment, in erster Linie ist er jedoch für die Lichtgestaltung verantwortlich. Er ist Leiter des gesamten Teams von Kameraassistenten, Beleuchtern und Bühnenarbeitern und erlaubt dem Regisseur, sich auf die Arbeit mit den Schauspielern zu konzentrieren.

Zum Kamerateam selbst gehören zunächst der Kameraoperateur, der die Kamera bedient und zuständig ist für die Kontrolle der Kameraoperationen wie Schwenks oder Fahrten – in einigen europäischen Filmländern übernimmt der Chefkameramann auch diese Aufgabe; einer oder mehrere Kameraassistenten kümmern sich um das Filmmaterial, die Kameratechnik, das Schärfeziehen sowie zum Teil um die → Klappe. Der Beleuchter richtet das Licht gemäß den Anweisungen des Chefkameramanns ein, Bühnenarbeiter besorgen die Kameraumbauten und bedienen Dollys und Kräne.

Oft wird die künstlerische Leistung, die ein Film zum Ausdruck bringt, allein dem Regisseur zugeschrieben – der Anteil der anderen Teammitglieder, auch der Kameraleute, wird dagegen als eher handwerkliche Tätigkeit gesehen. Aber gerade die Kameraleute haben maßgeblich an der Entwicklung der Filmsprache mitgewirkt und Filmkunst erst ermöglicht. Wie entscheidend die Zusammenarbeit gerade zwischen Kameramann und Regisseur ist, zeigt auch die Tatsache, dass sich immer wieder »Paare« gefunden haben, die über Jahre hinweg zusammengearbeitet haben – als Beispiele seien nur genannt: David W. Griffith und Billy Bitzer, Charlie Chaplin und Rolland Totheroh, Sergej Eisenstein und Eduard Tissé, Ingmar Bergman und Sven Nykvist.

Die ersten Filmemacher waren Kameraleute. Zunächst war der Mann hinter der Kamera voll verantwortlich – es gab keinen Regisseur. Seit dem Einzug der Schauspieler kümmert sich der Regisseur in erster Linie um deren Spiel – der Kameramann war für alles andere verantwortlich. Ihm wurde die Umsetzung von Thema und Sprache des Regisseurs übertragen. Immer wieder äußern Kameraleute ihr Credo: den Film in Bildern denken, sodass er ohne Ton verständlich wäre.

Besonders in den ersten Jahrzehnten des Films (aber bis heute) waren Kameraleute immer zugleich Erfinder neuer filmsprachlicher Artikulationsformen wie technischer Neuerungen. So entwickelte der Kameramann Billy Bitzer das Matte-Verfahren, bei dem ein vorher fotografierter Hintergrund mit einer Liveszene kombiniert wurde, und gemeinsam mit David W. Griffith schuf er die grundlegende Grammatik des narrativen Films (*Die Geburt einer Nation*, 1915; *Intoleranz*, 1916); virtuose Kamerafahrten und atmosphärische Lichtgestaltung prägten seinen Stil.

Wichtige Impulse für die Kunst der Kameraarbeit gingen von Kameramännern des deutschen Stummfilms aus: Guido Seebers Arbeit kennzeichnet die Nutzung von Raumperspektiven und Hell-Dunkel-Differenzierung (*Der Student von Prag*, 1913, R: Stellan Rye). Karl Freund entfesselte die Kamera und ermöglichte so die multiperspektivische Erzählweise von *Der letzte Mann* (1924, R: Friedrich Wilhelm Murnau). Fritz Arno Wagner filmte mehrere Arbeiten von Georg Wilhelm Pabst und mit *Schatten* (1923, R: Artur Robison) eines der berühmten Werke des Expressionismus; Wagner galt als Meister des »gotischen« Lichts. Der Kameramann Eugen Schüfftan erfand das nach ihm benannte Verfahren (→ Schüfftan-Verfahren), bei dem Realszenen mit Bildern und Modellen kombiniert wurden (*Metropolis*, 1926, R: Fritz Lang; *Erpressung*, 1929, R: Alfred Hitchcock), und er führte Techniken des Dokumentarfilms in den Spielfilm ein (*Menschen am Sonntag*, 1929, R: Robert Siodmak, Edgar G. Ulmer). In der UdSSR profitierten Regisseure wie Wsewolod Pudowkin, Grigorij Alexandrow, Alexander Dowschenko und vor allen Dingen Sergej Eisenstein (*Panzerkreuzer Potemkin*, 1925) von der Experimentierfreude und künstlerischen Kraft des Kameramanns Eduard Tissé. Karl Struss und Charles Rosher zeichneten für die Kamera in F. W. Murnaus *Sunrise* (1927) verantwortlich – dank der bewegten Kamera, der Bildkompositionen und der dramatischen Lichtwechsel ein Meilenstein in der Geschichte der Kameraarbeit.

Das Aufkommen des Tonfilms hatte weitreichende technische und ästhetische Konsequenzen. Zunächst stellte man die lauten Kameras in schallabsorbierende Kabinen, und für Jahre verlor die Kamera ihre gerade gewonnene Beweglichkeit; wenig sensible Mikrofone schränkten zudem den Aktionsraum der Schauspieler ein – berühmt-berüchtigt ist das Sprechen in das auf dem Tisch stehende Blumengesteck, weil dort das Mikrofon versteckt war. Mit verbesserter Tontechnik und der Einführung des schallschluckenden Blimps, eines zweiten Gehäuses für die Kamera, gewann diese langsam ihre alte Mobilität zurück.

Im amerikanischen Studiosystem der 30er Jahre pflegten die jeweiligen Gesellschaften ihren Stil: Hochglanz bei Paramount, der kantige Film der Warner Bros., Glamour bei MGM. Die Kameraleute waren fest angestellte Dienstleister im System. Zugpferde waren die Schauspieler und Schauspielerinnen, sie galt es so vorteilhaft wie möglich in Szene zu setzen. Die Stars hatten mitunter sogar Einfluss auf die Wahl der Kameraleute; so galt William Daniels als »Garbos Kameramann« (*Königin Christine*, 1933, R: Rouben Mamoulian), gemeinsam mit der Schauspielerin schuf er die Leinwandpersönlichkeit Garbo. Lee Garmes wiederum verstand es, Marlene Dietrich einzigartig ins Bild zu setzen und auszuleuchten (*Shanghai Express*, 1932, R: Josef von Sternberg).

Vorherrschend jedoch war der Stil des Studios, nicht der einzelner Kameraleute – aber der Stil des Studios wurde wiederum von herausragenden Kameraleuten beeinflusst, deren Filme eine eigene Handschrift trugen: Arthur C. Miller (*So grün war mein Tal*, 1941, R: John Ford), George Barnes (*Rebecca*, 1940, R: Alfred Hitchcock) und sein Schüler Gregg Toland (*Sturmhöhe*, 1939, R: William Wyler) seien hier als Beispiele genannt. Tolands Experimente mit Schärfentiefe und kontrastreicher Beleuchtung hatten in *Citizen Kane* (1941, R: Orson Welles) ihren künstlerischen Höhepunkt – lange galt dieser Film geradezu als »Lehrbuch« für Kameraleute.

Nach dem Zweiten Weltkrieg verwendete der amerikanische Film noir Stilmittel, die bisweilen an den deutschen Expressionismus erinnerten: starke grafische Elemente, intensive einzelne Lichtquellen und dunkle Schatten. Die Periode endete mit *Im Zeichen des Bösen* (1957) von Orson Welles: die leichte Handkamera ermöglichte Russell Metty eine »New Wave« in Hollywood auszulösen; der Film wurde zur Inspiration für viele Filmemacher und Kameraleute.

Wichtige Impulse gingen auch weiterhin von europäischen Kameraleuten aus: von der »lyrischen« Kameraästhetik des Franzosen Henri Alekan (*Es war einmal*, 1946, R: Jean Cocteau; *Der Himmel über Berlin*, 1987, R: Wim Wenders); vom Werk des Schweden Sven Nykvist, der über 20 Filme mit Ingmar Bergman drehte und dabei die schwedische Tradition psychologisch aufgeladener Porträts und Landschaften wiederbelebte (*Persona*, 1966); von Raoul Coutard, der mit einer Reihe von Regisseuren der Nouvelle Vague arbeitete und besonders auf die Ästhetik eines Jean-Luc Godard großen Einfluß hatte (*Die Verachtung*, 1963).

Die moderne amerikanische Kameraarbeit geht auf Gordon Willis zurück. Willis gilt als »Meister der Dunkelheit« (*Der Pate*, 1971, R: Francis Ford Coppola) und wurde daneben berühmt durch eine Reihe von Filmen, die er mit Woody Allen drehte (*Stardust Memories*, 1980). Sein ehemaliger Assistent Michael Chapman legte mit *Wie ein wilder Stier* (1980, R: Martin Scorsese) geradezu ein Kompendium für Kameraleute vor: jeden Boxkampf hat er in einem anderen Stil gedreht.

Erfolgreiche und innovative Kameraleute im amerikanischen Kino der letzten Jahre sind weiterhin der Deutsche Michael Ballhaus, an dessen Karrierebeginn viele Filme für Rainer Werner Fassbinder standen (*Die Ehe der Maria Braun*, 1978) und der in den USA besonders bemerkenswerte Film mit Martin Scorsese realisierte (*Good Fellas – Drei Jahrzehnte in der Mafia*, 1990), der Spanier Nestor Almendros, lange Zeit der bevorzugte Kameramann von François Truffaut, mit seiner epischen Bildsprache (*In der Glut des Südens*, 1978, R: Terrence Malick) und der Italiener Vittorio Storaro mit seiner extremen Lichtgestaltung (*Apocalypse Now*, 1979, R: Francis Ford Coppola) und seiner symbolträchtigen Verwendung der Farben (*Der letzte Kaiser*, 1987, R: Bernardo Bertolucci). Bemerkenswert erscheint, dass gerade Kameraleute oft in der Fremde erfolgreich sind – verhilft der Blick von außen zu verschärfter Wahrnehmung?

Harald Schleicher

2) Ästhetik

In den ersten Jahren des Kinos galt das Bemühen der als Operateure bezeichneten Kameramänner in erster Linie der Aufnahme eines technisch fehlerlosen, d. h. eines ruhigen, scharfen und möglichst flackerfreien Bildes. Die Fotografie der Filme stand ganz im Zeichen der Technik und ihr ästhetisches Ziel war die Abbildungsrealität. Das Primat eines erschütterungsfreien Bildes hielt die Operateure der Aktualitäten, wie kurze, dokumentarische Filme in der Frühzeit des Kinos genannt wurden, nicht davon ab, den schwerfälligen Aufnahmeapparaten schon bald erste Bewegungen abzutrotzen. Dabei wurde die Apparatur samt Stativ auf ein bewegliches Vehikel gestellt. Die erste Kamerafahrt der Filmgeschichte wird Alexander Promio, Kameramann bei Lumière, zugeschrieben, der 1897 die Kamera während der Aufnahme von *Le Grand Canal à Venice* in einer Gondel platzierte. Bereits ein Jahr später wurde die Kamera auf die Front von Zügen und Straßenbahnen montiert: Diese Fahrtaufnahmen wurden unter dem Begriff »Phantom-Rides« Bestandteil vieler Aktualitäten. Ebenfalls 1897 konstruierte R. W. Paul einen ersten beweglichen Stativkopf, um die Prozession anlässlich des Krönungsjubiläums von Queen Victoria mit einem – damals Panoramaaufnahme genannten – horizontalen Schwenk festhalten zu können. Einer der ersten Kameraschwenks des deutschen Kinos stammt von Guido Seeber, der 1900 die *Ausfahrt der Chinakrieger von Bremerhaven mit der »Straßburg«* filmte: Ruckartig und ein wenig unbeholfen wandert die Kamera den Rumpf des Kriegsschiffes entlang, das deutsche Truppen zur Niederschlagung des Boxeraufstandes nach China bringen soll.

Um die Jahrhundertwende tauchen erste Kamerabewegungen auch in Spielfilmen auf. In *Love in the Suburbs*, einem Biograph-Film von 1900, folgt die Kamera einer von zwei Männern verfolgten Frau mit einem Schwenk, bis ein Polizist ins Blickfeld gerät. Solche Schwenks, die etwas Unerwartetes ins Bild rücken, werden in den folgenden Jahren häufiger verwendet. Zunächst ausschließlich bei Außenaufnahmen, ab 1905 von den Kameraleuten der → Pathé in Filmen wie *La Poule aux œufs d'or* oder *Au Pays noir* auch in geräumigen Studiosets. Bis 1910 beschränken sich die Kamerabewegungen in Spielfilmen meist auf Korrekturschwenks, die verhindern sollten, dass ein Schauspieler aus dem Bildrahmen geriet. Weitaus seltener noch als Schwenks finden sich in frühen Spielfilmen Fahrtaufnahmen. Beginnend mit *Hooligan in Jail* (1903) produzierte Biograph zwischen 1903 und 1904 einige aus einer einzigen Einstellung bestehende Filme, in denen die Kamera aus einer Totalen langsam auf das Gesicht des Protagonisten zufährt und mit einer Großaufnahme endet. Zur gleichen Zeit entstehen erste Parallelfahrten, bei denen ein fahrendes Auto von einem anderen heraus aufgenommen wird, wie in *The Runaway Match* (1903, R: Alf Collins). Ungeachtet dieser Beispiele wurde die überwiegende Mehrzahl aller Einstellungen in frühen Spielfilmen mit einer statischen Kamera gedreht, deren Blick den eines Zuschauers im Theatersessel imitieren sollte.

Um 1910 waren Kameras wie die französische Debrie Parvo mit seitlich am Kameragehäuse angebrachten Suchern ausgestattet. Diese technische Weiterentwicklung erleichterte die Überwachung von Kamerabewegungen, auch wenn das Bild im Sucher auf dem Kopf steht. Während im ästhetisch avancierten skandinavischen Kino bereits in der Zeit vor dem Ersten Weltkrieg

Schwenks auch in Interieurs verwendet wurden, kamen sie im amerikanischen Kino vor allem bei im Freien gedrehten Western zum Einsatz. So folgt die Kamera in *The Fear* (1912, R: Allan Dwan) mit mehreren Zickzack-Schwenks einer Reitergruppe, die einen Hügel hinabreitet. Und in *At Old Fort Dearborn* (1912) zeigt sie zunächst Indianer auf einem Hügel und schwenkt dann hinunter auf einen zerstörten Planwagen, der Ziel ihres Angriffs war. Neben der Parallelfahrt entwickelt sich um 1912 auch die Heranfahrt zu einem Element von Spielfilmen: In *The Passer-By* (1912, R: Oscar Apfel) fährt die Kamera aus der Totalen halbnah auf einen Mann zu, der sich an eine Tafelgesellschaft wendet. Eine Überblendung führt dem Zuschauer dann die Ereignisse vor Augen, von denen er gerade spricht.

In den ersten zwanzig Jahren seiner Geschichte hatte das Kino seinem Publikum den filmischen Raum distanziert und theatral präsentiert. Ab Mitte der 10er Jahre entwickelten die Filme nun mit Hilfe der bewegten Kamera verschiedene Strategien, das Auge des Zuschauers zu führen und ihm Sinnzusammenhänge zu erschließen. Eine mobile Kamera, deren Bewegungen nicht allein durch die der Figuren motiviert sind, finden sich erstmals im italienischen Historienfilm (→ Monumentalfilm), der zwischen 1912 und 1914 zur Blüte gelangte. Mit seinen epischen Geschichten vor dem Hintergrund des antiken Rom und mit seinen massiven, dreidimensionalen Bauten befriedigte er die Lust am Schauen großer Geschichten und großer Räume. *Cabiria* (1914) bildet in filmtechnischer und -ästhetischer Hinsicht den Höhepunkt des Genres. Dank eines von Regisseur Giovanni Pastrone erfundenen Wagens bewegt sich die Kamera auf einer oft leicht bogenförmigen Bahn in den Raum hinein und erkundet ihn: Die Tiefe des → Raumes wird nicht mehr vorgespiegelt, sondern sinnlich erfahrbar gemacht. Mit dieser Entdeckung der filmischen Perspektive löst das Kino sich endgültig von seinen theatral-illusionären Anfängen.

Die raumgreifenden Kamerafahrten des italienischen Historienfilms wurden als »Cabiria movements« berühmt und bald in anderen Ländern nachgeahmt. Auch David W. Griffith und sein Kameramann Billy Bitzer machen in *Intoleranz* (1916) mit einer auf Güterbahnwagons montierten Kamera die gigantischen Ausmaße der monumentalen Bauten erfahrbar. In der Folge von *Cabiria* entwickelt sich in verschiedenen nationalen Filmkulturen eine erste Hochphase der Kamerabewegung. Die mobile Kamera wird Mode. So beginnt Charlie Chaplin eine Einstellung von *Der Vagabund* (1916) mit der Nahaufnahme eines Gemäldes. Dann fährt die Kamera zurück und rückt die Leute ins Bild, die es betrachten. In *The Second in Command* (1915, R: William Bowman) folgt die Kamera sogar bereits einem tanzenden Paar. Kamerabewegungen werden nun auch eingesetzt, um überraschende, komische Momente zu schaffen: In *Der Wilde Westen* (1917, R: John Emerson) zeigt die Kamera Douglas Fairbanks, der scheinbar an einem Lagerfeuer vor einem Indianerzelt sitzt; dann fährt sie zurück und offenbart, dass sich das Zelt in seinem New Yorker Apartment befindet. Auch der subjektive Blick von Figuren wird nun beweglich: So schaut Erich von Stroheim in *Blinde Ehemänner* (1918) von den Füßen einer Frau langsam hoch zu deren Gesicht. Die Kamera folgt mit einem Vertikalschwenk seinem taxierenden Blick. Am häufigsten werden Kamerabewegungen im frühen Stummfilm indes eingesetzt, um in Bewegung befindenden Personen zu folgen: So montiert Billy Bitzer in *Die Geburt einer Nation* (1915, R: David W. Griffith) die Kamera auf ein Auto, um die galoppierenden Reiter des Ku-Klux-Klans en face aufnehmen zu können.

Um 1917 ging diese erste Hochphase der mobilen Kamera bereits wieder zu Ende und bis Anfang der 20er Jahre blieben vor allem Fahrten selten. Ein wichtiger Grund für die Rückkehr zu einer szenischen Auflösung in überwiegend starren Einstellungen war die zunehmende dramaturgische Bedeutung, die der Lichtsetzung nun zukam. Mit der Elektrifizierung der Ateliers und dem wachsenden Bewusstsein für die ästhetischen Gestaltungsmöglichkeiten durch das Kunstlicht wurde die Lichtgebung zu einem wichtigen kreativen Beitrag, der zunehmend die visuelle Konzeption der Filme bestimmte. Die präzise Lichtsetzung und die sorgsame Bildkomposition verlangten nach einem festen Kamerastandpunkt. 1923 entwickelte sich dann in Frankreich und vor allem Deutschland eine neue Blütezeit der mobilen Kamera. Sie wurde geradezu zum Kennzeichen des deutschen Kinos und trug maßgeblich zu seinem Renommee bei.

Mit der Bewegung der Kamera, sei es beim Schwenken oder Neigen auf dem Stativ, sei es als Handkamera oder beim Fahren, stiegen die Anforderungen an die Bildkontrolle. Neben der Elektrifizierung des Antriebes war die Entwicklung eines Suchers, mit dessen Hilfe man das Bild auch bei der Bewegung kontrollieren konnte, eine Voraussetzung für die Mobilität der Kamera. Zuvor war die Bildkomposition bei einem Schwenk mehr oder weniger eine Sache des Zufalls: Bei dem bis Anfang der 20er Jahre gebräuchlichen Newton-Sucher verschob sich vor allem bei Nahaufnahmen nicht nur die Parallaxe beträchtlich, er verlangte vom Kameramann auch, dass er bei der Aufnahme Blickrichtung und Augenabstand präzise einhielt, sollte das Bild, das er durch den Sucher sah, annähernd jenem entsprechen, welches auf den Film aufgenommen wurde. Der Kastensucher, dessen Konstruktion die Erfordernisse der Bewegungskontrolle berücksichtigte, schuf Abhilfe. Bewegungen der Kamera in horizontaler oder vertikaler Richtung erfolgten durch das Drehen einer Kurbel am Panoramakopf des Stativs. Stativköpfe mit separaten Kurbeln für Schwenk- und Neigebewegungen waren bis Mitte der 20er Jahre der Standard. Erst gegen Ende der Stummfilmzeit erschien ein allbeweglicher Stativkopf auf dem Markt, der einen Schwenkhebel besaß, mit dem jede Bewegung zu dirigieren war.

Fahrten in Filmen der frühen 20er Jahre wie in *Scherben* (1921, R: Lupu Pick), in dem die Kamera hinter einem auf dem Schienenstrang wandernden Streckenwärter herfährt, wurden mit einer auf einem Schienenwagen montierten Kamera aufgenommen. Die Kamera verfolgt den eintönigen, durch die Gleise vorbestimmten Weg des Protagonisten und intensiviert den Eindruck eines ereignislosen Lebens. Den ersten Kamerawagen auf Rädern in der Geschichte des deutschen Filmes benutzte Guido Seeber bei den Dreharbeiten zu *Sylvester* (1923, R: Lupu Pick), der – wie alle Vehikel, die der Kamera zur Mobilität verhalfen – eine Sonderanfertigung blieb. Selbst gegen Ende der Stummfilmzeit, als komplexe Kamerabewegungen längst zu den ästhetischen Konventionen zählten, existierte noch kein standardisierter Kamerawagen.

Sylvester markiert einen ersten Meilenstein in der Geschichte der bewegten Kamera im deutschen Kino. Bemerkenswert war vor allem das Drehbuch Carl Mayers, das neben den Einstellungsgrößen auch die Fahrten und Schwenks der Kamera bereits detailliert vorgibt. Während die Kerngeschichte, ein intimes, psychologisch nuanciertes Melodram um einen Mann zwischen Mutter und Ehefrau, in langen, starren Einstellungen inszeniert ist, zeigt die bewegte Kamera die »Umwelt«, wie Mayer die öffentliche Gegenwelt nannte. Dekor und Schauspielstil reduzierten die Figuren auf ihre innere Befindlichkeit; die Kameraoperationen hingegen erschließen den großstädtischen Raum, verorten die Handlung. Der Beginn des Films zeigt die Fassade des Cafés, in dessen Räumen sich das Eifersuchtsdrama abspielen wird. Die Kamera fährt langsam zurück, eröffnet den Blick auf das Trottoir, die vorbeieilenden Passanten, fährt weiter zurück, erfasst die weihnachtlich illuminierte Straße, schwenkt langsam nach links, über städtisches Treiben, die Häuser auf der gegenüberliegenden Straßenseite, den Verkehr, schließlich wieder zurück. Zuletzt fährt die Kamera wieder auf die Front des Cafés zu, Ausgangs- und Endpunkt der komplexen Bewegungen. Diese Eröffnungssequenz ist das erste Beispiel für einen Establishing Shot im deutschen Kino. Der wandernde Blick der Kamera stellt ausführlich den Ort der Handlung vor, führt in die Szenerie ein, ermöglicht die räumliche Orientierung. Es ist die Auseinandersetzung mit dem Thema der Großstadt, die in Deutschland die Kamerabewegung hervorbringt. Kameraoperationen werden als eine adäquate filmische Form entdeckt, dieses im deutschen Film neue Sujet zu visualisieren. Viele bedeutende Filme zu diesem Thema – *Die Straße* (1923, R: Karl Grune), *Der letzte Mann* (1924, R: Friedrich Wilhelm Murnau), *Die freudlose Gasse* (1924, R: G. W. Pabst), *Asphalt* (1929, R: Joe May) – greifen auf die Hilfe der bewegten Kamera zurück, um Tempo, Geschwindigkeit, Bewegung, Rhythmus und Dynamik umzusetzen.

Der letzte Mann gilt als Inbegriff deutschen Kamera-Virtuosentums – damals wie heute. Die zeitgenössische Presse sah in dem Film eine künstlerische Revolution und bezog dies vor allem auf die Arbeit der Kamera. Nicht nur in Deutschland, auch in den Vereinigten Staaten wurde er als epochales Werk eingestuft. Die Filmwirtschaft versuchte mit Produktionen, die sich von der Konfektionsware abhoben und den deutschen Film als künstlerisch herausragend etablieren sollten, den internationalen Markt erobern. Murnaus Film kam in diesem Konzept eine prominente Rolle zu. → »entfesselte Kamera« war das Schlagwort, mit dem die Ufa die innovative Aufnahmetechnik propagierte. Bereits die erste Einstellung des Films, die eine Abwärtsbewegung – der Blick aus einem verglasten Aufzug – mit einer Vorwärtsbewegung – der Fahrt durch die Hotellobby – kombiniert, verlangte vom Kameramann Karl Freund jenen Mut zum Experiment, der den ganzen Film kennzeichnet. Er montierte die Kamera auf ein Fahrrad. In anderen Einstellungen dreht sich die Kamera mit der Tür des Hotels oder wird gemeinsam mit Emil Jannings auf eine drehbare Wippe gesetzt, um dessen betrunkenen Zustand zu visualisieren: Der Hintergrund taumelt, nicht aber der Schauspieler.

In *Der letzte Mann* erschließt die bewegte Kamera den Raum auch vertikal. In einer Einstellung »fliegt« ein Trompetenton vom Trichter des Instruments zu dem Ohr des von Jannings verkörperten Portiers. Dazu fuhr die in einem Fahrkorb montierte Kamera auf einer Schiene schräg den Hinterhof hinunter – vom Ohr des schlafenden Jannings bis zur Öffnung der Trompete: Die zunächst geplante Aufwärtsfahrt erwies sich als technisch nicht durchführbar und so wurde schließlich eine Abwärtsfahrt gedreht. Von den Fesseln des Stativs befreit war die Kamera auch, wenn sie von Hand oder am Körper geführt wurde. So schnallte sich Freund die auf einem Brett montierte motorisierte Kamera vor die Brust, um die subjektive Perspektive des betrunkenen Portiers zu simulieren. Die Subjektivierung des Kamerablicks war eine wichtige Konsequenz der »entfesselten« Kamera. Ein Jahr nach *Der letzte Mann* emanzipierte Karl Freund die Kamera auch von den letzten noch bestehenden Zwängen. In *Varieté* (1925, R: Ewald André Dupont) wird die Kamera, das Sehen selbst zum Thema des Films. Die Bewegung bestimmt das Verhältnis der Blicke – der Kamera, der Figuren und des Zuschauers – neu.

Die Bewegungen der Kamera zogen auch eine Veränderung der Beleuchtungstechnik nach sich. Die Scheinwerfer mussten vor dem schweifenden Kamerablick verborgen, vor allem aber die zuvor statische Beleuchtung dynamisch gestaltet werden. Auch die Filmarchitekten wurden in die Pflicht genommen: Beim Bau der Dekoration musste der Kamera genügend Raum für ihre Bewegungen eingeräumt werden. Die Technik des perspektivischen Bauens, bei dem die weiter von der Kameraoptik entfernten Bauten kleiner als die im Bildvordergrund waren, konnte bei einer Kamera, die durch die Kulissen fährt, nicht mehr benutzt werden. Auch die Arbeit des Schauspielers wurde maßgeblich von den Kamerabewegungen beeinflusst: Schwenks und Fahrten erforderten, dass der Schauspieler seine Positionen präzise einhalten und erreichen musste. Der Erfolg von *Der letzte Mann* und *Varieté* rief weltweit ein erneutes Interesse an Kamerabewegungen hervor, das auch zu technischen Innovationen führte. In den USA wurden nun Gabelstapler für erste Kranfahrten genutzt und so konnte die Kamera in *The Kid Brother* (1927, R: J. A. Howe, Ted Wilde) gemeinsam mit Harold Lloyd eine Palme erklimmen. 1929 wurde dann für den Tonfilm *Broadway* (1929, R: Pál Fejö) der erste professionelle Kamerakran konstruiert, der es ermöglichte, während der Musicalnummern durch den Nachtclubdekor des Films zu schweben.

»Arme Kamera! Vorbei all deine graziöse Beweglichkeit, vorbei deine munteren und so gefälligen Sprünge? Wirst du wieder zu den Fesseln verdammt, die du vor zehn Jahren zu sprengen begannst?« Diese bange Frage stellte 1929 der Kameramann Carl Hoffmann in der Fachzeitschrift »Filmkurier« anlässlich des Siegeszuges der neuen Tonfilmtechnik. Seine Sorgen schienen berechtigt, denn die schwerfälligen, mit einer aufwendigen Schallisolierung ausgerüsteten Tonfilmkameras ließen nur in eingeschränktem Maße Kamerabewegungen zu – meist Parallelfahrten. Zudem legte ihr auch die korrekte Aufnahme des Tons Fesseln an. (Einen höchst vergnüglichen Einblick in die Schwierigkeiten, die der junge Tonfilm allen Beteiligten bereitete, gewährt Stanley Donens und Gene Kellys Hollywood-Musical *Singin' in the Rain*, 1952). Doch entgegen aller Befürchtungen fiel die Kameraarbeit der frühen Tonfilmzeit nicht auf den längst überwundenen Entwicklungsstand theatraler Statik zurück: zum einen, weil auch in den Tonfilmen nach wie vor mobile Stummfilmkameras eingesetzt und die mit ihnen gedrehten Einstellungen dann nachsynchronisiert wurden; zum anderen, weil die Kameraleute den einschneidenden technisch-ästhetischen Umbruch als Herausforderung begriffen und es ihnen rasch gelang, auch die Tonfilm-Apparatur beweglich zu machen. In Deutschland brachte die neue Technik mit der Tonfilmoperette gar ein Genre hervor, das die ästhetischen Möglichkeiten des noch jungen Tonfilms nutzte, um Musik, Gesang und choreographierte Bewegung in die Handlung zu integrieren und mit Hilfe der mobilen Kamera zu einer Einheit zu verschmelzen. Bereits in *Die Drei von der Tankstelle* (1930, R: Wilhelm Thiele) tanzt nicht nur das Personal, sondern auch die Tonfilmkamera: In einem Nachtclub krant sie langsam hoch in Schwindel erregende Höhen – die gewichtige, ungelenke Apparatur schwankt und zittert bedenklich – und blickt von oben herab auf ein von Körpern und Musikinstrumenten formiertes Ornament. Der deutschen Tonfilmoperette gelang es, »die harte, schwere Technik des Tonfilms mit Laune zum luftigsten Unwirklichkeitsgebilde zu formen«, wie ein zeitgenössischer Kritiker schrieb. Dabei verhalf die Mobilität der Kamera den Filmen nicht nur zu einer räumlichen, sondern auch zu einer zeitlichen Geschmeidigkeit: Wo der Dialog die Handlung verlangsamte, konnten Kamerabewegungen sie beschleunigen.

Mit der »geblimpten« Tonfilmkamera, die mit einer schalldämmenden Ummantelung versehen war, wurden Anfang der 30er Jahre alle die Beweglichkeit hemmenden Schwierigkeiten überwunden. Die visuelle Eleganz kehrte endgültig ins Kino zurück. Regisseure wie Max Ophüls in Europa und John Stahl in den USA nutzten die grenzenlose Mobilität für lange, ungeschnittene Einstellungen mit fließenden Kamerabewegungen. Zur gleichen Zeit wurden wie in *Schönste, liebe mich* (1932, R: Rouben Mamoulian) auch erstmals Zoomfahrten verwendet, bei denen sich der Standpunkt der Kamera und die Perspektive nicht verändert, wohl aber die Größe der Personen und Gegenstände. Technische Entwicklungen erleichterten in den folgenden Jahrzehnten die Einsatzmöglichkeiten von Kamerabewegungen. Ende der 40er Jahre kam der bis heute verwendete Crab Dolly zum Einsatz. Mit einer hydraulischen Bühne für Kamera und Operateur sowie vier unabhängig von einander steuerbaren Rädern, erlaubte er Kamerafahrten mit allen denkbaren Richtungsänderungen. Diese Neuerung machte einen Film wie *Cocktail für eine Leiche* (1948, R: Alfred Hitchcock) möglich, der außer an den Rollenenden keinen Schnitt aufweist und bei dem die Kamera nahezu unablässig in Bewegung ist.

1937 war in Deutschland die Arriflex auf den Markt gekommen. Diese handliche, leichte 35-mm-Kamera ermöglichte Aufnahmen ohne Stativ. Zunächst bei Wochenschau-Aufnahmen während des Zweiten Weltkriegs eingesetzt, fand sie – zunächst im amerikanischen Kino – nach dessen Ende auch Verwendung im Spielfilm. So wurden beispielsweise die Aufnahmen aus der subjektiven Sicht Humphrey Bogarts in dem Film noir *Die schwarze Natter* (1947, R: Delmer Daves) mit einer Arriflex gedreht. Regelmäßig zum Einsatz kam die Kamera im italienischen Kino der 50er Jahre, da dort meist nachsynchronisiert wurde. In den 60er Jahren kamen die kameraästhetischen Innovationen wie in den 20er Jahren vor allem aus Europa. Die Handkamera, die zuvor bereits im dokumentarisch geprägten → Direct Cinema und im → Cinéma Verité eingesetzt worden war, fand nun auch Eingang im Spielfilm. Von den Regisseuren und Kameraleuten der → Nouvelle Vague wurde sie verwendet, um Unmittelbarkeit und Authentizität zu vermitteln. Die Handkamera führte das Kino hinaus aus den Ateliers auf die Straßen und an reale Schauplätze: der uninszenierte Alltag bricht in die Filmgeschichten ein. Entsprechend wurde auch auf künstliches Licht verzichtet. Besonders das englische → Free Cinema und sein dominierender Kameramann Walter Lassally setzten einen Stil des »available light« durch. Auch im → Neuen deutschen Film erlaubte die Handkamera einer jungen Generation von Filmemachern, die das deutsche Kino der 50er Jahre explizit ablehnten, das Erzählen neuer Geschichten – ästhetisch wie thematisch.

Seit den 70er Jahren ermöglicht ein spezielles, die Kamera abfederndes Tragegerüst Bewegungsaufnahmen, ohne dass sich – wie bei der Handkamera – die Erschütterungen durch die manuelle Handhabung auf sie übertragen. Diese → Steadicam genannte Aufhängung vereint die Beweglichkeit der Handkamera und die gleitende Eleganz von Dollies. Ein Beispiel dafür ist Stanley Kubricks *Shining* (1980). Anti-Vibrations-Systeme werden nun auch für Aufnahmen aus dem Hubschrauber genutzt. In den 30er Jahren wurde mit der Motion-Control ein Verfahren entwickelt, das die Kamera auch bei tricktechnischen Aufnahmen völlig beweglich macht: Durch Computersteuerung war es nun möglich, selbst komplizierte Kamerabewegungen exakt zu wiederholen. Heutzutage können auch im Realfilm Bewegungen der Kamera mit Hilfe digitaler Technik erzeugt werden.

Robert Müller

Literatur: Brian Coe: The History of Movie Photography. London 1981. – Barry Salt: Film Style and Technology. History and Analysis. London 1983. – Dennis Schaefer (Hrsg.): Masters of Light. Conversations with Contemporary Cinematographers. Berkeley 1984. – David Bordwell / Janet Staiger / Kristin Thompson: The Classical Hollywood Cinema. Film Style and Mode of Production to 1960. Madison 1985. – Walter Lassally: Itinerant Cameraman. London 1987. – Robert Müller: Lichtbildner. Zur Arbeit des Kameramannes. In: Cinema Quadrat e. V., Mannheim (Hrsg.): Gleißende Schatten. Kamerapioniere der zwanziger Jahre. Berlin 1994. – David Bordwell: On the History of Film Style. Cambridge (Mass.) / London 1997.

Kammerspielfilm (engl. »genre film«, frz. »film de genre«). Neben dem expressionistischen Film (→ Expressionismus) bekanntestes deutsches Stummfilmgenre, das seinen Höhepunkt zwischen 1921 und 1925 hatte. Der Begriff leitet sich ab von der von Max Reinhardt geprägten Bezeichnung »Kammerspiele« für einen im Vergleich zum großen Schauspielhaus kleineren Theaterbau, in dem Dramen von intimerem und psychologisch akzentuiertem Charakter, z. B. von Henrik Ibsen, gespielt wurden; diese Bezeichnung wurde auch zum literaturwissenschaftlichen Gattungsbegriff, beispielsweise für die Dramen August Strindbergs. Der Kammerspielfilm ist ein psychologischer Film realistisch-naturalistischer Ausprägung und damit antiexpressionistisch (nur Jerzy Toeplitz ordnet ihn dem Expressionismus zu). Die Handlung spielt im Milieu des Kleinbürgertums und der unteren Mittelschicht, das häufig mit der Klasse der Besitzenden kontrastiert wird. Die Figuren haben selten Eigennamen, sondern sind als entindividualisierte Typen angelegt. Der Kammerspielfilm interessiert sich für Gefühle und Leidenschaften, weshalb Siegfried Kracauer ihn auch als »Triebfilm« bezeichnete. Er hat

Dirnentragödie (1927, R: Bruno Rahn): Asta Nielsen

Das Bohrende und Analytische der Kammerspiel-Dramaturgie verlangt eine angemessen subtile Schauspielkunst, verbietet den Lärm und die Pathosformeln, die sich auf großen Bühnen schnell einstellen. Asta Nielsen, seit 1911 europaweit als große Schauspielerin auf der Leinwand bewundert wegen der fließenden Übergänge und diskreten Nuancen ihrer Mimik, spielt in den 20er Jahren vorzugsweise die Tragödie der alternden Frau in verschiedenen Varianten – so auch hier, wo sie als gereifte Prostituierte ihre vermutlich letzte Liebe zu einem jungen Mann aus gutem Bürgerhause aufgeben muss, weil eine Jüngere ihr diese Beute erfolgreich abjagt. Die letzte Chance scheint vertan, der gesprungene Spiegel zeigt unerbittlich, dass sich der Prozess des Lebens nicht umkehren lässt. Mitten in der Phase der Neuen Sachlichkeit verleiht die Nielsen existentiellem Schmerz und einer Trauer zum Tode unvergleichlichen Ausdruck.

den Anspruch, das Innenleben der Figuren filmisch sichtbar zu machen. Bei dieser »optischen Manifestation der Seele« (Lotte H. Eisner) kam den Darstellern und ihrer naturalistischen Gestik und Mimik eine herausragende Bedeutung zu, weshalb der Kammerspielfilm als eine frühe Form des Schauspielerfilms gilt. Die von ihm bevorzugten Kameraperspektiven Halbnah und Nah kommen dem differenzierten Spiel der Darsteller zugute und ermöglichen den Verzicht auf große pathetische Gesten. Die Dingwelt wird zum äußeren Zeichen für den Seelenzustand der Figuren: In F. W. Murnaus *Der letzte Mann* (1924) oder in Lupu Picks *Scherben* (1921) versinnbildlichen die Drehtür des Luxushotels und das zerbrochene Glas den Niedergang der kleinen Welt der Hauptfiguren.

Der Wille des Kammerspielfilms zum genuin filmischen Erzählen spiegelt sich auch im Verzicht auf die im Stummfilm üblichen Zwischentitel, wie in Picks *Sylvester* (1923). Der jeweils einzige Zwischentitel in *Der letzte Mann* und *Scherben* dient nicht, wie sonst üblich, der Informationsvermittlung, sondern der Gestaltung eines dramatischen Höhepunktes: »Ich bin ein Mörder!«, klagt der Bahnwärter in *Scherben* sich selbst an, nachdem er seinen Vorgesetzten erwürgt hat, einen Bahninspektor, der zuvor seine Tochter verführt und später sitzen gelassen hatte. Dies tragische Ende von *Scherben* ist typisch für den Kammerspielfilm und seine melodramatische Handlung, die er meist in Einheit von Ort und Zeit erzählt. Das Drehbuch für *Scherben* stammte von Carl Mayer, der bereits für Robert Wiene *Das Cabinet des Dr. Caligari* (1920) verfasste. Mayer prägte das Genre entscheidend, da fast alle Kammerspielfilme nach seinen Drehbüchern entstanden. Diese waren für ihre Entstehungszeit bereits ungewöhnlich filmisch, insofern sie häufige Einstellungswechsel sowie detaillierte Angaben für die Beleuchtung und Kamerafahrten vorgaben. Besonders die Kamera ist für die Stummfilmepoche extrem beweglich, z. B. verwendet Pick in

Scherben Panoramaschwenks. Den Maßstab in dieser Hinsicht setzte indes Karl Freunds → entfesselte Kamera in Murnaus *Der letzte Mann*. Die Bedeutung des Kammerspielfilms liegt heute darin, dass er ein erster Versuch war, psychologische Befindlichkeiten mit genuin filmischen Mitteln darzustellen, es ihm aber gleichzeitig durch die Betonung der Schauspielkunst und der Inszenierung gelang, das noch junge Medium Film in die Nähe zum Theater zu rücken und es so nachhaltig aufzuwerten.

Ursula Vossen

Literatur: Siegfried Kracauer: Von Caligari zu Hitler. Eine psychologische Geschichte des deutschen Films. Frankfurt a. M. 1979. [Amerikan. Orig. 1947.] – Jerzy Toeplitz: Geschichte des Films. Bd. 1: 1895–1928. Berlin 1972. – Lotte H. Eisner: Die dämonische Leinwand. [1955.] Erw. und überarb. Neuausg. Frankfurt a. M. 1975. – Wolfgang Jacobsen / Anton Kaes / Hans Helmut Prinzler (Hrsg.): Geschichte des deutschen Films. Stuttgart/ Weimar 1993.

Kanon / Wertung. Die Kriterien für die Kanonbildung sind äußerst verschieden, abhängig von den jeweiligen kulturellen Mustern eines Landes, der Einbindung des Films in die jeweilige Lebenspraxis, der Zugehörigkeit zu spezifischen sozialen Milieus, dem Erfahrungshorizont und der ästhetischen Sensibilität des Einzelnen. Damit es zur Bildung eines Kanons kommt, muss zunächst einmal auf vielfältige Weise der Akt der Wertung bewältigt worden sein.

Die Bewertung eines Films, eines Genres, des Œuvre eines Regisseurs oder Schauspielers bezieht sich stets auf ein äußerst komplexes Gefüge von Zeichen, aus denen der jeweilig Wertende in seinem von Ort, Zeit und Kontexten abhängigen ›Zugriff‹ nur einige Konstellationen auswählen wird. Prinzipiell gilt für den Film wie für jedes Kunstwerk, dass seine Interpretation und seine Wertung unabschließbare Prozesse bilden. Wertung ist ein Argument, das sich dem Verhältnis zwischen dem jeweiligen Werk, einer Dimension des Werkes oder einer Konfiguration mehrerer Werke und den Erwartungen und Maßstäben des Betrachters verdankt. Die grundsätzliche Relativität von Wertung, bei der die subjektive Perspektive nie auszuklammern ist, wird indes durch einige ›objektive‹ Befunde eingegrenzt: a) Elemente des Virtuosentums in der Inszenierung, in der Schauspielkunst oder der Kameraführung, die im Vergleich eine besondere Kunstfertigkeit bestätigen; b) Abweichungen von Denk- und Darstellungsklischees, von Formtraditionen, die natürlich nur innerhalb eines bestimmten zeitlichen Horizonts als Klischees oder Formtraditionen erkennbar werden, also Innovationen und Variationen, Phänomene der Erst- und Einmaligkeit, soweit historische Kenntnis ein solches Urteil zulässt; c) die Dimension der Conditio humana, die sich ins Übergeschichtliche öffnet: Zum menschlichen Leben gehören Urtatsachen wie Geburt und Tod, die Existenz von Leiden und Glück, Schmerzen, Begierden und Sehnsüchten, das Altern, die Zugehörigkeit zu einem Geschlecht und zu einer Generation, das Familienmodell usw.

Wertentscheidungen können nur zum Teil verdeutlicht und erläutert werden, sie sind eigentlich ständig im Fluss, sodass eine abschließende, fixierende Zuordnung in gut und schlecht völlig unmöglich scheint. Indes entwickeln sich durch die wiederholte Gewöhnung daran, urteilen zu wollen, »verinnerlichte Wertorientierungen« (Schulte-Sasse), das so genannte Wertgefühl, das je nach Ausbildung und Training sehr fein reagieren kann. Wie bei jeder anderen Kunstform lässt sich schließlich für den Film eine Geschmacksgeschichte rekonstruieren, in der Geschmacksträgerschichten und ihre jeweiligen Vorlieben und Abneigungen, speziell die Kanonbildung und die Tendenzen der Geschmackswandlungen verzeichnet werden.

Die Bewertung eines Films wird sich nicht nur auf die drei Hauptfaktoren: Figur, Konflikt und Milieu beschränken, auf die Art und Weise, wie sie sich untereinander bedingen – oder wie die jeweilige Form Sinn erhält und im Rückschluss aus der Formgebung auch eine Sinngebung ermittelt werden kann. Es gilt zudem, sich auf den Bild- und den Bewegungsrhythmus der Dinge, auf das Spiel- und das Handlungstempo, auf die Physiognomik der Menschen, Gegenstände, Orte, Landschaften einzulassen, auf die ›Musikalität‹ eines Films. In der Produktionspraxis gelten etliche Regeln – zumal bei der Wahl eines Genres oder einer Standardsituation (→ Dramaturgie) –, doch sind diese selten genug in Poetiken ausformuliert und oft erst aus historischem Abstand als eingeschränkt normativ erkannt worden. Jeder Normativität widersetzen sich Bilder durch ihre Vieldeutigkeit. Nur dort, wo sie ›einschichtig‹ gebraucht werden, nach dem ›Vorbild‹ einer vertrauten Schablone, tendieren sie dazu, den Rest eines unausdeutbaren Geheimnisses zu verlieren.

Eine der praktischen Möglichkeiten, sich dem Wertungsproblem zu nähern, besteht darin, den Film als Lösung von Aufgaben zu betrachten: etwa der Aufgabe einer Szeneneinrichtung; einer Einstellung, eines schauspielerischen Auftritts usw. Wer den fertigen Film als eine Kette von verschiedenen Lösungen versteht, kann sich in der Suche nach den vorausgesetzten Aufgaben näher und konkreter mit der kreativen und künstlerischen Arbeit und Leistung auseinandersetzen, als wenn metaphysische Aspekte als ›Berührverbote‹ dem Kunstwerk zugeordnet werden. Auch ist es sinnvoll, nach der Funktion eines Films oder spezifischer Teile von Filmen zu fragen – sowohl aus der Warte der Produktion (Produktionsästhetik) als auch aus der Warte der Rezeption (Rezeptionsästhetik). Jede Wertung eines einzelnen Films muss zudem verschiedene Kontexte, Zusammenhänge berücksichtigen: zum cinen den Kontext anderer Werke, die zuvor produziert worden sind, vielleicht mit demselben Sujet, von demselben Regisseur u. ä., Produktionen, die gleichzeitig entstanden sind, vielleicht sogar am selben Ort, sodass auf eine spezifische Metierpraxis und im Ansatz wenigstens die Ausprägung eines gewissen lokalen Verständnisses davon, was einen Film qualifiziert, geschlossen werden kann; zum zweiten den Kontext zeitgenössischer Ideen über Kunst und Nichtkunst, Meisterschaft und Merkmale des Trivialen bei Filmen; und schließlich den Kontext anderer Künste und Medien. Unabhängig von jeder Wertung, manchmal aber mit dem Wertungsvorgang vermischt, sind Beobachtungen, die den jeweiligen Film als historische Quelle betrachten, in der sich bestimmte Lebensstile, Moralen, Zeitphänomene usw. eingeprägt haben. Wertung – und das gilt auch für den Gegenstandsbereich Film – legt mit den Maßstäben des jeweiligen Urteils auch Teile der Persönlichkeit, des Subjekts frei, das ein Urteil abgibt: Äußerste Wertschätzung wie auch Verachtung sind verhüllte Aussagen über die eigene wertstiftende Existenz. Da nun jedes wertende Subjekt auch ein soziales Wesen ist, fließen in individuelle Urteile auch kollektive Wunschvorstellungen und Abwehrmechanismen ein.

Dem sich wandelnden Kanon der Meisterwerke entspricht stets der gegensätzliche Kanon der Trivialprodukte. Der Kanon von Meisterwerken entwickelt sich aus vielen Einzelurteilen: den Prädikaten der Filmkritik, des Publikums, der Festivals oder Preisverleihungen, der daraus abgeleiteten Anerkennung durch die Filmgeschichte, der Akzeptanz durch die Branche (die oft einen anderen Kanon bildet als die Filmkritik oder das Publikum).

Die ersten Versuche, über die Impressionen der Tageskritik hinaus, Vorbilder für die neue Filmkunst aufzustellen, datieren aus den 20er Jahren: Béla Balázs rühmt in seiner ersten Poetik des Films, »Der sichtbare Mensch« (1924), im Anhang Asta Nielsen und Charlie Chaplin als Exempel der höchsten Spielart im neuen Metier. Während Chaplin sehr bald sein eigener Regisseur und Produzent war und so seinem artistischen Perfektionsdrang nachgeben konnte, musste sich Asta Nielsen oft mit Regisseuren behelfen, die zwar den Blick auf sie konzentrierten, aber nicht in gleicher Weise auf den ganzen Film – sodass die Meisterschaft ihrer Schauspielkunst oft in Filmen eingeschlossen blieb, die als ganzes diesen Ansprüchen nicht gerecht werden konnten. Aus heutiger Sicht sind etliche der ›Filmnovellen‹, die David W. Griffith während seiner Zeit bei der American Biograph (1908–13) drehte, erzählerisch und in der Bildsprache so entwickelt, dass man sie als frühe Meisterwerke der Filmkunst bezeichnen kann.

Das ›Kanonspiel‹: Die Kanonbildung geriet zum beliebten Sport der exklusiven Kenner, die mit etwas gespielter Skrupelhaftigkeit simple ›Bestenlisten‹ aufzustellen begannen, im angelsächsischen und europäischen Raum erst nach 1945 in etlichen Filmzeitschriften. Repräsentativ ist etwa die Befragung, die die englische Zeitschrift »Sight and Sound« seit 1952 alle zehn Jahre unternimmt. »Sight and Sound« will die zehn besten Filme aller Zeiten ermitteln. Es ist klar, dass bei dieser Auswahl zahllose, nicht vergleichbare Kriterien den Ausschlag gegeben haben – nur ein Faktor bleibt unberücksichtigt: der wirtschaftliche Erfolg und damit die Resonanz der Filme beim breiten Publikum. Produzenten, Verleiher und Kinobetreiber bleiben beim ›Kanonspiel‹ tendenziell ausgeschlossen, weil sie das ökonomische Kalkül, gar den Profit im Auge behalten.

Die Ergebnisse von 1992: Kritiker haben folgende zehn Filme am häufigsten genannt: *Citizen Kane* (1941, R: Orson Welles), der seit 1962 in den »Sight and Sound«-Umfragen immer an der Spitze steht, *Die Spielregel* (1939, R: Jean Renoir), *Die Reise nach Tokio* (1953, R: Yasujiro Ozu), *Vertigo – Aus dem Reich der Toten* (1958, R: Alfred Hitchcock), *Der schwarze Falke* (1956, R: John Ford), *Atalante* (1934, R: Jean Vigo), *Die Passion der Jungfrau von Orléans* (1928, R: Carl Theodor Dreyer), *Apus Weg ins Leben – 1. Auf der Straße* (1955, R: Satyajit Ray), *Panzerkreuzer Potemkin* (1925, R: Sergej Eisenstein), *2001 – Odyssee im Weltraum* (1968, R: Stanley Kubrick).

Bei der Umfrage fällt auf, dass Regisseure, die ebenfalls einen Kanon zusammenstellen sollten, zum Teil andere Filme bevorzugen. Unter den Top Ten der Regisseure finden sich zwei Filme von Federico Fellini: *Achteinhalb* (1965) und *La Strada – Das Lied der Straße* (1954), ein Film von Chaplin: *Moderne Zeiten* (1936) und ein Film von Akira Kurosawa: *Die sieben Samurai* (1954).

Wenn es um die Auflistung der bedeutendsten Regisseure geht, finden die Kritiker – immer noch in der Umfrage von »Sight and Sound« – zu folgender Liste: Orson Welles, Jean Renoir, Jean-Luc Godard, Alfred Hitchcock, Charles Chaplin, John Ford, Satyajit Ray, Yasujiro Ozu, Carl Theodor Dreyer, Sergej Eisenstein. Die Regisseure dagegen, die wiederum die besten zehn Regisseure ihrer Wahl nennen sollen, kommen zu einem merklich anderen Ergebnis: Federico Fellini, Orson Welles, Akira Kurosawa, Francis Ford Coppola, Martin Scorsese und Luis Buñuel (auf demselben Platz), Ingmar Bergman, John Ford und Charles Chaplin (auf demselben Platz), Alfred Hitchcock. Es fällt bei dieser Liste der Regisseure auf, dass Renoir, Godard, Ray, Ozu, Dreyer und Eisenstein fehlen.

Merklich weicht eine entsprechende Umfrage der deutschen Cineasten-Zeitschrift »Steadycam« aus dem Jahr 1985 von diesen englisch-amerikanischen Listen ab (z. B. fehlt *Citizen Kane*): *Der eiskalte Engel* (1967, R: Jean-Pierre Melville), *Der schwarze Falke* (1956, R: John Ford), *Taxi Driver* (1976, R: Martin Scorsese), *Vertigo – Aus dem Reich der Toten* (1958, R: Alfred Hitchcock), *Im Zeichen des Bösen* (1958, R: Orson Welles), *Außer Atem* (1960, R: Jean-Luc Godard), *Eine Landpartie* (1946, R: Jean Renoir), *Singin' in the Rain* (1952, R: Gene Kelly, Stanley Donen), *Céline und Julie fahren Boot* (1974, R: Jacques Rivette), *Wenn Frauen hassen* (1954, R: Nicholas Ray). Bei der Auswahl dieser Filme scheint der Einfluss oder die Nähe zu den Werturteilen der Kritiker der französischen »Cahiers du Cinéma« und der Regisseure der Nouvelle Vague unverkennbar zu sein. Das gilt auch für die entsprechende Auswahl der Regisseure: Alfred Hitchcock, John Ford, Jean-Luc Godard, Jean Renoir, Howard Hawks, Max Ophüls, Luis Buñuel, Martin Scorsese, Jean-Pierre Melville, Jacques Rivette und François Truffaut.

1995, im 100. Jahr nach der ersten öffentlichen Vorführung des Films, entsteht auf die Umfrage von »Steadycam« hin wiederum eine andere Liste: *Der schwarze Falke* (1956, R: John Ford), *Taxi Driver* (1976, R: Martin Scorsese), *Vertigo – Aus dem Reich der To-

ten (1958, R: Alfred Hitchcock), *Die Nacht des Jägers* (1955, R: Charles Laughton), *Citizen Kane* (1941, R: Orson Welles), *Lawrence von Arabien* (1962, R: David Lean), *Die Verachtung* (1963, R: Jean-Luc Godard), *Der unsichtbare Dritte* (1959, R: Alfred Hitchcock), *Der eiskalte Engel* (1967, R: Jean-Pierre Melville), *Sein oder Nichtsein* (1942, R: Ernst Lubitsch).

Sechs der 1985 unter den Top Ten genannten Filmen tauchen in dieser Reihe, 1995, nur zehn Jahre später, nicht mehr auf. Es handelt sich allerdings auch um eine zum Teil erweiterte Gruppe von Filmkritikern und Film-Professionals, die man um ihr Urteil gebeten hat.

Immerhin ist es erfreulich, dass von den großen deutschen Regisseuren der Zwischenkriegszeit wenigstens Ernst Lubitsch mit einem Film in dieser Kompilation erwähnt wird. Weder findet sich ein Film von Fritz Lang noch von F. W. Murnau, noch von G. W. Pabst. Dies mag auch damit zusammenhängen, dass die jüngere Generation von Filmkritikern in Deutschland, ähnlich wie etliche Regisseure des Neuen deutschen Films (mit Ausnahme von Werner Herzog), kein ausgeprägtes Interesse für die deutsche Filmgeschichte zeigen – zum Teil in der Nachfolge der rigiden Urteile von Autoren der Zeitschrift »Filmkritik«. Es sei nicht vergessen, dass Fritz Lang oder Friedrich Wilhelm Murnau erst über die Rehabilitation, die sie durch die französische Filmkritik erfahren haben, wieder Eingang ins Bewusstsein der deutschen Filmbranche gefunden haben.

Seit dem Jahr 1995 erscheinen zahlreiche Editionen auch in deutscher Sprache, die sich notwendigerweise zur Präsentation eines Kanons entscheiden, wenn sie die 100 besten Filme zusammenzustellen versuchen oder mehr – wie jeder ›Filmführer‹, der sich auf eine gewisse Auswahl beschränken muss, z. B. die »Filmklassiker« (1995, 3. Aufl. 2001), die über 500 Filme vorstellen und bei jeder neuen Auflage den Kanon kritisch überprüfen und zum Teil – vor allem in der jüngsten Gegenwart – immer neu zu bestimmen versuchen. Umfassender Konsens lässt sich nicht herstellen. Auf eine überzeugende Kanonisierung des deutschen Films sei abschließend hingewiesen: Hans Helmut Prinzler nennt in seiner »Chronik des deutschen Films« (1995) für jedes Jahr der ›nationalen‹ Filmgeschichte bestimmte Filme, die er in eine erste und zweite Klasse unterteilt und nur mit lakonischen Anmerkungen versieht. Dennoch stellt sich seine Auswahl bei wiederholter Betrachtung als wohlerwogen heraus.

Thomas Koebner

Literatur: Jochen Schulte-Sasse: Literarische Wertung. Stuttgart 1971. – Dieter Krusche / Jürgen Labenski: Reclams Filmführer. Stuttgart 1973 [u. ö.]. – Thomas Koebner (Hrsg.): Filmklassiker. Stuttgart 1995 [u. ö.]. – Hans Helmut Prinzler: Chronik des deutschen Films. Stuttgart/Weimar 1995.

Katastrophenfilm (engl. »desaster movie«). Seit den 70er Jahren bezeichnet das Genre des Katastrophenfilms eine Gruppe stereotyp inszenierter Hollywood-Produktionen, in denen die menschliche Hybris durch die strafende Gerechtigkeit der Naturgewalten in ihre Schranken gewiesen wird.

Ob man in den exemplarischen Vertretern dieser Filmgattung wie *Airport* (1970, R: George Seaton) Bezüge zum Ikarus-Mythos herstellen kann und *Die Höllenfahrt der Poseidon* (1972, R: Ronald Neame) bereits im Filmtitel die Brücke zur griechischen Mythologie schlägt, *Flammendes Inferno* (1974, R: Irwin Allen, John Guillermin) im Originaltitel (*The Towering Inferno*) Assoziationen mit dem Turmbau zu Babel weckt, oder ob man sich mit der Zerstörung von Los Angeles in *Erdbeben* (1974, R: Mark Robson) an den Untergang Pompejis gemahnt fühlt, der Katastrophenfilm rekurriert stets auf archaische Zerstörungsphantasien. Er zelebriert mit visueller Gewalt und ökonomischem Kalkül die Lust am Untergang, die nicht nur Hollywood seit den Anfängen der Filmgeschichte zu tricktechnischen Innovationen motivierte. Bereits 1902 ließ Georges Méliès in *Éruption volcanique à la Marti-*

Erdbeben (1974, R: Mark Robson)

Naturkatastrophen lassen mehr noch als Kriegsverwüstungen an einer göttlich regierten Weltordnung zweifeln – so versank schon der Aufklärer Voltaire in tiefe Verzweiflung, als er 1755 von dem großen Erdbeben in Lissabon erfuhr. Schuldige wie Unschuldige werden massenhaft ins Verderben gerissen. Kann noch ein Brand im Hochhaus oder ein Schiffsuntergang danach fragen lassen, wie unzuverlässig menschliche Technik sei, führen Vulkanausbrüche oder Erdbeben vor Augen, wie prinzipiell hilflos wir sind. Natürlich toben sich in Katastrophenfilmen auch Destruktionsphantasien aus, die in der Zerstörung menschlicher Gebilde (auf flachem Land kann ein Erdbeben nicht so viel Unheil anrichten) die Relativität unserer scheinbar so sicheren Existenz demonstrieren.

nique den ersten Vulkan auf der Leinwand explodieren, im italienischen Kino ging 1908 Pompeji unter (*Die letzten Tage von Pompeji*, R: Arturo Ambrosio, Luigi Maggi), und W. S. van Dyke inszenierte 1936 zusammen mit dem ungenannt gebliebenen David W. Griffith den wohl ersten klassischen Katastrophenfilm, *San Francisco*.

Während in den frühen 70er Jahren die Generation des New Hollywood das desillusionierende Lebensgefühl einer verunsicherten Gesellschaft artikulierte, propagierten zugleich die traditionellen Vertreter des alten Studiosystems mit dem Katastrophenfilm konservative Wertvorstellungen und setzten auf klassische Erfolgsrezepte. Große Budgets, Staraufgebot und Schicksalskonstruktionen mit starken Antithesen sollten den kommerziellen Erfolg sichern. Heterogene Figuren aus unterschiedlichen sozialen Schichten und mit gängigen Konflikten treffen in einer Extremsituation aufeinander. Ehekrisen, zögernde Liebesbekenntnisse, männliche Rivalitäten oder unsichere Beziehungskonstellationen werden in einer Atmosphäre des drohenden Unheils vorbereitet und im Angesicht der Katastrophe mit ihrer kathartischen Wirkung relativiert, durch den Tod eines Partners gelöst oder in endgültige Klarheit überführt. Die visuelle Materialschlacht mit ihren mythischen Anleihen bei einer sich aufbäumenden Natur überwölbt ein Bewährungsspiel von Starken und Schwachen. Meist findet man eine räumlich wie seelisch orientierungslose Frau, die vom Manne geführt werden will und deren leicht zu erzeugende Hysterie ohrfeigend zur Ordnung gerufen wird. Nicht selten ist sie es auch, die sich dann kindhaft und schutzbedürftig an das ältere Paar wendet, dessen langjährige Ehe und altersbedingte Gelassenheit zur vorbildlichen Lebensführung stilisiert wird. Die Gruppendynamik der Notgemeinschaft lässt keine Individualität zu. Zwar darf der unscheinbare junge Mann im entscheidenden Moment mit einem vorsichtig formulierten Einfall das Fortkommen der anderen sichern und sich kurzzeitig heldenhaft fühlen, oder jemand hat einen unverzichtbaren Gegenstand parat, der zum Überleben zweckentfremdet wird, doch darin erschöpfen sich dann auch die Einzelleistungen der Gruppenmitglieder, die sich gleichgeschaltet einer heldenhaften Führerschaft unterzuordnen haben. Der Held aus der bürgerlichen Mittelschicht, integer und keiner charakterlichen Entwicklung unterworfen, tritt häufig als ungehörter Mahner in Erscheinung, da er die Katastrophe bereits kommen sieht. Er kann der überheblichen Ignoranz einer hedonistischen Oberschicht, meist in Gestalt eines distinguierten Endfünfzigers, seinen gesunden Menschenverstand und vor allen Dingen seine Selbstlosigkeit entgegensetzen. Gegen die Ethik des Retters begehrt der radikale Egoismus auf, der natürlich im grausamsten Tod münden muss. Nur wer sich der Gruppe anpasst, sich zu den Idealen von Ehe und Familie bekennt und freiwillig der Führerschaft des Helden unterwirft, überlebt in diesem Genre, das in den 90er Jahren, passend zum Millenniumswechsel, erfolgreich wiederbelebt wurde und noch immer die gleichen Ideale formelhaft beschwört.

Steve McQueen in der Rolle des heldenhaften Feuerwehrmannes in *Flammendes Inferno* unterscheidet sich nicht erheblich von dem Bohrfachmann Bruce Willis in *Armageddon* (1998, R: Michael Bay). Nur darf Willis den Opfergang antreten und im Weltall einen pathetischen Heldentod sterben, da die Welt ohnehin keinen Platz mehr für Figuren wie ihn vorsieht. Die visuellen Zerstörungsorgien wuchsen in den 90er Jahren ins Exorbitante, die Bedrohung wird seit *Meteor* (1979, R: Ronald Neame) wieder global und der Kalte Krieg zahlt sich endlich aus, denn zur Rettung der Menschheit ist der Einsatz von Atomwaffen legitim. Der implizierte Mythos des Neuanfangs zur Jahrtausendwende erwies sich im Katastrophenfilm als nostalgische Rückbesinnung, denn das mythologisierende Spiel mit dem Weltuntergang folgte in diesem Genre keiner apokalyptischen Moral, die Macht auf ihr Recht zu befragen weiß oder die einen schrankenlosen Lebensgenuss kritisiert. Der Aufforderungscharakter der Katastrophe, der Warnruf zur Wende, erschien meist als Aufruf zur Beibehaltung eines konservativen Status quo puritanischer Prägung, der in der christlichen Symbolik von *Deep Impact* (1997, R: Mimi Leder) unverhohlen Ausdruck fand. Ironischerweise bezeugt gerade Hollywood mit den wertkonservativen Botschaften des Katastrophenfilms den Verlust menschlicher Korrekturfähigkeit, die Katastrophe erlaubt solche Wandlungen oft nur in letzter Minute – und dann ist es meist zu spät.

Frank Henschke

Literatur: Lois Parkinson Zamora (Hrsg.): The Apocalyptic Vision in America. Bowling Green 1982. – Drehli Robnik / Michael Palm: Schutt und Asche. 100 Jahre Katastrophenfilm. In: Meteor 1997. Nr. 9.

Kellerfilm / Regalfilm. So bezeichneten Filmleute in der DDR inoffiziell jene Filme, die nach weitgehender oder völliger Fertigstellung der Zensur zum Opfer fielen, also die staatliche Abnahme nicht passierten und im Archiv verschwanden. Besondere Prominenz erlangten beide Begriffe nach der politischen Wende, als 1989/90 zahlreiche Kellerfilme erstmals der Öffentlichkeit zugänglich gemacht wurden.

Die größte Zahl von Kellerfilmen der DDR stammt aus den Jahren 1965/66. Vor dem Hintergrund von ersten Tendenzen einer inneren Liberalisierung hatte die → DEFA 1965 die Produktion mehrerer Spielfilme aufgenommen, die gesellschaftliche Zustände in der DDR kritisch befragten und sich gegen dogmatisches Denken, Doppelmoral und Erstarrung wandten. Obwohl sie den Boden des sozialistischen Gesellschaftsmodells nicht verließen, sondern dessen Ideen lediglich beim Wort nahmen, verfielen sie mit dem 11. Plenum des ZK der SED dem Verdikt. Kulturpolitische Hardliner gewannen jetzt wieder die Oberhand. In den Filmen »zeigen sich dem Sozialismus fremde, schädliche Tendenzen und Auffassungen«, so hieß es im Bericht des Politbüros. Neben den auf der SED-Tagung expressis verbis monierten Filmen, *Das Kaninchen bin ich* (1965, R: Kurt Maetzig) und *Denk bloß nicht, ich heule* (1965/90, R: Frank Vogel), wurde sofort der noch wenige Tage zuvor freigegebene Film *Der Frühling braucht Zeit* (1965, R: Günter Stahnke) zurückgezogen. Maetzig zeichnete einen Staatsanwalt, der seinen nach einem politischen Prozess zutage tretenden Opportunismus hinter Phrasen versteckt, Stahnkes Film übt Kritik an Misstrauen und Inkompetenz bei Leitern in der Wirtschaft und an der Ineffizienz des Leitungssystems, und Vogels *Denk bloß nicht, ich heule* erzählt kompromisslos und ruppig von einem Jugendlichen, der gegen Heuchelei revoltiert.

Bis ins Jahr 1966 hinein folgte eine ganze Serie weiterer Verbote. Darunter *Karla* (1966/90, R: Herrmann Zschoche) über eine engagierte junge Lehrerin (gespielt von Jutta Hoffmann), *Berlin um die Ecke* (1965/90, R: Gerhard Klein), eine Geschichte aus dem Arbeitermilieu in Ostberlin, und *Wenn Du groß bist, lieber Adam* (1965/90, R: Egon Günther), eine burleske Komödie aus dem DDR-Alltag um eine Wunderlampe, die Lügen und Lügner enttarnt. Selbst ein historisch-biographischer Film über Ernst Barlach, *Der verlorene Engel* (1966/71, R: Ralf Kirsten), erhielt aus heute kaum noch nachvollziehbaren Gründen keine Freigabe. Mit Frank Beyers Film *Spur der Steine* (1966), der Geschichte um den Brigadier Balla (Manfred Krug) auf einer sozialistischen Großbaustelle, hoffte man im DEFA-Studio wieder auf politische Akzeptanz. Tatsächlich wurde der Film im Juni 1966 kurzfristig gezeigt, um dann aber auf Anordnung von SED-Chef Ulbricht nach inszenierten Krawallen in Ostberliner Kinos zurückgezogen zu werden.

Alle Kellerfilme wurden (meistens mit den aus ihnen herausgeschnittenen Bild- und Tonteilen) im Staatlichen Filmarchiv der DDR gelagert, wo sie selbst für die filmhistorische Forschung gesperrt blieben. Abgesehen von *Der verlorene Engel*, der 1971 umgearbeitet in die Filmkunst-Kinos kam, und einer Vorführung der Rohschnittkopie von *Berlin um die Ecke* 1987 im Camera-Kino des Filmarchivs, wurden sie erst im Wendeherbst aus dem Keller geholt, teilweise rekonstruiert und Anfang 1990 in der Akademie der Künste in Ostberlin sowie zur Berlinale im Forum des jungen Films der Öffentlichkeit vorgestellt.

Während *Spur der Steine* zum populärsten Film der Serie wurde, erscheint *Jahrgang 45* (1966/90, R: Jürgen Böttcher) als der interessanteste und modernste. Vom Stil der → Nouvelle Vague angeregt, zeigt er ohne klassische dramatische Klammer die Streifzüge eines jungen Mannes aus Prenzlauer Berg durch die Hinterhöfe und Straßen Ostberlins. Voller Spontaneität und Sinn für die genaue Beobachtung alltäglicher Szenen, vor allem unter Jugendlichen, enthält er – anders als die übrigen Kellerfilme – keine explizite politische Argumentation und verzichtet auf moralisches Pathos. Dennoch besaß er die vielleicht größte subversive Kraft.

Kellerfilme gab es auch vor und nach 1965/66. Immer wieder erlitten Filme das Schicksal des Aufführungsverbots, zumindest für einige Jahre. So etwa *Jadup und*

Boel (1981/88, R: Rainer Simon), der erst 1988 aufgeführt werden durfte und im Unterschied zu den Kellerfilmen der 60er Jahre ein Endzeitbild der DDR präsentiert. Auch andere sozialistische Länder hatten ihre Kellerfilme. In der ČSSR traf es nach 1968 die wichtigsten (aufgeführten oder noch nicht aufgeführten) Filme der Dubček-Ära, darunter die von Jiří Menzel (*Liebe nach Fahrplan / Scharf beobachtete Züge*, 1966; *Lerchen am Faden*, 1969). Das bekannteste Beispiel aus der Sowjetunion ist *Die Kommissarin* (1967, R: Alexander Askoldow); der Film wurde erst 1988 gezeigt und bei den Internationalen Filmfestspielen Berlin mit dem Silbernen Bären ausgezeichnet.

Jörg Schweinitz

Literatur: Christiane Mückenberger (Hrsg.): Prädikat: Besonders schädlich. Berlin 1990. – Ralf Schenk (Red.): Das zweite Leben der Filmstadt Babelsberg 1946–1992. Berlin 1994. – Günter Agde (Hrsg.): Kahlschlag: das 11. Plenum des ZK der SED. Berlin 2000.

Kinderfilm. Viele Kinderfilme sind gar keine. Diese ›heimlichen‹ Kinderfilme existieren seit der Stummfilmzeit. Kinder als Kinopublikum sind auf der Höhe der Filmproduktion und ihrer stilistischen Standards. Komödien von Chaplin, Laurel & Hardy, Louis de Funès oder Eddie Murphy, bei denen eine eher körperliche Art der Komik im Vordergrund steht, Actionkomödien wie *Ein toller Käfer* (1969), manche Serienproduktionen wie die Karl-May-Filme und auch melodramatisch-komödiantische Stoffe wie die *Sissi*- oder Immenhof-Filme vermochten immer wieder auch ein Kinderpublikum anzusprechen. Spannung und Komik bilden die primären Motive der kindlichen Zuschauer. Entsprechend fällt deren Auswahl von Präferenzfilmen aus.

Die Marktkraft des kindlichen und jugendlichen Publikums wird ab Mitte der 70er Jahre für die Filmproduktion erheblich. Es gibt seitdem eine große Reihe von kommerziellen Produktionen, die ein junges Publikum gezielt als eines der wichtigsten Marktsegmente anzusprechen versuchen, ohne sich dabei einer medienpädagogischen Doktrin unterzuordnen. Die Unterhaltungsfunktion steht im Vordergrund bei Hollywood-Produktionen, weil die zum Teil aufwendig produzierten Filme sich ausschließlich am Markt amortisieren und auf anderweitige Finanzierung verzichten müssen. Die Filme Steven Spielbergs (*E. T. – Der Außerirdische*, 1982; die *Indiana Jones*-Trilogie, 1980–83; *Hook*, 1991) und George Lucas' bisher vierteilige *Krieg der Sterne*-Saga (1977–99) erzählen klar strukturierte, abenteuerliche Geschichten, angesiedelt in Umgebungen von zum Teil spektakulärem Schauwert. Amerikanische Jugendfilme wie *Die Goonies* (1985) oder auch Komödien im Stil von *Kevin – allein zu Haus* (1980), *Liebling, ich habe die Kinder geschrumpft* (1989) oder *Dennis* (1993) feiern das Kind als Helden der Geschichte. Es zeigt sich am Ende als den Erwachsenen überlegen, seine Findigkeit oder sogar seine Tollpatschigkeit führt zur Lösung des Konflikts.

In diesem Zusammenhang wird auch der → Abenteuerfilm als Genre des Kinderfilms neu belebt. Manche Filme führen Genretraditionen wie die des Westerns fort, selbst ein deutscher Kinderfilm: *Tschetan, der Indianerjunge* (1972) behandelt die Beziehung zwischen einem Trapper und einem kleinen Indianerjungen. Manchmal werden zeitgenössische, vor allem ökologische Themen aufgenommen: In *Der Sommer des Falken* (1988) jagen ein ängstlicher Stadtjunge und ein forsches Bauernmädchen in den Tiroler Bergen einen Gangster, der Eier aus Falkennestern raubt. In *Die Spur der roten Fässer* (1995) bringen vier Kinder zwischen 8 und 14 während ihrer Ferien in der Mark Brandenburg Giftmüllverbrecher zur Strecke. Auf ein städtisches Publikum abzielend, ist bei beiden Beispielen die Naturerfahrung der Kinder mit den Ferien verknüpft.

Explizitere politische Themen finden sich etwa in *Herr der Fliegen* (1963, 1988). Die Gemeinschaft kindlicher Schiffbrüchiger wird dort als Parabel auf das generelle Funktionieren von Gesellschaften skizziert. Der russische Film *Vogelscheuche* (1983) untersucht die Mechanismen gesellschaftlicher Ausgrenzung: Eine 13-Jährige wird von ihren Mitschülern geschnitten, nur weil ihr Großvater ein Sonderling ist. Das Mädchen hat fast pogromartige Verfolgung zu erleiden.

Stoffe, Formen und Autoren der Kinder- und Jugendliteratur bilden von Beginn der Filmgeschichte an einen unerschöpflichen Fundus, der aus den Traditionen literarischer Kultur heraus das Publikum auch an den Film bindet. Der Kinderfilm tritt dabei in einem sich beständig erweiternden, lebendigen Medienverbund auf. Er knüpft an Traditionen anderer Medien an – der Literatur, des Radios, der Märchenplatte oder -cassette. Und er stößt selbst neue Produktionen an, steht seit den frühen 80er Jahren oft im Zusammenhang mit Computerspielen, Büchern, Merchandising-Artikeln. Heute steht der erfolgreiche Kinderfilm so in einem Kontext, der nicht nur aus Buch und Film, sondern auch aus dem kindlichen (und familiären) Konsum von Produkten aller Art besteht. Die weltweite Verbreitung des BMX-Rades wäre z. B. ohne die verdeckte Werbung durch Spielbergs *E. T. – Der Außerirdische* wohl kaum vorstellbar. Die *Krieg der Sterne*-Saga ist geradezu ein Meilenstein in der Geschichte der Merchandise-Artikel. Regisseur George Lucas beschied sich mit einem schmalen Honorar, verlangte aber dafür die Merchandise-Rechte. Er fuhr gut dabei: Die Filme erzielten deutlich mehr bei diesen Nebenumsätzen als an der Kinokasse.

Kinderfilm in einem engeren Sinn war bis in die 50er oder sogar 60er Jahre hinein zuallererst → Märchen- und Sagenfilm. Filme für Kinder standen in unmittelbarer Tradition der erzählenden Literatur. Und die Filme nahmen die Bilder der Märchenillustration als Vorbilder für die eigene visuelle Gestaltung. Begonnen mit Paul Wegeners *Rübezahls Hochzeit* (1916) oder *Der Rattenfänger von Hameln* (1918) bis zu der DDR-Produktion *Die Geschichte vom kleinen Muck* (1953, R: Wolfgang Staudte) haben alle großen Filmnationen zum Korpus des Genres beigetragen. Große Aufmerksamkeit genoss der Märchenfilm vor allem in Osteuropa. Erinnert sei an solche klassischen Filme wie den tschechischen *Drei Nüsse für Aschenbrödel* (1973) oder den russischen *Die Schneekönigin* (1966).

Alle Klassiker der Kinderliteratur sind mehrfach verfilmt worden (Mark Twains »Tom Sawyer und Huckleberry Finn«, Robert Louis Stevensons »Schatzinsel«, Jack Londons »Wolfsblut«). Hinzu kommen die Werke bekannter Kinderbuchautoren wie Erich Kästner (*Emil und die Detektive*, 1931, 1954, 1963, 2000; *Pünktchen und Anton*, 1953, 1999; *Das fliegende Klassenzimmer*, 1965, 1973; *Das doppelte Lottchen*, 1950, 1960, 1993) und Astrid Lindgren (die *Pippi Langstrumpf*-Filme; *Ferien auf Saltkrokan*, 1965; *Karlsson auf dem Dach*, 1974; *Lotta aus der Krachmacherstraße*, 1992), Johanna Spyris *Heidi* (1952) und Michael Endes *Die unendliche Geschichte* (3 Teile, 1984–94). Die Klassiker der populärsten Literatur (»Robin Hood«, »Die drei Musketiere« und dergleichen mehr) haben darüber hinaus ganze Zyklen von Filmen angestoßen.

Schon früh wurde deutlich, dass die Affinität des kindlichen Publikums zum Zeichentrickfilm (→ Animationsfilm) außerordentlich hoch war. Auf Lotte Reinigers *Die Abenteuer des Prinzen Achmed* (1926) sei, stellvertretend für die vielen Scherenschnittfilme der Regisseurin, eigens verwiesen. → Walt Disneys Produktionen *Fantasia* (1940), *Dumbo* (1941), *Bambi* (1942) usw. eröffneten eine eigene komisch-sentimentale Welt, die bis heute ein gewaltiges Kinder- und Familienpublikum binden konnte (*Das Dschungelbuch*, 1967; *Arielle, die Meerjungfrau*, 1989; *König der Löwen*, 1993). Bemerkenswerterweise sind unter diesen Produktionen auch immer wieder Literaturadaptionen von Märchen oder Abenteuerromanen zu finden. Wie groß die Faszination des Animationsfilms bis heute geblieben ist, zeigen nicht nur die Erfolge der *Asterix*-Reihe (1967 ff.), solche Einzelfilme wie *Der König und der Vogel* (1979), *Watership Down* (1979) oder *Der dunkle Kristall* (1982), sondern vor allem die Flut von Trickserien für das Fernsehen, das heute zum wichtigsten Kindermedium geworden ist.

Eine große Anzahl von Kinderfilmen enthält phantastische Elemente (→ phantastischer Film), das Erzähluniversum des Kinderfilms ist viel weniger auf ein realistisches oder durch Genrevorgaben reguliertes Wirklichkeitsprinzip festgelegt. Pippi Langstrumpf hat übermenschliche Fähigkeiten, Alice (im Wunderland) bewegt sich in einem ganz und gar allegorischen Zauberuniversum und eine Figur wie Pan Tau lebt außerhalb jeder empirischen Realität. Wie kaum ein altersspezifischer Stil besitzt der Kinderfilm einen spielerischen Grundimpuls, eine Bereitschaft, sich aus den Banden der Erdenschwere des Realismus zu lösen, Raum und Zeit zu verflüssigen und sich dem gedanklich-fiktionalen Spiel zu öffnen. Einer der bis heute faszinierendsten Versuche, mit den Mitteln des (Erwachsenen-)Kinos und den erzählerischen Strategien des Kinderfilms eine kindlich-reflexive Erfahrensweise auszudrücken, ist Louis Malles *Zazie* (1960): die Geschichte eines Mädchens, das während zweier Tage in Paris in eine ganze Reihe skurriler Geschichten verwickelt wird, die sich alle zu einer slapstickhaften Intensität steigern.

In zahlreichen Kinderfilmen stehen Tiere im Zentrum der Handlung. Neben Fury, Lassie und Rin-Tin-Tin, Free Willy, Schweinchen Babe und dem Bernhardiner Beethoven sei an Kenneth Loachs Film *Kes* (1967) erinnert. Darin steht die Beziehung eines 12-jährigen Jungen zu seinem Falken in einem strikten Kontrast zur Trostlosigkeit der Erwachsenenwelt, seine Beziehung zu dem Tier ist der einzige Hort einer unschuldigen und überwältigenden Bindung.

Der Kinderfilm als eigenes Angebot für Kinder setzt eine Differenzierung des Publikums voraus, die durch die medienpädagogische Debatte der 10er Jahre und der folgenden Dekaden vorbereitet und legitimiert wurde. Hier wurde die Forderung nach dem »wertvollen« Film erhoben, man wies auf die besonderen Möglichkeiten hin, das Kind vor der Leinwand zu bilden, versuchte, die besondere Faszination des Kinos für erzieherische Zwecke zu nutzen. In Deutschland beginnt Ende der 20er Jahre eine eigene Kinderfilmproduktion, die als charakterbildend und moralisch sauber angesehen war und eine harmonische, oft verniedlichende Wirklichkeit darbot. Eine Kinoauswertung dieser Filme gab es selten, meist wurden sie nur als Unterrichtsfilme eingesetzt. Die Nazis nahmen eine propagandistisch motivierte Jugendfilmproduktion auf (z. B. *Junge Adler*, 1944), die aber nach dem Krieg zum Erliegen kam.

Nicht alle Nationen haben den Kinderfilm in der Nachkriegszeit mit der gleichen Intensität gepflegt. Neben der Bundesrepublik sei auf die Produktionen der DDR, der Tschechoslowakei, Großbritanniens und der skandinavischen Länder verwiesen, die oft auch eine eigene Aufführungspraxis für Kinderfilme etablierten (Kino in der Bibliothek in Dänemark, Children's Cinema Clubs in England). Die 50er und 60er Jahre kennen neben dem Märchenfilm und den Disney-Produktionen, die sich als Familienkino verstanden haben, einen nur in Ansätzen entwickelten Film für ein kindliches Publikum. Die Bemühungen um den Kinderfilm setzten die Auseinandersetzung mit den vorherrschenden sozialhygienischen Tendenzen eines »pädagogisch begründeten« Kinderfilms (und Fernsehens) voraus. Die wurde aber erst in den 70er Jahren aufgenommen (u. a. unter dem Einfluss der Diskussion, die die Übernahme der amerikanischen Produktion *Sesamstraße* ins deutsche Fernsehprogramm ausgelöst hatte). Zuvor war 1957 eine Vorschrift des Jugendschutzgesetzes erlassen worden, die allen unter Sechsjährigen den Kinobesuch überhaupt untersagte.

Erst dann wurde das Geflecht an Normen und Autoritätsbegriffen, Erziehungsidealen, Vorstellungen von Autorität und Emanzipation, das bis zum Ende der 60er Jahre gegolten hatte, grundsätzlich in Frage gestellt. Aus diesen Debatten heraus wurde eine Auffassung vom Kinderfilm künstlerisch umgesetzt, die das Kind als urteilsfähiges und gleichberechtigtes Publikum ernst zu nehmen und es mit den Erfahrungen von Ausgrenzung und Tod, von Verstümmelung und Armut im Medium Film vertraut zu machen versuchte. Viele dieser Filme waren realistisch-sozialkritisch gestaltet, sie entdeckten die Stadt als Lebensraum für Kinder, ihre sozialen Konflikte sind zugleich Rahmen für das Alltagsleben von Kindern. Aber es finden sich auch phantastisch durchsetzte oder allegorische Formen (wie *Otto ist ein Nashorn*, 1982). *Die Vorstadtkrokodile* (1977) ist ein ambitioniertes Plädoyer für den Abbau von Vorurteilen gegenüber Behinderten; *Der rote Strumpf* (1980) handelt von Toleranz gegenüber einer (von Inge Meysel gespielten) schizophrenen alten Frau; *Der Zappler* (1982) erzählt die Geschichte eines spastisch gelähmten 12-jährigen Jungen.

Die verschiedenen Kinderfilmfestivals (wie das Deutsche Kinder-Film- & Fernseh-Festival Goldener Spatz in Gera, das Internationale Kinder- und Jugendfilmfestival Lucas in Frankfurt am Main oder das Kinderfilmfest auf der Berlinale) resultieren aus den Bemühungen der 70er Jahre, eine eigene, politisch orientierte Kinderfilmarbeit ins Leben zu rufen.

Heinz-Jürgen Köhler / Hans J. Wulff

Literatur: Steffen Wolff: Kinderfilm in Europa. München-Pullach/Berlin 1969. – Margarete Eber-Groiß: Unterhaltung und Erziehung. Studien zur Soziologie und Geschichte des Kinder- und Jugendfilms. Frankfurt a. M. 1989. – Steffen Wolff (Hrsg.): Es war einmal ... Abenteuer, Märchen, Unterhaltung. Prädikatisierte Filme für Kinder und Jugendliche 1951–1991. Wiesbaden 1991. – Horst Heidtmann: Kindermedien. Stuttgart 1992.

Kino. 1895 gilt als das Geburtsjahr des Kinos, in dem es seinen Auftakt als »Kino der Attraktionen« (Gunning) im Umfeld der populären Schaukünste erlebt. In der Hand von

Emil und die Detektive (1931, R: Gerhard Lamprecht)

Kinderfilme schwanken zwischen zwei Gefahren: die jungen Hauptfiguren entweder allzu kindisch erscheinen zu lassen oder sie allzu sehr ins Erwachsene zu verzeichnen. Vielmehr geht es darum, die besonderen Erfahrungen und Perspektiven der Kinder im Spielfilm zur Geltung zu bringen. Dass gerade die Großstadt zur Abenteuerlandschaft wird, ist sehr früh in der Filmgeschichte zu beobachten. Eine ästhetische Voraussetzung wird seit je berücksichtigt: die Kamera in ›Augenhöhe‹ senkt sich herab, womöglich ohne den Gestus der Herablassung, bis sie Kinder gleichsam Kopf an Kopf beobachtet.

Kino-Schaustellern und handwerklichem Gewerbe stellen seine audiovisuellen Angebote keine integrierten, einheitlichen Produkte dar wie später der industrialisierte, narrative Film, sondern tragen den Charakter offen arrangierter Programme. Diese sind selbst meist wiederum eingebunden in den Kontext am Varieté oder Vaudeville orientierter, populärer Veranstaltungen. Die Kompositionen aus überwiegend einzelnen animierten Tableaus und relativ autonomen Szenen können von den Schaustellern flexibel auf die verschiedenen Erwartungen und Bedürfnisse einer heterogenen Zuschauerschaft abgestimmt werden. Dabei wird ein breites Spektrum an → Genres bedient, das an den populären Schaukünsten des 19. Jahrhunderts anknüpft. Eine strikte Trennung zwischen Dokumentarischem und Fiktionalem, wie sie die Filmgeschichtsschreibung mit der entsprechenden Zuweisung zu den Filmen der Lumières oder von Georges Méliès lange gezogen hat, lässt sich nicht aufrechterhalten. Zum einen sind zahlreiche der so genannten Aktualitäten gestellt, auf die Blicke und Einstellungen des zeitgenössischen Publikums zugerichtet, zum anderen werden beide gleichermaßen den spektakulären Möglichkeiten des neuen Mediums untergeordnet. Denn mit dem zerstreuenden und überraschenden Wechsel der Reize und ihrer sinnlichen, ›lebendigen‹ Präsenz geht es zunächst um das Ausstellen des Effektpotentials, das der sensationell neue Apparat zu bieten vermag. Entsprechend firmieren die frühen Geräte zur Projektion ›lebender Bilder‹ unter Bezeichnungen wie Animatograph, Bioskop, Kinetoskop, Kinematograph u. Ä. Dem exhibitionistischen Habitus gemäß überwiegen frontale, statisch gerahmte Tableaus aus distanzierter Sicht und eine durchgängige Außenperspektive auf das Gezeigte. Hier schaut das Publikum im Allgemeinen noch auf einen auf der Leinwand exponierten Raum, und die generell offenen Vorführkontexte wahren mit der Unmittelbarkeit der Livekommentare durch die Schausteller, die »Kinoerzähler«, wie der Begleitung durch Musik und Toneffekte den Charakter von Spektakeln, denen ein Publikum gemeinsam folgt.

Im Rahmen des frühen kinematographischen Spektakels entwickeln sich erste Artikulationsmuster der linearen Verknüpfung von Tableaus wie die zeitraffenden oder Zeitsprünge überbrückenden Überblendungen, Ansätze zu kontinuierlichen Raumanschlüssen oder auch das dramatisierende und emotionalisierende Spiel mit näheren Einstellungen bzw. → Einstellungsgrößen. Solche ersten Formen narrativer Verknüpfungen vollziehen sich etwa ab 1903 insbesondere in den meist burlesken Verfolgungsfilmen und dem Reise-Genre. Der entscheidende Schritt zu den integrierten filmischen Produkten eines narrativen Kinos aber folgt erst im Anschluss an diese Konstituierung der Formen linearer Kontinuität, und zwar mit dem Übergang zur Montage, die auch die einzelne Szene segmentiert und Raum und Zeit über organisierte Blicke resynthetisiert. Etwa das Jahrzehnt nach 1907 – und das bedeutet nach dem Sesshaftwerden des zuvor ambulanten Kinos und der Ausdifferenzierung von Produktionen, Verleih und Vorführung – markiert die Übergangsphase, in der insbesondere in den USA Elemente beider kinematographischen Paradigmen nebeneinander existieren und sich überlagern. Etwa zeitgleich setzt in Europa – ausgehend von der französischen → Film-d'Art-Bewegung – eine ›Nobilitierung‹ des Kinos ein, dessen so genannte Autorenfilme auf sein Eindringen in die Domäne kulturbeflissener Publikumskreise abzielen. In Deutschland wird diese Entwicklung von einer zum Teil heftigen kulturkritischen Debatte begleitet, die vor allem von bildungsbürgerlichen Schichten ausgeht.

Die Gestaltungsmodi des frühen »Kinos der Attraktionen« sind in der weiteren Geschichte des Mediums keineswegs völlig untergegangen. Ihre Elemente leben bis in die zeitgenössische Kinopraxis hinein weiter, entweder in besonderen Genres, wie etwa dem Musicalfilm oder einem Kino der Effekte, das im Zusammenspiel mit einem narrativen Kontext ebenso auftreten kann wie als eigenständiges Genre der Präsentation kinematographischer Attraktionen. Sie dienen ebenfalls als bewusste Anknüpfungspunkte für avantgardistische Filmemacher im Bemühen um ein offenes ästhetisches Konzept des Films. Ihr Spektrum reicht vom manieristisch-ästhetischen Spiel bis zu dem Versuch, dem Kino ein kritisches Potential der Wirklichkeitsaneignung zurückzuerobern. Insbesondere seit den 70er Jahren ist eine Tendenz der Ablösung des traditionellen Erzählkinos mit seiner narrativen Geschlossenheit zu verzeichnen.

Ulrike Hick

Literatur: Heinz-B. Heller: Literarische Intelligenz und Film. Tübingen 1985. – Tom Gunning: Das Kino der Attraktionen. Der frühe Film, seine Zuschauer und die Avantgarde. In: Meteor. Texte zum Laufbild 4 (1996) [Amerikan. Orig. 1986.] – Joachim Paech: Literatur und Film. Stuttgart 1988. – Noel Burch: Life to those Shadows (1976–1981). London 1990. – Thomas Elsaesser (Hrsg.): Early Cinema. Space – Frame – Narrative. London 1990. – Miriam Hansen: Babel and Babylon. Spectatorship in American Silent Film. Cambridge (Mass.) / London 1991.

Kino-Architektur. Die Kino-Architektur ist eng mit der Filmgeschichte und dem Film als gesellschaftlichem Ereignis verbunden. Zu Beginn der Filmgeschichte dauerte es Jahre, bevor das neue Medium eigene Räume erhielt. Zunächst wurden Filme in Wirtshäusern, bürgerlichen Kulturstätten, im Varieté und in Zelten auf Jahrmärkten vorgeführt. Solche Kinozelte hatten bis zu tausenden von Plätzen; Strom für die Glühbirnen lieferte oft ein eigener Generator. Um 1905 eröffneten weltweit erste Ladenkinos in ehemaligen Geschäften, Tanzhallen, Restaurants oder Wohnungen in spartanischer Ausstattung. Um 1910 existierten in den USA rund 10 000 solcher Kintops, und jede Woche besuchten sie 26 Mio. Zuschauer, d. h. ein Fünftel der Gesamtbevölkerung. Typisch war ein länglicher Kinoraum, einfach ausgestattet mit Bänken und Klappstühlen, wobei es ebenso Kinos für ein besseres Publikum gab. Die Lichtspielstätten waren entgegen landläufiger Meinung keineswegs ein proletarisches Medium, sondern die meisten dieser Kinos lagen im Zentrum in belebten Geschäftsstraßen und bauten auf ein Laufpublikum. Zur Hochphase um 1912 gab es rund 3000 Ladenkinos im Deutschen Reich, die täglich von 1,5 Mio. Zuschauern besucht wurden.

Ein Umbruch setzte ab 1908 ein, als gegen die Proteste der Theaterbranche der abendfüllende Spielfilm mit Stars etabliert wurde und sich ein Verleihsystem durchsetzte. Schon ab 1906 hatte Paul Davidson mit seinen Union Theatern u. a. in Frankfurt, Mannheim und Köln Spielstätten fürs Bürgertum eingerichtet. 1909/10 eröffnete er zwei Theater in Berlin, die neue Standards setzten. Zu dem Zeitpunkt begann in den Metropolen ein regelrechter Bauboom mit größeren, luxuriösen Theatern (z. B. 1910/11 Cines am Berliner Nollendorfplatz, Architekt: Oskar Kaufmann; 1911 Mozartsaal Nollendorfplatz, Albert Fröhlich; 1911 Prinzess-Theater Berliner Kantstraße, Lucian Bernhard; 1911 Union Theater Dresden, Martin Pietzsch; 1912 Marmorhaus Berlin, Hugo Pál; 1912 Union Palast Berlin, E. Simon; 1912 U. T. – Tauentzien, Emil Schaudt). Typisch waren rechteckige Räume mit nach hinten leicht ansteigender, reihenversetzter Bestuhlung und häufig einem Balkon. Ausgerichtet waren sie alle auf die Leinwand, die sich hinter einem Vorhang auf einer kleinen Bühne vor ihnen erhob. Der Projektionsraum war in einem aus feuerpolizeilichen Gründen separaten Raum im oberen Rang untergebracht. Stilistisch orientierten sich die Architekten meist am klassischen oder modernen Theaterbau mit Logen und Rängen. Häufig kam es zu innenarchitektonischen Neugestaltungen und Umbauten, um die Konkurrenzfähigkeit zu sichern und mit den technischen Entwicklungen Schritt zu halten. Noch selten sind eigenständige Kinobauten, die verstärkt Ende der 20er Jahre sogar in Kleinstädten gebaut werden und wesentlich großzügiger mit bis zu 2500 Plätzen ausgestattet waren. »Die großen Lichtspielhäuser in Berlin sind Paläste der Zerstreuung«, schrieb Siegfried Kracauer 1926. Bekannte Architekten waren Fritz Wilms, Hans Poelzig oder Erich Mendelsohn. Die Theater der Neuen Sachlichkeit waren häufig für die Umstellung auf den kommenden Tonfilm ge-

Die Legende vom Jahrmarktsursprung des Kinos hat lange Zeit die Erkenntnis verhindert, dass die ersten Kinovorführungen in durchaus nobler Umgebung stattgefunden haben. Die Apparate der Brüder Lumière waren nicht zuletzt für ein wohlhabendes Publikum gedacht, das die Filmerei als neues Steckenpferd entdecken sollte. Erst die schnelle Verbreitung von kleinen Kinos erweckt den Eindruck, das neue Medium sei eine Attraktion für Arme. Doch bald gab es auch die ›Kinopaläste‹, die in den Innenstädten mit Hilfe angesehener Architekten errichtet wurden: riesige Säle mit verschiedenen Preisstufen im Parkett und auf den Rängen und eine Leinwand von etlichen Quadratmetern. Buster Keatons Film *Sherlock Junior* (1924) oder die anschauliche Rekonstruktion dieser Kinotheater in Woody Allens Film *Purple Rose of Cairo* (1985) geben Innenansichten solcher Kinos der 20er Jahre im Film selbst wieder. Während in Europa die Kino-Architektur Anschluss an das Modell großer ›Kulturtempel‹ suchte, wagte man in den multiethnischen USA ein mitunter phantastisches Dekor und scheute auch vor exotistischen Stilelementen nicht zurück, die man z. B. arabischem Baustil entlieh. Für die Multiplexe ist in den 1990er Jahren eine große Glasfront typisch.

eignet. Die Neubauten in den 30er Jahren richten sich nach Bedürfnissen der Beschallung und wurden so noch funktionaler. Im Gegensatz dazu entstanden in den USA und in Großbritannien in dieser ersten Phase regelrechte Traumpaläste, die Formen der Architekturgeschichte bunt mischten und vor allem beeindrucken wollten, ob nun im barocken, ägyptischen oder Mayastil. John Eberson war 1922 Schöpfer des »atmosphärischen Theaters«. Er versuchte den Eindruck einer Plaza zu erzielen, indem er den Zuschauerraum mit einer Stadtkulisse umgab und die Decke als offenen Himmel mit Sternen gestaltete. Die amerikanischen Paläste waren insgesamt pompöser und prunkvoller – bis in die Provinz (z. B. 1929 Majestic mit 3700 Plätzen in San Antonio, Texas). Im Mittelpunkt stand weniger der einzelne Film als das gesellschaftliche Ereignis des Filmbesuchs.

Einen neuen Boom erlebt die Kino-Architektur in den 50er Jahren, als viele neue Lichtspielhäuser in der damals üblichen Architektur mit geschwungenen Formen gebaut wurden (z. B. 1957 Zoopalast Berlin). Die eher mittelständisch organisierte Kinobranche investierte aufgrund wachsenden Zuschauerinteresses in neue Bauten. 1959 gab es in der Bundesrepublik 7985 Leinwände, und die Bundesbürger gingen durchschnittlich 15mal im Jahr ins Kino. Die anschließende Krise und der Zuschauerrückgang sind nicht nur mit der wachsenden Bedeutung des Fernsehens zu erklären, sondern ebenso mit gesellschaftlichen Veränderungen wie Mobilisierung und dem Bau von Eigenheimen. Für die Kino-Architektur hatte dies fatale Konsequenzen. Die großen Lichtspielhäuser wurden zerstückelt und in winzige Kinos aufgeteilt, viele Häuser wurden geschlossen und anders genutzt. Die Zahl der Kinos sank bis Ende der 70er Jahre auf rund 3000. Hier war kein Spielraum für architektonische Impulse; selbst die neu entstandenen Programmkinos folgten mit ihrer Raumgestaltung klassischen Formen. Viele prophezeiten den Tod des Kinos.

Eine kaum erwartete Renaissance des Kinos manifestiert sich in der Architektur der monumentalen Multiplexe. Definiert wird er als Neubau mit mindestens acht Kinos, 1500 Plätzen und umfangreicher Infrastruktur im Freizeitbereich. Weltweit sind dies in den seltensten Fällen romantisierende Traumpaläste, sondern meist funktionale Bauten aus Glas, Stahl und Beton, die zugleich die Modernität des Freizeitmediums symbolisieren sollen (z. B. UFA Kristall-Palast, Dresden, Architekten: Coop Himmel[b]lau). Die Multiplexe bringen Glamour und Glanz zurück in die Foyers, deren Funktion sich jedoch von den Kinopalästen der 20er Jahre fundamental unterscheidet. Damals stand der Zuschauerraum im Mittelpunkt und das Foyer war ein Warteraum, eine Schleuse zwischen Innen und Außen. Im Multiplex sind das Foyer, die angeschlossene Gastronomie und Freizeitangebote das Zentrum, der Treffpunkt; das Kino und der Film sind Angebote neben anderen. Entsprechend offen nach außen gibt sich die Kino-Architektur und lockt mit den meist jugendlichen Zuschauern im Gebäude. Neben den Multiplexen auf der grünen Wiese, wie sie in den USA üblich sind, werden sie in Deutschland immer häufiger in den Innenstädten gebaut. Im Juni 2001 existierten in Deutschland 132 Multiplexe mit knapp 1200 Leinwänden, die 42,7 % des Umsatzes der Kinobranche einspielten. Die Zahl der Leinwände stieg insgesamt wieder auf 4738 Kinosäle. Die Konkurrenz führt dazu, dass traditionelle Häuser schließen oder ebenfalls renovieren und sich dem neuen Standard hinsichtlich Ton- und Projektionstechnik, Bestuhlung und Gestaltung anpassen, um zu überleben. Ganz neue Wege gehen IMAX-Kinos, die ein neues Filmerlebnis versprechen. Die Kino-Architektur mit steil ansteigenden Sitzreihen und gebogener Leinwand ist optimal auf das wesentlich größere Filmbild abgestimmt.

Kay Hoffmann

Literatur: Hans Schliepmann: Lichtspieltheater. Eine Sammlung ausgeführter Kinohäuser in Groß-Berlin. Berlin 1914. – Arthur S. Meloy: Theaters and Motion Picture Houses. New York 1916. – Paul Zucker: Theater und Lichtspielhäuser. Berlin 1926. – Fritz Wilms: Lichtspieltheaterbauten. Berlin/Leipzig/Wien 1928. – P. Morton Shand: Modern Picture-Houses and Theaters. Philadelphia 1930. – Paul Zucker / G. Otto Stindt: Lichtspielhäuser Tonfilmtheater. Berlin 1931. – Stephan Peart: The Picture Houses in East Anglia. Lavenham 1980. – Ave Pildas: Movie Palaces. New York 1980. – David Atwell: Cathedrals of the Movies. A History of British Cinemas and their Audiences. London 1981. – Academy for Educational Development: Movie Palaces. Renaissance and Reuse. New York 1982. – Rolf-Peter Baacke: Lichtspielhausarchitektur in Deutschland. Von der Schaubude bis zum Kinopalast. Berlin 1982. – Lothar Binger / Hans Borgelt / Susann Hellemann: Vom Filmpalast zum Kinozentrum Zoo-Palast. Berlin 1983. – Christoph Bignens: Kinos. Architektur als Marketing. Zürich 1988. – Ingeborg Flagge / Joachim Henkel / Wolf Rüdiger Seufert: Entwürfe für das Kino von Morgen. Basel [u. a.] 1990. – Rolf Grünewald: Der Titania-Palast. Berliner Kino- und Kulturgeschichte. Berlin 1992. – Joachim Steffen / Jens Thiele / Bernd Poch (Hrsg.): Spurensuche. Film und Kino in der Region. Oldenburg 1993. – Corinna Müller: Frühe deutsche Kinematographie. Formale, wirtschaftliche und kulturelle Entwicklung. Stuttgart/Weimar 1994. – Ulrich Pätzold / Horst Röper: Multiplexe. Formen und Folgen eines neuen Kinotyps. Köln 1995. – Alfons Arns: Die Fenster zur Welt. In: Horizont 1997. Nr. 36.

Kinoglaz (russ., ›Kino-Auge‹, ›Film-Auge‹). Ästhetisch-politisches, avantgardistisches Filmkonzept des sowjetischen Filmemachers und Filmtheoretikers Dziga Vertov (1896–1954), der mit Lew Kuleschow, Sergej Eisenstein und Wsewolod Pudowkin zu den avanciertesten Vertretern des sowjetischen Films in den 20er Jahren zählt. Weit radikaler noch als die Vertreter des Montage- und → Revolutionsfilms will Vertov mit dem Kinoglaz das neue Medium Film von allem »säubern«, was ihm nicht medial eigen ist: von der Literatur, dem Theater, der Musik, von aller Psychologie und Narration, sogar den Menschen will Vertov zumindest zeitweise – als »Objekt der Filmaufnahme« ausschließen, um ganz zu den »Bewegungen der Dinge« zu gelangen. Dabei zielt Vertov nicht auf den → abstrakten oder absoluten Film der westlichen Avantgarde, sondern auf das filmische Entwerfen, Entdecken, ja Produzieren eines neuen Menschenbildes durch das zunächst filmisch verweigerte Abbild.

»Präzision und Geschwindigkeit« sind für Vertov die modernen Modi der wissenschaftlichen und filmischen Wahrnehmung und damit die Arten einer dokumentarischen Gestaltung der Welt in ihrer Dynamik. Die Kamera soll vollkommen befreit werden von den Begrenzungen des menschlichen, des anthropomorphen Sehens, das als Ausdruck der bürgerlich individualistischen Ideologie gilt, um eine rein filmische Wahrnehmung der Welt zu entwerfen, in die sich der neue, der sowjetische Kollektiv-Mensch dann einpassen kann. Damit wird – der Utopie der Futuristen und Konstruktivisten folgend – die Maschine, das Kamera-Auge, zum Vorbild und Wegweiser einer neuen Wahrnehmung: »Kopiert nicht das menschliche Auge«, das ist Vertovs Prinzip. In einer »Resolution« Vertovs aus dem Jahr 1923 zeigt sich deutlich, wie stark dieses ästhetische Konzept eines nichthumanen, mechanischen Sehens dennoch geprägt ist von der (menschlichen) Erfahrung des Ersten Weltkriegs und des russischen Revolutionskrieges: »Ich bin Kinoglaz [...]. *Ich bin in ununterbrochener Bewegung*, ich nähere mich Gegenständen und entferne mich von ihnen, ich krieche unter sie, ich klettere auf sie, ich bewege mich neben dem Maul eines galoppierenden Pferdes, ich rase in voller Fahrt in die Menge, ich renne vor angreifenden Soldaten her, ich werfe mich auf den Rücken, ich erhebe mich zusammen mit Flugzeugen, ich falle und steige zusammen mit fallenden und aufsteigenden Körpern.«

Dem Kinoglaz-Konzept ist die Realität Chaos, in welches das mechanische Auge eindringt, um das Faktenmaterial zu gewinnen, das dann in der »Flexibilität des Montageaufbaus« zu einer »Film-Chronik« des Lebens wird. Das Leben soll in seiner Materialität durch Kamera und Montage »dechiffriert« werden, um durch »Fakten« – Vertov spricht meist von der »Filmsache« und der »Kinoprawda«, der Filmwahrheit – das Bewusstsein des Proletariats zu verändern: Kino ist für Vertov die »Fabrik der Fakten«, ein wissenschaftlich-schöpferisches Laboratorium, in dem das Leben fast wissenschaftlich objektiv und stets nach der Wahrheit suchend beobachtet werden soll.

Vertovs Film *Der Mann mit der Kamera* (1929) setzt dieses Konzept in die Praxis um. Gezeigt wird urbanes Leben in seiner immensen Dynamik und Multiperspektivität; eigentliches Sujet dieses Stummfilms ohne Drehbuch, ohne Schauspieler und ohne Zwischentitel ist jedoch der Prozess des Filmemachens selbst: die Bildfabrikation durch das Kino-Auge. Auch wenn Vertov seinen Film als eine »visuelle Symphonie« bezeichnet hat, unterscheidet ihn dieser Modus der filmischen Selbstreflexion des Kinoglaz von Walter Ruttmanns neusachlichem Montagefilm *Berlin. Die Sinfonie der Großstadt* (1927) (→ Neue Sachlichkeit).

Vertovs Konzept des Kinoglaz, das in der Hochzeit des Stalinismus verworfen wurde – viele seiner späteren Filme wurden verstümmelt oder sind verloren –, beeinflusste die Entwicklung des → Avantgarde- wie des → Dokumentarfilms, vor allem das → Cinéma Vérité. Jean-Luc Godard gründete in seiner politisch und ästhetisch radikalsten Phase Ende der 60er Jahre die Groupe Dziga Vertov, die semidokumentarische Filme herstellte, die im Geiste Vertovs vor allem den Prozess des Filmemachens als den der Ideologieproduktion dekonstruieren sollten.

Bernd Kiefer

Literatur: Dziga Vertov: Schriften zum Film. München 1973. [Darin: Kinoki – Umsturz. / Der Mann mit der Kamera (Eine visuelle Symphonie).] – Jean-Luc Godard: Was tun? In: Godard/Kritiker. Ausgewählte Kritiken und Aufsätze über Film (1950–1970). Hrsg. von Frieda Grafe. München 1971. – Vlada Petric: Constructivism in Film. *The Man with the Movie Camera. A Cinematic Analysis.* Cambridge 1987. – Natascha Drubek-Meyer / Jurij Murasov (Hrsg.): Apparatur und Rhapsodie. Zu den Filmen des Dziga Vertov. Frankfurt a. M. [u. a.] 2000.

Kitsch / Camp. Kitsch (von mundartl. »kitschen« ›zusammenscharren‹) ist eine ästhetische Wertungskategorie, die die bewerteten Objekte in Bezug setzt zum jeweils gültigen Kunstverständnis. Der Begriff stammt vermutlich aus dem Münchner Kunsthandel nach 1870, als sich die Nachfrage nach billigen Modebildern häufte. In Abgrenzung zur Kunst wird Kitsch als geschmacklos oder trivial empfunden, als stereotype Wiedergabe einer abgenutzten Vorstellung des ›Schönen‹ ohne eigenen schöpferischen Wert. Hermann Broch bezeichnete Kitsch als »das Böse im Wertsystem der Kunst«, da Kitsch allein darauf ausgelegt sei, »schön« zu sein, während Kunst »gut« sei. Begreift man hingegen mit Karl Rosenkranz das Schöne als »die göttliche, ursprüngliche Idee« und das Hässliche als dessen Negation, so ist die Unterscheidung von ›schön‹ und ›hässlich‹ insofern bestimmend für den Begriff des Kitsches, als Kitsch das ästhetisch Hässliche ebenso wie das ethisch Böse nach Möglichkeit ausschließt. So zeichnen sich beispielsweise die Soft-Sexfilme David Hamiltons (*Bilitis*, 1977; *Zärtliche Cousinen*, 1980) durch den romantisierenden Weichzeichner-Stil und die erotische Harmlosigkeit gleichermaßen aus – mit anderen Worten: durch die Abwesenheit alles Hässlichen und Bösen.

Saul Friedländer sieht im Kitsch eine »ästhetisch minderwertige Ausdrucksform, als Nachahmung von Kunst, die eine gedankenlose, emotionale Sofortreaktion auslösen soll«. Tatsächlich erschließt sich Kitsch weniger über Reflexion, sondern häufiger intuitiv im Moment der Wahrnehmung, also auch unabhängig von Alter oder Bildungsstand, worauf etwa die Familientauglichkeit der Filme von → Walt Disney (*Schneewittchen und die sieben Zwerge*, 1937; *Bambi*, 1942) beruht. Durch seine allgemeingültige, emotional erfassbare Symbolik, wie etwa unschuldig lachende Kinder, eine harmonische Farbigkeit oder idyllische Naturabbildung, verfügt Kitsch über eine außerordentliche Massenwirksamkeit. Im verbindenden Gefühl der kollektiven Rührung scheint ihm die Vision von einer Verbrüderung der Menschen während des Augenblick des Erlebens inne zu wohnen. Die → Kulturindustrie macht sich diese weit verbreiteten Harmonisierungs-Sehnsüchte zunutze bei der Produktion handelstauglicher Waren: Die populäre Sissi-Trilogie *Sissi, Mädchenjahre einer Kaiserin* (1955), *Sissi, die junge Kaiserin* (1956) und *Sissi, Schicksalsjahre einer Kaiserin* (1957) von Ernst Marischka, die von der heimatlichen Idylle und der naiven Unschuld seiner Protagonistin (Romy Schneider) lebt, oder die klassischen Hollywood-Melodramen (wie die von Douglas Sirk) befriedigen die Bedürfnisse des Publikums nach ›großen Gefühlen‹. Die unaufhörliche Reproduktion bestimmter Stimmungen oder gefühlsauslösender Bilder lässt dieselben schließlich zu Stereotypen verblassen, die zitierfähig und zumindest in der Nähe des Kitsches zu verorten sind. Solche Versatzstücke des Melodrams sowie kitschig überzeichnete und daher beklemmende Interieurs verwendet Rainer Werner Fassbinder in seinen Filmen wie *Händler der vier Jahreszeiten* (1972) oder *Angst essen Seele auf* (1974) gezielt, um eine breite Zuschauerschaft zu erreichen. In ihnen charakterisiert er so auf subversive Art die spießbürgerliche Nachkriegsgesellschaft Deutschlands.

Durch ästhetische Inflation geschieht es, dass im Erstarren einer Haltung zur Pose, im Verfall eines Symbols zum Abziehbild oder dem Wandel eines Gefühls zur Ware etwas ehemals Bedeutendes seiner Bedeutung entladen wird. Dieser Wahrnehmungs- und Bedeutungswandel wird besonders deutlich, wenn vormals ideologische Symbole in der Rückschau aus historischer Distanz als bis zur Schwülstigkeit mit Bedeutung gemästete Zeichen ›entzaubert‹ werden: Dann sind sie Kitsch geworden. Die von Allmachtsphantasien und Vernichtungswut geprägte Symbolwelt des Nationalsozialismus etwa erscheint später in Filmen wie Luchino Viscontis *Die Verdammten* (1969) oder Liliana Cavanis *Der Nachtportier* (1974) als Nazi-Kitsch in der Übereinkunft von Eros und Thanatos. Auch die »Love and Peace«-Signifikate der 60er Jahre, wie sie Miloš Forman in *Hair* (1977) inszeniert, werden heute als bunter Hippiekitsch konsumiert.

Während Kitsch per se stets ernst gemeint und fern jeder → Ironie und Doppeldeutigkeit ist, betreibt die Sichtweise des Camp die »Entthronung des Ernstes« als »Betrachtung der Welt unter dem Gesichtspunkt des Stils« (Sontag). Daher zeichnet sich Camp durch die lustvolle, spielerische Übertreibung von Form und Inhalt aus. Während im Kitsch einfach nachvollziehbare Schemata von schön – hässlich, gut – böse, männlich – weiblich usw. grundlegend sind, verschreibt sich Camp gerade der Auflösung der gängigen Ordnungsprinzipien. So weist der → Trashfilm eine ausgesprochene Nähe zu Camp auf. Ob nun im exaltierten Travestie-Spiel der Darstellerinnen, den knallbunten und verlebten Dekors oder in ihrem durchgehend antiseriösen Gestus ebnen die Filme von John Waters, wie *Pink Flamingos* (1972) oder *Hairspray* (1988), den Weg für Pedro Almodóvars hysterische und skurril-überzeichnete Camp-Melodramen *Labyrinth der Leidenschaften* (1982) und *Frauen am Rande des Nervenzusammenbruchs* (1988). Die Gender-Grenzen werden in Form der Androgynität aufgehoben, Kunst und Kitsch durch die Ironie des Camp miteinander verbunden. Indem die Sichtweise des Camp ein Objekt von seiner ursprünglichen Bedeutung befreit, gibt er es zugleich frei für das Spiel mit neuen Bedeutungen.

Daniel Schössler / Stefanie Weinsheimer

Literatur: Karl Rosenkranz: Ästhetik des Hässlichen. Leipzig 1996. [1853.] – Hermann Broch: Dichten und Erkennen. Essays. Bd. 1. Zürich 1955. [Darin: Einige Bemerkungen zum Problem des Kitsches. Das Böse im Wertesystem der Kunst.] – Saul Friedländer: Kitsch und Tod. Der Widerschein des Nazismus. München 1984. [Frz. Orig. 1982.] – Susan Sontag: Anmerkungen zu »Camp«. In: S. S.: Geist als Leidenschaft. Ausgewählte Essays zur modernen Kunst und Kultur. Leipzig/Weimar 1990.

Klappe. Die Klappe ist ein Holzbrett, an dem mit einem Scharnier eine Leiste befestigt ist, die man zuschlagen kann. Sie wird vor bzw. nach jeder Einstellung abgefilmt, um später bei der Nachbearbeitung deren Identifizierung und die Synchronisierung von Bild und Ton zu ermöglichen.

Üblicherweise ist der 2. Kameraassistent für die Handhabung dieses zum Symbol gewordenen Hilfsmittels zuständig. Mit Kreide oder Filzstift werden auf den nicht reflektierenden Grund Informationen wie etwa Titel des Films, Einstellungsnummer, Regisseur usw. geschrieben. Nach dem Anlaufen des

Tonaufnahmegerätes und der Kamera wird die Klappe ins Bild gehalten und die Einstellungsnummer laut gesprochen. Das anschließende Schlagen der Leiste auf das Brett erzeugt einen Knall. Die schwarzweißen Schrägstreifen auf der Leiste und am oberen Rand des Bretts erleichtern bei der Nachbearbeitung die Suche nach dem Bild, das die Klappe ganz geschlossen zeigt. An dieser Stelle wird der Ton angelegt. Mittlerweile wird die Synchronisierung meist von einem elektronischen System übernommen.

Olaf Wehowsky

Kommentar / Voice-over. Als Voice-over bezeichnet man die Stimme eines weiblichen oder männlichen Erzählers, der auf Leinwand oder Bildschirm nicht präsent ist, sich jedoch auch nicht im Feld außerhalb des Bildkaders (off screen) aufhält, also nicht mit der Off-Stimme einer im kinematographischen Raum anwesenden Figur verwechselt werden darf. Die Erläuterung der Voice-over kann erklären und interpretieren, aber auch werten und manipulieren. Man unterscheidet zwischen einem anonymen und einem Icherzähler, der zumeist seine Lebensgeschichte retrospektiv schildert. In den Anfangszeiten des Kinos wurden in Filme entweder Zwischentitel eingeschnitten oder während der Vorführung Sprecher eingesetzt, um die Handlung zu erläutern. In Japan waren diese Kommentatoren (Benshis) noch bis 1937 üblich und teilweise populärer als die Filmstars. Die traditionelle Funktion des Erzählers wurde für den Tonfilm als kinematographisches Mittel der Voice-over adaptiert. Um Stummfilme als Tonfilme vermarkten zu können, wurden sie nachträglich mit Geräuschen und Voice-over-Dialogen versehen (*Das Phantom der Oper*, 1925, von Universal). Hitchcock benutzte die Voice-over mit bewusster Intention in einem seiner ersten Tonfilme, der Adaption des Bühnenstückes *Mord – Sir John greift ein* (1930):»da es mir widerstrebte, eine für die Handlung überflüssige Person einzuführen, habe ich mich des inneren Monologs bedient. Damals fand man, das sei eine phantastische Neuerung des Tonfilms. In Wirklichkeit war es die älteste Theateridee der Welt, angefangen bei Shakespeare, hier nur den Möglichkeiten des Tonfilms angepasst« (Hitchcock in einem Gespräch mit Truffaut).

Den inneren Monolog des Protagonisten in der literarischen Vorlage als filmische ›Gedankenstimme‹ zu übernehmen, wurde üblich. Überproportional häufig daher der Gebrauch von Voice-over in Literaturadaptionen. In *Barry Lyndon* (1975) lässt Stanley Kubrick einen anonymen Erzähler die Geschehnisse auf der Leinwand ironisch kommentieren. Thackerays Original dagegen ist eine Icherzählung. Anonyme Erzähler können die Handlung sondieren, interpretieren, generalisieren und damit die moralische und ideologische Absicht des Films deutlich werden lassen. Meistens werden sie einer literarischen Tradition folgend als Rahmenerzähler eingesetzt, geben dem Zuschauer mit expositorischen Informationen eine Orientierung über Ort, Zeit und Charaktere, machen dadurch umständliche Dialoge unnötig. Manchmal ist dieser Erzähler der Regisseur selbst (z. B. Jean-Luc Godard). Auch zeigen einige Filmemacher eine deutliche Vorliebe für Voice-over-Erzählungen (zwei Drittel aller Filme von Orson Welles). Darüber hinaus gehört die Voice-over zur Genretypologie des Film noir: Icherzähler rekapitulieren in chronologischen oder achronologischen Rückblenden, meist in Form von Beichten oder Geständnissen, vergangene Ereignisse. Diese subjektivierte Erzählperspektive offenbart die psychische Disposition des Protagonisten, zeigt Ursachen und Motive für seine Tat (Verbrechen, Ehebruch usw.). In Billy Wilders *Boulevard der Dämmerung* (1950) erzählt sogar ein Toter seine Lebensgeschichte.

In den 60er und 70er Jahren kam der Gebrauch der Voice-over aus der Mode, ihre Verwendung wurde eher negativ gewertet. Dennoch haben die Regisseure der → Nouvelle Vague dieses Stilmittel gezielt eingesetzt, ebenso in den 70er und 80er Jahren

Martin Scorcese oder Francis Ford Coppola. Im nichtfiktionalen Bereich der Reportagen, Dokumentationen usw. war und ist Voice-over immer als ein adäquates gestalterisches Mittel angesehen worden.

Ilona Grzeschik

Literatur: François Truffaut: Mr. Hitchcock, wie haben Sie das gemacht? München 1973. [Frz. Orig. 1966.] – Hansmartin Siegrist: Textsemantik des Spielfilms. Zum Ausdruckspotential der kinematographischen Formen und Techniken. Tübingen 1986. – Sarah Kozloff: Invisible Storytellers. Voice-over Narration in American Fiction Film. Berkeley [u. a.] 1988.

Komödie. Die Filmkomödie gehört mit dem filmischen Melodram und den ersten rudimentären Kleinstformen des Westerns zu den ältesten und populärsten Genres des Kinos. Bei der Entwicklung einer eigenständigen Filmkomik nimmt der französische Film eine Vorreiterstellung ein, die er bis zum Ersten Weltkrieg weitgehend unangefochten hält. Filmische Experimente mit der Komik greifen zum einen die aus der Tradition von Vaudeville, Varieté, Zirkus und Music-Hall übernommenen Nummern, Tricks und → Gags auf, zum anderen verzerren sie das Familien- und Arbeitsleben zur Zeit der Jahrhundertwende ins Komische. Die Stars der frühen Filmkomödie (Max Linder, André Deed als Cretinetti, Jean Durand als Calino, Ernest Bourbon als Onésime und viele andere) sind identisch mit den Komikern des Unterhaltungstheaters, das durch die Erfolgsgeschichte des Kinos nach und nach seine besten Darsteller an den Film verliert und dadurch auch seine Bedeutung als Tempel der derberen Unterhaltung. Schon in kürzester Zeit erweist sich das Kino als Ort der Entgrenzung des Bühnenschauplatzes und des Experiments, das dem Komiker eine wesentlich größere Spielfreiheit gewährt.

Das Programm der ersten öffentlichen Filmvorführung im Grand Café 1895 verzeichnet einen Streifen mit dem Titel *Le Jardinier et le petit espiègle*, dessen kurze und einfache Handlung im Jahr darauf durch ein Remake der Brüder Lumière (*Der begossene Gärtner*) zur ersten richtigen Standardszene der Filmkomik avanciert. Ein kleiner Junge ärgert einen Gärtner, der gerade dabei ist, seine Blumen mit Hilfe eines Wasserschlauchs zu bewässern. Der Bengel stellt sich immer wieder unbemerkt auf den Schlauch und unterbricht den Wasserfluss, so dass sich der Gärtner auf der Suche nach der Ursache des Übels schließlich selbst nass spritzt. Die Szene endet in einer kurzen Verfolgungsjagd. Eine filmische Miniatur und zugleich eine Urszene der Komik: Der Kampf mit der Tücke des Objekts, das sich in der Begegnung mit dem Menschen in ein Ding mit aggressivem Eigenleben verwandelt, wird zum Lieblingsthema der frühen → Slapstickfilme, deren Körperkomik sich in einer variantenreichen Dramaturgie exzessiver Zerstörung austobt. Die alten Slapsticks leben von der Zertrümmerung des Mobiliars, von aberwitzigen Prügeleien und rasanten Verfolgungsjagden. Zielscheiben der Destruktion sind die Errungenschaften und Ordnungsmuster der Belle Époque: das bürgerliche Haus, die klein- oder großbürgerliche Familie, das Patriarchat, der behütete Wohlstand und seine wichtigsten Manifestationen in Form von Kleidung, Küchengerät und Automobil. Ein weiteres wichtiges Merkmal der frühen Filmkomik ist die selbstreferentielle Auseinandersetzung mit den Konkurrenzprodukten des Films, mit populären Genres und Spielformen der Massenkultur, die sezierende Parodie der Stereotypen in der eigenen Kunstform.

Die komischen Kurzfilme, die in dieser Übergangsphase vom Theater zum Film produziert werden, repräsentieren noch ein »Kino der Attraktionen«, des Schauwertes von akrobatischer Kunst und Körperbeherrschung bis hin zur Abnormitätenshow. Als Clowns, Hanswurst-Figuren und Freaks stellen Komiker ihre körperlichen Defekte aus wie z. B. der zwergwüchsige Komiker Little Tich (1867–1928), oder sie inszenieren sich als groteske Figuren mit Hilfe von Maske, Kostüm und überdimensionierten Requisiten. Auffallend an den frühen Slapsticks ist die ständige Überschreitung der Grenzen der Wirklichkeit, des Rationalen, der Empirie. Alles ist möglich: Köpfe lassen sich zu monströsen Bällen aufblasen, abmontieren, zum Zerplatzen bringen. Den surrealistischen Experimenten mit den verdinglichten Körpern, die die Komiker betreiben, sind keine Grenzen gesetzt, auch nicht durch den Tod. Nach und nach und nicht zuletzt als künstlerisches Verdienst des Franzosen Max Linder, des ersten internationalen Stars der Filmkomik, entstehen erste richtige Komödien, Spielhandlungen, in denen das Groteske als Steigerungsmoment und Höhepunkt erhalten bleibt, aber nicht mehr die einzige Attraktion des Films darstellt. Bei dem Filmpionier Charles Pathé unter Vertrag, dreht Linder anfangs pro Tag einen Kurzfilm ab und wird als einer der ersten Filmkünstler im Vorspann als Autor seiner Filme bezeichnet. Er konzipiert die Geschichten, führt Regie und spielt die Hauptrollen. Nachdem Linder bereits in einer Vielzahl verschiedener komischer Rollen aufgetreten ist, erfindet er seine galante Gentleman-Figur, die auf Charlie Chaplins Tramp maßgeblichen Einfluss haben wird. Der Clown erhält nun neben der feinen Garderobe auch einen verfeinerten gesellschaftlichen, in Ansätzen schon psychologischen Charakter, den er zumeist in Szenen der Brautwerbung oder beim Arztbesuch ausspielen darf. Trotzdem kultiviert Linder weiterhin auch die slapstickhafte Dreistigkeit seines eleganten Bonvivant, der sich in Auseinandersetzung mit Hunden, Polizisten und anderen Gegnern gegebenenfalls mit groben Mitteln zur Wehr setzt. Die Filme Linders übertragen berühmt gewordene Varieténummern (z. B. die Spiegelszene in *Seven Years Bad Luck*, 1921) ins filmische Medium, das sich zunehmend auch der eigenen Mittel bedient, um die Komik des Gezeigten zu entfalten. Linders Filme stehen beispielhaft für die Erforschung der narrativen Möglichkeiten des Films, den dramaturgischen Einsatz der Einstellungsgrößen, des Perspektivenwechsels oder der Integration natürlicher Schauplätze in die Spielhandlung.

Als eine der wichtigsten Talentschmieden für die Filmkomik gilt die englische »Fun Factory« Fred Karnos, in der neben vielen anderen Komikern auch Charlie Chaplin und Stan Laurel ihre Karriere beginnen. Die großen Stars der Slapstick-Zeit haben ihr Handwerk auf der Bühne gelernt und kennen die Wirkung ihres Spiels so genau, weil sie dort Abend für Abend mit der Reaktion des Publikums konfrontiert waren. Sie beherrschten das Timing eines Gags, die Dramaturgie einer komischen Nummer, das Spiel mit den Reaktionen der Zuschauer. Viele Filme der 10er Jahre zeigen die perfekt ausgearbeiteten Varieténummern, z. B. Chaplins Auftritt als volltrunkener Theaterbesucher. Mit Charlie Chaplins Eintritt in Mack Sennetts Produktionsfirma Keystone im Jahr 1914 beginnt eine neue Epoche in der Geschichte des Slapstick-Films. Chaplin reagiert auf die hektische und oberflächliche Atmosphäre in den Studios von Mack Sennett verstört und unwillig und ist dort vorerst auch nicht anerkannt. Er besteht schon nach kurzer Zeit darauf, selbst Regie zu führen und kann auf diese Weise seinen individuellen Stil entwickeln – mit ungeheurem Erfolg beim Publikum. Chaplins Weg führt vom groben Slapstick zur melodramatischen und sozialkritischen Komik, und er geht diesen Weg lange Zeit immer im selben Kostüm. Als Tramp, als Außenseiter, der seine kleine Welt zwischen den Müllbehältern der Reichen nicht wirklich verlassen will, als »Sinnfigur des stetigen Neuanfangs, als gäbe es kein absolutes Ende, dafür immer einen Ausweg« (Koebner), bewegt sich Chaplin mit der eleganten Noblesse eines Tänzers durch die grobe Welt des Slapsticks, als Poet der Armut tänzelt er durch Hunger und Leid. Die Kollektivfigurationen der Keystone-Cops und der Bathing Beautys, das »Label« Mack Sennetts, spielen in Charlie Chaplins Filmen keine Rolle. Er wird das Studio ohnehin bald verlassen.

Seit den 20er Jahren entwickelt sich bei Mack Sennetts großem Konkurrenten Hal Roach nicht zuletzt durch das kreative Genie Stan Laurels ein neuer komischer Stil, eine Schule der psychologischen Gags (Slowburn, Double Take, Running-Gag usw.), die im Tonfilm äußerst erfolgreich sein wird und bis in die Zeichentrickwelt des MGM-Cartoonisten Tex Avery reicht. In Averys gezeichnetem Bestiarum lebt auch der Surrealismus des frühen Slapsticks wieder auf. Eine weitere Traditionslinie des komischen Spiels beginnt mit den Filmen Buster Keatons. Sein »Stoneface« bewegt sich in der modernen Maschinenwelt wie der ewige Fremde. Sein Spiel zeichnet sich durch akrobatische Glanzleistungen auf der Flucht vor jedweder Masse aus (ob Kühe, Steine oder Bräute), durch mimischen Minimalismus und raumgreifendes Spiel. Keatons Stil führt in direkter Linie zu dem Franzosen Jacques Tati, der nach dem Zweiten Weltkrieg als Slapstickkomiker in wenigen, bis in kleinste Details ausgefeilten Filmen auf eine bemerkenswert leise Art den Modernismus attackiert. In Tatis Filmen hat sich der technische Fortschritt des 20. Jahrhunderts bereits zum Technozentrismus vollendet. Die Maschinen, einst im Dienste der Menschen, beschäftigen sich am liebsten nur noch mit sich selbst.

Greift der frühe komische Film in erster Linie auf die artistische Virtuosenkomik der kleinen Varietébühnen zurück, die ihrerseits der Tradition der italienischen Typenkomödie, der Commedia dell'Arte, und zugleich der Schaustellerei und dem Jahrmarkt verpflichtet sind, so beginnt mit dem Tonfilm die Zeit des Boulevardtheaters im Film, der Charakter-, der Situations- und der Verwechslungskomödie. Zu den dauerhaft beliebten Komödienstoffen zählen auch Travestiegeschichten, in denen der Rollentausch der Geschlechter mit all seinen Implikationen und Komplikationen durchgespielt wird. In Reinhold Schünzels Film *Viktor und Viktoria* (1933, Remake: *Victor/Victoria*, 1982, R: Blake Edwards) wird die Travestie sogar verdoppelt, denn der/die Travestiekünstler/in Viktor/Viktoria ist in Wahrheit eine arbeitslose Schauspielerin, die im Alltag als Mann auftritt und sich auf der Bühne in den perfektesten aller Frauendarsteller verwandelt. Howard Hawks (*Ich war eine männliche Kriegsbraut*, 1949), Billy Wilder (*Manche mögen's heiß*, 1959), Sydney Pollack (*Tootsie*, 1982) und viele andere Regisseure zwingen im Laufe der Filmgeschichte ihre Hauptdarsteller in Stöckelschuhe, sodass die Travestiegeschichte den Status eines eigenen Genres für sich behaupten kann.

Der Drang des Slapstick und der Stummfilmkomödie zur Groteske und zum Surrealen (→ Surrealismus) ist in den frühen Tonfilmen zugunsten einer Suche nach dem Komischen in der Normalität weitgehend zurückgedrängt. Mit der Erfindung des Tonfilms zieht dafür die Sprache als Zeichensystem wieder in die Komik ein. Schon in den 30er Jahren sind derart viele Varianten des komischen Dialogs und der Sprachkomik im Film zu beobachten, dass eine eindeutige Kategorisierung schwer fällt. Diese Vielfalt führt fort, was in der Zeit der stummen Komik begonnen hat und auf eine Eigenart des komischen Spiels im Allgemeinen zurückzuführen ist. Die großen Komiker sind zugleich die »Autoren« ihrer Kunst, jeder Einzelne entwickelt sein höchst individuelles komisches Repertoire und seine Stilistik, die bestenfalls schlecht imitiert werden kann. Durch den Tonfilm, durch die technische Möglichkeit zur sprachlichen Charakterisierung der Figuren, entstehen allerdings neben den Virtuosenstücken der stummen Clowns auch komische Rollen für Komödien-Schauspieler, die unter der Regie von Komödien-Spezialisten unterschiedliche Charaktere verkörpern. In Hollywood drehen Regisseure wie Ernst Lubitsch, Frank Capra, Howard Hawks und George Cukor Komödien, die sich unter dem Oberbegriff → Screwball Comedy zusammenfassen lassen, wobei Lubitschs Sophisticated Comedies durch die geschliffene Doppelbödigkeit der Dialoge wirken, durch das heiter-freche Laisser-faire der Geschlechter (*Ärger im Paradies*, 1932; *Serenade zu dritt*, 1933) und nicht zuletzt durch den Lubitsch-Touch der filmischen Erzählung, der auf indirekte Weise bemerkenswert deutlich ist. Allgemein handelt es sich bei den amerikanischen Komödien der 30er Jahre um helle, heitere Filme, die mit Augenzwinkern vom Glück und Unglück zwischen Männern und Frauen erzählen. Nach guter alter Slapstick-Manier führt das Rendezvous der Geschlechter zumeist ins

Chaos, kommentiert durch rasant inszenierte Dialoge. Häufigstes Muster dieser Happyend-Geschichten: Eine moderne, hemmungslose Eva trifft auf einen etwas behäbigen, aber attraktiven Adam und beschließt, ihn gehörig aus seiner Ruhe zu bringen. Paradigmatisch erfüllt Howard Hawks' Film *Leoparden küßt man nicht* (1938) mit Cary Grant und Katharine Hepburn in den Hauptrollen alle Standards dieses Spezialgenres der Filmkomödie, dessen Nachhall bis in unsere Tage in vielen Komödien deutlich spürbar ist (z. B. Peter Bogdanovichs *Is' was, Doc?*, 1972, oder Blake Edwards' *Blinde Date – Verabredung mit einer Unbekannten*, 1987). Zwischen Körperkomik und Sprachduell bewegen sich – allerdings mit völlig anderem Effekt – auch die Marx-Brothers mit ihrem aggressiven Anarchismus und ihren Attacken auf die gutbürgerliche Gesellschaft.

Zu den wichtigsten Drehbuchautoren und Regisseuren im Komödienfach gehört seit den 40er Jahren der Österreicher Billy Wilder, der sich in vielen Inszenierungsfragen von seinem Vorbild und Lehrmeister Ernst Lubitsch leiten lässt. Wilder strapaziert die Gesetze des Genres, erweitert die Grenzen, erfindet Figuren, die mit einer kleinen Verschiebung Helden und Heldinnen von Tragödien werden könnten. An die schon in den Anfängen des Kinos vorhandene Tendenz der Komödie zur Genreparodie (→ Parodie, → Ironie) anknüpfend, spielt Wilder in seinem unumstrittenen Meisterwerk *Manche mögen's heiß* mit dem Gangstermilieu, blutiger als es der dezente Lubitsch in *Ärger im Paradies* fast dreißig Jahre zuvor getan hat. Wilders komische Antihelden und -heldinnen plagen sich mit ihren verpfuschten Lebensgeschichten bisweilen derart herum, dass dem Zuschauer das Lachen im Halse stecken bleibt.

Auch in Deutschland gibt es in den 10er und 20er Jahren eine rege Produktion von zum Teil grotesken Stummfilmkomödien, in denen u. a. der junge Ernst Lubitsch sehr erfolgreich im komödiantischen Schauspielfach debütiert (*Schuhpalast Pinkus*, 1916) oder Regie führt (*Die Austernprinzessin*, 1919). Die kreative Entwicklung der 20er Jahre in Deutschland leidet zunehmend unter der politischen Entwicklung und den Kriegsfolgen und wird in den 30er Jahren durch die Filmpolitik der Nationalsozialisten jäh unterbrochen. Die Zeit nach der Blüte des Kinos in der Weimarer Republik ist bestimmt durch die Flucht vieler jüdischer Künstler, viele Filmemacher ziehen für immer nach Amerika und werden dort berühmt. In Deutschland herrscht in der Kunst eine Diktatur harmloser Heiterkeit, die zur Produktion von netten, aber unkritischen Komödien führt, aus denen die Politik mit gutem Grund weitgehend herausgehalten wird. Dies ist die Stunde Heinz Rühmanns und der braven Biedermänner im harmlosen Lustspiel, über deren Tollpatschigkeit man sich kollektiv amüsiert. In den letzten Kriegsmonaten und nur wenige Jahre nach Chaplins *Der große Diktator* (1940) und Lubitschs *Sein oder Nichtsein* (1942) sehen deutsche Komödien aus wie die von Helmut Weiß gedrehte Verfilmung des Spoerl-Romans *Die Feuerzangenbowle* (1944) – ein Film, über den Karsten Witte zutreffend schreibt:»Je näher das Ende des Faschismus rückte, desto greifbarer wurde die Ferne, in die sein Film sich fortstahl.« Auf den ersten Blick erinnert nichts in dem »deutschen Lustspiel« an das katastrophale Geschehen des Krieges, an die unmittelbare Nähe brutaler Gewalt, an die Zerstörung der Gesellschaft durch den Faschismus. Die Komödie, ein Genre, das wie kaum ein anderes ätzende Systemkritik üben kann, wird zum »Durchhaltefilm« für das kriegsgeschädigte Publikum.

Auch nach dem Krieg, bis weit in die 70er Jahre, ist die von Witte an der *Feuerzangenbowle* diagnostizierte Infantilisierung in vielen deutschen Komödien spürbar, nicht zuletzt in den unzähligen Paukerfilmen, die an das Thema der *Feuerzangenbowle* anschließen. Eine wohltuende Ausnahme bilden in den 50er Jahren die leider nahezu vergessenen Filme des Autors Curt Goetz, der selbst inszenierte und spielte und somit an die Tradition der alten Komiker anknüpfte. Schon der Vergleich der alten Goetz-Komödien

(*Das Haus in Montevideo*, 1951; *Hokuspokus*, 1953, R: Kurt Hoffmann) mit dem Käutner/Rühmann-Remake *Das Haus in Montevideo* (1963), in dem Rühmann die Rolle von Goetz übernimmt, zeigt eine deutliche Zurücknahme der satirischen Schärfe auch auf Kosten der Komik. Goetz' Humor ist nicht übermäßig bösartig, aber er genügt, um kurz vor Kriegsbeginn mit dem Film *Napoleon ist an allem schuld* (1938) die Vertreter der offiziellen Filmpolitik zu verärgern. Goetz und seine Gattin und Hauptdarstellerin Valerie von Martens emigrieren in die USA: Giftiger als Goetz/Martens tritt in den 20er Jahren das bayerische Komikerpaar Lisl Karlstadt und Karl Valentin in Erscheinung. Valentin ist der typische Totalverweigerer unter den Groteskkomikern, ein »Sonderling«, ein renitenter Armer, von Bertolt Brecht als »komplizierter, blutiger Witz« bezeichnet. Obwohl er auch schon in einigen Stummfilmen (*Der Sonderling*, 1929) seinem Image gerecht wird, wird bei dem Varietékomiker Valentin deutlich, dass er die Sprache und die Töne benötigt, um sie kunstgerecht zu verstümmeln. Diese Form der Sprachzerstörung perfektioniert auch der Schauspieler Hans Moser.

In der Adenauer-Ära fallen nur wenige Komödien aus dem Rahmen der Betulichkeit, u. a. einige der Filme Kurt Hoffmanns, dessen Hugo-Hartung-Verfilmung *Ich denke oft an Piroschka* (1955) und *Wir Wunderkinder* (1958) zu den Klassikern in der Zeit des Wirtschaftswunders zählen. Hoffmann wählt anspruchsvolle Stoffe von Erich Kästner (*Drei Männer im Schnee*, 1955), Thomas Mann (*Bekenntnisse des Hochstaplers Felix Krull*, 1957) oder Kurt Tucholsky (*Schloß Gripsholm* 1963) und entdeckt die Schauspielerin Liselotte Pulver, die zum deutschen Publikumsliebling der Nachkriegszeit wird. Auf die heitere Rührseligkeit der 50er und 60er Jahre, etwa die Produktion beschwingter Musikkomödien mit Caterina Valente (*Bonjour Kathrin*, 1956) und viel Klamauk in den 70er Jahren, kommt es in den 80er und 90er Jahren zu einer Wiederbelebung der deutschen Komödienproduktion durch die Filme von Doris Dörrie (*Männer*, 1985), Sönke Wortmann (*Kleine Haie*, 1992; *Der bewegte Mann*, 1994), Detlev Buck (*Karniggels*, 1991, *Wir können auch anders*, 1993), Katja von Garnier (*Abgeschminkt*, 1992) und einer Reihe weiterer junger Regisseure. In der jüngsten Zeit zeigen die Sujets und das Milieu der deutschen Filme, wie z. B. in Peter Thorwarths Gangsterkomödie *Bang Boom Bang – Ein todsicheres Ding* (1999), eine gewisse Nähe zu den britischen »schwärzlichen« Komödien vom Überlebenskampf der kleinen Leute.

Der frühe britische Film beginnt wie der französische und der italienische Film als Ableger des Varietés und der Jahrmärkte mit Slapstick-Filmen und bevorzugt – vermutlich aus einer nationalen Motivation heraus – »David-gegen-Goliath-Konstellationen« (Helbig), die vor allem in den typischen Ealing Comedies zwischen 1947 und 1957 durchgespielt wurden und sich im Kino der 90er Jahre wieder großer Beliebtheit erfreuten. Alexander Mackendricks Film *Ladykillers* (1955) mit Danny Green, Peter Sellers, Alec Guinness und Herbert Lom als verbrecherischem Kammermusikquartett ist wohl das berühmteste Beispiel einer Ealing Comedy und repräsentiert den legendären schwarzen Humor der Inselbewohner. Die Parodie des Whodunnits, einer Krimigeschichte mit ausgiebiger Zeugenbefragung, spielte Blake Edwards mit seinem Hauptdarsteller Peter Sellers in einer Reihe von Inspektor-Clousseau-Kriminalpossen durch, die nicht zuletzt durch die Titelmusik Henri Mancinis und die Comicfigur des Pink Panther in die Nähe der Zeichentrickwelt gerückt sind, in der Figuren aus den halsbrecherischsten Unfällen unbeschadet hervorgehen. Der Brite Edwards besitzt breite Kenntnisse des Komödiengenres und seiner Ausdrucksformen, die er gezielt zu inszenieren weiß. In *Der Partyschreck* (1968) mimt Sellers einen tollpatschigen indischen Kleindarsteller, der die überkandidelte Party eines Hollywood-Produzenten mitsamt dem kompletten Hausstand im hauseigenen Pool ertränkt.

›Typisch englisch‹ ist auch die Feier des Grotesksurrealen inklusive schamloser

Übertreibung, die die Komikertruppe Monty Python in den 70er Jahren mit britisch-stoischer Haltung inszenieren. Die Monty-Python-Truppe (John Cleese, Terry Jones, Eric Idle, Michael Palin, Graham Chapman und Terry Gilliam) beginnt mit der Comedy-Serie Monty Python's Flying Circus (1969–76) für die BBC, einer Nummernrevue, die durch Zeichentricksequenzen unterbrochen wird. Im Lauf der Jahre drehen Terry Gilliam und Terry Jones einige der provokantesten Genreparodien (*Die Ritter der Kokosnuß*, 1975; *Jabberwocky*, 1977; *Monty Python – Das Leben des Brian*, 1979) und treiben in *Monty Python – Der Sinn des Lebens* (1983) die Konfrontation von Stoizismus und Ekel auf die Spitze. Die Sequenz, in der ein fetter, gefräßiger Gast im vollbesetzten Restaurant mit lautem Getöse platzt, ist Monty Pythons Probe auf das Exempel der Ungerührtheit englischer »Diener«. In jüngster Zeit wurden auf der britischen Insel, in Schottland und in Irland wieder einige »David-gegen-Goliath«-Komödien gedreht, angesiedelt im typisch angelsächsischen Arbeitermilieu, in dem das Leben der Familien durch Arbeitslosigkeit, Armut und Alkohol gezeichnet ist. Es ist auffällig, dass viele dieser Mischformen aus Sozialdrama und Komödie der 90er Jahre Erstlingswerke junger Regisseure sind, wie z. B. der Überraschungserfolg *Ganz oder gar nicht* von Peter Cattaneo (1997) oder der Kirk-Jones-Film *Lang lebe Ned Devine* (1998). In *Ganz oder gar nicht* beweist sich eine Gruppe von arbeitslosen Männern als Stripteasetänzer und gewinnt durch diese Mutprobe nicht nur die Herzen der eigenen Frauen zurück. Die Helden und Heldinnen der britisch-irischen Komödien sehen aus wie Menschen von nebenan, nichts wird geschönt, sie tragen Glatzen, Falten und Schmerbäuche, schlechtsitzende Frisuren und zu dicke Hinterteile als liebenswerte Details ihrer Einzigartigkeit. Im Gegensatz zu den Komödien Hollywoods, in denen optische Abweichler vom Schönheitsideal der Gegenwart zumeist nur als Nebenfiguren zugelassen sind, sucht der britische Film häufig im grauen Alltag nach den Momenten, in denen die scheinbaren Verlierer in all ihrer skurrilen Komik über die Determiniertheit ihres Daseins triumphieren. Gleiches gilt im Übrigen auch für viele australische Filme, zum Beispiel für P. J. Hogans Tragikomödie *Muriels Hochzeit* (1991) oder für Baz Luhrmans Satire auf die Gesellschaftstanz-Szene, *Strictly Ballroom – Die gegen die Regeln tanzen* (1991).

Währenddessen begeistert sich das junge Hollywood immer noch für die Romantic Comedy, die mit Rob Reiners *Harry und Sally* (1989) neuen Auftrieb erhält und deren Stars Meg Ryan oder Julia Roberts heißen. Die amerikanische Komödie lebt zum einen von den Individualisten, etwa Woody Allen, zum anderen von einer langen und komplexen Tradition der Fortschreibung erprobter Subgenres des komischen Films, die sich als anpassungsfähig an die Gegenwart erweisen. Woody Allen ist ein Komiker in der Tradition Chaplins, Keatons und der Marx Brothers. Wie diese agiert er in einer konstanten Leinwand-Persona, als Stadtneurotiker und Fleisch gewordener Verzweiflungsakt im Kampf gegen die eigenen Defizite und Verklemmungen, als des Psychiaters liebster Dauergast. Als Autor, Regisseur und Hauptdarsteller seiner formal wie inhaltlich unabhängigen Filme und in der Präsentation seiner Gags – als Stand-up-Comedian bühnenerprobt wie die ersten Filmclowns – kreist er immer wieder um seine Themen: Leben und Tod, Sex und Sinn. Das Wortgefecht zwischen den Geschlechtern, das Allen in jedem Film entfacht, dominiert auch die stärker an den Konventionen des Genres orientierten Einzelstücke wie Sydney Pollacks Travestiestück *Tootsie* (1982) mit einer Paraderolle für Dustin Hoffman oder Harold Ramis' Lehrfilm für ewige Nörgler *Und täglich grüßt das Murmeltier* (1993). Die Drehbuchautorin, Produzentin und Regisseurin Nora Ephron bewegt sich zumeist im Rahmen der sentimentalen Beziehungskomödie (*Schlaflos in Seattle*, 1993; *E-Mail für dich*, 1998) und orientiert sich in Stoff und Inszenierung an der Romantic Comedy des klassischen Hollywood. Gemeinsam mit Meg Ryan und Tom Hanks gelingt es ihr, ein romantisch-komisches Paar der Gegenwart zu erfinden, das in konstanter Figurencharakteristik, aber in neuen Rollen auch über die Grenzen eines einzelnen Films hinweg funktioniert. Viele amerikanische Komödienschauspieler beginnen ihre Karriere nicht mehr im Varieté, sondern im Fernsehen, vor allem in der berühmten Sendung *Saturday Night Live*, die seit den 70er Jahren Stars wie Dan Aykroyd, James Belushi, Chevy Chase, Billy Crystal, Robert Downey jr. und Ben Stiller hervorbringt.

In der filmischen Komik triumphiert der Surrealismus unmöglicher Ereignisse und daneben setzt sich eine leise Komik auf dem Boden der Tatsachen durch. Die Arbeit der Komiker kehrt auch vor der Kamera immer wieder zur Bühnensituation zurück und lebt von Improvisation und schauspielerischer Virtuosität, durch die Rhythmus und Timing während des Schauspiels und nicht am Schneidetisch entstehen. Nahezu ausnahmslos profitieren die Großen der Komik von ihren Bühnenerfahrungen und wissen die Reaktion des Publikums abzuschätzen. Ob im frühen Slapstick, bei Chaplin oder bei Monty Python – viele Komiker experimentieren mit technischen Filmtricks, mit Doppelbelichtung, mit rückwärts laufendem Film und visuellen Illusionen, die nur die Filmkunst realisieren kann. Die Filmkomödie ist aus sich heraus prinzipiell intermedial komponiert, d. h., es fließen Gestaltungsformen des Theaters und des Films zu einer gemischten Kategorie des Erzählens zusammen. Kein anderes Filmgenre verträgt die direkte Ansprache des Zuschauers so unbeschadet wie die Komödie. Der Blick des entnervten Oliver Hardy in die Kamera, eine Pointe seiner Hilflosigkeit gegenüber seinem »Knecht« Stan, wird als Hommage an das Komikerduo immer wieder zitiert und ist nicht nur an Leslie Nielsen in der dreiteiligen Hyperparodie *Die nackte Kanone* (1988) des Regie- und Drehbuchteams Zucker–Abraham–Zucker ausgiebig zu bewundern.

Das Alphabet der Komik reicht von der Komik der aggressiven Anarchie bis zur lustig-harmlosen Zerstreuung. Komödien können Systeme unterwandern und genauso gut ideologisch affirmativ wirken. Das Lachen des Publikums nimmt dementsprechende Formen an: vom Widerstand zum Ausdruck der bloßen Ablenkung. Immer wieder zeigt sich die Nähe der Komik zur Tragik, die Nachbarschaft von Lachen und Weinen beim Anblick einer guten komischen Szene. Die Trauer des Clowns gehört zu den bereits verkitschten Topoi der Kulturgeschichte. Keiner konnte den Umschlag vom Lachen zum Weinen beim Publikum besser provozieren als Charlie Chaplin. In *Goldrausch* (1925) zeigt er einer seiner berühmtesten Nummern: den Brötchentanz. Als Zuschauer vergisst man angesichts der subtilen Komik und Könnerschaft Chaplins für eine Weile, dass dies der Traum des Alleingelassenen ist, ein Als-ob in eisiger Einsamkeit. Nach seinem Wachwerden sehen wir die tiefe Trauer eines Komikers, der sich sein lachendes Publikum erträumen musste: eine Tragödie.

Susanne Marschall

Literatur: Gottfried Müller: Theorie der Komik. Über die komische Wirkung im Theater und im Film. Würzburg 1964. – Gerald Mast: The Comic Mind. Comedy and the Movies. Indianapolis 1973. – James Agee: Comedy's Greatest Era. In: Gerald Mast / Marshal Cohen (Hrsg.): Film Theory and Criticism. New York 1974. – Georg Seeßlen: Klassiker der Filmkomik. Eine Einführung in die Typologie des komischen Films. München 1976. – Ed Sikov: Screwball. Hollywood's Madcap Romantic Comedies. New York 1985. – Richard de Cordova: Genre and Performance: An Overview. In: Barry Keith Grant (Hrsg.): Film Genre Reader. Austin 1986. – Wes D. Gehring: Screwball Comedy. A Genre of Madcap Romance. New York / Westport / London 1986. – Dietmar Kamper [u. a.] (Hrsg.): Lachen – Gelächter – Lächeln. Reflexionen in drei Spiegeln. Frankfurt a. M. 1986. – James Naremore: Acting in the Cinema. Berkeley 1988. – Duane Byrge / Robert Milton Miller: The Screwball Comedy Films. A History and Filmographie. 1934–1942. Jefferson/London 1991. – Andrew S. Horton: Comedy/Cinema/Theory. Berkeley / Los Angeles / Oxford 1991. – Christine Gledhill: Stardom. London 1992. – Bernhard Greiner: Die Komödie. Eine theatralische Sendung: Grundlagen und Interpretationen. Tübingen 1992. – Helga Belach / Wolfgang Jacobsen (Hrsg.): Slapstick & Co. Frühe Filmkomödien. Early Comedies. Berlin 1995. – Kristine

Brunovska Karnick / Henry Jenkins (Hrsg.): Classical Hollywood Comedy. New York / London 1995. – Karsten Witte: Lachende Erben, Toller Tag. Filmkomödie im Dritten Reich. Berlin 1995. – Rainer Dick: Lexikon der Filmkomiker. Berlin 1999.

Komparse. Komparsen sind meist in Massenszenen auftretende Nebenpersonen ohne Sprechrollen. In → Historien-, → Monumental- und → Kriegsfilmen sorgen zu Tausenden auftretende Komparsen für den authentisch wirkenden, leinwandfüllenden Hintergrund (Background) der Kampfszenarien. Bereits in der frühen Phase des Kinos, als Filmpioniere wie David W. Griffith die ästhetischen Möglichkeiten des neuen Mediums zu erkunden und dessen eigene Sprache zu entwickeln begannen, spielten Komparsen als illustratives Element in der Masseninszenierung (→ Massenregie) eine bedeutende, wenn auch entindividualisierte Rolle. 1959 trieb William Wyler diese Tendenz ins Extrem und engagierte für sein Remake von *Ben Hur* (1959) weit über 50000 Komparsen für die Realisierung der Massenszenen.

Grundsätzlich ist zwischen zwei Kategorien von Komparsen zu unterscheiden: zum einen Komparsen, die sich zwar einer Gewerkschaft, der Screen Extras Guild, angeschlossen haben, jedoch ohne weitere Ambitionen ausschließlich im Hintergrund agieren (allenfalls treten sie als Kleindarsteller in Szenen, in denen weniger als fünf Personen zu sehen sind, kurz in Erscheinung), und zum anderen Schauspieler, oftmals Theaterschauspieler, die sich in der Screen Actors Guild organisiert haben, und sich durch Komparserie ein Engagement als Schauspieler erhoffen.

Daniel Schössler

Literatur: Sidney Lumet: Filme machen. Hinter der Kamera mit einem großen Regisseur. München 1996. [Amerikan. Orig. 1995.]

Kompilationsfilm (auch: Archivfilm, Chronikfilm, Anthologiefilm; engl. »compilation film«, frz. »film de montage«, »film de compilation«). Aus bereits existierenden filmischen und nichtfilmischen Materialien zusammengestellter Film mit zumeist dokumentarischem Charakter. Als Elemente eines Kompilationsfilms sind neben Filmbildern Fotografien, Zeitungstexte und -schlagzeilen, Illustrierte, Graphiken, Landkarten, Gebrauchs- und Werbetexte, Zeichnungen und Gemälde, Lieder und Gedichte sowie Interviewaufnahmen üblich. Ein Kompilationsfilm greift auf Archivmaterial aus verschiedenen Quellen oder auf aus anderen Filmen stammende Bilder zurück und stellt sie mittels Montage und Sprecherkommentar in einen neuen inhaltlichen und ästhetischen Aussagezusammenhang. Die Urheberrechtsfrage ist häufig ungeklärt, da der Rechteinhaber gerade bei älterem Material oder bei Kriegsaufnahmen nur schwer auszumachen ist. Der Autor eines dokumentarischen Kompilationsfilms sollte mit geschichtswissenschaftlichen Methoden vertraut sein; er muss aussagekräftiges Bild- und Tonmaterial in den Archiven ausfindig machen und es mit einem quellenkritischen Verständnis sichten können. Zwar wird diese Arbeit durch die modernen Filmarchive wesentlich erleichtert; umfassende, themengebundene kritische Filmquellen-Editionen, wie sie von Historikern angestrebt werden, die für den Film aufgeschlossen sind, gibt es bislang nur wenige (z. B. für die Ereignisse des 17. Juni 1953), da die Inventarisierung zeitaufwendig ist.

Bis heute wird diskutiert, in welchem Umfang der Regisseur von Kompilationsfilmen sein Ausgangsmaterial auf der Bildebene bearbeiten darf. Ist er zum absoluten Respekt vor dem Bild verpflichtet oder sind ihm künstlerische Freiheiten in Form von Bildmanipulationen wie Viragierung, Zeitraffer und → Zeitlupe, eine Kombination von Vorwärts- und Rückwärtsprojektion erlaubt, wenn er eine bestimmte Aussage erzeugen möchte? Einigkeit herrscht darüber, dass gravierende Eingriffe in das Bildmaterial, wie Retusche oder Herausschneiden von Personen sowie falsche Angaben zum Aufnahmezeitpunkt und -ort oder Vorgeben eines andern historischen Kontextes, Fälschungen sind und die Grenze zur Propaganda überschreiten. Die Gefahr solcher Manipulationen steigt im Zeitalter der digitalen Bildbearbeitung, da ein authentisches Filmbild nicht mehr von einem digital erzeugten Bild zu unterscheiden ist, wie Robert Zemeckis in dem Spielfilm *Forrest Gump* (1994) anschaulich demonstriert, indem er Dokumentar- und Spielfilmmaterial zu fiktiven Begegnungen der Hauptfigur mit US-amerikanischen Präsidenten zusammenfügt. Aber auch wenn Kompilationsfilme auf solche Manipulationen verzichten, bilden sie nie die historische Realität ab, sondern präsentieren stets eine subjektive Rekonstruktion. Das wiederum macht sie für Historiker interessant, denn in ihnen können sich die Sichtweisen einer Epoche auf bestimmte historische Ereignisse spiegeln.

Kompilationsfilme gibt es seit Beginn der Kinematographie; ein frühes Beispiel ist Edwin S. Porters *Das Leben eines amerikanischen Feuerwehrmannes* (1903), der auf das Archiv der Firma Edison zurückgreift. Thematisch hat der Kompilationsfilm seine Schwerpunkte in der Behandlung des Zweiten Weltkriegs – die Serie *Die Welt im Krieg* (1943), Frank Capras Filmreihe *Warum wir kämpfen* (1942–45) –, des Nationalsozialismus – Erwin Leisers *Mein Kampf* (1960), Paul Rothas *Das Leben von Adolf Hitler* (1961), Michail Romms *Der gewöhnliche Faschismus* (1965) und Joachim C. Fests *Hitler – eine Karriere* (1977) – und des Spanischen Bürgerkriegs. Beide ideologischen Lager propagierten während und nach dem Kriegsgeschehen mit Hilfe des Kompilationsfilms ihre Sicht der Dinge: Auf *Sterben für Madrid* (1963) des republikanisch gesinnten Franzosen Frédéric Rossif antwortete Franco-Spanien mit Mariano Ozores' *Sterben in Spanien* (1965). Ideologische Stellungnahmen für oder gegen eine der beiden Bürgerkriegsparteien sind auch Karl Ritters *Über alles in der Welt* (1939), Esther Schubs *Spanien* (1939), Rafael G. Garzóns *Der Weg des Friedens* (1959), José Luis Sáenz de Heredias *Franco, dieser Mann* (1964), Kurt und Jeanne Sterns *Unbändiges Spanien* (1962) und Roman Karmens *Mein Granada* (1967). Zu den herausragenden Vertretern des Kompilationsfilms gehört der Spanier Basilio Martín Patino, der mit *Lieder für die Zeit nach einem Krieg* (1971, verboten und erst 1976 uraufgeführt) und *Caudillo* (1975) eine Geschichte des Frankismus in den Jahren nach dem Bürgerkrieg kompiliert hat. Mit *Madrid* (1987) drehte Patino einen fiktionalen Metakommentar über das Entstehen eines Kompilationsfilms, sowie über die Chancen und Risiken dieser Filmform.

In den deutschen Kinos erlebte der dokumentarische Kompilationsfilm seit Mitte der 80er Jahre mit der 50er-Jahre-Collage *Rendezvous unterm Nierentisch* (1987) von M. Beuersbrock, W. Dresler und D. Frietzke und einer Kompilation über die DDR, *Kinder, Kader, Kommandeure – Die DDR-Rolle* (1991) von Wolfgang Kissel und C. Cay Wesnigk eine kleine Renaissance. Kompilationsfilme mit einer Spielhandlung sind wenig verbreitet (und nicht mit → Episoden- oder Omnibusfilmen zu verwechseln). Zwei der bekanntesten Beispiele sind Carl Reiners *Tote tragen keine Karos* (1981) und Andrew J. Kuehns *Terror im Parkett* (1984).

Ursula Vossen

Literatur: Manfred Hagen: Filme und Tonaufnahmen als Überrestquellen. In: Geschichte in Wissenschaft und Unterricht 1990. Nr. 6. – Wolfgang Martin Hamdorf: Madrid – oder das Schweigen der alten Bilder. In: Hans-Arthur Marsiske (Hrsg.): Zeitmaschine Kino. Darstellungen von Geschichte im Film. Marburg 1992.

Kontinuität (engl. »continuity«). Das »Gesetz der guten Kontinuität« ist eines der Gestaltgesetze und bestimmt die filmische Wahrnehmung auf einem ganz elementaren Niveau, überbrückt vor allem die Bildsprünge in der Montage. Jede Wahrnehmung von Gestalten leistet dies schon von sich aus durch konstruktive Aktivität. In diese Richtung deuten schon die Untersuchungen zum sog. Phi-Phänomen, das zu Anfang des Jahrhunderts in der Wahrnehmungspsychologie beobachtet wurde: Wenn in einem dunklen Raum zwei unterschiedliche Lichtquellen A und B sehr kurz hintereinander aufleuchten, so scheint es dem Wahrnehmenden (abhängig vom Intervall des Aufleuchtens), als ob die Quelle A sich an die Stelle von B bewegt hätte. In der Wahrnehmung wird also ein identisches, sich im Dunkelfeld bewegendes Objekt konstruiert, sodass die beiden isolierten Lichtreize zu einer Bewegung integriert werden können. Die so wahrgenommene Bewegung wird als stroboskopische Scheinbewegung bezeichnet. Drei wesentlich verschiedene Arten lassen sich unterscheiden: 1) Beta-Bewegung: A bewegt sich über einen leeren Raum zu B; 2) Partial-Bewegung: beide scheinen sich aufeinander zuzubewegen; 3) Phi-Bewegung: die Bewegung wird als solche wahrgenommen und ist nicht mehr an ein erkennbares Objekt gebunden, darum spricht man hier auch von »reiner Bewegung«.

Der Kontinuitätseffekt (→ Bewegung) im Film lässt sich auf einige grundlegende Typen zurückführen. Insbesondere sind die folgenden zu nennen:

1) Kontinuität der Bewegungsrichtung: Wenn man eine Veränderung der Position oder der Richtung einer Bewegung wünscht, sollte diese Bewegung vom Objekt ausgeführt werden oder durch eine Kamerabewegung oder durch eine Kombination beider Möglichkeiten; auf jeden Fall sollte die Bewegung sichtbar sein; Veränderungen der Richtung sollten also dargestellt sein.

2) Objektpertinenz: Es wird auch dann an der Einheit eines Objektes festgehalten, wenn es sich unter der Hand wandelt (z. B. in Morphing-Sequenzen); oft sind Pertinenz und Richtung miteinander kombiniert: verlässt eine Person in Einstellung A den Bildraum nach links, muss sie den nächsten in Einstellung B wieder von rechts betreten.

3) Kontinuität der Handlung: Dieses ist sicherlich der wichtigste und auffallendste Grund, auf dem das Erleben des Zusammenhangs einer dargestellten Handlung beruht; dabei ist die ganze Vielfalt abgebildeten Handelns im Blick: der Zusammenhang eines Dialogs, einer Reise, einer instrumentellen Handlung, einer dialogischen Handlung wie einer »Verfolgungsjagd«.

4) Kontinuität des → Raums: Vor allem für die Fragen der Montage ist die Raumkontinuität bedeutsam, die aber wiederum auf anderen Typen der Kontinuität beruhen kann; wird z. B. von der Außenansicht eines Hauses an eine Aufnahme der Küche geschnitten, sagt die Konvention, dass es sich um die Küche dieses Hauses handelt. Weil die Kontinuitätserwartung so dominant ist, kann der Film »künstliche Räume« schaffen, denen keine vorfilmische Realität entspricht (Lew Kuleschow kombinierte verschiedene Aufnahmen von verschiedenen Orten, die durch die Montage in der Rezeption zur Vorstellung eines einheitlichen Gebäudes verschmolzen wurden).

Insbesondere zur Regulierung der Raumabbildung haben sich im Continuity System Hollywoodscher Prägung einige Regeln herausgebildet, die bis heute beachtet werden und eng mit dem Kontinuitätseindruck zusammenhängen. Die Konventionen lassen sich als Regeln fassen:

1) Zur Vermeidung des → Jump Cut muss die folgende Einstellung aus einer anderen Kameraposition und möglichst in einem anderen Ausschnitt erfolgen. Ein Wechsel des Kamerawinkels hat nach einer Daumenregel mindestens 30 Grad zu betragen, weil sonst die Veränderung des Blickwinkels erfahrungsgemäß nicht ausreicht, um den Sprung zwischen den einander folgenden Bildern zu ›kompensieren‹.

2) Verbot des Achsensprungs: Zwischen den Akteuren einer Handlung wird eine imaginäre »Handlungslinie« angenommen, die von den Kameras nicht überschritten werden soll. Bei Veränderung der Kameraposition zwischen zwei aufeinander folgenden Einstellungen darf die Aktionslinie, auf der sich die Blicke der Personen begegnen oder auch sie selbst, nicht überschritten werden, andernfalls tritt Desorientierung durch Seitenverkehrung innerhalb der Bildfläche auf. Soll der Achsensprung vollzogen werden, wird oft ein Zwischenbild gesetzt, das den Übergang abmildert und eine Neuorientierung gestattet.

3) Längere Szenen werden im Verfahren des Coverage mit einem einzigen zusammenhängenden Master Shot durchgefilmt – es existiert also eine Totale der gesamten

Szene. Der Master Shot bildet die Grundlage für die → Montage und für die darauf abgestimmte Auflösung der Szene. Alle Teilaufnahmen des Geschehens sowie alle Inserts werden auf den Master Shot abgestimmt. Weil das Master-Shot-Verfahren so routiniert ist, ermöglicht es eine sehr ökonomische und schnelle Drehweise.

Das Continuity Girl (oder der Continuity Man) ist die Person, die dafür Sorge trägt, dass in den einander folgenden Aufnahmen eines Films alle Details – Szenenbild, Kostüm, Haltung, Licht usw. – gleich bleiben. Die Aufnahmen werden in der Regel nicht in der gleichen Reihenfolge, in der sie aufgenommen werden, auch montiert. Umso wichtiger ist es, die Details der Aufnahme sehr genau zu protokollieren, um den Eindruck der Kontinuität aufrecht zu erhalten (→ Filmprotokoll).

Hans J. Wulff

Literatur: Kristin Thompson: The Continuity System. In: David Bordwell / Janet Staiger / K. Th. (Hrsg.): The Classical Hollywood Cinema. New York 1985. – Avril Rowlands: Script Continuity and the Production Secretary in Film and TV. London / New York 1987.

Konzertfilm. Der Terminus kann zweierlei bedeuten: erstens die filmische Dokumentation (→ Dokumentarfilm) eines musikalischen Ereignisses aus den Bereichen der populären Musik (meist Rock- und Popkonzert) oder (seltener) der klassischen Musik für das Kino oder Fernsehen und zweitens die filmische Inszenierung eines bereits szenisch ganz auf filmische Darstellung hin angelegten Konzertereignisses, wodurch der Film den Charakter einer medial erweiterten Performance eines Musikers oder einer Gruppe annimmt, was in Konzertfilmen der 80er Jahre meist der Fall ist. Das gehäufte Erscheinen von Rock-Konzert-Filmen Ende der 60er und Anfang der 70er Jahre hat seine Gründe darin, dass Rock-Stars wie Elvis Presley, die Beatles und Mick Jagger von den Rolling Stones, die auch in zahlreichen Spielfilmen auftraten, die etablierten Filmstars zu dieser Zeit an Popularität weit übertrafen. Noch als Presley den Zenit seiner musikalischen Karriere bereits überschritten hatte, erreichte die TV-Live-Übertragung seines Konzertes Aloha from Hawaii im Jahr 1973 etwa 1 Mrd. Zuschauer. Zudem suchte vor allem die amerikanische Filmindustrie nach dem Erfolg des nach Rock-Songs strukturierten → New-Hollywood-Films *Easy Rider* (1969) verstärkt den Anschluss an die Popkultur und an ein neues, international zahlenmäßig immenses Publikum. Konzertfilme sollten die Verbindung von Rock- und Popmusik und Kino etablieren, primär natürlich aus ökonomischen Gründen, da ein Film ein weit größeres Publikum zu erreichen imstande ist als ein Konzert oder eine Konzert-Tournee. Zudem bot sich die Möglichkeit einer synergetischen Vermarktung: der Schallplattenmarkt und der Filmmarkt griffen ineinander.

Das sicher bedeutendste Beispiel für die erste Kategorie eines dokumentarischen Konzertfilms ist Michael Wadleighs *Woodstock* (1970), der Film über die bis dato größte musikalische Manifestation der amerikanischen Hippie- und Gegenkultur: das Woodstock-Festival im August 1969. Obgleich der Film wie die LPs mit den Aufnahmen des Konzerts von Anfang an als Teil der Finanzierung und Vermarktung des Festivals geplant war, zeigt Wadleigh nicht nur in Ausschnitten die Auftritte so prominenter Musiker wie The Who, Crosby, Stills, Nash & Young und Jimi Hendrix, oft im → Splitscreen-Verfahren, der mehrfach geteilten Leinwand, und im Rhythmus der Musik montiert (einer der Cutter war Martin Scorsese). Er dokumentiert auch das völlig Unerwartete: dass nämlich mehr als 300000 junge Leute sich um die gewaltige Bühne versammelten und das ländliche Terrain im weiteren Umfeld von New York für zwei Tage in eine provisorische und offenbar fast gewaltlose Großstadt verwandelten. Erst der international erfolgreich vertriebene Film machte in den Kinos das Woodstock-Festival zum Mythos der Gegenkultur auf dem Höhepunkt des Vietnamkriegs: zum Mythos von »Love, Peace and Understanding« im Geist der drogengeschwängerten Musik. Der von D. A. Pennebaker und Richard Leacock im Stil des → Direct Cinema gedrehte Film *Monterey Pop* (1967/69) zeigt vor allem das jugendliche Publikum des Monterey-Festivals im Jahr 1967 und seine Reaktionen auf die Musik, insgesamt eine »Idylle«, von der Wim Wenders in seiner Kritik 1970 anmerkte, »man« könne sie »auf den Tod nicht ausstehen«, zumal sie im harten Kontrast stehe zur Wut eines Jimi Hendrix, der am Ende seines Auftritts seine Gitarre mit Benzin bespritzt und sie in Brand setzt. Auch in *Woodstock* ist es Hendrix, von Wadleighs Kameras beim Spiel bis auf die schmutzigen Fingernägel genau beobachtet, der durch seine kakophonische Interpretation der amerikanischen Nationalhymne, in der er akustisch Bomben explodieren lässt, noch auf der Leinwand die Verbindung zwischen der Schein-Idylle des Konzerts und der eskalierenden Gewalt in Vietnam und in den amerikanischen Großstädten herstellt. Von dieser Gewalt, dem Mord an einem Afroamerikaner durch Hell's Angels während eines Konzerts der Rolling Stones in Altamont und direkt vor den Augen der Musiker, ist *Gimme Shelter* (1971) von David und Albert Maysles und Charlotte Zwerin – ebenfalls ein Film des Direct Cinema – auch dadurch geprägt, dass die mögliche Verbindung zwischen der Performance des Songs »Sympathy for the Devil« der Stones und dem Verbrechen noch in den später, beim Schnitt, aufgezeichneten Kommentaren der Musiker nicht thematisiert wird. Vielleicht war es der Schock von Altamont (die Stones brachen trotz der Tat das Konzert und damit die Dreharbeiten nicht ab), den *Gimme Shelter*, eine Arbeit im Auftrag der Stones, noch mildern wollte, der dennoch bewirkte, dass in den 70er Jahren der Rockkonzertfilm als gerade beginnendes Genre einer möglichen ästhetischen Verbindung von musikalischer Spontaneität auf der Bühne, Publikumsverhalten und direkter filmischer Reaktion »verdrängt worden« ist (Wenders). Erst mit Martin Scorseses *The Band* (1978), einer u. a. von Michael Chapman und Vilmos Zsigmond elegant-elegisch ausgeleuchteten und fotografierten Inszenierung des Abschiedskonzertes von The Band im Jahr 1976 mit Gästen wie Bob Dylan, Van Morrison und Neil Young, entstand in einem einzigen Film so etwas wie eine Kontur des möglichen Genres Rockkonzertfilm. Scorsese gibt durch Kameraarbeit und Montage jedem Auftritt eines Musikers den diesem im Moment gemäßen inszenatorischen Stil und damit Individualität. Fast mythisch wird das Erscheinen des Kopfes von Dylan bei »Forever Young« zelebriert, fast brutal zeigen die Kameras den sichtlich derangierten Neil Young bei seinem Song »Helpless« – ohne dass der Film zerfällt. Er zeigt die Musiker wirklich bei der Arbeit, spart aber das Publikum gänzlich aus, lässt dafür die Mitglieder von The Band über das freiwillige Ende ihres Lebens »on the road« sprechen, das so viele große Musiker das Leben kostete, und leitet zum Schluss des Films in der schwelgerischen Inszenierung des im Studio aufgezeichneten »letzten Walzers« der Gruppe schon die Ästhetizismen der späteren → Videoclips ein.

Für die zweite Kategorie von Rockkonzertfilmen, die bereits direkt auf eine filmische Präsentation angelegte Performances zeigen, sind Jonathan Demmes *Stop Making Sense* (1984) mit der Band Talking Heads, Laurie Andersons eigene multimediale Performance *Home of the Brave* (1985) und Chris Blums *Big Time* (1988) mit Tom Waits zu nennen: Filme, die im Zeichen der Postmoderne Spontaneität und Authentizität des musikalischen Auftritts gar nicht erst vorgeben, sondern die Inszenierung einer Selbstinszenierung der Künstler sind. Das Publikum der Konzerte ist weitgehend unsichtbar, die Bühnenpräsentation der Musiker wird durch Bauten, Beleuchtung und Dia- und Videoprojektionen fiktionalisiert und artifiziell. In *Big Time* geben eine fiktionale Rahmung und Spielszenen der Performance von Tom Waits weitgehend den Charakter einer Erzählerfunktion, die die Songs zu einer Ansammlung musikalischer Shortstorys werden lässt. Diese Filme betonen geradezu die Tatsache, dass avancierte Popmusik längst ihren medialen Charakter strukturell integriert hat, also ihre Verbindungen zur

The Band (1978, R: Martin Scorsese)
Van Morrison, Bob Dylan und Robbie Robertson singen in Martin Scorseses *The Band* den Dylan-Song »I shall be released«. Scorsese inszenierte das letzte Konzert von The Band zum Abschied von der Ära des authentischen Rock 'n' Roll-Lebens, das sich in Drogenexzessen und Stagnation erschöpfte: ein Dokument des Alterns der einstigen Musik der Jugend.

Literatur (ein Auftritt von William S. Burroughs in *Home of the Brave*), zur Malerei, Fotografie, zu Film und Fernsehen und zum Experimental-Theater auch multimedial und intermedial ausstellt. Konzert-Filme dieser Kategorie nähern sich bewusst dem Konzept des Films als Gesamtkunstwerk an. In Zeiten der Dominanz von Music-Clips zur visuell-akustischen Präsentation von Popmusik ist heute jedoch fraglich, ob Konzertfilme sich doch noch zum Genre entwickeln werden. Jim Jarmuschs Collage *Year of the Horse* (1997) montiert Bild- und Tonmaterial aus mehreren Konzerten Neil Youngs mit Statements von Young und seinen Musikern zum Bild einer amerikanischen Odyssee und sagt mehr über Jarmuschs Welt und Weltsicht als über Youngs widersprüchliche Musik. Wim Wenders' erfolgreicher Film *Buena Vista Social Club* (1999) porträtiert zu schematisch-knapp im Wechsel von Konzertauftritten, Stadtbildern Havannas und Selbstaussagen eine Generation alter kubanischer Musiker, die noch einmal zu Auftritten zusammenkommt. Es war wohl vor allem der Erfolg der bereits vor dem Film vermarkteten gleichnamigen CD, der einen Kuba-Boom auslöste und den Film zum Erfolg und zur Oscar-Nominierung trug.

Die Lieb- und Ahnungslosigkeit, mit der man in jüngsten Publikationen die »Visualisierung von E-Musik« im Fernsehen abhandelt (Rötter), lässt neben medienwissenschaftlichem Desinteresse den gesunkenen Kurswert des Themas vermuten. Mittlerweile ist es still um die E-Musik auf dem Bildschirm geworden. In den zurückliegenden zwei Jahrzehnten hat man dennoch kreative Anstrengungen unternommen, das Problem der prinzipiell nicht abbildbaren Musik zu umgehen dergestalt, dass musikalische Klanggestalten bezüglich a) optischer Struktur-Korrelationen, b) narrativer Qualitäten und c) sichtbarer Darstellungs- und Ausdrucksformen der Interpreten befragt wurden. So entstand ein neues Genre: der Video-Essay bzw. der Classic-Clip. Musikalische Strukturen (z. B. ein Kanon) lassen sich durch entsprechend strukturierte Bildarrangements visualisieren, wenn man die spielenden Musiker in einem optischen Koordinatennetz zeigt, das dem musikalisch-akustischen entspricht. Narrative Classic-Clips entstehen durch filmisch stringent erzählte ›Geschichten‹, die mehr oder weniger locker mit dem musikalischen Werk in Beziehung stehen. Hier vor allem hat sich der Schweizer Adrian Marthaler weltweit einen Namen gemacht. Die *Burleske* von Richard Strauss zum Beispiel gestaltet er als Spiegelgeschichte insofern, als während der Dauer des einsätzigen Klavierkonzerts alle Aktionen gezeigt werden, die hinter der Kulisse während der letzten zwanzig Minuten vor Konzertbeginn passieren, so dass Schluss- und Begrüßungsbeifall in dieser genialen ›Reportage‹ identisch werden. Was ›erzählt‹ wird, hat nicht unmittelbar mit der Werkidentität zu tun, wohl aber mit der sukzessiven Herstellung des Werkes. Marthalers Musikfilme zeigen nicht das musikalische Produkt, sondern musikbezogene Prozesse, missbräuchlichen Umgang mit Musik, Kommerzialisierungen, Eitelkeiten. Widerspiegelungen gelingen der Kamera dann, wenn das von Musikern hergestellte Produkt zu ihnen zurückkehrt: als Widerschein auf ihren Gesichtern, als sichtbarer Dialog oder als Echo. In Marthalers Verfilmung von Schumanns *Klavierkonzert a-Moll* haben die Musiker im zweiten Satz Pause und hören in stiller Versunkenheit ihrer eigenen Musik zu, wobei nicht klar wird, ob die Musik in ihnen nachklingt oder ob sie einer Bandaufzeichnung lauschen. Die Betrachter hören die Musik und ›besichtigen‹ ihren Reflex – wie die Schatten in Platons Höhlengleichnis – in der Kontemplation wahrnehmender Musiker. Der Classic-Clip scheint vor allem für junge Filmemacher, die über eine unbefangenere Medienästhetik verfügen, eine Herausforderung zu sein, wie die TV-Dokumentation *Musik zum Sehen* (1994) des Medienwissenschaftlers Lothar Prox belegt. Studierende der Robert-Schumann-Hochschule Düsseldorf und der Kunsthochschule für Medien Köln legen einen wahrhaft spielerischen Umgang mit Musik an den Tag und lösen, um ein Beispiel zu nennen, die Nr. 9 aus dem ersten Band der *Préludes* von Claude Debussy einmal als Choreographie der Klaviermechanik bzw. tanzender Noten auf, dann als ikonographisches Rhythmusspiel und schließlich als akzentgetreu dargestelltes Kochrezept: Kinder der Videoclip-Generation haben mit optischen Analogieverfahren offensichtlich keine Probleme. Sie akzeptieren, was Hans Emons einst bündig formulierte:»Die Konvergenz der Künste findet vielleicht eher in der strikten Wahrung ihrer Eigenarten statt.« Das wussten auch die zehn Regisseure (u. a. Robert Altman, Ken Russell und Jean-Luc Godard) bei ihren zehn phantasievollen Visualisierungen von Opernarien in *Aria* (1987): die Bilder werden gemäß filmischer Eigengesetzlichkeit zu ›Sinn-Bildern‹, deren Idee noch nicht einmal aus der Musik selbst gewonnen sein muss, deren Botschaft sich dann aber, sozusagen in wechselseitiger Kommentierung, nur in der Koppelung mit der ganz andersartigen Musik konkretisiert als visuelle Interpretation von Musik. Das allerdings zeigt schon → Walt Disneys *Fantasia* (1940).

Mit dem neuen Trägermedium DVD zeichnet sich auch die Chance einer interaktiven Rezeption von Konzertfilmen ab. Die DVD *Deja Vrooom* (1999) der britischen Experimental-Rock-Formation King Crimson gibt dem Zuschauer nicht nur die Möglichkeit, ein Konzert der Band durch die Wahl unterschiedlicher Kameraperspektiven visuell selbst im Blick auf einzelne Musiker zu gestalten (also die Blickperspektive wie im Konzertsaal selbst zu bestimmen), sondern auch die, den Song »21st Century Schizoid Man« aus historisch unterschiedlichen Interpretationen der Band optisch und akustisch neu zu mixen.

Bernd Kiefer /
Hans-Christian Schmidt-Banse

Literatur: Eugen Kogon: Wo ist das Fernsehen unschlagbar? In: Anne Rose Katz (Hrsg.): Vierzehn Mutmaßungen über das Fernsehen. München 1963. – Hans Emons: Das mißverstandene Modell. Zur Rolle der Musik im abstrakten Film der zwanziger Jahre. In: Klaus-Ernst Behne (Hrsg.): Film – Musik – Video oder die Konkurrenz von Auge und Ohr. Regensburg 1987. – Wim Wenders: Emotion Pictures. Essays und Filmkritiken 1968–1984. Frankfurt a. M. 1988. [Darin: Monterey Pop. Ein

Genre, das es nicht gibt.] – Hans-Christian Schmidt: Fernsehen. In: Herbert Bruhn [u. a.] (Hrsg.): Musikpsychologie. Ein Handbuch. Reinbek bei Hamburg 1993. – B. Prigge: Vermittlung von Instrumentalmusik im Spannungsfeld künstlerischer und technischer Gestaltungsmittel des Mediums Fernsehen. Faktorenanalyse als Grundlage von Untersuchungen ihrer Konfigurationen. Diss. Hildesheim 1998. – Günther Rötter: Videoclips und Visualisierung von E-Musik. In: Josef Kloppenburg (Hrsg.): Musik multimedial. Filmmusik, Videoclip, Fernsehen. Laaber 2000.

TV-Dokumentation: Hans-Christian Schmidt: Musik anders sehen. 10-teilige TV-Serie über die Musikfilme von Adrian Marthaler. 3sat. 1997.

Kopierwerk. Entwicklung und Kopierung von Filmmaterial, die Herstellung von Duplikaten, Muster- und Massenkopien sowie der Negativschnitt sind die wesentlichen Aufgaben eines Kopierwerks. Neben diesen rein mechanischen Arbeitsschritten können auch mittels spezieller Techniken besondere künstlerisch-dramaturgische Effekte erzielt werden. In *Amerika* (1924), dem Bürgerkriegs-Epos von David W. Griffith, beeindruckt eine Dämmerungsszene, die allein durch bestimmte chemische Entwicklungsprozesse erzielt wurde.

Schon während der Dreharbeiten ist es üblich, Muster (»rushes«) anfertigen zu lassen, die eine schnelle Begutachtung des abgedrehten Materials in technischer und künstlerischer Hinsicht ermöglichen. Im Kopierwerk wird das belichtete Filmmaterial (16 oder 35 mm, Farbe oder schwarzweiß) in einer Dunkelkammer auf mechanische Beschädigung geprüft, zusammengeklebt und auf große Rollen gewickelt. In einer Entwicklungsmaschine durchläuft es dann mit einer bestimmten Geschwindigkeit verschiedene chemische Bäder. Durch eine längere (forcierte) Entwicklung z. B. kann eine Unterbelichtung ausgeglichen werden. Das entwickelte Negativ wird nach dem Drehbericht in der Negativvorbereitung geschnitten, d. h., es werden Einstellungen entfernt, die aus technischen oder dramaturgischen Gründen nicht kopiert werden sollen. Mit einem elektronischen Analyzer erfolgt die Lichtbestimmung. Der Analyzer manipuliert das Bild durch Einstellen der drei Grundfarben Rot, Grün und Blau in ca. 50 Helligkeitsstufen nach dem Prinzip der additiven Farbmischung. Von einem Lichtbestimmer werden die Lichtwerte Szene für Szene manuell bestimmt. Farbverfälschungen können teilweise korrigiert, farbdramaturgische Möglichkeiten voll ausgeschöpft werden: je nach Sujet eine naturalistische oder eine stilisierte Farbgebung z. B. durch warme Rot- oder kalte Blautöne. Umgekehrt lassen sich die Farben im Kopierwerk auch ›entsättigen‹, diese künstliche Verblaßtheit suggeriert, es handle sich um älteres Filmmaterial.

Auf einem Lichtband (Lochstreifen) wird dann das Programm für die Lichtschleusensteuerung der Kopiermaschine gespeichert. Nach einer Reinigung durchläuft das Negativ eine optische oder Kontaktkopiermaschine. Dabei kann ein Nasskopier-Verfahren (Wet Gate) angewandt werden, das Schrammen auf der Oberfläche reduziert und meist bei wertvollen alten Filmkopien benutzt wird. Das Lichtband des Analyzers wird vom Reader gelesen und damit die Lichtschleusen während des Kopiervorgangs gesteuert. Die zu entwickelnde Kopie wird durch eine Positivmaschine geschickt, danach ist das Positivmaterial zur Auslieferung fertig.

Das Originalnegativ verbleibt im Kopierwerk. Ist der endgültige Schnitt erfolgt, wird nach der Arbeitskopie das Originalnegativ entsprechend geschnitten (Negativschnitt). Auf-, Ab- und Überblendungen werden nach Angabe gemacht. Danach können die gewünschten Kopien hergestellt werden, für Fernseh- oder Kinozwecke.

Ilona Grzeschik

Literatur: Fritz Kempe: Film. Technik, Gestaltung, Wirkung. Braunschweig 1963. – Johannes Webers: Handbuch der Film- und Videotechnik. Film, Videoband und -platte in Studio und Labor. München 1983. – Pierre Kandorfer: Du Mont's Lehrbuch der Filmgestaltung. Theoretisch-technische Grundlagen der Filmkunde. Köln 1984. – John Border: 16-mm-Filmschnitt. Technik, Bild- und Schnittdramaturgie für den Film und Videoschnitt. Köln 1993.

Filmdokumentation: Peter Willems: Vom Negativ zum Positiv. ABC + Taunusfilm Kopierwerk. Wiesbaden 1994. [VHS Videofilm.]

Koprodukton. Mit der Koproduktion werden unterschiedliche Formen der gemeinsamen Produktion von Filmen und Fernsehsendungen verstanden. Danach wird unterschieden zwischen:
1) der Koproduktion zwischen Sendeanstalten im gleichen Senderaum (z. B. der ARD-Landesrundfunkanstalten), um hohe Kosten aufbringen zu können (z. B. bei Sportübertragungen);
2) der Koproduktion zwischen den öffentlich-rechtlichen Sendeanstalten und privatrechtlichen Filmproduktionsfirmen, wobei die Filmfirmen eigenes Kapital in die Produktion einbringen (und/oder Filmförderungsmittel) und dafür die Kinorechte an der Produktion erhalten, während den Fernsehanstalten die Fernsehrechte zustehen;
3) der internationalen Koproduktion zwischen Fernsehsendern verschiedener Länder (Europroduktionen);
4) der internationalen Film-Koproduktion, die durch Filmfirmen der beteiligten Länder hergestellt werden.

Besondere Bedeutung hat die Film-Fernseh-Koproduktion erlangt, bei der, seit 1974 durch ein regelmäßig erneuertes Abkommen geregelt, Filme hergestellt werden, die zunächst zwei Jahre (später eineinhalb Jahre) im Kino ausgewertet und danach als → Fernsehspiele bzw. -filme im Fernsehen gezeigt werden. Diese Form der Koproduktion, in die auch die Filmförderung eingebunden ist, prägte in den 70er und 80er Jahren nicht nur die deutsche Kinospielfilm-, sondern auch die Fernsehfilmproduktion und trug wesentlich zur Blüte des → Neuen deutschen Films (Werner Herzog, Rainer W. Fassbinder, Volker Schlöndorff, Wim Wenders, Reinhard Hauff u. a.) in dieser Zeit bei. Koproduktion führte jedoch zwangsläufig zu einem Schwinden des bis dahin eigenständigen Fernsehspiels, umgekehrt war ebenso eine Angleichung der Kinofilmdramaturgie an Fernsehansprüche zu konstatieren. Die etwa alle vier Jahre durchgeführten Novellierungen des Abkommens führen immer wieder zu Auseinandersetzungen zwischen der Filmwirtschaft und dem Fernsehen, dabei stehen ökonomische Aspekte (z. B. die Rechte für die Zweit- und Drittverwertung) im Vordergrund. Seit 1974 haben die Fernsehanstalten ca. 300 Mio. DM bereits für Koproduktionen aufgewendet. Bemühungen zu Beginn der 90er Jahre, die privatrechtlichen Sender in dieses Abkommen einzubeziehen, blieben, von einer kurzen Zeit der Zusammenarbeit abgesehen, ohne langfristigen Erfolg.

Mit der internationalen (vor allem europäischen) Koproduktion, besonders betrieben durch den ehemaligen ZDF-Hauptabteilungsleiter Heinz Ungureit, wurde in den 80er Jahren versucht, eine gemeinsame europäische Position gegenüber der amerikanischen Filmindustrie zu entwickeln. Zwei Wege bildeten sich dabei heraus: zum einen beschränkte sich die Zusammenarbeit auf die Finanzierung (Kofinanzierung), wobei das Produktionsteam eines Landes von den anderen Koproduzenten unbehelligt arbeitet; zum anderen werden Drehbuchherstellung, Besetzung und Produktion gemeinsam betrieben.

Bei diesen Produktionen wurden nationale Besonderheiten, die den europäischen Film ausmachen, nicht gewahrt, sondern man einigte sich zumeist auf den kleinsten gemeinsamen, meist trivialen Nenner. Die so entstandenen Filme wurden von der Kritik als konturenlose »Europuddings« gescholten. Sie zeichnen sich oft durch eine Reisedramaturgie aus: die Handlung spielt wegen der an der Produktion beteiligten Länder wechselnd in Paris, München und Rom, weil Frankreich, Deutschland und Italien daran beteiligt sind.

Seit Beginn der 90er Jahre gehen deshalb die produzierenden Sender verstärkt zum Prinzip der Kofinanzierung über. Viele europäische Filme von den Brüdern Taviani und Bernardo Bertolucci bis hin zu Axel Corti, István Szabó und Dieter Wedel wurden auf diese Weise hergestellt, ohne dass die individuelle Handschrift des Regisseurs verloren ging. Aufgrund der knapper werdenden Ressourcen und der steigenden Kosten wird die Koproduktion mehr und mehr zum Regelfall der Filmproduktion, ohne dass sich jedoch daraus besondere Erzählweisen ergeben.

Knut Hickethier

Literatur: Jan Berg / Knut Hickethier (Hrsg.): Filmproduktion, Filmförderung, Filmfinanzierung. Berlin 1994.

Kriegsfilm. Ein Genre, das sein Sujet aus einem derart universalen menschheitsgeschichtlichen Phänomen wie dem Krieg bezieht, ist schwer zu definieren, sind doch »Venus und Mars« von jeher die Basismotive der Kunst (Karl-Heinz Bohrer). Nicht jeder Film, in dem ein Krieg vorkommt, wird allerdings als Kriegsfilm bezeichnet. So gelten filmische Darstellungen antiker oder mittelalterlicher Schlachten eher als → Abenteuerfilme oder → Historienfilme. Mit dem Phänomen Krieg scheint im Zeitalter des Kinos eine ganz spezifische Vorstellung verknüpft zu sein, die nicht einmal in Adaptionen der napoleonischen Kriege (*Waterloo*, 1969) oder der Indianerkriege (*Das Wiegenlied vom Totschlag*, 1969) ihre assoziative Entsprechung findet. Mit dem Terminus »Kriegsfilm« sind vielmehr die Darstellungen der Schlachten des 20. Jahrhunderts und deren Auswirkungen verbunden, die das Bild vom Krieg nachhaltig veränderten: Neben die reihenweise niedergeschossenen Schlachtenformationen Napoleons treten hier Tiefflieger, Bomber und automatisch gesteuerte Projektile, die ganze Städte in Sekunden vernichten können. Das Erleben des Frontkämpfers kann nun als »Stahlgewitter« (Ernst Jünger) beschrieben werden, das als Triumph der Vernichtungstechnik über die verletzlichen Körper einen Weg auf die Leinwand findet, weniger in zeitgenössischen Wochenschauen, die oft zensiert wurden, als in aufwendigen, effektlastigen Rekonstruktionen. Abseits vom ferngesteuerten Tod durch Bomben und Projektile findet früher wie heute der grausame Partisanenkampf statt, der nicht selten zum Bürgerkrieg ausartet und weniger in die bombastische Materialschlacht als in den zermürbenden Psycho- und Folterkrieg mündet, der sich in allen Bürgerkriegsgebieten bis heute wiederholt. Für die USA hatte speziell der Vietnamkrieg unerwartet solche Züge angenommen, obwohl auch hier Massenvernichtungswaffen eingesetzt wurden: Der Feind lauerte heimlich im unergründeten Gebiet.

Oft ähnelt die Dramaturgie des Kriegsfilms anderen Genres wie dem → Western, dem Abenteuerfilm, dem → Gefängnisfilm, dem → Science-Fiction- oder dem → Gangsterfilm. Wenn es nicht die Initiation des zuvor »unschuldigen« jungen Mannes zum Krieger ist, die der Kriegsfilm beschwört, schildert er oft eine gefährliche Mission, die es hinter den feindlichen Linien zu bewältigen gilt. Die Kriegssituation wird dabei zur absoluten Bedrohung, bei der »Gesehen werden« mit »Sterben« gleichzusetzen ist (Paul Virilio). Eine schonungslose Analyse beider Phänomene – bar jeder Romantisierung – bietet Stanley Kubrick mit *Full Metal Jacket* (1987), dessen erste Hälfte die Umformung des Menschen zum tödlichen Projektil (daher der Titel) zeigt, um dann eine so exemplarische wie sinnentleerte Häuserkampfsituation in Vietnam ad absurdum zu treiben: Ein Scharfschütze dezimiert das Platoon, bis er am Ende als junge Frau entlarvt wird – ein Schock für alle Beteiligten. So ist auch die Position der Frau im Kriegsfilm neu definiert: Von der passiv Wartenden (Mutter oder Geliebten) oder dem Vergnügungsobjekt der Soldaten (als Prostituierte) oder dem exemplarischen Opfer wird sie schließlich selbst zur Kriegerin. Um die Situation der Frau in Kriegszeiten zu reflektieren, greift auch immer wieder das → Melodram auf die historische Kriegssituation zurück und leistet einen eigenen Beitrag, dem Phänomen Krieg zu einer mythischen Größe zu verhelfen, die sich längst verselbständigt zu haben scheint (Klaus Theweleit): Der Krieg verschlingt seine Kinder, nachdem er erst einmal »ausgebrochen« ist; wer ihn zu verantworten hat, tritt häufig in den Hintergrund – in der Propaganda sind die Aggressoren immer die ›Anderen‹. Eine solche mythische Lesart bietet Francis Ford Coppolas Vietnam-Epos *Apocalypse Now* (1979), über den der Regisseur sagt: »Dieser Film *ist* Vietnam«. Der selbsterklärte Gottkönig Kurtz (Marlon Brando) wird hier selbst zur Inkarnation eines archaischen Krieges gegen die Zivilisation und muss folglich von einem Vertreter des konkreten Krieges (Martin Sheen) exekutiert werden, damit eine zweifelhafte ›Ordnung‹ wiederhergestellt wird. Wenn der Krieg erst »entfesselt« ist, droht er stets, außer Kontrolle zu geraten.

Die Produktion von Kriegsfilmen begleitet die Filmgeschichte von ihren Anfängen an, sei es in Historienfilmen wie David W. Griffiths *Die Geburt einer Nation* (1915) oder Abel Gances *Napoleon* (1927), die sich höchst parteilich auf eine Seite der Kriegsgegner schlagen, oder in tendenziöser Kriegsberichterstattung der Wochenschauen bereits im Ersten Weltkrieg. Nach dem Roman von Erich Maria Remarque inszenierte Lewis Milestone in Reaktion auf das Desaster des Ersten Weltkriegs das militärische Martyrium des jungen Paul Bäumler (Lew Ayres) *Im Westen nichts Neues* (1930): Aus dem zunächst euphorischen Schüler wird ein desillusionierter Frontsoldat, der seine Kameraden sterben sieht und schließlich in den letzten Kriegstagen einen banalen Tod findet. Die deutlich wertende, erzieherische Position dieses Films brachte ihm das auch später häufig strapazierte Etikett des »Anti-Kriegsfilms« ein. Hier überwiegt das Grauen vor dem anonymen Tod die zwiespältige Faszination des Feuerzaubers der Schlacht. In Amerika entstand mit der Literaturverfilmung *Verdammt in alle Ewigkeit* (1953) von Fred Zinnemann eine bemerkenswerte Darstellung der amerikanischen Perspektive auf den zunächst ›entfernten‹ Krieg: Hier wird die Armee für einen jungen Soldaten zunächst selbst zum Terrorsystem, bis der Film im japanischen Angriff auf Pearl Harbor ein katastrophales Ende findet. Spätere amerikanische Militärfilme haben selten die kritische Schärfe dieses Dramas erreicht. – *Hunde, wollt ihr ewig leben* (1958) von Frank Wisbar ist der deutsche Versuch, ein möglichst objektives Bild vom Untergang der 6. Armee bei Stalingrad zu entwerfen. Auch hier wird die Perspektive eines zunächst systemkonformen Neulings gewählt, in dem der Prozess des Umdenkens mit dem Ausmaß der Katastrophe wächst. Bernhard Wickis Film *Die Brücke* (1959) erzählt vom sinnlosen Untergang einer Gruppe Schüler, die in den letzten Kriegstagen eine strategisch unwichtige Brücke bis auf den letzten Mann verteidigen. Wo Wisbars Film noch »Soldatenehre« und Kameradschaft gelten lassen will, stellt Wicki die skrupellosen Menschenopfer des nationalsozialistischen Systems schonungslos bloß: Hier werden nach dem Tod der Eltern auch die Kinder sinnlos ins Verderben geschickt. Die ihnen anerzogenen Begriffe von »Vaterlandstreue« und Loyalität erweisen sich letztlich als fataler Selbstzerstörungsmechanismus.

In der anfänglichen Euphorie des amerikanischen ›Kriegseintritts‹ in Vietnam produzierte John Wayne den Propagandafilm *Die grünen Teufel* (1967), in dem er die Kampfkraft der amerikanischen Armee verherrlichen wollte; wie grotesk falsch diese Kriegsdarstellung letztlich ist, sollte schon wenige Jahre später deutlich werden. Etwa zur selben Zeit kam Robert Aldrichs bitterer Actionthriller *Das dreckige Dutzend* (1966) ins Kino, in dem zwölf Kriminelle im Zweiten Weltkrieg auf ein Himmelfahrtskommando nach Deutschland geschickt werden. Aldrich schuf hier die kommerzielle Variante seiner zynischen Kriegsdramen der 50er Jahre. – Als Gegenstück zu dem oft irrealen *Apocalypse Now* drehte Michael Cimino seine Amerikaelegie *Die durch die Hölle gehen* (1978), in der der Italoamerikaner das streng subjektive Bild eines Amerikaners zeichnet, der durch das Martyrium in Vietnam geht und in eine freudlose Gesellschaft zurückkehrt. Auch Cimino nahm sich – wie Coppola – Freiheiten in der Darstellung der Kriegssituation heraus, was ihm einen Rassismusvorwurf einbrachte. Die radikal amerikanische Innensicht wurde nicht als künstlerische Entscheidung akzeptiert. Verbreitet waren zu jener Zeit auch amerikanische Heimkehrerdramen, die sich des Schicksals der teilweise verwundeten und invaliden Veteranen annahmen. Der Russe Elem Klimow wählte in *Komm und sieh* (1985) die Perspektive eines Kindes, das im Weißrussland des Zweiten Weltkriegs zwischen die Partisanen und angreifende Waffen-SS-Bataillone gerät. Einen Begriff für die Tortur zu finden ist stets dem Opfer vorbehalten (Gilles Deleuze), denn die Täter geben sich gewöhnlich eine offizielle Legitimation für ihre Ausschreitungen. Klimow findet eindringliche, düstere Bilder für die verheerenden Massaker an der Zivilbevölkerung und schildert alle Seiten äußerst ambivalent, zumal wenn er seinen Film mit einer Nahaufnahme des Kleinkindes Adolf Hitler enden lässt: Wo liegt die Saat der Zerstörung? Der DDR-Verleihtitel dieses Films lautete *Tötet Hitler!*

Im Zuge der Präsidentschaft Ronald Reagans wandte sich das Hollywood-Actionkino gestählten Superhelden wie John Rambo (Sylvester Stallone) zu, der z. B. in *Rambo II – Der Auftrag* (1985) amerikanische Kriegsgefangene aus Vietnam zurückholt. Diese Phase unreflektierter, hemmungsloser Gewaltverherrlichung ist mit für den schlechten Ruf des Genres verantwortlich. Oliver Stone unternahm parallel dazu in *Platoon* (1985) den Versuch, ein naturalistisches Abbild seiner Soldatenzeit in Vietnam zu inszenieren, scheiterte jedoch ebenfalls an der höchst pathetischen Polarisierung der Handlung. Ähnliches lässt sich über Joseph Vilsmaiers Landserepos *Stalingrad* (1992) sagen, eine Art Rückgriff auf die deutschen Kriegsfilme der Nachkriegszeit, dessen Thematik bereits in Sam Peckinpahs *Steiner, das Eiserne Kreuz* (1977) etwas ambivalenter abgehandelt wurde. All diese Filme lassen genug Raum für wehmütige Soldatenromantik und die Sehnsucht nach männerbündischer Kameradschaft. Steven Spielbergs äußerst erfolgreicher Kriegsabenteuerfilm *Der Soldat James Ryan* (1998) funktioniert zumindest in

---

Auf Bertolt Brechts Frage, wie man Schauspieler auf der Bühne als Soldaten schminken solle, antwortete der Münchner Volksschauspieler Karl Valentin:»Bleich, weil sie Angst haben!« Seit Lewis Milestones Verfilmung von Erich Maria Remarques Roman »Im Westen nichts Neues« (1930) sucht der Antikriegsfilm sowohl das Grauen der körperzerreißenden Explosionen im modernen Bombenkrieg, Feuer, Splitter und Staub zu veranschaulichen wie anderseits die Verletzlichkeit der Soldaten, deren Tugenden oder Tüchtigkeit nicht für dieses ›Schlachten‹ geschaffen sind. In Bernhard Wickis weltweit berühmt gewordenem Film müssen Jugendliche, die zum Teil noch unter der Pubertät leiden, eine Brücke gegen die anrückenden amerikanischen Truppen verteidigen, eine Brücke, auf die es im Gesamtmaßstab des Zweiten Weltkriegs überhaupt nicht mehr ankommt: eine absurde Aufgabe, bei der aber beinahe alle umkommen. Der Film verzeichnet präzise das wachsende Entsetzen, das diese Kindersoldaten überkommt, als sie unverhofft dem Tod begegnen: weil sie – wie eine der Unterschriften aus Francisco Goyas berühmtem Zyklus »Verheerungen des Krieges« heißt – ›dafür nicht geboren wurden‹.

Die Brücke (1959, R: Bernhard Wicki)

zwei langen Sequenzen als kinotechnisch aufwendige Simulation der Kampfsituation, was diesem Film vor allem die positive Resonanz eines Publikums sicherte, das in seiner Entfremdung von authentischer Körpererfahrung eine geradezu morbide Faszination am Betrachten der physischen Auflösung findet. Dieser in den Zweiten Weltkrieg versetzte Western erschöpft sich jedoch gegen Ende hin in seinen Splatterexzessen und kann letztlich nichts weiter als eine patriotische Glorifizierung bieten.

Den gegenteiligen Weg schlug Terrence Malick mit seinem poetisch-reflektierenden Drama *Der schmale Grat* (1998) ein, das die amerikanische Invasion auf eine japanisch besetzte Insel vor allem als eine fatale Störung der »natürlichen Balance« darstellt. Neben den melancholischen Monologen seiner zahlreichen gleichberechtigten Protagonisten über die Sehnsucht nach der Heimat und den Kampf als »spirituelle Erfahrung« stellt jedoch auch dieser Film den Krieg als universalen Mythos nicht in Frage. Immerhin nähert er sich dabei den Menschen, die ihn ausfechten. Einen ironischen Kommentar zum amerikanischen Militarismus bietet schließlich Paul Verhoevens Science-Fiction-Film *Starship Troopers* (1997), der die amerikanischen Propagandafilme der 40er Jahre ebenso reflektiert wie Kubricks *Full Metal Jacket* und den deutschen Riefenstahlismus. Der Feind hat hier die Gestalt von monströsen Käfern und die Invasion findet im Gewand nationalsozialistischer Ästhetik statt. Verhoevens zynisches Spektakel mag als absurder Endpunkt eines problematischen Genres stehen, das vermutlich immer seine zwiespältige Attraktivität bewahren wird.

Marcus Stiglegger

Literatur: Paul Virilio: Krieg und Kino. Logistik der Wahrnehmung. München/Wien 1986. [Frz. Orig. 1984.] – Thomas Assheuer: Hollywood im Krieg. In: Die Zeit. 25. 3. 1999. – Barrett Hodson: »Where Does War Come from?« Reprising the Combat Film. In: Metro 2000. Nr. 119. – Annette Brauerhoch / Gertrud Koch / Renate Lippert / Heide Schlüpmann (Hrsg.): Krieg und Kino. Frauen und Film 61 (2000).

Kriminalfilm. Kriminalfilme sind Filme um Verbrechen, mit Gangstern und Polizisten oder Detektiven. Filme, die ein Verbrechen und seinen Erfolg oder Misserfolg, dessen Aufklärung oder Verschleierung durch Polizisten oder Detektive zeigen. Es wird gemordet – nach allen Regeln der Kunst: erschossen, erstochen, erschlagen und erstickt, vergiftet, verbrannt, aufgespießt und in die Luft gesprengt, zerfetzt und zerstückelt. In *Zelle R 17* (1946, R: Jules Dassin) gerät ein Mann unter einen Dampfhammer, getrieben durch einen Gegner, der ihn mit einem angezündeten Schweißbrenner bedroht. Es wird gelogen, gestohlen und betrogen, geraubt, erpresst und verraten, infiltriert und intrigiert.

Als früheste Filme des Genres, die kriminelles Milieu vorstellen oder von der Aufklärung eines Verbrechens handeln, gelten *The Adventures of Sherlock Holmes* (1905, R: James Stuart Blackton), *The Musketeers of Pig Alley* (1912, R: David W. Griffith), *The Regeneration* (1915, R: Raoul Walsh) und *Polizei* (1916, R: Charlie Chaplin). Ein wichtiges Prinzip dabei, das bis heute gilt: Je gebrochener der Held, je tiefer er in Schwierigkeiten gerät, desto vielschichtiger auch der Film. Zum Geheimnis um ein unaufgeklärtes Verbrechen kommt dann das Abenteuer eines Menschen in Bedrängnis, der mit seinem Verhalten zeigt, wer und was er ist.

Ein weiteres Prinzip: die doppelte Strategie hinter geschönten Masken. Denken und Reden sind zweierlei, und zwischen Reden und Tun verbergen sich Abgründe. Diese Spannung zwischen idyllischem Ansehen in der Familie und/oder im Bekanntenkreis und eher verdorbener Wirklichkeit durchzieht das Genre von Anfang an und wird bis heute wieder und wieder variiert, in Filmen von Fritz Lang in den 20er Jahren, von Michael Curtiz und Raoul Walsh in den 30er und 40er Jahren (für Warner Bros.), in den Films noirs von Fritz Lang, Robert Siodmak und Otto Preminger, Nicholas Ray und Jacques Tourneur in den 40er und 50er Jahren, in den Großstadtthrillern von Richard Fleischer und Don Siegel in den 60er und

Heißes Eisen (1953, R: Fritz Lang): Gloria Grahame

Im Kriminalfilm der 50er Jahre ist wiederholt zu beobachten, wie die Jäger sich den Gejagten anpassen, wie die Bekämpfer der Drachen auf die Dauer den Drachen ähnlich sehen. Auch die Familien werden nicht aus den Kämpfen herausgehalten, selbst wenn es Ersatzfamilien sind, ›bloße‹ Liebschaften zwischen dem Gangster und seiner Gefährtin. Fritz Langs Film erzählt u. a., wie eine schmählich missachtete und geschändete Geliebte sich unerbittlich rächen kann: Rache ist ein verbotenes, aber im Kriminalfilm immer wieder zugelassenes und nicht nur heimlich anerkanntes Motiv für blutige Handlungen. So kann auch die Figur, von Gloria Grahame gespielt, im Pelzmantel und mit verbundenem Gesicht, weil sie in einem Wutanfall mit kochendem Wasser überschüttet wurde, zur kaltblütigen und zugleich hasserfüllten Exekution schreiten, der Rauch aus der Mündung ist das unverkennbare Kennzeichen für einen tödlichen Schuss. Und die Verführungskraft des Films ist so stark, dass wir mit unserer Sympathie und Anteilnahme ganz auf ihrer Seite sind, die doch soeben selbst ein Kapitalverbrechen begeht.

70er Jahren, auch in den neurotischen Kriphantasien der 80er und 90er Jahre, von Michael Cimino, Jonathan Demme, William Friedkin, Michael Mann. Eine weitere Regel: Je verborgener die Absichten, je gestaffelter das Verhalten, desto untergründiger die Erzählung, desto subversiver auch die ästhetische Erfahrung.

Dieses Doppelbödige ist die dominierende Strategie im Kriminalgenre, thematisch wie rhetorisch. Wer glaubt, was ist, bleibt ohne Chance. Wer jedoch wachsam bleibt für das Wort hinter den Worten, das Tun hinter den Taten, der erobert sich eine neue Zukunft, die Aussicht, noch einmal neu anfangen zu dürfen. In Nicholas Rays *Der einsame Kämpfer* (1952) wirkt der Polizist im Zentrum, der oft auf leeren Straßen und nassem Asphalt zu sehen ist, völlig kaputt und isoliert. Als er eines Tages von seinem Vorgesetzten aufs Land geschickt wird, erfährt seine gewohnte Sichtweise, durch die Umgebung aufs Vertikale getrimmt, auf harte, kantige Konturen, einen nachhaltigen

Wandel: durch die Entdeckung des Horizontalen, der weiten, weichen Flächen. So erkennt er, dass der Hass, den er in sich trägt, nur die andere Seite der Gefühle ist, die er bislang stets verdrängte. Die Liebe zu einer blinden Frau, die er danach wagt, ist für ihn allein auf dem Land realisierbar (was die Stadt zugleich als Ort des Misstrauens kennzeichnet).

Kriminalfilme erzählen oft Geschichten mit abgründigen Charakteren in abgründigen Situationen, mit ungewöhnlichen Perspektiven und dramaturgischen Finten. Manchmal sind so viele falsche Fährten gelegt, dass alles viel zu konstruiert wirkt. Aber das ist, wie schon Raymond Chandler für den Kriminalroman erklärte, »alles eine Frage des Grades«.

In den Kriminalfilmen von Orson Welles, die zu den Höhepunkten des Genres zählen, in *Die Lady von Shanghai* (1948) und *Im Zeichen des Bösen* (1958) ist eine labyrinthische Welt entworfen, die keinerlei Überblick mehr gestattet. Alles ist aus den Fugen geraten, nicht nur Recht und Ordnung, auch Haltung, Gesinnung, Moral, Fassaden ragen in die Schräge, Schatten dominieren das Licht. Keinem einzigen, weder den Gangstern noch den Polizisten, weder den Mädels noch den Ehefrauen, bleibt eine Zukunft, die zu leben sich lohnte. »Wie sieht meine Zukunft aus?« fragt Welles als fetter, kaputter Polizist in *Im Zeichen des Bösen*. Seine frühere Freundin, die alternde Wahrsagerin, gespielt von Marlene Dietrich, antwortet ihm daraufhin, nach einem langen, traurigen Blick: »Es gibt keine Zukunft mehr für dich! Du hast sie dir selbst genommen!«

Im Kriminalfilm triumphiert andererseits auch der Augenschein, weil das, was sinnlich wahrnehmbar ist, dem Geheimnisvollen und Rätselhaften des Geschehens vieles zu nehmen scheint, es fassbar und begreifbar erscheinen lässt. In den besseren Filmen ist aber gerade damit ein unentwegtes Spiel getrieben. So abenteuerlich die Erfahrungen und Erlebnisse um rätselhafte Verbrechen auch erzählt werden können, Übernatürliches gehört nicht zum Genre. Alles um die Figuren, um das Ambiente und die Atmosphäre muss die Aura des Wirklichkeitsnahen haben, das suggestive Timbre des Indikativs.

Als Genre ist der Kriminalfilm allerdings ein weites Feld. Ihm sind andere Genres subsumiert: der Gangster-, der Polizei- und der Detektivfilm, der Suspense Thriller und der Spionagefilm.

Im → Gangsterfilm, dem wichtigsten Subgenre des Kriminalfilms, geht es um die Durchführung von Verbrechen und die Schwierigkeiten dabei. In den besseren Arbeiten spielt die Polizei keine Rolle. Fünf Situationen werden immer aufs Neue variiert: erstens die Lebensgeschichte eines Gangsters, sein Aufstieg zu Beginn und sein Fall am Ende (die wichtigsten Beispiele dafür: *Der kleine Caesar*, 1931, R: Mervyn LeRoy, und *Scarface*, 1932, R: Howard Hawks); zweitens die Gefängnisgeschichte eines Gangsters, seine Bedrängnis und seine List, dieser Bedrängnis zu entgehen (die wichtigsten Beispiele: *Jagd auf James A.*, 1932, R: Mervyn LeRoy, und *Der Gefangene von Alcatraz*, 1961, R: John Frankenheimer); drittens die Kriegsgeschichte rivalisierender Banden (die wichtigsten Beispiele dafür: *Chikago-Massaker*, 1967, R: Roger Corman; *Der Pate*, 1972–74, R: Francis Ford Coppola; *König zwischen Tag und Nacht*, 1990, R: Abel Ferrara); viertens die Leidensgeschichte eines Einzelgängers, der sich wehrt gegen eine kriminelle Bande, gegen eine politische Organisation, gegen alle Fronten – gegen Syndikate wie Polizisten, oder ein alternder Gangster als Looser gegen die eigenen Kumpels (die wichtigsten Beispiele dafür: *Entscheidung in der Sierra*, 1941, R: Raoul Walsh; *Die Killer*, 1946, R: Robert Siodmak; *Alles auf eine Karte*, 1960, R: Samuel Fuller; *Der zweite Atem*, 1966, R: Jean-Pierre Melville; *Getaway*, 1972, R: Sam Peckinpah; fünftens die Geschichte eines Coups – des Erfolgs oder Misserfolgs, eines Einbruchs, eines Mordes, eines Rachefeldzugs (die wichtigsten Beispiele dafür: *Asphalt-Dschungel*, 1950, R: John Huston; *Wenig Chancen für morgen*, 1954, R: Robert Wise; *Rififi*, 1954, R: Jules Dassin; *Der Clou*, 1973, R: George Roy Hill).

Im → Polizeifilm steht am Beginn die böse, negative Tat des Gangsters, die dann im Lauf der Ereignisse durch Detektion und Handlung des guten, positiven Polizisten ausgeglichen wird. Pflichtbewußt erledigt dieser seine Arbeit, sorgt für Ordnung, indem er die Unordnung um sich herum beseitigt. Die wichtigsten Beispiele: *Polizeirevier 21* (1951, R: William Wyler), *Heißes Eisen* (1953, R: Fritz Lang), *Bullitt* (1968, R: Peter Yates), *Polizeirevier Los Angeles Ost* (1970, R: Richard Fleischer). In den 70er Jahren wird dieses Genre radikalisiert: Da hüten die »Dirty Harrys« ihre Ordnung, auch wenn es danach nichts mehr zum Beschützen gibt. Der brutale Polizist erscheint nun als legalisierter Killer ohne Privatleben, ohne Sex. Die Menschen um sich herum sieht er nur als Marionetten seiner faschistoiden Phantasien: als Opfer seiner Lust am Bestrafen, auch am Töten, Verbrechen schrumpft zum bloßen Anlass für Exekutionen. Die wichtigsten Beispiele: *Dirty Harry* (1971, R: Don Siegel), *Brennpunkt Brooklyn* (1971, R: William Friedkin), *Im Jahr des Drachen* (1985, R: Michael Cimino).

Dem Polizeifilm verwandt ist der → Detektivfilm: Auch hier steht die Aufdeckung, nicht die Durchführung eines Verbrechens im Mittelpunkt. Nur gelingt es in den besseren Filmen nicht mehr, das Chaos zu ordnen. Undurchsichtige Verhältnisse dominieren. Und mittendrin ein – oft schäbiger – Detektiv, der versteht, dass er nichts versteht. So erging es schon Humphrey Bogart in seinem Kampf bei John Huston (*Die Spur des Falken*, 1941) und Howard Hawks (*Tote schlafen fest*, 1946). Für die Detektive der 40er/50er und späten 70er Jahre ist Misstrauen die wichtigste Voraussetzung ihres Jobs, Gleichgültigkeit gegenüber Macht und Geld die notwendigste, Vorsicht vor Liebe und Sex die klügste. Jeder kämpft gegen jeden, und nur wer darum weiß, und es beachtet, hat zumindest eine kleine Chance zu überleben. Wichtige Beispiele: *Rattennest* (1955, R: Robert Aldrich), *Ein Fall für Harper* (1965, R: Jack Smight), *Der Tod kennt keine Wiederkehr* (1973, R: Robert Altman), *Chinatown* (1974, R: Roman Polanski), *Die heiße Spur* (1975, R: Arthur Penn), *Die Liebe eines Detektivs* (1990, R: Alan Rudolph).

Im Suspense → Thriller geht es oft um einen Helden, der schuldlos in Gefahr oder Not oder Verdacht gerät und danach alles einsetzen muss, um sich aus seiner prekären Lage zu befreien, wobei alles: Handlung, Bildkomposition, Dramaturgie der Figuren in Raum und Zeit, auf suggestive Wirkung festgelegt ist. Kein anderer hat dieses Subgenre des Kriminalfilms stärker geprägt als Alfred Hitchcock, dessen wichtigster Kunstgriff war, so zu tun, als sei der Zuschauer stets im Bilde, ihn darüber aber in jede Falle zu locken, die seine Emotionen weiter steigern. Die wichtigsten Beispiele: *Die 39 Stufen* (1935), *Berüchtigt* (1946), *Das Fenster zum Hof* (1954), *Der unsichtbare Dritte* (1959), *Psycho* (1960).

Der → Spionagefilm ist das Genre des Kalküls. Im Zentrum steht nicht nur die konkrete Arbeit von Agenten oder Spionen, sondern auch ihre beispielhafte Verstrickung mit anderen Agenten anderer Geheimdienste oder mit konkurrierenden Kollegen im eigenen Haus. Taten im Zickzack, von äußerstem Misstrauen begleitet. Jede Aktion erfordert andere Aktionen, die ablenken, zerstreuen, irreführen. Regeln taugen nur als Vorwand, Übereinkünfte nur als Basis für weitere Strategien. Die eine Seite sucht die andere zu schlagen, wo es nur geht; und umgekehrt, ganz unerbittlich. Dafür ist jeder Hinterhalt, jede Finte, jeder Trick gestattet. Was auf den ersten Blick als Wirrwarr willkürlicher Taten und Interessen erscheint, erweist sich letztlich als sorgsames Arrangement. Alles ist stets mit Absicht verflochten, alles mit drei-, vierfacher Hinterlist in Szene gesetzt. Je kunstvoller und doppelbödiger das Vorhaben, desto höher die Chance auf Erfolg. Die wichtigsten Beispiele: *Botschafter der Angst* (1962, R: John Frankenheimer), *Ipcress – streng geheim* (1964, R: Sidney J. Furie), *Der Spion, der aus der Kälte kam* (1965, R: Martin Ritt), *Der Brief an den Kreml* (1969, R: John Huston), *Die drei Tage des Condor* (1975, R: Sydney Pollack).

Im klassischen Kriminalfilm (so wie er durch Hollywood, viele französische, italienische und auch deutsche Filme formuliert ist) ist alles, was geschieht, festen Regeln unterworfen. Die Handlung unterliegt einer fortschreitenden, auf Spannung zielenden Dramaturgie. Die Figuren sind in erster Linie funktional charakterisiert; sie sind Typen, keine Charaktere; arabeske Züge dienen nur der Irritation oder sogar der Verwirrung. Die Schauplätze sind ausgewählt, um die Fiktion zu stärken; ihre Architektur soll das Geschehen nicht nur kommentieren, sondern unmittelbar miterzählen und vorantreiben. Die dunkel ausgeleuchtete Straße, die unterirdischen Verstecke, die schummrigen Kneipen usw. Die Ausstattung arrangiert Dekor und Requisiten auf emotionale, Spannung steigernde Wirksamkeit. Der Revolver unter den Achseln, das Geld im Koffer, die sportlichen Autos, denen man sofort ansieht, wie schnell sie im Notfall sein werden, die Trenchcoats der Männer, die engen, tief dekolletierten Kleider der Frauen usw. Die Kameraarbeit nutzt die Perspektiven und Strategien, die die jeweilige Illusion stärken, nicht die Wahrscheinlichkeit; sie selbst wird nicht spürbar in den Bildern, ihr Ziel ist der selbstverständliche Blick, der das Erzählen im Erzählen versteckt. Und die Montage zielt auf einen beiläufigen Rhythmus, der vor allem die Atmosphäre verdichtet.

Die besseren Kriminalfilme leben niemals nur von überraschenden Wendungen oder waghalsigen Konstruktionen, sondern in erster Linie von ihrer düsteren Atmosphäre, die auf tiefere Irritation, auf Beklemmung und Verstörung zielt. Diese Filme wagen – jenseits ihrer detektivischen Spannung – ein zweifaches Spiel: mit dem, was tatsächlich geschehen ist; und mit dem, was geschehen zu sein scheint. Dieses Spiel erreicht oft eine Ebene, wo ein dritter Sinn in die Bilder kommt, die ihren eigentlichen Sinn erst entfalten jenseits der Ereignisse – manchmal als Krudes, Grelles, Rüdes, Abgeschmacktes, Schockierendes. Kriminalfilme stoßen deshalb (nicht immer, aber) immer wieder ein Loch in die gewohnte Ordnung der Dinge. Sie provozieren dazu, die Welt anders zu sehen: abzuweichen vom gewöhnlichen Denken, Freiräume der Phantasie zu antizipieren. Wobei die alte Maxime zu beachten bleibt: Wer Ungeheuer faszinierend findet, muss sorgsam aufpassen, nicht selber zum Ungeheuer zu werden.

Diese Filme transzendieren das Genre im üblichen Sinn. Sie nutzen es, um ihre Zeit radikaler zu spiegeln, wie Langs *Dr. Mabuse* oder Hustons *Der Brief an den Kreml*. Einige auch, um die Konstruktion von Inszenierungen transparent zu machen, wie Premingers *Laura* und *Faustrecht der Großstadt* oder Welles' *Im Zeichen des Bösen*.

Auch im deutschen Kino haben Kriminalfilme eine lange Tradition: Phantasien um Verbrechen, um Gangster und Detektive, um illegales Handeln und den Kampf dagegen. Filme mit Rätseln, die Schritt für Schritt gelöst werden, ohne dass am Ende wirklich alles klar und eindeutig ist. In den 20er, 30er Jahren kam der große Reigen in Gang um diabolische und faustische, schauerliche und unheimliche Figuren: eine Kinematographie des Wahns, auch der verbotenen Phantasien – in Fritz Langs *Dr. Mabuse, der Spieler* (1922) oder *Spione* (1927), auch später noch in *M – Eine Stadt sucht einen Mörder* (1931) oder *Das Testament des Dr. Mabuse* (1933). Langs Filme bewiesen als Erste, was bis heute gilt: Je raffinierter die Konstruktion des Dramas und die Charakterisierung des Grauens, desto brüchiger die Selbstverständlichkeit gängiger Ordnungen. Der wichtigste Film der 40er Jahre in Deutschland war *Dr. Crippen an Bord* (1942, R: Erich Engels), ein Film der Maskerade, Verwirrung und Verrätselung. Stärker als in dieser Zeit üblich war darin eine Atmosphäre von Verdächtigung, Schnüffelei und Verfolgung formuliert, eine Atmosphäre von Wahn und Paranoia.

In den Nachkriegsjahren nutzten einige Regisseure den Kriminalfilm, um ihre Zeit radikal zu spiegeln – wie Robert Siodmak in *Nachts, wenn der Teufel kam* (1957) oder Helmut Käutner in *Schwarzer Kies* (1960). In den 60er Jahren dominierte der Karneval um Edgar Wallace: Filme als reines Jahrmarktvergnügen, clownesk und flapsig angelegt, mit Tricks, die das Wunderliche nie natürlich machen – in *Die toten Augen von London* (1961) oder *Das Gasthaus an der Themse* (1962). In den 80er Jahren kam es hauptsächlich auf Götz George als Darsteller an, einmal als zufälliges Opfer, ein anderes Mal als schmuddeliger Polizist oder als eleganter Gangster: *Abwärts* (1984, R: Carl Schenkel), *Zabou* (1987, R: Hajo Gies), *Die Katze* (1988, R: Dominik Graf). In den 90er Jahren schließlich bemühte man sich um einen Anschluss an die internationale Entwicklung des Genres ebenso wie um die Bearbeitung deutscher Vergangenheit: *Der Sandmann* (1993, R: Eckhart Schmidt), *Der Totmacher* (1995, R: Romuald Karmakar), *Solo für Klarinette* (1998, R: Nico Hofmann).

Norbert Grob

Literatur: Armand-Jean Cauliez: Le film criminel et le film policier. Paris 1956. – Colin McArthur: Underworld USA. London 1972. – Ian Cameron: A Pictorial History of Crime Film. New York 1975. – Stanley J. Soloman: The Life of Crime. In: S. J. S.: Beyond Formula. American Film Genres. New York 1976. – Georg Seeßlen: Der Asphalt-Dschungel. München 1977. – Georg Seeßlen: Kino der Angst. Reinbek bei Hamburg 1980. – Paul Werner: Film noir. Frankfurt a. M. 1985. – Hans Gerhold: Kino der Blicke. Frankfurt a. M. 1989. – John McCarty: Thrillers. New York 1992. – Phil Hardy: Der amerikanische Kriminalfilm. In: Geoffrey Nowell-Smith (Hrsg.): Geschichte des internationalen Films. Stuttgart/Weimar 1998. [Amerikan. Orig. 1996.]

Künstlerfilm. Der Begriff »Künstlerfilm« ist nicht eindeutig definiert und bezeichnet sowohl Spiel- und Dokumentarfilme über das Leben und Werk von Malern, Musikern, Dichtern, Tänzern und anderen Kunstschaffenden als auch Experimentalfilme von bildenden Künstlern oder Schriftstellern. Carol Reeds *Michelangelo – Inferno und Ekstase* (1964), Henri-Georges Clouzots *Picasso* (1955), Andy Warhols *Sleep* (1963) und *Studie I–V* (1952–55) von Peter Weiss sind bekannte Beispiele für die unterschiedlichen Varianten des Künstlerfilms.

Bedeutsam für die Darstellung von Kunst und Künstlern im Film sind zudem Spielfilme, die mit rein fiktiven Künstlerfiguren operieren: Carl Theodor Dreyers melodramatischer Kammerfilm *Michael* (1924) ebenso wie Peter Greenaways postmoderner Kostümfilm *Der Kontrakt des Zeichners* (1982), aber auch unzählige Genreproduktionen, vom Lustspiel bis zum Erotikfilm, die populäre Klischees über das Genie und die Leidenschaften des Künstlers funktionalisieren.

Spielfilme über oder nach Künstlerbiographien, ob als Hommage an einen historischen Meister wie in Carl Froehlichs *Richard Wagner* (1911) oder als Revision eines populären Künstlerbildes wie in Ken Russells *Tschaikowsky – Genie und Wahnsinn* (1970), interessieren sich vorrangig für den Künstler als Ausnahmeexistenz, zumal für das maßlose oder das verkannte Genie, oftmals am Rande des Wahnsinns oder darüber hinaus wie in Vincente Minnellis *Vincent van Gogh – Ein Leben in Leidenschaft* (1955) oder in Bruno Nuyttens *Camille Claudel* (1988). In melodramatischen → Biopictures Hollywoods und anderer ›Traumfabriken‹ erscheint der Künstler zumeist als ›exemplarisch Leidender‹, an dessen Lebenswerk sich die Zukunft der Kunst symbolisch entscheidet oder gar das ›Schicksal‹ einer ganzen Nation wie in der propagandistischen Ufa-Produktion *Rembrandt* (1942, R: Hans Steinhoff). In vielen Fällen kolportiert das Kino dabei die Topoi der Künstlerliteratur, und gerade populäre, zwischen Fakt und Fiktion changierende Künstlerfilme wie *Amadeus* (1984, R: Miloš Forman) konzentrieren sich vornehmlich auf die publikumswirksame Dramatisierung eines zugleich einzigartigen und symbolträchtigen Künstlerlebens.

Dass in solchen filmischen ›Künstlerbiographien‹ nicht unbedingt die Treue zum historischen Vorbild im Vordergrund stehen muss und auch das Kino zur Ausbildung von Künstlerlegenden beiträgt, zeigen die unterschiedlichen Spielarten der Beethoven-, Mozart- und Schubert-Filme ebenso wie die diversen van-Gogh-Variationen. Nicht zuletzt ist es der jeweilige Darsteller, der eine Künstlerfigur zum Leinwandhelden ikonisiert; so ist derjenige van Gogh, den Kirk

Douglas mit melodramatischem Gestus in Minnellis *Vincent van Gogh – Ein Leben in Leidenschaft* als besessenen Künstler darstellt, ein anderer als der von Jacques Dutronc in Maurice Pialats *Van Gogh* (1991) naturalistisch verkörperte Maler. Neuere Filme wie Derek Jarmans *Caravaggio* (1986) oder Steven Soderberghs *Kafka* (1992) distanzieren sich oftmals demonstrativ von einem historisierenden ›Realismus‹, entwerfen stattdessen eigene Kunsträume und reflektieren in ihrer Vision eines Künstlerlebens zugleich ›Vor-Bilder‹ der Kunst- und Filmgeschichte. Selbstreflexive Tendenzen bestimmen auch solche modernen Künstlerfilme, die – wie Federico Fellinis *Achteinhalb* (1963) oder Wim Wenders' *Der Stand der Dinge* (1982) – Krisen des Filmemachers thematisieren. Im Sujet Film im Film zeigt sich die von der ›Autorentheorie‹ propagierte Aufwertung des Regisseurs zum Künstler.

→ Dokumentarfilme wie Peter Schamonis *Max Ernst – Mein Vagabundieren, meine Unruhe* (1991) oder filmische Dokumentationen wie Richard Dindos *Max Ernst – Journal I–III* (1980) sind gattungsgemäß wesentlich undramatischer inszeniert – und finden nur in Ausnahmefällen den Weg ins Kino und zum großen Publikum.

Den Film als alternative Kunstform entdeckten Künstler wie Marcel Duchamp, Man Ray, René Clair und Salvador Dalí (in Zusammenarbeit mit Luis Buñuel) bereits in den 20er Jahren. Von diesen Avantgardefilmen des französischen → Surrealismus, etwa *Zwischenspiel* (1924), *Anémic Cinéma* (1926) oder *Ein andalusischer Hund* (1929), führt eine historische Linie zum Underground-Kino (→ Avantgardefilm) der Warhol-Factory, die zunächst stumme, nicht-narrative Experimentalfilme wie *Blow Job* (1964, R: Andy Warhol) oder *Empire* (1964, R: Andy Warhol) produzierte, später dann mit Filmen wie *Lonesome Cowboys* (1968, R: Andy Warhol) oder *Trash* (1970, R: Paul Morrissey) in die Nähe zum Mainstream-Kino geriet. Die Mehrzahl der bildenden Künstler, von denen viele seit Mitte der 70er Jahre das neue Medium Video favorisieren, ist am narrativen Film wenig interessiert; ihre Filme, entstanden etwa im Umkreis der Happening- und Fluxus-Aktionen oder der Land-Art-Projekte, sind zumeist Form- und Wahrnehmungsexperimente, die die Beziehungen zwischen Farbe, Licht, Raum und Zeit, zwischen realem Vorbild und medialem Abbild reflektieren und die Tradition eines Expanded Cinema fortführen, das sich seit den 80er Jahren zunehmend auch in Form von Videokunst und Mixed-Media-Projekten materialisiert. Welche medialen Grenzüberschreitungen in der postmodernen Kunstszene mittlerweile möglich sind, dokumentiert insbesondere das Werk des Briten Peter Greenaway, der sowohl mit Experimental- und Spielfilmen als auch mit digitalen Produktionen, Ausstellungen, Installationen und Operninszenierungen in Erscheinung getreten ist.

Jürgen Felix

Literatur: Hans Scheugl / Ernst Schmidt jr.: Eine Subgeschichte des Films. Lexikon des Avantgarde-, Experimental- und Undergroundfilms. 2 Bde. Frankfurt a. M. 1974. – Helmut Korte / Johannes Zahlten (Hrsg.): Kunst und Künstler im Film. Hameln 1990. – Wolfgang Blobel: Künstler und Kunstvermittler im elektronischen Kunstbereich. Ein Handbuch. Essen 1992. – John A. Walker: Art and Artists an Screen. Manchester 1993. – Jürgen Felix (Hrsg.): Genie und Leidenschaft. Künstlerleben im Film. St. Augustin 2000.

Kuleschow-Effekt. Bezeichnung für die Variabilität der emotionalen Wirkung und des inhaltlichen Potentials einer einzelnen Filmeinstellung in Abhängigkeit von ihrem montagebedingten Kontext. Der Begriff wird abgeleitet vom Namen des sowjetischen Avantgardefilmers und Filmtheoretikers Lew Wladimirowitsch Kuleschow (1899–1970). Kuleschow, der neben Sergej Eisenstein, Wsewolod Pudowkin, Dziga Vertov und Alexander Dowschenko zu den »großen Fünf« des sowjetischen Kinos der 20er Jahre gezählt wird, experimentierte wie diese mit den Ausdrucksmöglichkeiten der filmischen → Montage. Im Gegensatz zu Eisenstein interessierte ihn nicht so sehr die Generierung immer neuer Bedeutungen durch das verfremdende Aufeinanderprallen heterogener Montagestücke, sondern er bemühte sich um die Ökonomisierung und Dynamisierung der psychologischen Wirkungen ganzer Montagekomplexe. Diese Wirkungen erforschte er weniger in seinen Spielfilmen als in einigen, Mitte der 20er Jahre speziell arrangierten Experimenten, in denen er angeblich einem fachfremden Publikum selbstmontierte Filmsequenzen präsentierte, mit denen er u. a. die psychologische Entwicklung eines illusionären Raumes aus Einzeleinstellungen, die an verschiedenen realen Orten entstanden sind, nachwies (→ Kontinuität). Sein bekanntestes Experiment bestand darin, eine relativ ausdruckslose Großaufnahme des aus dem Bild blickenden Schauspielers Ivan Mozzhuchin, nacheinander mit Einstellungen einer Toten im Sarg, eines Tellers Suppe und eines Kindes, zu kombinieren, woraufhin das Testpublikum angab, in Mozzhuchins Gesichtsausdruck Trauer, Hunger oder väterliche Zärtlichkeit zu erkennen. Diese Reaktion, die gerade bei der Rezeption von Mainstream-Filmen, die mit der klassischen Montage und dem → Point-of-View-Shot arbeiten, eine immense Rolle spielt, wird seither als Kuleschow-Effekt bezeichnet. Auch lange nach den Experimenten beriefen sich noch namhafte Regisseure auf ihn, wie z. B. Alfred Hitchcock bei *Das Fenster zum Hof* (1954).

Theorieforscher aus jüngerer Zeit (z. B. Barry Salt) bezweifeln, dass die Experimente in der überlieferten Form je stattgefunden haben, und bestreiten auch die Herkunft des beobachteten Phänomens aus der sowjetischen Avantgarde. Unbestritten ist aber, dass Kuleschow aus den Verfahren, die in der Filmpraxis Hollywoods bereits verbreitet waren, erstmals eine zusammenhängende Theorie entwickelte.

Nikolas Hülbusch

Literatur: Georges Sadoul: Geschichte der Filmkunst. Wien 1957. Kap. 18. [Frz. Orig. 1949.] – François Truffaut: Mr. Hitchcock, wie haben Sie das gemacht? München 1973. [Frz. Orig. 1966.] – Lew Kuleschow: Kuleshov on Film. Hrsg. von Ronald Levaco. Berkeley 1974. – Barry Salt: Film Style and Technology. History and Analysis. London 1983. – Dana Polan: The Kuleshov Effect. In: Iris 4 (1986). – Vance Kepley jr.: Mr. Kuleshov in the Land of the Modernists. In: Richard Taylor / Ian Christie: Inside the Film Factory. New Approaches to Russian and Soviet Cinema. London / New York 1991.

Kultfilm. Obwohl der Begriff als Prädikatsetikette durch die Werbung aufs äußerste verschlissen worden ist, bezeichnet er dennoch ein bestimmtes Verhaltensmuster des Publikums: Ein Film wird Teil eines Kultes um ihn, wenn das Filmerlebnis sich anscheinend zur Lebenserfahrung verwandelt hat oder Lebenserfahrung widerspiegelt, also längerfristig Anteilnahme und Identifikation mit den Figuren und Konflikten des Films erlaubt.

So unscharf die Kategorie Kultfilm auch ist, so sehr sie mit den Kategorien Meisterwerk oder Publikumserfolg verschwimmt – das persönliche Interesse an einem Kultfilm wird eher zugestanden als beim Umgang mit ›hohen Kunstwerken‹. Die ›Wärmeaura‹ des Kultfilms scheint zum Teil die Diskussion des künstlerischen Werts zu erübrigen. Das Verhältnis zum Kultfilm gehört zu den Lebensentscheidungen und will sich vor den möglichen Relativierungen durch analytische Reflexion schützen. Es handelt sich um eine Art emotionaler Ding- oder gar magischer Fetisch-Beziehung wie zu Puppen und Teddys: Es gibt keine für alle Fälle verbindliche Regel, nach der ein Film sich als Kultfilm eignet oder nicht. Persönliche Vorlieben streuen weit.

Beim Rückblick auf die Kinogeschichte fallen zumal → Melodramen und Romanzen als Kultfilme auf, Geschichten von großer Liebe, Verzückung und Versagung, Verfehlung und Erfüllung. Dass bei der Auswahl von Werken wie *Vom Winde verweht* (1939, R: Victor Fleming), *Casablanca* (1942, R: Michael Curtiz), *Kinder des Olymp* (1945, R: Marcel Carné), wo private Schicksale, Liebe, Leidenschaft und Leiden sich im Rahmen eines Welttheaters abspielen, bis zum episch gesteigerten *Jenseits von Afrika* (1985, R: Sydney Pollack) ein weiblicher Blick dominiert, sei nicht bestritten.

Casablanca
(1942,
R: Michael
Curtiz)

Es liegt nicht nur an der berühmten Formel »Schau mir in die Augen, Kleines« – eine merkwürdig freie und doch einprägsame Umformung des Trinkspruchs im Original:»Here is looking at you« –, der *Casablanca* seinen Ruf als Kultfilm zu verdanken hat. Hinzu kommen die bittersüße Romanze zwischen Rick (Humphrey Bogart) und Ilsa (Ingrid Bergman), die sehnsüchtige, fast schmalzige Interpretation des Jazzstandards »As time goes by«, der ihre Erinnerungen an Paris wachruft, der heldenhafte Verzicht des scheinbaren Zynikers Rick zugunsten des idolisierten Widerstandskämpfers, der Beginn einer wunderbaren Freundschaft, sodass das Publikum nicht ermüdet, den Film immer wieder zu sehen – und die Zeremonie zu genießen, alles im voraus zu wissen und mit kitzelnder Bangigkeit und Vorlust genau das zu erwarten, was mit Gewissheit eintreten wird. Es geht um große Leidenschaften in einer Welt voller Widerstände, um Liebe und Mut, Erfüllung und Entsagung – dennoch bietet diese emotionale Ausstattung keine Gewähr dafür, dass ein Film zum Kultfilm avanciert. Es bedarf wohl zusätzlich einer bestimmten Generationserfahrung bei den Zuschauern. Nebenbei: Rick's Café und seine bunte Gesellschaft aus Emigranten und Flüchtlingen aller Arten fand sich seinerzeit bestimmt nicht in der marokkanischen Provinzstadt Casablanca, sondern in der damals internationalen Zone von Tanger.

Mit der Verjüngung des Kinopublikums seit den 60er Jahren zeichnen sich im so genannten Kultfilm deutlicher die Verlaufsmuster biologischer, sozialer Eingliederung ab. Es lassen sich – ergänzend zum Melodram – vor allem drei weitere Haupttypen des Kultfilms unterscheiden (wobei es natürlich fließende Übergänge gibt und sich andere oft kurzlebige Typen am Rande ausbilden): 1) Machtverschiebungen im Familienmodell zwischen Jungen und Alten, 2) Reifungsprozess zum Individuum, die Entfaltung der Sexualität, 3) Prüfungsweg zum Erwachsensein, der Aufbruch aus dem Elternhaus zu einer neuen Bindung mit dem vormals Fremden.

Die meisten Kultfilme spiegeln die Krisen und Entwicklungslogik der Adoleszenz, indes abgestimmt auf den jeweiligen Erfahrungshorizont einer Generation. Kulte vergehen; so sind für die deutschen Nachkriegsjugendlichen *Vom Winde verweht* oder die *Kinder des Olymp* Filme, die eher Kultstatus beanspruchen können. *Casablanca* (große Liebe und Verzicht in Notzeiten) oder *Arsen und Spitzenhäubchen* (Plage und Perversion einer Familie, zu der man nicht gehören will und kann – als Kuckuckskind ins befremdliche Nest gelegt) finden kultartigen Widerhall bis heute. Was sich nicht zuletzt auch dadurch ausweist, dass man Dialogfetzen auswendig zitieren und als Element von Gesellschaftsspielen verwenden kann (»Schau mir in die Augen, Kleines«). Nur kurzfristiger beanspruchten ›coole‹ abgebrühte Männerhelden wie der sanfte Macho Lemmy Caution (Eddie Constantine in zahlreichen seiner B-Filme) neben dem harten, zynischen Überlebenshelden James Bond einen gewissen Kultstatus. Eine relativ schnelle Zerfallszeit hatte der Kultwert von extremen Macho-Allüren (z. B. *Pulp Fiction*, 1994, R: Quentin Tarantino).

Das Gemeinsamkeitserlebnis bei der Vorführung eines Kultfilms, das dem Publikum ungeniertes Lautwerden, Mitsingen, Vorsagen erlaubt und andere rituell legitimierte Regelverstöße gegen das Stillhaltegebot im Kinosaal, ist wohl nie so vehement gefeiert worden wie bei *The Rocky Horror Picture Show* (1975, R: Jim Sharman), der die Initiation der puritanischen Naiven in die Mysterien der Sexualität vor dem Hintergrund der Frankenstein-Filmlegende vorführt – ein Einweihungsritus, der sich schwächer in *Dirty Dancing* (1987, R: Emile Ardolino) wiederholt. Befreiung aus dem vaterbeherrschten System gelingt in der Reihe *Krieg der Sterne* (1977–99, R: George Lucas) – hier liegt der Typus Machtwechsel im Vater-Sohn-Konflikt in phantastischer Verkleidung vor.

Dem dritten Typus, dem Prüfungsweg: Verlassen des schützenden Hauses, Einsamkeit, Selbstbefragung und vielleicht neue Familienbildung, entsprechen eher Filme der späten 70er, 80er Jahre: Die Abenteuer und Bewährungen der Robinson-Existenz, ausgesetzt im Weltraum, wiederholen sich im Sippschaftsepos *Star Trek*. Ridley Scotts *Blade Runner* (1982) – Ausgestoßensein in einer vertrauten und zugleich fremden Welt mit dem zentralen Identitätszweifel verbunden: Wer bin ich? – oder die *Alien*-Reihe wären als Beispiele zu nennen, während das radikale Ausgesetztsein und Alleinsein wie nach der Geburt oder vor dem Tod schon unübertrefflich in Stanley Kubricks *2001 – Odyssee im Weltraum* (1968) zur suggestiven Bildformel fand. *Harry und Sally* (1989, R: Rob Reiner) schließlich operierte elegant und weltkundig mit der Fremdheit zwischen Singles, einer Fremdheit, die nur in der uneingeschränkten Hinnahme des jeweils anderen überwunden werden kann – Beginn einer Reihe von Filmen mit der Schauspielerin Meg Ryan in der Rolle einer jungen Frau, die aus der Masse der möglichen Männer den geeigneten auswählen muss und kann: Modell mühsamer, umwegiger, am Ende oft glücklicher Partnersuche. Dies lässt erkennen, dass bei diesen komödiantischen Romanzen das weibliche Interesse im Publikum überwiegt.

Thomas Koebner

Literatur: Danny Peary: Cult Movies. New York 1981. – Adolf Heinzelmeier / Jürgen Menningen / Berndt Schulz: Kultfilme. Hamburg 1983.

Kulturfilm. Dieser in Deutschland entstandene und bis in die 50er Jahre hinein verwendete Begriff (ein entsprechender englischer oder französischer Begriff existiert nicht) kann als eine Spielart des → Dokumentarfilms gelten und meint allgemein all jene Filme, die »Bildung« und »Tatsachen« vermitteln. Weitgehend herrschte Übereinstimmung, dass er pädagogische Zielsetzungen (seinerzeit: »volksbildend«) verfolgen sollte. Deshalb stand das belehrende Element, die Wissensvermittlung im Vordergrund. Dies erklärt seine Nähe zum so genannten Lehrfilm. Spielhandlungen ausschließlich zum Zwecke der Unterhaltung waren daher eher verpönt. Auch wurde der Wert des Kulturfilms als Anschauungsmittel betont, um wissenschaftliche Erkenntnisse zu verdeutlichen. Außerdem sah man in ihm ein Mittel der Völkerverständigung. Der Begriff Kulturfilm ist aus der so genannten Kinoreformbewegung nach dem Ersten Weltkrieg hervorgegangen und sollte dem Film zu Ansehen verhelfen. Diese Absicht spiegelt sich getreu in einer Bemerkung Albert Einsteins aus den 20er Jahren: »Der Kultur- und Lehrfilm ist bei guter Auswahl und Behandlung der Gegenstände nach meiner Überzeugung wohl geeignet, weiten Kreisen wertvolle Belehrung und Anregung bester Art zu bieten. [...] Außerdem kann der Kulturfilm ein wertvolles Gegengewicht bilden gegenüber dem unheilvollen Einfluss der leider so zahlreichen Kino-Darstellungen, die nur auf die Befriedigung eines rohen Sensationsbedürfnisses hinzielen.«

1918 entstand innerhalb der Berliner Universum-Film AG (→ Ufa) eine »Kulturabteilung«. Unter der Leitung von Ernst Krieger waren Oskar Kalbus, Nicholas Kaufmann und Ulrich K. T. Schulz als Mitarbeiter tätig. Der Katalog »Kulturfilme der Ufa« aus dem Jahre 1925 verdeutlicht das damalige große Spektrum an Filmthemen: »Länder- und Völkerkunde«, »Sport«, »Industrie und Technik«, »Naturwissenschaften«, »Land- und Forstwirtschaft«, »Medizin«, »Märchen, Spiel und Scherz« und schließlich »Verschiedenes«. Immerhin hat die Kulturfilm-Abteilung historisch bedeutsam gewordene Langfilme produziert wie Arnold Fancks *Der heilige Berg* (1925), eigentlich ein Spielfilm, oder *Wege zu Kraft und Schönheit* (1925) von Kaufmann und Wilhelm Prager. Als wichtige Vertreter des Kulturfilms sind der Kunsthistoriker Hans Cürlis und Ulrich K. T. Schulz zu nennen. Cürlis gründete 1919 in Berlin das Institut für Kulturforschung. Seine bekannteste Mitarbeiterin dürfte Lotte Reiniger sein, die Meisterin des Scherenschnittfilms. Cürlis realisierte innerhalb seines Schwerpunktes der bildenden Kunst den Filmzyklus *Schaffende Hände* seit den 20er Jahren. Darin zeigt er die Arbeit verschiedener Künstler, Kunsthandwerk, Bühnenkunst und das schöpferische Kind. Dieser Filmzyklus wurde bis 1962 fortgeführt. Ulrich K. T. Schulz drehte seit 1920 naturwissenschaftlich ausgerichtete Kulturfilme, u. a. den damals sehr populären Naturfilm *Der Hirschkäfer*.

Durch das Reichslichtspielgesetz von 1926 wurde der Kulturfilm als Beiprogramm im Kino gefördert und ermöglichte den Kinobetreibern eine Steuerermäßigung. Sehr deutlich erkannte bereits Carl Bulcke im Jahre 1924: Der Kulturfilm ist »etwas sehr Anständiges, Solides, Fleißiges, meist freilich auch stark Langweiliges«. Der Kulturfilm war häufig um Randthemen bemüht. Die Kritik am Typus des »neutralen Kulturfilms«, einer Darstellungsform, die wenig nach Zusammenhängen und Gründen fragt, war häufig berechtigt – eine notwendige Kritik, da die damaligen Kulturfilmer die Welt (zumeist) bewunderten. Im Nationalsozialismus sollte der Kulturfilm dazu dienen, den »deutschen Menschen zur politischen Haltung auf allen Lebensgebieten« zu erziehen. In der Nachkriegszeit trugen die Westdeutschen Kurzfilmtage zunächst die Bezeichnung »Kulturfilmtage«, gleiches gilt für die Mannheimer Kultur- und Dokumentarfilm-Woche. In den 50er Jahren schwand die Bedeutung des Kulturfilms in Westdeutschland mehr und mehr. In der DDR wurde der Begriff »Kulturfilm« durch den Begriff »populärwissenschaftlicher Film« ersetzt. Charles Reinert schrieb bereits 1946 kritisch: »Der Ausdruck [Kulturfilm] stammt aus einer Periode von naivem Bildungsmaterialismus und verwechselt die Verbreitung von Kenntnissen mit Kultur, weshalb er immer mehr der Bezeichnung Dokumentarfilm weichen muss.« Der veraltete Begriff »Kulturfilm« ist inzwischen gänzlich verschwunden und durch den Begriff »Dokumentarfilm« ersetzt.

Walter Dehnert

Literatur: Erwin Ackerknecht: Das Lichtspiel im Dienste der Bildungspflege. Handbuch für Lichtspielreformer. Berlin 1918. – Konrad Lange: Nationale Kinoreform. Mönchengladbach 1918. – Oskar Kalbus: Kulturfilme. In: Film-Kurier 1919. Nr. 71. 76. 82. – Julius Bab: Film und Kultur. In: Bildungspflege 1 (1920). – Edgar Beyfuss: Wie ein Kulturfilm entsteht. In: Frohes Schaffen 1 (1924). – Edgar Beyfuss / A. Kossowsky (Hrsg.): Das Kulturfilmbuch. Berlin 1924. – Hans Cürlis: Das Institut für Kulturforschung. In: Der Bildwart 7 (1929). – Fritz Rosenfeld: Der »neutrale« Kulturfilm. In: Sozialistische Bildung 1 (1929). – Nicholas Kaufmann: Filmtechnik und Kultur. Stuttgart/Berlin 1931. – Hans Cürlis: Zehn Jahre Kulturfilmschaffen (1919–1939). Berlin 1939. – Oskar Kalbus: Pioniere des Kulturfilms. Ein Beitrag zur Geschichte des Kulturfilmschaffens in Deutschland. Karlsruhe 1956. – Hilmar Hoffmann: Eine Chronik des Kultur- und Dokumentarfilms. In: Filmforum 1959. H. 10–12. 1960. H. 1–10.

Kulturindustrie. Geprägt wurde der Begriff von den beiden Sozialphilosophen Theodor W. Adorno und Max Horkheimer. Ein Kapitel ihres 1947 erschienenen Buches »Dialektik der Aufklärung« trägt den Titel »Kulturindustrie. Aufklärung als Massenbetrug«. Das Buch, insgesamt eine der düstersten und einflussreichsten Kulturdiagnosen des 20. Jahrhunderts, entstand im amerikanischen Exil unter dem Eindruck des Nationalsozialismus, des Krieges und vor allem des Holocaust: »im Zeichen triumphalen Unheils« (Horkheimer/Adorno). Die Autoren wollen, inspiriert von Karl Marx, Max Weber und Sigmund Freud, die gesamte europäische Kulturgeschichte als einen Prozess erweisen, in dem »Aufklärung« fortschreitend in »Mythologie« zurückschlägt, weil Rationalisierung in Gestalt der industriellen Technik und ihrer Produkte zur unaufhebbaren Macht über die Menschen wird: zur neuen Naturmacht. In diesem Zusammenhang meint Kulturindustrie die Unterwerfung aller Kulturprodukte (Film, Radio, Literatur, Zeitungen und Zeitschriften, sogar das Fernsehen wird kurz erwähnt) unter die Imperative ihrer industriell-massenmedialen Produktion und Distribution und damit die Auslöschung alles Singulären und Widerständigen an Kunst und Kultur. Als Massen-Waren werden Kulturprodukte standardisiert und uniformiert hergestellt und von einem Massen-Publikum entsprechend uniform rezipiert. Kulturindustrie »schlägt alles mit Ähnlichkeit. Film, Radio, Magazine machen ein System aus. Jede Sparte ist einstimmig in sich und alle zusammen« (Horkheimer/Adorno).

Noch jedes einzelne Kulturprodukt transportiert für die Autoren die Ideologie des ganzen technisch-kapitalistischen Systems: die »Vergötzung des Daseienden und der Macht« der Herrschenden, die »Apologie der Gesellschaft«. Als Ganze ist Kulturindustrie also affirmativ: »Amusement ist die Verlängerung der Arbeit unterm Spätkapitalismus«, so entfremdet und entfremdend wie diese. Der Konsum vollständig standardisierter Produkte – und im Spätkapitalismus werden auch Kunstwerke durch massenhafte Reproduktion standardisiert – erscheint den Autoren als »dauernder Initiationsritus. Jeder muss zeigen, dass er sich ohne Rest mit der Macht identifiziert, von der er geschlagen wird«. Oder, wie es drastisch in einer der häufig aphoristischen Zuspitzungen heißt: »Donald Duck in den Cartoons wie die Unglücklichen in der Realität erhalten ihre Prügel, damit die Zuschauer sich an die eigenen gewöhnen.« Das System der Kulturindustrie ist derart totalitär, dass alle Bedürfnisse der Konsumenten sich bereits als manipulierte und mit der Macht konforme artikulieren. Die Konsumenten können nicht mehr wollen; alles, was sie wollen, ist das längst Gewollte.

Ohne Zweifel ist das Konzept der Kulturindustrie das Resultat eines Schocks, den die beiden Autoren in der Massenkultur der USA (›Traumfabrik‹ → Hollywood) in den 40er Jahren empfanden (vgl. Koebner). Zugleich kann man in ihm ein zentrales Stück der Theoriegeschichte der Frankfurter Schule erkennen, denn das Konzept radikalisiert den 1929 von Siegfried Kracauer in seinem Buch »Die Angestellten« geprägten Terminus der »Angestelltenkultur«. Schon Kracauer sah die Massenkultur (Kino, Illustrierten, Sport usw.) als Mittel sozialer Uniformierung, als Betäubungs- und Ablenkungsmittel im Kapitalismus, und schrieb, »dass nahezu sämtliche von der Industrie gelieferten Erzeugnisse das Bestehende rechtfertigen«. Diese Überlegungen arbeitete Kracauer, ebenfalls im amerikanischen Exil, zu seiner psychologischen Geschichte des deutschen Films der Weimarer Republik »Von Caligari zu Hitler« (1947) aus.

Andererseits ist das Konzept der Kulturindustrie eine entschiedene Absage an die Hoffnungen, die Walter Benjamin in seinem Text »Das Kunstwerk im Zeitalter seiner technischen Reproduzierbarkeit« in den späten 30er Jahren noch auf die revolutionäre Funktion der Massenkunst Film gesetzt hatte. In der Nachkriegszeit nahm der Terminus der Kulturindustrie prominenten Rang ein in der von der Frankfurter Schule beeinflussten Kulturkritik, zumal in der Literatur- und Filmkritik und der Kritik der Massenmedien als »Bewusstseinsindustrie« (Hans Magnus Enzensberger). Adorno selbst behielt den Terminus bis in seine postum erschienene »Ästhetische Theorie« (1970) bei: als Gegensatz zu dem authentischer Kunst. Seit Ende der 60er Jahre wird der universelle Verblendungszusammenhang kulturindustrieller Produkte wie Filme und Popmusik zunehmend bestritten. Susan Sontags Lobrede auf »Camp« (1964) (→ Kitsch) und Umberto Ecos Forderung einer »semiotischen Guerilla«, die Produkte der Kulturindustrie mit ästhetischem Genuss umkodieren kann, waren bahnbrechend. Die Forderung, den Graben zwischen Hochkultur und Massenkultur zu schließen (Leslie Fiedler), wurde schließlich wesentlich für die Ästhetik und die Kunst der → Postmoderne.

Bernd Kiefer

Literatur: Siegfried Kracauer: Die Angestellten. Frankfurt a. M. 1971. [1929.] – Walter Benjamin: Das Kunstwerk im Zeitalter seiner technischen Reproduzierbarkeit. Frankfurt a. M. 1977. [1936.] – Max Horkheimer / Theodor W. Adorno: Dialektik der Aufklärung. Frankfurt a. M. 1979. [1947.] – Umberto Eco: Apokalyptiker und Integrierte. Zur kritischen Kritik der Massenkultur. Frankfurt a. M. 1992. [Ital. Orig. 1964.] – Rolf Wiggershaus: Die Frankfurter Schule. München 1988. – Susan Sontag: Against Interpretation. London 1994. – Heinz Steinert: Kulturindustrie. Münster 1998. – Thomas Koebner: Warnung vor den Massenmedien. Zu amerikanischen Erfahrungen und zur Nachkriegs-Kulturkritik von Theodor W. Adorno und Günther Anders. In: Th. K.: Vor dem Bildschirm. St. Augustin 2000.

Kurzfilm. Ein Film, dessen Länge relativ kurz ist, d. h. jeder Film, der drei Filmrollen bzw. eine Dauer von 30 Minuten nicht übersteigt. Mit dem Kurzfilm beginnt die Filmgeschichte 1895; bei den ersten Stummfilmen der Filmpioniere Auguste und Louis Lumière, Georges Méliès, Oskar Meßter oder Max Skladanowsky handelte es sich, vorerst durch technische Einschränkungen bedingt, ausschließlich um Kurzfilme. Anfangs hatten sie eine durchschnittliche Länge von ca. fünf Minuten. Bekannte Kurzfilme dieser Zeit sind *Arbeiter verlassen die Fabrik Lumière* (1894), *Die Ankunft des Zuges im Bahnhof* (1895), *Der begossene Gärtner* (1895) und *Babys Frühstück* (1895) von den Brüdern Lumière. Sie sind alle nicht länger als eine Minute.

Diese und ähnliche Filme wurden in den Jahren 1900 bis 1907/08 Teil des Unterhaltungsprogramms der Jahrmarkts- und Wanderkinos, »filmische Zirkusnummern«, die nicht nur auf dem europäischen Kontinent, in den Pariser Varietés oder dem Berliner Wintergarten öffentlich vorgeführt wurden, sondern auch in der englischen Music-Hall, in den USA, in Asien und Afrika. Die überwiegende Mehrzahl aller Filme bestand während dieser ersten zehn Jahre »nur aus einer Einstellung«. Noch 1903 betrug der Anteil der Kurzfilme an der gesamten Filmproduktion 96 %. Vor allem reale Begebenheiten wurden filmisch dokumentiert, so z. B. Reise- und Städtebilder (»vues« und »travelogues«), Paraden und Auftritte von Hoheiten und Politikern, Berichte über Natur- und andere Katastrophen, Kriegs- und Sportreportagen. »Die Kinematographie war nichts weiter als Fotoreportage, Jahrmarktssensation bewegter Bilder und eine durch die Reproduktionstechnik ermöglichte Herstellung des Schauspiels als Massenartikel, als mechanisch wiederholbares, transportierbares, exportierbares Schauspiel« (Balázs).

Edwin S. Porter, ein bei Edison arbeitender Mechaniker, der ab 1898 für Edison Filme drehte, wurde zum wichtigsten amerikanischen Filmemacher dieser Zeit. Von Méliès beeinflusst, beginnt Porter bald längere Erzählungen zu drehen, die nicht mehr aus einer, sondern aus über zehn Szenen, mit variierenden aneinander montierten Einstellungsgrößen, bestehen. Porters Filme *Das Leben eines amerikanischen Feuerwehrmanns* (1902, 150 m) und vor allem *Der große Eisenbahnraub* (1903, 250 m) müssen als die ersten Versuche einer Spielfilminszenierung betrachtet werden. Erstmals wurden »Dokumentaraufnahmen mit inszenierten Spielszenen« kombiniert (Toeplitz). Lehnte sich *Das Leben eines amerikanischen Feuerwehrmanns* in Méliès'scher Manier noch an Theaterkonventionen an, so hatte sich *Der große Eisenbahnraub* ganz von diesen herkömmlichen Regeln gelöst und damit eine, dem neuen Medium angemessene, »filmische Art« der Inszenierung geschaffen. Die Handlung entwickelte sich zum ersten Mal gleichzeitig auf mehreren Schauplätzen (Simultaneität). Die Szenen waren kurz und wechselten rasch nacheinander.

Nach dem Ersten Weltkrieg etablierten sich lange, abendfüllende Spielfilme in den Kinoprogrammen und verdrängten für eine Zeit die Kurzfilme. David W. Griffith hatte bereits 1913 den ersten Spielfilm in vier Akten vorgeführt (*Judith von Bethulien*), dann folgte *Die Geburt einer Nation* (1915) und schließlich sein filmisches Epos *Intoleranz* (1916), ein Spielfilm in 13 Akten, 4100 m Länge und 215 Minuten Vorführdauer. Internationale Künstler und Avantgardisten experimentierten in den 20er und frühen 30er Jahren mit Kurzfilmen. Der Surrealist Luis Buñuel schuf 1928 sein avantgardistisches Kurzfilm-Experiment *Ein andalusischer Hund,* und auch Jean Cocteaus symbolistischer Erstlingsfilm *Das Blut eines Dichters* (1930) dauert nicht länger als 30 Minuten. Der Kurzfilm als Serie wurde wieder entdeckt: Hal Roach produzierte in den 30er Jahren 70 Kurzfilm-Folgen mit Stan Laurel und Oliver Hardy. In den USA etablierte sich der Kurzfilm während der 30er und 40er Jahre in allen bekannten Genres – als → Komödie, Drama, → Cartoon, → Dokumentarfilm, → Wochenschaubericht, → Propagandafilm, → Horrorfilm usw. – und wurde als so genannter Vorfilm, vor dem Spielfilm des Kinoprogramms platziert. Seit den 40er Jahren verschwand der Kurzfilm in Amerika von der Spielfläche, zugunsten der abendfüllenden Spielfilms im Doppelpack. Als schließlich Mitte der 50er Jahre ein einzelner Spielfilm die Länge von fast 2 Stunden erreichen konnte, kam der Kurzfilm als Vorfilm erneut zur Geltung – häufig als Cartoon. In der BRD liefen Kurzfilme als Vorfilme noch bis in die 70er Jahre. Seitdem bleiben sie zugunsten der Reklame meist in der Transportbüchse.

Viele bedeutende Filmregisseure begannen mit Kurzfilmen. Don Siegel (*Dirty Harry*) drehte 1946 seinen als Vorfilm produzierten Oskar-preisgekrönten Anti-Nazi-Propaganda-Film *Hitler lebt* (15 Min.), der ›flächendeckend‹ in den USA eingesetzt wurde. Martin Scorsese reüssierte 1968 mit seinem Kurzspielfilm *Die große Rasur* (5 Min.). Michelangelo Antonionis erster Kurzfilm war eine Reportage über das Thema »Selbstmord aus Liebe« – *Versuch eines Selbstmords* (15 Min.); und auch Stanley Kubrick drehte vor seinen späteren Erfolgen mehrere Kurzfilme, sein erster, *Der Tag des Kampfes* (1951), schildert in dokumentarischer Form das Leben eines Boxers. Der Kurzfilm taucht heute vor allem als Dokumentarfilm, → Animations-, Industrie- und → Werbefilm, als → Wissenschaftsfilm und pädagogischer Schulfilm und besonders als → Videoclip auf. Gerade der Videoclip, in einer Anzahl von ca. 2000 Stück jährlich produziert und vor allem durch die Musikkanäle MTV und VIVA vermarktet, zeigt sich offen für neue, experimentell-avantgardistische Formen.

Die Bedeutung des Kurzfilms wird zurzeit in einigen Fernsehsendern (arte, 3sat) durch die Einrichtung von Kurzfilm-Programmsparten gefördert. In Deutschland gibt es neben regionalen Kurzfilmwettbewerben (z. B. Exground on Screen in Wiesbaden) internationale Kurzfilmfestivals, wie die seit 48 Jahren bestehenden, international renommierten Kurzfilmtage Oberhausen (April/Mai) und das neuere Kurzfilmfestival in Hamburg (Juni); die Friedrich-Wilhelm-Murnau-Stiftung (Wiesbaden) veranstaltet seit 1991 den Tag des deutschen Kurzfilms, bei dem 1995 u. a. der minimalistische Thriller mit Hitchcock-Adaption *Das Ei* (3 Min. 10 Sek.) von Hans Georg Andres (Köln) preisgekrönt wurde.

Esther Maxine Behrendt

Literatur: Jerzy Toeplitz: Geschichte des Films. Bd. 1: 1895–1928. Berlin 1972. – Joachim Paech: Die Anfänge des Films in der populären Kultur. In: J. P.: Literatur und Film. Stuttgart 1988. – Heide Schlüpmann: Unheimlichkeit des Blicks. Das Drama des frühen deutschen Films. Basel / Frankfurt a. M. 1990.

Last Minute Rescue (engl., ›Rettung in letzter Minute‹, seltener auch: Last Second Rescue). Der Begriff verweist auf ein bestimmtes Erzählmuster: Verfolgungsjagden und andere aktionsbetonte Standardsituationen kulminieren häufig, jedoch nicht immer, in einer Last Minute Rescue und entladen so ihr Spannungspotential. David Wark Griffith entwickelte in den ersten Jahren des 20. Jahrhunderts die → Parallelmontage (Cross-Cutting): In *The Lonely Villa* (1909) z. B. verbarrikadiert sich eine junge Frau mit ihren Kindern im Schlafzimmer ihres Hauses, in das Einbrecher eingedrungen sind. Während diese die Tür aufzubrechen versuchen und die Eingeschlossenen um ihr Leben fürchten, kommt der Ehemann in höchster Eile zu Hilfe und kann seine Familie »in letzter Minute« retten. Griffith schneidet dabei abwechselnd und in beschleunigendem Rhythmus zwischen den gleichzeitig stattfindenden Handlungen hin und her, um sie schließlich zusammenzuführen und mit der Rettung die Spannung zum guten Ende hin aufzulösen.

Oliver Keutzer

Literatur: Tom Gunning: D. W. Griffith and the Origins of American Narrative Film. Urbana/Chicago 1991.

Licht / Beleuchtung. Beleuchtung ist eines der fundamentalen Gestaltungsmerkmale des Films. In der Untersuchung des Film-Lichts versteht man darunter nicht nur die Art und Weise, wie ein Gegenstand oder ein Ensemble von Gegenständen zur Darstellung gebracht wird, sondern immer auch ein aktiv-intentionales Moment: Der Einsatz des Lichts im Film ist das Produkt einer Zeige-Handlung und einer gestalterischen Entscheidung.

Die Wirkungsweise des Lichts beruht auf vier Grundeigenschaften: Lichtqualität (Farbton, Farbsättigung), Lichtcharakter (Diffusionsgrad: von weichem bis hartem Licht mit entsprechend verlaufenden Schatten), Lichtquantität (Helligkeit; mit Auswirkungen auf die Raumrepräsentation, wonach z. B. dunklere Objekte stets weiter entfernt scheinen) und Lichtrichtung (unterschieden wird grundsätzlich zwischen Frontallicht, Seitenlicht und Gegenlicht, die in unterschiedlicher Weise geeignet sind, die Textur der abgebildeten Objekte zu offenbaren).

Die für die Filmfotografie verwendbaren Lichtquellen unterscheiden sich in natürliche (in der Natur vorkommende wie Sonne, Feuer, Blitz) und künstliche Lichtquellen. Letztere teilen sich in »Alltagslichtquellen« wie Kamine, Fackeln und auch gewöhnliche Beleuchtungskörper wie Laternen und Haushaltslichtquellen usw., die der abgebildeten Realität zugehören, und künstliche, für die Zwecke des Filmens geschaffene spezialisierte Filmlichtquellen (»Scheinwerfer«).

Der Einsatz der Lichtquellen richtet sich im Rahmen der entwickelten Beleuchtungsstile nach dramaturgischen und kompositorischen Gesichtspunkten. Hierzu gehören die Schaffung eines dreidimensionalen Raumgefühls in dem zweidimensionalen Filmbild, die Gestalt-, Form- und Strukturdarstellung der Objekte und Akteure im Bild und die Andeutung von vergangener Zeit. Darüber hinaus übernimmt Beleuchtung Funktionen in thematischer und emotionaler Hinsicht: Sie dient der Aufmerksamkeitslenkung und der Kontinuitätswahrung in der Montage. Sie dient auch zur Rhythmisierung, zur Herstellung von atmosphärischer Stimmung (→ Atmosphäre) und zur Charakterisierung der Personen des Films.

Die Formen des Umgangs mit Licht, wie sie in den Medien Malerei, Fotografie und Theater zum Teil jahrhundertealte Tradition haben, bilden den Ausgangspunkt für den filmischen Umgang mit Licht. Die traditionellen Formen wurden vom Theater und der bildenden Kunst übernommen, zunächst kopiert, dann modifiziert, schließlich zu eigenständigen Formen weiterentwickelt.

*Ossessione ... von
Liebe besessen*
(1942, R: Luchino
Visconti)

Das malerische Helldunkel scheint in den 40er Jahren zum international bevorzugten Lichtstil zumal in »düsteren« Kriminalfilmen zu werden, in denen es nicht um das Spiel zwischen Räuber und Gendarm geht, sondern um Triebe und Versuchungen aus dem ›Abgrund‹ der Seele.

Ossessione ... von Liebe besessen, nach der Vorlage eines amerikanischen Romans gedreht, ist zugleich der erste neorealistische Film Italiens und der erste Film noir außerhalb der USA: Der Landstreicher (Massimo Girotti), der auch sinnbildlich aus dem Dunkel kommt und am Türrahmen lehnt, starrt in den hellen Raum der Küche, der Wärme, Essen, Nähe der Frau verheißt, in dem – in abwartend verführerischer Pose – die Wirtin (Clara Calamai) steht. Einen Schritt weiter, weil die Begierde den Eindringling treibt – und sie haben sich in einem tödlichen Schicksalsnetz verfangen.

Die typische Hollywood-Ausleuchtung hebt vor allem die Stars hervor, die eigentlichen Attraktionszentren auf der Leinwand, ohne dabei den Hintergrund zu vernachlässigen (High-Key-Beleuchtung). Wo dagegen das Füll- und Hintergrundlicht zugunsten des Führungslichts zurückgenommen oder gar völlig ausgespart wird, weil scharf umrissene Hell- und Dunkelzonen, zudem Nachtszenen und unübersichtliche Innenräume eine Rolle spielen – wie im Film noir –, spricht man von Low-Key-Beleuchtung. Davon kann im pompösen Farb- und Ritterfilm *Ivanhoe* nicht die Rede sein. Die stehende Elizabeth Taylor erhält vor allem von rechts viel Licht, die kniende Joan Fontaine von links, der liegende Robert Taylor von oben. Für den dabeistehenden Knappen braucht es ebenfalls eigenes Licht von links oben. Dies sind nur die wesentlichen vier Lichtbahnen – von der Ausleuchtung der Kulisse, des Zelts, zu schweigen.

Ivanhoe (1952,
R: Richard Thorpe)

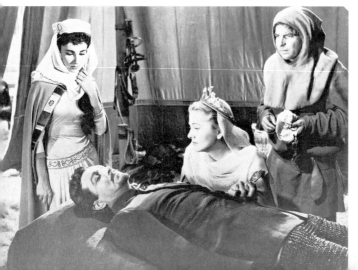

Der dritte Mann
(1949, R: Carol Reed)

In *Der dritte Mann* taucht Effektlicht das zerstörte Nachkriegs-Wien in grell beleuchtete Abschnitten, in denen riesige Schatten aufstehen, während sich in nachtschwarzen Ecken, Türrahmen, Gebäuden das Unheil zu verbergen scheint. Die Jagd auf den skrupellosen Harry Lime (Orson Welles) endet auf einer gusseisernen Wendeltreppe, die aus den unterirdischen Kanälen zur Straße hinaufführt: wie ausgezackt die Augenpartie, der letzte Blick eines Gehetzten aus aufgerissenen Augen, die Hand mit dem Revolver – Kennzeichen einer dramatischen und drastischen Lichtinszenierung, die mit pointierend ausgerichteten Scheinwerfern arbeitet und auf natürliche Beleuchtung (»available light«) keinen Wert legt. Erst später wird der europäische Film, angeregt durch dokumentarische Arbeit, den Umgang mit vorhandenem Licht entdecken.

Psycho (1960, R: Alfred Hitchcock)

Diese Einstellung aus *Psycho* zeigt, wie sogar bei Außenaufnahmen mit raffinierter Lichtsetzung die Stimmung eines Bildes beeinflusst werden kann. Offenbar bei geringerer Tageshelligkeit aufgenommen, vermittelt schräges Gegenlicht (von rechts unten hinten auf den Giebel des Hauses gerichtet und von links unten hinten auf die Gestalt des Schauspielers) den Eindruck eines Schattenrisses. Die dunkle Gestalt des scheinbar so entspannt die Treppe hinaufsteigenden Norman Bates (Anthony Perkins) erhält die Konnotation des Unheimlichen, das Gebäude selbst den Charakter des mysteriösen »haunted house« (Gespensterhauses).

Alien – Das unheimliche Wesen aus einer fremden Welt (1979, R: Ridley Scott)
Im Science-Fiction-Film kann mit neuen Arten des Lichteinfalls experimentiert werden, nichts soll an die Erde und die Farben ihrer Atmosphäre erinnern: Auf einem Schauplatz ganz woanders, sogar außerhalb unseres Sonnensystems, erstrahlen natürlich auch Sterne, wenngleich mit einem anderen Spektrum. Auf dem unbekannten Planeten in *Alien* – wahrscheinlich eine Atelieraufnahme mit starken Lampen seitlich – fällt schräges Licht (wie in der Morgen- oder Abenddämmerung), doch wirkt es nicht nur durch seine spezifische Kolorierung kalt und fremd, auch durch die von ihm beleuchtete ›Mondlandschaft‹, merkwürdige Felsformationen und das steinerne Ungeheuer im Hintergrund.

Easy Rider (1969, R: Dennis Hopper): Dennis Hopper
Volles Sonnenlicht, vor allem in südlichen Breiten, wirft harte Schatten und kann durch seine Intensität, auch den Glanz auf glatten Flächen, beinahe die Lokalfarben der Dinge ›aufzehren‹. Die Einstellung zu *Easy Rider* lässt ahnen, dass diese Art herabbrennende Sonne etwas Erbarmungsloses, Ausdorrendes, Lähmendes an sich hat und förmlich nach der Gnade des Halbschattens, der gebrochenen Helligkeit streben lässt.

Beleuchtungsstile entstehen historisch nicht allein durch technische Innovationen, sondern kommen durch ein Zusammentreten technischer Erfindungen und ästhetisch und praktisch motivierter Entscheidungen zustande. Eine Bedingung war die Verfügbarkeit technischer Apparaturen. Wirtschaftliche Voraussetzungen der Nutzbarkeit, die von Nation zu Nation und von Filmgesellschaft zu Filmgesellschaft differierten, waren damit eng verbunden. Wirtschaftlich potentere Firmen waren eher in der Lage und bereit, Kapital für gestalterische Experimente und entsprechend ausgebildete Fachleute zur Verfügung zu stellen. Wenn also bereits 1904 elektrische Beleuchtung eingesetzt wurde, sich in Amerika aber erst 1914 etablierte und in Europa bis 1927 vereinzelt immer noch nicht durchgesetzt hatte, so ist dies primär auf den Stand der ökonomischen Entwicklung der unterschiedlichen Filmindustrien und nur sekundär auf gestalterische Entscheidungen zurückzuführen.

Die Entwicklung des Filmlichts von der Nutzung naturbedingter Möglichkeiten zu immer intensiverer Technisierung der Beleuchtung kann in vier Phasen aufgeteilt werden, die mehr oder weniger zeitlich aufeinander folgten:

In die erste Phase (etwa 1895–99: Tageslichtaufnahmen ohne Benutzung von Hilfsmitteln) fallen die Filme der Anfangszeit, die Straßenszenen, Naturaufnahmen, historische Ereignisse usw. thematisierten. Aber auch gestellte Szenen wurden in Freilicht-»Ateliers« im Garten oder auf dem Dach von Gebäuden gedreht. Auch in Innenräumen stattfindende Handlungen wurden unter freiem Himmel realisiert. Beleuchtung wird dabei nicht über den chemischen Aspekt der Sicherung eines kopierfähigen Negativs hinaus gehandhabt. Es existiert kein erkennbares Bewusstsein von den gestalterischen Möglichkeiten des Lichts. Die Ergebnisse der Beleuchtungs-»Anordnung«, wie sie in dieser Phase üblich war, zeigen ein gleichmäßiges Licht über dem gesamten Set, produziert von Sonnenlicht hinter der Kamera. Die Akteure werden von vorne angestrahlt. Diese Art des Lichts wird als »Allgemeinbeleuchtung in Form einer Frontalbeleuchtung« bezeichnet. Die Beschreibung dieses Stils der Beleuchtung zur Sichtbarmachung ist oft mit Bezeichnungen wie »dokumentarisch«, »objektiv« und auch »realistisch« verbunden. Auch wenn sich im Laufe der Zeit eine verfeinerte Anwendung und Ergänzung dieses Stils bis zur Normalbeleuchtung entwickelt, sind hier bereits Grundlagen für die Beleuchtung im → Dokumentarfilm und für die gängige heutige Praxis in der aktuellen Fernsehberichterstattung gelegt.

In der zweiten Phase (ab 1899: Tageslichtaufnahmen mit Benutzung von natürlichen, nicht elektrischen Hilfsmitteln) wurde Sonnenlicht mit Hilfe von Ateliers gesteuert. Deren Hilfsfunktion bestand allerdings nur darin, die Darsteller oder die Kulissen so auszurichten, dass zur Aufnahmezeit die Sonne an der richtigen Stelle stand. Grundlegend für die zweite Phase ist, dass das Sonnenlicht nicht nur nach seiner Richtung berücksichtigt und gesteuert, sondern auch mit Blick auf seinen Charakter (weiches Licht mit sanften Schattenverläufen oder hartes Licht mit intensiven Schlagschatten) bearbeitet und manipuliert wurde. 1899 begann Georges Méliès, in seinen Ateliers diffus und weich gemachtes Sonnenlicht zu verwenden, indem er über den Set dünne Baumwolle spannen ließ (z. B. in *L'Affaire Dreyfus*, 1899). Die anderen großen Gesellschaften wie Biograph und Edison arbeiteten mit Bühnen aus Glaswänden und Glasdächern, die manchmal aus gewelltem Glas bestanden oder mit Baumwollstoffen als Diffusoren verhängt waren.

Die dritte Phase (Tageslichtaufnahmen mit Benutzung zusätzlicher künstlicher Beleuchtung) ist durch die technische Weiterentwicklung von Geräten für die Filmindustrie bestimmt. Eine allmähliche breitere Einführung elektrischen Lichts in der Filmproduktion erfolgte erst nach der Weltausstellung 1904 in St. Louis, wo die neuen Scheinwerfer der Firma Cooper-Hewitt vorgestellt wurden. Diese Art der Kohlebogenleuchten produzierte ein gleichmäßiges weiches Licht, das dem Charakter nach dem Sonnenlicht ähnelte. Die wichtigste Entwicklung dieser Zeit besteht jedoch in der Simulation natürlicher Lichtquellen: der Beginn kontrastreicher Ausleuchtung. Das bedeutet, dass Licht nicht mehr ausschließlich von vorne kam, sondern zusätzlich gerichtetes Licht, z. B. als Seitenlicht, benutzt wurde.

Nur wenige Veränderungen der Beleuchtungsstile, die in dieser Zeit geschahen, lassen sich auf technische Verbesserungen der Lichtapparaturen zurückführen. Das entscheidende Interesse aber, das zu einer Umwandlung der gesamten visuellen Stilistik des Films führte, resultiert aus der Veränderung der sozialen Zusammensetzung des Publikums: In den zahlreichen neuen Formen, Themen und Darstellungstechniken macht sich der Einfluss bürgerlicher Theater- und Literaturformen bemerkbar.

Man begann, die vorhandenen Lichtquellen auf differenzierte Arten zu verwenden. Es entstanden die Lichtformate Gegenlicht, Seitenlicht und Dreiviertelhinterlicht. Dadurch wurde die bis dahin vorherrschende Frontalbeleuchtung in vielfacher Weise modifiziert. Durch unterschiedliche Positionen der Lichtquellen nutzte man verschiedene Lichtrichtungen: die Anfänge des Figure Lighting, bei dem die Dekorationsbeleuchtung und die Beleuchtung der Akteure mit Führungslicht, Fülllicht und Gegenlicht getrennt wurden. Und es finden sich erste Versuche, das Grundlicht der Szene abzusenken und einzelne Objekte und Akteure gezielt aus dem Dunkel der Gesamtszene herauszuheben (der so genannte Low-Key-Stil). Zum dritten schließlich werden Schatten dramaturgisch verwendet; im expressionistischen Film werden sie vielfach noch auf die Dekorationen aufgemalt.

In der amerikanischen Filmindustrie begann sich in dieser Zeit eine enge Koordination zwischen Licht und Erzählung herauszubilden, eine funktionale Bindung, die bis heute besteht. Die Erzählung dominiert alle anderen Komponenten des filmischen Textes, alle Ausdrucksmittel des Films dienen primär dem Zweck, die Erzählung zu transportieren. David W. Griffith setzte die stilistischen Möglichkeiten, die mit der Differenzierung der Lichtformate entstanden, z. B. in *The Drunkard's Reformation* (1909) zur Unterstützung der Erzählung ein.

Die vierte Phase beginnt 1915, dem Schlüsseljahr, in dem die kalifornischen Studios elektrifiziert wurden und die ersten reinen Kunstlichtstudios entstanden. In der Folgezeit verlagert sich die Filmproduktion immer mehr in die Studios, wird vom Tageslicht unabhängig. 1917 ist es in der amerikanischen Produktion bereits unüblich geworden, ausschließlich unter direktem Sonnenlicht zu drehen.

Ein erheblicher Einschnitt im technischen Equipment fand in den 20er Jahren statt: Das Kohlebogenlicht wurde schrittweise durch das für Filmzwecke aufbereitete Glühlicht ersetzt. Die Bedingungen veränderten sich infolge dieser Technik deutlich – es sank das gesamte Helligkeitsniveau der Beleuchtung. Zur Belichtung des Filmmaterials musste mit großen Blendenöffnungen gearbeitet werden, sodass die Tiefenschärfe des Filmbildes geringer wurde. Andererseits verbreitete sich seit 1926 das panchromatische Filmmaterial, das gegenüber dem zuvor üblichen orthochromatischen Material eine ausgewogene Wiedergabe der Farben durch differenziertere Grauwerte erlaubte.

Erst nach dem Ersten Weltkrieg sucht man die Beleuchtung an Vorbildern der Malerei zu orientieren. Der Low-Key-Stil mit seinen Spielarten Chiaroscuro- und Rembrandt-Beleuchtung wurde verfeinert und in mannigfacher Art auf seine dramatischen Effekte erprobt, zumal im deutschen Straßenfilm, dann im amerikanischen Gangster- und Horrorfilm zu Beginn der 30er Jahre. Für das → Star-System und die Star-Fotografie wurde die berühmte Glamour-Beleuchtung entwickelt, in der ein gloriolenartiger Lichtsaum den Kopf einer Figur zu umrahmen scheint, verbunden mit einem Soft-Effekt, bedingt durch Schleier vor Lampen und Kameraobjektiven. Auch das Figure Lighting wurde verfeinert, definierte Schatten erschlossen den Raum außerhalb des Bildausschnitts. Die Akzentuierung und Modellierung durch Licht löste die Hervorhebung durch Maske und Gesten in der Schauspielerdarstellung ab. Damit verändert sich der Repräsentationsmodus des Films – unmittelbare und plakative Darstellungsweisen, emblematische Ausdrucksmittel wie Masken oder expressive Gestik treten in ihrer Bedeutung zurück, werden ergänzt und ersetzt durch indirekte Darstellungsweisen, atmosphärische Hinweise und das Spiel mit Andeutungen, Leerstellen und kulturell-intertextuellen Bezugnahmen.

Die zunehmende Einbeziehung des Lichts in den Kontext des Films, d. h. in die Gesamtaussage der Handlung, ist in der Zeit nach 1920 wichtiger als die ›kleinen‹ Neuerungen. Es zeigt sich schnell, dass die verschiedenen Stile, die jetzt zur Verfügung stehen, vor allem eng mit filmischen Gattungen verknüpft werden. »Comedies were bright; dramas were uncheerful« (Baxter). Dementsprechend waren High-Key und Normalbeleuchtung dem »Leichten« und alle Spielarten des Low-Key dem »Schweren« zugeordnet. Vorwiegend im dokumentarischen Bereich wurde ab den 40er Jahren durch den Wechsel des Produktionsortes vom Studio zu »on location« mit dem dort vorhandenen Licht, dem »available light«, als dramaturgischem, Authentizität signalisierendem Stilmittel gearbeitet – auffällig besonders im englischen → Free Cinema. Grundvoraussetzung waren hier die Verfügbarkeit mobiler Aufnahmegeräte (z. B. 16-mm-Kameras) und die technische Entwicklung lichtempfindlicherer Aufnahmeoptiken und Filmmaterialien.

In den 70er Jahren wurden schließlich so genannte HMI-Scheinwerfer entwickelt, die exakt den Charakter von Sonnenlicht bereitstellen und aufgrund ihrer Konstruktion und verfügbaren hohen Lichtausbeute vor allem aus ökonomischen Gründen im Fernsehbereich verwendet werden. Sie gestatten es, an das Ideal des natürlichen Lichts anzuknüpfen, das in der Frühzeit des Films so beherrschend und das immer eines der dominierenden ästhetischen Leitbilder der filmischen Inszenierung gewesen ist.

Wolfgang Samlowski / Hans J. Wulff

Literatur: John Alton: Painting with Light. New York 1949. – Gerald Millerson: Lighting for Television and Motion Pictures. London 1972. – Peter Baxter: On the History and Ideology of Film Lighting. In: Screen 16 (1975) H. 3. – Barry Salt: Film Style and Technology: History and Analysis. London 1983. – Henri Alekan: Des lumières et des ombres. Paris 1991. – Achim Dunker: Licht- und Schattengestaltung im Film. »Die chinesische Sonne scheint immer von unten.« München 1993.

Liebesfilm. Die Liebesgeschichte gehört zu den Grundelementen des Erzählkinos. Geküsst und geherzt wird auf der Leinwand bereits seit den Anfängen der Filmgeschichte und in sämtlichen Genres: ob in einem frühen Skandalstreifen wie *Der Kuß* (1896, R: William Heise) oder im Oscar-prämierten Historienspektakel *Gladiator* (2000, R: Ridley Scott). Würde man sich bei der Klassifikation von Liebesfilmen ausschließlich an inhaltlichen Elementen wie Küssen, Umarmungen und sonstigen Liebesbezeugungen orientieren (entsprechend dem Ratschlag in Joe Hembus' Western-Lexikon: »Kommen Pferde vor? Wird geschossen? Ja? Dann tu' ihn mit rein!«), dann müsste man wohl die überwiegende Mehrzahl aller Hollywood-Produktionen als »Liebesfilm« deklarieren, und mit dem Erzählkino anderer Filmkulturen steht es kaum anders, ob es sich nun um Genreproduktionen wie *Die Fischerin vom Bodensee* (1956, R: Harald Reinl) handelt oder um einen → Autorenfilm wie *Angst essen Seele auf* (1974, R: Rainer Werner Fassbinder). Auch → Western wie *Duell in der Sonne* (1946, R: King Vidor) oder *McCabe und Mrs. Miller* (1971, R: Robert Altman), → Gangsterfilme wie *Gilda* (1946, R: Charles Vidor) oder *Außer Atem* (1960, R: Jean-Luc Godard), → Komödien wie *Glückskinder* (1936, R: Paul Martin) oder *Der Stadtneurotiker* (1977, R: Woody Allen) lassen sich durchaus als Liebesfilme lesen, ganz zu schweigen von den erotischen Schauwerten und Subtexten, die → phantastische Filme wie *King Kong* (1933, R: Merian C. Cooper, Ernest B. Schoedsack), → Piratenfilme wie *Die Piratenkönigin* (1951, R: Jacques Tourneur), → Horrorfilme wie *Kat-*

zenmenschen (1942, R: Jacques Tourneur) oder → Musicalfilme wie *Ich tanz' mich in dein Herz hinein* (1935, R: Mark Sandrich) bereitstellen. *Casablanca* (1942, R: Michael Curtiz) sehen wir heute als Kultromanze, und wir sehen die Liebesgeschichte zwischen Bogey und Bergman anders als das zeitgenössische Publikum, nicht zuletzt in Kenntnis ihrer parodistischen Variante *Mach's noch einmal, Sam* (1972, R: Herbert Ross), die trotz aller Komik eben auch eine Herz-Schmerz-Geschichte inszeniert. Genres sind in erster Linie Verständigungsbegriffe, als solche notwendigerweise ›unscharf‹ und dem historischen Wandel unterworfen. Was man als Liebesfilm erlebt, entscheidet sich letztlich erst in der Rezeption und reicht von einem nationalen → Melodram wie *Vom Winde verweht* (1939, R: Victor Fleming) bis zum postklassischen Liebeskatastrophenfilm *Titanic* (1997, R: James Cameron).

Liebesfilme lassen sich nicht als konsistentes Genre beschreiben, eher schon als ein Ensemble von Filmen, das sich um zwei Pole gruppieren lässt: die Romanze und das Melodram. Die eine Variante erzählt vom Liebesglück, die andere von den Bedingungen seiner Unmöglichkeit, aber beide erzählen von jener ›wunderbaren Macht‹, die sich im Kino alsbald als schicksalshaft und meistens

Ein Herz und eine Krone (1953, R: William Wyler): Audrey Hepburn und Gregory Peck

Filme ohne Liebesgeschichten sind selten, handelt es sich doch beim Kino (wie bei der Oper) um ein »Kraftwerk der Gefühle« (Alexander Kluge). Wo die Liebesgeschichte in den Mittelpunkt des Interesses rückt, ergibt sich ein eigenes Genre, dessen Erzählungen um dasselbe Problem kreisen: Was hindert die Liebenden, einander sogleich in die Arme zu sinken? – Der Widerstand der Angehörigen, der Konflikt zwischen den Familien, die Diktatur der Sitten, Altersdifferenzen und soziale Unterschiede, Missverständnisse zwischen den beiden, die ein Paar bilden wollen, oder konkurrierende Pflichten, gegensätzliche Lebenskonzepte, auseinander klaffende Ideen vom Glück usw. Die Dramaturgie der Romanze lässt die Begehrenden nur auf schwierigen Umwegen zum Ziel kommen, schafft eher der Sehnsucht Raum als ihrer Einlösung, die Dramaturgie des Melodrams verschärft den Kummer, lässt die Liebenden sich vereinigen, um den Schmerz zu betonen, wenn sie sich wieder verlieren. Die Standardsituationen Liebeserklärung und Liebesszene dürfen nicht fehlen – wenngleich die Liebesszene früher diskreter umgangen worden ist. Dann mussten die innige Umarmung oder der Kuss in der letzten Einstellung Sinnbild von all dem sein, was unter puritanischer Zensur übersprungen oder verheimlicht werden musste.

auch als zukunftsträchtig erweist. Das ist die Regel, die ein Film wie *Harry und Sally* (1989, R: Rob Reiner) variiert: die Liebe, die auf den ersten Blick ausbricht, die alles andere bedeutungslos werden lässt (die Himmelsmacht), die einzigartig und glückseligmachend ist (die große Liebe meines Lebens). Diese Konzentration auf das private Glück, auf die Sehnsucht danach und/oder dem Leiden daran, unterscheidet Liebesfilme von den klassischen Genres des Erzählkinos. Während in Western, → Abenteuer-, → Kriminal-, Horror- und → Science-Fiction-Filmen die Liebesgeschichte genregemäß eine untergeordnete Funktion hat, lediglich einen Nebenstrang der filmischen Erzählung markiert, der sich analog zur genrespezifischen Story und Inszenierung entfaltet, fokussieren Liebesfilme den Blick vorrangig auf die Paarbeziehung, zumeist von zwei, manchmal auch von mehreren Liebenden, in der klassischen Variante freilich konzentriert auf die heterosexuelle Beziehung, auf die Liebe zwischen Mann und Frau. Liebesglück und Liebesleid stehen im Mittelpunkt der filmischen Erzählung, manchmal mehr oder minder kitschig inszeniert, manchmal herzergreifend realistisch. Begehren und Verführung, Missverständnisse und Eifersucht, auch Missgunst und Rachegelüste sind die Antriebskräfte der Handelnden, der Liebenden und derjenigen, die ihrer Liebe im Wege stehen.

Die Liebe im Kino ist selten gewöhnlich und beginnt zumeist mit einer »Boy meets girl«-Story, die sich über allerlei komische oder dramatische Konflikte hinweg entwickelt, jedoch nicht notwendigerweise zum Happyend führt. Zwar verspricht die Romanze generell ein glückliches Ende (und verschweigt den weiteren alltäglichen Verlauf), aber mitunter enden moderne Romanzen melodramatisch, wie *Betty Blue – 37,2° am Morgen* (1986, R: Jean-Jacques Beineix), oder werden von einem tragischen Ende her rückblickend erzählt, wie in *Love Story* (1970, R: Arthur Hiller). Umgekehrt gibt es bereits im klassischen Hollywood-Kino eine Vielzahl versöhnlich endender Melodramen, die entweder den Liebeswunsch aufopferungsvoll ›kanalisieren‹, wie *Reise aus der Vergangenheit* (1942, R: Irving Rapper), oder jene Hindernisse und Störenfriede beseitigen, die dem Liebesglück entgegenstehen, und seien es moralische Verpflichtungen wie in *In den Wind geschrieben* (1956, R: Douglas Sirk). Die Norm des Happyending stellt kein Abgrenzungskriterium für Romanze und Melodram bereit, zumal moderne Liebesfilme, man denke etwa an die romantischen Momente in dem Melodram *Jenseits von Afrika* (1985, R: Sydney Pollack) oder an das melodramatische Finale der Romanze *Schlaflos in Seattle* (1993, R: Nora Ephron), zumeist Mischformen darstellen, sich also sowohl romantisierender als auch melodramatisierender Erzählweisen bedienen. Die Romanze in Reinkultur, ohne jegliche melodramatische Beimischung, tendiert bereits zum Lustspiel, zur Romantic Comedy, wie *Glückskinder* oder *Serenade zu dritt* (1933, R: Ernst Lubitsch), und gerade reine Melodramen wie *Die große Liebe* (1942, R: Rolf Hansen) oder *Zeit zu leben und Zeit zu sterben* (1958, R: Douglas Sirk) erzählen im Grunde von ganz anderen Opfergängen und Schicksalsgemeinschaften als der Liebesseligkeit.

Zwar sind die Liebenden im klassischen Melodram fest in einem sozialen Gefüge verankert und dem Widerstand einer gesellschaftlichen, in der Regel patriarchalen Ordnungsmacht ausgesetzt – dem übermächtigen Vater in *Gebrochene Blüten* (1919, R: David Wark Griffith), den nationalen Interessen in *Mata Hari* (1931, R: George Fitzmaurice), der internalisierten Moral in *Was der Himmel erlaubt* (1955, R: Douglas Sirk), den kulturellen Unterschieden in *Die Welt der Suzie Wong* (1960, R: Richard Quine) –, zwar bewegen sich die Liebenden in der Romanze vorrangig in ihrer eigenen Welt – auf einem Flußkahn wie in *Unter den Brücken* (1946, R: Helmut Käutner), in privaten Räumen wie in *Der letzte Tango in Paris* (1974, R: Bernardo Bertolucci) oder in *9½ Wochen* (1985, R: Adrian Lyne) –, aber ohne eine Romanze kommt kaum ein Liebesmelodram in Gang, und nicht nur in *Die Liebenden von Pont-Neuf* (1991, R: Léos Carax) werden die Liebenden von der Geschichte, von ihrer Vergangenheit eingeholt. Das Callgirl in *Telephon Butterfield 8* (1960, R: Daniel Mann) verfängt sich im Netz von Schuldtrauma und Liebeswunsch, und selbst eine Holly Golightly zahlt in *Frühstück bei Tiffany* (1961, R: Blake Edwards) ihren Preis für ein eben nur scheinbar unbeschwertes Liebesleben. Der Liebesschmerz ist kein Privileg des Melodrams, nur wird er in der Komödie anders ausagiert, erst recht in Krimis der »Schwarzen Serie« wie *Gilda* oder *Frau ohne Gewissen* (1943, R: Billy Wilder). Oft genug zerbricht die anfängliche Allmachtsphantasie der Liebe an den eigenen Begehrlichkeiten oder den Widerständen der Realität, auch ohne dass es dazu einer Dreiecksgeschichte bedarf wie in *Jules und Jim* (1961, R: François Truffaut), oder gar einer Femme fatale wie in *Und immer lockt das Weib* (1956, R: Roger Vadim). Selten sind sich die Liebenden tatsächlich genug, auf ›immer und ewig‹ oder zumindest bis in den lustvollen Tod, wie in *Im Reich der Sinne* (1976, R: Nagisa Oshima).

Wenn Georg Seeßlen hinsichtlich des Melodrams von einem sehr offenen Genre spricht,»das eine fixe Ikonografie nur in bestimmten Phasen oder bei bestimmten Regisseuren aufweist«, und zudem darauf hinweist, dass das »Melodram in Amerika [...] etwas grundsätzlich anderes [ist] als melodramatische Filme in Europa, die sich nicht zu einem Genre ordnen wollen«, so gilt es diese Offenheit erst recht zu betonen, wenn man das Kino der Gefühle auch in seinen romantischen Spielarten betrachtet und den modernen Autorenfilm mit einbezieht. Die Wiederentdeckung des Melodrams, der melodramatischen Erzählweise, in den 70er Jahren durch Fassbinder, in den 80ern durch Almodóvar, in den 90ern etwa durch Mike Figgis, hatte auch damit zu tun, dass man das Genre mit Blick auf gegenwärtige Erfahrungen noch weiter ausdehnen und so die Liebesgeschichte zum Fokus gesellschaftlicher Interessen machen konnte. Demgegenüber wirken neuere Romanzen wie *E-Mail für dich* (1998, R: Nora Ephron), trotz ihrer Zeitgeistthemen, eher konventionell, altbacken, anachronistisch.

Bereits im klassischen Hollywood-Kino reicht das Spektrum des Liebesfilms von Melodramen wie *Die Kameliendame* (1937, R: George Cukor) bis zu Romantic Comedys wie *Rendez-vous nach Ladenschluß* (1939, R: Ernst Lubitsch). Allerdings sprach – und spricht – man in Hollywood, dem Studiosystem der Stars und Genres, nicht von »Liebesfilmen«, sondern vom »Melodrama« und von der »Romantic Comedy« wie hierzulande von »Melodramen« und »Lustspielen« (und mittlerweile auch von »Beziehungskomödien«). Filme wie *Totentanz der Liebe* (1926, R: Fred Niblo, Mauritz Stiller) oder *Herzen in Flammen* (1930, R: Josef von Sternberg) waren in erster Linie Star-Vehikel, ausgerichtet auf Leinwand-Ikonen wie Greta Garbo und Marlene Dietrich oder auf bekannte Film-Paare wie Spencer Tracy und Katharine Hepburn (die nicht nur auf der Leinwand ein Paar waren). In dem Comedy-Drama *Bus Stop* (1956, R: Joshua Logan) wurde dem Star Marilyn Monroe der Debütant Don Murray zur Seite gestellt, in Billy Wilders *Manche mögen's heiß* (1959) durfte dagegen Tony Curtis das Sex-Symbol mit dem tragikomischen Touch umwerben. Rock Hudsons (Film-)Partnerinnen wechselten entsprechend der melodramatischen oder romantisch-komödiantischen Konzeption des jeweiligen Films: Jane Wyman in dem Melodram *Die wunderbare Macht* (1954, R: Douglas Sirk), die fröhlich-sittsame Doris Day in der Liebeskomödie *Bettgeflüster* (1959, R: Michael Gordon). Kaum minder bedeutsam als die Stars und das Genre war der Studio-Stil für den Look eines Liebesfilms. Die ins Überirdische verweisenden Liebesleiden der »göttlichen« Garbo wären ohne den spezifischen → MGM-Stil kaum denkbar, was analog auch für → Paramount-Star Marlene Dietrich gilt. Erwähnenswert in diesem Zusammenhang auch ein → Warner Bros.-Star: Bette Davis, die nicht nur die verhängnisvoll-böse Geliebte verkörpern konnte, wie in *Der Stachel des Bösen* (1949, R: King Vidor), sondern auch in jenem Subgenre des Melodrams brillierte, das explizit auf ein weibliches Publikum ausgerichtet war: dem Woman's Film.

Von einer Thematisierung der gleichgeschlechtlichen Liebe, wie in *Mein wunderbarer Waschsalon* (1985, R: Stephen Frears) oder *Aimée und Jaguar* (1999, R: Max Färberböck) war das klassische Hollywood meilenweit entfernt. Dass ein Farbiger und eine Weiße ein Paar sein durften, wie in *Rat mal, wer zum Essen kommt* (1967, R: Stanley Kramer), durfte seinerzeit bereits als fortschrittlich gelten. Zumal in der Ära des »Hays Code« (→ Production Code) wurden anerkannte Schamgrenzen peinlich genau eingehalten, was allerdings nicht nur für Hollywood gilt. Dass die nackte Hedy Lamarr so viele Filmgeschichten schmücken konnte, dürfte kaum der Qualität des tschechischen Naturfilms *Symphonie der Liebe* (1933, R: Gustav Machatý) zuzurechnen sein. Vor der ›sexuellen Revolution‹ der späten 60er Jahre (und der begleitenden Sex- und Pornofilmwelle) hielt man sich auch in Liebesfilmen mit erotischen Schauwerten auffällig zurück: ein viel sagender Blick, ein gewagtes Dekolleté statt blankem Busen, ein Kettchen am Fußgelenk statt Handschellen beim Liebesspiel.

Seit dem Niedergang des klassischen Hollywood-Kinos haben sich nicht nur die Sexszenen potenziert, sondern auch diverse Subgenres das Spektrum der Liebesfilme nochmals erweitert. Bitter-sweet Romances wie *Spiel zu zweit* (1962, R: Robert Wise) erzählen von scheiternden Liebesbeziehungen, Roadmovies wie *Liebe niemals einen Fremden* (1969, R: Francis Ford Coppola) vom bloß flüchtigen Liebesglück. Teenager-Romanzen wie *Die Reifeprüfung* (1967, R: Mike Nichols) oder *Die blaue Lagune* (1980, R: Randal Kleiser) tragen den Vorstellungen eines neuen jungen Publikums von romantischer Liebe Rechnung: als Ausbruch aus der Vätergesellschaft oder als Leben im exotischen Paradies. Erotikfilme wie *9½ Wochen* oder *Wilde Orchidee* (1990, R: Zalman King) kombinieren, wie bereits in den 60ern und 70er Jahren Russ Meyers satirische »Nudies« und alle möglichen europäischen → Sexfilme, mehr oder minder glaubwürdige Storys mit einer Vielzahl möglichst freizügiger Sexszenen, nun aber besetzt mit Stars wie Mickey Rourke oder Jacqueline Bisset. Thriller-Romanzen wie *Gefährliche Freundin* (1986, R: Jonathan Demme) oder *True Romance* (1992, R: Tony Scott) bestätigen auch im Liebesfilm eine Tendenz zum Genremix, der generell das postklassische Hollywood-Kino seit den 80er Jahren bestimmt. Allerdings gibt es noch ›klassisch‹ erzählte Liebesgeschichten, wenn diese auch mitunter, wie *Schlaflos in Seattle*, selbstironisch auf das »Liebe wie im Kino«-Klischee Bezug nehmen. Hollywood ist selbstreflexiver geworden, aber das ewige Spiel um Lust, Leiden, Liebe scheint unerschöpflich; die ›Himmelsmacht‹ der Liebe lässt sich immer wieder und immer wieder neu beschwören: ob in Remakes, Serials, neuen Subgenres und Genrekombinationen oder im klassischen Stil: mal romantisch, mal melodramatisch und am wirkungsvollsten, wenn »alle Archetypen schamlos hereinbrechen«, wie Umberto Eco über *Casablanca* schrieb, denn dann »erreicht man homerische Tiefen. Zwei Klischees sind lächerlich, hundert Klischees sind ergreifend«.

Die »Geometrie der Gefühle« mag begrenzt sein, ihre Konstellationen scheinen unendlich. Nicht zuletzt das europäische Kino, und allen voran der französische Autorenfilm, hat das Spektrum des Liebesfilms unendlich bereichert, von den spröden Liebeserklärungen Godards an seine Anna Karina über Rohmers eloquent-lyrische Beziehungsgeschichten bis zu Carax' kunstvoll stilisierten Liebesdramen und Catherine Breillats Skandalfilm *Romance* (1999). In der Verschränkung von Hollywood-Kino und europäischem Autorenfilm wäre die Geschichte des Liebesfilms neu und anders zu lesen: nicht nur im Spektrum eines Genrekinos des melodramatisierten Gefühle und des romantisierten Blicks, auch als ein Reich der Zwischentöne, in dem sichtbar wird, was der Mythos der »Pretty Woman« verstellt: Fragmente einer Sprache der Liebe.

Jürgen Felix

Literatur: Georg Seeßlen / Bernd Kling: Romantik & Gewalt. Ein Lexikon der Unterhaltungsindustrie. 3 Bde. München 1973. – Lawrence J. Quirk: The Great Romantic Films. Secaucus 1974. –

William K. Everson: Love in the Film. Screen Romance from the Silent Days to the Present. Secaucus 1979. – Georg Seeßlen: Kino der Gefühle. Geschichte und Mythologie des Film-Melodrams. Reinbek bei Hamburg 1980. – Christine Gledhill (Hrsg.): Home is Where the Heart Is. Studies in Melodrama and the Woman's Film. London 1987. – Hilton Tims: Emotion Pictures: The Women's Picture, 1930–1955. London 1987. – Robert Lang: American Film Melodrama: Griffith, Vidor, Minnelli. Princeton 1989. – Helga Hartmann / Ralf Schenk (Hrsg.): Mitten ins Herz. 66 Liebesfilme. Berlin 1991. – Jacky Bratton / Jim Cook / Christine Gledhill (Hrsg.): Melodrama: Stage, Picture, Screen. London 1994. – Christian Cargnelli / Michael Palm (Hrsg.): Und immer wieder geht die Sonne auf. Texte zum Melodramatischen im Film. Wien 1994.

Limbo-Beleuchtung. Unter Limbo-Beleuchtung ist eine spezielle Art der Ausleuchtung von Personen zu verstehen, die vor einem dunklen oder schwarzen Hintergrund als Figuren ohne Umwelt im Bild erscheinen: Diese Beleuchtungsweise hat den Vorteil, dass sie schnell einzurichten ist, da man Gegenstände und Wände nicht auch noch aufhellen muss. Die Szene verliert an Räumlichkeit und Tiefe, gewinnt dafür an Konzentration auf die Figuren, ihre Gesichter und Bewegungen. Diese zweifellos unnatürliche und abstrakte Art (Hintergrund und Milieu werden regelrecht weggedacht) der Licht-Inszenierung lenkt die Aufmerksamkeit auf das Schauspiel, als teilweise abstrakte Form auf Mimik und miniaturistische Zeichen verschoben. Zugleich äußert sich darin eine gewisse ›puritanische‹ oder ›franziskanische‹ Ästhetik, die angeblich überreichen Bildern dadurch entgehen will, dass sie visuelle Askese betreibt. Im frühen Fernsehspiel, in Westdeutschland bis zu Beginn der 60er Jahre, war die Limbo-Beleuchtung sehr beliebt, da sie intensives Spiel mit den Mitteln eines ›armen Kinos‹ zu ermöglichen schien.

Thomas Koebner

Literaturverfilmung. Die filmische Version einer literarischen Vorlage. Der Text kann verschiedenen literarischen Gattungen entnommen sein, als Vorlagen finden Kurzgeschichten und Erzählungen ebenso Verwendung wie Roman oder Drama. Die Transformation eines literarischen Textes in das visuelle Medium des Films hat oft weitreichende Änderungen inhaltlicher Art zur Folge: die Konkretisierung von Bildern, die der Text imaginiert, das Hinzutreten von Ton, gesprochener Sprache und Musik, Kürzungen und Verdichtungen oder Ergänzungen. Hinzu kommt die visuelle Interpretation durch die dem Film eigenen erzählerischen Mittel (Schwenk, Zoom, Montage usw.). Die Form der Adaption bleibt offen und reicht von Detailgenauigkeit und inhaltlicher Nähe bis zu freien Umsetzungen, die sich von den Vorgaben des Textes lösen.

Zumal drei Hindernisse ergeben sich beim Transfer vom Buch zum Drehbuch und Film: 1) Außensicht: Die Filmerzählung hat ihre eigene Logik, ihr eigenes Ausdrucksvokabular. Der Versuch, einen literarischen Text Punkt für Punkt in den Film zu übertragen, würde kläglich scheitern – gerade Innenwahrnehmungen (z. B. »Ich fühlte, wie ...«, »Ich erinnerte mich plötzlich an diesen Ort ...« usw.) sperren sich gegen die Visualisierung, wenn auch Gefühle durch Körperausdruck, Handeln und Reden nach außen vermittelt werden. Der Film kann indes nicht andauernd vorgeben, er zeige nur subjektive Wahrnehmungen. Der Blick der Kamera erhebt alles, was ins Auge fällt, zum Rang einer objektiven, zumindest allgemeinverbindlichen Wirklichkeit. Und sollen Träume sichtbar werden, muss mit der Kulisse, der Optik und Traummotiven gearbeitet werden, damit ein entsprechend unwirklicher Eindruck entsteht. Der Film wählt also tendenziell die Außensicht auf eine erzählte Welt, die daher als Wirklichkeit unabhängig vom Blickwinkel erscheint.

2) Physiognomie der Dinge: Der Film liefert ein vollständigeres Bild von der Wirklichkeit, die er ausschnitthaft zeigt. Er kann die Figur oft nicht so scharf von ihrem Grund abheben, wie es der literarische Erzähler vermag. Er zeigt Dinge und Hintergründe, lässt die Person als Teilelement einer von Körpern und Farben, Lichtern und

Schatten erfüllten Welt sehen. Im Film werden also in weit höherem Maße als in der literarischen Erzählung Bewegungen im Raum, der Zusammenhang der Gegenstände, die Bildlichkeit der Dinge definiert. Noch etwas kommt hinzu: Die physiognomische Qualität des Filmbilds ist sehr ausgeprägt. Ein Gesicht, ein Lichteinfall, ein leerer Raum vermitteln einen bestimmten Ausdruckscharakter.

3) Langsamkeit des Nacheinanders: Da filmisches Erzählen konkreter als literarisches Erzählen, also relativ behäbig vonstatten geht – man muss sich erst in die Bilder ›hineinlesen‹ – und auch in enger gesetzte zeitliche Grenzen eingepasst ist, muss es sich auf einige wenige Schauplätze, Charaktere und Schicksale konzentrieren. Die Regel ist, dass in dem Maße Randfiguren verblassen und schablonenhafter ausfallen, in dem das Interesse zunehmend den Hauptpersonen gilt, der Kamerablick von ihnen also nicht fortgleiten mag. Die Aktion und Reaktion eines im Film vorgeführten Menschen müssen in der Spielhandlung nacheinander demonstriert werden – und zwar so präzise sortiert, dass sich der Zuschauer informiert und nicht verwirrt sieht. Auch hat die Kamera aus der unüberschaubaren Menge der Dinge gerade die Reizelemente herauszulösen, die Aufmerksamkeit erregen sollen. Solche Präsentationsvorgänge brauchen Zeit. Auch kann sich der Rhythmus der Bildfolgen verselbständigen und auf eine vergleichsweise eigene Musikalität, eine abstrakte Ordnung der Einstellungen hindrängen, wodurch andere Bedeutungsakzente gesetzt werden als in literarisch komplexen Texten.

Auf literarische Vorlagen wurde schon in den frühen Jahren des Films zurückgegriffen, ohne dass dabei jedoch von Literaturverfilmungen im engeren Sinn gesprochen werden kann. Meist wurden den Werken der Weltliteratur und Klassikern einzelne Episoden und Motive entnommen und theatralisch inszeniert. Bei diesen aus oft nur einer Einstellung bestehenden Filmstreifen (z. B. *Faust*, 1896, von Louis Lumière) handelte es sich um kaum mehr als Illustrationen. Auch *Onkel Toms Hütte* (1902) von Edwin S. Porter (nach dem Roman von Harriet Beecher-Stowe) oder *Die Reise zum Mond* (1902) von Georges Méliès (nach zwei Romanen von Jules Verne), die mehrere Episoden aneinander reihten, setzten die berühmtesten Szenen ihrer Vorlagen nur tableauartig um, ohne sie dabei narrativ zu verknüpfen. Erst nach der Entwicklung besseren Filmmaterials und weiteren technischen Fortschritten um 1906/07 konnten Filme mit längerer Laufzeit produziert werden.

Auch die Vertriebsform änderte sich und wechselte vom Verkauf zum Verleihsystem. Mit der zunehmenden Gründung von immer mehr sesshaften »Film-Theatern« setzte zugleich das Bemühen ein, den Film als Kunstform aufzuwerten und das gehobene Bürgertum für den Film zu gewinnen. Erreicht werden sollte dies u. a. durch die Bearbeitung berühmter literarischer Werke und der Beschäftigung bekannter Autoren. Von der »eigentlichen Geburtsstunde der Literaturverfilmung« (Albersmeier) wird daher meist im Zusammenhang mit der Gründung der französischen Firma → Film d'Art (1907) gesprochen. Diese Gesellschaft sowie die von Charles Pathé gegründete Société Cinématographique des Auteurs et Gens de Lettres verschrieben sich der Adaption von Literaturklassikern und beschäftigten Literaten wie Anatole France. Verfilmt wurden dabei vor allem Theaterstücke, aber auch Romane von Émile Zola oder Victor Hugo. Ähnliche Tendenzen entwickelten sich wenig später auch in Deutschland, wo durch die Verfilmung berühmter Literatur eine »Hebung der deutschen Filmkunst« erreicht werden sollte. In Italien entstand durch die Adaption populärer historischer Romane wie *Quo vadis?* (1912, R: Enrico Guazzoni, nach dem gleichnamigen Roman von Henryk Sienkiewicz) oder *Cabiria* (1914, R: Giovanni Pastrone, nach Texten von Gabriele D'Annunzio) zugleich das Genre des → epischen Films. Der Erfolg dieser Filme besonders in den USA hatte wiederum Einfluss auf das Werk von David W. Griffith und den amerikanischen Film. Häufiger und vor allem auch kommerziell erfolgreicher als die verfilmten Klassiker der Weltliteratur waren

Faust (1926, R: F. W. Murnau): hinter der Kamera mit ausgestrecktem Arm und hochgestelltem Daumen der Regisseur Murnau selbst, rechts Camilla Horn als Gretchen.

Der etwas diffuse Begriff Literaturverfilmung sollte nur dann verwendet werden, wenn man der literarischen Vorlage zu einem Film hohen Rang zumisst, meist übereinstimmend mit dem geltenden kulturgeschichtlichen Kanon der Meisterwerke. Goethes Faust-Dichtung zählt ohne Zweifel zu dieser Auslese. Murnau greift zum Teil auf ältere Überlieferungen zurück, um sich nicht als reiner Goethe-Interpret zu exponieren. Wie bei jeder filmischen Umsetzung, die auf ihre Selbständigkeit achtet, muss das literarische Werk als Ensemble von Motiven, als ›Steinbruch‹ herhalten, um ein neues, ein filmisches Werk zu ermöglichen. Dieser zwangsläufige Transferprozess verstört oft Leser, die ihre, durch den Text erzeugten imaginären Bilder auf der Leinwand nicht wieder finden. Dabei gilt es, die jeweils eigene Logik und Zielsetzung einer Literaturverfilmung herauszufinden. Murnau z. B. beschäftigt sich eindringlicher als Goethe mit der wankelmütigen Menge und dem Außenseitertum des Liebespaares, sowohl des schönen und ›marienfrommen‹ Gretchens, das am Ende auf dem Scheiterhaufen landet, als auch eines alten Gelehrten, nämlich Faust, der weder als ›Wunderarzt‹ und Greis noch als junger Liebhaber Erfüllung findet, vielmehr den Menschen seiner Umwelt bald als Feind gilt.

Filme, die nach Fortsetzungsromanen wie *Fantômas* (von Louis Feuillade seit 1913 verfilmt) oder Kriminalromanen entstanden. In der Auseinandersetzung mit Literaturverfilmungen werden Filme nach ›Trivialliteratur‹ jedoch meist nicht berücksichtigt, obwohl auch heute noch der weitaus größere Teil an Literaturverfilmungen auf diesen Texten beruht. Feuillade schuf später auch die »cinéromans«, Romane, die nach den Filmen geschrieben wurden und so zum ersten Mal den Medienwechsel in anderer Reihenfolge praktizierten.

Die frühe Etablierung von Adaptionen zeigt sich auch an der hohen Zahl von Literaturverfilmungen. Ihr Anteil konnte Schätzungen zufolge bis zu 50% aller Produktionen betragen und ist auch heute noch sehr hoch. Dabei war die Verfilmung von Literatur von Anfang an umstritten, und auch der Begriff »Literaturverfilmung« wird heute kontrovers beurteilt, da er besonders in der älteren Forschungsliteratur mit der Forderung nach möglichst werkgetreuer »Verfilmung« verknüpft war und damit eine Abwertung des Films gegenüber der Literatur implizierte. Gegen das Konzept der Werktreue wird die Eigenständigkeit des Films als Kunstwerk betont: »Die Verfilmung wird nicht gewissermaßen als Abpausvorgang aus dem Medium des literarischen Wortes in das der bewegten Bilder beziehungsweise als mehr oder weniger schlechte Verdopplung aufgefasst, sondern vielmehr als eigenständige Werkgegenständlichkeit: die unmittelbare Übertragung von Inhalten als Brechung einer wie auch immer objektivierbaren Aussage an einem zweiten kritisch-kreativen Intellekt mit einem Eigenbereich von Gedanken und Erfahrungen« (Faulstich). Literaturverfilmungen können daher als Interpretation betrachtet werden und stellen einen Teil der Rezeptionsgeschichte von Literatur dar. Dass es sich bei einem Film nach einem literarischen Stoff um ein eigenständiges Kunstwerk handelt, das nicht wertend mit dem Prätext verglichen werden kann, betont auch Hickethier. Er kritisiert dabei neuere strukturalistische Ansätze der Literaturwissenschaft, die bei der Verfilmung von Literatur von der Transformation eines Textes von einem Zeichensystem in ein anderes sprechen, sich dabei letztlich auf die Untersuchung narrativer Strukturen beschränken und das spezifisch Filmische ausklammern: »Der spezielle Vergleich mit der literarischen Vorlage [...] erscheint deshalb als eine unzulässige Verengung des Blickes.« Das problematische Verhältnis von Kritiker und Regisseur zu Literaturverfilmungen zeigt sich in dem frühen Text »Bemerkungen zum Thema Literaturverfilmung« von François Truffaut, in dem er sich mit der französischen Tradition von Verfilmungen auseinandersetzt und dabei selbst nicht frei von Vergleichen zwischen Text und Film ist. Dennoch schreibt er abschließend: Es »bleibt festzuhalten, dass das Problem der Literaturverfilmung ein Scheinproblem ist. Es gibt kein Rezept, keine Zauberformel. Was zählt, ist allein die Qualität des Films, und die hängt einzig und allein von der Persönlichkeit des Regisseurs ab.

[...] Es gibt also weder gute noch schlechte Literaturverfilmungen.«

Peter Ruckriegl / Thomas Koebner

Literatur: Werner und Ingeborg Faulstich: Modelle der Filmanalyse. München 1977. – Irmela Schneider: Der verwandelte Text. Wege zu einer Theorie der Literaturverfilmung. Tübingen 1981. – Heinz-B. Heller: Literarische Intelligenz und Film. Zu Veränderungen der ästhetischen Theorie und Praxis unter dem Eindruck des Films 1910–1930 in Deutschland. Tübingen 1985. – François Truffaut: Die Lust am Sehen. Hrsg. von Robert Fischer. Frankfurt a. M. 1999. [Frz. Orig. 1987.] – Werner Faulstich: Die Filminterpretation. Göttingen 1988. – Joachim Paech: Literatur und Film. Stuttgart 1988. – Joachim Paech (Hrsg.): Methodenprobleme der Analyse verfilmter Literatur. München 1988. – Franz-Josef Albersmeier / Volker Roloff (Hrsg.): Literaturverfilmungen. Frankfurt a. M. 1989. [Darin: Knut Hickethier.] – Peter V. Zima (Hrsg.): Literatur intermedial. Musik – Malerei – Photographie – Film. Darmstadt 1995. – Thomas Koebner: »Das Bild beginnt, langsam fertig zu werden.« Der Transfer vom Buch zum Fernsehfilm. In: Th. K.: Vor dem Bildschirm. Studien, Kritiken und Glossen zum Fernsehen. St. Augustin 2000.

Low Budget. Bezeichnung für eine Produktionsform, bei der im Unterschied zu aufwendigen Großproduktionen kostengünstige Filme – meist außerhalb des etablierten Studiosystems – hergestellt werden. Im Classical Hollywood waren Low-Budget-Produktionen eng mit den → B-Filmen verbunden, die als zweiter Film nach einem → A-Film der großen Studios im Doppelprogramm gezeigt wurden. Nicht selten verwandte man bei den Dreharbeiten die Kulissen einer anderen Produktion, um in wenigen Tagen darin noch einen Low-Budget-Genrefilm zu drehen. Das Erbe der Low-Budget-Produktionen übernahmen nach dem Ende der klassischen Double Bills in den späten 40er Jahren unabhängige Produktionsfirmen wie American International Pictures (AIP), die sich auf die industrielle Herstellung von B-Filmen spezialisierten.

Mit einer auf den ersten Blick ganz anderen Intention erfolgt der Einsatz der Low-Budget-Ästhetik im von Hollywood unabhängig produzierten → Avantgarde-, Experimental- und Undergroundfilm. Der geringe Aufwand und die Dreharbeiten on location ermöglichen kleine persönliche Filme, die im Idealfall tradierte Sehgewohnheiten in Frage stellen. Im Zug des → New American Cinema und der → Nouvelle Vague wurde Low Budget auch zum Synonym für ein künstlerisches Kino außerhalb des Mainstreams. Auf der anderen Seite des Low-Budget-Spektrums stehen zumindest in der Theorie die Filme des Exploitationkinos (→ Exploitationfilm), das auf der billig produzierten Wiederholung und der gezielten Übersteigerung kommerziell erfolgreicher Formeln beruht. In der Praxis überschneiden sich diese beiden Bereiche jedoch weitaus häufiger als angenommen. Der provokative Low-Budget-Film *Sweet Sweetback's Baadasssss Song* (1971) von Melvin Van Peebles bildete sowohl die Initialzündung für die im Lauf von wenigen Jahren standardisierte Blaxploitation der 70er Jahre als auch ein wichtiges Vorbild für das ambitionierte New → Black Cinema Ende der 80er Jahre. Der eng mit der Exploitation verbundene → Horrorfilm brachte in den 70er Jahren Auteurs wie David Cronenberg und John Carpenter hervor. Beide Tendenzen, der künstlerische und der kommerzielle Low-Budget-Film, fanden im Laufe der 70er und 80er Jahre Eingang in den weiter gefächerten Begriff des Independent-Kinos (→ Independent-Film).

Über Low-Budget-Festivalerfolge etablierten sich in den 80er und 90er Jahren Independent-Regisseure wie Jim Jarmusch (*Dauernd Ferien*, 1982; *Stranger than Paradise*, 1984) und Kevin Smith (*Clerks*, 1994). Mit ihren Debütfilmen schufen sie nicht nur wegweisende Low-Budget-Produktionen, sondern entwarfen darin mit den Mitteln des Low-Budget-Films eigene Popwelten, die realistischer und unprätentiöser als die bemühten Klischeebilder der damaligen Major-Produktionen erschienen.

Die Kehrseite der Independent-Industrie zeigte sich im Lauf der 90er Jahre. Der romantisch verklärte Authentizitätsbegriff der Independent-Szene) brachte in Zusammenhang mit der so genannten Generation X seine eigenen Stereotypen hervor und leistete einem unreflektierten Geniekult Vorschub, der in seiner Attitüde hinter den immer ausdifferenzierteren Mainstream, von dem man sich ursprünglich einmal emanzipieren wollte, zurückfiel. Mit dem Überraschungserfolg von *The Blair Witch Project* (1999, R: Daniel Myrick, Eduardo Sanchez) hielten Strategien des Low-Budget-Films endgültig Einzug in den Mainstream. Ein unabhängig produzierter Horrorfilm, der als stilistisches Mittel konsequent den Einsatz verwackelter, pseudodokumentarischer Handkameraaufnahmen verfolgt, entwickelte sich durch geschicktes Internet-Marketing zum Event Movie.

Das von den dänischen Regisseuren Lars von Trier und Thomas Vinterberg initiierte Dogma 95-Manifest sorgte für eine Renaissance des Low-Budget-Films auf Festivals. Durch den Einsatz digitaler Kameras ergaben sich neue Möglichkeiten der Low-Budget-Produktion, die prominente Schauspieler wie Asia Argento und Jean-Marc Barr einfallsreich für ihre Regiedebüts nutzten. Regisseur Mike Figgis kombinierte mit den Mitteln des digitalen Kinos in *Time Code* (2000) Elemente des Experimental- und des narrativen Ensemblefilms. Das Dogma der filmischen Enthaltsamkeit entwickelte sich zum modischen Markenzeichen. Dogma 95-Mitbegründer Søren Kragh-Jacobsen (*Mifune*, 1998) verglich die Beschränkungen des in sich widersprüchlichen Manifests mit der Renaissance von Unplugged-Songs. Diese aufschlussreiche Analogie zwischen dem Dogma 95 und den zum kulturindustriellen Hype avancierten Akustikkonzerten des Senders MTV verdeutlicht auch, wie weit sich inzwischen die Grenzen zwischen Mainstream und Low-Budget-Ästhetik aufgelöst haben.

Andreas Rauscher

MacGuffin. Dramaturgisches Element, das die gesamte Handlung des Films motiviert und in Gang bringt. »MacGuffin« nannte Alfred Hitchcock die Finte, den notwendigen Vorwand, der z. B. eine Spionagegeschichte (→ Spionagefilm) oder einen → Thriller in Gang setzt: »MacGuffin ist also einfach eine Bezeichnung für den Diebstahl von Papieren, Dokumenten, Geheimnissen.« Für den Erzähler sind diese Objekte nicht bedeutsam: leere, austauschbare Requisiten, die einzig die Personen des Films zu einem Handeln veranlassen, als gehe es um Leben und Tod, und somit für den Zuschauer eine Rolle spielen. In *Der unsichtbare Dritte* (1959) z. B. ist der MacGuffin reduziert auf die Suche nach »Regierungsgeheimnissen«. Bekannt und auch eher auffällig ist Hitchcocks »Uranium-MacGuffin« in *Berüchtigt* (1946). Der schwarze Koffer in Quentin Tarantinos *Pulp Fiction* (1994) stellt ebenfalls einen typischen MacGuffin dar. Anfangs ist der Zuschauer von der Wichtigkeit des Koffers überzeugt – am Ende bleibt der Koffer ein ungeöffnetes Requisit, dessen (leeres) Geheimnis nicht offenbart wird.

Esther Maxine Behrendt

Literatur: François Truffaut: Mr. Hitchcock, wie haben Sie das gemacht? München 1973. [Frz. Orig. 1966.] – Georg Seeßlen: MacGuffins, magische Objekte. In: G. S.: David Lynch und seine Filme. Marburg/Berlin 1994.

Märchenfilm. Genrebezeichnung für die filmische Umsetzung eines märchenhaften Stoffes, meist auf Grundlage der populären Volksmärchen der Brüder Grimm, der romantischen Kunstmärchen von Hans Christian Andersen oder Wilhelm Hauff oder den Erzählungen aus Tausendundeiner Nacht. Charakteristisch für den Märchenfilm ist einerseits die Ansiedlung in vorindustrieller Zeit, andererseits der mythologisch-phantastische Ansatz, der ein gleichberechtigtes Nebeneinander von realer Welt und himmlischem oder sonstigem übersinnlichem Eingreifen als selbstverständlich akzeptiert. Ein schematisch-schlichtes Weltverständnis teilt die Protagonisten ein in Gut oder Böse, Arm oder Reich, Dumm oder Schlau. Ebenso wenig ausdifferenziert sind in der Regel die Konflikte und Handlungsstränge. Standardsituationen des Märchenfilms sind Rätsel, Kampf und Verlockung (als Prüfung mit dem Ziel der Initiation), Metamorphose, Belohnung des Guten und Bestrafung des Bösen. Wird mit den Naturgesetzen gebrochen und kommen Figuren wie Feen, Elfen, Zwerge, Drachen usw. vor, können die Grenzen zum → phantastischen Film verschwimmen. Die Umsetzung des Märchens kann als Spielfilm, Zeichen- oder Puppentrick oder in Form anderer Animation (→ Animationsfilm) erfolgen.

Die frühesten Märchenfilme waren zunächst Schauspielerfilme und richteten sich durchaus an ein erwachsenes Publikum. Ein 5-minütiger Kurzfilm von Gebhard Schätzer-Perasini nach Andersens »Das Mädchen mit den Schwefelhölzern« wurde bereits 1910 erwähnt, ist aber verschollen. Die frühesten heute noch erhaltenen Märchenfilme sind *Rübezahls Hochzeit* (1916) von Paul Wegener und *Dornröschen* (1917) von Paul Leni. Lotte Reiniger setzte Märchenstoffe als Scherenschnittfilme um: *Die Abenteuer des Prinzen Achmed* (1926) war der erste abendfüllende Silhouettenfilm.

Die Einführung des Tonfilms schien für den Märchenfilm zunächst schwer vorstellbar. Mit Märchen verband man einen geheimnisvollen und naiven Zauber; sprechende Märchengestalten und lebendige Schauspieler wurden als ernüchternd und illusionszerstörend angesehen. Dennoch setzten Spiel- und Tonfilme neue Formen des Märchenfilms durch.

Während die frühen Märchenfilme für Erwachsene gemacht waren, wurde in den 30er Jahren zunehmend die Forderung nach Märchenfilmen mit pädagogisch-sittlichem Anspruch zum Zweck einer tugendhaften Erziehung von Schulkindern laut. Alf Zengerling widmete sich der Produktion solcher »Volksschulmärchenfilme« mit belehrendem Charakter. Unter nationalsozialistischer Herrschaft wurden von den Brüdern Diehl im Auftrag der Reichsanstalt für Film und Bild in Wissenschaft, Erziehung und Volksbildung Unterrichtsfilme mit politisch-pädagogischem Ansinnen hergestellt, die die ›deutschen‹ Eigenschaften als besondere Tugenden hervorhoben.

In den Nachkriegsjahren wurden in der Bundesrepublik etliche Märchenfilme nicht mehr nur für die Schule, sondern für das Kino produziert. Bekannte Märchen wie »Rotkäppchen« oder »Hänsel und Gretel« wurden mehrfach verfilmt. Außer mangelndem Einfallsreichtum, veralteter Technik und schlechten Darstellerleistungen kennzeichnet den bundesdeutschen Märchenfilm der 50er Jahre die unnötige Länge der Handlung, gestreckt durch Singspiele und die Auftritte ringeltanzender Kinder. Erschwerend kamen moralische Zeigefinger-Lektionen hinzu. Die verarbeiteten Konflik-

Die Zeit der Wölfe (1984, R: Neil Jordan)
In Märchen können sich Tiere in Menschen verwandeln und umgekehrt Menschen in Tiere, können Bestien und schöne junge Frauen miteinander leben – weil sich in solchen ›wunderbaren‹, vielleicht archaischen, vielleicht archetypischen Sinnbildern ausdrückt, dass es kein großer Schritt ist vom Humanen zum Animalischen und dass bei der Initiation junger Menschen in den Reifezustand überwältigende Begierden spürbar werden, von denen die braven Kinder nur in ihren Träumen etwas ahnen. Märchenfilme für Erwachsene haben daher einen doppelten Boden, eine zweite Bedeutung, die sie in vielen Anspielungen offenbaren. Jordans Film führt ständig an die Übergänge zwischen puritanischer Biederkeit des äußeren Lebens, der ›Unschuld‹ des Daseins vor dem Erwachen der Sexualität und dem Abgründig-Verbotenen, dem Wilden, Unzähmbaren des Eros. Vor der nächtlichen Kulisse eines alten Hofes, so hübsch und heimelig, als sei sie einer viktorianischen Bilderbuch-Illustration nachempfunden, umgeben von dichtem Wald mit seinen Untieren, ein kleiner Schutzort der Zivilisation, irrt bei Mondlicht ein heulender Wolf umher, eine verzauberte junge Frau (natürlich).

te, die das Märchen in den Augen heutiger Psychologen für Kinder so wichtig machen, wurden verharmlost. Einige Pädagogen betrachteten den Märchenfilm als schädlich für die Entwicklung des Kindes, und so verabschiedete man 1957 ein Jugendschutzgesetz, das Kindern unter 6 Jahren den Zutritt zum Kino untersagte (und das bis 1985 gültig blieb). Die Produktion von Märchenfilmen war in der Bundesrepublik kaum mehr gewinnbringend und geriet in eine Krise.

In der DDR dagegen spielten seit der Gründung der → DEFA 1946 Märchenfilme eine beachtliche Rolle. Dabei wurde meist der soziale Gehalt des Märchens in den Vordergrund gerückt. Im ersten DEFA-Märchen, *Das kalte Herz* (1950) von Paul Verhoeven, wird etwa eine Parteinahme für die Unterdrückten und Ausgebeuteten deutlich: Reichtum verdirbt den Charakter, wohingegen körperliche Arbeit befreit. In *Die Geschichte vom kleinen Muck* (1953) von Wolfgang Staudte dominiert eine humanistische Grundhaltung: Dem kleinen Muck wird die Freude am eigenen Glück vergällt, als er am Hof des Sultans zum Oberleibläufer wird. Sein Vorgänger wird verstoßen, des einen Glück bedeutet des anderen Unglück. Diese Filme genügten auch den Ansprüchen eines erwachsenen Publikums, beeindruckten zusätzlich durch ihre Spezialeffekte (→ Special Effects) und setzten Maßstäbe für viele spätere Märchenfilme.

Auch der tschechische Film hat sich durch die kontinuierliche Produktion von Märchenfilmen, die u. a. durch den Einsatz ästhetischer Naturaufnahmen anstelle von Kulissen überzeugten, einen Namen gemacht. Besonders geschätzt und unzählige Male im Fernsehen wiederholt wird auch heute noch die DDR-ČSSR-Koproduktion *Drei Nüsse für Aschenbrödel* von Václav Vorlicek (1973), in dem ein selbstbewusst-freches Aschenbrödel in Männerkleidern dem Prinzen ein Pferd stiehlt, bevor es sein Herz erobert.

Als → Kinderfilm wird der Märchenfilm heute künstlerisch oft gering geschätzt, und die wenigen Auseinandersetzungen mit ihm sind meist pädagogischer Art. Nur Ausnahmen finden auch bei einem erwachsenen Publikum größere Beachtung und nehmen ihren anerkannten Platz in der allgemeinen Filmgeschichte ein. In der Geschichte des amerikanischen Märchenfilms setzten neben Victor Flemings Musical-Klassiker *Das zauberhafte Land* aus dem Jahre 1939 etliche Zeichentrickproduktionen von → Walt Disney Akzente. Wie auch der französische Film *Es war einmal* (1946) von Jean Cocteau, in dem das von Kameramann Henri Alekan meisterhaft gesetzte Licht eine märchenhaft poetische Atmosphäre zaubert, stehen sie für die Vielfalt der Möglichkeiten, die die Umsetzung von Märchenstoffen bereithält. In jüngster Zeit schuf Tim Burton mit *Edward mit den Scherenhänden* (1990), *Nightmare Before Christmas* (1993) und *Sleepy Hollow* (2000) skurrile Märchen mit augenzwinkernd-romantischen Gruseleffekten.

Stefanie Weinsheimer

Literatur: Gabi Brandt / Elke Ried: Vom Zauberwald zur Traumfabrik. Dokumentation der Fachtagung Märchen und Film vom 1.–5. Dezember 1986 in Remscheid. Remscheid 1987. – Eberhard Berger / Joachim Giera (Hrsg.): 77 Märchenfilme. Ein Filmführer für jung und alt. Berlin 1990. – Salman Rushdie: The Wizard of Oz. London 1992. – Mark Salisbury (Hrsg.): Burton On Burton. London/Boston 1995. – Ingelore König [u. a.]: Zwischen Marx und Muck. Defa-Filme für Kinder. Berlin 1996.

Malerei und Film. Beziehungen zwischen Malerei und Film sind vielgestaltig. Mit Blick auf das Kino drängt sich häufig in den Vordergrund, dass Malerei und Biographien von Malern, die auch die Entstehung von einzelnen Gemälden darstellen, zum Gegenstand zahlreicher Spielfilme geworden sind, darunter eher konventionelle → Künstlerfilme wie *Rembrandt* (1942, R: Hans Steinhoff) und so bemerkenswerte wie Andrej Tarkowskis *Andrej Rubljow* (1966).

Die Einflüsse der Malerei auf den Film reichen jedoch wesentlich tiefer. Wie das Gemälde so ist auch der Film ein visuelles Medium, welches sich allerdings dadurch unterscheidet, dass es auf bewegter Fotografie, kombiniert mit Ton, beruht. Film besitzt mithin teilweise ähnliche Möglichkeiten der Komposition eines zweidimensionalen Bildes. Insbesondere, wo er auf relativ statischen Einstellungen fußt, kann er an visuelle Techniken anschließen, die in der Malerei entwickelt worden sind: z. B. bei der Auswahl oder Gestaltung von Dekorationen, Kostümen und der Maske, bei der Wahl der Bildausschnitte (→ Cadrage), bei der inneren Komposition der Bilder (der Anordnung von Figuren und Objekten im Bildraum). Wenn Filmbilder eine auffällige Textur besitzen, so weckt auch dies Assoziationen an die bildende Kunst (→ Bildkomposition).

Möglichkeiten dieser Art wurden in der Filmgeschichte früh erkannt. Gerade der auf die Ausdrucksdimension des Bildes beschränkte Stummfilm brachte eine elaborierte visuelle Kultur hervor. Es ist mithin kein Zufall, wenn einige frühe Filmtheorien auf die Anlehnung an die Malerei setzten. Herbert Tannenbaum sprach schon 1912 davon, dass nur »ein mit dem Wesen malerischer Gesetze vertrauter« Künstler die Filmentwicklung fördern könne. Es gelte, »die Konturen, die Linien und Bewegungen«, die graphische »Fleckenverteilung« auf der Bildfläche im Sinne der »malerischen Ausgestaltung des Kinobildes« anzulegen. Insbesondere durch die Lichtführung könne »in Schwarz-Weiß mit Hell und Dunkel gemalt werden« und durch ein bewusstes Arrangement des Dekors – so wie in der Malerei – Bilder von sinnbildhafter Eindringlichkeit entstehen. Für den Amerikaner Vachel Lindsay bestand 1915 sogar ein zentraler Aspekt von Filmkunst darin, »painting in motion« zu bieten, und Victor Freeburg widmete der Schönheit des Filmbildes 1923 ein ganzes Buch, in dem er die Anlehnung zeitgenössischer Filme an Techniken visueller Komposition thematisierte, die der Malerei entstammen.

Das Kino jener Zeit bot hierfür reichhaltiges Material. In Deutschland zeigten Filme wie *Das Cabinet des Dr. Caligari* (1920, R: Robert Wiene) oder *Von morgens bis mitternachts* (1920, R: Karl Heinz Martin) mit ihren gemalten und stilisierten Dekorationen, Kostümen und Masken geradezu in Bewegung geratene expressionistische Malerei. Ferner entsprach es dem Geist des → Expressionismus, auch realistischere Filmbilder so auszuleuchten, daß sie nicht nur Plastik und Tiefe gewinnen, sondern vor allem – etwa durch dramatische Lichtführung – Stimmung und Charakter, und daß sie die Blickführung des Zuschauers durch den Leitfaden des Lichts lenken (→ Atmosphäre, → Licht). Zudem trug der kalkulierte Einsatz von Licht und Schatten vielfach zu einer ornamentalen Flächenaufteilung bei. Diese von Rudolf Arnheim analysierten Aspekte der Lichtregie korrespondieren mit Prinzipien, wie sie in der Malerei seit der Renaissance entwickelt worden waren. Vladimir Nilsen hat zudem nachgewiesen, daß frühe Großfilme von *Quo vadis?* (1912, R: Enrico Guazzoni) bis *Intoleranz* (1916, R: David W. Griffith) in ihren tableauartigen Einstellungen – auch hinsichtlich Dekor und Figurenanordnung im Bild – Kompositionsprinzipien der europäischen Maltradition folgen. Wenn Avantgarde Autoren Anfang der 20er Jahre in Deutschland von »Kinomalerei« (Yvan Goll) sprachen, so dachten sie allerdings meist nicht an die mediale Komposition von realfotografischen Bildern, sondern an Bildexperimente des → abstrakten oder absoluten Films, den Künstler wie Viking Eggeling, Hans Richter oder Walter Ruttmann pflegten, deren Idee es war, Film jenseits von Narration mit abstrakten geometrischen Formen, die animiert wurden, zu einem »Kapitel der bildenden Künste« (Richter) in der Moderne werden zu lassen.

Die mediale Verwandtschaft von Malerei und Film ermöglicht indes eine weitere Form der Korrespondenz. Filme können nicht nur Techniken aus der Malerei aufnehmen, sie können geradezu zitathaft an konkrete visuelle Welten aus der bildenden Kunst anschließen: einerseits, indem Bildmotive in filmischen Tableaus nachgestellt werden, andererseits durch die Verdichtung von Motivwelten und Kompositionstechniken historischer Gemälde in filmischen ›Imitationen‹. Beide Tendenzen sind fast so alt wie das Kino selbst. In der Frühzeit nahmen Filme gern unmittelbare Anleihen bei der

Akira Kurosawas Träume (1990, R: Akira Kurosawa)
Filmbilder haben sich immer wieder an Exempeln aus der Kunstgeschichte orientiert, sich spezifischen Stilen der Landschaftsmalerei oder der Interieurdarstellung angeglichen. Dank der computerunterstützten Tricktechnik kann man die Reproduktionen überlieferter Gemälde in Bewegung setzen – und den Maler selbst in sein eigenes Bild hineinwandern lassen. So blickt hier der amerikanische Regisseur Martin Scorsese in der Maske des Malers Vincent van Gogh den Krähen nach, die über ein Kornfeld flattern: ein häufiges Motiv auf den letzten »plein air« (im Freien) entstandenen Naturszenen van Goghs, bevor er sich erschoss. Jenseits der effektvollen Animation eignet sublime Trauer der Sequenz vom Verschwinden im Bild.

kulturell etablierten Bildkunst. So lehnte sich schon der vom Eden Musee in New York 1898 produzierte Großfilm *The Passionplay* mit seinen frontal inszenierten filmischen Tableaux vivants motivisch und kompositorisch an die Bildtradition der religiösen Malerei an. Stand hierbei der Anschluss an etablierte Symbol- und Vorstellungswelten im Vordergrund, so trat bald die Idee hinzu, durch Bezüge zur Malerei stilvolle Welten einer dem Alltag entrückten Imagination zu schaffen. In diesem Sinne schufen Max Reinhardt und der Maler Paul von Schlippenbach in *Insel der Seligen* (1913) eine fiktionale Welt, deren Handlungsorte und maritime Fabelwesen und Faune mit ihren Kostümen, Masken und Posen Werken Hans Böcklins zu entstammen scheinen. Wenn mit solchen Anspielungen gleichzeitig kulturelles Prestige auf den Film überging, so machte das die Praxis zusätzlich interessant. In den frühen 20er Jahren avancierten Anspielungen auf Gemälde zur verbreiteten Praxis. Insbesondere in den neoromantischen und phantastischen Filmen Fritz Langs (z. B. *Der müde Tod*, 1921) und Friedrich Wilhelm Murnaus (z. B. *Nosferatu – Eine Symphonie des Grauens*, 1922) lassen sich vielfältige motivische Anlehnungen an die Malerei der deutschen Romantik, vor allem an Caspar David Friedrich, aber auch an Bildformen des Jugend- und des Werkbundstils (etwa in Langs *Die Nibelungen*, 1924) ausmachen.

Bei solcher Bezugnahme handelt es sich um kein lediglich filmgeschichtliches Phänomen. Bildwelten aus der älteren Malerei kommen bis heute vor allem in Filmen mit historischer Handlungszeit ins Spiel. Z. B. schuf Eric Rohmer in *Die Marquise von O* (1976) eine filmische Rekonstruktion der Bildwelt um 1800 mit Anlehnung an Jacques Louis David, Jean-Honoré Fragonard, Caspar David Friedrich, Friedrich Georg Kersting u. a. Die Entlehnungen schließen an visuelle Vorstellungen über jene Zeit an, die durch Gemälde geprägt wurden, und sie stiften ein Moment der Entrückung. Dieser Distanzierungseffekt, der den Aufbau einer fremden, historischen Psychologie stützt, spielt häufig eine Rolle. Er kennzeichnet Stanley Kubricks *Barry Lyndon* (1975), in dem die an der Malerei des 18. Jahrhunderts orientierte filmische Realität die Figuren und deren Begehren in ein hermetisches Korsett zwängt, ebenso wie etwa die Filme Peter Greenaways, z. B. dessen *Der Kontrakt des Zeichners* (1982), der sich explizit auf Vorbilder bei Maurice Quentin de La Tour und Thomas Gainsborough beruft. Für Greenaways Filme, die ihren intermedialen und artifiziellen Charakter ausstellen und reflektieren, sind exzessive Anspielungen auf die Malerei bis heute konstitutiv.

Jörg Schweinitz

Literatur: Herbert Tannenbaum: Kino und Theater. In: Helmut H. Diederichs (Hrsg.): Der Filmtheoretiker Herbert Tannenbaum. Frankfurt a. M. 1987. [1912.] – Victor Oscar Freeburg: Pictorial Beauty on the Screen. New York 1970. [1923.] – Vladimir Nilsen: The Cinema As a Graphic Art. New York 1959. [Russ. Orig. 1936.] – Rudolf Arnheim: Kritiken und Aufsätze zum Film. München 1977. – André Bazin: Was ist Kino? Berlin 2002. [Frz. Orig. 1958.] – Helmut Korte / Herwarth Rottgen (Hrsg.): Kunst und Künstler im Film. Braunschweig 1990. – Jacques Aumont: Projektor und Pinsel. Zum Verhältnis von Malerei und Film. In: Montage/AV. 1. 1. 1992. – Heide Schönemann: Fritz Lang. Filmbilder – Vorbilder. Berlin 1992. – Charles Musser: The Emergence of Cinema. The American Screen to 1907. Berkeley 1994. – Brigitte Peucker: Incorporating Images. Film and Rival Arts. Princeton 1995. – Angela Dalle Vacche: Cinema and Painting. How Art Is Used in Film. London 1996. – Heidi Wiese (Hrsg.): Die Metaphysik des Lichts. Marburg 1996. – Jürgen Felix (Hrsg.): Genie und Leidenschaft. Künstlerleben im Film. St. Augustin 2000.

Manga-Anime. Japanischer Zeichentrickfilm, der oft auf populären Comicvorlagen (Manga) basiert. In Japan verwendet man sowohl »Manga« (wörtl. ›unverlässliche Bilder‹) als auch »Anime« allgemein für »Comic« bzw. »Zeichentrickfilm«, außerhalb Japans werden diese Begriffe jedoch speziell für japanische Produktionen gebraucht. Weder Animes noch die Mangas, auf denen sie basieren, sind auf bestimmte Inhalte und Themenkomplexe fixiert: Es gibt sie für jede Zielgruppe, Sparte und für jedes Alter. Wiederkehrende Motive und Schlüsselbegriffe sind »Ai« (›Liebe‹), »Bishonen« (›schönes Mädchen‹), »Bushido« (›Weg des Kriegers‹) und »Hentai« (›Perversion‹), thematisch unterschieden wird auch zwischen Mangas für »Shojo« (›Mädchen‹) und »Shonen« (›Jungen‹) sowie solchen für Erwachsene. Fanatische Fans werden als »Otaku« bezeichnet, wobei dieser Begriff in Japan eine gewisse Weltfremdheit impliziert, außerhalb jedoch wertneutral vom Manga-Publikum benutzt wird.

Das erste Manga-Comic erschien 1902 und bezog seine Bezeichnung von einer Bilderreihe des Holzschnittkünstlers Hokusai. Bereits um 1915 gab es erste Anime-Versionen, 1932 den ersten Anime-Tonfilm und 1958 den ersten farbigen Anime *Hakujaden – Die Weiße Schlange* von Yabushita Taijis. Die große Popularität kam jedoch ab 1953 mit der Verbreitung des Fernsehens. Einer der bedeutenden Mangakünstler war Osamu Tezuka, dessen Serie *Kimba, der weiße Löwe* auch im deutschen Fernsehen erfolgreich war. Neben der Adaption zahlreicher Kinder- und Jugendklassiker (*Heidi*, *Sindbad* usw.) und von Science-Fiction-Stoffen (*Captain Future*) gab es auch Comic- und Anime-Versionen alltäglicher Themen. Ende der 80er Jahre verbreitete sich die Popularität der Animes auch in den USA und Europa, wo Fanzines, Fanclubs und Merchandising-Artikel den Markt überschwemmten.

Mit dem Science-Fiction-Abenteuer *Akira* (1987) nach Katsuhiro Otomos eigenen Mangas begann die breite Rezeption des Anime-Kults in Europa und Amerika. Der Film erzählt von jungen Tokioter Bikern, die im Jahr 2019 zu militärischen Experimenten missbraucht werden. Einer von ihnen wird zur Superwaffe transformiert und zerstört schließlich die ganze Stadt – eine

Akira (1988, R: Katsuhiro Otomo)

Manga-Anime: ein eigenes Genre in Zeichentricktechnik, häufig vom Computer entwickelt, wobei sich die Stile vieler Filme dieser Art so ähneln, als wären sie aus derselben Fabrik! Fast lässt sich von einem typischen japanischen Design sprechen – dazu gehören die gigantischen Stadtkulissen und die futuristischen Fahrzeuge, von denen hier eines auf der Straße quersteht: eine Momentaufnahme in einer Abfolge schier endloser Kämpfe.

klassische japanische Vorstellung, die bereits im Godzilla-Mythos Ausdruck fand. Otomos Fabulierkunst sprengte vor allem in den psychedelischen Farborgien des Finales den Rahmen des Realfilms und schuf dem Anime eine neue Nische. Basierend auf dem Manga von Masamune Shirow entstand mit der technikkritischen Dystopie *Ghost in the Shell* (1995) von Mamoru Oshii ein weiteres Meisterwerk des Anime, das philosophische Ansätze aus Ridley Scotts *Blade Runner* (1982) weiterdenkt: Die Heldin Kasunagi ist eine perfekte Fusion aus Mensch und Maschine und kann als Einzige gegen den Cyberpiraten Puppetmaster, der die Gedanken der Menschen umpolen möchte, antreten. Oshiis Drama vom »Geist der Maschine« nimmt sich mitunter viel Zeit für retardierende Reflexionen und stürzt den Zuschauer in ein Wechselbad von Stille und Gewalt. Das Fantasy-Drama *Prinzessin Mononoke* (1997) von Hayao Miyazaki ist bis heute der kommerziell erfolgreichste japanische Film. Dieses reife, eher an Erwachsene gerichtete Märchen birst in einigen Sequenzen vor Details und Einfallsreichtum mit seinen riesenhaften Wölfen, Wildschweinen und Waldgeistern. *Perfect Blue* (1997) von Satoshi Kon erzählt mit den Mitteln des Anime eine an Roman Polanskis *Ekel* (1964) orientierte Psycho-Thriller-Handlung (→ Thriller). In *Jin-Roh – The Wolf Brigade* (1998) von Hiroyuki Okiura, dem Martyrium eines Killerkommando-Mitgliedes, das sich gegen den totalitären Staat richtet, erreichen die urbanen Szenarien naturalistische Dimensionen. Und mit den *Pokémon*-Filmen hat sich der japanische Anime ein festes kommerzielles Standbein im weltweiten Kinderfilm geschaffen.

Marcus Stiglegger

Mantel-und-Degen-Film. Subgenre des → Abenteuerfilms. Er geht oft auf Abenteuerromane aus dem 19. Jahrhundert, wie »Die drei Musketiere« (1844) von Alexandre Dumas zurück. Die Motive des Mantel-und-Degen-Films finden sich in verwandten historischen Genres wie dem Seefahrer- und → Piratenfilm wieder, bestimmend für das eigentliche Genre bleiben akrobatisch choreographierte Degenkämpfe und das kühne Auftreten Einzelner gegen die Übermacht einer Obrigkeit sowie die Konfrontation im oder mit dem arroganten adeligen Milieu. Die Filme spielen größtenteils in der Zeit des Ancien Régime in Frankreich oder in England. Es sind → Ausstattungsfilme mit aufwendigen Kostümen, zu denen nicht zuletzt auch Mantel und Degen gehören. Parodien wie *The Three-Must-Get-Theres* (1922) von Max Linder gibt es nur wenige. Ein ironischer Unterton ist in beinahe allen Mantel-und-Degen-Filmen präsent und eine gewisse Komik ist durch die Figur des draufgängerischen Helden bereits gegeben, der seine Geschicklichkeit im Fechten in der Demütigung seiner Gegner ausspielt.

Die Figur des Robin Hood, die literarisch erstmals in Sir Walter Scotts »Ivanhoe« als Nebenfigur in Erscheinung trat, bildet einen der Archetypen für viele Mantel-und-Degen-Helden. Die Adelung des Diebes, der die Tyrannei eines herrschenden Monarchen ausgleicht, indem er von den Reichen stiehlt und den Armen gibt, selbst aber zwischen den Welten steht, findet sich bereits bei Zorro, dem populärsten Mangel-und-Degen-Helden des frühen amerikanischen Kinos. Der Stummfilm *Das Zeichen des Zorro* (1920, R: Fred Niblo, Douglas Fairbanks) mit Douglas Fairbanks in der Titelrolle fand etliche Nachfolger (vor allem zu erwähnen die eleganteste Version: *Im Zeichen des Zorro*, 1940, R: Rouben Mamoulian). Die Fabel vom reichen spanischen Großgrundbesitzer, in seinem Doppelleben der Rächer mit der schwarzen Maske, kombiniert die Attribute verschiedener Genres. Der Degen (in späteren Verfilmungen durch eine Peitsche ersetzt) sowie der schwarze Umhang verweisen auf das literarische Mantel-und-Degen-Genre, Revolver, Pferd und landschaftliches Ambiente der Südstaaten der USA, nahe der mexikanischen Grenze, auf das eigentliche Genre-Setting – den → Western. Mit seiner anachronistischen Waffe ritzt Zorro sein Zeichen, das Z, in Türen, Tücher und in die Kleidungsstücke seiner Kontrahenten. Der Adelige, der in seinem Privatleben den Narren spielt, triumphiert in der Maskerade über die eigentlichen Herrscher der ›neuen Welt‹, die skrupellosen Rancher und deren Cowboys und Revolverhelden. Die äußerst populäre Figur des Zorro zog zahlreiche Remakes nach sich, ebenso wie die drei Musketiere, von denen die bekannteste Verfilmung selbst schon ein Remake ist.

In *Die drei Musketiere* (1948, Regie: George Sidney) vermischt Gene Kelly als d'Artagnan die Fechtszenen mit seinem akrobatischen Tanzstil. Kelly tanzt praktisch durch den ganzen Film und bestimmt somit das Tempo. Die draufgängerische Naivität des Helden bekommt durch das beiläufige Töten seiner Gegner einen etwas bitteren Beigeschmack, eine Mischung aus Eleganz und Brutalität. Das versöhnliche Ende wirkt zugleich sarkastisch, da der ›Feind‹ Kardinal Richelieu (Vincent Price) seinen Gegnern nachgibt, aber dennoch an der Macht bleibt. Derselbe Regisseur, George Sidney, drehte 1952 *Scaramouche, der galante Marquis*, eines der bestchoreographierten und -fotografierten (Charles Rosher) Beispiele des Genres: die Lehrjahre eines Mannes (Stewart Granger), der aus Rache zum virtuosen Fechter wird, unter der harmlosen Maske einer ›lustigen Person‹ (Scaramouche) auf der Bühne der Commedia dell'Arte, um den hoffärtigen Mörder und Aristokraten (Mel Ferrer) zu besiegen – bis sich herausstellt, dass er mit seinem eigenen Bruder kämpft.

Der in Schwarzweiß gedrehte *Fanfan, der Husar* (1951, R: Christian-Jacque, K: Christian Matras) stellt die Monarchie ambivalent dar. Einerseits ist sie korrumpiert, der König frönt sexuellen Abenteuern bis hin zur Entführung und schreckt auch vor einer Vergewaltigung nicht zurück, andererseits stellt die Hochzeit mit einer Prinzessin den Traum des abgebrühten jugendlichen Helden Fanfan (Gérard Philipe) dar. Auch hier wirkt das Happyend forciert: Der König adoptiert Fanfans Freundin Adline (Gina Lollobrigida), der er selbst bis vor kurzem nachstellte, dadurch erfüllt sich der Traum des Helden. Einen ganz anderen Ton schlägt *Cartouche, der Bandit* (1964, R: Philippe de Broca) an. Jean-Paul Belmondo spielt den Berufsdieb, der aus der untersten Gesellschaftsschicht zum König der Diebe aufsteigt und seine

Fanfan, der Husar (1952, R: Christian-Jacque)
Höhepunkte in einer vorwiegend auf Witz und Tempo angelegten Spielart des Abenteuergenres, zu der auch die zahlreichen Versionen der *Drei Musketiere* zählen (besonders der Film mit dem Tänzer Gene Kelly als d'Artagnan, 1948, R: George Sidney), sind noch vor den Liebesszenen mit tiefdekolletierten Schönheiten in Lustgemächern, Lauben und Heuhaufen – die virtuosen Fechtszenen, Duelle von Mann zu Mann, meist eher höfisch-elegant, manchmal auch rüpelhaft-unvorschriftsmäßig. Der junge Held muss in temperamentvoller, tänzerisch wirbelnder Aktion bezaubern, als tollkühner Kerl und fast schwereloses Springteufelchen – so gelang es auch Gérard Philipe in einer seiner ersten großen Rollen als strahlender junger Held, Kampf in fröhliche Artistik zu verwandeln. Welch ein Gegensatz zum modernen Krieg: die humoristische, die ironische Alternative des Waffengangs auf Leben und Tod, rückversetzt in die angeblich heitere Zeit des Ancien Régime der französischen Monarchie.

Beute mit den Armen teilt. Seine Liebe zu einer Adeligen wird seiner eigenen Frau (Claudia Cardinale) zum Verhängnis. Cartouche und seine Bande versenken ihren Leichnam in einer goldenen Kutsche in einem See und ziehen los, um sie zu rächen. Das Ende bleibt offen und in seiner apokalyptischen Stimmung kompromisslos.

In den 70er Jahren wird das ›feudale‹ Genre weiter entzaubert: In Richard Lesters burlesken Musketier-Filmen (1974, 1975, 1989) dreschen die vormals illustren Degenfechter notfalls mit derben Fausthieben auf die Gegner ein. William Thackerays Satire auf den Abenteuerroman aus dem 19. Jahrhundert diente als Vorlage für Stanley Kubricks *Barry Lyndon* (1975) und dessen Entmythologisierung des Genres. Der satte Farbton von Technicolor weicht einer realistischen Fotografie, und der integre Held, der unbestechlich für eine idealisierte Sache einsteht, verwandelt sich zum selbstbezogenen Aufsteiger. *Barry Lyndon* ist der Endpunkt, die letzte Konsequenz eines Subgenres, das sich in einem modernen Medium seines eigenen Anachronismus immer bewusst scheint und Zweifel an seinen Inhalten oft genug durchscheinen lässt.

Michael Gruteser

Literatur: Georg Seeßlen: Abenteuer: Geschichte und Mythologie des Abenteuerfilms. 3., überarb. und aktual. Aufl. Marburg 1996.

Martial-Arts-Film / Eastern. »Martial Arts« dient nicht nur als Sammelbegriff für asiatische Kampfkünste wie Kung-Fu und Tai-Chi. Die Bezeichnung definiert auch ein Subgenre des → Actionfilms. Jene Filme, die in den 70er Jahren als Eastern zum essentiellen Kanon der Bahnhofskinos gehörten, entwickelten sich über die Direct-to-Video-Veröffentlichungen der 80er und 90er Jahre zu einem festen Bestandteil des Mainstreams. Der Begriff »Martial Arts« umfasst sowohl als Genre Actionfilme mit ausgedehnten Kampfkunst-Einlagen als auch die Choreographie und Inszenierung dieser Sequenzen.

Der 1973 verstorbene Bruce Lee galt als der erste internationale Superstar des Martial-Arts-Films. Filme wie *Das Schwert des gelben Tigers* (1971) von Chang Cheh und *Die 36 Kammern der Shaolin* (1978) wurden zu Klassikern des Genres. Auf für das Hongkong-Kino charakteristische Weise kombinierten sie Elemente des Historienfilms und des Melodrams mit ausgefeilten Martial-Arts-Nummern. Im Martial-Arts-Film treffen die zahlreichen Einflüsse aus verschiedenen asiatischen Kampfsportarten auf die ballettartigen Choreographien der Peking-Oper, in deren Künsten u. a. Jackie Chan, seit den frühen 80er Jahren auch im Westen populärster Star des neuen Martial-Arts-Films, ausgebildet wurde. Im Gegensatz zur Dramatik der vor historischem Hintergrund angesiedelten Martial-Arts-Filme schuf Jackie Chan in Anlehnung an sein Vorbild Buster Keaton eine eigene komödiantische Kunstfigur. Seine Einsätze in unterschiedlichen Genres, vom klassischen Abenteuerfilm bis zum Agententhriller, verleihen den Martial-Arts-Inszenierungen eine spielerische ironische Komponente. Der selbst noch dem brutalsten Schläger mit zurückhaltender Höflichkeit begegnende Jackie Chan etablierte auf diesem Weg mit dem ihm eigenen Understatement eine charmante Alternative zum machistisch geprägten Körperkino Hollywoods.

In den 80er Jahren fanden Inszenierungsformen der Martial Arts Eingang in die von Tsui Harks *Peking Opera Blues* (1986) ausgelöste Welle von Action-Auteur-Filmen des neuen Hongkong-Kinos. Regisseure wie John Woo, Ringo Lam und Tsui Hark verwandten Genremotive wie die im Westen bereits überstrapazierte Figur des einsamen Killers aus Jean-Pierre Melvilles *Der eiskalte Engel* (1967) in Action-Melodramen, in denen die urbane Erfahrung Hongkongs im Rahmen klassischer Genreerzählungen thematisiert wurde. In den Filmen des »heroic bloodshed«, wie sie Woo mit *City Wolf* (1986) und *Blast Killer* (1989) maßgeblich prägte, gestalten sich die Shootouts als äußerst stilisierte, durch den Einsatz der Zeitlupe zu einer dramatischen Ewigkeit ausgedehnte, choreographisch in der Tradition der Martial Arts bis ins Detail durchkompo-

Bruce Lee – Todesgrüße aus Shanghai (1972, R: Wei Lo): Bruce Lee

Kämpfer, die durch die Luft fliegen, gleich, ob sie mit dem Schwert oder der Faust (Kung Fu) attackieren, sind typisch für die im Westen zuerst wahrgenommenen Martial-Arts-Filme: Kampfsportfilme des Hongkong-Kinos. Das hohe Tempo der Akteure und die schnelle Schnittfrequenz erzeugen ein rasantes Ballett der Sprünge, Drehungen und Schläge, das mitunter den Atem raubt – die Erzählung, die diese sausende Maschinerie der Körper in Bewegung setzt, bleibt oft oberflächlich. Die meist fiktiv historische, bisweilen zeitgenössische Handlung verbietet anscheinend den Gebrauch von Schusswaffen. Eine konservative Variante von Kampf: Es geht nicht um das Treffen in der Ferne, sondern das Aufeinandertreffen in der Nähe. Später hängen die Darsteller, um noch ausgepichtere akrobatische Leistungen zu zeigen, an Drähten, die ihnen erlauben, senkrechte Mauern hochzulaufen: förmlich Zauberkunststücke, die die Schwerkraft ignorieren, Menschen, die im Raum frei umherschnellen, als seien sie Geister, zugleich ein Stück grandioser Zirkus im Film.

nierte Nummern. Die sensiblen Stars des neuen Hongkong-Films wie Woos favorisierter Darsteller Chow Yun-Fat gaben mit ihrem ironisch gebrochenen → Pathos dem Actionfilm eine Ernsthaftigkeit zurück, die in den Produktionen Hollywoods nur noch in Ausnahmefällen vorhanden war.

In den späten 80er und frühen 90er Jahren gehörten die Actionfilme aus Hongkong zu den innovativsten ihrer Art. Sie begründeten eine eigene Ästhetik, die die dynamische Präsenz der Darsteller akzentuierte. Im Gegensatz zum im Verlauf der 80er Jahre immer stärker auf pyrotechnische Effekte und Explosionen fixierten westlichen Actionfilm, stellten die Produktionen des Hongkong-Kinos raffinierte Stuntarbeit und komplexe Martial-Arts-Darbietungen in den Mittelpunkt der Inszenierung. In den Produktionen von Tsui Hark wie der *Once Upon a Time in China*-Serie oder den *A Chinese Ghost Story*- und *China Swordsman*-Filmen von Ching Siu-Tung ging der Martial-Arts-Film die abenteuerlichsten Kombinationen mit Fantasy, Horror, Komödie, Drama und Historienfilm ein und brachte neue Stars wie Jet Li und Michelle Yeoh hervor. Mit einigen Jahren Verspätung entdeckte der westliche Mainstream das Hongkong-Kino als Frischzellenkur für den zunehmend desolaten Actionfilm. Nach zahlreichen anfänglichen Unsicherheiten wurden die Martial-Arts-Inszenierungsformen des Hongkong-Films Ende der 90er Jahre zum festen Bestandteil von Hollywood-Produktionen. Der Choreograph Yuen Wo-Ping arrangierte Martial-Arts-Sequenzen für Ang Lee und die Wachowski-Brüder. John Woo etablierte sich mit *Im Körper des Feindes* (1997) und *Mission Impossible 2* (2000) als → Blockbuster-Regisseur. Die ehemalige → Independent-Firma New Line Cinema unterstützte Jackie Chan, der in den frühen 80er Jahren lediglich als → Sidekick in der Burt-Reynolds-Klamotte *Auf dem Highway ist die Hölle los* zum Einsatz kam, bei seinen ersten amerikanischen Produktionen. Jet Li konnte, nachdem er in *Lethal Weapon 4* (1998, R: Richard Donner) als in Martial Arts erprobter Klischee-Bösewicht gegen Mel Gibson antreten musste, mit dem US-Release seines Martial-Arts-Comicstrips *Black Mask* (1996, R: Daniel Lee) und der Warner-Produktion *Romeo Must Die* (2000, R: Andrzej Bartkowiak) erste Erfolge in Hollywood feiern.

Michelle Yeoh und Chow-Yun Fat, der einmal als einer der *Replacement Killers* (1998, R: Antoine Fuqua) im Action-B-Film herhalten musste, vollzogen in Ang Lees *Tiger & Dragon* (2000) schließlich die erfolgreiche Zusammenführung von Martial-Arts-Stunts und westlichem Kino. Die Beobachtungen des Kritikers Michael Althen zur Inszenierung der Martial Arts in *Tiger & Dragon* bilden zugleich ein treffendes Fazit zur Ästhetik des Hongkong-Kinos: »Man kann richtig zusehen, wie bei den Auseinandersetzungen der Raum schrumpft und die Zeit sich dehnt – als sei dem Film plötzlich eine weitere Dimension zugewachsen« (»Süddeutsche Zeitung«, 10. 1. 2001).

Andreas Rauscher

Literatur: Stefan Hammond / Mike Wilkins: Sex und Zen und eine Kugel im Kopf. Der Hongkong-Film. München 1999. [Amerikan. Orig. 1996.] – Ralph Umard: Film ohne Grenzen. Das neue Hongkong-Kino. Lappersdorf 1996. – Stephen Teo: Hong Kong Cinema. The Extra Dimensions. London 1997. – David Bordwell: Planet Hong Kong. Cambridge (Mass.) / London 2000. – Ang Lee / David Bordwell [u. a.]: *Crouching Tiger, Hidden Dragon*. A Portrait of Ang Lee's Epic Film. New York 2001.

Maske. 1) Schminken und/oder Modellieren des Gesichts und/oder des Körpers eines Schauspielers für die verschiedenen Phasen der Dreharbeiten, um ihn physisch an seine Rolle anzupassen. Im frühen Stummfilm wurde die Maske vernachlässigt, da es kaum Nah- und Großaufnahmen gab. Als Erster wandte der vom Theater stammende Georges Méliès die Maske systematisch für seine kurzen Filme an (z. B. *Die Reise zum Mond*, 1902). Die Maskenbildnerei teilt sich in zwei Grundrichtungen: erstens in die traditionellen Schminkarbeiten naturalistischer Ausprägung, mit deren Hilfe beispielsweise Orson Welles und Laurence Olivier in die Shakespeare-Figur *Othello* (1952, R: Orson Welles; 1965, R: Stuart Burge) verwandelt wurden, zweitens in das → Special-Effects-Make-up, das hauptsächlich in → Horror-, → Science-Fiction- und → phantastischen Filmen eingesetzt wird und das in den letzten Jahrzehnten zunehmend an Bedeutung gewonnen hat.

Verantwortlich für die Maske ist der Maskenbildner, auch Visagist oder Make-up Artist genannt. Maske bezeichnet dabei auch die Räumlichkeiten, in denen er arbeitet (»in die Maske gehen«). Diese haben ihren festen Platz innerhalb eines Filmstudios, bei Außenaufnahmen ist die Maske in einem Wohnwagen oder Bus untergebracht. Bei großen Stars ist es üblich, dass jeder von ihnen einen persönlichen Betreuer für das Make-up hat, der im Nachspann genannt wird. Die Aufgaben des Maskenbildners bestehen darin, in der Pre-Production-Phase die Maske (einschließlich falscher Haarteile wie

Bärte und Perücken) zu entwerfen und vorzubereiten, während der Filmarbeiten die Schauspieler vor ihren Auftritten zu schminken, nach den Takes die Maske zu kontrollieren und – falls nötig – nachzuschminken oder die Maske der Handlung anzupassen, z. B. durch das Auftragen von Schweißperlen bei Szenen mit besonderer innerer Anspannung oder körperlicher Anstrengung. Die Zeit für die Maske muss sorgfältig in der Disposition eines Drehtages eingeplant werden, damit der Schauspieler rechtzeitig zum täglichen Drehbeginn fertig ist.

Für die überwiegende Anzahl der Spielfilme heißt Anpassung an die Erfordernisse einer Filmrolle, die physische Attraktivität des Darstellers zu erhöhen, nicht zuletzt auch um den Box Office Value der → Stars zu sichern. Blasse Haut, Falten und Fältchen, Tränensäcke und Hautunreinheiten werden überschminkt, Haarprobleme mit Hilfe künstlicher Haarteile diskret gelöst (wie z. B. Sean Connerys Toupet in *Sag niemals nie*, 1982). Bei Nackt- und Liebesszenen wird meist sogar der ganze Körper geschminkt. Gelegentlich verlangt die Rolle aber genau das Gegenteil, wie z. B. Mia Farrows auf besondere Hässlichkeit abzielender Part in Claude Chabrols *Doktor Popaul* (1972). Vor allem im klassischen Hollywoodkino diente die Maske vorrangig dazu, ein Starimage mit Wiedererkennungswert zu schaffen. Rita Hayworth beispielsweise war von Natur aus ein Latinotyp mit tiefem Haaransatz; erst nach kosmetischen Eingriffen und rot gefärbten langen Haaren wurde sie in Filmen wie Charles Vidors *Es tanzt die Göttin* (1944) und *Gilda* (1946) zur »Love Goddess«. Das äußere Styling des Stars kann einen regelrechten Modetrend

---

Die Horrorphantastik hat die Maskenbildnerei nicht für sich allein gepachtet, obwohl es besonders lohnend scheint, den Schreckgespenstern der Nacht Gestalt zu verleihen. Aber selbst die Strähne über den Augen der Diva will in ihrem hübschen Schwung für die Großaufnahme fixiert oder der Schweiß auf der Stirn kunstvoll aufgesprüht sein. Große Verwandlungen stellen andere Herausforderungen an die ›Maske‹: Verwandlungen von Menschen in Tiere, von Männern in Frauen, von Frauen in Männer, von jungen Menschen in alte oder von alten in junge. Eine Maske, die dazu zwingt, regelrecht einen Positionswechsel zu vollziehen, verlangt nicht nur äußere Angleichung an die neue Rolle – häufig sind die Erzählungen, die solche Metamorphosen des Gesichts, des Körpers erfordern, darauf aus, mit der äußeren auch eine innere Anpassung an die Kunstfigur zu suggerieren, die die Maske aufzwingt. Der Mann, der längere Zeit eine Frau spielt, z. B. der Held in *Tootsie*, wird zum reiferen Menschen, ihm gelingt, was ihm als Mann nicht gelingen wollte – er entwickelt allmählich eine Doppelidentität, die ihn menschlich bereichert, wenngleich sie beim Anknüpfen von Liebesbeziehungen gelegentlich stört.

Tootsie (1982, R: Sydney Pollack): Charles Durning, Dustin Hoffman

auslösen, beispielsweise Jean Harlows in dünne Bögen gezupfte Augenbrauen in den 30er Jahren und Jean Sebergs Kurzhaarfrisur in den 60er Jahren. Entscheidend für den Erfolg der Maske ist in jedem Fall ihre Glaubwürdigkeit. In Mike Figgis' *Leaving Las Vegas* (1995) soll der Zuschauer z. B. dem Hauptdarsteller Nicholas Cage den Alkoholiker im Endstadium ansehen. Die Herausforderung an das Make-up ist besonders groß, wenn – wie in Mel Gibsons *Der Mann ohne Gesicht* (1993) – Wunden oder Narben das Erscheinungsbild der Figur entscheidend verändern, wenn ein Darsteller gleich mehrere Rollen spielt, wie Sabine Azéma und Pierre Arditi in Alain Resnais' Filmen *Smoking* und *No Smoking* (1993), wenn eine möglichst große Ähnlichkeit mit einer historischen Persönlichkeit erzeugt werden soll (wie in Richard Attenboroughs *Gandhi*, 1982), oder wenn Männer Frauenrollen spielen und umgekehrt, beispielsweise Dustin Hoffman in Sydney Pollacks *Tootsie* (1983) oder Barbra Streisand in ihrem Regiedebüt *Yentl* (1983). In Neil Jordans *The Crying Game* (1992) ist eine über alle Zweifel erhabene weibliche Maske für den Schauspieler Jaye Davidson in der Rolle der transsexuellen Friseuse Dil dramaturgisch unabdingbar. Glaubhaft muss die Maske auch dann wirken, wenn Schauspieler in unterschiedlichen Altersstufen gezeigt werden: In Michael Apteds *Nashville Lady* (1980) unterstützt das Make-up die Schauspielerin Sissy Spacek darin, die Countrysängerin Loretta Lynn sowohl als 13-Jährige als auch später als reife Frau zu verkörpern; in Arthur Penns *Little Big Man* (1979), Tony Scotts *Begierde* (1983) oder Kenneth Branaghs *Schatten der Vergangenheit* (1990) ›altern‹ die Darsteller Dustin Hoffman, David Bowie und Andy Garcia im Laufe des Films zu über Hundertjährigen. Dieses so genannte Alters-Make-up fällt in den Bereich des Special-Effects-Make-up, für das es seit 1981 eine eigene Kategorie bei der Academy-Award-Verleihung (→ Oscar) gibt. Special-Effects-Make-up-Künstler realisieren für die Filmleinwand Effekte, die mit den Mitteln der Schminke nicht mehr hervorzubringen sind, wie die Simulation von schweren Verletzungen oder Verstümmelungen (z. B. in John Carpenters *Halloween – Die Nacht des Grauens*, 1978), und sie erschaffen Phantasie- und Fabelgestalten. Beispiele dafür sind in Tiere verwandelte Menschen (in John Landis' *American Werewolf*, 1981) oder vom Teufel besessene Kinder (in William Friedkins *Der Exorzist*, 1973), extrem verkrüppelte oder missgestaltete Wesen (in David Lynchs *Der Elefantenmensch*, 1980), oder futuristisch-phantastische Geschöpfe wie der Drac in Wolfgang Petersens *Enemy Mine – Geliebter Feind* (1985), Freddy Krueger in Wes Cravens *Nightmare – Mörderische Träume* (1984), und Vampire der 90er Jahre (in Francis Ford Coppolas *Bram Stoker's Dracula*, 1992).

Zu den bekannten Namen dieses Fachs zählen Dick Smith, der berühmt für sein Alters-Make-up ist und das grundlegende »Monster Make-up Handbuch« geschrieben hat, Rick Baker, der auf Affen spezialisiert ist (*Gorillas im Nebel*, 1988, R: Michael Apted) und Stuart Freeborn (*Dr. Seltsam oder: Wie ich lernte, die Bombe zu lieben*, 1963, R: Stanley Kubrick; *Krieg der Sterne*, 1976, R: George Lucas). Die Hauptmaterialien dieser Künstler sind Latex, Schaumgummi, Vinyl, Fiberglas und Urathen-Schaum, Stoff und jede Menge künstliches Blut; sie verwenden Kontaktlinsen, um die Augenfarbe zu verändern. Daraus kreieren sie aufwendige Special-Effect-Masken, die anhand eines vorher erstellten Gipsabdrucks maßgenau an das Gesicht und den Körper eines Schauspielers angepasst sind. Die Gesichtsmasken ermöglichen eine lebendige Mimik, da sie aus mehreren Teilen bestehen. Ihr Anlegen ist eine sehr zeitintensive Prozedur: Bis zu zehn Stunden täglich dauerte beispielsweise Robert de Niros Verwandlung in das aus Leichenteilen zusammengenähte Monster für Kenneth Branaghs *Mary Shelley's Frankenstein* (1994). Dabei handelte es sich um eines der aufwendigsten »prothetischen« Make-ups der 90er Jahre, mit dem sich die Künstler Daniel Parker und Paul Engelen von der berühmten Maske, die Jack Pierce für Boris Karloff in James Whales *Frankenstein* (1931)

aus ein Paar Stiefeln, Schrauben und schwarzer Schuhcreme schuf, bewusst unterscheiden wollten. Ausgehend von den Ende des 18. Jahrhunderts bekannten chirurgischen Techniken stellten sie ein Ganzkörper-Make-up aus Silikonkautschuk her. Um optisch störende Nähte zu vermeiden, war die hauteng anliegende Körperprothese von außen aus einem Guss, bestand aber von innen aus vielen Stücken. Gleichzeit war sie hautdünn, um De Niro nicht in seinen schauspielerischen Möglichkeiten einzuschränken, und zudem mit einem künstlichen Muskelsystem versehen, das eine natürliche Wirkung garantierte. Da eine solch komplizierte Maske – wie die meisten Special-Effects-Masken – nur einmal getragen werden konnte, musste für den Film eine Vielzahl von Modellen angefertigt werden.
2) Anderes Wort für Kasch. Um besondere Spezial- oder Bildeffekte, z. B. die Simulation eines Blicks durch ein Fernglas oder ein Schlüsselloch, zu erzeugen, werden Bildteile beim Drehen oder beim optischen Kopieren mit einer Maske abgedeckt.

Ursula Vossen

Literatur: Georges Sadoul: Geschichte der Filmkunst. Wien 1957. [Frz. Orig. 1949.] – Dirk Manthey (Hrsg.): Die Tricks. Hamburg 1981. – Kenneth Branagh: Mythos Frankenstein. Düsseldorf 1994. [Amerikan. Orig. 1994.] – Anthony Timpone (Hrsg.): Fangoria's Best Horror Films. New York 1994.

Massenregie. Unerfahrene Regisseure oder Kameraleute geraten bereits in Verlegenheit, wenn mehr als zwei Personen (Two-Shot) als handelnde Figuren im Bildkader zu sehen sind. Es fällt ihnen schwer, mit drei, vier oder gar einer unüberschaubar großen Menge von Gestalten umzugehen. Massenregie verlangt handwerkliche Fertigkeit (und die Hilfe etlicher Assistenten), außerdem soziales Verständnis für die Bedingungen von Massenbildung.
Masse ist ein Phänomen der Moderne. Waren es einst nur die Heere der Soldaten, sind es jetzt die Arbeitermassen in den Ballungszentren der Industrie, die Massen in den Großstädten, die sich durch die Straßen drängen, die Massen bei Aufmärschen, politischen Versammlungen und Demonstrationen, die sinnlos jubelnden Massen in den Augusttagen 1914, die in etlichen europäischen Ländern den Krieg herbeiwünschten, die Kohorten von Toten, die technischen Katastrophen (Eisenbahn- und Schiffsunglücken) oder dem Massenschlachten des Ersten Weltkriegs zum Opfer fielen, die Massen der Flüchtlinge – all diese Erfahrungen geben dem Massenbegriff spätestens seit den 20er Jahren einen Doppelsinn. Zum einen erscheint die Masse – eher skeptisch betrachtet – als abgerichtete Herde entindividualisierter, manchmal uniformierter, manchmal deformierter Figuren, zum anderen erscheint sie – eher positiv gewertet – als Schicksalsgemeinschaft am selben Ort oder als solidarischer Block, der durch die Macht seiner Zahl eine historische, moralische, politische Entscheidung zugunsten der ›kleinen Leute‹ herbeizwingen will. In den frühen → Monumentalfilmen treten die Massen oft als Ensembles gleichförmiger Wesen auf, die, etwa als Reiterscharen, eher passiv als aktiv Befehlen gehorchen oder in bestimmten Bedrängnissituationen, etwa dem Ausbruch des Vesuvs, gleichsam nach den Regeln der Panik, des »Rette sich, wer kann«, funktionieren. David W. Griffith macht auch hier eine Ausnahme: Er ist nicht nur ein vorzüglicher Gruppenregisseur, bei dem die einzelnen Individuen einer Menge im Zusammenspiel jeweils eine besondere Nuance erhalten – und zwar bis in die Tiefe des Bildes hinein –, er entdeckt gleichsam anthropologische Urformen von Massenauftritten: bei der Verfolgungsjagd, etwa der Kavallerie, die bedrängten Menschen zu Hilfe kommen will, zieht sich der Zug der Reiter auseinander, sodass sie gleichsam wie ein Bildfries an der beobachtenden Kamera vorbeirasen. Die Indianer, die einen Siedlertreck umzingeln, von Griffith oft aus extrem großer Höhe betrachtet (Top Shot), umkreisen als Massen von Angreifern die Eingeschlossenen. Hier interessiert der gemeinsame Impuls, das für alle gültige Ziel: zur Rettung zu eilen oder die Vorboten der Zi-

vilisation, der Siedler, zu vernichten usw. Ins Geometrische übersetzt: die Dynamik des Vektors, der Linie, des sich kontrahierenden Kreises oder des pulsierenden Haufens. Für Ernst Lubitschs frühe Filme ist die Masse eher ein passives und neugieriges Publikum, das herbeieilt, um ein besonderes Geschehen zu beobachten und zu verfolgen. In *Madame Dubarry* (1919) ist die Masse des revolutionären Volkes nicht mehr als ein aufgebrachter, zusammengerotteter Haufen durch Not und Armut fühllos gewordener Rachsüchtiger, die den Tod von Leuten sadistisch-lustvoll fordern. Tragik bleibt einzelnen Personen reserviert. In *Die Bergkatze* (1921), einer von Lubitschs frühen Komödien, fungiert die Masse hingegen als grotesker Opernchor, der gemeinsam jubelt oder trunken umherschwankt. Anders verfährt Sergej Eisenstein, vielleicht auch, weil er

Madame Dubarry (1919, R: Ernst Lubitsch)

»Schon ihre Zahl ist Frevel«, meinte etwas hochnäsig der Lyriker und Geistesaristokrat Stefan George – und hatte damit die ›Masse Mensch‹ im Sinn. In der Tat hat die Masse in der Moderne zugleich Neugier und Verdacht erregt, erscheint sie doch in der einen Perspektive als geballte Arbeitermacht, die die Revolution herbeiführen kann, in der anderen Perspektive aber als wankelmütiger Mob oder sogar entmenschte Meute. Die Zwiespältigkeit der Urteile über die Masse findet sich auch in den Filmen wieder. Nach dem Ersten Weltkrieg gab es viele Arbeitslose in Berlin, der größten Industriestadt Deutschlands, sodass der junge Regisseur Ernst Lubitsch in die Fußstapfen italienischer Vorgänger und zumal des Amerikaners David W. Griffith treten konnte, um mit Massen vor der Kamera Weltgeschichte zu rekonstruieren, etwa die Französische Revolution in *Madame Dubarry*. Schon hier zeichnet sich der Sinn dieses Regisseurs für dekorative Gestaltung ab: Wie bei einem wohltrainierten Corps de Ballet strecken alle in der Versammlung gleichzeitig den rechten Arm hoch. Die Masse als uniform agierendes Ensemble, das »Ornament der Masse« (Siegfried Kracauer). Im Mittelpunkt des Arrangements die Guillotine, später, etwa in Fritz Langs *Metropolis*, wird es die riesige Alarmuhr in der Unterstadt sein, wenn zahllose Kinder sich um dieses Zentrum versammeln. In der Frühzeit des Films treibt ein fast militärisches Kommando (des Regisseurs) die Massen an. In den Katastrophenfilmen ist es eher die Gewalt der Natur, die die sonst unverbundenen Individuen zur unstrukturiert flüchtenden Menge vereint.

sich einer sozialistischen Doktrin verpflichtet fühlt: In abwechselnden Schüben individualisiert er eine große Gruppe von Menschen, hebt Einzelne hervor, sieht ihnen mit der Kamera ins Gesicht, um sie dann in Totalen mit vielen anderen zusammen zu zeigen, und zwar als von außen bedrohte Gruppe von Opfern, die um ihr Leben fürchten müssen. In der Sequenz »Treppe in Odessa« aus *Panzerkreuzer Potemkin* (1926) ist diese doppelte Strategie gut zu beobachten: Aus der großen Menge von Menschen, die den herabmarschierenden Kosaken und ihren Schüssen wehrlos ausgesetzt sind, werden Einzelne während der künstlich gedehnten Sequenz, oft kurz vor ihrem gewaltsamen Ende, herausgehoben. So mäht sie zwar ein anonymer Tod nieder, die Formation der Kosaken verwandelt diese in der Tat in eine aus Einzelteilen zusammengeschweißte empfindungslose Tötungsmaschinerie, die entfernt nur noch Ähnlichkeit mit Menschen hat, doch die ›Unschuldigen‹, Bürger, Arbeiter, Frauen, Kinder, die der Tod ereilt, werden von der Kamera der Anonymität in der Masse entrissen.

Die Angst vor der ›Gleichstellung‹ von Menschen in der Massen-Gesellschaft schlägt sich in King Vidors *Ein Mensch der Masse* (1928) nieder: Der Held, den der Film auswählt, gleicht unendlich vielen anderen. Seine Sehnsüchte, Ängste und Träume gleichen denen aller Nachbarn, aller Nebenmenschen. In der Verzweiflung, in der Niederlage erfährt er eine Art Individualisierung: Er passt nicht mehr in das Schema und stellt sich daher, ohne dass er das wirklich will, hoffnungs- und ratlos gegen den Strom der Menge, der ihn umbrandet. Die fatale Suggestivität der Kollektive spielt in der Ideologie und politischen Programmatik der Zwischenkriegszeit, in den Diktaturen, aber auch den demokratischen Staaten, deren Regierungen von der Zustimmung auszählbarer Mehrheiten abhängen, eine erhebliche Rolle. Es ist daher nur gerecht, darauf hinzuweisen, dass deutsche Regisseure unzweifelhaft bürgerlicher Abkunft und Denkart eine ausgeprägte Skepsis gegen Massenauftritte hegen: Es ist ein verbreitetes Missverständnis, daß Fritz Lang in *Metropolis* (1926), dank seines oft zu beobachtenden Dranges zur geometrischen Formierung der Ensembles (wie schon im ersten Teil des *Nibelungen*-Films auffällig, als er den aus seiner Sicht dekadenten Burgundenhof und die beinahe leblosen Wachtposten als ornamentalisierte Randfiguren darstellt), eine nur ästhetisierende Sicht auf Massen entworfen habe. Die Arbeitersklaven, die auf dem Weg von oder zur Front in einheitlichen Trupps dahintrotten, ›addiert‹ aus auswechselbaren Einzelelementen, nicht identifizierbaren Menschen, verraten den Charakter der Unheilsprophetie: So werde einmal, in einer schlecht geordneten Zukunft, das Proletariat völlig zum gesichtslosen multiplen Agglomerat verdinglicht werden. Als in *Metropolis* die Unterstadt nach der Maschinenstürmerei langsam in der Wasserflut versinkt, versammeln sich die Kinder en masse flehend um Maria, die sie als Retterin ansehen: Die Ballung der Menge, die sich mit ausgestreckten ›flehenden‹ Armen oval oder kreisförmig um den Ort drängt, an dem die Kinder Hilfe erhoffen, entspricht wie bei Griffith einer Art Naturform des Verhaltens in großer Angst, die Lang in seiner Regie nachbildet. Zudem versäumt er nicht, die Gruppe der Kinder immer wieder in einzelnen kurzen Einstellungen in Porträts zu zerlegen, sodass er ihnen den Charakter der uniformen Masse nimmt, sie aber zugleich, ähnlich wie Eisenstein, zur Schicksalsgemeinschaft erklärt. Nach seiner Emigration in die USA vertieft sich Langs Misstrauen in Massen und deren ›Urteilsvermögen‹ – nicht zuletzt aus der Kenntnis des enthusiastischen Volkes genährt, das Hitler und den Seinen in Deutschland zugejubelt hat –, dokumentiert u. a. in Leni Riefenstahls Propagandafilm *Triumph des Willens* (1934). Bereits in seinem ersten amerikanischen Film *Fury* (1936) stellt Lang die Masse als irregeleiteten Mob dar. Die junge Frau, die hinzukommt und voller Entsetzen erkennt, dass hier eine wildgewordene Meute Lynchjustiz übt, nimmt die Gesichter der sie umgebenden aufgehetzten Bürgersleute als unheimliche Masken entmenschter Eiferer wahr.

Während im Monumentalfilm die Massen seit je hin- und hergeschoben werden wie disziplinierte Bataillone und in ähnlicher Weise durch die »Flüstertüte« des Regisseurs und seiner Assistenten Kommandos erhalten: Statisterie, die sich wie Rädchen ins große Getriebe einpassen muss, gibt es in der Filmgeschichte auch konträre Beispiele, bei denen die Masseninszenierung ins Groteske überzogen oder ins Spielerische entschärft wird: Für das Groteske steht etwa Buster Keatons *Buster Keaton – Sieben Chancen* (1925), in der Buster von ca. 1000 hoffnungsvollen Bräuten verfolgt wird wie von einer Stampede wildgewordener Rinder, die eine einzige Verwüstungsspur nach sich ziehen. Die spielerische Variante führt Busby Berkeley, der Choreograph und Regisseur des frühen → Musicalfilms in den USA vor: Er arrangiert seine Girltruppen nicht nach dem Vorbild des Exerzierreglements, sondern in vielfältiger Ornamentik, oft durch Top Shots von oben gesehen, als wolle er mit den Mädchenkörpern die Kunst des Spitzenklöppelns auf ein neues, das lebendige Material übertragen.

Thomas Koebner

Master Shot. Kontinuierlich gefilmte Totale einer gesamten Szene oder Sequenz, in die später dann am Schneidetisch zusätzlich Groß- und Detailaufnahmen oder Inserts eingefügt werden. Dies unterscheidet den Master Shot vom Establishing Shot. Zwar ist auch der Master Shot eine »Expositionseinstellung« (Reisz/Millar) und gibt einen Überblick über den filmischen Raum sowie die Handlungsträger, jedoch dient er lediglich als Schnittmaterial. Er wird häufig zu Beginn von Dialogsequenzen eingesetzt, so z. B. in der Exposition zu Ridley Scotts *Blade Runner* (1982), wo Detektiv Holden und Replikant Léon am Anfang, aber auch während des Verhörs immer wieder in Halbtotalen erscheinen. Francis Ford Coppola eröffnet zahlreiche Dialogsequenzen in den Filmen der *Paten*-Trilogie (1972–91) mit Nah- oder Großaufnahmen einzelner Gesprächsteilnehmer und schneidet dann im Verlauf der Dialoge mehrfach auf die Halbtotale, liefert den Master Shot also nach.

Oliver Keutzer

Literatur: Karel Reisz / Gavin Millar: Geschichte und Technik der Filmmontage. München 1988. [Engl. Orig. 1953.]

Match Cut. Verbindung zweier Einstellungen, die verschiedenen Handlungseinheiten entsprechen, also zeitlich und räumlich separiert sind, durch die Inszenierung analoger, sich entsprechender (engl. »to match«) Elemente innerhalb des Bildkader. Die parallele Verwendung von Formen, Bewegungen oder anderer Bestandteile der Kompositionen (z. B. Tönen) erzeugt Kontinuität, da die menschliche Wahrnehmung gleichartige, auf einander folgende Eindrücke als zusammengehörig begreift. Den wohl berühmtesten M. der Filmgeschichte findet man in Stanley Kubricks *2001 – Odyssee im Weltraum* (1968): Ein Menschenaffe schleudert einen Knochen, den er kurz zuvor zum ersten Mal als Waffe eingesetzt hatte, gen Himmel. Der Knochen trudelt langsam durch die Luft – in der nächsten Einstellung wird auf eine Raumstation geschnitten, die sich in einer Umlaufbahn um die Erde befindet und die Bewegung des Knochens (zumindest teilweise) aufgreift. Diese aufeinander bezogenen Bewegungen erzeugen eine Klammer zwischen den beiden Vorgängen, die Tausende Kilometer und Millionen Jahre voneinander entfernt sind. Diese Verknüpfung ist auch inhaltlicher Art: Beide Gegenstände – Knochen und Raumschiff – stellen Instrumente menschlichen Expansionsstrebens dar.

Auch auf der Tonebene sind Match Cuts möglich. Sergio Leone verbindet in der Exposition von *Es war einmal in Amerika* (1984) drei verschiedene Zeitebenen und Orte durch das Klingeln eines Telefons. Weiterhin kann auch bei Überblendungen von Match Cuts gesprochen werden: So lässt z. B. James Cameron in *Titanic* (1997) Einstellungen des Schiffswracks – digital nachbearbeitet – in Aufnahmen des einsatzbereiten Luxusliners übergehen. Form, Größe und Position des Schiffs bleiben dabei ebenso im Bildkader erhalten wie Kameraperspektiven und Einstellungsgrößen.

Oliver Keutzer

Literatur: Karel Reisz / Gavin Millar: Geschichte und Technik der Filmmontage. München 1988. [Engl. Orig. 1953.] – David Bordwell: Classical Hollywood Cinema. Narrational Principles an Procedures. In: Philip K. Rosen (Hrsg.): Narrative, Apparatus, Ideology. A Film Theory Reader. New York 1986.

Medienreligion. Realität, Gestalten und Probleme einer »Medienreligion« werden in Deutschland – anders als in Amerika – erst in den letzten Jahren deutlicher wahrgenommen und eingehender diskutiert. Dabei geht es weniger um die Nutzung der elektronischen Medien für die Belange und Zwecke der formierten und institutionalisierten Religionen, wie dies z. B. in Sendungen des Kirchenfunks und entsprechender Sendeabteilungen geschieht. Das Besondere der Medienreligion liegt vielmehr darin, dass sie sich als herausragende Gestalt einer spezifisch postmodernen, diffusen und »vagierenden« Religiosität in der Vielfalt der Kino- und Fernsehprogramme implizit und indirekt darstellt und deshalb eher unterbewusst bleibt, als dass sie unmittelbar wahrgenommen wird. Weder den Fernsehmachern und Programmgestaltern noch den Zuschauerinnen und Zuschauern dürfte diese religiöse Prägung einer scheinbar rein säkularen Medienwirklichkeit heute klar erkennbar sein. Ihre Gestalten zu beschreiben, das hier einschlägige Verständnis von Religion genauer zu charakterisieren und die damit verbundenen vielfältigen, auch ethischen Probleme eindringlich zu diskutieren bleibt einer eingehenden wissenschaftlichen Untersuchung aufgetragen.

Maßgeblich für die Entdeckung und Beschreibung der in den Medien, vor allem in Kino und Fernsehen, sich darstellenden Religion ist ein funktionales Religionsverständnis. Dieses besagt, dass übergreifende Sinngebungen im Leben des Einzelnen wie der Gemeinschaft seit alters her durch Religion geprägt und getragen wurden. Überall, wo Menschen über das unmittelbar Vorhandene und Alltägliche hinausdenken und -handeln, wo es um Gewinnung und Bewahrung unverwechselbarer Identität geht, um Bewältigung der vielfältigen Zufälligkeit der Wirklichkeit, um die Integration des Individuums in ein übergreifendes soziales Gefüge oder aber um die Begründung und Stabilisierung eines umgreifenden Deutungshorizontes für die Vielfalt und Zerrissenheit der Wirklichkeit, also um die Herstellung von Einheit in täglich erfahrener Zerrissenheit, ist demnach Religion mit im Spiel – bewusst oder unbewusst. Ein funktionales Religionsverständnis vermag daher Religion mitten im Säkularen zu erkennen und zu beschreiben. Ihr wird nicht unbedingt ein formiertes Glaubensbekenntnis zugeordnet oder eine mehr oder weniger institutionalisierte Gemeinschaftsform und auch kein eigener, als Religionsausübung klar erkennbarer Kult. Nur ein solcher Ansatz macht es möglich, das religiöse Moment in der medialen Wirklichkeit zu erfassen.

Angefangen von religiösen Implikaten in der Werbung und von der anschaulichen Vermittlung ansprechender Sinngestalten des menschlichen Lebens in Spielfilmen über die Zusage letzter Ordnung und Gerechtigkeit in Kriminalfilmen und die vitale Erfahrung eines »anderen Lebens« in den unzähligen Spielshows bis hin zu den ganz auf existentiell-biographisch geartete Problembewältigung zielenden Talkshows vermitteln sich in diesem Medium grundlegende Momente und Elemente von Religion. Auf diese Weise »übernehmen die Medien vielfach die Funktion von Beheimatung und Stabilisierung, von Sinnstiftung und Integration in einen Lebenszusammenhang, wie das in früheren Zeiten vom Symbolhandeln und vom Ritual geleistet wurde. [...] Das Fernsehen produziert gesellschaftlich eine neue, symbolische Ordnung der Welt und des Lebens. Die Eckpunkte dieser Ordnung werden überall verstanden. Sie basieren auf einer weltweit austauschbaren Sprache, die für jede Kulturtradition übersetzungsfähige Archetypen entwickelt. Das Medium wird dabei als Vergewisserung in einer labyrinthischen Lebenswelt genutzt, wobei es in der Medienwahrnehmung zunächst weniger um Wissen und Inhalte geht, sondern um stabilisierende Erfahrungen, Gefühle des Dabeiseins und der Bestätigung. [...] Insgesamt werden die Medien in der medienreligiösen Deutung als ein Stück neuer religiöser Vergewisserung betrachtet« (Schmidt).

Weitgehend noch unbewältigte Probleme ergeben sich nicht nur hinsichtlich einer gesicherten Wahrnehmung und Deutung einzelner Gestalten und Realisierungsweisen dieses Medienreligiösen in den verschiedenen Sparten der Film- und Fernsehproduktion. Bedeutsam bleibt zugleich – sowohl theologisch-kirchlich als auch religionswissenschaftlich gesehen – die Frage, wie formierte Religionen wie etwa das Christentum mit diesen Gestalten des Säkularreligiösen umzugehen gedenken. Sie signalisieren offenbar eine weithin verbliebene, wenn auch verborgene religiöse Sensibilität, die der raschen Behauptung einer umfassenden Säkularisierung zu widersprechen scheint, obwohl sie mit einer kaum zu leugnenden Entkirchlichung sowie einem gesamtgesellschaftlichen Schwund christlichen Bewusstseins in Deutschland einhergeht. Noch weitgehend ungelöst sind auch jene Fragen ethischer Natur, die sich aus der besonderen Struktur und der Verborgenheit des Medienreligiösen ergeben. Wo das Medium selbst und die für das Fernsehprogramm Verantwortlichen nachweislich eine religiös gefärbte, den Grundfunktionen der Religion entsprechende ›Botschaft‹ vermitteln, übernehmen sie – selbst wenn dies wohl meist unbewusst und ohne irgendwelche religiöse Ambitionen geschieht – besondere Verantwortung, deren Gestalt und Umfang noch kaum bedacht, geschweige denn einlässlicher diskutiert wurde.

Arno Schilson

Literatur: Wolf-Rüdiger Schmidt: Art. Religion. 5. Religion in den Medien. In: Theologische Realenzyklopädie. Bd. 22. Berlin / New York 1992. – Horst Albrecht: Die Religion der Massenmedien. Stuttgart/Berlin/Köln 1993. – Eckhard Bieger [u. a.] (Hrsg.): Zeitgeistlich. Religion und Fernsehen in den neunziger Jahren. Köln/Bonn 1993. – Siegfried von Kortzfleisch / Peter Cornehl (Hrsg.): Medienkult – Medienkultur. Berlin/Hamburg 1993. – Günter Thomas: Die Wiederverzauberung der Welt? Zu den religiösen Funktionen des Fernsehens. In: Peter Bubmann / Petra Müller (Hrsg.): Die Zukunft des Fernsehens. Beiträge zur Ethik der Fernsehkultur. Stuttgart/Berlin/Köln 1996. – Arno Schilson: Eine neue Dimension. Das Medienreligiöse und der christliche Glaube. In: Herder-Korrespondenz 50 (1996) 626–629. – Arno Schilson: Medienreligion. Zur religiösen Signatur der Gegenwart. Tübingen/Basel 1997. – Günter Thomas: Medien – Ritual – Religion. Zur religiösen Funktion des Fernsehens. Frankfurt a. M. 1998. – Günter Thomas (Hrsg.): Religiöse Funktion des Fernsehens? Medien-, Kultur- und religionswissenschaftliche Perspektiven. Wiesbaden 2000.

Medium Film. Den Film als ein Medium zu betrachten heißt, eine Außenperspektive einzunehmen. Viele Cineasten lehnen diese Sichtweise grundsätzlich ab und bestehen darauf, den Film und das Kino aus ihrer eigenen Logik heraus zu begreifen, als ein ästhetisches Phänomen, das eigenen Gesetzmäßigkeiten folgt und keiner historischen Rechtfertigung bedarf.

Nimmt man diesen Vorbehalt ernst, kann eine medientheoretische Annäherung nur eine zusätzliche Perspektive liefern. Anstatt den Film unter einen allgemeinen Medienbegriff zu subsumieren, wäre es Aufgabe der Medientheorie zu beschreiben, was den Film mit anderen Medien verbindet und was ihn von anderen Medien trennt und welchen historischen Ort er in der Geschichte der Medien einnimmt.

Als Erstes wird meist die Frage gestellt, auf welche Weise der Film in die Welt kam. Sie richtet sich zunächst an die Vor- und Frühgeschichte des Films. Sicher ist, dass der Entwicklung von Kamera und Projektor eine lange Kette technischer Vorläufer vorausging, die von der Camera obscura über optische Spielzeuge und Jahrmarktsattraktionen bis hin zur Laterna magica reicht. Drei grundlegende Techniken wurden im Medium Film vereinigt: die Technik der fotografischen Abbildung, zum zweiten die

Techniken der Bewegungsillusion, die im Lebensrad, dem Zoetrop, dem Praxinoskop und dem Daumenkino (patentiert 1868) entwickelt worden waren und im Mutoskop, einem Guckkastenautomaten nach dem Abblätterprinzip, eine bereits kommerzielle Auswertung erreichten, und drittens schließlich die Projektion, die das Kino von der Laterna magica übernahm. Die Serienfotografien Étienne Jules Mareys und Eadweard Muybridges werden ebenso zur technischen Vorgeschichte gezählt wie das Panorama, das die Wahrnehmung des Publikums auf den Film vorbereitet hat.

Sofort aber stößt man auf methodische Probleme. Denn ist es nicht eine medienhistorische Konstruktion, all diese Techniken zu einer ›Vorgeschichte‹ zu summieren, ausgerichtet auf die schließliche Entwicklung des Films? Viele Medientheorien jedenfalls stellen die Technik in den Mittelpunkt der Betrachtung. Und häufig wird die Mediengeschichte als eine Kette von ›Erfindungen‹ konzipiert; es wird aufgelistet, zu welchem Zeitpunkt welcher Tüfler-Ingenieur welche Neuerungen eingeführt hat und mit welcher ästhetischen Konsequenz; und die Mediengeschichte erscheint als ein Reservoir von ›Mitteln‹, aus dem die Produzierenden sich mehr oder minder souverän bedienen.

Und ebenso werden die Medien meist nach einem impliziten Fortschrittsmodell entlang einer aufsteigenden Linie aufgereiht: Die Fotografie übertrifft die traditionellen Weisen der Bildproduktion, weil sie eine technisch-mühelose Herstellung von Bildern erlaubt; diese sind überwältigend realistisch und technisch reproduzierbar, allerdings ›fehlt‹ ihnen die Bewegung. Der Film tritt in diese Lücke ein. Gegenüber der Fotografie bedeutet der Film einen technischen Fortschritt und einen neuerlichen Zuwachs an Realismus; eine Abbildung immer näher am Abgebildeten scheint insofern das Ziel, auf das sich die Entwicklung der Medientechnik zubewegt.

Und entsprechend wird innerhalb der Filmgeschichte weitergedacht: dem Stummfilm ›fehlt‹ der Ton, um der Realität völlig zu gleichen, dem orthochromatischen Filmmaterial fehlen die Hauttöne, worauf das panchromatische Material entwickelt wird; dem Schwarzweißfilm fehlt die Farbe, den Normalformaten die breite Leinwand – sodass die Technikgeschichte als eine schrittweise Komplettierung und Vervollständigung erscheint. Allerdings wird, wie der Theoretiker Jean-Louis Comolli höhnisch angemerkt hat, auf diese Weise immer erst im Rückblick klar, was den zurückliegenden Stufen ›gefehlt‹ habe. Und das implizite Kriterium, die Nähe zur Realität, fällt aus der technischen Überlegung völlig heraus.

All dies deutet darauf hin, dass eine Mediengeschichte des Films anders wird konstruiert werden müssen. Was als technischer Fortschritt empfunden, vom Publikum angenommen und kulturell wirksam wird, muss auf seine Bedeutung in einem weiten kulturellen Kontext befragt werden; die Überlegung geht damit von der Technik auf den kulturellen Umraum über, und die Technik selbst wird in diesem Rahmen neu bestimmt werden müssen.

Die Bildmedien, dies ist früh gesehen worden, entwickeln sich als eine Alternative zu Sprache und Schrift. Für die Jahrhundertwende, die Geburtsstunde des Films, konstatiert die Literaturtheorie eine tief greifende Krise der Sprache, die sich in der Literatur, aber auch in kulturkritischen Essays und Stellungnahmen niederschlägt. Entsprechend scharf wird die Differenz des Kinos zur Literatur und zum Sprechtheater artikuliert. Mit den stummen Bildern wird die Hoffnung verbunden, nun über ein konkreteres und sinnlicheres Medium zu verfügen, ein Medium näher an der Intuition, und weiter entfernt von den Konventionen der Sprache, die als verhärtet empfunden werden und als ein feststehendes Raster den Zugang zur Welt zunehmend verstellen.

Wenn dem neuen Medium also sein besonderer → Realismus zugute gehalten wird, so in diesem Rahmen. Die Bilder des Kinos kommunizieren mit der Welt unmittelbar; und eine neue Sprache schien gefunden, die die Defekte der traditionellen Sprache vermied.

Ein zweiter wichtiger Punkt ist die Funktion, die das Kino für die Konstituierung von

→ Öffentlichkeit übernimmt. Anders als das Theater versammelt das Kino ein anonymes → Publikum aus allen gesellschaftlichen Schichten, es schließt – dies ist die Utopie der Massenmedien – niemanden aus und wird zu einem Teil des Alltags. Gleichzeitig ist das Kino das geschichtlich letzte Medium, das sein Publikum tatsächlich körperlich an einem Ort zusammenführt. Rundfunk und Fernsehen bereits werden ihre Rezipienten zu Hause aufsuchen, womit die objektiv kollektive Rezeption und die Erfahrung der konkreten Rezeptionssituation endgültig auseinander fallen.

Und es ist ein besonderer Ort, an den das Kino sein Publikum führt. In der Dunkelheit des Kinosaals finden auch solche Bedürfnisse Zuflucht, die mit dem Film auf der Leinwand nur sehr mittelbar zu tun haben; individuelle Kino-Biographien berichten von Ruhe und Träumerei, vom Schlaf, vom lustvollen Umschalten zwischen Kino und Stadt und, nicht zuletzt, von den sexuellen Konnotationen des dunklen Raumes, die von Beginn an der Schrecken der Kinogegner waren.

Walter Benjamin hat gezeigt, dass sich das Publikum trotz des Schweigegebotes über das Dargebotene verständigt. Die Reaktionen der anderen Zuschauer sind ein zweiter Film neben dem Film auf der Leinwand und eine Möglichkeit, die eigenen Wahrnehmungen zu überprüfen; dass diese Verständigung ohne Worte geschieht, verschiebt die Aufmerksamkeit auf die Körper und die weniger artikulierten Äußerungsformen, ähnlich wie der Film selbst auf die Sprache der Körper setzt.

Die psychoanalytische → Filmtheorie hat den Kinoraum mit Platons Höhle verglichen und von dort aus mit dem Wunsch, in die Wärme des mütterlichen Leibs zurückzukehren. Die handlungsgehemmte und regressive Situation im Kinosessel erinnert an den Erfahrungsmodus sehr kleiner Kinder, die, ebenfalls aufs Schauen beschränkt, ihre äußeren Wahrnehmungen von den Vorgängen im Körperinneren noch nicht zuverlässig unterscheiden können – all dies macht das Kino zu einem Ort, an dem eine Rückkehr zu überwundenen Stadien der eigenen Entwicklung möglich wird; und Félix Guattari hat das Kino entsprechend als eine »Couch der Armen« bezeichnet.

Dass das Kino mit dem Unbewussten zumindest ebenso viel zu tun hat wie mit dem Bewusstsein, ist oft hervorgehoben worden. Kein anderes Medium, außer wahrscheinlich der Rockmusik, arbeitet in vergleichbarer Weise mit dem Körper und mit unmittelbaren Emotionen; Lachen, Weinen und Erschrecken sind für das Kino von zentraler Wichtigkeit, und die hemmungslose Sentimentalität mancher Genres zielt vor allem auf diese für den Rezipienten kaum kontrollierbaren Reaktionen ab.

Das Kino ist eine Emotionen-Maschine. Dabei geht es weniger um Katharsis, als darum, das bewusste Erleben mit den abgespaltenen, unbewussten Anteilen noch einmal in Kontakt zu bringen. Und wenn das Kino tatsächlich kollektiv-therapeutische Wirkungen hat, dann vor allem im Kontrast zu Medien wie der Schrift und dem Computer, die die Barriere zwischen dem Bewusstsein und dem Unbewussten eher verfestigen. Der Bezug auf das Unbewusste macht die Besonderheit des Kinos und sein besonderes Privileg im Konzert der Medien aus.

Fragt man nach diesen Überlegungen noch einmal nach der Rolle der Technik, so erscheint diese in einem veränderten Licht. Film und Kino sind nicht einfach Fotografie plus Bewegung, sondern eine sehr spezifische technische Anordnung, die in einem engen Bezug zu spezifischen Bedürfnissen des Publikums sich entwickelt hat. Die Technik ist eingebettet in eine kulturell-gesellschaftliche Gesamtsituation, die die Technik überhaupt nur am Leben hält und das Medium in ein komplexes Netz von Bezügen einspannt.

Film und Kino bedienen sich, wie viele Medien, der Technik vor allem in der technischen Reproduktion. Dass mit geringem Aufwand eine große Zahl von Kopien hergestellt werden kann und ein einzelner Film ein Millionenpublikum erreicht, ist die Voraussetzung dafür, allen Aufwand in die Produktion selbst investieren zu können. Filme werden industriell-arbeitsteilig und mit großem Kapitaleinsatz hergestellt. Für die Ökonomie des Diskurses bedeutet dies, dass relativ wenige Filme in Umlauf kommen, diese aber – kondensiert – eine ungeheure Aufhäufung lebendiger Arbeit enthalten; eine Zusammenballung von Ideen, Fähigkeiten und Sorgfalt, die dem Endprodukt, dies ist die Hoffnung, eine hohe Signifikanz verleiht.

Der Preis ist, dass dem Publikum nur die ›kalte‹, technische Kopie begegnet. Die Schauspieler sind bei der Kinovorführung nicht anwesend, sondern nur ihre Schatten in der Bilderschrift des Films. Dies macht die Kälte der technischen Reproduktion aus und ihre Nähe zum Totenreich der Schrift.

Beide Momente gilt es insofern zusammenzudenken: Auf der einen Seite die lebendigen Subjekte auf der Leinwand, die mit den lebendigen Subjekten im Kinoraum sehr direkt interagieren, auf der anderen Seite die Kälte der Technik und der gesellschaftlichen Distribution, die beide unwiderruflich trennt. Und das Kino ist eine Maschinerie, die beide Momente fast mühelos vereinigt.

Hartmut Winkler

Literatur: Walter Benjamin: Das Kunstwerk im Zeitalter seiner technischen Reproduzierbarkeit. (Erste Fassung). In: W. B.: Gesammelte Schriften. Bd. 1,2. Frankfurt a. M. 1980. [1936.]. – Jean-Louis Comolli: Technique et idéologie. Caméra, perspective profondeur du champ. In: Cahiers du Cinéma Nr. 229–241. Mai 1971 – Sept./Okt. 1972. – Jean-Louis Baudry: Das Dispositiv. Metapsychologische Betrachtungen des Realitätseindrucks. In: Psyche Nr. 11. Nov. 1994. [Frz. Orig. 1975.] – Félix Guattari: Die Couch des Armen. In: F. G.: Mikro-Politik des Wunsches. Berlin 1977. [Frz. Orig. 1975.] – Barry Salt: Film Style and Technology. History and Analysis. London 1983. – Deutsches Filmmuseum Frankfurt am Main: Perspektiven. Zur Geschichte der filmischen Wahrnehmung. Frankfurt a. M. 1986.

Melodram (von griech. »melos« ›Lied‹ und »drama« ›Handlung‹). Spielfilmgenre, das auf triviale Handlung setzt, die Schicksalshaftigkeit des Lebens betont und den Zuschauer bis zur Gefühlsmanipulation emotional bewegt. In Ranglisten der besten Filme aller Zeiten ist es deshalb nie zu finden, gleichwohl gehört es zu den umfangreichsten und beliebtesten Genres. Das Melodram, das häufig auch als »Schmachtfetzen« oder »tear-jerker« gering geschätzt wird, wurde vor allem im klassischen Hollywoodkino herausgebildet, wo es in den 30er, 40er und 50er Jahren eine Blütezeit erlebte.

Der Begriff stammt ursprünglich aus der Literatur- und Musikwissenschaft (dort häufig: Melodrama), wo er die Verbindung von gesprochenen Worten mit begleitender Instrumentalmusik bezeichnet. Die Musik setzt dramatische Akzente und verstärkt so die affektive Wirkung der Worte. Vorläufer gab es schon in der antiken Lyrik, seinen Höhepunkt als eigenständige Kunstform erlebte das Melodram indes in der zweiten Hälfte des 18. Jahrhunderts (Jean-Jacques Rousseaus »Pygmalion«, 1770, sowie Georg Bendas »Medea« und »Ariadne auf Naxos«, beide 1775). In Volkstheatern wurde es mittels Hauptfiguren aus dem Volke popularisiert, während die musikalische Begleitung aus technischen Gründen sukzessive in den Hintergrund rückte. Die ursprüngliche formale Definition des Begriffes geriet mit der Zeit in Vergessenheit. An ihre Stelle trat ein rein inhaltliches Verständnis, das gänzlich auf der emotionalisierenden Wirkung der Stoffe beruhte und schließlich zu einer Gleichsetzung von Melodram und sentimentalem Schauer- oder Rührstück führte.

Als Konsequenz daraus ist das Melodram anders als die meisten anderen großen Genres weniger durch formale Eigenheiten als vielmehr durch thematische Konstanten bestimmt. Programmatisch dafür ist der Untertitel von David W. Griffith' *Gebrochene Blüten* (1919): »Eine Geschichte von Liebe und Leid«. Grundbaustein der melodramatischen Handlung ist die Liebesgeschichte, jedoch setzt sie häufig erst da ein, wo sie beim → Liebesfilm zu Ende ist. Im Mittelpunkt der Handlung steht in der Regel eine Frau, die meist bürgerlicher Herkunft ist, aber auch eine hoch stehende Persönlichkeit (eine Herrscherin wie in Rouben Mamoulians *Königin Christine*, 1933) oder deren Gefährtin (beispielsweise Napoleons Geliebte wie in Clarence Browns *Maria Walewska*, 1937) sein kann. Die dominante Perspektive des Melodrams ist die Sicht der Frauen, die die Filmereignisse im wahrsten Sinne des Wortes erleiden. Diese Dominanz drücken auch Originalfilmtitel wie *Stella Dallas* (1925, R: Henry King; 1938, R: King Vidor), *Silvia Scarlett* (1936, R: George Cukor) und *Mildred Pierce* (*Solange ein Herz schlägt*, 1945, R: Michael Curtiz) aus. Solche Namensnennungen im Titel sind besonders häufig beim so genannten Frauenfilm (Woman's Film), dem wichtigsten Subgenre des Melodrams, zu finden.

Die melodramatischen Handlungsgerüste bestehen aus sechs Grundmotiven, die vielfältig kombinier- und variierbar sind: Erstens wird häufig eine Dreiecksgeschichte erzählt (William Wylers *A House Divided*, 1931). Verbreitet ist zweitens das Motiv der außerordentlichen beruflichen Karriere oder des sozialen Aufstiegs (Otto Premingers *Daisy Kenyon*, 1947), oder es wird drittens die Geschichte einer großen Prüfung, eines Versagens oder der Bewältigung einer Krise erzählt (Douglas Sirks *Die wunderbare Macht*, 1953). Ein vierter Typ fokussiert die Rolle der Heldin als Mutter und das problematische Verhältnis zum (häufig unehelichen) Kind (Irving Pichels *Morgen ist die Ewigkeit*, 1945). Die böse Frau ist Gegenstand des fünften Typs, der die Grenze zum → Thriller und zum → Film noir überschreitet (Michael Curtiz' *Solange ein Herz schlägt*, 1945). Beliebt sind sechstens mehrere Generationen überspannende Familiensagas (George Stevens' *Giganten*, 1955). Kaum ein Melodram kombiniert diese sechs Motive so dicht und so wirkungsvoll wie Douglas Sirks *Solange es Menschen gibt* (1958). Sirk multipliziert die melodramatischen Konflikte, indem er die verwitwete Schauspielerin Lora Meredith und die Farbige Annie Johnson durch ihre Töchter Susie und Sarah Jane zu einem neuen Familientyp unter Ausschluss der Männer zusammenführt. Während Lora die erhoffte Bühnenkarriere macht, entfernt sie sich mehr und mehr von Susie, die in der fürsorglichen Annie eine Ersatzmutter findet und schließlich zur Rivalin der Mutter wird. Annie wiederum verliert ihre hellhäutige Tochter, die in die Welt der Weißen strebt. Erst Annies Begräbnis wird zum Moment einer kathartischen Versöhnung.

Die gestalterischen Gemeinsamkeiten der melodramatischen Filme sind bei weitem nicht so unverwechselbar und prägend, dass man von einer eigenen Filmsprache sprechen könnte; zudem verschwinden sie beinahe hinter der Dominanz der inhaltlichen Genremerkmale. Ein typisches Gestaltungsmerkmal ist jedoch die Großaufnahme, die Gefühle und seelische Vorgänge offensichtlich macht. Zudem ist die → Bildkomposition häufig auf unterschwellige Botschaften hin angelegt. Exemplarisch dafür ist das Interior Framing in Sirks *In den Wind geschrieben* (1957), das die Dreieckskonstellation zwischen der Ehefrau, dem Ehemann und seinem besten Freund, der die Frau heimlich liebt, metaphorisch inszeniert. Darüber hinaus ist die → Filmmusik ein eminent wichtiger Faktor, um die beabsichtigte Gefühlswirkung beim Zuschauer hervorzurufen und in entscheidenden Momenten zu verstärken.

Die Hauptzielgruppe des Melodrams waren und sind Frauen, das Identifikationsangebot der Filme ist – wie im so genannten Frauenroman – ganz auf sie zugeschnitten. Das Melodram ist ideologisch eher konservativ ausgerichtet mit dem Ziel, alte Werte zu bewahren oder zu restaurieren und die zentrale Bedeutung von Familie und ehelicher Bindung im Leben einer Frau herauszustellen. Dazu gehört, dass die nach Emanzipation und Erfolg strebende Frau entweder bestraft (Richard Brooks' *Auf der Suche nach Mr. Goodbar*, 1978) oder ihrer wirklichen Bestimmung als Hausfrau und Mutter zugeführt wird (Douglas Sirks *All meine Sehnsucht*, 1953). Auffallend ist, dass kaum ein Film dieses traditionellen Frauengenres von Regisseurinnen gedreht worden ist (ausgenommen Dorothy Arzner), sondern von Männern wie George Cukor, Frank Borzage und Jean Negulesco, die gerne als Frauenregisseure etikettiert werden. Dies und die ideologische Ausrichtung unterscheidet das

Melodram vom feministischen Film (→ Feminismus und Film), dem melodramatische Elemente zwar keineswegs fremd sind, der aber auf eine emanzipatorische Aussage abzielt. Trotzdem darf nicht vergessen werden, dass das Melodram in seinen Höhepunkten durchaus sozial- und gesellschaftskritisches Engagement beweist, wie beispielsweise Max Ophüls' *Lola Montez* (1955) oder William Wylers *Die besten Jahre unseres Lebens* (1946).

Außer in Spielfilmen, die das Genre in Reinform verkörpern, werden die erwähnten melodramatischen Elemente häufig genreübergreifend verwendet, wobei der Grad der Vereinbarkeit der unterschiedlichen Genres variieren kann. Im → Western finden sich melodramatische Momente beispielsweise in King Vidors *Duell in der Sonne* (1946), im → Musicalfilm in Otto Premingers *Carmen Jones* (1954), im Thriller in Orson Welles' *Die Lady von Shanghai* (1946) und im → Tanzfilm in Carlos Sauras *Carmen* (1983). Für den → Science-Fiction-Film ist Ridley Scotts *Alien – Das unheimliche Wesen aus einer fremden Welt* (1979) zu nennen, für den → Horrorfilm Tony Scotts *Begierde* (1982). Die direkte Verbindung von komödiantischen und melodramatischen Elementen gelingt nur selten, z. B. in Chaplins *Lichter der Großstadt* (1931). Jedoch ist das Melodram in der → Komödie stets als deren Kehrseite präsent, die sichtbar würde, wenn jene aus der Balance geriete.

Die meisten Melodramen sind → Literaturverfilmungen und gehen vielfach auf Trivial- und Frauenromane zurück, die teilweise mehrfach Filmvorlagen waren, wie beispielsweise Fannie Hursts »Imitation of Life« (John M. Stahl 1934, Douglas Sirk 1958) und Lloyd C. Douglas »Magnificent Obsession« (Stahl 1935, Sirk 1953); sie greifen aber auch Werke der Weltliteratur auf. Das kann als Indiz dafür gelten, dass jede Zeit ein Bedürfnis nach ihrer eigenen Ausgestaltung melodramatischer Stoffe hat. Bei Adaptionen von Höhenkamm-Literatur ist häufig zu beobachten, daß im Medienwechsel die melodramatischen Elemente der Vorlage stark betont und in den Mittelpunkt gestellt werden (beispielsweise in der Thomas-Mann-Verfilmung *Königliche Hoheit* von Harald Braun, 1953).

»Im Kino gewesen. Geweint.« Dieser Tagebucheintrag Franz Kafkas vom 20. 11. 1918 steht dafür, wie sehr das stoffhungrige junge Medium Film um die Jahrhundertwende auf gefühlsbetonte Stoffe zurückgriff und diese beim Publikum beliebt waren. Der erste große Regisseur des Melodrams war David W. Griffith. Stilbildend verknüpfte er in *Die Geburt einer Nation* (1915) das melodramatische Geschehen auf der privaten Ebene mit großen historischen Ereignissen. Die heute vergessene Norma Talmadge war in den 20er Jahren einer der größten Stars des Hollywood-Melodrams und wurde mit Erfolgen wie *The Woman Disputed* (1928, R: Henry King, Sam Taylor) zur Identifikationsfigur einer Generation von Kinogängerinnen. In Deutschland agierten Asta Nielsen mit ihren bewegenden Portraits junger, armer, später alternder, verzweifelter Frauen (G. W. Pabsts *Die freudlose Gasse*, 1925) und Henny Porten als leidende Frau aus dem Volke (Alfred Halms *Rose Bernd*, 1919) erfolgreich im melodramatischen Fach.

Die Jahre 1930–50 waren dominiert vom Subgenre Frauenfilm, der Stars wie Joan Crawford und Bette Davis lancierte. Einer der größten melodramatischen Filmerfolge in dieser Zeit war Victor Flemings *Vom Winde verweht* (1939). In den 50er Jahren war Douglas Sirk der unangefochtene Meister des Melodrams. Bereits vor seiner Emigration drehte er in Deutschland wichtige melodramatische Filme (*Zu neuen Ufern* und *La Habanera*, beide 1937), jedoch sind es vor allem seine Hollywood-Arbeiten wie z. B. *Was der Himmel erlaubt* (1955), die bis heute das Verständnis vom Genre prägen.

In den 60er Jahren wurden sie von der jungen französischen Filmkritik wieder entdeckt. Nachdem das Melodram in den 60er Jahren stark an Bedeutung verloren hatte, gelang Arthur Hiller zu Beginn der 70er Jahre mit *Love Story* (1970) ein Überraschungserfolg. Repräsentanten der melodramatischen Komponenten im → Neuen deutschen Film sind der von der Oper beeinfluss-

Was der Himmel erlaubt (1955, R: Douglas Sirk): Rock Hudson, Jane Wyman

Die Szenen sollen, ganz unironisch gemeint, zum Weinen sein: Der Wirbel unberechenbarer Gefühle bringt die scheinbar stabile Ordnung der bürgerlichen Welt durcheinander. Leute verlieben sich, die im Alltagsleben eine getrennte Existenz führen: in diesem Film von Douglas Sirk der Gärtner (Rock Hudson) und die wohlhabende Witwe (Jane Wyman). Ihre Liebe stellt so eine Art Klassenversöhnung dar, eine Brücke über das Trennende ihrer sozial spezifischen Vorgeschichten. Aber der reinen Leidenschaft ist die Umwelt gram. Sie versteht nichts (die Familienangehörigen noch weniger), und aus Neid wird Abwehr. Gerade in den 50er Jahren, in denen sich die USA durch starken Konformismus und biederpuritanische Gesinnung auszeichnen, entsteht mit dem Melodram eine Gegenbewegung: Die ausbrechenden Emotionen zwingen gewissermaßen zur Selbstbestimmung wider Mehrheitsmeinungen.

te Werner Schroeter (*Der Tod der Maria Malibran*, 1971) und der Sirk-Verehrer Rainer Werner Fassbinder (*Die Sehnsucht der Veronika Voss*, 1981), für das postfrankistische spanische Kino ist es Pedro Almodóvar (*High Heels*, 1991, *Alles über meine Mutter*, 1999), im Hollywood der 80er Jahre der Welterfolg von Sydney Pollack über die aufhaltsame Emanzipation einer starken Frau, *Jenseits von Afrika* (1986).

Die täglichen Soap-Operas und Telenovelas des Fernsehens nehmen immer mehr die Stelle des klassischen Kinomelodrams ein, während das Genre sich im Kino verändert und auf die neuen Lebenssituationen von Frauen reagiert (Martin Ritts *Norma Rae – Eine Frau steht ihren Mann*, 1978, und Martin Scorseses *Alice lebt hier nicht mehr*, 1974). Die 90er Jahre erleben eine Renaissance der melodramatischen Stoffe, beispielsweise in Jon Amiels *Sommersby* (1992), Luis Mandokis *When a Man Loves a Woman – Eine fast perfekte Liebe* (1993), Jane Campions *Das Piano* (1993) oder Clint Eastwoods *Die Brücken am Fluß* (1994) sowie Anthony Minghellas *Der englische Patient* (1996).

Ursula Vossen

Literatur: Georg Seeßlen: Kino der Gefühle. Reinbek bei Hamburg 1980. – Elisabeth Läufer: Skeptiker des Lichts. Frankfurt a. M. 1987. – Antonio Drove: Tiempo de vivir, tiempo de revivir. Murcia 1995.

Merchandising. Strategie, durch den Verkauf von Begleitartikeln erstens ein Produkt (hier: einen Kinofilm) zu bewerben und zweitens durch den Verkauf dieser Artikel selbst Gewinn zu erwirtschaften. Der Ursprung des Merchandising liegt wohl in der kostenlosen Beigabe von Sammelbildern und dazugehörigen Sammelalben zu gekauften Konsumgütern, wie es die Firma Stollwerck bereits 1860 betrieb, oder in von Herstellerfirmen wie Rama oder Salamander herausgegebenen Kundenheften, wie z. B. dem 1936 von Salamander für Kinder konzipierten Comic »Lurchi«.

Erfinder und Lehrmeister des Merchandising im Kontext der Filmindustrie ist → Walt Disney mit der international angelegten Vermarktung seiner Produkte. Als Inhaber aller Verwertungsrechte vergab er 1929 die erste »Mickey Mouse«-Lizenz für eine Schreibtafel. Schon in den frühen 30er Jahren gründete er Vertriebsbüros in London und Paris, in denen Disney-Figuren als Spielzeug oder auf T-Shirts usw. gehandelt wurden. Zum Weihnachtsgeschäft 1933 verkauften sich 250 000 Mickey-Mouse-Lokomotiven fast wie von selbst: Die Figuren bewarben die Filmreihe, die Filme bewarben die Figuren. Diese Strategie brachte beachtliche Gewinne und steigerte zugleich Popularität und Erfolg der Filme. Seither hat diese Marktstrategie im Hause Disney Tradition, die allerdings seit Ende der 80er Jahre ungeahnte Ausmaße annahm. Für *Falsches Spiel mit Roger Rabbit* (1988) wurden über fünfhundert Merchandising-Produkte hergestellt. Ob *Arielle, die Meerjungfrau* (1990), *Die Schöne und das Biest* (1992), *Aladdin* (1994), *König der Löwen* (1995) oder *Toy Story* (1996): Alle diese Filme waren begleitet von einer phänomenalen Flut von Plüschtieren, T-Shirts, Socken, Tassen und anderen Merchandising-Produkten mit Bildmotiven aus den jeweiligen Filmen. Parallel zu dieser Entwicklung eröffnete 1955 in Anaheim, Kalifornien, das legendäre Disneyland, 1971 Walt Disney World in Orlando, Florida, 1983 ein weiterer Park in Tokio, und seit 1992 gibt es auch bei Paris ein Euro-Disney, in das Touristenströme geleitet werden.

Disney hat es vorgemacht, bleibt aber nicht lange alleine. Überall, wo Marktwirtschaft herrscht, werden Filmfiguren zu Brandnames, zu geschützten Markenzeichen, die die Preise von billigen Gebrauchsgegenständen wie Bleistiften und Radiergummis ordentlich anheben. Beinahe ausnahmslos zielen die Produkte auf ein kindliches Publikum.

Die japanischen Pokémon-Sammelkarten lösten eine regelrechte Manie aus, lange bevor *Pokémon – der Film* (2000) in deutsche Kinos kam. Weltweit haben die possierlichen Tierchen über 30 Mrd. Mark Umsatz erwirtschaftet und damit den bisherigen Rekordhalter *Krieg der Sterne* (1977–99), produziert von George Lucas, mit 8 Mrd. Mark reiner Merchandising-Einnahmen des Platzes verwiesen. Die Produktionskosten von *Batman* (1988, R: Tim Burton) betrugen rund 50 Mio. Dollar, die Werbekosten zusätzlich 20 Mio. Weltweit spielte der Film etwa 600 Mio. Dollar ein. Die Merchandisingumsätze durch alle Arten von Produkten mit dem Fledermaus-Logo waren beinahe doppelt so hoch: rund 1 Mrd. Dollar. *Batmans Rückkehr* (1991, R: Tim Burton) ist insofern nicht als künstlerische, sondern vor allem als kommerzielle Fortsetzung zu betrachten: 75 Mio. Dollar Produktions- und 20 Mio. Dollar Werbekosten wurden mit 1 Mrd. Einspielumsatz wettgemacht – und mit 3 Mrd. Dollar Gewinn durch Merchandising. Auch Steven Spielbergs *Jurassic Park* (1993) hat nicht nur wegen der täuschend echten computeranimierten Dinosaurier Filmgeschichte geschrieben, sondern auch wegen Merchandising-Einnahmen von über 3 Mrd. Dollar bei nur 65 Mio. Dollar Produktionskosten. Konsequenterweise hat sich Warner Bros. die Vermarktungsrechte für die Bestseller-Reihe »Harry Potter« gesichert, eigentlich für Kinder gedacht, inzwischen auch von zahlreichen Erwachsenen entdeckt. Pünktlich zum Kinostart begann der Vertrieb von Hexenbesen, 3-D-Figuren, Computerspielen und dergleichen mehr.

Längst sind die imposanten Summen des Merchandising zu unverzichtbaren Posten in der Kalkulation der → Finanzierung von Filmen geworden, so dass bedeutende Lizenznehmer, wie z. B. die Fast-Food-Kette MacDonalds, nicht selten an Drehbuchentwicklung oder an Post-Produktion beteiligt werden, um kommerziell lukrative Altersfreigaben für ihr Zielpublikum zu gewährleisten.

Stefanie Weinsheimer

Literatur: Karin Böll: Merchandising. Die neue Dimension der Verflechtung zwischen Industrie und Medien. München 1996.

Metapher / Allegorie / Symbol. Unter Metapher versteht man gewöhnlich den übertragenen Ausdruck, der aus einem Kontext in den anderen übertragen wird, um eine gefühlshafte und deutliche Vorstellung von einer Sache zu erzeugen: Der Ausdruck »Herbst des Lebens« lässt vom fortgeschrittenen Zustand im Zyklus der Jahreszeiten auf einen korrespondierenden Abschnitt im Zyklus der Lebensalter schließen: gemeint ist das späte, das letzte Stadium im menschlichen Dasein. Die Rhetorik unterscheidet zudem noch zwischen Metonymie (»Namensvertauschung«, Ursache steht für Wirkung und umgekehrt) und Synekdoche (oft: ein Teil steht für ein Ganzes, pars pro toto), die Grenzfälle indes scheinen jedoch häufiger zu sein als die eindeutigen Exempel. Um die Argumentation zu erleichtern, sei die Metapher im Film als ein Bild mit zumindest doppeltem Sinn bezeichnet. Ein charakteristisches Beispiel findet sich etwa in Walter Ruttmanns Quasi-Dokumentarfilm *Berlin. Die Sinfonie der Großstadt* (1927): Um das zunehmende Tempo des Industriezeitalters, der Maschinenwelt zu illustrieren und gleichzeitig zu verdeutlichen, dass der Mensch gewöhnlich mit diesem Tempo nicht mehr Schritt hält, also zurückfällt, dass er verloren geht in dieser neuen Welt, montiert Ruttmann folgende suggestive Bildsequenz: In mehreren Einstellungen schlägt die Zeitungsüberschrift »Krise« in rasch sich vergrößernder Schrift an das Auge der Betrachter, dann sieht man eine aufgemalte Spirale, die sich dreht, dann fährt die Kamera auf einer Berg-und-Tal-Bahn: alles Hinweise darauf, dass ein ungeheurer Schwindel diese Welt erfasst hat. Er spiegelt sich in den weit aufgerissenen Augen einer Frau, die sich über ein Brückengeländer lehnt. Die beschleunigte Schnittfolge verstärkt noch den Eindruck der Haltlosigkeit – schließlich stürzt sich die Frau ins Wasser und taucht nicht mehr auf. Die Spiralenscheibe, die Berg-und-Tal-Bahn – sonst Teile eines Jahrmarkts, Vehikel der Lustbarkeit, werden hier zu Metaphern des unaufhaltsamen Verderbens, des tödlichen Strudels und des Absturzes in einen gähnenden Abgrund. In

Der Untertan (1951, R: Wolfgang Staudte)
Vor dem Denkmal des Kaisers steht ratlos sein demütiger Untertan (Werner Peters). Es galt ein Einweihungsfest zu feiern, der aufkommende Sturm hat die Versammlung vertrieben, die Aufbauten umstürzen lassen, nun thront das frisch errichtete Reiterstandbild über einem verwüsteten Platz. Zweifach wird hier aus dem Abbild Sinnbild, Metapher: Zum einen ist der Sturm, der den falschen Pomp verweht, der Sturm der Geschichte, der vom Wilhelminismus nichts mehr übrig lassen wird. Zum anderen figuriert das Denkmal für ein falsches Leitbild in der deutschen Historie, dessen Verehrung in Chaos und Verbrechen mündet.

Strudel und Abgrund gleichsam stürzt sich die lebensmüde Frau hinein.

Die Zahl solcher sinnfälliger und nicht weiter Aufschluss verweigernder Metaphern ist in der Filmgeschichte sehr groß: Der zersprungene Spiegel bedeutet die zersprungene Existenz eines Menschen, der Regen bezeichnet die Stimmung der Melancholie, die Farbe Rot kann Blut, Feuer und Leidenschaft bedeuten (schon für die Virage der schwarzweißen Stummfilme). Weiter ausgeführte und konventionalisierte Metaphern werden gewöhnlich auch als Allegorien beschrieben, die ihren anderen Sinn nicht offen aussprechen wollen – ihn aber doch verraten, da die Verschlüsselung allgemein bekannt ist. Herkömmlicherweise fallen Personifikationen unter diese Gruppe: Wenn in Ingmar Bergmans *Das siebente Siegel* (1957) der Tod auftritt in schwarzem Gewand, so handelt es sich unzweifelhaft um eine allegorische Figur, die im Laufe der Handlung allerdings ein persönliches und unverwechselbares Profil gewinnt (z. B. ist er ein leidenschaftlicher Schachspieler). Wenn in Howard Hawks' *Leoparden küßt man nicht* (1938) der bereits seelisch verkrustete Held mit einem Leoparden kämpft, den er an der Seite einer jungen Frau entdeckt, so spiegelt dieses Duell allegorisch den Kampf zwischen erstarrter und wilder, lebendiger Lebensform, die ihm nicht zuletzt in Gestalt dieser Frau entgegentritt.

Was bedeutet das Meer in den Filmen von Federico Fellini? Immer wieder taucht es dort auf. Hat es nur damit zu tun, dass Italien an allen Seiten vom Meer umgeben ist? Zweifellos ist noch anderes gemeint: Die Grenze zum Meer ist eine unübersteigbare Grenze, eine absolute Grenze für die Hauptfiguren – das Meer ist die unbetretbare Fläche, der Raum, der sich jenseits ihres Lebens erstreckt, vielleicht die irdische Präsenz eines Göttlichen. Diesen Schluß könnte man bei *La Strada – Das Lied der Straße* (1956) ziehen, da der verhärtete Zampano seine

Zerknirschung, seinen Zusammenbruch, seine Verwandlung zum ›Menschen‹ am Meeresstrand erfährt. Ist das Meer unter diesem Aspekt als Metapher, Allegorie oder Symbol zu bezeichnen?

Auch die Kategorie des Symbols hat eine lange Definitionsgeschichte, in der meist hervorgehoben wird, dass das Besondere, das Empirische beim Symbol im Vordergrund stehe und die allgemeine Bedeutung nur mitschwinge. Das Empirische und das Bedeutungshafte fließen im Film oft so ineinander, dass es manchmal eigener Hinweise bedarf, um Erscheinungen und Vorgänge deutlich als symbolisch hervorzuheben: z. B. durch die etwas längere Einstellung, die Großaufnahme, die Wiederholung. In Charles Chaplins *Der große Diktator* (1940) spielt der von Chaplin selbst gespielte Diktator mit dem Erdball, genauer: mit einem Globus, der sich als Luftballon erweist und am Ende auch zerplatzt: eine hochsymbolische Szene, die man vielleicht auch als allegorisch auslegen möchte, weil der Sinn der Handlung sich förmlich aufdrängt – wenn nicht Chaplin gleichzeitig eine artistische Tanznummer mit heiter-komödiantischen Akzenten daraus machen würde, also eine Bedeutungsschicht ins Geschehen hineinbringt, die sich nicht als politische Aussage verstehen lässt. Wenn in *Königin Christine* (1933, R: Rouben Mamoulian) Greta Garbo in der Rolle der schwedischen Königin am Ende die Krone abnimmt und sich dann erst ihre Augen ein wenig mit Tränen füllen, dann ist es nicht nur ein Akt der Thronabdankung, sondern zugleich ein Wechsel von der Königin zum Menschen, zur liebenden Frau. Das Ritual enthüllt eine doppelte Bedeutung als offizieller Akt und als private Konfession der Heldin.

Kühne Metaphern, schwierige Symbole finden sich in der ›Filmsprache‹ selten, da im Film eher als in der Literatur das prompte Verständnis durch das Publikum erstrebt wird. Generell kann man sagen, dass der Stummfilm, dem die Rede fehlte, mit Ausnahme der Zwischentitel, und der sich auf die erzählende Kamera angewiesen oder zurückgeworfen sah, die Klasse der metaphorisch gemeinten Bilder und Symbole stärker benutzte, als es im frühen Tonfilm der Fall war, der Ambivalenzen und Doppelsinnigkeiten im Dialog abhandeln und erklären konnte. Erst allmählich, spätestens in den 50er Jahren, wobei vor allem Ingmar Bergman zu nennen wäre, entwickelt der Film wieder einen ausgeprägten Symbolismus, macht auf den mehrfachen Bildsinn seiner Erzählungen ausdrücklich aufmerksam. Natürlich entstammen die meisten Metaphern auch in der Filmgeschichte bevorzugten Bildspenderbereichen, die genauso für die Literatur ausschlaggebend geworden sind: Schifffahrt und die Berufe, die damit verbunden sind (der Steuermann am Ruder als Gleichnis für eine spezifische Form von tüchtiger Herrschaft), der Wechsel von Tag und Nacht, das Hinauf und Hinab, das Wachsen, Blühen und Absterben eines Organismus, die Bedeutung von Weg, Fahrt, Reise, die Symbolik des Körpers, seiner Krankheit, seiner Gesundheit, seiner Vielgliedrigkeit usw. bieten gleichsam das Angebot, aus dem sich die filmische Erzählung bedient.

Im zeitgenössischen Film gilt es sicherlich als spezifische Qualität, wenn sich die Symbolik eines Vorgangs daher nicht als Klischee und längst mit Konnotationen beschwertes Versatzstück aufdrängt, sondern sich ausdrücklich aus der empirischen Beobachtung ergibt: In James Camerons *Titanic* (1997) bemerkt die weibliche Hauptfigur, wie wohlerzogen sich ein junges Mädchen am Nebentisch benimmt, die Serviette zurechtzupft usw.: alles Symptome einer extremen Disziplinierung, einer radikalen Unterwerfung aller spontanen Regungen unter die Gesellschaftsregeln. Dieser Anblick wird zum Auslöser für die junge Frau, die gegen die Herrschaft der Familie und die Zwänge ihrer Gesellschaftsschicht rebelliert, die ausbrechen will und die Naturmacht des Herzens und des Körpers gegen soziale Kommandos ausspielt. So ist auch der dichte Nebel, in dem sich zum Schluss von Michelangelo Antonionis *Identifikation einer Frau* (1982) die Figuren beinahe verirren und verlieren, sowohl Naturereignis wie symbolischer Ausdruck einer undurchdringlichen Welt.

In der Praxis der Interpretation von Bildbedeutungen ist es anzuraten, weniger Zeit mit der Anpassung abstrakt übernommener Begriffe wie Metonymie, Synekdoche usw. an vorgefundene Sachverhalte zu verbringen als vielmehr auf die besondere Spielart des zusätzlichen, womöglich vielfachen Sinns einzugehen, auf das Klischeehafte oder Neue, das Lapidar-Verständliche oder eher Merkwürdig-Verschlüsselte der übereinander gelagerten Bedeutungen. Als Merkzeichen oder Indikatoren verwendete Ausdrücke wie Symbol oder Metapher reichen für die erste Verständigung aus.

Thomas Koebner

Literatur: Gerhard Kurz: Metapher, Allegorie, Symbol. Göttingen 1982. – Vergil C. Aldrich: Visuelle Metapher. In: Anselm Haferkampf (Hrsg.): Theorie der Metapher. Darmstadt 1983. – Trevor Whittock: Metaphor and Film. Cambridge 1990. – Thomas Koebner: Die Komplexität der Filmbilder. In: Th. K.: Halbnah: Schriften zum Film. Zweite Folge. St. Augustin 1999.

MGM (Metro-Goldwyn-Mayer). Ein brüllender Löwe als Symbol für Macht und Stärke und das anspruchsvolle Motto »Ars Gratia Artis« (›Kunst um der Kunst willen‹) waren jahrzehntelang das Markenzeichen für eine der größten amerikanischen Filmgesellschaften: Metro-Goldwyn-Mayer. MGM galt nach eigenem Dafürhalten als das »Tiffany unter den Studios«. Entstanden ist die Firma am 17. 5. 1924 durch die Fusion mehrerer Gesellschaften: der Metro Pictures Corporation, des Samuel Goldwyn Studios und der Louis B. Mayer Productions. Sie blieb unter der Kontrolle der Loew Incorporation, die eine hochprofitable Kinokette besaß.

In den 30er und 40er Jahren hatte das Studio die Dominanz auf dem Filmmarkt. Der legendäre Filmmogul Louis B. Mayer leitete bis 1951 die Geschicke der Firma: mit außerordentlichem Geschäftssinn und viel Gespür für die potentiellen Bedürfnisse des Publikums. Für die einen Vaterfigur, für die anderen restriktiver Patriarch, sorgte er mit präzise kalkulierten Etats für geschmackvolle Massenunterhaltung, die traditionelle Werte vermittelte – handwerklich gut gemacht und für die ganze Familie geeignet. Manche Kritiker warfen MGM-Filmen Kitsch und Pathos vor, doch die Zuschauer honorierten sie in der Glanzzeit des Studios mit etwa 8 Mio. Kinobesuchen pro Woche. Für seine Produktionen nutzte Mayer das Starsystem erfolgreich aus. Gerade in den 20er und 30er Jahren waren viele Filme nur Vehikel für die Glamour-Stars. Publicitywirksam konnte sich MGM rühmen, »mehr Stars als Sterne am Firmament« zu besitzen: Norma Shearer, Jean Harlow, Greta Garbo, Lana Turner, Ava Gardner, Joan Crawford, Deborah Kerr, James Stewart, Robert Taylor, Frank Sinatra u. v. a. Dem Kinderstar der 20th Century-Fox, Shirley Temple, setzte man die Jungstars Elisabeth Taylor und Mickey Rooney entgegen. Früher oder später glänzte fast jeder Hollywood-Stern einmal am Firmenhimmel von MGM. Die Liste der hervorragenden Regisseure ist ebenso eindrucksvoll: Erich von Stroheim, King Vidor, George Cukor, W. S. Van Dyke, Mervyn LeRoy usw.

Das riesige Studiogelände von Culver City, Kalifornien, bot mit mehr als 24 Ateliers, künstlichen Seen und Dschungeln, mit Kulissen für Western-Dörfer und Großstadtstraßen, die ideale Produktionsstätte. Ein hoch qualifiziertes Team von Fachleuten war die beste Voraussetzung für Qualitätsprodukte. Art Director Cedric Gibbson entwarf elegante Sets, Kostüm-Designer Gilbert Adrian bestimmte die aktuellen Modetrends und hervorragende Kameraleute wie William Daniels, Karl Freund und Joseph Ruttenberg sorgten für brillante Bilder mit High-Key-Ausleuchtung. Sie alle schufen den MGM-Look, der ein Markenzeichen der Firma wurde.

Das in vielen Genres erfolgreiche Studio brachte es in einem zur Perfektion: im → Musicalfilm. Alle Majors produzierten Musicals, seit Warner Bros. 1927 in *Der Jazzsänger* Töne von der Leinwand klingen ließ. MGM aber war bis 1960 mit über 200 Produktionen führend. Das Studio, von seiner Firmenpolitik her auf eskapistische Unterhaltung fixiert, konnte in seinen Musicals besonders gut Optimismus, Fröhlichkeit und Träume verkaufen. Etliche Musicals entstanden unter der Verantwortung des hervorragenden Produzenten Arthur Freed. 1929 begann MGM seine populäre Reihe *Broadway Melody*, die es 1936, 1938 und 1940 fortsetzte. 1936 war *Der große Ziegfeld*, mit Songs von Irving Berlin, ebenso erfolgreich wie Victor Flemings *Das zauberhafte Land*. Judy Garland wurde darin ein Star und spielte 1944 wieder in einem Hit-Musical: *Meet me in St. Louis* – diesmal unter der Regie ihres Ehemannes Vincente Minnelli. Der wiederum verzauberte das Publikum in den nachfolgenden Jahren mit George-Gershwin-Melodien in *Ein Amerikaner in Paris* (1951), mit dem folkloristischen Märchen-Musical *Brigadoon* (1954) und mit *Gigi* (1958). In *Singin' in the Rain* (1952, R: Stanley Donen, Gene Kelly) tanzte sich Superstar Gene Kelly zu Weltruhm. Regisseur George Sidney erweiterte die Musical-Liste um das vielfach preisgekrönte *Duell in der Manege* (1950) und die Adaption des Broadway-Erfolgs *Mississippi-Melodie* (1951). Cole Porters Songs erklangen in *Zum Tanzen geboren* (1936) und *Küß mich, Kätchen!* (1953). In den 60er Jahren versuchte man das Musical mit Mega-Produktionen am Leben zu erhalten, aber seine Zeit war abgelaufen. Was übrig blieb, waren die filmisch-musikalischen Darbietungen des »King of Rock 'n' Roll« Elvis Presley. Anlässlich seines 50-jährigen Jubiläums 1974 belohnte MGM alle Liebhaber des Genres mit einer opulenten Retrospektive seiner Musical-Produktionen in *Das gibt's nie wieder – That's Entertainment*.

Doch neben den überaus erfolgreichen Musicals gab es auch andere bemerkenswerte MGM-Produktionen. Vor allem der talentierte Studiochef Irving Thalberg entmachtete die Regisseure zugunsten der Produzenten, organisierte die Filmarbeit fabrikmäßig nach dem Vorbild des Autoindustriellen Ford und förderte bis zu seinem frühen Tod 1936 das Prestige der Firma mit ambitionierten und hochwertigen → Literaturverfilmungen wie *David Copperfield* (1935, R: George Cukor) und *Anna Karenina* (1935, R: Clarence Brown). Mit seinem ersten in den USA gedrehten Film *Fury* griff Fritz Lang 1936 das Lynchbedürfnis des Mobs an. Stan Laurel und Oliver Hardy, das populärste Komiker-Duo der Filmgeschichte, spielte ab 1933 in einer Reihe von → Slapstick-Komödien. Das Anarcho-Trio der Marx Brothers suchte für MGM erfolgreich eine Oper (1935), einen Zirkus (1939) und ein Kaufhaus (1941) heim, und Olympiasieger Johnny Weissmüller verkörperte in seinem Leinwand-Debüt die populärste Serienfigur der Trivialliteratur: Tarzan, den Herrn des Dschungels (*Tarzan, der Affenmensch*, 1933). Serienfilme wurden für fast alle Genres populär. Lionel Barrymore drehte 15 Filme als Assistenzarzt von *Dr. Kildare* (1938). Myrna Loy und William Powell avancierten zum beliebtesten Film-Ehepaar in der Reihe *Dünner Mann*, zwölf Folgen lang lösten sie in den Krimikomödien knifflige Fälle. Die Filme um den Gentleman-Detektiv Nick Charles, der von Dashiell Hammett geschaffen wurde, gehören zu den großen Kinoerfolgen der 30er Jahre. Der größte Coup allerdings gelang dem genialen Finanzmanager Mayer 1939 mit Victor Flemings Südstaaten-Epos *Vom Winde verweht*: Produzent David O. Selznick, Mayers Schwiegersohn, wollte sich für diese Produktion MGM-Star Clark Gable ausleihen. Als Gegenleistung erhielt die Firma die Verleihrechte und die Hälfte der Einspielsumme. Bis 1965 hielt der Film den Rekord als größter Kassenerfolg aller Zeiten.

In den 40er Jahren begann die Karriere des populärsten Hundes der Filmgeschichte: Lassie. Der Erfolg von *Heimweh* (1943) führte zu einer Reihe von Fortsetzungen und schließlich zu einer Serie im neuen Medium Fernsehen. Dort spielten dann auch zwei von MGM geschaffene Cartoon-Figuren erfolgreich Katz und Maus: Tom und Jerry. Aber die Firma schaltete sich nur sehr zögernd und zu spät ins Fernsehgeschäft ein. Noch boomte die Filmindustrie. Das Stargespann Katharine Hepburn und Spencer Tracy zelebrierte den Geschlechterkampf in Sophisticated Comedies wie *Die Frau, von der man spricht* (1942, R: George Stevens), und

Greer Garson war der populärste weibliche Star, der bis 1945 als mutige Frau und Mutter in sechs Filmen (u. a. *Mrs. Miniver*, 1942, R: William Wyler) hervortrat. Seit der *Badenden Venus* (1944, R: George Sidney) eröffnete Esther Williams mit ihren Wasserballett-Filmen einen weiteren Sektor des spektakulären Entertainments.

Wie alle anderen Studios kam auch MGM nach Kriegsende durch eine verspätete Reaktion auf den veränderten Publikumsgeschmack und die wachsende Konkurrenz des Fernsehens in die Krise. Der neue Produktionsleiter Dore Shary versuchte eine konzeptionelle Modernisierung der Firma, löste dadurch aber interne Probleme aus. Zwar erntete er mit der später oft plagiierten Studie über ein perfektes Verbrechen (*Asphalt-Dschungel*, 1950, R: John Huston) Anerkennung, doch Kolossal-Epen wie *Quo vadis?* (1951, R: Mervin LeRoy) waren erfolgreicher. Deshalb holte auch das Remake von Fred Niblos schon 1926 erfolgreicher Stummfilmversion von *Ben Hur* (1959, R: William Wyler) als opulenter → Monumentalfilm das Publikum wieder in die Kinos und gewann 11 Oscars.

Dennoch schrieb das Studio Ende der 50er Jahre rote Zahlen. Unaufhaltsam begann der Niedergang der Firma und auch diverse Studioleiter konnten den alten Glanz nicht mehr zurückbringen. 1965 sorgte David Leans Literaturadaption von *Doktor Schiwago* für einen großen kommerziellen Erfolg, und 1968 erregte Stanley Kubricks kulturphilosophische Science-Fiction-Mission *2001 – Odyssee im Weltraum* großes Aufsehen, aber retten konnten sie das Studio nicht mehr. Der Löwe miaute nur noch. 1969 erwarb der Finanzier Kirk Kerkorian die Kontrolle über MGM. Seine Devise: Kostenreduzierung und vorhandene Werte zu Geld machen. Filmproduktion und Verleih wurden drastisch eingeschränkt. Sein Konzept, mit Low-Budget-Filmen auf dem Markt zu bleiben, war aber nicht erfolgreich. Das bedeutete das faktische Ende für die Firma – daran änderte auch der Erwerb des Bankrott gegangenen Filmstudios United Artists 1981 nichts mehr. 1986 erstanden *Dallas*-Produzent Lorimar Telepictures den Studio-Komplex und Medienmogul Ted Turner das für seine Kabelkanäle wertvolle MGM-Filmarchiv. Die Produktion *Ein Fisch namens Wanda* (1987) fand zwar viele Zuschauer, dennoch wurde das Unternehmen MGM/UA 1989 an die australische Mediengesellschaft Quintex verkauft. Die wiederum veräußerte die Firma 1990 an den italienischen Finanzier Giancarlo Parretti. Wegen Schwierigkeiten bei der Darlehensrückzahlung fiel der Crédit Lyonnais 1992 die traditionsreiche Filmgesellschaft zu, die MGM 1996 wieder an Kirk Kerkorian verkaufte. Heute ist die Firma, die 1991 mit dem wagnisreicheren Frauen-Roadmovie *Thelma und Louise* (R: Ridley Scott), 1994 mit *Stargate* (R: Roland Emmerich) und 1996 mit *Schnappt Shorty* (R: Barry Sonnenfeld) ansehnlichen Zuspruch fand, in keinem Medienkonzern eingebunden, verfügt weder über Fernsehsender noch Kabelkanal, noch Ladenkette und lebt nicht unwesentlich von der wieder belebten *James Bond*-Reihe.

Ilona Grzeschik

Literatur: Laurence B. Thomas: The MGM Years. New York 1971. – John Douglas Eames: The MGM Story. The Complete History of Fifty Roaring Years. London 1975. – James Robert Parish / Gregory Mank: The Best of MGM. The Golden Years. 1928–1959. Westport (Conn.) 1981. – Ethan Mordden: The Hollywood Studios. New York 1987.

Mischung (Tonmischung). Herstellung der endgültigen Tonebene beim Film (auch beim Fernsehen) in einem künstlerischen kreativen Prozess durch Bestimmung von Lautstärkeverhältnissen, Klangfarben, Räumlichkeiten (bei Mehrkanalton, z. B. Dolby Stereo, auch Richtungsverteilungen) der einzelnen Tonelemente am Mischpult. Diese werden in drei Bereiche aufgeteilt:
1) Dialog: Originaltöne (O-Ton vom Drehort), Nur-Töne (ohne Bild am Drehort aufgenommene Sprache), Synchronsprache (im Tonstudio zum Bild aufgenommen, engl. »Automatic Dialog Replacement«, ADR);
2) Effects: Atmosphären (vom Drehort oder aus dem Archiv, engl. »Backgrounds«,

BG), Nur-Töne (Geräusche vom Drehort), Archivgeräusche, vom Sounddesigner hergestellte Effekte, Synchrongeräusche (vom Geräuschemacher im Tonstudio erzeugte Geräusche, engl. »Foley«);
3) Music (→ Filmmusik): Score-Music (für den Film komponierte Musik), Source-Music (andere schon vorhandene Musik).

Speichermedien für die Zuspiele und die Aufnahme der Mischung sind der traditionelle Magnetfilm (auch Perfo oder Cord genannt), entsprechend dem Bildfilm im Format 16 mm bzw. 35 mm (in Europa auch 17,5 mm) oder heute zunehmend mehr Computerspeichermedien wie Harddisks oder MODs (Magneto Optical Disks), die in DAWs (Digital Audio Workstations) oder spezielle digitale Recorder integriert sind. Außerdem kommen analoge und digitale Mehrspurmaschinen mit bis zu 48 Spuren zum Einsatz. Die Filmmischpulte sind, seit sich die Mehrkanalformate (Dolby Stereo = matrizierter analoger 4-Kanal-Lichtton, Dolby Surround = matrizierter 4-Kanalton im TV, DTS = 6 digitale Kanäle von zum Film synchron laufender CD, SDDS = 8-kanaliger digitaler Lichtton u. a.) im Kino durchgesetzt haben, sehr viel komplexer geworden. Üblich sind jeweils 8-kanalige Ausgangsgruppen für die Aufnahme von Dialog, Effects und Music, in Amerika für gewöhnlich von drei Tonmeistern mit eigener Mischpultsektion und Aufnahmemaschine bedient. Um die vielfältigen Effekte, z. B. Bewegungen oder Raumsimulationen mittels vielfältiger Effektgeräte handhaben zu können, ist eine Mischpultautomation sinnvoll. Neben Teilautomationen (nur Lautstärke und Stummschaltung) haben sich heute in den großen Studios (in Deutschland: Bavaria, Ruhrsound, Studio Babelsberg u. a.) vollautomatische Mischpulte durchgesetzt, die alle Mischpultdaten dynamisch speichern und reproduzieren. Diese digital gesteuerten Analogkonsolen (Mischpulte) werden in Zukunft von rein digitalen Mischpulten (auch die Audioverarbeitung ist digital) verdrängt werden. Gleichzeitig werden ein Teil der Mischung oder ganze kleinere Projekte direkt in den immer potenteren DAWs abgewickelt, sodass die traditionelle Grenze zwischen Tonbearbeitung/Tonschnitt und Mischung fließend wird, was u. a. auch neue Berufsbilder entstehen lässt.

Martin Steyer

Mise en Scène. Zentraler Begriff des filmkritischen Vokabulars, das der französische Filmkritiker und -theoretiker André Bazin in den 40er und 50er Jahren in zahlreichen Aufsätzen entwickelt und theoretisch fundiert hat. Bazin bezieht den Begriff der »Mise en Scène« auf die Organisation bildkompositorischer und narrativer Codes auf der Ebene des Raumes, den die Einstellung begrenzt und im Blick hält, im Gegensatz zur → Montage, die Vergleichbares auf der Ebene der Zeit leistet. Die Mise en Scène ist ein komplexer Begriff, der die Festlegung des sichtbaren Bildausschnittes (→ Cadrage, → Bildkomposition) wie auch die Bildgestaltung innerhalb des Bildfeldes mittels Dektor, Farbkomposition, Beleuchtung usw. umfasst. Er bezieht sich gleichermaßen auf die Bewegung vor der Kamera wie auch auf die Bewegung der Kamera selbst.

Bazins theoretische Argumentation setzt sich gedanklich ab von der Montagetheorie des russischen Revolutionskinos, der er eine im Dienste des filmischen Realismus operierende Mise en Scène entgegenstellt. Bazin verweist auf den Realitätseindruck, der im Film stärker als in allen anderen Künsten sei, da das filmische Bild als fotochemische Reproduktion eines realen Objekts gewissermaßen an dessen vergangener Existenz partizipiere. Im Gegensatz zum Pseudo-Realismus des bloßen Trompe-l'Œil, der Augentäuschung, aber muss der Film als künstlerisches Medium »um eine signifikante Darstellung alles Konkreten und zugleich Essentiellen der Welt« (Bazin) bemüht sein. Für Bazin ergibt sich daraus die Festlegung des Films auf einen »räumlichen Realismus« (»réalisme de l'espace«), dem auch die filmischen Mittel zu unterwerfen sind. Anstelle der Zerstückelung des filmischen Raumes durch die Montage, wird daher einer Mise en Scène der Vorzug gegeben, die das Wahrnehmungskontinuum bewahrt. Das impliziert einen filmgeschichtlichen Paradigmenwechsel, der nicht mehr in der Montage das avancierteste Mittel der Filmsprache sieht, sondern in einer Mise en Scène, die dem Kino »den Sinn für die Vielgestaltigkeit der Realität« (Bazin) zurückgibt. Ohne ihre expressive Kraft zu unterschätzen, kritisiert Bazin die analytische Montage, weil sie die Wirklichkeit zunächst fragmentiere, um sie sodann als fingiertes Sinngefüge wieder zusammenzusetzen. Dabei zwinge sie den Realitätsfragmenten einen abstrakten, unilateralen Sinn auf und lösche deren natürliche Ambivalenz aus. Die Interpretationsleistung der Zuschauer gehe in derjenigen des Regisseurs auf, »der für ihn auswählt, was er sehen muss« (Bazin).

Der »räumliche Realismus« Bazins findet dagegen im Mittel der so genannten inneren Montage (»découpage en profondeur de champ«) eine Möglichkeit, die Potentiale des Montagekinos auf der Ebene der Mise en Scène, ohne Rückfall in die primitiven Anfänge der Filmkunst, zu integrieren und dabei gleichzeitig die Polyvalenz des Dargestellten zu bewahren. Die Inszenierung unter Ausnutzung der räumlichen Tiefe kann, wie in Orson Welles' *Citizen Kane* (1941), fototechnisch durch den Einsatz entsprechender Linsen erfolgen, die alle Raumebenen mit gleicher Schärfe abbilden (Tiefenschärfe). Unterschiedliche Raumebenen und Raumsegmente können jedoch auch mittels Bewegung der Kamera (Schwenk, Kamerafahrt usw.) oder mittels Bewegung vor der Kamera erfasst und als kontinuierlicher, ungeschnittener Ablauf aufgenommen werden (Plansequenz). So erzeugt Jean Renoir in *Die Spielregel* (1939) Raumtiefe durch die Anordnung signifikanter Handlungen auf mehreren Raumebenen. Plansequenz und Einsatz von Tiefenschärfe erweitern den »Spielraum« sowohl in die Tiefe als auch in die Breite und erlauben so Darsteller und Dekor zu integrieren. Bazin erkennt darin einen »dramatischen Realismus«, der die essentielle Dichte und Präsenz der Objekte und Darsteller, die im Raum eingeschlossen sind, bewahrt sowie einen »psychologische(n) Realismus, der den Zuschauer in den wahren Zustand der Wahrnehmung versetzt, welche a priori nie vollständig determiniert ist«. Eine so verstandene Mise en Scène impliziert für Bazin eine aktive Interpretationsleistung des Zuschauers und wird, im Vergleich zur Montage, der Heterogenität der Wirklichkeit eher gerecht, da sie die Vieldeutigkeit der Realität in die Bildstruktur einschreibe. Bazin macht damit die Verbindung von Form und Inhalt (»les rapports de la forme et du fond«) zum Leitfaden einer Filmkritik, die nicht mehr allein inhaltlich argumentiert, sondern in der Deskription der filmischen Form latente Bedeutungsgehalte aufzuspüren sucht. Er beeinflusste darin eine junge Autorengeneration, die sich in der Redaktion der Pariser Filmzeitschrift »Cahiers du Cinéma« versammelt hatte, darunter die späteren Begründer der → Nouvelle Vague Jean-Luc Godard, Jacques Rivette, Claude Chabrol und François Truffaut. Die Schriften Bazins sind seither vielfach diskutiert und kritisiert worden. Ihr Bewusstsein für die Formproblematik des Films und die Analyse der Strukturen »filmischer Realität« machen sie nach wie vor zu Klassikern der Filmliteratur.

Kerstin Eberhard

Literatur: André Bazin: Was ist Kino. Bausteine zur Theorie des Films. Köln 1975. [Frz. Orig. 1958.] – André Bazin: Orson Welles. Wetzlar 1980. [Frz. Orig. 1972.]

Montage. Montage, Schnitt, Editing, Cutting – ein Blick auf die oft synonym gebrauchten Begriffe ist aufschlussreich: So betonen der englische Ausdruck »Cutting« wie der deutsche Begriff »Schnitt« das Entfernen und Auswählen. Dagegen legen die Begriffe »Editing« und »Montage« den Akzent auf das Konstruktive, den Weg vom Rohmaterial über den geschnittenen Film, zum endgültigen Werk. In diesen Begriffen spiegeln sich somit grundsätzliche Arbeitsschritte ebenso wie künstlerische Strategien.

Die Montage, der treffendste Begriff, meint in ihrer allgemeinsten Bestimmung die Verbindung von Elementen auf der simultanen und sukzessiven Achse. Montage betrifft also sowohl den Faktor Zeit als auch den Faktor Raum. Jede Einstellung weist Merkmale der Montage auf, ohne dass der Schnitt notwendige Voraussetzung hierfür wäre. Bereits innerhalb des Einzelbildes stehen Elemente in komponierter Beziehung zueinander. Eine Folge von Einzelbildern zeigt zunächst die Entwicklung dieser Elemente. Verändert z. B. die Kamera ihre ursprüngliche Blickrichtung durch Schwenken oder durch eine Fahrt, so verändern sich Bildinhalte wie Bildkomposition. Besonders komplexe, ungeschnittene »autonome Einstellungen« werden wegen ihres Status → »Plansequenz« genannt: eine Einstellung erzählt so viel wie sonst eine Sequenz (frz. »plan‹ ›Einstellung‹; engl. »sequence shot«). Für das In-Beziehung-Setzen in einer Einstellung wurde der Begriff »innere Montage« geprägt. Filmgeschichtlich wird die »innere Montage« vor allem in Verbindung gebracht mit Orson Welles' *Citizen Kane* (1941). Aber auch viele weitere Filme leben von der »inneren Montage«, in jüngerer Zeit z. B. Jim Jarmuschs *Stranger than Paradise* (1984).

Die Montage ordnet und gestaltet vor allem die Zeitstruktur des Films. Die Zeitgestaltung im narrativen Film, und auf diesen beziehen sich diese Ausführungen in erster Linie, wird von zwei zentralen Größen bestimmt: erstens vom Zeitablauf des Kinematographen und zweitens von der Auflösung und Neuanordnung von Zeitfragmenten im Blick auf die Erzählung.

Der Kinematograph, die Kamera, registriert Zeitabläufe seit Einführung des Tonfilms in 24 oder 25 Einzelbildern pro Sekunde, bei der Projektion werden sie in derselben Geschwindigkeit auf der Leinwand wiedergegeben. Bezogen auf eine ungeschnittene Bildfolge, die Einstellung, ist der Film das Erzählmedium, in dem erzählte Zeit und Erzählzeit identisch sind. Auch in der Kombination von Einstellungen verfügt der Film über die Möglichkeit, diese Identität aufrechtzuerhalten. Unter Beibehaltung der linearen Chronologie, allerdings bei Aussparung von Vorgängen, die man als überflüssig oder nebensächlich erachtet, ergibt sich eine Verdichtung der Zeitstruktur. Aber auch komplexere Neuanordnungen der Zeitabläufe sind mit dem Film realisierbar.

Eine ziemlich strenge Systematik der Zeitgestaltung im narrativen Film bieten die von Christian Metz beschriebenen »großen Syntagmen des Films«. Seine Typologie basiert auf einer Folge von Gegensätzen, die ihn zu acht Arten von Syntagmen führen. Zunächst unterscheidet er zwischen »autonomen Einstellungen« und denjenigen Syntagmen, die aus mehreren Einstellungen bestehen. Für die folgenden Typen bildet der Faktor Zeit das differenzierende Kriterium. Zunächst unterscheidet Metz die Gruppe der achronologischen (zeitliche Ordnung bleibt offen) von den chronologischen Syntagmen. Innerhalb der achronologischen Syntagmen bildet Metz die Haupttypen »paralleles Syntagma« (Wechsel zwischen zwei oder mehreren Motiven, ohne klares zeitliches oder räumliches Verhältnis) und »Syntagma der umfassenden Klammerung« (Verbindung von Elementen im Hinblick auf einen übergeordneten Begriff).

In der Gruppe der chronologischen Syntagmen wird zunächst der Typ des »deskriptiven Syntagmas« von dem des »narrativen Syntagmas« geschieden. Bei dem »deskriptiven Syntagma« besteht zwischen den Einstellungen ein simultanes Verhältnis. Beim »narrativen Syntagma« sind die Ereignisse durch Konsekution, Aufeinanderfolge verknüpft. Kriterium für den nächsten Gegensatz ist, ob das Syntagma eine oder mehrere Abfolgen zusammenfasst. Die Mischung mehrerer ergibt den Typ des »alternierten Syntagmas«, die Verbindungen lediglich einer Abfolge gehören zur Gruppe der »linearen narrativen Syntagmen«. Im Alternieren bildet der Film eine spezifische Raum-Zeit-Beziehung. Bei einer dem Theater vergleichbaren »Szene« erfolgt die filmische Schilderung ohne Zeitsprünge: Erzählzeit und erzählte Zeit stimmen überein. Dieser kontinuierlichen Zeitfolge stehen die diskontinuierlichen der »gewöhnlichen Sequenz« und der »Sequenz durch Episoden« gegenüber.

Bei der »gewöhnlichen Sequenz« wird »tote Zeit« ausgespart. Die »Sequenz durch Episoden« dagegen fasst die Diskontinuität explizit als Prinzip der Organisation und Konstruktion auf. Die »großen Syntagmen« basieren also auf einer Reihe von binären Entscheidungen: autonom oder nicht, chronologisch oder nicht, deskriptiv oder narrativ, linear oder nicht, kontinuierlich oder nicht, organisiert oder nicht. Das Modell von Metz ist nicht unumstritten, doch es erfasst die meisten der Montageformen, die sich in 100 Jahren Film entwickelt haben. Bis dahin jedoch war es ein weiter Weg, denn das künstlerische Potential der Montage haben sich die Regisseure erst allmählich erschlossen.

Schon vor der Jahrhundertwende versuchte der Filmpionier Georges Méliès eine Geschichte in mehreren Episoden zu erzählen. In *Der große Eisenbahnraub* (1903) montierte Edwin S. Porter einerseits Einstellungen zu einer kontinuierlich ablaufenden Handlung, andererseits zeigte er gleichzeitig ablaufende Ereignisse hintereinander. Dieses System der → Parallelmontage wurde von David W. Griffith perfektioniert: Bei seinen »Rettungen in letzter Minute« (→ Last Minute Rescue) setzte er die Montage durch den Wechsel zwischen Gefahrensituation und herbeieilender Rettung zur Gestaltung des filmischen Tempos ein. Während bis dato die Kamera meistens einen gleich bleibenden Abstand zu ihrem Motiv hielt, versuchte Griffith verstärkt auch Kamerablicke zu ordnen: Er wechselte Kamerastandpunkte nicht allein aus räumlichen, sondern auch aus dramaturgischen Überlegungen heraus (*Intoleranz*, 1916). Die Filme Griffiths lieferten den russischen Filmkünstlern in den 20er Jahren Anregungen für die weitere Erforschung der Montage.

Lew Kuleschow erarbeitete systematisch filmische Experimente, um die Wirkungsweise der Montage zu untersuchen (→ Kuleschow-Effekt). Wsewolod Pudowkin entwickelte die Ansätze von Griffith weiter und rationalisierte sie. Auswahl, Timing und Arrangement des aufgenommenen Materials wollte Pudowkin in den Dienst der filmischen Kontinuität stellen (*Die Mutter*, 1927). Sergej Eisenstein, der in der Montage das wichtigste Bauprinzip des Films sah, hatte keinerlei Interesse am Mechanismus des Geschichtenerzählens: er wollte mit seinen Filmen den gedanklichen Prozess lenken, und dabei kam der Montage eine zentrale Rolle zu (*Panzerkreuzer Potemkin*, 1926). Ihm ging es nicht darum, Montage zur flüssigen Verbindung von Einstellungen einzusetzen, sondern durch eine Reihe von Bildassoziationen und Schocks, von Kollisionen die Filmerzählung, die filmische Argumentation, voranzutreiben (→ Attraktionsmontage). Dziga Vertov wiederum sah Montage als Verbindung (Addition, Subtraktion, Multiplikation, Division und Ausklammerung) gleichartiger Teilstücke/Bilder mit dem Ziel, eine rhythmische Reihe zu schaffen, bei der alle Sinnverkettungen mit den visuellen Verkettungen zusammenfallen (*Der Mann mit der Kamera*, 1929).

Bei allen Unterschieden – gemeinsam war den russischen Regisseuren die Bewertung der Montage als zentrales und originäres filmsprachliches Gestaltungsmittel. Sie lösten die Forderung des Filmtheoretikers Béla Balázs nach einer »produktiven Montage« ein, durch die der Zuschauer etwas erfährt, was in den Bildern selbst gar nicht gezeigt wird. Sein Montageverständnis basiert auf der Konzeption: Das Ganze ist mehr als die Summe seiner Teile.

In den ersten Jahrzehnten des Films war die Montage geradezu ein »Programm« (Jan Marie Peters), um dem Film als autonomer Kunst Anerkennung zu verschaffen. Diese (Über-)Bewertung der Montage stieß aber auch auf Widerspruch von Filmtheoretikern (Bazin), und in der Praxis wurden sie vom »Hollywood-Stil« weitgehend abgelöst.

Zunächst jedoch sorgte der Tonfilm für eine radikale Zäsur auch hinsichtlich der Entwicklung der Montage – was bislang visualisiert werden musste, konnte nun gesagt werden. Aber der Tonfilm erweiterte zugleich die Möglichkeiten der Montage, denn auch die Bild-Ton-Relation kann als Montage begriffen werden.

Der klassische Hollywood-Stil strebt den unauffälligen, flüssigen, »unsichtbaren«

Panzerkreuzer Potemkin (1926, R: Sergej Eisenstein)

Sergej Eisenstein hat, so heißt es, mehr Zeit bei der Montage der Bilder im Schneideraum zugebracht als beim Drehen der Szenen. Die Treppe von Odessa und das Massaker, das auf ihr erfolgt: Eine der berühmtesten Sequenzen der Filmgeschichte ist zugleich ein Zeugnis für virtuose Montage, die immer wieder die zentrale Konfrontation in den Blick rückt: zwischen der gnadenlosen Soldateska, die im Gleichschritt hinabsteigt – wenn man nur die Stiefel sieht, gleicht sie einer Todesmaschinerie –, von oben herab in die Menge feuert und den Bürgern, die erschreckt Deckung suchen, meist vergeblich. Die Einstellungen der Zivilisten werden rhythmisch gegen die der Soldaten gestellt: die Mutter, die das niedergetrampelte Kind auf den Armen den Soldaten entgegenträgt, um Gnade zu erflehen – vergeblich. Oder der Kinderwagen, der die Treppe hinabkullert: Sinnbild des Schreckens, den die Menschen erleben, da das kleine Kind als besonders verletzlich gilt. Das suggestive Gegeneinander der Bewegungen des barbarischen Kosakenkommandos und der verzweifelten Zivilisten verfehlt bis heute nicht, sogar als Bilderzählung ohne dramatisch wuchtige musikalische Begleitung, seine Wirkung.

Schnitt an, damit die Aufmerksamkeit des Zuschauers sich voll auf den Handlungsablauf konzentrieren kann. Eine Vielzahl von handwerklichen »Regeln« haben sich im Gefolge herausgebildet: Der Beginn einer Sequenz mit einer Totalen als Establishing Shot, Dialogszenen werden in Schuss und Gegenschuss aufgelöst, Verbindungen von Einstellungen werden durch Bewegungen oder Blickkontakte motiviert, Achsenverhältnisse müssen gewahrt werden (180°-System), Zwischenschnitte sorgen für → Kontinuität, Anschlüsse müssen stimmen, Redundantes wird ausgespart (Ellipsen), durch Überblendungen o. Ä. eingeleitete Rückblenden beziehen Zeiträume außerhalb des chronologisch-linearen Ablaufs ein, eine Aufblende signalisiert einen neuen Zeitabschnitt, die Abblende bringt die Zeit zum Ausklingen, die Überblendung kennzeichnet einen Zeitsprung usw.

Neben diesen etablierten Konventionen und in der Auseinandersetzung mit ihnen gab es immer Regelverstöße, die ihrerseits zu einer Erweiterung des Formenkanons führten. Ein schon wieder klassisch gewordenes Beispiel lieferte Jean-Luc Godard in *Außer Atem* (1960). Mit seinen → Jump Cut, springenden Schnitten innerhalb einer Aufnahme, riss er den Zuschauer aus seinen gewohnten Konventionen und hielt ihm zugleich den Spiegel vor: Was ihr für »natürlich« haltet, ist lediglich gelernt!

Nachdem die Russen die Montage zu *dem* filmsprachlichen Mittel erklärten, wurde in der Folge die herausragende Rolle der Montage relativiert. Aber die Montage entwickelt sich ständig weiter. So verändert sich gerade in den letzten Jahren das Vokabular der Montage durch neue Technologien der computergestützten → Post-Production rasant (Peter Greenaways *Prosperos Bücher*, 1991). Die nächste Generation von Kinogängern wie von Filmemachern wird eine neue Schule der Seherfahrungen durchlaufen und sie wird neue Montageformen – sukzessive und besonders simultane – schaffen und verstehen.

Harald Schleicher

Literatur: Karel Reisz / Gavin Millar: Geschichte und Technik der Filmmontage. München 1988. [Engl. Orig. 1953.] – Christian Metz: Semiologie des Films. München 1972. – Franz-Josef Albersmeier (Hrsg.): Texte zur Theorie des Films. Stuttgart 1979. [Darin: Texte von Eisenstein, Pudowkin, Bazin u. a.] – Hans Beller (Hrsg.): Handbuch der Filmmontage. München 1993.

Monumentalfilm. Der Monumentalfilm wählt sich meist historische Sujets, Krisen-, Kriegs- oder Katastrophenzeiten, in denen Schicksale von Personen der Machtelite mit Schicksalen der vielen Einzelnen, die am Boden der Gesellschaft leben, miteinander verbunden werden können, unter Umständen sogar übereinstimmen. Von den großen historischen Romanen des 19. Jahrhunderts, auf die sich frühe Monumentalfilme fast immer beziehen, zumindest auf ihren Geist und ihren Sinn für das Spektakuläre – z. B. Lord Bulwer Lyttons »The Last Days of Pompeji« (1835) oder Henrik Sienkiewicz' »Quo vadis?« (1895) –, entliehen diese Kinosujets ihre Antithetik: auf der einen Seite eine dekadente Gesellschaft, die sich in Orgien, Tänzen, zeremoniösem Massenzwang ergeht und sadistisch gezeichnete Märtyrerschaft von Abweichlern einfordert, auf der anderen Seite eine angeblich gesündere Welt, die im Sinne soldatischer und puritanischer Disziplin als mannhaft, stark, unkorrumpierbar beschrieben wird. Gelegentlich erinnert diese Polarisierung an die kontrastive Beschreibung der Römer und Germanen bei Tacitus. Die Monumentalfilme erliegen indes der Faszination der Dekadenz ebenso wie der Faszination des rituellen Pomps. Der Circus maximus und die in ihm stattfindenden Kämpfe auf Leben und Tod spiegeln Glorie und Schrecken historischer Ereignisse ebenso, wie Intrigen und Schlachten in ›Nahsicht‹ und hochschäumende rote Lava, die sich über Tempel und Paläste ergießt, den lustvollen Horror des Dabeiseins evozieren. Der Horizont liegt niedrig in den Totalen des Monumentalfilms, sodass man bis in die Tiefe Menschenmassen oder riesige Bauten überschauen kann: die gewaltige Bewegung, die ein Kollektiv erfasst, oder den Ausdruck triumphaler Selbstsicherheit in den Kolossal-Architekturen, die doch dem Ansturm der Menschen oder der zerstörerischen Natur nicht gewachsen sind. Der Monumentalfilm erlaubt ungehinderte Blicke aus allen Distanzen, Close-ups, Medium Shots, Extreme Long Shots, auf großes Drama, auf pathosgeladene Szenerien, auf denen der Einzelne, selbst die Anführer, die Protagonisten, zwischendrin ganz klein erscheinen.

Der Monumentalfilm entstand in Italien vor Ausbruch des Ersten Weltkriegs, in einer Phase, in der das Königreich, etwa zur 50-Jahr-Feier der italienischen Einheit 1911 an die Vergangenheit des imperialen Roms erinnerte, um sich selber als eine Art Großmacht darzustellen. Italien begann, wie beinahe alle europäischen Nationen, zu kolonisieren und in Afrika Land zu nehmen, es präsentierte seinen Machtanspruch in auftrumpfenden Kolossalbauten wie etwa dem Denkmal für Viktor Emmanuel in Rom. Im Umkreis dieses Denkens wiederbelebte man die überlebensgroßen Helden und Schurken (ihnen voran Kaiser Nero) der antiken Geschichte und Legende. *Quo vadis?* (1912, R: Enrico Guazzoni) illustrierte die blutige Leidensgeschichte der frühchristlichen Gemeinde im kaiserlichen Rom; Dieser Film fand ein solches Echo beim Publikum in Europa und in Amerika, dass er in London in der riesigen Albert-Hall vorgeführt werden musste, in Paris im Gaumont-Palast, der mehr Publikum Platz bot als jedes andere Kino in Frankreich, zudem noch einem Chor von 150 Personen. *Die letzten Tage von Pompeji* (1908, R: Luigi Maggi) rekonstruierte eine antike Welt, die bereits so verkommen war, dass sie auf den Ausbruch des Vesuvs und die Zerstörung durch die vulkanischen Mächte gewissermaßen wie auf eine göttliche Strafe wartete, wobei der Untergang vom Pompeji an die alttestamentlichen Schicksale von Sodom und Gomorrha erinnerte. Hier bereits folgten die Massaker im Circus maximus und der Ausbruch des Vesuvs kurz hintereinander wie actio und reactio. Außenaufnahmen und hartgebaute Dekorationen erweckten einen Realitätseindruck, der von keiner Theateraufführung erreicht werden konnte: Im großen Spektakel, eingebettet in scheinbar vertraute Realitätskoordinaten, erwies sich die außerordentliche Illusionierungskraft des Kinos. In *Spartacus, der Rebell von Rom* (1913, R: Giovanni Vidali) prägte sich eine antiklerikale Propaganda aus, die an den Aufstand der Unterdrückten erinnerte, der schon zuvor als einer der Leitmythen des Risorgimento, der Erhebung Italiens gegen fremde Fürstenherrschaft, eine Rolle gespielt hat.

In *Cabiria* (1914, R: Giovanni Pastrone) flossen beinahe alle Elemente des frühen Monumentalfilms zusammen: Der Film selbst dauerte bereits über drei Stunden und ließ die Heldin, eine römische Patriziertochter, einen langen Leidensweg durchschreiten bis zum glücklichen Ende, dem Kampf zwischen dem neuerstarkten und aufstrebenden republikanischen Rom und dem dekadenten Karthago, das trotz aller Gegenwehr durch seinen Feldherrn Hannibal am Ende doch den Kürzeren zieht. Drohende Kindsopfer im karthagischen Tempel des Moloch wurden ebenso zu Höhepunkten der filmischen Erzählung wie der Übergang des Hannibal über die Alpen mit Elefanten, der Brand der Kriegsflotte, die Demonstration der Körperkraft des Sklaven und Beschützers Maciste, der mit beinahe nacktem muskelstrotzendem Körper die unglaublichsten Kraftakte vollführt. Pastrone benutzte bereits einen Kamerawagen, um nicht nur die Massen und Ereignisse vor dem Aufnahmegerät in Bewegung zu setzen, sondern die Kamera selbst in die Dynamik des Geschehens einzubinden. So entstand ein Filmgenre, das erzählerisch und durch die Auswahl der attraktiven ›überlebensgroßen‹ Geschehnisse beinahe ohne Vorbilder in den theatralen Künsten auskommt, vielmehr an die Imaginationen der Literatur im Gefolge des Epikers Sir Walter Scott anknüpft: Hinweise auf die große Oper, zumal die Opernpraxis in Italien, sind sicher nicht verkehrt, doch nicht ausreichend, um die rasche Entwicklung des Monumentalfilms zur eigenständigen Form begreiflicher zu machen.

Angeblich frei von Anregung durch das Beispiel der auch in Amerika breit rezipierten italienischen Monumentalfilme, entwickelt David W. Griffith eine eigene Spielart des Monumentalfilms – in *Die Geburt einer Nation* (1915) und *Intoleranz* (1916) –, die den oft gewaltigen inszenatorischen und logistischen Aufwand, z. B. in den Schlachtenbildern, nie so weit verselbständigt, dass darüber die melodramatische Geschichte der Helden und Heldinnen vergessen würde, die zumal in *Intoleranz* eher Opfer als Täter sind, Opfer eines sich zur Massenhysterie steigernden Blutrauschs, z. B. in der Bartholomäusnacht-Episode. Bei extremen Totalen auf die Schlachtfelder – in *Die Geburt einer Nation* – fällt die neutrale Perspektive des Chronisten auf die Konfliktlinie auf, d. h., Griffith nimmt eben nicht bevorzugt den Blickwinkel der jeweiligen parteilichen Generalität ein, die von oben auf das menschenvernichtende Toben hinabsieht. Griffiths Monumentalfilme sind vornehmlich von Mitleid und Entsetzen gekennzeichnet, betonen die Position der leidenden oder verzweifelt handelnden Frauen, nie kalt betrachtend, nie von der »Grandeur« des alle umfassenden Geschehens benebelt.

Auch die deutsche Filmindustrie bemüht sich nach 1918, Monumentalfilme hervorzubringen. Es sind junge Regisseure, die sich unter Betonung ihrer eigenen Nuance von den italienischen und amerikanischen Modellen abkehren – dies war umso leichter möglich, als nach der Kriegsniederlage die Öffentlichkeit eher Bekanntschaft mit den aufrührerischen Massen der revolutionären Intermezzi nach 1918 geschlossen hat als mit der Fortsetzung von Demonstrationen kaiserlicher Unerschütterlichkeit. Ernst Lubitsch erzählt in *Madame Dubarry* (1919) von der Ambivalenz einer jungen aufsteigenden Frau zwischen Ancien Régime und Französischer Revolution, zwischen der Verlockung der Aristokratie, dem Wohlleben an der Seite des Königs, und dem Elend der Schicht, der sie selbst entspringt. Deren doppelte Treue zu ihren ›Mäzenen‹ und zu ihrem Geliebten aus den Tagen in Armut und Ehrenhaftigkeit hat ihren Tod unter der Guillotine zur Folge – vor einer geifernden Masse, die der Henker in der Schlusseinstellung des Films dadurch zu befriedigen scheint, dass er den Kopf mit einer schnellen Bewegung in die Menge schleudert: In dieser Schlusssequenz von Lubitschs Film wird in der Tat etwas vom »Eisgang der Geschichte« erkennbar und spürbar, der über das Individuum unbarmherzig hinwegschleift und es zerstört. Einige → Bibelfilme dieser Zeit (dieses Genre ist dem des Monumentalfilms eng benachbart, wenngleich thematisch fixiert) haben sich nicht in die Kunstgeschichte des Films einschreiben können – wie beispielsweise *Veritas Vincit* (1918, R: Joe May). Die Filmindustrie verwendete damals gerne den Begriff Großfilm für opulentere Ausstattungen. Die Anstrengung von Fritz Lang, *Metropolis* (1927) als Zukunftsstadt, ungeachtet aller Tricks, doch mit einer Riesenzahl von Statisten so eindrucksvoll wie möglich zu ›realisieren‹, trieb den Ufa-Konzern beinahe in den finanziellen Ruin. Dieser Fall ist paradigmatisch für das wirtschaftliche Risiko, das die Herstellung von Monumentalfilmen für Filmproduktionen darstellt. Erst wieder das Dritte Reich setzt verschiedentlich auf die Überwältigungsrhetorik spektakulärer Massenszenen – etwa in dem Quasi-Dokumentarfilm *Triumph des Willens* (1935) von Leni Riefenstahl oder dem letzten Versuch der Nazi-Filmindustrie, mit einem Spielfilm die politische Botschaft des Durchhaltens zu verbreiten: *Kolberg* (1945, R: Veit Harlan). 1943 hatte als bisher aufwendigste Produktion der Ufa nach *Metropolis* der Jubiläumsfilm aus Anlass ihres 25-jährigen Bestehens Premiere: *Münchhausen* (R: Josef von Baky, nach dem Drehbuch von Erich Kästner, der es unter dem Pseudonym Berthold Bürger schrieb). Die heiter übertreibende Geschichte von den abenteuerlichen Reisen eines Kavaliers und Aufschneiders aus dem 18. Jahrhundert ließ in vielen Episoden und tricktechnischen Virtuositäten – wie dem Ritt auf der Kanonenkugel oder der Ballonfahrt zum Mond – keine verborgenen faschistischen Botschaften als eingeschmuggelte Konterbande entdecken, nicht einmal in etlichen Massenszenen, etwa dem Karneval in Venedig. Der Film enthielt dagegen etliche Momente der Opposition, die für Zeitgenossen und Nachkommen so deutlich waren, wie eine terroristische Diktatur als Auftraggeber es erlaubte.

Auch in Frankreich verdanken sich die wenigen Monumentalfilme spezifischen Konstellationen: Der ausgreifende Entwurf des genialischen Abel Gance, den Napoleon-Mythos zu erneuern und Bonaparte als nationalen Heros ohne Makel darzustellen, mündet in einem Filmexperiment, *Napoleon* (1927), das avantgardistische Ästhetik mit völlig unkritischer patriotischer Heldenverehrung verknüpfte: ein Legenden-Fresko, das sich über drei Leinwände erstreckt. Gegen Ende des Zweiten Weltkriegs entstand in Frankreich eine große Produktion mit monumentalen Momenten, die sich scheinbar von den historischen Wirren der Gegenwart abwandte und dafür einer romantischen Erzählung von tragischer und frivoler Liebe, von heiteren Verwicklungen im Schauspielerleben des 19. Jahrhunderts zuwandte und dem Kasus der unerfüllbaren Sehnsucht. Am Ende werden Hauptfiguren vom tobenden Karneval in den Rhythmus der Massen hineingezogen und dem Blick der Zuschauer entzogen. Es handelt sich aber zugleich um eine Produktion, die aus politischer Taktik so viele Schauspieler wie möglich dem Zugriff der deutschen Sicherheitsbehörden entzog: So trägt *Kinder des*

Cleopatra (1963, R: Joseph L. Mankiewicz)

Die Archäologie der Antike hat schon im 19. Jahrhundert riesige Sakral- und Profanbauten zutage gefördert – die Phantasie der Filmarchitekten wurde dadurch schon zu Beginn der Kinogeschichte aufs äußerste angeregt. Monumentalfilme haben in ihren Gebäudeentwürfen immer wieder auf das alte Ägypten, Babylonien oder das alte Rom geschielt. Zu der pompösen Kulisse, den breiten Treppen und gewaltigen Tempelfassaden gehören natürlich auch Menschenmassen, die geschickt bewegt und verteilt werden. Monumentalfilme, im ausgeprägten Gegensatz zum Kammerspiel, sind aufs Staunen angelegt und verschmähen keine Imponiergebärde: Seitdem die faschistischen Diktaturen Europas bereits in der Zwischenkriegszeit ihre Zeremonien als aufgedonnertes Spektakel zelebrierten, bei denen es Tausende von Statisten aller Arten geben musste, und ihre Staatsgesinnung in auftrumpfenden Fassadenfronten fixierten, brauchte der Monumentalfilm seine Phantasie nicht nur an den Ergebnissen der Ausgrabungen zu entzünden – er konnte die Selbststilisierung der Diktaturen nachahmen. Die Versammlung, die hier auf dem Forum Romanum arrangiert wird, ähnelt denen auf dem Nürnberger Reichsparteitagsgelände.

Olymp (1945, R: Marcel Carné) in mehrfachem Sinn die Signatur der Flucht und Rettung vor der zeitgenössischen Not. Nur Hollywood konnte es sich auf die Dauer ökonomisch erlauben, Monumentalfilme zu drehen. Es übernahm von Italien die wichtigsten Stoffe – mit Ausnahme der an die ›Romanità‹ gebundenen Erzählung von Cabiria. Schon in den 10er Jahren entstanden Cleopatra-Filme, die eine neue römische und eine ältere ägyptische Weltordnung einander konfrontierten, um im Zusammenspiel eines römischen Helden und einer bald als Femme fatale auftretenden geheimnisvollen exotischen Fürstinnenschönheit verstärkt den Reiz exotischer Motive auszubeuten. Ein spätes Ergebnis dieser Tradition stellt etwa der *Cleopatra*-Film mit Elizabeth Taylor in der Titelrolle dar (R: Joseph L. Mankiewicz, 1963), der übrigens zur Hauptsache – wie manche andere amerikanische Produktion dieses Genres – in der Cinecittà Roms gedreht wurde. *Ben Hur* erwies sich als primär amerikanischer Stoff, nicht nur aufgrund der Romanvorlage von General Lew Wallace, sondern auch wegen der Parallele zwischen dem antiken Rom, vor allem des Kaiserreichs, und dem modernen Amerika, das sich als christliche Schutzmacht der Neuzeit betrachtete. Auf eines der wichtigsten Kapitel der amerikanischen Geschichte selbst, nämlich den Bürgerkrieg zwischen Nord- und Südstaaten, greift in Analogie zu Griffiths *Die Geburt einer Nation* dann der Romanze und Spektakel vermengende Film *Vom Winde verweht* (1939, R: Victor Fleming) zurück. Die neuen Kameratechniken erlaubten neue Panoramen, etwa die aufziehende Totale auf den Lazarettplatz mit zahllosen Verwundeten: ein Beispiel für die ambivalenten Bilder dieses Films, der den Schrecken des Bürgerkriegs keineswegs verheimlichte.

Zeit seines Lebens hat Cecil B. DeMille, vor allem für das Paramount-Studio, Monumentalfilme gedreht, wobei er in seinen Bibelfilmen Einzel- und Massenschicksal, den Weg der Religionshelden und des Volkes Israel nach den ›Historien‹ des Alten und Neuen Testaments miteinander zu vermischen verstand. Eine große Phase erlebte der amerikanische Monumentalfilm in den 50er Jahren, als die Filmindustrie sich gegen das aufkommende Konkurrenzmedium Fernsehen mit Hilfe auch des neuen Formats Cinemascope und überlangen Produktionen zur Wehr setzen musste. Dass etliche der damals entstandenen Monumental- und Bibelfilme nur Remakes von ersten Versionen in den 20er Jahren gewesen sind, sei nebenbei vermerkt, so auch *Ben Hur* (1959, R: William Wyler – mit dem geradezu klassisch gewordenen Wagenrennen, das übrigens in durchaus spannender Form schon von Fred Niblo 1926 inszeniert worden ist).

In dem Maße, in dem die amerikanische Filmindustrie in den 80er und 90er Jahren sich zusehends des Weltmarkts bemächtigte, schien es auch möglich, mit höchstbudgetierten Produktionen wieder an die Tradition des Monumentalfilms anzuknüpfen. James Cameron gelang dies etwa mit seiner *Titanic*-Version (1997), Ridley Scott mit seinem stilistisch interessanten zwischen ›großepischen‹ und ›intimen‹ Erzählweisen spielenden Epos von *Gladiator* (2000), einem Helden, der von der Höhe des Ruhms hinabstürzt ins Elend und gleichsam als Toter zu Lebzeiten einem düsteren Racheauftrag folgt. Dieser Film ist unzweifelhaft im Schatten von *Spartacus* entstanden (1960, R: Stanley Kubrick), der mit der Hauptfigur auch die Impulse des Umsturzes oder der Revolution rehabilitierte, einem Fight for Freedom, der nicht so einfach nationaler amerikanischer Selbstdarstellung einzufügen war – immerhin haben Autoren wie Howard Fast und Dalton Trumbo an Kubricks *Spartacus* mitgewirkt, die nur wenige Jahre zuvor vom McCarthy-Komitee gegen »antiamerikanische Umtriebe« auf die schwarze Liste gesetzt worden waren. Und ein schwarzer Held wurde zur moralischen Leitfigur für den Sklavenführer Spartacus: Reflex auf die 1960 bereits Amerikas Öffentlichkeit bewegenden Aktivismus schwarzer Bürgerrechtler. Unter diesen Aspekten gewann *Spartacus* gleichsam innenpolitische Bedeutung. Das ist so neu nicht. Der sowjetrussische → Revolutionsfilm der 20er Jahre, an erster Stelle wäre Sergej Eisensteins *Pan-*

zerkreuzer Potemkin zu nennen (1925 zum Gedächtnis an die erste große Revolution von 1905 gedreht), erinnert an die Leiden der russischen Bevölkerung, die jede blutige Mühe der Revolution rechtfertigen sollen: So ist das ausgedehnte Massaker auf der Treppe von Odessa in *Panzerkreuzer Potemkin* nicht als Schauspiel einer blutrünstigen Exekutionsorgie konzipiert, sondern als Rekonstruktion eines Verbrechens, das die alte Regierung an Unschuldigen und Sympathisanten der aufständischen Matrosen in grauenhafter Weise vollzogen hat, als Verbrechen gegen die Menschlichkeit, wie der herabrollende Kinderwagen nachdrücklich und unvergesslich für die Bildgeschichte des Filmzeitalters dokumentiert, beobachtet von einem jungen Intellektuellen, der als Sozialist und politischer Avantgardist Zeuge dieses Gräuels wird. Als Kampf der Guten gegen die Bösen in Furcht erregenden Schlachtszenen inszeniert Eisenstein noch einmal den Monumentalfilm *Alexander Newski* (1938), ein Tendenzstück mit Aufbaugesinnung und klaren moralischen Fronten, wie es einer Diktatur (Stalins) gefällt, die ihren Machtanspruch in großem Maßstab auch im Film abgebildet sehen will.

Dass der Monumentalfilm aber auch eine düstere Parabel über die unheilvolle Verkettung von Schuld in dieser Welt sein kann, ein scheinbar unabwendbares Morden schildert, bis am Ende der Wind über die Toten hinwegfegt, ein absurdes Endspiel über die Blindheit der Geschichte, bewies Akira Kurosawa mit seinem grandiosen Spätwerk *Ran* (1985) – nach Shakespeares »King Lear«. Nur vergrößert Kurosawa das dramatische Format Shakespeares und zeigt, wie der englische Dichter in anderen Stücken, dass Wut und Rache der Mächtigen auch zahllose Ohnmächtige, Begleiter, Frauen und Freunde mit in einen sinnlosen Tod ziehen. Kurosawa verbindet gleichsam das Kammerspiel Samuel Becketts – zumal in den Narrenszenen – mit dem shakespeareschen Geschichtsdrama und kleidet das Skandalon einer heillosen Welt in die Ästhetik des Monumentalfilms.

Thomas Koebner

Literatur: Michael Wood: America in the Movies. London 1975. – Jon Solomon: The Ancient World in the Cinema. South Brunswick 1978. – Derek Elley: The Epic Film. Myth and History. London 1984. – Irmbert Schenk: Der italienische Historienfilm von 1905–1914. Bremen 1991. – Gary A. Smith: Epic Films. Casts, Credits and Commentary on over 250 Historical Spectacle Movies. Jefferson 1991. – Maria Wyke. Projecting the Past. Ancient Rome, Cinema and History. New York / London 1997.

Musicalfilm / Revuefilm. Das Genre des Musicalfilms zeichnet sich durch die Symbiose der drei Künste Schauspiel, Gesang und Tanz auf der Leinwand aus. Das gesungene Musikstück bildet den dramaturgischen und ästhetischen Höhepunkt einer Szene. Die Nummern erwachsen aus dem Geschehen. Sie führen den Dialog fort, vertiefen den Charakter der Figuren und unterbrechen die Handlungsdynamik und Erzähllogik des Films nicht. Diese so genannte integrierte Form des Musicals bildet seit den Fred-Astaire-und-Ginger-Rogers-Filmen den dramaturgischen Standard im Musicalfilm. Tanz wird im Musicalfilm meist ergänzend zum erzählenden Gesang eingesetzt. Körpersprache und Tanzbewegungen illustrieren die emotionale Aussage des gesungenen Textes und transportieren zusätzliche Informationen.

Stets sind Bühnenmusicals die Vorlage des Musicalfilms, während die reinen Filmmusicals auf einem originären Drehbuch basieren und erst später oder gar nicht auf der Bühne aufgeführt wurden. Die Einflüsse der populären Musik, des Jazz, des Swing, des Rock 'n' Roll usw., sind entscheidend für die musikalische Entwicklung des Musicalfilms, ebenso die Integration unterschiedlicher Tanzformen. Thematisch sind dem Musicalfilm keine Grenzen gesetzt, denn nahezu alle vorstellbaren Stoffe fanden Einlass in dieses Genre, meist aber werden sie in komödiantischer Form wiedergegeben. Innerhalb dieses Rahmens lassen sich vielfältige Filmgenres, so beispielsweise der Western, der Horrorfilm oder der Thriller mit dem Musical kombinieren. Meist steht jedoch das romantische Paar im Mittelpunkt der Geschichte. Analog zur Operettentradition koexistiert in den älteren Musicalfilmen auch ein komisches Paar. Dieses Nebeneinander von verschiedenen Typen beeinflusst die musikalische Bandbreite der frühen Musicalfilme positiv. In Figurenzeichnung, Setting und Inszenierung zeichnet sich der Musicalfilm meist durch eine Übersteigerung der Realität ins Künstliche aus.

Nach Rick Altman verkörpern die Protagonisten unterschiedlichen Geschlechts voneinander abweichende Werte, der Musicalfilm ließe diese Gegensätze jedoch in Gesang und Tanz miteinander verschmelzen. Dieser »dual focus« erfordere vom Zuschauer eine bestimmte Sehweise, die sich weniger auf Chronologie und Fortgang der Handlung konzentrieren müsse, sondern vielmehr auf den ständigen Vergleich der beiden Charaktere. Ferner unterteilt Altman das Genre in drei Subgenres: das Fairy Tale Musical, das Show Musical und das Folk Musical, wobei ein Musicalfilm mehrere dieser Subgenres in sich vereinen kann.

Das Fairy Tale Musical entführt in eine utopische oder märchenhafte Welt: *Das zauberhafte Land* (1939, R: Victor Fleming), *Brigadoon* (1954, R: Vincente Minnelli), *Mary Poppins* (1964, R: Robert Stevenson). In diesem Subgenre werden die gesellschaftlichen und kulturellen Unterschiede des romantischen Paars besonders betont: *Der König und ich* (1956, R: Walter Lang), *My Fair Lady* (1964, R: George Cukor), *Sweet Charity* (1969, R: Bob Fosse), *Hair* (1978, R: Miloš Forman). Es kann zudem amerikanische Werte mit der Tradition und Kultur des europäischen Kontinents kontrastieren: *Ein Amerikaner in Paris* (1951, R: Vincente Minnelli).

Das Show Musical ist entstanden aus Unterhaltungsformen wie der Minstrelshow, dem Vaudeville und dem Varieté und behandelt die Produktion von Unterhaltung in Form von Theater, Film, Modenschau oder Radiosendung usw., also den kreativen Schaffensprozess: *Singin' in the Rain* (1952, R: Stanley Donen, Gene Kelly), *Vorhang auf* (1953, R: Vincente Minnelli).

Das Folk Musical schließlich steht hauptsächlich unter dem Einfluss des Broadway-Musicals seit den 20er Jahren, besonders der Werke »Show Boat« von Jerome Kern und Oscar Hammerstein II. und »Oklahoma!« und »Carousel« von Richard Rogers und Oscar Hammerstein II. Es beschäftigt sich in erster Linie mit amerikanischer Geschichte und Mythen wie der Einwanderung und neigt zur Verklärung der Vergangenheit. Die Betonung des Gemeinschaftsgefühls manifestiert sich durch Chorgesänge in der Musik und Gruppenchoreographien im Tanz: *Meet me in St. Louis* (1944, R: Vincente Minnelli), *West Side Story* (1961, R. Robert Wise, Jerome Robbins), *Grease* (1978, R. Randal Kleiser).

Das Kino entdeckte den Ton während der Blütezeit des Broadway-Musicals, das sich besonders dazu eignete, die neue technische Errungenschaft auf der Leinwand vorzuführen. In den folgenden Jahren etablierte sich der Musicalfilm als eines der populärsten Hollywood-Genres und behielt diese Position nahezu 30 Jahre lang. Harry Beaumonts *The Broadway Melody* (1929) ist der erste Musical-Tonfilm. Ruby Keeler, einer der ersten großen Stars des neuen Genres, verkörpert in den Filmen des Warner-Bros.-Regisseurs Busby Berkeley den neuen Frauentyp der 20er Jahre – das »Flapper Girl«, das aus der Provinz nach New York kommt und sich eine Rolle in einem Broadway-Musical erkämpft: *Die 42. Straße* (1933, R: Lloyd Bacon), *Goldgräber von 1933* (1933, R: Mervyn LeRoy), *Broadwayträume* (1934, R: Busby Berkeley, Ray Enright).

Berkeley revolutionierte das junge Genre des Revuefilms, indem er Kamera und Montage virtuos einsetzte und die Möglichkeit filmischer Mittel durch inszenierte Schnitte erst bewusst machte. Zudem ersetzte er die immer begrenzte Bühne durch riesige Atelierbauten. Seine entfesselte Kamera und rückwärts gedrehte Passagen erzeugten die Illusion von Schwerelosigkeit. Der Berkeley-Top-Shot von oben gab den Blick auf kaleidoskopartige Formationen zahlreicher Tänzerinnen frei, die sich wie Teile eines gigantischen Puzzles immer wieder zu neuen

Ornamenten zusammensetzten. Die gesungenen Tanznummern waren als illustrierende und kommentierende Revuenummern nur lose in die Handlung integriert. Nach Busby Berkeley gibt es im amerikanischen Film nur noch wenige Revuefilme, so beispielsweise die Filme der schwimmenden Schönheit Esther Williams (*Die Badende Venus*, 1944, R: George Sidney). Der deutsche Film führte die amerikanische Revuetradition weiter und etablierte die begabte Tänzerin Marika Rökk in zahlreichen Revuefilmen (beispielsweise *Hallo Janine*, 1939, R: Carl Boese; *Die Frau meiner Träume*, 1944, R: Georg Jacoby). Im Deutschland der Nachkriegszeit existierte der Revuefilm nur noch in Form der Schlagerfilme mit beispielsweise Peter Alexander, Caterina Valente oder Peter Krauss, dem ›deutschen Elvis‹.

In den von den → RKO-Studios während der 30er Jahre produzierten Filmmusicals mit Fred Astaire standen in die Handlung integrierte Solonummern oder Paartänze im Vordergrund. Bedeutende Komponisten wie Cole Porter und Irving Berlin steigerten die Qualität der Musiknummern. Astaire bestand darauf, den Tänzer meist in der Totalen abzufilmen und den Fluss der Choreographien durch möglichst wenig Schnitte zu unterbrechen. Er setzte so einen Inszenierungsstandard für die kommenden dreißig Jahre. Astaire war ein Meister vollendeten Stils und Perfektionist. Gemeinsam mit seinem Choreographen Hermes Pan entwarf er das Bild des freien, souveränen Weltmannes mit jungenhaftem Charme in Frack und Zylinder. Vor allem Astaires virtuose Solonummern, die die fließenden Bewegungen des Standardtanzes mit der treibenden Rhythmik des Stepptanzes verbinden, stehen für Eleganz, Grazie und Mühelosigkeit. Fred Astaire und seine Partnerin Ginger Rogers avancierten zum Traumpaar des Hollywood-Films. Gemeinsam standen sie in zehn Filmen vor der Kamera, die alle nach dem gleichen Schema verliefen: Rogers verkörpert eine selbstbewusste Dame der besseren Gesellschaft, die sich nach einigen Missverständnissen schließlich vom hartnäckig werbenden Astaire, der meist Tänzer von Beruf ist, erobern lässt. Diese Filmmusicals stellen die musikalische Version der → Screwball Comedy dar, wobei die genretypischen Wortgefechte in den Tanz übertragen werden. Gerade zur Zeit des »Hays Code« (→ Production Code), als jegliche offen dargestellte Form der Sexualität auf der Leinwand verboten war, verschlüsselten Regisseure und Choreographen im Paartanz die erotische und sexuelle Annäherung der Geschlechter (»Night and Day«, »Cheek to Cheek«). Vor allem die Filmmusicals *Scheidung auf amerikanisch* (1935, R: Mark Sandrich), *Ich tanz' mich in Dein Herz hinein* (1935, R: Mark Sandrich) und *Swing Time* (1936, R: George Stevens) gehören zu den Klassikern des Genres. Die Astaire-Rogers-Filme mit ihren Art-déco-Dekorationen und ihren Upper-Class-Handlungsorten boten den Kinozuschauern zur Zeit der Depression die Möglichkeit, der Realität für die Dauer des Films zu entfliehen. In den folgenden Jahren drehte Astaire mit den Schauspielerinnen Eleanor Powell, Rita Hayworth, Judy Garland, Betty Grable, Cyd Charisse und Audrey Hepburn weitere Filmmusicals.

Der ausladende Stil der → MGM-Studios prägte die Musicalfilme der Kriegs- und Nachkriegsjahre. Aufwendige Dekors, der gezielte Einsatz von Farbe und Drehbüchern, die Musiknummern und Geschichte wirkungsvoll miteinander verschmelzen, sowie eine hohe musikalische Qualität zeichnen die Filme des Produzenten Arthur Freed und der Regisseure Vincente Minnelli und Stanley Donen aus. Sie lösten den intimen Charakter der Astaire-und-Rogers-Filme ab. Judy Garland wurde mit Victor Flemings Märchen-Filmmusical *Das zauberhafte Land* berühmt und spielte danach mit ihrem Partner Mickey Rooney in einer Reihe von Backstage-Filmmusicals, die Geschichten hinter der Showbühne erzählen. Als neuer männlicher Musicalstar verkörperte Gene Kelly oft den ›Underdog‹, der sich aus eigener Kraft den Weg in eine höhere Gesellschaftsschicht erobert. Der athletische Tänzer Kelly, ebenso ein Perfektionist wie Astaire, setzte neue choreographische Stan-

Tänzer vom Broadway (1949, R: Charles Walters): Fred Astaire und Ginger Rogers

Die Entdeckung der Tonsysteme für den Film hat die Genres des Revue-, Tanz- und Musicalfilms geschaffen. Die Ufa-»Tonfilmoperetten« konnten den gleichzeitig entstandenen Produktionen Hollywoods vor 1933 noch die Waage halten, dies änderte sich bald. Nicht zuletzt die überragenden Persönlichkeiten von Fred Astaire und Ginger Rogers – denen Federico Fellini einen nostalgischen Film, *Ginger und Fred* (1986), gewidmet hat – setzten Maßstäbe, denen niemand sonst gewachsen war: Eleganz, Virtuosität, erotisches Flair vereinigten sich bei ihnen auf einmalige und unwiederholbare Weise. Ihr Tanz konnte Handlung artikulieren und beschränkte sich nicht nur auf die Aneinanderreihung komplizierter Figuren. Kennenlernen und Annäherung, liebende Umarmung und Erwachen danach – selbst die verfänglichsten Situationen, die zwischen Menschen denkbar sind, wurden auf eine sublime und diskrete Weise in ihren Tanz übersetzt. In den meisten seiner Filme tritt Astaire übrigens in der Rolle des Berufstänzers auf – der letzte Gentleman mit Zylinder und Frack in der Filmgeschichte offenbart freimütig seine Profession und Professionalität. Im Foxtrott schwebten die beiden mit ungeheurer Leichtigkeit und Raffinesse über den Boden, während Amerika seine tiefste wirtschaftliche Depression durchlitt: Die Filme von Ginger Rogers und Fred Astaire waren eine Art Gegengift gegen Verzweiflung und Resignation, ähnlich wie die Screwball Comedy in derselben Epoche.

dards. Mit seiner Partnerin Leslie Caron tanzte er in *Ein Amerikaner in Paris* intime und zarte Ballettsequenzen. Aufwendig gestaltete Massenchoreographien zeichneten diesen Film und den Klassiker *Singin' in the Rain* aus. Seit *Singin' in the Rain* bildeten in den 50er Jahren choreographisch anspruchsvolle Traumballette einen wichtigen Bestandteil der Musicalfilme von MGM, die oft grenzenlos anmutende Räume vorführen.

Mit dem Ende der Studioära im Hollywood der 60er Jahre nahm die Popularität des Musicalfilms durch die starke Konkurrenz des Fernsehens ab. Ferner verdrängten der Rock 'n' Roll und die Popmusik in den 50er und 60er Jahren nach und nach die komplexen durchkomponierten und hervorragend orchestrierten Musiken von Cole Porter, Kurt Weill oder George Gershwin. Dem veränderten Geschmack der neuen Zuschauergeneration, die ihr Kunstverständnis aus der Popkultur speiste, konnten die konventionellen Stoffe und altbewährten Melodien des Musicalfilms nicht mehr genügen. Ein großer Teil des jüngeren Publikums wandte sich nun handlungsdürftigen Musikfilmen mit Stars wie Elvis Presley zu. Die überwiegend einfach strukturierten und instrumentierten Klänge der Popmusik nahmen einen wesentlichen Einfluss auf den Musical- und → Tanzfilm, der von nun an jedoch nicht mehr in der Lage war, jene farbenreichen musikalischen Traumwelten früherer Musicals zu erschaffen. Von diesem qualitativen Einschnitt hat sich der Musicalfilm bis heute nicht erholt. Es gab nur noch vereinzelte Zuschauererfolge, so beispielsweise *Ein süßer Fratz* (1957, R: Stanley Donen) oder *Gigi* (1958, R: Vincente Minnelli). Um die Filme finanziell abzusichern, setzten die Produzenten auf erfolgreiche Bühnenvorlagen und zugkräftige Stars wie Natalie Wood in *West Side Story*, Audrey Hepburn in *My Fair Lady* und Julie Andrews in *Meine Lieder – meine Träume* (1965, R: Robert Wise). Robert Wises und Jerome Robbins' *West Side Story* ist einer der letzten großen Musicalfilme mit einer komplexen Musik von Leonard Bernstein. Mit diesem Film wird das Thema der Rassenproblematik zum ersten Mal auch im Musicalfilm ins Zentrum gerückt. Außer Miloš Formans *Hair* behandelt der Musicalfilm diesen Aspekt jedoch nicht weiter, während er im Tanzfilm zunehmend eine größere Rolle spielt. Den hohen choreographischen Standard, den Jerome Kern mit seinen Modern Dance und Ballett integrierenden Nummern setzt, kann in der folgenden Zeit nur noch der Choreograph und Regisseur Bob Fosse in seinen Filmen halten. Mit *Sweet Charity* führt er die ältere Broadway-Tradition fort. Obwohl kommerziell ein Flop, setzt der Film jedoch neue ästhetische Impulse frei. Fosse entdeckte die rhythmisch-dynamisierende Montage für den Musicalfilm wieder und lenkte den Blick ausdrücklich auf den Körper des Tänzers. Fosses Film *Cabaret* (1972) ist, im Gegensatz zum Bühnenstück, kein Musical im üblichen Sinne, sondern wegen seiner Dramaturgie, die auf erzählenden Gesang verzichtet, eher ein Spielfilm mit Tanz- und Musiknummern.

Eine bedeutende ästhetische Veränderung vollzieht sich in einigen Musicalfilmen der 70er Jahre. *Jesus Christ Superstar* (1973, R: Norman Jewison), *Hair* und die Rockoper *Tommy* (1975, R: Ken Russell) verwenden Darstellungsweisen des Popclips zur Inszenierung der Songs. Wegweisend für diese Entwicklung ist Richard Lesters Musikfilm *Yeah! Yeah! Yeah!* (1964), der zum ersten Mal in der Geschichte des Musikfilms den Livegesang (der Beatles) von den Bildern trennt und die Einheit von Zeit und Raum aufhebt. Diese neue Ästhetik findet in der darauf folgenden Zeit jedoch eher Verwendung im aufstrebenden Genre des Tanzfilms. Die vermehrt produzierten Tanzfilme entsprechen mit ihrer Verwendung von populärer Musik und den scheinbar realitätsnäheren Geschichten in den 70er Jahren eher dem Massengeschmack des Publikums als Musicalfilme.

Die Tendenz des internationalen Kinos zu einer härteren Realitätsdarstellung, der veränderte Geschmack des Massenpublikums und die Einflüsse der Popkultur haben für den Musicalfilm seit den 60er und 70er Jahren vor allem zur Folge, dass die Autoren oft versuchen, die alte Form des Musicals mit neuen Inhalten zu füllen. Der Musicalfilm wurde politisch (*Hair*), religiös (*Jesus Christ Superstar*), die Happyends blieben aus (*Sweet Charity*). Richard O'Briens *The Rocky Horror Picture Show* (1975) spielt mit Versatzstücken der Medien- und Popkultur und erlangt bald Kultstatus als ›interaktives‹ Kinospektakel.

Große Erfolge auf internationaler Ebene bleiben im Musicalfilm der 80er und 90er Jahre weitgehend aus. Frank Oz' *Der kleine Horrorladen* (1986) zeichnet, basierend auf Roger Cormans Horrorfilm von 1960, eine science-fiction-artige Geschichte mit karikierten Figuren, die somit dem artifiziellen Charakter des Musicals noch gerecht wird. Richard Attenboroughs *A Chorus Line* (1986) setzt ebenso wie Alan Parkers *Evita* (1996) auf eine erfolgreiche Bühnenvorlage aus den 70er Jahren. Der erfolgreiche Film *Evita* zeichnet sich durch seine monumentale Inszenierung aus und bedient sich popclipartiger Sequenzen. Musikalisch jedoch steht der Film weit hinter seiner visuellen Ästhetik zurück. Andrew Lloyd Webbers redundante Melodien sind jedoch mittlerweile auf den Musicalbühnen zum musikalischen Standard geworden, locken sie doch Jahr für Jahr ein Massenpublikum ins Theater. John Waters inszenierte das nostalgische *Cry-Baby* (1990) als Parodie, die jedoch nur bei einem kleinen Zuschauerkreis Zustimmung fand.

Julien Temples *Absolute Beginners* (1986) knüpft durch erzählenden Gesang und Tanz sowie die künstlich überzeichneten Kulissen von Soho noch an die Tradition der alten Musicalfilme an. In *Linie 1* (1988, R: Reinhard Hauff) des Berliner Grips-Theaters gelingt die Suche nach realitätsnahen Stoffen, die einfache Formel »Alltagspoesie statt Glamour« wird dem Grundgedanken des Musicals jedoch gerecht: Die weibliche Hauptfigur findet im Großstadtmilieu unter gescheiterten Randexistenzen ihr Glück. Lars von Trier inszeniert *Dancer in the Dark* (2000) nach den filmischen Regeln des Dogmas. Allein die Musicalsequenzen sind in realen Farben und mit einer konventionellen Kameraführung gedreht. Der Versuch, die melodramatische Geschichte in Form des Musicals zu erzählen, überdehnt die Gattungsgrenzen. Woody Allen wahrt in *Alle sagen: I love you* (1996) die konventionelle Form des Musicals. Neben den für Allen typischen Dialogen koexistieren parodistische Musicalnummern, die große Busby-Berkeley-, Vincente-Minnelli- und Bob-Fosse-Szenen zitieren und in eine romantische Traumwelt entführen. Die Filmmusicals und Musicalfilme der 90er Jahre lassen jedoch ahnen, dass der erzählende Gesang als Formtypus im zeitgenössischen Spielfilm mittlerweile als zu unrealistisch oder altmodisch empfunden wird, sodass er außerhalb eines parodistischen Kontextes kaum denkbar ist.

Erzählender Gesang wird in der amerikanischen Filmproduktion jedoch erstaunlicherweise in einem anderen Genre akzeptiert: im → Animations- und im Puppentrickfilm. *Schneewittchen und die sieben Zwerge* (1937, R: Walt Disney) etablierte schon früh die dramaturgische Form des Musicals im Zeichentrickfilm, der diese Tradition mit zahlreichen Filmen von → Walt Disney weiterführt: *Cinderella* (1950), *Das Dschungelbuch* (1967), *The Aristocats* (1970), *Arielle, die Meerjungfrau* (1989), *Die Schöne und das Biest* (1991) und *Aladdin* (1992). Die von Jim Henson und David Lazer produzierte erfolgreiche *Muppet Show* (1976–80) stellt eine Art Musical im Fernsehformat dar. Die Kinofilme der 80er und 90er Jahre verwenden ebenfalls erzählenden Gesang (*Muppet Movie*, 1979; *Die große Muppet-Sause*, 1981; *Die Muppets-Weihnachtsgeschichte*, 1992). Jedoch demonstrieren die schlagerhaften Lieder mit ihrer einfachen Melodik auch in diesem Genre die zunehmende Banalisierung und Trivialisierung der musikalischen Konzeption.

Dorothee Ott

Literatur: Joachim Sonderhoff / Peter Weck: Musical. Geschichte, Produktionen, Erfolge. Braunschweig 1986. – Rick Altman: The American Film Musical. Bloomington 1987. – Jane Feuer: The Hollywood Musical. Bloomington 1993. – Olaf Jubin: Die unterschätzte Filmgattung. Aufbereitung und Rezeption des Hollywood-Musicals in Deutschland. Bochum 1995.

Natur im Film. Natur im Film ist niemals ein bloßes Abbild der Wirklichkeit. Die Darstellung und Konstruktion von Naturräumen reicht von der symbolischen Situierung der Figuren innerhalb einer fiktiven Handlung bis hin zur Inszenierung einer Landschaft in der Funktion eines verborgenen Protagonisten. Für die Komposition eines Filmbildes gilt die Grundregel jeder bildnerischen Kunst: Kein Bestandteil des Bildes, kein Zeichen ist gesetzt ohne dramaturgischen oder ästhetischen Grund. Ob im Spiel- oder Dokumentarfilm, eine Figur bewegt sich immer in einem fiktiven → Raum, den die Figur innerdramatisch als real erlebt, und zugleich in einem kommentierenden Bedeutungsraum für den Zuschauer, einem Bedeutungsraum, zu dessen Konstitution die Inszenierung des Umraums der Figur maßgeblich beiträgt. Auf dieser Grundlage entstehen die unterschiedlichen Bedeutungsrelationen des filmischen Raumes: der imaginäre Raum, der Umraum der Figur als Erweiterung ihrer Charakteristik, der atmosphärische Raum, der sozialhistorisch konstruierte Raum, der symbolische Raum, der utopische Raum usw. Allein durch die Aufnahme der Kamera wird jedes Naturbild zum kulturellen, soziologischen oder psychologischen Hyperzeichen, zumal die »natürliche« Natur selbst historischen Prozessen unterworfen und durch zahlreiche Eingriffe des Menschen geformt ist. Auch die filmische Tonebene ist das Ergebnis einer Komposition vom atmosphärischen Tönen und Lauten mit dem Ziel der Inszenierung eines authentisch wirkenden Schauplatzes.

In der Frühgeschichte des Films sind die Naturräume in erster Linie dekorative Kulisse der Aktion und werden noch nicht als eigenständige Bedeutungsräume inszeniert. In den 20er Jahren entdeckt der europäische Film die freie Natur als Drehort wieder, allerdings auf einer quasi höheren Stufe als Bestandteil der Narration. Allein das Werk des Regisseurs Friedrich Wilhelm Murnau umfasst ein breites Inszenierungsspektrum von Naturräumen: In *Nosferatu – Eine Symphonie des Grauens* (1922) kennzeichnet eine blau viragierte Nachtlandschaft das dämonische Territorium des Vampirs, auf dem die Alpträume erwachen. In dem halbdokumentarischen Film *Tabu* (1931) verwandelt Murnau die Südseeinsel Tahiti in ein Naturparadies des befreiten nackten Körpers und zugleich in die Urlandschaft einer Liebestragödie. Georg Wilhelm Pabst konstruiert Naturräume in seinem psychoanalytischen Film *Geheimnisse einer Seele* (1926) als symbolische Orte einer kranken Seelenlandschaft. Unbewältigte sexuelle Konflikte eines kinderlos bleibenden Mannes artikulieren sich in Naturvisionen: Ein strömender Fluss symbolisiert die weibliche Fruchtbarkeit, aus der sich der Ehemann ausgeschlossen fühlt. Ein Berg, auf den er zum Happyend hinaufeilt, steht für seine wiedergewonnene Potenz. Pabsts Inszenierung verdeutlicht, dass diese Naturräume imaginäre Ausgeburten einer narzisstisch gekränkten Seele sind, die ihre Außenwelt nur noch ich- und konfliktbezogen wahrnimmt.

In der Geschichte des Films haben sich durch die besondere Ausdruckskraft der real existierenden Naturräume und Naturphänomene eine ganze Reihe von speziellen Genres ausgebildet, zum Beispiel die bereits angesprochenen Inselfilme, die sich selbst neuerdings großer Beliebtheit erfreuen (*Sechs Tage sieben Nächte*, 1998, R: Ivan Reitman; *Der Strand*, 2000, R: Danny Boyle; *Cast Away – Verschollen*, 2000, R: Robert Zemeckis), außerdem → Bergfilme und → Heimatfilme, Dschungelfilme und Naturkatastrophenfilme (→ Katastrophenfilm). In vielen → Science-Fiction-Filmen werden die Naturräume einer fiktiven Zukunft als utopische oder antiutopische Modelle entworfen, als sichtbare Synthese jahrtausendewährender evolutionärer und historischer Prozesse im nur noch scheinbar Natürlichen (*Die Zeitmaschine*, 1960, R: George Pal). Der amerikanische → Western lebt von der Inszenierung der wilden unbevölkerten Wei-

Tombstone (1946, R: John Ford)

Im Vergleich mit den europäischen idyllischen und gartenähnlichen ›grünen Winkeln‹ ist Natur im amerikanischen Film erhabener: die Wüste, das Meer, das Gebirge – als unberührt und unverletzlich gedachte Territorien, wie sie bereits der Abenteuerroman des 19. Jahrhunderts beschreibt (James Fenimore Cooper oder Herman Melville). Vor allem der Western hat das Indianerland des Wilden Westens, für deutsche Leser von Charles Sealsfield oder Karl May geschildert, als grandiosen Schauplatz erschlossen. Der Regisseur John Ford entdeckte für sich das Monument Valley, dessen enorme Weite zu Supertotalen verlockt, und schickte heimatlose Gesellen über diese Prärie oder Steppe, die im stets zu engen Haus auf Frauen trafen, mit denen sie nicht umgehen konnten. Ein ›einsamer Wolf‹ sein oder Familie haben verbindet sich mit spezifischen Räumen, dem Draußen oder dem Drinnen. Vor der Größe dieser Landschaft werden die Menschen klein: beiläufige Staffagefiguren, auf deren Wohl oder Wehe es nicht anzukommen scheint. Dass Landschaftstypen wie die Insel oder der Dschungel oder der weithingestreckte Wald ganz eigene Subgenres des Abenteuerfilms erzwingen, beweist, wie sehr das Naturmilieu und nicht nur das Sozialmilieu spezifische Erzählungen anzieht, Menschen prägt und verändert.

te, in der sich der Outdoor-Man als freies Individuum bewegt, von der Hand in den Mund lebt, Aug in Aug mit dem Feind, mit Leben und Tod. Antagonistisch zur lebensfeindlichen Wüstenlandschaft steht die Stadt mit ihren Häusern, in deren vier Wänden die Familie – das Alternativmodell zur einsamen Wildnis – Schutz sucht. Natur und Stadt, Wildnis und Zivilisation, Naturrecht und kollektives Gesetz bleiben unvereinbare Welten. Sergio Leone reflektiert diesen Grundmythos des Westerns in *Spiel mir das Lied vom Tod* (1969) zu einer Zeit, als die Blütezeit des Genres vorbei war, und komponiert durch die nachträgliche Überstilisierung der Genremerkmale die Quintessenz des Westerns. Leone treibt die Menschen und die Landschaft in seinem Film durch den extremen Kontrast von Landschaftstotalen und Detailporträts aus nächster Nähe zugleich auseinander und zusammen. Die Großaufnahmen der gebräunten bewegungslosen Gesichter der Helden bilden einen Gegensatz, aber auch eine visuelle Analogie zu der groben Ödnis der Landschaft.

Nach dem Western besitzt die Natur in vielen Katastrophenfilmen die Qualität eines aggressiven Gegners der menschlichen Zivilisation. Wirbelstürme (*Twister*, 1996, R: Jan de Bont), Vulkanausbrüche (*Volcano*, 1997, R: Mike Jackson), Sturmfluten und intergalaktische Katastrophen (*Armageddon – Das jüngste Gericht*, 1998, R: Michael Bay) durchziehen die Filmgeschichte auf der Suche nach menschlichen Opfern und – nicht zu vergessen – auf der Suche nach wahren Heldinnen und Helden. Immer wieder wird die Ohnmacht des Menschen angesichts der katastrophalen Macht der Naturereignisse zum Ausgangspunkt des Plots, an dessen Ende durch die Tatkraft und Klugheit Einzelner die menschliche Zivilisation wieder über die Wildnis triumphiert. In den 50er Jahren zelebriert der Trash-Regisseur Jack Arnold die katastrophalen Auswirkungen einer nuklearen Beeinflussung der Natur und verleiht damit einer aktuellen Angst zur Zeit des Kalten Krieges Ausdruck. In Steven Spielbergs Dinosaurierepos *Jurassic Park* (1993) verwandelt sich ein aus der Kontrolle der Bits and Bytes geratener Freizeitpark in ein urgeschichtliches Stadium zurück, in dem die Extreme regieren und der moderne Mensch für seine technologische Hybris bestraft wird. Auch in James Camerons Monumentalfilm *Titanic* (1997) steuert das historische Schiff als überdimensionales Symbol menschlichen Versagens durch die eisige Weite des Meeres in den sicheren Untergang.

Der inszenierte Naturraum, die Landschaft und das Wetter korrespondieren in den Filmen des taiwan-chinesischen Regisseurs Ang Lee auf subtile Weise mit den Charakteren und der Dramaturgie. In seiner Jane-Austen-Verfilmung *Sinn und Sinnlichkeit* (1995) inszeniert Lee die englische Landschaft als romantisches Gemälde, in dem die permanente Selbstbeherrschung der Frauen ebenso ihren Ort hat wie der Ausdruck mühsam verborgener Leidenschaft. Fast alle Landschaftsbilder zeigen in leichter Draufsicht weite grüne Hügel in einer gezähmten Natur. Selten fängt die Kamera Fragmente des stets wolkenverhangenen, stürmisch bewegten Himmels ein. In den Landschaftsbildern zeigt sich die immanente Spannung des Films, dessen Heldinnen durch das strenge gesellschaftliche Reglement gezwungen sind, jede Emotion im Zaum zu halten. Die Hochzeitsszene zum Schluss des Films krönt ein kurzer, aber auffällig inszenierter Schwenk in den blauen Sommerhimmel, ein sekundenlanger Kommentar des Regisseurs zum Verbleib seiner Figuren. In Lees Film *Der Eissturm* (1997) verbinden sich Naturereignis und zwischenmenschliche Kälte zum symbolischen Bild: eine eisgläserne Landschaft, bedrohlich und märchenhaft, wird zum aktiven Schauplatz tragischer Verkettungen.

Im Gegensatz zum Spielfilm strebt die dokumentarische Beobachtung von Naturphänomenen eine weitgehend authentische Abbildung der vom filmischen Zugriff unbelasteten Wirklichkeit an. Viele Filmemacher der beim Publikum beliebten Natur- und Tierdokumentationen sind zugleich Wissenschaftler, die in jahrzehntelangen mühseligen Feldforschungen mit der Kamera zu einzigartigen Aufnahmen gelangen. Neben den → Dokumentarfilmen der BBC sind → Walt Disneys semidokumentarische Tierfilme zu Klassikern des Genres avanciert. Ein filmästhetisches Experiment besonderer Art unternehmen die französischen Naturfilmer Claude Nuridsany und Marie Pérennou, die in ihrem Kinofilm *Mikrokosmos – Das Volk der Gräser* (1996) die Schönheit winziger Insekten durch Kamera- und Lichtinszenierung, durch Montage und Musik so inszenieren, wie es im Kino sonst nur den menschlichen Leinwandstars gebührt.

Susanne Marschall

Neuer deutscher Film. Begriff für die Epoche des Deutschen Films, in der junge Filmemacher Mitte der 60er Jahre sich thematisch strikt abgrenzten von den Arbeiten der Altbranche, der sie vorwarfen, bloß die konventionelle Tradition fortzusetzen. Der Neue deutsche Film, zunächst auch häufig als Junger deutscher Film bezeichnet, in Abgrenzung vom Kino der älteren, der Ufa-Generation, begann 1965/66 mit Filmen von Alexander Kluge und Volker Schlöndorff, von Ulrich und Peter Schamoni, von Edgar Reitz und Johannes Schaaf, hatte in den 70ern seinen Höhepunkt mit Filmen von Rainer Werner Fassbinder und Werner Herzog, Rudolf Thome und Wim Wenders und fand in den frühen 80ern mit Fassbinders Tod seinen Abschluss.

In den frühen 60er Jahren brach in der deutschen Kinobranche vieles zusammen. Produktions- und Verleihfirmen gingen Bankrott. Potente Verleiher waren nicht länger in der Lage, die Garantiesummen für die Produktion neuer Filme bereitzustellen. Immer mehr Kinos mussten schließen. Der deutsche Film, schrieb Joe Hembus in seiner

Bestandsaufnahme 1961, »er ist schlecht. Es geht ihm schlecht. Er macht uns schlecht. Er wird schlecht behandelt. Er will auch weiterhin schlecht bleiben.« Diese bittere Klage über den Zustand der Kinoindustrie fasste nur zusammen – polemisch überspitzt –, was in der Branche so desaströs sich verschärfte.

Ein paar Filme aber gab es Anfang der 60er, die für frischen Wind sorgten, für eine neue Diktion, eine andere Stimmung: *Zwei unter Millionen* von Victor Vicas (1962), *Das Brot der frühen Jahre* von Herbert Vesely (1963), *Die Rote* von Helmut Käutner (1964). Sie brachen erstmals die Linearität der sinnhaft geschlossenen Erzählung und setzten dagegen die Dominanz der Episode. Das Ideal dieser Filme war weniger, wie bis dahin im Produzentenfilm üblich, das glatte Gemälde, sondern das vom Unebenen und Kantigen lebende Relief.

Der definitive Kontrapunkt dann am 28. 2. 1962 in Oberhausen: Die Parole: »Papas Kino ist tot« zirkulierte bereits seit einiger Zeit im Kreis jüngerer Filmemacher und Filminteressierten. Nun wurde ihre Ablehnung der filmindustriellen Verhältnisse in einer Resolution zusammengefasst und zur Diskussion gestellt. »Wir erklären unseren Anspruch, den neuen deutschen Spielfilm zu schaffen. [...] Wir haben von der Produktion des neuen deutschen Films konkrete geistige, formale und wirtschaftliche Vorstellungen. Wir sind gemeinsam bereit, wirtschaftliche Risiken zu tragen. Der alte Film ist tot. Wir glauben an den neuen.«

Die ersten Filme, jenseits der Industrie mit individueller Verve und kritischem Engagement produziert, ließen jedoch lange auf sich warten. Nach den mutigen Worten in Oberhausen folgten zunächst nur kleine Taten: Miniaturen, Fingerübungen, Etüden. Es dauerte über vier Jahre, bis die ersten abendfüllenden Arbeiten ins Kino kamen: Ulrich Schamonis *Es*, Volker Schlöndorffs *Der junge Törless*, Peter Schamonis *Schonzeit für Füchse*, Alexander Kluges *Abschied von gestern*, Vlado Kristls *Der Brief*, Hansjürgen Pohlands *Katz und Maus*, Edgar Reitz' *Mahlzeiten*, Johannes Schaafs *Tätowierung*, alle 1966/67 uraufgeführt.

Der erste Neue deutsche Film, der auch in die Kinos kam, war *Es* von Ulrich Schamoni. Er handelt von einem jungen Paar in Berlin, das, unverheiratet, betont unangepasst, lockeres Getue mit modernem Verhalten verwechselt. Als die Frau ein Kind erwartet, nimmt sie den Mann so ernst in seiner Antibürger-Attitüde, dass er erst nach der Abtreibung von ihrer Schwangerschaft erfährt. Das Resultat: tiefe Irritation, doppelte Verwundung.

Abschied von gestern ist dann der erste große Höhepunkt des Neuen deutschen Kinos, ein Film der beharrlichen Nachfrage, der assoziativen, essayistischen Erkundung, frech und verspielt. Kluge mixt zusammen, was ihm ein- und auffällt. Interviews und Inserts, Gedanken und Geschichten, Zitate und Zeichnungen, alte Fotos und Filme, Dokumentarisches, Erdachtes, Improvisiertes, Kommentierendes, alles wird Material, mit dem sein Spiel sich vorantreiben lässt. Die Kamera (Edgar Reitz) kadriert nicht klassisch, sondern zeigt vieles im Anschnitt, vieles schräg, kantig, oft sogar wacklig – im pointillistischen Stil des → Direct Cinema. Kluge, schrieb Urs Jenny 1966, locke seine Zuschauer, provoziere, irritiere, überrasche, amüsiere sie, »doch er zieht und bindet ihr Interesse nicht an den Film, [...] sondern lenkt die Neugier zurück auf die Welt, die er abbildet, auf die Menschen, die sich in ihr bewegen«.

Über die ästhetische Radikalität von Kluges Kinodebüt gibt es keinerlei Zweifel. Doch Schlöndorff und die Schamonis gingen, wie später auch Edgar Reitz, Hansjürgen Pohland, Johannes Schaaf konventionellere Wege. Sie verweigerten sich keineswegs dem narrativen Kino, sie suchten eher nach neuen, authentischeren Bildern für ihre Geschichten.

Kurz nach *Es* und noch vor *Abschied von gestern* starteten Filme, die neue Erwartungen weckten – jenseits von Kulturfilm und Nierentisch-Modernität: Schlöndorffs *Der junge Törless* und Peter Schamonis *Schonzeit für Füchse*. *Der junge Törless*, nach dem frühen Roman von Robert Musil entstanden, komponiert Ausschnitte einer Geschichte in eher düsteren Graunuancen. Drei Kadetten strafen und foltern einen ihrer Kameraden, nachdem sie ihn des Diebstahls überführt haben: der eine mit Lust am Quälen, der andere, »ein zynischer Nihilist« (K. Korn), mit Neugierde auf die Reaktion des Gequälten, der dritte schließlich, Törless, mit zurückhaltendem Desinteresse. Schlöndorff erzählt keine geschlossene Geschichte. Seine spröden, melancholischen Schwarzweißbilder, die unentwegt eine Stimmung von Zwielicht und Dämmerung ausstrahlen, fangen eher Zustände ein, die wie Bruchstücke aufeinander folgen: das Latente von Sexualität und Brutalität, das Implizite einer jugendlichen Sinnsuche.

Peter Schamonis *Schonzeit für Füchse* ist demgegenüber offener, unvermittelter, aber auch modischer. Die Geschichte eines jungen Journalisten, der hin- und herschwankt zwischen der Welt seines großbürgerlichen Freundes und der seiner kleinbürgerlichen Freundin, wird gelassen und beiläufig, fast nüchtern erzählt. Die Kamera (von Jost Vacano) prägt diesen gleichmütigen Gestus, indem sie nicht kunstvoll kadriert, sondern betont eigenständig aufs Geschehen blickt. Geradezu achtlos fährt sie oft an den Protagonisten vorbei und unterstreicht so die Distanziertheit der Atmosphäre insgesamt.

Eine Reihe anderer Filmemacher des Jungen Kinos suchten erst gar nicht nach einer neuen Rede des Films, sie wiederholten nur formal, was ihnen thematisch am Herzen lag, wenn auch mit kritischen Tönen: die ewige Klage um die Konventionen der bürgerlichen Ehe in Christian Rischerts *Kopfstand, Madame!* (1966), in Hans Rolf Strobels und Heinz Tichawskys *Eine Ehe* (1968) und in Theodor Kotullas *Bis zum Happy End* (1968); das provozierende Spiel mit sexueller Freizügigkeit in Roger Fritz' *Mädchen, Mädchen* (1966); die satirische Attacke auf die Käuflichkeit der Medienwelt in Franz Josef Spiekers *Wilde Reiter GmbH* (1966); den kritischen Einspruch gegen die repressive Gewalt in der Gesellschaft in Hansjürgen Pohlands *Katz und Maus* (1966) und in Haro Senfts *Der sanfte Lauf* (1967); die mythische Rebellion gegen feudale Ob-rigkeiten, genrevermittelt in Hans W. Geissendörfers *Jonathan* (1969), historisch in Volker Vogelers *Jaider – der einsame Jäger* (1970). Wie später in den 80er Jahren – nach der Blütezeit in den 70ern – deutete sich bereits in den späten 60ern die Gefahr ästhetischer Saturiertheit an. Schon da waren die Filme in der Überzahl, die eher mitschwammen auf der Welle, statt sie formal mit- und weiterzutragen.

Die Oberhausener Filmemacher, die sich als Autorenfilmer begriffen, verstanden ihre Rolle als kritische Avantgarde. Sie wollten sich einmischen in den gesellschaftlichen politischen Kontext, und sie wollten ihre persönliche, subjektive Verantwortung beim Filmemachen gewährleistet sehen. Dass diese Hypostasierung der Autoren dann nicht zum Witz verkam, ist aber erst der Generation nach den Oberhausenern zu verdanken: Werner Schroeter und Rudolf Thome, Peter Lilienthal und Niklaus Schilling – und natürlich Fassbinder, Herzog und Wenders. Erste Hoffnungen, frühe Enttäuschungen: Das umreißt in etwa die Stimmung, die Ende der 60er hierzulande herrschte. Die ersten Filme waren da, die Anlass boten für große Hoffnungen, und doch kam vieles auch zum Stillstand. Dass das moderne Kino dennoch immer weitere Seiten, immer weitere Facetten sich erschloss, zeugte von Phantasie und Kraft, von List und Entschlossenheit.

Vor allem die 70er Jahre brachten eine ungeheure Flut neuer Filme jüngerer Regisseure. Es war die »produktivste und kreativste Periode« des Neuen deutschen Films (Lenssen). Hellmuth Costard, Klaus Wyborny, Birgit und Wilhelm Hein setzten sich mit experimentellen Formen auseinander. 1971 wurde das Genre des kritischen Heimatfilms etabliert – von Volker Vogeler (*Jaider – der einsame Jäger*), Volker Schlöndorff (*Der plötzliche Reichtum der armen Leute von Kombach*), Reinhard Hauff (*Mathias Kneissl*) und Uwe Brandner (*Ich liebe dich – Ich töte dich*). Der engagierte Jugendfilm feierte große Erfolge: Roland Klick mit *Supermarkt* (1974), Hark Bohm mit *Nordsee ist Mordsee* (1975), Reinhard Hauff mit *Paule Pauländer* (1975), Uwe Friesner mit *Am*

Ende des Regenbogens (1979). Und der sozialkritische, anklagende Politthriller fand zu einem neuen, eigenständigen Ausdruck – in *Die verlorene Ehre der Katharina Blum* von Volker Schlöndorff (1976), *Messer im Kopf* (1978) von Reinhard Hauff und *Das zweite Erwachen der Christa Klages* (1979) von Margarethe von Trotta.

Christian Ziewer, Ingo Kratisch und Marianne Lüdcke schufen den Berliner Arbeiterfilm – mit *Liebe Mutter, mir geht es gut* (1971) und *Die Wollands* (1972). Niklaus Schilling (*Nachtschatten*, 1972; *Rheingold*, 1977) und Robert von Ackeren (*Die Reinheit des Herzens*, 1979; *Die flambierte Frau*, 1982) variierten auf moderne Weise das klassische Melodram. Helke Sander reflektierte essayistisch die Situation der Frau in der bundesdeutschen Gesellschaft: in *Die allseitig reduzierte Persönlichkeit – Redupers* (1978). Bernhard Sinkel (*Lina Braake*, 1975) und Erwin Keusch (*Das Brot des Bäckers*, 1976) entdeckten die Komödie neu. Werner Schroeter erweiterte in *Eika Katappa* (1969) und *Salome* (1971), in *Willow Springs* (1973) und *Tage der Idioten* (1981) das filmische Erzählen um malerische Bilder und musikalische Rhythmen. Und Hans Jürgen Syberberg gelang in *Hitler, ein Film aus Deutschland* (1978) »mit den Mitteln einer kaleidoskopartigen Collage« (Pflaum) eine subjektive Auseinandersetzung mit den Wurzeln des Nationalsozialismus. »Da werden die mythischen Orientierungen, der Wunderglaube, die Irrationalismen, der spießbürgerliche Kitsch der kleinen Leute als Instrumente, auf denen die Faschisten dem Volke aufspielten, in morbid-schöne Bilder gebracht« (Fischli).

Eine eher exotische Nuance in den 60ern und 70ern: Unterhaltungskino, an Hollywood orientiert, doch ohne zu verschweigen, dass es weit entfernt von Hollywood entstanden ist, wie z. B. die Filme von Roland Klick: *Jimmy Orpheus* (1966), *Bübchen* (1968), *Deadlock* (1970) und *Supermarkt* (1973). Ihre Kennzeichen sind handlungsorientierte Rhythmen, unsichtbarer Schnitt, begleitende, also nicht spürbare Kamera. Die Filme sind gradlinig erzählt, Ereignis folgt auf Ereignis. Doch die grundlegendere Struktur, die sie prägt, ist das Doppelbödige dahinter. Kino, hat Klick einmal gesagt, sei die Resonanz zwischen dem Macher des Films und dem Publikum in einem dunklen Raum. Deshalb geht es ihm stets um verzaubernde Magie. Die Filme finden erst ihren Abschluss, wenn die Zuschauer die Bilder zu Ende sehen, denken, fühlen. Gradlinige Erzählung meint für Klick: zeigen und dramatisieren und verschweigen – und spielen mit dem Zeigen und dem Verschweigen.

Auch eher abseits des üblichen Jungen Kinos in den 60ern und 70ern: ein paar Filme aus München, die mit dem Oberflächenreiz des amerikanischen Kinos spielten – und mit der Diskrepanz, die sie selbst zu dessen Standards entwickeln, Filme von Klaus Lemke, Max Zihlmann, Rudolf Thome, die in der »Forderung nach einem gesellschaftlich relevanten Film [...] nur einen modischen Aufguss des alten deutschen Problemfilms der fünfziger Jahre sahen«. Anders als die Oberhausener hatten sie ihre Lektionen im Kino gelernt – in den Filmen des Klassischen → Hollywood und in denen der französischen → Nouvelle Vague.

In Lemkes *48 Stunden bis Acapulco* (1967) oder ****Negresco (1970) und in Thomes *Rote Sonne* (1970) oder *Fremde Stadt* (1972) ging es um geträumte Abenteuer, dem Kino entnommen, aber durch deutsche Alltäglichkeit gefiltert. Ihr Interesse galt den prickelnden Momenten, die, mühsam nur zu einer Story verknüpft, aufs reine Spektakel zielen, übersteigert im Ereignis, einfach in der Form. Im Mittelpunkt ihrer Filme standen die kleinen Kriege zwischen Männern und Frauen um Liebe und Geld, also ganz simple, vertraute Handlungen, die durch kinematographische Verklärung aber wieder fremd und aufregend werden.

Peter Lilienthal drehte dagegen politisch direktere Filme. Ihn faszinierte dabei das Alltägliche, wo es als Indikator gesellschaftlicher Verhältnisse sich zeigt. Schon in *Malatesta* (1969), diesem sperrigen, assoziativen Porträt über den italienischen Anarchisten Enrico Malatesta, der Anfang des 20. Jahrhunderts in London im Exil lebte, ist der

Konflikt über die äußere Situation konturiert, über die Elendsquartiere der lettischen Emigranten, über Häuser, Zimmer, Kleider. Auch die Hinwendung zur Gewalt wird weniger durch die Dramaturgie des Tuns suggeriert denn durch die Naivität der politisch engagierten Jungen begründet, die ihre Ungeduld zur »puren Aktion« treibt. Malatesta, der ewige Revolutionär, der jedoch zur aufrührerischen Tat nicht bereit ist, ist die Lilienthal-Figur par excellence. Ihn interessieren Menschen, die Charakter zeigen: wie sie sich verändern, wenn sie unter Druck geraten, wie sie kämpfen, Widerstand leisten oder resignieren; wie sie »die Sonne angreifen« und die »Ruhe im Land« oder den »Abgründen« verfallen; wie sie dem Schrecken um sie herum mit Trauer und Würde begegnen; und wie sie – wie in *La Victoria* (1973), *Es herrscht Ruhe im Land* (1975) oder *David* (1979) – voller List den gewaltsamen Verhältnissen trotzen.

Rainer Werner Fassbinder gelang schon mit seinem Debütfilm *Liebe ist kälter als der Tod* (1969) der typische Touch seiner liebevollen Außenseiter-Tragödien – eher als in seinem berühmteren Film *Katzelmacher* (1969), der mit einer betont enthüllenden Kamera seine Figuren und ihre gesellschaftlichen »Deformationen« ausstellt: das Abenteuer, das jeder wagt, der einen anderen »gern hat« oder liebt, und die Nähe, in die er darüber gerät zu Verrat und Tod. *Liebe ist kälter als der Tod* nimmt schon vorweg, was seine späteren Meisterwerke, *Händler der vier Jahreszeiten* (1972) oder *Angst essen*

Im Lauf der Zeit (1976, R: Wim Wenders): Hanns Zischler

»Draußen vor der Tür«, das war die Klage der Heimkehrer aus dem Zweiten Weltkrieg. Zögern vor dem Eintreten, Nachdenken auf der Schwelle, der Impuls, lieber doch nicht dazugehören zu wollen, ist für viele Figuren des Neuen deutschen Films der 70er Jahre immer noch charakteristisch: Es sind Unangepasste bei Rainer Werner Fassbinder, rätselhafte Sonderlinge, Kaspar-Hauser-Figuren bei Werner Herzog und junge Männer unterwegs ins Nirgendwohin, aber keineswegs bereit zur Rückkehr ins bürgerliche Haus, bei Wim Wenders. Kein Wunder, dass Herzog etliche seiner aufregendsten Filme in Lateinamerika drehte und sogar bis nach Australien auswich, dass Wenders versuchte, sich in den USA zu etablieren. Nur Edgar Reitz suchte die verlorene Heimat in der deutschen Provinz auf, Weltgeschichte im Spiegel des Lebens kleiner Leute. Die ›Befindlichkeit‹ derer, die dageblieben sind und nicht fortgegangen, fand sonst bei der Generation des Neuen deutschen Films spürbar weniger Anteilnahme.

Seele auf (1974), *Die Ehe der Maria Braun* (1979) oder *Lola* (1981) noch präziser ausführen: dass den Menschen, gerade wenn sie nach Glück streben, bloß Leid und Verzweiflung bleiben, dass im Reigen betrogener Gefühle jeder Verrat erst durch neuen Verrat auszugleichen ist und Freundschaft nur eine andere Facette von Liebe ist, die Leidenschaft und Zärtlichkeit einschließt, auch Groll, Schmerz und Eifersucht. Mit *Die Ehe der Maria Braun* inszenierte Fassbinder dann seine Deutschlandbilder als zeitgeschichtliche Panoramen (die er später in *Lili Marleen*, 1981, und *Lola* fortsetzte). Die Nachkriegszeit zeigte er dabei auch als Epoche weiblicher Emanzipation, die Freiräume bot, mit Phantasie und Tatkraft andere Wege zu gehen, wodurch seine Kritik am deutschen Bürgertum klarere Konturen erhielt: an »seinem Duckmäusertum, seiner mangelnden Liebesfähigkeit, seinem egoistischen Wohlstandsdenken«.

Werner Herzog ging es von *Lebenszeichen* (1968), also von Anfang an um die Faszination, die von den Personen und Dingen, den Städten und Landschaften ausstrahlt. Ihm ging es, wieder und wieder, in *Aguirre, der Zorn Gottes* (1972) und *Jeder für sich und Gott gegen alle* (1974), in *Herz aus Glas* (1976), *Nosferatu* (1979) und *Fitzcarraldo* (1982), um die einzigartige Besonderheit, die mythische Kraft gewinnt. »Die Vision, das noch nie vorher geschaute Bild« ist in Herzogs Filmen »ein zentrales Motiv« (Pflaum). Ausgangspunkt dafür: die Schauplätze, die »entrückt« und »unerhört« sind, und lange Blicke darauf, die das Handeln der Menschen eher nebenbei erfassen, auf dass die »Qualität der Geschehnisse« dann auch der »Qualität der Schauplätze« entspricht. Die »Sehweise« in seinen Filmen, sagte Herzog, könne man »eine archäologische nennen«, weil ihn »die Dinge weniger von ihrer Oberfläche her interessieren, sondern erst dort, wo sich unter ihnen Risse auftun«.

Wim Wenders erzählte zwischen 1969 und 1984, von *Summer in the City* (1970) über *Im Lauf der Zeit* (1976) bis zu *Paris, Texas* (1984), von der Einsamkeit und Traurigkeit deutscher Männer, die ziellos durch die Welt streifen – in der Hoffnung, dass irgendetwas passiert, das ihr Leben noch verändert. In *Alice in den Städten* (1973) gibt es ein junges Mädchen, das den Mann zurückführt ins Leben, in *Falsche Bewegung* (1975) eine schöne Frau, die ihn sehnsüchtig werden lässt, und in *Im Lauf der Zeit* gibt es einen fremden Mann, der ihn anspornt, noch einmal von vorne zu beginnen. Der typische Wenders-Held ist der melancholische *man on the road*, der ständig auf der Suche ist nach etwas, das die elenden Erfahrungen seines bisherigen Lebens korrigiert. Seine einzige Hoffnung dabei: sich draußen zu bewegen, um sich auch innerlich zu wandeln.

Später, in *Der Himmel über Berlin* (1987) und *In weiter Ferne, so nah* (1993) versuchte Wenders ein breiteres Bild seiner Zeit und ihrer Menschen zu zeichnen, ein Bild davon, wie und wofür noch zu leben ist – so weit entfernt von Hollywoods üblichen Spannungsfilmen wie vom realitätssüchtigen Autorenkino in Europa (→ Autorenfilm). Zum letzten Mal inszenierte Wenders sein Kino als Fenster zur äußeren Welt. Auf nichts wird verwiesen, auf nichts gedeutet, die Bilder halten einfach zum Schauen an. Es geht um Evidenz, nicht um Beweise. Wenders' Ziel ist es dabei, den entdeckenden Blick auf die Welt zu verlängern, bis die Zuschauer sehen, was es noch zu sehen gibt. Das Kino überhaupt, so Wenders, fasziniere ja durch seinen Respekt für Details. Es könne beschreiben, indem es die Dinge erscheinen lasse, wie sie sind.

Der Neue deutsche Film blieb ein epochales Phänomen, das in den frühen 80er Jahren zu Ende ging. Fassbinder starb 1982, Herzog widmete sich stärker seinen dokumentarischen Arbeiten, Lilienthal ging an die Akademie der Künste nach Berlin, Hauff später als Direktor an die DFFB. Nur Schlöndorff und Wenders arbeiteten kontinuierlich weiter, allerdings immer seltener in Deutschland.

Norbert Grob

Literatur: Bruno Fischli: Rekonstruktion, Retro-Scenario, Trauerarbeit, Aufarbeitung – oder was? In: Hans Günther Pflaum (Hrsg.): Jahrbuch Film

79/80. München 1979. – John Sandford: The New German Cinema. London / New York 1980. – Robert Fischer / Joe Hembus: Der Neue Deutsche Film 1960–1980. München 1981. – Timothy Corrigan: New German Film. Austin 1983. – James Franklin: New German Cinema. From Oberhausen to Hamburg. Boston 1983. – Eric Rentschler: West German Film in the Course of Time. Bedford Hills 1984. – Thomas Elsaesser: New German Cinema. London / New York 1989. – Hilmar Hoffmann / Walter Schobert (Hrsg.): Abschied vom Gestern. Bundesdeutscher Film der sechziger und siebziger Jahre. Frankfurt a. M. 1991. – Hans Günther Pflaum / Hans Helmut Prinzler: Film in der Bundesrepublik Deutschland. München 1992. – Wolfgang Jacobsen / Anton Kaes / Hans Helmut Prinzler (Hrsg.): Geschichte des deutschen Films. Stuttgart/Weimar 1993. [Darin: Norbert Grob: Abschied von den Eltern. Film der sechziger Jahre. Claudia Lenssen: Die Macht der Gefühle. Film der siebziger Jahre. Eric Rentschler: Endzeitspiele und Zeitgeistszenerien. Film der achtziger Jahre.]

Neue Sachlichkeit. Seine Haltung sei die eines Fotografen, konstatiert Siegfried Kracauer rückblickend auf den Regisseur G. W. Pabst; dessen Film *Die freudlose Gasse* (1925) gilt allgemein als Prototyp eines realistischen Stils, den man mit dem Begriff »Neue Sachlichkeit« assoziiert. Filmgeschichtlich wird mit dieser Bezeichnung eine Periode des Weimarer Kinos abgegrenzt, die mit der wirtschaftlichen Stabilisierung der Jahre 1924 bis 1929 zusammenfällt. Gegen die expressionistische Richtung der ersten Jahre der Republik und ihre symbolisch »bedeutungsvollen Kompositionen« bestimme nun das »Arrangement realen Rohmaterials« das ästhetische Verfahren; statt um Ausdruck gehe es um die Wirklichkeit sozialer Verhältnisse (Kracauer). Die objektive Tatsache, die veristische Faktizität, das Bild der Sache selbst – in solchen Formeln stellt sich die Neue Sachlichkeit zunächst als eine ästhetische Programmatik dar, die sich der Reportage und dem Dokument neutraler Beobachtung der sozialen Realität verschrieben hat. Soweit handelt es sich um eine künstlerische Richtung, die zwar alle Bereiche der Kunst betrifft, deren ästhetische Verfahren aber eine tiefe Affinität zum Medium Film erkennen lassen. Im Konzept des so genannten Querschnittfilms hat diese Affinität ihren prägnanten Ausdruck gefunden. Die Wanderungen eines Geldscheins von Hand zu Hand (*Die Abenteuer eines Zehnmarkscheins*, 1926, R: Berthold Viertel) oder die rhythmische Verknüpfung menschlicher Gebärden, mechanischer Abläufe, Verkehrsmittel und Menschenmengen zu einer visuellen Symphonie (*Berlin. Die Sinfonie einer Großstadt*, 1927, R: Walter Ruttmann) gelten als Musterbeispiele neusachlicher Poetik. »Wirklichkeitsfilme« nannte der Filmtheoretiker Béla Balázs und schreibt über Wilfried Basses *Markt am Wittenbergplatz* (1929): »Man sieht nur Dinge ohne weitere Bedeutung: Stände werden aufgebaut, Körbe mit Früchten gefüllt, Menschen kaufen, Menschen verkaufen, und Blumen und Tiere und Waren und Abfälle sind da. Aber kein Zauberwunder wirkt so heftig überraschend wie das freudige Erkennen: Es ist tatsächlich so! Das alles bedeutet nichts. Weder eine besondere Erkenntnis noch eine Aktualität, noch eine bestimmte lyrische Stimmung. Man schaut nur, was die Wimper hält. Die Dinge sind einfach da, und das sinnliche Empfinden des bloßen Daseins wird bis zum Rauschgefühl gesteigert. [...] Dieser Markt ist ein rein optisches Erlebnis.«

Der Versuch, die Wirklichkeit alltäglichen Lebens in einem fließenden Querschnittsbild darzustellen, hat eine paradigmatische Bildlichkeit hervorgebracht, in der sich der registrierende Blick des Kameraobjektivs und das konstruktivistische Prinzip filmischer Montage zu einer Art ästhetischem Sinnespositivismus verbinden. Er zielt auf eine Darstellung, die der subjektiven Wertung abschwor, um zu den Sachen selbst vorzudringen. Letztlich aber vermag diese Formel das Phänomen nicht zu fassen.

Neue Sachlichkeit, das ist in den 20er Jahren ein allseits verwendetes Schlagwort, das sowohl eine ästhetische Programmatik als auch eine politische Haltung, eine existentielle Attitüde oder bloß ein modisches Etikett bezeichnen kann. Es signalisierte gleichermaßen die emphatischen Bejahungen urbaner Modernität wie das nüchterne Kalkül pragmatischer Rationalität, die gesellschaftskritische Haltung der Linksintellektuellen wie die heroische Desillusioniertheit rechter Kulturpessimisten. Die heutige Weimar-Forschung profiliert denn auch im Begriff der Neuen Sachlichkeit eher eine mentalitätsgeschichtliche Disposition der Weimarer Kultur; sie deutet deren kunsttheoretische, philosophische und literarische Zeugnisse als Dokumente einer »Verhaltenslehre der Kälte« oder als Signatur einer lebensphilosophisch geprägten Intellektualität der Krise.

Stilgeschichtliche Konsistenz scheint der Begriff »Neue Sachlichkeit« erst in der kritischen Distanzierung zu gewinnen, von der noch Kracauers eingangs erwähntes Resümee geprägt ist. Er rekapituliert das Urteil, das die linke Intelligenz gegen Ende der Weimarer Republik angesichts der nahenden politischen Katastrophe über die neusachliche Objektivität fällte: Die »Haltung des Fotografen« reproduziere die gesellschaftliche Wirklichkeit und verfehle eben darin ihre geschichtliche Wahrheit. Die inhaltlichen Motive wie die ästhetischen Verfahren und poetischen Programme werden gleichermaßen als Ausdruck eines ideologischen Bewusstseins gelesen. Vor allem in der literaturwissenschaftlichen Rezeption wirkt diese Bewertung bis in die Gegenwart nach.

Filmgeschichtlich ergeben sich so recht unterschiedliche Zuordnungen, je nachdem welcher Blickwinkel eingenommen wird: Stellt man das Sujet in den Vordergrund, sind es die Filme, in denen das Großstadtgetriebe, die Straße, die mechanisierte Lebenswelt zum Thema gemacht wird (→ Stadt im Film); geht man vom Erzählduktus aus, kommen die pseudodokumentarischen Narrationsmuster, die eine betont antisentimentale Attitüde pflegen, in den Blick (*Geheimnisse einer Seele*, 1926, R: G. W. Pabst; *Menschen am Sonntag*, 1930, R: Robert Siodmak, Edgar G. Ulmer). Betont man die formale Gestaltung, dann spannt sich der Bogen über die Montagefilme Walter Ruttmanns, Hans Richters und Ernö Metzners, die räumlichen Phantasmagorien eines Fritz Lang bis zum »unsichtbaren Schnitt« bei G. W. Pabst. Gemeinsam ist diesen, dass sie die Konstruktion der Bewegung, die Konstruktion des Raums oder die der fotografischen Gegenständlichkeit den expressiven Atmosphären des früheren Weimarer Kinos entgegenstellen.

Geht man von dieser sehr formalen Gemeinsamkeit aus, lässt sich doch noch von einer konsistenten Poetik der Neuen Sachlichkeit sprechen, die allerdings quer zu den politischen Strömungen und ideologischen Zuordnungen steht. Betrachtet man nämlich die Neue Sachlichkeit im Kontext der ästhetischen Avantgarden des ersten Drittels des 20. Jahrhunderts, wird ein Kunstverständnis deutlich, das den formalistischen Richtungen der Moderne weit näher steht, als es auf den ersten Blick scheint. Deutlich tritt dieser Zusammenhang in der bildenden Kunst hervor. Hier ist evident, dass der »neue → Realismus« keineswegs zum alten Darstellungsideal repräsentativer Abbildlichkeit des 19. Jahrhunderts zurückkehrt; er setzt vielmehr ein neues Verständnis des Bilds voraus, das auf der gleichen Ebene wie die kubistische oder die expressionistische Formwelt anzusiedeln ist. Gustav Hartlaub, dessen Mannheimer Ausstellung von 1925 »Neue Sachlichkeit – Deutsche Malerei seit dem Expressionismus« den Stilbegriff prägte, hat diese Verbindung bereits im begleitenden Kommentar hervorgehoben: »Bald wird man wissen, dass die neue Kunst schon in der älteren keimhaft enthalten war, und dass von der visionären Phantastik der älteren selbst im ›Verismus‹ von heute viel bewahrt geblieben ist.«

Auf der Höhe der klassischen Moderne entwickelte die Neue Sachlichkeit das Gegenständliche als eine spezifische Form ästhetischer Abstraktion, die sie dem expressiven Ausdruck entgegenstellt. Sie folgt darin einem konstruktivistischen Darstellungsideal, das im registrierenden Kameraauge wie im Prinzip filmischer → Montage sein Vorbild hatte.

Hermann Kappelhoff

Literatur: Béla Balázs: Der Geist des Films. [1930.] In: B. B.: Schriften zum Film. Bd. 2. Budapest/München/Berlin 1984. – Siegfried Kracauer:

Von Caligari zu Hitler. Eine psychologische Geschichte des deutschen Films. Frankfurt a. M. 1979. [Amerikan. Orig. 1947.] – Horst Denkler: Sache und Stil. Die Theorie der »Neuen Sachlichkeit« und ihre Auswirkung auf Kunst und Dichtung. In: Wirkendes Wort 18 (1968). – Helmut Lethen: Neue Sachlichkeit 1924–1932. Studien zur Literatur des »Weißen Sozialismus«. Stuttgart 1970. – Karl Prümm: Die Literatur des soldatischen Nationalismus der 20er Jahre (1918–1933). Kronberg i. Ts. 1974. – Thomas Koebner: Ruin der bürgerlichen Existenz. Die Weimarer Republik und das zeitgenössische Drama. [1974, 1980.] In: Th. K.: Unbehauste. Zur deutschen Literatur in der Weimarer Republik, im Exil und in der Nachkriegszeit. München 1992. – Peter Sloterdijk: Kritik der zynischen Vernunft. Bd. 2. Frankfurt a. M. 1983. – Hermann Kappelhoff: Der möblierte Mensch. G. W. Pabst und die Utopie der Sachlichkeit. Berlin 1994. – Helmut Lethen: Verhaltenslehren der Kälte. Lebensversuche zwischen den Kriegen. Frankfurt a. M. 1994. – Martin Lindner: Leben in der Krise. Zeitromane der Sachlichkeit und die intellektuelle Mentalität der klassischen Moderne. Stuttgart/Weimar 1994.

New American Cinema. Die Bewegung des New American Cinema lässt sich mit dem Manifest »The First Statement of the New American Cinema Group« genau datieren: auf den 30. 9. 1960. An diesem Tag trafen sich in New York u. a. Jonas Mekas, der Spiritus Rector der Gruppe, Robert Frank, Shirley Clarke, Gregory Markopoulos und Lionel Rogosin, in der Folge einige der wichtigsten Vertreter des New American Cinema, aber auch Peter Bogdanovich, damals noch Schauspieler und Theaterregisseur von Off-Broadway-Produktionen, später dann Filmkritiker und als Regisseur einer der Vertreter des → New Hollywood, um gemeinsam mit zwanzig anderen angehenden oder bereits arbeitenden Regisseuren, Managern und Produzenten ein neues amerikanisches Kino zu proklamieren, das sich als unabhängig und ästhetisch und thematisch alternativ zum Classical Hollywood, überhaupt zum System Hollywood verstand. Das Manifest erschien im Sommer 1962 in der von Jonas Mekas herausgegebenen Zeitschrift »Film Culture« und markiert mit dem ebenfalls 1962 verfassten »Oberhausener Manifest«, das den → Neuen deutschen Film einleitete, eine Wende in der Geschichte des Films nach 1945. Die Bewegung des New American Cinema war inspiriert vom → Free Cinema in England, von der → Nouvelle Vague in Frankreich, überhaupt vom europäischen Kino der »auteurs«, der individuellen Stilisten des Films. Aber auch die avantgardistische amerikanische Kunst der 50er Jahre, die Malerei, die neue Musik und die Literatur der Beatgeneration um Allen Ginsberg und William Borroughs ließ die Chance für einen Neubeginn spürbar werden.

Wesentliche Inspiration für das New American Cinema war der Schauspieler John Cassavetes, dessen erster und weitgehend selbstfinanzierter Spielfilm als Autor und Regisseur *Schatten* (1958/59 gedreht, UA 1961) bereits radikal mit den thematischen, dramaturgischen und ästhetischen Konventionen des Hollywood-Kinos brach. Mit einem minimalen Budget entstand der Schwarzweißfilm auf den Straßen und in Wohnungen New Yorks, wo Cassavetes seine drei Protagonisten zwischen den Ethnien fast dokumentarisch beobachtet und dem Film, begleitet von Jazzmusik, eine improvisatorische Struktur gibt. 1959 erklärte Cassavetes auch in einem Artikel in »Film Culture« seine Position unter dem Titel »What's wrong with Hollywood?«. Hollywood »hat versagt«, heißt es apodiktisch, und Cassavetes fordert für den Film-Künstler »die vollkommene Freiheit im schöpferischen individuellen Ausdruck«.

Das »First Statement of the New American Cinema Group« nimmt diesen Impuls auf und proklamiert eine ethische »Rebellion gegen das Alte, Offizielle, Korrupte und Anmaßende« der Filmindustrie. Das Manifest definiert Film als persönlichen Ausdruck, nicht als Arbeit nach Producer-Vorgaben; jede Form der Zensur wird abgelehnt. Gefordert werden neue Möglichkeiten der Filmfinanzierung, der Verleih- und Vorführ-Politik jenseits der Industrie und die »Freiheit vom Star, vom Studio und vom Producer«, schließlich ein genossenschaftliches Verleihzentrum und die Investition von

Gewinnen in neue Produktionen. Das Manifest endet mit dem Satz: »Wir wollen keine falschen, polierten, glatten Filme – wir möchten sie rau, unpoliert, aber lebendig; wir wollen keine Filme in Rosa – wir wollen Filme in der Farbe des Bluts.« Mit der Gründung der Film Maker's Cooperative 1962 begann dann der Vertrieb von unabhängig produzierten Filmen, von → Independent-Filmen. Es war keine einheitliche Ästhetik, die das New American Cinema propagierte, dafür waren seine Vertreter zu unterschiedlich – es war die moralische Haltung des Widerstands gegen die Konformität Hollywoods und damit der Wunsch, radikal persönliche Filme zu machen.

Die Arbeit der Gruppe zeigte Wirkung in den USA, und es kam zu zahlreichen, mehr oder weniger am Manifest orientierten, mal dezidiert politischen, mal dezidiert ästhetizistischen Filmen, zu → Avantgarde- und Underground-Produktionen, zu → Dokumentar- und Semidokumentarfilmen und auch zu Spielfilmen, die auf Festivals in Europa (Knokke und Spoleto) rasch zu Renommee gelangten und auf Tourneen 1964 und 1968 unter dem Rubrum »New American Cinema« für Furore sorgten. Lionel Rogosin drehte Filme, die politisch aufklären wollten: mit *Come back, Africa* (1959) einen semidokumentarischen Film über den Rassismus in Südafrika. Shirley Clarke arbeitete im Zwischenbereich von Spiel- und Dokumentarfilm ebenfalls mit politischem Anspruch: *The Connection* (1960) und *The Cool World* (1963) sind Filme über Drogensucht und über afroamerikanische Jugendliche, die in Harlem in die Kriminalität abgleiten. Vor allem die Filme von Kenneth Anger, wie *Scorpio Rising* (1963), eine Bild- und Popsong-Collage über Biker, Homosexualität, Religion und Faschismus, von Gregory Markopoulos, wie *Himself as Herself* (1967), der Hermaphrodismus mythologisch inszeniert, oder von Jack Smith der Film *Flaming Creatures* (1963) präsentierten äußerst subjektive Privatmythologien auf der Basis sexuell subversiver Praktiken, deren Wirkung schnell über den Underground hinausdrang und bis heute in der Ästhetik von Musik-Clips zu spüren ist.

Als Zäsur im New American Cinema werden die ersten Filme des Pop-Künstlers Andy Warhol angesehen. Er drehte zunächst – oder ließ von seiner Factory drehen – Filme in extrem langen Einstellungen, ohne jede Handlung, oft auch ohne jedes Geschehen. Legendär sind *Sleep* (1963) und *Empire* (1964), die in der stets gleichen Perspektive sechs- und achtstündig eben einen Schlafenden oder das Empire State Building zeigen. Später ging Warhol als Produzent und mit dem Regisseur Paul Morrissey dazu über, mit *Flesh* (1968) und *Trash* (1970) die sexuell deviante und drogengeschwängerte New Yorker Subkultur in locker geknüpften und improvisierten Spielfilmen auch kommerziell erfolgreich zu vermarkten – für zahlreiche Kritiker war dies der Ausverkauf und das Ende des New American Cinema, dessen Impulse freilich fortlebten im New Hollywood. Lediglich Jonas Mekas blieb mit seinen 1967 begonnenen filmischen Tagebüchern *Diaries, Notes and Sketches*, einem Work in Progess, bis in die Gegenwart dem Impuls treu, »raue, unpolierte« Filme zu machen.

Bernd Kiefer

Literatur: Theodor Kotulla (Hrsg.): Der Film. Manifeste, Gespräche, Dokumente. Bd. 2: 1945 bis heute. München 1964. [Darin: Die Erste Erklärung der Gruppe Neuer Amerikanischer Film am 30. September 1960. John Cassavetes: Was an Hollywood faul ist.] – Parker Tyler: Underground Film. A Critical History. New York 1969. – Hans Scheugl / Ernst Schmidt jr.: Eine Subgeschichte des Films. Lexikon des Avantgarde-, Experimental- und Undergroundfilms. 2 Bde. Frankfurt a. M. 1974. – Amos Vogel: Film als subversive Kunst. St. Andrä-Wördern 1997. [Engl. Orig. 1974.] – Ulrich Gregor: Geschichte des Films ab 1960. München 1978.

New British Cinema. Mit dem Begriff »New British Cinema« wird in den 80er Jahren die »Renaissance des britischen Films« gefeiert. Die Oscarprämierung von Hugh Hudsons *Die Stunde des Siegers* im Jahre 1982 gilt als der Beginn dieser neuen Hochphase britischen Filmschaffens. Internationale Reputation erringen zudem Filme wie Richard Attenboroughs *Gandhi* (1982) oder

David Leans Spätwerk, die Forster-Verfilmung *Reise nach Indien* (1985). Letztlich aber avancieren die sozialkritischen Filme, die ihre Stoffe dem zeitgenössischen Großbritannien entleihen, zum Aushängeschild des britischen Kinos dieses Jahrzehnts. Während die 70er Jahre vorrangig durch die Dominanz amerikanischer Produktionen auf dem britischen Filmmarkt sowie durch die Abhängigkeit von der US-amerikanischen Filmindustrie gekennzeichnet waren, strömt zu Beginn der 80er Jahre eine neue Generation von Kunstschaffenden in das Filmgeschäft, die alte Denkmuster zu revolutionieren weiß. Die jungen Regisseure, die zumeist einem universitären Umfeld entstammen, hatten in den 70er Jahren zunächst Filmhochschulen besucht (Julien Temple, Bill Forsyth, Michael Radford), am Theater oder beim Fernsehen gearbeitet (Mike Leigh, Ken Loach, Stephen Frears, David Hare) oder sich mit anderen Künsten, wie der Malerei (Derek Jarman, Peter Greenaway) oder der Literatur und Schriftstellerei (Neil Jordan), beschäftigt.

Mit finanzieller Unterstützung des neu gegründeten vierten Fernsehkanals, Channel Four, beginnen Drehbuchautoren, Regisseure und Produzenten nun, ihr kreatives Potential ins Medium Film zu übertragen. Sind die auf diese Weise entstandenen Filme in ihrer Stilistik, erzählerischen Form und ideologischen Anschauung zum Teil völlig konträr, so tragen sie dennoch die Gemeinsamkeit, dass keiner der Filme mit der von Margaret Thatcher propagierten Denkungsart konform geht. Die Filmschaffenden Großbritanniens beginnen unter der Regierung Thatchers vielmehr, sich kritisch mit der politischen Ideologie ihres Heimatlandes auseinanderzusetzen. In Folge prägen sie ein Kino, das die gesellschaftlich-politischen Muster des neoliberalen und oft inhumanen Kapitalismus öffentlich anprangert. Thatcher erklärte die konkurrenzbetonte Marktwirtschaft in allen gesellschaftlichen und wirtschaftlichen Instanzen zur obersten Maxime, und auch der Kunstsektor sollte nach marktwirtschaftlichen Prinzipien funktionieren. Ihre »Zuwendung« zu den Künsten bedeutete, die finanziellen Unterstützungen seitens des Staates zu minimieren. Da die »Eiserne Lady« aber keine Alternativen auftat, um die brachliegende Filmindustrie in Schwung zu bringen, blieb die Filmproduktion in den 80er Jahren durchgehend abhängig von finanzieller Unterstützung durch das Fernsehen. Erst Mitte der 90er Jahre sollte die britische Filmindustrie unter dem Einfluss der Regierung John Majors durch die »National Lottery« eine neue Geldquelle finden. Es scheint, dass die Drehbuchautoren und Regisseure unter Thatcher zum einen aus der finanziellen Not eine Tugend machten sowie aus ihrer moralischen Gegenposition heraus ihr kreatives Potential schöpften und dadurch ein Kino prägten, das in Europa zum interessantesten und innovativsten dieser Jahre wurde.

Das New British Cinema kennzeichnet, wie der Terminus zunächst impliziert, keine homogene Entwicklung. Im Gegensatz zu der als → Free Cinema oder New Wave bekannt gewordenen Entwicklung der 60er Jahre, in welcher Regisseure wie Karel Reisz, Tony Richardson oder Lindsay Anderson durch ihre Porträtierungen der »Angry Young Men« kollektiv gegen die Borniertheit und Selbstzufriedenheit der englischen Nachkriegsgesellschaft revoltierten, gestaltet sich das New British Cinema der 80er Jahre sehr heterogen. Zum einen führt es alte Erzähltraditionen weiter (Sozialdrama, britische Komödie), zum anderen aber etablieren sich zeitgleich neue Traditionslinien (Heritage Cinema, Art House Movies). So lassen sich generell zwei Hauptströmungen ausmachen: Während das Sozialdrama die gegenwärtige Realität der Thatcher-Dekade mit zeitgenössischen Problemen wie Arbeitslosigkeit, Rassenideologie sowie der Diskrepanz zwischen Mann und Frau beleuchtet, richtet das Heritage Cinema seinen Fokus auf vergangene Zeiten, um auf die Frage nach nationaler Identität, Klasse und sexueller Identität zu verweisen.

Stephen Frears' *Mein wunderbarer Waschsalon* (1985) ist einer der herausragenden Filme, der die Konflikte der Thatcher-Zeit in einer Filmhandlung thematisiert. Auf der

Drehbuchvorlage des pakistanischen Autors Hanif Kureishi erzählt das → Low-Budget-Projekt von der homosexuellen Liebe zwischen dem rassistischen Briten Johnny (Daniel Day-Lewis) und dem Pakistani Omar (Gordon Warnecke). Mit Hilfe komödiantischer Elemente verkehrt der Film das konservative Gedankengut – nicht der weiße Brite wird durch das Betreiben eines Waschsalons zum erfolgreichen Geschäftsmann, sondern der Pakistani. Kureishi/Frears werfen einen ironischen Blick auf die Gesellschaft, indem sie zeitgenössische Themen – Rasse, Klasse, Gender, Widersprüchlichkeit und Doppeldeutigkeit – in einer Filmhandlung miteinander verbinden. Mike Leighs *Meantime* (1983) oder *Hohe Erwartungen* (1988) stellen ebenso wie Ken Loachs *Riff-Raff* (1991) die Problematik der Working-Class in den Mittelpunkt ihrer filmischen Porträts. Alan Clarkes *Rita, Sue and Bob, too* (1986) reflektiert am Beispiel zweier selbstbewusster junger Frauen eine Entwicklung der Thatcher-Ära: die aus der wirtschaftlichen Misere resultierende Emanzipation der Frau. Das Kino wird in den 80er Jahren zudem zu einem Artikulationsforum für gesellschaftliche Minderheiten. Aktuelle Konfliktlagen, wie beispielsweise die Nordirland-Thematik, werden durch irische und schottische Regisseure benannt. Neil Jordans *Angel – Straße ohne Ende* (1982), Pat O'Conners *Cal* (1984), aber auch Ken Loachs *Geheimprotokoll* (1990) zeigen die Vielschichtigkeit dieser Thematik und erweitern das Bild einer häufig simplifizierenden Konfrontation.

Das Genre des Heritage-Films, das seine Vorlagen in den 80er Jahren häufig in den Romanen von Edward Morgan Forster findet, stellt in Filmen wie *Another Country* (1984, R: Marek Kanievska), *Hitze und Staub* (1982, R: James Ivory), *Reise nach Indien* (1985, R: David Lean) und *Zimmer mit Aussicht* (1986, R: James Ivory) das privilegierte Leben der aristokratischen, englischen Upper-Middle-Class in den Mittelpunkt der Betrachtung. In epochenspezifischen Kostümen und Dekors sowie wiederkehrenden Motiven der englischen Landschaft manifestieren sich Kultur und Werte der sozialen Oberschicht vergangener Epochen, in denen scheinbar die britische Identität, zumal noch der Kolonialmacht, ungebrochen schien. Die Filme zeigen auf die Risse in der ›glorious‹ auftrumpfenden Fassade. Der »spektakelhaften« Inszenierung der Historie korrespondiert ein malerisch-illustrierender Kamerastil. In Filmen wie *Reise nach Indien* und *Hitze und Staub* wird zudem die Frage nach Rasse und Identität sowie kulturellen Unterschieden aufgeworfen und zugleich die puritanisch-britische Tradition analysiert. So werden zeitgenössische Themen- und Problemstellungen in den Heritage-Filmen durch historisierende Kostüme chiffriert, damit aber gleichzeitig auf die Zeitlosigkeit dieser Themen verwiesen.

In den 80er Jahren begeistern sich zudem Experimentalfilmer für das Medium Spielfilm. In der Folge kommt es zur Etablierung eines neuen Genres, das sich klassisch narrativer Erzählkonventionen widersetzt, sich durch experimentellen Charakter auszeichnet und in dem ein Bezug auf außerfilmische Künste greifbar ist. In ihrer Ästhetik sind diese Filme den so genannten Mainstream-Filmen kontrastiert. Wegbereiter dieser Art House Movies werden die britischen Regisseure Peter Greenaway und Derek Jarman. Bereits in *Der Kontrakt des Zeichners* (1982) wird die für Greenaway charakteristische Handschrift deutlich: die Präsentation expliziter Subjektivität und Künstlichkeit sowie die Darstellung einer Welt, in der das Abbild das Authentische verdrängt hat und in der eine Unterscheidung in Realität und Fiktion nicht mehr greift. Wie Greenaway seine Kritik an aktuellen britischen Konfliktlagen durch intellektuell fordernde Verweise auf außerfilmische Künste verschlüsselt, sucht auch Derek Jarman in seinen Filmen verschiedene Werke der britischen Hochkultur kritisch zu durchleuchten. In *The Tempest – Der Sturm* (1979) und *The Angelic Conversation* (1985) setzt er sich mit Werken Shakespeares und der tradierten »Englishness« auseinander, indem er beides vor dem Spiegel der mit Mythen durchzogenen Populärkultur betrachtet. »Erinnerungsfilme« – wie *Entfernte Stimmen, Stilleben* (1988, R: Terence Davies) oder *Caravaggio* (1986, R: Derek Jarman) – thematisieren subjektive Lebenserfahrungen der Regisseure; »Traumfilme« – beispielsweise Neil Jordans *Die Zeit der Wölfe* (1984) oder Bill Forsyths *Gregory's Girl* (1980) – beleuchten die Adoleszenzproblematik.

Das so entstandene britische Kino der 80er Jahre versucht also gerade nicht, ein homogenes Bild nationaler Identität zu zeichnen, sondern porträtiert die Mannigfaltigkeit der britischen Nation. Auch das Kino der 90er Jahre sieht seine Aufgabe vornehmlich darin, die verschiedenen Facetten der britischen Gesellschaft darzustellen. Wenn es – u. a. bedingt durch die liberale Offenheit des neuen Premierministers Tony Blair – auch nicht mehr ein in der Härte der 80er Jahre opponierendes Kino ist, so bleibt die Auseinandersetzung mit der politischen Öffentlichkeit dennoch eines der vorherrschenden Erzählmotive. Männlichkeit und Weiblichkeit dienen auch in den 90er Jahren als Schlüsselkategorie, um auf gesellschaftliche Belange zu verweisen. Filme wie *Brassed Off – Mit Pauken und Trompeten* (1996, R: Mark Herman) und *Ganz oder gar nicht* (1997, R: Peter Cattaneo) zeigen, dass die Arbeitslosigkeit in der Working-Class bis zum heutigen Tage ein Lebensproblem ist, dass aber die neue Geschlechterordnung, in der oft die Frau den Broterwerb übernommen hat, die Grundlage für eine positive Weiterentwicklung der britischen Gesellschaft verheißt. Dass das Thatcher-Vermächtnis und dessen negative Auswirkungen noch bis zum Ende des 20. Jahrhunderts nachhallen, wird in verschiedenen Filmen deutlich. *Trainspotting* (1996, R: Danny Boyle) porträtiert eine junge Generation, die die von Thatcher geprägten Normen zum Leitmotiv für ihr Leben erhoben hat: die Fetischisierung des Konsums sowie das Konkurrenzdenken.

Das New British Cinema der 80er und 90er Jahre ist in diesem Sinne ein politisches Kino, das stärker als andere europäische Filmnationen Konflikte und Probleme der eigenen Gesellschaft reflektiert und dadurch ein Kaleidoskop an Einblicken in das zeitgenössische Großbritannien hervorgebracht hat.

Kerstin Gutberlet

Literatur: Stephen Locke: »The British are coming!« Der neue britische Film – Rückblick und Ausschau. In: Walter Schobert / Horst Schäfer (Hrsg.): Fischer Film Almanach 1989. Filme, Festivals, Tendenzen. Frankfurt a. M. 1989. – Gottfried Schröder: Der neue Film in »Thatcher's Britain«. In: Hard Times. Deutsch-englische Zeitschrift 39 (März 1990). – Jürgen Enkemann: Realismus, Phantasie und Channel 4. Zur britischen Filmentwicklung der 80er Jahre und ihrer Vorgeschichte. In: Ingrid Kerkhoff / Hans-Peter Rodenberg (Hrsg.): Leinwandträume. Film und Gesellschaft. Hamburg/ Berlin 1991. – Jörg Helbig: Geschichte des britischen Films. Stuttgart/Weimar 1999. – John Hill: British Cinema in the 1980s. Oxford 1999. – Robert Murphy (Hrsg.): British Cinema of the 90s. London 2000.

New Hollywood. Der Terminus bezeichnet eine außergewöhnlich kreative Produktions- und Stilepoche im amerikanischen Kino zwischen 1967 und 1976, die geprägt war von besonders vielfältigen thematischen und/ oder visuellen Experimenten, wie sie nur innerhalb einer begrenzten Zeit und nur an einem begrenzten Ort gelingen, vergleichbar dem poetischen › Realismus in Frankreich, dem italienischen Neorealismus oder dem US-amerikanischen → Film noir. In den besten Arbeiten New Hollywoods wurden kritische Skizzen einer Zeit der Krise geboten: Nachrichten aus den USA Ende der 60er / Anfang der 70er Jahre. »Es war das letzte Mal, dass Hollywood ein ganzes Œuvre von Filmen – im Unterschied zum hin und wieder auftauchenden Meisterwerk – hervorbrachte, die risikobereit und qualitativ hoch stehend waren: Filme, die eher von den Charakteren als von der Handlung lebten, sich nicht um traditionelle Erzählkonventionen scherten, das Gebot der technischen Makellosigkeit ignorierten, sprachliche Tabus brachen, allgemein anerkannte Verhaltensnormen sprengten und es wagten, auf ein Happyend zu verzichten« (Biskind).

Das klassische → Hollywood feierte 1965 mit dem Musical *Meine Lieder – meine Träu-*

me (R: Robert Wise) seinen letzten kommerziellen Triumph im Kampf gegen das Massenmedium Fernsehen, an das die Filmindustrie in den 60er Jahren beständig Publikum verlor. Hollywood setzte auf weitere Großproduktionen, mit den Konsequenzen, dass die Herstellungskosten explodierten, und die Stars und ihre Agenten, die immer mächtiger wurden, rebellierten und exorbitante Gagen verlangten. Dabei spielten altbackene Filme wie *Hello, Dolly!* (1968, R: Gene Kelly) nicht einmal in den USA ihre Kosten ein. Was in den 50er Jahren begonnen hatte, nachdem sich die »Big Five« der Studios von ihren Kinoketten trennen mussten, spitzte sich nun auch in den Produktionsabteilungen zu. Das klassische Hollywood befand sich in einer tiefen ökonomischen und künstlerischen Krise, und das Studiosystem zerfiel vollends. Hollywood hatte verloren, was einmal seine größte Stärke war: die Fähigkeit, den Erwartungen des Publikums stets gerecht zu werden. – Dies hatte gewiss auch mit der gesellschaftlichen, mit der politisch-kulturellen Situation zu tun. Der Krieg in Vietnam polarisierte die Nation, die Studenten begehrten auf, die Popkultur wurde mit dem Festival in Woodstock definitiv zur Gegenkultur, die Afroamerikaner militarisierten sich, und die Morde an Martin Luther King und an Robert Kennedy im Jahr 1968 traumatisierten ein Land, das das Attentat auf John F. Kennedy kaum überwunden hatte. Auf diese Krise vermochte Hollywood nicht mehr zu reagieren; es musste sich verändern.

Wenn das klassische Hollywood ein geschlossen-narratives Kino bot, in einem transparenten, natürlichen Stil, so suchte das New Hollywood ein unreines, modern-reflexives Kino zu installieren, in einem offenen, brüchig inkohärenten Stil – »locker, lässig, persönlich, introspektiv« (Monaco). Das klassische Hollywood hatte eine Tendenz zur Feier von Bewährungen *in* der Welt, das New Hollywood dagegen eine Tendenz zur Trauer wegen des Unbehagens *an* der Welt. Den suggestiven, auf Illusion und Identifikation zielenden Filmen (mit einem Timbre optimistischer Gutgläubigkeit), die – in oft parabelhaften Paradigmen – mit dem Besonderen stets das Allgemeine anvisierten, standen nun distanzierte, gegen Illusion und Identifikation gerichtete Werke entgegen (mit einem Timbre existentialistischer Verzweiflung), die – oft in Episoden zersplittert – im Einzelnen stets nur den Einzelfall sahen. Altbekannte, in sich gefestigte Normalbürger, die in einen auf Spannung zielenden Konflikt geraten waren (oft mit forschem Tempo und sinnhaftem Schluss), wurden abgelöst durch ambivalente, in sich zerrissene Außenseiter, die im freien Hin und Her eher beiläufig ihre Alltagskonflikte durchstehen (oft mit trägem Tempo und offenem Schluss).

Historisch wird der Beginn der New Hollywood oft mit drei Filmen verknüpft, die 1967 in die Kinos kamen: *Die Reifeprüfung* von Mike Nichols, *Point Blank* von John Boorman und *Bonnie und Clyde* von Arthur Penn. Diese Filme, allesamt noch im üblichen Studiosystem entstanden, sind allerdings mehr als Vorläufer einer ästhetischen Entwicklung zu sehen, die erst mit Dennis Hoppers *Easy Rider* 1969 ihren ersten Höhepunkt hatte.

Wichtige Vorläufer des New Hollywood waren Monte Hellmans existentialistische Experimente mit dem Genre des Western *Das Schießen* und *Ritt im Wirbelwind*, beide 1965 entstanden, und Peter Emanuel Goldmans *Echoes of Silence* (1965); außerdem die von Roger Corman inszenierten und produzierten Rocker- und Drogenfilme, vor allem *Die wilden Engel* (1966) und *The Trip* (1967), und die für Corman von Richard Rush mit Jack Nicholson gedrehten »Youth Movies« *Die wilden Schläger von San Francisco* (1967) und *Psych-Out* (1967). Wichtig waren zudem die New Yorker → Independent-Filme dieser Jahre, die zwischen → Cinéma Vérité und ambitionierten Icherzählungen changierten: Jim McBrides *David Holzmans Tagebuch* (1967) oder Shirley Clarkes *Jasons Porträt* (1967). Eine nachhaltige Wirkung löste auch, im Nachhinein gesehen, Martin Scorseses Debütfilm *Wer klopft denn da an meine Tür?* aus, den er vielfach unterbrochen und mit immer anderen Geräten und Materialien neu begonnen, zwischen 1965 und 1968 in und um New York gedreht hat.

Das → Roadmovie *Easy Rider* erzählt von einem Drogendeal und einer Reise quer durch die USA, auf Motorrädern, von Los Angeles nach New Orleans. »A man went looking for America. And couldn't find it anywhere.« Es ist »eine Geschichte von langen, leeren Straßen, von leeren Tankstellen, vom Monument Valley, von Vorstädten, in denen Reklame auf den Dächern doppelt so hoch ist wie die Häuser darunter [...]. Die Geschichte dieses Films ist auch die der Musik, die ihn begleitet: zehn vertraute Folk- und Rockstücke [...]. Sie illustrierten nicht einfach die Bilder des Films, die Bilder handeln vielmehr von ihnen« (Wenders). Hoppers Film zieht ein filmisches Fazit aus den unterschiedlichsten Experimenten und Praktiken - mit seinen ungewohnt kurzen Zwischenschnitten, den provokant wirkenden, psychodelischen Impressionen, den beiläufigen Szenen aus der Gegenkultur und ihren Ritualen (Drogen, Nacktheit, Kommunealltag) und den betont unreinen Bildern, mal aufgenommen mit der Handkamera, mal irrealisiert durch Zerrlinsen.

Der unerwartete kommerzielle Erfolg von *Easy Rider* (Einnahmen von 20 Mio. Dollar bei Produktionskosten von 400000 Dollar) ermöglichte in kurzer Zeit eine Reihe von Filmen, die sich kritisch mit dem amerikanischen Alltag beschäftigten und selbstbewusst von den gängigen Erzählformen abgrenzten, Filmen von Paul Mazursky, Bob Rafelson, Peter Fonda, Bill Norton, Jack Nicholson, Jim McBride, Henry Jaglom, James Frawley, Monte Hellman, Peter Bogdanovich, Francis Ford Coppola, Terrence Malick, Martin Scorsese und Steven Spielberg. Dennis Hopper erhielt seine zweite Chance: Mit *The Last Movie* (1971), einer rüden, radikalen Kritik am Hollywood-System, sprengte er bewusst jede Grenze – politisch, ästhetisch, persönlich. Radikaler Höhepunkt dabei ist sicherlich der Zwischentitel »Scene missing«, um, so weit es nur geht, jegliche erzählerische Linearität zu zerstören.

Die Filme von Bogdanovich, Jaglom, Nicholson und Rafelson wurden produktionstechnisch von der BBS-Gruppe betreut (Bert Schneider, Bob Rafelson, Steve Blauner), die eine gemeinsame Arbeitsweise im Sinne der französischen Nouvelle Vague anstrebte. »In den Filmen von und um BBS kulminiert die Tendenz des frühen New Hollywood, das Unbehagen an der politischen, sozialen, kulturellen Gegenwart Amerikas in individuelle Existenznöte zu transformieren: Es sind Filme über Drifter und Spinner im Zustand zynischer Entfremdung, die in ständiger Bewegung bleiben müssen (oder wollen), weil das ›Hierbleiben‹ nach Korruption riecht; Filme mit losem, undramatischen Duktus und offenen Schlüssen, weil kein alternativer Zielort, keine ›neue Heimat‹ gefunden werden kann; Filme, die sich ins Freie, auf die Straße, in den Alltag, zu einem neuen Realismus und einem offenen Arbeitsprozess vorkämpfen, der die Konventionen der Hollywoodgenres durch authentischere Raum- und Zeiterfahrung zu ersetzen versucht.« (Horwath.)

Die Filme der BBS-Gruppe gründen – Hans C. Blumenberg nannte sie in den 70ern »die wahre Avantgarde des amerikanischen Films« – auf persönlichen Erfahrungen und sind auch betont subjektiv inszeniert. Er könne nur einen Film machen, erklärte Bob Rafelson einmal, wenn er ganz seinen eigenen Gefühlen entspreche. Und Henry Jaglom gestand, er benutze sehr private, persönliche Bilder, »um die privaten Bilder des Publikums zu erproben und auszulösen, weniger um eine universelle, objektive Realität herzustellen, mit der wir [...] nichts mehr zu tun haben«.

Doch diese Filme hatten, von *Five Easy Pieces* (1970) und *Die letzte Vorstellung* (1971) abgesehen, an der Kinokasse keinen Erfolg. Und auch die einflussreichere Kritik reagierte eher zurückhaltend. So musste die BBS-Gruppe bereits Ende 1972 ihre Produktionstätigkeit einstellen. Und von den Autoren, Kameraleuten und Regisseuren, die in der Aufbruchsphase des New Hollywood debütiert hatten, konnten nur die weiterhin arbeiten, die sich wieder den klassischen Genres und den traditionelleren Themen und Motiven des Kinos zuwandten, wenn auch mit reflektierteren Mitteln – Robert Altman und Hal Ashby, Peter Bogdanovich und Francis Ford Coppola, Alan J. Pakula und Bob Rafelson, Alan Rudolph, Martin Scorsese – und Steven Spielberg.

Jagloms *Tracks* (1976), eine Mischung aus Soziodram und Satire über einen von Dennis Hopper gespielten Vietnamveteranen und seine Reise quer durch Amerika zum Begräbnis eines Freundes, war der Abgesang auf New Hollywood. Der Film gilt als »manisch-paranoide, über weite Strecken improvisatorische, von Traumvisionen und aberwitzigen Monologen durchsetzte Odyssee«, als »Film auf Speed« (Horwath).

Mitte der 70er Jahre, als die Epoche des New Hollywood langsam zu Ende ging, wurden einige der klassischen Genres grundlegend neu überdacht und verändert: der → Horrorfilm von William Friedkin (*Der Exorzist*, 1972), der → Gangsterfilm von Coppola (*Der Pate I und II*, 1972–74) und John Flynn (*Revolte in der Unterwelt*, 1973), der → Detektivfilm von Altman (*Der Tod kennt keine Wiederkehr*, 1973) und Roman Polanski (*Chinatown*, 1974), das Soziodram von Ashby (*Shampoo*, 1974), das → Melodram und der Film noir von Scorsese (*Alice lebt hier nicht mehr*, 1974; *Taxi Driver*, 1976), der → Thriller von John Carpenter (*Assault – Anschlag bei Nacht*, 1976). Der »Modernismus des New Hollywood«, so Stephen Schiff, artikulierte sich »auf der Basis von Genrefilmen«.

Dabei erwies sich Robert Altman als der Altmeister der Erneuerer, als der novellistische Autor der Polyphonie, der an Gegenentwürfen zum American Way of Life interessiert war und ist. Ihm ging es stets um die kleineren Mosaike einer Geschichte, die insgesamt ein Panorama boten: der Country-Music-Szene (in *Nashville*, 1974), später auch der Filmszene (in *The Player*, 1992). Francis Ford Coppola hingegen war der Epiker des New Hollywood und für eine gewisse Zeit auch der *Godfather* der Bewegung, der mit seinem Zoetrope-Studio versuchte, innerhalb des Hollywood-Systems eine zentrale Machtposition einzunehmen, um für sich und seine Freunde die beste Ausgangsposition für andere Filme mit einer persönlicheren Perspektive zu erstreiten. Neben der dreiteiligen *Paten*-Saga bleibt seine Vietnam-Phantasie *Apocalypse Now* (1979) wohl sein bedeutendstes Werk. »Damit schließt sich der Kreis aller Coppola-Werke [...], denen das Thema vom Kampf des Einzelnen um Individualität angesichts mächtiger anonymer Organisationen eigen ist – worin sich auch Coppolas Selbstverständnis gegenüber der Filmindustrie spiegelt« (Fründt).

Monte Hellman entwickelte sich rasch zum Existentialisten des New Hollywood und war neben Henry Jaglom sicherlich der radikalste Vertreter eines antidramatischen, eher anarchistischen Kinos, der mit schroffen Rhythmen und geradezu wagemutigen Ellipsen arbeitete, wodurch seine Filme oft eine irritierende Atmosphäre ausstrahlen, schwankend zwischen alltäglicher Selbstverständlichkeit und skurriler Besonderheit. Hellman liebte es, den »Zwischenmomenten« nachzuspüren (wie er es bei Jacques Rivette so bewunderte), die in konventionellen Filmen geschnitten wären, vor allem in *Asphaltrennen* (1971) und *Cockfighter* (1974).

Dennis Hopper blieb der Freak der Bewegung, ein Cineast der Besessenheit, der Hollywood von innen kannte (als Darsteller) und von daher wusste, dass er im Grunde ein ganz anderes Kino machen wollte. Er lebte das Ideal, das er filmisch propagierte – woran er beinahe zerbrochen wäre. Sein *The Last Movie* muss als Abgesang auf die Glamourwelt Hollywoods gesehen werden, der »kühn zwischen verschiedenen unvollständigen Handlungen oszillierte und mit zahlreichen selbstreferentiellen Mitteln arbeitete – der Hereinnahme von ungeschnittenen Mustern, aufeinander folgenden *takes* ein und derselben Einstellung oder handgeschriebenen Inserts« (James), als »visionärer Angriff, der die Weltkirche Hollywoods entweiht« (Hoberman).

Bob Rafelson war der Grübler unter den jungen Erneuerern, ein prinzipientreuer Novellist, für den es am Anfang stets »eine enge Verbindung« zwischen seinen »individuellen Ansichten« und den Filmen geben musste: Filmen, die von Menschen auf der Suche nach Heimat und Sicherheit handelten und die – durch ihre dramaturgische Struktur – selbst Dokument dieser Recherche sind, also all das auch reflektieren, wovon sie erzählen. Im Mittelpunkt der Filme stehen »verstörte, kranke, kaputte, nicht mehr funktionierende Menschen«, für die es »keinen sicheren Ort« gibt (Blumenberg).

Bis in die späten 90er Jahre blieb Martin Scorsese *das* Genie des modernen amerikanischen Kinos, ein Visionär der Stadt und ihrer Vibrationen. Er begann mit Filmen über die Gegend, aus der er selbst stammt: New Yorks Little Italy, ein Motiv, auf das er immer wieder zurückkam und auf einer anderen Windung der Fiktion weiter reflektierte. Das Verhältnis des Einzelnen zu Familie (oder Freunden) und Kirche, die Rolle der Gewalt im Alltag der Großstadt, Kriminalität als Sonderform von Business, die Ritualisierung des Verhaltens, um Aggressivität einzudämmen: das sind die Themen, mit denen sich Scorsese auseinandersetzte – in *Taxi Driver* (1976) und *Wie ein wilder Stier* (1980), *Good Fellas – Drei Jahrzehnte in der Mafia* (1990) und *Casino* (1995), zuletzt in *Nächte der Erinnerung* (1999). »Scorseses Genre-Hommagen [...] wirken viel nachhal-

Taxi Driver (1976, R: Martin Scorsese)

Der Vietnamkrieg und die antimoderne Jugendbewegung der USA in den 60er Jahren hatte auch einen Paradigmenwechsel in Hollywood zur Folge: amerikanische Leitbilder und Heldentypen wurden nun kritischer Prüfung unterzogen. Etliche der Hauptfiguren in diesen Filmen gelang es nicht, als souveräne Staatsbürger in die zivile Welt zurückzukehren. So auch Travis (Robert De Niro) in *Taxi Driver*: Er ist, obwohl im scheinbaren Frieden New Yorks angekommen, doch ein wenig verrückt geblieben, ein Selbsthelfer und Rächer nach eigenem Gesetz, der sich nach alten Mythen in die Kämpferpose einübt, die ihm dann erlauben wird, zur blutigen Tat zu schreiten. Sein ›Sieg‹ hinterlässt eine Spur des Schreckens, Siegen überhaupt – eine amerikanische Tugend – erscheint plötzlich in anderem Licht: Kehrt der Sieger nicht auch als Verunstalter, als Monstrum, als Freak nach Hause? Droht nicht denen, die die Schocks des Krieges nicht verwunden haben, die Einsamkeit des Außenseiters in einer gleichgültigen Gesellschaft? Gerade die italoamerikanischen Regisseure Francis Ford Coppola und Martin Scorsese, aber auch Robert Altman u. a. wenden sich nicht mehr nur bewundernd, sondern aus prüfender Distanz den Männerriten zu, die Amerika angeblich so sehr stabilisiert haben.

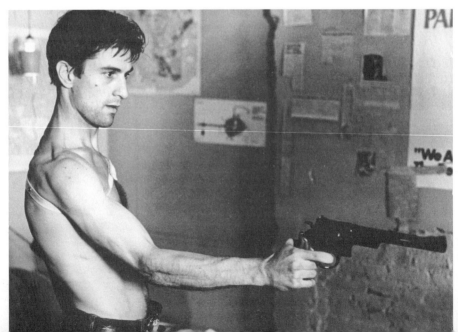

tiger und sind komplexer als ähnliche Anstrengungen von Bogdanovich. Sie variieren deren Grundthema mit innerer Anteilnahme, anstatt sie mechanisch zu parodieren.« (Monaco)
Schließlich Alan Rudolph, der erste Epigone des New Hollywood, der seine innovativen Vorsätze noch hochhielt, als die Veteranen längst im Classical Hollywood angekommen waren. Rudolph mochte Kompositionen flüchtiger Trugbilder, das chimärische Spiel mit »unreinem Vokabular«, bis Rede und Gegenrede zu phantastischen Visionen zusammenfanden: von *Willkommen in Los Angeles* (1976) über *Choose Me – Sag Ja* (1984) und *Trouble in Mind* (1985) bis zu *The Moderns* (1988). Er bewahrte sich eine skeptische Haltung, die seinen postmodernen Patchwork-Filmen ihren besonderen Charakter verliehen: Die Kultur in den USA werde »von Imitation bestimmt«. Seine Generation müsse zudem »die Überreste einer Generation aufsammeln, die aufgehört hat zu produzieren«. Sie reinterpretiere nur noch »Dinge, die ohnehin schon sehr wenig Substanz haben« – als »Gefangene einer Kultur, in der es nichts Neues mehr gibt«.

Norbert Grob

Literatur: Axel Madsen: The New Hollywood. New York 1975. – New Hollywood. München/Wien 1976. (Reihe Film. 10.) [Darin Texte u. a. von Peter Figlestahler, Hans C. Blumenberg, Heinz Ungureit, Hans Günther Pflaum, Martin Ripkens.] – Diane Jacobs: Hollywood Renaissance. New York 1977. – Ulrich Gregor: Das Neue Hollywood. In: U. G.: Geschichte des Films ab 1960. Reinbek 1978. – Michael Pye / Lynda Myles: The Movie Brats. How the Film Generation Took Over Hollywood. London 1979. – Francis Ford Coppola. München/Wien 1985. (Reihe Film. 33.) [Darin Texte u. a. von Bodo Fründt und Peter W. Jansen.] – James Monaco: American Film Now. München 1985. – Robin Wood: Hollywood from Vietnam to Reagan. New York 1985. – Ulli Weiss: Das Neue Hollywood. München 1986. – Wim Wenders: *Easy Rider*. Ein Film wie sein Titel. *Nashville*. Ein Film, bei dem man hören und sehen lernen kann. In: W. W.: Emotion Pictures. Frankfurt a. M. 1986. – Kevin Jackson (Hrsg.): Schrader on Schrader & Other Writings. London 1990. – Alexander Horwath (Hrsg.): The Last Great American Picture Show. Wien 1995. [Darin Texte u. a. von David Thomson, Maitland McDonagh, Jonathan Rosenbaum, Kent Jones, J. Hoberman, Richard T. Jameson, Chris Hugo.] – Peter Biskind: Easy Rider, Raging Bulls. Wie die Sex&Drugs&Rock'n'Roll-Generation Hollywood rettete. Frankfurt a. M. 2000. [Amerikan. Orig. 1998.]

Nouvelle Vague (frz., ›neue Welle‹). Bezeichnung für eine Gruppe von jungen französischen Filmemachern, die Ende der 50er Jahre spektakulär debütierten und neue filmästhetische Maßstäbe – auch für den internationalen Film – setzten. Ursprünglich ein in Sozialstudien geprägter und dann vom Journalismus popularisierter Sammelbegriff, unter den – ganz allgemein – die neuen Verhaltensformen und Lebensstile der in den 30er und 40er Jahren Geborenen und jetzt jungen Erwachsenen im Nachkriegsfrankreich gefasst wurden (besonders in der Artikelfolge von Françoise Giroud 1957 in der Wochenschrift »L'Express«), belegte die Filmkritik mit dem Etikett Nouvelle Vague das bemerkenswert breite Aufkommen neuer, junger Filmemacher wie Louis Malle (*Fahrstuhl zum Schafott*, 1957; *Die Liebenden*, 1958), Claude Chabrol (*Die Enttäuschten*, 1959; *Schrei, wenn du kannst*, 1959; *Schritte ohne Spur*, 1959), François Truffaut (*Sie küßten und sie schlugen ihn*, 1959), Alain Resnais (*Hiroshima mon amour*, 1959), Jean-Luc Godard (*Außer Atem*, 1960; *Der kleine Soldat*, 1960 gedreht, von der Zensur verboten und erst 1963 uraufgeführt), Pierre Kast (*Man kann's ja mal versuchen*, 1960), Jacques Rivette (*Paris gehört uns*, 1958–60 gedreht, UA 1961), Eric Rohmer (*Das Zeichen des Löwen*, 1959 gedreht, UA 1962).

Inwieweit man von einem eher den soziokulturellen Umständen geschuldeten Generationswechsel ohne engere Gruppenbindung sprechen kann, der im Übrigen ein formales Pendant im → Free Cinema und New Wave Großbritanniens, im → Neuen deutschen Film nach dem »Oberhausener Manifest« oder in den filmischen Entwicklungsschüben der osteuropäischen Länder in der poststalinistischen »Tauwetterperiode« habe, oder ob man von einer thematisch und ästhetisch relativ kohärenten Bewegung sprechen kann, darüber gehen die Meinungen weit auseinander. Für einen unmittelbar Involvierten wie François Truffaut stellte 1961 die Bezeichnung Nouvelle Vague zwar auch »eine Qualität« dar, vor allem aber »einen Sammelbegriff, von der Presse erfunden, um 50 neue Namen unterzubringen, die innerhalb von zwei Jahren in einer Berufssparte aufgetaucht sind, in der man bisher kaum mehr als drei oder vier neue Namen pro Jahr akzeptierte«.

Michel Marie hingegen sieht aus jüngerer Perspektive in der Nouvelle Vague »eine der am stärksten formierten und in sich kohärentesten Schulen der Filmgeschichte«. Bei genauerer Betrachtung empfiehlt es sich – ähnlich wie schon in der historischen Einschätzung des vielschichtigen und in sich heterogenen italienischen Neorealismus –, zu unterscheiden zwischen strukturellen Gemeinsamkeiten in den Ausgangsbedingungen, mehr oder weniger stringent ausformulierten Programmatiken und spezifischen subjektiven filmischen Initiativen und Reaktionsweisen.

Die Entstehung der Nouvelle Vague ist nicht vorstellbar ohne die Auswirkungen der Kriseneinbrüche in der französischen Filmwirtschaft und ohne den tendenziellen Wandel in der staatlichen Filmpolitik. Hatte die französische Filmpolitik in der Nachkriegszeit unter der Ägide des CNC (Centre National de la Cinématographie) vor allem danach gestrebt, der eigenen Filmproduktion gegenüber der US-amerikanischen Hegemonie über ein System von Kontingentierungs- und wirtschaftlichen Subventionsmaßnahmen sowohl national wie international wieder zur Geltung zu verhelfen, so verlor dieser Impuls Mitte der 50er Jahre zunehmend an Wirkung; der französische Film mündete inhaltlich wie qualitativ in Stagnation. Nicht zuletzt auch mit dem sich abzeichnenden neuen Markt der EWG und seinen kulturindustriellen Nivellierungstendenzen vor Augen, artikulierten sich zunehmend Stimmen, die sich eine Revitalisierung der französischen Filmproduktion von einer stärkeren Ausrichtung auch an kulturellen Imperativen gegenüber rein ökonomisch bestimmten Interessen versprachen. »Auch wenn der Film ohne Zweifel eine Industrie darstellt, ist er jedoch auch [...] eine Kunst. Wenn er keine Kunst ist, wird er niemals eine Industrie werden«, konnte man in der Nationalversammlung hören (vgl. Léglise); und unter dem gerade in Künstler- und Intellektuellenkreisen hoch angesehenen André Malraux wird Anfang 1959 das CNC seinem Kulturministerium angegliedert. »Der Staat ist nicht dazu da, die Kunst zu lenken, sondern um ihr zu dienen« (Malraux, zit. nach: Léglise). In diesem Zusammenhang ist nicht nur die 1958 herbeigeführte Verbesserung und Ausweitung des Vorschuss-Subventionssystems für neue Filmproduktionen zu sehen, das, auf Qualitätskriterien (und nicht auf erzielten Einspielergebnissen) basierend, seit 1953 zunächst nur für Kurzfilme galt; nicht minder bedeutsam war die massive Unterstützung spezialisierter Filmkunstkinos sowie zahlreicher Filmclubs in Paris und in der Provinz, die als Programmkinos zur Pflege des kinematographischen Erbes und zugleich auch als cineastische Besucherschulen fungierten. Nicht zuletzt war es auch dieses Klima von Erstarrung und Aufbruch, das vor allem unkonventionellen Billigproduktionen zugute kam: sei es, dass ein Filmemacher wie Chabrol seinen ersten Spielfilm *Die Enttäuschten* aus ererbten Mitteln selbst finanzierte, sei es, dass sich – weitaus nachhaltiger wirksam – verstärkt Produzenten dazu bereit fanden, auch jüngeren, nonkonformistischen Regisseuren eine Chance zu geben. Die Nouvelle Vague wäre nicht möglich gewesen ohne Produzenten wie Anatol Dauman, Pierre Braunberger und Georges de Beauregard. Anatol Dauman (geb. 1925) und seine Argos Films produzierten u. a. *Hiroshima mon amour* und *Letztes Jahr in Marienbad* (1961) von Alain Resnais, *Chronik eines Sommers* (1961) von Jean Rouch und Edgar Morin, *Masculin-feminin oder: Die Kinder von Marx und Coca-Cola* (1965) und *Zwei oder drei Dinge, die ich von ihr weiß* (1967) von Jean-Luc Godard. Pierre Braunberger (geb. 1905) produzierte u. a. *Ich, ein Schwarzer* (1958) von

Jean Rouch, *Schießen Sie auf den Pianisten* (1960) von François Truffaut, *Die Geschichte der Nana S.* (1962) von Jean-Luc Godard. Und dem Produzenten Georges de Beauregard (geb. 1920) sind u. a. zu verdanken: *Außer Atem, Der kleine Soldat, Eine Frau ist eine Frau* (1961), *Die Karabinieri* (1963) und *Die Verachtung* (1963) von Jean-Luc Godard, *Lola* (1961) von Jacques Demy, *Das Auge des Bösen* (1962) von Claude Chabrol, *Mittwoch von 5 bis 7* (1962) von Agnès Varda.

Technische Neuerungen wie die Entwicklung leichterer, beweglicherer Kameras, empfindlicheren Filmmaterials, neuer Tonaufnahmeapparaturen (besonders die Schweizer Nagra!) sowie die Entwicklung von Verfahren, 16-mm- oder gar 8-mm-Filme ohne allzu große Qualitätsverluste auf das Kino-Standardformat aufzublasen, erleichterten Filmdebütanten einen vergleichsweise kostengünstigen Zugang zur Filmpraxis. Sie entbanden sie darüber hinaus von dem Zwang zur aufwendigen, zumal hochgradig arbeitsteiligen Studioarbeit. Dies beförderte nicht nur grundsätzlich die Versuche, innovative Formen des filmsprachlichen Gebrauchs zu erproben. Mit der gegenüber der behäbigen Studioproduktion erlangten neuen Mobilität wurden zugleich die alltäglichen Lebensräume, allen voran das großstädtische Paris, zum bevorzugten Terrain kühner filmischer Erkundungen.

Geradezu anarchisch kosten Filme wie Truffauts *Sie küssten und sie schlugen ihn*, Godards *Außer Atem* oder Rivettes *Paris gehört uns* die neue Freiheit im Raum aus, der nicht nur ein filmischer ist. Ungewöhnliche Kameraeinstellungen und -bewegungen, der Einsatz synchrongesteuerter Originalton-Aufnahmen, die völlig neue Tondramaturgien eröffneten, sowie der Rückgriff auf unbekannte, durch kein Rollenimage festgelegte Schauspieler wie Jean-Pierre Léaud, Paul Belmondo, Gérard Blain, Bernadette Lafont, Anna Karina oder gar auf Laiendarsteller: all dies verstärkte die Atmosphäre des Unverbrauchten und Spontanen, eben des Authentischen.

Was den Skeptikern und Kritikern der Nouvelle Vague in diesem Zusammenhang als »amateurisme«, als mangelnde, provokant zur Schau gestellte handwerkliche Professionalität erschien (besonders Robert Benayoun 1962 in der Zeitschrift »Positif«), galt den Protagonisten der Nouvelle Vague indes als Gütesiegel. Konkretere Bedeutung kommt dieser Tatsache zu, berücksichtigt man deren Werdegang und den filmkritischen Diskurs, der die Auseinandersetzung mit dem traditionellen französischen Film in den 50er Jahren bestimmte und die Ausbildung der Nouvelle Vague begleitete. Eine Schlüsselfunktion kommt hierbei den 1951 von André Bazin, Lo Duca und Jacques Doniol-Valcroze gegründeten »Cahiers du Cinéma« zu. Hier sollten in den folgenden Jahren vor allem Truffaut, Rivette, Godard, Chabrol und Rohmer ihre Vorstellungen von einem zeitgemäßen Film entwickeln, wobei der Kristallisationspunkt, der Begriff der »politique des auteurs« (›Autorenpolitik‹), vielschichtiger ist als deren Fluchtpunkt, den man in Deutschland als »Autorenfilm« zu bezeichnen sich gewöhnt hat.

Die Identifizierung des Filmemachers als Autor geht zurück auf ein programmatisches Plädoyer des Filmkritikers und späteren Regisseurs Alexandre Astruc aus dem Jahre 1948, in dem er der notwendigen Ausbildung einer neuen Avantgarde das Wort redete (→ Autorenfilm, → Avantgardefilm): »die Kamera als Federhalter« (»la caméra stylo«). Gegenüber dem traditionellen Studiospielfilm, in dem den Filmbildern lediglich die Funktion zukomme, eine Geschichte oder ein Schauspiel zu transportieren, müsse der neue Film nicht nur die tradierten Rollenmuster im Produktionsprozess aufheben, sondern die Filmsprache auch zu einem Ausdrucksmedium subjektiver Kreativität machen. »Was natürlich voraussetzt, dass der Scenarist seine Filme selber macht. Besser noch, dass es keine Scenaristen mehr gibt, denn bei einem solchen Film hat die Unterscheidung zwischen Autor [›auteur‹] und Regisseur [›réalisateur‹] keinen Sinn mehr. Die Regie [›mise en scène‹] ist kein Mittel mehr, eine Szene zu illustrieren oder darzubieten, sondern eine wirkliche Schrift. Der Autor schreibt mit der Kamera wie ein

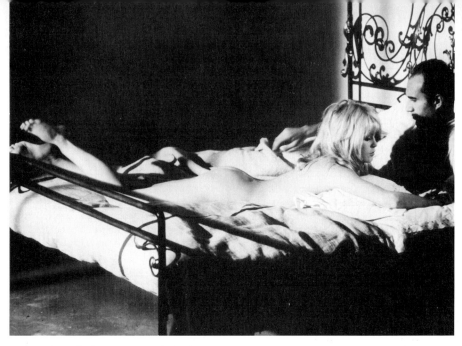

Die Verachtung (1963, R: Jean-Luc Godard)
So unterschiedlich die Erzählweisen auch sind, es verbindet die Regisseure der Nouvelle Vague die »politique des auteurs«, die Behauptung der Würde und Souveränität des Autor-Regisseurs – im Protest gegen die Produzenten und ihr bloß ökonomisches Kalkül, das in Frankreich wie in Deutschland und anderswo die Filmkunst zu Boden gewirtschaftet hatte. Godards Film *Die Verachtung* ist in manchem ein Spiegel dieses Kampfes: Im Film wird ein Film gedreht. Ein Autor (Michel Piccoli) verliert die Achtung seiner Frau (Brigitte Bardot), während er sich gleichzeitig dem Diktat eines Produzenten unterwirft (die Kausalität der Vorgänge wird einem diskret aufgedrängt). Da muss die Dramaturgie Abhilfe schaffen: Bei einem Verkehrsunfall sterben der amerikanische Filmproduzent und die abtrünnige Frau – der Regisseur in der Spielhandlung, der berühmte deutsche Filmschöpfer Fritz Lang, der hier einen fiktiven Odysseus-Film inszeniert, arbeitet unerschüttert weiter. Dass der Produzent nicht mehr lebt, stört ihn nicht sonderlich.

Schriftsteller mit seinem Federhalter.« (Zit. nach: Kotulla.)

Dieses Autorenkonzept wird von den »Cahiers«-Kritikern aufgegriffen und zunächst umgemünzt in eine filmkritische Strategie (»politique«) im Horizont einer Abrechnung mit dem französischen Film der Nachkriegszeit, dem zwar handwerkliche Geschliffenheit, aber auch Gesichtslosigkeit vorgeworfen wird. So als würden die Implikationen des überlieferten romantischen Künstlerideals in Astrucs Entwurf bewusst übersprungen, ist die filmkritische Strategie auf die Freilegung der ›persönlichen Handschrift‹ von Regisseuren vor allem paradoxerweise gerade in US-amerikanischen Studioproduktionen, zumal des Genrefilms,

angelegt: Alfred Hitchcock, John Ford, Howard Hawks, Nicholas Ray u. a. erfahren so in der europäischen Rezeption erstmals die ihnen zukommende Würdigung. Sie werden in einem Maße zu Säulenheiligen, dass selbst der Mentor André Bazin mahnend fragt: »Comment peut-on être hitchcockohawksien?« (Wie kann man zugleich Anhänger von Hitchcock und Hawks sein?)

Truffaut, Chabrol und Godard können es sein, weil sie mit dem Begriff »Genre« weniger zwingend greifende, starre filmästhetische Produktionskonzepte verbinden als vielmehr ein Reservoir von kollektiven Mythen, Erzählungen und filmischen Ausdrucksformen, deren Kombinationsregeln auch dem Zuschauer bekannt und bewusst sind. Dabei bestehe die Kunst eines Hitchcock, Hawks, Ford, Ray nun gerade darin, innerhalb der erzählerischen und ästhetischen Konventionen, dem System von Produktionsinteressen und Erwartungshaltungen, sich kreativ einzubringen. Unter dem Titel »Mr. Hitchcock, wie haben Sie das gemacht?« wird Truffaut 1966 seine Fragen und Hitchcocks Antworten in einem aufsehenerregenden Buch zusammentragen.

In dieser Perspektive – einerseits dem Spiel mit Versatzstücken des Genrefilms (→ Genre), das andererseits durch verfremdende filmsprachliche Mittel die Künstlichkeit des filmischen Scheins hervorkehrt – sind zahlreiche Filme gerade zu Beginn der Nouvelle Vague zu sehen: *Schießen Sie auf den Pianisten, Außer Atem, Made in USA* (1966, R: Jean-Luc Godard) – diese und andere Filme leben inhaltlich wie formal von der expliziten Hommage und schöpferischen Anverwandlung amerikanischer Genreproduktion. Und nicht nur diese Filme: Was Frieda Grafe mit Blick auf François Truffaut formuliert hat, gilt weitgehend auch für die anderen »Cahiers«-Kritiker, die Ende der 50er Jahre ihren Weg zur praktischen Filmarbeit fanden. Es ist eine »Kunst der Epigonen«. »Das Spezifische der Nouvelle Vague ist Bildung. Kinobildung. [...] Diese Regisseure machen ihre Filme mit dem Wissen aus all den Filmen, die sie zuvor gesehen haben [...] sie [ihre Kunst] besteht im kontrollierten Einsatz ihrer Mittel, in der Gewissheit, dass ihre Kunst schon lange keine naive mehr ist, dass ihr Medium vorgeformt ist. Es geht den Regisseuren der Nouvelle Vague darum, dramaturgische Konventionen, die den Blick auf die Realität verstellen, abzutragen und Grundformen freizulegen. Das wird auf mannigfache Weise möglich [...]. Sie tun es, indem sie die historische Distanz in ihre Darstellung einbeziehen; eben deshalb ist ein voraussetzungsloses Verständnis ihrer Filme nicht möglich. Diese brauchen ein informiertes Publikum, das nicht blindlings den Bildern vertraut, das optische Gegebenheiten als konstruierte erkennt, das mit den Bildern denkt.« (Grafe.) Insofern führte die Filmkritik der »Cahiers«-Autoren am »cinéma spectacle« tatsächlich zu einem von Astruc visionierten »cinéma langage«, in dem die Subjektivität des filmischen »auteur« über die Form – ungeachtet aller handwerklich-arbeitsteiligen Zwänge in der praktischen Filmproduktion – sich dennoch nachhaltig Geltung verschaffen sollte.

Film als Ausdrucksmedium für sich zu entdecken, das der Entfaltung der eigenen Subjektivität Raum gibt und von den formierenden Zwängen tradierten filmischen Erzählens entbindet – vor diesem Hintergrund werden die Kategorien traditioneller filmischer Repräsentation von Wirklichkeit zunehmend porös: elliptisches Erzählen zersetzt die herkömmlich kausal motivierte, lineare Narration (nicht zuletzt in dieser Hinsicht erklärt sich der große Respekt zahlreicher Nouvelle-Vague-Filmer vor Roberto Rossellini); die filmsprachlich weithin kodifizierte Trennung von Wahrnehmungs- und Vorstellungsbildern, von Gegenwärtigem und Erinnertem verliert ebenso an Bedeutung wie die apriorische Unterscheidung zwischen Fiktionalem und Dokumentarischem. »Der Blick macht die Fiktion«, wird Godard später sagen, »die Fiktion ist genauso real wie das Dokument. Sie ist ein anderer Moment von Realität.«

Zweierlei wird an dieser Stelle deutlich: Zum einen zeichnen sich filmhistorisch die weiteren, im Folgenden zunehmend divergierenden Entwicklungslinien der beiden prominentesten Vertreter der Nouvelle Vague ab. Während Godard die Konventionalität des filmischen Erzählens in Bildern und Tönen auch in ihrer gesellschaftlichen Dimension mit zunehmender Radikalität in Frage stellt, dabei zumeist auch dessen materielle Voraussetzungen mit reflektiert (besonders komplex in *Die Verachtung*, dann – nach dem bewussten Durchgang durch die Erfahrungen des Mai 1968 – eindringlich 1972 in *Tout va bien*), wird Truffaut nahezu zeitgleich 1973 in *Die amerikanische Nacht* eine überaus liebenswerte, von kritischen Untertönen kaum getrübte Hommage an das Kino vorstellen. Es ist hinlänglich bekannt, dass es darüber zum persönlichen Bruch zwischen den beiden kam. Zum anderen ist in rezeptionsgeschichtlicher Perspektive vor allem festzuhalten, dass es nur wenige Ausprägungen in der Filmgeschichte gegeben hat, die ähnlich ebenso komplexe wie vielschichtige Reaktionen auf den Plan gerufen haben wie die Nouvelle Vague. Auch wenn zunächst weniger in ursächlichem als in zeitlichem Zusammenhang stehend, hat die moderne Filmtheorie seit der semiotischen Wende und ihren poststrukturalen Ausformulierungen wie nie zuvor ihr Anschauungs- und Demonstrationsmaterial aus dem zeitgenössischen Filmschaffen beziehen können.« »Filmen«, schreibt Godard 1963, »bedeutet nichts anderes als ein Ereignis als Zeichen zu erfassen, es in einer ganz bestimmten Sekunde zu erfassen, in der ganz langsam [...] frei aus dem Zeichen, das sie bedingt und vorherbestimmt, geboren wird.« Und auf einer anderen Ebene wird die Historizität des jüngsten postmodernen Kinos nirgendwo so deutlich wie im Horizont, den die Nouvelle Vague vor rund vier Jahrzehnten anvisierte.

Heinz-B. Heller

Literatur: Theodor Kotulla (Hrsg.): Der Film. Manifeste, Gespräche, Dokumente. Bd. 2: 1945 bis heute. München 1964. – James Monaco: The New Wave. Truffaut, Godard, Chabrol, Rohmer, Rivette. Oxford 1976. – Jean-Luc Godard: Einführung in eine wahre Geschichte des Kinos. Frankfurt a. M. 1980. [Frz. Orig. 1977.] – Paul Léglise: La politique française du cinéma depuis 1946. In: Cinéma d'aujourd'hui 12/13 (1977). – Jean-Luc Douin: La Nouvelle Vague 25 ans après. Paris 1983. – Jacques Siclier: Le cinéma français. 2 Bde. Paris 1990–91. – Jean-Michel Frodon: L'âge moderne du cinéma français. De la Nouvelle Vague à nos jours. Paris 1995. – René Prédal: 50 ans de cinéma français (1945–1995). Paris 1996. – Michel Marie: La Nouvelle Vague. Une école artistique. Paris 1997.

Öffentlichkeit. Was Öffentlichkeit ist, hängt ab von der Gesellschaftsform. Feudale Gesellschaften haben eine repräsentative Öffentlichkeit, die Darstellung der weltlichen oder kirchlichen Macht innerhalb der Gesellschaft ist. Öffentlichkeit lässt sich daher als Selbstdarstellung der Macht verstehen, wie auch immer die Machtlosen an dieser Darstellung mitbilden – die Maler am Bild der Herrscher, das ›Volk‹ in den Prozessionen und Aufmärschen. In der Geschichte der bürgerlichen Gesellschaft kommt der Selbstdarstellung der Macht eine besondere Bedeutung zu. Die bürgerliche Öffentlichkeit des 17. und 18. Jahrhunderts dient der Darstellung einer Macht, die diese Bürger noch nicht haben. Während das Bürgertum zum einen Formen der repräsentativen Öffentlichkeit des Adels – wie das Theater – übernimmt, um sich darin darzustellen, entwickelt es zum anderen eine eigene Form von Öffentlichkeit. Diese neue Form ist bestimmt durch ihre Funktion, die bürgerlichen Wege, Macht zu erringen, zur Geltung zu bringen, statt die immer noch bestehende feudale Macht zu repräsentieren. Bildung und Verwaltung sind Wege für die Bürger, Macht zu bekommen. Diese selbst basiert auf einer neuen Ökonomie, der des Handels.

Innerhalb der modernen Demokratie existiert bürgerliche Öffentlichkeit zum einen in der Funktion, die Geltung der bürgerlichen Wege der Machtgewinnung innerhalb einer Massengesellschaft zu reproduzieren. Andererseits existiert sie aber auch in ihrer utopischen Selbstdarstellung, im Versprechen, allen Staatsbürgern, auch den an den Profiten der bürgerlichen Ökonomie nicht teilhabenden, ein Instrument der Verwirklichung ihrer Lebensinteressen zu sein. Dieses Versprechen haben die Emanzipationsbewegungen des 19. Jahrhunderts aufgegriffen und in gewisser Weise auch die Revolutionen des 20. Jahrhunderts. Oskar Negt und Alexander Kluge haben versucht, die Bedeutung der zentralen emanzipatorischen und revolutionären Bewegung des 19. und 20. Jahrhunderts, der Arbeiterbewegung, als Ansatz einer anderen Öffentlichkeit zu verstehen. Sie prägten den Begriff einer proletarischen Öffentlichkeit. Kennzeichnend für die proletarische Öffentlichkeit soll ihre Bindung an die Lebenserfahrung sein. Zugleich rückt der Begriff der proletarischen Öffentlichkeit die Produktionssphäre als einen neuen Faktor der Machtgewinnung in den Blick: das Kapital beruht längst nicht mehr vor allem auf dem Handel, sondern auf der Produktion. Sie bildet die Basis der Macht. Daher hat nicht nur der Fabrikbesitzer, der die Ware verkauft, sondern auch der Arbeiter einen eigenen Anspruch darauf, Mitglied der politischen Öffentlichkeit zu sein. Seine Wege, Macht zu erringen, sind aber nicht die bürgerlichen von Bildung und Verwaltung, sie bestehen im Produktionswissen, in der Produktionserfahrung.

Negt und Kluge schrieben ihr Buch, als die Neuere Frauenbewegung in Amerika und Europa stark wurde. Das Modell von »Öffentlichkeit und Erfahrung« bezieht die Frauen jedoch wenig ein. Nur mühsam konnte man sie als erfahren in der Produktion von Kindern dazu rechnen. Die Frauenbewegung selbst hat daher auch den sie von der Verwirklichung ihrer Lebensinteressen ausschließenden Charakter von Öffentlichkeit betont und ihren Interessenanspruch mit der Parole »Das Private ist politisch« formuliert.

Was hat das Kino mit dieser Entwicklung der Öffentlichkeit zu tun? Es ließe sich sagen, es ist darin ein Spielball gewesen. Seine eigene Relevanz bestand darin, die Utopie mit der Wirklichkeit derer zu vermitteln, die mit ihr Hoffnung verbanden. Das aber waren in der Regel nicht die, die definierten, was Öffentlichkeit ist. Die Schwierigkeit, Kino als Öffentlichkeit zu sehen, besteht darin, dass die Definitionsmacht immer bei den Vertretern bürgerlicher Öffentlichkeit lag. Sie haben entweder dem Kino die Bedeutung der Öffentlichkeit abgesprochen oder sie im Sinne der bürgerlichen interpretiert. Die Abschaffung der Utopie zugunsten einer ahistorischen Reproduktion der bürgerlichen Öffentlichkeit als *der* Öffentlichkeit schlechthin löst am Ende das Kino ab durch Medien, die zur Reproduktion dieser Öffentlichkeit gebraucht werden.

Vor dem Ersten Weltkrieg wurde dem Kino entweder die Dignität einer kulturellen Öffentlichkeit abgesprochen oder es wurde im Sinne einer internationalen Konsumkultur verstanden, in der die Sprache der Bilder die Sprachgrenzen überwindet. In den 20er Jahren bildet sich der Begriff eines Publikums als Adressaten der Produktion heraus. Der Filmkritiker schlägt die Brücke zwischen ihm und der bürgerlichen Öffentlichkeit. Das Kinopublikum hat für Siegfried Kracauer so viel Bedeutung einer Öffentlichkeit wie die bürgerliche diese Bedeutung verliert. Adorno und Horkheimer sehen in den 40er Jahren nur noch die Negativität beider: das Ende bürgerlicher Öffentlichkeit im Faschismus und das Kinopublikum der Konsumenten als Anhängsel der privaten Interessen der Industrie.

Erst in den 60er und 70er Jahren wird Kino als eine Gegenöffentlichkeit verstanden: zum einen im politischen Kontext, in dem die sowjetische Kinematographie der 20er Jahre Vorbild ist, zum anderen im Kontext des künstlerischen Underground. Die neu entstehenden Formen von Kino als Gegenöffentlichkeit tragen alle Züge einer Produktionsöffentlichkeit, in der Erfahrung entscheidender Faktor ist. Sie ist eine Gegenöffentlichkeit, die unabhängige Filmemacher bilden.

Auf diesem Hintergrund rückt auch Anfang der 70er Jahre das frühe Kino als eine andere Öffentlichkeit neben der bürgerlichen in den Blick der Sozialwissenschaft. Dieter Prokop beschreibt sie 1971 als eine proletarische Öffentlichkeit. In den 80er Jahren gerät eine solche Vorstellung des frühen Kinos in die Diskussion. Denn die feministische Filmtheorie (→ Feminismus und Film) hatte inzwischen einen kritischen Begriff des Publikums am Leitfaden der Frage nach der Zuschauerin im von Männern produzierten Kino entwickelt. In ihrem Aufsatz »Early German Cinema: Who's Public Sphere?« greift Miriam Hansen die Studie von Dieter Prokop auf, kritisiert sie aufgrund neuerer amerikanischer Forschungen zur Frühgeschichte der Filmtheater (»exhibition«) und ihrer Zuschauerschaft (»audience«), um schließlich auf das frühe deutsche Kino als eine »public sphere« der Frauen zu verweisen. Zeitgenössische empirische Quelle ist dabei die Studie von Emilie Altenloh. Rückblickend stellt sich so das Kino in seinen Anfängen als Öffentlichkeit dar, in der das Private politisch zu werden begann.

Heide Schlüpmann

Literatur: Emilie Altenloh: Zur Soziologie des Kino. Die Kino-Unternehmen und die sozialen Schichten ihrer Besucher. Jena 1914. – Siegfried Kracauer: Kult der Zerstreuung. [1926.] In: S. K.: Das Ornament der Masse. Frankfurt a. M. 1963. – Jürgen Habermas: Strukturwandel der Öffentlichkeit. Neuwied/Berlin 1962. – Dieter Prokop: Versuch über Massenkultur und Spontaneität. [1971.] In D. P.: Massenkultur und Spontaneität. Zur veränderten Warenform der Massenkommunikation im Spätkapitalismus. Frankfurt a. M. 1974. – Oskar Negt / Alexander Kluge: Öffentlichkeit und Erfahrung. Zur Organisationsanalyse von bürgerlicher und proletarischer Öffentlichkeit. Frankfurt a. M. 1972. – Miriam Hansen: Early German Cinema – Who's Public Sphere? In: New German Critique 29 (1983).

Œuvre. Das filmische Werk eines Regisseurs, die Summe seiner Filme, sein Gesamtwerk. Selten gestaltet sich das Œuvre eines Künstlers einheitlich hinsichtlich der Genres, in denen er arbeitet. Alexandre Astruc formulierte in seinem 1948 veröffentlichten Essay »Die Geburt einer neuen Avantgarde: Die Kamera als Federhalter«, der Manifestcharakter für die Regisseure der → Nouvelle Vague erlangen sollte, einen neuen Anspruch an das Kino, indem er die klassische Dualität von Autor und Regisseur für überholt erklärte. Die Filmkritiker der »Cahiers du Cinéma« und Filmemacher der Nouvelle Vague, u. a. Jean-Luc Godard und François Truffaut, waren es, die, inspiriert von Astrucs Schrift, den Regisseur der Position des Illustrators von Szenen enthoben und ihn zum Autor kürten. Im Sinne der Autorentheorie manifestiert sich im Œuvre vieler Regisseure deren Stil(wille), ihre visuelle Handschrift, und es lässt sich ein konsistenter Kreis von Themen erschließen, die sie »mit [ihrer] Kamera wie ein Schriftsteller mit seinem Federhalter« (Astruc) auf der Leinwand visualisieren. Besonders in den Œuvres der Hollywood-Regisseure John Ford, Howard Hawks und Alfred Hitchcock bemerkten die Theoretiker und Filmemacher der Nouvelle Vague diese Merkmale. Sie sahen in ihnen weit mehr als die Unterhaltungskünstler der Traumfabrik, sondern Autoren mit einer eigenen künstlerischen Vision, die sich in ihren Œuvres ausmachen lässt.

Daniel Schössler

Literatur: Alexandre Astruc: Die Geburt einer neuen Avantgarde: Die Kamera als Federhalter. In: Theodor Kotulla (Hrsg.): Der Film. Manifeste, Gespräche, Dokumente. Bd. 2: 1945 bis heute. München 1964. [Frz. Orig. 1948.] – André Bazin: Filmkritiken als Filmgeschichte. München/Wien 1981. – François Truffaut: Die Lust am Sehen. Hrsg. von Robert Fischer. Frankfurt a. M. 1999. [Frz. Orig. 1987.]

Opernfilm. Würde man während einer Opernaufführung die Kamera auf den Mittelplatz der Reihe 18 setzen, sie alles aufnehmen lassen, was zu sehen und zu hören ist, dann wäre die Oper detailgenau aufgezeichnet und im Wesenskern vernichtet. Opernerlebnis konstituiert sich, wie beim Kasperltheater, im Beieinander von aufführenden und zuhörenden Menschen. Man darf zwar nicht lärmen wie die Kinder, aber das Publikum erschrickt hörbar bei Scarpias Bosheiten, es wagt nicht zu atmen beim Vorspiel zum 3. Akt von »La Traviata« und greift zum Taschentuch während Cio-Cio-Sans arios-sehnsuchtsvoller Gewissheit »Un bel dì vedremo«. Niemand weint, wenn er im Kino oder vor dem Bildschirm sitzt und eine Oper anschaut. Oder doch?

Opernarien brauchen Zeit, die der Film nicht hat. Soll Oper im bilddynamischen Medium Film funktionieren, muss sich die Opernsyntax der Filmsyntax unterwerfen. Wie?

1. Möglichkeit: Eine Operngestalt auf der Leinwand singt »bouche fermée«, sie wird gesungen, der Gesang wird hinzusynchronisiert, die Kamera zeigt Ein-druck statt Ausdruck.

2. Möglichkeit: Offenbachs Hoffmann singt das Couplet von »Kleinzack« und verirrt sich nach zwei Strophen in erotische Visionen (»unvergesslich des Gesichtes Züge«). Kamera von oben nach unten: Hoffmann erscheint klein, hilflos, bemitleidenswert, dann fährt sie ihm ins aufgewühlte Gesicht, rasche Schnittfolgen zeigen den wie ein Ausrufezeichen hochschnellenden Niklaus, die ratlosen Gesichter der Umsitzenden, Pfeifen werden aus dem Mund genommen, Gläser auf den Tisch gestellt. Das musikalische Ereignis (das Couplet) verwandelt sich in die Darstellung von Fremdwahrnehmungen, aus epischem Gesang macht eine filmische Grammatik den dramatischen Charakter von optischer Rede und Gegenrede. Aus Hören wird Sehen.

3. Möglichkeit: Man zerstöre die originale Abfolge der Oper, isoliere einzelne musikalische Bausteine und montiere sie als Versatzstücke in den Film. In Carlos Sauras *Carmen* (1983) entsteht somit eine Parallel-*Carmen*, wobei Saura von Anfang an seine Karten aufdeckt: Antonio Gades sucht für die Ballett-Version der »Carmen« eine geeignete Musik, eine geeignete Tänzerin, man probiert Boleros auf der Gitarre und man hört Tonband-Ausschnitte aus der Bizet-Oper. Nach und nach kommen diese heterogenen Bausteine zur Deckung, Bizets Musik wandert durch den gesamten Film wie eine stets präsente Erinnerung an die andere »Carmen«. Saura setzt konsequent um, was schon Kurt Weill vorschwebte: Wolle man einen Opern-Tonfilm herstellen, müsse man sich so weit vom Vorbild entfernen, dass er beinahe einer Neuschöpfung gleichkäme. Saura braucht also in seiner *Carmen* für den rasch geschnittenen Wechsel von Raum, Ort und mimischem Ausdruck eine Musik, die sich diesem Wechselspiel flexibel unterwirft. Wie sie das tut? Indem sie sich in Filmmusik verwandelt, d. h. mit äußerst knapp und präzise gefassten Gesten, klingenden Vokabeln

ähnlich, der Dominanz der Bilder und ihrem Erzähltempo strikt sich unterordnet. Von der Seguidilla oder dem Todesmotiv bleiben dann nur ein paar signifikante Takte übrig, doch wird der Verlust mit dem Zuwachs an filmischer Logik beglichen. Historisches Vorbild ist *Die verkaufte Braut* (1932) von Max Ophüls: Mit 41 Kameraeinstellungen exponiert Ophüls Ort, Zeit, Haupt- und Nebenfiguren während der 4 Min. 25 Sek. dauernden Ouvertüre (im Opernhaus hätte man lange viereinhalb Minuten den geschlossenen Vorhang zu überstehen). Nur wenige musikalische Bausteine entnimmt er der Smetana-Partitur, aber ihnen wächst im Film dann eine neue Qualität zu: die von Leitmotiven. Der opernhafte Revuecharakter ist aufgegeben, hingegen entsteht ein filmisch konstruierter Bauplan mit einigen genrespezifisch eingefügten Smetana-Bruchstücken.

4. Möglichkeit: Man erzähle eine Filmgeschichte, die sich mit der Genese einer Operninszenierung befasst. István Szabós *Zauber der Venus* (1991) gilt dann als Opernfilm par excellence, weil Wagners »Tannhäuser« hier alles Mögliche ist: Zitat, Zankapfel, Probenparodie, Liebesaffärenstichwort, Fußnote, Kulisse, Bühnenbetrieb, Affentheater. Nur eines nicht: platt abgefilmte Oper ... Die Oper als Stichwort, als stoffliche Voraussetzung für phantasievolles Fabulieren: hier beginnt, jenseits dokumentarischer Abbildung, der kreative Spielraum von Opernfilmen.

Hans-Christian Schmidt-Banse

Oscar. Er wiegt dreieinhalb Kilo, ist 34 cm groß, besteht aus einer Legierung von Zinn, Kupfer, Nickel und Silber mit einem hauchdünnen Goldüberzug und kostet etwa 204 Euro – für seinen Besitzer aber ist er mehr wert. Die Rede ist vom Oscar, der begehrtesten Trophäe der Filmindustrie. Offiziell heißt er »Award of Merit for Distinctive Achievements«. Vergeben wird er einmal im Jahr von der Academy of Motion Picture Arts and Sciences als Auszeichnung für herausragende filmische Leistungen – in derzeit 25 verschiedenen Kategorien. Seinen inoffiziellen Kosenamen aber hat Oscar schon seit den 30er Jahren. Wer eigentlich für die Namengebung der Statue verantwortlich war, ist Ursprung vieler Legenden und nicht eindeutig zu klären. Einmal soll es die Bibliothekarin der Akademie, Margaret Herrick, gewesen sein, die bei seinem Anblick sagte: »Der sieht aus wie mein Onkel Oscar.« Ein andermal soll es Bette Davis gewesen sein, die Ähnlichkeiten zu ihrem ersten Ehemann, Oscar Nelson, in der goldenen Statue entdeckt haben will. Warum Oscar aussieht, wie er aussieht – »hässlich«, wie Dustin Hoffman einmal bemerkt haben soll – ist einfacher zu erklären. Der → MGM Art Director Cedric Gibson skizzierte ihn – den nackten Schwertträger, der auf einer Filmrolle steht – ganz nebenbei während eines Banketts auf eine Serviette. Eingeladen zu diesem Essen hatte am 11.1.1927 sein Chef Louis B. Mayer, Hollywoods legendärer Filmmogul. Er wollte eine Filmakademie gründen. Offiziell zum Austausch konstruktiver Ideen, zum Zwecke der Förderung von Filmtechnik und Filmkunst und mit Auszeichnungen für herausragende Einzelleistungen. Eigentlich aber entstand dieser Interessenverband aus der Angst der Hollywood-Filmindustrie vor den erstarkenden Gewerkschaften. Wer z. B. auf einen Preis für besondere filmische Leistungen Wert legte, musste Mitglied der Akademie sein – durfte aber keiner Gewerkschaft angehören.

Die erste Preisverleihung 1929 war noch keine Prestigeveranstaltung. Emil Jannings erhielt die Auszeichnung in der Kategorie »Bester Darsteller« für Josef von Sternbergs *Sein letzter Befehl* (1929). Das Ereignis erregte damals wenig Aufsehen in der internationalen Presse. Anfang der 30er Jahre geriet die Akademie wegen Tarifauseinandersetzungen in eine Krise. 1933 riefen berühmte Schauspieler wie James Cagney und Gary Cooper zum Oscar-Boykott auf. Unter der Leitung ihres Präsidenten Frank Capra beschloss die Akademie, sich in Zukunft aus Lohnverhandlungen herauszuhalten. Die Preisverleihung erfreute sich in den folgenden Jahren einer stetig wachsenden Popularität. Während des Zweiten Weltkriegs musste der Oscar zwar manchmal als Gips-Version verliehen werden, sonst hat er die Kriegsjahre gut überstanden. Danach aber wurde er auf eine harte Bewährungsprobe gestellt. Zwar war ein Oscar-Gewinn noch immer eine Garantie für Mehreinnahmen an den Kinokassen, aber die Besucherzahlen waren in den Nachkriegsjahren drastisch gesunken. Schon glaubte man, die Konkurrenz Fernsehen wäre das Ende für Hollywood. Da verhalf ausgerechnet dieses Medium dem Oscar zum großen Durchbruch. Die Hollywoodstars hatten Auftrittsverbot im Fernsehen – über den Umweg der Verleihung hoffte man, sie ins neue Medium zu holen. NBC zahlte 100000 Dollar für die Übertragungsrechte, und Ronald Reagan moderierte am 19. 3. 1953 live die Preisvergabe für 80 Mio. Zuschauer – bis dato die höchste Einschaltquote.

Die Kommunisten-Jagd des Committee of Un-American Activities hatte auch seine Auswirkungen auf die Oscar-Verleihung. Die Auszeichnung in der Kategorie »Bestes Drehbuch« sollte 1956 Robert Rich für *Roter Staub* erhalten – der allerdings zur Feier nicht erscheinen konnte, weil sein richtiger Name Dalton Trumbo war und er Berufsverbot hatte. Auch Michael Wilson und Carl Foreman, Drehbuchautoren von *Die Brücke am Kwai* (1957) waren McCarthy-Opfer. In den 70er, 80er und 90er Jahren wurden die Preisverleihungen häufig zur Plattform für politische Bekenntnisse der Stars. 1972 schickte Marlon Brando an seiner Stelle eine Indianerin auf die Bühne, um auf die Diskriminierung der Native Americans aufmerksam zu machen. Anti-Vietnam-Statements waren ebenso üblich wie Solidaritätsbekundungen der Aids-Aktionsgruppen.

Einige Stars haben die Annahme der Auszeichnung offiziell verweigert – andere sind trotz Nominierung einfach nicht erschienen. Woody Allen spielte 1979 lieber auf seiner Klarinette Oldtime-Jazz in einer New Yorker Kneipe, als sich seine Oscars (bester Film, bestes Drehbuch) für *Der Stadtneurotiker* abzuholen. Manche Stars sollen sich ihren Oscar einfach gekauft haben – Mary Pickford 1929 über ihren Mann, den Akademie-Präsidenten Douglas Fairbanks. Ihre Konkurrentin Norma Shearer soll so wütend gewesen sein, dass sie ihrem Ehemann die Hölle heiß machte – der war Irving Thalberg, zweiter Chef bei MGM. 1930 bekam auch sie ihren Oscar in der Kategorie »Beste Schauspielerin«. Wieder andere Stars haben den lang ersehnten und auch wohlverdienten Preis nie bekommen: Fred Astaire, Lauren Bacall, Richard Burton, Charlie Chaplin, Errol Flynn, Greta Garbo, Cary Grant, Marilyn Monroe u. v. a. Alfred Hitchcock ist ohne Zweifel einer der besten Regisseure der Welt – einen Oscar in der Kategorie »Beste Regie« hat er nie erhalten. Gelegentlich versucht die Akademie diese grobe Missachtung von Stars wieder gutzumachen und vergibt einen Ehren-Oscar für das Lebenswerk eines Künstlers.

Umstritten war der Vergabemodus schon von Anfang an. Dass die Gewinner nicht mit dem Qualitätsstandard der Kritiker übereinstimmten, war noch der geringste Vorwurf. Von Korruption war die Rede. Gezielte Manipulation der Studios durch ganzseitige Anzeigenwerbung für ihre Filme in Zeitschriften, Essenseinladungen und Geschenke für die Akademie-Mitglieder usw. Als 1949 der britische Film *Hamlet* für 7 Oscars nominiert wurde, sorgte das für einen Skandal. Die Studios drohten mit einem Finanzierungsstop der Akademie. *Hamlet* gewann dennoch – und in den darauf folgenden Jahren konnte die Preisverleihung nur mit Hilfe von Spendengeldern stattfinden. Bis in die 60er Jahre galt es als offenes Geheimnis, dass die Abstimmungen von den fünf Major-Studios (→ Paramount, → RKO, → MGM, → 20th Century-Fox, → Warner Bros.) beeinflusst wurden.

Die Akademie ist in fünf Sparten gegliedert: Regisseure, Drehbuchautoren, Kameraleute, Schauspieler, Techniker. Jede dieser Gruppen wählt die fünf besten Einzelleistungen eines Kalenderjahres für ihren Bereich. Bei der Kategorie »Bester fremdsprachiger Film« sind es die offiziellen Gremien der jeweiligen Länder, die einen Film selbst auswählen und der Akademie vorlegen. Wer letztendlich von den Nominierten die Auszeichnung erhält, darüber entscheiden alle etwa 5000 Mitglieder der Akademie in einer geheimen Wahl. Da manche Sparten aber mehr Mitglieder zählen als andere, haben z. B. die Schauspieler eine klare Dominanz. Kritiker reden daher von einer Wahlverzerrung, die sich an den Ergebnissen für den »besten Film« deutlich ablesen ließe.

Auffallend sind gewisse Trends bei den Auszeichnungen. Manche Genres werden begünstigt, manche ausgegrenzt. 1930 wurde *Cimarron* als bester Film prämiert. Es dauerte 60 Jahre, bis sich 1990 ein weiterer Western – *Der mit dem Wolf tanzt* – als oscarwürdig erwies. Seit 1927 sind erst sechs Komödien ausgezeichnet worden. Action- und Gewaltfilme sind ebenso wenig beliebt wie Horror- und Fantasyfilme – die bekommen ihre Oscars meist nur in der Kategorie »Spezialeffekte«. Steven Spielberg mußte 1994 erst *Schindlers Liste* produzieren, um von der Akademie für seine Leistungen geehrt zu werden. Die besten Chancen haben zwischenmenschliche, emotionale Dramen. Kritiker führen diese ›Vorliebe‹ auf das Durchschnittsalter (60 Jahre) der auf Lebenszeit gewählten Akademie-Mitglieder zurück. Also eher »Opas Kino« mit konservativ-moralischen Wertvorstellungen und patriotischen Anklängen. Schauspieler, die in ihren Rollen Männer in Machtposition oder Extremsituationen verkörpern, haben die besten Chancen; Schauspielerinnen sind am erfolgreichsten in Opferrollen (70% der Oscar-Preisträgerinnen).

Ilona Grzeschik

Literatur: Richard Shale: Academy Awards. New York 1978. – Hans-Jürgen Kubiak: Die Oscar-Filme. Die besten Filme der Jahre 1927–1984. Frankfurt a. M. 1985. – Norbert Stresau: Der Oscar. Alle Filme – Schauspieler – Preisträger. München 1988. – Elmar Biebl / Karl Heinz Schäfer: Oscar. Der wichtigste Filmpreis der Welt. Hamburg 1993.

Parallelmontage. Montageprinzip, bei dem zwei räumlich disparate Handlungssegmente parallelisiert und durch Cross-Cutting (Kreuzschnitt) zu einer Einheit verbunden werden. D. W. Griffith begründete die Methode der Parallelmontage u. a. als ein Stilmittel der Spannungsdramaturgie bereits in der Frühzeit des Kinos. Durch das präzise Zeitmaß des Wechsels von Einstellungen auf Verfolger und Verfolgte gelang es ihm, in seinen Action- und Verfolgungsszenen die Illusion eines authentischen Raum-Zeit-Kontinuums zu schaffen. Bewusst platzierte, retardierende Elemente, wie etwa eine Blickwendung des Verfolgten, die den herannahenden Verfolger erfasst, die alternierende Akzentverschiebung zwischen Jäger und Gejagtem, generell das in der Montage vollzogene Wechselspiel von Nähe und Distanz ist für den dramaturgischen Spannungsaufbau bestimmend.

Besonders bei Autoverfolgungsjagden, wie sie in mustergültiger Perfektion in Peter Yates *Bullitt* (1968) und William Friedkins *Brennpunkt Brooklyn* (1971) zu sehen sind, ist die Parallelmontage ein zwischen Verlangsamung und Beschleunigung oszillierendes, für die Dynamisierung des → Raumes und die Rhythmisierung der → Bewegungen unerlässliches Gestaltungsprinzip, das, wenn es einem exakten Timing unterliegt, die Sequenz für den Zuschauer zu einer physischen Kinoerfahrung werden lässt. Wiederum war es Griffith, der in diesem Kontext das Prinzip der → Last Minute Rescue, einer Rettung in letzter Sekunde, perfektionierte. In seinem Film *Lonely Villa,* der 1909 für Biograph entstand, schildert er den Einbruch in eine einsam gelegene Villa, den einzig eine Mutter und ihre Kinder zu vereiteln suchen. Die Familie verbarrikadiert sich und leistet Widerstand, während die Ganoven mit dem Aufbrechen der Tür beschäftigt sind. Eine weitere Zuspitzung erfährt das Szenario durch den Vater, der nichts ahnend zum Telefonhörer greift und von seiner Frau über die lebensbedrohliche Situation, der sie und ihre Kinder ausgesetzt sind, informiert wird. Über die Parallelisierung von drei Handlungssträngen in der Montage gelingt es Griffith, die Assoziation von räumlicher und zeitlicher Simultaneität und, daraus resultierend, Spannung entstehen zu lassen. Er bricht das Bedrohungsszenario immer wieder durch sich vom Tempo her steigernde Zwischenschnitte auf den zu Pferde herbeieilenden Vater auf. Synchron mit dem Eindringen der Ganoven und ihrer Bemächtigung der Familie und der Wertgegenstände, hebt Griffith die räumliche Unterscheidung von Rettungs- und Bedrohungsszenario auf, lässt den Vater in letzter Sekunde zu Hilfe kommen.

Bis heute stellt die Last Minute Rescue eine gängige Auflösung für Actionsequenzen dar. Eine interessante Variation bietet Jonathan Demme in seinem Thriller *Das Schweigen der Lämmer* (1991): Die FBI-Agentin Clarice Starling (Jodie Foster) befindet sich im Haus des gesuchten Serienmörders Jame Gumb / Buffalo Bill (Ted Levine) und versucht, ihn zu stellen. Gumb hingegen erahnt, was ihm droht, löscht das Licht und beobachtet die verängstigte im Dunkeln umherirrende Starling durch ein Nachtsichtgerät. Währenddessen bezieht eine Spezialeinheit des FBI vor dem Haus Stellung in der Absicht, es zu stürmen. Permanent schneidet Demme zwischen den beiden Szenarien hin und her. Er erweckt damit nicht nur den Eindruck zeitlicher und räumlicher Simultaneität der Handlungen, sondern lässt gleichsam Starlings Rettung durch ihre Kollegen möglich erscheinen. Erst mit der Stürmung des Hauses durch das FBI entpuppt sich diese Hoffnung als illusorisch. Demme sprengt mit einem Schnitt die vormals gesetzte örtliche Einheit von Innen und Außen des Hauses und enthüllt, dass das FBI und Starling an verschiedenen Orten operieren. Die Spezialeinheit stürmt das falsche Haus, und Starling ist auf sich allein gestellt.

Daniel Schössler

Literatur: Karel Reisz / Gavin Millar: Geschichte und Technik der Filmmontage. München 1988. [Engl. Orig. 1953.] – David Bordwell / Kristin Thompson: Film Art. An Introduction. Reading [u. a.] 1979.

Paramount. 1904 eröffnete Adolph Zukor, 1873 in Ungarn geboren, 1888 in die USA immigriert, sein erstes Kino in New York. Danach tat er sich mit Mitchell Mark und Marcus Loew zusammen und baute mit ihnen eine Kette von Nickelodeons, Penny Arcades und Variétes auf, die 1910 in der Loew's Consolidated Company aufging. Präsident wurde Loew, Finanzchef Zukor, Verwaltungschef Nicholas Schenck.

1912 trennte sich Zukor von Loew und begann eine eigenständige Verleihtätigkeit. Ein erster Erfolg gelang ihm dabei mit dem europäischen Film *Königin Elisabeth*, einem für damalige Verhältnisse überlangen Vierakter mit Sarah Bernhardt. Dieser Erfolg ermutigte ihn, 1913 die Famous Players zu gründen, um ähnliche Filme zu produzieren. Sein erster Versuch: *The Count of Monte Christo* (mit James O'Neill). Zukors Team bestand anfangs aus Edwin S. Porter als Produktionschef, Al Lichtman als Verkaufsmanager, B. P. Schulberg als Werbemanager und Albert Kaufman als Geschäftsführer. Noch 1913 folgten weitere Filme nach literarischen Vorlagen: *Long Day's Journey into Night* und *Der Gefangene von Zenda*. Von Anfang an sah Zukor in der Pflege und Förderung seiner Stars das wichtigste Element bei der Produktion längerer Filme. Er war der Erste, der 20000 Dollar Honorar bezahlte – dem damals noch jungen Broadway-Schauspieler John Barrymore.

Ein Jahr später akzeptierte er, seine Filme von W. W. Hodkinsons Paramount Co. verleihen zu lassen. Im Juli 1916 verband sich Zukor mit Jesse L. Lasky, den er zum neuen Produktionschef ernannte, zu Famous Players-Lasky, die danach für längere Zeit wichtigste Produktionsgesellschaft langer Filme (4-, 5-, 6-Akter) war. Zur gleichen Zeit baute Zukor seine Verleihtätigkeit aus. Er gründete die Artcraft Pictures Corp., die zunächst nur die Filme von Mary Pickford verleihen sollte, dann aber doch fast alle Filme der Triangle vertrieb: Filme von David W. Griffith, Thomas Ince, Mack Sennett und Douglas Fairbanks. Gleichzeitig verpflichtete er hochrangige Regisseure: Cecil B. DeMille, Maurice Tourneur, Allan Dwan. 1917 übernahm Zukor die Mehrheit bei der Verleihfirma Paramount – und integrierte so wieder Produktion und Distribution seiner Firma. 1920 nahm er einen Wall-Street-Kredit in Höhe von 10 Mio. Dollar auf, um seine Kinokette zu erweitern, die er dann bis Mitte der 20er Jahre von 368 auf 1200 Kinos ausbaute. 1924 erwirtschafteten Famous Players-Lasky einen Gewinn von über 5 Mio. Dollar. 1927 gründete Zukor die Paramount Pictures.

Adolph Zukor und Jesse Lasky zeichneten sich besonders dadurch aus, dass sie bestimmte Erfindungen der Pioniere für ihre Geschäfte nutzten. Sie spitzten zu, was andere nur im Ansatz wagten: die Förderung der → Stars, die Produktion von längeren, auch überlangen Filmen, die Verbindung von Produktion und Distribution, den Ausbau der zweiten Seite des Geschäfts, der Verbreitung von Kinos übers ganze Land.

Die 20er Jahre zeigten Famous Players/Paramount auf der Höhe ihres Erfolgs. Das Studio unterhielt Ateliers in Los Angeles und New York. Und es war im Besitz eines weltweit operierenden Verleihs und der erfolgreichsten Kinokette, der Publix Theatres, die Anfang der 30er Jahre in Paramount-Publix (Leitung: Sam Katz) umbenannt wurde. Zukor selbst erklärte später, er habe von Anfang an »für das Überleben des Filmgeschäfts« insgesamt gearbeitet. Für ihn sei es darum gegangen, »nicht nur Jugendliche anzulocken und andere Leute, die kein Geld hatten, um ins Kino zu gehen, sondern auch Angehörige der gehobenen Schichten. Und zwar durch die Qualität, die der Film entwickelt hatte. Das war die wichtigste Absicht der Paramount: bessere, immer bessere Filme zu machen.«

Ein Beispiel dafür sind die Filme von Josef von Sternberg, der zwischen 1927 und 1935 vierzehn Filme für Paramount drehte, darunter *Unterwelt, Marokko, Blonde Venus,*

Shanghai-Express, Die scharlachrote Kaiserin. Bei Sternberg ist vieles versammelt, was die klassischen Filme von Paramount auszeichnete: eine artifizielle Atmosphäre, eine elegante Geschichte, pointierte Dialoge, kontrastreiche Bilder, die mit vielen Graunuancen arbeiten, überraschend schneller Rhythmus, luxuriöse Ausstattung, kunstvolle Kostüme, ein Spiel mit Masken und schönen Oberflächen.

Anfang der 30er Jahre geriet allerdings auch Paramount in die Depressionskrise. Belief sich der Gewinn 1930 noch auf ca. 18,3 Mio. Dollar, so machte das Studio bereits 1932 einen Verlust von ca. 15,8 Mio. Dollar, obwohl in diesem Jahr Filme entstanden wie DeMilles *Im Zeichen des Kreuzes* (mit Frederic March und Claudette Colbert), Ernst Lubitschs *Ärger im Paradies* (mit Herbert Marshall und Miriam Hopkins) und Sternbergs *Blonde Venus* (mit Marlene Dietrich).

Jesse Lasky verließ daraufhin das Studio, Zukor trat zurück in die eher repräsentative Rolle des Elder Chairman. John Otterson wurde neuer Präsident, er sollte das Studio neu organisieren; Produktionschef wurde Emanuel »Manny« Cohen, den drei Jahre später Ernst Lubitsch ersetzte, dem seinerseits zunächst William LeBaron, danach (ab 1938) Y. Frank Freeman folgten. 1936 wurde Barney Balaban Präsident – und blieb es bis 1964. Unter Balaban konsolidierte sich das Unternehmen wieder. Schon im ersten Jahr seiner Präsidentschaft wurden schwarze Zahlen geschrieben. Als erstes Studio konnte es so auch ins Fernsehgeschäft einsteigen. Ende der 30er / Anfang der 40er Jahre waren bei Paramount 3000 Angestellte unter Vertrag: darunter 52 Kameraleute, 13 Regisseure, 131 Schauspieler, 103 Musiker, 283 Elektriker, 27 Friseure und 3 Gärtner. 1941 erwirtschaftete das Studio wieder einen Gewinn von 13 Mio. Dollar, 1946 sogar von 39 Mio. Dollar, den größten Gewinn, den je ein Studio bis dahin in einem Jahr erzielte.

Ein wenig litt Paramount dennoch darunter, dass das Management ständig wechselte und dass jeder neue Produktionschef seine eigenen Vorstellungen hatte – von Daniel Frohman zu Jesse Lasky, Manny Cohen und Ernst Lubitsch, von William LeBaron zu Frank Freeman, Buddy de Silva und Hal B. Wallis. Der ständige Wechsel in der Führung bot auf der anderen Seite den Autoren, Regisseuren und Technikern eine Menge Freiheit. So mag es kein Zufall sein, dass sich bei Paramount die meisten Exzentriker der Branche versammelten. Geboten wurde (neben den glamourösen Melodramen von Sternberg) das monumentale Schaukino des Cecil B. DeMille, die Schwindel erregenden, doppelbödigen Komödien von Ernst Lubitsch, die flüssigen, harmonischen Genre-Choreographien von Rouben Mamoulian, die eleganten, teuren Glitzershows von Mitchell Leisen, die chaotischen Burlesken der Marx Brothers und die schnellen, aggressiven Screwball Comedies von Preston Sturges.

Paramount war das »Studio der Gentlemen«, wie der Schauspieler Ray Milland einmal erklärte. Es sei, so Frank Tashlin, »wie eine Kleinstadt« gewesen. »Jeder kannte jeden. Die Atmosphäre dort war freundlicher als jemals in einem anderen Studio. Vielleicht, weil das Gelände klein war und wir auf engstem Raum zusammengedrängt waren. Man konnte jederzeit jeden treffen, man konnte jederzeit in jede Garderobe gehen.«

Gegenüber MGM, das noch glamouröser, noch extravaganter, noch reicher in den Details war, blieb Paramount zwar elegant, doch weniger artifiziell, weniger pompös. MGM zeigte das Kaufhaus und die Welt der Ladenmädchen als aristokratisches Arrangement. Paramount zeigte den Alltag als Maskenball. Melodramatische Schicksale, distinguiertes Verhalten, geistreiche Dialoge. Bei Paramount ging alles geschmackvoll vonstatten, sauber und luxuriös. Das Alltägliche des Alltags blieb außen vor. Undenkbar, dass in einem klassischen Paramount-Film eine Hausfrau auftauchte, die schmutziges Geschirr spült. Es ging vor allem darum, auf die beste, angenehmste Weise zu unterhalten, es ging um Geschichten aus dem Paradies plausibler Unwahrscheinlichkeiten. Cecil B. DeMille, Paramounts ewiger Starregisseur, verbat sich z. B. von seinen Kostümbildnern und Ausstattern alle Dinge, die man in jedem Laden kaufen konnte. Seine Devise lautete: »Den Zuschauern soll doch der Atem stocken!« Hier arbeiteten die Regisseure, die sich nicht den Produzenten unterwerfen mussten, die, solange sie phantasievoll arbeiteten, unangetasteten Bildermacher. Das Motto lautete: »If it's a Paramount picture, it's the best show in town.«

In den 30er Jahren war Paramount besonders für seinen europäischen Stil bekannt – durch Filme von Sternberg und Lubitsch, bevor dann ab 1936/37, nach einer abgewendeten Krise, Barney Balaban dem Studio wieder einen American Touch verlieh – vor allem durch die Stars Claudette Colbert und Miriam Hopkins, Barbara Stanwyck und Carol Lombard, Bob Hope, Bing Crosby, Fred MacMurray, Alan Ladd. Der Star, der am typischsten die luxuriösen Inszenierungen der Paramount verkörperte, war Marlene Dietrich – die »Metropolitan Lady« des klassischen Kinos.

Die anderen großen Stars der Paramount waren Mae West, die sich ihre eigenen Nummern schrieb; Gary Cooper, der große Schüchterne, der alles erreichen konnte, wenn er sich dazu entschlossen hatte, es erreichen zu wollen, Cary Grant zu Beginn seiner Karriere (etwa in Sternbergs *Blonde Venus* mit Marlene Dietrich), Bing Crosby, der elegante Schwerenöter, der stets ohne sinnvolle Arbeit blieb, und nicht zuletzt: W. C. Fields, der große Chaot des Hollywood-Kinos.

Die sicherlich wichtigste Strategie ihrer glamourösen Verwandlung bei Paramount waren die Kostüme von Travis Banton in den 30er und Edith Head in den 40er und 50er Jahren, die das geheime Zentrum des Studios bildeten. Banton protzte nicht mit den schönen Mode-Dingen, die er entwickelte (wie das Gilbert Adrian bei MGM in dieser Zeit vorzuwerfen wäre). Er erfand mit seinem Modestil eine zauberhafte Stimmung, in die hinein andere Techniker ihren Stil entwickeln konnten – Kameraleute, Architekten, Ausstatter, Musiker. Die Konstituenten der Paramount-Starimages waren Maske und Verkleidung, Witz, Eleganz und Charme. Die Stars wurden aufgebaut, um magisch zu glitzern, als funkelnde Sterne, die erdnah, aber doch aus der Ferne leuchteten. Edith Head dazu, historisch differenzierend: »Jedes Studio hatte seine eigene Art von Glamour. MGM war noch opulenter. [...] Dort machte man Superproduktionen mit Super-Glamour. [...] Die MGM-Stars trugen mehr Pelze und mehr Diamanten als die Stars der Paramount. [...] Aber Paramount war das Symbol für die elegante Salonkomödie: hübsch, charmant, geistreich. Es gab damals etwas, was man ein Frauen-Publikum nannte. Sie standen bei den Mittagsvorstellungen Schlange, um zu sehen, was die großen Stars trugen. [...] Ein Paramount-Film aus dieser Zeit war gleichbedeutend mit Luxus, Schönheit, schönen Dekorationen, unwirklichen, aufregenden Geschichten – und natürlich großen Kostümen.« Und Edith Head zeigte diesem Publikum, was in solchen Traumwelten zu tragen war. Das teuerste Kleid, das sie je entwarf, für Claudette Colbert in Leisens *The Lady in the Dark* (1943), kostete knapp 50000 Dollar, zwei Jahresgehälter eines durchschnittlichen Angestellten zu der Zeit.

In den späten 40er Jahren, als die Studios aufgrund der Antitrust-Entscheidung des höchsten Gerichts der USA gezwungen waren, sich von ihren Kinos zu trennen, büßte Paramount die Hälfte seiner Macht ein. Das Studio stellte seinen Stil um, verfolgte, wie Douglas Gomery betont, »eine finanziell konservative Strategie«. Von Warner Bros. kam der Star-Produzent Hal B. Wallis, dort nahezu zwei Jahrzehnte zuständig für realistischere Kinofilme. Dennoch gingen die Gewinne deutlich zurück (von ca. 20 Mio. Dollar 1949 etwa auf ca. 6 Mio. Dollar 1950), erholten sich dann aber im Laufe der 50er Jahre (stiegen 1958 wieder auf 12,5 Mio. Dollar), vor allem aufgrund einiger überragender Einzelfilme, Billy Wilders *Boulevard der Dämmerung* (1950), Cecil B. DeMilles *Die größte Schau der Welt* (1952), William Wylers *Ein Herz und eine Krone* (1953), George Stevens' *Mein großer Freund Shane* (1953) oder DeMilles *Die zehn Gebote* (1956).

1966 wurde Paramount Pictures von dem Ölkonzern Gulf & Western übernommen. Damit endete endgültig die Geschichte des eleganten Glamour-Studios. Was danach noch kam, war bloß einzelnes, mal mehr, mal weniger erfolgreich.

Norbert Grob

Literatur: Adolph Zukor: The Public Is Never Wrong. New York 1953. – Museum of Modern Art (Hrsg.): Paramount 60 Years. New York 1972. – Leslie Halliwell: Mountain of Dreams. The Golden Years of Paramount Pictures. New York 1976. – E. G. Edmonds / Reiko Mimura: Paramount Pictures and the People Who Made Them. San Diego 1980. – Frieda Grafe: Das Bild Marlene und wie dafür ihr Image wurde. In: Werner Sudendorf (Hrsg.): Marlene Dietrich: Dokumente, Essays, Filme. Aktual. Ausg. Berlin 1980. – John Douglas Eames: The Paramount Story. London 1985. – Douglas Gomery: The Hollywood Studio System. London 1986. – Geoffrey Nowell-Smith (Hrsg.): Geschichte des internationalen Films. Stuttgart/Weimar 1998. [Amerikan. Orig. 1996.]
TV-Dokumentation: Hans C. Blumenberg: Die Fabrik der Exzentriker. Paramount von Lubitsch bis Lewis. WDR. 26. 4. 1972.

Parodie (griech., ›Gegengesang‹). In allen Künsten beheimatete Form des satirischen Spotts auf das Althergebrachte, auf verselbständigte Formen und stereotypisierte Inhalte in der Geschichte der Künste, aber auch anderer Kommunikationsformen (z. B. politischer Reden, Briefe usw.). Eine Parodie braucht zu ihrem Angriff immer ein starkes Original, das vielen Menschen so vertraut ist, dass sie es auch in verzerrter Form wieder erkennen. Die filmische Parodie greift verfestigte Standardsituationen auf, treibt sie ins Irreale und kombiniert sie mit unpassenden, mehr oder weniger verschrobenen Inhalten. In der Geschichte des Films eignen sich in erster Linie die traditionellen Genres, z. B. der → Western, das → Melodram oder der → Horrorfilm, zur Parodie, nicht zuletzt, weil Genrefilme feste Kombinationen von Standardsituationen immer wieder aus Gründen des Stils und der narrativen Ökonomie abrufen. Sie tragen die Tendenz zur Parodie bereits in sich, eine Eigenschaft, die schon den → Slapstickfilm zu Spott verleitet. Vor Laurel und Hardy, den Marx Brothers und vielen anderen persifliert Buster Keaton bereits den Western (*Der Cowboy*, 1925) oder den Pionierfilm, aber auch David W. Griffiths Monumentalwerk *Intoleranz* (1916): in seinem Film *Ben Akiba hat gelogen!* (1923) bis in die feinsten Verästelungen der komplexen Schachtelmontage, die Griffith als Modell vorgegeben hat.

Kennzeichnend für filmische Parodien ist eine prinzipielle Bereitschaft zur Serialität, denn als groteske Imitationen eines Vorbilds provozieren sie die Erfindung stets neuer Varianten. Roman Polanskis Vampirfilm-Parodie *Tanz der Vampire* (1967) schließt in diesem Sinne an eine ganze Reihe von seriellen Horrorfilmprodukten der Universal-Studios in den 30er und 40er Jahren und deren Remakes durch Hammer Productions in den 50er und 60er Jahren an, die dem Publikum wohl bekannt sind, und kann sich somit eines reichhaltigen Fundus an Versatzstücken aus Blutsaugergeschichten bedienen. Polanski treibt die Subtexte des Vampirfilms an die Oberfläche der Geschichte, z. B. die Homoerotik zwischen männlichem Vampir und gleichgeschlechtlichem Opfer, die Dekadenz und gelangweilte Opulenz des Adels, wie es den späten 60er Jahren gut ansteht. Seine Parodie hat sich in ihrer ästhetischen Eigenständigkeit und ihrem trockenen Witz gegenüber den mittlerweile angestaubten Vorlagen behauptet. Vergleichbaren Kultcharakter besitzen die filmischen Parodien von Mel Brooks oder den Brüdern Zucker, die vom Katastrophenfilm bis zum Detektivfilm alle Trivialgenres durch den Kakao gezogen haben. Mit Leslie Nielsen als trotteligem Ermittler in *Die nackte Kanone* (1988) beweisen Zucker-Abraham-Zucker, dass die Parodie die Gesetze des Filmgenres bis in kleinste Details bloßlegen kann. Sprachfloskeln, gestische Pathosformeln, Erzählmuster, wie z. B. der typische Vorspann des Polizeifilms, aber auch peinliche Erlebnisse, die Filme gemeinhin aussparen, aber der Alltag parat hält, folgen Schlag auf Schlag aufeinander und lassen sich auf diese Weise wieder entdecken.

Parodien greifen in der Kunst wie im Leben Herrschaftsverhältnisse an und ›entzaubern‹ schon darum mit Vorliebe Filmplots, die auf traditionellen Rollenverhältnissen basieren und bestehende Machtstrukturen bekräftigen. Dies erklärt, warum gerade Western, in denen die patriarchalische Ordnung verteidigt wird, und Horrorfilme, die von der Bestrafung ungehorsamer und sexuell aktiver Menschen handeln, häufig zum Ziel des Spotts werden (→ Ironie, Satire).

Susanne Marschall

Pathé. 1896 von den Brüdern Charles, Émile, Jacques und Théophile Pathé als Pathé Frères gegründete Filmgesellschaft (ab 1898 Compagnie Génerale de Cinématographes, Phonographes et Appareils de précision), die zur größten Filmorganisation vor dem Ersten Weltkrieg wurde. Treibende Kraft und Leiter war der Industrielle und Filmpionier Charles Pathé (1863–1957), der die Kinematographie als Industrie begründete und oft als größter Monopolist der Filmgeschichte bezeichnet wird. 1895 entwickelte er den ersten finanziell erfolgreichen Filmvorführapparat, das Kinetoscope. Finanziert wurden Pathé Frères vom Crédit Lyonnais und der Gruppe Neyret, die Millionen in die Gesellschaft investierten und damit den Übergang des Films vom Handwerk, wie es etwa Méliès betrieb, zur Industrie ermöglichten. Schon ab 1898 nahmen Pathé Frères eine zentrale Stellung sowohl in der französischen als auch der weltweiten Kinematographie ein, obwohl sie bis 1902 ihren Hauptprofit noch aus dem Verkauf von Phonographen erzielten. Ferdinand Zecca, bis dahin die rechte Hand Charles Pathés, wurde als Regisseur engagiert. Nachdem er zunächst Méliès imitierte, fand er seinen eigenen Stil mit Komödien und Kriminalmelodramen (*Histoire d'un crime*, 1901).

Der Bau eines Studios in Vincennes 1902 erlaubte die Herstellung von Fließbandfilmen banaler Machart. Ab 1903 verkaufte die Gesellschaft Filme und kinotechnischen Bedarf und expandierte mit weltweiten Filialen (u. a. in London, New York, Moskau und Kalkutta). Als Regisseure fungierten Max Linder (der über 400 Filme, hauptsächlich Komödien, für Pathé drehte), Albert Capellani und Louis Gasnier. 1907 revolutionierten Pathé Frères den Filmvertrieb: Waren bis dahin die Filme verkauft und in Jahrmarktkinos gezeigt worden, sollten sie nach dem neuen System verliehen und in stationären Kinos aufgeführt werden, was langfristig mehr Geld einbrachte. Da Pathé Frères außerdem wie der → Film d'Art vom Kapital des Bürgertums profitieren wollten, gründeten sie 1908 die Konkurrenzfirma S.C.A.G.L. (Société Cinématographique des Auteurs et Gens de Lettres) unter Leitung Capellanis, die meist Literaturadaptionen produzierte. Im gleichen Jahr startete Pathé die weltweit erste Filmwochenschau *Pathé-Journal* und die erste wöchentliche Abenteuerserie in den Vereinigten Staaten, was sein Filmimperium endgültig etablierte: Allein in den USA verliehen und verkauften Pathé Frères doppelt so viele Filme wie alle anderen Produktionsfirmen zusammen, waren also weltgrößte Filmproduzenten und triumphierten damit auch über die französischen Rivalen → Gaumont und Éclair.

Auf dem so genannten Congrès des Dupes (Premier Congrès International des Fabricants de Film, 1909), der die wichtigsten Filmproduzenten Europas und Russlands gegen den zunehmenden Einfluss der amerikanischen Motion Pictures Patents Company vereinte, wurde der Filmverleih als Standardpraxis anerkannt, was jedoch viele kleine Gesellschaften vom Markt verdrängte. Außerdem gelang es Pathé, Eastmans Monopol auf die Herstellung und Lieferung von Rohfilm zu brechen.

Zusätzlich eroberte sich Pathé den Bereich der Lichtspielhäuser und monopolisierte mehr und mehr den französischen Markt. Mit der Produktion von Kameras, Projektoren, Filmausrüstung und nun auch Rohfilm, dem Bau weiterer Studios, Labors und Kinos und der Entwicklung des Farbprozesses Pathé-Color erfuhr die Gesellschaft ab 1910 einen enormen Aufschwung, der jedoch mit dem Krieg ein jähes Ende fand. 1914 wurden Studios für Kriegszwecke beschlagnahmt, und viele Bereiche mussten schließen, da die Produktionskosten sprunghaft stiegen. Diese Umstände veranlassten Pathé dazu, den französischen Zweig seiner Filmindustrie planmäßig aufzulösen und sein Produktionszentrum in die USA zu verlegen, wo er seinen Zweig Pathé Exchange zu stärken versuchte. Der amerikanische Markt jedoch machte sich in steigendem Maße in Europa breit und wollte auch in den USA nicht länger nur französische Produktionen sehen, sodass Pathé schließlich von verschiedenen Teilen seines Imperiums trennen musste. 1918 teilte sich die Gesellschaft in die Société des Machines parlantes Pathé Frères (später: Pathé-Marconi) und die Société Pathé Cinéma, die ausschließlich verlieh und Kinohäuser unterhielt. 1919 wurden sowohl Pathé Exchange in New York als auch Pathé Limited in London liquidiert, 1926 ging die Rohfilmfabrik an Kodak. 1929 verkaufte Pathé die Société Pathé Cinéma an Bernard Natan, der daraus Pathé-Natan machte. Zwei Jahre später wurden die verbleibenden Produktions- und Vertriebseinheiten von → RKO übernommen.

Schon 1936 meldete Natan trotz Sanierungsversuchen den Konkurs an, woraus 1944 die Société Nouvelle Pathé Cinéma hervorging, die nach dem Krieg weiterbestand und sich neben wenigen (Ko-)Produktionen (1946–1970 waren es 8 Produktionen und 60 Koproduktionen) fast ausschließlich der Unterhaltung von Kinohäusern widmete. In den 90er Jahren entstand für kurze Zeit die Unterhaltungsgesellschaft Pathé Communications unter Medienmogul Giancarlo Parretti mit Rom als Zentrum, die nach Übernahme der Metro-Goldwyn-Mayer/United Artists zur MGM-Pathé Communications wurde. 1992 erwarb der Crédit Lyonnais 98,5 % der Gesellschaft und bootete damit Parretti aus. Heute existieren Pathé-Télévision, eine Produktionsfirma, die auch Tonausrüstungen herstellt, und Kodak-Pathé mit Labors und dem Verkauf von filmtechnischen Geräten und Rohfilm.

Marion Müller

Literatur: Charles Pathé: De Pathé Frères à Pathé Cinéma. Nizza 1940. – Jacques Kermabon (Hrsg.): Pathé, premier empire du cinéma. Paris 1994. [Ausstellungskatalog.]

Pathos. Im Griechischen bedeutet der Begriff ›Leiden‹, ›leidenschaftliche Erregung‹ und ›Ergriffenheit‹. In der ästhetischen Terminologie hat sich die Bedeutung ›großer Ausdruck‹, auch die Kategorie der Erhabenheit hinzugesellt.

Eine filmische Heldensaga wird Elemente des Pathos nicht entbehren können: eine lange Strecke durch das Jammertal der Schmerzen und Demütigungen, körperliche Pein und Peinigung, schicksalsschwere Entscheidungen, Leidenschaften, die die Menschen förmlich zerreißen, die Passage durch gewaltige und erhabene Landschaften (das Hochgebirge, das Meer, die Wüste), in denen der Mensch ganz klein erscheint, Konflikte, die Privates und Öffentliches umgreifen, schließlich das Phänomen des Todes in vielerlei Gestalt. → Monumentalfilme und → Melodramen neigen zum Pathos, aber auch die Vernichtung des Ungeheuers im Genre der Horrorphantastik (→ phantastischer Film) will in großem Stil erzählt sein und nicht beiläufig und kursorisch. Die Standardsituation der Schlacht (→ Kriegsfilm) hat von vornherein Pathetisches an sich, von David Wark Griffiths *Die Geburt einer Nation* (1915) bis Ridley Scotts *Gladiator* (2000), da das Publikum weiß oder auch gezeigt bekommt, wie viele Menschen hier sterben, oft durch Zufall und aus fragwürdigen Gründen. Aber auch die Abschiedsszene, in der sich Liebende voneinander trennen oder eine Person sich nach langer Zeit aus vertrauter Umwelt löst (für beide Fälle wäre an Sydney Pollacks *Jenseits von Afrika*, 1987, zu erinnern), verlangt Pathos: leidenschaftliche Erregung, Verlangsamung der Erzählung, Betonung auch von kleinen Details, vielleicht sogar Rückblenden auf eine glückliche, aber endgültig vergangene Zeit.

Dem extrem leidenden Menschen verschlägt es die Sprache, übrig bleiben das Schweigen und der Schrei – wenn keine artikulierte Rede mehr dem Überdruck der Gefühle die Waage halten kann, wenn fassungsloses Entsetzen den Menschen überwältigt wie die Hauptfiguren in *Bad Lieutenant* (1992, R: Abel Ferrara) oder *Der Blick des Odysseus* (1995, R: Theo Angelopoulos), beide Male gespielt von Harvey Keitel. In der Stummfilmära ging der Ausdruck von Pathos meist mit ganz bestimmten Posen einher: Die Hand wird auf die Brust gepresst, der Kopf in den Nacken geworfen und die tränenumflorten Augen schauen gen Himmel. Solche »Pathosformeln« (der Begriff stammt vom Kunsthistoriker Aby Warburg) gibt es in subtilerer Gestalt noch im zeitgenössischen Kino – z. B. erscheinen dem sterbenden Helden in *Gladiator* Frau und Kind, die ihm entgegenlachen, ihn erwarten, doch bereits aus dem Jenseits, imaginäre Figuren der Erinnerung. Auch bestimmte Einstellungen auf ›superiore‹ Gebilde aller Arten können pathetisch wirken: Wenn die Kamera z. B. aufzieht und die unermessliche Weite der unbewohnten Wüste (*Lawrence von Arabien*, 1962, R: David Lean) oder der millionenfach bewohnten Megalopolis zeigt (*Blade Runner*, 1982, R: Ridley Scott), das Überlebensgroße, auch Monströse, das Ehrfurcht oder Schaudern auslöst – wie die Erscheinung, Theophanie einer ›Heiligenfigur‹ in übernatürlichem Glanz (*Bad Lieutenant*).

Der Gegensatz zu Pathos und pathetischem Erzählen wird gewöhnlich mit Begriffen wie »Distanz« und »Sachlichkeit« bezeichnet. Wie der pathetische Stil bestimmten Sujets besonders angemessen ist, so der sachliche wiederum einer eigenen Gruppe

Vom Winde verweht (1939, R: Victor Fleming)

Ernst Thälmann – Sohn seiner Klasse (1954, R: Kurt Maetzig): Günther Simon u. a.
Menschlicher Widerstand und Mut begehren gegen die überlegenen, unberechenbaren Mächte von Natur und Geschichte auf: das Feuer, das eine Stadt (Atlanta) während des amerikanischen Bürgerkriegs niederbrennt und die Menschen dazu zwingt, in Panik zu fliehen; aber auch die nur vorübergehenden (so glaubt man) Triumphe des Kapitalismus und der bürgerlichen Klasse über die proletarische Revolution (jedenfalls außerhalb der Sowjetunion). Ernst Thälmann ist ein Arbeiterführer der Weimarer Republik – die DDR gedenkt seiner in einer Heldenbiographie, rückblickend aus dem Status des scheinbar für immer befestigten Sieges: Die Mienen zeugen von Unerschrockenheit und Entschlossenheit, die Fäuste ballen sich, der Kampf geht weiter. Das Pathos der hier Versammelten dient einem doppelten Appell: dem Appell an die Geschichte und an die Nachgeborenen. Pathosformeln aus der Ikonographie der Heldenverehrung, die zum Teil austauschbar sind und auch in anderen politischen Bezügen funktionieren könnten!

von Themen und Motiven – die vermutlich eher im Alltag, im Rahmen einer gewissen Normalität zu finden sind. Es können sich pathetischer und sachlicher Stil im selben Film durchkreuzen, ebenso lässt sich sachlicher Stil auf ein pathetisches Sujet anwenden. Ein vorzügliches Beispiel dafür ist Robert Bressons fast klinisch-nüchterne Bestandsaufnahme eines Befreiungsakts, bei dem es um Leben und Tod geht: *Ein zum Tode Verurteilter ist entflohen* (1956). Pathos kann sich in Rührendes verwandeln, wenn der Film besonders appellhaft die Gefühlsreaktionen des Publikums hervorruft – auch hier gibt es Standardsituationen, die zu sentimentaler Behandlung provozieren: etwa die unerwartete Heimkehr des verloren geglaubten Kindes. Überhaupt sind Familienzusammenführungen und die Rettung unschuldiger Menschen aus Notlagen aller Art ein bevorzugter Nährboden heftiger Emotionen der Anteilnahme.

Schon früh ist von Kinozuschauern entdeckt worden, dass man im Kino leichter weint – gegen bessere Einsicht und das ästhetische Urteil –, als dies bei anderer Kunstrezeption üblich ist: der dunkle Raum, der anscheinend die soziale Kontrolle des Einzelnen herabsetzt – weiß er sich doch vom Nachbarn nicht so kritisch beobachtet wie in einer Tagessituation auf der Straße –, erlaubt Gefühlsansteckung, gemeinsames Fühlen, Nachfühlen und Sich-Einfühlen (also Sympathie und Empathie) in unbedenklicher Weise. Während etliche Aussagen (auch intellektueller Zeitgenossen wie Thomas Mann, der seine Tränen nur mit Beschämung im Tagebuch eingesteht und sich dann einem Dienstmädchen gleichsetzt) früher vornehmlich die Erschütterungen aufzeichneten, die bei endgültigem Verlust oder überraschendem Wiedergewinn der Lebenschancen der Heldin oder des Helden zustande kamen, verschoben sich die Anlässe der zum Weinen treibenden Rührung im Laufe der Zeit ein wenig. Einige dieser Motive seien hier aufgeführt. Weinen muss man, wenn plötzlich der/die Einzelne, der/die sich schon ›out and down‹ gesehen hat, Solidarität erfährt und gleichsam rehabilitiert wird (*Der Club der toten Dichter*, 1989, R: Peter Weir), wobei diese Solidarisierung nicht abrupt und auf einmal, sondern zögernd vonstatten geht, aber doch schließlich als Massenbekenntnis erscheint; wenn nach langem Streit plötzlich alle dasselbe wollen und sich verständigen können: auch hier der Triumph der Solidarität, die den Außenseiter einschließt; wenn nach lang aufgestauter Spannung, nach fast atemlosen Bangen, plötzlich Erleichterung eintritt, wenn sich am Ende herausstellt, dass Opfer und Mühen nicht umsonst gewesen sind; wenn jemand ganz verlassen ist und gegen eine unbekannte Welt oder eine Welt der Feinde sich behaupten muss – fern der Heimat und von den Menschen, die ihn lieben: dies ist die Perspektive des einsamen Kindes, das niemanden mehr hat, an den es sich halten kann; wenn eine geliebte Figur unaufhaltsam aus dem Leben scheidet, wenn überhaupt Abschiede fällig sind und die Beteiligten entdecken, dass sie einander mehr bedeuten, als sie selbst vermutet haben (*Jenseits von Afrika*); wenn wir vom schrecklichen Ausgang wissen und noch einmal die Zeit davor erleben, als die Personen glücklich waren, weit entfernt davon, an die schlimmstmögliche Wendung zu denken: wenn wir also wissen, dass alle Hoffnungen zerschlagen worden sind.

Thomas Koebner

Perspektive. Blickrichtung der Kamera – die für gewöhnlich als Erzähler des Films gilt, da die Zuschauer nur das sehen, was die Kamera aufzeichnet. Die Perspektive wird bestimmt a) durch den Standort der Kamera, die zugleich etwas über den Standort des Erzählers ausdrücken kann, b) durch die Einstellungsgröße – von der Großaufnahme bis zur Totalen –, die den Abstand zur Szene markiert und damit auch den Grad der affektiven Teilnahme an dem Geschehen: Es ist nicht dasselbe, ob man einen tödlich endenden Kampf aus großer Distanz betrachtet, gleichsam als ratloser Zuschauer, der dem Gemetzel fassungslos aus der Ferne zusehen muss, oder aus der Nähe, in der die Erregung durch das Hin und Her der Attacken, die Angst um das Getroffen-Werden der Heldenfigur usw. erheblich zunehmen. c) Aus welcher Höhe betrachtet die Kamera diesen Vorgang, auf einer Ebene, schräg oder ganz von oben, von unten? d) Bleibt die Kamera statisch, oder bewegt sie sich heftig mit – oder leistet die Montage den Rhythmus der Bildfolge?

Dabei changieren Blickwinkel oft zwischen den Perspektiven der Personen, der so genannten ›Subjektiven‹, bezogen auf einen → Point of View, und Außenstehender, die gerade nicht in die Handlung eingebunden sind, der so genannten ›Objektiven‹. Um den Charakter des subjektiven Blicks zu erzeugen, reicht es manchmal, wenn die Kamera ungefähr die Blickrichtung einer Person einnimmt, sich einem Gegenstand oder einem Gegenspieler nähert oder von ihm entfernt, und die andere Person etwa durch ihren Ausdruck auf diese Distanzveränderung reagiert. Die unaufhaltsame Annäherung an das Gesicht einer Person vermischt objektive und subjektive Perspektiven: Als Zuschauer merkt man gleichsam, wie man in dieses Gesicht eindringt, hinter der Fassade die Empfindungen erspüren will, die durch die Mimik verraten oder auch verhehlt werden. Gleichzeitig offenbart die Großaufnahme eines Gesichts eine Intimität, die im normalen sozialen Leben entweder mit einer sehr vertrauten Person möglich ist oder mit dem eigenen Spiegelbild. Die Regel, dass eine Figur nicht unmittelbar in die Kamera blicken dürfe, weil sonst der Illusionsraum durchstoßen wird, ist immer dann aufgehoben, wenn die Figur sich so der Kamera zuwendet, als sähe sie sich selber in einem Spiegel. Unzweifelhaft subjektiv ist die Perspektive der Kamera, wenn Wahrnehmungsstörungen einer Person wiedergegeben werden (die vielleicht halluziniert oder betrunken ist). Dann darf die Kamera verkanten, die Stabilität des geraden Horizonts gegen die Instabilität des schiefen Horizonts eintauschen, dann darf sie sich auch ruckhaft oder kreiselnd bewegen, durch Filter oder Schleier den scharfen Blick auf die Außenwelt brechen usw.

Vogel- oder Froschperspektive enthalten nicht immer Wertungen – es ist eine voreilige Annahme zu glauben, dass der Blick von oben nach unten eine Herrschaftsperspektive verrate, Superiorität behaupte (weil man so, wie als Beispiel nicht selten angeführt wird, Bettler und Hunde betrachte – natürlich kann sich aber auch mit dieser Blickrichtung der Gestus des analytischen, des forschenden Sich-über-eine-Sache-Beugens verbinden). Ebenso wenig ist die Perspektive von unten nach oben nur mit Demut verknüpft, als sei dies vornehmlich eine Ehrfurchts- oder Gebetsperspektive (oder die des hilflosen Kranken oder des Babys). Ein Top Shot von oben vertikal nach unten muss nicht mit Allmachtsideen vermengt sein (gewissermaßen als ›Blick Gottes‹ vom Himmel hinab auf die Erde) – diese Einstellung wurde etwa von Busby Berkeley für seine Revuefilme gerne verwendet, damit man die Ornamente der Mädchenkörper, die sich auf der Tanzfläche hin- und herbewegen, besser bewundern kann (→ Ballettfilm, → Musicalfilm). Die Distanz, die der Top Shot garantiert, ist keineswegs zwanghaft mit Erhabenheit zu identifizieren, auch wenn sich das Geschehen auf der ›Bühne des Lebens‹ unter solchem Blickwinkel als mehr oder weniger interessante Konfiguration der Personen und Dinge ausnimmt. Genauso wenig kann der umgekehrte Blick von unten senkrecht nach oben mit der Perspektive völligen Unterworfenseins gleichgesetzt werden. Da diese Sehweise sehr ungewöhnlich ist, kommt ihr eher etwas Unheimliches zu, da die Kamera an einem Ort ist, an dem wir sonst keinen Beobachter vermuten, sie verliert dadurch den Charakter des menschlichen Blicks – Stanley Kubrick profitiert in seinen Filmen von dieser extremen Einstellung (etwa in *Shining*, 1980).

Charakteristisch für den Film etwa im Vergleich mit literarischer Prosa ist der Umstand, dass subjektive und objektive Perspektiven sich ständig überlagern, sodass selten eine strikt neutrale Blickperspektive ausgemacht werden kann, die dann in fast unnatürlichem Abstand quer zu den Konfliktlinien der handelnden Personen ausharren müsste, gleichsam wie Zuschauer im Theater über die Rampe hinweg dem Spiel der Akteure zusehen. Genauso wenig ist im Film auch eine Subjektive auf die Dauer durchzuhalten, ohne dass diese Blickauswahl als Manierismus erscheint (z. B. in Robert Montgomerys Film noir *Die Dame im See*, 1947, wo vorgegeben wird, dass die Kamera immer exakt den Blickwinkel des Detektivs Philipp Marlowe einnimmt). Gewöhnlich gilt die Perspektive aus Augenhöhe als Standard-Blickpunkt für menschliche Kommunikation zwischen Personen, die sich frei im Raum bewegen. Dem Bedürfnis, bei einem Dialog den Sprechenden ins Gesicht zu schauen, entspricht das übliche Schuss-Gegenschuss-Verfahren. Der horizontale Schwenk übt mehr oder weniger deutlichen Zwang aus, da der natürliche Blick zwischen den beiden entlegenen Punkten A und B hin- und herspringen würde, während das vergleichsweise langsame und ununterbrochene ›Panoramieren‹ der den Raum seitlich erschließenden Kamera ein Moment der beunruhigenden Kontrolle hat, wenn es nicht darum geht, die Bewegung von Personen oder Dingen zu begleiten: In diesem Fall wird das Zwanghafte der ebenmäßigen Seitenbewegung verdrängt durch die anscheinend natürliche Neugier des ›Verfolgerblicks‹, als werde in den Zuschauern ein Jagdinstinkt entfesselt, der sie dazu bringt, das flüchtende Subjekt zumindest nicht aus den Augen zu lassen oder ihm in der Wirrnis der Großstadtstraße oder des Dschungels nachzuspionieren, gleichsam das Dickicht der Linien sorgfältig abzufahren, bis man das ›Suchbild‹ wieder entdeckt hat.

Dass es immer wieder der Anzeichen bedarf, die darauf aufmerksam machen, dass ein Blick subjektiv sei, hängt auch mit der Grundvorstellung zusammen, dass das fotografische und filmische Bild in erster Linie passives Abbild von vorhandener Wirklichkeit sci und nicht schon eine spezifische Auswahl aus Dingen und Phänomenen, die eine Person durch regulierenden Blick getroffen habe, die manches eben sehen will und das andere übersieht. Die literarische Konzeption der Innensicht einer Person, die sich in Sätzen des Typus: »Sie dachte«, »sie fühlte«, »sie erinnerte sich« ausprägt, ist nicht auf den Film zu übertragen. Der Übergang von einer neutralen Außensicht zu einer persönlichen Sicht, gar einer Innensicht, muß durch Transitionsmerkmale gekennzeichnet werden: etwa durch die Heranfahrt an ein Gesicht, Überblendung, auf die dann eine Erinnerung der Person oder auch ein Traum folgen kann, die Stimme einer Voice-over, eines Kommentators, der eine Bildsequenz einleiten kann mit den Formeln: »Ich erinnerte mich«, »ich sah Folgendes vor mir« usw.

Die im Bild ›aufgezeichnete‹ Wirklichkeit gilt für die Denkweise eines ›naiven‹ Realismus immer noch als unumstößlich, als konsensuell bezeugbare Gegenstandswelt – dass dies eine verbreitete, aber durchaus nicht stichhaltige Annahme ist, bewies der berühmte Film Akira Kurosawas *Rashomon* (1950), der verschiedene Versionen eines Vorgangs (ein Räuber überfällt einen Samurai und dessen Frau in einem Wald) als gleichberechtigte Bilderzählungen nebeneinander stellt, ohne eine zu privilegieren und als die richtige hervorzuheben. Im neuen Surrealismus der 60er Jahre wird in Filmen von Federico Fellini (*Achteinhalb,* 1963), Ingmar Bergman (*Persona,* 1966) oder Luis Buñuel (*Der diskrete Charme der Bourgeoisie,* 1972) die Unzuverlässigkeit des Erzählens so weit getrieben, dass in etlichen Sequenzen, zumal gegen Schluss, nicht präzise unterschieden werden kann zwischen der verlässlichen Objektiven eines Erzählers, also der Außenrealität aller, sozusagen unserer gemeinsam geteilten Erfahrungswirklichkeit, und den Halluzinationen, Träumen, Einbildungen der Charaktere: Die Zuschauer geraten in einen Strudel von ›Möglichkeitswelten‹. In diesem Fall wäre in der Tat von einer Multiperspektivik die Rede, die die spezifizierende Zuschreibung der Blickwinkel zu einer Figur oder zu einem angenommenen Erzähler aus Prinzip erschwert.

Thomas Koebner

Literatur: Jacques Aumont [u. a.]: L'esthétique du film. Paris 1983. – Edward R. Branigan: Point of View in the Cinema. A Theory of Narration and Subjectivity in Classical Film. Berlin [u. a.] 1984. – David Bordwell: Narration in the Fiction Film. Madison 1985. – George N. Wilson: Narration in Light. Studies in Cinematic Point of View. Baltimore 1986. – Noël Carroll: Mystifying Movies. Fads and Fallacies in Contemporary Film Theory. New York 1988. – Sarah Kozloff: Invisible Storytellers. Voice-over Narration in American Fiction Film. Berkeley 1988. – Steven D. Katz: Shot by Shot – Die richtige Einstellung. Zur Bildsprache des Films. Frankfurt a. M. 1998. [Amerikan. Orig. 1991.] – Avrom Fleishman: Narrated Films. Storytelling Situations in the Cinema History. Baltimore/London 1992. – Thomas Koebner: Erzählen im Irrealis. Zum neuen Surrealismus im Film der sechziger Jahre. In: Bernard Dieterle (Hrsg.): Träumungen. Traumerzählungen in Film und Literatur. St. Augustin 1998.

Phantastischer Film. Der literarischen Gattungstheorie entlehnte Genrebezeichnung für alle Filme, in denen übernatürliche Vorgänge und Gestalten wesentliche Bestandteile sind. Der große Bereich des phantastischen Films setzt sich zusammen aus den Subgenres: 1) → Horrorfilme, in denen das Phantastische als unheimliche Bedrohung in Form von Monstern, Dämonen, Zombies und Freaks gewaltsam in den Alltag der Protagonisten einbricht und im Zuschauer die Lust am Grauen stimuliert (*The White Zombie,* 1932, R: Victor Halperin; *Bram Stoker's Dracula,* 1992, R: Francis Ford Coppola); 2) → Science-Fiction-Filme, die in einer meist negativen Zukunftsvision das Phantastische als mögliches Resultat des technischen Fortschritts imaginieren, wobei das Übernatürliche den Anschein wissenschaftlicher Authentizität vermitteln soll (*Kampf der Welten*, 1953, R: Byron Haskin; *Die Zeitmaschine*, 1959, R: George Pal); und 3) Fantasyfilme, die das Phantastische aus dem Motivbereich der schwarzen Romantik sowie aus Sagen, Mythen und Märchen schöpfen und die hermetische Phantasiewelt mit ihren Fabelwesen, Heroengestalten und Zaubermächten als magische, oft kindliche Gegenkonstruktion zur Alltagsrealität entwerfen (*Excalibur*, 1981, R: John Boormann; *Der Herr der Ringe*, 2001–2003, R: Peter Jackson).

Der Begriff »Fantasy«, der im angloamerikanischen Sprachraum das Phantastische in seiner gesamten Bandbreite meint, wurde in den 70er Jahren nach Deutschland exportiert, wo er sich zunächst als populäre Genrebezeichnung für Sword-and-Sorcery-Romane durchsetzte. Während »fantasy film« und »fantastic film« im Englischen zuweilen synonym gebraucht werden, bezieht sich der Begriff des Fantasyfilms hierzulande auf einem Teilbereich des phantastischen Films, der in seiner weitesten Definition alle phantastischen Filme meint, die sich nicht den Genres Horror und Science-Fiction zuordnen lassen. Unter dem Konglomerat »Fantasy« werden deshalb zuweilen auch Grenzfälle aus den Bereichen des surrealen Films, Märchen- und Geisterfilms subsumiert. Den Grundstock des Genres bilden jedoch die in den 80er Jahren erfolgreichen Richtungen der neoromantischen Fantasy – wozu *Der dunkle Kristall* (1982, R: Jim Henson, Frank Oz und *Die unendliche Geschichte* (1983, R: Wolfgang Petersen) zählen – und der »heroic fantasy«, die mit den Arnold-Schwarzenegger-Filmen *Conan, der Barbar* (1981, R: John Milius) und *Conan, der Zerstörer* (1984, R: Richard Fleischer) das Vorbild für alle weiteren Verfilmungen in der Tradition der Sword-and-Sorcery-Literatur lieferte.

Trotz der prinzipiellen Verschiedenheit von Science-Fiction, Horror und Fantasy, die als eigenständige Genres einen Kanon thematischer und ästhetischer Spezifika herausgebildet haben, lassen sich in Bezug auf ihren phantastischen Charakter grundlegende Gemeinsamkeiten feststellen. Über das phantastische Sujet hinaus stellen die filmtechnischen Möglichkeiten zur Realisation des Imaginären eine genrekonstituierende Größe des phantastischen Films dar. Schnitt, Trick, Special Effects und Computeranimation vermitteln die Illusion von Wirklichkeit und können dadurch beim Zuschauer Faszination und Furcht hervorrufen. Bereits die Pioniere des Films entdeckten den Filmtrick als Attraktion des neuen Mediums. Es soll eine Aufnahmestörung gewesen sein, die Georges Méliès auf den Stopptrick stieß, den er darauf in *Escamotage d'une dame chez Robert Houdin* (1896) einsetzte, um eine Frau in ein Skelett zu verwandeln. Mit den illusionistischen Filmphantasien des ehemaligen Varietézauberers Méliès, dessen berühmtester Film *Die Reise zum Mond* (1902) ihm den Namen »Jules Verne du Cinéma« einbrachte, war der phantastische Film das erste nichtdokumentarische Genre.

Von den anfänglichen Experimenten mit Stopptricks führte die weitere Entwicklung des Filmhandwerks zum Gebrauch von vor die Kamera montierten Masken und der Rückprojektion, welche die Kombination von Studioaufnahmen mit einem realistischen Hintergrund ermöglichten. Ray Harryhausen, Schüler des *King Kong*-Schöpfers Willis O'Brien, lieferte mit dem animierten Fechtkampf gegen die aus den sieben Zähnen der Hydra beschworenen Skelette in *Jason und die Argonauten* (1962, R: Don Chaffey) ein Paradestück der Stop-Motion-Technik. Mit den Spezialeffekten der von George Lucas für die Produktion von *Krieg der Sterne* (1977) gegründeten Firma Industrial Light & Magic (ILM) hatte die konventionelle Filmtechnik in den 80er Jahren vorerst die Grenzen ihrer Möglichkeiten erreicht. Die Zukunft der Special Effects liegt in der → Computeranimation, die mit *Toy Story* (1995, R: John Lasseter) den ersten vollständig im Rechner entstandenen Spielfilm ermöglicht hat.

Eine Sonderstellung im Bereich der filmtechnischen Möglichkeiten nehmen Zeichentrick- und → Animationsfilme ein, die

Brazil (1984, R: Terry Gilliam): Jonathan Pryce

Zu den Ideen, die phantastische Spekulation seit je bevorzugt hat, gehört die Vorstellung, dass der Mensch fliegen könne: Es handelt sich gleichsam um einen Archetyp des Phantastischen, einen Traum, der für den Helden von *Brazil* noch dadurch reizvoller wird, dass er im Kostüm eines silbern glänzenden Erzengels über den Wolken schweben darf. Eingefügt ist diese Vision in eine kafkaeske Schreckenswelt von morgen, die als Anti-Utopie im Sinne von George Orwells »1984« erscheint.

Seit je haben die Erzählungen von Reiseabenteuern dazu geneigt, pittoreske Szenerien und Begegnungen mit dem Phantastischen zu präsentieren – zur Freude eines Publikums, das bereit ist, Spekulationen über das Kuriose und Unvorstellbare zu genießen. Marchen und Science-Fiction bieten in der Literatur wie im Film einen Spielraum für solche Erfindungen. Die seltsamen Abenteuer erlebt die attraktive Barbarella auf einer Tour durch sonderbare Sphären, in denen irdische Maßstäbe völlig ›verrückten‹ weichen.

Barbarella (1967, R: Roger Vadim): Jane Fonda

sich aufgrund ihrer Stilisierung und Realitätsferne in besonderem Maße zur Darstellung des Phantastischen eignen. So hat das dem Märchen verwandte Fantasy-Genre zahlreiche, oftmals auf ein Kinderpublikum ausgerichtete Trickfilme hervorgebracht. Eingeleitet durch den wegweisenden Erfolg des ersten abendfüllenden und in Technicolor präsentierten Zeichentrickfilms, *Schneewittchen und die sieben Zwerge* (1937, R: David D. Hand), produzierte → Walt Disney zahlreiche weitere märchenhafte und phantastische Filme, die mit hohem Kostenaufwand und animationstechnischer Perfektion eine heile, verniedlichte Welt vermarkten. Neben den für Kinder konzipierten Produktionen der Disney-Studios und ihrer Nachfolge-Industrie entstanden aber auch mit *Krabat* (1977, R: Karel Zeman), *Unten am Fluß* (1979, R: Martin Rosen, Tony Guy) und *Das letzte Einhorn* (1982, R: Arthur Rankin, Jules Bass) eindrucksvolle Zeichentrickfilme, die sich an ein erwachsenes Publikum richten.

Neben dem Filmtrick bestimmt auch das Dekor maßgeblich den Charakter des Phantastischen. Nicht zuletzt aufgrund ihrer befremdlichen Kulissenwelt, den gemalten Schatten und verzerrten Perspektiven, gelten die Filme des Expressionismus, Robert Wienes *Das Cabinet des Dr. Caligari* (1919), Paul Wegeners *Der Golem, wie er in die Welt kam* (1920) und Friedrich Wilhelm Murnaus *Nosferatu – Eine Symphonie des Grauens* (1922), als frühe deutsche Bespiele des Genres. Im Gegensatz zu den düsteren (Alp-)Traumlandschaften der *Caligari*-Geisterstadt Holstenwall schufen die amerikanischen Produktionen der folgenden Zeit mit *Der Dieb von Bagdad* (1924, R: Raoul Walsh) und *Das zauberhafte Land* (1939, R: Victor Fleming) ein verspielt märchenhaftes Milieu.

Mit Detailreichtum in Kostüm, → Maske, → Ausstattung und → Architektur ersinnt der phantastische Film fremde Wesen und ferne Welten, die dem Imaginären eine konkrete Gestalt verleihen. Die Ästhetik des Fremdartigen orientiert sich hierbei vorwiegend an archaischen oder futuristischen Vorstellungen, die sich nicht selten in den utopischen Landschaftsbildern des Genres vermischen und das Aufeinandertreffen von Vorzeit und Endzeit als apokalyptische Vision gestalten, wie etwa in Terry Gilliams *Brazil* (1984) und *12 Monkeys* (1995).

Die Entdeckung prähistorischer Welten und die Bedrohung des modernen Menschen durch mutierte Kreaturen stellt einen beliebten Topos des Untergenres Science-Fantasy dar. Den Filmen *Die verlorene Welt* (1925, R: Harry O. Hoyt) und *King Kong und die weiße Frau* (1933, R: Merian C. Cooper, Ernest B. Schoedsack) folgte eine Reihe von Varianten und Remakes der Versunkene-Welt-Thematik, die mit *Die Reise zum Mittelpunkt der Erde* (1959, R: Henry Levin) und *Caprona – Das vergessene Land* (1975, R: Kevin Connor) eine Renaissance erlebte. Auch *Jurassic Park* (1993, R: Steven Spielberg) und *Godzilla* (1998, R: Roland Emmerich), die ein weiteres Mal die Rebellion der Natur gegen die Zivilisation thematisieren, knüpfen an die Tradition der Lost-World-Filme an.

Eine andere Variante archaischer Ästhetik bildet der Rückgriff auf mythologische und sagengeschichtliche Motive, die aus ihrem Bedeutungskontext herausgelöst und wild vermischt lediglich als Schauwerte heldenhafter Abenteuergeschichten dienen. Im Gegensatz zu Fritz Langs monumentaler *Nibelungen*-Verfilmung (1922/24) haben die vorwiegend italienischen Produktionen dieser Art nichts mehr mit ihren Vorlagen gemein. Muskelbepackte Heroen in der Gestalt von Odysseus (*Die Fahrten des Odysseus*, 1954, R: Mario Camerini) und Herkules (*Die unglaublichen Abenteuer des Herkules*, 1957, R: Pietro Francisci) kämpfen sich in einer Nummernrevue aus Klischees durch mythische Landschaften und bezwingen übernatürliche Gegner. Auch zahlreiche Verfilmungen aus dem Kreis der Erzählungen aus 1001 Nacht, *Arabische Nächte* (1942, R: John Rawlins), *Sindbad der Seefahrer* (1947, R: Richard Wallace) oder *Der Gauner von Bagdad* (1960, R: Arthur Lubin), geben den Märchencharakter der Vorlage, der in *Der Dieb von Bagdad* (1940, P: Alexander Korda) und *Sindbads siebente Reise* (1958, R: Nathan Juran) noch spürbar vorhanden ist, zugunsten des Abenteuergehalts akrobatischer Muskelspiele auf und benutzen die exotische Szenerie als farbenprächtigen Hintergrund für erotische und actionreiche Spektakel.

Während das Heraufbeschwören urtümlicher Landschaften dem Fantasyfilm zuzuordnen ist, bleibt die Gestaltung futuristischer Szenarios dem Science-Fiction-Kino vorbehalten. Statt vorzeitlicher Tiere und Naturbestien steht meist die Stadt und ihre Architektur als urbane Fiktion im Mittelpunkt der Filme. Inspiriert von den Wolkenkratzern und vertikalen Schluchten New Yorks als Sinnbild des Fortschritts entwerfen Fritz Langs *Metropolis* (1926), Ridley Scotts *Der Blade Runner* (1982) und Tim Burtons *Batman* (1988) düstere Niedergangsvisionen eines gigantischen Großstadt-Molochs, in dem sich Zukunftsvorstellungen mit Versatzstücken vergangener Stilepochen verbinden. Ferner gehört die Gestaltung von Weltraum-Utopien zu den Konventionen einer futuristischen Ästhetik, die von Stanley Kubricks *2001 – Odyssee im Weltraum* (1968) wesentlich geprägt wurde.

Die Darstellung fremder Wesen ist eine weitere Kategorie des phantastischen Films, der neben Märchen- und Fabelgestalten wie Zwergen, Riesen, Drachen, Hexen und Einhörnern vor allem Monster hervorgebracht hat. Von ihnen sind Max Schreck als Vampir in *Nosferatu – Eine Symphonie des Grauens*, Bela Lugosi als *Dracula* (1930, R: Tod Browning), Boris Karloff als *Frankenstein* (1931, R: James Whale), *King Kong* und das von H. R. Giger entworfene biomechanische *Alien – Das unheimliche Wesen aus einer fremden Welt* (1979, R: Ridley Scott) als Prototypen für Untote, künstliche Menschen, Außerirdische, Monster und Mutanten in die Geschichte des Horrorfilms eingegangen. Ebenso gehört die in *American Werewolf* (1981, R: John Landis) und *Die Fliege* (1985, R: David Cronenberg) vorgeführte Metamorphose in Tiergestalten und Monster zum Kanon typischer Horrormotive, während die Verwandlung in Superhelden dem Fantasy-Genre zuzuordnen ist. Ähnlich der Thematik von *Dr. Jekyll und Mr. Hyde* (1931, R: Rouben Mamoulian) spiegelt sich die Ambivalenz des Helden in den Verfilmungen diverser Comics, deren Ästhetik die Filme in vielerlei Hinsicht beeinflusst hat. Mit Selbstironie und Tendenz zum B-Film rangiert die Doppelgesichtigkeit der Figuren aus *Spider-Man* (1977, R: E. W. Swackhamer), *Superman* (1978, R: Richard Donner), *Batmans Rückkehr* (1991, R: Tim Burton) und *Die Maske* (1994, R: Charles Russel) zwischen komischem Verkleidungsspiel und psychologischem Persönlichkeitsdrama.

Wird dem phantastischen Film in der Regel die Tendenz zum Eskapismus in ein übersinnliches Phantasiereich nachgesagt, so manifestieren sich darin dennoch Wunsch- und Angstprojektionen, die sich auf eine gesellschaftliche oder psychologische Realität beziehen. In den verborgenen Träumen und Alpträumen der phantastischen Welt liegt letztendlich die Gemeinsamkeit von Horror, Science-fiction und Fantasy, deren Grenzen – wie die Genremischungen *E.T. – Der Außerirdische* (1982, R: Steven Spielberg), *Die Zeit der Wölfe* (1984, R: Neil Jordan) und *Sleepy Hollow* (1999, R: Tim Burton) beweisen – oftmals fließend sind.

Fabienne Will

Literatur: Rolf Giesen: Der Phantastische Film. Zur Soziologie von Horror, Science-Fiction und Fantasy im Kino. Schondorf 1980. – Rolf Giesen (Hrsg.): Lexikon des phantastischen Films. Horror – Science Fiction – Fantasy. Frankfurt a. M. / Berlin / Wien 1984. – Rolf Giesen (Hrsg.): Special Effects: Die Tricks im Film. Vom Spiegeleffekt bis zur Computeranimation. Ebersberg 1985. – Rolf Giesen: Sagenhafte Welten. Der phantastische Film. München 1990. – Peter A. Hagemann / Kraft Wetzel: Liebe, Tod und Technik. Kino des Phantastischen 1933–1945. Berlin 1977. – Norbert Stresau / Heinrich Wimmer (Hrsg.): Enzyklopädie des phantastischen Films. Filmlexikon, Personenlexikon, Themen/Aspekte. Alles über Science Fiction-, Fantasy-, Horror- und Phantastikfilme. Meitingen 1986–2002.

Piratenfilm. Subgenre des → Mantel-und-Degen-Films (Swashbuckler-Film). Trotz aufwendiger Großproduktionen und eines regelrechten Booms in den 50er Jahren (ca. 50 Filme in den USA) konnte sich kein eigenständiges Genre etablieren (wie z. B.

Western, Krimi). Zu kostspielig waren die Trick- und Modellkosten in den großen Studios, zu teuer noch der Farbfilm. (Ein ›richtiger‹ Piratenfilm lebt auch durch die Farbenpracht, durch das Blau des Meeres und durch das Rot der Lippen der einzigartigen Maureen O'Hara.) Zudem verfügt der Piratenfilm über sehr wenige Standards, spezifische Genre-Codes und Schauplätze, da er zu personen- und ortsgebunden ist (z. B. Piraten, adliger Gegner, Herzdame, Schiffe, Piratenverstecke, Festungen). Eine richtige Fließbandproduktion fand nicht statt, die für die Etablierung eines Genres sonst nötig ist.

Durch die Großfilme, allen voran *Der schwarze Pirat* (1926, R: Douglas Fairbanks), der als Prototyp des Piratenfilms gilt, wurden dennoch spezifische Genreelemente aufgestellt, die in allen folgenden Piratenfilmen modifiziert auftauchen. Hierdurch unterscheidet er sich vom Seefahrerfilm, der auch Piratenfilm-Motive wie große Schiffskämpfe aufweist, z. B. *Des Königs Admiral* (1950, R: Raoul Walsh). Unabdingbar sind die schwarzen Totenkopfflagge, wilde Degenkampfszenen auf Leben und Tod, opulent inszenierte Seeschlachten, Enterungen und Plünderungen von (meist spanischen) Galeonen, ohrenbetäubende Kanonenschläge, der kühne Sturm auf die feindliche Festung, berauschende Rumfeste in Hafenkneipen und die Eroberung der Angebeteten.

Noch ist die Frau nur dramatisches Spielelement. Sie ist oft von adliger oder edler Herkunft und bringt am Ende des Films den Piratenkapitän wieder auf den rechten Weg zurück, also jenseits vom angeblich freien Piratenleben. Erst später und auch nur in einigen wenigen Filmen, z. B. *Die Piratenkönigin* (1951, R: Jacques Tourneur) kommt der Frau eine größere Bedeutung zu. Hier spielt Jean Peters eine gefürchtete Seeräuberin in der Karibik. In einer der spannendsten Seeschlachten des Subgenres opfert sie sich edelmütig für den geliebten französischen Kapitän, der als Spion auf sie angesetzt war.

In den Anfangsjahren des Piratenfilms ist auch der Held auffallend häufig von adliger oder zumindest hoffähiger Herkunft und gerät durch widrige Umstände zum Piratentum. So wird z. B. am Ende von *Herr der sieben Meere* (1940, R: Michael Curtiz) Errol Flynn von der Königin in einem feierlichen Staatsakt geadelt. Erst mit *Der Schwarze Schwan* (1942, R: Henry King), der gleichzeitig der erste (Voll-)Technicolor-Piratenfilm ist, wird der Pirat zu dem, was er sein sollte: Pirat; wild, verwegen, raubeinig, mit allen Wassern der »sieben Meere« gewaschen und keiner bürgerlichen Moral folgend. Tyrone Power ist Vollblutpirat, sinnlich, erotisch, animalisch; er bedroht und schlägt die sich weigernde Tochter des Gouverneurs (Maureen O'Hara). Am Ende verfällt sie ihm doch und segelt mit ihm an Deck des Schiffes ins offene Meer hinaus. Hier akzeptiert die Frau das Piratenleben und versucht nun nicht mehr, den Helden auf den rechten Weg zurückzuführen.

Die Vorlage stammt von Rafael Sabatini, dessen Piratenromane vielfach verfilmt wurden. Zehn Jahre später erreicht das Genre in einer Parodie seinen Höhepunkt: *Der rote Korsar* (1952, R: Robert Siodmak). Der Film wurde nicht wie die meisten anderen Piratenfilme im Studio gedreht, sondern am Mittelmeer. Die Inszenierung ist so übermütig, karnevalistisch, frech und anarchisch wie der Kapitän Vallo (Burt Lancaster) selbst. Vallo ist frei, hinterlistig, stellt sich tot, kostümiert sich als Adliger und als Frau, schwingt (ohne Stuntdouble!) akrobatisch durch die Lüfte und kämpft mit seinen Fäusten und allem, was ihm zwischen die Finger kommt. Er verrät und wird vom Steuermann verraten, er treibt ein doppeltes Spiel mit den El-Libre-Rebellen und seinem Feind Baron Gruda, handelt mit Waffen, betrügt seine Mannschaft, die ihn zwischendurch als Kapitän absetzt. Er nutzt moderne Technik und Waffen, um seine Herzdame, die schöne Rebellentochter Consuela, zu retten. Er besiegt eine Armee und seinen ärgsten Widersacher Gruda. Der Schluss ist jedoch bezeichnend auch für das Ende des Piratenfilms: Die gerettete Geliebte liegt in den Armen von Vallo, sie küssen sich innig und sind glücklich. Der stumme Begleiter Vallos deutet mit Fingern und Ohrring an, dass sie bald heiraten werden. Mit der Hochzeit wird

Der rote Korsar (1952, R: Robert Siodmak): Eva Bartok und Burt Lancaster

Das weite blaue Meer, sich wiegende Fregatten unter geschwellten Segeln, südliche Häfen, mitunter auch Schatzsuche auf einsamen Inseln. Die Elemente des Piratenfilms bieten einen Abenteuerschauplatz vor allem für junge Männer, die die wirkliche christliche Seefahrt in der Tat seit je locken konnte: den Reiz der weiten Reise und der Begegnung mit Wilden, die Romantik der Kämpfe zwischen freien Männern, als die Seeräuber für gewöhnlich figurieren, und den schnöden Soldaten der meist spanischen und schwerbäuchigen Schiffe, die geentert werden müssen – damit man die schöne junge Frau aus den Händen widerlich manierierter Marquis retten kann. *Die Meuterei auf der Bounty* endet, so weiß die Legende und der Film spinnt an ihr weiter, im Schoß der schönen Polynesierinnen. Siodmaks in Italien gedrehter *Der rote Korsar* erfüllt die Genreregeln und parodiert lustvoll einige davon. Lancaster ist der sprunggewaltige Artist, dem widerfährt, was offensichtlich Helden aus zwanghaft zusammengepferchten Männergesellschaften als Dilemma erfahren müssen: Je mehr sie die Liebe der schönen Frauen gewinnen, desto eher fallen die verschworenen Kumpel von ihnen ab. Liebesleidenschaft passt nicht zum Piratenleben, ist Verrat am Männerbund. Da braucht es viel Witz, um aus dieser fatalen Zwickmühle herauszukommen. Das zum psychologischen Realismus des Piratenfilms.

der Pirat in ihm sterben, so auch sukzessiv der Piratenfilm in den USA. Ende der 60er Jahre verschwand er fast vollends von der Leinwand.

Auch in Europa wurden Piratenfilme gedreht, deren Qualität jedoch oft hinter den amerikanischen Originalen zurückbleibt. In England und vor allem in Italien (ca. 30 Produktionen) fand eine rege Konjunktur des Genres statt, die Anfang der 70er Jahre zum Erliegen kam. Nennenswert sind hier *Sturm über Jamaika* (1964, R: Alexander Mackendrick) und *Pirat der sieben Meere* (1961, R: Primo Zeglio). Mitte der 80er Jahre drehte Roman Polanski *Piraten* (1986), der mit dem grimmig-komischen Walter Matthau als gewissenlosem Freibeuter ein letztes Mal in die Scheinwelt des Piratenfilms eintauchte.

Wassili Zygouris

Literatur: Wolf E. Bühler: Der Piratenfilm. In: Filmkritik 1973. Nr. 10.

Plansequenz. Sequenz, die aus einer einzigen, langen ungeschnittenen Einstellung besteht. Häufig werden innerhalb dieser Einstellung aufwendige Kamerafahrten ausgeführt. Plansequenzen übernehmen dramaturgisch oft die Funktion einer Exposition, so z. B. in Robert Altmans *The Player* (1992): In einer fast 15-minütigen Einstellung schwenkt, fährt und zoomt die Kamera über den Hof und in die Büros des Filmstudios, stellt dabei die Protagonisten vor und deutet auf den drohenden Konflikt (die Erpressung) hin. Der französische Filmtheoretiker und -kritiker André Bazin bezeichnete die Plansequenz neben der → Schärfentiefe als wesentliches Element der → Mise en Scène und erkannte in ihr eine Möglichkeit, »vollständiger an der Filmerfahrung teilzunehmen«. Durch die Plansequenz erscheint das Geschehen auf der Leinwand kontinuierlicher, authentischer und realistischer. Im europäischen Kino fand die Plansequenz als ästhetisches Stilmittel zuerst bei Jean Renoir (z. B. in *Die große Illusion*, 1937) und dann im italienischen Neorealismus (z. B. bei Roberto Rossellini) Anwendung. Nach wie vor gilt sie im französischen Kino als bewundertes Virtuosenstück.

Oliver Keutzer

Literatur: André Bazin: Was ist Kino. Bausteine zur Theorie des Films. Köln 1975. [Frz. Orig. 1958.]

Point of View. In der Literaturwissenschaft versteht man unter Point of View die Erzählsituation, die vom erzähltechnischen, sprachlichen und optischen Blickpunkt des allwissenden oder personalen Erzählers bestimmt wird. Wenngleich sich diese Kategorien modifiziert auf den Film übertragen lassen, hat sich in der Filmwissenschaft eingebürgert, unter Point of View einschränkend den visuellen Point of View, speziell die subjektive Einstellung zu verstehen: der visuelle Point of View zeigt das Geschehen aus der Position und der Sicht eines Protagonisten als subjektive Einstellung, kurz Subjektive (→ Perspektive).

Branigan zufolge besteht eine einfache Point-of-View-Struktur aus zwei Einstellungen, zu denen sechs Elemente gehören: 1) Die Einstellung 1 (E1) wählt zunächst in der Szenerie einen eindeutigen Bezugspunkt aus, z. B. durch die Nah-Einstellung einer Person. 2) Diese verweist ihrerseits durch eine Bewegung des Kopfes, der Augen oder durch ein anderes Indiz auf ein Motiv, das sich in der Regel außerhalb des Kamerablickfeldes befindet. Die Point-of-View-Struktur verlangt also einen Beobachter, dessen Blick wir teilen können. Dabei muss es sich nicht notwendigerweise um einen Menschen handeln: Steven Spielberg zeigt dem Zuschauer in *Der weiße Hai* (1974) die Szenerie aus dem Blickwinkel eines Hais und Stanley Kubrick in *2001 – Odyssee im Weltraum* (1968) aus der Sicht eines Computers. 3) Zwischen dem Ende von E1 und dem Beginn von E2 besteht zeitliche Kontinuität oder Simultaneität – ansonsten handelt es sich um andere Strukturen wie Rückblende oder einen Blick in die Zukunft. 4) In E2 befindet sich die Kamera an dem Punkt, der in E1 etabliert wurde (oder zumindest nahe bei diesem), d. h. die räumliche Kontinuität bleibt gewahrt. 5) E2 zeigt das Objekt oder die Person, das oder die in E1 betrachtet wurde, sich aber außerhalb des Kamerablickfeldes befand oder doch nicht zentrales Motiv war, nun aus einem subjektiven Blickwinkel. 6) Schließlich verlangt die klassische Point-of-View-Struktur, dass der Protagonist, dessen Subjektive der Zuschauer teilt, die Situation bewusst erlebt – ansonsten liegen andere Strukturierungsmodelle wie Traum, Vision o. Ä. vor. In dieser klassischen Point-of-View-Struktur folgt der vorbereitenden, etablierenden Einstellung die Subjektive. Auch die umgestellte Struktur wird wegen ihres Spannungsmomentes oft eingesetzt: hier steht die Subjektive vor der etablierenden Einstellung. Daneben haben sich eine Reihe von Varianten herausgebildet, denen jedoch gemeinsam ist, dass sich dank der Point-of-View-Strukturen die Erfahrungen der Zuschauer mit denen der Charaktere verbinden.

Mit Point-of-View–Einstellungen wurde schon früh experimentiert: bereits *Grandma's Reading Glass* (1901) setzt die Subjektive ein. Schlüssellöcher, Ferngläser und ähnliche Apparate dienten und dienen dabei oft als Motivation für subjektive Einstellungen – so auch in Alfred Hitchcocks *Das Fenster zum Hof* (1954). Derartig motivierte Subjektiven erlauben zudem durch besondere optische Gestaltungsmittel – z. B. die extrem langen Brennweiten (Teleobjektive) in Hitchcocks Film – einen fremdartigen Blick. Einen weiteren Kunstgriff zur betont subjektiven Gestaltung des Points of View benutzt Martin Scorsese in *Wie ein wilder Stier* (1979): Er zeigt die subjektiven Einstellungen des Boxkampfes in Zeitlupe, sodass die Ereignisse nicht nur aus dem Blickwinkel des Helden gezeigt werden, sondern zugleich verdeutlicht wird, wie er diese Ereignisse erlebt. Über die subjektive Wahrnehmung wird ein Weg zur Subjektivität beschritten.

Subjektive Einstellungen zur Stimulierung der Identifikation des Zuschauers einzusetzen, faszinierte besonders die Filmtheoretiker der Stummfilmzeit. Béla Balázs äußerte sich euphorisch: »Mein Blick und mit ihm mein Bewusstsein identifizieren sich mit den Personen des Films. Ich sehe das, was sie von ihrem Standpunkt aus sehen. Ich selber habe keinen« (»Der Geist des Films«, 1930). Kritischer fällt dagegen beispielsweise die Einschätzung von François Truffaut aus: Für ihn ist die subjektive Kamera das Gegenteil des subjektiven Films – Identifikation werde vielmehr dadurch hervorgerufen, dass der Protagonist auf uns blickt, wenn der Blick des Schauspielers also den des Zuschauers trifft. Viele Filme integrieren subjektive Einstellungen in ein ansonsten objektiv gestaltetes erzählerisches Gerüst. Aber es gab auch Versuche, über längere Strecken mit subjektiven Einstellungen zu arbeiten. In Delmer Daves' *Die schwarze Natter* (1947) wird das Geschehen annähernd 40 Minuten aus der Subjektiven des Helden geschildert, erst dann ist Humphrey Bogarts Gesicht zu sehen. Und als cineastisches Kuriosum gilt Robert Montgomerys *Die Dame im See* (1947), zeigt er doch die Handlung komplett aus der subjektiven Sicht – der Held ist nur im Spiegel zu sehen, sein Zigarettenrauch zieht an der Kamera vorbei und der Kuss gilt ihm – und zugleich der Kameralinse.

Harald Schleicher

Literatur: Edward R. Branigan: Point of View in the Cinema. A Theory of Narration and Subjectivity in Classical Film. Berlin [u. a.] 1984.

Polizeifilm. Aktionsbetontes Subgenre des → Kriminalfilms, bei dem der Polizist und seine Ermittlungsarbeit im Mittelpunkt der Handlung stehen. Die Ursprünge dieser Kriminalfilmgattung liegen im amerikanischen Film der 50er Jahre, vornehmlich dem → Film noir, der zuerst den Großstadtdschungel als Jagdrevier des hartgesottenen (»hardboiled«) Polizeidetektivs (nicht Privatdetektivs) etablierte (z. B. in *Heißes Eisen*, 1953, R: Fritz Lang). Die Vielseitigkeit des Polizeialltags garantierte eine Vielzahl kriminalistischer Themen, was schon früh zu der Herausbildung von Polizeiserien im Fernsehen führte (*Chicago 1930*, 1959–63), deren

Tradition bis ins aktuelle Fernsehprogramm reicht. Außer in den USA sind Polizeifilme in allen Ländern mit Großstadtkulturen populär, so z. B. in Frankreich, Deutschland, Italien und Hongkong.

Die feste Grundstruktur dieses Genres umfasst häufig eine Parallelmontage polizeilicher und krimineller Tätigkeit, die schließlich im westernartigen Showdown zusammenführt; nicht umsonst wird der Polizeifilm oft als Großstadtwestern bezeichnet. Auffällig ist eine häufig seichte Charakterisierung der Verbrecher, die regelrecht zu Schießbudenfiguren degradiert werden oder aber dämonische Züge annehmen (wie z. B. Scorpio in *Dirty Harry*, 1971, R: Don Siegel) und in einem Gewaltakt »der Gerechtigkeit zugeführt werden«. Der Polizist als (Anti-)Held nimmt hierbei tragische Züge an: Er ist beziehungsunfähig, neigt zur Drogenabhängigkeit und wird von unerbittlichem Jähzorn getrieben, der ihn dem Gesetzesbrecher sehr ähnlich werden lässt (z. B. Doyle in *Brennpunkt Brooklyn*, 1971, R: William Friedkin, oder Stanley White in *Im Jahr des Drachen*; 1985, R: Michael Cimino).

Immer wieder werden sozialkritische Themen in das eher auf äußere Handlung (Verfolgung, Schusswechsel, Folter) bedachte Gerüst des Polizeifilms integriert, z. B. die Rassismusproblematik in *In der Hitze der Nacht* (1967) von Norman Jewison oder *Mississippi Burning* (1989) von Alan Parker. Häufig treten diese Themen jedoch zugunsten der Spannungssteigerung in den Hintergrund.

Nach der ersten Welle von Polizeifilmen Ende der 60er bis Mitte der 70er Jahre wurde das Subgenre in Form verschiedenster Genremixturen reflektiert und variiert, sei es als → Komödie (*Die Chorknaben*, 1977, R: Robert Aldrich), als Politthriller (→ Thriller), vor allem des Italieners Damiano Damiani, oder als → Horrorfilm (*Cruising*, 1980, R: William Friedkin). Auch künstlerisch sehr versierte Regisseure bedienten sich der populären Thematik, um gesellschaftliche Mechanismen bloßzulegen (*Harley Davidson 344*, 1973, R: James William Guerico). Neben Westernstereotypen werden hier immer wieder Elemente des → Roadmovies benutzt; der Polizeifilm wird deshalb für eines der spezifisch amerikanischen Genres gehalten, was jedoch nur be-

Blue Steel (1990, R: Kathryn Bigelow)
Ein Leben in Gefahr, um Recht und Ordnung zu erhalten – ein heikler Beruf, der sogar Frauen anzieht. Dem Verbrechen auf der Spur zu sein, kann zu Situationen führen, in denen ein Schuss Rettung verheißt. Eine »Lizenz zu töten«? Gerade diese schlimmstmögliche Wendung wirft die Frage auf: War es Notwehr oder ungehemmte Machtdemonstration oder Panikreaktion oder Verdruss darüber, immer den Kopf hinhalten zu müssen? Unter der schützenden Uniform verbirgt sich ein Individuum mit seinen Widersprüchen, privaten Begierden und Sehnsüchten, die mit dem Berufsalltag nicht immer harmonieren. Bisweilen nähert sich der Polizist – davon will uns die Dramaturgie des Genres überzeugen – dem Objekt seiner Wachsamkeit, dem Kriminellen, allzu sehr an. Dann verwandeln sich die Staatsdiener im Film – unablässig mit der dunklen Seite der Gesellschaft konfrontiert – von Idealisten zu Zynikern oder zu Komplizen der ›Bösen‹, zu Grenzgängern oder zu argwöhnischen Einzelgängern. Schon sind sie fürs normale Leben nicht mehr tauglich.

dingt zutrifft. Mit dem Aufstieg muskelstarker Actionhelden im Kino der 80er Jahre (Sylvester Stallone, Arnold Schwarzenegger) kam es zu einer zweiten Welle von Polizeifilmen, die bis heute anhält. Populäre Beispiele dieser gewaltträchtigen neuen Entwicklung sind *Die City Cobra* (1986) von George P. Cosmatos, der schamlos *Dirty Harry*-Motive plagiiert, und *Stirb langsam* (1989) von John McTiernan. Beinahe einen Gegensatz dazu bilden die vielen Polizeifilme des New Yorkers Sidney Lumet, die ihre Helden oft die Vertreibung aus der korrupten Solidargemeinschaft der Cops in die Isolation der höheren Moral erleben lassen (z. B. *Serpico*, 1973, oder *Prince of the City*, 1981).

Neben erfolgreichen Versuchen, alte Themen neu aufzubereiten (*The Untouchables – Die Unbestechlichen*, 1987, R: Brian DePalma), suchten vor allem die vergessenen Helden des → New Hollywood der 70er Jahre nach neuen Chancen, so inszenierten z. B. William Friedkin (*Leben und Sterben in L. A.*, 1985) oder Dennis Hopper (*Colors – Farben der Gewalt*, 1988) kleine Meisterwerke dieser Gattung. *Leben und Sterben in L. A.* porträtiert z. B. den Gangster, einen gewalttätigen Geldfälscher, als verhinderten Künstler, dessen kreative Frustration sich blutig entlädt. Das Buddy-Motiv (→ Buddy-Film) aufseiten der Polizisten wird bis ins Homosexuelle gesteigert und schafft eine Atmosphäre aggressiver männlicher Potenzrituale, die oft als frauenfeindliche Tendenz des Polizeifilms missverstanden wurden. Tatsächlich werden hier Strukturen des Genres bloßgelegt und demontiert.

Auch der Film noir konnte eine Renaissance feiern, etwa in den apokalyptischen Endspielen eines Abel Ferrara, in dessen *Bad Lieutenant* (1992) die tragische Polizistenfigur zum Märtyrer stilisiert wird und in seiner eigenen Zersetzung die der Gesellschaft vorwegnimmt. Als seltenen weiblichen Beitrag steuerte Kathryn Bigelow 1990 das Polizistinnendrama *Blue Steel* bei, in dem Jamie Lee Curtis auf ihr destruktives Alter Ego stößt, einen Killer, der tötet, um ihr zu imponieren. Der ohnehin genreimmanente Waffenfetischismus wird hier bereits im Titel reflektiert.

Während die Existenz des filmischen Polizisten in den deutschen Medien hauptsächlich ins Fernsehen verbannt ist (bemerkenswert ist zumindest die *Tatort*-Reihe, die gelegentlich kinotaugliche Dimensionen erreicht), hat Frankreich eine bescheidene Tradition von »films policiers« vorzuweisen, die hauptsächlich mit den Namen Jean-Pierre Melville und Alain Delon verknüpft ist; in *Der Chef* (1972) präsentiert der Kommissar (Delon) bereits einen Zustand des inneren Todes, der auch seine Umgebung erfasst und vernichtet. Hier besteht der feine Grat der Differenzierung zwischen dem Killer Delon (*Der eiskalte Engel*, 1966) und dem Cop Delon kaum mehr.

Neben einer beständigen Präsenz im → B-Film errang der amerikanische Polizeifilm in den 90er Jahren Aufmerksamkeit in den von der Medienwirksamkeit der Serialkiller profitierenden Thrillern *Das Schweigen der Lämmer* (1990) von Jonathan Demme und *Sieben* (1995) von David Fincher, die die nicht versiegende Aktualität der Gattung beweisen. Auch der → Science-Fiction-Film bedient sich häufig der Genrepattern, indem er aktuelle Situationen übersteigert in die Zukunft projiziert und von übermenschlichen Cops regulieren läßt (*Robocop*, 1987, R: Paul Verhoeven). Nichts deutet auf eine künftige Aktualitätseinbuße dieses Genres hin.

Marcus Stiglegger

Literatur: Wolfgang Schweiger: Der Polizeifilm. München 1989. – Georg Seeßlen: Copland. Marburg 1999.

Pornographischer Film. Die ›harte‹ Spielart des → Sexfilms, der real durchgeführte Geschlechtsakte zum Zwecke der sexuellen Stimulation des Publikums vorführt. Neben einer angedeuteten Dramaturgie, die sich durchaus an gängigen Spielfilmgenres orientieren kann, herrscht hier oft eine Form der ›Nummernrevue‹ vor, eine episodische Abfolge sexueller Begegnungen. Die Identifikation mit den meist schwach konturierten Charakteren spielt eine untergeordnete Rolle. Man unterscheidet dabei zwischen Hardcore- und Softcore-Pornographie: Hardcore zeigt das Geschehen meist in langen Nahaufnahmen der interagierenden Geschlechtspartien, Softcore ersetzt diese Nahaufnahmen durch geschickt aussparende Perspektiven auf den ganzen Körper oder die Gesichter. Nicht selten werden von einem Film unterschiedliche Versionen hergestellt, eine für die Video- und eine für die TV-Auswertung.

Die grundlegende Motivation des pornographischen Films ist die Aktivierung der männlichen Schaulust, des Voyeurismus, wodurch eine phallozentrische, auf unterschiedlichste Penetration fixierte Sexualität in den Mittelpunkt gerät. Das Phantasma des omnipotenten Mannes, der von allen Frauen, denen er im Laufe des Films begegnet, hemmungslos begehrt wird, lässt den pornographischen Film zum Wunsch/Traumgeschehen werden. Eine unterschwellige Rolle spielen dabei patriarchale Machtstrukturen, die entweder den Mann in der eindeutig dominanten Position zeigen oder aber die sexuell autonome Frau (Femme fatale) als Bedrohung dieser Dominanzposition beschwören. In jedem Fall ist die Minimaldramaturgie des pornographischen Films durch Wiederholungsmuster geprägt und stellt in erster Linie den weiblichen Körper als ein »Konsumprodukt« dar, das nach »Gebrauch« ersetzt werden kann und muss. So kommt es seit Verbreitung des pornographischen Films auf Video zu Suchterscheinungen beim Zuschauer, der nach ständigem Ersatz verlangt – neuem und doch immer gleichem Material. Dieser Suchtfaktor spiegelt sich im narrativen Standard der endlosen Suche des/der Protagonisten/in, der in zahlreichen pornographischen Filmen vorherrscht.

Der pornographische Film ist mit der Entstehung des Kinos aufgekommen, fristete jedoch zunächst eine Existenz im Verborgenen, in der Dämmerung von Herrenclubs, Bordellen und Privatpartys. Diese frühen so genannten Stagfilms entsprachen bis in die frühen 60er Jahre hinein weitgehend einer dürftigen Form: schmalformatig gedreht, schwarzweiß, stumm oder mit asynchronem Ton. Die Einführung des Production Codes in den USA verbannte dort die Existenz dieser Filme vollends ins Halbweltmilieu. John Byrums Drama *Nahaufnahme* (1971) zeichnet ein lebendiges Bild dieser Epoche. Erst die frühen Filme etwa von Russ Meyer, die »Nudies«, erlaubten in den 50er Jahren wieder einen voyeuristischen Blick auf den nackten Körper. In den skandinavischen Ländern wurden Ende der 60er Jahre erstmals pornographische Filme legalisiert. So konnte sich dieses dezidierte ›Erwachsenen-Genre‹ auch im Kino ausbreiten. Mit dem großen kommerziellen Erfolg der amerikanischen Porno-Komödie *Deep Throat* (1972) von Gerard Damiano konnte auch dort eine umfassende Pornoindustrie entstehen. Weitere einflussreiche Klassiker waren Damianos makabre Komödie *The Devil in Miss Jones* (1972), das psychedelische Traumspiel *Behind the Green Door* (1973) von den Mitchell-Brüdern sowie das atmosphärische S&M-Drama *Die Story von Joanna* (1975), ebenfalls von Damiano inszeniert, in dem der seltene Fall eines homosexuellen Männeraktes in heterosexuellem Umfeld zu sehen ist. In Japan dominieren den so genannten Pink-Eiga unterdessen von den 60er Jahren bis in die Gegenwart technisch sauber inszenierte, inhaltlich harte Vergewaltigungspornos (z. B. die *Rapeman*-Serie), historische Folterfilme (die *Tokugawa*-Serie) und Fetischprodukte. Genitalien werden dort jedoch durch Digitalisierung unkenntlich gemacht.

Hatten sich im amerikanischen Kino bereits früh Pornostars etabliert – Linda Lovelace, Harry Reems, Georgina Spelvin, Marilyn Chambers –, machte in Deutschland Beate Uhse mit ihrem Pornoimperium den pornographischen Film erst im Kino und schließlich auf dem Heimvideomarkt rentabel. Theresa Orlowski, Sarah Young und Dolly Buster wurden später zu Ikonen des pornographischen Films und Vertreterinnen der ›gepflegten‹ Spielart des Genres. Parallel dazu begann auch der Siegeszug billiger Videoproduktionen, die das Filmformat schließlich weitgehend ablösten. Mit dem Ende der 80er Jahre verschwanden die größeren Branchenkinos, der Markt verlegte sich auf den privaten Haushalt.

458 Postmoderne und Kino

In den 90er Jahren überschwemmte der Italiener Joe d'Amato den Markt mit Pornoversionen bekannter Stoffe (*Marco Polo, Marquis de Sade, Scarface* usw.), die er in ausgedienten Filmsets realisierte. Einer der bekanntesten italienischen Pornostars, u. a. aus d'Amatos Filmen, ist Rocco Siffredi, dem es mit eigenen Produktionen, Filmen, Webpage und einem Magazin gelang, einen Markenartikel aus sich selbst zu machen. Mit der Öffnung des osteuropäischen Markts vertrat er zunehmend die unangenehmste, ausbeuterischste Spielart billig produzierter Videofilme, die genüsslich die sexuelle Okkupation dieser wirtschaftlich schwächeren Länder zelebrieren. Im professionalisierten Porno-Gewerbe der USA inszenieren Hochglanz-Auteurs wie Michael Ninn (*Latex*, 1995; *Shock*, 1995) und Andrew Blake ihre aufwendigen technischen Stilübungen im Kontrast zu den betont rüden »gonzo«-Filmen Robert Blakes (*Hart an der Grenze*). Vergleichbar mit diesen Gossenspielen sind die fäkal orientierten Filme des Berliner Kit-Kat-Clubs. In jedem Fall hat das Spartendenken auch vom Pornogeschäft Besitz ergriffen und sorgt für eine irritierende Vielfalt der Spielarten.

Marcus Stiglegger

Literatur: Gerard Lenne: Der erotische Film. München 1983. – Beate Klöckner: Die wilde Ekstase des Paradieses. Der pornographische Film. Frankfurt a. M. 1984. – Georg Seeßlen: Der pornographische Film. Frankfurt a. M. / Berlin 1990. – Linda Williams: Hardcore. Über pornographischen Film. Basel / Frankfurt a. M. 1992. [Amerikan. Orig. 1990.] – Pamela Church Gibson / Roma Gibson (Hrsg.): Dirty Looks, Woman, Pornography, Power. London 1993. – Christian Keßler: The Devil in Mr. Damiano. Article and Interview. In: Harvey Fenton (Hrsg.): Flesh & Blood Book One. Guildford 1998.

Postmoderne und Kino. Die Postmoderne ist keine Erfindung des Films, auch wenn die ›filmische Schreibweise‹ in den 60er Jahren zum Stilprinzip der postmodernen Literatur wurde und der Postmodernismus die prägende Dominante des internationalen Erzählkinos der 80er Jahre war. Mit Kultfilmen wie *Diva* (1981, R: Jean-Jacques Beineix) und *Blade Runner* (1982, R: Ridley Scott) etablierte sich im Spielfilm, wie zuvor in der Literatur, Architektur und bildenden Kunst, eine Logik des Zitats, die einerseits mit einer Transformation des Genrekinos und insbesondere mit einer Aufwertung von ›niederen‹ Genres einherging, die andererseits einem neuen Autorenkino den Weg zum großen Publikum ebnete, dessen demonstrative Künstlichkeit und labyrinthische Erzählkonstruktionen einen offensichtlichen Affront gegen die Konventionen des Mainstreamkinos darstellten. Mit der Debatte um die postmoderne Architektur und im Gefolge von literarischen Bestsellern wie Umberto Ecos »Der Name der Rose« wurden Strategien postmoderner Ästhetik popularisiert, deren sich auch das Kino zunehmend bediente, sowohl in europäischen Kunstfilmen wie Peter Greenaways *Der Kontrakt des Zeichners* (1982) oder Jean-Jacques Beineix' *Der Mond in der Gosse* (1983) als auch in einem postklassischen Hollywoodkino wie Spielbergs *Indiana Jones*-Trilogie oder dem British Hollywood eines Alan Parker und Adrian Lyne bei Kritik und Publikum Triumphe feierte. Was sich bereits als Tendenz des modernen Autorenkinos und exemplarisch in Jean-Luc Godards *Elf Uhr nachts* (1965) beobachten lässt: Die Doppelcodierung der Bilder und Erzählung, eine eklektizistische Vermischung von Stilelementen aus hoher Kunst und Massenkultur, der Bricolage disparater Genremuster und eine Mediatisierung von Realität durch Film, Fernsehen und Werbung wurden im Kino der postmodernen Dekade als fröhliches, vornehmlich ironisch konnotiertes Spiel mit Zeichen und Zuschauer zelebriert, das ein medienerfahrenes Publikum gleichermaßen durchschauen wie goutieren konnte. Die Dialogzeilen aus Luc Bessons *Subway* (1985): »Gehen Sie manchmal ins Kino?« und »Handschellen, Polizei, Gefängnis« sind so symptomatisch für diesen spielerischen Umgang mit filmischer Realität wie der damalige Levis-Slogan »The Legend Lives« für den Zeitgeist der postmodernen ›Re-Dekade‹. Ob Punk-Frisur oder Retro-Look, Ambiente-Design oder hedonistische Esoterik, alles wurde im Zeichen postmoderner Pluralität zum Lebensstil kultiviert, zitierbar wie die Vor-Bilder aus Filmgeschichte und Popkultur, die eine florierende Medienindustrie zunehmend auch per Kabel- und Satellitenfernsehen, Videocassette und in den 90ern zudem per DVD und Internet distribuierte. Entstand im Zeichen der Postmoderne einerseits eine neue, vielleicht die letzte spezifische Autorenfilmkultur, im Umkreis der Programmkinos und des → Kultfilm-Phänomens, so verweist andererseits nicht nur der sensationelle Erfolg der *Krieg der Sterne*-Saga (1977ff.) auf die Genese multimedialer Vermarktungsstrategien, für die Kinofilme, samt Merchandising und Videoauswertung, nur noch ein Produkt multipler Corporate Identities darstellen.

Verglichen mit der ausufernden interdisziplinären Postmoderne-Debatte der 80er Jahre ist die Bedeutung des Paradigmas »Postmodern(e)« insbesondere in der deutschsprachigen Filmwissenschaft marginal geblieben. Die Missachtung des Begriffs »postmodern«, der mittlerweile als undefinierbar gilt, beruht nicht zuletzt darauf, dass das Kino der postmodernen Dekade, im Gegensatz zum neuen Klassizismus der postmodernen Architektur, keinen internationalen Stil ausgebildet hat und alle Versuche, das postmoderne Kino über einen spezifischen Stil zu definieren, etwa im Anschluss an Jean-François Lyotard als »zitierendes Formenflimmern«, gescheitert sind. Entsprechend hat die Unschärfe des Passepartout-Begriffs »postmodern« dazu geführt, dass mittlerweile Filme unterschiedlichster Herkunft, Machart und Ausrichtung als postmo-

Das vor allem in Frankreich aufblühende Cinéma du Look erzählt offensiv antirealistisch von hermetisch abgeschlossenen Binnenwelten, ob über der Erde oder unter ihr, aus denen für die Helden kein Entkommen ist. Die Künstlichkeit der Arrangements, der Glanz der Oberflächen, die übertriebene Farbigkeit, die oft erstarrenden Posen der Schauspieler werden als Signale des ›Unechten‹, des Nicht-Authentischen ungeschönt ausgestellt – wie bei der geschönten Nacherzählung leuchtender Träume. Elemente der Werbeästhetik, die uneinlösbare Wünsche weckt und hochfliegende Versprechen gibt, fließen in dieses Design einer artifiziellen Welt ein – so auch hier: Im teuren Coupé sitzt die reiche schöne Frau (Nastassja Kinski), die »Märchenprinzessin«, und wartet auf den Hafenarbeiter, um ihn mit sich zu nehmen »auf ihr Schloss«: eine schimmernde Lockung, eine Gaukelei mit Illusionen, die bis zum Ende Ent-Täuschung und Entzauberung hinausschieben.

Der Mond in der Gosse (1983, R: Jean-Jacques Beineix)

dern gelten: David Lynchs *Blue Velvet* (1986) ebenso wie das französische Cinéma du Look eines Beineix, Besson und Carax, Greenaways manieristische Zeichensysteme ebenso wie die ironischen Genreadaptionen der Brüder Joel und Ethan Coen. Zudem hat insbesondere die englischsprachige Filmwissenschaft, seit Fredric Jamesons grundlegendem Essay »Postmodernism, or the Cultural Logic of Late Capitalism« (1984), das Thema unter unterschiedlichsten Vorzeichen diskutiert. Jameson wertet den Postmodernismus nicht als Stil, vielmehr als kulturelle Dominante des Spätkapitalismus und seine favorisierte Kunstform des Pastiches als symptomatisch für einen »Verlust von Tiefe« und eine neue »Kultur des Bildes und des Simulacrums«, etwa in nostalgischen Filmen wie *Eine heißkalte Frau* (1981, R: Lawrence Kasdan); Robert Philip Kolker sieht das modernistische → New-Hollywood-Projekt durch einen postmodernen amerikanischen Film ersetzt, der alle Spuren des Experimentellen auslöscht; Noël Carroll grenzt den postmodernen Film auf das Kino der Avantgarde ein, weil er dieses als Fortsetzung der modernen Filmtradition begreift; Norman K. Denzin sichtet Filme wie Woody Allens *Verbrechen und andere Kleinigkeiten* (1989) und Steven Soderberghs *Sex, Lügen und Video* (1989) mit Blick auf zeitgenössische Themen einer postmodernen Gesellschaft, die zunehmend kinematographisch und voyeuristisch strukturiert ist. Bedeutsam sind nicht zuletzt feministische Lesarten des postmodernen Science-Fiction- und Horrorfilms, wie sie beispielsweise Annette Kuhn und Barbara Creed vorgelegt haben, sowie Untersuchungen der ökonomischen Strukturen eines postmodernen Marketings, die die globalen Vernetzungen der Filmindustrie thematisieren.

Die programmatische Pluralität einer postmodernen Ästhetik des Zitats hat sowohl in einer veränderten Filmkultur als auch in der Filmwissenschaft ihren Widerhall gefunden; eine filmhistorische Untersuchung des Themas »Postmoderne und Kino«, die u. a. auch die Einflüsse der Clipästhetik von Musikvideos und der seriellen Dramaturgien des Fernsehens auf den Kinofilm der 80er und 90er Jahre zu beleuchten hätte, steht allerdings noch aus. Ob tatsächlich mit Quentin Tarantinos *Pulp Fiction* (1994) die Postmoderne im Kino zu Ende geht, die Dogma-Filme von einer Wiederkehr des Realen künden, in den 90er Jahren auch im Kino eine ›zweite Moderne‹ beginnt, werden erst zukünftige Debatten nach der Postmoderne entscheiden.

Jürgen Felix

Literatur: Jean-François Lyotard: Das postmoderne Wissen. Ein Bericht. Wien 1986. [Frz. Orig. 1979.] – Andreas Huyssen / Klaus R. Scherpe (Hrsg.): Postmoderne Zeichen eines kulturellen Wandels. Reinbek bei Hamburg 1986. – Wolfgang Welsch: Unsere postmoderne Moderne. Weinheim 1987. – Timothy Corrigan: A Cinema without Walls. Movies and Culture after Vietnam. New Brunswick 1991. – Norman K. Denzin: Images of Postmodern Society. Social Theory and Contemporary Cinema. Newbury Park / New Dehli 1991. – Kenneth von Gunden: Postmodern Auteurs: Coppola, Lucas, DePalma, Spielberg, Scorsese. Jefferson 1991. – Heinz-B. Heller (Hrsg.): Leben aus zweiter Hand. Soziale Phantasie und mediale Erfahrung. Münster 1991. – Fredric Jameson: Postmodernism or, The Cultural Logic of Late Capitalism. Durham 1991. – Fredric Jameson: Signatures of the Visible. New York / London 1992. – Stephen Brown: Postmodern Marketing. London / New York 1995. – Peter Brooker / Will Brooker (Hrsg.): Postmodern After-Images. A Reader in Film, Television and Video. London [u. a.] 1997. – Roger F. Cook / Gerd Gemünden (Hrsg.): The Cinema of Wim Wenders. Image, Narrative and the Postmodern Condition. Detroit 1997. – Steven Shaviro: Doom Patrols. Streifzüge durch die Postmoderne. Mannheim 1997. – Karl Heinz Bohrer / Kurt Scheel (Hrsg.): Postmoderne. Eine Bilanz. Merkur 52 (1998) H. 9/10. – David Bordwell [u. a.]: Die Filmgespenster der Postmoderne. Hrsg. von Andreas Rost und Mike Sandbothe. Frankfurt a. M. 1998. – Christina Deglie-Esposti (Hrsg.): Postmodernism in the Cinema. New York / Oxford 1998. – Jürgen Felix (Hrsg.): Unter die Haut. Signaturen des Selbst im Kino der Körper. St. Augustin 1998. – Christopher Sharrett (Hrsg.): Mythologies of Violence in Postmodern Media. Detroit 1999. – Jürgen Felix / Norbert Grob (Hrsg.): Die Postmoderne im Kino. Ein internationaler Reader. Marburg 2001.

Post-Production. Dritte und letzte Stufe der Filmbearbeitung nach der Pre-Production und den eigentlichen Dreharbeiten, die alle Prozesse der Endfertigung eines Films bis zum Kinoeinsatz umfasst. Dazu gehören die Arbeiten im → Kopierwerk (Entwicklung des Negativs, Lichtbestimmung, Korrektur von Belichtungsunterschieden, Erstellen der Musterkopie), die Auswahl aus den verschiedenen → Takes, Synchronisation (→ Ton) von Bild und Ton, der Rohschnitt auf Grundlage von Drehbuch, → Storyboard oder Montageliste, die Postsynchronisation von Dialogen und Tönen, evtl. notwendige Nachdreharbeiten, Erstellen der Filmtitel und → Credits, Bearbeitung von optischen Tricks und → Special Effects und schließlich der Feinschnitt. Die letzte Stufe der Post-Production ist die Tonmischung, das Erstellen eines Dup-Negativs und das Ziehen von Verleih-Kopien in der Kopieranstalt. In der Phase der Post-Production ist der Schnittmeister/Cutter der wichtigste Mitarbeiter des Regisseurs. Das Hauptarbeitsgerät für die Post-Production war früher der Schneidetisch, an dem die Bild- und Tonstreifen manuell zum fertigen Film montiert wurden, heute im Zeitalter der digitalen Bildbearbeitung ist der Schnittcomputer zum Standard geworden. Untertitelungen und Synchronfassungen gehören nicht zur Post-Production, da sie nur nach Bedarf für den Einsatz in anderen Ländern hergestellt werden.

Die Endfertigung ist für den Regisseur dann mit großem Druck verbunden, wenn der Produzent den Film möglichst schnell in die Kinoauswertung bringen möchte oder man sich über die Schlussfassung nicht einig ist. Die Auswertung von Zuschauerreaktionen in Testvorführungen und so genannten Sneak Previews können zu Änderungen führen, die häufig den Filmschluss betreffen. Ridley Scott z. B. konnte in *Thelma & Louise* (1991) nicht das ihm vorschwebende märchenhafte Ende für seine Heldinnen durchsetzen, sondern musste sie in den Tod fahren lassen. In einer guten Position sind hingegen Regisseure wie Orson Welles bei *Citizen Kane* (1941), die bei einer Produktion vertraglich das Recht auf den Final Cut zugesichert bekommen. Dieses Recht garantiert ihnen, dass sie den Film nach ihren Vorstellungen montieren können. In den letzten Jahren ist zu beobachten, dass neben der kommerziell ausgewerteten Filmfassung eine vom Regisseur autorisierte Alternativversion, der Director's Cut, zeitlich versetzt zumeist in Programmkinos aufgeführt wird, z. B. Ridley Scotts *Der Blade Runner – Director's Cut* (1993).

Ursula Vossen

Pré-Cinéma-Forschung. Der veränderte Blick auf das frühe Kino seit dem Ende der 70er Jahre hat auch das Interesse an seiner Vorgeschichte neu belebt. War das neue Medium im Kontext der Schaukünste zuvor als »Rumpelkammer« abqualifiziert worden, »der an sich keine Bedeutung beizumessen ist« (Kracauer), wird nun seine besondere Qualität als Kino der Attraktionen anerkannt und gegen das klassisch narrative Kino abgegrenzt (Elsaesser). Entsprechend waren zum 100. Geburtstag des Kinos 1995 zahlreiche Publikationen und Ausstellungen auch den praekinematographischen Phänomenen gewidmet.

Der Terminus »Pré-Cinéma« selbst ist indes nicht unproblematisch, legt er doch eine lineare mediale Entwicklung hin zum Kino nahe. Tatsächlich konzentrierten sich die Aufarbeitungen der Vorgeschichte häufig auf die Entwicklung der Apparate und Technik – mit dem Kino als Endpunkt der untersuchten Prozesse. Doch sind Letztere immer Teil einer umfassenderen medialen Geschichte, der wir u. a. auch elektronische und digitale Medien wie Fernsehen bzw. Computer verdanken. Auszugehen ist folglich von einer prinzipiellen Historizität von Wahrnehmungen und Sinnestechnologien. Entsprechend bewegen sich neuere Ansätze der Pré-Cinéma-Forschung im Rahmen einer interdisziplinären und kulturhistorisch breit angelegten Forschung, die wissensgeschichtliche, ästhetische, wissenschaftlich-technische, ökonomische wie soziale Aspekte integriert. Bildapparate und Repräsentationsverfahren werden als Wahrnehmungsarrangements gefasst, die sich in verschiedenen Ausstellungspraxen ausgeprägt haben.

Das frühe Kino der Attraktionen hat an eine Fülle populärer Schauformen, Bildapparate und Repräsentationsverfahren angeknüpft, die sich insbesondere mit der umfassenden Dynamisierung der Wahrnehmung im Kontext der industriellen Prozesse des sehsüchtigen 19. Jahrhunderts herausgebildet haben. Zudem lässt sich die historische Genese dieser Bilderwelten bis in die frühe Neuzeit zurückverfolgen. Die konkreten Objekte der Pré-Cinéma-Forschung bilden folglich die optischen Sehmaschinen und ihre Bilderwelten wie z. B. Camera obscura, Laterna magica, Guckkasten, Panorama, Diorama, Fotografie, die zahlreichen Instrumente zur Erzeugung von Bewegungsillusionen usw., die eine medialisierte Wahrnehmung seit der Renaissance fördern.

So entsteht die Camera obscura, als in der frühen Neuzeit der Blick zum ›Instrument‹ wird. Dass Lichtstrahlen, die durch eine kleine Öffnung in eine ›dunkle Kammer‹ fallen, dort ein perspektivisch exaktes Abbild natürlicher Objekte zeichnen, lässt sich zur gezielten Beobachtung der Natur ebenso wie zur Inszenierung von ›magischen‹ Schaustellungen nutzen. Wird das optische Instrument also einerseits zur Aufrüstung des Auges, d. h. zur Erweiterung und Vergewisserung der menschlichen Wahrnehmung eingesetzt, z. B. bei der Beobachtung von Himmelskörpern, können mit ihm andererseits auch trügerische, das Publikum täuschende Projektionen arrangiert, etwa der Teufel an die Wand gemalt werden. In diesem Sinne setzt die Laterna magica – als Projektionslaterne letztlich eine Umkehrung der Camera obscura – seit der Mitte des 17. Jahrhunderts den Zauber projektiven Spiels mit Licht zwischen Magie und Aufklärung fort. Bis ins 19. Jahrhundert macht sie einem immer größer werdenden Publikum ihre zunächst gemalten, dann auch fotografischen Bilderwelten zur Unterhaltung und Belehrung verfügbar. Im Zuge ihrer technischen und optischen Perfektionierung kann sie ihre farbenfrohen Bilder zunehmend in Bewegung versetzen und schließlich auch zu Geschichten verknüpfen, bis die perfekteren ›lebenden‹ Bilder des Kinematographen sie im Übergang zum 20. Jahrhundert ablösen. Die mediale Beherrschung der Zeit erhält im dynamischen 19. Jahrhundert ein immer größeres Gewicht, ihr sind auch Großmedien wie das Diorama gewidmet, das auf riesigen bemalten Leinwänden mittels Auf- bzw. Durchlicht das Vergehen der Zeit, z. B. den Wechsel der Tages- oder Jahreszeiten, darstellt. Mit seinen magischen Lichteffekten und pittoresken Sujets steht das Diorama zugleich im Kontext der romantischen Bildästhetik. Der Weltbildapparat Guckkasten hat dagegen im aufgeklärten 18. Jahrhundert mit seinen perspektivischen Veduten, die ihren Betrachtern vorrangig Orte aus aller Welt nahe bringen, noch die mediale Beherrschung des Raumes favorisiert (→ Medium Film).

Ulrike Hick

Literatur. Siegfried Kracauer: Von Caligari zu Hitler. Eine psychologische Geschichte des deutschen Films. Frankfurt a. M. 1979. [Amerikan. Orig. 1947.] – Franz Paul Liesegang: Dates and Sources. A Contribution to the History of the Art of Projection and to Cinematography. Übers. und hrsg. von Hermann Hecht. London 1986. – Siegfried Zielinski: Audiovisionen. Kino und Fernsehen als Zwischenspiele in der Geschichte. Reinbek bei Hamburg 1989. – Thomas Elsaesser (Hrsg.): Early Cinema. Space – Frame – Narrative. London 1990. – Harro Segeberg (Hrsg.): Die Mobilisierung des Sehens. Zur Vor- und Frühgeschichte des Films in Literatur und Kunst. München 1996. (Mediengeschichte des Films. Bd. 1.) – Ulrike Hick: Geschichte der optischen Medien. München 1999.

Prequel. Fortsetzung, die, im Unterschied zum inhaltlich an die Handlung des Vorgängers anknüpfenden → Sequel, die Vorgeschichte zu den aus einem anderen Film bekannten Ereignissen erzählt. Während sich in einem Sequel die seit dem letzten Teil vergangene Zeit leicht vermitteln lässt, da die Darsteller im Idealfall wie Sigourney Weaver in den *Alien*-Filmen (1979–97) mit ihren Rollen altern, ergeben sich für das Prequel weitaus größere Schwierigkeiten. Das Problem besteht darin, dass bei Prequels wie Richard Lesters *Butch und Sundance – Die frühen Jahre* (1979) die Zuschauer bereits den tödlichen Ausgang der

Geschichte aus George Roy Hills Klassiker *Zwei Banditen* (1969) kennen. Im Vergleich zu den zahlreichen, seit den 80er Jahren auch im Hollywood-Mainstream mit enormem Aufwand und hohem Budget produzierten Sequels, gestaltet sich die bisherige Anzahl an Prequels entsprechend gering und überschaubar. Vorläufer des Prequel-Konzepts finden sich in Comicserien wie *Spiderman, Batman, Superman*, in denen die Vorgeschichte des Helden im Abstand von einigen Jahren immer wieder in Form einer so genannten Origin Story zeitgemäß variiert wird.

Eine hybride Form aus Prequel und Sequel schuf Francis Ford Coppola mit *Der Pate – Teil II* (1974), indem er Vorgeschichte und Fortsetzung seines gefeierten Mafia-Epos in einer Montage parallel zueinander erzählte. Zu den gängigeren Erzählformen gehört das Prequel bisher hauptsächlich im Horrorgenre. Zur Spukhaus-Geschichte *Amityville Horror* (1979) entstand 1982 ein Prequel und begleitend zur populären Serie *Nightmare – Mörderische Träume* wurde Ende der 80er Jahre die Vorgeschichte des Traumdämonen Freddy Krueger in Form eines TV-Films erzählt. Eines der skurrilsten Prequels realisierte Routinier Mick Garris mit *Psycho IV* (1990). In dieser Fernsehproduktion erinnert sich Anthony Perkins als Norman Bates an jene Ereignisse in seiner Jugend, die zu der bekannten Ausgangssituation des Hitchcock-Klassikers führten.

Das bisher amibitionierteste Prequel drehte 1992 David Lynch. In *Twin Peaks – Der Film* inszenierte er die Vorgeschichte zu seiner erfolgreichen TV-Serie als Kinofilm unter Verzicht auf die markante postmoderne Ironie, die den Kultstatus im Fernsehen ausmachte. Die bekannteste Variante des Prequels, die den Begriff Ende der 90er Jahre überhaupt erst populär machte, schuf George Lucas mit der *Krieg der Sterne*-Saga, die er 1977 mit dem vierten Teil begann. Bei Lucas zieht sich die Faszination für eine fragmentarische, nichtchronologische Form des Erzählens durch mehrere seiner Arbeiten. Sowohl die ersten beiden der von ihm produzierten und mitverfassten *Indiana Jones*-Filme (1981 und 1984) als auch die erste *Krieg der Sterne*-Triologie beginnen mit dem unmittelbaren Einstieg in eine Handlung, die wie das Ende eines anderen Films aussieht. Entsprechend siedelten Lucas und Spielberg den zweiten *Indiana Jones*-Film als Prequel vor dem ersten an. In *Indiana Jones und der letzte Kreuzzug* (1989) komplettierten sie schließlich die biographischen Eckpfeiler ihres Helden, indem sie einen Rückblick in dessen Teenager-Zeit einbauten. Dieser Flashback lieferte zugleich die Basis für eine eigene Prequel-TV-Serie, in der die *Abenteuer des jungen Indiana Jones* erzählt wurden. Als Lucas 1999 mit *Die dunkle Bedrohung* schließlich nach sechzehn Jahren Pause seine zweite *Star Wars*-Triologie doch noch auf die Leinwand brachte, etablierte der Erfolg des nachträglichen ersten Teils die Option der Vorgeschichte als Fortsetzung als eine attraktive Variante neben der verbreiteten Form des Sequels.

Andreas Rauscher

Preview. In einer Preview werden Filme als Vorpremiere vor ihrem Kinostart gezeigt. Im Fall einer Sneak Preview handelt es sich dabei um einen dem Publikum zuvor unbekannten Überraschungsfilm. Während in Deutschland die Sneak Previews als reguläre Vorabauffführung in erster Linie zur Steigerung der ›Nachfrage‹ nach einem Film beitragen, dienen die Previews in den USA häufig als Testvorführungen. Bei diesen soll die Wirkung des Films auf das Publikum zur Ermittlung der möglichen Zielgruppe (Focus Group) erprobt werden. Die Zuschauer erhalten Fragebögen, in denen sie den Film im Vergleich mit anderen ihnen bekannten Produktionen bewerten sollen. Nach einem auch hierzulande bei gewissen TV-Magazinen und Mainstream-Filmzeitschriften beliebten System der Punktevergabe benotet das Publikum den vor seiner Premiere aufgeführten Film. Das Ergebnis dieser Umfragen kann unter Umständen zu gravierenden Veränderungen am Film führen.

Durch die rasant angestiegene Nutzung des Internets in den letzten Jahren ergaben sich einige Veränderungen im Preview-System. Aufgrund der ausführlichen Berichterstattung über Filme, die sich gerade noch in der Post-Production befinden, und deren potentielle Testvorführungen, können Previews sich zu begehrten Insiderterminen entwickeln. So genannte Internetspione besuchen die Previews für etablierte Film-News-Seiten wie »aint't-it-cool-news« und verfassen lange vor dem regulären Kinostart Vorabkritiken. Einige Regisseure wie Joel Schumacher beklagen sich darüber, dass erst die negative Publicity im Internet den kommerziellen Misserfolg einiger ihrer Filme bewirkt hätten. Die Internet-Berichte über die Previews bewegen sich jedoch meistens auf dem schmalen Grat zwischen zusätzlicher Werbung für den Verleih und kritischem Gegengewicht zum Marketing. Um sich mit den Internet-Publizisten zu arrangieren, veranstalten die Verleihe mittlerweile in einigen Fällen sogar spezielle Previews für diese. Da in Hollywood die wenigsten Regisseure ein Recht auf den Final Cut erhalten, resultieren aus den Änderungen an der ursprünglichen Version aufgrund der Preview-Ergebnisse nicht selten langwierige Streitigkeiten zwischen Regisseuren und Studios. Skurrile Eingriffe der Verleiher wie die chronologisch montierte US-Fassung von Sergio Leones Gangsterepos *Es war einmal in Amerika* (1984) bilden nur die Spitze des Eisbergs. Einige Filme werden erst Jahre später, wenn sie zu etablierten Klassikern avanciert sind, als Director's Cut oder als Video- oder DVD-Collectors' Edition veröffentlicht.

In den vehementen Auseinandersetzungen um Terry Gilliams *Brazil* (1985) wurden die Previews zum strategischen Mittel im Kampf zwischen dem Regisseur und dem Universal-Studioleiter Sidney Sheinberg, der die düster-absurde Dystopie mit Hilfe eines vom Regisseur vehement abgelehnten Happyends dem Massengeschmack anpassen wollte. Während Sheinberg die Veröffentlichung des Films hinauszögerte, veranstaltete Gilliam Previews auf europäischen Festivals und für prominente Kritiker, die den Film im Vorhinein als einen der besten des Jahres feierten. Die negativen Erfahrungen mit den Auswirkungen von Preview-Screenings bewogen einige der → New-Hollywood-Regisseure, sich eine möglichst große Unabhängigkeit von den Studios zu schaffen. Die Anekdoten um Regisseure, die die Masterkopie des eigenen Films nach der Preview aus dem Vorführraum entführten, gehört zum festen Legendenrepertoire des New Hollywood. Einige von ihnen wurden mit unterschiedlichem Erfolg zu ihren eigenen Produzenten, um nicht mehr der Willkür der Studiobosse und der Previews ausgesetzt zu sein.

Im Idealfall dient die Preview dem Regisseur zur Überprüfung der Publikumsreaktionen auf seinen Film. Diese Vorführungsbedingungen ergeben sich überwiegend nur auf Festivals. Die typischen Hollywood-Previews werden hingegen meistens ihrem berüchtigten Ruf gerecht, da Aufführungen unter denkbar ungünstigen Voraussetzungen als Maßstab für die Reaktionen des gesamten imaginären Publikums genommen werden. David Lynchs surrealer Psychothriller *Blue Velvet* (1986), der durch das Engagement des Produzenten Dino de Laurentiis von Eingriffen verschont blieb, erlebte seine Preview als Überraschungsfilm im Doppelprogramm mit Tony Scotts *Top Gun* (1985). Die Vorführung führte zur Einstufung des Films als Arthouse-Picture, das von vornherein mit einem bestimmten Zielpublikum vor Augen vermarktet wird.

Die Preview kann von den Verleihen auch als Gegenstrategie zu befürchteten negativen Pressereaktionen genutzt werden. Unter Verzicht auf die regulären Pressevorführungen, die entweder gar nicht stattfinden oder bis kurz vor dem Kinostart hinausgezögert werden, präsentiert man den Film einem Preview-Publikum und verlässt sich auf die erhoffte Mundpropaganda. Eine ähnliche Vermarktungsstrategie bildet die in den USA praktizierte Platform Release. Statt den Film flächendeckend mit einer hohen Kopienzahl zu starten, veröffentlicht der Verleih ihn vorab in einigen ausgewählten

Städten, in denen man das potentielle Publikum vermutet. Erst wenn die ersten Reaktionen im regionalen Bereich positiv ausfallen, folgt ein umfassender Start. Das bekannteste Beispiel für eine erfolgreiche Platform Release in den letzten Jahren war der spätere Oscar-Gewinner *American Beauty* (1999) von Sam Mendes.

Andreas Rauscher

Probeaufnahme. 1) Kameraprobe für Filmschauspieler. Für die Besetzung einer Rolle wird ein bestimmter Darstellertyp gesucht, entweder unter bekannten und weniger bekannten Schauspielern oder unter Laien. Letzteres geschieht häufig bei → Kinderfilmen, z. B. für die Rollen der Zwillinge Luise und Lotte in Josef von Bakys *Das doppelte Lottchen* (1951). Anhand der Musteraufnahmen wird entschieden, ob der Darsteller den Idealvorstellungen, die der Regisseur von der Filmfigur hat, entspricht oder zumindest ausreichend nahe kommt. Für *Vom Winde verweht* (1939) suchte David O. Selznick mehrere Monate lang nach seiner Scarlett O'Hara und gab dafür Zehntausende von Dollar aus. Etablierte »leading ladies« wie Jean Arthur, Lana Turner und Susan Hayward wurden zu Probeaufnahmen eingeladen, aber keine erwies sich als Selznicks Traumbesetzung. Als solche entpuppte sich erst eine bis dahin in den USA völlig unbekannte englische Theaterschauspielerin namens Vivien Leigh.

2) Talentprobe vor laufender Kamera mit eingelegtem Film für Nachwuchsdarsteller oder Theaterschauspieler ohne Filmerfahrung, ohne dass es zumeist um eine konkrete Rollenbesetzung geht. Geprüft wird, ob sich der Darsteller vor der Kamera bewegen kann und über seine Fotogenität hinaus dabei natürlich und ungezwungen wirkt. Denn was das Filmbild fixiert, muss nicht mit der Alltagswahrnehmung übereinstimmen: Auch unscheinbare Menschen können vor der Kamera eine große Wirkung entfalten. Die Probeaufnahmen sind entscheidend für den Beginn einer Filmkarriere: Marilyn Monroe erhielt 1946 nach ihren ersten Probeaufnahmen sofort einen Jahresvertrag bei der 20th Century-Fox, da ihr Blick in die Kamera und ihr Gang überzeugt hatten. Solche Probeaufnahmen sind auch beliebt als Preis für Leserwettbewerbe von populären Film- und Fernsehzeitschriften. Probeaufnahmen im Sinne von 1) und 2) werden von darauf spezialisierten Unternehmen, so genannten → Casting-Agenturen, durchgeführt.

3) Kameraprobe, wie die Maske und die Kostüme der Schauspieler im Bild wirken. Für Warren Beattys Comicverfilmung *Dick Tracy* (1989) wurden z. B. Probeaufnahmen mit 30 Herrenhüten in verschiedenen Gelbabstufungen gemacht, um den markanten Farbton der gezeichneten Vorlage möglichst genau zu treffen. Bei der Maske wird überprüft, ob sie die erhoffte Wirkung erzielt und selbst in Nah- und Großaufnahmen (→ Einstellungsgrößen) überzeugt, z. B. wenn ein junger Schauspieler die Lebensspanne einer Filmfigur bis ins hohe Alter darstellen muss, wie Dustin Hofman in Arthur Penns *Little Big Man* (1970).

4) Testaufnahmen für die → Special Effects eines Films, vor allem bei neuartigen und komplizierten Konstruktionen wie in Stanley Kubricks *2001 – Odyssee im Weltraum* (1968).

5) Testaufnahmen zur Kontrolle, ob die Beleuchtung und die Objektivwahl ideal aufeinander abgestimmt sind.

Ursula Vossen

Problemfilm / Themenfilm. Der Ausdruck »Problemfilm« ist von der westdeutschen Filmkritik in den 50er Jahren oft verwendet worden und taugt recht gut für eine bestimmte Klasse von Filmen, von denen etliche davor und danach entstanden sind, in Deutschland, Europa und den USA (→ 20th Century-Fox). Der Problemfilm ist immer zeitnah und darin zeitkritisch, dass er Probleme, sprich Konflikte, aufgreift, die meist auch journalistisches Interesse erwecken können: Die Protagonisten interessieren nicht primär durch ihren Charakter, sondern als Typen. Es geht um Regelverletzungen, die durch ein korrigiertes moralisches Verständnis entweder als schlimme Verfehlung selbst unabhängig von der Rechtsprechung und ihrem Apparat zu verurteilen sind oder, im Gegenteil, legitimiert werden durch eine höhere, versöhnliche Humanität. Regelverletzungen zeigen jeweils die Relativität der vorherrschenden Wertordnung auf, sie treten nicht selten im Widerspruch zwischen privater Moral und beruflicher Notwendigkeit auf, sie haben allgemein mit den gesellschaftlichen Rollen zu tun, die der Einzelne in sich vereinen muss, was nicht ohne weiteres gelingt – Reibungen, Unstimmigkeiten, Fehlverhalten sind das Ergebnis. Gerade bei einer Gesellschaft, deren Dynamik die Traditionen erschüttert, die Denkweisen verändert, die materiellen Verhältnisse umschichtet, die Spannungen zwischen Kapital und Arbeit, öffentlicher Selbstdarstellung und Versagensangst, zwischen Fremdbild und Selbstbild ebenso neu definiert wie die Attribute von Erfolg und Misserfolg, entsteht eine Fülle gesellschaftlicher Probleme, die den Einzelnen jeweils dazu zwingt, ›mitzumachen‹ oder als Außenseiter an den Rand gedrängt zu werden. Diese Probleme von ›Mitbürgern‹ greift der Problemfilm bevorzugt auf – er funktioniert damit als Gradmesser sozialer Umbrüche, bei denen sich die Grenzen zwischen Normalität und Anomalie ständig verschieben.

Dramaturgisch erkauft der Problemfilm diese Ausrichtung auf Aktualität mit der Verengung des Sinnhorizonts: Die zeitgemäße Zuordnung seiner Figuren interessiert ihn mehr als die zeitübergreifende Conditio humana, die Hauptfiguren dienen ihm als Repräsentanten oder Exponenten der gegensätzlichen Kräfte und Werthaltungen, nicht so sehr als für sich bestehende, volle Figuren. Die Konzentration des Problemfilms auf das soziologische Interesse lässt es meist zu (nicht immer), dass das psychologische Interesse oder gar das metaphysische, die Glaubensbedürfnisse des Publikums, an den Rand gedrängt werden – wo sie schattenhaft oder deutlicher noch sichtbar sein können (→ Medienreligion).

Typische Probleme des deutschen Films bereits in den 20er Jahren sind z. B. die Homosexualität und die Art, wie die Betreffenden mit ihrer sozialen Ächtung umgehen, die Verrohung der Jugend, besonders in Erziehungsheimen, die Not der Arbeiterschaft, die z. B. bei der Familienplanung (Stichwort: Abtreibung) besonders sichtbar wird. Jugendkriminalität ist auch im westdeutschen Nachkriegsfilm ein dominierendes Problem: Die Verlockungen des Wohlstands verführen zu verbrecherischem Selbsthelfertum, der neue mit dem Rock 'n' Roll aus den USA bezogene Lebensstil wird zumal von den Erwachsenen mit äußerstem Misstrauen beobachtet, die über die übliche Gruppenbildung hinausreichende Abschirmung der veränderten ›Jugendkultur‹ mit aggressiven Warnbegriffen belegt, die sich auch in den Titeln der Filme widerspiegeln: z. B. *Die Halbstarken* (1956, R: Georg Tressler) oder *Die Frühreifen* (1957, R: Josef von Baky). Dabei sei nicht vergessen, dass sich Problemfilme als Genre längst auch in Amerika etabliert haben: der gegen die Väter revoltierende junge Sohn, etwa in Gestalt des Schauspielers James Dean, poltert und quält sich durch Filme von Elia Kazan oder Nicholas Ray. Die Schule als Kampfmilieu wird wiederholt beschrieben, z. B. in *Die Saat der Gewalt* (1955, R: Richard Brooks): Ein tapferer Lehrer bringt die durch das Leben im Slum verdorbenen jungen Menschen wieder auf den rechten Weg, nachdem er den Anführer entzaubert hat. Die Rockmusik des Films – Bill Haleys »Rock around the clock« – diente dabei mehr dem Ausdruck der Revolte als dem ihrer Besänftigung. Sensationspresse, die die Stimmung des Massenpublikums steuert, ist gleichfalls ein gerngewähltes Thema des Problemfilms – in Westdeutschland sind etwa zu nennen: *Nasser Asphalt* (1958, R: Frank Wisba) und *Der Mann, der sich verkaufte* (1958, R: Josef von Baky).

Man hat verschiedentlich dem Problemfilm vorgeworfen, dass er keine praktikablen Lösungen vorträgt, sondern häufig nur ratlose Kompromisse (→ Gerichtsfilm). Ein solcher Vorwurf enthüllt sich allerdings als

Die Faust im Nacken (1954, R: Elia Kazan): Lee J. Cobb, Karl Malden, Eva Marie Saint

Verletzte und Beschädigte an Körper und Seele bleiben zurück, wo mitten in der zivilen ›Friedensgesellschaft‹ unterschiedliche Interessen hart zusammenstoßen, wo bedroht, erpresst, intrigiert wird und ein großer Widersacher als Feind zu überwinden ist. Problemfilme greifen die Konflikte auf, die Krisen des Systems hinter der Fassade der Wohlanständigkeit verraten, verborgene Machenschaften und Machtkämpfe, den ›Kalten Krieg‹ zwischen Gier und Gerechtigkeit. Kazans Film handelt von Arbeitskämpfen im Hafenviertel New Yorks und dem Sieg über eine Mafia-ähnliche Gewerkschaft. Die Liebe zu einer jungen Frau und ein Priester unterstützen den Helden (Marlon Brando). Problemfilme sind oft von einem journalistischen Impuls getragen (den Schlamm aufzuwühlen) und lassen sich mit hohen Amtswaltern, ihrer Politik der Verschleierung und der unaufgeklärten öffentlichen Meinung ein, also vermutlich ›ewigen‹ Ärgernissen, aber einen ›aufbauenden‹ Schluss wollen sie nicht entbehren.

kunstfremd und verlangt der filmischen Erzählung Handlungsrezepte ab, die in der Praxis tatsächlich von den gesellschaftlichen Einrichtungen und dem Wählervolk selbst bedacht werden müssten. Das so genannte Original-Fernsehspiel in Westdeutschland bediente sich des Genres Problemfilm im umfänglichen Maße und erweiterte die Skala der Themen beträchtlich – durch Komplexe wie die Vergangenheitsbewältigung, das Leben der Alten am Rand der Gesellschaft, Familienkrisen, das damals noch bestehende Ost-West-Problem, die Differenzen zwischen Reich und Arm usw. Anfang der 70er Jahre entstand im Berliner Arbeiterfilm eine besonders nüchterne Variante des Genres, da hier gewerkschaftspolitische Argumentationen die fiktionalen Figuren völlig zu Sprachrohren verkümmern ließen. Der Fokus verschob sich in den 80er Jahren, als zumal auf dem Schauplatz Berlin das Elend einer verlassenen Jugend demonstriert wurde in *Christiane F. – Wir Kinder vom Bahnhof Zoo* (1981, R: Uli Edel), *Kanakerbraut* (1983, R: Uwe Schrader) oder *Zischke* (1986, R: Martin Theo Krieger). An die Stelle des Ost-West-Problems drängte sich spätestens mit der ›Wende‹, dem Zusammenschluss von Ost- und Westdeutschland, das Dilemma der Einwanderer, meistens aus der Türkei, in einer Gesellschaft, die sie nicht als Gäste, sondern als Fremdkörper abzusondern und auszustoßen trachtet. Die Familienkrisen von früher, die sich gewöhnlich im Streit zwischen Vätern und Söhnen, in der Entfremdung der Generationen voneinander manifestierten, erhielten eine wesentlich schärfere Note – nicht zuletzt dank einer misstrauischeren Pädagogik – durch die Erkenntnis vom Missbrauch der Töchter (und Söhne), den es in der Vergangenheit vielleicht weniger gegeben hat, vielleicht ist er auch nur konsequenter verschwiegen worden.

Der junge europäische Film der neuen Jahrhundertwende benutzt den Problemfilm, um über die Konstruktion von Charakteren und Dramen hinaus filmischen Erzählungen publizistischen Impuls zu verleihen. Geschickt auf der Grenze zwischen Melodram und Problemfilm balanciert der spanische Film *Solas* (1998, R: Benito Zambrano), der die Schilderung vereinsamter Menschen in der Großstadt (Sevilla) virtuos mit einem hohen Lied auf die Mutter als Wärmepol der ganzen Familie verbindet. Eine Mutter, die alles versteht und alle zu trösten vermag, aber selbst unter der Tyrannei ihres Mannes zu leiden hat, bringt Menschlichkeit in die Kälte der Mietwohnungen und stiftet Frieden selbst auf ›unfruchtbarem‹ Boden. Natürlich wirkt diese Lösung beinahe wie ein Wunder und erscheint daher wenig der schwierigen Realität angemessen und auch nicht aufs Leben übertragbar zu sein – doch bleibt es das Vorrecht der Erzählung, selbst von Problemfilmen, in ihren Schlüssen Utopisches zu riskieren, das das Elend der existierenden Verhältnisse überholt zugunsten der unausrottbaren Idee einer denkbaren heilen Welt.

Thomas Koebner

Production Code (auch: Hays Code, Breen Code). Freiwillige Selbstzensur der amerikanischen Filmindustrie, in Abwandlungen gültig bis zur endgültigen Aufhebung 1968.

Da das frühe Kino von Presse und religiösen Verbänden als primitive Unterhaltung der ungebildeten Massen und Nährboden unmoralischer und wertezersetzender Einflüsse verteufelt wurde, konstituierte sich nach der Gründung diverser lokaler Zensurvereine bereits 1909 das National Board of Review, das ein Auge auf die Ethik der Filme haben und die Filmindustrie beraten sollte. Nach mehreren großen Skandalen, die Hollywood den Ruf eines Sündenpfuhls eintrugen, insbesondere nach dem »day the laughter stopped« (1921), an dem eine junge Schauspielerin während einer exzessiven Party ums Leben kam (der wegen Vergewaltigung und Mord angeklagte Slapstick-Star Fatty Arbuckle wurde vor Gericht freigesprochen, trat aber danach nie wieder als Schauspieler auf), organisierte sich die Filmindustrie 1922 im Motion Picture Producer and Distributors of America (MPPDA), um einer staatlichen Zensur zuvorzukommen; William H. Hays (1879–1954) wurde zu ihrem Vorsitzenden berufen. Hays, ehemaliger Rechtsanwalt und enger Mitarbeiter von Präsident Harding mit beträchtlichem politischen Einfluss, war beauftragt, das Ansehen der Filmindustrie in der öffentlichen Meinung zu rehabilitieren. Obwohl MPPDA auch mit weiteren Aufgaben wie der Konstruktion von Verträgen und der Organisation eines zentralen Besetzungsbüros (Central Casting Bureau) betraut war, ging Hays vor allem wegen seines berüchtigten, 1930 erstellten Motion Picture Production Codes, oft als »Hays Code« bezeichnet, in die Filmgeschichte ein. Diese »freiwillige« Selbstzensur der Produzenten und Verleiher hat Inhalt und Gestaltung des amerikanischen Kinos tief gehend beeinflusst; der künstlerischen Freiheit wurden vielfältige Grenzen gesetzt. Der wohlmeinende Anspruch, »no picture shall be produced which will lower the moral standards of those who see it«, wurde in einer Unzahl von Vorschriften konkret, die zum einen die Darstellung von Gewalt und Kriminalität betrafen (»methods of crime shall not be explicitly presented«; »the technique of murder must be presented in a way that will not inspire imitation«; »illegal drug traffic must never be presented«), zum anderen den Bereich der Sexualität.

Hierbei ging man in den Details erheblich weiter als beim eher generell abgehandelten Thema der Gewaltdarstellung. Die Heiligkeit von Ehe und Heim sollte hochgehalten, »excessive and lustful kissing, lustful embracing« nicht gezeigt werden; ein Kuss durfte nicht zu leidenschaftlich sein, die Länge von drei Sekunden nicht überschreiten und überhaupt nur vorkommen, wenn »essential to the plot«, Mann und Frau durften nicht gemeinsam im Bett zu sehen sein usw. »Sexuelle Perversionen« und jedwede Anspielung hierauf waren ebenso verboten wie die Darstellung geschlechtlicher Beziehungen zwischen Weißen und Schwarzen (!), Nacktheit war selbstverständlich ausgeschlossen (»Complete nudity is never permitted. This includes nudity in fact or in silhourtte, or any [...] notice thereof by other characters in the picture«). Tänze und Kostüme durften keinesfalls obszön sein. Darüber hinaus waren Flüche und respektlose Behandlung jeder Religion oder deren Vertreter verboten.

Zwar hat es immer wieder Einzelfälle gegeben, in denen Produzenten oder Regisseure sich gegen den Hays Code durchsetzen oder (häufiger durch verdeckte Anspielungen und Zweideutigkeiten, wie z. B. W. C. Fields in seinen Filmen) an ihm vorbeischmuggeln konnten; namentlich Howard Hawks mit *Scarface* (1932) oder später Otto Preminger mit *Die Jungfrau auf dem Dach* (1953), einer Komödie um die Jungfräulichkeit einer jungen Dame, und *Der Mann mit dem goldenen Arm* (1955), Thema Drogenabhängigkeit, ignorierten die Vorschriften ausgiebig. Anfang der 30er Jahre führten die Auswirkungen der Depression zu einer häufigeren Missachtung des Codes – Gangsterfilme und sexuelle Anspielungen sollten mehr Publikum in die Kinos locken; ab 1934 erhielt Hays durch Joseph Breen im MPPDA Verstärkung, um die Einhaltung des Codes strikter überwachen zu können. In der Regel wurde der Code von da an streng befolgt, zumal die Produzenten auch die Proteste diverser anderer organisierter »Moralwächter«, wie z. B. der katholischen Legion of Decency und deren Einfluss auf die Kinokasse (es gab diverse Aufrufe zum Boykott des Kinos) fürchteten. Die »Legion des Anstands« wurde 1934 gegründet von US-Bischöfen; deren eigenes Filmbewertungssystem verdammte noch in den 60er Jahren Filme wie Ingmar Bergmans *Das Schweigen* (1963) oder Sidney Lumets *Der Pfandleiher* (1965) als unanständig.

Obwohl Hays selbst nur bis 1945 im Amt war, blieb sein Code bis 1966 praktisch unverändert gültig. Gesellschaftliche Veränderungen und breite Proteste von Bürgerrechtlern und Künstlern führten 1966 zu einer milderen Überarbeitung des Production Codes, bis er schließlich 1968 durch ein neues Filmbewertungssystem ersetzt wurde, das (ähnlich dem bundesdeutschen System) Filme nach Altersklassen freigibt.

Kerstin-Luise Neumann

Literatur: Edward de Grazia / Roger K. Newman: Banned Films. Movies, Censors and the First Amendment. New York 1982. – Michael Webb (Hrsg.): Hollywood. Legend and Reality. Boston 1986.

Produktionsablauf.
1) Entwicklung
Die Produktion eines Films beginnt im Kopf: mit einer Idee. Bei der ersten schriftlichen Ausarbeitungsstufe dieser Idee spricht man vom Exposé. Das Exposé ist ein Geschichtenaufriss, in dem der Handlungsablauf und die (Haupt-)Figuren erkennbar sind. Im Treatment sind Handlung und Figuren bereits präzise ausgearbeitet, ein Bildertreatment enthält alle Szenen, die im → Drehbuch mit Dialogen, Handlungsbeschreibungen und Regieanweisungen ausgeschrieben sind. Die Szenen des Drehbuchs sind fortlaufend nummeriert.

In der Regel finden bereits mit einer der Drehbuch-Vorstufen ›Verkaufsgespräche‹ (Pitch) zwischen Autor und → Produzent oder Produzent und Redakteur statt, deren Ziel es ist, Partner für die Realisierung eines Stoffs zu gewinnen.

2) Vorbereitung
Auf der Basis des Drehbuchs wird ein erster Drehplan erstellt, und die voraussichtli-

chen Produktionskosten werden kalkuliert. Der Stäbchenplan zerlegt das Drehbuch in seine Einzelteile und bündelt die Szenen nach logistischen Gesichtspunkten zu Tagespensen. Jede Drehbuchszene wird mit Bildnummer, Benennung des Motivs, der Situation (Innen/Außen), der Tageszeit (Tag/Nacht), den Darstellern und Besonderheiten (z. B. Stunt) einzeln aufgeführt.

Die erste Kalkulation enthält häufig noch viele unbekannte Größen: z. B. Besetzung, Gagen, Motiv- oder Reisekosten. Muss ein vorgegebener Kostenrahmen eingehalten werden, kann dies Auswirkungen auf das Drehbuch haben und Kürzungen und Vereinfachungen nach sich ziehen. Der Etat bestimmt auch die Anzahl der Drehtage. Für einen 90-Minuten-Fernsehfilm stehen – im Schnitt – ca. 23 Drehtage zur Verfügung.

An der Durchführung einer Fernsehfilm-Produktion sind ca. 40 Personen beteiligt. Die meisten Mitarbeiter werden projektbezogen beschäftigt. Steht der Drehzeitraum fest, engagiert die Produktionsfirma den künstlerischen und organisatorischen Stab. Die Vertragsverhandlungen werden in der Regel vom Produktionsleiter oder dem Produzenten geführt, der Beschäftigungszeitraum ist abhängig von der jeweiligen Funktion.

In der Vorbereitungsphase arbeiten die meisten Abteilungen parallel und bereiten auf der Basis von Drehbuch-Auszügen (und des kalkulierten Etats) ihren Teil des Drehs in Abstimmung mit dem → Regisseur vor.

Beim → Casting werden die Darsteller für alle im Drehbuch enthaltenen Rollen ausgewählt. Wenn die Besetzung feststeht, sorgen Kostüm- und Maskenbildner (→ Maske) für das passende Outfit, Make-up und Frisuren.

Der Ausstatter sucht Drehorte, die er dem Regisseur und dem Kameramann bei Motivbesichtigungen präsentiert. Zur Einrichtung der Motive wird der Requisiteur hinzugezogen, in dessen Zuständigkeitsbereich auch Autos und Tiere fallen.

Der endgültige Drehplan berücksichtigt die Verfügbarkeit von Darstellern und Motiven sowie logistische Überlegungen (z. B. räumliche Nähe von Drehorten).

Ziel ist es, diesen Drehplan (und insbesondere die Anzahl der Drehtage) einzuhalten.

3) Dreh

Der geplante Drehablauf eines Tages wird, auf der Basis des Drehplans, am Vortag zwischen → Regie(assistenz) und Aufnahmeleitung festgelegt und in Form einer Tagesdisposition an alle Beteiligten verteilt. Durch Wetterbedingungen oder unvorhersehbare Ereignisse (z. B. Erkrankung von Darstellern, Negativschaden), können Abweichungen vom Drehplan entstehen. Um Stillstand bei den Dreharbeiten zu vermeiden, empfiehlt es sich, für wetterabhängige Szenen eine Alternative (Cover-Set) in die Planung einzubeziehen. Und nicht in jedem Fall wird das disponierte Tagespensum auch tatsächlich eingehalten.

Vom Filmmaterial eines Drehtags werden anschließend im → Kopierwerk die Aufnahmen (→ Takes) entwickelt, die der Regisseur als »Kopierer« bestimmt hat. Beim traditionellen Schnitt koppelt der Cutter am Schneidetisch Bild und Ton per Hand (»Muster anlegen«), für elektronische Schnittplätze wird das Material digitalisiert.

In der täglichen Mustervorführung wählt der Regisseur die Takes aus, die er für den Schnitt benötigt. Da der Cutter normalerweise parallel arbeitet, entsteht bereits während der Dreharbeiten eine erste Schnitt-Fassung des Films.

4) → Post-Production

Nach Ende der Dreharbeiten erarbeiten Regisseur und Cutter den Rohschnitt. Diese Fassung wird im anschließenden Feinschnitt weiter korrigiert und auf die Sendelänge gebracht.

Der von Regisseur, Produzent und Redakteur abgenommene Feinschnitt ist in Bezug auf Inhalt und Länge die Endfassung des Films. Danach werden Bild- und Tonebene getrennt nachbearbeitet.

Analog zum Feinschnitt wird das Negativ geschnitten und abgetastet. Damit ein kontinuierlicher optischer Eindruck entsteht, werden in der Farbkorrektur Helligkeit, Kontraste und Farbsättigung der einzelnen Einstellungen elektronisch bearbeitet und angeglichen.

Die beim Drehen aufgenommenen Originaltöne werden bei der Vertonung durch Zusatzgeräusche, Atmos und Toneffekte ergänzt, bei schlechter Tonqualität werden auch Dialogpassagen synchronisiert.

Der Filmkomponist erarbeitet die → Filmmusik, die aus szenischen und Source-Musiken besteht.

Bei der → Mischung werden Sprache, Geräusche, Synchronaufnahmen und Musik, die sich jeweils auf einer eigenen Tonspur befinden, zusammengeführt und Tonsprünge zwischen den Einstellungen ausgebügelt, sodass ein einheitlicher akustischer Eindruck entsteht.

Am Ende werden Titel gesetzt und mit dem farbkorrigierten, gemischten Film auf das vertraglich vereinbarte Sendematerial überspielt.

Anette Kaufmann

Produzent. Die zumal amerikanischen Film-Moguln (Tycoons) der Vor- und noch der vergnügungshungrigen Nachkriegszeit waren Herrscher über große, für den Außenstehenden unübersichtliche Studiobetriebe, in denen in ununterbrochener Abfolge ein Kinofilm nach dem anderen entstand. Die Welt eines Produzenten war nationaler wie internationaler Glanz und Glamour. Mit dem »Oberhausener Manifest« kam der → Neue deutsche Film als → Autorenfilm zu großer Bedeutung. Der Prototyp des »Rucksackproduzenten« bestieg die Bühne. Mit seinen Auftritten verblich im Deutschland der 60er und 70er Jahre das Glitzerbild des Produzenten. Heute ist ein Produzent in der Regel ein kleines, hoch effizient und flexibel arbeitendes Produktionsunternehmen. Mit seinem Instinkt für Stoffe und Talente realisiert der Produzent Filme im Auftrag der Fernsehanstalten.

Der Filmproduzent stellt ein Filmwerk her. Damit ist er Hersteller an der Grenze zwischen zwei Welten: der materiellen des Films und der immateriellen des auf Zelluloid gebannten Inhalts. Die Herstellung des Filmwerkes als geistiger Schöpfung und die Auswertung der damit entstehenden Rechte ist sein Metier. Er hat alle Nutzungsrechte an einem Filmwerk erworben, die er für dessen Herstellung und Auswertung benötigt. Aus § 94 des Urhebergesetzes lassen sich auch noch die anderen für einen Hersteller von Filmen typischen Tätigkeiten ableiten. Letztlich ist er allein – als juristische oder natürliche Person und übergeordnet – für die organisatorischen, wirtschaftlichen Aufgaben bei der Realisierung eines Filmvorhabens wie auch für die finanziellen und künstlerischen Leistungen verantwortlich. Das umfasst sämtliche Tätigkeiten von der Stoff- und Projektentwicklung über die Kalkulation und die Kontrolle des Produktionsprozesses bis hin zur Beschaffung für die Produktion notwendiger Finanzmittel. Damit stehen dem Produzenten in erster Linie keine originären Urheberrechte zu, vielmehr mit dem Leistungsschutzrecht nach § 94 nur derivativ erworbene Nutzungsrechte am Filmwerk. Nur dann, wenn ein Produzent persönliche geistig schöpferische Leistungen vollbringt, stehen ihm am Filmwerk zusätzlich originäre urheberrechtliche Nutzungsrechte zu.

Typisch für die in Eigenproduktion realisierten Filme ist, dass der Filmhersteller das hauptsächliche wirtschaftliche Risiko der Produktion wie der Auswertung trägt. Der recht unromantische Filmproduzent von heute stellt als juristische Person seine Filme überwiegend im Auftrag Dritter her. Dabei spielen Fernsehsender die dominierende Rolle. So kommt ein Filmhersteller heute als Zuliefererbetrieb daher, dem das Auswertungsrisiko weitgehend abgenommen ist. Somit treten Fernsehsender an die Stelle der ehemalig übermächtigen Verleih- und Vertriebsunternehmen.

Doch der Markt wandelt sich. Die zunehmend rasantere technische Entwicklung der Medien bewirkt eine fortschreitende Deregulierung der Programmmärkte. Schon wollen Fernsehsender nicht mehr allein das Risiko der Auswertung tragen. Und so könnte es kommen, dass sich aus dem Zuliefererbetrieb der Neuzeit erneut der Typus des das volle Risiko eines Produzenten tragenden Filmunternehmens entwickelt.

Alexander Thies

Programmkino. Programmkinos orientieren sich bei der Auswahl ihres Programmangebots nicht ausschließlich am Gros der Neuerscheinungen auf dem Kinomarkt, im Gegensatz zu den kommerziellen Kinos. Das Konzept der Programmkino-Betreiber basiert vielmehr auf Liebhaberei und dem Wunsch, den Zuschauern Filmkunst nahe zu bringen. So führen Programmkinos z. B. auch Filme ›nicht-populärer‹ Genres (wie → Dokumentar- und → Avantgardefilme) oder Formate (wie → Kurzfilme) vor. Außerdem verfolgen sie meist einen ›erzieherischen‹ Anspruch: Sie vermitteln Filmgeschichte, z. B. durch die regelmäßige Präsentation von Klassikern, durch die Veranstaltung von thematischen Filmreihen, manchmal erweitert um (politische oder gesellschaftliche) Diskussionen und Gespräche mit anwesenden Künstlern. Um die ›Authentizität des Kunstwerks‹ zu wahren, werden die Filme häufig in der Originalversion (oder im Original mit Untertiteln) gezeigt. Dieses Interesse teilen die Programmkinos mit den Kommunalen Kinos, wobei Letztere einen expliziten Bildungsauftrag innehaben und von den Kommunen subventioniert werden. Programmkinos können selten auf diese finanzielle Hilfe zurückgreifen, und ihr Bestehen hängt in großem Maße vom persönlichen Einsatz der Betreiber (und deren Idealismus) sowie dem Zuspruch des ›Nischenpublikums‹ ab.

Als erstes Programmkino wurde am 14. November 1924 von Jean Tedesco das »Vieux Colombier« in Paris eröffnet. Hier liefen künstlerische Filme, die in den kommerziellen Kinos zunächst oder überhaupt keine Akzeptanz fanden, wie z. B. erstaunlicherweise *Der letzte Mann* (1924) von Friedrich Wilhelm Murnau, ein Film, der den internationalen Ruhm Murnaus begründete. 1926 wurde das »Studio des Ursulines« gegründet, das sich vornahm, sein »Publikum aus der Elite der Schriftsteller, Künstler und Intellektuellen des Quartier Latin zu gewinnen und aus der immer größer werdenden Zahl derer, die die Armseligkeit gewisser Filme aus den Kinos vertreibt. [...] alles, was Originalität, Wert, *eine Anstrengung* aufweist, wird in [diesem] Kino seinen Ort finden« (Dulac). Im 1928 eröffneten Programmkino »Studio 28« wurden die skandalträchtigen surrealistischen Filme *Ein andalusischer Hund* (1928) und *Das goldene Zeitalter* (1930) von Luis Buñuel gezeigt.

Eines der ersten alternativen Kinos in Deutschland war das »Studio« in der Occamstraße in München. 1953 kam es zur Gründung der Gilde deutscher Filmkunsttheater, ein Zusammenschluss von etlichen Programmkinos. Die Gilde dient gewissermaßen als Vernetzungsorgan und berät ihre Mitglieder u. a. in der Spielplangestaltung.

Nachdem in den 60er Jahren mehr und mehr Kommunale Kinos eröffnet wurden, um auch den Werken des → Neuen deutschen Films (z. B. von Alexander Kluge) ein Forum zu gewähren, verbreiten sich in den frühen 70er Jahren nach und nach die Programmkinos, wie das »Abaton« in Hamburg, das »Filmkunst« in Berlin, das »Arena« in München. Bis heute funktionieren Programmkinos als Alternative zu den Kommerzkinos, wenn auch sie im Wettstreit um die Publikumsgunst – also um überleben zu können – nicht selten Kompromisse eingehen müssen und dadurch die Qualität des Spielplans leidet: Groß ist die Konkurrenz der seit den 80er Jahren wuchernden Multiplexe. Andererseits scheint gerade diese Konkurrenz eine produktive Wirkung zu haben. Im Schatten der großen Kinocenter gedeihen, zumindest in Großstädten wie Berlin, kleine Programmkinos, die durchweg Filme im Original zeigen und sich erfolgreich neben ihren großen Geschwistern halten.

Miriam Fuchs

Literatur: Hans Günther Pflaum / Hans Helmut Prinzler: Film in der Bundesrepublik Deutschland. Der neue deutsche Film. Herkunft / Gegenwärtige Situation. Ein Handbuch. Frankfurt a. M. 1982. – Germaine Dulac: Das Kino der Avantgarde. In: Frauen und Film 37 (1984).

Projektion. Der ›Zauber‹ der Projektion basiert auf der Dialektik von repräsentativer Anwesenheit der Dinge im Bild bei deren gleichzeitiger materieller Abwesenheit. Die Sensation des auf scheinbar unerklärliche

Weise entstehenden und wieder verschwindenden Bildes entwickelte sich aus Spiegeltricktechniken, die seit der Glasherstellung zu Beginn des 14. Jahrhunderts möglich wurden. Aber erst mit der Erfindung der Laterna magica in der Mitte des 17. Jahrhunderts entstanden die bis heute gültigen Komponenten einer Projektionsdarbietung: Zuschauer kommen eigens zusammen, um projizierte Bilder zu betrachten, deren Illusionshaftigkeit sie als Sensation erleben können, wobei sie gleichzeitig wissen, dass diese ihnen mittels einer Apparatur vorgegaukelt wird. Diese Apparatur ist allerdings vor den Blicken der Zuschauer verborgen, um die suggestive Wirkung der Bilder nicht zu stören (→ Pré-Cinéma-Forschung).

Alle Projektionen haben einen ähnlichen Funktionsaufbau: Eine Lichtquelle schickt gebündelte Lichtstrahlen durch ein lichtdurchlässiges Objekt (z. B. bemalte Glasscheiben), von dem mittels einer Linse ein vergrößertes Abbild auf einen Schirm projiziert wird. Da sich die Lichtstrahlen in der Linse überkreuzen, entsteht ein seitenverkehrtes und Kopf stehendes Bild auf der Projektionsfläche.

1) Frühe Bildprojektionstechniken

Die ersten primitiven Vorläufer der Bildprojektion (schriftlich belegt seit dem 11. Jahrhundert) gehören in die Tradition des Schattentheaters Asiens (Chinas und Indiens). Dabei werden Zuschauern auf einer beleuchteten teildurchlässigen Stoffwand Schattenbilder von flachen Figuren vorgeführt. Die Figuren und die Lichtquelle befinden sich hinter der Stoffwand. Das heißt, die Projektion erfolgt auf die Rückseite der ›Leinwand‹.

Anthanasius Kircher (1601–80) entwickelte nach den Vorarbeiten der Spiegelschreibkunst von Johann Baptist Porta eine Zauberlampe, mit der er nachts Bilder auf Papierfenster eines gegenüberliegenden Hauses projizierte. Als Lichtquelle benutzte er eine Kerze. Um eine schärfere Abbildung zu erzielen, stellte er zwischen den Spiegel und die Projektionsfläche eine Linse. Kircher versuchte auch bereits, Bewegung auszudrücken. Dazu befestigte er einen beweglichen Hampelmann oder eine lebendige Fliege mit Honig auf dem Projektionsspiegel.

Die Laterna magica ist ein Kasten, der aus folgenden Bestandteilen besteht: einer Öllampe, für die es einen Rauchabzug gibt, einem Hohlspiegel, der das Lampenlicht nach vorne wirft, einer Kondensorlinse, die es gebündelt durch die bemalte Glasscheibe schickt, und einem Objektiv vor der Glasscheibe, durch die das Bild schließlich auf eine Fläche projiziert wird. Eine präzise vereinfachte Darstellung lieferte 1674 Claude F. M. Dechales.

Die ursprünglich als Zeichenhilfe von Leonardo da Vinci konstruierte Camera obscura bot bereits im 16. Jahrhundert Schauwerte, die Porta ausführlich beschreiben hat. Diese dunkle Kammer wurde konstruiert, um Bilder einzufangen und nicht um sie zu projizieren. Sie galt als ein Instrument der empirischen Forschung und diente Malern und Wissenschaftlern ihrer Grundidee nach als kompensierender Wirklichkeitsgarant für die in der postkopernikanischen Welt zweifelhaft gewordene sinnliche Wahrnehmungsfähigkeit des Menschen. Dagegen wollte man bei der Laterna-magica-Projektion den Zuschauer von Anfang an und in erster Linie mit sinnlichen Reizen magisch-fiktionaler Bilderwelten verführen.

Die Laterna-magica-Projektion basiert auf dem Umkehrprinzip der Camera obscura: Während die Camera obscura, die Ausschnitte der empirischen Wirklichkeit auf ihrer ›Netzhaut‹ empfängt, die äußeren Bilder der Welt verinnerlicht werden, wirft die Laterna magica ihre kunstfertig entworfenen Bilder auf eine Projektionsfläche, veräußerlicht gleichsam innere Bilder (Hick). Die Camera obscura gilt als Vorläufer des Fotoapparates, während die Laterna magica mit einem heutigen Diaprojektor vergleichbar ist.

Am Ende des 18. Jahrhunderts erkannte man, dass man die Bewegung der Sujets nicht mehr bloß teilweise mit Schiebe- und Kurbeltechniken von zwei Glasbildern erzeugen konnte, sondern durch mehrere Bildprojektionen hintereinander. 1845 gelang es, Lebensrad und Laterna-magica-Projektion miteinander zu kombinieren und so den Eindruck von Bewegung zu vermitteln. Man wusste bereits, dass bei schneller Abfolge von Bildern das Auge nicht in der Lage ist, diese getrennt wahrzunehmen, sondern diese Einzelbilder im Gehirn zu einer fließenden Bewegung verschmelzen – stroboskopischer Effekt –, am einfachsten vorführbar mittels eines Daumenkinos. Nur aufgrund der Trägheit des Auges, das maximal 12–14 Bilder in der Sekunde wahrnehmen kann, entsteht die Illusion von Bewegung. Deshalb wird das Projizieren vieler Bilder schnell hintereinander erstrebenswert, vor allem seit der Erfindung der Fotografie (1822), mit der es zum ersten Mal gelingt, die Wirklichkeit nicht mehr bloß nachzubilden, sondern abzubilden.

Für die Entstehung der Kinematographie sind sowohl die Verbesserungen der Laterna-magica-Projektion und deren Experimente mit bewegten Bildern, als auch die Erfindung der Fotografie die wesentlichen Grundlagen.

2) Filmprojektion

Grundsätzlich gilt: Damit die Bewegung der Bilder bei der Filmprojektion nicht verwischt wahrgenommen wird, muss jedes Bild für einen Sekundenbruchteil (heute projiziert man 24 oder 25 Bilder in der Sekunde) angehalten und beim Umspringen auf das nächste Bild die Projektion verdunkelt werden. Das bedeutet erstens, dass man den kontinuierlichen Filmtransport mittels des Malteserkreuzes in einen diskontinuierlichen umwandeln muss, sodass das Positivbild im Bildfenster (seitenverkehrt und auf dem Kopf) für genau $1/24$ Sekunde steht. Zweitens wird jedes Einzelbild 50-mal in der Sekunde durch eine Zweiflügelblende verdunkelt, um ein Flackern zu verhindern – 24-mal beim Bildwechsel und 24-mal dazwischen beim stehenden Bild. Letzteres ist wegen der Netzstromfrequenz von 50 Hertz notwendig. Der Verdunklungsmoment ist viel zu kurz, um vom Auge registriert zu werden – es nimmt eine fließende Bewegung wahr.

Nachdem das Filmbild projiziert wurde, wird der Filmstreifen über mehrere Rollen wieder zu einem kontinuierlichen Transport geführt, damit die Tonlampe einen gleichmäßigen Ton abnehmen und der Film wieder aufgerollt werden kann. Da der Film nur auf einer Innenseite längs der Perforation eine Tonspur hat, ist darauf zu achten, dass diese auch da liegt, wo der Tonabnehmer sie abtasten kann (→ Ton).

Beim Filmtransport ist es notwendig, dass der Filmstreifen, bevor er von der Malteserkreuzschaltung in regelmäßiger minimal abrupt-stoßhafter Weise zum Bildfenster gezogen wird, eine Schlaufe (Latham-Schlaufe, vgl. Rother) bildet, die diese Geschwindigkeitsveränderung zulässt. Deshalb ist auch eine zweite Schlaufe nach der Projektion notwendig; sie ist dafür verantwortlich, dass die rückgängig gemachte Geschwindigkeitsveränderung toleriert wird und der Film nicht reißt.

Da die frühen Stummfilme nur eine Bildfrequenz von 16 oder 18 Bildern pro Sekunde hatten, mussten sie mit einer Dreiflügelblende projiziert werden, um die Wahrnehmung von einer gleichmäßigen Bewegung zu gewährleisten und ein Hüpfen des Bildes zu vermeiden. Bei der Ausstrahlung von frühen Stummfilmen im Fernsehen hat man oft den Eindruck, dass die Menschen sich auf unnatürlich zackige Art bewegen. Dieses Phänomen entsteht, weil der Fernsehapparat mit einer Frequenz von 25 Bildern pro Sekunde arbeitet und frühe Stummfilme nur mit 16 bzw. 18 Bildern pro Sekunde aufgenommen wurden; das Bild springt.

Der eigentliche Vater der Filmtechnik ist Louis Aimé Augustin Le Prince. Er entwickelte 1889 eine Aufnahmekamera, die mit einem Objektiv und 12 (später sogar mit 20) Bildern in der Sekunde arbeitete. Da Le Prince auf einer Geschäftsreise durch Frankreich auf mysteriöse Weise mit all seinen Konstruktionsunterlagen verschwand, ist er heute völlig in Vergessenheit geraten (vgl. Kandorfer).

Am 1. November 1895 zeigte der Fabrikbesitzer Max Skladanowsky im Wintergarten des Berliner Hotels »Central« die erste

Filmvorführung in Deutschland. Er arbeitete mit zwei Projektoren (dem Bioskop) und erreichte eine Bildfrequenz von 16 Bildern pro Sekunde. Am 28. Dezember 1895 führten die Brüder Lumière ihren Kinematographen öffentlich vor, eine Kombination aus Filmkamera und Projektor, allerdings fanden private Vorführungen bereits im März desselben Jahres statt. Auch ist die Qualität der Filme und der Projektion erheblich besser als bei den deutschen Bastlern. Die Lumières benutzten einen Zelluloidfilm, der von George Eastman seit 1884 entwickelt wurde. Der Film hatte eine Reihe von Löchern am Rand (Perforation), durch die er mit einem Dorn weitergezogen wurde.

Oskar Meßter gelang es dann bereits im ersten Jahrzehnt des 20. Jahrhunderts, den Film exakt periodisch, aber trotzdem stoßfrei zu transportieren; dazu verbesserte er die Malteserkreuz-Schaltung. Er gilt neben Lumière als der wichtigste Pionier der Filmtechnik. Das beidseitig perforierte 35-mm-Filmband hatte bereits Thomas Alva Edison eingesetzt und 1892 sein Kinetoskop vorgestellt. Er gilt auch als derjenige, der das Filmformat auf 35 mm festlegte. Edison brachte 1879 die Glühbirne auf den Markt, wodurch das elektrische Licht zum ersten Mal in enormem Ausmaß öffentlich (z. B. im Theater) genutzt wurde. Ohne die Weiterentwicklung des elektrischen Lichts wäre man nicht in der Lage, das projizierte Bild auf einer mehr als 50 m entfernten Leinwand sichtbar zu machen. Heute benutzt man Xenon-Lampen, die eine Wattzahl zwischen 500 und 8000 Watt (Autokino) erreichen.

Die Frage, ob die elektronische Bildaufzeichnung den Acetat-Film (heutiges, nicht brennbares Trägermaterial) verdrängen wird, ist noch nicht abzusehen: Bisher ist die Bildqualität des chemisch fixierten Bildes gerade bei schwach ausgeleuchteten Innenräumen immer noch besser. Bei einer Umstellung würde die bisherige Filmprojektion vom Videobeamer abgelöst. Bisher ist es noch so: Ein Spielfilm von ca. 90 Minuten Länge wird in Form von ungefähr sechs Filmspulen (Akten) geliefert. Jeder Akt hat ca. 15 bis maximal 20 Minuten Länge, das entspricht 600 m Film. Das heißt, vor der Projektion müssen die Akte aneinander gekoppelt werden. In großen Kinos gibt es meist Spulentürme (vertikale Ab- und Aufwicklung) oder Spulenteller (horizontale Ab- und Aufwicklung), bei denen der komplette Film von sechs oder mehr Akten auf eine Spule passt. In Programmkinos bzw. bei portablen Geräten gibt es diese Vorrichtungen nicht. Man muss die Akte einzeln vorführen und mittels zwei Projektoren überblenden. Am Ende jedes Aktes sieht man bei jedem Film in der rechten oberen Ecke zwei Überblendzeichen (→ Wechselmaske), die in einem Abstand von ein paar Sekunden für einen Sekundenbruchteil aufblitzen, gerade so lange, dass der Filmvorführer sie wahrnehmen kann. Bei dem ersten Überblendzeichen startet er den Filmtransport des zweiten Projektors und beim zweiten Überblendzeichen öffnet er die Überblendklappe: das Bild im Bildfenster wird projiziert.

3) Der Projektionsbegriff in philosophischem und psychologischem Kontext

Platons Höhlengleichnis beschreibt eine Art Schattenprojektion als Metapher für eine unvollkommene Weltwahrnehmung. Der Mensch sieht (erkennt) die Welt nicht unmittelbar, sondern bloß als Schatten des Eigentlichen. Projektionslicht ist ein Feuer, das hinter ihm brennt. Die Schatten von Menschen und die Schatten verschiedener Gegenstände, die sie hinter seinem Rücken vorbeitragen, hält er irrtümlich für wahr, weil er an Kopf und Schenkeln gefesselt ist und ihm nichts anderes übrig bleibt, als auf die vor ihm stehende Wand zu sehen. Platon beschreibt die Technik der Projektion vor ihrer Erfindung. Deshalb liegt es nahe – wegen der strukturellen äußeren Analogie mit der Anordnung der kinematographischen Wahrnehmung – den Kinozuschauer, wie in Platons Höhle in einem verdunkelten Raum sitzt und gebannt auf eine Leinwand sieht, mit Platons Höhlenmenschen zu vergleichen. Einerseits umschreibt dieser Vergleich die enorme Suggestivkraft des scheinbar realitätsabbildenden Films, andererseits kritisiert er die Passivität und Naivität des Zuschauers, der in seiner ›Gefangenschaft‹ die Bilder für wirklich hält.

In der Psychologie beschreibt der Begriff »Projektion« die Übertragung psychischer innerer Vorgänge auf andere Gegenstände oder Personen. Das, was der Mensch in sich selbst nicht oder gerade in besonderer Weise haben will, ordnet er fälschlicherweise anderen Gegenständen und Personen zu, deren Eigenschaften er als das erlebt, was er in ihnen sehen will oder was er in sie hineinprojiziert. Freud definiert die Projektion als Abwehrmechanismus des Menschen, der eigene verdrängte Bedürfnisse oder für minderwertig gehaltene Eigenschaften, aber auch Wunschbilder in anderen Personen oder Gegenständen sucht oder zu finden glaubt. Die Alter-Ego-Figuren bestimmter Regisseure, die immer von demselben Schauspieler verkörpert werden – z. B. Marcello Mastroianni für Federico Fellinis oder Jean-Pierre Léaud für François Truffauts Wunschphantasien oder Versagensängste – sind sicherlich auch Projektionsfiguren ihrer Schöpfer.

Ivo Wittich

Literatur: Pierre Kandorfer: DuMont's Lehrbuch der Filmgestaltung. Theoretisch-technische Grundlagen der Filmkunde. Köln ⁴1990. – David Burnie: Licht. Von den Sommergöttern des Altertums bis zu Einsteins Quantentheorie des Lichts. Hildesheim 1993. [Amerikan. Orig. 1992.] – Ulrike Hick: Bilderwelten vor dem Kino. Zur Geschichte der Bildapparate und Medialisierung der Wahrnehmung. Marburg 1996. – Rainer Rother (Hrsg.): Sachlexikon Film. Reinbek bei Hamburg 1997.

Proletarischer Film. Der proletarische Film ist ein rein deutsches Filmgenre und umfasst ausschließlich Filme der Weimarer Republik, die zwischen 1925 und 1933 gedreht wurden, in einer Zeit, die durch Massenarbeitslosigkeit, Wohnungsnot, Hoffnungslosigkeit und die große Weltwirtschaftskrise (1929) gezeichnet war. Er versucht die Lebens- und Arbeitsbedingungen der Arbeiterschaft in der kapitalistischen Gesellschaft darzustellen. Kennzeichnend ist auch der Aufruf zur notwendig erachteten Solidarität, um die Interessen der Arbeiterbewegung effektiv durchsetzen zu können. Proletarische Filme wurden von der KPD, der SPD, Gewerkschaften und linken Organisationen produziert und stehen im Gegensatz zu den damals üblichen Unterhaltungsfilmen der großen Produktionsfirmen (Tonfilm-Operetten).

KPD und SPD erkannten spätestens nach dem Siegeszug des *Panzerkreuzer Potemkin* (1925, R: Sergej Eisenstein) das gewaltige Potential der Massenbeeinflussung einer sozialistisch-revolutionären Filmpraxis und gründeten eigene Produktions- und Verleihfirmen. Die KPD machte den Anfang mit der Internationalen Arbeiterhilfe (IAH), dem Fundament der im Jahre 1925 gegründeten Prometheus Film-Verleih und Vertriebsgesellschaft. Die SPD schuf 1926 mit dem Film und Lichtbilddienst den Rahmen für proletarische Filme wie *Brüder* (1929, R: Werner Hochbaum) und *Lohnbuchhalter Kremke* (1930, R: Marie Harder).

Die Prometheus produzierte in den Anfangsjahren Stummfilme wie *Jenseits der Straße* (1929, Leo Mittler), doch gelang ihr der große Durchbruch mit dem ersten realistischen Stummfilm *Mutter Krausens Fahrt ins Glück* (1929, R: Piel Jutzi), der das Zille-Milieu differenziert wiedergab. Er schildert nicht nur psychologisch den tragischen Verlauf des Lebens von Mutter Krause, der in Resignation und Selbstmord endet, erregt nicht nur Mitleid bei den (proletarischen) Zuschauern, sondern versucht, das Proletariat aufzurütteln, und zeigt durch Ernas positive Entwicklung zur organisierten Arbeiterin eine Alternative zur Resignation.

Auch im letzten großen Tonfilm der Prometheus *Kuhle Wampe oder Wem gehört die Welt?* (1932, R: Slatan Dudow nach dem Drehbuch von Bertolt Brecht u. a.) ist es die Tochter Anni, die den politischen Ausweg aus der Misere findet, indem sie sich der organisierten Arbeiterbewegung anschließt. Der Film besteht aus drei in sich abgeschlossenen, inhaltlich aufeinander bezogenen Einzelepisoden: Im ersten Teil werden die kläglichen Lebens- und Arbeitsverhältnisse der Familie Bönike in der Weltwirtschaftskrise geschildert. Er zeigt die Massenarbeits-

Mutter Krausens Fahrt ins Glück (1929, R: Piel Jutzi): Alexandra Schmitt in der Hauptrolle inmitten ihrer ›Familie‹

Filme über das Arbeiterelend neigen oft zu demonstrativer Handlungsführung und Zeigefingermoral, im Tonfilm auch zu abstrakten Formel-Dialogen und – falls Laien mit dabei sind – zu sprödem Spiel. Weil man glaubt, ein angeblich kinounerfahrenes Arbeiterpublikum ansprechen zu müssen? Weil jede Art ästhetischer Virtuosität der proletarischen Leidenserfahrung nicht angemessen wäre? Weil die Parteinahme für die sozialistische Gesinnung, die alle Verletzungen der Menschenwürde, alle Entbehrungen zu überwinden hilft, Anstrengungen, die Stil und Gestaltung gelten, für unwichtig erklärt? Die hier im Foto dokumentierte theaterhafte und einfältige Anordnung der Figuren lässt Schlimmes befürchten, doch Jutzis Regie bleibt nicht im Plakathaften stecken – melodramatisch und anrührend erzählt der »Zille-Film« (nach dem Maler des Berliner Proletariats Heinrich Zille bezeichnetes Subgenre) von einer desillusionierten Arbeiterwitwe, die aus der Not heraus keinen anderen Ausweg weiß als den Freitod für sich und ein kleines Kind.

losigkeit, die typische Verelendung einer Familie, die vergebliche Arbeitssuche des jungen Bönike und dessen Freitod als letzter Ausweg. Der zweite Teil beschreibt den Umzug in die Laubenkolonie »Kuhle Wampe« am Rande Berlins, das vergängliche Glück der Tochter Anni und deren Annäherung an die Arbeiterbewegung. Der dritte Teil besteht fast ausschließlich aus der politischen Demonstration in Form eines Sportfestes (mit 4000 Arbeitersportlern), auf dem sich Anni mit ihrem Verlobten versöhnt. Der Betrachter wird sukzessive in die Handlung einbezogen. Auch hier, wie schon teilweise in *Mutter Krausens Fahrt ins Glück* und *Lohnbuchhalter Kremke*, wird bewusst die politische Demonstration bzw. der solidarische Kampf gegen die sozialen Missstän-

de als Alternative aufgezeigt. *Kuhle Wampe* endet mit dem Streitgespräch zwischen jungen Sportlern und einem Kleinbürger. Ein Fahrgast fragt: »Wer wird die Welt ändern?«, worauf eine junge Frau energisch antwortet: »Die, denen sie nicht gefällt.« Die Zensur hielt den Film vorerst zurück, gab ihn dann für kurze Zeit frei. Kurz nach der Machtergreifung Hitlers wurde *Kuhle Wampe* als einer der ersten Filme verboten. Der proletarische Film fand ein jähes Ende.

Mitte der 60er Jahre begannen junge Filmemacher aus Berlin an die Tradition des proletarischen Films vor 1933 anzuknüpfen. Dabei handelte es sich vorerst um Kurz- und Dokumentarfilme, wie *Warum ist Frau B. glücklich* (1968, R: Erika Runge). Hier werden wieder die Arbeiter, ihr Leben, ihre Situation am Arbeitsplatz und ihre Probleme in den Vordergrund gestellt. Maßgebend für die Entwicklung und Gestaltung der neuen Spielfilmform des »Berliner Arbeiterfilms« war das Engagement von Studenten der DFFB (Deutsche Film- und Fernseh-Akademie Berlin), die die »Berliner Schule« durch ihre politische Filmarbeit gründeten. Christian Ziewer und Klaus Wiese recherchierten umfangreich, setzten sich kritisch, wenngleich sympathisierend, mit der Arbeiterbewegung auseinander und drehten mit *Liebe Mutter, mir geht es gut* (1972) den ersten Spielfilm dieser Art. In wirklichkeitsnahen Bildern wird die Geschichte eines arbeitslosen Schlossers aus Württemberg gezeigt, der zur Zeit der großen Rezession 1966/67 nach Westberlin zieht, um dort eine Stelle anzunehmen. Der Protagonist (Claus Eberth) wird mit der tristen Lage im Wohnheim und am Arbeitsplatz konfrontiert und muss feststellen, dass seine Arbeitskollegen (vorwiegend Laiendarsteller) durch geschickte Verunsicherungstaktiken der Betriebsleitung eingeschüchtert sind und ihre Resignation und Mutlosigkeit alle Versuche des Arbeitskampfes und der Gegenwehr verhindern. Konsequent versucht er den Arbeitern ein neues Selbstbewusstsein zu geben und sie zur Solidarität anzuhalten. Zeitgenössische Kritiker warfen den Filmemachern vor, zu theoretisch und zu didaktisch zu verfahren, sodass die eigentliche Zielgruppe, das Arbeiterpublikum, nicht erreicht werden konnte.

Marianne Lüdcke und Ingo Kratisch hingegen wollten in ihrem Film *Die Wollands* (1972) die gleiche Zielgruppe »nicht mit Theorien über ihre Situation, sondern mit der konkreten Situation selbst konfrontieren«, ohne Dogmen und politische Zitate zu verwenden. Der lebensnahe Film thematisiert nicht nur den Arbeitsplatz, sondern auch das Privatleben des Schweißers Horst Wolland (Nicolas Brieger), der zunächst seinen beruflichen Aufstieg forciert und Kompromisse eingeht, dann aber, auch durch die Unterstützung seiner Frau, die Notwendigkeit solidarischen Handels einsieht. In *Lohn und Liebe* (1974, R: Marianne Lüdcke, Ingo Kratisch) wie auch in *Schneeglöckchen blühn im September* (1974, R: Christian Ziewer) wird der »Held« sogar durch eine Gruppe von Arbeiterinnen bzw. eine Akkordkolonne ersetzt und somit auch ein dynamischeres und differenzierteres Solidarisierungsprinzip gezeigt.

Wassili Zygouris

Literatur: Wolfgang Gersch (Hrsg.): Film und revolutionäre Arbeiterbewegung in Deutschland 1918–1932. Berlin 1978. – Hans Günther Pflaum / Hans Helmut Prinzler: Film in der Bundesrepublik Deutschland. München 1979. – Helmut Korte (Hrsg.): Film und Realität in der Weimarer Republik. Frankfurt a. M. 1980. – Werner Faulstich / Helmut Korte (Hrsg.): Fischer Filmgeschichte. Bd. 2: Der Film als gesellschaftliche Kraft. 1925–1944. Frankfurt a. M. 1991. – Wolfgang Jacobsen / Anton Kaes / Hans Helmut Prinzler (Hrsg.): Geschichte des deutschen Films. Stuttgart/Weimar 1993.

Propagandafilm. Erstmals verwendet wurde das Wort Propaganda in einer päpstlichen Bulle aus dem Jahre 1622. »Propagare« heißt ›verbreiten‹ oder ›für etwas werben‹. Propaganda hat das Ziel, Einstellungen, Verhaltens- und Handlungsweisen zu verändern. Im Gegensatz zur wertneutralen Information oder Werbung, die eine Produktüberprüfung erlaubt, bedient sich die Propaganda irrationaler Gefühlsargumente. Zur Verbreitung politischer Theorien werden Urängste evoziert, Informationen werden durch die gezielte Streuung von Gerüchten und die Zensur manipuliert. Zum Grundmuster des propagandistischen Konzepts gehören die übersteigerte Verehrung der eigenen Machthaber und der Mythos der eigenen Unbesiegbarkeit, der den Widerstandsgeist des Feindes schwächen soll, sowie die Glorifizierung des Heldentodes und die Diffamierung, gar Dämonisierung des Gegners, die den Widerstandswillen des eigenen Volkes bis zur bedingungslosen Opferbereitschaft stärken soll. Schon immer haben politische Führer es verstanden, die Masse des Volkes durch geschickte Propaganda zu manipulieren. Die Printmedien kamen während der Französischen Revolution zu ihrem ersten propagandistischen Einsatz. Die ›Macht der Bilder‹ nutzten schon 1909 englische Parteien für ihren Wahlkampf. In der Sowjetunion setzte man das Medium Film – »als wichtigste aller Künste« (Lenin) – nach der Oktoberrevolution als ideologische Waffe ein.

Zu ihrer ersten nationalistischen Offensive kamen die bewegten Bilder im Ersten Weltkrieg. In Frankreich und England war Frontberichterstattung anfangs verboten. Die Militärstrategen hielten die authentischen Bilder von Stellungsgräben für demoralisierend. Zur Stärkung der Kampfmoral zeigte man daher altes Archivmaterial von Truppenparaden. Im fiktionalen Bereich erzeugte man Feindbilder durch Spielfilme, die den deutschen Soldaten auf das Stereotyp eines sadistischen Frauenschänders und Kindermörders reduzierten (*Die Tochter vom Boche* und *In den Klauen der Hunnen*, beide 1915). In den USA verhinderte zunächst die Neutralitätspolitik Wilsons eine antideutsche Propaganda. Der Stimmungsumschwung kam mit dem »Lusitania-Zwischenfall« am 7.5.1915: Ein deutsches U-Boot versenkte das britische Passagierschiff. Dabei fanden 128 Amerikaner den Tod. Das Committee on Public Information sorgte dafür, dass die Filmindustrie Hollywoods in die psychologische Kriegführung eingereiht wurde. *Die kleine Amerikanerin* thematisierte 1917 diesen Zwischenfall. Der Schauspieler Erich von Stroheim avancierte zum Prototypen des arroganten Scheusals. Der deutsche Kaiser – Personifikation des preußischen Militarismus – wurde zur Inkarnation des Bösen stilisiert: *Der Kaiser, die Bestie von Berlin* (1917).

Die Deutschen hatten auf diesem Gebiet wenig entgegenzusetzen. Die oberste Heeresleitung beschloss erst 1917 die Gründung der Ufa. Die emotionale Mobilmachung mit patriotischen Filmen blieb allerdings wirkungslos. Nach Unterzeichnung des Kriegsschuldartikels ging die Konstruktion des deutschen Feindbildes in den USA noch bis 1921 weiter. Der Regisseur D. W. Griffith versuchte mit *Ist das Leben nicht wunderschön* (1924) eine Schilderung der materiellen Nöte im Nachkriegsdeutschland und weckte damit Sympathie für den einstigen Feind. Mitte der 20er Jahre kam es zum Stimmungsumschwung – die Roaring Twenties zeichneten differenzierte Bilder von ›guten‹ und ›bösen‹ Deutschen. 1930 wurde sogar ein Klassiker des Antikriegsfilms (*Im Westen nichts Neues*, R: Lewis Milestone) mit einem → Oscar ausgezeichnet.

Nach der Machtergreifung 1933 gelang es dem nationalsozialistischen Regime, die Weltöffentlichkeit noch eine Weile zu täuschen. 1936 bot die Ausrichtung der Olympischen Spiele dazu eine perfekte Möglichkeit. Leni Riefenstahls Dokumentarfilme *Olympia: Fest der Völker* und *Fest der Schönheit* – künstlerisch ambitioniert und mit hohem technischen Aufwand gedreht – ernteten 1938 in ganz Europa großen Beifall. Schon 1933 instrumentalisierten die Nationalsozialisten die Medien zur Stabilisierung ihrer diktatorischen Herrschaft. Die Steuerung übernahm das Ministerium für Volksaufklärung und Propaganda unter der Leitung von Joseph Goebbels. Das Reichslichtspielgesetz bestimmte, welche Filmstoffe dem ›Geist der Zeit‹ dienten, so z. B. das Märtyrerdrama *Hitlerjunge Quex* (1933, R: Hans Steinhoff). Nur wer der Reichsfilmkammer angehörte, durfte seinen Beruf weiter ausüben. Politisch Andersdenkende und »rassisch« Unerwünschte wurden ausgeschlossen. Der Exodus der Filmschaffenden begann: Fritz Lang, Max Ophüls, Robert Siodmak, Billy Wilder, G. W. Pabst u. v. a. verließen Deutschland.

Nach Kriegsbeginn stieg die Produktion von Propagandafilmen. Offene Propaganda wurde in Dokumentationen, Kompilations- und Spielfilmen betrieben, subtilere Manipulation in konventionellen Unterhaltungsfilmen. Einen hohen propagandistischen Stellenwert hatten die nationalen Wochenschauen. Bei der *Ufa-Ton Woche* saßen Spitzel des Sicherheitsdienstes in den Kinos, um Goebbels persönlich von den Zuschauerreaktionen zu berichten. Kulturfilme im Beiprogramm der Spielfilme priesen deutsche Tugenden. Zahlreiche Dokumentationen glorifizierten hymnisch die Unbesiegbarkeit der deutschen Wehrmacht und stärkten den Blut-und-Boden-Mythos. Eine 30-minütige demagogische Suada des Antisemitismus stellte *Der ewige Jude* (1940, R: Fritz Hippler) dar. Der Pseudo-Dokumentarfilm über das Weltjudentum mit manipulierten Einstellungen und raffinierten Kommentaren diente der Legitimierung des Völkermordes. Zwischen 1933 und 1945 entstanden ca. 1100 Spielfilme, etwa 15 % davon waren reine Propagandafilme. Als der Film *Jüd Süß* 1940 in den Kinos anlief, begannen die Deportationen jüdischer Bürger aus den Ostgebieten. Für bestimmte Bevölkerungsgruppen wurde der Kinobesuch sogar von der Partei befohlen. Der Regisseur Veit Harlan wurde nach Kriegsende wegen Verbrechen gegen die Menschlichkeit vor Gericht gestellt, von der Anklage jedoch freigesprochen. Mit *Ich klage an* (1941) inszenierte Wolfgang Liebeneiner, der bis 1943 Produktionschef der Ufa war, eine verschleierte Rechtfertigung der Euthanasie-Ideologie der Nazis. Beispielhaft für den kalkulierten Einsatz von Feindbildern waren zwei Filme: *GPU* (1942, R: Karl Ritter) und *Ohm Krüger* (1941, R: Hans Steinhoff). Der erste war eine Diffamierung der bolschewistischen Untermenschen, der zweite ein antibritischer Historienfilm, in dem das grausame Vorgehen der Engländer gegen die Buren in Südafrika thematisiert wurde. Lord Kitchener ließ darin Frauen und Kinder in Konzentrationslagern zusammentreiben – eine fast perfekte Projektion der eigenen Verbrechen auf die Gegenseite. Und in *Stukas* (1941, R: Karl Ritter) zogen dann »die schwarzen Husaren der Luft gegen England«. Die Verherrlichung des Krieges fand in vielen Filmen statt, meist wurde dazu die Geschichte bemüht. Mit einem Rückgriff auf historische Persönlichkeiten stärkte man gleichzeitig den Führermythos. Otto Gebühr musste mehr als ein Dutzend Mal Friedrich II. verkörpern (*Der große König*, 1942, R: Veit Harlan). Preußische Tugenden passten hervorragend in das propagandistische Konzept. Geschichtsmanipulation auch im aufwendigsten Durchhalteepos der Nazis: Nach der Niederlage von Stalingrad gab man *Kolberg* (1945, R: Veit Harlan) zur Generalmobilmachung der Emotionen in Auftrag. Der Film thematisierte den Widerstand der pommerschen Stadt gegen die Übermacht napoleonischer Truppen. Beschworen wurden Patriotismus und Opfermut. Auf Weisung Goebbels rezitierte Gneisenau: »Das Volk steht auf – der Sturm bricht los.« Weder Kosten noch Mühen scheute man, um dieses Großprojekt nach zwei Jahren Drehzeit zu vollenden. 100000 Soldaten waren dafür von der Front abgezogen worden. Aber als der Film 1945 in der Festung La Rochelle Premiere hatte, war er schon fast ein Nekrolog auf das Tausendjährige Reich.

Auch die Alliierten produzierten Propagandafilme. Die Briten, bekannt für ihren schwarzen Humor, montierten 1939 in *Germany Calling* Szenen aus deutschen Militärparaden geschickt zu swingenden Rhythmen und choreographierten so ein überaus lächerliches Ballett. Humphrey Jennings beeindruckte mit seinen dokumentarischen Alltagsbildern in *Hört Britannien* (1941). Britische Dokumentarfilme leisteten meist Aufklärungsarbeit, gaben Überblicke und Analysen. Auf fiktionalem Gebiet setzte man sich mit Nazideutschland in Kriminal- und Spionagefilmen auseinander. Das Kriegsgeschehen wurde anfangs noch melodramatisch inszeniert, gegen Ende des Krieges realistischer dargestellt. Die Sowjets zeigten die Deutschen in ihren Propagandafilmen stets als gefährlich und brutal. *Mensch 217* (1942, R: Michail Romm) schilderte die Demütigungen russischer Zwangsarbeiter in Deutschland. Sogar im besetzten Frankreich schaffte man dem Hass auf die deutschen Besatzer ein Ventil – in einer mittelalterlichen Parabel auf Hitler: *Die Nacht mit dem Teufel* (1942, R: Marcel Carné).

Schon 1939 machte die amerikanische Filmindustrie mit *Ich war ein Spion der Nazis* (R: Anatole Litvak) mobil. Berühmte Filmemacher stellten sich in den Dienst der patriotischen Sache. 1942 beauftragte das US-Kriegsministerium Regisseur Frank Capra mit der zwölfteiligen Reihe *Warum wir kämpfen*. Charlie Chaplin karikierte Hitler in *Der große Diktator* (1940), und Fritz Lang drehte unter Mitarbeit von Bertolt Brecht *Auch Henker sterben* (1942). Sogar

Mickey Mouse kämpfte in der Propaganda-Schlacht gegen das Dritte Reich. *Das Gesicht des Führers* (1943) mit Donald Duck als »Mein Kampf«-lesender Arbeiter einer Munitionsfabrik erhielt 1943 einen Oscar. Disney-Figuren in militärischen Posen wurden Maskottchen der US-Army – und auch von der Gegenseite adoptiert. Auf einigen deutschen Flugzeugen sowie zwei U-Booten prangte Mickey Mouse ebenfalls.

Nach dem Zusammenbruch des Naziregimes wurden die Feindbilder verlagert. In den USA machte sich dank McCarthy eine Hysterie gegen alles »»Unamerikanische« breit. Der Kalte Krieg gegen die »rote Gefahr« wurde von der Filmindustrie weitergeführt. Eine simple Lösung des politischen Problems bot die Komödie: Selbst Hardliner-Kommunisten (*Seidenstrümpfe*, 1957, R: Rouben Mamoulian) können auf Dauer dem Charme der Konsumgesellschaft nicht widerstehen, denn wer einmal eine Cola trinkt (*Eins, zwei, drei*, 1961, R: Billy Wilder), wird zack, zack zum Kapitalisten bekehrt.

Es ist schwierig, die Wirkung von Filmen wissenschaftlich exakt zu beweisen. Die Diskussion über geheime oder offene politische Steuerung im Film ebbt nicht ab, wie ein jüngeres Beispiel beweist, das Jugoslawien-Epos *Underground* (1995) von Emir Kusturica. Und sie darf es auch nicht, denn computergenerierte Bilder schaffen eine vollständig manipulierbare Welt. 1993 haben

Jud Süß (1940, R: Veit Harlan): Werner Krauß, Ferdinand Marian
Fast ein allegorisches Bild, das einen antisemitischen Wahngedanken illustriert: Zwei Personen raffen Geschmeide und Krone, es sollen nach der Maske Juden sein. Propagandafilme – gleich, ob sie im Dritten Reich oder im Dienst einer anderen Diktatur entstanden sind oder ob sie die Sache einer Kriegspartei rechtfertigen sollen – unterscheiden scharf zwischen Gut und Böse, dem vorteilhaften Eigenbild und dem von Hass verzeichneten Bild des Feindes. Der Aufruhr der Zuschauer soll in eine Richtung mobilisiert werden. Da hilft nicht nur eine Handlung, die den Gegner ein Unrecht nach dem anderen verüben lässt, bis die Wut der ›Gerechten‹ überschäumt, sondern auch eine physiognomische Brandmarkung: Harlan hat in seiner polemischen Version vom Hofjuden Süß, der im 18. Jahrhundert gehängt worden ist (als Sündenbock für andere), kaum ein judenfeindliches Klischee ausgelassen – und dennoch empfindet der Zuschauer Mitleid mit dem Geopferten. Während sich Werner Krauß angeblich dazu drängte, in diesem Nazi-Film fünf verschiedenen Judenrollen jeweils überscharfe Kontur zu verleihen (allenfalls durch den politischen Leichtsinn des Komödianten erklärbar), soll Marian gezögert haben. Seine viril dämonische Ausstrahlung ist faszinierender, als der Propaganda-Auftrag es zulassen dürfte.

Forrest Gump von Robert Zemeckis und *In the Line of Fire – Die zweite Chance* von Wolfgang Petersen gezeigt, welche Möglichkeiten die digitale Bilderbearbeitung hat. Was schadet es schon, wenn der Chinesische Sportpalast und Tischtennisbälle aus dem Rechner kommen? Wie aber steht es mit einer Collage von Clint Eastwood und Präsident Kennedy? Hier wird historisches Dokumentarmaterial digital manipuliert (→ digitale Ästhetik), eine vor einer Bluebox stehende Person elektronisch ausgestanzt und in den Film hineingerechnet. Wer kann den Wahrheitsgehalt solcher Bilder noch überprüfen? Was erwartet uns in einem Zeitalter, in dem Nachrichten immer mehr Showcharakter annehmen und die Laser-Scan-Technologie uns bald mit synthetischen Doubles erfreut? Die Grenzen zwischen Information und Propaganda können ganz einfach weggerechnet werden. Der politisch gesteuerten Manipulation steht die virtuelle Welt offen.»Wer die Bilder beherrscht, beherrscht auch die Köpfe.«

Ilona Grzeschik

Literatur: Siegfried Kracauer: Von Caligari zu Hitler. Eine psychologische Geschichte des deutschen Films. Frankfurt a. M. 1979. [Amerikan. Orig. 1947.] – Ulrich Gregor / Enno Patalas: Geschichte des Films. Gütersloh 1962. – Joseph Wulf: Die bildenden Künste im Dritten Reich. Gütersloh 1963. – Jay Leyda: Film aus Filmen. Berlin 1967. – Dorothea Hollstein: Jud Süß und die Deutschen: Antisemitische Vorurteile im nationalsozialistischen Spielfilm. Frankfurt a. M. 1971. – Francis Courtade / Pierre Cadars: Geschichte des Films im Dritten Reich. München/Wien 1975. [Frz. Orig. 1972.] – Isaksson Folke / Leif Fuhrhammer: Politik und Film. Ravensburg 1974. – Hans-Jürgen Brandt: NS-Filmtheorie und dokumentarische Praxis: Hippler, Noldan, Junghans. Tübingen 1987. – Carsten Laqua: Wie Mickey unter die Nazis fiel. Reinbek bei Hamburg 1992. – Gerhard Schoenberner: Ideologie und Propaganda im NS-Film. Von der Eroberung der Studios zur Manipulation ihrer Produkte. In: Uli Jung (Hrsg.): Der deutsche Film. Aspekte seiner Geschichte von den Anfängen bis zur Gegenwart. Trier 1993.

TV-Dokumentation: Erwin Leiser: Feindbilder. Propagandafilm im Zweiten Weltkrieg. ARD. 20. 7. 1995.

Psychoanalyse im Film / Psychiatrie im Film. Die Psychoanalyse Sigmund Freuds hat auf die Filmgeschichte ebenso erheblichen Einfluss ausgeübt wie auf die bildende Kunst oder die Literatur des 20. Jahrhunderts: Unter den vielen Aspekten der Freud'schen Lehre sind vor allem einige für die filmische Erzählung von Bedeutung geworden.

1) Viele krankhafte Verstörungen im Erwachsenenleben leitet man aus Kindheitserfahrungen her, wobei bereits Kindern sexuelle Empfindungen zugemessen werden. Die Traumatisierung durch frühe Prägungen wie Eifersucht, Neid und andere Gefühle, die das Selbstwertgefühl des Individuums empfindlich beeinträchtigen, soll später auftauchende, anders kaum zu erklärende Ängste zur Folge haben. Da Filmdramaturgie die Tendenz hat, auch Hauptfiguren aus wenigen Strebungen zusammenzusetzen – die allenfalls untereinander in einen bezeichnenden Konflikt geraten können und so ambivalente Gefühle, aus Liebe und Hass gemischt, gegenüber anderen Figuren hervorbringen –, ist die schlüssige Ableitung einer psychischen Krise aus früheren Erlebnissen sehr willkommen. Unter diesem Blickwinkel hat die Psychoanalyse allerdings nicht dazu beigetragen, ein komplexeres Menschenbild zu entwickeln, da das Wachsen einer Person durch Erfahrungen ebenso wenig berücksichtigt wird, wie der Umstand, dass ein Mensch sich im Laufe einer langen Zeit äußerlich wie innerlich verändert.

2) Die Psychoanalyse klärt darüber auf, dass der Vernunft allein selten so viel Dominanz gebührt, wie ihr früher zugestanden worden ist – vielmehr sind das Bewusstsein und der anmaßende Verstand aufs äußerste gefährdet durch Impulse des Unbewußten, die verschoben oder offen hervortreten und das Handeln und Verhalten der Menschen auf rätselhafte Weise nur von außen lenken. Freuds späteres Seelenmodell, das Ich, Es und Über-Ich voneinander trennt, ist in der Filmgeschichte längst nicht so populär wie die Vorstellung einer ›Kellerregion‹ des Unbewussten, aus der unberechenbare und unheimliche Wünsche und Begierden hervor-

dringen, um den ganzen Menschen in Beschlag zu nehmen. Da etliche Psychoanalytiker noch bis in die 20er Jahre das Unbewusste mit einem dunklen unermesslichen Raum unterhalb des Ichs und des Über-Ichs identifizierten, lag es nahe, dass sich Konflikte zwischen dem unbewussten und dem ›vernünftigen‹ Menschen vor allem (aber nicht ausschließlich) im Genre der Horrorphantastik einnisteten.

Nun haben sich in der Literatur des 19. Jahrhunderts schon vor Freuds Entdeckungen Erfahrungen mit dem Unbewussten in der Invention spezifischer Gestalten und Spaltungen gezeigt: gewissermaßen »masternarratives«, die für die Filmgeschichte von größter Bedeutung geworden sind. Vier davon seien kurz hervorgehoben: Erstens Mary Shelleys Konzeption des Monsters, der von menschlicher Hand gestalteten Missgeburt, die verzweifelt danach strebt, ein Mensch zu werden und, für immer ein Außenseiter, sich schließlich zum Menschenfeind entwickelt (im Roman der seinerzeit 19-jährigen Autorin »Frankenstein oder der moderne Prometheus«, 1818). Zweitens ist die Rede von Bram Stokers »Dracula« (1897) – der Vampir als Inbegriff des aristokratischen Kavaliers und Frauenverführers, der die bürgerlichen Frauen das Begehren lehrt und die bürgerlichen Männer die Begrenztheit der Schutzgemeinschaft Ehe, die vor dunklen Trieben sichern sollte. Drittens ist von Robert Louis Stevensons Erzählung »Dr. Jekyll and Mr. Hyde« (1886) zu sprechen, die deutlich macht, dass puritanische Erziehung und gesellschaftliche Disziplinierung auf Dauer die Triebe nicht unterdrücken. Wenn beides nicht in einer Person zum Ausgleich kommt, muss sich eben die Figur aufspalten: in den beherrschten und unangefochtenen Dr. Jekyll, der das Vorderhaus bewohnt, ein Repräsentant der ›Wohlgesitteten‹, und Mr. Hyde, der dem Labor im Hinterhaus entspringt, ein wilder, aggressiver, ›vertierter‹ Vergewaltiger und Mörder. Viertens sei Joseph Conrads Erzählung »Herz der Finsternis« (1899) genannt. Conrad hält noch radikaler als Stevenson seinen Zeitgenossen vor Augen, daß die Wildnis im Menschen nicht für immer begraben ist, so daß das Barbarische das Zivilisierte jederzeit wieder überwinden kann – zum Entsetzen aller, die diese unglaubliche und für unmöglich gehaltene Metamorphose zur Schreckensfigur beobachten oder gar erleiden müssen. All diese literarischen Werke sind in puritanischem Umkreis entstanden, sozusagen im Widerspruch zur engstirnigen Dogmatik einer Tugendpredigt, die nur dem westlichen Menschen, vor allem dem Mann, Anstand und Würde zuerkennen will. Kein Wunder, dass auch die Freud'sche Schule die nie ganz erhellte Dunkelzone unseres Wesens vor allem in Frauen lokalisiert. Die Gefährdung der durch die kontrollierende Umwelt von außen geprägten Fassade, der Oberflächengestalt des Menschen, wird in der Filmgeschichte daher vornehmlich am Beispiel von Männern exerziert, während die Frauen etwa in der Gestalt der Femme fatale das unergründliche Geheimnis zu verkörpern scheinen, an dem Männer scheitern, oder andererseits die Helferin darstellen, die Retterin, die Lichtgestalt, das beinahe engelhafte Wesen, das dem tragisch-verstrickten Mann aus seinem Dilemma hilft.

3) Der Ödipuskomplex, d. h. der Streit des jungen Kindmannes um die Gunst der Mutter und das Aufbegehren gegen die Autorität des Vaters, hat sich als typischer Filmkonflikt in vielen Versionen behauptet, als Vater-Sohn-Rivalität, auch entpsychologisiert als Kampf zwischen den Generationen und den von ihnen vertretenen unterschiedlichen Kulturen, etwa im Widerstreit einer aufstrebenden Jugendkultur gegen ein altes, konservatives, durch die Väter repräsentiertes Lebensmodell. Die Dreieckskonfiguration – meistens zwei Männer und eine Frau zwischen ihnen – spiegelt das ödipale Drama noch in entfremdeter Gestalt.

4) Der → Traum als Schlüssel für sonst verborgen bleibende Kräfte im Innern der Psyche und als Projektion geheimer Wünsche ist der Filmgeschichte gleichfalls als eine Art zweiter Realität, eine Realität ohne Lüge willkommen gewesen – umso eher, als die Traumdeutung schon vor Freud enge Bezüge zur äußeren und inneren Situation

des Träumers hergestellt hat. Da Träume im Film oft Gegenwart und Vergangenheit miteinander vermischen, ermöglichen sie ein Erzählen von einer komplexen Wirklichkeit. Bis etwa 1960 sind Filmträume durch eindeutige Übergangssignale (Annäherung der Kamera an das Gesicht des Schlafenden u. ä.) als feste Sequenzen von der Erzählung der Tageserlebnisse einer Figur abgegrenzt worden. Im ›neuen Surrealismus‹ der 60er Jahre vermischen sich Träume und Phantasien, Halluzinationen und die Vorstellungsreihen von Tagträumen, sodass oft nicht mehr mit Klarheit zu bestimmen ist, ob die Zuschauer gerade Ausschnitte einer Wirklichkeits- oder einer Möglichkeitswelt oder gar beide übereinander geblendet sehen. Für die eher konservative Form der Traumerzählung diene als Beispiel Ingmar Bergmans Film *Wilde Erdbeeren* (1957), in dem ein alter Mann auf einer Reise in mehreren erbarmungslosen Träumen früherer Erfahrungen gleichsam im Bild herbeiruft und feststellen muss, dass Kälte und Einsamkeit durchgehendes Charakteristikum seines ganzen Lebens gewesen sind. Für die neue Auffassung des Traums, der die angebliche Gegenwartserzählung gleichsam anfrisst und in sich auflöst, steht Federico Fellinis Film *Achteinhalb* (1963). Bereits die Surrealisten haben den Traum zum bedeutsameren Teil der Realitätserfahrung erklärt – surrealistische Filme wie die von Luis Buñuel oder Jean Cocteau verunklaren deshalb oft spielerisch und pointiert die Trennlinien zwischen Tages- und Traumexistenz in ihren Filmen (*Ein andalusischer Hund*, 1929; *Das goldene Zeitalter*, 1930; *Das Blut eines Dichters*, 1930).

Bei Überlegungen zur besonderen Situation der Filmwahrnehmung im dunklen Kino sind in der Vergangenheit wiederholt Analogien zur Traumsituation gezogen worden. Da wie dort ist im Dunklen die rationale Kontrolle vermindert, auch die gesellschaftliche durch die Blicke der anderen, da aller Augen auf die Leinwand gerichtet sind. Durch die herabgesetzte Realitätsprüfung werde auch das Unbewusste leichter entriegelt und lasse alle möglichen gemischten Gefühle zu. Hinzu käme die ›orale‹ Lust am Sehen. Das Gefühl von Grenz- und Zeitlosigkeit werde durch die Filmrezeption verstärkt, Ichfunktionen scheinen teilweise außer Kraft gesetzt zu sein, sodass man wie bei einem Tagtraum auch bei der Filmrezeption von Regression sprechen könne, einem Rückfall in infantilen Narzissmus, in primitive Identifizierungsprozesse. An dieser Diagnose mag vieles zutreffen, doch wäre auch auf die Anpassungsfähigkeit des Publikums zu verweisen: Selbst bei helllichtem Tag kann die gleiche psychologische Veränderung stattfinden, wenn ein Zuschauer vor dem Bildschirm mit ähnlicher Intensität der Erzählung eines Films folgt. Und sind nicht kategorial dieselben Phänomene beim Theaterbesucher festzustellen? Vieles deutet darauf hin, das Heil eher in der Rekonstruktion einer allgemeinen Psychologie des Publikums zu suchen, einer Psychologie, die je nach ›Empfangssituation‹ im Theater, im Film, vor dem Bildschirm oder sonst wo vermutlich geringfügig abzuwandeln wäre. Der Verweis auf Platons Höhlengleichnis (in »Der Staat«) gehört zum Standardreflex in der Diskussion über Wahrnehmungsdispositionen.

5) Da sich unbewusste Strebungen ständig in unser bewusstes Handeln einmischen, zumal da, wo es eher automatisch oder beiläufig vor sich geht, sind vielfach merkwürdige Fehlleistungen im Alltagshandeln zu beobachten. Im Film hat diese Beobachtung Konsequenz für den Schauspielstil: Spätestens in *Geheimnisse einer Seele* (1926, R: Georg Wilhelm Pabst) – dem ersten Versuch einer Filmerzählung, der das Funktionieren der Freud'schen Psychoanalyse demonstriert – wird erkennbar, dass die scheinbar unwillkürlichen Zeichen in Mimik und Gestik, das vorgeblich bedeutungslose Nebenher von Zuckungen am Mund und in den Händen, aber auch die mehr oder weniger aufrechte Haltung allesamt Indizien eines Konflikts im Innern einer Person sind: eines Konflikts zwischen der sozialen Form, die über Jahre hinweg aufgedrückt worden ist, und dem unbändigen Triebdrang, der gleichsam nur übersetzt, in deformierter oder verschlüssel-

ter Form äußere Gestalt gewinnt, weil er sich durch das Zwangssystem der Sozialisation einer Figur hindurchkämpfen muss – falls er dies nicht im besonderen Fall völlig zerreißt und außer Kraft setzt, sodass der betreffende Mensch zum Mörder wird oder zu anderen Taten fähig, für die er sich vorher und nachher nicht verantwortlich fühlen kann. Werner Krauß spielt in *Geheimnisse einer Seele* einen bürgerlichen Chemiker, der aufgrund eines Eifersuchtstraumas plötzlich einen unerklärlichen Impuls verspürt, seine Frau umzubringen, da er ein intimes Verhältnis zu einem ominösen Vetter unterstellt. Krauss gelingt es, die Logik der Fehlleistungen in seinem Indizienspiel so verfeinert darzustellen, dass sogar ein scheinbar nebensächlicher Schrittwechsel auf die enorme innere Unruhe aufmerksam macht, die diesen Mann durchtobt. Carlo Ginzburg hat darauf aufmerksam gemacht, dass zwischen der kunsthistorischen Methode, die Handschrift eines Malers gleichsam graphologisch an charakteristischen Zeichen am Rande eines Bildes, in den Nebendingen aufzudecken, der detektivischen Spürarbeit von Sherlock Holmes und der ebenso auf kleinste Hinweise aufmerksamen analytischen Technik Sigmund Freuds eine Familienähnlichkeit der Verfahren besteht. Eine tiefgreifende Verstörung offenbart sich durch minimalistische Reaktionen: Dies kennzeichnet die Pathologie von Hauptfiguren in einer ganzen Reihe von Filmen. In Alfred Hitchcocks *Ich kämpfe um dich* (1945) verfällt der Held, gespielt von Gregory Peck, in einen wahnhaften Zustand, als er auf der Tischdecke Linien entdeckt (die nach ziemlich umständlicher Erklärung mit einem Kindheitstrauma zu tun haben). Hitchcock liegt es vor

Geheimnisse einer Seele (1926, R: G. W. Pabst): Werner Krauß und Pawel Pawlow
Auf der Couch: Auf dieses wichtigste Möbel der seinerzeit neuen Seelenlehre bettet der brave Bürger sein Haupt, das von keiner Sünde weiß, während er in Erinnerungen und Traumfetzen die Ungeheuer seines Unbewussten Ausdruck gewinnen lässt. Pabst drehte den ersten Film über die Methoden Sigmund Freuds mit Hilfe von Fachberatern und popularisierte dessen Theorien. Freud indes war mit dem Ergebnis nicht zufrieden. Wahrscheinlich hat ihn schon die einfältige und prompte Lösung des Falls geärgert: Trauma erkannt, schon geheilt. Die patrizische Ausstattung des Patientenzimmers deutet an, dass die Psychoanalyse sich bis dahin vornehmlich um eine wohl versorgte Klientel kümmerte, die in dem Maße über die Tabubrüche in ihrem Innern erschrak, in dem sie diese zu verdrängen vorher eingeübt hatte.

allem daran, aus dem Missverhältnis zwischen Ursache und Wirkung Kapital zu schlagen: Ein scheinbar souveräner Mensch gerät außer sich, als er etwas scheinbar Belangloses entdeckt – ein zweifellos unheimlicher und bestürzender Vorgang, der die Neugier des Publikums aufs äußerste anstacheln muss, da es den Zusammenhang zwischen beiden Phänomenen herausfinden will.

Freud war mit der Darstellung der Psychoanalyse im Film, speziell mit der in *Geheimnisse einer Seele*, ziemlich unzufrieden: Obwohl er sich nicht über die Gründe seines Missmuts im Einzelnen ausließ, ist doch zu vermuten, dass er vor allem die Schnelligkeit bei der Lösung eines Krankheitsfalls, einer Neurose, einer Psychose, wie sie die Filmdramaturgie nahe legt, für unrealistisch hielt. Analyse ist nach Freuds Auffassung eine Angelegenheit von langer Dauer. Insofern haben die Filme Hitchcocks, die sich wiederholt auf die Psychoanalyse einließen, etwas Naives und Schnellfertiges: Der kranken Figur muss nur erklärt werden, was sich in ihrem Unbewussten bis dahin versteckt hielt und sie quälte, der Komplex muss gleichsam ans Tageslicht gehoben werden – und schon ist die Heilung vollkommen. Dass die Ausdrucksweise des Unbewussten, die Artikulation eines »verbotenen Durchbruchs« (Sigmund Freud), für den Film erzählerisch von Vorteil war, um von der Exposition einer Geschichte an eine hohe Rätselspannung aufzubauen, die nach Aufklärung verlangt, ist nicht von der Hand zu weisen. Die Gestalt dieses Verbotenen indes ist in vielen Filmen angeglichen worden an herkömmliche Sozialtypologien: So fließt der Ödipuskomplex ein in die auch anders erklärbare Auflehnung gegen eine scheinbar übermächtige Autorität, in die revolutionäre Geste von Söhnen und Töchtern, die dem Druck der Familie entkommen wollen. Im Film setzt sich tendenziell der soziologische Blick gegen den psychoanalytischen durch – oder akzeptiert neben sich bestenfalls den alltagspsychologischen Blick, der in erprobte Denkkonventionen leichter einzuordnen ist. Die radikale, unaufhaltsame Ursachenforschung der Psychoanalyse erschöpft sich im Film meist auf halbem Weg, gibt sich mit einer probaten, vielleicht vorgeschobenen ›Erklärung‹ zufrieden – manchmal, wenn eine ›Urszene‹ per Rückblende in Erinnerung gerufen wird, die alles weitere Elend zur Folge haben soll (so z. B. in Hitchcocks *Marnie*, 1964).

In *Geheimnisse einer Seele* tritt der Psychiater noch als erdfester Arzt auf. Bereits in den 20er Jahren changiert dieser Beruf im Film ins Unheimliche, Zwielichtige und Abgründige: Doktor Mabuse in Fritz Langs gleichnamigem Film (1922) nimmt z. B. die Maske eines Psychiaters an, um per Hypnose seinen Gegenspieler, den Staatsanwalt, in den Tod zu treiben. Im amerikanischen Kino wird der Psychiater bald selbst zur verrückten Figur – wozu nicht selten beiträgt, dass die Psychiater im Spiegel Hollywoods der 30er und 40er Jahre nicht korrekt englisch sprechen und damit ihre Fremdartigkeit, ihre Herkunft aus Deutschland oder Österreich zu erkennen geben, beides Länder, die die Betreffenden unter dem Druck des Nationalsozialismus verlassen mussten (wie Freud selbst am Ende seines Lebens zum Emigranten wurde und ins Exil nach London gehen musste). Die komische Deformation des Psychiaters zu einem Mann, der selbst ein wenig unzurechnungsfähig ist (so z. B. in Howard Hawks' *Leoparden küßt man nicht*, 1938) entlastet von der Angst vor einem Metier, das imstande sein soll, in das sorgfältig verschlossene oder unabsichtlich unterdrückte Seelenleben eines Menschen hineinzusehen, das bereit ist, psychische Geheimnisse durch seine Arbeitswerkzeuge schamlos aufzudecken. Arrogant und zugleich ein wenig manieriert, kein Nachbar offenbar, mit dem man sich anfreunden möchte, tritt der Psychiater daher auch in Hitchcocks *Psycho* (1960) auf, um den traurigen und fatalen Fall des Norman Bates dem anwesenden und dem zuschauenden Publikum zu erläutern.

Das Irrenhaus, ein beliebter Ort in der literarischen Imagination des 18. und 19. Jahrhunderts, hat eine relativ kurze Geschichte im Film: Am bezeichnendsten ist der nach einem Roman von Ken Kesey entstandene Film von Miloš Forman *Einer flog über das Kuckucksnest* (1973), ein Film, der zugleich zum Dokument der seinerzeit gelobten Antipsychiatrie wurde, die sich mit den konventionellen Formen der Beruhigung geistig Kranker und ihrer Anstaltsunterbringung kritisch auseinandersetzte. In der Anstalt von Formans Film spiegelt sich die Gesellschaft: Der radikale und aufmüpfige Außenseiter, auch dies ist ein Reflex auf die versiegenden Revolten der 60er Jahre, wird in den Zustand geistiger Umnachtung überführt, um endlich stillgestellt zu sein. Der soziale Friede, der alle Bizarrerien und Unabhängigkeitswünsche einzelner Menschen kappt, wird, so die Argumentation des Films, zu einem Kirchhofsfrieden unter Gleichgeschalteten. Dennoch setzt sich der Wille zum Ausbruch aus dieser Zwangsgemeinschaft fort: Einem gelingt es, ins Freie, in eine idyllische Außenwelt zu entrinnen. Aber ist dieser Ort der Freiheit noch im zeitgenössischen Amerika zu finden?

In der zweiten Hälfte des 20. Jahrhunderts dringen zusehends die gefährlichen Wahnsinnigen in die Filmhandlungen ein: die Serientäter, die Verbrecher mit bürgerlicher Maske oder die scheinbar Angepassten, Harmlosen, die von einem entsetzlichen Wahn überwältigt und für ihre Umwelt zur tödlichen Gefahr werden (z. B. in Roman Polanskis *Ekel*, 1965), die Schockgelähmten, die mühevoll ihre eigene, oft fürchterliche Vergangenheit erschließen, sobald sie ihr verlorenes Gedächtnis wiedergewinnen, die multiplen Persönlichkeiten, die sich in mehrere Figuren aufspalten, von denen die eine kaum weiß, was die andere tut oder lässt. Diese Galerie wahnsinniger Menschen, Mütter und Töchter, Väter und Söhne, entmenschlichter Mordinstrumente in Menschenformat (wie z. B. der Serialkiller in John Carpenters *Halloween*, 1978, oder die schier unbegreifliche Gestalt des Dr. Lector, der Intelligenz, Kunstverstand und hohe Bildung mit kannibalischen Gelüsten vereint – am prägnantesten in Jonathan Demmes *Das Schweigen der Lämmer*, 1991) verkörpert nach zwei Weltkriegen und weiteren Kriegen, nach Exzessen unbeschreiblicher Art, die Menschen anderen antun, nach dem Holocaust und anderen einst unvorstellbaren Verbrechen die Erfahrung, dass das herkömmliche christlich geprägte Menschenbild zu schmal, zu einseitig geworden ist, um begründen zu können, wozu Menschen in der Tat fähig sind. Schizophrenie als nicht mehr pathologischer, sondern als existentieller Zustand der Conditio humana am Ende und Übergang des Jahrhunderts, die Licht und Dunkel in einer Person zugleich zulässt, das Engelhafte und das Teuflische und das Tierische, bezeichnet ein erweitertes, wenngleich unheimlich gewordenes Menschenbild, das uns aus den Filmen entgegensieht.

Zur Angst in einer von fundamentalen Zweifeln erschütterten Welt, in der Ordnung nur die falsche Ordnung zu sein scheint, zu diesem neuen ›Urmisstrauen‹ gehört, dass man nicht nur »Mad Scientists« und »Mad Politicians« ins Personal der verschiedenen Genres aufnimmt, sondern dass – vor allem in den USA – das gesamte Gesellschaftsgefüge, der Staat im so genannten Paranoia-Film, der vor allem in den 70er Jahren Zuspruch fand, als Bedrohung identifiziert wird, nicht mehr als zuverlässige Autorität. Visionen einer erdumfassenden Verschwörung, die das Böse will, erreichen gleichsam theologisches Format und räumen dem menschenverachtenden Prinzip der Macht die Herrschaft über die Geschichte ein: Hier verkehrt sich der christliche Heilsplan in einen diabolischen Unheilsplan, gegen den der Einzelne vergeblich kämpft, z. B. in Alan J. Pakulas *Zeuge einer Verschwörung* (1974): Der Film enttarnt hinter der Maske eines Geheimbundes eine übermächtige und skrupellose Organisation, die nicht das Wohl der Menschen und Mitbürger im Sinn hat, sondern die Erhaltung und Stärkung der eigenen unanfechtbaren Hoheit.

Thomas Koebner

Literatur: Hans Scheugl: Sexualität und Neurose im Film. Kinomythen von Griffith bis Warhol. München 1974. – Lee Howard Solow: Reflections of Psychotherapy and the Psychotherapist in the Cinematic Eye. A Historical/Phenomenological

Perspective. San Diego 1978. – Volker Faust / Günther Hole (Hrsg.): Psychiatrie und Massenmedien. Presse – Funk – Fernsehen – Film. Stuttgart 1983. – Michael Fleming / Roger Manvell: Images of Madness. The Portrayel of Insanity. Insanity in the Feature Film. Rutherford [u. a.] 1985. – Anette Kaufmann: Angst – Wahn – Mord. Von Psychokillern und anderen Film-Verrückten. Münster 1990. – Mechthild Zeul: Bilder des Unbewussten. Zur Geschichte der psychoanalytischen Filmtheorie. In: Psyche 48 (1994) H. 11. – Hans J. Wulff: Psychiatrie im Film. Münster 1995. [Diss. u. d. T.: Konzeptionen der psychischen Krankheit im Film. Münster 1983.] – Thomas Anz (Hrsg.): Psychoanalyse in der modernen Literatur. Würzburg 1999. – Hans J. Wulff: Psychiatrie und psychische Krankheit als Themen des Films. Eine annotierte Bibliographie. Kiel 2000. [Nur im Internet zugänglich.] – Peter von Matt: Literaturwissenschaft und Psychoanalyse. Erw. Neuausg. Stuttgart 2001.

Publikum. Die Erfinder der ersten Filmprojektionsgeräte dachten anfangs nicht an Filmvorführungen für ein zahlendes Publikum. Ihr Vermarktungsmodell setzte auf nicht-öffentliche Nutzer (Wissenschaftler und Militärs sowie die zahlreichen Fotoamateure), die Apparate und Rohfilm kaufen und sich dann ihre Filme selber machen. Ein überraschend zahlreiches Publikum fand sich jedoch spontan ein: Für die Vorführungen des Cinématographe Lumière bildeten sich im Januar 1896 lange Warteschlangen vor dem Pariser Grand Café. Daraufhin stornierte der Anbieter Lumière den geplanten Verkauf der Apparate und machte die belichteten Filme zum Geschäft: Das Publikum zahlte für das Recht, sie anzuschauen.

Die Nachfrage des zahlungsfähigen Publikums machte den Film nach der Jahrhundertwende zum kommerziellen Aufführungsmedium: Im Kapitalkreislauf der Ware Film hat das Publikum die ökonomische Funktion, den Rückfluss inklusive Profit des in Filmproduktion, -verleih und -abspiel verausgabten Kapitals zu leisten. Für Investoren ist die Ware Film deshalb reizvoll, weil es zwischen vorgeschossenem Kapital und Rückfluss keine feste Relation gibt: Ein Film lässt sich an unbegrenzt viele Konsumenten verkaufen, weil die Konsumtion nicht einzeln, sondern durch das im Kino versammelte Publikum, also durch viele gleichzeitig erfolgt und aufgrund der technischen Reproduzierbarkeit des Films beliebig oft wiederholt werden kann.

Zuschauerzahlen, mithin Einspielergebnisse eines Films sind völlig offen. Kommerziell hergestellte Filme sind eine wirtschaftliche Spekulation. Idealerweise werden sie von allen, d. h. vom gesamten nationalen und internationalen Publikum, frequentiert. Der Umfang des zahlungsfähigen Publikums, d. h. die Größe des Marktes in einem gegebenen Land, hängt ab von Zahl, Größe und Dichte der Kinos, den Eintrittspreisen, der Konjunktur, konkurrierenden Freizeit- und Unterhaltungsangeboten usw. Um größtmöglichen Absatz zu erzielen, versucht die Filmbranche den kommerziellen Filmen »universal appeal« zu verschaffen. Ihre wichtigste Errungenschaft zur Attraktion des Publikums ist der Starkult (→ Star): Durch Erfolg und Misserfolg der Bemühungen, das Publikum an bestimmte Filmstars zu binden, hängt der Geschäftsgang ganzer Konzerne vom Box-Office-Appeal einiger weniger Personen ab. Der ökonomische Drang zu höchstmöglicher Popularität führt ebenso zur kulturellen Nivellierung der Massenware Film wie zu ständigem Innovationsdruck: einerseits zur ästhetischen und psychologischen Standardisierung von Stars und ihren Rollen, zum Recycling von literarischen Bestsellern, zu Remakes, Serien und feststehenden Genres; andererseits zum Welterfolg von → Autorenfilmen und einzigartigen Filmkünstlern.

Seine ökonomische Funktion erfüllt das Publikum, indem es Eintritt zahlt, um sein Bedürfnis nach einem unterhaltsamen Abend im Kino zu befriedigen. Die Nachfrage des Publikums nach Kinounterhaltung setzt entwickelten Kapitalismus voraus, nämlich die Trennung von Arbeits- und Freizeit durch Lohnarbeit sowie die Konzentration vieler Entspannungsbedürftiger in großen Städten. Dort erzielt der Verkauf der Ware Film an den Kinokassen die besten Ergebnisse. Inhalt und Darstellung der vom Publikum bevorzugten Filme erlauben bedingt Rückschlüsse auf seinen Geistes- und Gemütszustand. Der Durchsetzung kapitalistischer Konkurrenz samt den Moralvorstellungen von Gewinnern und Verlierern entspricht die seit den 20er Jahren dominierende Stellung des amerikanischen Films auf dem Weltmarkt. Die typischen Genres des Western und Gangsterfilms vollbringen das Kunststück, Spannung und Action mit immergleichem Ausgang zu präsentieren: Gesetzesbrecher empfangen nach 90 Minuten ihren gerechten Lohn und befriedigen das Bedürfnis des Publikums nach moralischer Erbauung, die das in der Konkurrenz um Einkommen verletzte Gerechtigkeitsempfinden wieder aufrichtet. So sorgt das Publikum für den kommerziellen Erfolg der Filmbranche, indem es am Angebot moralisch konstruktiver Filme sein Vergnügen findet.

Die Kongruenz der Interessen von Filmwirtschaft und Publikum in Form von staatskonformer Unterhaltung hat es nicht von Anfang an gegeben. Staatliche → Zensur oder Selbstzensur der Filmwirtschaft mussten gewährleisten, dass Anstoß erregende und politisch bedenkliche Filme gar nicht oder allenfalls bereinigt auf den Spielplan gelangten. Und die globale Nivellierung der Unterhaltungsware Film durch die Marktführer in → Hollywood unterlag und unterliegt Modifikationen und Brüchen durch nationale und geschichtliche Besonderheiten.

Historisch entwickelte sich der Film nach der Jahrhundertwende zum Massenmedium – als Geschäftszweig der boomenden Freizeitindustrie, deren Grundlage steigende Einkommen und verkürzte Arbeitszeiten in den Industrieregionen Europas und Nordamerikas waren. Die ersten ortsfesten Abspielstätten siedelten sich in belebten Citylagen an und setzten mit kurzweiligen Nummernprogrammen auf das anonyme Laufpublikum. Ein dezidiert proletarisches Medium war das frühe Kino nicht: Vielmehr ist soziale Heterogenität von Anfang an das hervorstechende Merkmal des Publikums. Um 1910 gab es in den USA rund 10000 Kinos, Nickelodeons genannt: Massenproduktion und niedrige Eintrittspreise machten das Kinovergnügen für alle Bevölkerungsschichten erschwinglich – auch für Frauen und Kinder, deren Anteil am frühen Publikum vergleichsweise hoch ist. Pädagogen und Puritaner polemisierten deshalb, besonders vehement in Deutschland und den USA, gegen die Gefahren, die von »Schundfilms« für Moral und Sittlichkeit ausgingen. Die Filmwirtschaft begegnete diesen Kampagnen und ständigen Schwierigkeiten mit der Zensur durch die Nobilitierung ihrer Ware zur Kunst: Ihren kommerziellen Interessen folgend sorgte sie mit Lichtspielpalästen und mit der Einführung des Starsystems in abendfüllenden Spielfilmen für bessere Ausstattung von Abspielstätten und Programm. Der Erste Weltkrieg brachte dem Kino allgemeine Anerkennung als Unterhaltungs- und Propagandamedium für die patriotische Erziehung des Publikums; die dem Varieté nahe stehenden Kurzfilmprogramme wichen endgültig dem langen Spielfilm mit Vorprogramm, dessen Vorbild das bürgerliche Theater ist. Als bedeutendste »moralische Anstalt« des Freizeitsektors, die dem Publikum gegen ein geringes Entgelt Unterhaltung und die Bestätigung von Gerechtigkeits- und Pflichtgefühl liefert, etablierte sich das Medium Film in der Nachkriegszeit. Durch seine an der Kinokasse abzählbaren Präferenzen nimmt das Publikum gehörigen Einfluss auf das Filmangebot. Mit dem phänomenalen Erfolg des ersten → Ton-Spielfilms *Der Jazzsänger* (1927) mit dem Music-Hall-Star Al Jolson entschied z. B. das amerikanische Publikum über den Zeitpunkt der Einführung des Tonfilms. Einen ersten Höhepunkt des Kinobesuchs gab es in Europa und Nordamerika Ende der 20er Jahre, bevor in der Weltwirtschaftskrise vorübergehend herbe Einbußen verzeichnet wurden.

Vor allem in den USA und in Großbritannien entwickelte sich der wöchentliche Kinobesuch zur sozialen Gewohnheit der städtischen Bevölkerung. Während der deutsche Durchschnittszuschauer nur 4–6-mal pro Jahr ein Kino besuchte, ging der britische 30-mal, der amerikanische sogar 40-mal pro Jahr ins Kino. In den USA entfielen Ende der 30er Jahre über zwei Drittel des so genannten Amusement-Dollars auf Kinobesuche. Das änderte sich zunächst auch nach dem Zweiten Weltkrieg nicht: 1946 bis 1948 gingen pro Woche rund 90 Mio. Amerikaner ins Kino, sodass das amerikanische Publikum 1947 mit 4,7 Mrd. wieder den Vorkriegsstand erreichte. Dann aber nahm es im Zuge der Einführung des Fernsehens bis 1955 rapide auf 2,5 Mrd. ab. Umgekehrt erreichte das (west)deutsche Publikum seinen Höchststand mit 817,5 Mio. Kinobesuchern erst im Jahr 1956: ›Wirtschaftswunder‹ und Fernsehen waren zeitversetzte Phänomene. Eine Amerikanisierung des Publikums fand im bundesdeutschen Nachkriegskino nicht statt – gegenüber der amerikanischen Siegerkultur wurde die einheimische Konfektionsware Marke Heimatfilm bevorzugt. Fernsehen, Motorisierung und ein neues nationales Selbstbewusstsein veränderten die westdeutschen Freizeitgewohnheiten Anfang der 60er Jahre zu Lasten des Kinos: Der Kinobesuch wandelte sich zum besonderen Ereignis, das an einen bestimmten Film gebunden ist. Für Jugendliche blieb das Kino jedoch ein sozialer Treffpunkt, der vor allem am Wochenende regelmäßig aufgesucht wurde. Mit der sozialen Veränderung des Publikums und seiner Gewohnheiten gingen die Besucherzahlen drastisch zurück: In Westdeutschland fielen sie auf nur noch 93,5 Mio. 1992, den absoluten Tiefpunkt. Abgesehen von einer Hand voll Filmhits aus Hollywood erreicht das Gros der in den Kinos gezeigten Filme nur noch ein Minderheitenpublikum, das signifikant jugendlichen Charakter hat.

Trotz der eminenten wirtschaftlichen und sozialen Bedeutung des Kinobesuchs ist das Publikum von der wissenschaftlichen Forschung arg vernachlässigt worden: Die Motive für den Kinobesuch und seine soziale Gestaltung sowie für die Präferenzen bestimmter Genres und Filme sind kaum untersucht worden. Die vorhandenen Statistiken zum Kinobesuch und Befragungen des Publikums verdanken sich meist ökonomischen oder politischen Interessen. Ganz im Unterschied zu den Printmedien, die sich zu einem bedeutenden Anteil über Werbung finanzieren, haben die großen Produktionsfirmen Hollywoods auf empirische Auftragsforschung nahezu verzichtet. Die Propagandaforschung im und nach dem Zweiten Weltkrieg hat sich mit Kino meist nur am Rande befasst. Film- und nicht publikumsorientiert argumentiert Siegfried Kracauer (1947), der in seiner Studie »Von Caligari zu Hitler« die politische Mentalitätengeschichte der Weimarer Republik aus den Filmklassikern des Weimarer Kinos erschließt, um seine Konstruktion einer nationalen Kollektivdisposition zu Hitler zu rechtfertigen. Was Informationen zum Publikum angeht, so sind medienpädagogische Jugendstudien noch am ergiebigsten, allerdings häufig getrieben von der Sorge um schädliche Wirkungen des Kinobesuchs und daher moralisierend. In den angelsächsischen Ländern hat die Erforschung des Kinopublikums erst jüngst Impulse bekommen durch die historische Rezeptionsforschung vor allem zum Stummfilmkino sowie durch das kultursoziologische Interesse an Populärkultur.

Martin Loiperdinger

Literatur: Peter Bächlin: Der Film als Ware. Frankfurt a. M. 1975. [Diss. Basel 1945.] – Siegfried Kracauer: Von Caligari zu Hitler. Eine psychologische Geschichte des deutschen Films. Frankfurt a. M. 1979. [Amerikan. Orig. 1947.] – Ian C. Jarvie: Film und Gesellschaft. Struktur und Funktion der Filmindustrie. Stuttgart 1974. [Engl. Orig. 1970.]

Raum. Physikalisch gesehen ist der Film flach wie die Leinwand, auf die er projiziert wird; und die Kamera ist eine Maschine, die räumliche Ereignisse in zweidimensional-flächige Bilder umarbeitet. Dennoch empfindet man Filmbilder als zumindest ebenso räumlich wie die Realwahrnehmung.

Der erste Grund liegt in der Konstruktion der Kamera selbst, die, als eine Erbin der Camera obscura, das menschliche Auge imitiert. Die fotografische Linie liefert, wie das Auge, eine zentralperspektivische Abbildung, die geometrisch festlegt, was die Grundlagen unserer räumlichen Orientierung sind: Nahe Gegenstände wirken größer als entfernte Gegenstände, Objekte im Vordergrund decken solche im Hintergrund ab und parallele Kanten im Raum streben gemeinsam Fluchtpunkten zu. Es ist ein regelhafter und homogener Bildraum, den die Zentralperspektive konstituiert. Wie auf den Rasterfußböden der Renaissance-Gemälde wird jeder Gegenstand zuverlässig im Raum verortet; und wo die Malerei der Moderne den Raum und die Dinge frei durcheinander wirbelt, herrscht in zentralperspektivischen Bildern jene Ordnung, die wir als ›realistisch‹ empfinden.

Eine Fülle weiterer Räumlichkeiten treten hinzu; zunächst die fotografische Schärfe, die, je nach Lage des Fokus, eine bestimmte Ebene im Raum hervorhebt; dann die Lichtsetzung, die mit Licht und Schatten die Körper im Raum modelliert und ihnen Plastizität verschafft. Das → Licht trägt zur Entstehung einer einheitlichen Raumerfahrung bei; indem es verschiedene Gegenstände einer gemeinsamen Lichtquelle unterwirft, bezieht es sie räumlich aufeinander und lässt sie als Teil eines umfassenden Ganzen erscheinen.

Mit kaum einem Mittel haben die Fotografie und der Film mehr experimentiert als mit dem Licht; der ›Aura‹ der → Stars wurde durch eine Lichtkorona aufgeholfen, die sie gegen den Hintergrund freistellte – ein räumlich-semantischer Effekt –, die Jalousien des → Film noir rasterten die Räume und die Gesichter und machten subtilste Bewegungen im Raum zu einem abrupten optischen Ereignis. Und die Leidenschaft Hollywoods für glänzende Stoffe kann auf die Tatsache zurückgeführt werden, dass der Glanz die Plastizität und Körperlichkeit der Figuren überhöht.

Die Farbgestaltung trägt zur Definition des filmischen Raumes bei, in der Absetzung der Objekte voneinander, durch das unterschiedliche Reflexionsvermögen der verschiedenen Farben, aber auch im Sinne einer direkten Herstellung von Plastizität. Die → Architektur liefert die Raumkanten, an denen der Blick sich orientiert, und die → Ausstattung jene Objektwelt, die das Filmbild erst zu einem realistisch-gegenständlichen macht.

Das wichtigste Mittel, mit dem der Film seinen Raum bestimmt, ist jedoch der räumliche Effekt der → Bewegung. Menschen, Fahrzeuge, Tiere gewinnen Kontur erst, wenn sie ihren Ort verlassen, sich als unabhängig vom Hintergrund präsentieren. Auch die Plastizität wird durch die Bewegung gesteigert: Bewegt sich ein Körper durch wechselnde Lichtzonen hindurch oder dreht er sich in konstantem, von der Seite her einfallendem Licht, wird seine räumliche Gestalt stark hervortreten, seine Modellierung und seine Oberflächenstruktur werden tiefer erscheinen. Und nicht zuletzt verändert sich auch die Bewegung selbst, je nachdem, an welcher Stelle des Raumes sie sich vollzieht: Bewegungen im Vordergrund wirken schnell, Bewegungen im Hintergrund langsam.

Das entscheidende und spezifischste Tiefenindiz liefert die Bewegung der Kamera selbst. Sie ergreift den gesamten Bildraum und reißt schlagartig die Dimension der Tiefe auf; am deutlichsten tritt dieser Effekt bei einer Querbewegung der Kamera ein; wie beim Blick aus dem Eisenbahnfenster wird sich der Vordergrund stark, der Hintergrund weit weniger stark im Bild verschieben.

Hauptwirkung also ist, dass die Tiefenstaffelung des Bildes deutlich und der räumliche Gesamtzusammenhang damit transparent wird. Bewegt sich die Kamera in die Tiefe des Raumes hinein, so ergibt sich ein räumlicher Effekt, der dem Blick durch die Windschutzscheibe eines Autos vergleichbar ist.

Schließlich hat auch der → Ton für die Räumlichkeit der filmischen Wahrnehmung Bedeutung. Lange vor der Stereophonie war es bereits möglich, Nähe und Entfernung, die Größe und Beschaffenheit von Räumen und die räumliche Relation verschiedener Schallquellen durch die Art und Weise der Tonaufnahme festzuschreiben. Dies vor allem durch den Einsatz subtiler Echo- und Halleffekte, die zunächst durch die Aufnahme in präparierten Realräumen und seit Mitte der 60er Jahre elektronisch erzeugt wurden. Akustische Räume werden kaum je mit Bewusstsein, sondern meist intuitiv wahrgenommen, für die Orientierung und das psychische Wohlbefinden aber spielt der Raumklang eine erhebliche Rolle.

All diese Raumindizien wirken zusammen und sorgen dafür, dass Filme ungleich plastischer scheinen als etwa projizierte Fotografie. Dass die Räumlichkeit des Filmbildes auch diejenige der Realwahrnehmung übertrifft, wird mit den genannten Inszenierungsmitteln, der bewussten Lichtsetzung und allgemein damit erklärt werden müssen, dass der Film den Raum einer absichtsvollen Gestaltung unterwirft.

Die Räumlichkeit des Filmbildes aber ist nicht allein ein ästhetisch-technisches Problem. In der Filmtheorie der 70er Jahre gab es eine intensive Debatte um den filmischen Raum und um die Rolle, die dieser für den Realitätseindruck im Kino spielt. Im Mittelpunkt stand die Zentralperspektive. Die Überlegung, dass innerhalb der Malerei diese Art der Flächenprojektion nur wenige Jahrhunderte lang Gültigkeit hatte und mit Anbrechen der Moderne als verbindlicher Code aufgegeben worden ist, musste Zweifel wecken, ob es sich tatsächlich nur um eine selbstverständlich-technische Voraussetzung handelt. Die Kunsttheorie hatte der Zentralperspektive spezifische Inhalte zugeordnet:

Indem sie das Abgebildete dem betrachtenden Blick unterwarf, konstituierte die zentralperspektivische Raumprojektion ein Superioritätsverhältnis zwischen dem Subjekt und der Sphäre der Objekte; der Bildraum wurde als ein Handlungsraum aufgefasst, dessen Tiefenachse den Weg einer phantasierten Bemächtigung vorgab, und insgesamt überhöhte sie die Position des Zuschauers, was als konstitutiv für die Lust im Kino angesehen wurde. Andererseits war es nicht der reale Zuschauer, sondern eine vorentworfene und idealisierte Betrachterposition, auf die der Bildraum sich ausrichtete, und dies erinnerte an die philosophische Subjekt-Problematik, die ebenfalls das empirische Subjekt durch ein abstrahiert-transzendentales ersetzt.

Die Gesamtordnung rückte damit in die Nähe der Ideologie. Verglichen mit den multiplen Räumen der bildenden Kunst, schienen sich im filmischen Raum grundsätzliche Züge des bürgerlichen Weltbildes niederzuschlagen, in dessen Kontext die Zentralperspektive entstanden war; und die Kamera wurde als eine Maschine lesbar, die – alles andere als technisch neutral – eine bestimmte partikulare Weltsicht inkorporierte, um sie dann jedem einzelnen Filmbild aufzuprägen.

Diese dem Film gegenüber eher pessimistische Debatte war wichtig, weil sie eine völlig neue Sicht auf die Technik und vor allem die Medientechnik ermöglichte. Die Technik selbst wurde lesbar als ein ›Medium‹, in das Geschichte sich einschreibt, und am Beispiel des filmischen Raumes war der komplexes Zusammenspiel zwischen der Inhaltsebene, der Ebene der Technik und der Zuschauerposition deutlich geworden. Ihre Grenze hat die Debatte, wo sie die konkreten ästhetischen Differenzen nivelliert. So viele Regisseure (Kameraleute, Beleuchter, Architekten und Ausstatter) es gibt, so viele Weisen gibt es, mit dem filmischen Raum konkret umzugehen. Wo Orson Welles und William Wyler ihren Räumen eine einzigartige Tiefe geben und in der Tiefe nicht nur ›Realismus‹ und Genuss, sondern auch eine relative Freiheit des Zuschauerblickes anstreben, hat z. B. Josef von Sternberg den filmischen Raum immer wieder gezielt negiert, ihn mit Gegenständen verhängt oder im Porträt der Dietrich zur Fläche gemacht; die Filme Michelangelo Antonionis enthalten einige vollständig gegenstandsfreie, monochrom-flächige Einstellungen, in denen der Raum keinerlei Rolle mehr spielt, und im Experimentalfilm schließlich ist der filmische Raum nicht nur gezielt angegriffen und überschritten, sondern auch zum Thema gemacht und immer neu definiert worden. Es ist insofern zweifelhaft, ob es tatsächlich nur einen filmischen Raum gibt.

Sehr viel wahrscheinlicher ist, dass im Filmerleben eine Vielzahl von Räumen sich überlagern: der technisch-geometrisch definierte Raum auf der Ebene des Mediums, die multiplen, ästhetisch definierten Räume innerhalb der Filme und, nicht zuletzt: der Raum des Kinos, in dem der Film schließlich zur Aufführung kommt. Durch eine ›Glaswand‹ von den Zuschauern getrennt, geht der Bildraum eben doch in den Kinoraum über. Und diese Verschmelzung stellt vielleicht das eigentliche Rätsel dar.

Hartmut Winkler

Literatur: André Bazin: Was ist Kino? Bausteine zur Theorie des Films. Köln 1975. (Frz. Orig. 1958.] – Stephen Heath: Narrative Space. [1976.] In: St. H.: Questions of Cinema. London/Basingstoke 1981. – Christian Metz: The Imaginary Signifier. Psychoanalysis and the Cinema. Bloomington 1982. [Frz. Orig. 1977.] – Edward Branigan: The Spectator and Film Space. Two Theories. In: Screen 22 (1981) Nr. 1. – David Bordwell / Janet Staiger / Kristin Thompson: The Classical Hollywood Cinema. Film Style and Mode of Production to 1960. Madison 1985. – Hartmut Winkler: Der filmische Raum und der Zuschauer. ›Apparatus‹ – Semantik – ›Ideology‹. Heidelberg 1992.

Realismus / sozialistischer Realismus / poetischer Realismus / Neorealismus. Realismus (von lat. »res« ›Sache‹) ist ein Begriff, der zunächst in der scholastischen Philosophie des Mittelalters Bedeutung gewann und die Realität (Wirklichkeit) eines Allgemeinen außerhalb des menschlichen Bewusstseins meinte. Verschiedene Tendenzen eines ›kritischen Realismus‹ nutzen den Begriff bis ins 19. und frühe 20. Jahrhundert. Seit der Mitte des 19. Jahrhunderts nimmt er in der Literatur- und Kunstkritik prominenten Rang ein. Hier meint er eine möglichst enge Relation von ästhetischem Artefakt und gesellschaftlicher Realität: die Öffnung der Malerei und Literatur für die alltägliche soziale Erfahrungswirklichkeit und deren weitgehend authentische Gestaltung, meist mit sozialkritischer Intention. Schließlich bezeichnet er die literarhistorische Epoche, in der vor allem Romanciers wie Honoré de Balzac, Gustave Flaubert und Charles Dickens epische Gesellschaftspanoramen entwarfen, in denen krude Alltagswirklichkeit des Großstadtlebens, aber auch der ländlichen Lebenswelten nahezu mimetisch (nachahmend) dargestellt wurden. Der ästhetische Modernismus und die Avantgardebewegungen des 20. Jahrhunderts kehren sich jedoch vom vielfach als ›bürgerlich‹ empfundenen Realismus ab (→ Expressionismus, → Surrealismus), und in der abstrakten Malerei und im hermetischen Gedicht des Modernismus wird die äußere Erfahrungsrealität vollständig getilgt. Der Begriff Realismus bezeichnet also kein ahistorisches Wesen, sondern meint einen Epochenbegriff (Literatur im 19. Jahrhundert), ästhetische Leitideen von Künstlergruppen oder gar, wie im sozialistischen Realismus, ein verordnetes Dogma. Vor allem aber kann Realismus den Stil eines Künstlers oder eines Werkes beschreiben oder den Stil einer Gruppe von Künstlern, jeweils in einem bestimmten historischen Moment, wobei die Rezeption der Werke als realistische wesentlich von der jeweiligen soziokulturellen Realitätsauffassung des Publikums und der Kritik abhängt. Deshalb hat Roland Barthes den Begriff »Realitäts-Effekt« vorgeschlagen, um ästhetische Strategien und deren Wirkung zu bezeichnen, die im Leser/Betrachter den Eindruck von Realitätsnähe hervorrufen.

Auch in → Filmgeschichte und → Filmtheorie ist Realismus keine genau bestimmte Kategorie. Zwar kennt die Filmgeschichtsbeschreibung Epochen- und Stiltendenzen wie sozialistischen Realismus, poetischen

Der Schrei (1957, R: Michelangelo Antonioni): Steve Cochran

Eine schmutzige, regennasse Landstraße, kühle Witterung, wolkenverhangener Himmel, einsame Menschen: Diese Einstellung kann nur einem Film entstammen, der in weitestem Sinne in die Kategorie Realismus fällt. Realismus im Film ist nicht identisch mit so genannter objektiver Betrachtung der Dinge, mit ›neutraler‹ Fotografie, sondern heißt, die Verhältnisse zu demaskieren, die wahren Absichten der Personen zu ergründen, prinzipiell: Verstellungen zu durchschauen, aber auch den Menschen am Rande der Gesellschaft näher zu rücken, die sonst unbeachtet im Dunkel der Geschichte leben, auch den Ausgestoßenen. Widmete sich der poetische Realismus in Frankreich in den 30er Jahren Schicksalen von Arbeitern, Lokführern, einfachen Soldaten und ihren Geliebten, denen allen am Ende nicht zu helfen ist, so der italienische Neorealismus der 40er Jahre noch entschiedener den sozial Ausgegrenzten, Arbeitslosen, Obdachlosen, Wanderarbeitern, alten Leuten, die gelegentlich auf Wunder hoffen dürfen. *Der Schrei* ist ein später Nachfahre des Neorealismus und offenbart im Kern ein Melodram. Über der Landschaft, der Po-Ebene im Winter, liegt unendliche Melancholie. Was kann der Held, der seine Liebe verloren hat, anderes erwarten als den frühen Tod?

Realismus und Neorealismus, doch handelt es sich dabei, auch wenn der italienische Neorealismus vom französischen poetischen Realismus beeinflusst ist, um unterschiedliche Phänomene. Vor allem an den → Dokumentarfilm werden immer wieder Anforderungen des Realismus gestellt, und verschiedene Dokumentarfilmer wie John Grierson, der als Erster 1926 den Begriff »documentary« für den Film benutzte, und Robert Flaherty haben sich selbst als Filmemacher gesehen, die soziale Realität filmisch so aufzeichnen, wie sie ist. In der Filmtheorie sind zunächst Positionen bestimmend, die das neue Medium vor allem von dem Vorwurf befreien wollen, Film sei – wie die Fotografie – nur mechanische Reproduktion der Realität, also grober Realismus und somit keine Kunst, da ihm das Illusionäre fehle. Die ersten Filmtheoretiker, wie Hugo Münsterberg, Béla Balázs und Rudolf Arnheim, sehen im Film hingegen eine ganz eigene Form der »Offenbarung des Menschen« (Balázs) in seiner physischen, physiognomischen Realität, eine Offenbarung des Realen, die gerade durch die filmischen Mittel der Großaufnahme und der Montage möglich wird.

Konstruktion der filmischen Realität durch Montage, nicht Abbildung der sozialen Realität, das ist auch die Intention der sowjetischen Filmtheoretiker und Filmpraktiker Dziga Vertov und Sergej Eisenstein und die Position des sowjetischen → Revolutionsfilms der 20er Jahre. Gerade die politische und ästhetische Avantgarde gab das Konzept des abbildenden Realismus auf. 1931 notiert Bertolt Brecht in seiner Schrift »Der Dreigroschenprozeß«, seiner Auseinandersetzung mit G. W. Pabsts neusachlicher (→ Neue Sachlichkeit) Verfilmung der *Dreigroschenoper* (1931): »Die Lage wird dadurch so kompliziert, dass weniger denn je eine einfache ›Wiedergabe der Realität‹ etwas über die Realität aussagt. Eine Fotografie der Kruppwerke oder der A.E.G. ergibt beinah nichts über diese Institute. Die eigentliche Realität ist in die Funktionale gerutscht.« Mit zunehmender Einsicht in eine immer komplexer werdende gesellschaftliche Realität, deren Oberfläche das eigentlich Wesentliche verdeckt, können komplexe ästhetische Strategien nicht mehr im traditionellen Sinne, wie im Realismus des 19. Jahrhunderts, ›realistisch‹ sein.

Schon 1929 plädiert Sergej Eisenstein für »den rein intellektuellen Film, der – befreit von traditioneller Bedingtheit – ohne jede Transition und Umschreibung direkt Formen für Gedanken, Systeme und Begriffe erzielen wird«, der also intellektuelle Raster zur kritisch-analytischen Erfassung und Durchdringung der Realität bietet, nicht jedoch *die* Realität. So erhoffte Eisenstein sich eine Synthese von Kunst und Wissenschaft. Doch schon bald galt in der Sowjetunion diese avantgardistische Filmästhetik und Filmpraxis als »formalistisch« und »volksfremd«. Stalin, dessen diktatorische Herrschaft sich auf ihren Höhepunkt zu bewegte, betrachtete die revolutionäre Phase des Aufbaus des Sozialismus als abgeschlossen und wollte seine Herrschaft auch mit einer neuen Kulturpolitik konsolidieren. Sie wurde auf dem Ersten Allunionskongress der sowjetischen Schriftsteller vom 17. 8.–1. 9. 1934 per Dekret zur Vorschrift für das gesamte künstlerische Schaffen: als Doktrin des sozialistischen Realismus. Der Begriff tauchte erstmals auf in einer Rede des Chefredakteurs der »Iswestija«, Gronski, am 20. 5. 1932; gegenüber dem Schriftsteller Maxim Gorki hat Stalin dann im Oktober 1932 bekundet, die Kunst des Sozialismus sei der sozialistische Realismus.»Der sozialistische Realismus war keine plötzliche Erscheinung, er war vielmehr die methodologische Schlussfolgerung aus der bisherigen schöpferischen Praxis und erinnerte die Schriftsteller und alle anderen Künstler sehr nachdrücklich daran, dass sie mit beiden Beinen auf dem Boden des realen Lebens stehen und den Millionen Lesern, Zuschauern und Hörern, kurz: den Literatur- und Kunstkonsumenten bei der Umformung des gesellschaftlichen Bewusstseins helfen müssen. Es galt, im Leben der Sowjetunion Vorbilder und Inspirationsquellen zu finden, in ihnen die revolutionäre Romantik, die eine Komponente des Schaffens darstellt, zu entdecken.« (Toeplitz)

Der sozialistische Realismus forderte auch vom Film die Darstellung positiver individueller Helden als Vorbilder, die klare dramaturgische und ästhetische Kennzeichnung des Positiven (politisch Gewünschten) und des Negativen (politisch Verwerflichen) und eine klare, einfache Pädagogik, die mit entsprechender »Romantik«, also mit Pathos zu arbeiten hatte, um massenhaft wirksam zu sein. Die Kehrseite des Dogmas war, dass jede andere künstlerische Bestrebung jetzt als »feindlich« galt, als »bourgeois« und »konterrevolutionär«. Nicht zuletzt Eisenstein hatte unter dem Dogma zu leiden, konnte kaum noch Filme produzieren und wurde permanent zur »Selbstkritik« getrieben. Im sowjetischen Film führte der sozialistische Realismus zu einer Welle von Hagiographien, Heldenbildern wie *Tschapajew* (1934, R: Sergej und Georgi Wassiljew), und zu Filmen, in denen »die historische Rolle Stalins vergrößert« wird (Toeplitz). Als bedeutendstes Werk des sozialistischen Realismus darf wohl Mark Donskois Trilogie von Filmen nach der Autobiographie Maxim Gorkis gelten: *Gorkis Kindheit* (1938), *Unter fremden Menschen* (1939) und *Meine Universitäten* (1940). Donskoi parallelisiert das Heranwachsen seines Helden und dessen Prozess der politischen Bewusstwerdung episch und doch auch psychologisch nuanciert mit der Geschichte eines ›erwachenden‹ und ›erwachsen‹ werdenden Volkes. Die Historie wurde jedoch nicht nur beschworen, sie war auch als Sujet Fluchtpunkt für Regisseure, die mit der politisch überdeterminierten Gegenwart sich nicht einlassen wollten. So drehte Eisenstein im Stil eines heroischen Realismus *Alexander Newski* (1938) als Warnung vor dem Expansionsdrang Hitlers und als pathetische Feier des Selbstbehauptungswillens des russischen Volkes. Nach 1945 wurde der sozialistische Realismus auch in den jetzt sozialistischen Staaten zur Doktrin erhoben. Erst in der so genannten Tauwetter-Periode nach Stalins Tod 1953 lockerte sich der Zugriff der staatlichen Kunstpolitik etwas, doch ein Regisseur wie Andrej Tarkowski hatte mit seiner symbolistischen Ästhetik solche Schwierigkeiten, dass er die Sowjetunion Anfang der 80er Jahre noch verlassen musste.

Fast zeitgleich mit dem sozialistischen Realismus entwickelte sich der poetische Realismus unter gänzlich anderen politischen Bedingungen und mit einer gänzlich anderen ästhetischen Ausrichtung. Der Begriff bezieht sich auf eine Reihe von französischen Filmen, die vor allem in den 30er Jahren entstanden sind und oft auch als Filme der »französischen Schule« (Toeplitz) oder des »magischen Realismus« (Vincendeau) bezeichnet werden. Poetischer Realismus meint dabei kein Programm und auch kein Genre. Unter diesem Begriff, der zum ersten Mal in einer Kritik zu Pierre Chenals *La Rue sans nom* (1933) auftauchte, finden sich vielmehr stilistisch divergierende Werke unterschiedlicher Regisseure versammelt. Als Hauptvertreter gelten, nach den Vorläufern René Clair oder Jean Vigo, Jean Renoir, Marcel Carné und Julien Duvivier. Gemeinsam ist ihren Filmen meist das Thema der Unmöglichkeit der Liebe und die Ansiedlung der Handlung in einem proletarischen Milieu, in dem der Held – meist ein einfacher Arbeiter oder Außenseiter, immer wieder verkörpert von Jean Gabin – tragisch scheitert, aus Zorn auf die Verhältnisse zum Mörder wird und am Ende selbst stirbt: in Duviviers *Pépé le Moko – Im Dunkel von Algier* (1937) ebenso wie in Renoirs *Bestie Mensch* (1938) oder Carnés *Der Tag bricht an* (1939).

Renoir war dabei der produktivste und wichtigste Regisseur, ohne dass jedoch alle seiner 15 Filme dieser Dekade dem poetischen Realismus zuzurechnen sind. In den Straßen von Paris – einem Dekor, wie es etwa René Clair zur gleichen Zeit für seine leichten, lichtvollen musikalischen Komödien benutzte – findet die Handlung von *Die Hündin* (1931) statt. Michel Simon spielt einen kleinen Buchhalter, der sich in eine Prostituierte verliebt, von dieser aber nur ausgenutzt wird, bis er sie schließlich tötet. Renoir drehte dabei nicht im Studio, sondern an Originalschauplätzen und verwandte nur authentischen Ton. Die Darstellung der »äußeren Wahrheit« durch realistische Umgebung und authentischen Ton in Verbindung mit einer einfachen Poesie des Volkes dienten ihm als Vermittler für die »innere Wahrheit«, wie er rückblickend sagte. »Ich glaube, mit ihm einem Stil nahe gekommen zu sein, den ich ›poetischen Realismus‹ nenne« (Renoir). Auch in seinen späteren Filmen blieb Renoir dieser Arbeitsweise treu. In *Toni* (1935) arbeitete er vor allem mit Laiendarstellern. Mit seinem fast schon dokumentaristischen Stil, der Arbeit an Originalschauplätzen und direktem Ton wurde der Film immer wieder als ein Vorläufer des Neorealismus bezeichnet. In der Aufbruchsstimmung der Zeit der Volksfrontregierung schrieb Jacques Prévert ein von schwarzem Humor durchsetztes Drehbuch, das Renoir mit den Schauspielern von Préverts »Groupe Octobre« umsetzte. Auch in diesem Film scheitern die Liebenden an den Verhältnissen und fliehen ins Exil. Renoir arbeitete in diesem Film mit in die Tiefe gehenden Einstellungen und langen → Plansequenzen, einem Stil, den er in seinen späteren Filmen *Die große Illusion* (1937) und *Die Spielregel* (1939) meisterlich weiterentwickelte.

Einen anderen Weg als Renoir schlug Marcel Carné ein. Er bevorzugte die Arbeit im Studio und ließ sich seine Dekors von Alexander Trauner schaffen. Besonderen Wert legte Carné auf die Bildkomposition und die Arbeit mit Licht und Schatten; seine Vorstellungen wurden dabei oft von den aus Nazideutschland emigrierten Kameramännern Curt Courant und Eugen Schüfftan umgesetzt. Sein wichtigster Mitarbeiter war jedoch Jacques Prévert, der an nahezu allen bedeutenden Filmen Carnés mitgewirkt hat. Höhepunkte ihrer Arbeit waren *Hafen im Nebel* (1938) und *Der Tag bricht an* (1939), die von einer düsteren, pessimistischen Grundstimmung getragen sind. Dabei ist das von Trauner geschaffene Le Havre in *Hafen im Nebel* kaum noch realistisch zu nennen. Es ist vielmehr ein von Nebel und Nacht beherrschter Ort, in dem nur für kurze Augenblicke die Liebe und die Freiheit – und dies bedeutet bei Prévert: die Poesie – aufleuchten. Neben Carné und Renoir sind vor allem die Regisseure Julien Duvivier und Pierre Chenal zum poetischen Realismus zu rechnen. Letzterer schuf mit *Le Dernier Tournant* (1939), der Verfilmung des Romans »The Postman Always Rings Twice« von James M. Cain, einen der letzten Filme dieser Dekade; die Vorlage sollte bald darauf von Luchino Visconti neu adaptiert werden.

Innerhalb der Produktion der französischen Filmindustrie der 30er Jahre nahmen die Werke des poetischen Realismus zahlenmäßig nur wenig Raum ein, doch waren sie sowohl künstlerisch als auch an der Kinokasse sehr erfolgreich. Mit Kriegsbeginn 1939 und dem Exil der meisten französischen Regisseure endete die bedeutende Zeit des poetischen Realismus. Auffallend ist, dass bei diesen Produktionen immer wieder dieselben Namen auftauchen. Es sind nicht allein die Regisseure, die mit ihrem eigenen Stil die Filme schufen, es sind auch die Drehbuchautoren wie Prévert und Charles Spaak, der Komponisten Maurice Jaubert und Joseph Kosma, die Szenenbildner Lazare Meerson und Alexander Trauner, die Kameramänner Claude Renoir, Curt Courant und Eugen Schüfftan sowie die Schauspieler Jean Gabin, Jules Berry, Michel Simon, Michèle Morgan und Arletty, deren Arbeit den poetischen Realismus in Frankreich als Stil einer Epoche und als Haltung einer Gruppe von Künstlern erscheinen lässt.

Ein direkter Weg führt vom französischen poetischen Realismus zum italienischen Neorealismus. Es war der von Pierre Chenal bereits 1939 verfilmte Roman »The Postman Always Rings Twice« des amerikanischen Autors James M. Cain, eines Vertreters der »Hard-boiled-School«, des harten, desillusionierenden Kriminalromans, den der italienische Aristokrat Luchino Visconti 1942 in seinem ersten Film adaptierte: in *Ossessione ... Von Liebe besessen*, dem Film, der – noch unter der Zensur der Mussolini-Diktatur entstanden – der ersten großen Erneuerungsbewegung des europäischen Films nach 1945 ästhetisch den Weg bereitete: dem Neorealismus. Als Martin Schaub 1958 auf diese Epoche zurückblickte, notierte er: »Aber alles, was amerikanisch ist, wurde in diesem Film *Ossessione* unwiedererkennbar ins Italienische eingeschmolzen. Italien nahm hier ein Leben an, wie man es bis zu jener Zeit im Film nie gesehen hatte [...]. Eine Welt des Lumpenproletariats brach herauf und packte mit harter Pranke zu.« Das Innovative an *Ossessione* ist zunächst das Resultat eines mehrfachen Transfers, eines Kultur- und Medientransfers. Visconti erhielt den Stoff von Jean Renoir, dem er zeitweise assistierte und dessen politisch engagierte und genau komponierten Filme ihm und zahlreichen anderen jungen Intellektuellen in Italien zum Vorbild einer oppositionellen Ästhetik gegen die vom faschistischen Staat dirigierte Filmproduktion wurden. Wie in Nazideutschland wurde auch in Italien das Massenmedium Film besonders gefördert. Dennoch war die faschistische Ideologie in der Filmproduktion wenig durchdringend; es lässt sich trotz historisch verklärender Epen und eskapistischer Dramen und Komödien und ihrer glamourösen Stars – der Terminus der »Weißen-Telefon«-Filme hat sich zur Kennzeichnung des vorherrschend bourgeoisen Filmgeschmacks etabliert – immer eine realistische Tendenz feststellen, auch wenn sie nie kritische Züge annahm. Die französischen poetischen Realisten wie Jean Renoir, René Clair und Marcel Carné beeinflussten nicht nur Visconti, sondern auch Vittorio De Sica und Michelangelo Antonioni. Wesentlich war aber auch die amerikanische Literatur. Aus Cains naturalistischem Roman über Sex and Crime in der Zeit der amerikanischen Depression machte Visconti in *Ossessione* ein italienisches Sozialdrama, angesiedelt in der weiten Landschaft des Po-Deltas, also in der Provinz, die der Faschismus nur als folkloristisches Ambiente zuließ, nicht als trostlose Lebenswelt. Der Film ist das erste Zeugnis eines spezifisch italienischen filmischen Realismus, eines Verismo, den es in der italienischen Literatur und in der Oper von Verdi etwa schon gab, in dem gerade die Kolportage-Elemente ins Melodramatische gesteigert werden, bis sich in der Maßlosigkeit der Emotionen des Lumpenproletariats deren zutiefst soziale Dynamik zeigt: das Aufbegehren gegen die Verdinglichung des Körpers, gegen die Entfremdung. Der Film wurde von der Zensur verboten, obwohl er keinerlei politische Stellungnahme enthält, doch er war in seiner inspirierenden Wirkung nicht aus der Welt zu schaffen.

Erst mit der Befreiung vom Faschismus 1944/45 und mit der Erfahrung der Resistenza, des Widerstands, zündete die Sprengkraft von *Ossessione* auch als ästhetische Befreiung. Jetzt entstanden in Italien in rascher Folge die bedeutenden Werke des dann international gefeierten Neorealismus: Roberto Rossellinis *Rom – offene Stadt* (1945), *Paisà* (1946) und *Deutschland im Jahre Null* (1948), Vittorio De Sicas *Schuhputzer* (1946), *Fahrraddiebe* (1948), *Umberto D.* (1951) und Viscontis *Die Erde bebt* (1948). Der Begriff »neorealismo« wurde jedoch von dem Kritiker Umberto Barbaro 1943 geprägt, und zwar mit Blick auf die französischen Filme der 30er Jahre, nicht auf Viscontis *Ossessione*. Auch Neorealismus ist ein Phantom-Begriff. Weder haben sich Regisseure wie Visconti, Rossellini und De Sica je einem einheitlichen Programm verschrieben noch gar ein Manifest unterzeichnet, wie es sie in der Kunst des 20. Jahrhunderts geradezu als eigenständige Textsorte gibt. Aber sie haben das Medium Film in einem entscheidenden historischen Moment einem Verständnis von Realismus geöffnet, wie es der französische Kritiker André Bazin 1948 formulierte: »Ist es nicht eine solide Definition des Realismus in der Kunst: den Geist zur Teilnahme zu zwingen, ohne mit Menschen und Dingen zu mogeln?« Das war gegen das klassische Hollywood-Kino gerichtet, dessen Konventionen dieser »Realismus« völlig ignorierte, indem er seine Geschichten und seine Bilder auf der Straße, im Alltag, im Hier und Jetzt der sozialen Realität suchte und auch fand.

»Es gibt unendlich viele Bereiche des Lebens zu erkunden« – das was 1945 das Credo Cesare Zavattinis, des Drehbuchautors von De Sicas frühen Filmen und zugleich bekanntesten Theoretikers des Neorealismus. Diese ›vorhandenen‹ Lebensbereiche wurden erkundet als Chroniken des Krieges und politischen Widerstandes von Rossellini, als Geschichten des sozialen Elends ›kleiner Leute‹ in der Nachkriegszeit von De Sica, als Erzählungen des zerstörerischen Kapitalismus von Visconti, der sich als einziger dieser Regisseure zum Marxismus bekannte. Gedreht wurde meist mit Laien, um deren geprägte Physiognomien, deren typische soziale Gestik und Redeweise authentisch darzustellen und zugleich zu zeigen, wie determiniert jeder körperliche und sprachliche Ausdruck durch gesellschaftliche Bedingungen ist. Gedreht wurde auf Straßen, in Städten und Landschaften, meist in Plansequenzen, oft auch in Totalen, die den Menschen in die ihn bestimmende soziale Umgebung einfügen. Mit dem Neorealismus – und das ist wohl entscheidend für seine filmhistorische Bedeutung – geht mit dem soziodokumentarischen Gestus ein modernes sozioanthropologisches Element in die Entwicklung des Mediums Film ein: als Absage an den klassischen Illusionsrealismus Hollywoods und an jeden Realismus, auch den sozialistischen, der den Menschen als ›Helden‹ und nicht als Objekt der Verhältnisse im Zentrum der Welt, der Wirklichkeit sieht. Vermutlich haben Filmkritik und Filmgeschichtsschreibung nie zuvor – und wohl kaum noch danach – so emphatisch von einem »Menschenbild« im Film gesprochen wie zwischen 1945 und 1955, der Ära des Neorealismus.

Gerade der poetische Realismus und der Neorealismus wurden dann paradigmatisch für die beiden bedeutendsten Theoretiker des Realismus im Film: für André Bazin und Siegfried Kracauer. Mit existentiellem Ernst sieht André Bazin im Œuvre Jean Renoirs »eine moralische Botschaft, eine bestimmte Vision des Menschen«. Filmische Ästhetik und humanistische Ethik gehen für Bazin bei Renoir – und im Neorealismus Rossellinis – eine enge Verbindung ein. Für Bazin war gerade der Neorealismus die Bestätigung dafür, dass Film »die realistischste aller Künste« sei. Siegfried Kracauer hebt in »Theorie des Films. Die Errettung der äußeren Wirklichkeit« (1960) hervor, »dass Filme nur dann der filmischen Einstellung entsprechen, wenn sie der realistischen Tendenz Rechnung tragen und demzufolge ihr Hauptaugenmerk auf physische Existenz richten«. Doch das Jahr 1960 ist eine Wegscheide in der Entwicklung des Mediums. Mit dem britischen → Free Cinema erlangt für kurze Zeit noch einmal ein literarisch inspirierter Realismus, der »kitchen sink realism« kruder Alltagsrealität, Bedeutung, etwa in Tony Richardsons *Bitterer Honig* (1961) oder in Lindsay Andersons *Lockender Lorbeer* (1963): Dramen in der Welt des Proletariats und der psychischen und physischen Verkümmerung. Doch Regisseure wie Visconti, Fellini und Antonioni wandten sich in den 60er Jahren vom Neorealismus ab. Pier Paolo Pasolini überhöhte den Neorealismus noch einmal, bis zum quasi sakralen Ritual, in dem Film *Accattone – Wer nie sein Brot mit Tränen aß* (1961), doch seit der französischen → Nouvelle Vague und deren Einfluss auf das europäische und schließlich das amerikanische Kino des → New Hollywood ist Realismus auch als »Realitäts-Effekt« zu einem Stilelement unter anderen im filmischen Erzählen geworden.

Bernd Kiefer / Peter Ruckriegl

Literatur: Béla Balázs: Schriften zum Film. Bd. 1: Der sichtbare Mensch. Kritiken und Aufsätze 1922–1926. München [u. a.] 1982. – Sergej Eisenstein: Dramaturgie der Film-Form. Der dialektische Zugang zur Film-Form. In: Franz-Josef Albersmeier (Hrsg.): Texte zur Theorie des Films. 3., durchges. und erw. Aufl. Stuttgart 1998. [Russ. Orig. 1929.] – André Bazin: Jean Renoir. Frankfurt a. M. 1980. [Frz. Orig. 1939.] – André Bazin: Was ist Kino? Bausteine zur Theorie des Films. Köln 1975. [Frz. Orig. 1958.] – Martin Schlappner: Von Rossellini zu Fellini. Das Menschenbild im italienischen Neo-Realismus. Zürich 1958. – Siegfried Kracauer: Theorie des Films. Die Errettung der äußeren Wirklichkeit. Frankfurt a. M. 1964. [Amerikan. Orig. 1960.] – Martin Schlappner: Das Böse und der Film. Zürich 1961. – Roland Barthes: L'effet du réel. In: Communications 11 (1968). – Jean Renoir: Mein Leben und meine Filme. München 1975. [Frz. Orig. 1974.] – Jerzy Toeplitz: Geschichte des Films. Bd. 3: 1934–1939. Berlin 1979. – Jean Mitry: Histoire du cinéma. Bd. 4. Paris 1980. – André Bazin: Filmkritiken als Filmgeschichte. München/Wien 1981. – Mira Liehm: Passion and Defiance. Film in Italy from 1942 to the Present. Berkeley [u. a.] 1984. – John Hill: Sex, Class and Realism. British Cinema 1956–1963. London 1986. – Millicent Marcus: Italian Film in the Light of Neorealism. Princeton 1986. – Anna Lawton (Hrsg.): The Red Screen. Politics, Society, Art in Soviet Cinema. London / New York 1992. – Susan Hayward: French National Cinema. London 1993. – Brian Winston: Claiming the Real. The Griersonian Documentary and Its Legitimations. London 1995. – Ginette Vincendeau: The Companion to French Cinema. London 1996. – Eva Hohenberger (Hrsg.): Bilder des Wirklichen. Texte zur Theorie des Dokumentarfilms. Berlin 1998. – Christine Engel (Hrsg.): Geschichte des sowjetischen und russischen Films. Stuttgart/Weimar 1999.

Regie. Von Anfang an eine der wichtigsten Funktionen bei der Herstellung eines Films. Regie ist zunächst einmal die Gestaltung einer Mise en scène, die eine dreifache Ordnung der Figuren im Raum schafft, durch die Bewegungen der Figuren zueinander, durch die Begrenzung oder Erweiterung, die diese durch Dinge um sie herum, aber auch an sich erfahren, und durch die Beweglichkeit der Kamera zwischen den Menschen und Dingen.

Dem Regisseur (Director, Réalisateur, Spielleiter/Filmemacher) kam und kommt zudem die Aufgabe zu, die verschiedenen Kräfte der Filmproduktion zu bündeln: nach einem vorgegebenen Buch die Darsteller zu inszenieren, die Kameraleute und ihre Lichttechniker zu koordinieren, die Fachkräfte für Architektur und Ausstattung (Bauten und Dekors), für Kostüm, Make-up und Requisiten einzubinden. So übt er, nach Josef von Sternberg, den »entscheidenden Einfluss« aus, »der für den Wert verantwortlich ist, den man auf der Leinwand sieht«.

Der Regisseur ist, wie Kevin Brownlow anmerkte, ein Organisator, der Menschen »nach seinem Willen« handeln und »Dinge geschehen« lasse, »wenn er es wünscht«, der außerdem »die Fähigkeit« besitze, »die Zeit anzuhalten und die Vergangenheit umzugestalten«. Und »wenn er seine Schöpfung auf Film gebannt« habe, könne »er noch einmal Gott spielen und im Schneideraum Ereignisse und Gestalten neu arrangieren«.

In Hollywood war, nach der frühen Produzentenherrlichkeit etwa von Thomas H. Ince, in den späten 10er und frühen 20er Jahren so mancher Regisseur allmächtig. Auf den Plakaten wurde sein Name häufig sogar größer gesetzt als der des Stars. David W. Griffith, Charlie Chaplin und Rex Ingram, Cecil B. DeMille, King Vidor und Erich von Stroheim schufen in dieser Zeit ihre Filme nach eigenen Plänen, Regeln und eigenem Geschmack. Sie konnten es sich sogar erlauben, ihren Geldgebern den Zutritt zu den Studios zu verweigern. 1925 schickte Louis B. Mayer, der Studioboss von MGM, erstmals einem seiner Regisseure, Maurice Tourneur bei den Dreharbeiten für *The Mysterious Island*, einen Supervisor auf den Set, den Vorläufer des Executive Producer. Tourneur verließ daraufhin das Studio und ein paar Tage später auch Hollywood, weil er die Autonomie der künstlerischen Arbeit gefährdet sah.

Seit 1922, als Irving Thalberg, damals Produktionschef von Universal, Stroheim als Regisseur von *Karussell* entlassen hatte, suchten die großen Studios die Allmacht ihrer Regisseure zu begrenzen. Nach 1925, als Thalberg, inzwischen Produktionschef bei MGM, die Filmproduktion immer fabrikmäßiger straffte, übernahmen nach und nach die Produzenten die Kontrolle über die Herstellung der Filme. Die Regisseure wurden nur noch als angestellte Koordinatoren oder bloße Spielleiter akzeptiert. Wichtige Regisseure haben deshalb immer wieder versucht, ihre ästhetische Arbeit mit der organisatorischen Tätigkeit des Produzenten zu verbinden. Howard Hawks etwa hatte seit Anfang der 30er Jahre auch den Status des Executive Producer bei seinen Filmen, sowohl bei Howard Hughes als auch bei MGM, Warner und Columbia.

Um genau das zu kriegen, was sie auch haben wollten, entschlossen sich Frank Capra, George Stevens und William Wyler Ende der 40er Jahre, »Produzenten-Regisseure« zu werden, und gründeten die Liberty Films. Ihr Ziel dabei war, qualitätsbewusste Filme unabhängig von den Produzenten in den Studios herzustellen. Dieses Konzept ging zwar ökonomisch nicht auf, erlaubte aber diesen Regisseuren, nach einem Abkommen mit → Paramount Pictures ihre Filme weitgehend unbeeinflusst zu drehen. Die Idee des Produzenten-Regisseurs aber ist seitdem wieder und wieder aufgegriffen worden: in den 50ern und 60ern von Robert Aldrich und Otto Preminger, Samuel Fuller und Sam Peckinpah, später auch von Robert Altman, Sydney Pollack, George Lucas und Steven Spielberg – und immer ging es darum, den eigenen Einfluss auf die Filme so weit wie nur möglich zu erweitern.

In Europa nahm die Auseinandersetzung zwischen geldvermittelnden Produzenten und künstlerischen Regisseuren nie solche krassen Formen an. Die Beziehung wurde eher kooperativ verstanden, um ein bestmögliches Resultat zu erzielen, ästhetisch wie ökonomisch, wobei dem Regisseur meistens das Recht auf die Filmgestaltung zugestanden wurde.

Viele der großen Regisseure haben sich intensiv um ein Verständnis ihres Metiers bemüht. King Vidor nannte den Regisseur den »Kanal, durch den ein Film die Leinwand« erreiche. Für Fritz Lang sollte der Filmregisseur »von jeder Kunst das Stärkste haben: vom Maler den Blick für das Bildmäßige, vom Bildhauer die Bewusstheit der Linie, vom Musiker den Rhythmus, vom Dichter die Konzentration der Idee«. Daneben aber brauche er etwas, »das sein eigenstes Können« sei: »Tempo!« Max Ophüls sprach davon, es gebe »in einem Film so viele Filmschöpfer wie Menschen im Film arbeiten«, und seine »Aufgabe als Regisseur« sei es, »diese Leute, jeden Einzelnen, zum Filmschöpfer zu machen«. Jean Renoir bezeichnete den Regisseur als den Einzigen, »der den Film modellieren« könne, »indem er alle Elemente miteinander verknetet, wie ein Bildhauer den Ton knetet«. William Wyler verglich den Regisseur gerne mit dem »Dirigenten«, der sein Orchester aus Autoren, Dramaturgen, Lichtoperateuren, Kameraleuten, Cuttern und Schauspielern führen muss. Für Alfred Hitchcock war Regie »dazu da, die Zeit entweder zusammenzuziehen oder zu dehnen«, der Regisseur habe »nur an eins zu denken: Was kommt auf der Leinwand?«. »Regisseur zu sein und Filme zu machen«, heiße, so Frederico Fellini, »die Dinge mit [...] Liebe zu sehen, diese Gemeinschaft, die von Zeit zu Zeit zwischen einem selbst und einem Gesicht, zwischen einem selbst und einem Gegenstand geschaffen wird«. Und Howard Hawks definierte den Regisseur als »Geschichtenerzähler«, der »die speziellen Fähigkeiten seiner Mitarbeiter einzusetzen« habe.

Diese Betonung des Kooperativen bei der Regie-Tätigkeit wurde auch nicht negiert, als Ende der 50er Jahre immer häufiger vom »cinéma d'auteur« die Rede war. Der persönliche Blick der Filmemacher, die – unabhängig von Thema und Buch – die jeweilige Geschichte auf intime Art stilisieren, wie nur sie es vermögen, also stets in der Ichform sprechen, die Rede ihrer Filme sozusagen in der ersten Person konjugieren, wurde als besondere Ausdrucksweise gesehen, die einzig und allein im engen Zusammenwirken mit den Mitarbeitern zu realisieren ist.

Alfred Hitchcock hat (gegenüber François Truffaut) eingestanden, »das Drehbuch eines anderen zu nehmen« und auf seine Art »zu fotografieren«, habe ihm »nicht genügt«. Er habe »das Sujet« zu seinem »eigenen machen« müssen, »zum Guten oder Bösen«. In dem Sinne hat eine Reihe von europäischen und amerikanischen Regisseuren die künstlerische Arbeit als persönlichen Ausdruck ihrer Vorstellungen von der Welt und vom Filmemachen verstanden.

Die französischen Regisseure der → Nouvelle Vague, die als cinephile Kritiker begonnen hatten, unterschieden strikt zwischen zwei Positionen in ihrem Metier: zwischen dem Réalisateur, der, wenn auch mit Intelligenz, Phantasie und Inspiration inszeniert, stets nur die vorgegebene Geschichte eines Drehbuchautors umsetzt, und dem Auteur, der, wenn er auch voller Flecken und Fehler, voller Manien und Schwächen arbeitet, stets bekennt, wie er zur Welt, zu den Menschen und seiner Arbeit steht. Was für den Auteur zähle, so Jacques Rivette, sei »der Ton oder der Akzent, die Nuance, wie immer man es nennen mag – d. h. der Standpunkt eines Menschen [...] und die Haltung dieses Menschen zu dem, was er filmt, und folglich zur Welt und allen Dingen, was sich ausdrücken kann in der Wahl der Situationen, der Konstruktion der Intrige, den Dialogen, dem Spiel der Darsteller oder ganz einfach der Technik«.

Auch in Deutschland forderten Mitte der 60er Jahre immer mehr junge Regisseure einen Neubeginn des künstlerischen Films, der »sich mit der sozialen Dokumentation, mit politischen Fragen, mit Bildungsfragen und mit filmischen Neuentwicklungen« (Kluge) befasst, eine Förderung der »Projekte«, die »ein Engagement des Autors an seinem Stoff verraten lassen – eines Autors, der sich mit seinem Film ausdrückt und sich dem Publikum zur Diskussion stellt« (Lemke).

Zwar konnte der Regisseur hierzulande, selbst als er, wie zu Zeiten der Ufa, oft bloß »Spielleiter« genannt wurde und seine Arbeit sich auf die Inszenierung der Darsteller und die Absprachen mit dem Kameramann beschränkte, dies weitgehend eigenständig tun. Aber er blieb doch abhängig von den Angeboten und Intentionen der Produzenten. Deshalb war die Forderung nach dem Neuen Film auch mit einem veränderten Verständnis des Regisseurs verbunden: mit der Suche nach der »Freiheit des echten Autoren«, der »Freiheit, umzudenken, zu zögern, neue Einfälle zu verarbeiten«, der »Freiheit, in jedem Augenblick unabhängig zu gestalten« (Klick).

Norbert Grob

Literatur: Fritz Lang: Moderne Filmregie. In: Die Filmbühne. April 1927. Nr. 1. – Max Ophüls: Erfahrungen eines Filmschöpfers. In: Filmkritik 1967. Nr. 3. [Rede am 15.1.1956 in Hamburg.] – Josef von Sternberg: Das Blau des Engels. München 1991. [Amerikan. Orig. 1965.] – Martin Schlappner: Filme und ihre Regisseure. Stuttgart 1967. – Andrew Sarris: The American Cinema. Directors and Directions 1929–1968. New York 1968. – Federico Fellini: Die süßen Anfänge. In: F. F.: Aufsätze und Notizen. Zürich 1974. – Jean Renoir: Mein Leben und meine Filme. München 1975. [Frz. Orig. 1974.] – Eric Sherman: Directing the Film. Film Directors and their Art. Boston 1975. – Hans C. Blumenberg: Die Kamera in Augenhöhe. Köln 1979. [Darin: Howard Hawks.] – Hans Helmut Prinzler / Eric Rentschler (Hrsg.): Augenzeugen. 100 Texte neuer deutscher Filmemacher. Frankfurt a. M. 1988. [Darin: Roland Klick. Alexander Kluge. Klaus Lemke.] – Jacques Rivette: Schriften fürs Kino. München 1989. (Cicim 24/25.) – Ron Richards: A Director's Methods for Film and Television. London 1992. – Norbert Grob: Not the composer, but the conductor. In: Wolfgang Jacobsen / Helga Belach / N. G. (Hrsg.): William Wyler. Berlin 1996. – Kevin Brownlow: Pioniere des Films. Vom Stummfilm bis Hollywood. Basel / Frankfurt a. M. 1997. [Amerikan. Orig. 1968.]

Remake. Die Neuverfilmung eines bereits verfilmten Stoffes bezeichnend, hat sich der angloamerikanische Begriff »Remake« (›neu machen‹, ›wieder machen‹) mittlerweile fest in der Terminologie der Filmbranche verankert.

Die eindeutige Einstufung eines Films als Remake ist jedoch zuweilen diffizil, da kein Ideal- oder Urbild des Remakes existiert, anhand dessen verschiedene filmische Werke verglichen und kategorisiert werden könnten. Erst im Vergleich zu seinem filmischen Vorgänger ist ein Film als Remake erkennbar. Remakes bilden kein Genre und keine Klasse. So besitzen sie weder einheitliche stilistische Muster noch eine dem Zuschauer vertraute Geschehenslogik. Da sie in fast allen → Genres vorkommen, folgen sie unterschiedlichen Erzählkonventionen.

Der Filmstoff des Originals kann im Remake zwar eine Übertragung in andere Schauplätze oder Zeiten erfahren, doch sollten sowohl Handlung und dramaturgischer Aufbau als auch die Figurenkonstellation des filmischen Vorgängers weitgehend erhalten bleiben, da sonst das Original seinen Referenzcharakter verliert. Ein Remake kann somit die bekannten Elemente des Originals mit neuen Aspekten variieren. Um als Neuverfilmung zu gelten, muss die Verwandtschaft zum Original jedoch erkennbar bleiben.

Filme schöpfen fortwährend ihre Ideen, Motive oder stilistischen Mittel aus anderen Filmen. Diese Selbstreferentialität des Mediums Film reicht vom direkten Zitat über Analogien in Story, Plot und zeitgeschichtlichen Bezügen bis zur Hommage oder dem Plagiat. Das Remake ist damit nur eine Form dieser Selbstreferentialität.

Das Phänomen der Wiederverfilmungen ist beinahe so alt wie der Film selbst. Die ersten Remakes lassen sich bis in die frühen Jahre der Filmgeschichte zurückverfolgen. Seit Mitte der 80er Jahre ist jedoch ein regelrechter Remake-Boom zu verzeichnen. Besonders die amerikanische Filmbranche scheint in der Wiederverwertung alter Stoffe eine lukrative und inspirierende Quelle entdeckt zu haben. Als Hauptlieferant hat sich dabei der europäische Film bewährt. Gemessen an Einspielergebnissen und Zuschauerzahlen schneiden die Neufassungen oft sogar profitabler ab als das Original. Dies wird zumeist mit Hilfe gigantischer Marketingmaßnahmen und einer hohen Kopienzahl erreicht.

Das Grundmotiv, finanzielle Mittel in den Erwerb von Remake-Rechten statt in die Entwicklung neuer Stoffe zu investieren, ist sicher wirtschaftlicher Art. Es lässt sich eine Art Arbeitsteilung darin erkennen, die Europa den Part zuweist, für Kunst und Ideen zuständig zu sein, während die amerikanische Filmbranche für Umsatz und Kasse verantwortlich zeichnet. Der amerikanische Kinomarkt schottet sich indessen gegen fremdsprachige Filme wirksam ab, indem er sie in die Filmkunsttheater einer Hand voll amerikanischer Großstädte verbannt. So bleibt dem ausländischen Film in den USA nur eine kleine Marktnische. Dies liegt nicht zuletzt am Konsumverhalten des amerikanischen Publikums, das die seit den 30er Jahren weltweit akzeptierten Synchronfassungen ablehnt und gegen untertitelte Fassungen einen noch größeren Widerwillen hegt. Diese verzerrte Marktsituation schafft vorteilhafte Bedingungen für Wiederverfilmungen nach amerikanischen Darstellungskonventionen. Auf die deutliche Orientierung an eigenen Kultur- und Wertmaßstäben, verknüpft mit einer starken Verbundenheit gegenüber einheimischen Stars, wird hierbei Wert gelegt. Stoffe, die schon einmal dem Publikumsgeschmack entsprochen haben, stellen zudem »bewährtes Material« dar.

Häufig legitimiert die Filmbranche Neuverfilmungen mit dem Argument, einen Filmstoff mit neuen Mitteln endlich konsequent durchsetzen zu können, da dies zur Entstehungszeit des Originals wegen moralischer Einschränkungen oder technischer Defizite noch nicht möglich war. In der Tat treten viele Remakes im Umfeld von Entwicklungssprüngen in der Filmgeschichte auf. Zu den maßgeblichsten Impulsen zählt dabei die Einführung des → Tonfilms. Noch heute sind die Archive früher Stummfilme eine rentable Quelle für Remake-Stoffe. So haben viele Bearbeitungen horrorphantastischer Überlieferungen – wie Dracula oder Dr. Jekyll und Mr. Hyde – erst in der frühen Tonfilmzeit Produktionen hervorgebracht, die für das Genre vorbildlich sein sollten: das Remake als eigentliches ›Original‹. Auch der Wechsel vom Schwarzweiß- zum Farbfilm motivierte die Neuverfilmung bestimmter Filmstoffe. Dies zeigt sich im Horrorgenre und auch im Melodram.

Nicht nur filmtechnische Weiterentwicklungen, sondern auch der Zeitgeist und die Überwindung von Tabus spielen in der Geschichte des Remakes eine wichtige Rolle. Bis in die 50er Jahre herrschte ein restriktiver → Production Code, der die Darstellung von Sexualität und Gewalt auf dezente Andeutungen beschränkte. Die Lockerung dieser Zensurschranken, verbunden mit dem Reifeprozess des Publikums, zeigt sich in vielen Neuverfilmungen durch die expressive Zurschaustellung solcher Themen. Ebenso können bereits verfilmte Stoffe durch gesellschaftliche, politische oder historische Ereignisse wieder an Aktualität gewinnen und zu einer Neuverfilmung animieren. Oft verknüpfen sich mehrere Faktoren bei der Entscheidung, ein Remake zu drehen – dies gilt sicherlich für die Versionen der Filmnoir-Fabel »Wenn der Postmann zweimal klingelt« (*Ossessione ... von Liebe besessen*, 1942, R: Luchino Visconti; *Im Netz der Leidenschaften*, 1946, R: Tay Garnett; *Wenn der Postmann zweimal klingelt*, 1980, R: Bob Rafelson) oder für die Übertragung von märchenhaften Stoffen, die verschiedenen kulturellen Mustern angepasst werden wie beim Remake von *Der Himmel über Berlin* (1987, R: Wim Wenders) in den USA als *Stadt der Engel* (1998, R: Brad Silberling).

Zwischen dem künstlerischen Anspruch eines Originals und dem marktangepassten Remake herrscht sicherlich vielfach eine tiefe Kluft. Remakes gelten gemeinhin als Resultat fehlender Phantasie und kommerzieller Gier. Doch lassen sich Beispiele von Neuverfilmungen finden, die in künstlerischer Hinsicht dem Originalfilm durch thematische Tiefe oder komplexe Charaktere zumindest ebenbürtig sind. Wer möchte dies etwa beim Vergleich von *Fanfaren der Liebe* (1951, R: Kurt Hoffmann) und dem Remake *Manche mögen's heiß* (1959, R: Billy Wilder) bestreiten?

Remakes können aus den Schwächen des Originals lernen und Stoffe sowohl inszenatorisch als auch inhaltlich weiterentwickeln. Erst die Verknüpfung bekannter Elemente mit neuen Aspekten macht ein Remake zu einer geistreichen Neufassung. Gerade in dieser bewussten Modifikation des Originals liegt eine wesentliche Chance des Remakes. Schließlich veranschaulicht es durch seine divergierende Behandlung von Stoffen nationale Unterschiede, kulturelle und gesellschaftliche Verschiebungen sowie filmästhetische Modellwechsel.

Sandra Kühle

Literatur: Jochen Manderbach: Das Remake. Studien zu seiner Theorie und Praxis. Siegen 1988. – Carolyn A. Durham: Double Takes. Culture and Gender in French Films and their American Remakes. Hanover 1998. – Andrew Horton / Stuart Y. McDougal: Play it Again, Sam. Retakes On Remakes. Berkeley [u. a.] 1998.

Retrospektive. Filmreihe, die einen vollständigen Überblick oder eine ausgewählte Werkschau zu einem einzelnen Künstler (Gesamtwerk eines Regisseurs, Schauspielers oder Kameramanns) oder einem einzelnen Genre (Kriminalfilm, Melodram, Western) oder einer nationalen Kinematographie (Filme aus Afghanistan, Georgien oder dem Senegal) bietet, zu einem historischen (Das Jahr 1939, Exilfilm, Kalter Krieg) oder technischen (Ton, Farbe oder Breitwand im Film) oder thematischen Aspekt (Gewalt im Kino, Essen, künstliche Wesen, Sex im Film oder Hollywood's Black List usw.).

Die erste Retrospektive war in Deutschland im Grunde die erste Filmschau der Brüder Skladanowsky, die 1895 all ihre Filme an einem Abend in Berlin zeigten. 1905, nach dem Tod eines Kameramanns, veranstalteten die Brüder Lumière in Paris eine Retrospektive aller Filme, die dieser Kameramann fotografiert hatte.

Als zusätzliches Angebot für die Internationalen Filmfestspiele Berlin gab es ab 1951 kleine Retrospektiven klassischer Filme, ab 1961 dann retrospektive Hommagen, die herausragenden Künstlern des Kinos (die Ersten: Richard Oswald, Billy Wilder und Akira Kurosawa, danach u. a. Asta Nielsen, Elisabeth Bergner und Pola Negri, Max Ophüls, Ernst Lubitsch und William Dieterle, Abel Gance und Jacques Feyder) und ausgewählten Genres gewidmet waren (Musicals und Zeichentrickfilmen). Ab 1977 organisierte die Stiftung Deutsche Kinemathek (organisatorische Leitung: zunächst Hans Helmut Prinzler, ab 1991 Wolfgang Jacobsen) künstlerische, technische und thematische Retrospektiven, die von immer opulenteren Publikationen begleitet wurden: über einzelne Künstler (u. a. Marlene Dietrich, Henny Porten und Rudolph Valentino, über Billy Wilder, Peter Pewas, Curtis Bernhardt, Ernst Lubitsch, Rouben Mamoulian, Fred Zinnemann, Erich von Stroheim, Buster Keaton, Georg Wilhelm Pabst, Robert Siodmak, Otto Preminger, zuletzt über Fritz Lang), über einen historischen Aspekt (u. a. Zensur, Exil, Europa 1939, Das Jahr 1945, Kalter Krieg), über Filmtechnik (u. a. über Special Effects, Cinemascope, Farbe im Kino).

Das 1963 gegründete Filmmuseum im Stadtmuseum München (Leitung: Rudolph Joseph) organisierte schon früh filmhistorische Hommagen (u. a. über Ingmar Bergman und Federico Fellini). Ab 1973 wurden Retrospektiven (neben der Rekonstruktion klassischer Stummfilme) zum zentralen Schwerpunkt. Das Museum, nun von Enno Patalas geleitet, galt von da an als Mekka filmhistorischer Werkschauen: über David W. Griffith, John Ford und Howard Hawks, Otto Preminger, Ernst Lubitsch und Fritz Lang, über Nicholas Ray, Joseph H. Lewis und Clint Eastwood, über Douglas Sirk, Michael Powell und Eric Pressburger, Theodor Dreyer und Jean Renoir, Yasujiro Ozu, Kenji Mizoguchi und Mikio Naruse, über Mae West, W. C. Fields, Laurel und Hardy, über → Kriminalfilme, → Musicals und → Western, deutsche → Stummfilme, → Film noir und die → Nouvelle Vague.

Ende der 60er, Anfang der 70er Jahre zählte es ganz allgemein zum Anspruch der neu entstehenden Programmkinos in den größeren Städten wie der im Aufbau begriffenen Kommunalen Kinos in den Metropolen, Retrospektiven anzubieten, vor allem über → Genres, Regisseure (→ Regie) und → Stars.

In Hof, wo seit 1967 alljährlich im Herbst deutsche Produzenten und Regisseure ihre neuesten Filme vorstellen (Organisation: Heinz Badewitz), gab es oft kleinere, retrospektive Hommagen, die meistens US-amerikanischen Independents oder Trivialfilmern gewidmet waren: u. a. Monte Hellman und John Cassavetes, Roger Corman, Paul Cox und Lee Grant, Robert Frank, Seijun Suzuki, Henry Jaglom, Hal Hartley.

Die Freunde der Deutschen Kinemathek in Berlin, 1963 gegründet, seit 1970 im Kino Arsenal in der Welserstraße zu Hause (und seit 2000 im Arsenal am Potsdamer Platz), boten regelmäßig, oft sogar mehrmals im Jahr, filmhistorische Retrospektiven (Leitung: Ulrich und Erika Gregor), u. a. Überblicke über nationale Kinematographien und große thematische Werkschauen: z. B. über das jüdische Kino, über Berlin im Film und Deutschlandbilder, über internationale Sportfilme und die filmischen Kontakte zwischen Moskau und Berlin. Zu den Retrospektiven, die einzelnen Filmemachern gewidmet waren, wurden häufig Informationsbroschüren publiziert (in der Reihe »Kinemathek«), u. a. über Youssef Chahine und Hou Hsiao Hsien, über Ludwig Berger, Rochus Gliese, Falk Harnack, Birgit und Wilhelm Hein, über Manoel de Oliveira, Max Ophüls, Ulrike Ottinger und Pier Paolo Pasolini, über Satyajit Ray und Ousman Sembène, über Josef von Sternberg, Andrej Tarkowski, Rudolf Thome und Klaus Wildenhahn.

Das 1971 gegründete Kommunale Kino in Frankfurt (Leitung: Walter Schobert), das seit 1984 als Deutsches Filmmuseum Frankfurt am Schaumainkai residiert, veranstaltete regelmäßig Retrospektiven, u. a. umfassende Retrospektiven über das Jahr 1913 im Kino, das deutsche Nachkriegskino (»Zwischen Gestern und Morgen«) und das bundesdeutsche Kino der 60er und 70er Jahre (»Abschied vom Gestern«), über das jiddische Kino und über Filmemigranten aus Nazideutschland (»Von Babelsberg nach Hollywood«), über das australische Kino 1896–1956, die Geschichte des japanischen Kinos und Ireland on Screen, über Karl Valentin, Paul Leni und Lotte Reiniger, über Artur Brauner und die CCC, Hein Heckroth und Robert Siodmak, über Buster Keaton, Jean Renoir, Giovanni Patrone und Raoul Walsh, Curd Jürgens, Romy Schneider und Götz George.

In Wien wurden im Rahmen der Viennale seit 1966 umfangreiche Retrospektiven organisiert, die sich sowohl mit einzelnen Künstlern (u. a. Karl Valentin, Luis Buñuel, Erich Engel, Marcel Carné, René Clair, Don Siegel, Budd Boetticher) und einzelnen Themen (Before the Codex, Cool – Pop) als auch mit einzelnen Genres (Western, Abenteuerfilm, Musical, Gangsterfilm, Melodram) und mit begrenzten Epochalstilen beschäftigten (u. a. frühe Avantgarde, deutsche phantastische Filme der 20er Jahre, italienischer Neorealismus, Nouvelle Vague, New Hollywood, Junger deutscher Film).

Im schweizerischen Locarno (organisatorische Leitung: Moritz DeHadeln, ab 1981: David Streiff, ab 1991: Marco Müller, ab 2001: Irene Bignardi) gab es seit den 70er Jahren Retrospektiven, die eher unbekannte oder vergessene Künstler zu entdecken und vorzustellen suchten: Boris Barnet, Keisuke Kinoshita, Alberto Cavalcanti, Preston Sturges, Jacques Becker, Vittorio Cottafavi, Sacha Guitry, Frank Tashlin, Abbas Kiarostami; eine der aufregendsten Retrospektiven galt Anfang der 80er Jahre Mikio Naruse.

Außergewöhnliche Retrospektiven wurden seit 1982 Jahr für Jahr im norditalienischen Pordenone unter dem Titel »Le Giornate del Cinema Muto« angeboten (organisatorische Leitung: Paolo Cherchi Usai, Livio Jacob, Piera Patat, fachliche Beratung: David Turconi, Leitung ab 1998: David Robinson): Retrospektiven früher Stummfilme, die mal einem Regisseur (u. a. Max Linder, Mack Sennett, Thomas Ince, Fatty Arbuckle, Frank Borzage, Monta Bell, Cecil B. DeMille), mal einer begrenzten Epoche gewidmet waren (u. a. frühe skandinavische Filme, frühe italienische Komödien, Filme der Vitagraph, frühe Filme der Éclair, Vor Caligari: Deutsche Filme 1895–1920).

Norbert Grob

Literatur: Heide Schlüpmann: Stummfilmfestival in Pordenone. In: epd Film 4 (1987) H. 12. – Axel Marquardt / Wolfgang Jacobsen (Red.): Internationale Filmfestspiele Berlin 1951–1990. Berlin 1990. – Wolfgang Jacobsen (Hrsg.): Berlinale. Berlin 1990. – Rainer Hübsch / Christine Walther / Eliane Hagedorn: 25 Jahre Internationale Hofer Filmtage. Hof 1991. – Hans Günther Pflaum / Hans Helmut Prinzler: Film in der Bundesrepublik Deutschland. München 1992. – Hans Helmut Prinzler: Chronik des deutschen Films: 1895–1994. Stuttgart 1995. – Sudabeh Mortezai (Red.): Viennale 1960–1996. Wien 1996.

Revolutionsfilm. Der Terminus »Revolutionsfilm« wurde in den 20er Jahren geprägt und bezeichnet seither ein inzwischen historisch gewordenes → Genre: den sowjetischen Film, der die Ereignisse der Revolution von 1917 und die des Bürgerkriegs darstellt. Die Filme entstanden unter dem aktuellen Eindruck des Sturzes des Zarismus, der revolutionären Kämpfe und der sich in ihnen etablierenden Herrschaft der Bolschewiki. Sie zeigen die Revolution als notwendiges Geschehen von welthistorischer Bedeutung, das zu einem historischen Novum führte: zur ersten Herrschaft des Proletariats in einem neu gegründeten Staat der Arbeiter und Bauern. Dabei kam den Filmen nicht nur ästhetisch und politisch-agitatorisch die Funktion zu, mit den Mitteln des noch jungen Mediums die Massen, das Kollektiv, von (überwiegend illiteraten) Zuschauern für die Ideale der Revolution zu begeistern. Die Revolutionsfilme sind als Genre zudem eine Form mythisch-poetischer Geschichtsschreibung von Ereignissen, deren Wucht noch nachbebte, als die Filme entstanden: damit gleichsam eine filmische Chronik der Deutungen der Revolution als Gründungsmythos eines Staates in den jeweils aktuellen politischen Auseinandersetzungen in der Sowjetunion.

Nie vorher – und nie mehr danach – war die Evolution des Mediums Film derart eng mit einer welthistorischen Revolution (d. h. Umwälzung) verbunden als im ersten Jahrzehnt der Sowjetherrschaft. Schon 1919 verfügte Lenin die Verstaatlichung der privaten Filmunternehmen. Sein Wort: »Von allen Künsten ist für uns die Filmkunst die wichtigste«, signalisiert die Bedeutung, die dem Massenmedium Film im Prozess der Entstehung der Sowjetunion zukommt. In den 20er Jahren »verfolgte man nicht nur das Ziel, eine neue Kunst zu schaffen, sondern sah in ihr vielmehr ein Modell der neuen Welt, eines Universums, das auf völlig neuen Fundamenten errichtet werden sollte« (Margolit). Die Revolutionsfilme stehen damit im Kontext der ästhetischen Avantgardebewegungen seit der Wende vom 19. zum 20. Jahrhundert und haben teil an der »Großen Utopie« (vgl. Wolter) einer ästhetischen Befreiung des Menschen aus allen sozialen Formen der alten Zeiten. Der sowjetische Revolutionsfilm ist historisch singulär auch darin, dass sein avantgardistischer Impuls, anders als der des → expressionistischen oder frühen → surrealistischen Films, tatsächlich – auch international – ein Massenpublikum erreichte.

Sergej Eisensteins Filme *Streik* (1925) und *Panzerkreuzer Potemkin* (1926), die vorrevolutionäre Aufstände mit einer neuen, immens dynamischen Ästhetik der → Montage zu Sujets des Revolutionsfilms machten, und sein Film über die Oktoberrevolution von 1917, *Oktober – Zehn Tage, die die Welt erschütterten* (1927), in dem er Ideen-Bilder der Revolution montiert, wurden weltweit als Zeugnisse einer neuen Kunst und eines neuen politischen Bewusstseins wahrgenommen – wenn auch politisch divergent diskutiert. So schrieb Siegfried Kracauer 1928 über *Oktober*: »Man merkt es ihm an, dass er von der Sowjetregierung in Auftrag gegeben worden ist [...]. Er erteilt genehmigten Geschichtsunterricht.« Trotz der politischen Debatten, die der Film auslöste, war Eisenstein derart erfolgreich und derart renommiert, dass sogar Hollywood ihn 1930 einlud, doch konnte er dort letztlich keines seiner Projekte realisieren. Unvollendet blieb auch der von dem linksorientierten amerikanischen Schriftsteller Upton Sinclair finanzierte Film *Unter Mexikos Sonne* (1931), in dem Eisenstein die mexikanische Revolution gleichsam als biologischen Sieg des Lebens über den Tod sieht. Bis heute sind Eisensteins sowjetische Revolutionsfilme mit ihren dialektischen Bildern über das Verhältnis von Macht und Ohnmacht, von Masse und Individuum, von Erhebung, Niederwerfung und finalem kollektivem Sieg Ikonen einer politisch engagierten Kunst; die Treppensequenz aus *Panzerkreuzer Potemkin* galt lange als Vorbild einer politischen Montage-Ästhetik.

Eisensteins Revolutionsfilme sind durchaus didaktisch. Sie wollen das Bewusstsein des Publikums »umschmieden« (Eisenstein). »Dennoch sah er keinen Widerspruch zwischen dem Schaffen von Propaganda und dem Erzeugen starker ästhetisch-künstlerischer Effekte. Tatsächlich war in seinem Denken der Glaube zentral, dass Propaganda nur als künstlerisch effektive – also als strukturell einheitliche, sinnlich aufrüttelnde und emotional intensive – auch politisch effektiv sein würde«, stellt David Bordwell fest. Zudem war Eisenstein ein ungemein produktiver und einflussreicher Theoretiker des Mediums Film, der seine Arbeit beständig reflektierte und den Impuls der Revolution als den beständiger Erneuerung zum Signum der medientheoretischen Reflexion machte. Nicht zuletzt deshalb standen andere Regisseure des Revolutionsfilms wie Wsewolod Pudowkin, der ebenfalls ein bedeutender Theoretiker war, und Alexander Dowschenko häufig, vor allem im Ausland, im Schatten Eisensteins.

Pudowkins *Die Mutter* (1927), *Das Ende von St. Petersburg* (1927), dem mit Eisensteins *Oktober* zweiten Auftragsfilm zum zehnten Jahrestag der Oktoberrevolution, und *Sturm über Asien* (1928) erzählen episch rhythmisiert von individuellen Helden in der Zeit der Revolution, wo hingegen Eisenstein das Kollektiv als Held favorisiert und bewusst nicht episch erzählt, sondern durch → Attraktionsmontage und durch intellektuelle Montage von Bildern in Kontexten Geschichte(n) konstruiert und somit als konstruierbar, als von Menschen machbar zeigt. Wo Eisensteins historischer und dialektischer Materialismus das Medium Film materialästhetisch nach seinen intellektuellen Gesetzmäßigkeiten immer auch im einzelnen Film befragt, da will Dowschenkos *Arsenal* (1928) über einen Arbeiteraufstand im Jahr 1917 die direkte pathetisch-emotionale Wirkung. Intellektualität und → Pathos sind denn auch die beiden Formeln, die den sowjetischen Revolutionsfilm in seiner »golde-

Die Mutter (1927, R: Wsewolod Pudowkin): Wera Baranowskaja
»In brennender Erwartung« – die Großaufnahme aus Pudowkins Film könnte diese Formel als Unterschrift tragen. Das individuelle Erlebnis scheint in ein kollektives aufgelöst, der tränenerfüllte und glänzende Blick führt ins Weite, dorthin, wo eine Utopie Wirklichkeit zu werden verspricht und Trost für die Armen und Ausgebeuteten bereitgehalten scheint: ein Sinnbild ungebrochener Zuversicht, das man sich, aus dem Kontext gelöst, als sozialistisches Altarbild und Plakat denken könnte, umflattert von roten Fahnen. Kein anderes Land bemühte sich um die Bestätigung seiner neuen Identität im Film so sehr wie die junge Sowjetunion – mit Hilfe vorzüglicher, zu Experimenten aufgeforderter Filmkünstler, die in mehr oder weniger agitatorischen Produktionen der Vorstufen und der erfolgreichen Revolution von 1917 selbst gedachten, neue Legenden bildeten anstelle der verbrauchten bürgerlichen und monarchischen Idole.

nen Epoche« von etwa 1918 bis etwa 1935 (vgl. Youngblood) kennzeichnen: Die Revolution wird materialistisch in ihrer kollektiven Logik dargestellt, und sie wird zugleich mythisiert und romantisiert.

Mit der endgültig etablierten Terrorherrschaft Stalins in der zweiten Hälfte der 30er Jahre »wurde der historische Revolutionsfilm ganz offenkundig zum Staatsepos« (Margolit), das dem Personenkult um Lenin und Stalin hagiographisch huldigt. Diese ideologisch verklärende Tendenz im Genre, das die ungeheuren Anstrengungen des revolutionären Prozesses feiert, um die Sowjetmacht zu legitimieren, findet sich schon bei Eisenstein. Per Dekret spielt in *Oktober* der an den revolutionären Ereignissen führend beteiligte Leo Trotzki keine Rolle. Er tritt nicht einmal auf. Stalin hatte seinen Kontrahenten 1928 verbannt, und Eisensteins Film tilgt ihn schon aus der Geschichte. Doch auch Eisensteins Karriere geriet in den 30er Jahren ins Stocken. Der Film *Die Beschin-Wiese* (1937) über die Zwangskollektivierung der Landwirtschaft, eine der dramatischsten und gewaltsamsten Konsequenzen der Revolution, blieb durch staatliche Eingriffe unvollendet. Als der Regisseur Alexander Askoldow fünfzig Jahre nach der Revolution mit *Die Kommissarin* ein differenziertes Bild auch der menschlichen Tragik der Revolution zeichnete, wurde er tatsächlich für unzurechnungsfähig erklärt. Sein Film konnte erst 1988 in der Zeit der Perestroika uraufgeführt werden. Auch Elem Klimows theatral-exzentrische Darstellung der Revolution in *Agonia* wurde als anstößig empfunden und der Film sofort nach der Fertigstellung 1975 verboten. Eine grundlegende Revision der Revolution von 1917, die es mit den Bildern Eisensteins aufnehmen könnte, steht bis heute im Film noch aus.

Über das sowjetische Kino hinausgehend, kann der Terminus »Revolutionsfilm« jedoch auch in einem erweiterten Sinn gebraucht werden: als Bezeichnung für Filme auch anderer Länder, in denen historische Revolutionen Thema sind, und als Bezeichnung für ein sich dezidiert revolutionär verstehendes Kino und seine Werke. Im ersten Fall handelt es sich dann meist um → Historienfilme, in denen die Revolution als bewegter Hintergrund für eine Romanze dient, wie etwa in Warren Beattys Spektakel über die Oktoberrevolution *Reds* (1981). In der Volksrepublik China, in der der Film über Jahrzehnte »auf seine Funktion als Instrument von Propaganda und politischer Indoktrination reduziert« war (Kramer), fungierten Revolutionsfilme als schematische Re-Produktionen von Geschichte im Zuge bestimmter politischer Kampagnen: als filmische Form der Volkserziehung.

Eine andere Dimension kommt dem sich als revolutionär verstehenden Kino zu, wie es sich vor allem in den 60er und frühen 70er Jahren in Ländern Lateinamerikas entwickelte. Die Revolution des Jahres 1959 ließ in Kuba rasch eine Reihe von Filmen entstehen, die sich mit den Ereignissen der Revolution Castros und Guevaras beschäftigten, etwa den Episodenfilm *Geschichten der Revolution* (1960) von Tomás Gutiérrez Alea, der dann mit *Erinnerungen an die Unterentwicklung* (1968) in einer Mischung von Spiel- und Dokumentarfilm der Revolution selbst ein Denkmal setzte. Die kubanische Revolution motivierte eine Reihe politisch engagierter Regisseure wie den Argentinier Fernando Solanas zum Konzept eines antikolonialistischen »Kinos der Revolution«: »Das Kino der Revolution ist gleichzeitig ein Kino der Zerstörung und des Aufbaus. Zerstörung des Bildes, das der Neo-Kolonialismus sich von sich selbst und von uns gemacht hat. Aufbau einer pulsierenden, lebendigen Wirklichkeit.« Solanas forderte eine »Kino-Guerilla«, die mit revolutionären Taktiken agieren sollte. Sein über vierstündiger Film *Die Stunde der Hochöfen* (1968) entwirft das Bild eines sich in revolutionärer Gärung befindenden Landes und Kontinents in einer auch von Eisensteins Revolutionsästhetik inspirierten Weise. Ein Kino der Revolution und eine »Ästhetik des Hungers« (Rocha) vertritt in den 60er und frühen 70er Jahren auch der Brasilianer Glauber Rocha, etwa mit seinem allegorischen Film über die Revolution in der Dritten Welt *Der Löwe mit den sieben Köpfen* (1970). Ob nach dem Ende des Sozialismus in der Folge des Jahres 1989 noch Revolutionsfilme entstehen werden, bleibt fraglich.

Bernd Kiefer

Literatur: Sergej Eisenstein: Montage der Filmattraktionen. In: S. E.: Das dynamische Quadrat. Schriften zum Film. Köln 1988. [Russ. Orig. 1924.] – Octavio Getino / Fernando Solanas: Kino der Dekolonialisation. In: Peter B. Schumann (Hrsg.): Film und Revolution in Lateinamerika. Berlin / Frankfurt a. M. 1971. – Siegfried Kracauer: Oktober. In: S. K.: Kino. Frankfurt a. M. 1974. – Klaus Kreimeier: Fünf Thesen (August 1989). In: Kultusminister des Landes Nordrhein-Westfalen (Hrsg.): Film in der Revolution – Revolution im Film. Essen 1990. – Denise J. Youngblood: Soviet Cinema in the Silent Era 1918–1935. Austin 1991. – Anna Lawton (Hrsg.): The Red Screen. Politics, Society, Art in Soviet Cinema. London / New York 1992. – Bettina-Martine Wolter [u. a.] (Hrsg.): Die Große Utopie. Die russische Avantgarde 1915–1932. Frankfurt a. M. 1992. – David Bordwell: The Cinema of Eisenstein. Cambridge (Mass.) / London 1993. – Stefan Kramer: Geschichte des chinesischen Films. Stuttgart/Weimar 1997. – Evgenij Margolit: Der sowjetische Stummfilm und der frühe Tonfilm. In: Christine Engel (Hrsg.): Geschichte des sowjetischen und russischen Films. Stuttgart/ Weimar 1999.

Rhythmus. Wiederholung des Ähnlichen, also weder die schematische und starre Repetition derselben Elemente oder Akzente in gleichmäßigen Abständen, die Monotonie erzeugt, noch die freischweifende Bewegung ohne jeglichen Echoeffekt. Der ›lebendige‹ Rhythmus ist anthropologisch begründet – alle Lebensprozesse gestalten sich rhythmisch wie das Atmen, der Puls und entsprechen damit den Naturrhythmen wie Tag und Nacht, Ebbe und Flut, der Wiederkehr der Jahreszeiten usw. ›Lebendiger‹ Rhythmus beansprucht zudem flexiblen Spielraum beim periodischen Alternieren. Rhythmus ist ein Zeitphänomen, das sich durchaus auf Fläche und Raum projizieren lässt und dort als symmetrische Ordnung erscheint. Das kleinste Element einer rhythmischen Figur wird durch ein Paar gebildet (etwa durch das Nacheinander eines schwachen und eines starken Akzents oder umgekehrt). In der Musik und in der Sprache scheint Rhythmus noch relativ genau beschreibbar zu sein, obwohl auch hier bereits auffällt, wie sich dieses Phänomen, das sich zweifellos stärker als andere Komponenten zeitlicher Verläufe auswirkt, exakter Begrifflichkeit entzieht. Unzweifelhaft ist, dass Rhythmus dem Fließenden, also auch dem Fluss der Erzählung im Kino, Halt gibt – doch wie konkret dies geschieht, scheint oft leichter erfühlbar zu sein als analytisch nachzuweisen. Einfach gesprochen: Es ist zu spüren, wenn der filmischen Erzählung Rhythmus fehlt, wenn sie statisch und steif ausfällt. Welchen Rhythmus sie indes aufweist, ist oft nur vorläufig in allgemeinen Kategorien der Gestaltwahrnehmung zu fixieren: Man kann etwa von einem hebenden und vorwärts treibenden wie einem sinkend-gelassenen Rhythmus sprechen, von einem gestauten oder fließenden Rhythmus, von einem stampfend-heftigen wie von einem sanft-nachgebenden, mit nur schwachen Akzenten versehenen Rhythmus. Zumindest vier Elemente sind bei der Realisierung des Films an der Entstehung des Rhythmus beteiligt – selten genug übrigens das Drehbuch, das den Rhythmus der Erzählung oft nur ungefähr vorgibt.

1) Die → Bewegung vor der Kamera: Lange Gespräche zwischen sitzenden Personen, bei denen selbst die geringste Geste auffällt, wie in den Filmen des japanischen Regisseurs Yasujiro Ozu, ergeben einen anderen Inszenierungsrhythmus als beispielsweise hektische Verfolgungsjagden und ein Katarakt von Actionszenen.

2) Die Bewegung der Kamera selbst: Die Kamera kann sich mit den Figuren fließend mitbewegen, kann sie durch minimale Korrekturen immer wieder in den Mittelpunkt oder in eine bevorzugte Bildposition rücken und so einen weichen, diskreten Duktus aufweisen. Sie kann, wie etwa in manchen Dogma-Filmen der 90er Jahre, als Handkamera hektisch umherirren, weil sie eigentlich nicht auf die Bewegung der Figuren vorbereitet ist, also mit einer gewissen Ratlosigkeit hinterhereilt (so die Kamera Robby Müllers in Lars von Triers *Breaking the Waves*, 1996), sie ist allerdings auch imstande, obwohl der

Charakter der leichtbeweglichen Handkamera erhalten bleibt, durchaus vorbereitet auf einen Zielpunkt hinzusteuern und auf diese Weise die Bewegung mit einem pointierenden Bild abzuschließen. Die Kamera kann in fast stoischer Ruhe die Bewegungen der Figuren erwarten, die ins Bild hineintreten, den Rahmen wieder überschreiten, ohne dass der Operateur mitschwenkt, wodurch eine beinahe buddhistische Gelassenheit der Betrachtung entsteht, oder sie kann die Unruhe einer Standardsituation (→ Dramaturgie), z. B. der Suche oder der Verfolgung, aufgreifen und in entsprechend heftigem Hin und Her artikulieren. So ist es möglich, die Haltung, die die Kamera zu den Geschehnissen einnimmt, die Distanz oder Distanzlosigkeit zu den Personen und Dingen, die den Erzählstoff, die Motive ausmachen, auch in einem korrespondierenden Rhythmus wieder zu finden.

3) Die → Montage: Der deutsche Regisseur Georg Wilhelm Pabst erklärte, dass er – seit seinem frühen Film *Die freudlose Gasse* (1925) – bereits in der Stummfilmära den unsichtbaren Schnitt vervollkommnet hätte: Der unsichtbare Schnitt führt von einer Einstellung zur nächsten, ohne dass die Betrachter einen Riss wegen des Gestaltwechsels verspüren. Die Technik ist relativ einfach, man schneidet in die Bewegung einer Figur hinein, überspringt auf der Zeitachse vielleicht einige Bruchteile von Sekunden und hat in der nächsten Einstellung diese Bewegung wieder aufgegriffen, die in der Zwischenzeit weiter vorangegangen ist, um dann der Figur aus anderem Blickwinkel zu folgen, z. B.: Eine Person steht auf; bevor sie sich ganz aufgerichtet hat, erfolgt der Schnitt; nach dem Schnitt sehen wir die Person vielleicht aus einem weiteren Abstand, inzwischen ganz aufgerichtet, wie sie sich zur Tür wendet.

Für Hollywood ist der unsichtbare Schnitt die Voraussetzung der erzählerischen Kontinuität, die hier besondere Wertschätzung genießt, weil sie den Illusionsraum der Erzählung nicht gefährdet. Die → Nouvelle Vague, insbesondere Jean-Luc Godard, bricht mit diesem Prinzip des unsichtbaren Schnitts.

Godard macht durch → Jump Cuts, durch irreguläre Kamerabewegungen, durch verspätete Schnitte auf dieses Prinzip der Suggestion aufmerksam, indem er es aufhebt und dadurch eine neue rhythmische Form im Gegeneinander von Illusionierung und Desillusionierung etabliert. Natürlich kann ein schneller Schnitt beschleunigen, während langwährende Einstellungen, die Handlungen in Echtzeit wiedergeben, das Erzähltempo erheblich verlangsamen können. So ist beim Dreh immer darauf zu achten, dass man aus genügend vielen Perspektiven denselben Vorgang aufnimmt, damit später ausreichend Material zur Verfügung steht, um das Tempo der Erzählung durch Montage voranzutreiben.

→ Plansequenzen, die Szenen oder Passagen in Echtzeit abfilmen, können den Rhythmus hemmen, wenn sie nicht mit Bedacht möglichst wenig schwerfällig inszeniert werden (durch die beschleunigte Bewegung der Figuren im Raum, durch das rasche Tempo des Dialogs oder die Bewegung der Kamera). Auch Großaufnahmen und extrem große Totalen verlangsamen das Erzähltempo, weil sie einen intensivierten Blick erfordern. Normalere Einstellungen (→ Einstellungsgrößen), wie die üblichen Medium Shots, können dagegen schnell hintereinander geschnitten werden. Auch bei → Dialogen ist darauf zu achten, ob der eine Sprecher sich etwa besonders schleppend artikuliert, der andere wiederum sehr schnell: Schon bei der Aufnahme sollte die Trägheit einer Rede, wenn sie denn nicht absichtsvoll bestehen bleiben soll, durch eine variablere Kamera aufgehoben werden – andernfalls muss man sich im Schneideraum mit Reaction Shots behelfen.

4) Die Musik: Der Rhythmus der Filmmusik kann durchaus abweichen vom Rhythmus der Bilder. Wenn der musikalische Rhythmus besonders prägnant ausfällt, dominiert er sogar in der Wahrnehmung. Der stampfende Schritt der Kosaken und die Panik der Flüchtenden in der Treppen-Sequenz von Sergej Eisensteins *Panzerkreuzer Potemkin* (1926) werden nicht nur durch die Musik Edmund Meisels, Eisensteins Zeitge-

nossen, sondern auch durch die späterer Komponisten besonders forciert: Die Musik hält mit ihrer relativ auf zwei Charaktere (das Martialische der Mordmaschine, die Klage der Opfer) begrenzten Einheitlichkeit die Vielzahl der visuellen Eindrücke dieser Sequenz zusammen. Die peitschenden und schneidenden Streicherfiguren zu Beginn von Alfred Hitchcocks *Psycho* (1960) können durch reale Vorgänge gar nicht gespiegelt werden: Im Vorspann passen sich die gezeichneten Schraffuren (Saul Bass) dem enorm schnellen und attackierenden Rhythmus der Musik an, in der berühmten Duschszene braucht es eine hohe Zahl von Einstellungen in sehr schneller Folge (über sechzig Schnitte), um den Bildrhythmus dem musikalischen Rhythmus anzugleichen. In Peter Greenaways *Der Kontrakt des Zeichners* (1982) jagt bei einigen Sequenzen die temporeiche, stark pochende und motorische Musik von Michael Nyman die Bilder regelrecht vor sich her: Wenn man den Ton abstellt, ist zur großen Überraschung festzustellen, dass die Bewegung in den Bildern viel langsamer ausfällt als die Musik. Andererseits kann eine elegische Komposition auch den Eindruck erwecken, die Bilder würden in ihrer Abfolge, ebenso wie das Geschehen in den Bildern, sich merklich verlangsamen – z. B. ist dies der Fall am Beginn von Sidney Pollacks *Jenseits von Afrika* (1985). Auch hier liegt ein Irrtum vor: Die Montage der Einstellungen folgt einem schleunigeren Rhythmus als die Komposition von John Barry. Diese einzelnen Befunde gleichen sich darin, dass jeweils der ausgeprägte Rhythmus der Filmmusik an Ausdruckskraft den Rhythmus der Bilder überlagert.

Thomas Koebner

Literatur: Wolfgang Braungart: Ritual und Literatur. Tübingen 1996.

Ritterfilm. Seine höchste Popularität erreichte dieses Subgenre des → Abenteuerfilms mit den Hollywoodproduktionen der 50er Jahre. Die englische Artus-Sage sowie die Romane von Sir Walter Scott (1771–1832) bieten häufig die narrative Grundlage für die Kinofilme. Ort der Handlung ist das mittelalterliche England. Die Machtkämpfe zwischen Normannen und Angelsachsen, die Kreuzzüge, Legitimationsstreit um den rechten Thronfolger und manchmal auch legendäre Urfehden stellen die Konflikte eines Genres dar, in dem → Pathos noch kein Tabubegriff ist. Schwerter, Kettenhemden, Rüstungen, Roben usw. als Ausstattungsstücke, Turnier- und Schwertkämpfe, Werbungen um schöne Frauen und festliches Schaugepränge als Standardsituationen, schließlich Burgen und Schlösser als romantische Kulisse definieren das Genre ebenso wie die Sprache – meist eine populäre und ziemlich anachronistische Auffassung von Shakespeare-Englisch – schon äußerlich.

Der unumstrittene → Star der großen Studios in Hollywood ist in den 50er Jahren Robert Taylor, der in diesem Genre mit Schnurr- und Spitzbart seine größten Erfolge feierte. *Ivanhoe* (1952) und *Die Ritter der Tafelrunde* (1953), der erste Breitwandfilm von MGM, beide unter der Regie von Richard Thorpe, sind nach wie vor die bekanntesten Ritterfilme. Was als märchenhafter Eskapismus in den 50er Jahren noch funktioniert, wirkt in den 90er Jahren eher bemüht. *Ivanhoe* wird mit der Reise des Ritters durch Europa auf der Suche nach seinem König Richard Löwenherz eröffnet. Imposante Schlösser auf bewaldeten Höhen auf dem Kontinent bieten den halbwegs authentischen Hintergrund, den der Film jedoch mit dem Schauplatzwechsel nach England verlässt. Von da ab herrschen Kostüme und Studiodekor vor. Robin Hood tritt bereits als Nebenfigur in Scotts Roman »Ivanhoe« (1819) auf. Der Film bleibt dominiert von der Figur des Ritters. Zwar muss er sich als Mann zwischen zwei Frauen entscheiden, doch wählt er als guter ›Christ‹ seinesgleichen und verabschiedet sich von dem schönen Judenmädchen Rebecca (Elizabeth Taylor). Seine ritterlichen Standestugenden Aufrichtigkeit, Großherzigkeit und Toleranz (Ivanhoe schließt im Namen von Richard Löwenherz einen Pakt mit der jüdischen Ge-

Ritterfilm

Die Ritter der Tafelrunde (1953, R: Richard Thorpe)
Die Ritterfilme – meist amerikanischer Herkunft – knüpften an die Romane von Walter Scott und an die Artus-Epik des Mittelalters an, erzählten von König Artus und seiner Heldenrunde, von Ivanhoe und Robin Hood, von Konflikten zwischen Loyalität und Liebe, vom Streit zwischen den Anhängern legitimer und illegitimer Herrschaft. Zuverlässig folgte auf gestelzte Dialoge und feierliches Zeremoniell der lanzenbrechende und schwerterklirrende Zweikampf: das wimpelbeflaggte Turnier oder das weniger formelle Duell im Wald. Als Kraftmeierei und Inszenierung von Heldenpathos forderte das Genre bald zu witziger Parodie auf – z. B. in *Der Hofnarr* (1956) oder noch radikaler in Monty Pythons *Ritter der Kokosnuß* (1975), während Robert Bresson und Eric Rohmer in den 70er Jahren versuchten, den Gralssuchern existentiellen Ernst und sogar Trauer über das falsche Leben in Rüstungen zurückzugeben.

meinschaft Englands) gehen mit den Tugenden einher, die auch dem guten Amerikaner abverlangt werden, Treue zu Land und Regierung und ein ausgeprägter Kämpfersinn. So weit die Welt der Ritter von der Realität und Geographie der USA entfernt liegt, so leicht ist es, die Heldensagen als abstrakte Entsprechung einer herrschenden Ideologie zu platzieren: *Der Hofnarr* (1956, R: Norman Panama, Melvin Frank), mit Danny Kaye in der Hauptrolle, hingegen ist eine der wenigen Ausnahmen in der Blütezeit des Genres. Sowohl Turnier- als auch Schwertkämpfe werden in der gelungenen Parodie mit naivem Humor und einer friedfertigen Grundeinstellung von der Bedeutungsschwere des Genres befreit. Danny Kaye wurde im Übrigen vom HUAC, House Committee des nationalistischen Eiferers McCarthy, wegen Pazifismus angeklagt.

Wiederum ein Subgenre des Ritterfilms ist der Robin-Hood-Film, der sich auf den legendären Streiter für die Enterbten, Witwen und Waisen in rechtsfreier Zeit konzentriert: Errol Flynn verlieh dieser Figur die

Unverletzlichkeit des schönen, in jedem Gefecht souveränen Helden (*Robin Hood, König der Vagabunden*, 1938, R: Michael Curtiz, William Keighley) – in der Nachfolge von Douglas Fairbanks sr. Unter den vielen Remakes sticht Richard Lesters witzige und nostalgische Version *Robin und Marian* (1976) hervor, in dem die Helden alt und müde geworden sind: Sean Connery als Robin erhebt sich schwerfällig nach einer Nacht auf dem feuchten Waldboden, Marian (Audrey Hepburn) erblüht noch einmal für ihn und erlöst den Helden zum Tode, nachdem er in einem langen erschöpfenden Schwertkampf den Sheriff von Nottingham (Robert Shaw) gerade noch überwältigt hat. Der pathetische Ton, mit dem Hollywood das Genre interpretierte, forderte Parodien geradezu heraus. *Die Ritter der Kokosnuß* (1975), der erste Langfilm der britischen Anarchokomiker Monty Python, schlägt dabei den wohl schärfsten Ton an: Auch nach der Amputation sämtlicher Extremitäten will ein unbeugsamer Ritter sich weiterhin im Kampf beweisen.

Der dominanten Profilierung des Genres durch die Hollywoodproduktionen folgen Neuinterpretationen. Robert Bresson nähert sich der Artus-Sage mit *Lancelot, Ritter der Königin* (1974) in einer ausdrücklich zermürbenden Art und Weise, die jeden Anschein von banalem Abenteuer von sich weist. Die Bresson eigene statische Schauspielerführung entbindet die Figuren vom heldenhaften ›hohen Ton‹. Über die expliziten, doch lakonischen Gewaltdarstellungen entmythologisiert Bresson die Fiktion und liest die vom puritanischen Hollywoodblick vereinnahmten Mythen neu als blutige Fabel von Menschen, zumal Männern, die hinter klirrenden Rüstungen wie hinter barbarischen Maskeraden ihre Empfindlichkeit verbergen, bis sie als Erschlagene auf dem blechernen »Schrotthaufen« der Rüstungen und Waffen enden. Eric Rohmer versetzt seinen *Perceval le Gaulois* (1978) auf eine künstliche Bühne mit einfachen Dekors und inszeniert zwischen heiteren Pappkulissen Welttheater von einem, der auszog, das Leiden zu verstehen. Diente die Artus-Sage mit ihrem synkretistischen Charakter ehemals dazu, das Christentum gegenüber einem heidnischen Weltbild zu popularisieren, so wendet sich der Brite John Boorman mit *Excalibur* (1981) zum ersten Mal diesem Ursprung zu. Vom anfänglichen Idyll, wenn Arthur das Schwert Excalibur aus einem Felsen zieht und dadurch sein Thronrecht erwirbt, führt der Film in ein apokalyptisches Ende, wenn der König umgeben von toten und sterbenden Rittern das Schwert in einem See versenkt. Die düstere Atmosphäre ist bestimmt von einem archaischen Weltbild, in das die christliche Religion gleichfalls als Magie eindringt.

Mit *Der erste Ritter* (1995, R: Jerry Zucker) versucht Hollywood, das Genre wieder zu beleben. Richard Gere spielt den Lanzelot mit amerikanischer Zunge und entsprechend seiner Rollengeschichte (*Pretty Woman*, 1990) als Märchenprinz, dessen sich Märchenprinzessin Julia Ormond (Guinevra) nicht erwehren kann, auch wenn sie Sean Connery als gealterten Arthur zum Mann nehmen muss. Eine Welle von Remakes blieb jedoch bisher aus. Dafür produzierte das amerikanische Fernsehen in den 90er Jahren → Serien, die das Inventar der Ritterfilme auf Fantasy-Schauplätze und in eine Vorzeit der Götter und Geister versetzen: z. B. *Hercules* und *Xena*.

Michael Gruteser

Literatur: Georg Seeßlen: Abenteuer: Geschichte und Mythologie des Abenteuerfilms. 3., überarb. und aktual. Aufl. Marburg 1996.

RKO. Radio-Keith-Orpheum Corporation, das kleinste der großen Studios, kämpfte während seines 28-jährigen Bestehens immer um seine Existenz, bedingt zum einen durch die starke Konkurrenz der anderen Majors, zum anderen durch das organisatorische Chaos innerhalb des Studios. Der ständige Wechsel in der Führungsetage hatte zur Folge, dass kein klarer und dauerhafter Stil entstehen konnte. Vielleicht steht RKO gerade deshalb für Kreativität, Originalität, Nonkonformität und Innovation. Jeder neue

Studioleiter hatte seine individuelle Marketingstrategie, die meist mehr auf Prestigefilme als auf Massenproduktionen abzielte. Die jedoch wurden benötigt, um die ca. 250 RKO-Lichtspieltheater wöchentlich zu füllen. Filme, die heute zu den Klassikern zählen, waren damals Flops an den Kinokassen – zu anspruchsvoll für das Durchschnittspublikum. Überlebt hat RKO hauptsächlich durch seine zahlreichen → B-Filme und seine Verleihgeschäfte. Mitte der 50er Jahre musste das Studio Konkurs anmelden.

Dabei war der Anfang viel versprechend. David Sarnoff, Präsident von RCA (Radio Corporation of America), und Joseph P. Kennedy von FBO (Film Booking Office) gründeten 1928 eine Holding-Gesellschaft: die RKO. Damit wollten sie sich ihren Anteil am Tonfilmgeschäft sichern. Als Tribut ans Mikrophon produzierte man zuerst ein Musical im Ziegfeld-Stil: *Rio Rita* (1929, R: Luther Reed). Die Oklahoma-Generations-Saga *Cimarron* (1931, R: Wesley Ruggles), mit einem → Oscar ausgezeichnet, etablierte das Studio. Unter der Leitung von David O. Selznick, Anfang der 30er, feierte RKO seine größten Erfolge. Mit der Adaption von *Vier Schwestern* (1933, R: George Cukor) wurde der Weg für Literaturverfilmungen bereitet. Katharine Hepburn avancierte darin zum Star und konnte dann 1938 in dem Klassiker der Screwball Comedy *Leoparden küßt man nicht* (1938, R: Howard Hawks) einen weiteren großen Erfolg feiern. Den am Broadway überaus erfolgreichen Fred Astaire holte Selznick nach Hollywood und gab ihm eine neue Partnerin: Ginger Rogers. Damit war ein neues Musical-Traumpaar geboren (→ Musicalfilm).

Willis O'Brien, der brillanteste → Special-Effect-Man seiner Zeit, baute auf drei großen Ateliertischen einen geheimnisvollen Miniatur-Dschungel und machte mit einer Kombination innovativster Tricktechniken (z. B. Williams-, Dunning-Verfahren) einen 45 cm großen Affen zum Superstar: King Kong (*King Kong und die weiße Frau*, 1933, R: Merian C. Cooper, Ernest B. Schoedsack). Der Gorilla, in dessen für Großaufnahmen geschaffenem Kopf drei Männer mit Pressluft für die Furcht erregende Mimik sorgten, traf genau den Nerv der Zeit – und rettete RKO vor der Pleite. In den 40ern gaben Jacques Tourneurs *Katzenmenschen* (1942) und *Ich folgte einem Zombie* (1943) die Antwort auf die → Horrorfilme von → Universal. Der Produzent Val Lewton war für dieses Genre von erheblichem Einfluss. Innovativ wurden Ängste weniger durch drastische Schreckensbilder als durch Geräuscheffekte und Licht-und-Schatten-Spiele, durch Andeutungen erzeugt. Dem jungen ambitionierten Regisseur Orson Welles gab RKO die Chance für ein Meisterwerk der Filmgeschichte: *Citizen Kane* (1941). Welles führte neue Stilelemente wie → Schärfentiefe oder die Verwendung von Weitwinkelobjektiven für extreme Auf- und Untersichten ein. Wegweisend war RKO in den 40ern auch für den → Film noir, z. B. mit den Produktionen *Goldenes Gift* (1947, R: Jacques Tourneur) und *Im Kreuzfeuer* (1947, R: Edward Dmytryk).

Der Anfang vom Ende kam 1948 mit der Übernahme des Studios durch den despotischen Multimillionär Howard Hughes. Die Filmproduktion wurde drastisch reduziert, die meisten Filme waren Flops. 1957 stellte RKO seine Produktionen ein.

Ilona Grzeschik

Literatur: Ronald Haver: David O. Selznick's Hollywood. München 1981. [Amerikan. Orig. 1980.] – Richard B. Jewell / Vernon Harbin: The RKO Story. London 1982. – Betty Lasky: R.K.O. The Biggest Little Major Of Them All. Englewood Cliffs 1984.

Roadmovie. Ursprünglich nordamerikanisches Genre, dessen Schauplatz hauptsächlich die Landstraßen und endlosen Highways sind, auf denen die nach Freiheit und Identität suchenden Protagonisten reisen. Wurzeln dieses erst seit den 60er Jahren definierten Genres finden sich hauptsächlich im klassischen → Western, dessen Frontier-Motiv, die Grenze zwischen Zivilisation und Wildnis, hier eine moderne Entsprechung findet.

Als der frühe Western die Stereotypen und Standardsituationen des Genres festlegte (beispielhaft in *Ringo*, 1939, R: John Ford), schuf er bereits die Spielweise für die Highway-Jagden und Freiheitsvisionen der meist jugendlichen Outlaws der 60er und 70er Jahre. Marlon Brando verkörpert ein sehr frühes Exemplar dieser Figuren in Laszlo Benedeks Rockerdrama *Der Wilde* (1950). Von gewalttätiger Energie und einem unerklärten Hass auf die Gesellschaft getrieben, tritt der Held in schwarzem Leder mit dröhnendem Motor gegen konservative Bürger und eine feindliche Rockergang an. Noch fand dies unter den Vorzeichen der sozialkritischen Fabel statt, doch die identifikationstaugliche Saat war gesät. Der Experimentalfilmer Kenneth Anger griff auf Brandos Johnny-Mythos zurück und reflektierte ihn in *Scorpio Rising* (1960), die den todessehnsüchtigen Outlaw religiös überhöhte. Erstmals setzte Anger hier ›erzählende‹ zeitgenössische Popsongs ein, die den Bildern eine zweite Bedeutungsebene hinzufügten und teilweise moderne Filmsprache vorwegnahmen (u. a. Scorsese). → Exploitation-Spezialist Roger Corman schuf mit *Die wilden Engel* (1966) einen weiteren Prototyp des in den späten 60er Jahren populären Rockerfilms. Peter Fonda und Nancy Sinatra spielen Mitglieder der kalifornischen Hell's Angels, die sich ihre Zeit mit endlosen Highwayfahrten, Sauforgien, Schlägereien und brutalen Scherzen vertreiben. Kameramann Richard Moore durchzog die stimmungsvollen Bilder mit einer nihilistischen Melancholie, die die Verlorenheit der Höllenengel stets präsent hält. Auch hier vermitteln die Rocksongs ein entfesseltes Lebensgefühl.

Peter Fonda sollte zwei Jahre später eine ähnliche Rolle spielen: Dennis Hoppers *Easy Rider* schickte drei desorientierte junge Männer (Fonda, Jack Nicholson und Hopper selbst) – inspiriert von Jack Kerouac, LSD und Rock 'n' Roll – auf die »Suche nach Amerika«, das sie in Bordellen, auf heruntergekommenen Farmen und verkörpert durch schießwütige Rednecks finden sollten. Steppenwolfs Titelsong »Born to be wild« wurde zur Hymne einer Generation, und der Film selbst kann als erstes bedeutendes Exempel des jungen Genres gelten. Von der Pop-Art beeinflusst, experimentierte Hopper mit kommerziell ungewöhnlichen Stilmitteln wie Flash-Montage (blitzartige Vorwegnahme folgender Szenen) und Farbverfremdungen, die nur wenig später im amerikanischen Film der frühen 70er Jahre zum Klischee werden sollten. Laszlo Kovacs, ein Kameramann, der das → New Hollywood nachhaltig prägte, entwickelte hier seine Bildsprache weiter, die er für Cormans Motorrad- und Drogenfilme entwickelt hatte. Auch die deutliche Sexualisierung oder Fetischisierung des Motorrades (orientiert an Anger) hinterließ einen bleibenden Eindruck, der etwa auf das Automobil in Monte Hellmans *Asphaltrennen* (1972) übertragen wurde. Hier führt die Fixierung auf das freiheitsverheißende Vehikel gar zu zwischenmenschlichen Kommunikationsbarrieren, die auch die hübsche Tramperin kaum auszuräumen vermag.

Der Gangster als Outlaw (→ Gangsterfilm) kam im Roadmovie erneut zu seinem ›Recht‹: Arthur Penn schickte in *Bonnie und Clyde* (1967) ein sozial desorientiertes Pärchen auf einen blutigen Raubzug durch amerikanische Kleinstädte. Er romantisierte die psychopathischen Vorbilder zu Helden einer entwurzelten, suchenden Generation, deren Bemühungen in den Tod münden. Ähnlich enden die Paare in Terrence Malicks *Badlands* (1974) und Steven Spielbergs *Sugarland Express* (1974), die alle verzweifelt nach einer sozialen Nische suchen und an der scheinbar falschen Stelle auf ihre Rechte pochen. Die Gesellschaft will sie eliminiert sehen. Oliver Stone schuf 1994 mit seinem metafilmischen Overkill *Natural Born Killers* eine Abrechnung mit der romantischen Seite dieser Variante. Hier wird der Tötungsakt schließlich zum wohlgefälligen Automatismus. Die Unschuld der ›Kinder‹ ist verschwunden.

Auch zahlreiche europäische Regisseure fanden Gefallen an den Möglichkeiten des Genres. Michelangelo Antonionis *Zabriskie Point* (1970) spielt vor dem Hintergrund gewalttätiger Studentenunruhen. Ein fälschlich des Polizistenmordes verdächtigter Student trifft auf seiner Flucht nahe dem Death Valley auf ein Mädchen, das sein revolutionäres Potential teilt und nach seinem Tod symbolisch das Haus eines Millionärs explodieren lässt. In einem Labyrinth aus Symbolismen, Visionen und verfremdeten Dokumentarbildern zeichnet auch dieser Film, der seinen Schauplatz Amerika metaphorisch behandelt, das Porträt eines Gesellschaftszustandes zu Beginn der 70er Jahre. Basierend auf dem Wanderschaftsmotiv der literarischen Romantik (z. B. Goethes »Wilhelm Meister«) inszenierte Wim Wenders die Selbstfindungsodyssee der Protagonisten in seinen poetischen Reisefilmen *Alice in den Städten* (1973), *Im Lauf der Zeit* (1976) und *Paris, Texas* (1984). Das Motiv der metaphorischen Reise tauchte immer wieder im europäischen Film auf: Ingmar Bergmans *Das siebente Siegel* (1957), Federico Fellinis *La Strada* (1954) oder etwa Werner Herzogs existentialistischer → Abenteuerfilm *Aguirre, der Zorn Gottes* (1972) tragen Züge des Roadmovies.

Auch den → Komödie entdeckte die Vorzüge des Genres und entfesselte in Hal Needhams Prototyp *Auf dem Highway ist die Hölle los* (1980) ein Inferno an waghalsi-

Im Lauf der Zeit (1976, R: Wim Wenders): Hanns Zischler und Rüdiger Vogler

Unterwegs, manchmal von innerem Rumoren getrieben, manchmal auf der Flucht: Im Roadmovie sind Männer und Frauen auf einer oft ziellosen Reise. Sie haben etwas hinter sich gelassen oder Bindungen abgerissen, alte Heimat oder alte Existenz im Rücken, um während der Fahrt, die nie enden sollte, sich für das Neue zu öffnen, vielleicht sogar ein anderer Mensch zu werden. Reisegefährten sind dabei willkommen: Familienersatz, weil sie doch selbst mit ihrer ›ererbten‹ Familie Schluss gemacht haben. Roadmovies sind – um ein Vorurteil zu beseitigen – nicht auf Amerika beschränkt, wo der Tramp Charlie (Chaplin) zweifellos als Erster das Umhertreiben als Lebensform praktizierte. Auch im europäischen Kino bietet sich dieses Genre für Erzählungen über ›Unbehauste‹ an. Die Liste reicht von Federico Fellinis *La strada* zu Wim Wenders' *Im Lauf der Zeit*, von Claude Millers *Das Auge* zu Michael Winterbottoms *Butterfly Kiss*.

gen Stunts und albernen Slapstick-Einlagen. Eine europäische Variante von On-the-Road-Grotesken schuf auch Aki Kaurismäki mit seinen *Leningrad-Cowboys*-Filmen.

Mehrere populäre Filme der 70er Jahre griffen deutlich Western-Motive auf, indem sie ganz auf eine Dramaturgie der Verfolgung durch die unbekannte Fremde, die endlose Weite der Landschaft zurückgriffen. Spielberg setzte in seinem aktionsreichen Film *Duell* (1971) das unerbittliche Katz-und-Maus-Spiel zwischen einem PKW und einem riesenhaften Truck dramatisch um. Die Bedrohung blieb in diesem Straßen-Western anonym: Nach dem Sieg über den Koloss ist das Fahrerhaus leer! Synonym zu den galoppierenden Pferdehufen finden sich hier zahlreiche Großaufnahmen qualmender Räder. Der Australier George Miller andererseits rekurrierte auf die klassischen Indianer-Stereotypen in seiner Antiutopie *Mad Max* (1979), in der der einsame Cop (Mel Gibson) gegen eine barbarische Rockerhorde antreten muss, um seine Familie zu rächen. In der Fortsetzung *Mad Max 2 – Der Vollstrecker* (1981) kommt er gar friedlichen weißen Siedlern zu Hilfe gegen blutgierige Irokesen (!).

Die Standardsituationen des Roadmovies tauchen auch im aktuellen Kino immer wieder auf. Beliebt sind Genreremixturen: Kathryn Bigelows → Horrorfilm *Near Dark – Die Nacht hat ihren Preis* (1987) erzählt von nomadisierenden Vampiren, die den amerikanischen Westen mit einem schwarzen Van durchkreuzen und Mord und Totschlag verbreiten. Ridley Scotts *Thelma & Louise* (1990) erzählt mit den Mitteln des Genres ironisch von der gewalttätigen Emanzipation zweier Frauen, die den Alltag hinter sich lassen wollen. Auch hier endet die (illusorische) Suche im Tod, der als letzter Akt der Befreiung fungiert.

Marcus Stiglegger

Literatur: Adolf Heinzlmeier / Jürgen Menningen / Berndt Schulz: Road Movies. Hamburg 1985. – Hans-Peter Rodenberg: Der Traum von der neuen Gesellschaft: *Easy Rider*. In: Werner Faulstich / Helmut Korte: Fischer Filmgeschichte. Bd. 4: 1961–1976. Frankfurt a. M. 1992.

Rückblende (Flashback). Filmsegment, in dem Ereignisse szenisch repräsentiert werden, die zeitlich vor der Handlungsgegenwart liegen. Eine Rückblende kann von einer übergeordneten erzählerischen Instanz eingeleitet werden, ist in der Regel jedoch als Erinnerung oder Erzählung einer handelnden Figur motiviert und als subjektiv markiert. Ein Wechsel der Erzählperspektive innerhalb von solcherart fokalisierten Rückblenden ist jedoch nicht ungewöhnlich – so übersteigt das Dargestellte häufig das Wissen des erzählenden Charakters. Irritation vermögen Rückblenden-Erzählungen auszulösen, die mit der konventionalisierten Form der Rahmenkonstruktion brechen wie Billy Wilders *Boulevard der Dämmerung* (1950), in dem die im Swimmingpool treibende Leiche des Protagonisten zum rückblickenden Erzähler ihrer Geschichte wird.

Die Rückblende ist neben dem (seltener verwendeten) Flashforward (auch Flashahead) – hierbei werden Momente zukünftigen Geschehens in einer Art (prophetischer) Vorausschau in die Handlungsgegenwart eingebettet – das wichtigste narrative Verfahren, mit dem aus dramaturgischen Gründen von der Chronologie der Geschichte abgewichen werden kann. Mit Hilfe von Rückblenden können Handlungsvoraussetzungen dargelegt werden, und häufig dienen sie als ›Schlüssel‹ zur Psyche von Figuren. Ihnen kommt erklärende, bisweilen auch aufklärerische Funktion zu; so enthüllen Rückblenden am Ende von Detektivgeschichten (→ Detektivfilm) oft den Tathergang und schließen die zentrale Informationslücke. Die Rückblende kann dabei auch ein bereits gezeigtes Handlungssegment wiederholen und aus einer anderen Perspektive zeigen, wobei neue Informationen zugänglich gemacht werden. Vor allem in den Mysterien- und Detektivfilmen der 30er und 40er Jahre sind Rückblenden weit verbreitet und werden dann zu einem überaus populären Erzählverfahren im → Film noir, wo sie häufig von einer Voice-over (z. B. des Detektivs) begleitet werden, der die Ereignisse kommentiert und zuweilen auch, wie etwa in *Mord, mein Liebling* (1945, R: Edward Dmytryk), ironisiert.

Der Wechsel der Zeitebenen ist konventionellerweise deutlich markiert, vor allem durch langsame → Überblendungen, → Blenden (besonders Wischblenden), manchmal auch durch den Wechsel von Farbe zu Schwarzweiß. Zeitgenössische Produktionen verzichten in der Regel jedoch auf solch indizierende Verfahren – bis hin zur Verundeutlichung des Übergangs etwa durch die Asynchronität von Bild und Ton wie in Clive Barkers *Hellraiser – Das Tor zur Hölle* (1987), in dem die Protagonistin auf eine Stimme reagiert, deren Quelle der Zuschauer im Off (→ Raum) vermutet, die sich dann jedoch als Teil einer Erinnerungs-Rückblende erweist. Und *Komm zurück, Jimmy Dean* (1982, R: Robert Altman), der die Auseinandersetzung einer Gruppe von Freundinnen mit der gemeinsamen Vergangenheit thematisiert, gestaltet diesen Erinnerungsprozess als Ineinandergreifen von Gegenwart und Vergangenheit, wobei der beständige Wechsel der Zeitebenen nicht oder nur schwach angezeigt wird.

Eine Vielzahl narrativer Motive, etwa die Zeugenaussage in einem Verhör, eine Standardsituation im → Film noir, vor allem aber auch die unterschiedlichsten Anlässe biographischen Erzählens lassen sich mit Hilfe von Rückblenden realisieren: 1) An der Schwelle des Todes lässt der Sterbende sein Leben Revue passieren wie der Einlass in die Hölle begehrende Protagonist in Ernst Lubitschs *Ein himmlischer Sünder* (1943); 2) am Ende einer Karriere wird deren Anfang erinnert, so in dem Boxerfilm *Jagd nach Millionen* (1947, R: Robert Rossen); 3) ein Verbrecher beichtet seine Tat – in *Frau ohne Gewissen* (1944, R: Billy Wilder) vertraut der sterbende Mörder seine Geschichte einem Tonband an; 4) nach dem Tod oder Verschwinden eines Menschen erinnern sich die Zurückgebliebenen, wobei sich ihre unterschiedlichen Erinnerungen wechselseitig ergänzen können wie in *Stadt der Illusionen* (1953, R: Vincente Minnelli) oder wie im Falle von *Citizen Kane* (1941, R: Orson Welles) nicht zu einem einheitlichen Bild integrierbar sind.

Zuweilen sind Rückblenden perspektivisch mehrfach gerahmt (→ Perspektive). So kann nach dem Prinzip der ›russischen Puppe‹ in der Flashback-Erzählung einer Figur eine andere auftreten, deren Geschichte wiederum in Form einer Rückblende dargeboten wird: In *Die barfüßige Gräfin* (1954, R: Joseph L. Mankiewicz) erzählt der von Humphrey Bogart verkörperte Protagonist nach dem Tod der Titelfigur deren Geschichte, wobei seine Erzählung eine zweite Rückblende umfasst, in der die Frau ihm das Desaster ihrer Hochzeitsnacht enthüllt. Effekt von Mehrfachperspektivierungen kann unter Umständen eine spürbare Durchdringung unterschiedlicher, bisweilen gar widersprüchlicher Perspektiven in der Rückblende sein, über die narrative Ambivalenz ausgedrückt werden kann: In *Citizen Kane* liest der Reporter Thompson, was der verstorbene Bankier Thatcher in seinen Memoiren über den jungen Kane schreibt. Die Perspektive auf dieses Geschehen kann dabei jedoch nicht die der Figur Thatchers sein, verschafft sie dem Zuschauer doch Einblicke in die Gefühlslage der Charaktere, die Thatcher selbst nicht zugänglich sind. Der ›Thatcher-Flashback‹ changiert so zwischen den Diskursen verschiedener Figuren und der Stimme eines allwissenden Erzählers.

Ein erzählerischer Trick besteht darin, eine Figur in der Rückblende eine Geschichte erzählen zu lassen, die sich später als Lüge erweist, wie es Alfred Hitchcock in *Die rote Lola* (1950) vorgemacht hat. Im Gegensatz zu *Rashomon* (1950, R: Akira Kurosawa), der das Problem von Wahrheit und Lüge in das Zentrum der Geschichte stellt, wird in *Die rote Lola* die Lüge raffiniert verschleiert und erst ganz zum Schluss enthüllt – eine Täuschung des Zuschauers, für die Hitchcock seinerzeit heftig angegriffen wurde. Denn nach dem Prinzip des »Seeing is Believing« nimmt der Zuschauer das Gezeigte in der Regel für wahr, solange nicht eindeutige Hinweise gegen diese Annahme, etwa durch eine entsprechende Rahmung, vorliegen. Kriminalfilme wie Alan Rudolphs *Tödliche Gedanken* (1991) oder Bryan Singers *Die üblichen Verdächtigen* (1995) bauen auf diesem Prinzip auf, wobei

Letzterer das Spiel der Narration mit dem Zuschauer weitertreibt: Die Lügen einer sich vermeintlich erinnernden Figur in den langen Rückblenden des Films werden durch die Vergabe irreführender Hinweise in der Rahmengeschichte gestützt – zur Disposition steht die Vertrauenswürdigkeit der Narration insgesamt.

Britta Hartmann

Literatur: Joseph Lyons: The Pawnbrawker. Flashback in the Novel and in the Film. In: Western Humanities Review 20 (1966). – Robert Gessner: Studies in Past and Declared Time. In: Cinema Journal 6 (1966/67). – Dossier: Flash-back. In: Cinématographe 97 (1984). – Maureen Turim: Flashbacks in Film. Memory and History. New York / London 1989.

Rückprojektion / Aufprojektion. Beide Verfahren stellen filmtechnische Tricktechniken dar, um reale Objekte kombiniert mit → Projektionen bewegter oder statischer Bilder aufzuzeichnen.

Bei der Rückprojektion wird das projizierte Bild von hinten auf eine lichtdurchlässige Fläche/Leinwand geworfen, während sich vor dieser Schauspieler, Objekte und Dekorationen befinden. Zur Vermittlung eines ›realistischen‹ Eindrucks ist dieses Verfahren, wegen seiner technischen Einschränkungen – geringere Bildschärfe und ungleichmäßige Lichtverteilung des projizierten Bildes – auf kleine Projektionsflächen beschränkt, z. B. Fenster, Heckscheiben von Autos o. Ä. Alfred Hitchcock liebte zeit seines Lebens diese bequeme Technik und nahm ihre – zumal bei Farbe – leicht erkennbaren Mängel gelassen hin.

Das Verfahren der Aufprojektion beruht auf der Eigenschaft bestimmter Materialien mit hohem Brechungsindex, Lichtstrahlen genau in die Richtung zu reflektieren, aus der sie eingefallen sind. Projiziert man ein Bild auf eine spezielle Leinwand (Aufprowand) so werden alle Lichtstrahlen zurück in das Objektiv des Projektors reflektiert. Für einen Betrachter, der nicht in der optischen Projektionsachse steht, erscheint das Bild kaum oder gar nicht, je nach Qualität des Materials. Durch die Anordnung von Kamera und Projektor im Winkel von 90° zueinander und dem Einsatz eines teiltransparenten Spiegels in 45°-Stellung dazwischen, kann man einen Teil des reflektierten Bildes in das Objektiv der Kamera umleiten. Diese Reflexion ist um Potenzen heller als die Lichtmenge, die jedes andere Objekt zwischen Aufprowand und Kamera von der Aufprojektion zurückwirft. Folglich erscheint in der Kamera jedes Objekt als dunkle Silhouette vor dem projizierten Bild. Wird dieses Objekt (z. B. ein Schauspieler) entsprechend dem Hintergrundbild der Projektion beleuchtet, entsteht in der Kamera ein zusammengesetztes Bild; der Schauspieler scheint im projizierten Bild zu stehen. Als Bildquelle kann durchaus ein Filmprojektor verwendet werden, allerdings müssen Kamera- und Projektionseinheit dann in der Bildfrequenz synchronisiert sein. Ein Beispiel für diese aufwendige Technik sind einige Menschenaffen-Szenen zu Beginn von Stanley Kubricks *2001 – Odyssee im Weltraum* (1968).

Die Hauptnachteile dieser Tricktechniken bestehen in der aufwendigen Kamera-/Projektorkonstruktion und in der Tatsache, dass das zu verwendende Hintergrundbild bei der Aufnahme bereits vorhanden sein muss; ein nachträgliches Austauschen des Hintergrundmotivs wie bei der Bluescreen-Technik ist nicht möglich. Daher werden diese Verfahren immer häufiger durch Bluescreen- oder moderne digitale Kompositionstechniken (→ digitale Ästhetik) ersetzt.

Christian Roggy

Samuraifilm. »Chambara« (Schwertkampffilme) sind die populärste Form des japanischen »jidai-geki« (→ Historienfilms). Meist in der Zeit der Bürgerkriege zwischen 1467 und der Anschließung des Inselreichs 1635 angesiedelt, erzählen sie vom Schicksal und den Abenteuern der feudalen sowie der herrenlosen Samurai (Ronin). Obwohl sie in der Stummfilmzeit der 20er Jahre zunächst von den »gendai-geki« (Gegenwartsfilmen) und den »shomin-geki« (Filmen über die Mittelklasseschicht) verdrängt worden waren, gab es in den 50er Jahren eine zweite Blütezeit des Samuraifilms, vor allem unter dem Einfluss der Werke Akira Kurosawas und Masaki Kobayashis, die ihre historischen Stoffe nutzten, um subversive Aussagen über die Gegenwartskultur zu vermitteln. Mit Toshiro Mifune als Hauptdarsteller brachte Kurosawa einen dreckigen Realismus in die Welt der Samuraifilme und beschwor eine Welt der Unmoral, der Gewalt und des schnellen Todes. Mit *Die sieben Samurai* (1954) drehte Kurosawa den philosophischen Prototyp des Samuraifilms. Er erzählt von herrenlosen Samurai, die zunächst aus Ruhmsucht, dann aus Loyalität ein Bauerndorf gegen Banditen verteidigen, um später zu erkennen, dass die Zeit der Samurai vorüber ist. Den produktiven Bauern wird die Zukunft gehören. In *Yojimbo – Der Leibwächter* (1960) porträtiert Kurosawa eine sich selbst verzehrende Welt und in ihr einen einsamen Helden, einen überlebensgroßen Schwertkämpfer, der sich erst nach einer Verwundung auf die Seite der Schwachen schlägt, um im virtuosen Alleingang alle Feinde zu besiegen. Speziell dieser bitter-ironische Film hatte Einfluss auf Sergio Leones frühe Italowestern mit Clint Eastwood. Der Hauch des Untergangs liegt über den meisten Samuraifilmen, die bis heute immer wieder produziert werden.

Eine weitere Blüte erlebt der Samuraifilm in den 70er Jahren, als mit der *Okami*-Serie (1972/73) von Kenji Misumi, einer Mangaverfilmung, der Einfluss der Italowestern (→ Western) auf Japan deutlich wurde. In dieser Filmreihe – die noch zwei weitere Film- bzw. Fernsehadaptionen erfahren sollte – wird die Geschichte des ehemaligen Henkers des Shogunats Itto Ogami (Tomisaburo Wakayama) erzählt, der in Begleitung seines Babysohnes im Kinderwagen blutige Abenteuer zu bestehen hat. Gleichen die Exzesse aus *Okami* noch bizarren Todesballetten mit Fontänen von Blut, verselbständigt sich die sexuelle und militärische Gewalt in Misumis und Yasuzo Masumuras dreiteiliger *Hanzo the Blade*-Reihe (1973). Hier wird der selbst vergewaltigende und mordende Samurai zur moralisch zwiespältigen Figur. Mit seinen in den 80er Jahren inszenierten Großproduktionen *Kagemusha – Der Schatten des Kriegers* (1980) und *Ran* (1985) schuf Kurosawa schließlich auch den melancholischen Abgesang auf ein Genre, das er selbst einschneidend geprägt hatte.

Der Samuraifilm hatte einen großen Einfluss auf den modernen Yakuza-Film, den japanischen → Gangsterfilm. Eine moderne westliche Variante des Samurai-Mythos schuf Jim Jarmusch mit seinem Gangsterfilm *Ghost Dog – Der Weg des Samurai* (1999), in dem ein schwarzer Profikiller nach dem Kodex des »Hagakure«, der Samuraiethik, lebt und stirbt.

Marcus Stiglegger

Literatur: Akira Kurosawa: So etwas wie eine Autobiographie. München 1987. [Jap. Orig. 1983.] – Akira Kurosawa. München/Wien 1988. (Reihe Film. 41.) – Steven Prince: The Warrior's Camera. The Cinema of Akira Kurosawa. Princeton 1991. – Thomas Weisser / Yuko Mihara Weisser: Japanese Cinema Essential Handbook. Miami 1996. – Jack Hunter: Eros in Hell. Sex, Blood and Madness in Japanese Cinema. London 1998. – Donald Richie / Joan Mellen: The Films of Akira Kurosawa. Berkeley 1999.

Schärfentiefe (auch: Tiefenschärfe). Bereich des projizierten Filmbildes, innerhalb dessen Gegenstände und Personen scharf erscheinen. Die auf dem fotografischen Bild erreichbare Schärfentiefe ist von verschiede-

Die sieben Samurai (1954, R: Akira Kurosawa): Toshiro Mifune links oben

Seit dem Durchbruch von Kurosawas *Rashomon* 1951 entdeckt das westliche Publikum den japanischen Film – Japan hat übrigens eine weit zurückreichende und vielgestaltige Kinotradition. Nicht nur die großen Fabeln haben diesen »Kostümfilmen«, die ins japanische Mittelalter zurückführen, Geltung verschafft, auch die scharfe Zeichnung oft fremdartig wirkender Charaktere oder die kunstvoll ›malerische‹ Bildkomposition, nicht zuletzt die Vehemenz der inszenierten Schwertkämpfe. Zu den Fabeln gehört das Aufeinanderprallen einer strengen Ritterethik, die sich in der Praxis so strikt nicht einhalten lässt und für den Frieden untauglich bleibt, und der Überlebensmühe der einfachen Menschen, der Bauern und Handwerker. Zu den Motiven gehören die Legitimität von Herrschaft in der Krise, Verrat in der Familie, Ruhmsucht als Verbrechen, Selbstüberhebung und tiefer Fall und nicht zuletzt die Leiden der Besiegten. Die späten Samuraifilme von Kurosawa grenzen an die Dimension von Shakespeares Tragödien und Königsdramen. Etliche seiner frühen Filme sind adaptiert worden, nicht nur in Hollywood, das Kurosawa bewunderte, etwa wegen seiner Fähigkeit, Action und Existenzfrage, Spannung und moralischen Disput zu vereinen. Dieses Vorbild gab den Anstoß zur Gründung einer neuen Spielart: des Italowesterns.

nen Parametern abhängig: der Empfindlichkeit, der Intensität der Beleuchtung und dem Abstand des Objekts zur Kamera. Der Schärfentiefenbereich ist umso größer, je kleiner die Öffnung der Blende und je kürzer die Brennweite des Objektivs sind. Während Objektive mit langen Brennweiten (Teleobjektive) räumlich gestaffelte Objekte in verkürzten Abständen erscheinen lassen, erzeugen Kameralinsen mit kurzen Brennweiten (Weitwinkelobjektive) den Eindruck einer perspektivischen Dehnung in die Tiefe. Dieser optische Effekt wird bei sehr kurzen Brennweiten und dicht vor dem Objektiv platzierten Gegenständen als Verzerrung wahrgenommen.

Nachdem in den Anfangsjahren der Kinematographie Filme unter freiem Himmel gedreht worden waren, verlagerte man die Dreharbeiten schon bald in Ateliers. In diesen ›Glashäusern‹ wurden Darsteller und Kulissen gemäß dem Stand der Sonne platziert. Die Lichtverhältnisse mussten möglichst effektiv genutzt werden, und so diktierten Tages- und Jahreszeiten den Drehplan. Um die Schatten, die das direkte Sonnenlicht warf, zu mildern, konstruierte man komplexe Vorhangsysteme, mittels derer man das natürliche → Licht regulieren und gleichmäßig verteilen konnte. Bis Anfang der 10er Jahre stellte dieses diffuse Tageslicht in aller Regel die einzige Lichtquelle dar. Die → Kameras jener Zeit waren mit Objektiven mittlerer Brennweite um 50 mm ausgestattet, deren Blickfeld dem des menschlichen Augenpaares entspricht. Das Drehen bei Tageslicht verlangte es, die Blende trotz des relativ unempfindlichen monochromatischen → Filmmaterials, das nur auf die blauvioletten Anteile des sichtbaren Lichts reagierte, so weit zu schließen, dass Bilder von großer Schärfentiefe entstanden. Bereits nach wenigen Jahren wurde das monochromatische durch lichtempfindlicheres, orthochromatisches Negativmaterial abgelöst, das nun auch für grüne Spektralfarben empfänglich war (→ Schwarzweißfilm). In Verbindung mit starken, sehr kontrastreich arbeitenden Entwickler-Chemikalien ergab sich nun ein Schärfentiefenbereich, der sich selbst bei Aufnahmen in Interieurs vom Vorder- bis zum Hintergrund erstreckte.

In der Frühzeit der Kinos agierten die Schauspieler gleichsam wie auf einer Theaterbühne meist im vorderen Teil der Studiokulissen. Ihr Spiel war in Richtung der Kamera ausgerichtet, die im rechten Winkel zum Dekor stand. Um 1910 begannen die Filmemacher bildkompositorische Elemente zur räumlichen Wirkung des Kinobildes zu entdecken. Neben filmästhetischen Neuerungen wie Kamerabewegungen und plastischen Bauten, kam der Schärfentiefe dabei besondere Bedeutung zu: Sie wurde nun für in den Raum gestaffelte Arrangements und für Szenenauflösungen mit parallelen Vorgängen im Vorder- und Hintergrund genutzt. Die Bauten wurden dabei so gestaltet, dass Türen und Fenster Durch- und Einblicke in im Hintergrund gelegene Räume gewährten, wo sich nun ein Teil der Handlung abspielte.

Diese neuen Kompositionstechniken sind zuerst im französischen → Film d'Art zu beobachten, der die Jahrmarktskunst Film durch Beteiligung renommierter Drehbuchautoren und Theaterschauspieler zu nobilitieren suchte. So sieht man in *Die Ermordung des Herzogs von Guise* (1908, R: André Calmettes, Charles Le Bargy) den arglosen Herzog im Hintergrund des Bildes von einem Raum in einen anderen kommen, in dessen Vordergrund seine Mörder ihn bereits erwarten. (Der in einer Einstellung aufgenommene Übergang von einem Raum zum anderen war eine Besonderheit des europäischen Kinos. In amerikanischen Filmen der Zeit wurde der räumliche Szenenwechsel meist durch einen Schnitt vollzogen.) In *Le Siège de Calais* (1911, R: Henri Andréani) findet die kompositorische Staffelung in die Tiefe (> Bildkomposition) auch bei Außenaufnahmen Anwendung: In einer Einstellung verlagert sich die Handlung mit dem Gang einiger Adliger durch ein von Rittern gebildetes Spalier vom Hinter- in den Vordergrund des Bildes.

Auch in Deutschland war man zu Beginn der 10er Jahre bemüht, dem Kino mit dem ästhetisch avancierten → Autorenfilm neue bürgerliche Zuschauerschichten zu erschließen. In *Der Student von Prag* (1913, R: Stellan Rye) setzt sich zu Beginn der titelgebende Studiosus missmutig an einen Tisch im Vordergrund, während hinter ihm seine lebenslustigen Kommilitonen und eine Zigeunerin sich tanzend und musizierend amüsieren. Im Verlauf der Handlung tritt die Zigeunerin immer wieder aus der Tiefe des Raumes in den Vordergrund, um ein Auge auf den übellaunigen Studenten zu werfen. *Der Student von Prag* nutzt die große Schärfentiefe zu einer räumlichen Staffelung und einem Arrangement von sich bewegenden Personen und Handlungselementen.

Im amerikanischen Kino, vor allem in den Produktionen der Firma Vitagraph, finden sich zu Beginn des Jahrzehnts ebenfalls Einstellungen, in denen ihre Positionen ständig verändernde Figuren die Tiefe des Raumes erfahrbar machen. Ein verheirateter Mann nähert sich aus dem Bildhintergrund einer rechts im Vordergrund sitzenden Frau. Sie steht auf, geht links durchs Bild, riecht an einer Rose und tritt schließlich in die Mitte des Zimmers, wo sie verführerisch posiert. Sie kommt wieder in den Bildvordergrund, der Mann umarmt sie, dann nimmt sie wieder im Sessel Platz. Der Mann – entschlossen, ihren Verführungskünsten zu widerstehen – zieht sich langsam in die Tiefe des Raumes zurück. Sie hält ihn mit einem Ruf auf; er nähert sich erneut zögernd und wirft sich schließlich über den Sessel, um sie leidenschaftlich zu küssen: *Red and White Roses* (1913, R: Ralph Ince) macht aus einer Verführungsszene einen Pas-de-deux aus Verlockung, Verweigerung und letztlicher Hingabe.

Wenn die Filmbilder der 10er Jahre trotz der großen Schärfentiefe häufig flach wirken, so vor allem deshalb, weil Scheinwerfertechnik und Lichtästhetik es noch nicht erlaubten, den Räumen auch mittels der Beleuchtung Tiefe zu verleihen. In Deutschland blieb die Beleuchtungstechnik während der 10er Jahre hinter dem Standard anderer Länder zurück. Lichteffekte, die in Skandinavien und den USA bereits durch Kunstlicht gestaltet wurden, basierten im deutschen Film noch auf Manipulation des Tageslichts oder wurden, wie im expressionistischen Film, auf den Dekor gemalt. Doch blieben solche Versuche gestalterischer Lichtgebung zunächst die Ausnahme. Der Ehrgeiz der Kameraleute beschränkte sich auf eine gleichmäßig helle Ausleuchtung und die Aufnahme von auch in der Tiefe scharfen Bildern. Von den Kollegen der späten Stummfilmzeit wurde diese Ästhetik der Registratur rückblickend als »Steckbriefschärfe« belächelt. Erst in den 20er Jahren unterstützte auch die Lichtgebung die plastische Wirkung von Räumen, die nun durch Einteilung in helle und dunkle Zonen strukturiert wurden.

Den Kameraleuten standen bei ihrer Arbeit zwei verschiedene Scheinwerfertypen zur Verfügung: Kohlebogenlampen und Quecksilberdampflampen. Kohlebogenlampen existierten in zwei unterschiedlichen Ausführungen: als offene Niederspannungsbogenlampen, die ein sehr weißes, hartes Licht ausstrahlten, das schwere Schatten warf und zu kontrastreichen Bildern führte. Es wurde vor allem als Front- und Seitenlicht eingesetzt. Zum Zweiten als Hochspannungsbogenlampen, bei denen der Lichtbogen unter einer luftdichten Glasglocke erzeugt wurde. Das Licht dieser Lampen war weich, von geringerer optischer Helligkeit, aber besaß einen hohen Anteil an blauen und violetten Strahlen. Es wurde vorrangig als Deckenlicht verwendet. Die Lampentypen ergänzten sich und wurden meist zusammen benutzt. Nachteile der Kohlebogenlampen waren ihr immenser Elektrizitätsverbrauch, die große Hitze, die sie abgaben, und – bei dem offenen Modell – die glühenden Rußpartikel, die die abbrennenden Kohlestäbe in die Umgebung streuten. Die Niederspannungslampen gaben zudem ein hohes Maß ultravioletter Strahlung ab, die bei den Schauspielern häufig zu Bindehautentzündungen führte. Während Kohlebogenlampen mit Wechselstrom betrieben werden konnten, war der zweite wichtige Lampentypus, die Quecksilberdampflampe, auf Gleichstrom angewiesen. Diese Röhrenlampen, die einzeln von geringer Leuchtkraft waren, schaltete man in Lichtaggregaten von mehreren Röhren zusammen. Sie produzierten ein gleichmäßig weiches, fast schattenfreies grünliches Licht, das sich für die Belichtung des gegen die roten Farbtöne unempfindlichen orthochromatischen Films besonders eignete. Nachteile der Quecksilberdampflampen waren die begrenzte Reichweite des Lichts, eine große Fragilität und eine komplizierte Handhabung bei der Zündung. Sie wurden zumeist als Frontallicht eingesetzt, das das Tageslicht ergänzte. Von allen Kameraleuten gerühmt, konnte dieser Lampentypus in den deutschen Studios aber nicht immer verwendet werden, da anfangs nur wenige Ateliers mit dem notwendigen Gleichstrom ausgerüstet waren.

Gegen Ende der Stummfilmzeit fand mit dem panchromatischen Film erstmals ein Material Verwendung, das nun alle Spektralfarben in die entsprechenden Grauwerte umwandelte. Glühlampenlicht eignete sich im besonderen Maße für die tonwertige Belichtung des neuen Filmmaterials, sodass sich die Lichttechnik in den Ateliers umstellte. Während sich der Beleuchtungsstil nicht grundlegend veränderte, sank jedoch infolge der Glühlampentechnik das gesamte Helligkeitsniveau der Beleuchtung. Es musste mit großen Blendenöffnungen gearbeitet werden, sodass die Schärfentiefe des Filmbildes geringer wurde. Im Stummfilm wurden ergänzend zu den neuen Lampen auch weiterhin Kohlebogenleuchten eingesetzt. Beim Tonfilm war dies nicht mehr möglich: Das Abbrennen der Kohlestäbe bei den alten Bogenlampen verursachte ein die Tonaufnahme störendes Geräusch. Die Umstellung von orthochromatischem auf panchromatisches Filmmaterial, die in den USA 1926 vollzogen wurde, verringerte somit die Schärfentiefe der Bilder entscheidend. Diese Entwicklung hatte einen einschneidenden stilistischen Wandel zur Folge.

Im Laufe der 20er Jahre war die Großaufnahme (Einstellungsgrößen) des menschlichen Gesichts zu einem integralen Bestandteil fast jeden Films geworden. Rasch hatte man erkannt, dass das sorgsam ausgeleuchtete Gesicht des Stars seine suggestive, auratische Wirkung im Close-up erst entfalten kann, wenn der Hintergrund in Unschärfe versinkt und das Antlitz auf Leinwand so gleichsam aus der konkreten räumlichen (und zeitlichen) Kontinuität des Films herausgelöst wird. Während die Kameraleute beim orthochromatischen Film mit seiner großen Schärfentiefe eine Großaufnahme – bis Anfang der 20er Jahre häufig fokussiert durch eine Irismaske – meist vor einem schwarzsamtenen Hintergrund aufgenommen hatten, konnten sie bei dem panchromatischen Material darauf verzichten: Das bei ihm verwendete Glühlampenlicht, mit dessen Hilfe sich die Gesichter besonders fein modellieren ließen, verlangte größere Blendenöffnungen. Die daraus resultierende geringere Schärfentiefe – ein Effekt, der durch die Verwendung von längeren Brennweiten bei Close-ups noch verstärkt wurde – isolierte die Köpfe der Schauspieler nun ausreichend.

Mit Beginn des Tonfilms wurden Dialogpassagen zunehmend in Schuss-Gegenschuss-Einstellungen aufgelöst. Diese psychologisierende Konzentration auf zwischenmenschliche Interaktionen, die einherging mit der in den 30er Jahren perfektionierten Ästhetik des ›unsichtbaren‹, d. h. vom Zuschauer nicht als Zäsur der Raum-Zeit-Kontinuität empfundenen Schnitts, verlangte eine Begrenzung der Schärfentiefe. So blieben in den 30er Jahren tiefenscharfe Einstellungen meist genrespezifischen Außenaufnahmen in → Western, → Monumental- und → Abenteuerfilmen vorbehalten. Der späte Stumm- und der Tonfilm führte den visuellen Stil fort von harten, kontrastreichen, tiefenscharfen Bildern hin zu weichen (und mittels Gaze weichgezeichneten) Aufnahmen mit geringer Schärfentiefe, die vor allem den Gesichtern der Schauspielerinnen schmeicheln sollten. Doch gab es auch in den 30er Jahren vereinzelt Versuche, tiefenscharfe Bilder zu kreieren. So arrangierten und komponierten Jean Renoir und seine Kameraleute unter dem Einfluss des zeitgenössischen Fotojournalismus vor allem in sozialkritischen Filmen wie *Toni* (1935) Einstellungen in die Tiefe, ohne dass es möglich war, die Bilder in allen Bereichen scharf zu halten.

Vertreter einer ›materialistischen‹ Filmgeschichtsschreibung wie Jean-Louis Comolli interpretierten die Geschichte und Entwicklung der Schärfentiefe Anfang der 70er Jahre als Ausdruck bürgerlicher Ideologie. Die überwiegende Verwendung von Brennweiten um die 50 mm und die ›primitive‹ Schärfentiefe in der Zeit vor 1925 seien als Ausdruck einer normalen, technisch nicht manipulierten Sehweise empfunden worden. Diese habe einem Realismuskonzept gehorcht, das nicht nur von der Zentralperspektive der Renaissance, sondern auch von den Wahrnehmungstraditionen des zeitgenössischen Theaters geprägt gewesen sei. Somit habe die Schärfentiefe nicht eine natürliche, gleichsam neutrale Realität abgebildet, sondern das Konzept einer Realität, das der Sichtweise des Bürgertums zu Beginn des Jahrhunderts entsprach. Die fast vollständige Abwesenheit von Schärfentiefe von 1925 bis 1940 wiederum sei nicht durch die Umstellung auf panchromatisches Material bedingt gewesen – falls das Bedürfnis nach Schärfentiefe existiert hätte, wären die Emulsionen innerhalb weniger Jahre perfektioniert worden –, sondern durch den → Ton als Ausdruck von → Realismus. Dieser neue akustische Realismus habe nun gleichsam den visuellen der Schärfentiefe ersetzt und überflüssig gemacht.

Anfang der 30er Jahre war es gelungen, die Geräusche von Kameras und Scheinwerfern so weit zu minimieren, dass sie sich nicht mehr störend auf die Aufnahme von Sprache und Musik auswirkten. Gegen Mitte des Jahrzehnts stellte sich bei Aufnahmen mit dem anfangs sehr lichtunempfindlichen Technicolor-Material das Problem, die Lautlosigkeit der Scheinwerfer zu bewahren, und gleichzeitig deren Leistungsfähigkeit extrem zu steigern. Dieses Ergebnis war mit Glühlampenlicht nicht zu erzielen, sodass man eine neue Generation von Kohlebogenlampen entwickelte, die geräuscharm waren und nicht flackerten. Ungeachtet der Modifikationen behielten diese Scheinwerfer ihre charakteristischen Eigenschaften: Sie warfen ein gebündeltes, hartes und sehr helles Licht, das den Kontrast und die Strukturen beton-

Citizen Kane (1941, R: Orson Welles): Dorothy Comingore
Ein riesiger, leerer Raum, eine verlassen wirkende Frau, die mit einem Puzzle die Zeit totschlägt: Die enorme Schärfentiefe, die von vorne bis hinten beinahe alles mit deutlicher Kontur abbildet, akzentuiert optisch das Unbewohnte, Kalte, Hallende dieses Saals. Keine Unschärfe mildert diesen Raumeindruck. Der geniale Kameramann Gregg Toland entwickelte für *Citizen Kane* eine visuelle Konzeption – mit Hilfe von Weitwinkel, lichtempfindlichen Objektiven, entsprechendem Filmmaterial, kleiner Blendenöffnung und geschickter Ausleuchtung –, die nicht nur als technisches Experiment funktionierte, sondern wesentlich für die Erzählung wurde.

te. Dieser neue Typ von Kohlebogenlampen fand nicht nur beim Farb-, sondern sehr bald auch beim Schwarzweißfilm Verwendung. Gegen Ende der Dekade brachte Eastman-Kodak mit dem Super XX einen panchromatischen Schwarzweiß-Negativfilm auf den Markt, der bei stark verbesserter Lichtempfindlichkeit und feinerem Korn einen deutlich größeren Kontrastreichtum als seine Vorgänger aufwies. Ursprünglich für Wochenschau-Aufnahmen bei schlechten Lichtbedingungen entwickelt, fand er schon bald Verwendung im Spielfilm. Jedoch zunächst nicht, um ein höheres Maß an Schärfentiefe zu erzielen, sondern um das Lichtniveau bei voller Blendenöffnung weiter zu senken.

Auch die Objektive erfuhren Ende der 30er Jahre eine entscheidende Verbesserung: Ihre Linsen wurden nun mit einer sehr dünnen Magnesiumflorid-Schicht überzogen, die die Lichtdurchlässigkeit entscheidend erhöhte und somit die Leistungsfähigkeit steigerte. Dank dieser neuen, entspiegelten Objektive konnten die Kameraleute nun bei gleicher Helligkeit mit kleineren Blendenöffnungen arbeiten.

Leistungsstarke Scheinwerfer, lichtempfindliches Filmmaterial, entspiegelte Objektive: Um 1940 waren die technischen Voraussetzungen für die Wiederaufnahme der Schärfentiefe in den Fundus der ästhetischen Mittel geschaffen. *Citizen Kane* (1941) machte von diesen neuen Möglichkeiten spektakulär Gebrauch: Regisseur Orson Welles und Kameramann Gregg Toland schufen im Kunstlichtatelier Einstellungen, die vom Vordergrund – akzentuiert durch dicht vor dem Kameraobjektiv platzierte Gegenstände – bis zum Hintergrund gestochen scharf waren. Gregg Toland hatte bereits in Zusammenarbeit mit John Ford in Filmen wie *Früchte des Zorns* (1940) und *Der lange Weg nach Cardiff* (1940) extrem tiefenscharfe Einstellungen fotografiert. *Citizen Kane* kommt indes das Verdienst zu, die Schärfentiefe zum dominierenden ästhetischen Mittel eines ganzen Films gemacht und mit den daraus resultierenden Möglichkeiten der inneren → Montage und der Plansequenz filmsprachliches Neuland beschritten zu haben. Für den Filmtheoretiker André Bazin markiert *Citizen Kane* einen Meilenstein der kinematographischen Entwicklung. Bazin billigt der inneren Montage, dem Wechsel der Handlungsrichtung, sonst durch mehrere Einstellungen vor Augen geführt, in einer Einstellung, ein höheres Maß an Realismus zu, weil sie im Gegensatz zur ›wirklichkeitszerstückelnden‹ Schnittmontage unserer natürlichen, vom kontinuierlichen Verlauf der Zeit geprägten Sehweise entspreche.

Die Wiederentdeckung der Schärfentiefe – nachdem *Citizen Kane* im März 1941 in die Kinos gekommen war, folgten innerhalb weniger Wochen weitere Filme mit großer Schärfentiefe wie *So grün war mein Tal* (R: John Ford), *Die kleinen Füchse* (R: William Wyler), *Die merkwürdige Zähmung der Gangsterbraut Sugarpuss* (R: Howard Hawks) und *Die Spur des Falken* (R: John Huston) – hatte neben technischen auch historisch-ästhetische Ursachen: Die Schärfentiefe entwickelte sich zu einem geeigneten Mittel, gesellschaftliche Krisenerfahrungen und Widersprüche, die in den 40er Jahren zunehmend vom Kino reflektiert wurden, in die Filmhandlung einzubinden. Amerikanischer → Film noir, italienischer Neorealismus (→ Realismus), deutscher → Trümmerfilm: Die (Stadt-)Landschaft dient hier nicht mehr als dekorativer Hintergrund, sondern als gesellschaftliches Schlachtfeld, auf dem die Konflikte ausgetragen werden. Die Schärfentiefe mit ihren Möglichkeiten der inneren Montage und der Plansequenz machte aus dem Bildraum einen sozialen Raum.

Der Einsatz von Schärfentiefe beeinflusste auch die Länge der Einstellungen: Szenen, die früher in mehrere kurze Einstellungen aufgelöst wurden, konnten nun in einer einzigen langen gedreht werden. Einige Regisseure wie William Wyler und Vincente Minnelli arbeiteten in den 40er und 50er Jahren systematisch mit tiefenscharfen Plansequenzen und machten sie zur Grundlage ihres ästhetischen Konzepts.

Die dreidimensionale Fotografie der frühen 50er Jahre schien eine logische und konsequente Fortentwicklung der Schärfentiefe zu sein, doch verloren die 3-D-Filme, die vom Zuschauer das Tragen einer speziellen Brille verlangten, mit dem Aufkommen von Cinemascope rasch an Popularität. Nun wurden die Bilder statt in die Tiefe in die Breite komponiert. Die verwendeten anamorphischen Objektive – sie komprimierten die bei der Projektion wieder entzerrten Filmbilder in der Horizontalen – besaßen zudem längere Brennweiten als vergleichbare nichtanamorphische, sodass sie eine geringere Schärfentiefe erzeugten. Ein weiteres Problem stellte die geringe Lichtempfindlichkeit des Farbfilmmaterials dar, auf dem die meisten Cinemascope-Filme gedreht wurden. So verzichteten die Regisseure zwangsläufig – zumindest bei Innenaufnahmen – darauf, Figuren in die Tiefe zu staffeln. Stattdessen wurden sie mehr oder minder auf einer Linie angeordnet, wobei die neugewonnene Breite des Bildes genutzt werden konnte. Das gegen Ende der 50er Jahre eingeführte, nichtanamorphische Panavision-Verfahren sowie die Verwendung von Diopters – kleinen, auf dem Objektiv aufgebrachten Glasstücken, mit denen man die Schärfe in verschiedenen Bereichen des Bildes verändern kann – verbesserten die Schärfentiefe bei Breitwandfilmen, ohne dass sich jedoch ein ähnlich großer Schärfentiefenbereich wie im Normalformat ergab.

Trotz dieser Einschränkungen bei Breitwand- und Farbfilmen (→ Farbe) blieb die Schärfentiefe in den folgenden Jahrzehnten eine der wichtigsten Möglichkeiten der filmischen Artikulation, auch wenn sie nur noch selten deren dominierendes Mittel war. In den 90er Jahren setzten neue digitale Techniken die traditionellen optisch-physikalischen Gesetzmäßigkeiten des Kinos außer Kraft (→ Digitalschnitt). Verschiedene Bildebenen können seitdem mit Hilfe des Computers montiert, Schärfentiefe ›künstlich‹ kreiert werden. Vor allem → Action- und → Science-Fiction-Filme bedienen sich heute dieser computergenerierten Schärfentiefe.

Robert Müller

Literatur: André Bazin: Die Entwicklung der kinematographischen Sprache. In: A. B.: Was ist Kino? Bausteine zur Theorie des Films. Köln 1975. [Frz. Orig. 1958.] – Patrick Ogle: Deep-Focus Cinematography. A Technological/Aesthetic History. In: Filmmakers Newsletter. Mai 1971. – Charles H. Harpole: Ideological and Technological Determinism in Deep-Space Cinema Images. Issues in Ideology, Technological History, and Aesthetics. In: Film Quarterly. Frühjahr 1980. – Lothar Schwab: Kinematographische Raumwahrnehmung durch Schärfentiefe. In: Frauen und Film 27 (1981). – Barry Salt: Film Style and Technology. History and Analysis. London 1983. – David Bordwell / Janet Staiger / Kristin Thompson: The Classical Hollywood Cinema. Film Style and Mode of Production to 1960. Madison 1985. – David Bordwell: On the History of Film Style. Cambridge (Mass.) / London 1997.

Schauspielen in Film und Fernsehen. Mit dem Begriff des Schauspielens wird innerhalb fiktionaler Produktionen das Verkörpern einer Figur durch einen Menschen bezeichnet, der nicht mit dieser Figur identisch ist. Unterschieden wird seit den 20er Jahren zwischen einem Filmschauspieler und einem Filmdarsteller, wobei der Begriff des Darstellers umfassender ist und auch Nicht-Schauspieler einschließt. Die Affinität des Films zur Realität (Kracauer) hat zur Folge, dass auch Menschen im Film auftreten, die sich selbst darstellen (z. B. Politiker, Prominente) und dass Nicht-Schauspieler Menschen darstellen, die sie nicht selbst sind (Laiendarsteller). Vom Einsatz des Laiendarstellers (»Naturspieler« laut Balázs) versprechen sich Regisseure häufig eine erhöhte Authentizität. Die Begriffsverwendung ist in der neueren Zeit jedoch aufgrund einer mangelnden Theorie-Debatte häufig unscharf. Im Anschluss an die amerikanische Filmtheorie wird neuerdings auch stärker zwischen »acting« (im Sinne des Schauspielens) und »performance« (im Sinne des Darstellens) unterschieden.

Unterschieden wird beim berufsmäßigen Schauspielen in der Filmgeschichte weiterhin zwischen einem Charakterdarsteller, der sich in der Darbietung einer Figur (Rolle) wandelt und eine Entwicklung der Figur vorführt, und einem Typus, der im Verlauf eines Geschehens unverändert bleibt. Traditionell wird das Schauspielen im Film mit der Darbietung eines Charakters verbunden, worin jedoch eine unzulässige Verkürzung liegt. Dass besonders der Film zum Typus neige, ist ein altes Vorurteil, hat jedoch in der Filmtheorie zur Beschreibung mehr oder weniger fester Typen und damit zu einer Typage (einem Typensystem) geführt. Im deutschen Sprachraum hat Enno Patalas 1963 in Anlehnung an amerikanische Vorbilder eine solche Typage für Filmstars vorgestellt, die dann vielfältig nachgeahmt wurde (z. B. von Heinzlmeier/Schulz/Witte). Dabei werden für die Konstruktion der Typen zumeist physiognomische Eigenheiten und narrativ vorgegebene Rollenbilder miteinander verbunden, diese aber durch Schauspieler unterschiedlich ausgefüllt, sodass sich die Typage in der konkreten Beschreibung einzelner Schauspieler und ihre Darbietung im Film nur sehr allgemein verwenden lässt.

In der Beschreibung des Schauspielens lassen sich die Ebenen der Mimik (Gesichtsausdruck), Gestik (Ausdruck des Oberkörpers und vor allem der Hände) und der Proxemik (Bewegungen des gesamten Körpers im Raum) unterscheiden. Vereinzelt wird in Anlehnung an Brechts Schauspieltheorie auch vom »sozialen Gestus« eines Schauspielers im Film gesprochen, mit dem dann jedoch der gesamte Körper in Relation zum sozialen Status der Rolle gemeint ist (z. B. der Gestus des rebellierenden Arbeiters, des zufriedenen Kleinbürgers). Eine entwickelte Semiotik als Zeichenlehre des Filmschauspielens liegt nicht vor. Die Untersuchung des Filmschauspielers ist heute vielfach durch die Debatte über den → Star überlagert, beide Bereiche sind jedoch nicht identisch.

Wie der Filmschauspieler die Zuschauer fasziniert oder wie der Zuschauer eine Faszination für einen Schauspieler entwickelt, lässt sich analytisch nur schwer fassen. Die Annahme des Auraverlusts des Schauspielens im Film (im Vergleich mit dem Schauspielen auf der Bühne), wie sie Walter Benjamin 1936 formulierte, hat sich filmgeschichtlich nicht bestätigt. Die Faszination, die gerade auch von Filmschauspielern ausgeht, ist heute stärker denn je und lässt sich wohl nur mit einer erotischen Komponente im Verhältnis von Schauspieler und Zuschauer und mit besonderen, in die filmische Apparatur eingeschriebenen Blick- und Machtkonstellationen erklären. Die feministische Filmtheorie (→ Feminismus und Film), die sich spezifisch mit dem männlichen/weiblichen → Blick auf die Darstellerin / den Darsteller beschäftigt, hat allerdings bislang noch keine umfassende Theorie des Filmschauspielens unter dem Gender-Aspekt vorgelegt.

Schauspielen im Film hat sich filmgeschichtlich seit Anfang des 20. Jahrhunderts in Abgrenzung vom Schauspielen im Theater definiert. Dabei bildete das Spiel auf der Bühne mit seiner körperlichen Präsenz der Schauspieler, der Ganzheitlichkeit des schauspielerischen Agierens im Raum und der schauspielerischen Kontinuität während der Aufführung die Folie für die ersten theoretischen Bestimmungen. Wichtigstes Differenzkriterium des Schauspielens im Film ist die Entkörperlichung des Spielens: der Schauspieler ist nur mit seinem fotografischen Abbild präsent, das Spielen im Film zeigt deshalb etwas Vergangenes, der Schauspieler selbst kann seinem eigenen Abbild gegenübertreten. Die Ablösung der Körperbilder vom abgebildeten Körper steht für die fundamentale Differenz von Film und Theater.

Wird auf der Bühne ein Geschehen von Anfang bis Ende kontinuierlich gespielt, so wird im Film in aller Regel diskontinuierlich produziert, d. h., die einzelnen Einstellungen werden nicht in der Abfolge, wie sie im fertigen Film erscheinen, aufgenommen, sondern unabhängig davon, je nachdem wie Studio, Außenaufnahmen und andere äußere Bedingungen organisiert werden. Diese diskontinuierliche Produktion erfordert zumeist eine verstärkte Konzentration der Schauspieler auf den Produktionsprozess. Erst am Schneidetisch werden die Aufnahmen dann in die richtige Reihenfolge gebracht. Der Schauspieler hat damit auch die Verfügungsgewalt über sein eigenes Erscheinungsbild weitgehend verloren.

Der Film benötigt auch nicht immer den gesamten Schauspieler, sondern ist durch die mit dem Wechsel der Einstellungen verbundene unterschiedliche Distanz der Kamera zum Schauspieler nur auf einzelne Körperpartien des Schauspielers (z. B. Gesicht, eine Hand, die Füße usw.) konzentriert. Damit wird der schauspielerische Ausdruck parzelliert. Die Intensität des Spiels muss deshalb vom Schauspieler in diesen partiellen Teil gelegt werden können. Entkörperlichung, Diskontinuität und Parzellierung des schauspielerischen Ausdrucks sind deshalb wesentliche Kriterien des Spielens im Film.

Die Projektion des Filmbildes auf die Leinwand und die damit verbundene Vergrößerung des schauspielerischen Ausdrucks hat dazu geführt, dass im Gegensatz zum Theater von der Notwendigkeit der Reduktion des mimischen und gestischen Ausdrucks gesprochen wurde. Der dabei verwendete Begriff des Unterspielens stammt vom naturalistischen Theater des ausgehenden 19. Jahrhunderts und zielt auf eine Rücknahme des theatralischen Ausdrucks bis hin zum Nichtspielen. Dennoch zeigt die Filmanalyse, dass mit der Reduktion des Ausdrucks in der Filmgeschichte auf diesen nicht völlig verzichtet wurde, sondern spezifische Traditionen der filmischen Mimik und Gestik (insbesondere im Zusammenspiel mit Schnitt und Montage) entstanden sind.

So lassen sich nicht nur jeweils auf einzelne Schauspieler bezogene Schauspielweisen, sondern auch epochenspezifische Schauspielstile feststellen. Die wichtigste Unterscheidung ist sicherlich zwischen dem Schauspielen im Stummfilm und dem Schauspielen im Tonfilm zu treffen. Im Stummfilm lässt sich zwischen dem sprachersetzenden Spielen (etwa im Sinne der Pantomime) und dem sprachbegleitenden Spielen unterscheiden. Max Reinhardts Versuche eines pantomimischen Filmspielens waren nicht von Erfolg gekrönt. Auch der Versuch, einen expressionistischen Schauspielstil festzuschreiben, wie es Herbert Ihering 1920/21 tat, konnte sich gegenüber einem am naturalistischen Spiel orientierten Darstellen nicht behaupten. Die Epochenstile im Filmschauspielen sind bislang wenig erforscht, insbesondere kann die Analyse der Schauspielkunst im europäischen Autorenfilm noch zu neuen stilistischen Einsichten führen.

Die meisten theoretischen Überlegungen zum Schauspielen im Film folgen den theatralischen Aneignungstheorien einer Rolle durch den Schauspieler: von Stanislawski bis zum amerikanischen → Actors Studio von Lee Strasberg, das für viele große Schauspieler des amerikanischen Kinos der 50er und 60er Jahre (Marlon Brando, James Dean u. a.) bedeutsam wurde. Diese theoretischen Ansätze können als Produktionskonzepte verstanden werden, rezeptionstheoretische Entwürfe fehlen bislang. Dies liegt u. a. daran, dass bei einer gelungenen Darstellung der Darsteller und die Rolle zu einer Figur unauflösbar miteinander verschmelzen und die Interpretation des Schauspielens nicht als eigenständiger Akt vom Zuschauer verstanden wird.

Zu einer eigenständigen Entwicklung des Schauspielens im Fernsehen ist es nicht gekommen, weil die elektronische Liveproduktion im Studio sich am Theaterspielen orientierte, mit der Durchsetzung des Films als Produktionsmittel im → Fernsehspiel und Fernsehfilm filmische Produktionsformen bestimmend wurden. Das Fernsehen, das sich seit den 60er Jahren für die Filmschauspieler zu einem zentralen Arbeitsbereich entwickelte, förderte jedoch den eher unauffälligen Alltagsspieler und führte mit der Ausdifferenzierung seiner fiktionalen Formen (von der Kino-Fernseh-Koproduktion bis zur → Serie und Daily → Soap) auch zu unterschiedlichen Darstellungspraktiken. Ein alltagspraktischer Stil, der Realismusnähe suggeriert, hat zudem dazu geführt, dass das Schauspielen im Film kaum als eigenständige filmische Gestaltungsqualität erkannt wird. Auffällig ist, dass bei den Soaps und neuerdings auch bei den Reality-Soaps wie z. B. bei *Big Brother* ein sehr undifferenziertes Spielen und Darstellen Platz gegriffen hat und immer mehr als spielerische Darstellung von Normalität verstanden wird. In den 80er und 90er Jahren stellte sich die mögliche Digitalisierung des Schauspielens (→ digitale Ästhetik) als neues Problem, bei dem durch die digitale Speicherung von filmischen Körperaufnahmen auch virtuelle Bewegungen erzeugt werden können, die es so vorfilmisch nicht gegeben hat. Morphing und andere digitale Bearbeitung erzeugen eine neue künstliche Form der Präsenz und Performanz der Darsteller (z. B. in *Matrix*, 1999, R: Larry und Andy Wachowski). Bislang bleiben derartige Versuche jedoch noch Ausnahmen. Mit dem durchgängigen digitalen Ersatz der Schauspieler ist momentan nicht zu rechnen, weil es immer noch billiger ist, einen Schauspieler direkt vor die Kamera zu stellen als ihn digital zu generieren. Mit dem Ausbau der digitalen Produktionssysteme kann es jedoch dazu kommen, dass durch digitale Simulation nicht nur Filmfiguren zu real unmöglichen Aktionen gebracht werden können, sondern auch bereits tote Schauspieler in neuen Filmen virtuell zum Einsatz gelangen.

Knut Hickethier

Literatur: Walter Benjamin: Das Kunstwerk im Zeitalter seiner technischen Reproduzierbarkeit. Frankfurt a. M. 1963. [1936.] – Enno Patalas: Sozialgeschichte der Stars. Hamburg 1963. – Adolf Heinzlmeier / Berndt Schulz / Karsten Witte: Die Unsterblichen des Kinos. 3 Bde. Frankfurt a. M. 1980–82. – Ernst Schumacher (Hrsg.): Darstellen und Darstellungskunst. Berlin 1981. – Knut Hickethier (Hrsg.): Grenzgänger zwischen Theater und Kino. Berlin 1986. – Knut Hickethier: Schauspielen in Film und Fernsehen. In: Kino-Schriften 2 (1988). – James Naremore: Acting in the Cinema. Berkeley [u. a.] 1988. – Lee Strasberg: Schauspielen und das Training des Schauspielers. Berlin 1988. – Michael Caine: Acting in Film. New York 1990. – Alfred Messerli (Red.): Filmschauspielerei. Cinema 38 (1992) H. 38. [Themenheft.] – Malcolm Taylor: The Actor and the Camera. London 1994. – Thomas Koebner (Hrsg.): Schauspielkunst im Film. St. Augustin 1998. – Knut Hickethier (Hrsg.): Schauspielen und Montage. St. Augustin 1999. – Knut Hickethier: Der Schauspieler als Produzent. Überlegungen zur Theorie des medialen Schauspielens. In: Heinz-B. Heller / Karl Prümm / Birgit Peulings (Hrsg.): Der Körper im Bild: Schauspielen – Darstellen – Erscheinen. Marburg 1999. – Susanne Marschall / Norbert Grob (Hrsg.): Ladys, Vamps, Companions. Schauspielerinnen im Kino. St. Augustin 2000.

Schock. Schock-Bilder sind das ästhetische Mittel der Konfrontation des Zuschauers mit einer emotional aufwühlenden Irritation. Luis Buñuel verwendete im Rahmen seines surrealistischen (→ Surrealismus) Frühwerkes derartige Momente, etwa mit der Großaufnahme des zerschnittenen Auges in *Ein andalusischer Hund* (1929) oder in Form der lebenden Kuh im Bett in *Das goldene Zeitalter* (1930). Streng genommen bieten diese Filme eine ganze Reihe von Schockmomenten, die nach Buñuel keineswegs als Symbole zu deuten seien. Wesentlich dabei ist das Element der Körperzerstörung, die in der Zerstörung des Auges einen bis heute kaum erreichten Höhepunkt findet. Der Angriff auf den Körper ist letztlich eine universale menschliche Angstvorstellung, an die immer wieder im Film appelliert wird, um die Intensität des Schocks zu erreichen. Auch Sergej Eisensteins Treppensequenz aus *Panzerkreuzer Potemkin* (1926) provoziert u. a. durch eine solche Attacke auf das Auge. Als »Schock« wurde in der Frühzeit des Kinos auch der Sprung von einer Totalen in die Großaufnahme erlebt, ein → Montageprinzip, das Phänomene der Großstadtwahrnehmung seit der Jahrhundertwende reflektiert. Man könnte dabei von dem visualisierten »Schock der Moderne« sprechen.

Noch irritierender ist die Verwendung von Schockmomenten im Kontext des narrativen Spielfilms, eine Technik, die von Alfred Hitchcock (*Im Schatten des Zweifels*, 1943) über Ingmar Bergman (*Persona*, 1966) bis zu Oliver Stone (*Natural Born Killers*, 1994) verbreitet ist. Deren Filme stoßen den Zuschauer in ein verstörendes Wechselbad von Eindrücken, Gefühlen und Reizen. Dabei spielt die Einarbeitung kaum wahrnehmbarer Bildsegmente – oft nur von $1/24$stel Sekunden Länge –, so genannter subliminaler Bilder, eine große Rolle. Sie sollen allen-

Wenn die Gondeln Trauer tragen (1973, R: Nicolas Roeg): Donald Sutherland

Ein Mann umarmt sein totes Kind – es ist im Wasser versunken, er ist zu spät gekommen und hat es nicht mehr retten können. Unnennbarer Schmerz verzerrt sein Gesicht, der Mund öffnet sich zu einem Schrei, der niemals aufhören könnte. Der große Schock unterbricht das Leben. Es ist danach nicht mehr dasselbe wie zuvor, jenseits der ›Normalität‹. Von diesem Riss, der mit Betäubung oder der Halluzination von blendendem Licht und jähem Lärm einhergeht wie bei einer Explosion, bleibt eine kaum verheilende Wunde. Dramaturgisch sinnlos gehäufte Schockeffekte im Film drohen ins Komisch-Lächerliche oder ins Banale umzukippen: anästhesierende Abtötung der Empfindung durch plumpe serielle Wiederholung. Actionfilme laufen Gefahr, die bewegende innere Verstörung der Figuren – »the horror, the horror« (wie es bei Joseph Conrad heißt) – durch das Nacheinander von Szenen äußerlichen Krachs zu ersetzen.

falls vom Unterbewusstsein wahrgenommen und identifiziert werden und somit zusätzlich die Wahrnehmung beeinflussen, indem sie Assoziationsketten einleiten. Diese Montagetechnik stößt immer wieder auf Misstrauen und Ablehnung, da sie die manipulative Kraft von filmischen Bildfolgen zu belegen scheint. William Friedkins Dämonen-Fratze aus *Der Exorzist* (1973), die mehrfach in einer Traumsequenz auftaucht, ist wohl das bekannteste Beispiel für ein subliminales Bild. Vergleichsweise perfider geht Friedkin in seinem Psychothriller *Cruising* (1980) mit subliminalen Bildern um:

Eine Mordszene wird mit kurz aufblitzenden Hardcore-Bildern einer analen Penetration gekreuzt. Was laut Friedkin einem Protest gegen die → Zensurpraktiken der MPAA (des Zensurorgans der amerikanischen Filmwirtschaft) entsprang, schafft eine bis heute einmalige drastische Verbindung von Homosexualität und Gewalt. *Fear and Loathing in Las Vegas* (1998) von Terry Gilliam und *Natural Born Killers* konfrontieren den Zuschauer auf diesem Weg ebenfalls mit blitzartigen Schockmomenten, etwa wenn sich in Stones Film Woody Harrelsons Gesicht für Momente in eine blutüberströmte Dämonenfratze verwandelt. In David Finchers *Fight Club* (1999) wird diese Technik gar im Film vom Protagonisten erklärt und ironisch variiert.

Marcus Stiglegger

Literatur: Amos Vogel: Film als subversive Kunst. St. Andrä-Wördern 1997. [Amerikan. Orig. 1974.] – Steven Shaviro: The Cinematic Body. Minneapolis 1993. – David Kerekes / David Slater: Killing For Culture. London / San Francisco 1994. – Jürgen Felix (Hrsg.): Unter die Haut. St. Augustin 1998. [Darin: Drehli Robinik: Der Körper ist O.K. Marcus Stiglegger: Ästhetik der Auflösung.] – Marcus Stiglegger: Zum Sehen zwingen. Die neue Körperlichkeit des Films. In: Film-Dienst 52 (2. 3. 1999). – Thomas Koebner: Der Schock der Moderne. Die Stadt als Anti-Idylle im Kino der Weimarer Zeit. In: Irmbert Schenk (Hrsg.): Dschungel Großstadt. Kino und Modernisierung. Marburg 1999.

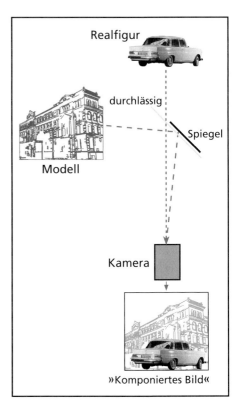

Schüfftan-Verfahren. Filmisches Spiegeltrickverfahren, das nach seinem Erfinder, dem Kameramann Egon Schüfftan benannt ist. Bei diesem Verfahren wird zwischen Kamera und aufzunehmendem Objekt eine teiltransparente Glasscheibe in einem Winkel von ca. 45° angeordnet. In dieser Scheibe spiegeln sich alle beleuchteten Flächen oder Gegenstände, die sich seitlich der Kamera befinden, und erscheinen so, zusammen mit den Objekten vor der Kamera, im belichteten Bild. Durch diese Methode ist es z. B. möglich, transparente Geister und Gespenster im Bild erscheinen zu lassen. Da mit Hilfe des Schüfftan-Verfahrens die gesamte Handlung simultan aufgezeichnet wird, ist eine einfache Synchronisation von Aktion und Reaktion von Akteuren vor und seitlich der Kamera möglich. Durch das Anbringen von undurchsichtigen Kaschs, etwa schwarzer Pappe oder Stoff, lassen sich die eingespiegelten Bereiche in der Bildfläche auch begrenzen, sodass z. B. eingespiegelte Figuren oder Gegenstände hinter Möbeln o. ä. verschwinden oder auftauchen können.

Christian Roggy

Schuss-Gegenschuss (engl. »shot/reverse shot«). Das Schuss-Gegenschuss-Prinzip wird typischerweise in → Dialogen angewendet: Es wird zwischen zwei Kameras hin- und hergeschnitten, die jeweils einen der Akteure zeigen. Dabei ist es üblich und gebräuchlich, die Schulter desjenigen, den man nicht fokussiert, im Anschnitt zu zeigen (Over-Shoulder Shot). Um den Eindruck der → Kontinuität nicht zu verletzen, muss die Blickachse zwischen den Akteuren sehr genau beobachtet werden, sonst entstünde der Eindruck, dass sie aneinander vorbeiblickten.

Ein Sonderfall der Schuss-Gegenschuss-Montage ist die Blickmontage, in der das zweite Bild zeigt, was der Akteur sieht. Handelt es sich um eine subjektive Aufnahme (→ Point of View Shot), steht die Kamera am Ort des Akteurs, zeigt also das Umfeld aus einer Perspektive, die mit der Position einer Leinwandfigur zusammenfällt. Die »Sprachfigur« des Schuss-Gegenschuss ist deshalb so wichtig, weil sie es gestattet, verschiedene Bilder hintereinander zu setzen, die dennoch einen inhaltlichen Zusammenhang bilden: Der Diskontinuität des Visuellen steht ein inhaltliches Kontinuum gegenüber. Will man der Genauigkeit des Blicks entgegenwirken, der kleine Unterschiede sofort als Bruch der Kontinuität bemerken würde, muss der Unterschied der Aufnahmen groß sein; doch »unter« der Unterschiedlichkeit der Bilder muss sich ein inhaltliches Moment identifizieren lassen, das sie als zusammengehörige Manifestationen eines Bezeichneten zusammenführbar macht. Verschiedenheit der Bilder und gemeinsamer Bezug in der Interaktion vor der Kamera: Das schafft zugleich die Voraussetzung der Täuschung und der → Parodie. Schon 1915 trieb der Hauptdarsteller von *Ye Gods! What a Cast!* in sechs verschiedenen Rollen Konversation mit sich selbst. Und Rob Reiners Komödie *Tote tragen keine Karos* (1981) basiert darauf, dass die Schuss-Gegenschuss-Montage auch heterogenes Material integrierbar macht: Steve Martin spielt einen Detektiv, der sich mit den Helden verschiedenster Hollywood-Filme unterhält.

Weil das jeweils andere Bild in der Schuss-Gegenschuss-Montage als Off-Screen desjenigen, das auf der Leinwand zu sehen ist, im Bewusstsein gehalten wird, haben einige Autoren versucht, die Bewegung von On-screen / Off-screen als grundlegende Rezeptionsform des Films festzumachen, in der der Zuschauer in den filmischen Text integriert werde (→ Frame, → Raum): Der Schuss-Gegenschuss bildet eine »Nahtstelle«, wie man in Anlehnung an die Metapher der »Suture«, die der Theorie den Namen gab, sagen könnte, eine Nahtstelle, an der die filmische Struktur und die komplementär darauf bezogene Aktivität des Rezipienten »aneinander genäht« werden.

Hans J. Wulff

Literatur: Daniel Dayan: The Tutor-Code of Classical Cinema. In: Film Quarterly 23 (1974) H. 1. – Harun Farocki: Schuß-Gegenschuß: Der wichtigste Ausdruck im Wertgesetz Film. In: Filmkritik 25 (1981).

Schwarzweißfilm. Im Schwarzweißfilm werden die Farben des aufgenommenen Motivs durch lichtempfindliche, aus Silberhalogenen bestehende Partikel, in Graustufen umgewandelt. Kontrast und Tonwert bestimmen das Schwarzweißbild, insbesondere das Verhältnis von Hell und Dunkel. Das Helligkeitsspektrum von Weiß bis Schwarz wird als Belichtungsspielraum (»latitude«), die Fähigkeit des menschlichen Auges zwischen Graustufen zu unterscheiden, als Gamma-Wert bezeichnet.

Das erste schwarzweiße Filmmaterial war monochromatisch, d. h., die Silberhalogene waren nur für den blauen Spektralbereich empfindlich. Andere Farben konnten noch nicht adäquat in Graustufen wiedergegeben werden. Der orthochromatische Film lieferte Ende der 10er Jahre eine Verbesserung, indem nun auch die grünen Anteile des Lichts Berücksichtigung fanden. Zur Wiedergabe roter Farbtöne waren Behelfsmaßnahmen notwendig, wie z. B. Filter oder das Schminken von Lippen und anderen Partien der Haut. Erst der panchromatische Film lieferte seit 1927 ein Schwarzweißbild, das alle Farben in adäquaten Grautönen wiedergeben konnte.

Die verbreitete Ansicht, der Schwarzweißfilm habe bis zur Entwicklung des Technicolor-Verfahrens dominiert, entspricht vor dem Hintergrund, dass bereits seit den 10er Jahren versucht wurde, durch Colorierungen, Tönungen und Virage dem Film Farbe zu verleihen, nur bedingt den Tatsachen. Die Mehrheit der Filme der 20er Jahre war viragiert. Das Drei-Streifen-Verfahren von Technicolor im Jahre 1935 ist demnach weniger als plötzliche Ablösung des Schwarzweißfilms zu sehen. Vielmehr bildete es den vorläufigen Höhepunkt der Suche nach der optimalen Farbwiedergabe. Erst in den 50er Jahren wurde der Schwarzweißfilm endgültig durch den Farbfilm abgelöst.

Das Appartement (1960, R: Billy Wilder)
Aus der Welt der Angestellten: Die gitterartige Anordnung der Deckenlampen in einem Großraumbüro, Lampen, die sich in schier unendliche Tiefe erstrecken, deutet auf Gleichförmigkeit und Gleichtakt der Arbeit und des Arbeitslebens hin, aus Individuen werden so biegsame (flexible) und austauschbare ›Nummern‹. Wenn die von Jack Lemmon gespielte Person nicht ein privates Appartement hätte, wäre sie von keinerlei Interesse, ein bloßer Statist. Schwarzweiß betont Monotonie und Abstraktheit des Berufsmilieus in aller Härte.

Manhattan (1979, R: Woody Allen): Diane Keaton und Woody Allen

Die zärtliche Poesie einer ›intimen‹ Szene mitten in der Großstadt: Ein Paar, anscheinend im Einverständnis, als Silhouette auf einer Parkbank, vor ihm, wie im Nebel gedämpft sichtbar, dadurch entrückt, schwerelos geworden, die riesige Eisenkonstruktion der Brücke (Queensborough Bridge in New York). Friedliche Stille und Ruhe liegt über dem Arrangement. Schwarzweiß schafft für diesen »magic moment« zwei malerische Raumzonen: den Mittelgrund, schwarz hingetuscht, und den Hintergrund, wie eine leicht gestrichelte Kulisse.

Der Wolfsjunge im Sommerwald, Haut und Haar übersprenkelt mit Lichtflecken – wie eine Erscheinung aus dem archaischen Arkadien. Truffaut versetzt die Handlung seines Films in die Zeit nach der Französischen Revolution zurück. Schwarzweiß reduziert das Bild der idyllischen Natur um die Dimension der Farbe, legt dadurch Distanz ein und unterstreicht den beinahe klassischen Charakter der Erzählung, die Disziplinierung, Mäßigung der Wildheit des Kindes und Maßregelung durch die Kultur zum Thema hat.

Der Wolfsjunge (1970, R: François Truffaut): Jean-Pierre Cargol

Tendenziell wird dem Schwarzweißfilm eine größere Nähe zur Wirklichkeit beigemessen, gilt er als authentischere Abbildung der Realität. → Dokumentarfilme werden daher bis heute häufig in Schwarzweiß gedreht, ebenso dokumentarische oder eine dokumentarische Wirkung erzeugende Aufnahmen in fiktionalen Filmen. Ein genauer Blick auf die Filmgeschichte zeigt, dass die Entscheidung für den Schwarzweißfilm unterschiedlichen künstlerischen Intentionen folgen kann. Dabei spielt insbesondere die Wahl harter Hell-Dunkel-Kontraste mit wenigen Graustufen oder die Wahl weicher Kontraste mit vielen Grautönen eine wesentliche Rolle.

Viele Filmstile und auch Genres des Erzählkinos sind ohne den Schwarzweißfilm nahezu undenkbar: der auf die Inszenierung der sozialen Realität abzielende → Realismus, der → Film noir, der mit extremen Hell-Dunkel-Kontrasten kongenial die ›existentialistische‹ und beklemmende Atmosphäre der aus der Hardboiled-Literatur hervorgehenden Filmstoffe wiedergab. Hatte der Film noir die Ästhetik des Schwarzweißfilms bereits vom rein Authentischen befreit, benutzten → Horrorfilme oder Gruselfilme, wie *Psycho* (1960, R: Alfred Hitchcock) oder *Schloß des Schreckens* (1961, R: Jack Clayton), bis in die 60er Jahre häufig eine Schwarzweißfotografie, die das Unheimliche, ›Nächtliche‹ und Abgründige zu versinnbildlichen wusste. Charles Laughton hat in *Die Nacht des Jägers* (1955) die spezifische Stimmung des Märchenhaften und des zugleich Bedrohlichen in subtilen kontrastreichen Schwarzweißbildern erzeugt. Orson Welles hat nahezu alle seine Filme in Schwarzweiß gedreht, um jeweils spezifische Stimmungen zu erzeugen. Zumal seine Shakespeare-Adaptionen verwenden harte Kontraste, die dem Geschehen eine dramatische und fatalistische Grundstimmung verleihen, die mit seinem Film noir *Im Zeichen des Bösen* (1958) korrelieren. In zahlreichen Filmen von Jim Jarmusch und Wim Wenders treffen Poesie und Authentizität des Schwarzweißfilms aufeinander. In Wenders' *Der Himmel über Berlin* (1987) wird zwischen Schwarzweiß und Farbe changiert, um Ebenen der filmischen Realität voneinander zu unterscheiden. Auch Edgar Reitz wechselte spielerisch in *Heimat – Eine Chronik in elf Teilen* (1984) zwischen Schwarzweiß und Farbe, konsequenter dann in *Die zweite Heimat* (1993), um Tag- und Nachtszenen (in Farbe) voneinander zu trennen. Steven Spielberg unterscheidet zwischen Vergangenheit (Schwarzweiß) und Gegenwart (Farbe) in *Schindlers Liste* (1993).

Der erzählende Schwarzweißfilm hat inzwischen den Ruf des dezidiert künstlerischen Films. Für die Regisseure bedeutet Schwarzweißfilm allerdings nicht nur künstlerischen Anspruch, sondern zunehmend auch finanzielles Risiko. Nur noch wenige Firmen stellen schwarzweißes Filmmaterial her, sodass die Kosten dafür erheblich gestiegen sind.

Thomas Klein

Science-Fiction-Film. Kaum ein anderes Genre verfügt über eine ähnlich ausgeprägte Vielzahl an Unterkategorien und Mischformen wie der Science-Fiction-Film (→ phantastischer Film). In den späten 20er Jahren etablierte sich die Bezeichnung Science Fiction als Sammelbegriff für Literatur und Filme, die sich im weiteren Sinne mit technischen Spekulationen oder phantastischen Zukunftswelten befassen. Der Herausgeber des 1926 gegründeten Magazins »Amazing Stories« Hugo Gernsback prägte für die in seiner Publikation veröffentlichten Kurzgeschichten den Begriff »Scientification«, aus dem kurze Zeit später die Bezeichnung »Science-Fiction« hervorging. Zu den prägendsten literarischen Vorläufern des Genres zählen die Werke von Jules Verne (1828–1905) und H. G. Wells (1866–1946). Während Verne in seinen Romanen das Motiv der phantastischen Reise in unerforschte exotische Gebiete mit Hilfe ausgefallener technischer Apparaturen etablierte, nahm der gesellschaftskritische Autor Wells in seinen Büchern zahlreiche Standardsituationen der Science-Fiction vorweg: von der außerirdischen Invasion in »Krieg der Welten«, über die Versuche der »mad scientists« in »Der Unsichtbare« und »Die Insel des Dr. Moreau« bis hin zur Zeitreise in »Die Zeitmaschine« und einer prototypischen optimistischen Zukunftsvision in »Was kommen wird«.

Der erste Science-Fiction-Film, *Die Reise zum Mond* (1902) des französischen Stummfilmpioniers Georges Méliès, vereinte Motive aus Vernes »Von der Erde zum Mond« (1865) und aus Wells' »Die ersten Menschen auf dem Mond« (1901). Mit dem Beginn der amerikanischen Pulp-Magazine wie »Weird Tales« und »Amazing Stories« in den 20er Jahren entwickelte sich die literarische Science-Fiction zum festen Bestandteil der Populärkultur. Das Science-Fiction-Kino sollte einen ähnlichen Durchbruch jedoch erst in den frühen 50er Jahren erzielen, in denen sich der Science-Fiction-Film als eigenständiges Genre mit bestimmten Standardmotiven und dramaturgischen Formeln als Teil der Massenkultur etablierte. Von den Science-Fiction-Filmen der 20er und 30er Jahre erwiesen sich Fritz Langs pasticheartige Stadtvision *Metropolis* (1927) und William Cameron Manzies Wells-Verfilmung *Was kommen wird* (1936) aufgrund ihres visuellen Einfallsreichtums als bis heute einflussreiche Klassiker. Bereits in der Anfangszeit des Genres zeigte sich die erst im Laufe der 60er und 70er Jahre zunehmend überwundene Kluft zwischen literarischer und filmischer Science-Fiction. Sowohl *Metropolis* als auch *Was kommen wird* ernteten harsche Kritik von H. G. Wells.

In ihrem prägnanten Essay »Die Katastrophenphantasie« benannte die amerikanische Kulturkritikerin Susan Sontag die wesentlichen Unterschiede zwischen Science-Fiction-Literatur und -Film: »Der Science-Fiction-Film hat ohne Zweifel Möglichkeiten, die dem Science-Fiction-Roman nicht zu Gebote stehen: eine davon ist die der unmittelbaren Vergegenwärtigung des Außergewöhnlichen [...]. Natürlich hat der Film genau dort seine Schwächen, wo die Stärke der Science-Fiction-Romane [...] liegt: im Bereich des Wissenschaftlichen. Aber als Ersatz für den intellektuellen Kraftakt können sie etwas bieten, was der Roman niemals bieten könnte: den vollkommenen sinnlichen Eindruck.« Im Gegensatz zur so genannten literarischen Hard-Science-Fiction, deren Autoren in ihren Kurzgeschichten und Romanen denkbare technische Entwicklungen und deren Auswirkungen thematisieren, bezieht sich der Science-Fiction-Film weitaus stärker auf jene Aspekte des Genres, die den »sense of wonder«, die »Lust am Phantastischen« (Seeßlen) ausmachen. Mit Hilfe von → Special Effects, die von den Stop-motion-Animationen Ray Harryhausens bis zu den digitalen Effekten aus George Lucas' Industrial Light and Magic Studio (→ digitale Ästhetik) eng mit der Geschichte des Genres verbunden sind, verwandelt der Science-Fiction-Film jene phantastischen Welten, die in der Literatur nur angedeutet werden können, in audiovisuelle Präsenz.

Obwohl der Science-Fiction-Film bis heute zu den populärsten und langlebigsten Genres gehört, lassen sich die für ihn charakteristischen Merkmale nicht so deutlich definieren wie für den Western oder das Melodram. Die Stärke und Ausdauer des immer wieder neu belebten Science-Fiction-Genres besteht nicht zuletzt darin, dass es sich problemlos mit Elementen anderer Genres kombinieren lässt. Die Grenzen zwischen Science-Fiction-, Fantasy-, → Abenteuer- und → Horrorfilm gestalten sich fließend. In der Einleitung zur »Aurum Encyclopedia of Science Fiction« betont Phil Hardy, dass es sich beim Science-Fiction-Film nicht um ein »reines Genre« handle: Er könne nicht eindeutig vom Thriller oder Horrorfilm unterschieden werden. Stattdessen schlägt Hardy vor, dass eine Geschichte des Science-Fiction-Films sich an Filmen »mit kennzeichnenden Science-Fiction-Elementen« orientieren solle. Die Spannweite des Genre-Crossovers reicht von den Abenteuerfilm-Science-Fiction-Kombinationen der Space Opera, zu deren prominentesten Vertretern die Serial-Helden der 30er Jahre wie *Flash Gordon* und *Buck Rogers* zählen, über das postmoderne Patchwork der *Krieg der Sterne*- (seit 1977) und

Star Trek-Serien (seit 1966) bis hin zu den Doomsday-Szenarien aus Endzeitfilmen wie George Millers *Mad Max*-Trilogie (1979–85).

Georg Seeßlen charakterisiert den Science-Fiction-Film als »ein Genre, das mehr als andere ein direktes Echo auf gesellschaftliche Ideen und Wirklichkeiten vermittelt, und zugleich ein Genre, das sich am meisten von den Begrenzungen der Wirklichkeit entfernen kann, um eine reine Kino-Welt zu entwerfen«. In diesem Spannungsfeld zwischen kommentierender Reflexion auf gegenwärtige Hoffnungen und Ängste und dem Entwurf phantastischer, in sich geschlossener Welten bewegt sich das Genre bis heute. Eine der deutlichsten Reaktionen auf gesellschaftliche Stimmungen findet sich in den Filmen des klassischen Paranoiakinos. Die 50er Jahre, in denen sich der Science-Fiction-B-Film (→ B-Film) als eigene Form etablierte, standen deutlich im Zeichen der atomaren Bedrohung. Mit der japanischen Filmserie über den Urzeitgiganten *Godzilla* (1954, R: Inoshiro Honda) und seine durch radioaktive Strahlung mutierten Gegenspieler entstand ein eigenes Subgenre des nuklearen Monsterfilms. Der unheilsschwangeren Aufforderung »Watch the Skies!« am Ende von Howard Hawks' und Christian Nybys *Das Ding aus einer anderen Welt* (1951) steht Robert Wises friedlicher außerirdischer Erlöser aus *Der Tag, an dem die Erde stillstand* (1951) gegenüber. Mit *Kampf der Welten* von Byron Haskin fand 1953 auch der auf einer Vorlage von H. G. Wells basierende Prototyp einer Invasionsgeschichte, den Orson Welles Ende der 30er Jahre bereits erfolgreich als Radio-Hörspiel adaptiert hatte, seinen Weg auf die Leinwand. Don Siegel gelang 1956 mit *Die Dämonischen* eine Variante des Paranoiakinos, die im Gegensatz zu anderen Produktionen dieser Epoche nicht die Invasion Außerirdischer als kaum kaschiertes Bild für die ›kommunistische Bedrohung‹ in den Mittelpunkt stellt, sondern die sich metaphorisch mit Identitätsverlust und Entfremdung auseinandersetzt.

Anfang der 60er Jahre etablierte sich in der literarischen Science-Fiction die New Wave um Autoren wie Philip K. Dick, Michael Moorcock, Harlan Ellison und J. G. Ballard, die als Gegenakzent zur auf wissenschaftliche Fakten fixierten Hard-Science-Fiction‹ in ihren Werken die Erforschung des »Inner Space« und das Spiel mit alternativen Realitäten als Reflexion auf gesellschaftliche Zustände akzentuierten. Neben einer Anbindung an die Pop- und Gegenkultur der 60er Jahre, fand sich in den Arbeiten der New Wave auch erstmals eine explizite Kritik an dem kolonialistischen Subtext und dem ungebrochenen Fortschrittsglauben der traditionellen Science-Fiction. Während die filmische Umsetzung der Ideen der New-Wave-Literatur noch einige Zeit auf sich warten ließ, betätigten sich einige ihrer prominenten Vertreter wie Theodore Sturgeon und Harlan Ellison als Drehbuchautoren für die langlebige, 1966 von Produzent Gene Roddenberry initiierte TV-Serie *Raumschiff Enterprise*.

Mit *Lemmy Caution gegen Alpha 60* (1965) von Jean-Luc Godard und *Fahrenheit 451* (1967) von François Truffaut entstanden Science-Fiction-Filme, in denen die Regeln des Genres mit der »politiques des auteurs« eine produktive Symbiose eingingen. Stanley Kubricks *2001: Odyssee im Weltraum* (1968), dessen Drehbuch unter der Mitarbeit des Science-Fiction-Schriftstellers Arthur C. Clarke entstand, leistete Ende der 60er Jahre schließlich nicht nur eine neue Annäherung zwischen den komplexen Gedankenspielen der literarischen Science-Fiction und der revolutionären Tricktechnik des Science-Fiction-Films, sondern setzte auch für die folgenden Jahre entscheidende Maßstäbe. Der Konflikt der Astronauten David Bowman und Frank Poole mit dem Supercomputer HAL, der aufgrund widersprüchlicher Anweisungen zum Mörder wird, wurde zum Sinnbild für die Auseinandersetzung des Menschen mit einer künstlichen Intelligenz, die ihr eigenes Bewusstsein einfordert. Der Vorstoß in die unendlichen Weiten gestaltet sich in den phantastischen, oft abstrakten → Bildkompositionen Kubricks nicht als abenteuerliche Entdeckungsreise, sondern entwickelt sich zum philosophischen »rite de passage«.

2001 – Odyssee im Weltraum (1968, R: Stanley Kubrick)
Science-Fiction versetzt in eine Welt, die es (noch) nicht gibt oder nie geben wird, verlegt Abenteuer ins schwarze All, eröffnet den Weltraum als Schauplatz von unerhörten Mysterien oder Ursprungsort des ganz Fremden – das bisweilen auch die Erde besucht, in guter oder böser Absicht. Kubricks *2001* zählt zu den unbestrittenen Klassikern des Genres, wegen seiner spekulativen Ideen und der faszinierend beunruhigenden Bildschöpfungen. In einem Mondkrater ist eine schwarze Stele, ein Monolith, ausgegraben worden, von der eine starke magnetische Strahlung ausgehen soll, die sich auf den Jupiter richtet. Die Menschen sind in ihren vermummenden Schutzanzügen nicht mehr als Individuum kenntlich, stumme Zeugen eines unfassbaren Phänomens, das eher erschreckt als zur Annäherung einlädt. Die Erde leuchtet als Gestirn über der grausig menschenfeindlichen Mondwüste. Die Kamera verharrt hinter der Reihe der Figuren im Dunkel – sie könnte die Position eines weiteren Team-Mitglieds eingenommen haben oder die Position eines unsichtbaren unbekannten Zuschauers.

Die Science-Fiction-Filme der frühen 70er Jahre standen im Zeichen skeptischer Zukunftsvisionen wie *Lautlos im Weltraum* (1971, R: Douglas Trumbull) und *Andromeda* (1971, R: Robert Wise). Im Mainstream entwickelte sich die auf Franklin J. Schaffners *Planet der Affen* (1968) basierende fünfteilige Reihe, in der die Affen die Herrschaft über die nuklear verseuchte Erde übernommen haben, zu einer der erfolgreichsten Science-Fiction-Serien (1968–1973). In Michael Crichtons *Westworld* (1973) eröffnen die Roboter, die in einem futuristischen Vergnügungspark als bewegliche Zielscheiben für die Besucher geschaffen wurden, die Jagd auf die Menschen. *THX 1138* (1971), das von Francis Ford Coppola produzierte Regiedebüt von George Lucas, entwarf die in kaltem Weiß gehaltene Dystopie eines totalitären Zukunftsstaates, in dem jegliche emotionalen Regungen untersagt sind. Der Einfluß von *2001* zeigte sich bis weit in die 70er Jahre an den durch Kubricks Film beeinflussten Werken. Andrej Tarkowski inszenierte den auf einer Vorlage von Stanislaw Lem basierenden *Solaris* (1972) als Gegenentwurf zu Kubrick, und John Carpenter präsentierte in seiner intelligenten Low-Budget-Satire *Dark Star* (1974) die Odyssee einer Crew, die in den entlegenen Weiten des Alls Asteroiden sprengen muss, als monotone und nervenaufreibende Routinearbeit. Das Pendant zu HAL bildet in Carpenters Debüt eine intelligente Bombe, die sich mit den Worten Descartes', »Cogito, ergo sum«, trotz aller Beschwichtigungsversuche der Astronauten selbst sprengt.
Im Zug des → New Hollywood erfuhren im Verlauf der 70er Jahre Elemente des B-Films ihren Transfer in aufwendige gestaltete Produktionen. Steven Spielberg schilderte in *Unheimliche Begegnung der dritten Art* (1978) die friedliche Begegnung zwischen Menschen und Außerirdischen und nahm damit bereits wesentliche Elemente

seines späteren Blockbusters *E. T. – Der Außerirdische* (1982) vorweg. Die 1977 begonnene erste *Krieg der Sterne*-Trilogie von George Lucas, Irvin Kershner, Lawrence Kasdan und Richard Marquand (1977, 1980, 1983) setzte nicht nur Maßstäbe bei den Special Effects, die das gesamte Mainstream-Kino der folgenden beiden Jahrzehnte entscheidend prägen sollten. Lucas kombinierte Elemente des Western, des Ritterfilms, der Fantasy, der Space Opera und des Abenteuerfilms zu einem erweiterbaren Genre-Patchwork, das in Comics, Romanen und Computerspielen fortgesetzt wurde. Die *Krieg der Sterne*-Saga, deren Narration bereits Platz für eine ab 1999 realisierte Vorgeschichte ließ, entwickelte sich zum Prototyp des postmodernen Science-Fiction-Films, in dem Gegenkultur und Mainstream sich gegenseitig ergänzen und in dem die Naivität klassischer Comicstrips als Zitat neben dystopischen Elementen steht.

Ridley Scotts *Alien – Das unheimliche Wesen aus einer fremden Welt* (1979) verband Motive des Paranoiakinos mit einem ausgearbeiteten psychologischen Subtext. Das von dem Schweizer Künstler H. R. Giger entworfene »unheimliche Wesen aus einer anderen Welt« (Werbeslogan) scheint im Verlauf des Films mit dem zunehmend wie ein lebendiger Organismus erscheinenden Raumschiff zu verschmelzen. Die markante Sexualsymbolik von Gigers biomechanischen Kunstwerken fand in *Alien* ihre adäquate filmische Umsetzung. Die von Sigourney Weaver dargestellte einzige Überlebende des ersten Teils, Lt. Ellen Ripley, avancierte zur populärsten weiblichen Heldin der Science-Fiction, deren Geschichte in bisher drei eigenständigen → Sequels von James Cameron, David Fincher und Jean-Pierre Jeunet fortgesetzt wurde (*Aliens – Die Rückkehr*, 1986; *Alien 3*, 1992; *Alien – Die Wiedergeburt*, 1997). Die mittlerweile von Weaver auch produzierte *Alien*-Serie bietet bis heute eine beliebte Diskussionsgrundlage für Gender-Thematik im Science-Fiction-Film. Ripley wandelt sich im Verlauf der Filme von einer gehetzten Überlebenskünstlerin (*Aliens – Die Rückkehr*) und einer desillusionierten Märtyrerin (*Alien 3*) in ihre eigene geklonte zynische Widergängerin (*Alien – Die Wiedergeburt*).

Nach dem erfolgreichen Comeback des Science-Fiction-Films Ende der 70er Jahre, erfolgte im Verlauf der 80er Jahre eine weitere Ausdifferenzierung des Genres. Mit der *Mad Max*-Trilogie schuf George Miller den Prototyp des postapokalyptischen Endzeitfilms. In einer für den Stil des Genre-Crossovers kennzeichnenden Entwicklung bewegen sich die *Mad Max*-Filme vom harten Cop-B-Film im ersten Teil (1979) über einen spektakulären Doomsday-Western (*Mad Max 2 – Der Vollstrecker*, 1982) hin zum glamourösen Spektakel (*Mad Max 3 – Jenseits der Donnerkuppel*, 1985), das zugleich den vorläufigen (Mainstream-)Endpunkt des selbst geschaffenen Subgenres markiert. John Carpenter setzte mit *Die Klapperschlange* (1981) und dem düsteren Kammerspiel *Das Ding aus einer anderen Welt* (1982) seine Serie von skeptischen Zukunftsbildern fort. In seinem Remake des Hawks-Nyby-Klassikers erscheint die Forderung »Watch the Skies!« hinfällig geworden zu sein, da das eigene Überleben mehr als fragwürdig erscheint. Den Zweifel an der eigenen Wahrnehmung und den Verlust der filmischen Realitätsebenen bis hin zur Auflösung der Identität im Geflecht der Medien thematisierte hingegen David Cronenberg in *Videodrome* (1982).

Während Ridley Scott in der Philip-K.-Dick-Adaption *Blade Runner* (1982) vor den imposanten Kulissen einer Megalopolis für den futuristischen Film noir die Frage stellte, was den Menschen angesichts von empfindsamen Replikanten noch von seinem künstlich geschaffenen Ebenbild unterscheidet, schuf James Cameron mit dem *Terminator* (1984) eine neue Ikone für die Bedrohung des Menschen durch eine außer Kontrolle geratene Technik. Die Filme Camerons, der sich in den 80er Jahren als einer der prägenden Kräfte im neueren Science-Fiction-Kino etablierte, bilden die konsequente Synthese aus den apokalyptischen Visionen der skeptischen Science-Fiction und der Emotionalität der Spielberg-Produktionen. Entsprechend verwandelt sich der wortkarge bedrohliche Terminator im zweiten Teil (*Der Terminator II: Tag der Abrechnung*, 1991) in eine Vaterfigur und »Erlösungsmaschine« (Seeßlen), mit deren Hilfe die drohende atomare Katastrophe verhindert werden kann.

Jenseits der in den späten 90er Jahren omnipräsenten Mainstream-Science-Fiction ergaben sich Nischen, in denen eigenwillige Auteurs wie Terry Gilliam und Tim Burton ihre persönlichen Zukunftsvisionen realisieren konnten. Gilliam demonstrierte mit bitterer Ironie in *Brazil* (1985), dass sich die Orwell'schen Horrorszenarien in einen Python'schen »Flying Circus« verwandelt haben, und Burton legte mit spielfreudiger Liebe zum Detail in *Mars Attacks!* (1997) die Wurzeln des durch *Independence Day* (1996) wieder belebten Invasionsfilms offen, indem er eine Kaugummi-Sammelkartenserie aus den 50er Jahren verfilmte. Neben einer Welle von standardisierten → Katastrophenfilmen, die das seit *The Comet* (1910) und *Der jüngste Tag* (1951, R: Rudolph Maté) beliebte Standardmotiv eines auf die Erde zurasenden Asteroiden paraphrasierten, erlebte der Science-Fiction-B-Film mit Produktionen wie *Vernetzt – Johnny Mnemonic* (1995, R: Robert Longo) und *Dark City* (1998, R: Alex Proyas) ein Comeback im kleinen Rahmen. Mit *The Matrix* (1999) von Larry und Andy Wachowski fand schließlich die von William Gibson geprägte Cyberspace-Thematik in Form eines mit Motiven des Hongkong-Kinos kombinierten Event Movies Eingang in den Mainstream.

Die gegenwärtige Situation des Science-Fiction-Films gestaltet sich als ein pluralistisches Wechselspiel zwischen routiniertem Blockbuster-Kino und persönlichen Auseinandersetzungen mit dem Genre, wie sie Burton, Gilliam, Cronenberg und Carpenter, aber auch auf andere Weise Cameron und Lucas in ihren Filmen verfolgen.

Andreas Rauscher

Literatur: Susan Sontag: Die Katastrophenphantasie. In: S. S.: Kunst und Antikunst. 24 literarische Analysen. München/Wien 1980. [Amerikan. Orig. 1966.] – Georg Seeßlen: Kino des Utopischen. Geschichte und Mythologie des Science-fiction-Films. Reinbek bei Hamburg, 1980. – Bodo Traber: Images des Paranoiakinos. In: Splatting Image 1989 ff. [Artikelserie.] – Annette Kuhn (Hrsg.): Alien Zone. Cultural Theory and Contemporary Science Fiction Cinema. 2 Bde. London / New York 1990–99. – Ronald Hahn / Volker Jansen: Das Heyne-Lexikon des Science-fiction-Films. München 1993. – Phil Hardy: The Aurum Film Encyclopedia of Science Fiction. London 1995.

Screwball Comedy. Eine Szene auf dem Golfplatz: Eine schlanke Lady schlägt gekonnt den Ball aus dem Feld. Leider nicht ihren eigenen. Der Besitzer des Balles stolpert herbei, ein gut aussehender Mann mit einer schwarzen Hornbrille, ein wenig linkisch, aber durchaus attraktiv. Howard Hawks visualisiert in dieser kleinen Szene den Genrebegriff, die Dramaturgie und die typische Figurenkonstellation der Screwball Comedy. Sein Film *Leoparden küßt man nicht* (1938) mit Katharine Hepburn und Cary Grant in den Hauptrollen bringt das amerikanische Komödiengenre der 30er und 40er Jahre auf den Punkt. Ein »Screwball« ist ein aus dem Feld geschlagener Ball, bildlich ein aus dem Konzept gebrachter Mann. Das Verb »screw« bedeutet ›schrauben‹ und im übertragenen Sinne ›jemanden in die Mangel nehmen‹. »He's a good screw« spielt auf die sexuellen Fähigkeiten eines Mannes an. »He's got a screw loose« heißt ›bei dem ist eine Schraube locker‹. In der typischen Screwball Comedy dreht sich alles um die Anziehung und die Abwehr zwischen den Geschlechtern. Ein Mann, zumeist das Musterbeispiel eines romantischen Antihelden, trifft auf eine Frau, die emanzipiert, schlagfertig und reizvoll ist und obendrein ihr Verlangen nach dem Antihelden unverhohlen zeigt. Susan lässt sich von einem Psychiater in die Geheimnisse des männlichen Seelenlebens einweihen und ist geradezu entzückt von der Vorstellung, sie sei Davids fixe Idee. Hawks spielt die Polarität der beiden Hauptfiguren bis zum Schluss konsequent durch: Susan ist schnell, David kommt kaum hinterher; Susan ist flexibel, David gleicht seinem restaurierten Dinosaurierskelett; Susan ist Täterin, David Opfer usw. Mit Hingabe demoliert Susan Davids gesamte Lebenskonstruktion, seine angestaubte Wissenschaft, seine Verlobung, sein Wertesystem, aber sie befreit ihn auch aus der hieraus folgenden Langeweile und seinen Zwängen. Ein weiblicher Amor jagt eine männliche Psyche. Als Howard Hawks 1938 seinen mittlerweile zu den Klassikern des Genres zählenden Film dreht, ist das Genre der Screwball Comedy bereits auf seinem Höhepunkt angelangt und hat schon viele Varianten entwickelt.

Zwischen 1932 und 1942 drehen Ernst Lubitsch, Frank Capra, Howard Hawks, George Cukor und Preston Sturges zahlreiche Komödien und entwickeln eine Vielfalt an Unterkategorien des Genres: Es gibt romantische Dreiecksgeschichten (von Ernst Lubitsch *Ärger im Paradies*, 1932; *Serenade zu dritt*, 1933; *Engel*, 1937), vor- und außereheliche Geschlechterkämpfe (*Napoleon vom Broadway*, 1934, R: Howard Hawks; *Es geschah in einer Nacht*, 1934, R: Frank Capra), eheliche Geschlechterkämpfe (*Die Frau, von der man spricht*, 1942, R: George Stevens; *Ehekrieg*, 1949, R: George Cukor), Comedies of Remarriage (*Die Frauen*, 1939; *Die Nacht vor der Hochzeit*, 1940, beide R: George Cukor; *Sein Mädchen für besondere Fälle*, 1940, R: Howard Hawks), Sophisticated Comedies (*Blaubarts achte Frau*, 1938; *Ninotschka*, 1939, beide R: Ernst Lubitsch) und Social Comedies (*Mr. Deeds geht in die Stadt*, 1936, R: Frank Capra). Wie der Slapstickfilm bildet auch die Screwball Comedy in diesem filmhistorisch abgrenzbaren Zeitraum von zehn Jahren viele Standardszenen filmischer Situationskomik und einen spezifischen Schauspielstil aus, die bis in die Gegenwart in der Filmkomödie weiterwirken. Nicht nur der Plot von *Leoparden küßt man nicht* lebt in mehreren erfolgreichen Remakes fort. 1972 in *Is' was, Doc?* überlässt der Regisseur Peter Bogdanovich seinen Hauptdarsteller Ryan O'Neal als vertrottelten Musikologen der eigensinnigen Judy Maxwell (Barbra Streisand). Blake Edwards lässt in *Blind Date – Verabredung mit einer Unbekannten* (1987) den Action-Darsteller Bruce Willis von Kim Basinger systematisch demontieren. Screwball Comedies drehen sich immer wieder um das Katz-und-Maus-Spiel der Geschlechter. Die Mittel der Inszenierung reichen von gepfefferten schnellen Dialogen bis zu psychologisiertem Slapstick.

Die frühesten Geschlechterkomödien mit einmaligem Charme inszeniert Ernst Lubitsch in den 30er Jahren. In *Serenade zu dritt* verliebt sich die Werbegraphikerin Gilda (Miriam Hopkins) in gleich zwei brotlose Künstler namens George (Gary Cooper) und Tom (Fredric March), die noch dazu die besten Freunde sind. Zur Rettung der wahren Freundschaft trifft die Menage à trois eine Verabredung: »No sex«. Leidenschaft und erotische Spannung werden im Akt des Kunstschaffens sublimiert. Nicht lange, und die Beteiligten werden abwechselnd schwach. Lubitsch erschafft 1933 unter düsteren gesellschaftlichen Umständen ein helles, leichtfüßiges Laissez-faire der Geschlechter, ohne Moral und erhobenen Zeigefinger. Die pointierten Dialoge sind bemerkenswert, weil sie das erotische Spiel von Andeutung und Auslassung in eine Ästhetik des Gesprächs verwandeln, das die Schauspieler mit augenzwinkernder Theatralik in Szene setzen. Miriam Hopkins verkörpert den selbständigen, unabhängigen Frauentypus der 20er Jahre, intelligent, frech und ein wenig frivol, dabei aber auch sanftmütig und zart. Lubitsch kleidet seine weiblichen Figuren in weißen oder silber schimmernden Satin, fließende, schmeichelnde Kleider, die mit der gleichen Absicht entworfen zu sein scheinen wie die Dialoge.

Nach dem Börsencrash von 1929 und der damit einsetzenden Weltwirtschaftskrise sind die Vereinigten Staaten 1933 an einem politischen und wirtschaftlichen Tiefpunkt angelangt, mit weitreichenden Folgen für das gesellschaftliche Leben. Hohe Arbeitssigkeit, der Zusammenbruch des Bankenwesens, der Niedergang der Landwirtschaft und der Industrie verändern das Zusammenleben der Menschen. Nach den goldenen 20er Jahren mit ihrem ungeheueren Wirtschaftsboom und der hieraus resultierenden

Freizügigkeit der Gesellschaft verstärkt sich in den Notzeiten die amerikanische Tendenz zum Puritanismus. Die Filmindustrie steht unter der Kontrolle des Hays Code (→ Production Code), einem Regelkanon, der die Leinwände von schmutzigen Geschichten jedweder Art frei halten soll. Lubitsch verfeinert in dieser Zeit einen filmischen Erzählstil der eleganten Andeutung, der auf die Assoziationsleistung des Zuschauers setzt: eine Filmsprache der eloquenten Reduktion. Dabei ist auffallend, dass sich in Lubitschs Geschlechterkomödien Mann und Frau durchaus gewachsen sind, der Witz entsteht nicht aufgrund eines Machtgefälles. In der wundervoll langsam komponierten Exposition von *Ärger im Paradies* (1932) liefern sich zwei Gauner (Miriam Hopkins und Kay Francis) mit der blasierten Miene des inzüchtigen Adels ein besonderes Duell: Unbemerkt erleichtern sie sich bei einem romantischen Dinner gegenseitig um Hab und Gut, eine Liebeserklärung zweier Virtuosen des Diebstahls und der Maskerade. Wenig später, in Frank Capras Komödie *Es geschah in einer Nacht* (1934) begegnen sich nicht nur die Geschlechter, sondern auch die sozialen Klassen in Gestalt einer verwöhnten Millionärstochter (Claudette Colbert) und eines etwas heruntergekommenen Reporters (Clark Gable). Capra setzt sein romantisches Paar der freien Natur aus, wie es Hawks in *Leoparden küßt man nicht* ebenfalls wieder tun wird, um die »Mauern von Jericho« zum Einstürzen zu bringen. Die gesellschaftliche Maskerade ist der Störfaktor im Spiel des Begehrens und nicht – wie bei Lubitsch – die souverän instrumentalisierte

Die Nacht vor der Hochzeit (1940, R: George Cukor): Katharine Hepburn, John Howard, Cary Grant
»Love-Companionship«: Dass Frauen und Männer erst dann zusammen gehören, wenn sie sich im Streit als ebenbürtige und dabei sehr selbstbewusste Partner erwiesen haben, ist entscheidend für die Moral der amerikanischen Screwball Comedy zwischen 1932 und 1952. Von romantischer Schwärmerei kann nicht die Rede sein. Ob schlagfertig, spitzzüngig, unverfroren, witzig pointiert, sarkastisch oder pfiffig – der rasche Dialog beherrscht dieses Genre. Schauplätze sind häufig Salons oder Landhäuser der gehobenen Gesellschaft. Immer noch hinreißend das Zusammenspiel zwischen der sportlich bewegungsschnellen und meist offensiv auftretenden Katharine Hepburn und dem defensiv zurückweichenden, gestisch und mimisch äußerst präzise reagierenden Cary Grant, dem neben Myrna Loy und William Powell idealen Paar dieser auf geistreichen Zank setzenden Spielform.

Conditio sine qua non der Erotik. Im Stroh, unter dem offenen Sternenhimmel, zur gemeinsamen Nahrungssuche gezwungen, entledigen sich Capras Adam und Eva wenigstens teilweise und vorübergehend ihrer gesellschaftlichen Zwangsjacken. In Capras Figurenkonstellation spiegelt sich die sozialpolitische Lage im Amerika der 30er Jahre wider und zugleich die optimistische Philosophie des Roosevelt'schen »New Deal«, nach der sich die Standesgrenzen – wenn man nur will – jederzeit überwinden lassen. Lubitsch verlagert den Geschlechterkonflikt in *Ninotschka* (1939) in die politische Dimension. Zwischen Mann und Frau klafft der unüberwindliche Graben zwischen dem Kapitalismus Amerikas und dem Kommunismus Stalins.

Das Amerika des Regisseurs George Cukor ist zur gleichen Zeit nur noch apolitisch, neureich, weiblich und dekadent. In seinem Film *Die Frauen* (1939) nach einer Story der Autorin Anita Loos, in dem über hundert Darstellerinnen auftreten, aber kein einziger Mann, persifliert Cukor die Freizeit- und Konsumhaltung reicher Müßiggängerinnen mit der spitzen Feder des Satirikers. In der Soziologie der Schönheitssalons und Modehäuser zählen nur Klatsch und Tratsch und die Farbe des Nagellacks. Cukor inszeniert mit unverhohlener Misogynie eine bösartige Welt des Scheins, in der Männer zu bemitleidenswerten Opfern und Arbeitstieren degradiert sind, so konsequent, dass sie noch nicht einmal mehr im Filmbild auftauchen. In *Die Nacht vor der Hochzeit* (1940), neben Howard Hawks' Reporterstück *Sein Mädchen für besondere Fälle* (1940) eines der erfolgreichsten Beispiele für eine Comedy of Remarriage, setzt Cukor seine Frauenfiguren endgültig in den Vollbesitz der familiären und materiellen Macht. Sie heiraten nur noch aus Langeweile oder Vergnügen. Wieder in einem Upperclass-Szenario reflektiert Cukor auch in diesem Film die grundsätzliche Entzweiung von moralisch verkrüppelten Männern und durch Emanzipation verhärteten Frauen mit einer deutlich konservativen Grundhaltung, die vor allem in der versöhnlichen Schlusssequenz auffällt. Die stetig ansteigenden Scheidungsraten der Zeit spiegeln sich in den zahlreichen Komödien um Scheidung und um Wiederverheiratung wider. Die Leichtigkeit à la Lubitsch scheint sich 1940 angesichts der langanhaltenden inneren und äußeren Krisen der amerikanischen Gesellschaft nicht mehr aufrechterhalten zu lassen.

Die männlichen und weiblichen Stars der amerikanischen Filmkomödie (Cary Grant, Gary Cooper, Miriam Hopkins, Carole Lombard, Katharine Hepburn, Claudette Colbert u. a.) sind romantisch und komisch zugleich. Eine Grundvoraussetzung der Komödien ist das komische Paar, das aufeinander eingespielt ist und dessen Liebes- und Streitgeschichte über mehrere Filme hinweg trägt. Katharine Hepburn hat immer wieder Cary Grant oder Spencer Tracy zum Partner, Myrna Loy und William Powell spielen als Paar in sechs *The Thin Man*-Filmen zwischen 1934 und 1957, einem Genremix aus Screwball- und Kriminalkomödie. In den 50er Jahren bekriegen sich nach dem Screwball-Muster – allerdings auf brave Weise – Rock Hudson und Doris Day in einer ganzen Reihe von Filmen. Das gängige Muster erhält sich bis in die 90er Jahre bis hin zu Tom Hanks und Meg Ryan.

Während und nach dem Zweiten Weltkrieg thematisieren eine Reihe von Komödien an der Grenze des Genres das Kriegsgeschehen, allen voran Ernst Lubitschs Theaterfarce *Sein oder Nichtsein* (1942). Der Film spielt im besetzten Polen und bricht wie Chaplins *Der große Diktator* (1940) mit einem Tabu. *Sein oder Nichtsein* setzt den deutschen Faschismus der Lächerlichkeit aus, ohne die grausamen Folgen dieses politischen Schmierentheaters zu verleugnen. Dennoch drehen sich die komischen Höhepunkte des Films um Betrug und Eitelkeit eines Schauspieler-Ehepaares und somit um den ewigen Geschlechterkrieg, der selbst im Angesicht des richtigen Krieges noch tobt. Mit Howard Hawks' Travestiekomödie *Ich war eine männliche Kriegsbraut* (1949) verliert die filmische Behandlung des Kriegsthemas deutlich wieder an Schärfe, dafür kann Cary Grant in Frauenkleidern alle Register seiner komischen Kunst ziehen. Grant ist der Screwball-Darsteller par excellence. Als hoch gewachsener gut aussehender Mann mit gepflegter Lebensuntüchtigkeit und einer deutlichen Tendenz zur Hysterie spielt er ein Thema mit Variationen durch bis hin zu Frank Capras schwarzhumoriger Broadway-Adaption *Arsen und Spitzenhäubchen* (1944) an der Seite der beiden Theaterschauspielerinnen Josephine Hull und Jean Adair. Grant verfügt über die nötige Präzision im Timing der häufig überlappend inszenierten Screwball-Dialoge und kann als ehemaliger Varietéartist auch die Slapstickeinlagen meistern, die zum Grundgerüst vieler Screwball Comedies gehören.

Vergleichbar mit dem Slapstick hat die Screwball Comedy Standards der Filmkomik entwickelt, die bis in die Komödie der Gegenwart weiterwirken. In Lawrence Kasdans Romantic Comedy *French Kiss* (1995) prallen in Gestalt von Meg Ryan und Kevin Kline zwei Weltanschauungen, zwei Lebensentwürfe, zwei Mentalitäten und zwei Nationalitäten und nicht zuletzt ein Mann und eine Frau aufeinander, und es ist von Anfang an klar, dass sie sich angesichts so viel gegensätzlicher Unvereinbarkeit ineinander verlieben werden. Das Vergnügen des Zuschauers an einer Screwball Comedy entsteht nicht durch die Spannung auf ein überraschendes Ende, sondern durch Dialogwitz, Situationskomik und die Perfektion des komischen Spiels der Stars. Das wichtigste Element des Genres ist die jeweils auf die gesellschaftlichen Umstände abgestimmte Variation des immergleichen Konflikts zwischen Adam und Eva.

Susanne Marschall

Literatur: Gerald Mast: The Comic Mind. Comedy and the Movies. Indianapolis 1973. – James Agee: Comedy's Greatest Era. In: Gerald Mast / Marshal Cohen (Hrsg.): Film Theory and Criticism. New York 1974. – Ed Sikov: Screwball. Hollywood's Madcap Romantic Comedies. New York 1985. – Richard de Cordova: Genre and Performance. An Overview. In: Barry Keith Grant (Hrsg.): Film Genre Reader. Austin 1986. – Wes D. Gehring: Screwball Comedy. A Genre of Madcap Romance. New York / Westport / London 1986. – Duane Byrge / Robert Milton Miller: The Screwball Comedy Films. A History and Filmographie. 1934–1942. Jefferson/London 1991. – Andrew S. Horton: Comedy/Cinema/Theory. Berkeley / Los Angeles / Oxford 1991. – Kristine Brunovska Karnick / Henry Jenkins (Hrsg.): Classical Hollywood Comedy. New York / London 1995.

Second Unit. Während der Regisseur einer größeren Produktion im Studio mit den Stars beschäftigt ist, sorgt die Second Unit für jene → Takes, die nicht unbedingt die Anwesenheit eines größeren Teams erfordern. Neben kurzen Außenaufnahmen arbeiten die Second-Unit-Regisseure hauptsächlich an → Special-Effects- und Stunt-Sequenzen. Häufig ist in diesen Szenen die Erfahrung professioneller Stunt-Koordinatoren oder das Wissen ausgebildeter Trickspezialisten erforderlich. Gerade bei aufwendigen Special Effects ist es inzwischen üblich, diese bei einem spezialisierten Studio wie der von George Lucas gegründeten Firma Industrial Light and Magic in Auftrag zu geben. Aber auch für kurzfristige Nachdrehs, die sich erst, nachdem die eigentlichen Dreharbeiten bereits abgeschlossen sind, ergeben, werden Second-Unit-Teams eingesetzt. Einer der in der Branche und Hollywood berühmtesten Second-Unit-Regisseure war der aus Ungarn stammende Andrew Marton, der z. B. das spektakuläre Wagenrennen in *Ben Hur* (1959, R: William Wyler) drehte.

Zahlreiche prägnante Beispiele für die Arbeit von Second-Unit-Regisseuren finden sich in der seit 1962 produzierten *James Bond*-Serie. Während die meisten Innenaufnahmen der Agentenabenteuer in den Londoner Studios stattfinden, sorgt ein weit verzweigtes Team von Second-Unit-Regisseuren für die Establishing Shots an jenen entlegenen und exotischen Drehorten, an die aus Kosten- und Zeitgründen nicht die gesamte Crew reisen kann. Obwohl die Außenaufnahmen von der Stadtkulisse Istanbuls in *Die Welt ist nicht genug* (1999, R: Michael Apted) suggerieren, dass sich das Finale des Films in einem U-Boot auf dem Bosporus abspielt, wurde der Großteil der entsprechenden Sequenzen im Londoner Atelier gedreht. Gerade die Kombination aus Second-Unit-Aufnahmen von exklusiven Schauplätzen und opulenten Set Designs im Studio gilt als charakteristisch für die *Bond*-Filme. Wie in einem Puzzle setzen sich die von einer Second Unit gefilmten Außenansichten eines Vulkans auf einer entlegenen japanischen Insel und die ausufernden Innenräume einer versteckten Raketenbasis zum visuellen Gesamteindruck im Finale von *Man lebt nur zweimal* (1967, R: Lewis Gilbert) zusammen.

Zwar bestimmt der Regisseur die grundlegende Stimmung des jeweiligen 007-Films, doch wiederkehrende Kennzeichen der Serie wie die spektakulärsten Stunts und Verfolgungsjagden werden meistens von einem aufeinander eingespielten Team von Second-Unit-Regisseuren wie Vic Armstrong (Second Unit bei der *Indiana Jones*-Serie und zahlreichen *James Bond*-Filmen) realisiert. Diese entwickelten im Verlauf der zwanzig Filme ein ganzes Repertoire von Stunt-Standardsituationen: von den Skijagden Willy Bogners in *Im Geheimdienst Ihrer Majestät* (1969, R: Peter R. Hunt) über die spielerische bis selbstironische Fortführung der seit *Goldfinger* (1964, R: Guy Hamilton) essentiellen Autojagden in *Im Angesicht des Todes* (1985, R: John Glen) und *Der Morgen stirbt nie* (1997, R: Roger Spottiswoode) bis hin zum Einsatz der obligatorischen Gimmicks wie Mini-Düsenjets und Unterwasserfahrzeuge. Gerade im Actiongenre sammelten spätere Regisseure erste Erfahrungen als Second-Unit-Teamleiter. Bei den Ausmaßen heutiger Großproduktionen beschränkt sich die Second Unit nicht mehr auf ein einzelnes Team, sondern besteht nicht selten aus einer ganzen Reihe von Second-Unit-Regisseuren mit einzelnen Spezialgebieten.

Andreas Rauscher

Sequel. Das Sequel setzt die Handlung eines anderen Films fort oder erweitert dessen narrative Welt. Nicht selten entstehen Sequels aus kommerziellen Gründen und wiederholen lediglich ein zuvor erfolgreiches Konzept, meist mit gesteigerten Schauwerten und der aus dem Vorgänger bekannten Besetzung. Die prägnanteste Formel für die Gesetze des Hollywood-Sequels benannte der postklassische Actionspezialist Renny Harlin im Titel seines Sequels zu John McTiernans *Die Hard / Stirb Langsam*. Anstelle seinen Film mit einer handelsüblichen Nummerierung zu versehen, wählte er den programmatischen Titel *Die Harder*. Die Ursprünge des Sequels liegen in den Serials der 30er und 40er Jahre. Das prominenteste Beispiel für frühe Sequels bilden die zahlreichen → Universal-Horrorserien um Frankenstein, Dracula und den Wolfsmenschen. James Whales *Frankensteins Braut* (1935) gilt neben *Das Imperium schlägt zurück* (1980, R: Irvin Kershner), *Der Pate – Teil II* (1974, R: Francis Ford Coppola) und *Batmans Rückkehr* (1992, R: Tim Burton) als Ausnahmefall, in dem ein Sequel sich nicht nur mit seinem Vorgänger messen kann, sondern diesen sogar noch in künstlerischer Hinsicht übertrifft.

Die Grenzen zu Reihen, die sich nicht durch eine übergreifende Handlung, sondern über die in sich geschlossenen Abenteuer eines zentralen Charakters wie Sherlock Holmes oder James Bond definieren, gestalten sich mittlerweile fließend. Nicht selten werden Filme nach einer erfolgreichen Fortsetzung wie im Fall der *Lethal Weapon*-Produktionen (seit 1987) zu Reihen ausgebaut. Eine etablierte Serie bezeichnet man auch als Franchise. Filme dieser Kategorie, zu denen u. a. populäre Reihen wie *Alien* und *Nightmare – Mörderische Träume* zählen, definieren sich über ihren Seriencharakter. Die Serialität entwickelt sich bei diesen Produktionen spätestens ab dem zweiten Teil zum Markenzeichen. Die erfolgreichsten Franchises sind bis heute die seit 1962 produzierte *James Bond*-Reihe, der aus fünf TV-Serien und zehn Kinofilmen bestehende *Star Trek*-Komplex (seit 1964) und die auf sechs Teile angelegte *Krieg der Sterne*-Saga von George Lucas (seit 1977).

In den 70er Jahren integrierten New Hollywood-Regisseure wie Steven Spielberg und George Lucas in ihren Filmen erfolgreich Elemente des → B-Films in den Mainstream, und mit Francis Ford Coppolas *Der Pate – Teil II* wurde zum ersten Mal ein Sequel mit dem Oscar für den besten Film des Jahres ausgezeichnet. Durch die künstlerische Umwertung der Motive des B-Films ergaben sich auch gravierende Veränderungen im Umgang mit Sequels. Während sie früher als billig produzierte, kommerzielle Nachzügler behandelt wurden, sind sie seit den 80er Jahren etablierter Bestandteil des → Blockbusterkinos. Produktionen wie *Krieg der Sterne*, *Indiana Jones* (seit 1981) oder *Batman* (seit 1989) wurden von Anfang an auf Fortsetzungen angelegt. Ein aktuelles Beispiel für dieses Vorgehen liefert die Comicverfilmung *X-Men* (2000) von Bryan Singer, die im ersten Teil bereits die Vorgeschichten für den Nachfolger einbaut. Nicht selten werden Regisseure und Darsteller vertraglich für mehrere Filme einer Serie verpflichtet. Eine selbstironische Reflexion auf die Gesetze seriellen Erzählens schuf der Horror-Experte Wes Craven mit der *Scream*-Trilogie (1997–2000). In dieser werden nicht nur die Mechanismen populärer Franchises und die Qualität von Sequels von den Protagonisten in den Dialogen kommentiert, sondern in der fiktiven Film-im-Film-Serie *Stab* thematisiert Craven die Bedingungen der eigenen Serialität. Nachdem der erste Teil die klassische Variante eines → Thrillers unter postmodernen Bedingungen durchspielte, wählte man für den dritten Teil ein Hollywood-Studio als Schauplatz, in dem die Protagonisten die Verfilmung ihrer eigenen, aus den Vorgängern bekannten Geschichte beobachten. Trotz der Integration des Sequels in die → A-Film-Kategorie existiert auch weiterhin die konventionelle Form des Sequels, die Filme fortsetzt, ohne dabei einen interessanten eigenständigen Ansatz zu finden. Die kuriosesten Beispiele für diesen exploitativen Umgang mit Stoffen und Motiven, der nicht selten eigene → Trash-Qualitäten entwickelt, finden sich inzwischen meistens im Direct-to-Video-Bereich.

Andreas Rauscher

Sequenz. Unter einer Sequenz versteht man ein Stück Film oder ein Erzählsegment, das räumlich, zeitlich, thematisch und/oder szenisch zusammenhängt und eine relativ autonome, in sich abgeschlossene Einheit bildet. Sequenzen sind oft mit Kapiteln in Büchern verglichen worden. Traditionellerweise ist die Sequenz gegen ihre (ko-textuelle) Umgebung recht scharf abgegrenzt (dazu werden ›Textgliederungssignale‹ wie Auf- und Abblenden, Establishing Shots, musikalische Markierungen und dergleichen mehr verwendet).

Unter den Sequenzen lassen sich einige prominente Typen ausmachen: Die → Parallelmontage bildet die Grundlage für Sequenzen, die aus zwei konfligierenden Themen- oder Handlungslinien, zwischen denen hin und her gewechselt wird, zusammengefügt sind; sowohl Verfolgungsjagden zählen zu diesem Typus wie thematische Kontrastmontagen (als ein Beispiel sei die Alternation von Bildern aus dem Leben der Reichen und der Armen in Jean Vigos *A propos de Nice* genannt). Die Szene ist im klassischen aristotelischen Sinne eine Einheit aus Raum, Zeit und Handlung, wobei es möglich ist, die Zeit erheblich zu raffen; so enthält Max Ophüls' *Madame de ...* (1953) eine Ballszene, die die ganze Ballsaison resümiert und die Protagonistin in verschiedenen Kostümen auf verschiedenen Bällen zeigt, wobei das Geschehen dennoch den Eindruck der Einheit einer kleinen Sequenz hinterlässt.

Besonders auffallend sind immer die Montagesequenzen (auch: Hollywood-Montagen) gewesen: in Spielfilme eingestreute Collagen, die oft längere Entwicklungen in gerafter Form referieren oder Prozesse in diversen Stadien vorführen, wobei die → Montage eher rhythmischen als inhaltlichen Gesichtspunkten folgt. So wurde z. B. Fremd-, vor allem Archivmaterial verarbeitet, das sich deutlich vom umgebenden Film abhob. In den 30er und 40er Jahren war es üblich, für derartige Sequenzen eigens Montageeinstellungen mit wechselnd gekippter Kamera aufzunehmen, sodass man die Bilder rhythmisch teils nach links, teils nach rechts fallen lassen konnte. Montagesequenzen finden sich heute vor allem im Werbefilm.

Im frühen Film bezeichnete »Szene« eine Handlungsszene in einer Einstellung; erst mit der Entwicklung der Montage differenzierte sich – vor allem im Englischen – der Sprachgebrauch, wenngleich es zu keiner Vereinheitlichung gekommen ist. Im Reden über narrativen Film ist eine dreigliedrige Hierarchie der Größen Einstellung (»shot«), Szene (»scene«) und Sequenz (»sequence«) üblich: Die Szene enthält eine Reihe von Handlungen, die zeitlich und/oder räumlich kontinuierlich zusammenhängen und meist als Folge von Einstellungen realisiert sind: die Sequenz ist dagegen eine Folge von Szenen, die eine einzelne Phase in der Entwicklung der Erzählung dokumentieren.

Die sequentielle Gliederung des Films in einzelne Szenen, Montagesequenzen usw. spielt sowohl in den Prozessen der Produktion wie der Rezeption eine wichtige Rolle. In der Filmtheorie ist sie vor allem von Christian Metz zum Zentrum der Beschreibung erhoben worden und bildet bis heute einen wichtigen Ausgangspunkt für eine strukturell orientierte Untersuchung des Films. Metz stellt den intuitiven Verfahren der Montage- und Sequenzanalyse, die eine Vielzahl heterogener Aspekte und Merkmale der Sequenzbildung erfassen, ein klassifikatorisches Verfahren entgegen, das mit einer begrenzten Zahl von Merkmalen eine begrenzte Zahl von Typen der sequentiellen Anordnung definiert. Metz nennt die Sequenztypen, die er in einer Baumstruktur anordnet, in Anlehnung an die linguistische Grammatiktheorie Syntagmen (→ Montage). In seinem 1968 zuerst erschienenen Aufsatz »Probleme der Denotation im Spielfilm« unterscheidet er acht verschiedene syntagmatische Typen, eine Klassifikation, die bis heute diskutiert und in Analysen verwendet wird:

1) Eine erste Frage ist, ob ein autonomes Segment aus einer oder aus mehreren Einstellungen besteht. Handelt es sich um eine autonome Einstellung und hat sie Sequenzcharakter, kann sie Plansequenz genannt werden; im anderen Falle handelt es sich um ein Insert – komparative oder subjektive Bilder, Detailaufnahmen u. Ä.

2) Im parallelen Syntagma wechseln zwei oder mehr voneinander unabhängige Serien von Einstellungen einander ab. Es besteht kein präzises zeitliches oder räumliches Verhältnis zwischen den Bildern, vielmehr wird oft ein symbolisch-thematischer Inhalt als Vergleich in den Bildreihen ausgedrückt.

3) Auch das Syntagma der zusammenfassenden Klammerung ist achronologisch. Darunter versteht Metz eine Serie von kurzen Szenen, die als typische Beispiele für eine bestimmte Realität angesehen werden und einen thematischen, keinen temporalen Zusammenhang bilden. Ein Beispiel sind die erotischen Evokationen am Anfang von Jean-Luc Godards *Eine verheiratete Frau* (1964), die durch Variationen und Wiederholungen eine globale Bedeutung wie ›moderne Liebe‹ skizzieren.

4) Alle anderen Syntagmen sind chronologisch. Im deskriptiven Syntagma stehen die in einer Folge dargestellten Motive im Verhältnis der Gleichzeitigkeit. Klassische Beispiele sind Landschafts- oder Wohnungsbeschreibungen (zuerst ein Baum, dann ein Ausschnitt dieses Baumes, dann ein kleiner Bach, der vorüberfließt, nun ein Hügel in der Ferne usw.).

5) Das alternierende Syntagma (sonst meist: Parallelmontage, auch: Alternationsmontage) vermischt zwei verschiedene Ereignisreihen, die jeweils in sich eine konsekutive Folge bilden; die beiden Reihen dagegen werden als gleichzeitig angesehen. Das klassische Beispiel ist die Verfolgungsjagd oder das Doppel von heimlichem Tun und möglicher Entdeckung (Einbrecher im Keller, die Wache schläft, der Tresor wird aufgeschweißt, der Wachmann macht seine Runde, der Tresor ist offen, der Wachmann hört ein Geräusch usw.).

6) Unter Szene versteht Metz ein kontinuierliches, narratives Segment, in dem keine oder keine nennenswerten Zeit- und Raumsprünge enthalten sind. Insbesondere Gesprächsszenen sind Szenen in diesem Sinne.

7) Eine gewöhnliche Sequenz beruht auf der Einheit einer komplexen Handlung,

überspringt aber alle für deren Fortgang irrelevanten Phasen und ist darum diskontinuierlich.

8) Die Episodensequenz teilt diese Charakteristik, organisiert aber die Diskontinuität. Ein Beispiel für diese nicht sehr transparente Definition ist die berühmte Frühstücksszene aus *Citizen Kane* (1941) von Orson Welles: sie zeigt in einer kontinuierlich wirkenden Bildfolge die beiden Ehepartner in Frühstücksszenen aus zwölf Jahren Ehe, wobei das Gespräch fortzuschreiten scheint, allerdings von schnellen Rundschwenks unterbrochen ist.

Hans J. Wulff

Literatur: Christian Metz: Semiologie des Films. München 1972. – Karl-Dietmar Möller: Filmsprache. Eine kritische Theoriegeschichte. Münster 1986. – Michel Colin: La grande syntagmatique revisitée. Limoges 1989.

Serial-Killer-Film. Subgenre des → Thrillers, oft mit Elementen des → Polizeifilms und des → Horrorfilms. Die Geschichte dieses eher neuen Phänomens beginnt im Amerika der 50er Jahre mit der Überführung des Serienmörders Ed Gein, der sich aus seinen weiblichen Opfern einen Anzug aus Menschenhaut fertigen wollte. Robert Bloch verarbeitete dieses bizarre Verbrechen in seinem Roman »Psycho«, den Alfred Hitchcock bereits 1960 in einen Prototyp des Psychothrillers transformierte; Anthony Perkins spielte darin den Motelbesitzer Norman Bates, der in der Kleidung seiner Mutter einige Menschen ermordet. Eine Reihe düsterer Psychothriller mit Horrorelementen folgte, z. B. Karel Reisz' *Griff aus dem Dunkel* (1964), doch es sollte bis 1973 dauern, als Alan Ormsby die realen Ereignisse um Ed Gein in seinem semidokumentarischen B-Film *Deranged* nachstellte. Die Filmemacher der 70er Jahre fanden schließlich in der unmittelbaren Vergangenheit zahlreiche Ereignisse, die sich in grausam-bizarren Szenarien reinszenieren ließen: die Morde der Manson-Family, den Son of Sam, die Hillside Stranglers usw. Tobe Hooper drehte mit dem apokalyptischen Terrorfilm *Blutgericht in Texas* (1974) den Höhepunkt dieser ersten Welle von Filmen des Serial-Killer-Genres, indem er zahlreiche der vorgegebenen Elemente zu einem kannibalischen Familiendrama verdichtete. Ulli Lommel inszenierte in Deutschland mit dem Team um Rainer Werner Fassbinder *Die Zärtlichkeit der Wölfe* (1973), eine in die Nachkriegszeit verlegte Variation auf das Leben des Knabenmörders Fritz Haarmann (Kurt Raab). John Carpenters erfolgreicher Horrorfilm *Halloween* (1978) schloss ebenfalls an das Serial-Killer-Konzept an und lieferte das Modell für eine Reihe von Stalk-and-Slash-Filmen (»anschleichen und aufschlitzen«), die bis in die unmittelbare Gegenwart (*Scream – Schrei!*, 1996, R: Wes Craven) populär sind.

Äußerst zermürbend sind jene Filme, die das Geschehen aus Sicht des Serienmörders selbst erzählen, etwa *Maniac* (1980) von William Lustig oder *Henry – Portrait of a Serial Killer* (1986) von John MacNaughton. Mit der kommerziellen Auswertung der realen Verbrechen (»true crime«) begannen sich einige Filme sehr differenziert mit dem zwiespältigen Faszinosum des Serienmörders auseinanderzusetzen, vor allem William Friedkins *Cruising* (1980) und *Rampage – Anklage Massenmord* (1987): Während in ersterem der Protagonist selbst die Mordserie fortsetzt, geht es in letzterem um die Frage nach der Zurechnungsfähigkeit des Täters. Die Romane von Thomas Harris und Bret Easton Ellis leiteten mit Beginn der 90er Jahre eine zweite Welle von Serial-Killer-Filmen ein. Hielt sich Michael Mann in *Blutmond* (1985) noch in ästhetischer Distanz, wurde der Killer aus Jonathan Demmes *Das Schweigen der Lämmer* (1991) und *Hannibal* (2000) von Ridley Scott in der charismatischen Darstellung von Anthony Hopkins endgültig zum Superstar. Seitdem hat sich der Serienmörder einen festen Platz im Mainstream-Kino (*Sieben*, 1997, R: David Fincher; *Denn zum Küssen sind sie da*, 1997, R: Gary Fleder; *Jenseits der Träume*, 1999, R: Neil Jordan; *The Cell*, 2000, R: Tarsem Singh) sowie im internationalen Undergroundfilm (*Schramm*, 1994, R: Jörg Buttgereit; *Transgression*, 1993, R: Michael DiPaolo) erobert.

Einen Randbereich des Serial-Killer-Films bilden einerseits die filmische Adaption der Jack-the-Ripper-Morde von 1880 (z. B. John Brahms *Scotland Yard greift ein*, 1944, und Jesús Franco Maneras *Jack the Ripper – Der Dirnenmörder von London*, 1977) und andererseits die temporären Killerpärchen aus dem poetischen Drama *Badlands* (1972) von Terrence Malick und *Natural Born Killers* (1994) von Oliver Stone.

Marcus Stiglegger

Literatur: Kim Newman: Nightmare Movies. New York / London 1988. – Christian Fuchs: Kino Killer. Wien 1995. – Michael Farin / Hans Schmid (Hrsg.): Ed Gein – A Quiet Man. München 1996. – Jürgen Felix (Hrsg.): Unter die Haut. St. Augustin 1998. [Darin: Annette Kaufmann: Blut-Bilder. Steffen Hantke: Mord im Zeitalter seiner technischen Reproduzierbarkeit.]

Serie. Der Begriff »Serie« bezeichnet mehrteilige, zumeist fiktionale Produktionen, die, aufbauend auf eine jahrhundertealte Tradition seriellen Erzählens, sich im Kino der 10er Jahre (Detektiv- und Abenteuer-Serien wie die oft von Alfred Hitchcock gelobten *Perils of Pauline*, → Abenteuerfilm, → Detektivfilm) etablieren, dann aber vor allem mit dem ungeheuren Programmbedarf des Fernsehens zu einer eigenständigen Form werden. Traditionell wird der amerikanischen Produktion entsprechend unterschieden zwischen »series« (Serien mit abgeschlossenen Folgenhandlungen) und »serial« (Fortsetzungsserien). Zusätzlich werden der Sendeplatz bei Serien im Hauptabendprogramm besonders bezeichnet (»prime time serial«) und die Ausstrahlungsfrequenz, wenn sie nicht wöchentlich, sondern werktäglich gesendet werden (»daily serials«). Da die Serien in den USA seit den 30er Jahren (Radioserien) vor allem von Waschmittelfirmen gesponsert wurden, hat sich auch die abschätzige Bezeichnung → Soap Operas oder Soaps eingebürgert. Serien gelten in der Kulturdebatte häufig als ›trivial‹, dabei wird jedoch verkannt, dass es in der Film- und Fernsehgeschichte immer auch besonders exzeptionelle Serien wie z. B. Rainer Werner Fassbinders *Acht Stunden sind kein Tag* (1972), Helmut Dietls und Patrick Süskinds *Kir Royal* (1986) oder Jurek Beckers *Liebling Kreuzberg* (1986) gegeben hat und gibt.

Serien entsprechen mit ihrem umfangreichen Erzählvolumen nicht nur dem wachsenden Bedarf des Fernsehens an Sendungen, sondern auch dessen seriell angelegter Programmstruktur. Bei aller Verschiedenheit der einzelnen Serien haben sich einige Merkmale des seriellen Erzählens herausgebildet, die in einer Verknappung (bzw. Fortfall) der Exposition, der starken Handlungsbezogenheit, einer häufigen Reduktion der kinematographischen Differenziertheit, der Vielteiligkeit der Handlungsstränge und der emotionalen Aufladung durch eine Vielzahl von Konflikten und Kontroversen usw. bestehen. Die Verknüpfung der Serienfolgen geschieht sowohl durch ein von Folge zu Folge gleich bleibendes Stammpersonal, das durch wechselnde Figuren ergänzt wird, sowie durch eine erzählende Verknüpfung auf der Handlungsebene, die häufig mit einem Spannungsumbruch (Cliffhanger) am Ende der Folge ein Interesse für die nächste weckt.

Im bundesdeutschen Fernsehen etablierten sich trotz der Geringschätzung der Serie sehr früh mit *Unsere Nachbarn heute abend: Die Schölermanns* (1953–59) eine langlaufende Familienserie (111 Folgen), ebenso mit *Der Polizeiruf meldet* (1953–58) eine Kriminalserie, aus der dann 1958 die Krimiserie *Stahlnetz* (1958–68, Autor: Wolfgang Menge, R: Jürgen Roland) hervorging. Das Familien- und das Krimigenre bilden seitdem den Hauptanteil der Serien des deutschen Fernsehens sowie der ab 1959/60 ausgestrahlten amerikanischen Serien. Andere Genres wie der Western (*Bonanza*), Science-Fiction (*Raumschiff Enterprise*) oder Tiergeschichten (*Flipper, Lassie, Fury*) blieben im deutschen Fernsehen begrenzt. Deutsche Seriengeschichte schrieben im Krimibereich vor allem *Der Kommissar* (1969–76), *Tatort* (ab 1970), *Derrick* (ab 1974) und im Familiengenre Serien wie *Die Unverbesserlichen* (1965–71) und *Ein Herz und eine Seele* (1973–76). Anpassung und Subversivität lagen und liegen bei den Serien eng beieinander. Während der *Kommissar* z. B. Ausdruck einer autoritätsbezogenen Weltanschauung war, wurden zeitgleich Serien wie *Acht Stunden sind kein Tag*, die im Arbeitermilieu spielte, oder *Ein Herz und eine Seele* zum Ausdruck von Widerborstigkeit und Renitenz.

Die Durchsetzung der Serie als Programmform erfolgte sukzessive über die Platzierung der Serie als Werbeumfeld im Vorabendprogramm und dann über die Einrichtung zusätzlicher Serien-Sendeplätze im Abendprogramm (in den 60er Jahren für amerikanische Kaufserien z. B. der Freitagabend und in den 70er Jahren für deutsche Serien der Montagabend ab 1977). Ab 1986 wurde von der ARD mit der *Lindenstraße* eine noch umfangreichere langlaufende Serie als die *Schölermanns* ins Programm gebracht. Nach einer anfangs heftigen Kritik etablierte sich die *Lindenstraße* als Kultserie. Auch wenn es in den 70er Jahren und danach immer wieder Versuche gegeben hat, kritische Serien durchzusetzen, muss konstatiert werden, dass den Serien eine im Wesentlichen stabilisierende und bewahrende Funktion zukommt. Die Serialität selbst mit ihrem strukturellen Versprechen, dass es trotz aller Konflikte und Aufregungen auch beim nächsten Mal und danach immer so weitergehen wird wie bisher, sorgt für diese Befestigung des Immergleichen.

In den 80er Jahren differenzierten sich die Serienangebote neu aus, es wurden auch in der Nachfolge von *Dallas* und *Schwarzwaldklinik* durch die synthetische Konstruktion von Serienmilieus, -plots und Figurenkonstellationen alte Genremuster mit neuen Seriendramaturgien verknüpft, sodass Arzt-, Pfarrer-, Lehrer-, Anwaltsserien und viele andere Serien in rascher Folge entstanden.

Mit der Einrichtung der Kommerzsender im deutschen Fernsehen ab 1985/86 kam es zu einer umfangreichen Serialisierung der Programme, weil die neuen Sender zunächst mit alten und bekannten sowie zahlreichen aus den USA eingekauften Serien ihre Programme füllten. Erst ab 1992 setzten sie mit der Produktion deutschsprachiger täglicher Serien (Daily Soaps) wie *Gute Zeiten, schlechte Zeiten* eigene Akzente. Auch die öffentlich-rechtlichen Sender zogen ab 1994 mit Daily Soaps (*Marienhof, Verbotene Liebe*) nach. Vor allem diese langlaufenden Serien zeichnen sich durch mehrsträngige Handlungsführung (Zopfdramaturgie), durch eine hohe Frequenz kleinteiliger Sequenzen (durchschnittlich 1–2 Minuten Dauer pro Sequenz), eine starke Standardisierung der Handlung und eine melodramatische Grundstruktur aus. Der Einsatz von Laiendarstellern sowie der hohe Produktionsdruck (in der Regel wird pro Tag eine Folge produziert) führt zu einem oft ungekonnt wirkenden Darstellungsstil. Rezeptionsuntersuchungen haben ergeben, dass vor allem Jugendliche sich diese Serien ansehen.

Trotz aller Kritik besitzen die langlaufenden Serien ein großes Stammpublikum, das ihnen die Treue hält und sich in der Vielzahl der Konflikte und Geschichten auskennt. Fangemeinden haben sich gebildet, die durch Hotlines, Chatgroups und Fanclubs mit Zusatzinformationen versorgt werden. → Merchandising verstärkt die Bindung zwischen Serie und Zuschauer. Von »parallelen Welten« solcher Seriengeschichten kann man deshalb sprechen, weil hier nicht nur über Jahre hinweg für Zuschauer ein Zusammenhalt mit fiktionalen Wunsch- und Phantasiewelten hergestellt wird, sondern auch Orientierungen über gesellschaftlich erwünschte und weniger erwünschte Verhaltensweisen gegeben werden. Weil zu allen nur denkbaren Themen (von Aids bis Arbeitslosigkeit, von Vergewaltigung bis Drogenabhängigkeit) die Figuren sich verhalten müssen und ihr Verhalten wiederum Anlass für Kommentare und Bewertungen anderer Serienfiguren (und der Zuschauer) gibt, können die Zuschauer Verhaltensangemessenheit und die Veränderung von Normen im gesellschaftlichen Zusammenleben überprüfen. Die Programmform der Serie wird deshalb in der Serientheorie ungeachtet ihrer ästhetischen Qualität oder Nichtqualität als ein kulturelles Forum verstanden, das der Stabilisierung gesellschaftlicher Verhaltensweisen und Normen dient.

Knut Hickethier

Literatur: Ien Ang: Das Gefühl Dallas. Zur Produktion des Trivialen. Bielefeld 1986. [Niederl. Orig. 1982.] – Knut Hickethier: Die Fernsehserie und das Serielle des Fernsehens. Lüneburg 1991. – Lothar Mikos: »Es wird dein Leben!« Familienserien im Fernsehen und im Alltagsleben der Zuschauer. Münster 1993. – Günter Giesenfeld (Hrsg.): Endlose Geschichten. Serialität in den Medien. Hildesheim 1994. – Harald Keller: Kultserien und ihre Stars. Berlin 1996.

Set. Als Set bezeichnet man den Spielort einer Filmszene, der sich entweder als künstlich gebaute Kulisse im Studio oder im Falle von Außenaufnahmen unter freiem Himmel befindet. Bei jeder Filmproduktion müssen eine Vielzahl unterschiedlicher Spielorte eingerichtet werden. Aus Kostengründen werden darum in der Regel alle Szenen, die an einem Set spielen, nacheinander und nicht in der chronologischen Reihenfolge der Handlung abgedreht. Sets werden von dem Filmarchitekten und den Produktionsdesignern in Absprache mit Regisseur und Produzent gebaut. Natürliche Drehorte, z. B. außergewöhnliche Gebäude, Straßen oder Naturräume müssen dagegen gesucht, angemietet, abgesperrt und gegebenenfalls für die Dreharbeiten umgestaltet werden. Vor allem historische Stoffe stellen Designer und Ausstatter vor besondere Aufgaben, die sich leichter in einer künstlichen Kulisse lösen lassen. Die Studiokulisse bietet den Vorteil der Unabhängigkeit von Licht- und Wetterverhältnissen, unliebsame Zufälle sind ausgeschlossen, aber sie birgt auch das Risiko der sichtbaren Künstlichkeit. Set und filmischer Raum sind nicht immer identisch. In Robert Zemeckis Science-Fiction-Film *Contact* (USA 1997) rennt Jodie Foster durch ein Gebäude und, für den Zuschauer unsichtbar, wechselt mitten in dieser ungeschnitten wirkenden Sequenz der Spielort. Mittlerweile ist durch die digitale Technologie nahezu jede Verwandlung des Sets möglich, mancher Schauspieler agiert nur noch in einer virtuellen Welt, von der er während des Spiels selbst nichts sieht.

Seit Beginn der Filmgeschichte sind viele unterschiedliche Trickverfahren zur Simulation eines realen Schauplatzes entwickelt worden. Nach dem Erfinder Eugen Schüfftan ist ein Spiegeltrickverfahren (→ Schüfftan-Verfahren) benannt, das es ermöglicht, ein kleines Modell so in die Kamera zu spiegeln, dass im Filmbild die Größenverhältnisse zwischen Schauspieler, Gebäude oder Raumobjekt richtig erscheinen. Berühmtes Beispiel für die Anwendung des Schüfftan-Verfahrens ist Fritz Langs Filmutopie *Metropolis* (1927). Eine weitere Methode zur filmischen Darstellung einer real nicht vorhandenen Kulisse ist das Matte-Painting, ein Verfahren, bei dem die Dekoration auf eine Glasfläche gemalt wird, die während des Drehs vor der Kamera montiert wird. Die Schauspieler agieren dann durch die unbemalten Flächen des Glases hindurch. In Warren Beattys → Comicverfilmung *Dick Tracy* (1990) wurde auf diese Weise die Kulisse einer schrill bunten Comicstadt auf relativ kostengünstige Weise erzeugt.

Susanne Marschall

Literatur: Dirk Manthey (Hrsg.): Making of. Wie ein Film entsteht. Reinbek bei Hamburg 1996. – Dietrich Neumann (Hrsg.): Filmarchitektur. Von *Metropolis* bis *Blade Runner*. München / New York 1996. [Ausstellungskatalog.] – Peter Ettedgui: Filmkünste: Produktionsdesign. Reinbek bei Hamburg 2000.

Sexfilm. Erotischer Film, der mit inszenierten, simulierten Sexakten den Zuschauer stimulieren und unterhalten soll. Anders als im → pornographischen Film (Hardcore) stehen im Sexfilm jedoch die Erzählung und deutlicher gezeichnete Charaktere im Vordergrund. Oft bedient sich der Sexfilm dabei der Standardsituationen und Handlungsmotive anderer bekannter Genres, wie des Melodrams, der Komödie, des Thrillers usw., spitzt jedoch die Inszenierung auf die erotischen Momente hin zu. So ist eine klare Definition des Sexfilms oft nicht zu leisten, wobei die Zensur bei dieser Etikettierung oft weniger

Romance (1999, R: Catherine Breillat): Caroline Ducey, Rocco Siffredi

Liebesszenen sind Standardsituationen – beinahe wie andere auch. Der anspruchsvolle Film gemeindet sie etwa seit Beginn der französischen Nouvelle Vague 1959/60 ein, um die Charaktere selbst in dieser ›privaten‹ Situation, selbst beim Liebesakt, weiter kennen zu lernen und zu erkennen. Waren Nacktszenen, ungeachtet der breiten Tradition der Aktdarstellung in bildender Kunst und Fotografie, in der früheren Filmgeschichte Ausnahmen (Gustav Machatýs *Symphonie der Liebe*, 1932, oder Willi Forsts *Die Sünderin*, 1950, galten als skandalumwitterte Einzelfälle), so sind sie heute beinahe Routine geworden. Dabei bleibt zu unterscheiden, ob sie die Erzählung wirklich fortsetzen, um nicht aus konventioneller Prüderie ›Leerstellen‹ hinzunehmen, oder ob sie der bloß dekorativen Ausstellung der unbekleideten Körper dienen – also banalem Voyeurismus. Kulturell eingewöhnte Blickszenen oder -verbote setzen sich immer noch durch. Was für den französischen Film kein Tabu mehr ist, bleibt es für das puritanische Amerika. Grundsätzlich ist die Hingabe von Schauspielern zu respektieren, die sich – ungeachtet des angeblichen Exhibitionismus, den man dem Berufsstand oft zu Unrecht zuschreibt – in Einklang mit einer auf Konsens ausgerichteten Regie zum konzentrierten Rollenspiel selbst in riskanten Szenen bereit finden müssen. Der jungen Caroline Ducey ist dies in *Romance* vorbildlich gelungen.

Scheu bewiesen hat: So galten Dramen wie *Sie tanzte nur einen Sommer lang* (1951) von Arne Mattson oder *Die Sünderin* (1950) von Willi Forst lediglich aufgrund der leidenschaftlichen Verstrickungen und zaghafter Nacktszenen als »Sex-« und »Skandalwerke«.

Tatsächlich lassen sich Beispiele für erotisch intendierte Nacktszenen bis in die Frühzeit des Films zurück verfolgen, *Le Bain* (1896) etwa zeigt die Schauspielerin Louise Willy beim Entkleiden. Eingebettet wurden die sexuellen Akte schon damals in minimale Handlungsgerüste. In den 10er und 20er Jahren wurden weibliche wie männliche → Stars bewusst als Sexsymbole aufgebaut, z. B. Theda Bara (*Cleopatra*, 1917, R: J. Gordon Edwards). In Deutschland wird in Richard Oswalds → Aufklärungsfilmen »Sittengeschehen« inszeniert. Auch die Frank-Wedekind-Verfilmungen *Erdgeist* (1923) von Leopold Jessner und *Die Büchse der Pandora* (1929) von G. W. Pabst erregten Skandale wegen der ›freizügigen‹ Thematik des tragischen Dirnenschicksals. Während der Sexfilm im Deutschland des Dritten Reiches keine Rolle spielte, wachte in den USA der → Production Code über den Anstand der Bilder. Die ›prüden‹ 50er Jahre verhalfen einigen Filmen in Europa zum Skandalerfolg, während sich der amerikanische Film auf die erotische Präsenz seiner Superstars verließ. Rita Hayworth, Ava Gardner, Elizabeth Taylor, Jayne Mansfield, Lana Turner u. a. Mit *Und immer lockt das Weib* (1956) gelang es Roger Vadim, Brigitte Bardot zum französischen Sexstar zu stilisieren. Louis Malle erregte 1959 mit *Die Liebenden* Aufsehen, indem er deutlich Ehebruch und Orgasmus ins Bild setzte. Einige Nudistenfilme aus Amerika und Europa tauchten ebenso auf wie Russ Meyers frühe Nudies (*Der unmoralische Mr. Teas*, 1959).

Die Sexfilme der 60er Jahre mussten noch nach Alibifunktionen suchen, etwa in Form ethnologischer Dokumentationen (*Mondo Cane*, 1962, R: Paolo Cavara, Gualtiero Jacopetti) oder als Aufklärungsfilme (*Das Wunder der Liebe*, 1967, R: Franz Josef Gottlieb), bald jedoch lockerten sich die → Zensurbestimmungen, vor allem unterlaufen durch deutlich künstlerisch motivierte Filme über sexuelle Kontexte (Ingmar Bergmans *Das Schweigen*, 1960, oder Luis Buñuels *Belle de Jour – Die Schöne des Tages*, 1967). In Japan kam es zu einer Welle von so genannten Pink-Eiga, teilweise historisch verorteten Sexdramen, in Deutschland dagegen wurden zahlreiche anspruchslose, alberne »Sexklamotten« (*Liebesgrüße aus der Lederhose*, 1972, R: Franz Marischka) und »Report«-Filme (z. B. *Schulmädchenreport 1. Teil – Was Eltern nicht für möglich halten*, 1970, R: Ernst Hofbauer) produziert – vertreten durch spezialisierte Firmen und Verleiher, etwa den Schweizer Erwin C. Dietrich.

Mit der liberaleren Zensur kommt es parallel zum kommerziellen Aufstieg des pornographischen Films, daneben besteht jedoch bis heute das Sexfilm-Genre. Zahlreiche Filmemacher etablierten sich in beiden erotischen Spielarten, so schuf Radley Metzger sowohl atmosphärisch reizvolle Sexfilme (*Kameliendame 2000*, 1968) wie auch Klassiker des pornographischen Films (*The Punishment of Anne*, 1975). 1973 und 1975 inszenierte der Franzose Just Jaeckin mit *Emanuela* und *Die Geschichte der O* äußerst erfolgreiche und ausstattungsfreudige Adaptionen erotischer Romane der Autorinnen Emmanuelle Arsan und Pauline Réage. Vor allem mit Sylvia Kristel in der Rolle der Botschaftergattin Emanuela, die zahlreiche Amouren in Südseeambiente zu überstehen hat, schuf er eine langlebige Ikone des Sexfilms. Stilistisch bemühen sich Jaeckins Filme um ein gepflegtes Ambiente, eine oft absichtlich ›gesoftete‹ Fotografie und hohe Produktionsstandards. Sorgsam hält er sich an die Grenze zur Hardcore-Pornographie. Ebenfalls an dieser Grenze bewegt sich seit den späten 60er Jahren der Italiener Tinto Brass. In den 70er Jahren gelang ihm mit *Salon Kitty – Doppelspiel* (1976) und *Caligula* (1979) das Wagnis, äußerst freizügige, historisch ausgerichtete Sexfilm-Szenarien mit Weltstars (Helmut Berger, Ingrid Thulin, Peter O'Toole, John Gielgud, Malcolm McDowell, Helen Mirren) zu besetzen und mit großem inszenatorischem Aufwand umzusetzen. Heute jedoch ist Brass zu einem Sexfilm-Routinier geworden, dessen Filme meist direkt auf Video erscheinen. Künstlerisch bewusster ist der Pole Walerian Borowczyk, dessen sinnliche, oft fast meditativ inszenierte erotische Visionen (*Unmoralische Geschichten*, 1973; *La Bête*, 1975) mittlerweile als Klassiker des Genres gelten.

Der Sexfilm lebt heute vor allem als Genremixtur fort, etwa in Form des Erotikthrillers, der seit dem weltweiten Erfolg von Paul Verhoevens *Basic Instinct* (1992) beständig produziert wird, seit der umfassenden Verbreitung ›harter‹ pornographischer Filme hat er jedoch seinen wesentlichen Markt verloren. Das Publikum besucht offenbar kein Kino mehr, um sich mit Andeutungen zufrieden zu geben.

Marcus Stiglegger

Literatur: Gerard Lenne: Der erotische Film. München 1983. – Leo Phelix / Rolf Thissen: Pioniere und Prominente des modernen Sexfilms. München 1983. – Armand Dupont: Die 100 besten erotischen Filme. München 1993. – Ronald M. Hahn: Das Heyne Lexikon des erotischen Films. München 1993. – Georg Seeßlen: Erotik. Ästhetik des erotischen Films. Marburg 1996.

Sidekick (engl., ›Kumpan‹, ›Kumpel‹, ›Spezi‹). Nebendarsteller, dessen dramaturgische Funktion darin besteht, dem Hauptdarsteller eines Films, einer Serie oder Reihe die sprichwörtlichen Bälle zuzuwerfen oder sich von ihm belehren oder gar prügeln zu lassen. Er hat dem → Star bei dessen Erwägungen und Handlungen zu assistieren und dabei dessen Klugheit, Kraft oder Geschicklichkeit zu unterstreichen. Dies gelingt in der Regel, indem der Sidekick sich eher ungeschickt anstellt, weshalb er in der Tendenz zur komischen Figur gerät. Das Urmodell für das Verhältnis von Held und Sidekick kann man in der Konstellation Herr und Diener der Commedia dell'Arte seit dem 16. Jahrhundert finden.

Typische Sidekicks sind Dr. Watson für Sherlock Holmes, Robin für Batman und Sam Hawkins für Old Shatterhand in unzähligen Verfilmungen und Fernsehadaptionen, Passepartout (Cantinflas) für Phileas Fogg (David Niven) in *In 80 Tagen um die Welt* (1956, R: Michael Anderson) und der stumme Ojo (Nick Cravat) für Kapitän Vallo (Burt Lancaster) in *Der rote Korsar* (1952, R: Robert Siodmak).

In der Tragikomödie *Brittle Glory – Or The Continued Adventures of Reptile Man and His Faithful Sidekick Tadpole* (1996) schildert Stewart Schill die Nöte eines solchen Sidekick-Darstellers (Arye Gross), der treu an der Seite des gealterten Stars »Reptile Man« (Tony Curtis) ausharrt, in der Hoffnung, eines Tages selbst zum Star aufzusteigen. Filmhistorisch hat sich allerdings nur Walter Brennan als Sidekick von John Wayne einen Namen machen können, vor allem in Howard Hawks' *Red River* (1948, R: Howard Hawks) und *Rio Bravo* (1959).

Stefanie Weinsheimer

Literatur: Ursula Vossen: Beruf: Nebendarsteller. Anmerkungen zu Walter Brennan und Armin Rohde. In: Thomas Koebner (Hrsg.): Schauspielkunst im Film. Erstes Symposium (1997). St. Augustin 1998.

Sitcom (Situation Comedy, ›Situationskomödie‹). Komödiantisches Fernsehformat mit episodischer, also am Ende jeder knapp halbstündigen Folge abschließender Seriendramaturgie (→ Serie). Sitcoms basieren auf einer Grundsituation: wenige einprägsame Handlungsorte, eine überschaubare Anzahl fester, immer wiederkehrender Charaktere, ›aufregende‹ Beziehungen der Figuren untereinander und beständige Konflikte. Ein Großteil der Sitcoms findet ihren Schauplatz und ihren Stoff daher im häuslichen Alltag einer Familie (Domcoms, von »domestic« ›häuslich‹) wie *Die Bill Cosby Show* (1984–92) oder eines Arbeitsplatzes (Careercoms) wie etwa *Taxi* (1978–83) oder *Ally McBeal* (seit 1997) in der Anwaltskanzlei.

Die Grundkonstellation ist Ausgangspunkt für zyklisch wiederkehrende Situationen, es entstehen Running-Gags, die die spezifische Situationskomik ausmachen, sich aber zumeist nur beim Betrachten mehrerer Folgen erschließen. Erst in der seriellen Wiederkehr entfaltet die Sitcom ihr Konflikt- und Komikpotential und bindet ihre Zuschauer an sich – etwa bei *Eine schrecklich nette Familie* (1987–95), *Die Simpsons* (seit 1989) oder *Ally McBeal*, was sich auch im erfolgreichen Vertrieb von → Merchandising-Artikeln äußern kann. Im Gegensatz zur → Soap Opera bleibt die Sitcom ohne dramatische Wendepunkte, denn es gilt, den Status quo der Grundsituation zu erhalten: Al Bundy muss Schuhverkäufer bleiben, Roseanne Connor kann unmöglich sanftmütig und schlank werden, und keinesfalls darf sich Bill Cosby eine jüngere Geliebte nehmen.

Die Ursprünge der TV-Sitcom liegen in den frühen Radio- und Sketchshows wie *The Jack Benny Show* (1934–55), in der Jack Benny die bis heute für die Sitcom typische geschlossene Drei-Akt-Struktur jeder Folge etablierte. Von der Tradition, TV-Sitcoms im Studio vor Publikum aufzuführen und live zu übertragen, zeugt bis heute oft die Lachspule, die bei der Synchronisation das Livegelächter ersetzt. Mit *Typisch Lucy* (1951–61) wurde eine Sitcom erstmals mit vier Kameras voraufgezeichnet und vor der Ausstrahlung geschnitten. Seither hat die Sitcom sich von der stabilisierenden, moralisierenden Familiendarstellung emanzipiert und viele Formen und Grundsituationen für sich entdeckt. Die CBS-Horror-Parodie *The Munsters* (1964–66) z. B., zeitgleich entstanden mit der ABC-Produktion *Addams Family*, zieht ihren Witz daraus, dass Vampirmutter Lilly und Frankenstein-Vater Hermann mit ihren Kindern einen ganz durchschnittlichen Familienalltag leben: Sie hält den Haushalt schön staubig, während er bei einer Bestattungsfirma arbeitet, der Sohn Wolfgang, ein Halb-Werwolf, hat die üblichen blutigen Flausen im Kopf, nur die hübsche Tochter Marylin ist irgendwie aus der Art geschlagen – sie ist ganz ›normal‹. Angelehnt an Robert Altmans gleichnamige Kinokomödie von 1970 startete *M*A*S*H* (1972–83), angesiedelt zur Zeit des Koreakrieges zwischen 1950–53, während die USA noch Krieg gegen Vietnam führten. Der tiefschwarze, fatalistische Humor, mit dessen Hilfe die Militärärzte ihren Alltag im Mobile Army Surgical Hospital (MASH) bewältigten, ist deutlich als Antikriegssatire zu lesen. Die erste erfolgreiche deutsche Sitcom war *Ein Herz und eine Seele* (1973–76), in der nach dem britischen Vorbild *Til Death Do Us Part* der Familienvater als grantig-nörgelnder und ewiggestriger Besserwisser den anderen das Leben schwer macht. In *Golden Girls* (1985–93) zeigten vier Seniorinnen beherzt, dass es auch im Alter meist nur um Sex geht, während *Alf* (1986–90) hauptsächlich mit der Fragestellung beschäftigt war, wie man die Katze seiner Gastgeber essen kann, ohne diese zu verärgern. *Roseanne* (1988–97) lieferte ein Bild der USA in der Rezession und räumte auf mit dem American Dream und dem Schönheitsideal: Roseanne war dick, rechthaberisch und sarkastisch, eine Power-, aber keine Karrierefrau, Mutter, aber ohne Aufopferungsromantik, und ihre Familie hatte immer Geldsorgen und Streit. Zuletzt manifestiert sich das Singledasein, das den beruflichen Erfolg als Ersatz für nicht zu realisierende Träume und die Kollegen als Familie funktionalisiert, in der nahezu hysterisch gefeierten Sitcom *Ally McBeal*, die eine Welle von Ally-CDs, -Büchern und -Partys auslöste.

Obwohl die Sitcom ein Fernsehformat ist, steht sie in kontinuierlicher Wechselbeziehung mit dem Kino. Wurde die Sitcom *M*A*S*H* von einem Kinofilm inspiriert, so wurden umgekehrt auch einige erfolgreiche Sitcoms für das Kino adaptiert, etwa *Addams Family* (1991) oder *Flintstones – Die Familie Feuerstein* (1994). Für viele Hollywoodstars begann die große Kino-Karriere mit einer Rolle in einer Sitcom: für Danny DeVito etwa in *Taxi*, für Robin Williams in *Mork vom Ork*, für Michael J. Fox in *Familienbande* oder für Will Smith in *Der Prinz von Bel Air*. Hinzu kommen die kurzen Gastauftritte von Stars (→ Cameo), die eine lange Tradition haben: So traf das sprechende Pferd *Mr. Ed* Clint Eastwood, Emma Thompson lehnte am Tresen von *Cheers*, und bei *Roseanne* gab Tony Curtis Tanzstunden.

Stefanie Weinsheimer

Literatur: Lawrence E. Mintz: Situation Comedy. In: Brian G. Rose (Hrsg.): TV Genres. A Handbook and Reference Guide. London 1985. – Bruce Crowther / Mike Pinfold: Bring me Laughter. Four Decades of TV Comedy. London 1987. – Rick Mitz: The Great TV Sitcom Book. New York 1988. – Jürgen Wolff / L. P. Ferrante: Sitcom. Ein Handbuch für Autoren. Tricks, Tips und Techniken des Comedy-Genres. Köln 1997. [Amerikan. Orig. 1988.] – Gerard Jones: Honey, I'm Home! Sitcoms: Selling the American Dream. New York 1992. – J. E. Lewis / Penny Stempel: Cult TV. The Essential Critical Guide. London 1993. – Susan Sacket: Prime Time Hits. Television's Most Popular Network Programs. 1950 to the Present. New York 1993. – Christian Haderer / Wolfgang Bachschwöll: Kultserien im Fernsehen. München 1996. – F.-B. Habel: Ekel Alfred – Ein Herz und eine Seele. Das große Buch für Fans. Berlin 1996. – Daniela Holzer: Die deutsche Sitcom. Format, Konzeption, Drehbuch, Umsetzung. Bergisch Gladbach 1999.

Slapstick (engl., ›Narrenpritsche‹). Der Begriff bezeichnet zum einen die Anfänge der Stummfilmkomödie (→ Komödie) zu Beginn der Filmgeschichte, zum anderen beschreibt er eine spezifische Form der filmischen Komik, deren stilbildende Elemente zum Teil aus der Theaterkomik abgeleitet wurden und bis heute im Kino lebendig geblieben sind. Die frühen Slapstickfilme entfesseln ein Szenario des Kleinkriegs zwischen Menschen und Dingen, der Tortenschlachten, Verfolgungsjagden und brutalen Prügeleien, bei denen der menschliche Körper stets eine comichafte Regenerationsfähigkeit beweist. Alle sozialen Verabredungen, die den zwischenmenschlichen Alltag erträglich machen, werden in den frühen Slapsticks mit Lust übergangen. Die Helden tragen Kostüme, die zu ihrer präzivilisatorischen kindlichen Grausamkeit passen, in denen aber der Körper entweder zu viel oder zu wenig Raum hat. Das Kostüm, der Frack mit den kurzen Ärmeln, die überweiten Hosen, die zu großen Schuhe, die grotesken Frisuren positionieren die Figuren der Slapstickfilme in der Tradition der Clowns und Narren. In diese Tradition gehört auch die artistische Körperfertigkeit der Komiker, eine akrobatische Virtuosität im Umgang mit den tückischen Objekten, an denen sich die aggressive Komik abarbeitet. Das frühe komische Kino der Attraktionen steckt voller Überraschungen, demonstriert ein Übermaß an grotesker Phantasie der Künstler (z. B. Max Linder, André Deed als Cretinetti, Jean Durand als Calino, Ernest Bourbon als Onésime u. a.) und ist wesentlich aggressiver und anarchistischer als viele spätere Stilrichtungen der Filmkomik.

Der erste Streifen des Slapsticks *Der begossene Gärtner*, gedreht von den Brüdern Lumière, enthält schon die zentralen Elemente des Genres: das hinterhältige gegenseitige Fallenstellen, die unkontrollierbare Tücke des Objekts und die Verfolgungsjagd, die in den 20er Jahren in den Filmen Buster Keatons auf die Spitze getrieben wird. Die Slapstick-Komik ist europäischen Ursprungs und wandert mit den Komikern des Vaudeville, des Varietés und der englischen Music-Halls nach Amerika aus, wo die Filmproduktion blüht und sich die beiden großen Produzenten Mack Sennett (Keystone / Mack Sennett) und Hal Roach Konkurrenz machen. Mack Sennett ist der Fachmann fürs Grobe und Schnelle, für Verfolgungsjagden und Massenszenen. Seine Stars heißen Roscoe »Fatty« Arbuckle, Mabel Normand, Ford Sterling, Ben Turpin und für kurze Zeit auch Charlie Chaplin. In Mack Sennetts Atelier wird u. a. die Kollektivfiguration geboren: Die Keystone Cops oder Bathing Beautys sind Figurengruppen mit homogenem Reaktionsmuster, die als Ausgangspunkt und Katalysator der Eskalation immer als Masse in Erscheinung treten. Dagegen entwickelt Hal Roach in seiner Gagfabrik eine Komik langsamer Entfesselung im choreographischen Duell des Slowburn, der Double Takes und Running-Gags, komische Spieltechniken, die durch Roachs Starduo Stan Laurel und Oliver Hardy in die Zeit des Tonfilms mitgenommen werden.

Charlie Chaplin behauptet sich schon kurz nach seinem Einstieg bei Mack Sennett / Keystone als Autor und Regisseur seiner Filme und entwickelt seine Kunstfigur des Tramps. Im charakteristischen Kostüm, das aus den abgelegten Klamotten von höchst unterschiedlich gebauten Vorbesitzern ›montiert‹ zu sein scheint, stolziert er mit dem blasierten Gestus des Gentleman durch die Lande: ohne soziale Zugehörigkeit, ohne Vergangenheit, ohne Zukunft. Von Film zu Film entwickelt sich die Figur weiter. Chaplin konfrontiert seine tragikomische Figur mit den unterschiedlichsten sozialen Rollen, allerdings immer im Gewand der Armut. In den Langfilmen Chaplins wird das Moment des Slapsticks endgültig zurückgedrängt zugunsten einer komplexen Handlung und einer deutlichen sozialpolitischen Dimension der Stoffe. »Stoneface« Buster Keaton bewegt sich in seinen langen Filmen seit Beginn der 20er Jahre als Akrobat in der Mechanik einer abstrakten Welt, in der es bei dem Kampf mit der Tücke der Objekte weder wie im frühen Slapstick um anarchischen Lustgewinn geht noch um das nackte Überleben wie in Chaplins Filmen. Keaton ist ein

Sein neuer Job (1915, R: Charles Chaplin): Ben Turpin und Charles Chaplin

Die Slapstick-Komödianten im populärsten komischen Genre des Stummfilms knüpften an die Techniken der Clowns und Clownerien an. Bereits die ›unpassende‹ Kostümierung verrät diese Abstammung: zu weite oder zu knapp sitzende Jacken, zu enge Hüte, zu große Schuhe. Etliche der Nummern fallen auch derbkomisch und wenig trickreich aus: von handgreiflichen Kloppereien bis zum Tortenwerfen. Einige Spieler entwickelten verschmitzter und diskreter angelegte Rollen: den eher verwirrten, begriffsstutzigen Typus oder den souveränen, reaktionsschnellen, hemmungslosen Anarchisten. Der aus England stammende Chaplin gehört zur zweiten Kategorie. Als Tramp jedoch repräsentiert er einen konservativen Narren: einst ein Gentleman mit immer noch erkennbaren guten Manieren, jetzt ein Unbehauster, überall unzugehörig, der sich durch viele soziale Szenerien durchwurstelt, aber nirgendwo auf die Dauer ein ›ordentliches‹ Leben führt, ein liebenswürdiger, graziöser Verlierer der Moderne, der als heiter-traurige Symbolfigur in die Kulturgeschichte des 20. Jahrhunderts eingegangen ist.

Stoiker angesichts der Absurdität der Ereignisse, gegen die er mit der Beflissenheit eines Sisyphus antritt. Seine artistischen Fähigkeiten hat er sich wie viele Kollegen schon im Kleinkindalter auf der Wanderbühne erworben.

Die frühen Slapstickfilme reflektieren den komplexen kulturhistorischen Paradigmenwechsel um 1900: Sie entstehen auf der Schwelle zur Moderne. Immer wieder nehmen sie aus diesem Grund auch zugleich die Lebenswelt des 19. Jahrhunderts und die modernen Errungenschaften des 20. Jahrhunderts, der Industrialisierung, ins Visier. Eines der bevorzugten symbolischen Schlachtfelder ist dabei das bürgerliche Haus mit seinem geordneten Innenleben,

das noble Wohnzimmer, die gute Stube, die Küche – räumliche Voraussetzungen des Patriarchats, bei dem alles an seinem Platz zu sein hat. Das Haus, zugleich Opfer der Zerstörung und Subjekt des Widerstands, ist oftmals modernster ausgestattet, als es die Verhaltensweisen der Bewohner vermuten lassen. Es beherbergt vollautomatische Küchengerätschaften und Maschinen, allerlei technisches Werkzeug, das für die Menschen des frühen 20. Jahrhunderts noch magischen Charakter zu besitzen scheint. Buster Keaton hat in seinem 20-minütigen Film *One Week* (1920) zu diesem Thema ein Meisterwerk geliefert. Die Einzelteile des Fertighauses, in das er nach der Hochzeit mit seiner jungen Frau einziehen will, werden durch den Sabotageakt eines eifersüchtigen Nebenbuhlers durcheinander gebracht, aber Keaton tut sein Möglichstes, um sein Eigenheim dennoch zusammenzusetzen. Er konstruiert Zusammenhänge, wo keine sind, und verwandelt durch seine ungerührte Handhabung von falschen Fenstern und überflüssigen Türen die Absurdität seiner Konstruktion in Normalität. Heraus kommt ein caligareskes Haus mit schiefen Wänden und verzerrten Proportionen, das sich im Verbund mit den Kräften der Natur in ein unbeherrschbares Karussell verwandelt. Innen und außen lassen sich nicht mehr trennen, die Funktion des Hauses, Trutzburg der familiären Idylle zu sein, ist obsolet. Stan Laurel und Oliver Hardy, die ewigen Verlierer, zerstören aus Versehen und mit Vorliebe die Häuser anderer Menschen. Chaplin träumt als Tramp immer wieder vom eigenen Dach über dem Kopf und sei es noch so löchrig (*Der Vagabund und das Kind*, 1921; *Moderne Zeiten*, 1936). Das Haus ist ein internationales und zeitloses Standardthema der Slapstickkomik. Jacques Tati, der höfliche Feind technisierter und durchgeformter Lebenswelten, ramponiert ganz nebenbei und unauffällig die Statussymbole perfekter Modernität im vollautomatischen Haus seiner Verwandtschaft (*Mein Onkel*, 1958). An dem wichtigen Motiv des Hauses wird die Tendenz des Slapsticks zur Abstraktion deutlich, denn der Kampf mit dem ›Protagonisten‹ Haus thematisiert eine grundsätzliche Ambivalenz des Menschen im Prozess der Zivilisation, der mit dem Zwang zur Sublimierung und zum Triebverzicht einhergeht, aber zugleich auch das Überleben des Einzelnen sichert. Slapstick-Szenerien torpedieren die ›politische‹ Durchformung des Privatlebens und benutzen hierzu nicht von ungefähr den Gestus unerzogener Kindlichkeit. Snub Pollard bringt dies in seiner Mack-Sennett-Produktion *Baby Bachelor* auf den Punkt. Anstelle der üblichen kindgebliebenen Antihelden setzt er in diesem klassischen Slapstick mit schnauzbärtigen Polizisten, Verfolgungsjagden, Maskeraden, Prügeleien und Fäkalkomik einen Dreikäsehoch im Herrenanzug ein, der für beträchtliches Chaos sorgt. Das zum Erwachsenen pervertierte Kind und der zum Kind pervertierte Erwachsene verschmelzen zu einem figurativen Topos des Slapsticks.

Zum Slapstick gehört auch die Auseinandersetzung mit den Grundproblemen menschlicher Identität. Ich-Identität und Körper-Identität werden unrettbar der Komik brutaler Zerstörung ausgesetzt. Chaplins Demontage des Weckers in *Das Pfandhaus* (1916), eine Parodie bekannter Arbeitsgesten zwischen ärztlicher Diagnostik, Autopsie und Reparatur eines Uhrwerks, erinnert den Schriftsteller Alfred Polgar sogar an das Eindringen der psychoanalytischen Therapie in die Seele des Menschen.

Die Geschichte der Slapstick-Komik ist durchzogen von solchen Standardsituationen (→ Dramaturgie), die das Erhabene auf provokative Art banalisieren, und zwar auf einer Ebene des Irrealen, die nur in der Komik erreicht werden kann. Der sentimentale und sozialkritische Poet Chaplin erkennt dieses Potential der Komik schon sehr früh. Seine filmischen Kompositionen aus Slapstick und Melodramatik lassen sich auch als musikalische Choreographien beschreiben, in denen sich die Mechanisierung der Lebenswelt im Rhythmus des komischen Spiels entlädt. Der sentimentale Tanz des Tramps legt schließlich eine Melodie über den harten Takt der Moderne. Immer wieder thematisiert Chaplin im Tanz die Entfremdung des Körpers von seiner organischen Integrität. In *Moderne Zeiten* verschwindet er nach einem Veitstanz am Fließband als menschliches Rädchen im Zahnradgetriebe einer riesigen Maschine und wird als unverdaulicher Bestandteil von dem Ungeheuer zu guter Letzt wieder ausgespuckt. Stan Laurel und Oliver Hardy werden in *Laurel & Hardy – In Oxford* (1940) Opfer eines Schabernacks durch die anderen Studierenden. Die Neulinge haben sich im Gartenlabyrinth der Universität verirrt und ruhen sich auf einer Bank vor einer dichten Hecke aus, hinter der die Kameraden als Gespenster verkleidet lauern. Als Stan sein Nickerchen machen will, schiebt sich eine dritte Hand durchs Gebüsch und assistiert beim Pfeifchenstopfen, Naseputzen und Däumchendrehen. Stan akzeptiert die Geisterhand ohne weiteres als eigenes Körperteil, integriert das Fremde reibungslos und elegant in den eigenen Körperumriss. Wie ein Kleinkind, ohne Bewusstsein über die eigene Gestalt, bar jeden Vorurteils durch erlerntes Wissen, ruht Stan in jeder Situation so lange in sich, bis Olli eingreift. Erst dann reagiert er panisch und kopflos. Zahllose weitere Beispiele – vom frühen Slapstick über Monty Python bis hin zu der *Der rosarote Panther*-Serie des britischen Regisseurs Blake Edwards – belegen die Bedeutung des Themas »Köperidentität« für die Filmkomik.

Die Geschichte der Filmkomik variiert die im Slapstick erfundenen Standardsituationen. In der Zerstörung des Hauses, in der Travestie und Rollenverweigerung, in der Entfremdung und Auflehnung gegen Domestizierungsprozesse, im Widerstand gegen die Zwänge des Arbeitslebens, in der Sehnsucht nach Entfesselung des Trieblebens und im Spiel mit den Grenzen des Körpers verbinden sich Urängste, Träume und Wunschbilder zu Archetypen der Komik.

Susanne Marschall

Literatur: James Agee: Comedy's Greatest Era. In: Gerald Mast / Marshal Cohen (Hrsg.): Film Theory and Criticism. New York 1974. – Georg Seeßlen: Klassiker der Filmkomik. Eine Einführung in die Typologie des komischen Films. München 1976. – Thomas Brandlmeier: Filmkomiker. Die Errettung des Grotesken. Frankfurt a. M. 1983. – Thomas Brandlmeier: Das Groteske im Kino. In: Dietmar Kamper / Christoph Wulf (Hrsg.): Lachen – Gelächter – Lächeln. Reflexionen in drei Spiegeln. Frankfurt a. M. 1986. – Helga Belach / Wolfgang Jacobsen (Hrsg.): Slapstick & Co. Frühe Filmkomödien. Early Comedies. Berlin 1995. – Rainer Dick: Lexikon der Filmkomiker. Berlin 1999.

Snuff (engl., ›aushauchen‹, ›auslöschen‹, ›vernichten‹). Eine Form der Gewaltpornographie: vermeintlich authentische, also nicht künstlich nachgestellte Filme, die Vergewaltigung, Folter und Mord zum Zweck der sexuellen Stimulation dokumentieren. Ed Sanders verweist in seiner Charles-Manson-Studie (1971) darauf, dass die »Family« in die Produktion solcher abgefilmter Menschenopfer verwickelt gewesen sei. 1976 wurde der Begriff bekannt, als der New Yorker → Exploitationfilm-Produzent Alan Shackleton seine Verleihrechte an Roberta und Michael Findlays Manson-Family-Drama *Slaughter* (1971) ausnutzte, dem Film ein neues Ende verpasste – in dem die Filmcrew scheinbar ein Mädchen ermordet – und ihn unter dem Titel *Snuff* in die Kinos brachte. Begleitet wurde der Kinostart von gefälschten Pressemeldungen, die dem Publikum suggerierten, dieser finale Mord sei real. Der Film erregte viel Aufsehen, und obwohl sehr bald klar wurde, dass es sich um einen Werbegag handelte, bewahrte die Öffentlichkeit das Snuff-Phänomen inklusive seines mystifizierten Ursprungsortes (»Argentinia, where life is cheap«, so der Pressetext) in Erinnerung.

Heute wird das Snuff-Phänomen vor allem von Pornographiegegnern zitiert, ohne dass je verlässliche Nachweise für tatsächlich existierende Snuff-Filme erbracht wurden. Mit dem Videostart der Fake-Snuff-Reihe *Guinea Pig* (1990) aus Japan kam es noch einmal zu Prozessen in Amerika, doch auch hier war der Fall eindeutig. Zahlreiche Spielfilme nehmen Bezug auf den Snuff-Mythos (*Emmanuelle in Amerika*, 1976; *Nackt und zerfleischt*, 1979; *Hollywood Kills*, 1985; *Mann beißt Hund*, 1992), wobei einige dezidiert konservativ ausgerichtete Beispiele so weit gehen, die Existenz einer ganzen Snuff-Industrie zu behaupten (Paul Schraders *Hardcore – Ein Vater sieht rot*, 1978; *Stumme Zeugin*, 1994, und Joel Schumachers *8 mm – Acht Millimeter*, 1999). Aus den bekannten Untersuchungen des Snuff-Phänomens geht dagegen hervor, dass es keinen Nachweis für eine Snuff-Industrie gibt. Auch in Deutschland verbreitet sind jedoch die so genannten Mondo-Filme, von Gualtiero Jacopettis *Mondo Cane* (1962) abgeleitete, exploitative Semidokumentationen, in denen zum Teil reale Tode und Folterungen zu sehen sind. Außerdem waren in den 70er Jahren Filme mit grausamen Tier-Snuff-Szenen verbreitet, etwa zahlreiche italienische Kannibalenfilme.

Marcus Stiglegger

Literatur: Ed Sanders: The Family. Die Geschichte von Charles Manson. Reinbek bei Hamburg 1972. [Amerikan. Orig. 1971.] – Jay Lynch: The Facts About the Snuff-Film Rumors. In: Oui 7 (1976). – Richard Meyers: For One Week Only. The World of Exploitation Films. Piscataway 1983. – V. Vale / Andrea Juno: Incredibly Strange Films. San Francisco 1986. – David Kerekes / David Slater: Killing for Culture. San Francisco 1995. – Thomas Weisser / Yuko Mihara Weisser: Japanese Cinema Essential Handbook. Miami 1996.

Soap Opera (engl., ›Seifenoper‹). Serielles Fernsehformat, das täglich oder wöchentlich ausgestrahlt wird, und zwar nicht in begrenzten Staffeln, wie es bei anderen Serienformaten (z. B. Familienserien, Kriminalserien usw.) üblich ist, sondern mehr oder minder endlos. Ursprünglich war die Soap Opera ein Radioformat, das von amerikanischen Seifenkonzernen gesponsert wurde. Sie hat ihren Programmplatz in erster Linie im werbeintensiven Nachmittags- und Vorabendprogramm. Soap Operas erzählen in einer speziellen verschachtelten Dramaturgie von alltäglichen Irrungen und Wirrungen innerhalb einer sozialen Gruppe, z. B. von den verfeindeten Lagern eines Industriellenfamilienclans (*Der Denver-Clan, Dallas*), einer Straßengemeinschaft (*Lindenstraße, Marienhof*) oder auch von einem Alltagsthema (*Verbotene Liebe*). Dabei setzt sich jede der zumeist halbstündigen, maximal einstündigen Folgen aus drei Plots zusammen, dem A-Plot, der zum Träger der zentralen Geschichte wird, sowie den B- und C-Plots, die entweder einen alten Handlungsfaden zu Ende erzählen oder einen neuen beginnen. Die Erzähldauer eines Plots kann dabei variieren. Wichtig ist, dass durch die interne Verschiebung der drei Plots ineinander der Faden der Serie nicht abreißt und somit eine maximale Zuschauerbindung erreicht wird. Die Charaktere der Soap Opera sind als Stereotypen angelegt, die selten Lernverhalten zeigen, manchmal allerdings überraschend radikale Wandlungen durchmachen, die dann zum zentralen Gegenstand eines neuen Erzählstrangs werden. Die Figuren besetzen bestimmte Leerstellen in einem moralischen Gerüst: Wer gut ist, wird Opfer, wer zu den Bösen gehört, darf mit den Guten sein übles Spiel treiben. Dass diese Funktion der Figuren wichtiger ist als ihre Individualität, beweist die problemlose Austauschbarkeit der Schauspieler, ein Vorgang, den eine Endlosserie von Zeit zu Zeit verkraften muss.

Soap Operas erfreuen sich beim Publikum und bei den Fernsehproduzenten gleichermaßen großer Beliebtheit. Sie lassen sich – zumeist in festen Studiokulissen und mit unbekannten Schauspielern besetzt – kostengünstig produzieren. Text und Dramaturgie werden von einem Autorenkollektiv ›industriell‹ hergestellt, das sich aus Spezialisten, z. B. Storylinern und Dialogtextern, zusammensetzt.

Susanne Marschall

Literatur: Jovan Evermann: Das Lexikon der deutschen Soaps. Berlin 2000.

Sound Design. Während im visuellen Bereich des Films klare Begrifflichkeiten vorhanden sind, gestaltet sich dies auf der auditiven Ebene weitaus schwieriger. Klare Definitionen sind rar und Begriffe aus der Musik nicht immer auf den Film zu übertragen (→ Filmmusik, → Tonfilm).

Sound Design steht beim Film in der Regel für die Gestaltung der gesamten Tonspur. Der Zusammenhang zwischen Technik und Kunst spiegelt sich in diesem Terminus wider, der sich zum einen gestalterisch auf die drei klassischen Bereiche Sprache, Musik und Sound Effects (SFX) und zum anderen auf die eigentliche Produktion bezieht. Sound Design fängt bei der Drehbuchentwicklung an und führt über die Tonaufnahme während des Drehs bis hin zur Nachbearbeitung. Diese unterteilt sich in mehrere Bereiche:
1) Komposition der Musik, wobei der Begriff »Soundtrack« nicht nur die Musik, sondern die komplette Tonspur meint.
2) ADR (Automated Dialogue Recording oder Automatic Dialogue Replacement), die Nachsynchronisation der Sprache, die am Set nicht immer in der besten Qualität aufgezeichnet worden ist oder wie beispielswei-

se im Neorealismus komplett erst in der Nachbearbeitung aufgenommen wird.

3) Foley, die Nachsynchronisation mit Hilfe eines Geräuschemachers, der Schritte, Türenschlagen usw. rekonstruiert. Er erscheint meist mit großen Koffern im Tonstudio und baut je nach Anforderung sein Foley Pit, seinen Spielplatz, auf. Ein aufblasbares Planschbecken, um Wassergeräusche zu simulieren, Sand, Steine und Gras, um Schritte auf verschiedenen Untergründen darzustellen: ein guter Geräuschemacher ist in der Lage, nahezu jedes natürliche Geräusch nachzuahmen.

4) SFX-Mixing ist der wichtigste Teil der Post-Production, hier entscheidet sich, wie ein Film klingt, es ist das Zusammenbauen von Atmosphären und Effekten zu einer Tonspur. Jeder SFX-Mischer hat eine ausgedehnte Bibliothek von Sounds, die er je nach Situation verwenden kann, sie können jedoch selten die selbst aufgenommenen Geräusche ersetzen. Denn ein Pistolenschuss klingt aus jeder Pistole und auch in jeder Umgebung anders, es ist weiterhin entscheidend, welches Mikrofon verwendet wird und wie es positioniert ist. Oft mischt man mehrere Schüsse zusammen, um einen besseren Effekt zu erzielen. Es ist meist eine subjektive Entscheidung, welcher Sound am besten zu einer Szene passt. Hintergrundgeräusche werden in drei Gruppen aufgeteilt A-, B- und C-Effekte, wobei A laute, direkte Effekte und C Hintergrund-SFX bezeichnet. Man unterscheidet natürliche, die Realität abbildende, und synthetische Soundeffekte, wie sie z. B. in *Krieg der Sterne* (1977, Sound Design: Ben Burtt) eingesetzt wurden.

5) Sound Mixing ist die Zusammenführung von Musik, SFX und Sprache. Es steht am Ende der Tonbearbeitung und führt im ersten Durchgang bis zu 60 verschiedene Spuren auf 6–12 Spuren zusammen, danach werden sie je nach Anforderung auf die möglichen sechs Kanäle für eine Surround-Mischung oder Zweikanal-Stereo gemischt (→ Mischung).

Durch die vielen verschiedenen Schritte in der Entwicklung einer Tonspur ist Planung und ein hohes Maß an Voraussicht notwendig. Die einzelnen Aufgaben werden unter verschiedenen Personen aufgeteilt, sodass ein Director of Sound, analog zum Director of Photography, wünschenswert wäre, der jeden Schritt der Audioproduktion überwachte, um einen perfekten Soundtrack zu erstellen.

In der Geschichte des Films taucht der Begriff »Sound Designer« zum ersten Mal 1979 im Abspann von *Apocalypse Now* (R: Francis Ford Coppola, Sound Design: Walter Murch) auf. Doch schon zu Beginn des Tonfilms, dessen Ära 1927 mit *Der Jazzsänger* (R: Alan Crosland) eingeleitet wurde, machten sich Regisseure Gedanken darüber, wie man Ton im Film einsetzen kann. René Clair denkt – in seinem Artikel »The Art of Sound« von 1929 – an eine asynchrone Verwendung, um Spannung zu erzeugen, den Zuschauer auf eine falsche Fährte zu locken oder Szenen umzudeuten, weg von den Wörtern, hin zum Sound (oder: weg vom abgefilmten Theater, hin zu einer neuen poetischen Energie, die auch den Stummfilm ausgemacht hat).

Die Möglichkeiten des Tons im Film sind unermesslich. Francis Ford Coppola bezeichnet Sound als den besten Freund des Regisseurs, weil er heimlich auf den Zuschauer einwirkt, durch die Hintertür kommt. Mehr noch als Effekte ist es die Musik, die dem Film eine Stimmung verleiht. Der Einsatz von Musik, sei sie nun minimalistisch oder orchestral, haucht einem Film in den meisten Fällen erst Leben ein. Man ›sieht‹ Szenen anders, je nachdem was man dazu hört. Durch die Musik lassen sich zudem Zeit und Ort der Handlung bestimmen, je nach Auswahl und Art der Komposition (→ Filmmusik).

Holger Jung

Literatur: Elisabeth Weis / John Belton (Hrsg.): Film Sound. Theory and Practice. New York 1985. – Norbert Jürgen Schneider: Handbuch Filmmusik. 2 Bde. Köln 1990. – Michel Chion: AudioVision. New York 1994. – Vincent LoBrutto: Sound-on-Film. Interviews with Creators of Film Sound. Westport 1994. – Tomlinson Holman: Sound for Film and Television. Boston 1997. – Tony Thomas: Music for the Movies. 2., erw. Aufl. Los Angeles 1997. – Michel Chion: The Voice in Cinema. New

York 1998. – Tom Kenny: Sound for Picture. The Art of Sound Design in Film und Television. Milwaukee 1999. – David L. Yewdall: The Practical Art of Motion Picture Sound. Boston 1999. – http://filmsound.studienet.org/

Spannung / Suspense. »Suspense« ist abgeleitet aus dem lateinischen »suspendere«, das so viel wie ›in Unsicherheit schweben lassen‹ heißt. »Suspense« ist schwer ins Deutsche zu übertragen: Suspense ist zwar das »kommunikative Herz« des → Thriller-Genres (der »Thrill« ist ebenso schwer zu übertragen), der Begriff ist aber mit ›Spannung‹, ›Ungewissheit‹, ›Unschlüssigkeit‹ und ›Schwebelage‹ jeweils unzureichend übersetzt.

Ähnlich vielgestaltig sind die Definitionen von »Spannung«. Das »Spannen« betrifft nach Grimms Wörterbuch eine Beziehung, die ein Subjekt an ein Objekt bindet, wobei die Bindung durch Untertöne des Unbequemen, des Störenden und Unbehaglichen untersetzt ist. Das Bindungsmoment ist auch im ästhetischen, literatur- und kunsttheoretischen Gebrauch von »Spannung« erhalten geblieben. Allerdings ist das Feld der Phänomene, die mit einem Konzept von »Spannung« betrachtet werden können, sehr weit und heterogen. Im »Lexikon der Ästhetik« von Wolfhart Henckmann und Konrad Lotter wird »Spannung« in einem objektiven und in einem subjektiven Sinn erläutert. »Im objektiven Sinn bezieht sie sich auf den Aufbau eines Kunstwerks, auf die Art und Weise, wie das künstlerische Problem entfaltet wird und eine Lösung findet. Sie kann eine straffe, dichte und dynamisch sich entwickelnde formale Gesamtstruktur bezeichnen, aber auch in Details zur Geltung kommen, z. B. bei der Auflösung einer Dissonanz.« »Objektive« Spannung wird in Verbindung gesetzt einerseits zu kompositionellen Charakteristika von Werken, ist so eine Komponente der Werkstruktur. Andererseits wird sie in Beziehung zum historischen und besonderen Wissen des Rezipienten gesetzt, sodass »Spannung« in diesem Sinne als Maß von »Verfremdung« aufgefasst werden könnte, wie sie in formalistischen Poetiken oder in der informationstheoretischen Ästhetik als Differenz zwischen automatisierten Alltagswahrnehmungen und Deutungen durch das künstlerische Werk beschrieben wird.

Dagegen wird Spannung in einem subjektiven Sinne als Teilnahmeaffekt gefasst, also bewusst psychologisiert. »Spannung« weist insofern auf anthropologische Grundlagen zurück, als sie auf jeder Erlebnisstufe auftreten kann – körperlich-leiblich, psychisch usw. »Spannung« in dieser allgemeinen Form ist nicht gebunden an Textrezeptionen, sondern kann auch in Alltagssituationen auftreten – wobei derjenige, der »gespannt« ist, nicht in den Handlungsverlauf involviert sein muss, sondern ihm auch als Beobachter gegenüberstehen kann.

Suspense und Spannung haben etwas mit der Unsicherheit eines Verlaufs, einer Entwicklung, einer Geschichte zu tun. Wenn man von der formalen Charakterisierung von »Spannung« als Differenz des Werks von der Konvention bzw. als darauf bezogenes Differenzerlebnis des Rezipienten absieht, lassen sich die Bestimmungselemente der Spannung in drei Gruppen gliedern: 1) Aktivitäten des Rezipienten: a) Spannung erweist sich als ein Spiel mit Erwartungen der Zuschauer und mit Wahrscheinlichkeiten. b) Sehr komplex ist die Frage nach den motivationalen Grundlagen der Spannung. Die Aufmerksamkeit des Rezipienten wird durch Neugier angeregt. Suspense habe nichts mit Angst zu tun, hat Alfred Hitchcock immer wieder herausgestellt, ganz darauf vertrauend, dass es ein grundlegendes Bedürfnis nach Lösung eines Gegensatzes, eines Ungleichgewichts usw. gebe. Andere Autoren nehmen das Spannungsgefühl als eine Variante der Angst – die allerdings dadurch charakterisiert ist, dass der Gespannte nicht wirklich in Gefahr ist, eine Tatsache, deren er sich immer bewusst ist. Die beiden einander eigentlich entgegenstehenden Affekte der Angst und der Lust verschmelzen im Spannungserleben zur Angstlust, wie es in psychoanalytischen Theorien heißt. c) In den meisten Überlegungen zur Spannung ist sie zugleich eine Form identifikatorischer oder empathischer Teilnahme des Gespannten am Geschehen.

Der unsichtbare Dritte (1959, R: Alfred Hitchcock): Eva Marie Saint und Cary Grant

Spannung resultiert aus der Erwartung, dass befürchtete, seltener: erhoffte Ereignisse demnächst eintreten. Diffuser bleibt die Spannung, wenn man nicht genau weiß, was kommen wird, gerichteter, wenn es sich um ein Entweder-oder handelt: Fällt die junge Frau in *Der unsichtbare Dritte* am Schluss in den Abgrund oder nicht – wie gelingt es dem Helden, sie zu retten? Beinahe erfüllt diese Situation das Muster der Last Minute Rescue, bei dem die Hilfe eintrifft, gerade noch, bevor es zu spät ist, in letzter Sekunde.

Verdacht (1941, R: Alfred Hitchcock): Cary Grant

Weniger dringlich auf den nächsten Moment fixiert ist die Spannung in der berühmten Einstellung aus *Verdacht*: Ein Mann trägt ein Glas Milch die Treppe hinauf, das Glas leuchtet (wegen einer in ihm verborgenen kleinen Lampe): Enthält es Gift oder nur Milch für die Ehefrau? Der Kontext muss ›mitgelesen‹ werden: Offenbart der Gesichtsausdruck der Person einen abgefeimten Bösewicht oder einen besorgten Gatten? Zwei Möglichkeiten bestehen gleichzeitig – doch die Lösung wird noch verschoben.

Zwölf Uhr mittags (1952, R: Fred Zinnemann): Gary Cooper und Grace Kelly

Spannung hat auch mit Warten zu tun: Die Uhr zeigt an, dass es bald zwölf schlagen wird. Dann trifft der Zug mit dem Verbrecher ein, der mit drei weiteren Kumpanen dem Marshal ans Leben will. Die Uhr misst die Zeit, die unaufhaltsam vergeht, schleichend, rasend, bis zur Todesstunde. Es bleibt völlig offen, ob sich der Held allein seiner Gegner erwehren kann und wie es geschehen wird: Beispiel einer extrem gesteigerten, dabei relativ unbestimmten Spannung, der Schluss unvorhersehbar (wie im Leben).

2) Charakteristika des Werks: a) Es lassen sich einige prototypische Motive, Handlungsmuster, Standardsituationen der Spannungserzählung ausmachen. Dazu zählen neben klassischen narrativen Verlaufsformen wie »Rettung in letzter Minute« oder »Flucht/Verfolgungsjagd« auch komplizierte Motive wie »Unter falschem Verdacht«. Vor allem die Verengung des Raums, das Handeln unter Zeitnot und die Verlangsamung von katastrophalen Entwicklungen sind dramaturgische Techniken der Spannungsinszenierung. b) Spannung lässt sich auf allen Ebenen des Textes ausmachen – von text- und szenenübergreifenden narrativen Strukturen über die Formen innerszenischer Spannung bis zur Ebene der Bildgestaltung. c) Spannung und Spannungsdramaturgie sind für manche Genres sehr viel essentieller als für andere (darunter der Thriller, der → Horrorfilm usw.). Für einige Autoren ist Spannung ein absolut elementares Mittel der Inszenierung (darunter z. B. Alfred Hitchcock).

3) Charakteristika der Sprecher-Hörer-Beziehung: a) Spannung bezeichnet ein besonderes kommunikatives Verhältnis zwischen einem Erzähler und einem gespannten Rezipienten, bei dem der Rezipient sich offenbar der Tatsache bewusst ist, dass er an einer kommunikativen Situation teilnimmt, die dafür gemacht ist, ihn in Spannung zu versetzen, sodass er – wenn die Spannung zu hoch wird – zu Gegenmaßnahmen greifen kann, die das Spannungsgefühl mindern. b) Sowohl die Stoffe der Spannungserzählung wie der Erzähl- und Inszenierungsweisen sind historisch veränderlich und verändern im Lauf der Zeit ihr Spannungspotential. Sie verlieren diese Primärcharakteristik, werden durchsichtig und berechenbar.

Filmwissenschaft, Kognitions- und Emotionspsychologie stehen in der Untersuchung der Spannungsprozesse sehr nahe beieinander. Es geht schließlich darum zu untersuchen, in welcher Weise Strategien filmischen Erzählens und filmische Gestaltungsweisen mit Rezeptionsprozessen zusammenhängen. Weil Spannungserleben als wesentliche Komponente die Vorwegnahme kommenden Geschehens und die damit verbundenen Affekte umfasst oder sogar genau darin besteht, ist die Steuerung der Handlungsentwürfe, der der Rezipient für sich während der Rezeption im engeren Sinne produziert, für die Dramaturgie der Spannung sehr bedeutsam. Vereinfacht gesagt, muss der Zuschauer mit Informationen versorgt werden, die es ihm gestatten, mögliche und wahrscheinliche Handlungsentwürfe aus einer gegebenen Situation zu extrapolieren. Derartige Informationen sind Vorinformationen, Verweisungen auf zukünftige Entwicklungen der Handlung. Weil es primäre Aufgabe der Spannungsdramaturgie ist, auf die Entwurfstätigkeit des Rezipienten einzuwirken, gilt es, die Wahrscheinlichkeiten zu beeinflussen und den Problemlöseraum zu verändern, in dem der Zuschauer sich bewegt.

Hitchcocks Auffassung von Suspense nimmt die unterschiedlichen Wissensstände von Zuschauer und Protagonist als dessen besondere Charakteristik – nur dann, wenn der Zuschauer in eine Gefahr eingeweiht ist, die dem Helden droht, von der dieser aber noch nichts ahnt, stellt sich der Effekt des Suspense ein. Der Zuschauer ist besser informiert als die Figur des Films, er weiß mehr, was – nach der Hitchcock'schen Auffassung von Suspense – die Involviertheit des Zuschauers steigert und intensiviert und einen eigenen Typus von Spannungserleben hervorbringt. Das informationelle Verhältnis, das man Suspense nennt, ist reflexiv: Zur Situationsbeschreibung, die dem Zuschauer zugänglich ist, gehört auch das Wissen, dass er mehr weiß als der Held. Wenn nun der Zuschauer weiß, dass die Situation tatsächlich eine andere ist als diejenige, die die Figur sich entwirft, muss die Situationsdefinition des Zuschauers eine Simulation der Situationsdefinition der Filmfigur umfassen. Der Zuschauer ist dazu gezwungen, die Oberfläche des Geschehens »mit doppeltem Blick« zu interpretieren – bezogen auf das, was er selbst weiß, aber auch bezogen auf eine Person der Erzählung und deren Kenntnis der Handlung.

Hans J. Wulff

Literatur: Ian Cameron: Hitchcock and the Mechanics of Suspense. In: Movie 3 (1962). – Ian Cameron: Hitchcock 2: Suspense and Meaning. In: Movie 6 (1963). – François Truffaut: Mr. Hitchcock, wie haben Sie das gemacht? München 1973. [Frz. Orig. 1966.] – Martin Frank Carroll: The Art of Anxiety. Principles of Suspense in Representative Narrative Films. Columbia 1977. – Heinz-Lothar Borringo: Spannung in Text und Film, Spannung und Suspense als Textverarbeitungskategorien. Düsseldorf 1980. – Noël Carroll: Toward a Theory of Film Suspense. In: Persistence of Vision 1 (1984). – Hans J. Wulff: Textsemiotik der Spannung. In: Kodikas/Code 16 (1993). – Peter Wuss: Grundformen filmischer Spannung. In: Montage/AV 2 (1993) H. 2. – CinémAction« 71 (1994). [Themenheft.] – Peter Vorderer: »Spannend ist, wenn's spannend ist«. Zum Stand der (psychologischen) Spannungsforschung. In: Rundfunk und Fernsehen 42 (1994). – Peter Vorderer / Hans J. Wulff / Mike Friedrichsen (Hrsg.): Suspense: Conceptualizations, Theoretical Analyses, and Empirical Explorations. Mahwah 1996.

Special Effects / Trick. Den wundersamen Reiz des Filmmediums zu verstärken war das erklärte Ziel der frühen Trickkameraleute. Einer von ihnen, Georges Méliès, betrieb in Paris ein Zaubertheater und nutzte die Möglichkeit der Kamera, den Filmtransport zeitweise zu unterbrechen, als Stopptrick, um das Arsenal des reinen Bühnenzaubers zum Zwecke des Erscheinens und Verschwindens von Objekten und Personen zu bereichern, beginnend mit *Escamotage d'une dame chez Robert-Houdin* (eine Frau verwandelt sich in ein Skelett) und *Le Manoir du diable* (Erscheinen und Verschwinden von Mephistopheles). Man fand heraus, dass man komische Slapstick-Wirkungen erzielte, indem man mehr (Zeitlupe) oder weniger (Zeitraffer) Bilder je Sekunde belichtete. Eine andere Nutzungsmöglichkeit der Kamera war, einen ganz oder in einzelnen Bereichen belichteten Film in der Kamera zurückzudrehen und ein weiteres Mal zu belichten. Die Doppelbelichtung, unter Verwendung von Abdeckmasken, ermöglichte schon 1898 die Doppelgängeraufnahmen der Dumas'schen *Corsican Brothers* durch den Engländer George Albert Smith wie auch später des *Studenten von Prag*, für den der deutsche Kameramann Guido Seeber 1913 den Schauspieler Paul Wegener ›verdoppelte‹.

Höhepunkt des deutschen Stummfilmtricks war Fritz Langs *Metropolis* (1927), der Mehrfachbelichtung enthielt (Günther Rittaus flirrende Lichtringe, die die Maschinen-Maria umtanzten), Maltricks, Modelle, Einzelbildanimation sowie ein von Eugen Schüfftan ersonnenes und nach ihm benanntes Einspiegelungsverfahren (→ Schüfftan-Verfahren), das die Kombination von Modell und Realbild im gleichen Aufnahmevorgang erlaubte.

An Phantasie mangelte es den europäischen Filmtrickschaffenden nicht. Beispiele hierfür liefern das Werk von Oskar Fischinger, der abstrakte Filme ebenso entwickelte wie optische Effekte für den Science-Fiction-Film *Die Frau im Mond* (1929, R: Fritz Lang), sowie die kinematographische Vision von Paul Wegener, der bereits in einem Vortrag, den er am Ostermontag des Jahres 1916 in Berlin hielt, die Möglichkeiten eines synthetischen Kinos am Beispiel der → Animation eines Böcklin'schen Meeresbildes erläuterte: »Stellen Sie sich vor, der Maler würde dieses Bild in Hunderten von Exemplaren mit den leisesten Verschiebungen malen, sodass sich aus ihnen kontinuierliche Bewegungsabläufe ergäben, so würden wir plötzlich eine sonst reine Phantasiewelt vor unseren Augen lebendig werden sehen. Dieses gemalte Meer würde schäumen, diese nur in Böcklins Hirn entstandenen romantisch-antiken Nereiden stürmen zu seinen Ufern und schreien; diese Tritonen würden sich im Wasser wälzen. Das Gewitter würde näher heranziehen. Es wäre ein ungeheuerlich erschreckender Eindruck, eine Welt leben zu sehen, die eigentlich nur in einem toten Bilde existiert.«

An Imagination fehlte es dem deutschen Filmtrick also nicht, wohl aber an arbeitsteiliger Effizienz. So war er bald, nachdem einige seiner Ideen kopiert waren, den Synergieeffekten der in den USA zu großen Departments sich zusammenballenden Spezialverfahren unterlegen.

Streng genommen bezeichnet der erstmals in der des amerikanischen Films *What Price*

Glory? (1926, Raoul Walsh) genannte Terminus »Special Effects« allein das Arbeitsgebiet jener Spezialisten, die Sondereffekte vor und nicht in der Kamera produzieren – mechanisch, hydraulisch, pneumatisch, pyrotechnisch, elektrisch; er wurde bald aber auch, in dem erweiterten Begriff »Special Photographic Effects«, für die Tätigkeit der Trickkameraleute adaptiert.

»Wenn man durch die amerikanischen Studios geht«, schrieb der nach Hollywood übersiedelte Ernst Lubitsch am 17. 5. 1924 an die »Lichtbild-Bühne«, »wundert man sich, wie niedrig die Außenbauten (→ Architektur) sind, und dass sie nach oben hin gar keinen architektonischen Abschluss haben. Der Amerikaner baut seine Dekorationen nur so hoch, als unbedingt zum Spiel nötig ist. Das heißt: Wenn bei einer Hausdekoration die Darsteller nur auf der ersten Etage zu spielen haben, denkt er gar nicht daran, die höheren Stockwerke zu bilden. Alles höherliegende, was nicht von Menschen betreten wird, wird durch die vor den Apparat gestellten Miniaturen fotografiert oder auf Glas gemalt, die mit den gebauten Dekorationen perspektivisch zusammenlaufen. In dem Film *Beau Brummel* wurde die Hafenstadt Calais gebraucht. Gebaut wurde in Wirklichkeit nur eine Reihe weniger Häuser bis zum ersten Stock. Alles andere, wie z. B. die Fortsetzung der Häuser, die dahinter aufsteigende Stadt mit ihren Kirchtürmen usw., wie der Hafen mit den unzähligen Schiffen wurden auf Glas gemalt.« In Amerika seien diese Tricks Alltäglichkeiten und bedeuten keine Experimente mehr wie in Europa, schloss Lubitsch fasziniert.

Eines der größten Special-Effects-Departments war das von Warner Bros.-First National in Burbank, das in seiner ursprünglichen Form von Fred W. Jackman, einem ehemaligen Mack-Sennett-Kameramann organisiert und dann von Byron Haskin übernommen wurde. Haskin, später Regisseur von Filmen wie *Kampf der Welten* (1953), beschrieb es als Studio im Studio: »Fast jede Abteilung des Studios hatte ihr Gegenstück in der Special-Effects-Organisation. Wir hatten unsere eigenen Designer, Architekten und Dekorationswerkstätten; für gewöhnlich unsere eigene Kamera- und elektrische Ausrüstung, entsprechendes Personal und Bühnenarbeiter. Die Abteilung verfügte darüber hinaus über ein eigenes Kopierwerk, Schneideräume, Verwaltungsbüros und sogar eigene Autoren.«

Insbesondere die Einführung des Tonfilms standardisierte in Amerika den Studiodreh, was zur Folge hatte, dass außerhalb der Ateliers zu realisierende Hintergrundlaufbilder, z. B. Straßenszenen für im Studio aufgenommene Autofahrten oder Backgrounds aus dem Ausland, per Trick, als Rückprojektion, einbelichtet werden mussten. Die Trickabteilungen Hollywoods, von den in ihrem Fach führenden Spezialisten besetzt, gestalteten die einbildweise Modellanimation des Riesengorillas *King Kong* (1933, technische Leitung: Willis O'Brien), die per Travelling Matte / Wandermaske erzielten Kombinationsaufnahmen in *Der Unsichtbare* (1933; John P. Fulton), viele Dutzend als Matte Paintings, als Gemälde einbelichteter Trickteile aus *Vom Winde verweht* (1939, Jack Cosgrove), eine Vielzahl von Composites aus der Trickkopiermaschine (optischer Printer) in *Citizen Kane* (1941, Linwood G. Dunn), vor allem auch das miniaturisierte Waffenarsenal der Filmschlachten des Zweiten Weltkriegs, die nicht nur in den USA, sondern auch in Japan ab den 50er Jahren konsequent in einen martialischen und bisweilen monströs verbrämten → Science-Fiction-Film mündeten: *Panik in New York* (1953, Ray Harryhausen) sowie sein Tokioter Pendant *Godzilla* (1954, Eiji Tsuburaya), *Metaluna 4 antwortet nicht* (1955, David Stanley Horsley), *Alarm im Weltall* (1956, A. Arnold Gillespie), *Weltraum-Bestien* (1957, Tsuburaya).

Die Sujets, die den Einsatz des ganzen Spektrums kinematographischer Tricks verlangten, wurden bereits in den frühen Tagen des Films etabliert: Aus dem 1898 mit winzigen Holzmodellen in einem Bassin entworfenen Seeschlachtpanorama *The Battle of Santiago Bay* der Pioniere Albert J. Smith und James Stuart Blackton wurde 1970 *Tora! Tora! Tora!*. Die über den Ägyptern per Kopiertrick zusammenbrechenden Wasser des Roten Meeres in der Bibelverfilmung *The Life of Moses* (1909), ebenfalls von Smith und Blackton, ließ Cecil B. DeMille in gleich zwei Versionen der *Zehn Gebote* (1923 und 1956) wiederholen, die letzte mit reichlich Bluescreen-Travelling-Mattes. Und aus Georges Méliès' *Die Reise zum Mond* (1902) wurde 1950 *Endstation Mond* und in den 60er Jahren die Science-Fiction-Fernsehserie *Raumschiff Enterprise*.

Der Science-Fiction-Film war es auch, der ab den späten 60er Jahren zur Wiederbelebung des Filmtricks beitrug, nachdem mit dem traditionellen Studiosystem Hollywoods auch die meisten klassischen Trickdepartments zugunsten des Trends zu realistischer Filmästhetik zusammengebrochen waren. Stanley Kubrick besetzte sein Weltraumepos *2001 – Odyssee im Weltraum* (1968) nicht nur mit erfahrenen Trickspezialisten aus England (Wally Veevers, Tom Howard), sondern auch mit jungen experimentierfreudigen Technikern (Douglas Trumbull, Con Pederson), die er von der Firma Graphic Films abwarb, wo zahlreiche populärwissenschaftliche Filme der NASA entstanden waren.

Mit Hilfe computergesteuerter Modellkameras (Motion Control), die Aufnahmen ermöglichten, die sich ganz und gar von den bildtechnisch – mit Ausnahme des Lichtkorridors – überwiegend statischen Szenen des Kubrick-Films, den linear und elegisch gleitenden Raumschiffmodellen unterschieden, kopierten die Techniker von George Lucas' *Krieg der Sterne* (1977) Stukaaufnahmen sowie Szenen aus Kriegsfilmen (*The Bridges at Toko-Ri*, 1954; *The Dambusters*, 1954) und übertrugen sie in visuell entfesselte Weltraumschlachten, die die Ästhetik der Computerspiele vorwegnahmen.

Von der computergesteuerten Kamera der *Krieg der Sterne*-Saga war es nur noch ein kleiner Schritt bis zur Übernahme elektronischer Techniken und zur Einführung des computeranimierten Laufbilds im Spielfilm. Wieder war hier George Lucas' Trickstudio Industrial Light and Magic im kalifornischen San Rafael führend. Die Zeit der konventionellen, mechanischen Filmtricks scheint endgültig vorbei. Digital Compositing ist die Grundlage aktueller Trickkombination, und die → Computeranimation selbst, nach einem unglücklichen Start in den Filmen *Tron* (1982) und *Starfight* (1984), erobert immer größere Bereiche auf dem Weg zum von Paul Wegener prognostizierten synthetischen Film, der auch die Belebung artifizieller und anthropomorpher Wesen einschließt: Morphing in *Terminator II: Tag der Abrechnung* (1991, R: James Cameron), Dinosaurier aus dem Rechner in Steven Spielbergs *Jurassic Park* (1993), Cartoongestalten in *The Mask* (1994, R: Chuck Russell) und *Casper* (1995, R: Bred Silberling), Aliens in *Mars Attacks!* (1996, R: Tim Burton) und *Men in Black* (1997, R: Barry Sonnenfeld), Mutantenkäfer in *Starship Troopers* (1997, R: Paul Verhoeven), Roboterheere und Fantasy-Kreaturen in den Fortsetzungen von *Krieg der Sterne* (Episode 1, 1999; Episode 2, 2002), Horrorfiguren in *The Mummy* (2000, R: Steven Sommers), letztlich das schon sehr perfekte Rendering künstlicher Menschen in *Final Fantasy* (2001, R: Hironobu Sakaguchi, Moto Sakakibara), der Verfilmung eines japanischen Computerspiels. Digitalisierung des Kinos und allseitige Vernetzung der Medien tragen zur Verwirklichung von Paul Wegeners Vision von absolut synthetischen Laufbildern bei, die den herkömmlichen Terminus »Special Effects« ad absurdum führen.

Rolf Giesen

Literatur: Guido Seeber: Der Trickfilm in seinen grundsätzlichen Möglichkeiten. Berlin 1927. – L. B. Abbott: Special Effects. Wire, Tape and Rubber Band Style. Hollywood 1984. – Linwood G. Dunn / George E. Turner: The ASC Treasury of Visual Effects. Hollywood 1984. – Christopher Finch: Special Effects. Creating Movie Magic. New York 1984. – Raymond Fielding: The Technique of Special Effects Cinematography. London/Boston 1985. – Rolf Giesen: Special Effects. Ebersberg 1985. – Rolf Giesen: Cinefantastic. Berlin 1994. – Rolf Giesen / Claudia Meglin: Künstliche Welten. Hamburg 2000. – Rolf Giesen: Lexikon der Special Effects. Berlin 2001.

Spionagefilm. Spielfilmgenre, in dessen Mittelpunkt Agenten, Spione und Geheimdienste stehen. Spionagefilme spiegeln die Angst vor dem unbekannten Anderen, das das eigene Territorium zu überwältigen und zu beherrschen droht. Sie entstehen deshalb zu jeder Zeit (frühe Beispiele sind Fritz Langs *Spione*, 1927, und Fred Niblos *Der Krieg im Dunkel*, 1928, aus der Stummfilmära), sie haben aber besonders in Zeiten politischer Spannungen Hochkonjunktur.

In Alfred Hitchcocks Spionagefilmen der 30er und 40er Jahre war die Rolle der Feinde vor allem mit den Nationalsozialisten besetzt. Es galt den Kopf eines deutschen Spionagerings (*Die 39 Stufen*, 1935) und einen Nazi-Doppelagenten (*Mord*, 1940) zu entlarven oder eine Spionin der eigenen Seite zu unterstützen (*Eine Dame verschwindet*, 1938). Insbesondere der letztere Film illustriert die ausgeprägte schwarzweißmalende Figurenzeichnung, die für den Spionagefilm paradigmatisch ist: Spione, Geheimdienste und deren Methoden sind nicht an sich verwerflich und suspekt, sondern immer nur diejenigen der Gegenseite. Diese sind die bösen Aggressoren, während die Guten die westliche Hemisphäre verteidigen: gegen die Nazis, seit 1945 gegen die Sowjetrussen und inzwischen gegen den internationalen Terrorismus. Der Zuschauer wird dabei aufgefordert, sich mit den im Namen der gerechten Sache agierenden Protagonisten zu identifizieren. Roger Donaldson kehrte in *No Way Out – Es gibt kein Zurück* (1987) dieses Stereotyp um: Der Sympathieträger entpuppt sich in einer überraschenden Wendung als russischer Spion.

Dieses neue Identifikationsangebot war nicht zuletzt möglich geworden durch den politischen Wandel seit Beginn der Gorbatschow-Ära, denn in den Zeiten des eigentlichen Kalten Krieges fungierten im Spionagefilm stereotypisch die sozialistischen Staaten (vorrangig die Sowjetunion) als die Feinde des Westens. Mit dem Beginn des sowjetischen Reformprozesses galt dieses Feindbild aus Gründen der Political Correctness als veraltet. Plötzlich konnte es den Rollentypus des guten Russen geben wie in John McTiernans *Jagd auf »Roter Oktober«* (1989) und in Fred Schepisis *Das Rußlandhaus* (1990), der von Stars wie Klaus Maria Brandauer und Michelle Pfeiffer dargestellt wurde.

Der neuen politischen Weltlage musste auch der berühmteste Filmspion, James Bond, seines Zeichens britischer Geheimagent im Auftrag Ihrer Majestät, in seinen Abenteuern Rechnung tragen (z. B. John Glens *Der Hauch des Todes*, 1987, und *Lizenz zum Töten*, 1989, sowie Martin Campbells *Goldeneye*, 1995). Die Filme um den von Ian Fleming geschaffenen Topspion mit der Lizenz zum Töten bilden nicht nur die erfolgreichste und kontinuierlichste Filmserie überhaupt, sodass vom Bond-Fieber oder der Bonditis – so der Originaltitel von Karl Suters epigonalem Film (1968) – gesprochen wurde, sondern sie verkörpern auch das Genre in Reinform. Ein Vorläufer der Bond-Reihe war die französische Filmserie um den von Peter Cheyney erfundenen FBI-Agenten Lemmy Caution (Bernard Borderies *Im Banne des blonden Satans*, 1953, und – mit den Weihen der → Nouvelle Vague versehen – Jean-Luc Godards *Lemmy Caution gegen Alpha 60*, 1965). War der Einzelkämpfer Lemmy Caution Held des → B-Films, so spielt Bond in der A-Klasse: Bei keinem seiner Filme geht es um weniger als um die Rettung der Welt. In Terence Youngs *James Bond jagt Dr. No* (1962), *Liebesgrüße aus Moskau* (1963) und drei weiteren Filmen sind die Gegner hochgerüstete Terrororganisationen namens Spectre oder Phantom mit ihren Katzen kraulenden Chefs und später Bonds Erzfeind Ernst Stavro Blofeld. Bonds Gegenspieler in *Goldfinger* (1964) ist der gleichnamige edelmetallversessene Kriminelle; in *Der Spion, der mich liebte* (1977) und in *Moonraker – Streng geheim* (1979) treten die machtbesessenen Superreichen Karl Stromberg und Hugo Drax auf. Das Handlungsgerüst ist stets nach demselben Schema konstruiert: Bond wird von seinem Chef M einbestellt, flirtet kurz mit dessen Sekretärin Miss Moneypenny, erhält von ihm einen gefährlichen Spezialauftrag und von Q hochtechnische Unterstützung. Bei seinen Nachforschungen nimmt ihn der Kontrahent gefangen, die Lage scheint ausweglos, aber Bond siegt am Ende doch und verhindert in buchstäblich letzter Sekunde die Katastrophe. Mittlerweile hat die Serie zum fünften Mal einen neuen Hauptdarsteller (nach Sean Connery – für viele der einzig ›wahre‹ Bond – George Lazenby, Roger Moore, Timothy Dalton und seit *Goldeneye* Pierce Brosnan), die Kontinuität und Kohärenz ist aber durch eine Vielfalt von personellen (die Produzenten, die Figuren M, Q und Miss Moneypenny, die Bond-Girls in der guten und der bösen Variante) und formalen (der Teaser als Pretitle Sequence, die Vorspanngestaltung durch Maurice Binder, das musikalische Bondmotiv, der stets hitverdächtige Titelsong) Konstanten gesichert.

Der Erfolg der James-Bond-Filme erzeugte in den 60er Jahren eine Flut von Nachahmungen wie beispielsweise die Jerry-Cotton-Filme (Harald Reinls *Der Tod im roten Jaguar*, 1968); sie erreichten aber nie das Niveau des Originals, titulierten dafür ihre Helden in Anlehnung an Bonds Doppelnull mit aberwitzigen Zahlen- und Buchstabenkombinationen. Parallel entstanden als Reaktion auf die Stereotypen der Bond-Serie Spionagefilme mit kritischen Untertönen wie Martin Ritts *Der Spion, der aus der Kälte kam* (1965), Raoul J. Lévys *Lautlose Waffen* (1966) und Sidney Pollacks *Die drei Tage des Condor* (1975), die die Welt der Agenten von innen schildern und entmystifizieren. In diese Tradition gehören auch Luc Bessons *Nikita* (1990) und John Badhams Remake

Der Spion, der aus der Kälte kam (1965, R: Martin Ritt)
Bewaffnete Wachposten, Schranken, Scheinwerfer, Kontrollen – die Grenze als Schreckensort, besonders während des Kalten Krieges zwischen West und Ost, ist ein symbolischer Schauplatz für die ›Kältezone‹, in die sich die zwielichtigen Agenten hineinbegeben. Der Spionagefilm in den 30er und 40er Jahren gab sich oft mit einem unscharfen Feindbild zufrieden – der Gegner war nicht gleich zu identifizieren, das machte es so mühevoll, ihn, als Saboteur etwa, zu enttarnen. Natürlich waren meistens die Nazis gemeint. Später, in den 50er und 60er Jahren, traten die Kommunisten an ihre Stelle, manchmal auch (wie in den James-Bond-Filmen, einer spezifischen Spielart des Spionagethrillers) Wahnsinnige, die zur Weltherrschaft streben. Der Spion als Einzelgänger ist zu einem Doppelleben verurteilt: Nur eine Seite seiner Existenz darf er jeweils preisgeben. Die Pluralität konkurrierender Persönlichkeiten in einem Menschen führt ihn am Ende in ein Dickicht von Betrug und Selbstbetrug, manchmal weiß er selbst nicht, wer er war und wer er ist. Dann bedrückt ihn Melancholie, die sich zur Krankheit zum Tode steigern kann.

unter dem Titel *Codename: Nina* (1993), in denen eine junge Einbrecherin vom Geheimdienst ihrer Persönlichkeit beraubt und zur Killermaschine umfunktioniert wird. Darüber hinaus wurde verstärkt nach den psychosozialen Motiven für Geheimnisverrat gefragt (z. B. in John Schlesingers *Der Falke und der Schneemann*, 1984). In Marek Kanievskas *Another Country* (1984) sucht der Protagonist beispielsweise – als bekennender Homosexueller Außenseiter in einer englischen Eliteprivatschule der 30er Jahre – eine Lebensalternative im sozialistischen Lager. Gleichzeitig erhielten die Agentenfiguren menschlichere Züge: An die Stelle des Superhelden Bond traten abgehalfterte CIA-Agenten (in Wolfgang Petersens *In the Line of Fire – Die zweite Chance*, 1993), besorgte Familienväter (in Philipp Noyces *Die Stunde der Patrioten*, 1992), Büromenschen (in Pollacks *Die drei Tage des Condor*), Zivilisten als Agenten wider Willen (in Schepisis *Das Rußlandhaus*) und promovierte Geisteswissenschaftler (in Stuard Bairds *Einsame Entscheidung*, 1996).

Kaum ein anderes Genre ist so häufig parodiert worden wie der Spionagefilm, beispielsweise in den Bond-Persiflagen *Casino Royale* (1966) von Val Guest, Ken Hughes, John Huston, Joseph McGrath und Robert Parrish und *00 Schneider – Jagd auf Nihil Baxter* (1994) von Helge Schneider sowie in Spionagekomödien wie Martin Melchers *Spion in Spitzenhöschen* (1965), Irving Kershners *S.P.Y.S.* (1974), John Landis' *Spione wie wir* (1985) und Herbert Ross' *Undercover Blues – Ein absolut cooles Trio* (1993).

Ursula Vossen

Literatur: Erich Kocian: Die James Bond Filme. München 1982. – Holger Wacker (Hrsg.): Enzyklopädie des Kriminalfilms. Meitingen 1995.

Splatterfilm. Der englische Begriff »splatter« ist die lautmalerische Umschreibung einer über die Wand spritzenden Blutfontäne und verbreitete sich unter amerikanischen Filmjournalisten in den späten 70er Jahren. Er bezeichnet kein spezifisches Genre, sondern verweist auf eine spezielle Filmästhetik, die die Zerstörung und Auflösung der Physis zum Thema hat.

Vielzitierter Urvater eines Konzepts, das erst in den frühen 80er Jahren seine Blütezeit erlebte, ist der Amerikaner Herschell Gordon Lewis, der in dem programmatisch betitelten → Horrorfilm *Blood Feast* (1963) erstmals die blutige Zerstückelung eines Mädchenkörpers mit Hilfe synthetischer Effekte ausspielte. Wenige Jahre später stimmte auch die britische Hammer-Film-Gesellschaft stilistisch ein – in der Hoffnung, dem langsam einschlafenden klassischen Horrortrend das sprichwörtliche frische Blut zuzuführen; eine Rechnung, die nicht aufging (*Die sieben goldenen Vampire*, 1972, R: Roy Ward Baker).

Die Themen des Splatterfilms der 70er Jahre, dessen erfolgreichster Vertreter Sean S. Cunninghams *Freitag der 13.* (1979) ist, sind weitaus realerer Natur als die barocken Phantasmagorien des klassischen Horrorfilms. Historische Vorgänge innerhalb der amerikanischen Gesellschaft reflektierend (die Tate-LaBianca-Morde, Ed Gein, das Guayana-Massaker), die eine große soziale Verunsicherung bewirkten, bildet sich das noch heute populäre Subgenre des → Serial-Killer-Films heraus, der vereinfachte Strukturen des Psychothrillers (→ Thriller) zum Vorwand für eine Reihe effektvoller Tötungssequenzen nimmt (die sich ständig häufende Anzahl an Opfern führte zu dem Begriff »bodycount«). Blut und Eingeweide (»blood and guts«) dienen als visuelle Fetische in einer mitunter reaktionär-moralistischen Welt sexueller Verdrängung. Oft avanciert der Killer selbst zum Helden bzw. zur Idenfikationsfigur; spätere Vertreter dieses Genres betonen das schon im Titel, z. B. *Freddy's New Nightmare* (1994) von Wes Craven, der sich auf die Alptraumgestalt des Kindermörders Freddy Krueger bezieht.

Abseits dieser vergleichsweise intimen Täter-Opfer-Konstellation griffen die Mechanismen des Splatterkinos auch auf die apokalyptischen Horrorvisionen des Zombie- und Kannibalen-Films über. In grotesker Direktheit wird dort eine kommunikationsunfähige, sich selbst zerfleischende Gesellschaft porträtiert, die sich in kompletter Auflösung befindet. Erstmals bekommt die inszenierte Gewalt einen deutlich satirischen Anstrich (wichtigstes Beispiel: *Zombie*, 1978, R: George Romero).

Die Eingrenzung des Splatterbegriffs auf das Horrorgenre wäre jedoch zu kurz gegriffen, da dieses stilistische Phänomen u. a. durch Sam Peckinpah (*The Wild Bunch – Sie kannten kein Gesetz*, 1969) auch im späten → Western und im → Polizeifilm deutlichen Niederschlag fand. Heute gehören Splatterelemente zum stilistischen Klischee der Ästhetik der Gewalt und finden längst Entsprechungen im populären Kino der 90er Jahre (z. B. der einleitende Totschlag in *Wild at Heart – Die Geschichte von Sailor und Lula*, 1990, R: David Lynch).

Einigen Regisseuren gelang der Sprung vom Splatterkino zum ›seriösen‹ Film: David Cronenberg galt lange als Wegbereiter des Splatterfilms mit Werken wie *Scanners* (1980), dessen explodierende Köpfe bis dahin als unerhört galten, wandte sich jedoch in den 90er Jahren schwierigen tragischen Stoffen zu, wie *M. Butterfly* (1993) beweist. Andere werden sich nie von ihren Wurzeln lösen können: Dario Argento, seit *Suspiria* (1976) und *Horror Infernal* (1980) als Meister des italienischen Horrorfilms betrachtet, plant in absehbarer Zeit keinen Abschied von seinem favorisierten Genre.

Marcus Stiglegger

Literatur: John McCarthy: Splatter Movies. Breaking the Last Taboo. New York 1981. – Kim Newman: Nightmare Movies. New York / London 1984. – Frank Trebbin: Die Angst sitzt neben Dir. 5 Bde. Berlin 1991–94.

Splitscreen / Multiscreen. Beide technischen Methoden dienen zur gleichzeitigen Projektion von Bildern, die ursprünglich auf verschiedenen Filmen (oder anderen Medien) aufgezeichnet worden sind.

Die Splitscreen-Technik vereint zwei oder mehr Bilder auf einem Filmstreifen, der mit-

Bettgeflüster (1959, R: Michael Gordon): Doris Day und Rock Hudson

Zwei Personen sind in einem Bild, doch nicht im selben Raum versammelt. Splitscreen ist eine besondere Form der Montage, die kombiniert, was miteinander zu tun hat, sich aber doch nicht am selben Ort ereignen soll. Besonders bei privaten Situationen, wie Badeszenen, ist es heiter, wenn diese Intimität für den Zuschauer sichtbar wird, nicht jedoch für die jeweils andere Spielfigur.

tels eines Projektorapparates auf eine ›konventionelle‹ Leinwand geworfen wird. Splitscreen-Szenen können problemlos in normale Sequenzen montiert werden und auf Standardprojektoren wiedergegeben werden. Ein bekanntes Beispiel stellen filmische Telefongespräche dar, bei denen die beiden Gesprächspartner, in verschiedenen Sets aufgenommen, auf beiden Seiten der Leinwand stehen und durch eine graphische Bildteilung voneinander getrennt sind. Solche Trickaufnahmen können durch Mehrfachbelichtungen mit Masken und Gegenmasken oder auf einem optischen Tricktisch erstellt werden.

Das Multiscreen-Verfahren präsentiert auf zwei oder mehr Leinwänden die simultane Projektion verschiedener Filmstreifen; dafür ist allerdings der Einsatz mehrerer synchronisierter Projektoren notwendig; die Verwendung einer konventionellen Projektionsanlage ist nicht möglich.

Christian Roggy

Sportfilm. Menschen sitzen auf Stühlen in ansteigenden Reihen und schauen anderen zu, wie sie sich bewegen. Die Parallelen zwischen dem Kinosaal und der Sportarena, zwischen Film und Sport an sich liegen auf der Hand. Die Faszination des Mediums der bewegten Bilder für den sich bewegenden Menschen ist denn auch im Grunde so alt wie das Medium selbst. Der Baseball-Film *Casey and the Bat* etwa datiert aus dem Jahr 1899. Und Genres wie die → Slapstick-Komödie, der → Musicalfilm oder manche Spielarten des → Martial-Arts-Films basieren so sehr auf dem akrobatischen Können ihrer Akteure, dass sie fast als eine Art »filmischen Sports« angesehen werden könnten.

In Sportdokumentationen wird Film als Nachrichten- und Reportagemedium benutzt und das Geschehen für denjenigen festgehalten, der nicht dabei sein kann. In dieser Funktion wird das Sportumentary klassischerweise in Kinowochenschauen benutzt. In abendfüllenden Formen wie den zahlreichen Olympiafilmen hingegen lässt sich zeigen, dass das Geschehen nicht bloß dokumentiert, sondern geradezu gefeiert wird: z. B. an *Olympia '52*, dem Debütfilm von Chris. Marker; an *Tokio 1964* (1964) von Kon Ichikawa, der durch seinen immensen Aufwand (164 Kameramänner) bekannt wurde; an *München 1972* (1973), in dem acht Regisseure (u. a. Arthur Penn und Claude

Lelouch) die Olympischen Spiele von München dokumentierten. Erinnert sei auch an die beiden *Olympia*-Filme von Leni Riefenstahl, die den Charakter als Fest oder Feier schon im Titel führen und deren Ambivalenz gerade aus dem Versuch entsteht, die Elemente Sport, Körperlichkeit und natürliche Schönheit zusammenzuführen, eine Einheit, die oft als faschistische Ästhetik verstanden worden ist (Teil 1: *Fest der Völker*, Teil 2: *Fest der Schönheit*, 1938). Weitere Spielarten gegenüber der reinen und der das Ereignis emphatisch feiernden Dokumentationen sind künstlerisch und politisch ambitionierte Sportumentaries. In *Fußball wie noch nie* (1970) zeigt Hellmuth Costard die neunzig Minuten des Fußballspiels Manchester United gegen Coventry, indem die Kamera die ganze Zeit nur einem einzigen Spieler folgt: Manchesters Außenstürmer George Best. Es entsteht ein ästhetisch motivierter Blick auf das Spiel, quer zu den Konventionen, denen man gemeinhin folgt, wenn man Fußballspiele darstellt. Das politische Sportumentary stellt die Sportveranstaltung in einen gesellschaftlich-politischen Kontext. *Eintracht Borbeck* (1977) z. B. beobachtet den Kampf des Fußballvereins des Essener Industrievorortes Borbeck um den Aufstieg in die erste Kreisklasse. Der Film zeigt die Einbindung des Vereins in die kleinstädtischen Strukturen und die Emanzipation der Spielerfrauen und -freundinnen, die schließlich selbst eine Mannschaft gründen.

Der dokumentarische Sportfilm hat seine Funktion längst an das Fernsehen abgegeben, das schneller, sogar live vom Geschehen berichten kann. Was für die Rezeption insofern von Bedeutung ist, als der Sportfan nicht erst das Fußballspiel sehen will, wenn er das Ergebnis schon kennt. Im Gegenzug übernimmt das Fernsehen immer mehr Ausdrucksformen des Films, etwa wenn Kamerakräne am Spielfeldrand aufgestellt werden, die auch Schwenks liefern.

Sportlerbiographien (→ Biopic) – sowohl als Spiel- wie als Dokumentarfilm – eignen sich ausgezeichnet als Kinogeschichten, geht es in ihnen doch immer um Kampf, Aufstieg und Schicksalsschläge, um landläufig bekannte Gestalten, Idole, Vorbilder. Die Liste der Beispiele ist sehr umfangreich. Ausnahmesportlern wie Muhammad Ali (*Muhammad Ali, der Größte*, 1974, R: William Klein; *When we were Kings*, 1996, Dokumentarfilm, R: Leon Gast) oder dem Baseballspieler George Herman »Babe« Ruth (*The Babe Ruth Story*, 1948, R: Roy Del Ruth; *Babe Ruth*, 1991, R: Mark Tinker; *The Babe*, 1992, R: Arthur Hiller) sind gleich mehrere Filmbiographien gewidmet. Eine der bekanntesten Biographien ist *Wie ein wilder Stier* (1980) von Martin Scorsese, die Geschichte des Mittelgewichtschampions Jake La Motta. Scorsese beobachtet seinen Protagonisten auch noch nach dessen aktiver Zeit, in der er sich als drittklassiger Entertainer durchzuschlagen versucht. Auf- und Abstieg eines Boxers zeigt auch der deutsche zweiteilige TV-Film *Die Bubi Scholz Story* (1998, R: Roland Suso Richter). Ein Grenzgänger zwischen Fiction und Non-Fiction ist *Libero* (1973, R: Wigbert Wicker), eine Spielfilmbiographie über (und mit) Franz Beckenbauer mit dokumentarischen und Spielszenen.

Als eine Variation der an das reale Sportgeschehen angelehnten Filme kann man jene Produktionen betrachten, die Sportler als Schauspieler einsetzen. Max Schmeling spielt einen Boxer in *Knock-Out* (1935, R: Carl Lamac, Hans H. Zerlett). Die Eiskunstläuferin Sonja Henie war der Star einer ganzen Reihe von Spielfilmen (wie z. B. *Funkelnde Sterne*, 1945, R: William A. Seiter), ihre Kollegin Katarina Witt spielte in *Carmen on Ice* (1990, R: Horant H. Hohlfeld) die Bizet'sche Opernheldin auf Kufen. Die Schwimmerin Esther Williams gab einer Reihe von Revuefilmen Gesicht (*Die goldene Nixe*, 1952, R: Mervyn LeRoy). Die ganze schwedische Fußball-Nationalmannschaft war beteiligt an *Fimpen, der Knirps* (1973, R: Bo Widerberg).

Sportfilme zeigen den sportlichen Wettkampf oft als eine eigentlich symbolische Auseinandersetzung um Erfolg und Bewährung, um Hoffnung und Macht, um Scheitern und Geld. Naheliegenderweise sind

Wege zu Kraft und Schönheit (1926, R: Wilhelm Prager)
Fliegende Menschen und fliegende Bälle: Die Darstellung des Sports im Film feiert den ertüchtigten Körper. Er muss also sichtbar werden, ob ganz nackt oder durch praktische Trainingskleidung bedeckt. Die Umwelt abstrahiert sich zum Spielfeld. Die in den 20er Jahren verbreitete Gymnastik nahm gerne tänzerische Elemente auf, soweit das möglich war. Der frühe Sportfilm war damit einverstanden, solche oft ornamentalen Exerzitien zu dokumentieren, fühlte sich aber bald von Wettkämpfen stärker angezogen: Die dramaturgische Struktur entstand durch den Verlauf des Wettkampfs, durch die Spannung auf den Sieg und darauf, wer ihn davontragen würde. Die Ästhetik des Sportfilms entdeckte, dass durch technische Manipulation die Schwerkraft beinahe aufzuheben war: durch Verlangsamung der Sprünge und extravagante Perspektiven von unten nach oben. Diese Elemente sind bereits 1926 in dem Ufa-Kulturfilm *Wege zu Kraft und Schönheit* entwickelt, lange bevor Leni Riefenstahl in ihrem Olympiafilm (1938) sie wieder, virtuoser, aufgriff. Riefenstahl konnte indes als wesentliche Komponente zur Rhythmisierung der Abläufe noch die emotionalen Reaktionen des Publikums hinzufügen.

Sportfilme darum oftmals Aufsteigerdramen – sie erzählen Success-Stories oder aber Geschichten, in denen die Niederlage dem Sieg oft unmittelbar folgt. Das Genre knüpft in den meisten seiner Formen an Aufstiegs- und Karriere-Phantasien der Unterschicht an, an biographische Phantasien der Armen: Wer nicht mit Hilfe der Schule, der Ausbildung oder von Beziehungen eine höhere soziale Klasse zu erreichen imstande ist, kann dies allein durch seine körperlich-sportlichen Fähigkeiten versuchen. Hollywood mag sich da vom amerikanischen Bildungssystem befruchtet haben lassen, das die Institution des Sportstipendiums kennt. Wieviel Armut und Verzweiflung den Sport antreiben, zeigt ein Film wie *Nur Pferden gibt man den Gnadenschuß* (1969, R: Sidney Pollack), der einen Tanzmarathon während der 30er Jahre schildert und die seelischen und körperlichen Qualen der Beteiligten als ebenso zynisches wie spektakuläres Spiegelbild einer erbarmungslosen Leistungsgesellschaft zeigt.

In manchen Filmen ist die sportliche Karriere noch in einem weiteren Sinne eine Fortsetzung des äußeren Lebens, die sportlichen Tugenden sind Spiegel und Intensivierung von Qualitäten, die ursprünglich dem Arbeitsleben entstammen. Leistungssport ist hier fester Bestandteil des kapitalistischen Systems, Sportkritik ist Kapitalismuskritik. *This Sporting Life* (*Lockender Lorbeer*, 1962, R: Lindsay Anderson) heißt ein Schlüsselfilm des englischen → Free Cinema. Ein Bergarbeiter steigt darin zum gefeierten Rugbyspieler auf, weil er die Repressivität und Gewalttätigkeit auf den Sport überträgt, die er als Tugenden des Arbeiterlebens gelernt hatte. Der Preis für seinen Aufstieg sind emotionale Verrohung und Vereinsamung. Mit *Die Einsamkeit des Langstreckenläufers* (1962, R: Tony Richardson) verzeichnet der sozialrealistische englische Film der frühen 60er Jahre noch einen zweiten Film, der den sportlichen Wettkampf als Auseinandersetzung um Klassen- und Herrschaftsansprüche zu lesen versucht. Ein wegen Diebstahls in ein Erziehungsheim gesteckter Junge soll darin sein Heim bei einem Langstreckenlauf vertreten. Er scheint als sicherer Sieger durchs Ziel zu gehen – und gibt doch kurz davor auf: Sein Sieg wäre eine Unterwerfung unter die Konditionen der Herrschenden. In beiden Filmen dient Sport auf den ersten Blick als Möglichkeit zur Selbstverwirklichung, zum sozialen Aufstieg, zum Imagegewinn. Man kann beide spiegelbildlich sehen: Der Rugbyspieler spielt aus eigenem Antrieb, gewinnt und verliert doch dabei. Der Läufer läuft gezwungenermaßen, verliert den Wettkampf und gewinnt damit ein Stück persönlicher Freiheit und die Möglichkeit, seine Stimme gegen das System zu erheben. Nicht der Sieg, sondern der Umgang mit der Niederlage ist darum auch für viele Sportfilme das eigentliche dramaturgische Zentrum.

Sportfilme sind oft auf die Figur des Sportlers zentriert, untersuchen das Subjekt in Situationen der Belastung, in biographischen Krisen. Sie knüpfen darin an Modelle der biographischen Erzählung an, und sie lassen Figuren wiederaufleben, die im realen Handeln kaum eine Chance mehr haben. Laufen, nicht im Wettbewerb, sondern im Training, ist eine einsame Sache. Dustin Hoffman in *Der Marathon-Mann* (1976, R: John Schlesinger) trainiert wie besessen. Das Laufen erlebt er als reine Körperlichkeit und Augenblickserfahrung, die ihn die schmerzhafte Erinnerung an den Selbstmord seines Vaters vergessen lässt, in den dieser von der McCarthy-Hysterie getrieben wurde. Die Ich-Bezogenheit, hier wohlgemerkt im Training, ist ein Spezifikum vieler Sportarten. Da ist einer allein mit sich, spürt seinen Körper, kämpft gegen Ermattung und Erschöpfung. Sich gegen die eigene Schwäche durchsetzen – auch in anderen Formen des Sports spielt die extreme Selbstbegegnung eine wichtige Rolle. Doch sind nicht nur die körperliche Erschöpfung, sondern auch die Elemente Gegner der Bergsteiger und Skifahrer (etwa in Arnold Fancks und G. W. Pabsts *Die weiße Hölle vom Piz Palü*, 1929). Sie kämpfen gegen die Natur, müssen unter höchster körperlicher Belastung ihre Aufgabe erfüllen. Darin sind sie dem Abenteurer verwandt.

Der Körper selbst ist das Medium, mit dem der Schaukampf bestanden werden kann, manchmal auch die Mannschaft und ein minimalistisches Spielmittel wie ein Ball. Das Boxen ist die körperlichste der Sportarten, Boxerfilme sind darum der klassische Prototyp derartiger Aufsteigerdramen. Der Faustkämpfer – hier ist das Bild bis in den allgemeinen Sprachgebrauch vorgedrungen – »boxt« sich nach oben, überwindet Klassenschranken, die er nur mit dem Sport überschreiten kann – nicht mit Arbeit, allenfalls noch mit dem Verbrechen (im Gangsterfilm, der dem Boxerfilm verwandt ist). In *Jagd nach Millionen* (1947, R: Robert Rossen) spielt John Garfield einen jüdischen Jungen, der auf den Straßen und in den Billardhallen der New Yorker Eastside herumlungert, bis er zufällig einen Amateurboxkampf gewinnt. Er kämpft bald erfolgreich als Profi. Doch er wird zu gierig und lässt sich mit dem Verbrechen ein: Man bietet ihm eine stattliche Summe, wenn er in einem entscheidenden Kampf verliert. Seine jüdischen Freunde, die beim Buchmacher auf ihn gesetzt haben, würden dadurch ihr Geld verlieren. Der richtige Weg aufzusteigen (via Boxen) und der falsche (via Verbrechen) sind hier parallel angelegt. Verbrechen und Boxsport liegen auch in *Rocky* (1977, R: John G. Avildsen) eng beieinander, einem der prägenden späten Boxfilme. Drehbuchautor Sylvester Stallone spielt darin einen kleinen Preisboxer in Philadelphia, der sich seinen Lebensunterhalt als Schläger eines Geldverleihers verdient. Als zufällig der Gegner eines Schwergewichtschampions ausfällt, muss Rocky einspringen. Durch harte Arbeit am eigenen Körper, durch Schweiß und Disziplin schafft es Rocky – nicht, indem er siegt (er verliert schließlich), sondern indem er zu sich findet. Die simple Sieg- oder Niederlagen-Geschichte wird hier (wie auch in *Die Stunde des Siegers*, 1981, R: Hugh Hudson) um eine subtilere Variante bereichert. Rocky setzt das uramerikanische Credo des »Jeder kann es schaffen« exemplarisch um. Und es ist nur folgerichtig, dass er im vierten Teil der Saga in einen Fight gegen einen Russen geschickt wird, einen Kampf der geopolitischen Blöcke im Kleinen ausfechtend.

Natürlich manifestieren sich im Feld des Sports gesellschaftliche Grenzen und Machtverhältnisse. Der Sport umfasst z. B. eine klare Gliederung der Geschlechterrollen. In *Eine Klasse für sich* (1992, R: Penny Marshall) brechen Frauen (nach einem wahren Fall) anno 1943 in die Männerdomäne Baseball ein. Weil die Herren im Krieg sind, stellt man eine Damenmannschaft auf. Trotz Spotts und Vorurteilen können sich die Frauen an Schläger und Fanghandschuh behaupten und stellen schließlich eine eigene weibliche Liga auf. Ringerinnen (*Below The Belt*, 1980, R: Rob Fowler), Catcherinnen (*Kesse Bienen auf der Matte*, 1981, R: Robert Aldrich), sogar Matadorinnen (Esther Williams in *Fiesta*, 1947, R: Richard Thorpe): Immer wieder ist die Geschlechterbestimmung der Sportarten Thema des Sportfilms gewesen. Aufsteigergeschichten mit oftmals ethnischem Subtext sind nicht nur die Boxerfilme, sondern neuerdings auch die amerikanischen Basketballfilme. *Weiße Jungs bringen's nicht* (1991, R: Ron Shelton) sagt schon im Titel, wer in der Disziplin die Nase vorn hat. Basketball scheint die Aufstiegsmöglichkeit für Schwarze par excellence zu sein. In *Spike Lee's Spiel des Lebens* (1998) könnte ein schwarzer Basketball-Jungstar sogar seinen Vater aus dem Gefängnis holen, wenn er in das Lieblingsteam des Gouverneurs einträte. In der Zeichentrick-Realfilm-Mischung *Space Jam* (1996, R: Joe Pytha) bedarf es der anarchischen Figuren aus den Warner-Cartoons, um das tatsächliche, mehrheitlich schwarze »Dream Team« um Michael Jordan zu besiegen.

Sport nicht in emanzipatorischer oder kapitalismuskritischer Absicht, sondern als anti-utopische Projektion präsentiert *Rollerball* (1975), einer der wenigen Science-Fiction-Filme unter den Sportfilmen. Regisseur Norman Jewison zeigt darin eine Mischung aus Hockey, Football und Rollschuhlaufen als einen brutalen Kampf, der im Jahr 2018 an die Stelle von Kriegen getreten ist. Sportkritik ist auch hier letzten Endes Gesellschaftskritik. In dieser Ausprägung als öffentlicher

Schaukampf auf Leben und Tod findet sich Sport in den utopischen Genres mehrfach (man denke an *Mad Max* und dergleichen mehr), darin an die schaurig-antike Tradition der Gladiatorenkämpfe anknüpfend, die ihrerseits auf die totalitären Regime der römischen Kaiser hinwiesen.

Aus dem Wettkampf zieht der Sportfilm oft seine Spannungsdramaturgie und seine Schauwerte – zwei Faktoren, die aus den jeweiligen Disziplinen gewonnen werden. Man denke an die Zeitlupenaufnahmen in *Lockender Lorbeer*, die die Anstrengung des Helden bis ins Groteske steigern: an den optischen Reiz der Schwimmvorführungen einer Esther William (z. B. in *Badende Venus*, 1941, R: George Sidney), an die visuell als Splitscreens umgesetzten spannenden Autorennen in *Grand Prix* (1966, R: John Frankenheimer), an die atemberaubenden Choreographien der Martial-Arts-Filme eines Bruce Lee oder Jackie Chan, wenn man diese denn als Sportfilme betrachten will. Seit den 80ern nähert sich der Sportfilm immer mehr der Bilderwelt der Sportwerbung an. Körperliche Bewegung wird gefeiert, Sport als Freizeitformat, als soziale Begegnung attraktiver und gleich gesinnter junger Menschen. *Spike Lee's Spiel des Lebens* wirkt wie ein überlanger Werbespot für einen amerikanischen Hersteller von Sportschuhen. So sehr Sport im Sportfilm einmal eine Bühne der niederen Klassen gewesen sein mag, ein Ort von Identitätsfindung und Identitätsbruch, so sehr wird er heute in einen konsumistischen Horizont gerückt – seine Bedeutung als Eigen- und Gegenwelt tritt dagegen zurück.

Dem Sportfilm waren und sind diverse Filmfestivals gewidmet. Unter Leitung von Hilmar Hoffmann entstanden 1968 in Oberhausen die Sportfilmtage. International gibt es Sportfilmfestivals u. a. in Annecy, Antibes, Chicago, Lausanne, Montreux und Turin.

Heinz-Jürgen Köhler / Hans J. Wulff

Literatur: Harvey Marc Zuckers / Lawrence J. Babich: Sports Films. A Complete Reference. Jefferson/London 1987. – Jeffrey H. Wallenberg (Hrsg.): Sports Movies. A Guide to Nearly 500 Films Focusing on Sports. Evanston 1989. – Lars-Olav Beier: Ein Platz für Haß und Rache. Film und Boxen – eine traditionsreiche Verbindung. In: Frankfurter Allgemeine Zeitung. 9. 1. 1993. – Freunde der deutschen Kinemathek: Sport – Körper – Bewegung. Filmretrospektive zu den Internationalen Sportfilmtagen. Berlin 1993.

Stadt im Film. Städte stellen weltweit den am häufigsten inszenierten filmischen Handlungsraum dar. Obgleich es allein in Deutschland seit den ersten Detektivfilmen um 1910 und dem ersten städtisch situierten Film mit meisterhafter Regie und Besetzung, Urban Gads *Die arme Jenny* (1912) mit Asta Nielsen, Hunderte von Filmen gibt, in denen die Stadt nicht nur den Schauplatz bildet, sondern zum bewusst inszenierten Mitakteur wird, obgleich international berühmte Regisseure die filmische Stadt jedes Mal in originären Formen und Themen entworfen haben, ist ein eigenes Genre »Stadtfilm« nicht entstanden. Zu vielfältig variiert, zu sehr auch in anderen Genres etabliert, ist es für die Stadt-Film-Relation sinnvoll, nicht von einem definierten Genre zu sprechen, sondern, je nachdem, die folgenden, zum Teil ineinander übergehenden Begriffe zu benutzen – »Stadtfilm«, »Stadt im Film« und »filmische Stadt«.

Der Begriff »Stadtfilm« trifft am besten jene meist dokumentarisch verstandenen Titel, die ausschließlich das Thema Stadt darstellen, wie dies zum ersten Mal und exemplarisch bei Walter Ruttmann in *Berlin. Die Sinfonie der Großstadt* (1927) geschieht. Diesem Prinzip der »Film-Symphonie« folgend entstanden noch Ende der 20er Jahre Dokumentarstreifen in den USA, in Japan oder in Brasilien (Robert Floreys *Skyscraper-Symphony,* 1928; Herman G. Weinbergs *City-Symphony,* 1929; Kenji Mizoguchis *Symphonie einer Großstadt,* 1929). Auch Leo de Laforgues von der NS-Zensur 1943 nicht zur Aufführung zugelassener und erst 1950 in einer Neufassung gezeigter Berlin-Film *Sinfonie einer Weltstadt* gehört in diese Reihe der reinen »Stadtfilme«, deren experimentelle Tradition auf Ruttmann, aber auch auf Dziga Vertovs *Der Mann mit der Kamera* (1929) zurückgeht.

Zazie (1960, R: Louis Malle): Cathérine Demongeot und Antoine Roblot

Die Sicht von einer Aussichtsplattform des Eiffelturms kann romantische Reflexionen auslösen, in Malles surrealistischer Komödie *Zazie* kommt es augenscheinlich zu Verwirrungen und Missverständnissen. Der Film präsentiert einige Schwindel erregende Passagen in luftiger Höhe, wie schon einst René Clair in seinem Kurzfilm *Das schlafende Paris* (1923) den Eiffelturm zur Inszenierung burlesker Szenen am Abgrund nutzte. Schwindel, der erregt wird durch das Tempo in den verkehrsreichen Straßen und durch die Blicke von den steilaufragenden modernen Architekturen, kann als das Grundgefühl der Moderne gelten: Verlust des Horizonts und der alten Raumkoordinaten, die Gleichgewicht garantieren. Stadtbewohner sind den Risiken des Augenblicks und den Turbulenzen des äußeren Lebens fast widerstandslos ausgeliefert. In den Straßen rumort die Sünde, die Hure Babylon. Selbst die Nächte garantieren keine Ruhe in den Städten. So eignet den meisten Filmen, die bewusst die große Metropole als Schauplatz wählen, heftige Dynamik – nicht allein in der Montage, auch in den Gängen und Gesten der Stadtneurotiker, Unruhe, aber auch Vitalität, Hektik und Panik, aber auch Lebenslust. Stillestehen und Innehalten scheint nur außerhalb oder oberhalb (z. B. auf dem Eiffelturm) erlaubt, aber selbst da weht der Wind und herrscht oft Durcheinander wie in der abgebildeten Einstellung.

Mit den Begriffen »Stadt im Film« und »filmische Stadt« wird man immer dann arbeiten, wenn die Stadt handlungstragender Schauplatz oder dramatische Figur ist. Damit ist die Aufmerksamkeit auf die Inszenierung des Urbanen im Spielfilm gelenkt, wobei die Übergänge zu jenen Filmen, in denen die Stadt als raumzeitlicher Akteur ins Zentrum des Geschehens rückt, vielfach fließend sind. So stellen beispielsweise in Vittorio De Sicas *Fahrraddiebe* (1948) die Häuser Roms, die tristen Straßen, das ganze Grau-in-Grau den symbolischen Handlungsort des dramatischen Geschehens dar, während in Carol Reeds *Der dritte Mann* (1949), in Ot-tomar Domnicks *Jonas* (1957) oder in Alexander Kluges *Abschied von gestern* (1966) die Stadt als dramatische Person in Erscheinung tritt.

Auch die typische, vor allem touristisch definierte »Filmstadt«, zu der Metropolen wie Paris, Rom, New York oder auch Berlin gehören, hat aufgrund ihres hohen Wiedererkennungswertes einen festen Platz im Spektrum der Stadt-Film-Relation. Dessen Spannbreite wird zudem dadurch bestimmt, dass die filmische Stadt sowohl in oft unglaublicher Perfektion im Studio oder auf einem Freigelände errichtet (Fritz Langs *Metropolis*, 1927, stellt dafür ein frühes eindrucksvolles Beispiel dar; Jacques Tati ließ für sämtliche Bauten in *Tatis herrliche Zeiten*, 1967, eine eigene Studio-Stadt am Rande von Paris entstehen) als auch in den ungewöhnlichsten Perspektivierungen on location inszeniert wird (Jim Jarmusch stellte in *Dauernd Ferien*, 1982, ein bis dahin im Film unbekanntes New York vor). Die Abgrenzungen zwischen Spiel- und Dokumentarfilm sind dabei weit mehr ästhetischer Anreiz als regelhafte Einschränkung (z. B. Alexander Kluges *In Gefahr und größter Not bringt der Mittelweg den Tod*, 1974, oder Wim Wenders' *Alice in den Städten*, 1974).

Längst gibt es heute neben der im Studio realistisch nachgebauten oder fiktiv konstruierten und der dokumentarisch gefilmten Stadt auch die phantastische Science-Fiction-Stadt (z. B. Ridley Scotts *Blade Runner*, 1982), die schließlich technisch konsequent mittels → Computeranimation erzeugt wird und als städtisch-fiktive Welt der Zukunft einen besonderen filmtechnischen Reiz darstellt (z. B. Steven Lisbergers *Tron*, 1982). Im offenen Genre der filmischen Stadt hat mit Godfrey Reggios *Koyaanisqatsi* (1983) auch die anonyme Weltstadt als Summe urbaner (Fehl-)Entwicklungen ihren Platz gefunden.

Mit der Expansion der modernen Metropolen und Großstädte drängen sich ihre Bilder dem Film auf. »Die Großstadt, ihr reiches, widerspruchsvolles Leben, ihr Puls, ihre vorübertreibenden Menschenschicksale sind immer wieder im Film geschildert worden. Es gibt eine ganze Flora solcher Werke, die aufbauen auf der Bildwirkung der Architektur, auf dem Rhythmus des Handwerks, des Verkehrs und der Maschinen, auf den Bewegungen der Menschen und auf dem Wechsel zwischen Morgen und Abend. Das Thema ist unerschöpflich; die Stadt eröffnet denen, die zu sehen vermögen, täglich neue Perspektiven.« (Weiss)

Der Film als genuines Medium der modernen Stadt hat sie nicht nur in ihrem je eigenen äußeren Erscheinungsbild, sondern als »innere Stadt«, als »Prinzip Stadt«, der menschlichen Wahrnehmung implantiert. Alexander Kluge, Theoretiker und Regisseur der filmischen Stadt, der sie mit diesen Begriffen charakterisiert, schreibt: »Mich fesselt dabei besonders die sog. ›unsichtbare Stadt‹: die städtische Struktur, die in unseren Nerven, Gefühlen, Kenntnissen steckt.«

Die harte Materie modelliert also in ihren städtebaulichen Formen auch die darin lebenden Menschen. Indem der Film zugleich mit dem architektonischen Ensemble und der kaleidoskopischen Bewegungsvielfalt in die sozialen Kontraste hineinschaut und hineinhört, werden dem Kinopublikum die Interdependenzen dieser materiellen und mentalen Stadt vorgeführt.

Die filmische Stadt begleitet seit ihren Anfängen die realen Entwicklungen der Hauptstädte, ihre technische Rasanz ebenso wie ihre soziale Brisanz. Je nachdem zeigt sich das Bild der gesellschaftlich niemals ›neutral‹ verfilmbaren Stadt von einer anderen Seite, als dämonisches Schreckbild im expressionistischen Film der frühen 20er oder im apokalyptischen Film der 70er und 80er Jahre, als Stadt der Verführung und des Lasters (von Karl Grunes *Die Straße*, 1923, Alberto Cavalcantis *Rien que les heures*, 1926, bis zu Ulrich Edels *Christiane F. Wir Kinder vom Bahnhof Zoo*, 1981), als modern-phantastische Zukunftsvision (Fritz Langs *Metropolis*, 1927), als komische Illustration des Alltags (z. B. Karl Heinz Martins *Ein blonder Traum*, 1932) oder als dessen politisch-ideologische Verbrämung (Viktor von Collandes, *Zwei in einer großen Stadt*, 1941). Einsamkeit und Isolation in der Stadt (z. B. in Michelangelo Antonionis *Die Nacht*, 1961, oder *Die rote Wüste*, 1964), Außenseiterdasein und Entfremdung (z. B. in Pier Paolo Pasolinis *Accatone – Wer nie sein Brot mit Tränen aß*, 1961; Rainer Werner Fassbinders *In einem Jahr mit 13 Monden*, 1978, oder auch die meisten Filme von Aki Kaurismäki) gehören mit ins Zentrum dieser sozialen Stadt-Differenzierungen, deren Beispiele sich schier endlos fortsetzen ließen.

In Deutschland haben zwischen den Kriegen neben weltbekannten Stadt-Regisseuren wie Carl Wiene (*Das Cabinet des Dr. Caligari*, 1920), Friedrich Wilhelm Murnau (*Der letzte Mann*, 1924; *Sunrise*, 1927), Fritz Lang (*Metropolis* und *M, 1931*) und Walter Ruttmann (*Berlin. Die Sinfonie der Großstadt*) erstaunlich viele weniger bekannte Regisseure die Stadt, und d. h. vor allem Berlin, auf sozialkritische Weise ins Kino gebracht; die wichtigsten Namen und Filme hier wenigstens zu nennen, soll andeuten, welche filmische Stadt-Vielfalt mit der Vernichtung der Weimarer Republik durch die Nazis zugrunde ging: Karl Heinz Martin (*Von morgens bis Mitternacht*, 1920), Leopold Jessner (*Hintertreppe*, 1921), Georg Wilhelm Pabst (*Die freudlose Gasse*, 1925), Gerhard Lamprecht (*Die Verrufenen*, 1925), Carl Boese (*Die letzte Droschke von Berlin*, 1926), Alex Strasser (*Berlin von unten*, 1928), Wilfried Basse (*Markt am Wittenbergplatz*, 1928), Joe May (*Asphalt*, 1929), Carl Junghans (*So ist das Leben*, 1929), Leo Mittler (*Jenseits der Straße*, 1929), Robert Siodmak (*Menschen am Sonntag*, 1930), Ernst Laemmle (*Der Teufelsreporter*, 1929), Phil Jutzi (*Mutter Krausens Fahrt ins Glück*, 1929; *Berlin Alexanderplatz*, 1931), Slatan Dudow (*Wie der Berliner Arbeiter wohnt*, 1930; *Kuhle Wampe*, 1932).

Zu den eindrucksvollen Spezialitäten der filmischen Stadt gehören die Establishing Shots, mit denen die Kamera den städtischen Raum eröffnet. Angefangen bei den frühen, als spektakulär empfundenen Zugeinfahrten in den Bahnhof über die ersten Flugaufnahmen und ihre künstlerisch-technische Perfektionierung durch Kameraleute wie Joseph H. August in William Dieterles *Jenny* (1948) oder Henri Alekan in Wim Wenders' *Der Himmel über Berlin* (1987) bis hin etwa zu den komischen Text-Bild-Montagen, mit denen Woody Allen in *Manhattan* (1978) die vertrackten Liebeserklärungen an New York beginnt.

Ständig entwickelt und übernimmt der Film aus seiner Bemühung, städtisches Leben einzufangen und auszumalen, technisch-künstlerische Innovationen, um den audiovisuellen Herausforderungen dieses Sujets ästhetisch gewachsen zu sein; sei es die entscheidend durch das Stadttempo und die Stadtvielfalt forcierte Beweglichkeit der Kamera, schon 1925 in Murnaus *Der letzte Mann* oder in Ewald André Duponts *Varieté* erprobt, seien es die frühen Trickaufnahmen, die Harold Lloyd in *Ausgerechnet Wolkenkratzer* (1923) seine atemberaubenden Stunts an den Hochhausfassaden möglich machen oder die des → Schüfftan-Verfahrens in Fritz Langs *Metropolis*, mit dessen Hilfe Miniatur-Stadtmodelle ihre suggestive realistische Wirkung erhalten, sei es die musikalisch unterstützte rhythmische Bildmontage (→ Montage) als Ausdruck städtischer Lebendigkeit in Walter Ruttmanns Berlin-Sinfonie mit der entsprechenden Musik von Edmund Meisel oder als Ausdruck metropoler Hektik und Gleichförmigkeit in *Koyaanisqatsi* mit der Minimal-Music von Philip Glass, sei es die ausgetüftelte Bild-Ton-Montage als Mittel städtisch-synchroner Raum-Zeit-Darstellung in Fritz Langs *M – Eine Stadt sucht einen Mörder*, schließlich auch die Verwendung des 70-mm-Formats sowohl zur Steigerung städtischer Raum-Dimensionen als auch zur stadtgemäßen Differenzierung der Tonspur in *Tatis herrliche Zeiten*. – Die reale Entwicklung der großen Städte kann der Film nicht beeinflussen; er kann aber das Bewusstsein ihrer Bewohner für die soziale und kulturelle Ambivalenz dieser Entwicklung schärfen. Darin vor allem liegt der Unterhaltungswert der filmischen Stadt.

Guntram Vogt

Literatur: Peter Weiss: Avantgarde Film. Frankfurt a. M. 1995. [Schwed. Orig. 1956.] – Jacques Belmans: La ville dans le cinéma de Fritz Lang à Alain Resnais. Brüssel 1977. – Alexander Kluge: Der Angriff der Gegenwart auf die übrige Zeit. Frankfurt a. M. 1985. – Antonella Licata / Elisa Mariani Travi: La città e il cinema. Bari 1985. – Donald Albrecht: Architektur im Film. Die Moderne als große Illusion. Basel [u. a.] 1989. [Amerikan. Orig. 1986.] – Uta Berg-Ganschow / Wolfgang Jacobsen (Hrsg.): ...Film... Stadt... Kino... Berlin. Berlin 1987. – Cités-Cinés. Paris 1987. [Ausstellungskatalog.] – Jean Douchet / Gilles Nadeau: Paris Cinéma. La ville vue par le cinéma, de 1895 à nos jours. Paris 1987. – Hanno Möbius / Guntram Vogt: Drehort Stadt. Das Thema »Großstadt« im deutschen Film. Marburg 1990. – Guntram Vogt: Die Stadt im Kino. Deutsche Spielfilme 1980–2000. Marburg 2001.

Stalinismus und Film. Der Stalinismus bestimmte die Entwicklung des Films als Institution, Industrie und Kunst. Mitte der 30er

Iwan der Schreckliche (1945, R: Sergej Eisenstein): Nikolai Tscherkassow

Stalin hatte überhaupt nichts dagegen, dass seine Doubles ihn in Spiel- und Dokumentarfilmen verkörperten – wie zuvor der deutsche Kaiser war er ein Star der Filmproduktion seiner Zeit. Zugleich aber misstraute er als unumschränkt herrschender Diktator der Kunst, zumal den formalen Experimenten im Revolutionsfilm der 20er Jahre. Entsprechend wurden in den 30er Jahren immer weniger Filme hergestellt, da Kreativität mit einer oft unberechenbaren Zensur nicht zu vereinbaren ist. Sergej Eisenstein, der nie ganz in Ungnade fiel, obwohl er zeitweise sehr vorsichtig lavieren und Kompromisse eingehen musste, entwarf in seinem Spätwerk die dämonische Heilsbringerfigur des in der Geschichte sonst übel beleumundeten Iwan des Schrecklichen. Während der erste Teil seines Films noch offizielles Lob erhielt, wurde die Aufführung des zweiten Teils verboten: Traten die finsteren, gewalttätigen Züge im Herrscherbild des Films allzu deutlich hervor und erinnerten allzu sehr an den gleichfalls ›schrecklichen‹ Stalin?

Jahre bildete sich in der Sowjetunion ein Modell zur staatlichen Subventionierung und Kontrolle der Kinematographie heraus, das weitgehend die Instrumentalisierung des Films als Propagandamittel bewirkte. Dieses Modell existierte – wenn auch leicht modifiziert – bis in die zweite Hälfte der 80er Jahre in der Sowjetunion und wurde auch von den Kinematographien der sozialistischem Länder Osteuropas, die sich seit dem Ende des Zweiten Weltkriegs in sowjetischem Einflussbereich befanden, übernommen. Allerdings konnte sich die Filmkunst – dank der infolge des Entstalinisierungsprozesses nach 1956 gelockerten Zensur – von dem stalinistischen Kunstkanon emanzipieren.

Bereits Lenin erkannte die Möglichkeiten des Films als massenwirksames Propagandamittel: »Von allen Künsten ist uns Film der wichtigste«, sagte er 1922 in einem Gespräch mit dem Volkskommissar für Bildung Lunatscharski. Zu dieser Wichtigkeit jedoch verhalf dem Kino erst Jossif Stalin, der 1924 einen anderen Aphorismus prägte: »Film ist eine Illusion, doch sie diktiert dem Leben ihre Gesetze.« Film konnte durch den in seiner fotografischen Natur begründeten Wirklichkeitseindruck der utopischen Vorstellung vom Sozialismus eine überzeugende Film-Realität verleihen.

Der Film wurde vom Staat voll subventioniert, seine künstlerische Autonomie dafür weitgehend unterdrückt. Er wurde benutzt als Medium zur Übermittlung wichtiger politischer Botschaften, aktueller Ideologie-Nuancen, wirksamer Demonstrationen der Inszenierung der Macht, aber auch zur Verbreitung traditioneller Künste, was in der sowjetischen Kinematographie ein ganz spezifisches Genre (der abgefilmten Theater- und Ballettaufführungen, Opern, ja symphonischer Konzerte) begründete.

Die Kommunistische Partei beschloss 1928 auf einer Sonderkonferenz die Richtlinien für die Entwicklung des Films in den nächsten Jahrzehnten. In die Kinematographie wurde ab 1930 viel mehr investiert als bisher (waren es 1927 noch 4 Mio. Rubel, so betrug der Zuschuss 1937 schon ein Vielfaches: 225 Mio.), was ihre Expansion ermöglichte, doch sie entwickelte sich unter starken ideologischen, technischen und ökonomischen Zwängen. Ab 1927 wurden sämtliche Devisen für den Filmbereich in der Sowjetunion gestrichen, was bedeutete, dass erst einmal Fabriken zur Produktion von Rohmaterial und der Kinoapparatur gebaut werden mussten, auch der Import ausländischer Filme wurde allmählich eingefroren: zwischen 1934 und 1946 waren nur wenige ausländische Filme im Verleih. Dagegen expandierte die Zahl der Kinos stark: 1928 gab es im Land 7331 stationäre und ambulante Kinos (etwa 33% davon auf dem Land), 1936 waren es 28931 (50% davon auf dem Land). Die Produktion eigenen Rohmaterials (ab 1931) ermöglichte es, die Zahl der Verleihkopien zu steigern. Die Zahl der Filmzuschauer wuchs, da das Kino die einzige zugängliche Unterhaltungsform blieb. Die Filmproduktion sank jedoch unterdessen erheblich: 1928 wurden in der UdSSR 124 Filme produziert, 1936–43 und 1951 pro Jahr nur noch 9. Die Verleihpolitik wurde stark geändert: Noch in den 20er Jahren wechselte das Kinoprogramm alle zwei Wochen, in den 30ern dagegen nur noch einmal im Monat. Die Anzahl der Filmkopien wurde vom Filmkomitee im Voraus bestimmt. Auf diese Weise war der Filmkonsum unter Kontrolle des Partei- und Staatsapparates gestellt. Dieselbe Kontrolle wurde über die Filmproduktion ausgeübt: ab 1930 wurde die zentrale Abnahme der Drehbücher eingeführt. Stalin betrachtete die sowjetische Kinematographie, die er allmählich seiner persönlichen Kontrolle unterstellte, als eine kollektive Schöpfung von Filmemachern und ihm. Er fand sogar die Zeit, Drehbücher zu lesen und Filme zu begutachten, sowie den Filmschaffenden Ideen zu unterbreiten, die mitunter Filmographien prägten. Der Staats- und Parteiapparat wurde zum einzigen Produzenten und bestellte auch einige Filme wie *Lenin im Oktober* (1937, R: Michail Romm) oder *Iwan der Schreckliche* (1945, R: Sergej Eisenstein) als »Staatsauftrag«. Zunächst war Film dem Ministerium der Leichtindustrie unterstellt, die Begründung der Verwaltung als eines selbständigen Komitees markierte 1931 die Umorientierung auf eine nichtkommerzielle Kunst, deren wichtigste Aufgabe in erzieherischer Arbeit zur Schaffung der kollektiven Sowjet-Identität gesehen wurde. Die → Zensur konnte auf allen Ebenen eingreifen: bei der Abnahme der literarischen Szenarien, Drehbücher, fertiger Filme, bis hin zu Mustervorführungen, personellen Entscheidungen über Regieaufträge, Besetzungen, Kostüme und Musik. Die künstlerische Gestaltung wurde als Medium der Ideologie betrachtet und streng kontrolliert. Die Filmkritik war in diesen Zensurmechanismus eingeschlossen und besiegelte in einigen scharfen Kampagnen (etwa gegen Formalismus 1936 oder gegen Kosmopolitismus 1948/49) das Schicksal einiger Künstler und ihrer Werke.

Der Kunstkanon prägte das System der stark hierarchisierten Themenbereiche (Tod, individuelles Leid, persönliche Dramen wurden weitgehend ausgeschlossen), Genres, bevorzugter Erzählstrukturen und Stilmittel, eine extrem reglementierte Ikonographie des Führers Stalin, auch die Stereotype des Helden, des Feindes oder der Frau, die das allgemein wünschenswerte Sozialverhalten vorführten.

Zum wichtigsten Agenten der stalinistischen Ideologie wurde der so genannte Kultfilm. Er sollte das gewünschte Geschichtsbild (der Oktoberrevolution, des Zweiten Weltkriegs) installieren und Stalin als Schöpfer dieser Geschichte bestätigen. *Lenin im Oktober* begründete dieses Genre und zugleich den Stalinkult im Film. Stalins Gegner, die in den Prozessen von 1937 verurteilt worden waren, wurden hier schon als Feinde des Volkes im Jahre 1917 dargestellt. Lenin war im Film nur anwesend, um Stalin handeln zu lassen. Michail Romm inszenierte dieses Sujet parallel zu Michail Tschiaureli, der ebenfalls 1937 die Geschichte des Oktoberaufstandes in *Der große Feuerschein* verfilmte. Ihnen folgten später so gut wie alle führenden sowjetischen Regisseure. *Lenin im Oktober* stand am Anfang eigenartiger »kommemorativer Handlungen«, die die Revolution jedes Jahrzehnt neu rekonstruierten und die Geschichte mittels Kino korrigierten. Die Historie wurde dabei als ewige Gegenwart behauptet, die unendlich und willkürlich veränderbar war. Dieses Prinzip dehnte sich auch auf die Darstellung von historischen Ereignissen und Lebensläufe von Zaren, Heerführern (Peter I., Iwan der Schreckliche oder Suworow) sowie berühmter Wissenschaftler und Künstler aus (→ Historienfilm).

Stalin war der einzige Politiker der 30er Jahre, der noch zu Lebzeiten und gleich mehrfach im Spielfilm dargestellt wurde; die Art seiner Darstellung war strengen Regeln unterworfen, ritualisiert, heterogene alte Symbole (christliche wie die Erleuchtung oder heidnische wie der Totenkult) wurden dabei kombiniert und umcodiert. Stalin wählte höchstpersönlich ›seine‹ Darsteller aus, er erfand manchmal eindrucksvolle Mise en Scènes, war sein eigener Kostümbildner und Zeremonienmeister zugleich. *Der Schwur* (1946), *Der Fall von Berlin* (1949), *Das unvergeßliche Jahr 1919* (1953) von Michail Tschiaureli sind die bekanntesten Beispiele dieses Genres.

Die Herausbildung der stilistischen Besonderheiten eines angestrebten homogenen Modells für den sowjetischen Film führte teilwcise zur Aufhebung der traditionellen Gattungs- und Genregrenzen, z. B. zwischen Spiel- und Dokumentarfilm, denn die hagiographische Epopöe *Der Fall von Berlin* war als Dokumentardrama verstanden worden und der Dokumentarfilm *Für Dich, Front* (1942) von Dziga Vertov dagegen wie ein Spielfilm inszeniert. Der Produktionsaufwand wuchs enorm: von Originalschauplätzen verlagerte sich die Produktion ins Atelier, in üppig gebaute Dekorationen. Historische Kostümfilme oder Kriegsfilme mit aufwendigen Schlachtszenen wurden unter Einsatz vieler von der sowjetischen Filmavantgarde bislang bewusst gemiedener illusionistischer Trickaufnahmen inszeniert.

Die Unterdrückung der Unterhaltung zugunsten der ideologischen Erziehung führte zur Ausschaltung ganzer Genres (Kriminal- und Abenteuerfilm, Melodram, Komödie). Auch auf die Liebesgeschichte wurde weitgehend verzichtet, sie bildete lediglich eine

Nebenhandlung in der Geschichte des sozialistischen Wettbewerbs (etwa in *Komsomolsk*, 1938, R: Sergej Gerassimow; *Sie trafen sich in Moskau*, 1942, R: Iwan Pyrjew) oder im Revolutionskampf (*Der große Feuerschein*). Eine Ausnahme bildeten die Musikfilme von Grigori Alexandrow und Iwan Pyrjew, sie waren eine nationale Antwort auf die amerikanischen → Musicalfilme.

Die Diskussion gegen den Formalismus in der Kunst 1936 führte zur Tabuisierung einiger Stilmittel: Montageexperimente, Geschwindigkeitsveränderungen, nichtnarrative Formen, subjektive Kamera, verzerrende Optik oder Beleuchtungseffekte waren plötzlich geächtet. Die Forderung nach allgemeiner Verständlichkeit, nach Eindeutigkeit der Aussage und nach Annäherung aller Filme an ein von ›ihm‹ gewünschtes Universalmodell führte zur Unterdrückung des individuellen künstlerischen Ausdrucks. Einfache Narrationsstrukturen, eine erhöhte Aufmerksamkeit gegenüber dem Dialog, die Orientierung auf die Literatur und Theaterdramaturgie des 19. Jahrhunderts, Unterdrückung nicht eindeutig semantisierter Effekte (wie des Geräusches oder zufälliger Details) bedingte die Literarisierung und damit Archaisierung der Filmsprache. Ein Film ohne Fabel wurde sogleich als Film ohne Idee verstanden. Die mitunter dramatische Diskrepanz zwischen Utopie und Realität durfte nicht problematisiert werden, die Angst vor der Wirklichkeit begründete einen besonderen Typ sozialistischer Dramaturgie – das so genannte konfliktlose Drama. Die dramatischen Kollisionen konnten nur mit den Klassenfeinden ausgetragen werden.

Die objektivierte Kamera, die unmerkliche Montage, lange Einstellungen und die Nachahmung der Kompositionen realistischer Malerei der Wanderkünstler sollten der hermetischen künstlichen Welt einen Wirklichkeitseindruck verleihen. Jeder Ansatz von Autonomie des künstlerischen Ausdrucks wurde als Untergrabung der kollektiven Identität verstanden und ohne Umschweife scharf angegriffen. Der Künstler galt als Vermittler der kollektiven Weisheit, der mediale Charakter des Films bekam eine ideologisch begründete Aufwertung. Die Wirkung dieses Kunstverständnisses haftet der sozialistischen Kinematographie noch lange nach Stalins Tod an, besonders als Mitte der 60er Jahre (nach dem Ende der Chruschtschow-Ära) die zentrale Kontrolle wieder verschärft wurde, was zum Aufführungsverbot mehrerer Filme (z. B. Andrej Tarkowskis *Andrej Rubljow*, 1966/72, oder Alexander Askoldows *Die Kommissarin*, 1967/87) führte.

Die Diskussion über Auswirkungen des Stalinismus auf den Film durchlief mehrere Etappen: zunächst wurden in der Sowjetunion die Filme wegen Entstellung der Realität scharf kritisiert; doch bereits 1950 schlug André Bazin ein anderes Analysemodell vor, das in späteren kultursemiotischen Betrachtungen (Boris Groys) weiterentwickelt wurde; die Werke wurden nicht an der Realität gemessen, sondern als symbolisierende Arbeit mit heterogenen Zeichen und als neue Mythologie analysiert; in einen noch breiteren Kontext wurden diese Werke durch die Auseinandersetzung mit der totalitären Kunstproduktion überhaupt gestellt (Richard Taylor; → Faschismus und Film, → Propagandafilm).

Oksana Bulgakowa

Literatur: André Bazin: Le mythe de Stalin dans le cinéma soviétique. In: Esprit. Juli/August 1950. – Richard Taylor: Film Propaganda: Soviet Russia and Nazi Germany. New York 1979. – Boris Groys: Gesamtkunstwerk – Stalin. München/Wien 1984. – Richard Taylor / Derek Spring (Hrsg.): Stalinism and Soviet Cinema. London / New York 1993. – Oksana Bulgakowa: Der Mann mit der Pfeife oder Das Leben ist ein Traum. Studien zum Stalinbild im Film. In: Martin Loiperdinger / Rudolf Herz / Ulrich Pohlmann (Hrsg.): Führerbilder. Hitler, Mussolini, Roosevelt, Stalin in Fotografie und Film. München/Zürich 1995. – Oksana Bulgakowa: Sergej Eisenstein. Eine Biographie. Berlin 1998.

Standfoto (engl. »film still«). Standfotos werden von Standfotografen am → Set mit Kleinbild- oder Mittelformatkameras aufgenommen und primär zu Werbezwecken eingesetzt. Sie geben Auskunft über Personal und Dekor, zum Teil auch über das Genre (z. B. Western, Science-Fiction) des Films. Da sie in der Regel nach den Dreharbeiten gemacht werden, kann die Körperinszenierung, das Licht und der Aufnahmestandort von der Einstellung im Film differieren; gelegentlich wird auch mit Standfotos von Szenen geworben, die im Film selbst nicht mehr vorkommen. Vergrößerungen von Einzelbildern des Films (Standbild, »action still«) werden selten verwandt, da ihre Abzüge den Anforderungen der Printmedien oft nicht genügen. Die Auswahl der Fotos unterliegt nicht den Fotografen, sondern der Produktion. In der Regel werden dramaturgisch wichtige Momente und spannungsreiche Szenen, die einen Eindruck von der Atmosphäre des Films geben, sowie die Hauptdarsteller gezeigt. Der britische Fotograf David Meadows, der u. a. für Ken Russell arbeitet, umschrieb die Funktionen der Standfotos mit leichter Ironie so: erstens sollen sie den Geldgebern zeigen, wohin ihr Geld geflossen ist, zweitens sollen sie die Begeisterung für den Film bei den Filmverleihern steigern, drittens sollen sie für den Film in Magazinen und Zeitungen werben, und viertens sollen sie in den Glaskästen der Kinos gezeigt werden.

Als Erste übernahmen Kameramänner und Regieassistenten die Aufgabe, den Film mit Fotos zu dokumentieren. Sie benutzten dazu großformatige Plattenkameras. Die Filmszenen wurden im Studio nachgestellt, die Schauspieler mussten dafür – wie etwa Bilder von Filmen David W. Griffiths belegen – für Sekunden bewegungslos verharren. Erst später (um 1918) übernahmen eigens engagierte Fotografen, die meist aus der Theaterfotografie kamen, diese Arbeit. Mit Standfotos wurde in Fachzeitschriften wie der »1. Internationalen Filmzeitung« (ab 1907) für Kinobesitzer geworben, die die noch kurzen Filme erwerben sollten. Der Bedarf stieg mit der Produktion von immer längeren Filmen, dem Vertrieb durch Filmverleiher sowie dem Aufkommen von Filmzeitschriften und Fanzines und dem damit verbundenen → Starwesen. Die Entwicklung von kleineren Fotoapparaten und lichtempfindlicherem Fotomaterial ermöglichte dabei eine größere und schnellere Produktion von Standfotos. So arbeiteten in der Blütezeit Hollywoods etwa 300 Standfotografen. Die meisten von ihnen blieben anonym, außer einigen Glamourfotografen konnten sich nur wenige wie James Abbe oder Li Erben einen Namen machen. Vereinzelt übernahmen aber auch berühmte Fotografen diese Arbeit. So fotografierten Henri Cartier-Bresson und Dennis Stock für John Hustons *Misfits – Nicht gesellschaftsfähig* (1961), Robert Doisneau arbeitete an Bertrand Taverniers *Ein Sonntag auf dem Lande* (1984) mit. Selten sind auch Regisseure selbst als Standfotografen tätig wie z. B. Wim Wenders, der für Michelangelo Antonionis *Jenseits der Wolken* (1995) sowie für eigene Filme fotografierte und Filmbücher publizierte.

Einzelne Standfotos können auch einen ganzen Film repräsentieren oder über den Film hinaus ein Eigenleben entwickeln, wie etwa das Bild der Marlene Dietrich als Sängerin Lola Lola in *Der blaue Engel* (1930, R: Josef von Sternberg) zeigt. Mit der mythenbildenden Kraft und den Inszenierungsformen der Standfotos hat sich auch die bildende Kunst wiederholt auseinandergesetzt. So arbeitet Andy Warhol mit dem seriellen Charakter der Stand- und Glamourfotografie, Cindy Sherman hinterfragt mit einem dekonstruktivistischen Blick genderspezifische Merkmale der Standfotos, während Robert Frank als Filmemacher und Fotograf die Spuren der Erinnerung verfolgt.

Neben dem Einsatz als Werbematerial sind Standfotos wichtige filmhistorische Dokumente und werden von Kinematheken wie dem Filmmuseum Berlin, dem Deutschen Filminstitut in Frankfurt am Main oder dem British Film Institute in London archiviert. Sie dienen der Rekonstruktion verlorener Sequenzen und sind oft die letzten Zeugnisse verschollener Filme. Auch von Eingriffen der → Zensur blieben Standfotos nicht verschont. In Deutschland wurden seit 1920 Filme und Aushangfotos nach dem Reichslichtspielgesetz überprüft und zensiert (vgl. Zensurprojekt des DIF im In-

Starfotos treten, so wie ihre Verehrergemeinde sie verwendet, die Nachfolge von anbetungswürdigen Altarbildern an: Ikonen der Verehrung, die die quasi-sakrale Qualität oder das Identifikation Stiftende der Personen hervortreten lassen. Asta Nielsens große, dunkle Augen sind mit leicht umflortem Blick nach oben gerichtet. Das Gesicht verrät, dass die Schauspielerin vom menschlichen Leid Bescheid weiß. Diesen Eindruck kann auch der elegant umrandende mondäne Hut mit der breiten Krempe nicht auslöschen. So sehr dieses Porträt auf den Ausdruck lebenskundiger Melancholie zielt, so sehr die Haltung etwas Fließendes, beinahe Schicksalergebenes andeuten will, die Zeichen der Hingabe werden durch die Suggestion erstaunlicher Festigkeit und Sicherheit im großflächigen Gesicht wieder aufgehoben. Nielsen, die nicht nur eine große melodramatische Darstellerin war, sondern oft auch Produzentin, Mitregisseurin und nicht selten auch Drehbuchautorin bei ihren eigenen Produktionen, also für ihre Zeit eine ungewöhnliche Machtstellung innehatte, verleugnet auch in diesem Starbild nicht die dafür nötige Kraft.

ternet), in den USA wirkte sich der Hays Code (→ Production Code) auf Auswahl und Publikation von Standfotos aus.

Peter Ruckriegl

Literatur: David Fahey / Linda Rich: Masters of Starlight. Photographers in Hollywood. London 1988. – Aus der Traumfabrik. Die Kunst der Filmphotographie. Köln 1990. [Ausstellungskatalog.] – Annemarie Hürlimann / Alois Martin Müller (Hrsg.): Film Stills. Emotions Made in Hollywood. Ostfildern 1993. – Daniel Meadows: Set Pieces. Being about Film Stills Mostly. London 1993. – Wim Wenders: Die Zeit mit Antonioni. Chronik eines Films. Frankfurt a. M. 1995. – Wilfried Pauleit: Einzeleinstellungen, Film Stills und Untitled Film Stills in der bildenden Kunst. In: Britta Neitzel (Hrsg.): Dokumentation des 9. Film- und Fernsehwissenschaftlichen Kolloquiums. Marburg 1997. – Silke Hartmann: Blickregisseure in der zweiten Reihe. Aspekte von Standfotografie im Wandel der Zeit. In: S. H. (Red.): Gesichter, Szenen, Impressionen. Fotografien von Li Erben. Frankfurt a. M. 1999. [Ausstellungskatalog.] – Ursula von Keitz: Verbotene Bilder. Zensierte Filmfotos 1920–1933. In: Fotogeschichte. Beiträge zur Geschichte und Ästhetik der Fotografie 72 (Juni 1999). – Zensurprojekt des DIF: www.filminstitut.de/zensur.htm.

Star / Starsystem. Der Begriff des Stars bezeichnet in den Medien das Phänomen der Prominenz und ist nicht allein auf professionelle Darsteller oder Schauspieler, sondern auch auf Sportler, Musiker, Interpreten u. a. bezogen, die in vielen Medien auftreten. In der neueren Theoriediskussion wird deshalb häufig von einem »Starsystem«

gesprochen, das zwar auf die Medien angewiesen ist, sich jedoch quer zu diesen als ein eigenes Bedeutungs- und Aufmerksamkeitssystem etabliert (Faulstich/Korte). Im Film werden vor allem professionelle Schauspieler zu Stars, weshalb die Diskussion des Filmstars sich häufig mit der des Filmschauspielers überlagert (→ Schauspielen in Film und Fernsehen). Der Star ist mehr als nur ein Schauspieler und zeichnet sich durch etwas aus, was in der Literatur als »Aura«, »Gloriole«, »Mythos« usw. bezeichnet wird und beim Publikum Faszination auslöst. Diese Präsenz des Stars wird neuerdings vor allem als »Image« diskutiert (z. B. Lowry) und zeichnet sich durch Verdichtung kultureller Bedeutungen im Zusammenhang mit der Physiognomie einer ›realen Person‹ aus (vgl. Korte/Lowry).

Die Verwendung des Starbegriffs hat sich bereits in den Anfängen des Films eingebürgert. Prominente Theaterschauspieler des ausgehenden 19. Jahrhunderts (Eleonora Duse, Josef Kainz, Charlotte Wolter u. a.) gaben das Vorbild. Frühe Filmstars im deutschen Kino sind bereits vor dem Ersten Weltkrieg Henny Porten und Asta Nielsen, die in ihren Filmfiguren unterschiedliche Eigenschaften verkörpern. So steht Asta Nielsen für die leidenschaftliche, oft auch emanzipierte Frau, während Henny Porten eher die leidende, opferbereite, hingebungsvolle und zugleich ›deutsche‹ Frau darstellte. Mit ihnen wurde sehr früh sichtbar, dass es nicht den einzelnen Star gibt, sondern nebeneinander verschiedene Stars, die sich durch unterschiedliche Eigenschaften gegeneinander profilierten. Dadurch entstand ein System von Angebotsdifferenzierungen, die es den Zuschauern leicht machte, sich mit ihren unterschiedlichen Erwartungen für ein entsprechendes Angebot zu entscheiden.

Vor allem das amerikanische Kino hat zur Herausbildung eines eigenen Starsystems (»stardom«) geführt, weil nicht zuletzt die Produktionsfirmen erkannten, dass über die Sympathie für eine Darstellerin und ihre Wiedererkennung auch das Publikum an die Filme eines Studios zu binden waren (→ Hollywood). Mit Florence Lawrence, Mary

Greta Garbo, zwischen Souveränität, fast herablassend der Blick zur Seite, und weiblicher Empfindsamkeit schwankend. Der geneigte Kopf, das weite Dekolleté signalisieren das Bild einer fragilen Schönheit, einer aristokratischen Dame, die hinter der leicht traurig wirkenden Maske offenbar immer noch Sehnsüchte verbirgt – also verführbar ist von Personen, die ihr den Sprung aus der alten Existenz, dem beengenden Wohlleben verheißen.

Pickford und bald auch anderen wurde deshalb Werbung für die Filme betrieben, die Schauspieler wurden mit ihrem Namen und ihrem Privatleben zu wichtigen Identifikationsfiguren innerhalb der Medienangebote.

Eine Typage, ein Typensystem der Filmstars, hat die Filmwissenschaft in den 60er Jahren herausgearbeitet (Patalas, Heinzlmeier [u. a.]) und spezifische Images beschrieben: Neben der Jungfrau, der Femme fatale, der Mondänen gehören zu den weiblichen Images der Flapper, der Vamp, die gute Kameradin, das Pin-up-Girl und die Nymphe. Zu den männlichen Images gehören der Mann der Tat, der Fremde, der Hartgesottene, der Junge von nebenan, der Verlorene und der Rebell ohne Sache. Diese Images werden jedoch nur selten in Reinform ausgeprägt, sondern sind häufiger in Mischungen und zeitspezifischen Brechungen auf der Leinwand zu sehen.

Stars bilden für die industrialisierte Filmproduktion des → Studiosystems einen ›Produktionswert‹, indem sie durch die Kontinuität ihrer Erscheinung und Verhaltensweisen eine Qualitätsgarantie für den jeweils neuen Film zu geben scheinen. Sie dienen der Produktdifferenzierung, weil sie jeweils eine Besonderheit gegenüber vergleichbaren Filmen anderer Studios versprechen und durch sie auch der jeweils eigene Studiostil mitbestimmt wird. Und sie erzeugen nicht zuletzt auch als biographische Personen Images, die sich als Figuren der Unterhaltungsindustrie verkaufen lassen. Innerhalb der Narration des Films ermöglichen sie eine »effektive Erzählweise« (Staiger in: Faulstich/Korte), sie vermitteln zugleich spezifische, oft auch »ideale Verhaltensweisen« und dienen damit auch ideologischen Konzepten, indem sie zur Stabilisierung des gesellschaftlichen Status quo beitragen.

Die großen Filmstudios haben sich deshalb frühzeitig darum bemüht, die Erzeugung von Starimages zu kontrollieren und Schauspieler fest unter Vertrag genommen. Dies hat filmgeschichtlich zu vielen Eigentümlichkeiten beim Besetzen von Filmrollen (bis zum Ausleihen von Filmstars an andere Studios) geführt. Seit den 60er Jahren, mit

Schelmisch, fragend, beinahe auffordernd wirken die beschatteten Augen von Marlene Dietrich, die den Betrachter direkt von unten herauf ansehen, ohne dass die Wimpern zu zucken scheinen. Der kess schräg aufsitzende Hut auf den leicht unordentlichen Haaren betont zusätzlich, dass hier eine unabhängige Frau freimütig und vielleicht abenteuerlustig der nächsten Begegnung entgegensieht. Wäre da nicht der geschlossene Mund, der nichts verkneift, aber Reserviertheit, sogar leisen Spott ausdrückt. Eine Frau mit Erfahrungen, die die Spielregeln kennt und die bekannten Masken der Verführung durchschaut. Zugleich eine Frau, die widersprüchlich erscheint, ein Rätsel, vielleicht sogar ein Geheimnis, nicht auszurechnen, wie sie reagiert und wer sie eigentlich ist.

Wie überrascht, naiv, mit geöffnetem Mund, wendet sich Marilyn Monroe der Kamera zu. Bei näherer Betrachtung erkennt man jedoch, dass es sich um eine subtil kaschierte Pose handelt. Dies will ihr keiner übel nehmen, sie wirkt zart und verletzlich, selbst ein wenig ängstlich, daher verfliegt bald der Charakter der Show-Gebärde – sie will bezaubern und zugleich auch Distanz zum Betrachter einlegen, als könnte jede Berührung ihr wehtun.

der Veränderung des amerikanischen Studiosystems, haben die Schauspieler wieder stärker versucht, ihr eigenes Image zu kontrollieren.

Die Erzeugung von Stars ist jedoch nicht einseitig als eine von der Filmindustrie allein gelenkte Produktion zu verstehen, sondern an dieser ist ebenso auch das Publikum beteiligt, das seine Vorlieben und Wünsche durchsetzt. Indem der Star als ein bestimmtes Image verstanden wird, lassen sich einzelne Eigenschaften und Verhaltensweisen aus der Figur herauslösen, beschreiben und analysieren. Stars sind damit auch Ensembles von Merkmalen und Eigenschaften. Diese kennzeichnen den Star und werden innerhalb einer Epoche als besonders positiv herausgestellt und vom Publikum als solche geschätzt.

Stars verkörpern damit nicht zuletzt auch unbewusste kollektive Wünsche und Sehnsüchte, sie werden deshalb häufig für einzelne Publikumsschichten zu Vorbildern und Idolen. Auffällig ist, dass Stars vor allem stereotype Geschlechterbilder reproduzieren und verfestigen. An diesen Funktionen knüpft vor allem die Medienpädagogik an und bemüht sich um Aufklärung bei einem jugendlichen Kinopublikum. Dabei geht es nicht nur um die Formen der Identifikation, also die Ineinssetzung des Zuschauers mit dem Star, sondern auch um Formen der Projektion, die Übertragung von Vorstellungen der Zuschauer auf den Star.

Stars haben immer wieder zur Fanbildung angeregt. Zu zahlreichen Stars sind Fanclubs entstanden, die wiederum die Filmindustrie zur Produktion von Stardevotionalien angeregt haben. Das interaktive Verhältnis von Star und Publikum macht insgesamt deutlich, dass es sich beim Star um ein besonderes kulturindustrielles Phänomen handelt, das sowohl strukturell (als »hochverdichtetes, mehrdeutiges Zeichen und Image«) und funktional (»für die Narration, Bedeutung und Ästhetik des Films, für die Filmindustrie, für Zuschauer, Fans und Publika«) zu sehen ist (Lowry).

Mit der Durchsetzung des Fernsehens als Massenmedium und dem Niedergang des Kinos in den 50er und 60er Jahren schien auch die Zeit der Filmstars beendet, doch kam es spätestens in den 80er und 90er Jahren zu einer Wiederbelebung des Kinostars. Neben ihm etablierten sich auch Fernsehstars, die jedoch andere Eigenschaften verkörperten und sich stärker durch eine Kontinuität der Präsenz auf dem Bildschirm auszeichnen. Strobel/Faulstich haben materialreich nachgewiesen, dass bei den Fernsehstars eine höhere Identität von Rolle und Person angestrebt wird (der Fernsehstar tritt nicht »in der Rolle von« auf, sondern eben als Fernsehstar, der durch seine Person die Rolle des Showmasters oder Moderators erst bedeutsam macht). Das Fernsehen hat dem Kinostar zusätzliche Aktionsmöglichkeiten eröffnet, viele sind heute durch Film- und Fernsehproduktionen gleichermaßen präsent. Durch die Ausweitung der Angebotspalette der Unterhaltungsindustrie hat sich das Betätigungsfeld noch erweitert. Damit hat der Star gegenüber den einzelnen Medien an Bedeutung gewonnen, weil er immer mehr innerhalb einer unüberschaubar gewordenen Medienlandschaft zu einem Orientierung stiftenden Bestandteil der Produkte geworden ist. Diese Bedeutung wird eher noch zunehmen, wobei sich der Starbegriff selbst auszudifferenzieren beginnt und in der heutigen, zunehmend medialisierten Kultur auch noch andere Bildschirmpersönlichkeiten, Celebrities usw. umfasst.

Knut Hickethier

Literatur: Enno Patalas: Sozialgeschichte des Stars. Hamburg 1963. – Alexander Walker: Stardom. The Hollywood-Phenomenon. London 1970. – Richard Dyer: Stars. London 1979. – Adolf Heinzlmeier / Berndt Schulz / Karsten Witte: Die Unsterblichen des Kinos. 3 Bde. Frankfurt a. M. 1980–82. – Helga Belach (Hrsg.): Henny Porten. Der erste deutsche Filmstar 1890–1960. Berlin 1986. – Christine Gledhill (Hrsg.): Stardom. Industry of Desire. London / New York 1991. – Andrea Winkler-Mayerhöfer: Starkult als Propagandamittel. Studien zum Unterhaltungsfilm im Dritten Reich. München 1992. – Werner Faulstich / Helmut Korte (Hrsg.): Der Star. Geschichte, Rezeption, Bedeutung. München 1997. – Thomas Koebner: Asta Nielsen. In: Th. K.: Lehrjahre im Kino. St. Augustin 1997. – Stephen Lowry: Stars und Images. Theoretische Perspektiven auf Filmstars. In: Montage/AV 6 (1997) H. 2. – Stars. Montage/AV 6 (1997) H. 2 und 7 (1998) H. 1. [Themenhefte.] – Ricarda Strobel / Werner Faulstich (Hrsg.): Die deutschen Fernsehstars. 4 Bde. Göttingen 1997-98. – Knut Hickethier: Theatervirtuosinnen und Leinwandmimen. Zum Entstehen des Stars im deutschen Film. In: Corinna Müller / Harro Segeberg (Hrsg.): Die Modellierung des Kinofilms. München 1998. – Helmut Korte / Stephen Lowry: Der Filmstar. Stuttgart/Weimar 2000.

Steadicam. Die Steadicam ist ein Kamerastabilisierungssystem, das die Bewegungsfreiheit der Handkamera mit der Bildstabilität von Dolly-Fahrten paart. Sie besteht aus drei Teilen: einer Weste, einem gefederten Gelenkarm (Stabilizer Support Arm) und einem Teleskoprohr (Telescoping Support Post oder Center Post), an dem auf der einen Seite die Kamera und auf der gegenüberliegenden ein Monitor sowie Batterien angebracht sind. Der Monitor ermöglicht dem Kameramann, jederzeit sein Bild zu kontrollieren, ohne dabei in den Bildsucher der Kamera zu schauen. Dadurch dass der physikalische Schwerpunkt der Kamera nach außen gelagert ist, der Federarm die Bewegungen des Kameramanns absorbiert und die Weste das Gewicht der Steadicam auf Schultern, Hüfte und Rücken des Steadicam-Operators verteilt, ist die Kamera nahezu schwerelos. Sie schwebt förmlich.

Die Steadicam wurde Anfang der 70er Jahre von Garrett Brown entwickelt. Schon wenige Jahre später, 1977, wurde diese filmtechnische Innovation mit einem Oscar (Class I, Category: Camera Cranes) prämiert. Ihr Debüt hatte die Steadicam 1974 in einem Werbefilm der amerikanischen Firma Keds. 1976 folgte der erste Spielfilmeinsatz in *Dieses Land ist mein Land* von Hal Ashby. Die Steadicam wurde von Garrett Brown bedient, der in den ersten Jahren fast alle Steadicam-Einstellungen drehte. Schon in diesem ersten Film wurde die Steadicam mit einer Kranfahrt kombiniert. Die vierminütige Plansequenz beginnt hoch über einem Arbeitslager. Nachdem der Kran am Boden angekommen ist, steigt Garrett Brown von der Kranbühne und begleitet den Hauptdarsteller David Carradine durch die Menschenmassen. Weitere Beispiele für Plansequenzen, die durch die Bewegungsfreiheit der Steadicam realisiert werden konnten, finden sich u. a. in *Fegefeuer der Eitelkeiten* (1990, Steadicam: Larry McConkey, R: Brian De Palma), *The Player* (1992, Steadicam: Jim McConkey, R: Robert Altman), *Mein Bruder Kain* (1992, Steadicam: Larry McConkey; R: Brian De Palma).

Nach *Dieses Land ist mein Land* folgten Einsätze in *Der Marathon-Mann* (1976) von John Schlesinger und *Rocky* (1977) von John G. Avildsen. In *Rocky* begleitet die Steadicam Silvester Stallone beim Joggen durch Philadelphia und ›rennt‹ mit ihm Treppen hinauf. Erstmals wurden wackelfreie Bilder mit dieser Art von Bewegungsfreiheit kombiniert. Treppen oder unebenes Gelände stellten kein Hindernis mehr dar. Dank der Steadicam war die Kamera nun genauso beweglich und flexibel wie ihr Kameramann. In *Der Marathon-Mann* wird die Steadicambewegung erstmals als Subjektive eingesetzt. Wir sehen Dustin Hoffman im Central Park beim Joggen, wobei die Kamera zwischen einer den Protagonisten betrachtenden Einstellung und der Subjektive der Figur wechselt.

In *Shining* (1980, Steadicam: Garrett Brown, R: Stanley Kubrick) wird die Steadicam zum zentralen kameraästhetischen Mittel. Zum ersten Mal wurde im so genannten Low Mode fotografiert. Das bedeutet, die Kamera war im Gegensatz zum High Mode am unteren Ende des Telescoping Support Post angebracht. Die so entstandene untersichtige Kameraperspektive nähert sich einem tierischen Blick an und besitzt nur noch eine geringfügige Assoziationskraft, bezogen auf den gewohnten menschlichen Blick. Die Kamera jagt dem Kettcar fahrenden Danny hinterher, schwebt durch die Räume des Overlookhotels sowie durch das verschneite Heckenlabyrinth am Ende des Films. Die Steadicam wird hier nicht nur eingesetzt, um den Bewegungen zu folgen, sondern auch um Spannung zu erzeugen. Sie eröffnet dem Zuschauer das Reich des Undefinierten, das durch ihren Blick verkörpert wird. Neben der neutralen narrativen Funktion übernimmt die Kamera also die Funktion eines selbständigen Objekts, das sich frei im Raum bewegt. Der Blick der Kamera ist in *Shining* an keiner Person festzumachen und scheint immer mehr zu wissen, als er dem Zuschauer zeigt.

Dieser geisterhafte, schwebende Blick wurde in den folgenden Jahren oft im Genre des → Horrorfilms eingesetzt, um die Subjektive des ›Bösen‹ und ›Übernatürlichen‹ zu visualisieren. Beispiele hierfür lassen sich u. a. in den Filmen *Wolfen* (1981) von Michael Wadleigh und *Mamba* (1988) von Mario Orfini finden. Die Ästhetik der Steadicam-Aufnahmen manifestierte sich so in den Köpfen vieler Zuschauer, aber auch Regisseure und Kameraleute, als geisterhafter Blick.

Aufgrund der Diskrepanz zwischen der oben beschriebenen Nutzung der Steadicam im Horrorfilm und ihrem Einsatz in den frühen Jahren, wo sie oft zur Visualisierung eines realen → Point of View eingesetzt wurde, kam es zu einer Diskussion über die Ästhetik der Steadicam und ihren richtigen Einsatz im narrativen filmischen Erzählen. Obwohl kein Zweifel daran besteht, dass Steadicam-Aufnahmen, durch Absorbierung von Stößen und Wacklern, dem menschlichen Sehempfinden sehr nahe kommen, liegt die Frage, ob der Point of View mit Handkamera oder Steadicam besser visualisiert werden kann, bis heute im Ermessen der Regisseure und Kameraleute. Alternative Anwendungen der Steadicam, die aus dieser Diskussion hervorgegangen sind, kann man in Filmen wie *Strange Days* (1995, Steadicam: James Muro, R: Kathryn Bigelow) oder *Geister* (1994, Steadicam: Hendrik Harpelund, R: Lars von Trier) erkennen. Hier lässt sich eine ästhetische Vermischung von Handkamera und Steadicam beobachten.

In der Regel ist jedoch heute an die Stelle der Experimentierfreudigkeit der 70er und frühen 80er Jahre ein routinierter, nahezu standardisierter Umgang mit der Steadicam getreten. Durch ihre enorme Flexibilität sowie die Zeitersparnis gegenüber komplizierten Dolly-Fahrten kommt die Steadicam mittlerweile in nahezu allen Film- und TV-Produktionen sowie bei Sportberichterstattungen zum Einsatz. Ihre Bewegungen sind oft nicht von Dolly-Fahrten zu unterscheiden. Lediglich ein leichtes ›Atmen‹ des Bildes verrät manchmal die Anwesenheit der Steadicam.

Mirko Schernickau

Literatur: Tom Beyer: Das Ende der Schwerkraft – Steadicam statt Handkamera? In: Film & TV Kameramann (1999) Nr. 11. – Serena Ferrara: Steadicam. Techniques and Aesthetics. Oxford 2001.

Stil. Der Begriff (von lat. »stilus« ›Schreibstift‹, ›Schreibart‹) dient dazu, die formale Eigenart eines Films oder die formalen Besonderheiten einer unterschiedlich dimensionierten Gruppe von Filmen zu erfassen. Da Filme eine Vielfalt künstlerischer Beiträge synthetisieren, lässt sich Stil mit verschiedenen Aspekten der Formanalyse des Films verbinden: Erzählstil, Schauspielstil, Musikstil, Bildstil usw. Überwiegend jedoch wird der Begriff in der Filmwissenschaft benutzt, um die Art und Weise zu beschreiben, wie die Ausdrucksmaterie des Mediums jeweils organisiert ist. Das betrifft beim Film (seit dem Tonfilm) die audiovisuelle Formgebung, wobei der visuellen Ebene, der Art, wie sich Filme optisch präsentieren, meist die Priorität eingeräumt wird.

Die Bindung des Stils an die jeweilige Ausdrucksmaterie bedingt, dass er nicht direkt in andere Medien übersetzbar ist, es sei denn in dem Maße, wie diese Medien physische Gemeinsamkeiten mit dem Film besitzen. So lassen sich zwar Fabelinhalte literarischer Texte relativ bruchlos durch den Film übernehmen, dagegen ist dies bei dem an die Ausdrucksmaterie Sprache, an die konkreten Beziehungen zwischen den Wörtern gebundenen literarischen Stil nicht möglich. Größer scheint die ›Übersetzbarkeit‹ aus visuellen Künsten wie der Fotografie oder der Malerei, deren Kompositionsformen in filmischen Tableaus aufgegriffen werden können (→ Malerei und Film).

Aus der Bindung an die Ausdrucksmaterie resultiert auch, dass – wie Barry Salt ausführlich zeigt – technische Veränderungen des filmischen Mediums immer wieder Voraussetzungen für Stilwandlungen geschaffen haben. Das gilt für den Wechsel zum → Tonfilm, der mit einer Zäsur gegenüber dem stilistischen Repertoire des Stummfilmkinos einherging, ebenso wie für die Etablierung einer Optik, die mit ihren tiefenscharfen Bildern (→ Schärfentiefe) Ende der 30er Jahre einen neuen Stil ermöglichte. Auch die Einführung des Farbfilms (→ Farbe) oder der → Breitwand brachten jeweils neue stilistische Herausforderungen, und die Entwicklung empfindlicheren Filmmaterials und leichterer Ausrüstung begünstigte um 1960 jenen stilistischen Umbruch, der sich mit dem Gang aus dem Studio verband.

Zwei interagierende Komponenten lassen sich unterscheiden, die Anteil an der Ausbildung des visuellen Stils eines Films haben: einerseits die Komposition der → Mise en Scène, also all dessen, was sich vor der Kamera befindet (Dekoration, Licht, Kostüm, Maske, Schauspiel usw.), und andererseits die Komposition der Mise en Cadre, das Resultat der Kameraarbeit, und die → Montage. Unterschiedliche stilistische Konzepte haben sich hier auf verschiedene Momente konzentriert. Während in weiten Bereichen des deutschen Kinos der 20er Jahre die Poesie des Dekors, des Lichts und des Schauspiels im Vordergrund stilistischer Entwicklung stand, akzentuierte das russische Kino derselben Zeit Effekte von Kadrierung und vor allem Montage.

Stil entsteht durch die Auswahl und Akzentuierung bestimmter Ausdrucksformen aus der Fülle der möglichen Spielarten bei gleichzeitiger Unterdrückung anderer. Daher wird gern von »Stilisieren« gesprochen, wenn auf sehr augenfällige – also von der üblichen Wahrnehmungsform abweichende – und durchgreifende Weise Formen der Realität reduziert oder verändert werden. Die Rede vom (kohärenten) Stil eines Films drängt sich auf, sobald ein solches Gefüge von Auswahl und Ausschluss den Film übergreifend prägt.

Aber nicht nur einzelne Filme sind Gegenstand der Stilanalyse, deren Befunde auch als Stilistik zusammengefasst und damit als System ausgewiesen werden. Die Bezugsgrößen sind variabel. So spricht man vom Personalstil eines Regisseurs, wenn wichtige Hauptwerke in stilistischer Hinsicht eine markante persönliche Eigenart und formale Kontinuität aufweisen. Allerdings ist der Personalstil nicht schlechthin als Set wiederkehrender Formen zu verstehen. Stilanalysen fassen ihn meist als Prozeß von Kontinuität und Wandel.

Vor dem Hintergrund gemeinsamer kultureller Erfahrungen, ähnlicher Bedingungen von Produktion und Rezeption sowie gegenseitiger Einflüsse der Filmemacher und ihrer Filme aufeinander kommt es dazu, dass bestimmte Stilmomente größere Segmente der Filmkultur einer Periode (Zeitstil) oder einer Nation (nationaler Stil) erfassen. Interessiert sich die Analyse dafür, so erhält der Begriff »Stil« eine weitere Bedeutung. Er erfasst nun Gefüge von stilistischen Vorlieben und Tabus, auf die sich die Inszenierung einzelner Filme beziehen. → Expressionismus, poetischer → Realismus, Neorealismus, → Film noir, → Nouvelle Vague, aber auch klassisches → Hollywood lassen sich in diesem Sinne immer auch als Stilbegriffe deuten. Allerdings sind sie als bloße Stilbegriffe nicht hinreichend bestimmt, denn die ›Verwandtschaft‹ der Filme überschreitet meist die formale Ebene.

Stiluntersuchungen des klassischen Hollywoodkinos haben gezeigt, wie sich Standardtechniken der Kamera, der Lichtführung, des Schauspiels, des Schnitts und der Montage, das gesamte System der Anschlüsse (→ Kontinuität) sukzessive ausgebildet haben und wie sie in einem solchen Maße konventionalisiert wurden, dass sie bald nicht mehr als stilistische Besonderheiten, sondern für Jahrzehnte als professionelle Basisnormen galten, während davon abweichende Techniken tabuisiert waren. Das zeigt, dass Stil nicht allein als analytische Kategorie dient, sondern praktisch als normsetzende Instanz funktionieren kann. Einmal in der Welt, bleiben Stile aber kaum statisch, sondern unterliegen einer allmählichen Evolution, weshalb es zu Stilwandlungen kommt, was das Problem der theoretischen Erfassung von Stilperioden und Sonderstilen – wie etwa des Film noir innerhalb des klassischen Hollywood – aufwirft.

Dennoch bleibt mit dem Mainstreamkino eine Art konventioneller Hauptform für andere stilistische Konzepte erhalten, die sich bewusst von ihm abheben. »Eine Morphologie der Stile [...] verdanken wir der Stabilität und Identifizierbarkeit der klassischen Lösung, [...] [die] uns erlaubt, andere Kunstwerke in verschiedenen Distanzen zu diesem Zentralpunkt anzuordnen« – so Ernst Gombrich über Stilfragen in der Kunstgeschichte. Ähnlich wurden vor allem von David Bordwell andere Stilkonzepte als Abweichungen von der klassischen Hollywoodnorm dargestellt. Tatsächlich spielt der Gedanke, antithetisch zur sich allerdings auch verändernden Hollywoodnorm, zum Mainstream zu arbeiten, in einer Reihe von → Avantgardekonzepten eine Rolle. Z. B. proklamiert das sich selbstironisch zu seiner Normativität als Anti-Hollywood-Norm bekennende Dogma 95 eine Charta, welche die konventionelle stilistische Praxis umkehren möchte. Als Vorbild kehren die Manifeste des Autorenkinos aus den 60er Jahren wieder, für die eine Auseinandersetzung mit dem konventionellen Stil bedeutsam war. Trotzdem ist das theoretische Verfahren nicht problemlos, auch Filmstile, für die eine bewusste Abgrenzung von Hollywood nicht die Leitidee darstellte, vor allem an dieser Norm zu messen oder aus der Differenz dazu zu erklären.

Jörg Schweinitz

Literatur: Ernst H. Gombrich: Norm und Form. Die Stilkategorien der Kunstgeschichte und ihr Ursprung in den Idealen der Renaissance. In: Dieter Henrich / Wolfgang Iser (Hrsg.): Theorien der Kunst. Frankfurt a. M. 1982. – Barry Salt: Film Style and Technology. History and Analysis. 2., erw. Aufl. London 1992. – David Bordwell: On the History of Film Style. Cambridge (Mass.) 1997. – Peter Wuss: Originalität und Stil. Zu einigen Anregungen der Formalen Schule für die Analyse von Film-Stilen. In: Montage/AV 7 (1998) H. 1. – Karl Prümm / Silke Bierhoff / Matthias Körnich: Kamerastile im aktuellen Film. Marburg 1999.

Storyboard. Aus dem → Drehbuch hervorgehende Aufeinanderfolge von Anschlussskizzen (Continuity Sketches) einer → Sequenz oder eines ganzen Films, die dem Regisseur insbesondere zur ersten Planung von Einstellungsgröße, Kameraperspektive und Positionen der Schauspieler bei den Dreharbeiten dienen. Das Storyboard ist meist von Hand gezeichnet und hält zentrale Momente der Handlung fest. In der Regel wird die Zeichnung durch beschreibende und erläuternde Texte ergänzt, so z. B. graphisch nicht erfassbare Angaben zu möglichen Kamerabewegungen. Meist bestehen die Sketches aus dem zu wählenden Bildausschnitt; eine Variante besteht darin, die gesamte Szenerie zu zeichnen und den Bildausschnitt durch einen Rahmen zu markieren.

Die Vögel (1963, R: Alfred Hitchcock)

Hitchcock bereitete die Drehphase seiner Filme sehr sorgfältig vor: Er ließ oft Storyboards zeichnen, um den visuellen Ablauf der Szenen schon vorweg genau festzulegen. Dieses Verfahren lässt am Ende wenig Improvisation auf dem Set zu, erlaubt dafür eine effektive Arbeitsweise und beugt beim Schnitt gravierenden Änderungen vor. Natürlich brachte Hitchcock auf diese Weise auch die ›Autorschaft‹ des Regisseurs nachdrücklich zur Geltung und schützte die Konzeption seiner Bilderzählung gegen fremde und plumpe Eingriffe von außen. Wo man sich Zeit nimmt (dies ist im Fernsehbetrieb indes selten der Fall), dienen Storyboards auch heute noch als Vorlage für Regie, Kamera und Schauspieler. Ihre Aufzeichnung bedeutet, dass sich der Regisseur zuvor präzise Vorstellungen von seinen visuellen Ideen gemacht haben muss. Auch für die ökonomische Planung eines Films kann dies von Vorteil sein.

Tendenziell ist das Storyboard mit dem → Comicstrip vergleichbar. Der entscheidende Unterschied besteht darin, dass das Storyboard nur der filmischen Umsetzung des Drehbuchs dient. Hinsichtlich der fehlenden künstlerischen Anerkennung führt das Storyboard daher ein ähnliches Dasein wie das Drehbuch. Nicht alle Storyboards sind allerdings von hoher zeichnerischer Qualität. Oft wird das Nötigste festgehalten. Kleine Kunstwerke und dem Comic in der Aussagekraft einzelner Bilder sehr ähnlich, sind die Storyboards zu *Citizen Kane* (1941, R: Orson Welles). Eine weitere Verbindung zum Comic besteht darin, dass das Storyboard im Kontext des Zeichentrickfilms zum ersten Mal in der heute bekannten Form Verwendung fand, wahrscheinlich in den → Walt-Disney-Studios der frühen 30er Jahre durch die Initiative des Trickzeichners Webb Smith. Smith wird die Idee zugeschrieben, Anschlussskizzen an eine Wandtafel geheftet zu haben, um alle Zeichnungen im Überblick vor sich zu sehen. So entstand auch die Bezeichnung »Storyboard«.

Meist entwirft der Regisseur Rohskizzen, die er an einen speziellen Storyboard-Zeichner weitergibt. Alfred Hitchcocks Filme waren durch Storyboards bereits präzise geplant, bevor es zum Set ging, und die Legende will, dass Hitchcock bei den Dreharbeiten kaum noch Anweisungen gab, weil die Dreharbeit für ihn mit der Konzipierung des Storyboards bereits erledigt war. Viele Regisseure sehen im Storyboard jedoch nur einen Produktionsschritt, der eine erste Orientierung ermöglicht, die im Verlauf der Dreharbeiten auch wieder verworfen werden kann.

Thomas Klein

Literatur: Steven D. Katz: Shot by Shot. Die richtige Einstellung. Zur Bildsprache des Films. Frankfurt a. M. 1998. [Amerikan. Orig. 1991.] – Benoît Peeters / Jacques Faton / Philipe de Pierpont: Storyboard. Le cinéma dessiné. Paris 1992.

Straßenfilm. Genrebezeichnung für eine Reihe deutscher Filme in den 20er Jahren, mit einigen Nachfolgern in den 50er Jahren.

Der Begriff wurde von Siegfried Kracauer in seinem Buch »Von Caligari zu Hitler« eingeführt, der damit das Thema zu benennen suchte, das Karl Grune mit *Die Straße* (1923) vorgegeben hatte: »in der Hauptrolle ein rebellisches Individuum, das aus seiner Wohnung und seiner Sicherheit ausbricht, seinen Leidenschaften auf die Straße folgt und sich am Ende wieder den Anforderungen des gewöhnlichen Alltags unterwirft«.

Lotte H. Eisner, die bereits *Hintertreppe* (1921) von Leopold Jessner und Paul Leni als Straßenfilm begreift, sieht die irreale Stilisierung der Straße als Ort »voller Hinterhalt, voller Versuchungen« in einer »metaphysischen Weltanschauung« begründet. Die Straße werde »vor allem des Nachts mit ihren abrupt tief erscheinenden dunklen Ecken, ihrem aufgleißenden Betrieb, den Lichtnebel ergießenden Straßenlaternen, mit den flammenden Leuchtreklamen, Scheinwerfern von Autos, mit dem von Regen oder Abnutzung glänzend gewordenen Asphalt, den beleuchteten Fenstern geheimnisvoller Häuser, dem Lächeln geschminkter Dirnengesichter zum Schicksal, das ruft und verlockt. Die Straße ist rätselhafter Anreiz, wollüstige Verführung für jene armseligen Teufel, die der Monotonie ihres nüchternen kleinbürgerlichen Daseins müde, ihres engen, dumpfen Heims überdrüssig sind und die Abenteuer, Flucht vor sich selber suchen.«

In Grunes *Die Straße*, einer »Studie über Massenkultur und Moderne« (Kaes), ist die Großstadt »der grauenhafte Dschungel« (Kracauer), der den Kleinbürger aus seiner plüschigen Wohnzimmerwelt in abenteuerliche Erlebnisse zieht – in einen Reigen um Dirnen, Gauner und Verbrecher. Er gerät in Mordverdacht, wird verhaftet und hinter Gitter gebracht – und am Ende im letzten Moment entlastet nach Hause entlassen, wo er »seinen Kopf an die Schultern seiner Frau« lehnt, die daraufhin »mütterlich seinen Arm [streichelt], als sei er ihr Kind« (Kracauer).

Grunes Film gibt nicht nur das Thema vor, sondern auch den visuellen Reichtum, der für die Straßenfilme typisch bleibt: die Vorliebe für die Halbtotale, die die Menschen in sozialen Milieus zeigt, die sie definieren und charakterisieren; die blinkenden Lichtflecken, die durchs Fenster in die ordentliche Stube eindringen und Aufregendes verheißen; die raschen Blickwechsel draußen, die eine Stimmung von Zerstreuung und Hektik suggerieren; die ornamentalen Massenarrangements, die das einzelne Schicksal mit dem aller anderen drumherum verweben; die spiegelnden Flächen, die den Protagonisten doppeln, so seine zwiespältigen Gefühle akzentuierend; die »stilisierte Raumgliederung durch Lichtverteilung« (Eisner); überhaupt die grellen Licht-und-Schatten-Spiele, die den Fluss des Lebens in unentwegter Veränderung zeigen.

Das zweite, meisterliche Paradigma ist G. W. Pabsts *Die freudlose Gasse* (1925), eine Parabel auf den ewigen Riss in der Gesellschaft, über die im Dunkeln und die im Licht, auf den harten Kontrast zwischen denen, die sich verkaufen, um bloß zu überleben, und denen, die leben, um ihr Geld nur zu verschleudern. Eine Vision über das Polare des sozialen Lebens, am Beispiel der schummrigen Melchior-Gasse – mit dem Laden des Fleischers Geiringer, vor dem meist eine Schlange wartender Käufer steht, mit dem Bordell der Schneiderin Greifer im Hinterhaus und dem Tanzsalon mit Separee, in dem sich die neureiche Klientel der Inflationszeit vergnügt. Ein grandios düsteres Pan-

Die Straße (1923, R: Karl Grune)
Der ehrbare Bürger gerät, weil er in der Großstadt den Verlockungen der Straße, vor allem den Frauen, die ihm dort begegnen, allzu willig folgt, in einen Strudel. Das Schwindelgefühl ist der Grundzustand, die zentrale Befindlichkeit an diesem symbolischen Ort, an dem die Moderne über die Ordnung des alten Daseins triumphiert. Die so genannten Straßenfilme der 20er Jahre bevorzugen die Nacht: Da entfaltet dieser öffentliche Raum, wo sich alle Klassen treffen, Männer und Frauen mit unterschiedlichen Absichten, wo Vergnügen und Laster zuhause sind, seine besondere Faszination. Auch der Bürger kann hoffen, im Dunkel nicht erkannt zu werden: Die Straße verführt zu Abwegen und Seitensprüngen, man droht verloren zu gehen, besonders in der Leidenschaft zu einer Frau, die man unter anderen Umständen nie kennen gelernt hätte, die Verlockung und Verderben für das moralisch imprägnierte bürgerliche Subjekt zugleich bedeutet. In den Straßenfilmen stießen kontrastive Tendenzen aufeinander: die Wahrnehmung der Moderne als Chance eines erweiterten Lebens und die Angst vor dieser Chance, die Abwehr der Moderne. Daher rührt die Dämonisierung der Versuchung, die der bürgerliche Mann auf der Straße zugleich erhofft und fürchtet.

orama um Unschuldige zwischen Zwang und Verführung und um Schuldige zwischen Trieb und Wollust, für Eisner »die Quintessenz germanischer Anschauungen, wie sie sich in geheimnisschweren Straßen, Gängen und Treppen, die in Halbdunkel gehüllt bleiben, widerspiegeln«.

Bruno Rahns *Dirnentragödie* (1927) zählt zu jenen »traumähnlichen Bildkomplexen«, die nach Kracauer zu sagen scheinen, das Leben sei »innerhalb der Grenzen des ›Systems‹ nichts wert«, sondern komme »zu seinem Recht nur außerhalb der verfaulten bürgerlichen Welt«. Eine ältere Prostituierte (Asta Nielsen) liest einen jungen Betrunkenen, der von seinen Eltern des Hauses verwiesen wurde, auf der Straße auf, verliert ihn an eine junge Kollegin, stiftet ihren Zuhälter daraufhin zu einem Mord an und endet im Selbstmord. Der Straße kommt dabei dreifache Bedeutung zu: sie wirkt als »Symbol des menschlichen Lebens«, als Raum ungewöhnlicher Möglichkeiten und als Ort dämonischer Abgründe zugleich. »Allerorten deuten die Dinge auf die Straße, auf das Pflaster, hastende Füße, dunkle Ecken und Winkel, den Lichtkreis unter den Straßenlaternen« (Rotha).

Joe Mays *Asphalt* (1929) schließlich bleibt näher an dem vorgegebenen Grund-Muster von der Straße als einem Raum für Aufbruch in ein abenteuerlicheres Erleben. Ein junger Verkehrspolizist verliebt sich in eine »diebische Dirne« (Kracauer) – und gerät dadurch in einen Kreis von Kriminalität und Leidenschaft, Kabale und Lüge, der am Ende durchbrochen wird durch die Aufrichtigkeit des Gefühls.

Weitere Straßenfilme dieser Zeit waren *Abwege* (1928) von G. W. Pabst, *Überfall* (1928) von Ernö Metzner (1928), *Die Carmen von St. Pauli* (1928) von Erich Waschneck.

Dreißig Jahre später versuchten ein paar unangepasste Filmemacher noch einmal, die hektischen Bilder deutscher Großstädte mit der Vision ihrer Gefahr und ihrer Düsternis zu verbinden: Rudolf Jugert mit *Nachts auf den Straßen* (1952), Georg Tressler mit *Die Halbstarken* (1956) und *Endstation Liebe* (1957), Frank Wisbar mit *Nasser Asphalt* (1958), Gerd Oswald mit *Am Tag, als der Regen kam* (1959).

Bei Jugert ist die Verlockung der Straße bloß eine flüchtige Episode, eine Eskapade am Rande, wo für einen Augenblick nur davon geträumt wird, das Alltagsleben gegen etwas ganz anderes, vielleicht Wunderbares, vielleicht Schreckliches, auszutauschen. Bei Tressler und Oswald dagegen erscheint die Straße als so diffuser wie utopischer Raum für kleinere Freiheiten, für gegenläufige, rebellische, anarchistische Phantasien: als offener Handlungsort und Traumstätte zugleich. Für einige ihrer Helden gibt es keine Rückkehr ins bürgerliche Leben. Ob nun verzweifelter Provokateur (wie Horst Buchholz in *Die Halbstarken*) oder desillusionierter Rebell (wie Mario Adorf in *Am Tag, als der Regen kam*), sie haben die Grenzen überschritten, von denen aus noch eine Befriedung möglich wäre. Allein den ambivalenten Grenzgängern, die um die Verlockungen der Straße wissen, aber auch um die Gefahren, gelingt am Ende die Heimkehr, ein wenig beschädigt, aber noch nicht zerstört, erfahrungsreicher, aber auch geläuterter. Das Muster dieser späten Straßenfilme lautete, nach Will Tremper, Drehbuchautor für Tressler und Wisbar: »Junger Mann rutscht auf dem Großstadtpflaster aus und fängt sich wieder.«

Norbert Grob / Esther Maxine Behrendt

Literatur: Paul Rotha: The Film Till Now. London 1930. – Siegfried Kracauer: Von Caligari zu Hitler. Eine psychologische Geschichte des deutschen Films. Frankfurt a. M. 1979. [Amerikan. Orig. 1947.] – Lotte H. Eisner: Die dämonische Leinwand. [1955.] Erw. und überarb. Neuausg. Frankfurt a. M. 1975. – Norbert Grob: »Es gibt keine bessere Kulisse als die Straße …« Berlin-Filme von Gerd Oswald und Georg Tressler in den fünfziger Jahren. In: Hilmar Hoffmann / Walter Schobert (Hrsg.): Zwischen Gestern und Morgen. Westdeutscher Nachkriegsfilm 1946–1962. Frankfurt a. M. 1989. – Anton Kaes: Film in der Weimarer Republik. In: Wolfgang Jacobsen / A. K. / Hans Helmut Prinzler: Geschichte des deutschen Films. Stuttgart/Weimar 1993. – Klaus Kreimeier: Trennungen. G. W. Pabst und seine Filme. In: Wolfgang Jacobsen (Hrsg.): G. W. Pabst. Berlin 1997.

Stream. Digitalisierte Audio- und Video-Datei im Internet. Das Streaming-Verfahren ermöglicht es, Videofilme in Form eines kontinuierlichen Datenstroms über das Internet zu übertragen. Bild- und Tondaten werden nicht komplett auf lokaler Festplatte des Empfängers gespeichert, sondern ähnlich einer Fernsehübertragung fortlaufend abgerufen. Dadurch können Bilder und Töne bereits abgespielt werden, bevor alle Daten des gesamten Streams vollständig übermittelt sind. Gerade bei datenintensiven Videosignalen werden dadurch die Ladezeiten wesentlich verkürzt. Um einen Stream empfangen zu können, benötigt der Internet-Nutzer spezielle Software (z. B. Quicktime oder Real Video), die als Encoder für die jeweiligen Datenformate fungieren.

Im Vergleich zum Fernsehen sind Bildauflösung und Bildgröße der Streams aufgrund eingeschränkter Leitungskapazitäten im Internet heute noch gering, ein störungsfreies Abspielen von Filmen in zufrieden stellender Qualität am Computer nicht gewährleistet. Der zukünftige Einsatz leistungsfähiger Breitband-Verbindungen in der Telekommunikation wird die Übertragungsqualität merklich verbessern und zu einem deutlichen Anstieg des derzeitigen Stream-Angebotes im Internet führen. Ein großer Anteil der Streams wird dem Internet-Nutzer kostenlos zur Verfügung gestellt, beim Pay-on-Demand fallen Kosten für den Empfänger an.

Die Einsatzmöglichkeiten von Streams sind vielfältig. Im kommerziellen Sektor ermöglicht die Stream-Technologie multimediale und interaktive Produktwerbung im Internet durch Übertragung von Werbe- und Imagefilmen. In hauseigenen Computervernetzungen (Intranet) verwenden Firmen das Streaming-Verfahren für Schulung und Weiterbildung der Mitarbeiter. Eine rasant ansteigende Zahl von Informations- und Unterhaltungsfilmen als Streams wird dazu führen, dass voraussichtlich innerhalb weniger Jahre die Anzahl fernsehähnlicher Internet-Spartenkanäle (Nachrichten, Wirtschaft, Sport, Musik u. a.) rapide ansteigen wird. Im Radio-Sektor gibt es heute bereits unzählige Sender, die das Internet als globales Verbreitungsmedium nutzen. Langfristig soll das Bestellen von Spielfilmen ins eigene Heim (Video-on-Demand) möglich gemacht werden.

Einer digitalen Speisung der Kinos mit aktuellen Kinofilmen als Streams stehen derzeit noch allzu hohe Kosten entgegen. Für Kurzfilme allerdings bietet die Stream-Technologie bereits heute eine einzigartige Distributionsform. Auf mehreren hundert Internet-Seiten, die sich dem Medium Film widmen, werden kostenlos Zehntausende von Kurzfilmen verschiedener Genres (Animation, Experiment, Dokumentation, Fiktion u. a.) einem Publikum aus aller Welt präsentiert. Inzwischen geben zahlreiche Internet-Filmfestivals Nachwuchstalenten und renommierten Kurzfilmern die Möglichkeit, ihre Filme im Internet und dadurch fern herkömmlicher Fernseh- und Kinodistribution einer Öffentlichkeit vorzustellen. Bereits in wenigen Jahren könnte die Filmrecherche über streamfähige Filmdatenbanken im Internet wesentlich vereinfacht und verbessert werden. Insgesamt wird die Verschmelzung von Internet, Fernsehen und Film, bei der die Stream-Technologie nur einen Entwicklungsschritt unter vielen darstellt, zu neuen hybriden Medienformen führen, deren wirtschaftliche, soziale und politische Folgen heute noch nicht umfassend eingeschätzt werden können.

Bernd Hantke

Strukturalismus / struktureller Film. Der Begriff »Strukturalismus« bezeichnet eine in den 60er Jahren dominante Theorie innerhalb der Geistes- und Sozialwissenschaften, die kulturelle Phänomene nicht auf Inhalte, sondern auf ihre Form hin untersucht, um strukturelle Grundmuster herauszufiltern, die universellen Charakter für die Bedeutungsproduktion besitzen. Der Strukturalismus ist primär eine Methode der Analyse und kann daher nur eingeschränkt auf die künstlerische Produktion und filmische Praxis übertragen werden. Von einem »cinema of structure« wird erstmals in der amerikanischen Filmkritik gesprochen. In der Zeitschrift »Film Culture« erschien 1969 unter der Überschrift »Structural Film« ein ausführlicher Artikel von P. Adams Sitney, der eine erste Annäherung an entsprechende Phänomene im Film versuchte.

Der Begriff »struktureller Film« umfasst im Allgemeinen solche Filme, die ihr Bildmaterial einem zuvor festgelegten Konzept unterwerfen, das von sehr einfachen bis hin zu hoch komplexen Organisationsstrukturen bestimmt sein kann. Es handelt sich um nichtgegenständliche Filme, insofern vom Bildinhalt abstrahiert und der Bezug auf eine dargestellte Realität (Abbildfunktion) negiert wird. Nicht der Bildinhalt diktiert die Form, in die er eingeht, sondern umgekehrt wird das Bildmaterial durch abstrakte, äußere Konstruktionsvorgaben zusammengehalten. In diesem Sinne können die Filme *Adebar* (1957), *Schwechater* (1958) und *Arnulf Rainer* (1960) des Wieners Peter Kubelka als frühe Beispiele des strukturellen Films gelten. Kubelka lehnt sich bei der visuellen Gestaltung dieser Filme an Kompositionstechniken der seriellen Musik an, indem er sie vom einzelnen Bildkader her aufbaut und die Kader nach seriellen Permutationsverfahren variiert.

Strukturelle Filme sind zugleich nichtnarrative Filme, d. h., die Erzählung wird ausgeklammert zugunsten der Reflexion über medienspezifische Gesetze, die jeder Bedeutungsproduktion vorausgehen und sie prädisponieren. Die Analyse der Form gerät im strukturellen Film somit zum eigentlichen Inhalt (Autoreflexivität). Thematisiert werden dabei die Materialbeschaffenheit des Films (das Zelluloid als Bildträger: Filmkorn, Randperforation usw.), der Aufnahmeprozess (z. B. Kameraoperationen), die Postproduktion des Materials (Entwicklung, Schnitt/Montage usw.), der Projektionsprozess oder wahrnehmungspsychologische Gesetze, die bei der Filmrezeption wirksam werden (Flicker-Effekt). Letzteres untersucht Tony Conrad 1965 in *The Flicker*. Der Film besteht aus schwarzen und weißen Bildkadern, die in einer bestimmten Folge wechseln, sodass der so genannte Verschmelzungs- bzw. stroboskopische Effekt gestört wird und ein Bildflackern entsteht. George Landows *Film in which there Appear Edge Lettering, Dirt Particles, Sprocket Holes, etc.* (1965) macht schon im Titel deutlich, dass hier die Aufmerksamkeit des Zuschauers auf das Material selbst gelenkt und damit die Abbildfunktion destruiert werden soll. Prominentester Vertreter des strukturellen Films ist Michael Snow, dessen Film *Wavelength* (1967) mit einem 45-minütigen Vorwärts-Zoom durch ein Zimmer, der sich in einem Foto an der Wand abschließt, die Möglichkeiten des filmischen Raumes auszumessen versuchte. Weitere Vertreter sind u. a. Robert Breer, Werner Nekes, Wilhelm und Birgit Hein sowie Malcolm LeGrice. Für das erzählerische Kino gewann der Strukturalismus dann Bedeutung in den Kurz- und Spielfilmen des Engländers Peter Greenaway, z. B. in den phantastischen Spielanlagen und dem Zahlenfetischismus von *Die Verschwörung der Frauen* (1988) (→ Avantgardefilm).

Kerstin Eberhard

Literatur: Film Culture Reader. Hrsg. von P. Adams Sitney. New York / Washington 1970. – Hans Scheugl / Ernst Schmidt jr.: Eine Subgeschichte des Films. Lexikon des Avantgarde-, Experimental- und Undergroundfilms. 2 Bde. Frankfurt a. M. 1974. – Birgit Hein / Wulf Herzogenrath (Hrsg.): Film als Film. 1910 bis heute. Stuttgart 1978. – Christiane Barchfeld: Filming by Numbers: Peter Greenaway. Ein Regisseur zwischen Experimentalkino und Erzählkino. Tübingen 1993.

Studiosystem. Unter Studiosystem ist die industrielle Herstellung von Filmen zu verstehen, wie sie sich in → Hollywood zwischen 1920 und Mitte der 50er Jahre entwickelt hatte, bei gleichzeitiger Kontrolle ihrer Distribution zu den verschiedenen Spielstätten und der Präsentation in den Kinos. »Vertikale Integration aller relevanten Bereiche« des Filmgeschäfts nennt dies Douglas Gomery, »von der Produktion über Werbung und Verleih bis hin zur Vorführung«.

Schon in den ersten Jahren des letzten Jahrhunderts versuchten die mächtigsten Firmen um die Edison Co. das Filmgeschäft zu monopolisieren. Sie schlossen sich zu einem Trust zusammen: der Motion Picture Patents Company (MPPC), die Lizenzgebühren für die Nutzung ihrer Aufnahme- und Vorführapparaturen einklagte. Im Widerstand gegen den Trust und seine Forderungen entwickelten sich unabhängige Filmproduzenten wie Carl Laemmle und William Fox, Jesse L. Lasky und Adolph Zukor nach und nach zu Moguln der Filmindustrie.

Sie arrangierten sich, als die Filme in den 20er Jahren immer teurer wurden und vor allem die Verleihfirmen sichere Gewinne versprachen, mit Banken und Finanzmaklern (vor allem um ihre Kinoketten auszuweiten). So formten sie ihre großen Hollywood-Studios, die jedes für sich einen ganz eigenen Stil entwickelten, gewährleistet durch ihre gezielt ausgesuchten → Stars und den besonderen Touch ihrer Autoren, Regisseure und Kameraleute. »Die Persönlichkeit eines Studios, die Einheitlichkeit bei seinen Entscheidungen und in seinem Geschmack lassen sich [...] auf die Produzenten zurückführen, die seine Vorlieben, Vorurteile und Organisationsstruktur und deshalb auch den Charakter der im Studio hergestellten Filme bestimmen« (Leo Rosten).

Das Studiosystem war Resultat der Intention, alle Bereiche des Filmgeschäfts zu kontrollieren, wobei die Studios, die sich auf Herstellung und Vertrieb beschränkten, wie → Columbia, → Universal und → United Artists, nie die ökonomische Macht der Großen Fünf erreichten: Famous Players (später → Paramount), → MGM, Fox Corp. (später → 20th Century-Fox), → Warner Bros., → RKO. Als diese fünf großen Studios in den 20er Jahren ihre Kinoketten immer stärker ausweiteten, gerieten sie unter Druck, diese auch mit eigenen Filmen zu beliefern. Dazu musste die Herstellung der Filme immer rascher und flüssiger werden. Nachdem in den Zentralen der Firmen im Osten der USA das jährliche Budget und die allgemeinen Richtlinien für die Produktionen bestimmt worden waren, von den Beratern und Direktoren um den jeweiligen Präsidenten (Zukor bei Paramount, Marcus Loew, ab 1927 Nicholas Schenck bei MGM, William Fox, ab 1932 Sidney Kent bei Fox Corp., Harry Warner bei Warner Bros.), erhielten die Produktionsbosse an der Westküste grünes Licht, um ihre Projekte zu planen und zu koordinieren: neue Kunstwelten um die ausgewählten Geschichten zu entwerfen, dabei aber auch vorhandene Sets, Kulissen, Kostüme und Requisiten zu verwenden. Die Standardisierung der Herstellung führte nach und nach zur Konzentration auf bestimmte Genres, zum abenteuerlichen Erzählen in bekannten Bahnen und vertrauten Formen, die aber phantasievoll zu variieren waren, um attraktiv zu bleiben für die Zuschauer.

Die Leitung an der Westküste war, nach Konsolidierung der Aufbauphase, gewöhnlich in doppelter Hand. Dem Studioboss war ein zentraler Produktionschef zugeordnet, der eigenständig, wenn auch in Abstimmung, tätig wurde: Bei Paramount war dies Albert Kaufman, später B. P. Schulberg neben Jesse Lasky; bei MGM Irving Thalberg, später David O. Selznick neben Louis B. Mayer; bei Warner Darryl F. Zanuck, später Hal B. Wallis neben Jack Warner; bei Fox Winfield Sheehan neben William Fox, später Darryl F. Zanuck in Doppelfunktion. Dazu gab es seit den 30er Jahren zuständige Produktionschefs für die billigen → B-Filme: Harold Hurley bei Paramount, J. Cohn bei MGM, Bryan Foy bei Warner, Sol Wurtzel bei Fox, Lee Marcus bei RKO.

Diese Produzenten knüpften an die industriellen Herstellungsformen an, die bereits die frühen Pioniere entwickelt hatten. Thomas H. Ince war wohl der Erste, der schon in den 10er Jahren den Produktionsablauf im Studio radikal rationalisierte. Im Zentrum standen von Anfang an die Stars, für die spezielle Sujets und Geschichten erdacht wurden. Der Produzent brachte das Projekt dann in Gang, legte die Besetzung fest, stellte die Studioräume zur Verfügung, beauftragte Autoren, Architekten und Ausstatter, den gewählten Stoff in Szenen umzusetzen, Kulissen und Kostüme zu entwerfen, und er überließ es schließlich dem Regisseur, alles zu koordinieren. Beim Schnitt griff er dann wieder selbst ein.

Irving Thalberg, das »Produktionsgenie« zunächst bei Universal, dann ab 1923 bei MGM, war der Perfektionist dieses anteiligen Arbeitens. Er nutzte sein Studio als umfassendere Maschinerie, in der er so viele Regisseure, Autoren, Techniker engagierte, wie er glaubte, für einen Film zu brauchen. Seine Devise lautete: »Filme werden nicht gedreht, sie werden nachgedreht.« Wobei beim Nachdreh, wie die Autorin Anita Loos später bekannte, »keine Kosten gescheut« wurden. Thalberg sei »künstlerisch« interessiert gewesen, erklärte der Regisseur George Cukor, und er habe »an Qualität« geglaubt. Bei ihm war alles sorgfältigst eingesetzt: außergewöhnliche Schauspieler, hervorragende Kameraleute, höchster technischer Standard, sodass eine glamouröse Atmosphäre entstand.

Doch so effektiv die Produktion der Filme auch standardisiert wurde, den kommerziellen Erfolg sicherten doch erst die Verleih- und Kino-Abteilungen. Die Distribution und Präsentation der Filme war ja von Anfang an integraler Bestandteil des Studiosystems. In den 20er Jahren erzielten die Studios die höchsten Gewinne, die auch die meisten Kinos besaßen.

Als die Folgen der Depression Anfang der 30er Jahre auch die großen Filmstudios erschütterten, kam von den Großen allein MGM glimpflich davon, da dieses Studio sich nicht auf massenhafte, sondern auf exklusive Kinos spezialisiert hatte. In den folgenden Jahren wurde dies auch von den anderen der Big Five kopiert, sodass sie 1939 nur noch 2600 Kinos besaßen, also nur etwa 15 % aller Filmtheater in den USA, davon über 80 % der luxuriösen, oft palastartigen Erstaufführungskinos in den Großstädten. So erreichten die Fünf Großen Ende der 30er Jahre die Höhe ihrer Macht.

Andererseits war dies auch eine Folge davon, dass sie in dieser Zeit zu immer rabiateren Geschäftspraktiken griffen: Einerseits boten sie immer häufiger → Double Features an, kombinierten also einen attraktiven Prestigefilm mit einem billig produzierten Genrefilm (B-Film), bei gleichem Eintrittspreis. Andererseits einigten sie sich untereinander auf regionale Absprachen ihrer Verleihbezirke und zwangen die unabhängigen Kinobesitzer zu weitergehenden Block- und Blindbuchungen. Jeder Kinobesitzer, der etwa von MGM einen Greta-Garbo-Film haben wollte oder von Paramount einen Sternberg-Film mit Marlene Dietrich, war gezwungen, andere Filme zu buchen, ohne zu wissen, worum es ging, wer die Hauptrollen spielte, zu welchem Genre sie gehörten oder wer sie inszeniert hatte.

Das Studiosystem funktionierte, solange die drei Ebenen ihrer Geschäfte ineinander griffen: Als die »Big Five« nach der Anti-Trust-Entscheidung des Supreme Court der USA 1948 gezwungen wurden, sich von ihren Kinoketten zu trennen und ihre »unlauteren« Verleihpraktiken zu unterlassen, war zugleich das Ende des »Golden Age« in Hollywood eingeleitet.

Norbert Grob

Literatur: Leo Rosten: Hollywood. The Movie Colony. New York 1941. – Thomas Schatz: Hollywood Genres. Formulas, Filmmaking and the Studio System. New York 1981. – Douglas Gomery: The Hollywood Studio System. London 1986. – Thomas Schatz: The Genius of the System. New York 1988. – Kristin Thompson / David Bordwell: Film History. New York 1994. – Geoffrey Nowell-Smith: Geschichte des internationalen Films. Stuttgart/Weimar 1998. [Amerikan. Orig. 1996. Darin: Douglas Gomery: Das Hollywood-Studiosystem. Thomas Schatz: Der Siegeszug des Studiosystems.]

Stummfilm. Von den ersten Filmen an, die ab 1893 in Edisons Guckkasten-Apparat, dem Kinetoscope, und ab 1895 auf Leinwand projiziert zu sehen waren, bis zur Einführung des Tonfilms am Ende der 20er Jahre, wurde auf dem Filmstreifen lediglich das Bild und keine Tonspur aufgezeichnet. Diese mehr als drei Jahrzehnte gelten als Epoche des Stummfilms.

Es sind die Entwicklungsjahre der Kinematographie, die mit der Stummfilm-Klassik in den 20er Jahren einen vorläufigen Höhepunkt erlebte. Zunächst jedoch dominierten Kurzfilme, welche in der Frühzeit vielfach nur aus einer Einstellung bestanden. Die kurzen Stummfilme mit Dokumentar- oder

Spielcharakter, sehr früh auch Trickaufnahmen, stellte man seit 1895 zu bunt gemischten Programmen zusammen. Diese erlebten ihre Vorführung als besondere Teile von Varieté-Programmen (häufig als Schlussnummer) oder wurden von reisenden Schaustellern einem immer neuen Publikum präsentiert (Wanderkino). In Deutschland ließ sich das Kino ab 1906/07 in festen Räumen nieder, zunächst in kleinen städtischen Geschäftslokalen (Ladenkinos, in den USA: Nickelodeons). Mit dem stationären Charakter kam der regelmäßige Programmwechsel, denn jetzt mussten einem festen Publikumskreis am selben Ort immer neue Attraktionen geboten werden. Die gemischte Struktur der Kinoprogramme blieb dabei bestehen, wenngleich einzelne »Schlagerfilme« inzwischen eine Länge von 12–15 Minuten (manchmal auch zweimal 15 Minuten) erreichten. Mit der spezialisierten Herstellung von wiederkehrenden Filmsorten, die zu Produktions- und Programmstandards wurden, bildeten sich Genres sowie Serienfilme aus.

Wie schon zuvor im Wanderkino oder Varieté wurden die Stummfilme niemals stumm, sondern stets mit musikalischer Begleitung vorgeführt. Zum Einsatz kam das Grammophon, das Harmonium oder ein Klavierspieler. Wenig später in den Kinopalästen übernahmen sogar große Orchester diese Aufgabe, und wichtige Spielfilme erhielten (in Deutschland vereinzelt ab 1913) sogar spezielle Partituren. Früh gab es Versuche, durch die synchrone Kopplung von Film und Grammophon so genannte Tonbilder als besondere Attraktion der Kurzfilmprogramme herzustellen (Oskar Meßter begann damit 1903). Sie verloren aber noch vor Beginn des langen Spielfilms wieder an Bedeutung. Auch wurden Stummfilme vielfach nicht schwarzweiß, sondern noch bis Mitte der 20er Jahre in farbigen Fassungen vorgeführt. Sie entstanden durch Handkolorierung, später ersetzt durch halbmechanische Schablonentechniken, oder durch das Einfärben des gesamten Filmstreifens (Virage oder Tonung). Die Einfärbungen boten räumliche Orientierungen (z. B. Blau für Nacht oder warme Gelb- oder Sepiatöne für Innenräume) oder verwiesen auf den emotionalen Gehalt der Szene (z. B. Rot für Gefahr oder Liebe).

Die explosionsartige Konjunktur der Jahre vor 1910 führte zu immer mehr und immer größeren Kinosälen. Mit dem »Monopolfilm«, der auf dem Vorführmonopol für einen Film in einem Vertriebsbezirk beruhte, gelang es dann, deutlich kapitalstärkere und aufwendigere Produktionen am Markt durchzusetzen, die ähnlich dem Theater als kulturelle Ereignisse beworben werden konnten. Damit ging ab 1911/12 die Entwicklung zum langen Spielfilm und der Einstieg ins Starsystem einher. In Deutschland gehörten Asta Nielsen und Henny Porten zu den ersten → Stars. Gleichzeitig vollzog sich der Übergang von kleinen manufakturähnlichen Firmen zur großen Filmindustrie. Neuartige riesige Kinopaläste mit luxuriöser Ausstattung, wie sie z. B. an den Berliner Boulevards um 1913 in großer Zahl entstanden, boten den Rahmen für eine rentablere, nach Platz- und Preisgruppen stark differenzierte Verwertung. Der Bezug der Filme auf etablierte kulturelle Werte stützte das Streben nach dem kulturellen Ereignis und der Nobilitierung des Produkts. Die deutsche → Autorenfilm-Welle der Jahre 1913/14 ist dafür ein Beispiel. Mit Filmen nach Werken prominenter Schriftsteller (z. B. *Atlantis*, 1913, R: August Blom, nach Gerhart Hauptmann), in der Inszenierung berühmter Bühnenregisseure (z. B. *Die Insel der Seligen*, 1913, R: Max Reinhardt) oder mit Theaterstars in der Hauptrolle (z. B. *Der Andere*, 1913, R: Max Mack, mit Albert Bassermann) gelang es, die Aufmerksamkeit auch des etablierten Kulturbetriebs auf sich zu ziehen und die → Filmkritik im Feuilleton der Tageszeitungen zu etablieren. Auch der phantastische Stil von Filmen wie *Der Student von Prag* (1913, R: Stellan Rye) und *Der Golem* (1914, R: Henrik Galeen) suchte zwischen der hochkulturellen Affinität zur Neoromantik und Ansprüchen an das populäre Medium zu vermitteln. Die Modernität des Mediums wurde hingegen gleichzeitig in urbanen Dramen und Komödien (wie denen von Urban Gad, Max Mack und ab 1916 von Ernst Lubitsch) sowie in Kriminalfilmen gepflegt.

Unter ästhetischem Aspekt ist die Entwicklung des Stummfilms in den ersten zwei Jahrzehnten als Übergang vom »Kino der Attraktionen« zu einem »Kino der narrativen Integration« beschrieben worden (Gunning). Dies ist im Sinne sich verschiebender Akzentsetzung zu verstehen. So herrschte im frühen Kino die visuelle Attraktion vor – zunächst die Attraktion des bewegten Bildes an sich, dann Attraktionen, die mehr mit den Filminhalten zu tun hatten: Bilder exotischer Orte und Vorgänge, tricktechnisch erzeugte Imaginationen, kleine Sketche usw. Von Anfang an war im Stummfilm neben der visuellen Attraktion aber auch ein elementares Moment des Erzählens anwesend. So präsentierte schon die erste Version von *Der begossene Gärtner, Le Jardinier et le petit espiègle*, im ersten Programm der Brüder Lumière von 1895 eine einfache Geschichte. Das Erzählmoment gewann umso größere Bedeutung, je länger und verzweigter die Erzählungen wurden, wobei das Element der Bildattraktion bis heute wichtig geblieben ist. Stummfilme von Georges Méliès' *Die Reise zum Mond* (1902) bis zu Fritz Langs *Metropolis* (1927) belegen, dass sich Schlüsselbilder tiefer ins kulturelle Gedächtnis eingraben als Storys. Im Stummfilm war die Vermittlung komplexerer Erzählungen zunächst auf einen Erklärer im Kino angewiesen, der die Handlung deutete und unterhaltend ausschmückte, während die Filme selbst lange nur Ketten einzelner Schlüsselsituationen präsentierten, meist in Form visueller Tableaus, die mit statischer Kamera frontal aufgenommen waren. Sie ähnelten vielfach in Bewegung geratenen Buchillustrationen, Historienbildern oder Postkartenmotiven. Mit der Zeit des stationären Kinos fanden zunehmend → Zwischentitel Aufnahme, die Dialoge wiedergaben und den narrativen Zusammenhang der Bilder sprachlich stifteten. Später bildete sich mit der bewegten Kamera, wechselnden Einstellungsgrößen und der Montage ein spezifisches System visuellen Erzählens aus, das die Bedeutung der Zwischentitel für das Verständnis der Erzählung zurückdrängte. Die wichtigsten Beiträge hierzu lieferten in den Jahren nach 1910 Filmkünstler aus den USA, insbesondere David W. Griffith. Seine Filme *Die Geburt einer Nation* (1915) und *Intoleranz* (1916) gelten als Höhepunkte dieses Trends.

Das klassische Stummfilmkino der 20er Jahre entwickelte die Techniken des visuellen Erzählens und des Ausdrucks unter verschiedenen stilistischen Vorzeichen weiter. Russische Regisseure wie Sergej Eisenstein, Wsewolod Pudowkin oder Dziga Vertov leisteten praktisch wie theoretisch wichtige Beiträge zur Weiterentwicklung der → Montage (→ Attraktionsmontage, intellektuelle Montage) und zu einer komplexen Bildsprache. Unter dem Stichwort »Photogénie« kultivierten französische Regisseure (z. B. Jean Epstein mit *La Glace à trois faces*, 1927) eine Kultur des Bildes, die mit der Eigenbewegung der Kamera und fragmentarischen Einstellungen eine impressionistische Poesie des dynamischen Schwarzweiß pflegte. Das dem → Expressionismus im engeren (z. B. *Das Cabinet des Doktor Caligari*, 1919, R: Robert Wiene) oder im weiteren Sinne (z. B. *Die Straße*, 1923, R: Karl Grune) verpflichtete deutsche Kino der ersten Hälfte der 20er Jahre setzte hingegen stärker auf die ausdrucksstarke visuelle Komposition der Mise en Scène, deren Stilisierung durch das Dekor und/oder die Lichtführung sowie durch expressives Schauspiel erreicht wurde. Sowohl mit seinen → Monumentalfilmen als auch mit → Kammerspielfilmen ist der klassische deutsche Stummfilm berühmt dafür, den filmischen Raum als gegenständliche, zum Teil mystische Aura des darstellenden Menschen zu entwickeln oder ornamentale Effekte zu erlangen.

Als der Stummfilm 1930 endgültig vom Tonfilm abgelöst wurde, beklagten viele Kritiker den Verlust der Bildkultur des Stummfilms, unter ihnen Rudolf Arnheim, der in »Film als Kunst« ein Resümee der formalen Mittel des Stummfilms gab. Tatsächlich sollte sich das spätere Tonfilmkino bis heute immer wieder ästhetische Errungenschaften des Stummfilms zunutze machen.

Das Studium der Kultur des Stummfilms (dem heute sogar spezielle Festivals wie das von Pordenone in Italien gewidmet sind) ist daher über das rein historische Interesse hinaus nach wie vor anregend. Aber nicht allein die Bildkultur ist ein lohnendes Studienobjekt. Mit dem Stummfilm entstand der direkte Vorläufer der modernen audiovisuellen Medien. Die von den Intellektuellen über ihn geführte Kino-Debatte gilt als Prototyp aller späteren Mediendiskurse im 20. Jahrhundert, deren Argumente und Konfliktlinien sie vorwegnahm.

Jörg Schweinitz

Literatur: Rudolf Arnheim: Film als Kunst. Berlin 1932. – Thomas Koebner: Film als neue Kunst: Reaktionen der literarischen Intelligenz. Zur Theorie des Stummfilms. [1977.] In: Th. K.: Lehrjahre im Kino. Schriften zum Film. St. Augustin ²2000. – Anton Kaes (Hrsg.): Kino-Debatte. Tübingen 1978. – Griffithiana. Rivista della Cineteca del Friuli. Gemona del Friuli 1978ff. – Tom Gunning: Das Kino der Attraktionen. Der frühe Film, seine Zuschauer und die Avantgarde. In: Meteor. Texte zum Laufbild 4 (1996) [Amerikan. Orig. 1986.] – Charles Harpole (Hrsg.): History of American Cinema. Bd. 1–3. New York 1990. – Heide Schlüpmann: Die Unheimlichkeit des Blicks. Das Drama des frühen deutschen Kinos. Basel / Frankfurt a. M. 1990. – KINtop. Jahrbuch zur Erforschung des frühen Films. Basel / Frankfurt a. M. 1992ff. – Jörg Schweinitz (Hrsg.): Prolog vor dem Film. Nachdenken über ein neues Medium 1909–1914. Leipzig 1992. – Corinna Müller: Frühe deutsche Kinematographie. Formale, wirtschaftliche und kulturelle Entwicklungen. Stuttgart/Weimar 1994. – Thomas Elsaesser (Hrsg.): A Second Life. German Cinema's First Decades. Amsterdam 1996. – Harro Segeberg [u. a.] (Hrsg.): Mediengeschichte des Films. 3 Bde. München 1996–2000. – Hans Michael Bock / Wolfgang Jacobsen (Hrsg.): Recherche: Film. Quellen und Methoden der Filmforschung. München 1997. – Thomas Elsaesser: Das Weimarer Kino – aufgeklärt und doppelbödig. Berlin 1999.

Surrealismus. Oberbegriff einer künstlerischen Bewegung, die ihren Anfang in der französischen Avantgarde der 20er Jahre nahm. In diesem Rahmen entstanden einige ausdrücklich surrealistische Filme, der Einfluss des Surrealismus lebt jedoch bis ins heutige Kino fort.

Unter dem Einfluss von Sigmund Freuds Psychoanalyse strebte diese Bewegung danach, die irrationalen Aspekte von Traum und Unterbewusstsein in Kunst und Literatur auszudrücken. Die Surrealisten widmeten sich der Technik des automatischen Schreibens und Zeichnens, womit sie die Sprache des Unterbewusstseins vermitteln wollten. In ihren Werken versuchten sie, den normalerweise unterdrückten Bereichen von Begierden und Phantasien Bild und Form zu verleihen. Neben dem Irrationalen tendieren die Ergebnisse zum Grotesken und Exzessiven, oft mit stark sexuellem Unterton. Zum wesentlichen Stilmittel wird die unheimliche Verfremdung ursprünglich alltäglicher Elemente. Mit oft makabrem Humor hielten die Surrealisten ihrer Gegenwartskultur einen verstörenden Zerrspiegel vor. André Breton verlieh dieser Bewegung offiziellen Ausdruck in seinem ersten »Manifest des Surrealismus« (1924), dem noch zwei weitere folgten.

Der filmische Surrealismus ist mit nur wenigen Namen verknüpft: Nach einem Drehbuch des Theaterschauspielers und -theoretikers Antonin Artaud drehte Germaine Dulac den oft als mißlungen gewerteten Experimentalfilm *La Coquille et le Clergyman* (1928). Dulac hatte die Geschichte eines Klerikers, der die Liebe einer schönen Frau ersehnt und ständig von einem uniformierten General gehindert wird, als effekthaschende Traumsequenz erzählt, was durchaus nicht im Sinne des Autors Artaud war, der dazu Stellung nahm: »Das Drehbuch ist nicht die Geschichte eines Traums. Ich werde nicht versuchen, seine Zusammenhanglosigkeit damit zu entschuldigen, es als Traum auszugeben. Das Szenario will die dunkle Wahrheit der Seele zu schildern. […] Die Bilder entstehen jedes als Abkömmling des Vorherigen. […] Sie schaffen eine eigene autonome Welt.« Mit seinen Filmen *Étoile de mer* (1928) und *Les Mystères du château du dé* (1928) näherte sich der Fotograf Man Ray der von Artaud geforderten ausschließlich surrealistischen Struktur und Bildwelt: In beiden Filmen nutzte er zahlreiche filmische Möglichkeiten von der Montage über Unschärfen, Überblendungen und Zeitlupe bis zu Rückwärtsaufnahmen, um alltägliche Settings und Handlungen zu verfremden. Doch erst Luis Buñuel gelang es, in Zusammenarbeit mit dem Maler Salvador Dalí den ersten allgemein anerkannten surrealistischen Film zu inszenieren: *Ein andalusischer Hund* (1929). Die Idee dieses Films ist ein massiver Angriff auf die zeitgenössische bürgerliche Moral. Er verkörpere, so Buñuel, »eine Poesie, die sich der Vernunft und überlieferten Moral entledigt hat«. Der Film verfolgt keine klare Handlungslinie, sondern reiht assoziativ teils schockierende, teils amüsante, immer aber die Realität verzerrende Episoden aneinander: ein Augapfel wird mit dem Rasiermesser zerteilt, lebende Ameisen wimmeln aus der Wunde in einer Hand, die Achselbehaarung einer Frau verwandelt sich in den Schnurrbart eines Mannes, ein Paar ist bis zum Hals im Sand vergraben, ein lüsterner Mann betastet die Brüste einer Frau, die sich unvermittelt in Hinterbacken verwandeln, eine Menschen-

Ein andalusischer Hund (1929, R: Luis Buñuel)
Gleich wird der Mann (Luis Buñuel selbst), der hier einer jungen Frau das linke Auge aufzieht, mit einem zuvor geschärften Rasiermesser scheinbar durch dieses Auge hindurchschneiden. Eine Schockszene dieses ersten bedeutenden Films, der im Zeichen des Surrealismus in die Filmgeschichte eingegangen ist. Der Schnitt ins Auge verwundet nicht nur den empfindlichen Körperteil, er bedeutet symbolisch auch Verdunkelung des Organs, das sehen kann, das den Film wahrnimmt: ein Akt der Amputation, Bestrafungsphantasie und Projektion einer Urangst, vielleicht sogar Kastrationsmetapher. Tod und Leidenschaft, Alptraum und Begierde bestimmen in Szenen und Symbolen diesen ersten frühen Film Buñuels, der Ausdruck einer ästhetischen und moralischen Programmatik ist, die den ›Bürger‹ erschrecken soll, die herkömmliche lineare Erzählform zerstört und nummernartige Szenen nur motivisch oder durch verrückt klingende Zwischentitel verbindet. Spürbar wird, dass hier ein junger Mann die Last der Tradition, Katholizismus und Rechtgläubigkeit aller Arten, ebenso die herkömmlichen Kunstdoktrinen abschütteln will, um bei aller Demontage einzuräumen, dass er selbst vom ›Sturm und Drang‹ obsessiver Emotionen besessen ist – die er hier, wie in seinen späteren Werken, in grimmige oder ironische Bildeinfälle umsetzt. Worauf der surrealistische Film im Vergleich zur surrealistischen Malerei und Poesie auf jeden Fall verzichten muss, ist das Ideal der »écriture automatique«, des automatischen Gestaltens, das dem Zufall eine bedeutsame Rolle beim Entstehen der Werke zuweist. Film verlangt zu viel technische Vorbereitung, als dass man nur auf die Eingebung des Moments oder die spontane Wendung hoffen dürfte. Die surrealistische Phase dauerte für Buñuel nur eine kurze Weile, obwohl entsprechende Inventionen einer verkehrten Welt sein Œuvre bis ins Spätwerk durchgeistern.

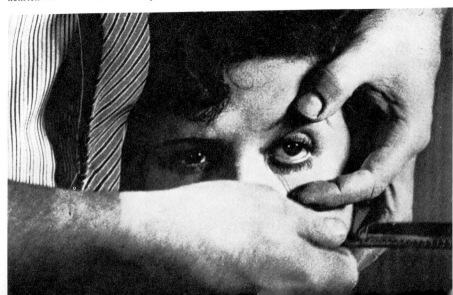

menge bestaunt eine abgetrennte Hand auf der Straße (die Hand des ›Autors‹, dessen Identität die Avantgarde auflösen wollte?). Der ebenfalls in künstlerischer Union von Buñuel und Dalí inszenierte Nachfolgefilm *Das goldene Zeitalter* (1930) trieb dieses Konzept in etwas größer angelegtem Rahmen weiter und entwarf verstörende Episoden sexuellen Begehrens, der Fetischisierung, des Amour fou sowie bizarrer Rituale (u. a. werden ein Bischof und eine Giraffe aus dem Fenster geworfen). In der letzten Sequenz nimmt Buñuel auf »Die 120 Tage von Sodom« des Marquis de Sade Bezug, eines Idols der Surrealisten, indem er eine äußerlich deutlich an Jesus orientierte Figur als letzten Überlebenden der Orgie das Schloss verlassen lässt. In einer wilden stilistischen Mixtur werden hier Dokumentarfilmaufnahmen, phantastische Szenarien und Spezialeffekte zu einer surrealistischen Collage montiert.

Die beiden Buñuel/Dalí-Filme gelten heute als die einzigen definitiv surrealistischen Filme jener Zeit, doch auch die folgenden Jahrzehnte brachten – vor allem im Rahmen des Experimentalfilms – immer wieder Bezüge zum Surrealismus und dessen Bestrebungen. Amos Vogel erwähnt etwa den dänischen ›Kannibalenfilm‹ *Spiste Horisonter* (1950) von Wilhelm Freddle oder Jean L'Hôtes amüsanten *La Cloche* (1964), der die Odyssee einer riesigen Kirchenglocke durch die Straßen von Paris zeigt. Obwohl der französische Poet Jean Cocteau vor allem mit dem experimentellen Künstlerdrama *Das Blut eines Dichters* (1930) deutlich die Imagination des Traumes vermitteln möchte, lehnt er eine Zuordnung zum Surrealismus ab. Sein schwebender Symbolismus gemahnt eher an die Traumerzählung von Dulacs Film.

1943 drehte die amerikanische Avantgardekünstlerin Maya Deren *Meshes in the Afternoon* mit sich selbst in der Hauptrolle, eine irritierende Traumerzählung, die jene tiefenpsychologische Atmosphäre des Surrealismus beschwört und in körnige, verfremdete Schwarzweißbilder kleidet. Die Ansätze narrativer Momente werden systematisch in der spiralförmigen Struktur des Films variiert und aufgelöst, bis nur noch einzelne Motive (ein Messer, ein Schlüssel, ein Spiegel) bleiben und die Handlungsfragmente in einem verschlüsselten Gewaltakt kulminieren. Die Regisseurin nimmt so Motive vorweg, die vor allem zwanzig Jahre später für die Filme von Alain Resnais (*Letztes Jahr in Marienbad*, 1961) und Alain Robbe-Grillet (*Der Mann, der lügt*, 1968) wichtig werden sollen.

Auch Luis Buñuel selbst kehrte Ende der 60er Jahre und schließlich bis zu seinem letzten Film immer wieder zu den subversiven Widersinnigkeiten des Surrealismus zurück: *Die Milchstraße* (1969) weist erneut eine episodische, assoziative Struktur auf: Dort wird u. a. der Papst von Anarchisten erschossen. In *Der diskrete Charme der Bourgeoisie* (1972) nutzt Buñuel eine Folge von bourgeoisen Festessen, zu denen sich reiche Familien gegenseitig einladen, als Anlass, die Alltäglichkeit aus den Fugen geraten zu lassen. Auch in seinem letzten Film verweigert er sich der filmlogischen Stringenz: In *Dieses obskure Objekt der Begierde* (1977) wechselt er mitten im Film die Besetzung der weiblichen Hauptrolle und stellt so die Relativität der Wahrnehmung bloß.

Eine ganze Generation ›junger wilder‹ Filmemacher und Multitalente wie Fernando Arrabal oder Alejandro Jodorowsky widmete sich ebenfalls um 1970 einer neuen Vision des Surrealismus. *Fando y Lis* heißt Jodorowskys Debüt, das bei der Uraufführung auf dem Acapulco Film Festival 1968 ähnliche Tumulte auslöste wie Buñuels Frühwerke. Der durchweg surreal strukturierte, oft rein assoziativ verknüpfte Film erzählt vage von einem jungen Pärchen, das nach der legendären Stadt Tar sucht. Tar ist das verlorene Paradies, die Summe aller positiven Utopien. Auf ihrer Suche treffen sie alptraumhafte Charaktere, die sich ihnen in den Weg stellen. Schließlich begreifen sie, dass Tar in ihnen selbst zu finden ist. Fando tötet Lis und kommt so zur Selbsterkenntnis. Jodorowsky drehte diesen Film nach den Erinnerungen, die er an Arrabals gleichnamiges Theaterstück hatte. Er versuchte, jeden Spezialeffekt zu vermeiden und stattdessen das Unbegreifliche zu dokumentieren: Seine Schauspieler wurden entkleidet, gefoltert, geschlagen; im Begleitheft zum Film sagt der Regisseur, künstliches Blut sei niemals benutzt worden. Auch dieses Posieren mit der eigenen Radikalität ist eher typisch für die Surrealisten. Jodorowsky, der mit Arrabal auch das Panik-Theater-Projekt gegründet hatte, setzte sein surrealistisches Konzept in den aufwendigen Nachfolgefilmen *El Topo* (1972) und *Montana Sacra* (1973) fort. Arrabal selbst orientierte sich nach dem autobiographischen Drama *Viva la muerte – Es lebe der Tod!* (1970) in dem Episodenfilm *Ich werde laufen wie ein verrücktes Pferd* (1972) deutlich an Buñuels Spätwerk.

Speziell das Œuvre von vier zeitgenössischen Regisseuren weist deutliche Einflüsse des Surrealismus auf: David Lynch pointierte in *Eraserhead* (1977) die Verfremdung der industriellen Wirklichkeit durch kontrastreiche Schwarzweißbilder zum Alptraumgemälde; der Kanadier David Cronenberg wagte in *Naked Lunch* (1991) eine filmische Adaption von William S. Burroughs' bizarren Visionen; ähnlich effektlastig, doch weit komödiantischer verfilmte Terry Gilliam die Drogenodyssee *Fear and Loathing in Las Vegas* (1998). Paul Thomas Andersons vielschichtiges Kalifornienpanorama *Magnolia* (1999) schließlich beginnt mit der trickreichen Visualisation irritierender Großstadtmythen und endet mit einem Froschregen von biblischer Wucht.

Marcus Stiglegger

Literatur: André Breton: Die Manifeste des Surrealismus. Reinbek bei Hamburg 1987. [Frz. Orig. 1924ff.] – Peter Weiss: Avantgarde Film. Frankfurt a. M. 1995. [Schwed. Orig. 1956.] – Ado Kyrou: Le surréalisme au cinéma. Paris 1963. – Luis Buñuel: Poesie und Film. In: Theodor Kotulla (Hrsg.): Der Film. Manifeste, Gespräche, Dokumente. Bd. 2: 1945 bis heute. München 1964. – Birgit Hein: Film im Underground. Frankfurt a. M. / Berlin / Wien 1971. – Amos Vogel: Film als subversive Kunst. St. Andrä-Wördern 1997. [Amerikan. Orig. 1974.] – James Hoberman / Jonathan Rosenbaum: Mitternachtskino. St. Andrä-Wördern 1998. [Amerikan. Orig. 1983.] – Yasha David: ¿Buñuel¡ Das Auge des Jahrhunderts. München 1994. [Ausstellungskatalog.] – Bernard Dieterle (Hrsg.): Träumungen. Traumerzählungen in Film und Literatur. St. Augustin 1998. – Neuer Surrealismus im Film. In: Screenshot 2 (1999) H. 7.

Synchronisation. Seit 1932 ist es international üblich, Filme nachzusynchronisieren, zumal Hollywood hat ein Interesse daran, seine Produktionen in verschiedenen Ländern erfolgreich auf dem Markt zu halten – die Voraussetzung dafür ist die Anpassung an die Sprache des jeweiligen Absatzgebietes. So entstand nachgeordnet zur eigentlichen Filmindustrie eine Synchronindustrie, bei der die übersetzte Dialogliste bei laufendem Bild eingesprochen wird, sodass eine neue Mischung entsteht: das I-Band (internationale Geräusch- und Musik-Band) wird mit den jeweiligen Synchronstimmen neu koordiniert. Die Synchronregie muss vor allem darauf achten, dass bei den Mundbewegungen die Lippenschlüsse stimmen und der Sprachrhythmus in etwa wiedergegeben wird (dies fällt bei asiatischen Sprachen in deutscher Übersetzung besonders schwer). Weitere Hürden: Das amerikanische Englisch braucht oft nur die Hälfte der Silben, das Italienische zeichnet sich durch sehr rasches Sprechtempo aus usw. Gewöhnlich wird die synchronisierte Version ebenso vom Publikum geschätzt wie von der Kritik missachtet – wie immer kommt es auf den Einzelfall an, auf die Qualität und Sorgfalt der Synchronisation.

Schon während der Drehzeit ist es manchmal nötig, die Bild- und die Tonaufnahme voneinander zu trennen. So bezeichnet man als *Playback* das Verfahren, bei dem die Musikaufnahme schon besteht, während das Bild entsprechend der musikalischen Struktur eingerichtet werden muss. Auch ist es nicht unüblich, bei komplizierten Außenaufnahmen, die oft durch störende Geräusche und Umwelteinflüsse ein getrübtes Tonbild liefern, nachzusynchronisieren. Im Übrigen haben sich zwei extrem unterschiedliche Schulen in Europa selbst ausgebildet: Während der französische Film, zumal der poetische → Realismus, wie ihn Jean Renoir vor allem in den 30er Jahren als ästhetische Praxis durchsetzte, Wert auf den Originalton legte – trotz größter Schwierigkeiten erreichte es Renoir in seinem Film *Toni* (1935), dass die oft außen, plein air, agierenden Darsteller an versteckten Orten Mikrofone trugen, sodass der originale Dialogton aufgezeichnet werden konnte. Renoir war in dieser Hinsicht so radikal, dass er angeblich bereit war, um des richtigen Tons willen hinzunehmen, dass die Bildaufzeichnung Fehler, Wackler o. ä. enthielt. Der italienische Neorealismus setzte von Anfang an durch, dass Bild- und Tonaufnahme getrennt erfolgten. Das Prinzip der Nachsynchronisation erlaubte es z. B. Federico Fellini, während der Szene hineinzudirigieren, das Spiel der Schauspieler zu leiten, den Schauspielern auch beliebige Texte in den Mund zu legen, im Vertrauen darauf, dass später dann die richtigen Texte in etwa »mundgerecht« hinzugefügt werden würden. Die zum Teil unwirklichen Synchronstimmen nutzte Fellini speziell seit *Achteinhalb* (1963), um seine phantastischen, imaginären Welten zu konstituieren, in denen es nicht auf Realismussignale ankommt.

Thomas Koebner

Literatur: Istvan Fodor: Film Dubbing. Phonetic, Semiotic, Esthetic, and Psychological Aspects. Hamburg 1976. – Thomas Bräutigam: Lexikon der Film- und Fernseh-Synchronisation. Berlin 2001.

Take. In der Produktionstechnik eine ununterbrochene Aufnahme einer einzigen Einstellung oder Szene, vom Startsignal bis zum Stoppruf, mit denen der Regisseur das Filmteam anweist. Während eines Takes muss Ruhe am Filmset herrschen. Im Allgemeinen werden für eine einzige Einstellung, wie sie später im Film zu sehen ist, mehrere Takes aufgenommen, von denen Regisseur und Kameramann bei Mustervorführungen oder im Schneideraum die jeweils gelungenste aussuchen. Falls keiner der Takes Zustimmung findet, muss die Einstellung nachgedreht werden. Takes missraten, weil z. B. ein Schauspieler Fehler macht, das Zusammenspiel der Darsteller nicht funktioniert oder → Special Effects misslingen. Eine kurze Einstellung in *Manche mögen's heiß* (1959) musste laut Billy Wilder insgesamt 73-mal wiederholt werden, weil Marilyn Monroe sich immer wieder verhaspelte. Solche Wiederholungen eines Takes werden Retakes genannt. Zusammenstellungen von ausgemusterten Takes, so genannte Out-Takes, aus berühmten Filmen oder mit bekannten Darstellern sind manchmal als Vorfilm oder in Kompilationen wie den von Ron Blackman und Bruce Goldstein montierten *Hollywood Out-Takes* (1983) zu sehen. Bei sehr aufwendigen Stunts (→ Double), Szenen mit hohem Materialeinsatz oder nicht wiederholbaren Spezialeffekten kann meistens nur ein Take gedreht werden, z. B. der Brand von Atlanta in *Vom Winde verweht* (1939, R: Victor Fleming) oder die Explosion der Weltraumstation in Lewis Gilberts *Moonraker – Streng geheim* (1979). Deswegen wird in solchen Fällen zur Sicherheit mit mehreren Kameras gefilmt. Möglichst wenige Takes sind aus finanziellen Gründen entscheidend für → B-Filme, → Independent-Filme und → Low-Budget-Produktionen.

Die Länge eines Takes kann Sekundenbruchteile bis maximal die Laufzeit einer Filmrolle (also ungefähr 10 Minuten) betragen; bei Videokameras entsprechend länger. Bei der Aufnahme wird die jeweilige Nummer des Takes neben der Szenennummer auf der → Klappe notiert und beim Schlagen der Klappe vorgelesen, um die Aufnahme bei der späteren Montage leicht wieder finden zu können und die Synchronisation von Bild und Ton zu sichern. Im Zeitalter des → Digitalschnitts werden anstelle der Filmklappe Timecode-Nummern verwendet, durch die Bild und Ton im Schnittcomputer exakt synchronisiert werden können.

Der Begriff »Take« ist im Allgemeinen für das Filmbild gebräuchlich, kann aber auch auf den Filmton bezogen werden.

Ursula Vossen

Literatur: Hellmuth Karasek: »Wie geht's, mein kleiner Zwetschgenröster?« Gespräch mit Billy Wilder. In: Der Spiegel. 19. 5. 1986.

Theater und Film Der Film kann für das Theater Medium oder kongeniale Kunstform sein. Das Theater ist für den Film Motiv und Fundus. Es lassen sich vier verschiedene Formen unterscheiden, in denen diese beiden darstellenden und transitorischen Künste aufeinander treffen: 1) die dokumentarische Theateraufzeichnung zu wissenschaftlichen Zwecken; 2) die Adaption eines Theaterstücks für Film und Fernsehen, die das Bühnenereignis durch Kameraführung und Schnitt filmisch transformiert; 3) die Verfilmung eines Theaterstücks, die den dramatischen Text und nicht das Bühnenereignis zum Ausgangspunkt nimmt und somit die größte Eigenständigkeit im filmischen Medium gewinnen kann; 4) die Thematisierung der Theaterwelt als Sujet des Films. Zwischen diesen vier grob umrissenen Formen existieren viele Stufen des Übergangs. Die reine Theateraufzeichnung, die den Film als Kunstform zurücktreten lässt, weil das dokumentarische Festhalten des Bühnenereignisses im Vordergrund steht, mag in bestimmten Funktionszusammenhängen sinnvoll sein. Sie dient primär einem archivalen Zweck und ist als filmische Kunstform kaum von Interesse. Dagegen umfassen Adaptionen herausragender Theaterereignisse, die noch dazu das Theatermedium im filmischen Medium spiegeln, ein breites Spektrum an Gestaltungs- und Inszenierungsvarianten.

Peter Gorski verfilmt 1960 die »Faust«-Inszenierung des Hamburger Schauspielhauses mit Will Quadflieg als Faust und Gustaf Gründgens als Mephisto – Letzterer übernimmt zugleich die künstlerische Leitung des Projekts. Gorskis und Gründgens' genau komponierte filmische Bearbeitung lässt den Bühnenraum unangetastet, greift aber in das Distanz-Nähe-Verhältnis des Zuschauers zu den handelnden Figuren maßgeblich ein und konstruiert auf diese Weise filmische Blickfelder. Es entstehen Raumperspektiven, Arrangements von Figur und Requisite in den Bildkompositionen, die über die Möglichkeiten der Theaterinszenierung hinausgehen und zudem eine genaue Beobachtung der mimischen Schauspielkunst ermöglichen. Bei der Inszenierung der Walpurgisnacht überschreiten Gorski und Gründgens die Theaterästhetik vollends, um durch eine komplexe → Montage der choreographierten → Massenszenen und durch den rasanten Wechsel von verwischten Detailaufnahmen und Raumtotalen den turbulenten Hexenkessel zum Bildersturm anschwellen zu lassen. Monumentales Beispiel einer aktuellen filmischen Bearbeitung beider »Faust«-Stücke ist die achtstündige Fernsehfassung, die Peter Schönhofer und Thomas Grimm zu Peter Steins Inszenierung aus 800 Stunden Material montierten, wobei auffällig ist, dass die Bühneninszenierung selbst schon eine Reihe filmischer Ausdrucksformen (projizierte Großaufnahmen usw.) benutzt und somit bereitstellt. Geschichte und Ästhetik von Film- und Theaterkunst beeinflussen sich sichtlich gegenseitig.

Das reine Abfilmen von Theaterszenerien in den ersten Kinojahren weicht schnell einer Verfeinerung der filmischen Narrationstechniken, die sich von der Ästhetik des Theaters lösen und schließlich auf das Theater zurückwirken. Mittlerweile adaptiert das Theater ohnehin häufig erfolgreiche Filmproduktionen für die Bühne, nicht zuletzt, um das Kinopublikum zu gewinnen.

Ein herausragendes Beispiel für die Verfilmung eines dramatischen Textes, die einen medialen Raum zwischen Film und Theater experimentell entwirft, ist Volker Schlöndorffs *Tod eines Handlungsreisenden* (1985) nach dem gleichnamigen Bühnenstück von Arthur Miller mit Dustin Hoffman in der Hauptrolle. Schlöndorff dreht seinen Film weitgehend in einer Theaterkulisse, die sich dem filmischen Realismus in seiner Illusionswirkung schon akustisch widersetzt. Louis Malles Tschechow-Adaption *Vanya – 42. Straße* (1994) verschmilzt den filmischen Raum mit der baufälligen Probebühne eines alten Theaters und lässt die halbdokumentarische Beobachtung eines Theaterensembles während der Proben zu dem Stück »Onkel Wanja« unmerklich in die Fiktion des Theaterstücks hinübergleiten. Malle verzichtet gänzlich auf historische Kostüme, Requisiten und Maske, reduziert gezielt die Zeichenebenen der Inszenierung und versetzt durch sparsame filmische Mittel die Szenerie in einen Schwebezustand zwischen Realität und Fiktion, Film und Theater, Probe und Aufführung.

Von Friedrich Wilhelm Murnaus Theaterfilmen (*Tartüff*, 1926; *Faust – Eine deutsche Volkssage*, 1926) über Georg Wilhelm Pabsts provokante Wedekind-Adaption (*Die Büchse der Pandora*, 1929) zu Max Ophüls' Film *Der Reigen* (1950) nach dem Theaterstück Arthur Schnitzlers lassen sich unzählige Filmbeispiele nennen, die von gleichermaßen großen Autoren wie Regisseuren gemacht und zu Klassikern des Theaterfilms avancieret sind. 1979 verfilmt Werner Herzog das pränaturalistische Fragment *Woyzeck*, mit dem der Dichter Georg Büchner seiner Zeit weit voraus war. Herzog, der in Klaus Kinski einen idealtypischen Woyzeck gefunden hat, immer dem Wahnsinn nahe, fahrig und gehetzt, wählt einen natürlichen Ort, eine tschechische Kleinstadt und deren Umgebung, für die Dreharbeiten und naturalisiert so den Schauplatz des Geschehens im Gegensatz zu Theaterverfilmungen, die den Kammerspiel-Charakter des Bühnenraums zu bewahren suchen. Roman Polanski benötigt in seinem Film *Der Tod und das Mädchen* (1994) nach dem Theaterstück von Ariel Dorfman die Enge des geschlossenen Raums, die gerade in den Großaufnahmen Sigourney Weavers als klaustrophobisches Symbol für die Not des Folteropfers stets präsent bleibt. Erst das Finale des Verhörs hat seinen Ort im freien Raum, auf der Klippe an einem Abgrund.

William Shakespeare ist der mit Abstand am meisten verfilmte Bühnenautor, sein Werk dient zudem vielen Filmen als Quelle, die das Theater zum Sujet nehmen. *Ein Sommernachtstraum* eroberte Hollywood gleich mehrfach, angefangen mit der Verfilmung durch Max Reinhardt und William Dieterle (1935) bis hin zu der Michael Hoffmans (1999). Allen anderen Stoffen voran, erfreut sich *Romeo und Julia* dauerhaften Interesses, ob als Adaption oder als indirektes narratives Modell für pubertäre Liebestragödien. 1996 gelang dem australischen Theater- und Filmregisseur Baz Luhrmann die wohl furioseste Verfilmung der alten Geschichte aus Verona. Luhrmann lässt Shakespeares gereimten Originaltext auf Kulissen prallen, die direkt aus dem seelischen Bilderarsenal medienerfahrener Pubertierender zu entstammen scheinen, und montiert aus visuellen Bewegungsfetzen eine Augenmusik zur Filmkomposition. Mit Leonardo Di Caprio als melancholischem, dem Weltschmerz hingegebenem Romeo und vor allem Claire Danes als der vierzehnjährigen Julia realisiert Luhrmann Shakespeares Meisterwerk über die erste große Liebe wirklich als Jugendstück. Zwei Jahre später inspiriert das Stück den Regisseur John Madden zu der Oscar-gekrönten Komödie *Shakespeare in Love* (1998) mit Gwyneth Paltrow und Joseph Fiennes in den Hauptrollen. Madden inszeniert »Romeo und Julia« als Stück im Stück und als Grundmuster aller verhinderten Liebesgeschichten, in diesem Fall zwischen dem Dichter Shakespeare und seiner Muse Lady Viola. Die Wahl der Kameraeinstellungen und Perspektiven, vor allem während der Proben und Aufführungen, reflektiert dabei die medialen Unterschiede zwischen Film und Theater, zwischen dem Schauspiel vor der Kamera und auf der Bühne. Wenn Julia auf der Bühne stirbt, wählt die Kamera eine Position, die das rote Stofftuch, das anstelle echten Blutes aus Paltrows Gewand fließt, als Theaterrequisite exponiert. Die Kamera kann die Rampe der Bühne überschreiten, das Geschehen aus der Seitenbühne oder von hinten filmen, sie ist beweglich und im Gegensatz zum Theaterpublikum frei. Der experimentierende Brite Peter Greenaway (*Der Koch, der Dieb, seine Frau und ihr Liebhaber*, 1989; *Das Wunder von Mâcon*, 1993) bricht dagegen in vielen seiner Filme mit den Konventionen des filmischen Illusionsraums, indem er seine Figuren vor überstilisierten Kulissen agieren lässt, die einem medialen Zwischenreich zwischen Malerei und Theater angehören. Damit erreicht der Film einen Höhepunkt an Intermedialität, wie zuvor vielleicht nur in Federico Fellinis dekadenter theatraler Oppulenz in *Fellinis Satyricon* (1969).

Susanne Marschall

Literatur: André Bazin: Was ist Kino? Bausteine zur Theorie des Films. Köln 1975. [Frz. Orig. 1958.] – Heide Schlüpmann: Unheimlichkeit des Blicks. Das Drama des frühen deutschen Kinos. Basel / Frankfurt a. M. 1990. – Franz-Josef Albersmeier: Theater, Film und Literatur in Frankreich. Medienwechsel und Intermedialität. Darmstadt 1992. – Jörg Helbig (Hrsg.): Intermedialität: Theorie und Praxis eines interdisziplinären Forschungsgebiets. Berlin 1998. — Thomas Koebner: »It's just a play ... with music«. Theaterspiel im zeitgenössischen Film: Ettore Scola und Peter Greenaway. In: Th. K.: Lehrjahre im Kino. Schriften zum Film. St. Augustin ²2000.

Thriller. Vage Genrebezeichnung für eine besondere Spielart von Spannungsfilmen. Die Spannung, die im Thriller herrscht, unterscheidet sich aber deutlich vom Suspense (→ Spannung): Während im Suspense-Film der Zuschauer einen Wissensvorsprung vor dem Helden hat, ist er im Thriller auf gleichem Informationsstand, sodass auch das einfühlende Miterleben des Zuschauers sich auf eine Erlebnissituation richtet, die ausweglos erscheint. Wie bedeutsam die Perspektivierung der Anteilnahme des Zuschauers ist, zeigt sich an solchen Filmen, in denen der Held behindert ist, sodass er nicht so auf das Geschehen einwirken könnte, wie es nötig wäre. Ein prägnantes Beispiel ist neben Hitchcocks *Das Fenster zum Hof* (1954), in dem der Held im Rollstuhl sitzt und hilflos zusehen muss, wie der Mörder in seine Wohnung eindringt, auch Terence Youngs *Warte, bis es dunkel ist* (1967), in dem Audrey Hepburn ein blindes Mädchen spielt, das in einem quälend langen Showdown sich eines Mörders erwehrt, der in ihrer Wohnung nach etwas sucht.

Der Thriller zeichnet sich nicht allein dadurch aus, dass der Spannungsbogen den ganzen Film übergreift, sondern auch dadurch, dass die Erzählung eindeutig aus der Perspektive des Protagonisten erzählt ist, der in eine Geschichte verstrickt ist, die er weder überblicken noch beherrschen kann. Meist ist er mit dem Tode bedroht – als äußerster und dennoch glaubhaftester Gefährdung. Die Vorgänge, in die er verstrickt ist, erscheinen unerklärlich, entpuppen sich aber im Verlauf der Handlung als Elemente einer umfassenden Intrige und werden am Ende aufgeklärt – darin unterscheidet sich der Thriller vom → Horrorfilm (bzw. der

Der Fremde im Zug (1952, R: Alfred Hitchcock): Farley Granger

Ein Genre, in dem es gilt, die übliche Erwartungsspannung immer wieder und vornehmlich gegen Schluss erheblich zu steigern und Zeit zu verdichten. Zwischendrin und endgültig geht es um ein Jetzt oder Nie, Leben oder Tod. Obwohl die passenden Standardsituationen Duell, Jagd, Verfolgung, Rettung in der Welt widerständiger Dinge und äußerer Hindernisse platziert sind, wird die Psychologie der Charaktere nicht vernachlässigt, auch wenn sie sich darauf beschränkt, einige Verhaltensweisen und Reflexe – gleichsam behavioristisch – ins Spiel zu bringen. Hitchcock entwickelte für seine Thriller die Suspense-Theorie, nach der die Zuschauer Mitwisser der Intrige sein sollen, um auf das Wie der Auflösung konzentriert zu bleiben. Doch selbst bei Hitchcock halten sich beide Strategien – die der Zuschauer-Beteiligung, Suspense, und der Zuschauer-Überwältigung, Surprise – in Balance.

Thrill vom Horror). Es gibt allerdings eine ganze Reihe von Grenzfällen: So ist Nicholas Roegs *Wenn die Gondeln Trauer tragen* (1973) ein »mystischer Thriller«, der gleichermaßen um das phantastische Motiv des zweiten Gesichts und das psychologische Motiv unverarbeiteter Trauer angelegt ist. Die eher laxe Bezeichnung »Psychothriller« – die als Synonym für »Thriller« allgemein angesehen werden kann – bezieht sich auf die Entwicklung der Spannung aus der konsequenten Darstellung der Geschichte in der Sicht des bedrohten Helden. Daneben wird oft die Bezeichnung »Politthriller« verwendet, wobei viele dieser Filme aber eigentlich keine Thriller sind.

Der Thriller ist die Geschichte eines möglichen Opfers und darum auf eine einzelne Person fokussiert. Die rigorose Perspektivierung der Thriller-Erzählung geht einher mit einer konsequenten Psychologisierung: Es geht immer um die filmische Darstellung der subjektiven Wahrnehmung eines äußerst bedrohlichen Geschehens. Thema des Thrillers ist auch, wie das Opfer den Motiven der Täter auf die Spur kommt. Insofern umfasst der Thriller auch Motive des → Detektivfilms – es gilt auch, ein Geheimnis, ein Rätsel oder eine Falle zu enträtseln und aufzulösen. Die detektivische Suche ist aber nur Mittel zu dem einzigen Zweck, das eigene Leben oder die eigene Unversehrtheit zu retten.

Die Erlebnis- und Motivationspsychologie des Thrillers wirft ebenso große Probleme auf wie die Modellierung des Spannungserlebens. Michael Balint hat in einer bis heute wichtigen psychoanalytischen Studie das Phänomen des Thrills am Beispiel von Jahrmarktsvergnügungen wie Schiffsschaukeln, Karussells und Achterbahnen beschrieben. Bei Vergnügungen dieser Art wird eine bestimmte Form der Angst geweckt, die nach Balint durch Verlust des Gleichgewichts, der Standfestigkeit, des zuverlässigen Kontakts mit der sicheren Erde bestimmt ist. Drei Merkmale lassen sich dabei beobachten: »(a) ein gewisser Betrag an bewusster Angst, oder doch das Bewusstsein einer wirklichen äußeren Gefahr; (b) der Umstand, dass man sich willentlich und absichtlich dieser äußeren Gefahr und der durch sie ausgelösten Furcht aussetzt; (c) die Tatsache, dass man in der mehr oder weniger zuversichtlichen Hoffnung, die Furcht werde durchgestanden und beherrscht werden können und die Gefahr werde vorübergehen, darauf vertraut, dass man bald wieder unverletzt zur sicheren Geborgenheit werde zurückkehren dürfen. Diese Mischung von Furcht, Wonne und zuversichtlicher Hoffnung angesichts einer äußeren Gefahr ist das Grundelement aller Angstlust (thrill)« (Balint). Die Kunst der Inszenierung des Thrillers besteht gerade darin, das Wechselspiel von Sicherheit und Unsicherheit, Kontrolle und Kontrollverlust in Gang zu bringen, das ein lustvolles Erleben von Angst und Schrecken, Horror und Ekel ermöglicht.

Die Motive des Thrillers hängen eng mit der rigorosen Perspektivierung der Erzählung zusammen. »Erpressung«, »Unter falschem Verdacht«, »Der bedrohte Zeuge« oder »Jemand zweifelt an der Realität seiner Wahrnehmungen« sind besonders ausgezeichnete Konstellationen, die immer wieder behandelt worden sind. Aber auch Spannungsmotive wie »Der Wettlauf mit der Zeit«, »Der Verräter« oder »Auf der Flucht« gehören zum Grundbestand der Thrillermotive. Alfred Hitchcock gilt allgemein als Meister des Genres, der es immer wieder um neue Varianten angereichert hat. *Die 39 Stufen* (1935) ist die Geschichte eines jungen Kanadiers, der in Verdacht gerät, eine junge Frau umgebracht zu haben und der, um sich selbst zu entlasten, einen Spionagering aufdecken muss. Der Film ist fast lehrbuchartig in der Dramaturgie des Thrillers erzählt; zugleich kann er belegen, dass der Thriller immer wieder auch komödiische Elemente aufzunehmen vermag – der Held gewinnt das Vertrauen und die Liebe einer jungen Frau, die ihm schließlich zum guten Ende verhilft. Auch *Der unsichtbare Dritte* (1959) ist eine Thriller-Komödie: Ein Werbefachmann, der von feindlichen Agenten für einen CIA-Mann gehalten wird, verliebt sich in eine Undercover-Agentin, die erst am Ende ihre Doppelrolle aufgeben darf. Ganz und gar psychologische Thriller sind *Verdacht* (1941) – die Geschichte einer Frau, die ihren Mann verdächtigt, sie umbringen zu wollen –, *Im Schatten des Zweifels* (1943) – ein junges Mädchen kommt dahinter, dass ihr Onkel ein gesuchter Frauenmörder ist – oder *Vertigo – Aus dem Reich der Toten* (1958) – ein Polizist hält sich für schuldig am Tod einer Frau und muss entdecken, dass er einer Doppelgängerintrige aufgesessen ist (am Ende verliert er auch die Doppelgängerin, die er liebt).

Einen eigenen Motivkreis bilden die Filme, in denen jemand das Objekt heimlicher Beobachtung ist – meist verbunden mit einer Todesdrohung durch den Beobachter oder einen anderen. John Badhams *Die Nacht hat viele Augen* (1986) basiert auf einer derartigen Konstellation: Die Ex-Freundin eines geflohenen Gewaltverbrechers wird rund um die Uhr überwacht, weil damit gerechnet wird, dass der Sträfling bei ihr auftauchen wird; prompt verliebt sich einer der Überwacher in die Frau, sodass nun ein mehrfach doppeltes Spiel gespielt werden muss. John Carpenters *Das unsichtbare Auge* (1978) ist eine Zusammenführung der beiden Thrillermotive »Beobachtung« und »Horrifizierung der Wohnung«: Eine junge Frau erhält Anrufe von einem Mann, der sich nicht zu erkennen gibt, der ihr offenbar gegenüber wohnt und jeden ihrer Schritte überwachen kann – und in der Folge wird die Wohnung zu einer alptraumhaften Falle, verliert jede Art von Sicherheit und Intimität. Roman Polanski hat in *Ekel* (1965) und in *Der Mieter* (1976) das letztere Motiv gleich zweifach behandelt: In *Ekel* wird eine junge Frau in einem Anfall von Paranoia von mehreren halluzinierten Männern in ihrer Wohnung bedroht, wobei für den Zuschauer nie durchsichtig ist, ob das Bild eine reale oder eine halluzinierte Szene zeigt. *Der Mieter* handelt von einem jungen Mann, der immer mehr die Identität der Vormieterin annimmt, deren Sachen immer noch das Gesicht der Wohnung bestimmen – bis auch er einen Selbstmordversuch unternimmt.

Es gibt eine ganze Reihe von Filmen, die nur zum Teil in der Dramaturgie des Thrillers inszeniert sind. Ein Beispiel ist René Cléments *Der aus dem Regen kam* (1970), der am Anfang wie ein Thriller ganz aus der Perspektive des Mädchens erzählt ist, dem die Geschehnisse, die über es hereinbrechen, wie ein Geheimnis vorkommen müssen. Dann wechselt der dominante Perspektivpunkt, der geheimnisvolle Fremde, der das Mädchen zu bedrohen schien, erweist sich als amerikanischer Agent und Beschützer.

Hans J. Wulff

Literatur: Michael Balint: Angstlust und Regression. Beitrag zu einer psychologischen Typenlehre. Stuttgart 1959. – Brian Davis: The Thriller. The Suspense Film from 1946. London 1973. – Lawrence Hammond: Thriller Movies. London 1974. – Charles Derry: The Suspense Thriller. Jefferson/London 1988. – Georg Seeßlen: Kino der Angst. Reinbek bei Hamburg 1980.

Tierfilm. Filme und Serien mit Tieren als Darstellern haben sich immer an der Kinokasse und als Quotenbeschaffer im Fernsehen bewährt. Sie treten dabei durchaus als Protagonisten auf – und es bedarf der Dressur, des Kontextes und der Montage, um ihnen jene mimischen Äußerungen zu entlocken, die die Illusion einer darstellerischen Leistung ergeben. Die anthropomorphisierende Tendenz ist in Animationsfilmen mit Tieren noch ausgeprägter (wie z. B. bei Walt Disneys *Bambi*, 1942, und zahllosen Tiercartoons).

Zu den berühmtesten Tierdarstellern zählen die Hunde Rin-Tin-Tin, Strongheart (der schärfste Rivale Rin-Tin-Tins) und Lassie. Aus deutscher Produktion ist z. B. *Krambambuli* (1940) zu nennen, die Geschichte eines Hundes und eines jungen Landstreichers. Neuerdings spielen Hunde als ›beste Freunde‹ und ›Kollegen‹ an der Seite von Polizisten (z. B. *Scott und Huutsch*, 1989). Fury, das berühmteste Pferd, Flipper, der populärste Delphin, Cheeta (aus den Tarzan-Filmen), die fast zum Gattungsnamen der Schimpansen wurde, Clarence, der schielende Löwe: die Reihe der Tier-Berühmtheiten ist lang.

Manchmal werden Tiere auch mit dem Magischen in Verbindung gebracht (wie in

Kevin Costners *Der mit dem Wolf tanzt*, 1990) oder markieren die Auseinandersetzung zwischen Mensch und Natur (wie in John Hustons Melville-Verfilmung *Moby Dick*, 1956, oder noch in Steven Spielbergs *Der weiße Hai*, 1974).

Tiere sind auch immer wieder als Bedrohungen der Zivilisation aufgetreten, sei es, weil sie mutieren, ihr Verhalten umstellen oder unter fremden Einfluss geraten. Der Motivkreis ist älter, erlebte aber als Seitenzweig des → Katastrophenfilms eine Renaissance. Zu den berühmtesten Filmen dieser Gattung zählen *Tarantula* (1955, R: Jack Arnold), *Die Vögel* (1963, R: Alfred Hitchcock) und *Der weiße Hai*. Neuerdings spielen ökologische Einflüsse eine immer größere Rolle.

Phantastische und imaginäre Tiere (→ phantastischer Film) wie King Kong oder der Drache aus *Die unendliche Geschichte* (1984, R: Wolfgang Petersen), die Animationen von *Jurassic Park* (1993, R: Steven Spielberg) oder auch Gestalten zwischen Mensch und Tier (dazu zählen die Wolfsmenschen, aber z. B. auch der Protagonist von *Es war einmal*, 1946, R: Jean Cocteau) spielen oft mit der Ambivalenz der menschlichen Natur und der Fragilität der Zivilisationsprozesse. Und natürlich hat auch das Einhorn diverse Filmauftritte gehabt.

Das dokumentarische Genre des Tierfilms (→ Dokumentarfilm) ist ausgesprochen alt und beginnt spätestens in den 10er Jahren: Das Sujet »Natur« war Teil von »Berichterstattung«. Nicht nur exotische Tiere wurden im Tier-Kulturfilm abgelichtet, sondern auch Insekten, Frösche und Kriechtiere. War zunächst das Interesse wohl vor allem ein wissenschaftliches – die Kamera konnte das Verhalten von Tieren dokumentieren und schuf damit Material für die Analyse, die ungleich genauer sein konnte als die flüchtige Beobachtung –, etablierte sich schnell der Tierfilm als Lehrfilm (seit den 30er Jahren auch für den Einsatz in der Schule) sowie als Angebot für den Naturliebhaber, der im Vorprogramm der Kinos des Interesses des Publikums sicher sein konnte. Schon 1931 präsentierte die Ufa einen – farbigen! – Langfilm mit Aufnahmen aus Hagenbecks Tierpark in Hamburg (*Bunte Tierwelt*, R: Ulrich K. T. Schulz).

Der Tierfilm hat immer eine große Sympathie des Publikums genossen. Einige Filme waren auch an der Kinokasse ausgesprochen erfolgreich – neben Walt Disneys *Die Wüste lebt* (1954) und Bernhard Grzimeks *Serengeti darf nicht sterben* (1959) sollte auch der Unterhaltungsfilm *Die lustige Welt der Tiere* (1974) genannt werden, den Jamie Uys als musikalische Komödie auf klassische Musik montierte. Ein Subgenre ist der Unterwasserfilm, zu dem neben Hans Hass (*Menschen unter Haien*, 1943; *Abenteuer im Roten Meer*, 1951) der Tiefseeforscher Jacques-Yves Cousteau die bedeutendsten Beiträge gestaltete (*Die schweigende Welt*, 1955; *Welt ohne Sonne*, 1964).

Das Genre ist heute fester Bestandteil der Fernsehprogramme. Grzimeks *Ein Platz für Tiere* (seit 1956), Eugen Schumachers *Auf den Spuren seltener Tiere* und Heinz Sielmanns *Expeditionen ins Tierreich* waren klassische Magazine oder Filmreihen, die das Genre als Bestandteil des Programms installierten. Neben dem beobachtenden Tierfilm, der meist Tiere in ihrem natürlichen Lebensraum zeigte, entwickelte sich recht früh ein analytischer Tierfilm, der Tiere als Teile ökologischer Systeme präsentierte, ohne doch schon wissenschaftlicher Tierfilm zu sein. Der führende und nach wie vor seriöseste Produzent von halblangen Tierfilmen ist die BBC, die eine eigene Produktionsabteilung (Natural History Unit) unterhält.

Hans J. Wulff

Literatur: Ann C. Paietta / Jean L. Kauppila: Animals on Screen and Radio: An Annotated Sourcebook. Metuchen 1994.

Timecode. Digitaler Zeitcode der in Stunden, Minuten, Sekunden und Bildern (→ Frames) organisiert ist; die kleinste Zähleinheit ist das Einzelbild. Dieser Code wird bei der Aufzeichnung von einem elektronischen Timecode-Generator erzeugt und auf der so genannten Timecode-Spur parallel zu Bild-

und Toninformation auf das jeweilige Medium (Film, Video- oder Tonband, Festplatte usw.) aufgezeichnet. Er dient zur zeitlich eindeutigen Bezeichnung der Einzelbilder bei Film- und Videoaufzeichnung sowie zur Synchronisation fast aller professionellen Bild- und Tongeräte bei der → Post-Production, Aufführung oder Sendung. Seit 1972 ist ein internationaler Timecode-Standard durch die US-amerikanische Society of Motion Picture and Television Engineers (SMPTE) festgelegt, daher ist auch die Bezeichnung SMPTE-Code verbreitet. Da das Format des Timecodes unmittelbar von der Anzahl der Einzelbilder/Sekunde abhängig ist, unterscheidet man verschiedene Formate:

Kinofilm (international) mit 24 Bildern pro Sekunde, TV/Video (Europa) mit 25 Bildern pro Sekunde und TV/Video (USA und Japan) mit 30 Bildern pro Sekunde.

Insbesondere bei den verschiedenen Bearbeitungsschritten elektronischer Videoproduktion (Schnitt, Vertonung, Computerbearbeitung usw.) dient der Timecode als zeitliche Referenz zur Synchronisation verschiedener Geräte wie Videorekorder, Tonbandgeräte, Festplattenaufzeichnungs- und Effektgeräte usw. Beim elektronischen Videoschnitt werden die ausgewählten Szenen anhand ihrer Timecode-Adresse auf ein anderes Band kopiert, die Originalaufnahmen werden nicht verändert. Dazu sind Videoschnittplätze mit elektronischen Schnittsystemen ausgerüstet, die die Timecode-Daten der jeweiligen Geräte zentral verwalten und die Laufwerkssteuerung und Wiedergabegeschwindigkeit aller angeschlossenen Maschinen steuern.

Seit der Einführung digitaler Postproduktion im Bereich der Filmbearbeitung (z. B. → Digitalschnitt, Bildmanipulation durch → Computeranimation und -retusche, digitale Tonbearbeitung und Farbkorrektur usw.) ist SMPTE-Code auch in diesem Bereich verbreitet und hat den so genannten Film-Zeitcode ersetzt.

Dieser Zeitcode beim Film kann Jahr, Monat, Tag, Stunde, Minute, Sekunde und Kameranummer registrieren. Das bedeutet, dass in jeder Sekunde der Aufnahme einmal diese gesamte Information aufgezeichnet wird. Es werden jedoch nicht, wie beim SMPTE-Timecode, die einzelnen Bilder gezählt.

Christian Roggy

Titel. Der Titel eines Films, der auf dem → Filmplakat und während des → Vorspanns zu lesen ist, ist in seiner Bedeutung vergleichbar mit einer Visitenkarte: Dem oberflächlichen Betrachter präsentiert er weiter nichts als den Namen. Schaut man genauer hin, entdeckt man Feinheiten: ob nämlich der Titel in sachlich-bescheidenen Buchstaben gehalten ist oder in übergroßen, Aufmerksamkeit fordernden Lettern, ob sich in der graphischen Gestaltung eine Liebe zum Detail ankündigt, die vielleicht für den ganzen Film kennzeichnend sein wird wie bei *Prosperos Bücher* (1991, R: Peter Greenaway), ob der Titel den Beginn eines selbständigen Werkes signalisiert oder ob er mit dem besitzanzeigenden Genitiv-Präfix des Regisseurnamens ankündigt, dass der Film primär im Kontext von dessen Œuvre zu sehen ist oder nur in Verbindung mit dessen Namen Aufmerksamkeit erregt (*John Carpenter's Vampires*, 1998) usw. Meist verrät der Titel schon viel über den Film, den er bezeichnet.

So macht ein Personenname als Titel unmissverständlich klar, dass es sich um eine Art Porträt oder → Biopic handeln wird, wie in *Martha* (1973, R: Rainer Werner Fassbinder), *Kika* (1993, R: Pedro Almodóvar), *Rocky* (1977, R: John G. Avildsen) oder *Wittgenstein* (1993, R: Derek Jarman); Abwegigkeiten im Titel wie *Arsen und Spitzenhäubchen* (1944, R: Frank Capra) oder *Tote tragen keine Karos* (1982, R: Carl Reiner) verweisen auf das Genre der → Komödie usw.

Mit dem Erfolg der John-Grisham-Verfilmungen *Die Firma* (1993, R: Sydney Pollack) und *Die Akte* (1993, R: Alan J. Pakula) wurde es nahezu selbstverständlich, → Thriller durch analoge Titel zu kennzeichnen: *The Fan* (1996, R: Tony Scott), *The Game*

(1997, R: David Fincher), *The Insider* (1999, R: Michael Mann), *Das Experiment* (2001, R: Oliver Hirschbiegel). Es gab Titel-Moden anderer Art seit je.

Doch nicht nur Genrezugehörigkeiten lassen sich am Titel ablesen. Mit den oft langen programmatischen, inzwischen sprichwörtlich gewordenen Titeln des → Neuen deutschen Films wie *Die Artisten in der Zirkuskuppel: ratlos* (1968, R: Alexander Kluge), *Auch Zwerge haben klein angefangen* (1970, R: Werner Herzog), *Angst essen Seele auf* (1974, R: Rainer Werner Fassbinder), *In Gefahr und größter Not bringt der Mittelweg den Tod* (1974, R: Alexander Kluge, Edgar Reitz) demonstrierten die Autoren ihre Auseinandersetzung mit dem Tradierten und ihre Geisteshaltung der Erneuerung.

Doch wie mit Visitenkarten ist es auch mit Titeln möglich, Hochstapelei zu betreiben. So bedienen sich Produzenten oft des Titels, um dem Film mehr Bedeutung zu verleihen. Längst schon geht man so weit, mit Namen zu locken, die kaum im Zusammenhang mit dem Werk stehen, wie bei *Andy Warhol's Frankenstein* (1973). Béla Balázs beklagte solche und ähnliche Mogelpackungen schon 1924: »Aber wehe, wenn uns die Poesie, die den Bildern fehlt, in den Aufschriften geboten werden soll. Leider gibt es so ein Streben nach dem ›künstlerischen Film‹, welches das Niveau dadurch heben will, dass es den Stil der Aufschriften verfeinert und vergeistigt.«

Verleiher sind sich über die Gewichtung des Titels offenbar nicht immer im Klaren und meinen, ihn dem vermuteten Publikumsgeschmack oder ›einfältigen‹ Publikumsverständnis anpassen zu müssen. Zeugnisse dieser meist plumpen Dramatisierung sind schmähliche deutsche Verleihtitel wie *Sie küssten und sie schlugen ihn* (1959, R: François Truffaut), *Gewalt und Leidenschaft* (1975, R: Luchino Visconti) oder *Larry Flynt – Die nackte Wahrheit* (1996, R: Miloš Forman). Auch indirekte Zensur spiegelt sich in so mancher ›Titelgeschichte‹ wider. Weil zwei Tage vor dem deutschen Filmstart von *Tötet Mrs. Tingle* in Hessen ein Lehrer umgebracht wurde, wurde auf den Filmplakaten das »Tötet« überklebt mit »Rettet«. Schon in den USA wurde der Originaltitel *Killing Mrs. Tingle* (1999, R: Kevin Williamson) geändert in *Teaching Mrs. Tingle*, um Klagen wegen Jugendgefährdung aus dem Weg zu gehen. Auch bei dem radikal feministischen Trip *Fick mich!* (2000, R: Coralie, Virginie Despentes) wurde der Titel nach wenigen Tagen in *F... mich!* entschärft.

Stefanie Weinsheimer

Literatur: Béla Balázs: Der sichtbare Mensch oder die Kultur des Films. [1924.] In: B. B.: Schriften zum Film. Bd. 1. München/Berlin 1982.

Tobis (Tonbild-Syndikat AG). Die Gesellschaft, am 30. 8. 1928 als Zusammenschluss der Tri-Ergon-Musik AG, der Küchenmeister KG, der Deutschen Tonfilm AG und der Meßter Ton-AG mit einem Stammkapital von 12 Mio. Reichsmark gegründet, wurde rasch von ausländischen Finanzkreisen dominiert, vom Küchenmeister-Konzern und seinen holländischen Geldgebern, die über 75 % des Tobis-Kapitals vertraten.

Nach dem »Freundschaftsvertrag« mit der Klangfilm GmbH, die zu den deutschen Elektrofirmen AEG und Siemens und zur Plattenfirma Polyphon gehörte, kümmerte sich ab März 1929 Klangfilm um Entwicklung und Fabrikation von Tonfilmgeräten, das Tonbild-Syndikat um die Produktion und Distribution von Filmen. »Das Aufnahmeverfahren wurde System Tobis-Klangfilm, das Wiedergabeverfahren System Klangfilm-Tobis genannt. Der Zweck des Interessengemeinschaftsvertrages war die monopolistische Beherrschung des Tonfilmmarktes.« (Traub.)

Der erste, abendfüllende Tonfilm der Tobis war Walter Ruttmanns *Melodie der Welt* (1929), der in Kooperation mit der Hamburg-Amerika-Schifffahrtslinie produziert worden war. Wobei die Toneffekte, wie Rudolph Kurtz in der »Lichtbild-Bühne« notierte, noch »dünn gesät« waren. »Aber wenn Ruttmann sie einsetzt, sind sie von stärkster Wirkung. Das Schreien einer Masse, die Geräusche von Maschinen [...]. Sonst beschränkt sich der Toncharakter des Films darauf, dass durchgehend die Begleitmusik mit photographiert ist.«

Im »Pariser Tonfilmfrieden« vom Juni 1930, in dem sich alle Patentinhaber auf einen geregelten Wettbewerb verständigten, erhielt Tobis-Klangfilm das Recht zugesprochen, ihre Geräte in Deutschland, Österreich, Holland, Skandinavien, der Schweiz und den Balkanstaaten exklusiv zu nutzen und zu vertreiben, während den US-amerikanischen Konzernen neben Kanada und den USA auch Australien, Indien und die UdSSR überlassen wurden. So zählte der Tobis-Konzern Anfang der 30er Jahre (neben der → Ufa, der Terra und der → Bavaria) zu den Marktführern der Branche, zu dem Mitte der 30er Jahre auch die Filmverleihe NDLS/Syndikat, Rota-Film AG und Europa-Filmverleih AG gehörten.

Im Januar 1931 wurde die Tonbild-Syndikat AG in Tobis Tonbild-Syndikat AG umbenannt, in den Jahren danach »unter vielfältigen Tarnungen« (Kreimeier) die holländischen Anteile aufgekauft, im November 1937 alle Unternehmen des Tobis-Konzerns in die Tobis-Filmkunst GmbH überführt, deren alleiniger Gesellschafter die Cautio-Treuhand war (1929 von Max Winkler gegründet, der 1937 zum Reichsbeauftragten für die Filmwirtschaft ernannt wurde). Seitdem zählte die Tobis zu den wichtigsten Instrumenten der nationalsozialistischen Propaganda.

Als Aufgabe der Tobis nannte im Oktober 1939 Hans Martin Cremer die Pflege einer nationalen Kultur: »Die neuen Filme werden vorwiegend deutsche Menschen in deutscher Landschaft zeigen, Menschen mit gesundem Humor und natürlicher Frische. Gerade in dieser Zeit hat das Volk einen Anspruch auf Stunden der Erhebung, Entspannung und Unterhaltung. Das gilt für die Kämpfer an der Front und für die in der Heimat. Deshalb hat der deutsche Film alle Kräfte mobilisiert.« Im Januar 1942 wurde die Ufa-Film GmbH (Ufi) als Holding für die wichtigsten Produktionsgesellschaften (Ufa, Tobis, Terra, Bavaria, Wien-Film und Berlin-Film GmbH) gegründet, die danach die gesamte Filmherstellung für Deutschland und die eroberten europäischen Länder koordinierte.

Die wichtigsten Filme der 30er und 40er Jahre, die von der Tobis produziert wurden, waren *Truxa* (1936) und *Es leuchten die Sterne* (1938) von Hans Heinz Zerlett, Gustav Ucickys *Der zerbrochene Krug* (1937), Hans Steinhoffs *Robert Koch, der Bekämpfer des Todes* (1939), Wolfgang Liebeneiners *Bismarck* (1940), *Trenck, der Pandur* (1940) und *Titanic* (1943) von Herbert Selpin, Helmut Käutners *Romanze in Moll* (1943) und Veit Harlans *Der große König* (1944).

Nach der Niederlage des deutschen Faschismus wurde die Tobis liquidiert und ihr Vermögen von den Alliierten beschlagnahmt. Ein → Verleih desselben Namens wurde 1972 gegründet.

Norbert Grob

Literatur: Hans Traub: Die Ufa. Ein Beitrag zur Entwicklungsgeschichte des deutschen Filmschaffens. Berlin 1943. – Wolfgang Becker: Film und Herrschaft, Organisationsprinzipien und Organisationsstrukturen der nationalsozialistischen Filmpropaganda. Berlin 1973. – Michael Esser: In Berlin produziert: 24 Firmengeschichten. Berlin 1987. – Helma Schleif (Red.): Walter Ruttmann. Berlin 1987. [Darin: Rudolph Kurtz.] – Klaus Kreimeier: Die Ufa-Story. München 1992. – Hans Helmut Prinzler: Chronik des deutschen Films. Stuttgart/Weimar 1995.

Tonfilm.
1. Technik

Die Versuche, »lebende Bilder« mit einem Phonographen zu koppeln, datieren bereits sehr früh: 1894 funktioniert schon Edisons Kinetophon nach diesem Prinzip, 1896 bemüht sich Auguste Baron um die gleichzeitige Aufnahme von Bild und Ton – dabei bleibt für lange Zeit das Hauptproblem, dass der Ton nicht genügend verstärkt werden kann, sodass er nur für kleine Räume taugt. Unter demselben Manko leiden die Experimente Oskar Meßters, die er seit 1903 mit seinem Biophon anstellt. Als sich der lange Film 1911 international durchsetzt, ist an einen Gleichlauf zwischen Bild und Ton zunächst nicht mehr zu denken. Nach nur wenigen Jahren allerdings entwickeln Techniker – hier sind vor allem Hans Vogt, Joseph Massolle und Joseph Engl zu nennen, die seit 1918 das nach ihnen benannte Tri-Ergon-Verfahren vervollkommnen – in Europa und in den USA Verfahren, die den Ansprüchen an perfekte Synchronisation zwischen Bild und Ton und an Lautstärke genügen. Bereits am 17. 9. 1922 kommt es zur ersten öffentlichen Aufführung von einzelnen vertonten Filmszenen in Berlin, ein Jahr später zur Premiere des Films *Das Leben auf dem Dorf.* Erstaunlicherweise will jedoch die Filmindustrie in Deutschland wie in den USA zunächst einmal nicht an die Möglichkeiten des Tonfilms glauben. In den USA tastet sich das Warner-Studio als Erstes an die neue Technik heran, in *Don Juan* (1926, R: William Axt, David Mendoza) soll man bereits die Degen klirren hören. Fox stattet seine Wochenschauen bereits 1927 mit dem Tri-Ergon-Verfahren aus: *Movietone News.* Der eigentliche Durchbruch erfolgt allerdings 1927 mit dem Spielfilm *Der Jazzsänger* (R: Alan Crosland), dem 1928, wieder mit dem populären Sänger Al Jolson in der Titelrolle, *Sonny Boy* (R: Lloyd Bacon) folgt. Beide Filme erweisen sich als Welterfolg – wegen ihrer melodramatisch-sentimentalen Erzählung und der geglückten Synchronisation von Gesangsnummern mit entsprechenden Szenenauftritten.

Mehrere Systeme der Tonaufzeichnungstechnik konkurrieren Ende der 20er Jahre, von ihnen setzen sich vor allem zwei Modelle durch: das ältere Nadelton-Verfahren, das mechanisch verfährt und den Projektor mit riesigen Schallplatten koordiniert, das neuartigere fotooptische Tri-Ergon-Verfahren, das die Tonaufzeichnung in eine Art Lichtsignal verwandelt, das auf dem Film selbst als Sprossenschrift, später häufig als Mehrzackenschrift zwischen Perforationslöchern und Bildkader fixiert wird. Diese Lichtspur wird von einer Fotozelle, einem optischen Wandler, gelesen und am Ende in Tonfrequenzen umgemodelt. Während in den USA vorläufig noch das Nadelton-Verfahren dominiert (seit 1926 drängen hier große Firmen wie Western Electric / Bell Telephone Company oder RCA / General Electric Westinghouse auf den Markt), setzt sich in Europa die vergleichsweise modernere Lichttontechnik durch. Es kommt zu Konzerngründungen wie dem europäischen Tonbild-Syndikat (→ Tobis und deren Vereinigung mit der Firma Klangfilm im Jahr 1929). 1930 gibt es in diesem Wirrwarr der Systeme und der Marktansprüche endlich eine Vereinbarung: den »Pariser Tonfilmfrieden«, dessen Verhandlungsergebnisse am 22. 7. 1930 veröffentlicht werden: Es werden Exklusivgebiete für die jeweiligen Systeme festgelegt, aber auch freie Zonen, in denen das amerikanischen und die deutschen Systeme nebeneinander bestehen können. Die Festlegung hat natürlich Konsequenzen für die Investition der Theaterbetriebe in Projektoren, allgemein in Kinoapparate. Der Vertrag wurde für 15 Jahre geschlossen. Als er 1945 auslief, hatte sich allerdings die Situation radikal verändert, das Dritte Reich den Krieg verloren, es konnte keine Rede mehr von einem Lizenzabkommen zwischen gleichberechtigten Partnern sein. Heutzutage wird ein drittes Verfahren bevorzugt: Seit 1950 ist die Mehrkanaltechnik üblich geworden, seit 1970 gibt es das Dolby-Surround-Verfahren mit vier Kanälen, sodass auf dem Filmstreifen mehrere Tonspuren untergebracht werden müssen, nicht selten sind es sechs. Anstelle des Lichttons, der durch wiederholtes Abspielen der jeweiligen Kopie ebenso leidet wie die Bildqualität, hat sich der Magnetton durchgesetzt, dessen Spuren schmaler und weniger abnutzbar sind. Da Ton- und Bildabtastung nach unterschiedlichen Prinzipien erfolgen, darf der Ton nicht gleichzeitig mit dem Bild vom Filmband übernommen werden: Beim Ton kommt es auf außerordentlich gleichmäßigen Bandlauf an, während die Bilder ruckhaft (24-mal in der Sekunde) fortbewegt und stillgestellt werden. Daher wird der Ton meistens um ca. 20–21 Kader/Frames vor dem Bild abgetastet. Hinzu kommt, dass sich der Schall im Kinosaal langsamer ausbreitet. Mit der Einführung des Tonfilms kam es auch zu der Regelgeschwindigkeit von 24 Bildern pro Sekunde, da sich geringere Geschwindigkeiten im Projektor sofort auf die Tonqualität auswirken.

Humoreske (1946, R: Jean Negulesco): John Garfield und Joan Crawford
Über den Schauspielern hängt der große Mikrogalgen. Die technischen Apparaturen und die, die sie bedienen, rücken dem Paar gleichsam auf den Leib: Intensives Spiel scheint nur durch zusätzlichen Kraftaufwand gegen diese Präsenz der Maschinerie möglich zu sein. Die Anordnung der technischen Geräte zeigt auch, dass den Akteuren keine große Beweglichkeit gegönnt wird, ebenso wenig der Kamera. Dies war einer der Vorwürfe, der dem Tonfilm von Anfang an gemacht worden ist: dass die Beweglichkeit der Kamera verloren gehe. Die Praxis hat dann erwiesen, dass das durchaus nicht der Fall sein muss.

Ursprünglich verengte sich das Tonfilm-Format auf ein beinahe quadratisches Bild (18 × 21,3 cm, während das Verhältnis im Stummfilm noch 18 × 24 cm gewesen ist), da neben dem Bild noch der Tonstreifen aufgetragen werden musste, doch bald ging man dazu über, das Bildformat wieder zu stauchen und zu verbreitern.

2. Ästhetik

Die Einführung des Tonfilms verursachte erhebliche Konsequenzen für die Filmindustrie und zugleich die Ästhetik der Filme. Viele Musiker, die einzeln mit Klavier, Geige oder in den großen Häusern sogar in Form von Orchestern die Stummfilme begleiteten, wurden mit einem Mal arbeitslos – und protestierten dementsprechend heftig gegen die Einführung des Tonfilms. Der Kinoerzähler, dessen Funktion in Europa und Amerika schon vor dem Ersten Weltkrieg weitgehend ersetzt wurde durch erläuternde Zwischentitel, hielt sich in Japan noch bis an die Grenze zum Tonfilm: Der Regisseur Akira Kurosawa berichtet in seiner Autobiographie von seinem älteren Bruder, der als Kinoerzähler glaubte, mit der Einführung des Tonfilms werde ihm die Zukunft geraubt, und daraufhin den Freitod wählte, kein Einzelfall. Die Rolle der Tonleute, Mischmeister, Filmkomponisten wurde neu definiert, da nun jeder Film eine deutliche und unverwechselbare Dialog-, Geräusch- und Musikstruktur erhalten musste (→ Sound Design). Die Zeit, in der die musikalische Begleitung sich aus Fertigteilen der klassischen, romantischen oder Salonmusik zusammensetzte, war damit vorbei. Die Aufnahmeapparaturen und -prozeduren waren zunächst umständlich zu bedienen, sodass für eine kurze Weile das Tonarrangement im Atelier mehr Zeit in Anspruch nahm als die Inszenierung des Regisseurs, der sich in seiner Bedeutung relativiert sah. Die Kameras, die schon in den 20er Jahren oft handlich gewesen sind, wurden nun mit einer schweren schalldämpfenden Schale überzogen (geblimpt), sodass oft träge, elefantenähnliche Apparate entstanden: Es sollte das laute Geräusch des Motors und des Filmtransports komplett geschluckt werden, damit man die Reden der Schauspieler und andere bewusst eingesetzte Geräusche aufzeichnen konnte, ohne Gefahr zu laufen, dass sich Störlaute einmengen. Als Folge wurde von Ästhetikern der Übergangsperiode zwischen Stumm- und Tonfilm geargwöhnt, dass die Kamera ihre jüngst gewonnene freie Beweglichkeit wieder einbüßen würde. Als weitere Konsequenz erklang wieder einmal, wie in der Kinodebatte von 1914, der Ruf nach dem Dichter: Da im Tonfilm auch → Dialoge zu hören seien, müsse ein Spezialist für Dialoge, ein professioneller Schriftsteller, also der Dichter, als Mitarbeiter gesucht werden. Die Befürchtung, der Film werde sich im Zeichen des Tons ›retheatralisieren‹, seine kinematographische Besonderheit aufgeben, erfüllte sich nicht so umfassend, wie Unheilspropheten dies voraussahen. Verschiedentlich ging die Fähigkeit, eine Erzählung in Bildern und Gesten auszudrücken, nicht vollständig und nicht für immer, jedoch zum Teil verloren, da die Schablone, in Schuss und Gegenschuss Dialoge zu entfalten, Bildinventionen zu ersparen schien.

In Amerika und Deutschland hat der Tonfilm ein neues Genre begründet, das man in Hollywood als → Musical- oder Revuefilm bezeichnen könnte, in Deutschland als Tonfilmoperette (deren wichtigster Produzent bei der Ufa der aus den USA für eine Weile, bis zum Ausbruch des Dritten Reichs, zurückgekehrte Erich Pommer gewesen ist). Bedeutende Beispiele für dieses Genre sind etwa *Die Drei von der Tankstelle* (1930, R: Wilhelm Thiele) und *Der Kongreß tanzt* (1932, R: Eric Charell). Dass der Tonraum den visuellen Raum ergänzt und erweitert (wenngleich er eine eigene Struktur aufweist), ebenso Ferne und Nähe, Hintergrund und Vordergrund kennt, hat Josef von Sternberg in *Der blaue Engel* (1930) demonstriert. Hier funktioniert eine Art Tür-Dramaturgie: Der ›Zwischenraum‹, in dem Lola Lola ihre Gäste, u. a. den Professor Rat empfängt, grenzt an den Saal des Varietés – steht die Tür offen, dröhnt die Musik herüber, ist sie geschlossen, tritt eine fast unnatürliche Stille ein, ohne dass irgendeine Atmo die nun entstehenden Reden und Gegenreden mit einer leichten Geräuschkontur versehen würde. Raffinierter verfährt René Clairs erster Tonfilm *Unter den Dächern von Paris* (1930). Clair, der in seinen Überlegungen zum Tonfilm auch einen Tonfilm ohne Dialog, dafür eine Symphonie der Geräusche für möglich hält und zum Befürworter des tönenden Trickfilms wird, arbeitet schon sowohl mit »Ton-Großaufnahmen«, die einen einzelnen Ton besonders hervorheben und aus dem Kontext isolieren, als auch mit »Ton-Totalen«, in denen sich mehrere Töne und Geräusche überlagern. Zu Beginn der Tonfilmära ist es übrigens üblich, Einstellungen, die als still gelten sollen, völlig ohne Ton zu lassen – sodass eine völlig unnatürliche klinische Geräuschfreiheit eintritt. Die raffinierte Erzeugung von Raumatmosphären, die durch die Mischung verschiedener Geräusche und der hinzukomponierten Musik zustande kommen, diese komplexen Ton/Geräusch/Atmo- und Musik-Inszenierungen der späteren Jahre haben sich erst allmählich entwickelt: von dem *Blauen Engel* ist es bis zu der hochkomplexen Geräuschstruktur von *Strange Days* (1995, R: Kathryn Bigelow) ein weiter Weg. Der Filmtheoretiker Béla Balázs hat in der zweiten Auflage seiner filmischen Poetik »Der Geist des Films« (1930) versucht, Analogien zwischen der Bild- und der Tondramaturgie herzustellen, kam indes damit nicht sehr weit. Vor allem ein physikalisches Hindernis stellte sich ihm und anderen auch als ästhetisches Hindernis dar: Der Ton kennt nur die Realzeit, er ist nicht dehnbar oder komprimierbar, es gibt keinen Zeitraffer- oder Zeitdehnungseffekt, es sei denn, eine Irrealisierung des Tons, des Sprachtons wie des Realgeräuschs, ist beabsichtigt. Differenzierte Beziehungen zwischen Bild und Musik entwickelten sich gleichfalls erst allmählich in den 30er und 40er Jahren (→ Filmmusik).

Balázs' Zuversicht, dass man im Tonfilm die akustische Umwelt entdecken werde, die »Stimmen der Dinge«, die intime Sprache der Natur, hat ebenso nur zögernd Recht erhalten. Die Ton-Großaufnahme wurde zunächst analog zur visuellen Großaufnahme bei Dingen benutzt, deren Abbildung eigentlich unnötig wurde: Im Stummfilm gehörte es zu den konventionellen Regeln, eine Glocke groß zu zeigen, wie sie sich bewegt, wenn jemand draußen vor der Tür heftig am Strang zieht (ein ironisch übertriebenes Beispiel ist etwa in Friedrich Wilhelm Murnaus *Tartüff*, 1926, zu finden). Oder man hört das Geräusch von Wassertropfen, während man gleichzeitig im Bild einen Hahn sieht, von dem die Tropfen herunterfallen. Solche Verdopplungen entsprechen eher einem naiven Realismus. Spätere Geräuschinszenierung, die erkennbare Einzellaute ans Ohr dringen lässt, ohne dass man gleichzeitig die Tonquellen sieht, kann Ton-Großaufnahmen zu → Metaphern verwandeln: So ist beispielsweise das melancholische Tropfen eines Wasserhahns immer eine Art akustisches Gleichnis für Einsamkeit, eine zäh vergehende Zeitspanne, sogar für das Eingesperrtsein in einen Raum, aus dem man nicht entkommen kann, ein Motiv der Depression und Schwermut, während das Krähen eines Hahns immer den Anbruch des Morgens ankündigt und meistens als Zeichen der Hoffnung auf einen neuen Tag gedeutet wird. So ist eine Art (noch ungeschriebenes, aber in der Praxis regelmäßig benutztes) ›Lexikon‹ der allgemein verständlichen Tonsignale entstanden.

In der asynchronen Tonmontage verselbständigt sich der akustische Raum gegenüber dem Bildraum: Hier liegen Ansätze zu einer innovativen Poetik der Toninszenierung. Mit dem Mittel der »Tonüberblendung« sind etwa komische oder pathetische Wirkungen zu erzielen. Dies ist von einigen Regisseuren früh erkannt worden. Z. B. überblendet in Hitchcocks britischem Film *Die 39 Stufen* (1935) der Schrei eines Menschen in den Pfiff einer Lokomotive – und deutet so den Schrecken angesichts eines Mordopfers frech und frivol um in das Zeichen der Flucht des Protagonisten, der als Mörder verdächtigt wird.

Der Tonfilm hatte eine Nationalisierung der Filmindustrie zur Folge. Seine Sprachbindung erwies sich gleichzeitig als Eingrenzung des potentiellen Publikums. Das galt zunächst schon für die Schauspieler: der erste Oscar-Preisträger Emil Jannings musste wie andere Hollywood verlassen, nach Deutschland zurückkehren, da er seinen schweren Akzent bei der Aussprache des Englischen nicht loswurde. Dass einige Darsteller und Darstellerinnen dank einer unpassenden Stimme vor dem Mikrofon gegen eine neue Generation tontauglicher Akteure ausgetauscht wurden, daran erinnert in satirischer Drastik der Film *Singin' in the Rain* (1952, Regie: Stanley Donen, Gene Kelley). Bis 1932 wurden in Europa oft mehrere Sprachversionen des gleichen Films hergestellt. Bei den Filmen mit Lilian Harvey etwa konnte die Harvey wegen ihrer Mehrsprachigkeit die englische, französische und deutsche Version spielen und sprechen, während ein englischer und französischer Schauspieler jeweils die Rolle von Willy Fritsch übernahm. Abweichungen in den Versionen, z. B. bei der deutschen und der französischen Fassung von G. W. Pabsts *Dreigroschenoper* (1931), sind oft durch die vermutete andere Mentalität des Publikums im Nachbarland begründet.

Thomas Koebner

Literatur: Wolfgang Mühl-Benninghaus: Das Ringen um den Tonfilm. Düsseldorf 1999.

Trailer (engl. ›Anhänger‹, da anfangs oft im Anschluss an den Hauptfilm in amerikanischen Kinos gezeigt). Kurzer Zusammenschnitt von Szenen eines Kino- oder Fernsehfilms, meist in Längen von ein bis drei Minuten, um für den so vorgestellten Film zu werben. Meist werden die aufwendigsten und spektakulärsten Ausschnitte in rascher Schnittfolge aneinander gehängt, oft (aber nicht immer) versehen mit einem viel versprechenden Voice-over-Kommentar. Insbesondere amerikanische Produktions- und Verleihfirmen stellen für die Herstellung attraktiver Trailer beträchtliche Budgets zur Verfügung. Im Fernsehen werden diese Ankündigungen von Sendungen als On-Air-Promotion bezeichnet.

Kerstin-Luise Neumann

Trash. Das traditionelle Verständnis von Trash entspricht jenen Merkmalen, die Susan Sontag 1964 in ihren Anmerkungen über Camp (→ Kitsch) festhielt: »Es ist gut, weil es schrecklich ist.« Die New Yorker Kulturkritikerin beschrieb Camp als eine »Erlebnisweise der gescheiterten Ernsthaftigkeit«, die Naivität offenbart, diese aber zugleich subversiv unterwandert. Als Gegenmomente zum Camp betrachtet Sontag Verbissenheit und Prätentiosität. Genau diese erweisen sich aus heutiger Sicht jedoch ebenfalls als markante Kennzeichen für Trash. Gerade das überanstrengte, in Hinblick auf die begrenzten Mittel häufig unfreiwillig komische Bemühen um Kommerzialität im klassischen → Exploitationfilm oder die ausufernden Gesten der von Johnny Depp dargestellten Trash-Legende in Tim Burtons *Ed Wood* (1995), der sich für ein Genie hielt und dann doch nur zum »schlechtesten Regisseur aller Zeiten« wurde, machen den Reiz von Trash aus. Trash funktioniert nicht nur als bewusste Subversion der bestehenden Konventionen. Die Spuren des Scheiterns im Trash bilden eine fragmentarische Gegengeschichte zum Mainstream, die in einigen Fällen mehr über die Wünsche, Projektionen und Neurosen einer Zeit aussagt als die etablierten Produkte der Hochkultur selbst. Der Pop-Theoretiker Diedrich Diederichsen definierte Trash als jene Spuren, die als unverrechenbarer Rest die Illusion eines Films oder Songs durchbrechen: »Trash heißt, dass die Nähte und Nieten, die einen Song, einen Film zusammenhalten [...] absichtlich oder unabsichtlich zur Schau gestellt werden.«

In diesem Zusammenhang fällt nicht nur die bewusste ironische Rezeption und spielerische Überaffirmation des guten »schlechten Geschmacks« unter den Begriff »Trash«, sondern auch, wie es der Titel eines 2001 erschienenen Readers auf den Punkt bringt: »The TV-Show I Love to Hate«. Die Strategien des Camp (→ Kitsch/Camp) befinden sich seit der Blütezeit der Postmoderne in den frühen 80er Jahren nicht mehr in vermeintlichen Independent-Nischen, sondern vielmehr im Zentrum des Mainstreams selbst. In den Serien des amerikanischen Cartoonzeichners Matt Groening tritt sogar Trash-Papst John Waters (*Pink Flamingos*, 1972) persönlich als Zeichentrickfigur auf, um Homer Simpson und den Zuschauern zur Prime-Time die Logik des Camp zu erklären. Pop-Stars wie Madonna (*Susan ... verzweifelt gesucht*, 1985, R: Susan Seidelman; *Who's that Girl*, 1987, R: James Foley) und Prince (*Purple Rain*, 1984, R: Albert Magnoli; *Under the Cherry Moon*, 1985, R: Prince) nutzten in ihren frühen Filmen bewusst die Elemente des Camp als raffiniertes Rollenspiel, durch das sie sich der Festlegung auf ein bestimmtes Image entziehen konnten.

Neben John Waters gelten der Splatter-Regisseur Hershell Gordon Lewis, der Horrorfilm-Produzent William Castle und Russ Meyer als Pioniere des Trash. Castle versah die Aufführungen seiner billig produzierten Horrorfilme mit speziellen Gimmicks und verwandelte sie dadurch in eigenwillige Happenings. Während einer Vorführung seines Films *Schrei, wenn der Tingler kommt* (1959) kompensierte Castle die fehlende

Spannung im Publikum, indem er es kurzen Stromstößen aussetzte. Bei *Das Haus auf dem Geisterhügel* (1958) ließ er Skelette über dem Publikum schweben, und für *Macabre* (1958) bot er den Zuschauern vor Besuch des Films eine spezielle Lebensversicherung an. John Waters folgte seinem Vorbild und entwarf zu seinem Film *Polyester* (1979) die Geruchskarte Odorama. Der Event-Charakter von Spätvorstellungen, aus denen in den 70er und 80er Jahren der klassische Kanon an → Kultfilmen hervorging, ist eng mit der Geschichte des Trash verbunden. Gleichzeitig ergab sich aus dieser Praxis und der Wiederentdeckung von Filmen im Fernsehen und auf Video eine alternative Filmgeschichtsschreibung, wie sie Michael J. Weldon in seinen »Psychotronic«-Handbüchern verfolgt. In den Werken von Regisseuren wie Peter Jackson (*Braindead*, 1993) und Quentin Tarantino oder den Produktionen des Underground-Studios Troma (*Atomic Hero*, 1987) findet sich schließlich eine neue Umgangsweise mit Trash, die sich durch einen bewussten Gebrauch der Zitate und gestalterischen Elemente auszeichnet. Diese Strategie, die Trash nicht als einfachen Gag gebraucht, funktioniert in ihren besten Momenten als Kritik und Gegenakzent zur kulturindustriellen Vermarktung von vermeintlichen, letztendlich jedoch am Reißbrett entworfenen Kult-Objekten.

Andreas Rauscher

Literatur: Susan Sontag: Anmerkungen zu »Camp«. In: S. S.: Kunst und Antikunst. 24 literarische Analysen. München/Wien 1980. [Amerikan. Orig. 1966.] – Harriet Hawkins: Classics and Trash. Traditions and Taboos in High Literature and Popular Modern Genres. Toronto 1990. – Diedrich Diederichsen [u. a.] (Hrsg.): Das Phänomen Madonna. Hamburg 1993. – Jonathan Ross: The Incredibly Strange Film Book. An Alternative History of Cinema. London 1995. – Pete Tombs / Cathal Tohill: Immoral Tales. Sex and Horror Cinema in Europe. London 1995. – Michael J. Weldon: Psychotronic Movie und Video Guide. New York 1996. – Pete Tombs: Mondo Macabro. Weird and Wonderful Cinema Around the World. New York 1997. — Harald Keller: Schräg, schrill, scharf und schundig. Reinbek bei Hamburg 2000. – Ulrike Bergermann / Hartmut Winkler: TV-Trash. The TV Show I Love to Hate. Marburg 2001.

Traum im Film. Der Film ist dazu in der Lage, Träume und andere Formen der Imagination (Träume, Erinnerungen, Befürchtungen, Vorahnungen, Halluzinationen usw.) als eingebettete Textstücke darzustellen. In der Regel ist der Traum gegen den Rahmen der Handlung deutlich abgegrenzt – eine Person der Handlung schläft ein und wacht am Ende des Traums wieder auf. Überblendungen und Trickblenden markieren Anfang und Ende des Traumsegments. Das Licht wechselt, der Traum ist in einer anderen Optik abgebildet, die dargestellte Traumwelt weicht deutlich von der normalen Realität ab. Der filmische Traum ist oft von exzesshafter optischer Brillanz, weicht manchmal extrem vom visuellen Umfeld ab. So sind die Träume in manchen Musicals wie *Singin' in the Rain* (1952, R: Stanley Donen, Gene Kelly) große Musik- und Tanznummern, die in Rhythmus, Farbe, Modus scharf gegen den Rest des Films stehen – signifikanterweise als Visualisierungen von Sehnsucht und Verliebtheit. Manchmal – vor allem im frühen Kino – ist der Traum sogar in der Art der Gedankenblasen aus Comicstrips als »dream balloon« realisiert: Ein Bild im Bild zeigt den Traum.

Der Filmtraum kann nicht für sich allein existieren, sondern wird durch den Kontext interpretiert. Die – sich vervollständigenden und den Showdown vorbereitenden – unkontrolliert aufbrechenden Erinnerungsbilder einer Schreckenserfahrung in Mike Nichols' *Catch 22* (1970) illustrieren und unterfüttern die Traumatisierung des Helden; allein könnten sie nicht stehen. Auch umgekehrt interpretiert der Filmtraum seinen Kontext, indem er z. B. auf die Art und die Intensität von Wunsch- oder Angstenergien hindeutet. Erst die Träume in Dalton Trumbos *Johnny Got His Gun* (1971) geben einen Hinweis auf die verzweifelte Realitätssuche des Kadavers des Protagonisten, von dem die Rahmenhandlung erzählt, und vom schließlichen Verlust der Realitätskontrolle. Manchmal greifen Filmträume auf die Symbolik des Traums zurück, wie sie vor allem in der → Psychoanalyse ausgearbeitet worden ist. Zerbrochene Räder, immer wieder Spiegelungen, Deformationen des Körpers, überdimensionierte Objekte. Filme wie Ingmar Bergmans *Wilde Erdbeeren* (1957) inszenieren ihre Hauptfigur in Bildwelten freudianisch durchdrungener Träume: der alte Mann sieht sich selbst, auf einer menschenleeren Straße; den Uhren fehlen die Zeiger; er sieht einen Sarg, in dem er liegt; er betritt ein Zimmer, in dem er einer ganz absurden Prüfung unterzogen wird; er begegnet den Eltern. Träume dieser Art sind oft Rätsel, die gelöst werden müssen, um individuelle Neurosen, Blockierungen, Schuld- oder Angstkomplexe auflösen oder heilen zu können. Der Traum in Alfred Hitchcocks *Ich kämpfe um dich* (1945) wurde von Salvador Dalí in den Bildwelten der surrealistischen Malerei gestaltet, der eine grundlegende Traumverhaftetheit zugesagt wird. Zugleich ist hier die Enträtselung des Traums Schlüssel zur Lösung des kriminalistischen Rätsels, und folgerichtig wird der Psychoanalytiker als »Traumdetektiv« bezeichnet.

Der filmische Traum weist darauf hin, dass die Personen der Handlung nicht nur handelnd, sondern auch imaginierend abgebildet werden können. Träume dienen im Film meist zur Charakterisierung der Figuren: Sie sind motiviert aus dem Gefühl der Personen, Visualisierungen von Ängsten oder Wünschen. Manchmal ist der Traum die letzte Spur einer traumatischen Erfahrung, und das geträumte Bild ist die einzige Möglichkeit, die das abgebildete Subjekt im Film hat, das Verdrängte, das Entsetzliche, das Bedrohliche zu artikulieren. Der Traum ist eine der elementaren Formen, in denen subjektives Erleben im Film dargestellt werden kann, und zugleich ein Hinweis auf die Autorität des Erzählers, der die Visualisierung des Unsagbaren regiert. Das Traumbild wird also nicht nur als Bild des Traums (das ist seine »objektive« Seite), sondern auch als subjektives Bild aufgefasst, und weil es subjektiv ist, wird es aufgeladen mit den Bewusstseinsenergien desjenigen, um dessen Bild es sich handelt. Diese beiden Elemente konstituieren das Besondere des Traumbildes. Es geht immer um subjektiven Sinn, um Verarbeitung und Interpretation von Wirklichkeit, nicht um Wahrheit. Die zahllosen Träume in den *Emmanuelle*-Filmen deuten auf eine erotische Sehnsucht oder auf eine sexuelle Energie, die nicht so sehr an der Erfüllung interessiert ist als an der Ausmalung erotischer Szenarien in der Phantasie.

Die Visualisierung des Traums gibt dem Geträumten eine Realität, die über die bloße Bildwerbung hinausgeht. In Stanley Kubricks *Eyes Wide Shut* (1999) imaginiert der Held eine erotische Phantasie, die ihm seine Frau nur erzählt hat – und indem der Film zeigt, was der Held sich vorstellt, zeigt er auch, dass das Bild eine intensive Realitätsbehauptung enthält. In Hitchcocks *Vertigo* (1958) erzählt Madeleine einen Traum, dem keine Bilder zugehören: Der Traum ist erfunden und erlogen. Aber der Film will nicht lügen und Bilder zeigen, die es nicht gegeben hat, einen visuellen Bezug herstellen, der nur auf der Erzählung Madeleines beruht. Der Träumende kann nach den Konventionen des Films nicht lügen, nur derjenige, der einen Traum erzählt.

Träume als Gegenstand der Darstellung und der Kommunikation sind aber symbolische Konstrukte, subjektivem Realismus entbunden. Die Bildwelten, die den Traum inszenieren und realisieren, sind nicht psychologischer und individueller Herkunft, sondern greifen auf kulturelle Symbolik zurück, die kollektiver und nicht individueller Natur ist. Träume charakterisieren die Figuren, weil sie aus der »Sinnhaftigkeit inneren Lebens« (Kracauer) motiviert sind. Sie legen Rechenschaft über verdeckte Handlungsabsichten ab, die aus dem realen Handeln allein vielleicht nicht erkannt werden könnten. Und sie charakterisieren, weil sie auf die Lerngeschichten des Träumers verweisen, auch die Bildwelten, utopischen Entwürfe und Phantasien, die eben nicht allein in psychischer Traumarbeit und den besonderen subjektbezogenen Funktionen des Traums fundiert werden können, sondern soziale Hervorbringungen sind und besonderen sozialen Milieus zugehören. Sie sind Symbolisierungen einer Gegenwirklichkeit, die nicht allein für den Träumer gelten, sondern soziale Tatsachen sind. Vor allem die Kontrolle mentaler Akte unterscheidet sie deutlich voneinander. Der Traum entgleitet der Kontrolle des Träumenden, ist reine Bewusstseinstatsache, nicht einmal begleitet von der Bewusstheit der Tatsache »Ich träume«. Der Tagtraum ist dagegen kontrolliert, und der Tagträumer ist sich der Tatsache, dass er phantasiert, bewusst. Erinnerungen werden gemeinhin durch bewusste Zuwendung zu einem Gegenstand der Erinnerung darstellbar, auch wenn es unwägbare Assoziationen sein mögen, die das Erinnern selbst in Gang setzen. Gerade weil nun der Traum nicht kontrolliert ist, ist auch nicht kontrolliert, was der Träumer im Traum anstellt. Im Traum »lebt es sich ganz ungeniert« (nach Wilhelm Busch) – weil das träumende Ich seine Taten weder vor sich noch vor anderen rechtfertigen muss. Es hat möglicherweise einen Schuldkomplex, oder das, was geschieht, ist ihm unangenehm, peinlich usw. – aber der Traum läuft ab und erlaubt keinen Einspruch.

Dabei ist die Tatsache des Traums ein Mittel, die Sympathien des Zuschauers zu steuern. Protagonisten träumen, Nebenfiguren nicht. Und auch Antagonisten sind Nicht-Träumer. Diese dramaturgische Devise ist insofern wichtig, da sie mit der Durch-

Achteinhalb (1963, R: Federico Fellini): Marcello Mastroianni und Annibale Ninchi
Im Traum wird die harte Realität durchlässig: Tote erscheinen wieder lebendig, der Mensch kann fliegen, die Straßen sind plötzlich völlig leer, den Uhren fehlen die Zeiger, der Träumer sieht sich in die Kindheit zurückversetzt oder hantiert mit Gegenständen, die von der Psychoanalyse lustvoll gedeutet werden. Weil in Traumsequenzen der Realitätsgrad der Filmerzählung herabgesetzt ist, entsteht ein spielerischer Freiraum für poetische und antiillusionistische Szenen und Bildkompositionen. In Fellinis *Achteinhalb* begegnet der Held seinem Vater, der längst verstorben ist. Der alte Herr verabschiedet sich mit freundlicher Empfehlung und versinkt wieder in der Erde, nicht auf einem regulären Friedhof, sondern auf einem merkwürdig desolaten Ruinenfeld, das indes von der Sonne aufgehellt wird. Es handelt sich hier um ein eindeutiges Traumsignal, später allerdings verwirrt der Film absichtlich die Sphären, sodass zwischen imaginärer und abgebildeter realer Welt nicht mehr scharf zu unterscheiden ist. Regisseure wie Luis Buñuel, Ingmar Bergman, Alain Resnais u. a. haben diese Methode ›unzuverlässigen‹, Traumelemente einschließenden Erzählens gerade in den 60er und 70er Jahren zu einem neuen ›epischen Surrealismus‹ vorangetrieben.

zeichnung des Charakters und der Profilierung des Personengefüges überhaupt zusammenhängt. Die Person des Helden wird so in eine affektive Tiefe hinein ausgearbeitet, weil Träume aus Affektlagen (Angst, Wunsch, Schuld usw.) heraus motiviert sind. Nur wenige Filmträume haben mehrere Träumer. So eine herzanrührende melodramatische Formel in *Peter Ibbetson* (1935, R: Henry Hathaway): Ein Mann und eine Frau, ein Amour fou, die beiden träumen gemeinsam einen Traum, halluziniertes Glück, imaginäre Begegnungen, obwohl er im Gefängnis liegt und sie alt wird. Sie sterben im gleichen Moment.

Nicht aus subjektiver Geistestätigkeit ist die Vision entwickelt – der Träumer träumt Bilder, die nicht von ihm stammen, sondern eine mythische Vereinigung mit dem Kollektiven oder dem Geistigen signalisieren. Ähnlich wie die Versuchungen des heiligen Antonius, als Träume über ihn kamen, die der Teufel schickte, hat ein ›weißer‹ Halbindianer in Michael Apteds Film *Halbblut* (1992) halluzinatorische Gesichte, die ihn in Szenen während der Schlacht am Wounded Knee zeigen – er war gegen jede Realität offenbar dabei. Darum wird er neu sozialisiert. Die Fremdbestimmung der Vision ist charakteristisch, es sind Gesichte, die nicht aus Traumarbeit freudianischer Art resultieren, sondern von einer fremden Instanz eingegeben werden.

In manchen Theorien sind Filmstrukturen als Traumstrukturen aufgefasst worden. Der Film ist dann eine Manifestation des Traummodus, das Kino ein Ort »sekundären Träumens«. Edgar Morin hat in seinem »Cinéma ou l'homme imaginaire« (1956) eine solche Position bezogen: Der Film sei nach dem Bilde unseres gesamten Seelenlebens aufgebaut, heißt es dort, und das Kino eine imaginäre Spiegelung des Menschen, eine imaginäre Befriedigung seiner Wünsche dort möglich. Vor allem im Zusammenhang einer psychoanalytischen Theorie des Kinos haben Baudry und Metz die Morin'sche These ausgearbeitet.

In einem engeren Sinne wird gelegentlich vom »dream mode« gesprochen als Kennzeichnung für Filme, die der inneren Logik von Träumen zu folgen scheinen. Die unlogische Folge der Bilder, der Mangel an → Kontinuität, die Abwesenheit großer Sinnstrukturen werden dann als »traumartige« Charakteristik gelesen, sodass Luis Buñuels *Ein andalusischer Hund* (1929) oder Maya Derens *At Land* (1945) zu prototypischen Vertretern dieser Gattung von Filmen werden. Auch manche symbolistischen Filme wie Polanskis *Was?* (1973) sind diesem Modus nahe, ohne doch den Anspruch darauf zu reklamieren, Traumstrukturen zu repräsentieren. Ein Sonderfall sind konsequent subjektiv gehaltene Filme wie *Jacob's Ladder – In der Gewalt des Jenseits* (1990, R: Adrian Lyne), in dem Realität, Halluzinationen, Alpträume und traumatische Erinnerungsfetzen bis zur Ununterscheidbarkeit miteinander verschmelzen.

Die Bezeichnung »Traumfabrik« geht auf einen gleichnamigen Roman (1931) von Ilja Ehrenburg zurück. Sie wurde schnell populär und meint, dass der Unterhaltungsfilm selbst Traumcharakter trage und zur Befriedigung imaginärer Wünsche diene. »Die Leute« wollten im Kino »ihre Phantasie mit Bildern füllen, in denen sich Lebensessenz zusammenfaßt; die gleichsam aus dem Innern des Schauenden gebildet sind und ihm an die Nieren gehen. Denn solche Bilder bleibt ihnen das Leben schuldig«, schreibt Hofmannsthal. Gerade die erfahrungsarmen Schichten der Industriearbeiter und Angestellten sind von diesem imaginären Tauschverhältnis betroffen. Die »kleinen Ladenmädchen gehen ins Kino«, um eine eingängige Formulierung Kracauers zu benützen, weil das Kino ihnen eine imaginäre Erfüllung von Wünschen und Sehnsüchten anbietet. Allerdings ist das Kino gerade darum eine der mächtigsten Erscheinungen der Massenkultur. Vor allem im Gefolge der Überlegungen Kracauers ist der Film als Seismograph der affektiven Befindlichkeiten seiner Zeiten gelesen worden. Der Film wird so dem Tag- oder Wachtraum gleichgeordnet, der auf tiefer liegende, nicht bewusste Wunsch- und Angstvorstellungen verweist. So haben z. B. Wolfenstein und Leites das Korpus des →

Film noir nach Handlungs- und Beziehungsmotiven sowie nach Wertkonflikten untersucht, die aus der psychosozialen Gestimmtheit der 40er Jahre entstehen.

Hans J. Wulff

Literatur: Martha Wolfenstein / Nathan Leites: Movies. A Psychological Study. Glencoe 1950. – Edgar Morin: Der Mensch und das Kino. Stuttgart 1958. [Frz. Orig. 1956.] – Jean-Louis Baudry: Le dispositif. Approches métapsychologiques de l'impression de réalité. In: Communications 23 (1975). – Christian Metz: Le film fiction et son spectateur. In: Communications 23 (1975). – Bernard Dieterle (Hrsg.): Träumungen. Traumerzählungen in Film und Literatur. St. Augustin 1998. – Hans J. Wulff: Traum in Film und in der Literatur. In: Medienwissenschaft/Kiel: Berichte und Papiere 9 (1999).

Trümmerfilm. Ursprünglich ein Spottname des Kinopublikums für die nach 1945 gedrehten deutschen Filme, deren Handlungswelt in den Trümmern der Nachkriegsstädte angesiedelt war. Inzwischen zum seriösen filmhistorischen Begriff gewandelt, werden in einem weiten Sinne damals produzierte Filme darunter verstanden, die geistige und moralische Trümmer des Dritten Reiches thematisieren. Wolfgang Staudtes *Die Mörder sind unter uns* (1946, der erste deutsche Nachkriegsfilm, mit sowjetischer Lizenz hergestellt) und Helmut Käutners *In jenen Tagen* (1947, mit britischer Lizenz) waren wegweisend für den Trümmerfilm. Ein vom Kriegsgeschehen gebrochener Heimkehrer, wie in Staudtes Film, wurde bald zum Topos. In *Die Mörder sind unter uns* kommt es zur symbolischen Abrechnung des Heimkehrers mit seinem ehemaligen Vorgesetzten, der Kriegsverbrechen begangen hat und inzwischen wieder im zivilen Geschäft ist. Käutner erzählt in seinem Episodenfilm das Schicksal einer Reihe von Besitzern eines Autos vom Baujahr 1932 bis zu dessen Verschrottung nach dem Krieg 1945. Er legt Wert darauf, zu zeigen, dass es auch in der NS-Zeit Menschen gab, deren Menschlichkeit stärker war als das Regime.

In beiden Filmen deutet sich eine Tendenz zur Innerlichkeit, zu einer zeitlos moralischen Perspektive an, die den Trümmerfilm immer stärker prägen sollte. Staudtes Thematisierung von deutschen Kriegsverbrechen bleibt ein seltener Fall. Wie diese spielen auch die Verfolgung und Vernichtung der Juden im Trümmerfilm nur selten eine Rolle. Allein in *Ehe im Schatten* (1947, R: Kurt Maetzig) stand das Thema – das tragische Schicksal eines von den Nazis als ›Mischehe‹ eingestuften Schauspielerehepaares – im Zentrum eines Films, in *Zwischen gestern und morgen* (1947, R: Harald Braun) klingt es an. Kritiker haben im Trümmerfilm vielfach auch Fragen danach vermisst, wie es zum NS-Regime kommen konnte und wie sich die Menschen in dieser Zeit verhalten haben. Tatsächlich waren solche Aspekte eher selten. Zu erwähnen ist *Rotation* (1949, R: Wolfgang Staudte), der die Geschichte eines Arbeiters im Dritten Reich erzählt. Das Gros der Filme besaß einen anderen Schwerpunkt. Sie stellten sich an die Seite ihres Publikums, das sich vielfach als Spielball der Geschichte und als Opfer des Krieges empfand. Die melodramatischen Erzählungen bestätigten diese Perspektive, sie boten ein Angebot zur Identifikation mit anständigen Deutschen, die trotz innerer Distanz zum NS-System diesem ausgeliefert waren, sie zeigten Verständnis für die Verzweiflung im Trümmerchaos, kritisierten die Schwarzmarktkultur (besonders in *Razzia*, 1947, R: Werner Klingler) mit dem dazu gehörigen Vergnügungsmilieu und warnten vor Geschlechtskrankheiten (*Straßenbekanntschaft*, 1948, R: Peter Pewas). Letztlich suchten sie Optimismus für den Wiederaufbau zu wecken. Typisch ist die Wendung des Heimkehrers aus depressiver Lethargie zu neuem Mut – wie in *Die Mörder sind unter uns*, *Irgendwo in Berlin* (1946, R: Gerhard Lamprecht), *Und über uns der Himmel* (1947, R: Josef von Baky). Auffällig sind die meist deutlich ausgeglicheneren, stärkeren Frauenfiguren an der Seite der gebrochenen Männer.

Durch viele Trümmerfilme weht ein romantisch-schicksalsschwerer Grundton verbunden mit Selbstmitleid – eine Tendenz, die in *Liebe 47* (1949, R: Wolfgang Liebeneiner, nach Wolfgang Borcherts Bühnenstück »Draußen vor der Tür« ihren Höhepunkt erreichte. Ästhetisch ging das mit dramaturgischen Konstruktionen einher, die ihre Herkunft aus dem konventionellen Kino der 30er und 40er Jahre kaum verleugnen können, sowie mit pathetischer Sprache und einer Bild- und Musikkomposition, die den Ufa-Stil fortschreibt und gleichzeitig Anleihen beim expressionistischen Kino nahm. In *Film ohne Titel* 1948, selbst ein Trümmerfilm, liefert Rudolf Jugert in der Rahmenhandlung eine kleine Parodie auf die inzwischen konventionelle Erzählweise und Bildsprache des Trümmerfilms.

Der Trümmerfilm ist im historischen Raum zwischen Kriegsende und deutscher Teilung angesiedelt. Die Filme starteten bis etwa 1948 noch in allen Zonen und auch die Regisseure, Kameramänner, Autoren und Schauspieler arbeiteten noch in verschiedenen Zonen. Das betraf nicht nur die alten Profis des deutschen Filmbetriebs, die den Trümmerfilm klar dominierten, sondern auch neue Gesichter wie Hildegard Knef. Sie wurde mit Hauptrollen in *Die Mörder sind unter uns*, *Zwischen gestern und morgen* und *Film ohne Titel* bekannt. Der Beginn der Ost-West-Auseinandersetzung ließ auch den Trümmerfilm nicht unberührt. So zeigen die im Westen gedrehte *Berliner Ballade* (1948, R: Robert A. Stemmle) und der im Osten produzierte Film *Unser täglich Brot* (1949, Slatan Dudow) erste Spuren getrennter Wege und beginnender Konfrontation.

Jörg Schweinitz

Literatur: Peter Pleyer: Deutscher Nachkriegsfilm 1946–1948. Münster 1965. – Thomas Brandlmeier: Von Hitler zu Adenauer. In: Hilmar Hoffmann / Walter Schobert (Hrsg.): Zwischen Gestern und Morgen. Westdeutscher Nachkriegsfilm 1946–1962. Frankfurt a. M. 1989. – Ralf Schenk: Auferstanden aus Ruinen. In: Hans-Michael Bock / Michael Töteberg (Hrsg.): Das Ufa-Buch. Frankfurt a. M. 1992. – Christiane Mückenberger / Günter Jordan: »Sie sehen selbst, wir hören selbst ...« Eine Geschichte der DEFA von ihren Anfängen bis 1949. Marburg 1994. – Bettina Greffrath: Gesellschaftsbilder der Nachkriegszeit. Deutsche Spielfilme 1945–49. Pfaffenweiler 1995. – David Bathrick: Kino in Ruinen. Gegenwarts- und Vergangenheitsbewältigung im Berliner Kino 1945–1948. In: Irmbert Schenk (Hrsg.): Erlebnisort Kino. Marburg 2000.

20th Century-Fox. Entstanden ist das Studio 1935 durch den Zusammenschluss zwischen Darryl F. Zanucks (und Joseph Schencks) 20th Century Pictures und der Fox Film Corporation, für Douglas Gomery danach die drittmächtigste Gesellschaft in Hollywoods klassischer Studio-Ära. Präsident blieb der Vorsitzende der Fox, Sidney Kent, dem 1941 Spyros Skouras folgte. Der Mann aber, der das Sagen bei den Filmproduktionen hatte, war Zanuck.

Die Fox-Corp. wurde Anfang des Jahrhunderts gegründet – wie die Vorläufer der → Paramount von Adolph Zukor und Jesse L. Lasky, die → Warner Bros. oder die Loew's Inc. des Marcus Loew und die Goldwyn Films des Samuel Goldwyn (aus denen später → MGM wurde) in Abgrenzung zur damals allmächtigen Motion Picture Patents Company (MPPC).

William Fox wurde 1879 in Ungarn geboren und kam 1880 in die USA. Er reüssierte in der Textilbranche, bevor er ins Kinogeschäft einstieg und seine ersten Nickelodeons gründete. 1904 eröffnete er sein erstes Kino in New York City, das sich rasch zur Kinokette ausweitete. 1912 gründete er (parallel zu Carl Laemmle und seiner → Universal) einen eigenen Verleih. 1915 begann er auch zu produzieren (sein erster Produktionschef war Winfield Sheehan). 1916 eröffnete er sein erstes Studio in Hollywood, an der Western Avenue von Los Angeles. 1919 vereinte er Kinokette und Produktionsstudio zu seinem Filmimperium. Gleichzeitig begann er, seine Filme auch in Europa zu vermarkten, wozu er in den wichtigsten europäischen Metropolen Büros eröffnete.

Wie außer ihm nur noch Adolph Zukor (und dessen Paramount Pictures) legte Fox Wert auf Ausstrahlung und Förderung seiner → Stars. 1915 nahm er Theda Bara und William Farnum, 1918 (für mehr als zehn Jahre) Tom Mix unter Vertrag, der für das Studio seine so abenteuerlichen wie glamurösen →

Western drehte und spielte, in denen »auf eine einfache, trickreiche, amerikanische Art die Ideale und das Lebensgefühl des Westens in die Gegenwart« fortgesetzt wurde (Seeßlen).

1921 verpflichtet Fox John Ford (für 600 Dollar die Woche), der in den Jahren danach u. a. *Das eiserne Pferd* (1924), *Drei rauhe Gesellen* (1926) und *Vier Söhne* (1928) drehte. Raoul Walsh begann seine Karriere bei der Fox, dazu arbeiteten zu der Zeit noch Howard Hawks, Irving Cummings und Lewis Seiler, Leo McCarey und Frank Borzage (*Seventh Heaven,* 1927) für die Fox Corp. 1925 beauftragte William Fox den Ingenieur Theodore Case, mit den Möglichkeiten des Tons zu experimentieren. So konnte die Gesellschaft bereits 1926 ihr »Movietone« als Patent anmelden und damit bald die ersten komödiantischen Kurzfilme und die aktuellen Wochenschauen herstellen. Die erste »tönende Wochenschau« lief am 30. 4. 1927 im New Yorker Roxy und erhielt begeisterte Zustimmung. Am 20. 5. 1927 konnte dann, als erster Höhepunkt, im Roxy Charles Lindberghs Landung in Paris vor 6200 Zuschauern gezeigt werden – mit Ton.

Erste Toneffekte in einem Spielfilm gab es bereits bei *What Price Glory?* (1927, R: Raoul Walsh), doch erst Friedrich Wilhelm Murnaus *Sunrise* (1928) hatte einen durchgehenden Soundtrack. Als erster Part-Talkie der Fox gilt *Blossom Time* (1928), als erstes All-Talkie erst *In Old Arizona* (1929, R: Raoul Walsh). 1929 erzielte das Musical *Sunny Side Up* mit Janet Gaynor und Charles Farrell (R: David Butler) mit über 3 Mio. Dollar den bis dahin höchsten Gewinn eines einzelnen Films.

Ende der 20er Jahre fühlte sich William Fox stark genug, nach dem Tod von Marcus Loew, die Übernahme der Loew's Inc. anzustreben. Im März 1929 verkündete er – etwas vorschnell – die Fox-Loew's-Vereinigung, was ihn zum wichtigsten und mächtigsten Mann der Filmindustrie gemacht hätte. Das Produktionsgeschäft florierte (er hatte inzwischen Will Rogers unter Vertrag). Er besaß 532 Kinos in den USA und 450 Kinos in Übersee, darunter große Kinopaläste u. a. in Philadelphia, New York, St. Louis und Detroit, von denen das Roxy am Times Square in Manhattan das Flagschiff war. Die Verbindung mit Loew hätte dieses Reich abgesichert und erweitert.

Doch das Justizministerium des neuen Präsidenten Herbert Hoover gestattete diese Übernahme nicht. Dazu konnte auch Fox den weiteren Folgen der großen Depression nicht ausweichen: Er verlor sein Vermögen und nach und nach an Einfluss. 1932 übernahm Sidney Kent die Fox Corporation, ein Mann, der, wie Zanuck später erläuterte, »von Film keine Ahnung hatte«, aber ein »hervorragender Finanzmann« war. Um dieses Manko auszugleichen, trat Kent an Zanuck heran und bot ihm die Fusion an. Zanuck: »Kent war ein sehr überzeugender Mann. Denn eigentlich hatte ich damals gar nicht vor, eine große Organisation zu leiten. Ich wollte unabhängig sein und unabhängige Filme machen.«

Darryl F. Zanuck wurde 1902 in Wahoo, Nebraska, geboren. 1922 begann er als Autor, zunächst als Gagwriter für Mack Sennett, Carter DeHaven und Harold Lloyd. 1923 schrieb er für die RKO-Serien *Telephone Girl* und *Leatherpusher.* Im selben Jahr arbeitete er auch als Drehbuchautor für die Warner Bros., wo er u. a. Geschichten für Rin-Tin-Tin erfand. Er soll unermüdlich gewesen sein bei der Arbeit. Jack Warner: »Er konnte zehnmal so schnell schreiben wie alle anderen. Dazu arbeitete er samstags und sonntags und manchmal auch in der Nacht.«

1926 bat Jack Warner ihn, seinen ersten Film zu produzieren. 1927 ernannte er ihn zum »head of production«. Als Supervisor war er schon bei *Der Jazzsänger* (R: Alan Crosland) dabei und 1928 auch beim ersten All-Talkie *Lights of New York* (R: Bryan Foy). In den frühen 30er Jahren arbeitete er mit Mervyn LeRoy und William Wellman an *Der kleine Caesar* (1931), *Jagd auf James A.* (1932) und *Der öffentliche Feind* (1931), sorgte also mit dafür, dass ein neuer, realistischerer Ton ins Genrekino kam. Sein Lieblingsprojekt war das Musical *42nd Street* (1933, R: Lloyd Bacon). »Es war immer meine Überzeugung, dass, wenn man eine gute, aufregende Geschichte erzählt, es auf jeden Fall ein Vorteil ist, wenn sie auf einer wahren Begebenheit beruht. Ganz gleich, ob es eine Komödie ist oder eine Tragödie oder ein Melodram. Es ist immer ein großer Vorteil, wenn man eine Geschichte hat, die nicht jemand im stillen Kämmerlein geschrieben und sich einfach ausgedacht hat.«

1933 verließ Zanuck die Warner Bros. (nach einem Streit mit Harry Warner, als der eine seiner Entscheidungen aufhob). Kurz darauf gründete er zusammen mit Joseph Schenck die 20th Century-Pictures, die sofort einen Verleih-Vertrag mit → United Artists abschloss. Ihre größten Hits (neben ein paar kleinen Melodramen, Musicals, Krimis) waren *The Bowery* (1933, R: Raoul Walsh), *The House of Rothschild* (1934, R: Alfred L. Werker), ein historisches Dokudram mit Melo-Touch, *Die Elenden* (1934, R: Richard Boleslawski), eine Tragödie nach Victor Hugo, und *Der Ruf der Wildnis* (1935, R: William Wellman), ein Abenteuerfilm nach Jack London.

1935 meldete sich, wie erwähnt, Sidney Kent, der Rest ist Geschichte. Er begann – mit Joseph Schenck als Verwaltungsrat an seiner Seite – damit, das Studio zu reorganisieren, trennte sich von vielen Leuten, nahm neue Autoren, neue Regisseure und neue Stars unter Vertrag (u. a. Fredric March und Shirley Temple, Tyrone Power und Sonja Henie, Don Ameche und Loretta Young).

In den ersten zwei Jahren bei der Fox produzierte Zanuck (mit den Assistenten Sol M. Wurtzel, Sol Lesser und Nunally Johnson an seiner Seite) u. a. Filme von Tay Garnett (*Professional Soldier*, 1936), Henry King (*Fünflinge*, 1936; *Signal nach London*, 1936), John Ford (*Der Gefangene der Haifischinsel*, 1936), Howard Hawks (*The Road to Glory*, 1936) und Otto Preminger (*Under Your Spell*, 1936). Zanuck war von Anfang an bestrebt, dem Studio einen eigenen Touch zu geben. Und da er bei den Honoraren für seine Stars nicht mithalten konnte mit dem, was zu der Zeit MGM oder Warner boten, legte er besonderen Wert auf die Drehbücher und favorisierte ein Genre, das er wie kein anderer fördern sollte: das der »Americana« (dessen absoluter Meister in den 40er und 50er Jahren Henry King wurde).

Noch in der Zeit vor dem Zweiten Weltkrieg erwarb sich Zanuck den Ruf eines autoritären, aber auch umsichtigen, konsequenten, phantasievollen Studio-Produktionschefs. Henry King drehte u. a. *Chicago* (1938), *Jesse James, Mann ohne Gesetz* (1939) und *Little Old New York* (1940), John Ford u. a. *Rekrut Willie Winkie* (1937), *Four Men and a Prayer* (1938), *Trommeln am Mohawk* (1939) und *Der junge Mr. Lincoln* (1939), Allan Dwan u. a. *Suez* (1938) und *Frontier Marshal* (1939), Henry Hathaway u. a. *Treck nach Utah* (1940) und *Johnny Apollo* (1940), Fritz Lang *Rache für Jesse James* (1940) und *Überfall der Ogallala* (1941), Rouben Mamoulian *Im Zeichen des Zorro* (1940) und *König der Toreros* (1941).

In den 40er Jahren ließ Zanuck mehr Filme in Technicolor produzieren als jeder andere Studioboss in Hollywood. Hans C. Blumenberg:»In den vierziger Jahren ist 20th Century-Fox das progressivste Studio in Hollywood. Mit journalistischem Gespür greift Zanuck auch kontroverse Themen auf. Als Erster erkennt er, dass Glamour im alten Stil nach dem Krieg keine Chance mehr haben würde. [...] In den späten vierziger Jahren hat Zanuck ein Team von Regisseuren um sich geschart, dessen Qualität von keinem anderen Hollywood-Studio erreicht wird. Unter Vertrag stehen: Otto Preminger, Joseph L. Makiewicz, Henry King, Elia Kazan, Preston Sturges, William A. Wellman.« Außerdem arbeiten John Brahm, Alfred Hitchcock, Anatole Litvak, Ernst Lubitsch, Lewis Milestone, Robert Siodmak und John M. Stahl für das Studio. Höhepunkte der Produktionen waren ohne Zweifel die Filme, die John Ford in den 40er Jahren für das Studio drehte: *Früchte des Zorns* (1940), *So grün war mein Tal* (1941) und *Tombstone* (1946). Für Ford war Zanuck »ein ausgezeichneter Produzent«. Er selbst habe »ein Abkommen mit ihm« gehabt, und zwar dass er nach Ende der Dreharbeiten seine Filme für ihn schnitt. »Das tat er für keinen anderen Regisseur.«

Nach dem Zweiten Weltkrieg gab Zanuck, nachdem er schon 1943 einen Film gegen die Lynchjustiz produziert hatte (Wellmans *Ritt zum Ox-Bow*), mit Vorliebe Themenfilme (→ Problemfilm) in Auftrag: über die Gefahren politischer Unterwanderung (1945 in Henry Hathaways *Das Haus in der 92. Straße* oder 1948 in Wellmans *The Iron Curtain*), über staatliche Korruption (1947 in Elia Kazans *Bumerang*), über Antisemitismus (1947 in Kazans *Tabu der Gerechten*), über rassistische Justiz (1949 in Kazans *Pinky*), über den Horror in Nervenheilanstalten (1948 in Anatole Litvaks *Die Schlangengrube*). Henry Hathaway, der u. a. *Der Todeskuß* (1947) und *Kennwort 777* (1949) für Zanuck inszeniert hatte, über diese Zeit: Zanuck »hat mir erlaubt, die ersten dokumentarischen Filme zu machen. Das war damals etwas völlig Neues, mit der Kamera auf die Straße zu gehen und nicht im Studio zu drehen. Zanuck war von diesem Stil [...] höchst angetan.«

Als das Studio in den frühen 50er Jahren in die Krise geriet, suchte Zanuck die Attraktivität des Kinos durch Cinemascope (→ Breitwand) zu erhöhen. Die Devise lautete: »Mehr Farbe! Mehr Spektakel! Mehr Raum!« Später nannte es Zanuck »die wahrscheinlich beste Entscheidung« seines Lebens, daß er den Film *Das Gewand* (1953, R: Henry Koster) in Cinemascope drehen ließ, der dann innerhalb eines Jahres über 14 Mio. Dollar einspielte. 1953 erklärte deshalb Spyros P. Skouras, Präsident der 20th Century-Fox, dass seine Gesellschaft ihre wichtigen Produktionen auf Cinemascope umstellen werde. Es sei eine Tatsache, so Skouras, dass überall in der Welt ein großes Verlangen nach einer neuen Unterhaltungsform bestehe, und er sei fest davon überzeugt, Cinemascope werde diesem Verlangen nachkommen.

Auch wenn diese frühen überbreiten Filme überaus erfolgreich waren und das Studio aus der Krise führten, auch wenn Zanuck mit neuen Stars wie Susan Hayward, Gregory Peck und Marilyn Monroe die Attraktivität seiner Filme zu erhöhen suchte, die Probleme häuften sich: Die Produktionskosten explodierten, die Stars rebellierten, und es wurde immer schwieriger, den Erwartungen der Zuschauer gerecht zu werden. Dagegen half auch Zanucks berühmte Begeisterungsfähigkeit nur wenig. Samuel Fuller, der Mitte der 50er Jahre noch *Tokio-Story* für Zanuck drehte: »Als ich für ihn arbeitete, besaß er eine Eigenschaft, die andere Produzenten nicht hatten. Er konnte sich begeistern und diese Begeisterung auch mitteilen. Alles, was man ihm sagte, regte ihn an, und er versuchte, es noch besser zu machen.«

Doch 1956 entschied Zanuck, das Studio zu verlassen und nur noch als unabhängiger Produzent zu arbeiten. Als seinen Nachfolger berief er Buddy Adler, der bei der → Columbia mit Fred Zinnemanns *Verdammt in alle Ewigkeit* (1953) großen Erfolg gehabt hatte. Dem Studio aber, gewohnt an Zanucks rigiden Führungsstil, bekam der liberale Adler nicht sonderlich. Und Adler nicht die Arbeit in der Fox; er starb im Juli 1960. Danach wurde Bob Goldstein neuer Studioboss und Peter Levathes Leiter aller Fernsehproduktionen.

Anfang der 60er Jahre verkaufte 20th Century-Fox einen Teil ihres Studiogeländes für 43 Mio. Dollar an die Makler Webb and Knapp und investierte das Geld in Großproduktionen, wie *Can-Can* (1960, R: Walter Lang), *Machen wir's in Liebe* (1960, R: George Cukor), *Der längste Tag* (1962, P: Zanuck, R: Ken Annakin, Andrew Marton, Bernhard Wicki), *Zärtlich ist die Nacht* (1962, R: Henry King) und *Cleopatra* (1963, R: Joseph L. Mankiewicz), der am Ende ein Budget von über 40 Mio. Dollar aufwies und das Studio nahe an den Bankrott brachte.

Die Großaktionäre, zutiefst unzufrieden mit der Geschäftspolitik in der Führungsetage des Studios, entschieden daraufhin, Darryl F. Zanuck zurückzuholen: als Präsident der 20th Century-Fox. Und trotz seiner sechsjährigen Abwesenheit übernahm dieser wieder forsch das Regiment, ließ *Cleopatra* noch einmal überarbeiten und neu schneiden – und hatte damit Erfolg. Danach bat er seinen Sohn Richard Zanuck, als Produzent an seiner Seite zu arbeiten, und überließ ihm die wichtigeren Projekte: *Meine Lieder – meine Träume* (1965, R: Robert Wise), *Ka-*

nonenboot am Yangtse-Kiang (1966, R: Robert Wise), *Doctor Doolittle* (1967, R: Richard Fleischer), *Star!* (1968, R: Robert Wise), *Hello, Dolly* (1969, R: Gene Kelly), *Tora! Tora! Tora!* (1970, R: Richard Fleischer), *Patton – Rebell in Uniform* (1970, R: Franklin Schaffner).

Der Krise, die Hollywood Ende der 60er, Anfang der 70er Jahre insgesamt erfasste, konnten auch die beiden Zanucks nicht trotzen. 1971 zog sich Darryl als »Chairman Emeritus of the Corporation« aufs Altenteil zurück, Richard verließ das Studio und arbeitete erfolgreich als unabhängiger Produzent. Dennis Stanfill übernahm die Leitung des Studios, Gordon Stulberg wurde Produktionschef. 1974 löste Alan Ladd jr. Stulberg ab, 1976 übernahm er auch die Präsidentschaft von 20th Century-Fox (und holte Jay Kanter und Gareth Wigan als Produzenten an seine Seite).

In den 70er Jahren hatte die Fox mit dem kritischen Polizeifilm *Brennpunkt Brooklyn* (1971, R: William Friedkin), noch betreut von Richard Zanuck als Produzenten, und einzelnen Katastrophenfilmen enorme Erfolge: vor allem mit *Die Höllenfahrt der Poseidon* (1972, R: Ronald Neame) und *Flammendes Inferno* (1974, R: Irwin Allen, John Guillermin). Übertroffen wurden diese Erfolge schließlich von der *Krieg der Sterne*-Serie (1977, R: Georg Lucas), die rasch in bis dahin unbekannte Profitregionen vorstieß. Allein der erste Film der Serie soll über 200 Mio. Dollar Gewinn gebracht haben.

1979 verließen Ladd, Kanter und Wigan die Fox, um sich ihren unabhängigen Produktionen zu widmen. Dafür holte Stanfill den Columbia-Produzenten Alan J. Hirschfeld, der Sherry Lansing als zuständigen Produktionsleiter für die Kinofilme und Harris Katleman als Leiter der Fernsehabteilung engagierte. 1981 übernahm der Öl-Magnat Marvin Davis das Studio für 720 Mio. Dollar. Sein Produktionschef blieb Alan J. Hirschfeld. 1985 kaufte der australische Medienzar Rupert Murdoch das Studio für 600 Mio. Dollar und formte es komplett um. Er verwandelte das Studio in einen Mischkonzern, der aus einer Film Corporation, einer Television Stations Incorporation und einer Broadcast Company (Produktionsleiter: Barry Driller) bestand. Murdoch war vor allem an dem attraktiven Filmarchiv der Fox interessiert, für seine Fernsehstationen rund um die Welt. 1989 engagierte er den unabhängigen Produzenten Joe Roth als Produktionschef für seine Film Corp., dessen größter Erfolg, bevor er 1993 zu Disney wechselte, *Kevin – Allein zu Haus* (1990, R: Chris Columbus) wurde. Ende der 90er Jahre gelangen dem Studio dann noch einige Hits: *Independence Day* (1996, R: Roland Emmerich), *Romeo und Julia* (1996, R: Baz Luhrmann), *Titanic* (1997, R: James Cameron), *Verrückt nach Mary* (1998, R: Bobby und Peter Farrelly).

Norbert Grob / Ilona Grzeschik

Literatur: Glendon Allvine: The Greatest Fox of Them All. New York 1969. – Leo Guild: Zanuck, Hollywood's Last Tycoon. Los Angeles 1970. – Mel Gussow: Don't Say Yes Until I Finish Talking. New York 1971. – Leonard Mosley: Zanuck. Boston 1984. – John Gregory Dunne: The Studio. New York 1985. – Tony Thomas / Aubrey Solomon: The Films of 20th Century-Fox. Seaucus 1985. – Douglas Gomery: The Hollywood Studios. London 1986. – Aubrey Solomon: Twentieth Century-Fox. A Corporate and Financial History. New York 1987. – Thomas Schatz: The Genius of the System. New York 1988.

TV-Dokumentation: Hans C. Blumenberg: One Man Show. Hollywood 5. WDR 1972.

Überblendung. Eine Abblende ist eine allmähliche Verringerung der Blendenöffnung, bis das Bild schwarz wird; eine Aufblende ist das genaue Gegenteil: die sich langsam öffnende Blende manifestiert sich als langsam aus Schwarz aufscheinendes Projektionsbild. Eine Überblendung ist eine Kombination aus beiden: Das erste Bild wird ab-, das zweite aufgeblendet. Die Überblendung zählt ebenso wie das Doppel von Ab- und Aufblende typologisch zu den Einstellungsverbindungen – zu denen auch Schiebe-, Wisch-, Klapp-, Jalousie-, Fett-, Rauch-, Iris-, Kasten- und andere Blenden gehören –, die Cohen-Séat als filmische »Interpunktionsmittel« angesehen hat, damit zugleich den wichtigsten syntaktischen Funktionskreis benennend, in dem → Blenden stehen.

Im Kino der 30er und 40er Jahre war die Überblendung recht eindeutig kodifiziert als Mittel, mit dem Szenenübergänge, → Rückblenden und subjektive Bilder wie z. B. Traumsequenzen (→ Traum im Film) markiert wurden und in dieser Funktion sehr häufig in Gebrauch. Außerdem diente sie dazu, Zeitsprünge anzuzeigen. Heute ist sie sehr viel unbedeutender geworden.

Besonders auffallend ist der Doppelaspekt von Verbindung und Unterscheidung in den Überblendungen, in denen die Bilder einander ähneln (Match Dissolves): Der graphischen Analogie kontrastiert die Verschiedenheit der Objekte. Dies kann auf einer semantischen Relation beruhen (aus dem Mond wird die Sonne), aus der Narration motiviert werden (aus dem Gesicht des Vampirs wird die Sonne), aus einem Moduswechsel herrühren (wie der zwischen Realbild und imaginiertem Bild), Elemente unangemessen koordinieren (aus einem küssenden Paar werden Herr und Hund, etwa in einer Episode von Jim Hensons *Der Geschichtenerzähler*, 1987), die dramatische Spannung noch einmal resümieren (auf das Gesicht des geisteskranken Mörders wird der Totenschädel der Mutter überblendet am Ende von Alfred Hitchcocks *Psycho*, 1960). Ähnlich ist auch das Ende von Hitchcocks *Der falsche Mann* (1956) überblendet: Der Verdächtige betet, das Bild des wahren Täters, der direkt auf die Kamera zugeht, legt sich darüber, bis am Ende die beiden Gesichter zu einem verschmelzen. Ein Standardfall ist die Verwandlung von Protagonisten im Horrorfilm (aus dem Menschen wird ein Werwolf, aus Dr. Jekyll Mr. Hyde usw.), die oft in einer Reihe von Überblendungen realisiert ist. Ein sehr verbreiteter Fall von Match Dissolves sind Überblendungen, die einen Protagonisten als jungen Mann, dann als alten Mann zeigen (als einzelne Überblendung oder in einer gleitenden Folge mehrerer Überblendungen) oder die den Protagonisten bei der Verrichtung der gleichen Tätigkeit erst im Sommer, dann im Winter beobachten (dann bei Regen, dann im Nebel, dann bei Nacht usw.) – die Verschiedenheit der Aufnahmen wird aufgelöst als das Vergehen von Zeit, die Gleichheit dagegen beruht auf der graphischen Ähnlichkeit und der Identität des Objekts. Dem Vergehen von Zeit kann die Gleichheit der Tätigkeit kontrastieren (eine immergleiche Arbeit, ob Regen, ob Schnee), sei es, dass die Normalität des Lebens angezeigt sein soll, sei es, dass die Sequenz resümiert, dass der Held jahrelang trainiert hat und nun in den entscheidenden Kampf ziehen wird. Spezielle Aufmerksamkeit verdienen eigenständige Sequenzen, die als Überblendungen bestehen und die verschiedene subjektive Sichten gleichzeitig illuminieren können wie die Liebesszene aus Robert Altmans *Spiegelbilder* (1972), die subjektiv erlebte Zeit visualisieren, Bilder thematisch verknüpfen oder wichtige Informationen bündeln.

Die Überblendung schafft einen graphischen Strom der Bilder, die trotz der Verschiedenheiten bildkompositionell oft eng aneinander gebunden sind (→ Bildkomposition), und auch eine Bewegung der Rezeption: das erste Bild versinkt, seine Struktur wird wichtig, der Bildsektor, in dem der Akteur sich befunden hat; ein zweites Bild überlagert das erste, von der Struktur kann zum Inhalt fortgeschritten werden, es ist ein anderer als der des ersten Bildes. Überblendungen pulsieren zwischen dem, was die Bilder zeigen.

Insbesondere Überblendungen dienen oft dazu, den → Rhythmus eines Films zu verlangsamen, Ruhe einkehren zu lassen, die Bewegung der Gefühle (der Personen auf der Leinwand ebenso wie die der Zuschauer) zu mildern. In Kenneth Loachs *Raining Stones* (1993) folgt einem Mord und der verzweifelten Flucht des Mörders zu einem Priester eine kurze Passage von Überblendungen – die nächtliche, ruhig daliegende Stadt, die schlafende Frau des Täters –, die die Anspannung aus dem Geschehen nehmen und die Lösung (der Priester wird die Beichte abnehmen und die Tat decken) vorbereiten helfen.

Hans J. Wulff

Ufa. Der Grundstein für diese bedeutendste Filmgesellschaft Europas wurde am 18. 12. 1917 gelegt. Die kriegsmüde Bevölkerung verlangte nach Zerstreuung und Ablenkung und die Regierenden suchten ein geeignetes Instrument zur emotionalen Mobilmachung. Um die Lücke zu füllen, die durch den Import-Stopp ausländischer Filme entstanden war, schuf man auf Initiative der obersten Heeresleitung die Universum-Film-Aktiengesellschaft, kurz Ufa genannt. Es kam zu einer Fusion renommierter Produktions- und Verleihfirmen mit einem Gründungskapital von 25 Mio. Reichsmark. Aufgebracht wurde diese gigantische Summe von der deutschen Großfinanz – ein Drittel davon war geheimer Staatsanteil. Produktionen der letzten Kriegstage brachten zwar noch patriotische Appelle hervor (*Das Vaterland ruft*, 1917), doch sie verhallten wirkungslos. Das Deutsche Kaiserreich wich im November 1918 der ersten deutschen Republik.

Aber die Ufa überlebte und konnte das ganze Spektrum ihrer Schaffenskraft entfalten. Das Motto der 20er Jahre hieß Unterhaltung statt Propaganda. Nach und nach wurden fast alle Genres ausprobiert, mit einer gewissen Vorliebe für aufwendige → Historienfilme und → Komödien. In *Madame Dubarry* (1919), der Geschichte über die prominente französische Mätresse, avancierte Schauspielerin Pola Negri zum internationalen → Star. Der Regisseur des Films, Ernst Lubitsch, machte nach weiteren historischen → Monumentalfilmen und etlichen erfolgreichen Lustspielen wie *Die Austernprinzessin* (1919) oder *Kohlhiesels Töchter* (1920) Karriere in Hollywood. Sein Talent für Komödien stellte er zunächst bei → Warner Bros., dann bei → Paramount unter Beweis. In den 20er Jahren folgten zahlreiche Ufa-Stars dem Ruf der amerikanischen Traumfabrik. Aber die Gesellschaft hatte nicht nur die berühmtesten Schauspieler der deutschen Filmindustrie unter Vertrag. Begabte Autoren wie Carl Mayer und Robert Liebmann, Kameramänner wie Karl Freund, Carl Hoffmann, Günther Rittau sowie die Regisseure Robert Wiene, Friedrich Wilhelm Murnau und Fritz Lang bürgten für die künstlerische Qualität der Produktionen. Kinoketten und ein weitreichendes Verleihsystem garantierten hohe Einnahmen. Als die Produktionsstätte in Berlin-Tempelhof zu klein wurde, schuf die Ufa mit gewaltigen Investitionen in → Babelsberg bei Potsdam eine deutsche Traumfabrik – das »Hollywood Europas«.

Durch die Übernahme des erfolgreichen Konkurrenten, der Decla-Bioscop Film, kam 1921 der Produzent Erich Pommer zur Ufa. Schon 1919 hatte Pommer einen der prominentesten Filme der Kinogeschichte produziert: *Das Cabinet des Dr. Caligari* (R: Robert Wiene). Mit diesem Drama um einen mordenden Somnambulen wurde die Stilrichtung des → Caligarismus geprägt, die einige Regisseure in den nachfolgenden Jahren beeinflusste. In den Jahren 1923–26 erlebte die Ufa unter Erich Pommer ihre Glanzzeit. Nachdem Murnau schon mit dem Vorläufer aller Vampirfilme, *Nosferatu – Eine Symphonie des Grauens* (1922), ein ausgezeichnetes Beispiel für filmische Horror-Phantastik geschaffen hatte, entwickelte er mit *Der letzte Mann* (1924) die Möglichkeiten einer → entfesselten Kamera. Die Inszenierung dieses Psychogramms eines ›überflüssig‹ gewordenen Menschen war ebenso subtil wie die darstellerische Leistung von Emil Jannings. Murnau wandte sich in seinem letzten Ufa-Film (1926) Goethes »Faust«-Tragödie zu. In seiner → Literaturverfilmung kreierte er eine künstliche Bildwelt von suggestiver Aussagekraft. Regisseur G. W. Pabst hingegen bildete in *Die freudlose Gasse* (1925) die soziale Realität der Nachkriegszeit ab. 1929 fungierte er als Co-Regisseur von Arnold Fanck, dem Pionier eines neuen Genres: des → Bergfilms (*Die weiße Hölle vom Piz Palü*). In dem symbolträchtigen Drama *Der heilige Berg* (1925) trat als Hauptdarstellerin zum ersten Mal Leni Riefenstahl auf, die sich später als Regisseurin in der Hitlerzeit einen Namen machte (*Olympia: Fest der Schönheit; Fest der Völker*, 1938), als Hauptdarsteller Luis Trenker, der sich später auch den → Heimatfilmen in Eis und Schnee (*Der Berg ruft*, 1937) verschrieb.

Starregisseur der Ufa war zweifellos Fritz Lang, der mit seiner Frau, der Drehbuchautorin Thea von Harbou, zusammenarbeitete. Der Monumentalfilm *Die Nibelungen* (1924) schöpfte aus dem deutschen Heldensagen- und Legendenschatz und galt als Beitrag zur nationalen Selbstfeier. 1927 folgte *Metropolis*: Innovative Tricktechniken wie das → Schüfftan-Verfahren ermöglichten den Prototyp des → Science-Fiction-Films. Langs Zukunftsvision verschlang allerdings 6 Mio. Reichsmark und war damit die teuerste Produktion dieser Zeit. Sie beendete die Karriere von Erich Pommer und brachte den Ruin für die Ufa. Die amerikanischen Studios → MGM und Paramount kauften zur finanziellen Stützung der Firma Aktienanteile und etablierten sich damit auf dem deutschen Markt. Noch im gleichen Jahr verleibte sich der deutschnationale Pressezar Alfred Hugenberg die angeschlagene Gesellschaft ein.

Zwischen 1925 und 1929 entstanden Filme, die von einer neuen Stilrichtung geprägt waren. Ewald André Dupont leistete mit *Varieté* (1925) einen bedeutsamen Beitrag zum objektiven Realismus. Der Filmavantgardist Walter Ruttmann präsentierte die → Neue Sachlichkeit in *Berlin. Die Sinfonie der Großstadt* (1927), einer dokumentarischen Studie über die deutsche Metropole, und *Menschen am Sonntag* (1929), eine Collage aus Spiel- und Dokumentarszenen, sollte noch Jahre später den poetischen → Realismus ebenso wie den Neorealismus beeinflussen. Verantwortlich für diese Schilderung eines alltäglichen Berliner Sonntags zeichneten junge Filmschaffende, die später in den USA Karriere machten: Billy Wilder, Robert Siodmak als Regisseur, Edgar G. Ulmer, Eugen Schüfftan als Kameramann, und Fred Zinnemann.

Doch gesellschaftsbezogene Filme hatten es schwer, sich in der Masse von Unterhaltungsfilmen zu behaupten – besonders als die Komödie sprechen lernte. Schon Mitte der 20er Jahre traten die Techniker Joseph Massolle, Hans Vogt und Joseph Engl an die Ufa heran, um das von ihnen entwickelte Tri-Ergon-Verfahren (Bild und Ton synchron) vorzustellen. Das Versuchsprojekt *Das Mädchen mit den Schwefelhölzern* erwies sich wegen einiger technischer Unzulänglichkeiten bei der Aufführung leider als untauglich. Die Ufa nahm Abstand von der Erfindung, und eine Schweizer Firma kaufte das Patent. Schließlich erwarb es die Filmgesellschaft Warner Bros., und 1927 begann mit *Der Jazzsänger* der weltweite Siegeszug des → Tonfilms. Ludwig Klitzsch, der neue Geschäftsführer, erwarb gezwungenermaßen die Rechte und *Melodie des Herzens* (1929, R: Hanns Schwarz) wurde der erste Tonfilm der Ufa. Damit war auch die Voraussetzung geschaffen für ein neues Genre, das wiederum von dem aus den USA zurückgekehrten Erich Pommer durchgesetzt wurde: die Tonfilmoperette. Ihre eingängigen Melodien wurden zu populären Gassenhauern. Ab 1930 entstand ein bunter Reigen von musikalischen Lustspielen. In einer Zeit größter Arbeitslosigkeit erzählten sie, vor Lebensfreude sprühend, Aufsteigermärchen: *Die Drei von der Tankstelle* (1930, R: Wilhelm Thiele), *Der Kongreß tanzt* (1931, R: Erik

Charell) und *Ein blonder Traum* (1932, R: Paul Martin). Lilian Harvey und Willy Fritsch wurden zum Traumpaar des deutschen Films. Produktionen mit sozialkritischem Tenor blieben eher die Ausnahme. Ihren größten internationalen Erfolg erzielte die Ufa 1930 mit *Der blaue Engel*. Josef von Sternberg gelang eine beeindruckende Literaturadaption von Heinrich Manns Vorkriegs-Novelle »Professor Unrat«, und Marlene Dietrich begründete mit der Rolle des Vamps Lola Lola ihre internationale Karriere. Fritz Lang versuchte einen eigentümlichen Mischstil aus Reportage, → Thriller und → Kammerspiel in seinem ersten Tonfilm, *M – Eine Stadt sucht einen Mörder* (1932), mit Peter Lorre als pathologischem Kindermörder. Langs *M* hatte einen deutlichen Zeitbezug. Die Weltwirtschaftskrise und die Depression hatten das Vertrauen breiter Bevölkerungsschichten in die Demokratie schwinden lassen und so den Boden für die faschistische Ideologie geebnet. Siegfried Kracauer (»Von Caligari zu Hitler«, 1947) betrachtete nicht wenige Produktionen der deutschen Stumm- und Tonfilmzeit als Wegbereiter des späteren Regimes. 1932 ließ Fritz Lang in *Das Testament des Dr. Mabuse* (UA 1933) einen Geisteskranken die Herrschaft des Verbrechens propagieren – oder prognostizieren? –, und im Januar 1933 übernahmen die Nationalsozialisten in Deutschland die Macht.

Nach der Gleichschaltung von Presse, Rundfunk und Fernsehen geriet auch die Ufa unter parteipolitische Kontrolle. Auf der Grundlage des Reichslichtspielgesetzes unterstand von der Stoffidee bis zur Postproduktion alles der Aufsicht der Reichsfilmkammer, also faktisch dem Minister für Volksaufklärung und Propaganda, Joseph Goebbels. Er sorgte dafür, dass die Produktionen dem ›Geist der Zeit‹ Tribut zollten. – Der Exodus der Filmschaffenden begann, ein Drittel der Autoren, Produzenten, Regisseure, Schauspieler, Theaterbesitzer usw. floh aus dem Land: »Deutschlands Verlust war Amerikas Gewinn«, konstatierte Fritz Lang. Auch der Jude Erich Pommer musste emigrieren. Nach Kriegsende kam er zurück – als amerikanischer Filmoffizier. Wer blieb, arrangierte sich mehr oder weniger freiwillig mit den Machthabern und ließ sich für deren Zwecke einspannen. Über die Rolle der Filmschaffenden als Helfer des Systems – inwieweit Mitmachen Mitschuld bedeutet – wurde nach 1945 häufig diskutiert.

Zwischen 1933 und 1945 produzierte die Traumfabrik Ufa vorwiegend Illusionen. Hochkarätig war die Besetzung der Filme – Hans Moser, Hans Albers, Willy Birgel, Heinrich George, Berta Drews, Paula Wessely, Gustaf Gründgens, um nur einige Namen zu nennen –, und großzügig waren die finanziellen Mittel für Ausstattung und technischen Aufwand. Das Gros der Produktionen waren Komödien (ca. 50 %). Auch Unterhaltungsfilme konnte man geschickt mit nationalsozialistischem Gedankengut infiltrieren. Reine → Propagandafilme (ca. 15 %) waren weniger massenwirksam. Detlef Sierck (später: Douglas Sirk) ließ schon Talent erkennen in einem Genre, dessen Meister er in Hollywood wurde: dem → Melodram (ca. 28 % der Produktionen). 1937 drehte er mit der schwedischen Sängerin Zarah Leander *La Habanera* und *Zu neuen Ufern*. Manchmal gelang es einem Film sogar, durch die Maschen der Zensur zu schlüpfen, und respektlose Anspielungen auf die Herrschenden blieben ungestraft: *Amphitryon – Aus den Wolken kommt das Glück* (1935) von Reinhold Schünzel, der bald danach auch das Dritte Reich verlassen musste. Am 17. 3. 1937 kaufte die Staatsführung für 21 Mio. Reichsmark die Ufa-Anteile von Alfred Hugenberg. Nach den Wünschen von Goebbels wurde der Aufsichtsrat neu besetzt und die Deutsche Filmakademie gegründet. Heimlich erwarb das Reich die noch bestehenden Filmfirmen → Tobis, → Bavaria und Terra. 1942 wurde die UFA Film GmbH, ein Großkonzern von 138 Einzelfirmen, Staatseigentum.

Mit Beginn des Krieges produzierte die Ufa neben Wochenschauen zur psychologischen Kriegsertüchtigung Unterhaltung unter dem Motto: *Wir machen Musik* (1942, R: Helmut Käutner). Heiter und trotzig klangen die Lieder: »Wir lassen uns das Leben nicht verbittern [...], und wenn die ganze Erde bebt und die Welt sich aus den Angeln hebt.« An der Heimatfront steppte Marika Rökk fleißig in Revuefilmen wie *Kora Terry* (1940, R: Georg Jacoby), und 27 Mio. Zuschauer suchten Ablenkung in *Wunschkonzert* (1940, R: Eduard von Borsody). Allen Bombenangriffen zum Trotz ließ die Ufa in ihrer Betriebszeitung verlauten: »Die Ufa steht – die Ufa dreht.« Unerschütterlich prophezeite Zarah Leander noch 1942 in *Die große Liebe* (R: Rolf Hansen): »Davon geht die Welt nicht unter.« – Die Realität sprach eine andere Sprache. Rommels Soldaten hatten sich vor El Alamein festgerannt (Juli 1942), und die 6. Armee von General Paulus war im Kessel von Stalingrad aufgerieben worden (Dezember 1942). Das Ende des Regimes war absehbar, aber die Fassade musste aufrechterhalten bleiben. Mit riesigem Staraufgebot und finanziellem Aufwand entstand 1942/43 zum 25-jährigen Jubiläum der Ufa *Münchhausen*. Bemerkenswert genug: für diese repräsentative Großproduktion schrieb der keineswegs als regimetreu geltende, verfemte Autor Erich Kästner unter einem Pseudonym das Drehbuch, der politisch unbelastete ungarische Regisseur Josef von Baky führte die Regie und der wenig regimefreundliche Hans Albers verkörperte die schillernde Figur des großen Lügners. Als einem der wenigen gelang es dem Regisseur Helmut Käutner, seine Filme nicht vom politischen System vereinnahmen zu lassen. *Romanze in Moll* (1943), *Große Freiheit Nr. 7* (1944) und *Unter den Brücken* (1944 gedreht, UA 1946) sind dafür aussagekräftige Beweise. 1944 brillierte Heinz Rühmann noch einmal als Primaner »Pfeiffer mit drei f« in *Die Feuerzangenbowle* (R: Helmut Weiß) und Kristina Söderbaum trat ihren *Opfergang* (R: Veit Harlan) an, doch da waren die letzten Tage des Dritten Reiches bereits angebrochen. Auch das kostenaufwendige Durchhalteepos *Kolberg* (1944), an dessen Drehbuch Goebbels persönlich mitschrieb, unter der Regie von Ufa-Starregisseur Veit Harlan änderte daran nichts mehr. Als die Bomben schon auf Berlin fielen, prophezeite ein Film zwar noch: »Das Leben geht weiter.« Aber am 8. 5. 1945 war dann »alles vorüber, alles vorbei« – auch für die Ufa.

In der sowjetisch besetzten Zone entstand auf dem Gelände in Babelsberg die staatlich gelenkte → DEFA. Im Westen wurde mit der »Lex Ufi« 1953 der Konzern entflochten. Erst gehörten der Deutschen Bank die Aktienanteile, dann dem Bertelsmann-Konzern. Als Nachfolgegesellschaften bildeten sich die Universum Film AG (Film- und Fernsehproduktionen) und die Ufa Theater AG (Kinokette).

Ilona Grzeschik / Norbert Grob

Literatur: Jürgen Schebera: Damals in Neubabelsberg ... Studios, Stars und Kinopaläste im Berlin der zwanziger Jahre. Leipzig 1990. – Friedemann Beyer: Die Gesichter der UFA. Starportraits einer Epoche. München 1992. – Hans-Michael Bock / Michael Töteberg (Hrsg.) in Zusarb. mit Cinegraph – Hamburgisches Zentrum für Filmforschung e.V.: Das Ufa-Buch. Kunst und Krisen. Stars und Regisseure. Wirtschaft und Politik. Frankfurt a. M. 1992. – Klaus Kreimeier: Die Ufa-Story. Geschichte eines Filmkonzerns. München/Wien 1992. – Hans Borgelt: Die Ufa – ein Traum. Hundert Jahre deutscher Film. Ereignisse und Erlebnisse. Berlin 1993.

United Artists. Die United Artists Corporation zählte bis Anfang der 90er Jahre zu den großen Filmgesellschaften → Hollywoods. Im April 1919 gründeten vier → Stars der Stummfilmära ihre eigene Produktions- und Verleihgesellschaft. Die Firmengründung durch Mary Pickford, Douglas Fairbanks, Charlie Chaplin und David Wark Griffith war eine Reaktion auf die bevorstehende Fusion von zwei große Produktionsfirmen. Deren Zusammenschluss hätte eine drastische Kürzung der inzwischen enormen Stargagen zur Folge gehabt. Das Ziel der United Artists war es aber nicht nur, den Gründungsmitgliedern Profite zu sichern, sondern auch Qualitätsfilme so genannter unabhängiger Filmemacher zu produzieren und zu verleihen. Die Palette der Erfolge reicht von dem Klassiker *Goldrausch* (1925, R: Charlie Chaplin) über das → Musical *West Side Story* (1961, R: Jerome Robbins,

Robert Wise) bis zu dem → Oscar-Gewinner *Rain Man* (1989, R: Barry Levinson). Ihre europäischen Tochtergesellschaften koproduzierten Filme von François Truffaut, Bernardo Bertolucci und Volker Schlöndorff (*Die Blechtrommel*, 1979).

Die United Artists verfügte nie über eigene Ateliers oder eigene Kinoketten, aber über das weltweit beste Verleihsystem. In den 20er Jahren hatten zeitkritische Stoffe keine Chance. Das Kinopublikum wollte in erster Linie die Erinnerungen an den Ersten Weltkrieg verdrängen (Eskapismus). Romantische Kostümfilme mit Douglas Fairbanks *Das Zeichen des Zorro* (1920, R: Fred Niblo) über *Robin Hood* (1922, R: Allan Dwan) bis zu *Der Dieb von Bagdad* (1924, R: Raoul Walsh) entführten die Zuschauer in vergangene Zeiten und ferne Länder. 1924 trat Joseph Schenck der Firma bei und mit ihm kamen die Stars Gloria Swanson und Buster Keaton zu United Artists. Der frühe Tod von Rudolph Valentino verschaffte seinem letzten Film *Der Sohn des Scheichs* (1926, R: George Fitzmaurice) einen enormen Publikumserfolg. Das Aufkommen des Tonfilms brachte die Stummfilmstars in eine Krise. Nur Charlie Chaplin konnte später an seine früheren Erfolge anknüpfen. Das geschickte Management von Joseph Schenck und der geschäftstüchtige Produzent Sam Goldwyn retteten United Artists durch die Depressionsjahre. Letzterer verfilmte Werke der amerikanischen Gegenwartsliteratur, aber auch internationale Bestseller (*Stürmische Höhen*, 1939, R: William Wyler) mit großem Erfolg. Der Zweite Weltkrieg sorgte für einen Boom der Filmindustrie. Unzählige Klassiker aller → Genres gehörten zum Programm der United Artists. Es regnete Oscar-Nominierungen. Trotzdem stand die Firma wegen interner Differenzen vor dem Ruin. Die Wende kam erst in den 50er Jahren. Ein Highlight folgte dem anderen: der → Western-Klassiker *Zwölf Uhr mittags* (1952, R: Fred Zinnemann) und die Billy-Wilder-Filme *Zeugin der Anklage* (1958), *Manche mögen's heiß* (1959) und *Das Appartement* (1960). Ein weiterer Kassenerfolg ging in den 60er Jahren in Serie: die *James Bond*-Filme. In den 70ern folgten die *Rocky*-Filme. 1975 brachte Miloš Formans *Einer flog über das Kuckucksnest* der Firma neun Oscars ein. Fünf Jahre später sorgte Michael Cimino mit *Heaven's Gate – Das Tor zum Himmel* für einen Riesenflop. Die enormen Produktionskosten konnte die Firma nicht verkraften und das angeschlagene Unternehmen wurde 1981 von → MGM übernommen. United Artists aber durfte als unabhängige Tochtergesellschaft weiterexistieren. 1989 wurde MGM/UA vom australischen Medienunternehmen Quintex aufgekauft.

Ilona Grzeschik

Literatur: Tino Balio: United Artists. The Company Built by the Stars. London 1976. – Ronald Bergan: The United Artists Story. London 1986.

Universal. Die Universal Film Manufacturing Company, die älteste Filmgesellschaft der Welt, wurde 1912 von Carl Laemmle gegründet. Er prägte bis zu seinem Ausscheiden 1936 den Stil des Studios. Bereits in den Anfangsjahren führte er die berühmten Studiotouren auf dem Universal-City-Gelände ein. Jedoch zählen die Universal-Filme aus der Stummfilmzeit nicht gerade zu den Klassikern. Ausnahmen bilden *Der Glöckner von Notre Dame* (1923, R: Wallace Worsley) und *Das Phantom der Oper* (1925, R: Rupert Julian). Einen großen Prestigeerfolg feierte Universal mit dem Antikriegsfilm *Im Westen nichts Neues* (1930, R: Lewis Milestone), der mit einem → Oscar ausgezeichnet wurde.

Wie die anderen Majors litt das Studio unter den Folgen der Weltwirtschaftskrise. Um mit → MGM auf der erfolgreichen → Musical-Welle mitzuschwimmen, wurde die 15-jährige Deanna Durbin als »Musical-Queen« aufgebaut. Man begann mit der Produktion eines → Horrorfilm-Zyklus, der Universal berühmt machte: *Dracula* (1931, R: Tod Browning) mit Béla Lugosi, *Frankenstein* (1932, R: James Whale) mit Boris Karloff. Später wurde die Horrorreihe um *Der Unsichtbare*, die *Mumie* und den *Werwolf* erweitert.

Die erste Hälfte der 40er Jahre war für Universal überaus erfolgreich. Das Studiokonzept lautete: Zwei Durbin-Musicals, zwei Abbott-und-Costello-Komödien, fünf Horrorfilme, ein paar B-Musicals (z. B. mit den Andrew-Sisters) und kostengünstige B-Western mit Tex Ritter. Ab 1942 erweiterte man die Prouktionen um orientalische Fantasy-Abenteuerfilme (→ phantastischer Film) im Technicolorverfahren. Mit *Arabische Nächte* (1942, R: John Rawlins) wurde die exotische Maria Montez ein Star. 1945 fusionierte das Studio mit International Pictures zu Universal-International-Pictures und änderte seine Firmenpolitik: Alle → B-Filme wurden mit sofortiger Wirkung gestoppt. Universal-Filme sollten Prestigefilme werden. Das Ergebnis ließ sich sehen. → Film-noir-Klassiker entstanden: *Die Killer* (1946, R: Robert Siodmak), *Stadt ohne Maske* (1949, R: Jules Dassin).

In den 50er Jahren produzierte Universal zahllose → Western, um am Boom des Genres teilzuhaben. Sattelstar Nr. 1 war Audie Murphy, obwohl James Stewart in *Winchester 73* (1950) ebenso glänzte wie 1954 in *Die Glenn Miller Story*, dem erfolgreichsten Musical des Studios in dieser Dekade. Komödien in allen Schattierungen z. B. mit Donald O'Connor und Francis, dem sprechenden Maultier, sowie Marjorie Main und Percy Kulbride als Ma und Pa Kettle trugen ebenfalls zum Erfolg bei. Bis 1955 trafen Abbott und Costello in der Reihe *Abbott and Costello Meet ...* nacheinander alle von Universal geschaffenen Horrorfiguren. Danach war die Zeit für irdische Monster abgelaufen. Außerirdische Kreaturen sorgten für Gänsehaut und Nervenkitzel (*Gefahr aus dem Weltall*, 1953, R: Jack Arnold). In den 50er und 60er Jahren entstanden unter Studiochef Russ Hunter die so genannten Frauenfilme (Weepies). Das → Melodram *Die wunderbare Macht* (1954) von Douglas Sirk war einer der größten Tear-Jerkers seiner Zeit. Lana Turner, Sandra Dee und Doris Day wurden zu Stars. *Bettgeflüster* (1959, R: Michael Gordon) war bis *Airport* (1970, R: George Seaton) der kommerziell erfolgreichste Universal-Film.

Mitte der 70er begann für das Studio das Zeitalter der → Blockbuster. Katastrophenfilme wie *Erdbeben* (1974, R: Mark Robson), im Sensurround-Verfahren, zogen. Mit einem menschenfressenden Fisch stieg ein weiteres Universal-Monster zu Filmruhm auf. *Der weiße Hai* (1975) brach ebenso wie alle weiteren Spielberg-Produktionen (z. B. *E.T. – Der Außerirdische*, 1982; *Jurassic Park*, 1993) Kassenrekorde. *Waterworld* (1995, R: Kevin Reynolds) wäre für Universal mit seinem Mega-Budget von 230 Mio. Dollar fast zum Waterloo geworden.

Seit 1962 gehörte Universal mit Decca Records zur Music Corporation of America (MCA, 1924 gegründet). 1990 übernahm der japanische Elektrokonzern Matsushita MCA und damit auch Universal.

Ilona Grzeschik

Literatur: Michael G. Fitzgerald: Universal Pictures. A Panoramic History in Words, Pictures and Filmographies. Westport 1977. – Clive Hirschhorn: The Universal Story. London 1985.

Unterwasserfilm. Das Meer dient vielen Genres als Handlungsort, in der Regel dem → Kriegs- oder → Abenteuerfilm, auch der → Komödie und dem → Melodram. Die Handlung der Mehrheit dieser Filme ist oberhalb des Meeresspiegels situiert, sie könnten auch an anderen Orten spielen, ohne ihre zentralen Aussagen zu verändern.

Zu den populärsten Erzählformen und Standardsituationen unter Wasser zählen die Suche nach einem versunkenen Schatz, das U-Boot-Gefecht, die Mission zur Bergung eines havarierten U-Bootes oder Passagierschiffs, der Wettstreit zwischen zwei Tauchern, Entdeckungsreisen, futuristische Unterwassermaschinen und Begegnungen mit Schrecken erregenden oder unbekannten Geschöpfen, ferner gibt es Mixturen aus diesen Elementen.

Das Erzählschema eines Unterwasserkriegsfilms enthält eine gefährliche Mission, unerwartete Probleme, Katz-und-Maus-Spiele mit Flugzeugen, Kriegsschiffen und anderen U-Booten, die Schleichfahrt, das

Abtauchen – Metallplatten, die unter dem Wasserdruck knirschen, wenn das U-Boot die vorgeschriebene Tauchtiefe weit unterschreitet. Oft steht der Kapitän als harter, entschlossener Mann in Konflikt mit seinem weniger besessenen Ersten Offizier – so wie Clark Gable und Burt Lancaster in *U 23 – Tödliche Tiefen* (1958, R: Robert Wise) oder wie Gene Hackman und Denzel Washington in *In tiefster Gefahr* (1995, R: Tony Scott). In den besseren Filmen des Genres vermitteln sparsame Kamerabewegungen ein Gefühl von Klaustrophobie und Einschränkung in der täglichen Routine an Bord. Der Gestank von Schweiß und Angst während des Kampfes drängt sich besonders intensiv in *Das Boot* (1981, R: Wolfgang Petersen) auf.

Für die Besatzung des U-Bootes stellt das Wasser um sie herum eine omnipräsente Größe dar, die man niemals vergessen oder ignorieren darf. Es ist ihr allererster Gegner, der zumindest auf Distanz gehalten werden muss, bevor der Kampf überhaupt beginnen kann. Das Paradox für die Crew besteht darin, dass die Meeresoberfläche sie zwar vor den Gefahren der Tiefen schützt, aber gleichzeitig den Angriffen ihrer menschlichen Feinde schutzlos preisgibt. Eine Abwandlung des Szenarios eines U-Bootes in Not stellt die Rettung eines Unterseebootes dar, das beschädigt auf dem Meeresgrund liegt, wie z. B. in *U-Boot in Not* (1978, R: David Greene). Dieser Film besitzt zudem Charakteristika des → Katastrophenfilms.

Um einen Schatz zu finden, bedarf es im Unterwasserfilm zuerst einigen detektivischen Geschicks – oft sind es spanische Goldbarren aus der Neuen Welt, die vor Jahrhunderten verloren gingen (*Die Tiefe*, 1978, R: Peter Yates). Wenn dann der Ruheplatz des Schatzes auf dem Papier feststeht, bringen die Suche nach dem genauen Punkt und die Bergung viele Schwierigkeiten mit sich: Das Wasser ist zu tief, oder das Gebiet wimmelt von Haien, oder einigen Besatzungsmitgliedern ist nicht zu trauen. Es sind im Grunde Abenteuerfilme, die das Meer als gefährliche oder fremde Umgebung instrumentalisieren, in der dann das Geschehen in Gang kommt. Das Spektakel des Ozeans oder Beispiele seiner möglichen Gefahren werden nur selten gezeigt, in Großaufnahmen von bunt gefärbten Fischen, die rasch durchs Wasser gleiten oder in der Totale eines Hais, der in einiger Entfernung vorbeizieht: nur, dass der Hai einen gewissen Einfluss auf die Erzählung erhalten könnte.

Tauchen wurde mehr als einmal als typisches Macho-Gebaren inszeniert, bei dem sich Männer beweisen können. Ein gutes Beispiel stellt *Die Stadt unter dem Meer* (1953, R: Budd Boetticher) dar, in dem Robert Ryan und Anthony Quinn gleichzeitig Frauen und Goldbarren nachjagen, während sie fortwährend von unterseeischen Beben bedroht werden. *Froschmänner* (1951, R: Lloyd Bacon) und *Taucherkommando* (1958, R: Andrew Marton) konzentrieren sich ausschließlich auf die Figur des Navy-Tauchers. In *Im Rausch der Tiefe* (1988, R: Luc Besson) treten zwei Taucher ohne Atemgeräte gegeneinander und um die Hand von Rosanna Arquette an. Vergleicht man diesen Film mit *No More Women* (1934, R: Albert S. Rogell), kann man sehen, dass sich männliche Blicke und Besitzansprüche auf Frauen in den letzten 50 Jahren nicht grundlegend geändert haben, was besonders an einem Film wie *Die Tiefe* deutlich wird: Jacqueline Bissets lediglich aus einem durchnässten T-Shirt bestehende Garderobe scheint den Regisseur mehr zu interessieren als der filmische Konflikt. In Bessons *Im Rausch der Tiefe* jedoch sind die Schönheit der wundervollen und ruhigen Unterwasserlandschaft sowie die Vermittlung von Schwerelosigkeit und Freiheit (transportiert durch die Freundschaft zwischen Mensch und Delphin) wichtiger als in dessen eher abenteuerorientierten Vorläufern.

Im Jahr 1989 gab es Unterwasserfilme gleich im Schwarm: *Abyss* (R: James Cameron), *Leviathan* (R: George P. Cosmatos), *Das Grauen in der Tiefe* (R: Sean S. Cunningham) und *Gefangen in der Tiefe* (R: Tristan de Vere Cole). Im Übrigen gibt es viele Parallelen zwischen Meer und Weltraum sowie zwischen den Fahrzeugen, die sie durchqueren. In beiden Fällen ist die

Umgebung unwirtlich: luftleer und kalt und – vielleicht am wichtigsten – mysteriös und unerforscht. Die Schwierigkeiten der Rettungsmissionen in *U-Boot in Not*, *Abyss* und *Gefangen in der Tiefe* ähneln denen in *Verschollen im Weltraum* (1969, R: John Sturges) und *Apollo 13* (1995, R: Ron Howard) in vielerlei Hinsicht. Zudem scheinen die filmischen Reisen in die unendlichen Tiefen der Ozeane – analog zu denen in die Weiten des Alls – avancierte, digitale Bildbearbeitung (→ digitale Ästhetik) geradezu herauszufordern: Die übergroßen und außerdem noch intelligenten Haie, mit denen sich z. B. die Wissenschaftler in *Deep Blue Sea* (1999, R: Renny Harlin) konfrontiert sehen, wären ohne Morphing ebenso wenig denkbar wie ein T-1000 in James Camerons *Terminator II: Tag der Abrechnung* (1991). Ein Rennen gegen die Zeit kommt meist spannungssteigernd hinzu. Zwei der größten Klischees sind die Bombe, deren Zählwerk langsam auf die Detonation zu tickt, und das U-Boot, dessen Sauerstoffvorräte zur Neige gehen. In *Abyss* treten sogar beide Motive auf. Der Film vereint zudem Elemente aus zwei bekannten Unterwasser-Themen: zunächst das der Entdeckungsreise, die den Film oft ins Reich der Phantasie entführt, z. B. wenn seltsame Wesen aus dem Reich der Vorstellungskraft entdeckt werden wie in *Tauchfahrt des Schreckens* (1978, R: Kevin Connor) oder auch in japanischen Variationen des Genres wie *U-2000 – Tauchfahrt des Grauens* (1963, R: Ishirô Honda), dann das des mechanischen Wunders, der futuristischen Unterseeboote. Eine Nautilus ist viel eher der Star jener Filme als ein Kapitän Nemo. Die schönste Gestaltung dieser Maschine findet sich in *20 000 Meilen unter dem Meer* (1954, R: Richard Fleischer). Die Betonung, die das technologische Spektakel in Filmen wie *Abyss*, *In tiefster Gefahr* oder *Jagd auf Roter Oktober* (1990, R: John McTiernan) erfährt, ähnelt der in zahlreichen → Science-Fiction-Filmen und markiert einen ästhetischen Umschwung, weg vom menschlichen Drama der früheren Filme über den Zweiten Weltkrieg. Die Kamera gleitet nun genauso liebevoll über die Pulte voller Schalter und blitzender Lichter wie über angespannte, schwitzende Gesichter.

Drew Bassett / Oliver Keutzer

Literatur: Uwe Raum-Deinzer: Ungeheuer aus dem Meer. Sie kommen aus den unergründlichen Tiefen unserer Meere. In: Moviestar 1998. H. 41.

Uraufführung. Nach abgeschlossener → Post-Production, → Previews vor Testpublikum und Pressevorführungen wird der Film erstmals einer größeren Öffentlichkeit zugänglich gemacht. Als fester Bestandteil des Promotion-Programms haben Uraufführungen – zumal durch die Anwesenheit der beteiligten Filmstars und des Regisseurs – meist den Charakter von werbekräftigen Galaveranstaltungen. Bevorzugt werden Filme im Rahmen eines Filmfestivals (→ Festivals) uraufgeführt: ein oft internationales Forum von Vertretern der Presse und Filmeinkäufern verschafft dem Film eine marktgerechte Platzierung und sorgt für die rasche Verbreitung von Kritiken. Nach der Uraufführung beginnt möglichst anschließend der landesweite Start (engl. »date of release«) in großen Premierenkinos. Die Betreiber dieser Häuser stehen häufig in enger Beziehung zu ausgewählten Verleihfirmen, die die Kinos für das Recht der Premiere zu Gewinnabgaben in Höhe von über 50 % der Eintrittseinnahmen sowie zu einer Mindestspieldauer von 4–6 Wochen verpflichten.

Nach den Premierenkinos beliefern die Verleiher zunächst die Erstaufführungskinos und erst Wochen nach dem Bundesstart die Nachspieler, die geringere Leihkosten tragen und dadurch attraktive Kartenpreise vorweisen können.

Julia Gerdes / Kerstin-Luise Neumann

Verleih. Einer der drei wichtigen Bereiche des Kinogeschäfts insgesamt (neben der Produktion und Präsentation der Filme), dem die Aufgabe zufällt, die hergestellten Filme so flächendeckend wie nur möglich in die Kinos zu bringen, durch regionale Betreuung intensiviert, von Werbekampagnen unterstützt. »Der Filmmarkt wird [...] weitgehend vom Verleih bestimmt« (Prinzler).

Im klassischen → Hollywood-System der großen Studios war die Verleihtätigkeit seit den frühen 20er Jahren das wichtige Bindeglied zwischen der Filmherstellung in Kalifornien und den firmeneigenen Kinoketten überall im Lande. Nach dem frühen Prinzip, Kopien der bis zu 12-minütigen Filme direkt an die Veranstalter in den Vergnügungsparks, Vaudeville-Theater oder mobilen Spielstätten zu verkaufen, brachte die Umstellung auf befristetes Ausleihen den ökonomischen Durchbruch. Die ab 1908 in der Motion Picture Patents Company (dem so genannten Trust) zusammengeschlossenen Produktionsfirmen suchten bereits 1909 mit der Gründung der General Film Co. ihren Drang zur Oligopolisierung auch auf den Verleihsektor auszudehnen. Dieser Versuch misslang, weil unabhängige Firmen immer mehr Filme produzierten und vertrieben und in unabhängigen Theatern aufführen ließen (etwa ein Viertel der zu Beginn der 10er Jahre existierenden 8000–9000 Filme).

1912 gründete Carl Laemmle, der Frontmann im Kampf gegen den Trust, die Universal Film Manufacturing Company, die in erster Linie die Filme seiner Independent Motion Picture Co. (IMP) und die anderer unabhängiger Produzenten vertreiben sollte. Dies gelang mit solchem Erfolg, dass Laemmle 1915 als Erster Produktion und Distribution in seiner → Universal Pictures integrieren konnte, der Anfang des später immer erfolgreicheren, vertikalen Systems Hollywoods.

Ebenfalls 1912 begann Adolph Zukor damit, längere europäische Filme zu verleihen. Der Erste war *Königin Elisabeth* (mit Sarah Bernhardt in der Titelrolle). Der Erfolg ermutigte ihn, 1913 Famous Players zu gründen, eigene Filme (oft nach berühmten literarischen Vorlagen) zu drehen, zu vertreiben und in eigenen Nickelodeons vorzuführen. Ab 1914 verbündete Zukor sich mit W. W. Hodkinsons Paramount, die als erste Gesellschaft Filme landesweit vertrieb. Zwei Jahre später verband er sich mit Jesse L. Lasky, um die Produktion auszudehnen, und erhöhte gleichzeitig die Zahl seiner Kinos. Famous Players-Lasky wurde so Ende der 10er, Anfang der 20er Jahre das mächtigste Studio in Hollywood. Anders als Laemmle, der nie am Aufbau einer eigenen Kinokette interessiert war, vervollkommneten Zukor und Lasky das vertikale System, indem sie die Integration aller wichtigen Bereiche des Filmgeschäfts vorantrieben, die der Produktion, Distribution und Präsentation.

Diesem Beispiel folgten nach und nach auch die anderen Filmpioniere, so dass Mitte der 20er Jahre die großen Studios im Zenit ihrer Macht standen: die »Big Five« (die auch eigene Kinos besaßen): Paramount, → MGM, Fox Film Corp. (→ 20th Century-Fox), → Warner Bros. und 1928 als Nachzügler → RKO, sowie die »Little Three« (die nur an Produktion und Verleih interessiert waren): → Universal, → United Artists und → Columbia. Diese acht Studios beherrschten bis Mitte der 50er Jahre das Filmgeschäft in den USA. Dabei griffen ihre Verleihabteilungen in krisenhaften Zeiten auch zu dubiosen Geschäftspraktiken. Etwa, indem sie sich untereinander auf regionale Absprachen ihrer Verleihbezirke verständigten, oder, indem sie unabhängige Kinobesitzer zu weitgehenden Block- und Blindbuchungen zwangen.

Auch in Deutschland verkauften die Produzenten anfangs ihre Filme direkt an die Besitzer der Vorführungsstätten, die sie an ihre Kollegen weitergaben. Im Juni 1902 gründete Jules Greenbaum die Deutsche Bioscope GmbH, die Filme und Geräte der American Biograph verkaufte (ab Februar

1908: Deutsche Bioscop GmbH). Im Dezember 1903 eröffnete → Pathé Frères eine Filiale in Berlin, um Filme aus Frankreich zu vertreiben; 1912 dehnte sie ihre Vertriebstätigkeit auf andere Großstädte aus, auf Düsseldorf, Danzig, Frankfurt am Main, Hamburg, Köln, Karlsruhe, Leipzig, München, Posen. Alfred Duskes, dessen Firma seit 1905 existierte und in erster Linie Filmprojektoren herstellte, war der erste Produzent in Deutschland, der ab 1909/10 seine Filme auch verlieh. Im Februar 1915 entstand in Berlin die Deutsche Eclair Film und Kinematographen GmbH (Decla), die als Produktions- und Vertriebsgesellschaft im April 1920 mit der Deutschen Bioscop zur Decla-Bioscop AG fusionierte. 1917 wurde die Universum Film AG (→ Ufa) gegründet, ein »Betrieb aller Zweige des Filmgewerbes«, also auch des »Filmmietgeschäftes«, die im Oktober 1921 mit der Decla-Bioscop AG fusionierte und danach das gesamte Filmgewerbe in Deutschland bis zum Ende des Zweiten Weltkriegs dominierte.

Nach dem Zweiten Weltkrieg war und blieb der Filmmarkt durch US-amerikanische Verleihe dominiert, von MGM, United Artists und Cinema International Corp., die sich in den 80er Jahren zu UIP zusammenschlossen, auch von 20th Century-Fox of Germany, Columbia und Warner Bros.

Der wichtigste nationale Verleih nach 1945 war hierzulande die Constantin Film GmbH, 1950 von Waldfried Barthel und Preben Philipsen gegründet, die 1965 zu 60% von der Bertelsmann-Gruppe dominiert wurde und im Oktober 1977 Konkurs anmelden musste. Durch Einsatz des Getränkefabrikanten Ludwig Eckes konnte die Firma gerettet werden, die sich kurz danach in Neue Constantin Film GmbH und Co. Verleih KG umbenannte, deren Programm ab 1979 Bernd Eichinger als Geschäftsführer bestimmte. Eichingers Politik war vor allem auf den großen europäischen Film gerichtet, wie auf Wolfgang Petersens *Das Boot* (1981) oder *Die unendliche Geschichte* (1984), auf Jean-Jacques Annauds *Der Name der Rose* (1986), Uli Edels *Letzte Ausfahrt Brooklyn* (1989), Bille Augusts *Das Geisterhaus* (1993) oder *Fräulein Smillas Gespür für Schnee* (1997).

Für kurze Zeit entwickelte sich in den 50er Jahren der Gloria-Filmverleih, im August 1949 von Ilse Kubaschewski, einer früheren Disponentin des Siegel-Monopol-Films, in München gegründet, zu einer erfolgreichen Vertriebsfirma, die auf populäre deutsche Unterhaltungsfilme spezialisiert war und mit mehreren Zorro- und *Dr. Fu Man-Chu*-Filmen an der Kasse Erfolg hatte. 1973 musste Kubaschewski ihren Verleih an die amerikanische Projekt Seven Inc. verkaufen. 1978 ging die Firma in Konkurs.

In den frühen 60er Jahren war die Atlas-Film GmbH, seit November 1960 im Verleihgeschäft mit Fred Zinnemanns *Zwölf Uhr mittags* (1952), eine wichtige Adresse für anspruchsvolle Filme. Hanns Eckelkamp, zuvor Kinobesitzer in Münster und Duisburg, brachte künstlerische Filme in sorgfältigen Synchronisierungen in Kinos, die bereit waren, sie gut zu präsentieren, Filme von Luis Buñuel, Sergej Eisenstein und Orson Welles, von Buster Keaton, Stanley Kubrick und Raoul Walsh, von Jean-Luc Godard und Alain Resnais. 1964 erzielte Atlas mit Ingmar Bergmans *Das Schweigen* einen Verleihumsatz von 10 Mio. DM. Mitte der 60er Jahre hatte die Firma einige der interessanteren Arbeiten der jungen deutschen Filmemacher im Programm: *Es* (1965, R: Ulrich Schamoni) und *Schonzeit für Füchse* (1965, R: Peter Schamoni), *Eine Ehe* (1968, R: Hans Rolf Strobel, Heinz Tichawsky) und *Tätowierung* (1967, R: Johannes Schaaf). 1966 geriet Atlas in die Krise, einige Verleihrechte waren überteuert erworben worden und Produktionsanteile für Filme von Andrzej Wajda, Bernhard Wicki und Jerzy Kawalerowicz verschlangen immer mehr Geld. Anfang 1967 wurde der Atlas-Filmverleih aufgelöst. Übrig blieben der Eckelkamp-Verleih, der das Atlas-Programm weiter auswertete, und die Atlas-Schmalfilm GmbH, die das Programm auf den 16-mm-Markt der Filmclubs und Volkshochschulen brachte.

1971 suchten die wichtigsten Regisseure des → Neuen deutschen Films ihre Schwierigkeiten beim Vertrieb ihrer Filme mit der Gründung des Filmverlags der Autoren zu überwinden. Die ersten Gesellschafter, die mit ihren Filmen auch für den frühen Aufschwung des Filmverlags sorgten, waren Peter Ariel, Hark Bohm (u. a. mit *Nordsee ist Mordsee*, 1975), Uwe Brandner, Michael Fengler, Veith von Fürstenberg, Florian Furtwängler, Hans W. Geissendörfer (u. a. mit *Die gläserne Zelle*, 1977), Peter Lilienthal (u. a. mit *Es herrscht Ruhe im Land*, 1975), Hans Noever, Thomas Schamoni, Laurens Straub, Volker Vogeler, Wim Wenders (u. a. mit *Im Lauf der Zeit*, 1976). 1974 wurde der Filmverlag in eine GmbH & Co. KG umgewandelt, wonach einige der Gründungsmitglieder ausstiegen und Rainer Werner Fassbinder neu hinzukam. Nach einer Krise kam 1977 der »Spiegel«-Herausgeber Rudolf Augstein zu Hilfe und übernahm 55% der Firma, neben dem als Gesellschafter nur noch Bohm, Brandner, Geissendörfer, Fassbinder und Wenders verblieben. Doch die Krise dauerte an, bis 1985 Augstein, inzwischen mit 98% beteiligt, aber von den ständigen Reibereien und Kontroversen auch zwischen den Filmemachern genervt, den Filmverlag an Theo Hinz verkaufte, der trotz ständiger Geldprobleme daran festhielt, interessante deutsche Autorenfilme in die Kinos zu bringen.

1972 gründete Horst Wendtland, zwischen 1950 und 1960 Produktionsleiter der → CCC, den Tobis-Filmverleih, der von da an alle seine Rialto-Produktionen in die Kinos brachte, neben den kommerziellen Filmen u. a. Ingmar Bergmans *Das Schlangenei* (1977), Rainer Werner Fassbinders *Lilli Marleen* (1981), *Lola* (1981) und *Die Sehnsucht der Veronika Voss* (1982), Wim Wenders' *Paris, Texas* (1984) und *Bis ans Ende der Welt* (1991).

Auch in den 80er und 90er Jahren gab es noch mittlere und kleinere Verleiher, die sich um anspruchsvolle Filme kümmerten: Concorde, Filmwelt und NEF 2 in München, die vor allem französische Filme in die Kinos bringen, Basis Filmverleih in Berlin, der auf politische und dokumentarische Filme spezialisiert ist, Pandora (später Pegasus) in Frankfurt am Main, der wichtige Raritäten präsentiert.

Norbert Grob

Literatur: Michael Esser (Red.): In Berlin produziert: 24 Firmengeschichten. Berlin 1987. – Hans Günther Pflaum / Hans Helmut Prinzler: Film in der Bundesrepublik Deutschland. Bonn 1992. – Corinna Müller: Frühe deutsche Kinematographie. Stuttgart 1994. – Kristin Thompson / David Bordwell: Film History. New York [u. a.] 1994. – Hans Helmut Prinzler: Chronik des deutschen Films. Stuttgart/Weimar 1995.

Video.

1) Allgemein

Elektronisches Medium zu Aufzeichnung, Speicherung und Wiedergabe von Bild und Ton. Bei der elektronischen Bildaufzeichnung wird das durch das Objektiv einer Videokamera einfallende Licht in elektrische Signale umgewandelt. Die dazu notwendigen CCD-Chips (Bildwandler) in der Kamera besitzen Halbleiterschichten, deren elektrisches Ausgangssignal sich bei Lichteinfall in Abhängigkeit von der Lichtintensität ändert. Die daraus gewonnenen elektronischen Informationen können mit Hilfe komplexer elektronischer Schaltungen entweder unmittelbar, d. h. quasi simultan zur Aufzeichnung über einen Monitor in ein sichtbares Bild umgewandelt oder durch einen Videorecorder auf einem Videoband gespeichert werden. Die Videoaufzeichnung funktioniert prinzipiell ähnlich der herkömmlichen Tonaufzeichnung der Compact-Kassette: Die vom Videorecorder empfangenen elektrischen Signale werden durch den Videokopf in elektromagnetische Signale umgewandelt, welche auf einem vorbeilaufenden Magnetband in Form einer bestimmten Ausrichtung kleinster Magnetpartikel gespeichert werden. Dieses Verfahren wird magnetische Bildaufzeichnung (MAZ) genannt. Bei der Wiedergabe wird dieses Prinzip umgekehrt: Die in bestimmter Weise strukturierten Magnetpartikel des vorbeilaufenden Videobandes induzieren im Wiedergabekopf elektrische Signale, die in Fernsehbilder umgesetzt werden können. Da die Bildspeicherung im Vergleich zur Tonspeicherung eine weitaus höhere Informationsdichte benötigt, werden sowohl an Videorecorder als auch an verwendetes Bandmaterial höhere sowohl mechanische als auch elektronische Anforderungen gestellt. Ein wesentlicher Entwicklungsschritt liegt in der Ausnutzung des physikalischen Phänomens der Relativgeschwindigkeit: Während bei der herkömmlichen Tonaufzeichnung der Aufnahmekopf feststeht und sich nur das Audioband relativ zum Kopf bewegt, rotieren bei der Bildaufzeichnung zugleich meist mehrere Videoköpfe, auf einem Kopfsteg oder einer Kopftrommel befestigt, schräg am vorbeilaufenden Videoband entlang (Schrägspurverfahren). Erst die daraus resultierende hohe Abtastgeschwindigkeit ermöglicht die für die Videoaufzeichnung benötigten hohen Frequenzen und damit die gewünschte Bildauflösung. Die Tonspuren werden entweder von feststehenden Tonköpfen im Längsspurverfahren aufgezeichnet, wodurch sich wegen des relativ langsamen Bandlaufes und der geringen Aufzeichnungsfläche nur eine eingeschränkte Tonqualität erreichen lässt, oder – um eine deutliche Verbesserung des Tons zu ermöglichen – ebenfalls im Schrägspurverfahren.

2) Schnitt

Um einen exakten Schnitt durchführen zu können, bedarf die magnetische Bildaufzeichnung, da hier das aufgezeichnete Bild nicht unmittelbar erkennbar ist, eines wesentlich aufwendigeren Schnitt-Equipments. Die winzigen, zumeist schrägen Bild- und Tonspuren lassen ein herkömmliches mechanisches Schneiden und Zusammenfügen des gewünschten Bandmaterials nicht zu. Da anfangs keine prinzipielle Alternative vorlag, wurde das Videoband mechanisch geschnitten, was zu sehr unsauberen Schnittstellen führte. Sehr schnell wurde das elektronische Schneiden entwickelt, welches im Prinzip ein Kopieren darstellt: Ein oder mehrere Wiedergaberecorder (Player) vermitteln einem Aufnahmerecorder (Recorder) die gewünschten Bild- und Tonsignale, welche dieser in neuer Reihenfolge magnetisch auf einem zweiten Band speichert. Die für einen bildgenauen Schnitt notwendige Synchronisation (Abstimmung) der am Schnitt beteiligten Videogeräte ermöglicht ein separater elektronischer Schnittcomputer, welcher mit Hilfe bestimmter Kontrollspuren (→ Timecode), die auf dem Videoband aufgezeichnet sind, exakten Zugriff auf jedes Videovollbild (Frame) besitzt. Der Video-Cutter setzt im Schnittcomputer die gewünschten Schnittmarkierungspunkte fest. Der eigentliche Kopiervorgang geschieht vollautomatisch.

Zwei wesentliche Schnittverfahren sind möglich: Beim Assemble-Schnitt wird an eine aufgezeichnete Einstellung eine neue gesetzt. Der Schnittanfang (In) ist sauber, während der Schnittausstieg (Out) gestört ist. Beim Insert-Schnitt handelt es sich dagegen um die Einfügung bestimmter Bildsequenzen in ein bereits bespieltes Band. Dieses partielle Überschreiben setzt im Vergleich zum vollständigen Überschreiben beim Assemble-Schnitt aufwendigere Technik voraus. Der wesentliche Vorteil des Insert-Schnitts liegt darin, dass sowohl der Schnittanfang als auch der Schnittausstieg sauber sind.

Ein Video-Studio besitzt meist zahlreiche Video-Zusatzgeräte (Bild-, Ton- und Trickmischer, Titelgeneratoren usw.), mit denen verschiedenste Montagemöglichkeiten (Ab-, Auf- und Überblendungen, Mischen, Schrifteinblendungen) erreicht werden können.

Beim elektronischen Schnitt bleibt das verwendete Rohmaterial unbeschadet; so sind beliebig viele Montageversionen möglich. Der wesentliche Nachteil dieses Verfahrens liegt darin, dass der herkömmliche Videoschnitt einen linearen Schnitt darstellt: Die einzelnen Bild- und Toninformationen sind in fester Position auf dem Magnetband gespeichert und daher auch nur linear zugreifbar. Daher muss bei einem solchen Schnitt streng chronologisch, d. h. von der ersten bis zur letzten Einstellung vorgegangen werden. Grob- und Feinschnitt müssen in möglichst wenigen Arbeitsgängen durchgeführt werden, da jedes Schneiden ein Kopieren mit Kopierverlust darstellt: Mit zunehmender Kopiergeneration werden Bild-

und Tonverluste merklich stärker. Die Möglichkeit, den elektronischen Schnitt zu simulieren, kann in der künstlerischen Arbeit nur bedingt helfen.

Bereits Ende der 80er Jahre konnte der Schnitt durch Verwendung leistungsfähiger Computer wesentlich vereinfacht werden: Bild und Ton werden dafür digital auf Festplatte gespeichert. Diese Informationen sind unmittelbar zugreifbar (nonlinear), wodurch Zeit zum Aufsuchen der gewünschten Bandstelle eingespart werden kann. Wesentlich ist die Eigenschaft digitaler Bildinformationen, im nichtlinearen Schnittmodus ohne Qualitätseinbuße in beliebiger Reihenfolge neu positioniert werden zu können; Schneiden über mehrere Video-Generationen bedeutet nun weder Bild- noch Tonverlust. Diese weitaus komfortablere Form des Videoschnitts über ein computergestütztes digitales, nonlineares Schnittsystem (z. B. AVID, Fast, Quantel) hat sich in vielen Produktionsbereichen bereits durchgesetzt (→ Digitalschnitt). Die ständige Verminderung von Speicherkosten für schnelle Computerfestplatten, wesentlich schnellere Datentransfertechniken und verschiedene, ausgeklügelte (Daten-)Kompressionstechnologien, mit deren Hilfe die sichtbare Qualität der Bilder mittlerweile trotz Verringerung des notwendigen Speicherbedarfs kaum nachlässt, tragen zu dieser Trendwende bei. Gerade in den letzten Jahren ist die Tendenz zu beobachten, selbst für aufwendigen High-End-Schnitt relativ kostengünstige Standardcomputer (PC oder Macintosh) als Basisplattform zu verwenden, die über die Aufrüstung hochwertiger Festplatten und aufwendiger Schnittprogramme exzellente Schnittsysteme darstellen. Jüngst wurden hoch integrierte Broadcast-Systeme ausdrücklich für das News-Editing entwickelt, in denen die einzelnen Einheiten der Postproduktion über ein genormtes Computernetz (ähnlich dem Internet) miteinander verbunden sind: Der Informationsaustausch wird schneller, die Arbeitsabläufe effektiver.

3) Entwicklungsgeschichte
1956 konnte der Öffentlichkeit erstmals ein funktionierendes Magnetaufzeichnungssystem (MAZ) für Bild und Ton vorgestellt werden. Dieses System fand schnell weiteste Verbreitung in professionellen Sendeanstalten und Fernsehstudios. Eine private Nutzung dieser Entwicklungstypen war damals wegen der hohen Kosten unmöglich.

Wesentlich leichtere und exaktere Laufwerke, die Entwicklung der Videokassette (U-matic wurde als erstes Videokassettensystem 1970 in Japan entwickelt) aus ehemals offenliegenden Magnetspulen (ähnlich der Entwicklung der heutigen Audio-Compact-Kassette aus den Tonbandspulen), die bis heute bestehende Verbesserung des Bandes durch geeignetere Materialien (Chromdioxid- und High-Energy-Bänder), die Entwicklung des CCD-Chips und die damit verbundene Substitution der früheren Bildröhre durch den CCD-Chip steigerten die Bildqualität (höhere Bildauflösung, keine Gefahr des ›Einbrennens‹, höhere Lichtempfindlichkeit, Erweiterung des Kontrastumfangs, geringere Trägheit des Bildes, realistischere Farbwiedergabe). Ferner wurden möglich: die Verringerung der Bandgeschwindigkeit ohne Qualitätsverlust, neue Aufzeichnungs- und Wiedergabeprinzipien, z. B. getrennte Signalverarbeitung von Luminanz (Helligkeit) und Chrominanz (Farbe) bei S-VHS gegenüber VHS, weitere Formen der Bildverarbeitung (Standbild, Zeitraffer, Zeitlupe), die Entwicklung der digitalen Videobildspeicherung Mitte der 80er Jahre und damit zusammenhängend zahlreicher digitaler Video-Zusatzgeräte (Videosynthesizer, Videoprozessor), die heutzutage zahlreiche Spezialeffekte und unendlich viele Bildveränderungsvarianten erlauben.

Zahlreiche Videosysteme, die untereinander kaum oder überhaupt nicht kompatibel sind, wurden entwickelt: Den heutigen Home-Videosystemen VHS, S-VHS, 8 mm, Hi-8 und DV (Digital Video) mit verschiedenen Kassettenformaten stehen professionelle Videosysteme wie Betacam-SP (Sony-Entwicklung) gegenüber – ein Videoformat, das über einen langen Zeitraum die größte Verbreitung fand.

Bereits Anfang der 90er Jahre ist ein Trend zu voll-digitalen Videosystemen zu beobachten. Zahlreiche neue digitale Bandformate (wie DVCAM, DVCPRO, DVCPRO 50, Betacam SX, Digital-S) wurden entwickelt; ständig kommen verbesserte Versionen auf den Markt. Aufgrund besserer Bildqualität, wirksamer Fehlerkorrekturmöglichkeiten und eines nahezu vollständigen Fehlens von Bildverlusten im digitalen Schnitt werden die digitalen Bandformate zunehmend die analogen Systeme verdrängen.

Durch enorme Fortschritte in der Digital- und Computertechnik (billigere und leistungsfähigere Prozessoren und Festplatten) ist auf langfristige Sicht ein generelles Ende der Verwendung von Videoband als Speichermedium vorauszusehen. Bereits Mitte der 90er Jahre wurden von der Medienindustrie komplette Produktionssysteme vorgestellt, die vollständig auf Videomagnetband verzichten: Videokameras, die stattdessen die gesamte Bild- und Tonspeicherung digital auf auswechselbaren Computerfestplatten vornehmen, bieten sich aufgrund der schnellen Produktionsmöglichkeit von Beiträgen vornehmlich für die aktuelle Berichterstattung an: Zeitraubendes Spulen des Bandes und notwendiges Digitalisieren des gedrehten Materials entfallen; über eine einfache Schnittsoftware, die bereits in der Kamera eingebaut ist, lässt sich die Kamera als mobile Schnitteinheit gebrauchen. Das Aufnehmen auf Festplatte bietet spezifische Möglichkeiten, wie z. B. Zeitraffer-Aufnahmen, da von vornherein nur die benötigten Bilder aufgezeichnet werden (Time-Lapse-Record). Bereits Mitte der 90er Jahre wurde durch ein Konsortium der großen Elektronik- und Filmfirmen die → DVD entwickelt, eine Video-CD, die prinzipiell ähnlich der herkömmlichen Audio-CD mittels berührungsfreier, optischer Laser-Abtastung (keine mechanische Abnutzung) funktioniert, jedoch aufgrund des Komprimierungsverfahrens MPEG (Motion Picture Experts Group) eine weitaus höhere Datendichte und Kapazität besitzt, um die vielen Bildinformationen auf kleinstem Raum speichern zu können. Gegenüber Video bietet DVD als Distributionsmedium zusätzliche Anwendungsmöglichkeiten, wie die Einblendung von Untertiteln, mehrere Schnitt- und Sprachversionen des Films, Hintergrundinformationen zur Filmentstehung usw. Weiterentwicklungen wie zur wiederaufnehmbaren DVD haben bereits stattgefunden.

Die Digitalisierung elektronischer Videosignale durch Computertechnik ist nicht mehr rückgängig zu machen, da die heutigen, oftmals sehr aufwendigen optischen Effekte und Tricks (Compositing) ohne diese digitale Umwandlung nicht möglich sind (→ Computeranimation, → Special Effects): Die Digitalisierung gewährt den beliebigen Zugriff und die gezielte Manipulation jedes einzelnen Bildpunktes. Vielfache optische Reize, wie das Aufspannen bewegter Bilder auf verschiedenste, sich bewegende, geometrische Figuren oder das Verzerren bestimmter Bildbereiche sind auf diese Weise möglich.

Neben diesen videoanimierten Bildern, deren Ausgangsmaterial bespieltes Videoband ist, finden heutzutage mehr und mehr rein computeranimierte Bilder in den verschiedensten Programmsparten Verwendung. Die Ästhetik heutiger Werbung basiert wesentlich auf diesen Animationen. 1996 wurde der erste rein computeranimierte Spielfilm *Toy Story* dem Publikum vorgestellt. Neben unzähligen Spielfilmen, in denen aufwändige digitale Effekte in die Realhandlung integriert sind, gibt es eine ständig wachsende Zahl rein computergenerierter Featurefilme (wie z. B. *Final Fantasy*).

Aus der rasanten Entwicklung des Videobereichs ergeben sich weitreichende Veränderungen der Informations- und Unterhaltungsgesellschaft:

Der Wandel der Videotechnik von transportunfähigen Großgeräten hin zu kleinen handlichen Geräten (mobile MAZ) ermöglichte eine weitaus flexiblere und kostengünstigere Nutzung. Die aktuelle, elektronische Berichterstattung (EB) der heutigen Nachrichten durch moderne EB-Kameras wäre ohne diesen Wandel undenkbar.

Neben dem unmittelbaren Einsatz von Video für Fernsehen und Film findet dieses Medium breite Verwendung in Forschung, Medizin, Überwachung, Militär sowie Aus- und Fortbildung. Video erlaubt breite wissenschaftliche Beschäftigung mit den Medien in den Medienwissenschaften.

Die rasanten Qualitätsfortschritte in der Videotechnik vor allem durch den Einzug der Computer sind gerade in den letzten Jahren so gestiegen, dass eine klare Trennung zwischen professioneller Broadcast-Technik und semiprofessioneller Videotechnik nicht mehr klar zu ziehen ist. Neben aufwendiger High-End-Technik wird zunehmend relativ erschwingliche Low-End-Technik aus Kostengründen zur Produktion sendefähigen Materials eingesetzt. Der Einstieg kleinerer Filmproduktionsfirmen in den professionellen Produktionsbereich ist heute aufgrund geringerer Materialinvestitionen wesentlich leichter als noch vor einigen Jahren.

Die beliebige Manipulation jedes Videobildes mittels digitaler Technik erschüttert das an sich schon fragwürdige Vertrauen darauf, dass das Bild des Fernsehens einen authentischen Eindruck der Wirklichkeit vermittle.

Bei den häufig von Sendeanstalten verwendeten Blue-Screen- oder Chroma-Key-Verfahren handelt es sich um eine Tricktechnik, bei der auf relativ einfache Weise zwei Kamerabilder gemischt werden. So lassen sich Szenerien oder Fotos als Hintergründe einblenden oder auch komplette virtuelle Studios vortäuschen. Im Blue-Screen- oder Blue-Box-Verfahren z. B. werden eine Person oder ein Gegenstand vor blauem Hintergrund durch einen Filter aufgenommen, sodass die Kamera die Farbe Blau nicht registriert; ein anderes Bild kann die Blaufläche gleichsam ›überlagern‹ und einkopiert werden.

4) Fernsehen und Video

Fernsehanstalten strahlen auf Filmmaterial produzierte Filme über MAZ aus (→ Fernsehen und Film); die Bild- und Toninformationen des fotografischen Filmmaterials werden über einen Filmabtaster (FAT) auf Video aufgezeichnet. Umgekehrt können auf Magnetband gespeicherte Stücke mit Hilfe der Aufzeichnung auf fotografisches Material (FAZ) als Filmrolle auf dem herkömmlichen Projektor in Kinos abgespielt werden, wobei allerdings die Bildqualität leidet wegen der auf der Leinwand erkennbaren Rasterstruktur, des wesentlich geringeren Kontrastumfangs und der Farbverfälschungen von Video.

Die heutige Programmstruktur des Fernsehens wurde weitgehend erst durch Video möglich: Der hohe Grad an Diversifikation und feste Programmschemata benötigen eine extrem aktuelle und schnelle Produktion von Sendematerial. Die Produktion täglich ausgestrahlter Serien (→ Soap Operas) ist in diesem Ausmaß erst durch Video möglich.

5) Home-Video

Die deutliche Kostenverringerung der Videogeräte ließ einen Home-Video-Markt entstehen, der die persönliche Videonutzung fast allen Menschen außerhalb des professionellen Studiobereichs zugänglich werden ließ. 1976 wurde der erste VHS-Videorecorder (VHS: Video-Home-System) der Öffentlichkeit zu einem erschwinglichen Preis vorgestellt. Die beiden fast gleichzeitig entwickelten Videosysteme Betamax und Video 2000 konnten sich nicht durchsetzen. Seitdem fand der VHS-Videorecorder in privaten Haushalten weite Verbreitung. Mitte der 80er Jahre besaß in Deutschland bereits jeder fünfte Haushalt einen Videorecorder. Der gewerbliche Verleih bespielter Videokassetten seit Beginn der 80er Jahre in Videotheken und der zunehmende Verkauf bespielter Videokassetten führten zu einem veränderten Sehverhalten der meisten Zuschauer, auch bei Kinofilmen. Vor allem → Sexfilme, → Pornofilme, → Horrorfilme und Gewaltfilme fanden anfänglich über diesen Weg Zuschauer. Auf verschiedensten Ebenen setzte daher in den 80er Jahren eine Diskussion über die Gefahr solcher Medien ein. Die Bundesprüfstelle für jugendgefährdende Schriften ließ den Vertrieb einiger Filme rechtlich verbieten oder als gefährdend kennzeichnen. Der Anteil der Sex- und Gewalt-Filme ist leicht zurückgegangen; aufwändige Hollywoodproduktionen finden zunehmend Zuschauer im privaten Heim.

Heute schließt bei den meisten neu produzierten Filmen an die Distribution über den

Kinomarkt die Vermarktung über den Videomarkt an. Der zeitliche Abstand zwischen Kinostart und Videostart, welcher Mitte der 80er Jahre im Durchschnitt bereits nur noch 6 Monate betrug, ist seitdem stetig gesunken. Häufig finden neu produzierte Filme heute überhaupt nicht mehr den Weg in die Kinos, da sie keinen Kinoverleih finden können. Der Vertrieb über Video stellt ein geringeres Risiko dar, sodass heute mehr und mehr ›Videopremieren‹ verbreitet sind: Filme sind nur über den Verleih oder den Verkauf von Videokassetten und DVDs zu sehen. 1986 wurde die Hälfte aller Spielfilm-Erstveröffentlichungen dem Zuschauer als Videopremieren präsentiert. Der Großteil des heutigen Video-Marktes liegt in den Händen großer Filmproduktionsfirmen oder deren Tochterfirmen. Allerdings ermöglicht es der Videomarkt auch zahlreichen kleineren Film- oder Videoproduktionen, ein Publikum außerhalb des Kinos zu finden, wobei es sich hierbei um künstlerisch anspruchsvollere Low-Budget- oder rein kommerzielle Produktionen (Pornofilme, Horrorfilme) handelt.

Diesem Trend versucht das Kino durch eine einzig ihm mögliche Filmpräsentation (größere Leinwände, Raumklangsysteme verschiedenster Art usw.) entgegenzuwirken, um den Kinobesuch zu einem besonderen Erlebnis für den Zuschauer werden zu lassen. So trug das Aufkommen des Videomarktes wesentlich zur Umstrukturierung der Kinos (→ Kino-Architektur) bei: Die kleinen ›Schachtelkinos‹, die seit den 70er Jahren weit verbreitet waren, konnten der Konkurrenz durch Video kaum standhalten. Der Trend hin zu riesigen Kinosälen – meist in der Hand großer amerikanischer Firmen – dauert bis heute an. Video wiederum versucht, durch technische Neuerungen und Übernahmen (16:9-Bildformat, Raumklangsysteme usw.) den Vorsprung der Kinos aufzuholen. Grundsätzlich unterscheidet sich die private Filmrezeption durch Video von der kollektiven im Kino durch spezifische Eigenschaften: Die Wahrnehmungsform Kino (kollektive Rezeptionssituation, großes, fast das gesamte Blickfeld des Zuschauers ausfüllendes Bildformat, besondere Projektionsanordnung, aufwändige digitale Audiosysteme, feste Präsentationszeiten, kaum Ablenkung, Verdunklung des Vorführraums usw.) und die Wahrnehmungsform Video (meist singuläre Rezeption, verminderte Bild- und Tonqualität, kleinerer Bildschirm, vom Kinobildformat abweichendes Fernsehbildformat, wodurch häufig das Filmbild im Fernsehen abgeschnitten ist und somit die ursprüngliche → Bildkomposition zerstört wird; Möglichkeit des Zuschauers, Programm und Rezeptionszeit selbst zu bestimmen) stellen verschiedene Systeme dar.

Zwischen der Rezeption des vom Fernsehen ausgestrahlten Programms und des gesehenen Videoprogramms besteht eine vielschichtige, wechselseitige Beeinflussung: Zwei Spezifika des Fernsehens, die fest vorgegebene Programmstruktur und die Hierarchisierung bestimmter Sendezeiten (z. B. die Bedeutung der Prime Time), werden relativiert. Video ermöglicht durch die Aufzeichnung der gewünschten Programmsegmente auf Leerkassetten eine für den jeweiligen Rezipienten mögliche individuelle Programmnutzung. Das aufgezeichnete Programm steht dem Zuschauer durch die technischen Möglichkeiten des Video-Recorders zur Verfügung: Spulen, Bildsuchlauf, Standbild, Zeitlupe sind möglich. Die individuell-separate Rezeption durch den privaten Videorecorder steht der fremdbestimmten des aktuell ausgestrahlten Fernsehprogramms gegenüber. Der Livecharakter mancher Sendungen (Sportübertragung) lässt diese erst zu einem besonderen Erlebnis für den Zuschauer werden.

6) Ästhetik

Video weist dem Film gegenüber einen deutlich geringeren Kontrastumfang auf, wodurch eine Hell-Dunkel-Lichtregie mittels Video meist nicht befriedigend umgesetzt werden kann. Im Film noch erkennbare dunkle Graustufen kippen beim Video in undifferenziertes Schwarz um. Dasselbe trifft bei der Bildauflösung zu; daher können feinere optische Strukturen im Film genauer wiedergegeben werden.

Das Videobild ist – bedingt durch den CCD-Chip und die Fernsehbildröhre –

durch ein festes Bildraster gekennzeichnet, während Film eine unregelmäßige Kornstruktur aufweist. Video vermag weniger effektiv als Film, das filmästhetische Ausdrucksmittel der selektiven Schärfe einzusetzen. Aufgrund der normalerweise festen Bildfrequenz von 25 Bildern bzw. 50 Halbbildern pro Sekunde ist die Video-Zeitlupe nur bedingt einsetzbar. Eine sehr starke Verlangsamung der Aufnahme lässt Bewegungssprünge erkennen; der Eindruck einer fließenden Bewegung fehlt. Dem herkömmlichen Film ist dagegen eine variable Bildaufzeichnungs- und Bildwiedergabefrequenz auf relativ einfache mechanische Weise möglich. Erst aufwändige technische Verfahren (höhere Bildfrequenz) können dieses Problem des Videoverfahrens lösen.

Dem Kameramann kommt bei der Videoproduktion vergleichsweise weniger Verantwortung zu, da das aufzuzeichnende Bild simultan über beliebig viele Monitore den anderen am Dreh Beteiligten sichtbar wird, die so unmittelbar Einfluss auf seine künstlerische Arbeit nehmen können.

Die Vorteile von Video, unmittelbar nach dem Dreh die audiovisuelle Aufzeichnung sichten zu können, während die Arbeit mit Film eine zeit- und kostenintensive fotochemische Bearbeitung des belichteten Filmmaterials erfordert, die damit verbundenen niedrigeren Produktionskosten von Video und die leicht möglichen Eingriffe in der Nachbearbeitung (u. a. Veränderung der Kontraste, der Farbe usw.) können dazu führen, dass der ›sichere‹ Dreh mit Video mit einer gewissen Ungenauigkeit und Voreiligkeit der Planung einhergeht, während der riskantere Dreh mit Film von vornherein eine sorgfältigere Arbeitsweise verlangt.

Spezifische Programmformen, wie Soap Operas, Reportagen, Sendungen aus dem Fernsehstudio oder Liveübertragungen von Sportereignissen oder anderen Geschehnissen eignen sich in besonderer Weise für den Einsatz von Video, da Aufzeichnung – fast immer durch mehrere elektronische Kameras – und Rezeption desselben Vorgangs quasi simultan stattfinden können. Der Bildregisseur bestimmt in enger Zusammenarbeit mit Redakteur, Kameramann und Toningenieur Ablauf und Gestaltung einer Livesendung. Auf Anweisung dessen wählt der Bildmischer zwischen den vorhandenen Bildquellen (Kameras, MAZ) die Bilderfolge aus und setzt technische Tricks ein.

Die Entstehung einer völlig neuen medialen Programmform, die der → Videoclips, liegt in der Verbreitung von Video begründet, auch wenn heute meist aus ästhetischen Gründen wieder auf herkömmliches Filmmaterial zurückgegriffen wird. Videoclips wurden ursprünglich als wirksames Werbemittel für aktuelle Musik verwendet. Seit einigen Jahren kommt ihnen weit darüber hinausreichende Beachtung zu. Der US-amerikanische Sender MTV (Music Television) war der erste Sender, der seit 1981 ein 24-Stunden-Programm nur aus Videoclips bestehend auszustrahlen begann. Weitere Sender (z. B. der Kölner Sender Viva) folgten. Videoclips kennzeichnen sich durch eine zum Teil extrem schnelle Schnittfolge, zahlreiche, vielfältigste Bildverfremdungen, Wegfall der Einheit von Raum und Zeit, wodurch ein herkömmliches Erzählen nicht mehr stattfindet. Diese Form audiovisueller Ästhetik wird in anderen Programmsparten wie der Werbung oder der Informations-Präsentation angewendet. Die »extreme Komplexität und Ambiguität bis hin zur Verweigerung von Sinnproduktion« (Grimm) wird von Befürwortern dieser Ästhetik als innovative Neuerung verstanden, da das (post)moderne Zeitalter sich gerade durch Dekonstruktion, Fragmentierung, scheinbar willkürliche Neukomposition und den besonderen Umgang mit Raum und Zeit abbilden ließe.

Für die meisten Filmemacher kann Video wegen der geringeren Bildqualität keinesfalls ein adäquater Ersatz sein. Dennoch gibt es bedeutende Regisseure und Kameramänner, die gerade in der spezifischen Beschaffenheit von Video zahlreiche Ausdrucksmöglichkeiten sehen: Francis Ford Coppola fand schon Ende der 70er Jahre besonderes Interesse an den neuen audiovisuellen Techniken, was ihn zur Idee des Electronic Cinema führte. Sein Film *Einer mit Herz* (1982) wurde wesentlich durch die Arbeit mit Video- und Computertechnik bestimmt. Zahlreiche Regisseure (z. B. Atom Egoyan) arbeiten mit Video, um Wirkungen zu erreichen, die ihrem Verständnis nach einzig diesem Medium möglich sind.

Die unterschiedliche Eignung von Film und Video führt häufig zu ›Hybridproduktionen‹, in denen die einzelnen Produktionsschritte in filmtechnische und videotechnische Arbeitsprozesse geteilt werden. Heutige Spielfilme werden meist auf 35 mm gedreht, während bei der Nachbearbeitung mittlerweile fast ausschließlich das weitaus komfortablere nonlineare Schnittverfahren angewendet wird, um auf der Basis des am Computer erarbeiteten Schnittes den eigentlichen mechanischen Filmschnitt durchzuführen.

7) Videokunst
Moderne Kunstrichtung, deren Ursprung in vereinzelten Arbeiten einiger Künstler zu Beginn der 60er Jahre liegt. Videokunst besitzt keine einheitliche Programmatik. Ihr wesentliches Kriterium lässt sich im ungewöhnlichen Material der Kunstwerke entdecken: Moderne elektronische Medientechnik (Fernseher, Videorecorder, Videokamera, Videosynthesizer usw.) dient dazu, teils im Zusammenwirken mit traditionellen Künsten (Malerei, Architektur, Fotografie usw.), neue, komplexe Objekte zu schaffen.

Grundlegendes Thema ist meist die Auseinandersetzung mit den spezifischen Eigenschaften von Video, der weiten Verbreitung und üblichen Nutzung dieses Mediums und den sich daraus ergebenden Folgen: Der Anspruch von Video, ein getreues Abbild der Wirklichkeit geben zu können, wird angezweifelt. Diese Kritik findet ihre künstlerische Umsetzung in der absichtsvollen Störung von Fernsehbildern durch elektronische Eingriffe oder starke Magnete.

Videoskulpturen und Videoinstallationen, in denen Fernseh- und Videotechnik neu angeordnet werden, schaffen überraschende Verbindungen zwischen Fernsehen und anderen Kulturbereichen. Das Kunstwerk »TV-Buddha« von Nam June Paik besteht aus einer hölzernen Buddha-Figur, die sich selbst über eine Videokamera in einem Fernsehgerät ›betrachtet‹. Eine solche Closed-Circuit-Installation, bei der ein Betrachter sich selbst unmittelbar über eine besondere Anordnung von Videogeräten wahrnehmen kann, ermöglicht es den Videokünstlern in besonderer Weise, die Wirkung von Abbildungen auf die Wirklichkeit zu ›erproben‹.

Bedeutende Videokünstler sind u. a. Peter Campus, Dan Graham, Bruce Naumann, Nam June Paik, Fabrizio Plessi, Bill Viola und Wolf Vostell.

Bernd Hantke

Literatur: Bettina Gruber: Kunst und Video. Köln 1983. – Wulf Herzogenrath: Nam June Paik. Fluxus. Video. München 1983. – Klaus-G. Loest: Die Videokassette, ein neues Medium etabliert sich. Videotheken aus bibliothekarischer Perspektive. Wiesbaden 1984. – Veruschka Bódy / Gábor Bódy: Video/Buch: Axis. Köln 1986. – Warner Home Video: Kino und Video in Kooperation. Alsdorf 1986. – Siegfried Zielinski: Zur Geschichte des Videorecorders. Berlin 1986. – Arbeitsgemeinschaft der Filmjournalisten: Neue Medien contra Filmkultur? Berlin 1987. – Wolfgang Preikschat: Video. Die Poesie der neuen Medien. Weinheim/Basel 1987. – Edith Decker: Paik. Video. Köln 1988. – Jürgen Grimm: »Das attraktive Chaos und die Chance zur Reflexivität«. Ein Gespräch über Videoclips zwischen Bazon Brock, Jürgen Grimm und Roland Schmitt. Siegen 1989. – Bettina Gruber / Maria Vedder: DuMont's Handbuch der Video-Praxis. Köln 1989. – Wulf Herzogenrath / Edith Decker: Video-Skulptur retrospektiv und aktuell: 1963–1989. Köln 1989. – Arnold Heinrich Müller: Der elektronische Schnitt. Hamburg 1989. – Guenter Richter: Video, Technik und Praxis. Gilching 1989. – Ulrich Vielmuth: Lexikon für Videofilmer. Köln 1990. – Peter Dress: Vor Drehbeginn. Planung von Film- und Videoproduktionen. Berlin 1991. – Michael Mücker: Fachwörterbuch der Fernsehstudio- und Videotechnik. Hamburg 1992. – Johannes Webers: Audio-, Film- und Videotechnik. München 1992. – Siegfried Zielinski: Video-Apparat/Medium, Kunst, Kultur. Frankfurt a. M. 1992. – Heinz Bergmann: Lexikon der Videotechnik. Berlin/Offenbach 1993. – Detlef Moellering / Peter C. Slansky: Handbuch der professionellen Videoaufnahme. Essen 1993. – Michael Fehr [u. a.]: Platons Höhle. Das Museum und die elektronischen Medien. Köln 1995. – Ulrich Schmidt: Digitale Videotechnik. Feldkirchen 1996. – Michael Wetzel: Die Wahrheit nach der Malerei. München 1997. – Paul Klimsa: Desktop Video. Videos digital bearbeiten.

Hamburg 1998. – Johannes Webers: Handbuch der Film- und Videotechnik. München 2000. Digital Production. Das Fachmagazin für Computergrafik, Video und Film. – Film & TV Kameramann. Fachzeitschrift für Produktion und Postproduktion in Film, TV und Video.

Videoclip. Der Begriff bezeichnet hauptsächlich Musikvideos, ist aber auch auf kommerzielle Werbe- und gesellschaftspolitische Aufklärungsspots wie z. B. in staatlichen Kampagnen gegen Drogen oder Fremdenhass anwendbar. Es handelt sich um kurze, elektronisch realisierte Geschehenseinheiten mit hoher Schnittfrequenz. Zur Videoclip-Ästhetik gehören Fragmentierung (durch → Jump Cuts), Schichtung oder Collage verschiedener Bildebenen, gegenwärtig auch ein kalter, stilisierter Look und eine oft grelle Farbdramaturgie. Diese »synthetische Bildkomposition« verweist auf eine »immer unzusammenhängendere Wirklichkeitserfahrung« (Hoffmann/Schobert). Häufig spiegeln sich musikalische Strukturen in der visuellen Organisation des Videoclips wider. Damit steht er in der Tradition des → Avantgardefilms der 20er Jahre (z. B. Oskar Fischinger, der bereits in seinen *Studien Nr. 2–12*, 1929–32, Bewegungen abstrakter Formen mit Musik synchronisierte) und des Experimentalfilms der 60er Jahre. Beide verzichteten weitgehend auf Handlung, Dramatik, zum Teil auch auf Gegenständlichkeit, betonten ihre Materialität und suchten neue Wege in der Behandlung von Farbe, Ton, Kamera, Dramaturgie und Montage. Weiterhin besitzen Videoclips Charakteristika des Undergroundfilms: Dieser thematisiert Politik, soziale Missstände, Gewalt und Sexualität in aggressiven und provokanten Bildern.

Während die Videokünstler der 70er und 80er Jahre (z. B. Woody Vasulka in *Noisefields*, 1974, oder *The Commission*, 1983) noch versuchten, technische Innovation und ästhetische Provokation zu vereinen, büßten die im kommerziellen Rahmen der Musikindustrie entstandenen Clips ihre subversive Stoßkraft weitgehend ein. Ihre experimentellen Einflüsse verarbeiten sie oft nur in banalisierter oder klischierter Form. Frühe Videoclips wie z. B. Duran Durans *Girls on Film* (1981, R: Kevin Godley, Lol Creme) oder David Bowies *Let's Dance* (1983, R: David Bowie, David Mallet) waren bereits hauptsächlich performativ, d. h., sie bestanden aus Live- oder Studioaufnahmen von Künstlern oder Gruppen. Spartensender wie MTV (Music Television, seit 1981) oder VIVA (seit 1993) standardisieren und vermarkten den Videoclip auf professionelle Weise: 24 Stunden am Tag wechseln sich Musik und Werbung ab, in der so genannten Heavy Rotation konvergieren Musikvideo und Werbeclip vollends, um das Image des Künstlers als Ware auf einem schnelllebigen Markt zu transportieren. Aktuelle Produktionen populärer Musiker laufen dort bis zu 30-mal pro Woche.

Videoclips bedienen sich aus dem Bilderreservoir der Filmgeschichte, verbinden spielerisch Hoch- und Populärkultur. So entstehen Wechselbeziehungen zum Kino der → Postmoderne: Zum einen profitierten Filme wie Tom Tykwers *Lola rennt* (1998) oder *Matrix* (1999) der Wachowski-Brüder von der Bilderflut des Videoclips, seinen Techniken der Geschwindigkeit und Desorientierung. Andererseits wurden Videoclips zusehends ›filmisch‹: Clipregisseure verwendeten häufig 35-mm-Material und versuchten, Standardsituationen des populären Films im Videoclip neu zu inszenieren. So basiert z. B. Stephan Wuernitzers Clip für die amerikanische Sängerin Paula Abdul (*Rush, Rush,* 1991) bis ins Detail auf Nicholas Rays *Denn sie wissen nicht, was sie tun* (1955).

Oliver Keutzer

Literatur: Veruschka Bódy / Gábor Bódy (Hrsg.): Video in Kunst und Alltag. Vom kommerziellen zum kulturellen Videoclip. Köln 1986. – Herbert Gehr (Hrsg.): Sound & Vision. Musikvideo und Filmkunst. Frankfurt a. M. 1993. – Thomas Langhoff: Video killed the Radio Star. MTV und Clip-Kultur. In: Peter Kemper / Thomas Langhoff / Ulrich Sonnenschein (Hrsg.): »Alles so schön bunt hier.« Die Geschichte der Popkultur von den Fünfzigern bis heute. Stuttgart 1999.

Vorspann / Abspann. Im Vorspann / Abspann (→ Credits) erscheinen sämtliche Produktionsdaten hierarchisch gegliedert, wobei die Daten des Vorspanns im Abspann enthalten sind, da Letzterer detaillierter ist. Wenn im Theater am Ende der Vorhang fällt, dann erscheinen Schauspieler und Regisseur auf der Bühne, um sich von den Zuschauern den verdienten Applaus geben zu lassen. Abgesehen von großen Filmpremieren, bei denen manchmal auch Schauspieler anwesend sind, lässt sich der Akt der Verbeugung am ehesten im Abspann wieder finden, denn dieser zählt die meisten Filmbeteiligten auf: Schauspieler, Regisseur, nicht immer Kameramann, Filmkomponist, Produzenten, dafür Techniker, Beleuchter, Statisten, Best Boys, Scriptgirls usw. Vorspann und Abspann verdeutlichen die Bilanz der engen Zusammenarbeit, stehen für das Kollektiv, das den Film entstehen ließ. Regisseure wie z. B. Woody Allen und Federico Fellini schätzen diese Gruppenarbeit, deshalb betonen sie die ausführlichen Abspänne ihrer Filme noch mit ausschwingender Musik.

Der Vorspann beschränkt sich oft auf die Nennung der Hauptdarsteller, der Produzenten, des Kameramanns, des Komponisten, des Cutters, des Autors und fast immer zuletzt des Regisseurs. Die Reihenfolge der Namen ist oft vertraglich festgelegt, so auch die typographische Gestaltung.

Vorspann und Abspann sind meistens mit Filmmusik unterlegt. Sie können Teil des eigentlichen Films sein, indem die Namen ›transparent‹ im Vordergrund erscheinen, wobei die Handlung im Hintergrund weiterläuft, z. B. in *Taxi Driver* (1976, R: Martin Scorsese). Auch können sie die Filmhandlung ›begrenzen‹, indem sie für sich stehen, auf neutralem Hintergrund den Anfang und das Ende des Filmes mit einem Bildwechsel verdeutlichen. In *Chinatown* (1974, R: Roman Polanski) geschieht das z. B. nicht nur durch die Abgrenzung von der Filmhandlung, sondern auch durch den bewussten Einsatz einer alten typographischen Gestaltungsform in Schwarzweiß. Das einfallende Licht durch eine Jalousie stellt eine visuelle Anlehnung an den → Film noir dar, die sich in der Besetzung des Noah Cross durch John Huston fortsetzt. Ein ›neutraler‹ Vorspann kann zwischen die beginnende Filmhandlung geschnitten werden, um somit z. B. die Hauptdarsteller hervorzuheben und namentlich vorzustellen, so in *Der Kontrakt des Zeichners* (1982, R: Peter Greenaway). Der Vorspann kann aber auch ein kleines ›filmautonomes‹ Kunstwerk sein, wie z. B. in *Delicatessen* (1990, R: Jean-Pierre Jeunet, Marc Caro), dort begeben wir uns mit der schwebenden Kamera auf die phantastische Reise durch einen Raum voller bizarrer Gegenstände, so glänzend arrangiert, dass etwa scheinbar zufällig ein Name auf einem zweckentfremdeten Spielzeug sichtbar wird. Für Alfred Hitchcocks *Vertigo* (1958) oder *Psycho* (1960) entwarf Soul Bass suggestiv gestaltete Vorspänne – in *Vertigo* dominieren die hypnotischen Motive der Spirale und des Auges –, deren graphisches Design unverwechselbar ist.

Bei solcher Liebe zum Detail und solchem Einfallsreichtum mag mancher Zuschauer zu Recht erbost sein, wenn öffentliche und private Fernsehanstalten den Filmabspann ganz abschaffen oder ihn nur noch verkürzt wiedergeben, um den nächsten Werbeblock auszustrahlen.

Wassili Zygouris

fekte wie starkes Bildschirmflimmern oder sogar dunkle Balken auf dem abgefilmten Bildschirm ein.

Christian Roggy

Wagenradeffekt / Stroboskopeffekt. Stroboskopische Effekte treten u. a. bei der Aufnahme von schnellen Rotationsbewegungen mit einer Filmkamera auf. Das bekannteste Beispiel in der Filmgeschichte stellen die sich scheinbar rückwärts drehenden Speichenräder von Kutschen in → Western dar. Dieser Effekt stellt sich durch die Interferenz der schnellen Rotation gleichförmiger Speichen und der dagegen relativ langsamen Bildfrequenz der Filmkamera von 24 Bildern pro Sekunde ein. Jedes Einzelbild der Aufnahme zeigt die Speichen des Rades in einer bestimmten unbewegten Momentaufnahme. Erst durch die Abfolge der Einzelbilder bei der Projektion kann, durch die Trägheit des menschlichen Auges, der Eindruck von Bewegung entstehen; hier der Eindruck eines sich drehenden Rades. Steht während der Aufnahme stets an derselben Stelle des Bildes eine (jeweils andere) Speiche, so scheint in der späteren Projektion das Rad stillzustehen. Dieser Fall würde z. B. eintreten, wenn das Rad 24 Speichen aufweist und sich exakt einmal in der Sekunde dreht, oder 6 Speichen bei vier Umdrehungen oder eine Speiche bei 24 Umdrehungen usw. Drehen sich die Speichen des aufzunehmenden Rades dagegen geringfügig schneller oder langsamer als die Bildfrequenz der Kamera, so scheint sich in der Projektion das Rad vor- oder rückwärts zu bewegen.

Solche stroboskopischen Effekte treten z. B. auch bei der Aufnahme von Rotoren, Ventilatoren, Propellern usw. auf. Ein verwandter Effekt stellt sich ein, wenn elektronische Bildschirme (Fernsehgeräte, Computermonitore, elektronische Displays usw.) abgefilmt werden. Wenn Bildschirm und Kamera nicht synchronisiert sind, d. h. Bildaufnahmefrequenz der Kamera und Wiedergabefrequenz des Bildschirms nicht übereinstimmen, stellen sich in der Projektion Ef-

Walt Disney Productions. Amerikanische Produktionsfirma mit dem Spezialgebiet des Zeichentrickfilms (→ Animation), benannt nach dem Begründer Walt(er) Elias Disney (1901–66), der 1923 seine Arbeit als Werbezeichner aufgab, um sein eigener Produzent zu werden. Mit seinem Bruder Roy als Geschäftsführer und dem Zeichner Ub Iwerks ging er nach Hollywood, wo die drei 1924/25 ihre erste Serie *Alice in Cartoonland* produzierten, in der inmitten von Zeichentrickfiguren eine Schauspielerin agierte. 1927 entstand die neue Serie *Oswald the Lucky Rabbit*, und 1928 entwarf Ub Iwerks eine Figur, die auf der ganzen Welt berühmt wurde: Mickey Mouse, der Held in *Steamboat Willie*. Der Erfolg dieses ersten Trickfilms mit Ton war so groß, dass Disney daraufhin die *Silly Symphony*-Serie produzierte, eine musikalische Serie, in der erstmals die drei kleinen Schweinchen auftraten. Weitere Zeichentrick-Stars wie Minnie Mouse, Pluto, Goofy und Donald Duck wurden kreiert.

In den folgenden Jahren erweiterte Disney ständig seinen Mitarbeiterstab und war stets bestrebt, die technischen Verfahren zu perfektionieren. Neue Errungenschaften wurden sofort eingesetzt, wie etwa 1933 das Technicolorverfahren (→ Farbe) bei *Flowers and Trees* als erstem Cartoon, was sich mit einem von insgesamt fünfundzwanzig Oscars bezahlt machte, die Walt Disney persönlich verliehen erhielt. Disney hielt sich stets an industrielle Produktionsprinzipien: 1934 war er Leiter von 700 Angestellten, die für ihn zeichneten und fotografierten, für Technik oder Vertrieb zuständig waren.

Schon damals gab es eine groß angelegte Vermarktung aller Disney-Produkte, das erste → Merchandising der Filmgeschichte: Vertriebsbüros in London und Paris boten die Disney-Figuren als Spielzeug, auf T-Shirts usw. zum Verkauf an. Zum Weihnachtsgeschäft 1933 wurden 250000 Mickey-Mouse-Lokomotiven verkauft. Diese Strategie brachte beachtliche Gewinne und steigerte zugleich die Popularität. Auf diese Weise gelangte das Disney-Animationsstudio in den 30er Jahren zu einer einzigartigen Vormachtstellung auf dem Gebiet des Zeichentrickfilms und etablierte ihn als respektable Gattung neben dem Spielfilm.

In dreijähriger Produktionszeit entstand *Schneewittchen und die sieben Zwerge* (1937), der erste farbige Tontrickfilm in Spielfilmlänge. Iwerks hatte für diesen Film die Multiplan-Kamera entwickelt, die mit einem Sonder-Oscar ausgezeichnet wurde. Unter ihr liegen die Zeichnungen auf verschiedenen Ebenen und vermitteln den Eindruck räumlicher Tiefe. Es folgten weitere abendfüllende Zeichentrickfilme, die wie *Schneewittchen* zu zeitlosen Klassikern wurden: *Pinocchio* (1939), die Erzählung vom hölzernen Jungen, dessen Nase länger wird, wenn er schwindelt, der musikalische Episodenfilm *Fantasia* (1940), *Dumbo* (1941), die Geschichte eines kleinen Elefanten, der wegen seiner großen Ohren gehänselt wird, bis er entdeckt, dass er mit diesen Ohren-Flügeln fliegen kann, *Bambi* (1943), *Cinderella* (1950), *Alice im Wunderland* (1951), *Peter Pan* (1953) und – unvergesslich – *Das Dschungelbuch* (1967), das einen Oscar für den Song »The Bare Necessities« erhielt und dessen charmante Figuren und Lieder in den folgenden Filmen oft kopiert, aber nie mehr in vollem Maß erreicht wurden. Schon in diesen wenigen Beispielen zeichnet sich die Typologie der Disney-Stoffe ab: Liebenswerte Außenseiter, einsame ›Naturkinder‹ finden nach traurigem Umherirren schließlich Aufnahme in einer Art Familie.

Seit den 50er Jahren betrat der Zeichentrick-Spezialist Disney ein für ihn neues Feld: 1950 gab es den ersten Disney-Spielfilm *Die Schatzinsel* (R: Byron Haskin). Eine ganze Reihe weiterer Abenteuer- und Kinderfilme mit Schauspielern folgt; beispielsweise die Jules-Verne-Verfilmung *20 000 Meilen unter dem Meer* (1954, R: Richard Fleischer) mit Kirk Douglas oder das Musical-Märchen *Mary Poppins* (1964, R: Robert Stevenson). Zugleich machte sich das Disney-Unternehmen mit den beeindruckenden Natur-Dokumentationen von James Algar wie *Die Wüste lebt* (1953) und *Wunder der Prärie* (1954) einen Namen.

1954 gründete Disney seine eigene Vertriebsfirma, die Buena Vista Distribution Company, und 1955 eröffnete er in Anaheim (Kalifornien) Disneyland, einen Vergnügungspark, in dem den phantastischen Abenteuerwelten aus seinen Filmen ein Platz in der Realität eingeräumt wurde. Der Erfolg dieses Konzepts war so groß, dass bereits 1959 mit den Arbeiten an einem zweiten Disneyland begonnen wurde.

Im Jahr 1966, kurz vor der Vollendung von *Das Dschungelbuch*, starb Walt Disney. Sein Bruder Roy führte das Unternehmen alleine weiter, indem er die von Walt konzipierten Projekte fortsetzte. Nach Roys Tod im Jahre 1971 kam es zu innerbetrieblichen Unstimmigkeiten zwischen den möglichen Nachfolgern, die sich auch auf den wirtschaftlichen Erfolg des Unternehmens auswirkten. Während die Führung des Konzerns mehrfach wechselte, gingen die Gewinne und die Besucherzahlen der Vergnügungsparks zu Beginn der 80er Jahre zurück. Das Unternehmen drohte aufgekauft zu werden. Erst 1984, mit Michael Eisner und Frank Wells an der Spitze, konnte das Überleben des Disney-Konzerns wieder gesichert werden.

Von diesen Existenz-Schwierigkeiten der Walt Disney Productions war nach außen kaum etwas spürbar, vielmehr schien es, als würde der Konzern kontinuierlich expandieren. 1971 wurde auch Walt Disney World in Orlando, Florida, eröffnet, 1983 ein weiterer Park in Tokio, seit 1992 gibt es auch bei Paris ein Euro-Disney. 1983 wurde die Tochterfirma Touchstone Pictures gegründet, die eher Spielfilme für Erwachsene produzieren sollte, während Walt Disney Pictures sich in gewohnter Manier an ein Kinderpublikum richtete. Der erste Touchstone-Film *Splash – Jungfrau am Haken* (1984, R: Ron Howard) war ein Kassenerfolg, nach einigen Flops folgten Erfolge wie *Liebling, ich habe die Kinder geschrumpft* (1988, R: Joe Johnston) oder *Sister Act* (1992, R: Emile Ardolino). 1984 richtete Walt Disney Productions den Disney Channel ein, einen Kabelkanal, der rund um die Uhr alte Disney-Filme, Fernsehserien und Familiensendungen ausstrahlt. 1988 wurde ein zweites Substudio gegründet: Hollywood Pictures produzierte Erfolge wie *Pretty Woman* (1990, R: Garry Marshall) oder *Die Hand an der Wiege* (1992, R: Curtis Hanson).

Parallel dazu hat Walt Disney Productions, beginnend mit *Falsches Spiel mit Roger Rabbit* (1988, R: Robert Zemeckis), wieder an die Erfolge der frühen Zeichentrickfilme und Marktstrategien angeknüpft: Für diese Kombination aus Spicl- und Trickfilm wurden über fünfhundert Merchandising-Produkte hergestellt. 1989 entstand *Arielle, die Meerjungfrau*, 1991 *Die Schöne und das Biest*, 1992 *Aladdin*, 1994 *König der Löwen*, 1995 *Pocahontas*. 1996 wurde der erste vollständig computeranimierte Spielfilm *Toy Story* präsentiert, nachdem das Studio schon 1982 für *Tron* erstmals Filmbilder am Computer generiert hatte. 1999 kam *Tarzan* mit Phil Collins' Oscar-prämiertem Titelsong in die Kinos, und 60 Jahre nach dem Kultklassiker *Fantasia* entstand die Fortsetzung *Fantasia 2000*. Alle diese Filme waren als Disney-Markenprodukte erfolgreich, alle erschienen sie pünktlich zur Adventszeit und waren begleitet von einer phänomenalen Flut von Plüschtieren, T-Shirts, Socken, Schreibwaren, Tassen und anderen Merchandising-Produkten und natürlich den Soundtracks. Oft wurden die Happyends der Disney-Filme als Wirklichkeitsflucht und Kitsch abgetan, die Merchandising-Strategie als heuchlerische Kommerzialisierung einer vorgeblich heilen Welt kritisiert. *Pocahontas* löste sogar heftige Proteste aus, weil man das Andenken der historischen Pocahontas, einer Häuptlingstochter, missachtet sah. Bis heute charakterisiert die Disney-Filme, dass die Vorlagen politisch korrigiert, von Gewalt befreit und in ein leicht verständliches Gut-Böse-Schema gepresst werden. Stets spiegelt sich in ihnen ein konservatives Weltbild, dass das traditionell westliche Familienmodell auch auf fremde Kulturen und Tiere überträgt und in farbenprächtigen Bildern einen märchenhaften Traum vom Glück präsentiert.

Stefanie Weinsheimer

Literatur: Bob Thomas: Walt Disney. Die Original-Biographie. München 1986. [Amerikan. Orig. 1976.] – Reinhold Reitberger: Walt Disney. Reinbek bei Hamburg 1979. – Randy Bright: Disneyland. The Inside Story. New York 1987. – John Taylor: Storming the Magic Kingdom. New York 1987. – Ron Grover: Die Disney-Story: »Wie Micky Mäuse macht«. Frankfurt a. M. / Berlin 1992. [Amerikan. Orig. 1991.] – Carsten Laqua: Wie Micky unter die Nazis fiel. Walt Disney und Deutschland. Reinbek bei Hamburg 1992. – Marc Eliot: Walt Disney. Genie im Zwielicht. München 1994. [Amerikan. Orig. 1993.] Richard Schickel: Disneys Welt. Zeit, Leben, Kunst unf Kommerz des Walt Disney. Berlin 1977. – Dave Smith / Steven Clar: Disney. Die ersten 100 Jahre. Stuttgart 2001. – Andreas Platthaus: Von Mann und Maus. Die Welt des Walt Disney. Berlin 2001.

Warner Bros. 1903 sah Samuel Warner (1887–1927) erstmals Edisons Kinetoskop, ließ sich die Arbeitsweise erklären und begann, in Chicago als Vorführer zu arbeiten. Gleichzeitig überredete er seine älteren Brüder Harry (1881–1958) und Albert (1884–1967) in Youngstown, wo die Familie seit 1896 lebte, einen Projektor zu mieten und ein Nickelodeon zu eröffnen. Der erste Film, den sie zeigten, war Edwin S. Porters *Der große Eisenbahnraub* (1903), der ein riesiger Erfolg wurde.

Ein Jahr später entschied Harry für die gesamte Familie, ihr Kinogeschäft zu erweitern und eine »travelling movie show« zu betreiben, mit der sie quer durch Ohio und Pennsylvania reisten. Er selbst übernahm die Firmenleitung, Albert und Samuel kümmerten sich um die Kopien und die Vorführbedingungen. 1907 zogen sie nach Pittsburgh und gründeten ihren eigenen Verleih, der innerhalb eines Jahres eine Liste von über 200 Filmtiteln umfasste.

1910 kauften die Warner Bros. die Rechte an dem Fünfakter *Dante's Inferno* und setzten erstmals einen »Kinoerzähler« ein. Danach wurde es zu ihrer Spezialität, europäische Filme in die USA zu holen und ins

Kino zu bringen. 1911 versuchten sie sich auch als Produzenten. Ihren ersten Film, *Peril of the Plains*, drehte Samuel in drei Tagen ab. 1912 traten sie der Independent Motion Picture Company bei, um Carl Laemmle in seinem Kampf gegen den Trust, die Motion Picture Patents Company, zu unterstützen. Sie verlegten ihre Firmenleitung nach Kalifornien. Samuel ging nach Los Angeles, Jack (1892–1978) nach San Francisco, während Harry nach New York wechselte und Albert in Youngstown blieb. Der große Erfolg mit *My Four Years in Germany*, einem antideutschen Propagandafilm, ermöglichte es ihnen 1917, ein kleines Studio am Sunset Boulevard in Los Angeles zu kaufen.

1923 gründeten sie die Warner Bros. Film Corporation: Harry wurde Präsident in New York, Albert kümmerte sich um den Vertrieb, Jack wurde Produktionschef in Kalifornien. Hal B. Wallis trat in die Werbeabteilung ein, und Darryl F. Zanuck begann als Drehbuchautor für sie zu arbeiten, er schrieb u. a. mit großem Erfolg für ihre *Rin Tin Tin*-Serie. Jack Warner erklärte später, er habe niemanden kennen gelernt, der so schnell und perfekt habe schreiben können wie Zanuck; er habe samstags und sonntags gearbeitet und, wenn nötig, auch die ganze Nacht hindurch. Zanucks Ausstoß war so hoch, dass er sich drei Pseudonyme zulegte: Melville Crossman, Mark Canfield und Gregory Rogers. 1924 debütierte Ernst Lubitsch bei den Warners, mit *Die Ehe im Kreise*.

1925 nahmen die Warner Bros. einen Kredit auf, um ihre Kinokette zu erweitern und ihre Produktionsstätten aufzurüsten. Sie eröffneten 26 Verleihbüros quer durch die Staaten, dazu 24 im Ausland. Gleichzeitig übernahmen sie die Vitagraph Corp. und zehn der großen Uraufführungskinos in den wichtigsten Städten, u. a. das Broadway's Piccadilly in New York und das Orpheum in Chicago (was sie in direkte Konkurrenz zu Zukors Famous Player und Loews → MGM brachte). Und sie richteten unter sich Studio in Burbank, Hollywood, ein, dazu ein kleineres in Brooklyn für die kürzeren Filme. Noch im selben Jahr verständigten sie sich mit Western Electric darauf, ein System zu entwickeln, das die stummen Bilder mit Tönen ergänzen sollte. Wobei sie zunächst eher davon ausgingen, dadurch die größten Orchester der Welt in die kleinsten Orte zu bringen.

1926 brachten die Brüder mit großem Erfolg Lubitschs *Lady Windermeres Fächer* in die Kinos. Im August starteten sie ihre erste Tonshow. 1927 starb Samuel (der auf den bekannten Gruppenporträts dennoch stets präsent blieb: auf einem Foto im Hintergrund). Am 6. 10. 1927 kam mit *Der Jazzsänger* (R: Alan Crosland), der ein sensationeller Erfolg wurde, der erste Film mit Toneffekten ins Kino (er spielte – bei Produktionskosten von 500000 Dollar – innerhalb eines Jahres über 3 Mio. Dollar ein), dem im Januar 1928 *Solomon's Children* folgte, das erste All-Talking-Drama, das eine Länge von 25 Minuten hatte.

Ende der 20er Jahre expandierten die Warners in ungeahnter Weise. Sie übernahmen zunächst die Kinokette der Stanley Company, die in den angloamerikanischen Staaten das Geschäft kontrollierte mit 250 Kinos in 75 Städten und der auch ein Drittel der Produktionsfirma First National gehörte, die die Brüder nach und nach ganz aufkauften. Gleichzeitig stiegen sie ins Musikgeschäft ein, indem sie zuerst Witmark and Sons aufkauften, den damals wichtigsten Musikverlag, und sich danach noch an der Harms Music Publishing Company mit 50 % beteiligten. Ab 1930 zählten die Warner Bros. neben MGM und → Paramount, Fox (→ 20th Century-Fox) und → RKO zu den »Big Five« der US Motion Picture Industry, die verabredeten, bei Schwierigkeiten nach gemeinsamen Lösungen zu suchen.

Im Zuge der Großen Depression, in der die amerikanischen Kinos nahezu ein Drittel ihrer Zuschauer verloren (statt 90 nur noch 60 Mio. pro Woche), mussten auch die Warners hohe Verluste hinnehmen. Zwischen 1930 und 1935 sank ihr Nettogewinn von 7 Mio. auf 700000 Dollar. Die Gesellschaft konnte die drohende Gefahr nur abwenden, indem sie fast ein Drittel ihrer Besitztümer veräußerte. Sie reduzierte die Anzahl ihrer Kinos von 700 auf 400 und befreite sich von einigen nicht sonderlich rentablen Zweigen der Firma. Hier bewährte sich, dass Warner Bros. stets ein Familienbetrieb geblieben war. Die Krise wurde genutzt, um ein für alle Mal (d. h. bis Mitte der 50er Jahre, als das Studiosystem bröckelte) die internen Zuständigkeiten zu klären: Jack kümmerte sich (mit einem Produktionschef an seiner Seite: ab 1931 Darryl F. Zanuck, ab 1933 Hal B. Wallis, ab 1944 Steve Trilling) um die Filmproduktion, Albert um den Verleih und die Kinos, und Harry hatte bei allem das letzte Wort, da er als Pfennigfuchser der Familie galt, der jeden Dollar dreimal umdrehte, bevor er ihn auszugeben bereit war.

In den 30er Jahren waren die Warners bekannt für ihre mythischen Filme über Gangster und Polizisten im Dickicht der Großstädte, produziert von Darryl F. Zanuck oder Hal B. Wallis, inszeniert von Mervyn LeRoy, William A. Wellman oder Raoul Walsh, verkörpert von James Cagney, Humphrey Bogart, Edward G. Robinson. Filme wie LeRoys *Der kleine Caesar* (1931), Wellmans *Der öffentliche Feind* (1931) oder LeRoys *Jagd auf James A.* (1932), Roy Del Ruths *Frauenheld* (1933), Archo Mayos *Stadt an der Grenze* (1936) oder Michael Curtiz' *Chicago* (1938) zeugten von dem hohen Standard des Studios und standen gleichzeitig für Jacks Devise, wonach es gelegentlich genüge, bei Qualitätsfilmen nur einen schmalen Profit zu erzielen, entsprechend dem Motto: Gute Filme für gute Bürger!

Ein weiterer, wichtiger Zweig des Studios waren die → Musicalfilme, choreographiert von Busby Berkeley, wie Lloyd Bacons *Die 42. Straße* (1933) oder LeRoys *Die Goldgräber von 1933* (1933). William Dieterle drehte seine → Biopics: *Louis Pasteur* (1936), *Das Leben des Émile Zola* (1937), *Juarez* (1939), *Paul Ehrlich – ein Leben für die Forschung* (1940). Die beiden Super-Profis des Studios, Michael Curtiz und Mervyn LeRoy, variierten die Genres: der eine mal semidokumentarisch, mal melodramatisch, mal überaus märchenhaft in *20 000 Jahre in Sing Sing* (1933), *Mandalay* (1934) oder *Robin Hood – König der Vagabunden* (1938); der andere mal komisch, mal romantisch, mal tragisch in *Tag, Nellie!* (1934) oder *They Won't Forget* (1937); wobei (nach Schatz) LeRoy Tag für Tag 5½ Minuten drehte und Curtiz immerhin noch 2½ Minuten. William A. Wellman schuf einen seiner besten Filme für die Warners: *Kinder auf den Straßen* (1933). William Wyler entwarf seine ersten kritischen Gesellschaftsdramen (mit Bette Davis): *Jezebel – die boshafte Lady* (1938) und *Das Geheimnis von Malampur* (1940). Und 1939 konnte Wallis Raoul Walsh verpflichten, der bis 1951 bei Warner blieb: Er begann mit dem Gangsterfilm *Die wilden Zwanziger* (1939) und drehte danach u. a. *Nachts unterwegs* (1940), *Entscheidung in der Sierra* (1941), *Sabotageauftrag Berlin* (1942), *Der Held von Burma* (1945). Walsh erzählte später, bei Warner sei es wie bei einer Maschine gewesen, die »einen unaufhörlich antrieb. Man bekam drei oder vier Drehbücher, von denen man sich eines aussuchen musste. Man sagte, das mag ich nicht, ich möchte dieses hier mit dieser Besetzung drehen, und die sagten: okay, und man fing an. [...] Das Tempo bei Warner war schneller als bei den anderen Studios: sowohl bei der Vorbereitung als auch während der Dreharbeiten. Es war eine ziemlich hektische Atmosphäre, aber es hat sich ausgezahlt. Ich mochte diesen schnellen Rhythmus. Manchmal beendeten wir einen Film um zwei Uhr nachts und fingen den nächsten um acht Uhr morgens an.«

In den späten 30er und frühen 40er Jahren zählte Warner Bros. zu den innovativen Studios in Hollywood, das »the genius of the system« immer aufs Neue bestätigte: Mit Hal B. Wallis als »brillantem Organisator« (Don Siegel), als »fantastischem Manager«, der »alle wichtigen Entscheidungen über Projekte, Budgets und Besetzungen« mit Jack Warner abstimmte (Julius J. Epstein), hatte es einen kreativen Produktionschef an der Spitze, der den erwarteten Standard der jährlich gedrehten fünfzig Filme garantierte. Wobei das Starsystem ermöglichte, immer andere, wenn auch ähnliche Geschichten um immer dieselben Darsteller zu entwickeln. Bei Warner war es selbstverständlich, dass die Schauspieler, für die spezielle Programme entwickelt wurden, mit Sieben-Jahres-Verträgen gebunden wurden. »Warner Bros. hatte das Recht, zu gestatten oder nicht zu gestatten, ob einer die Stadt verlassen durfte oder nicht, das Recht zu sagen, ob einer fliegen darf oder nicht [...]. Das war die große Kraft der Warner Bros., dass sie einen Schauspieler unter Vertrag hatten und mit ihm alles machen konnten, was sie wollten.« (Paul Henreid)

Im Laufe der 40er Jahre wurden die Filme dann dunkler und die Botschaft noch düsterer. John Huston durfte 1941 als Regisseur debütieren, mit *Die Spur des Falken*, was Wallis und Jack Warner anfangs nicht wollten, da sie mit ihm als Autor hochzufrieden waren. »Aber dann«, so Huston, hätten sie doch »erfreut« festgestellt, »dass sich dieser Schritt für sie auszahlte.« Und zwar so sehr, dass sie ihm, ungewöhnlich für Warner in der Zeit, den Dreh für *Der Schatz der Sierra Madre* (1948) an Originalschauplätzen in Mexiko gestatteten. Ab 1946, als Steve Trilling, der 1944 Wallis abgelöst hatte, den Produzenten Jerry Wald engagierte, entstanden einige der ungewöhnlichsten → Films noirs bei Warner: Curtiz' *Solange ein Herz schlägt* (1945), Hawks' *Tote schlafen fest* (1946), Hustons *Gangster von Key Largo* (1948), Walshs *Sprung in den Tod* (1949).

Andererseits wurde wie nirgendwo sonst auch politisch gedacht. Schon in den 30ern waren die Warners die Einzigen innerhalb des Filmbusiness, die aktiv eintraten für Roosevelts New-Deal-Politik. Während des Zweiten Weltkriegs unterstützten sie den Krieg gegen Nazideutschland mit entschiedenen Propagandafilmen. 1939 drehte Anatole Litvak *Ich war ein Spion der Nazis*, Michael Curtiz 1942 *Casablanca*, 1943 *Botschafter in Moskau* und *Fahrkarte nach Marseille*, 1943 Herman Shumlin *Watch on the Rhine*.

Auch nach dem Ende des Zweiten Weltkriegs hielt Warner zunächst am Grundsatz fest, den Filmen ein härteres, anscheinend realitätsnahes Timbre zu geben. So gelang es Warner 1947 und 1948 zum zweitstärksten, 1949 zum drittstärksten und zwischen 1950 und 1952 sogar zum umsatzstärksten Studio aufzusteigen. Doch die Nachwirkungen der Anti-Trust-Maßnahmen, die das erfolgreiche vertikale Studiosystem aus Produktion, Verleih und Vorführung unterbanden und die Studios zum Verkauf ihrer Kinos zwangen, die stetig steigende Konkurrenz des Fernsehens, die zu sinkenden Zuschauerzahlen führte, und die damit einhergehenden Veränderungen im Lebens- und Freizeitverhalten der amerikanischen Familien brachten auch Warner Bros. weiter in die Bredouille. Im Juli 1956 gaben Harry und Albert ihre Anteile an der Firma ab (für 16,5 Mio. Dollar an den Bostoner Bankier Serge Semenko), Jack zog sich, auch wenn er nominell noch bis 1967 dem Studio vorstand, als unabhängiger Produzent zurück und überließ den neuen Eigentümern die Umstellung auf Fernsehproduktionen, die mit den Serien *Cheyenne*, *77 Sunset Strip* und *Maverick* erfolgreich wurden.

Für das Kino wurden in den 60er Jahren überwiegend Flops realisiert, wie Blake Edwards *Das große Rennen rund um die Welt* (1965) oder Joshua Logans *Camelot – Am Hofe König Arthurs* (1967). So wurde Warner 1967 an die kanadische Gesellschaft Seven Arts verkauft, die 1969 mit Kinney National Services fusionierten und 1989 von Time/Life Inc. übernommen wurden, die ihrerseits 1995 mit Turner Broadcasting zusammenging. Seitdem stellt die Time-Warner/Turner-Gruppe einen gigantischen Medienkomplex dar, zu der Verlagsgruppen, Musikkonzerne, Kabelkanäle, Verleih- und Vertriebsgesellschaften sowie die MGM-Filmbibliothek und der Nachrichtensender CNN gehören: eines der größten Medienunternehmen der Welt. Insgesamt 23 % der amerikanischen Filmproduktionen entstehen bei dieser Firma. In den Jahren 1992, 1993 und 1994 führte Warner bereits die Spitze unter den Filmverleihern an. Seit 1995 ist Warner Bros. in Deutschland nicht nur als Verleiher tätig, sondern beteiligt sich auch als Koproduzent an deutschen Filmen. Im Sommer 1996 eröffnete die Firma in Nordrhein-Westfalen den Freizeitpark Movie World.

Norbert Grob / Ilona Grzeschik

Literatur: Jack L. Warner / Dean Jennings: My First Hundred Years in Hollywood. New York 1964. – Kevin Brownlow: Pioniere des Films. Vom Stummfilm bis Hollywood. Basel / Frankfurt a. M. 1997. [Amerikan. Orig. 1968.] – Ted Sennett: Warner Brothers Presents. The Most Exciting Years – from *The Jazz Singer* to *White Heat.* New York / New Rochelle 1971. – Charles Higham: Warner Brothers. New York 1973. – Clive Hirschhorn: The Warner Bros. Story. London 1979. – Tino Balio: The American Film Industry. Madison 1985. – Douglas Gomery: The Hollywood Studio System. London 1986. – Dieter Prokop: Hollywood, Hollywood. Geschichte, Stars, Geschäfte. Köln 1988.

Wechselmaske (engl. »change-over cue«). Am Ende einer Filmspule im Abstand von ca. zehn Sekunden angebrachte Markierungen in der oberen, rechten Bildecke. Sie helfen dem Filmvorführer, bei der → Projektion eines Films mit zwei Projektoren einen übergangslosen Rollenwechsel zwischen dem laufenden Projektor und dem startbereiten zu erzielen und die Kontinuität von Bild und Ton zu erhalten. Die erste Wechselmaske zeigt das bevorstehende Ende der Spule an, nach der zweiten Wechselmaske wird der zweite Projektor gestartet. Seit der Einführung des Scheibensystems in die Projektionstechnik (Vorführung mit nur einem Projektor) sind Wechselmasken nicht mehr notwendig. Die Spulen werden hintereinander geklebt und auf eine horizontale Scheibe gelegt, der abgelaufene Film ebenfalls auf einer Scheibe gesammelt. Nach der Vorführung wird der Film wieder zerlegt und jede Klebestelle weggeschnitten. So verliert ein Film mit jedem neuen Einsatz ein Bild am Anfang und Ende jeder Spule, auch die Wechselmasken werden nach und nach weggeschnitten. Da das Vorführen mit dem Scheibensystem die Arbeit des Vorführers stark reduziert, kann ein Vorführer in Kinokomplexen gleich mehrere Filme zeigen. Mit dem Verschwinden der Wechselmasken ist so auch der traditionelle Beruf des Filmvorführers vom Aussterben bedroht. Ihm setzte zuletzt Giuseppe Tornatore in seinem 1989 entstandenen *Cinema Paradiso* ein sentimentales und zugleich ironisches Denkmal. Weitere Filme über diesen Beruf sind *Sherlock Junior* (1924, R: Buster Keaton), *The Projectionist* (1971, R: Harry Hurwitz), *Im Lauf der Zeit* (1976, R: Wim Wenders), *Wanderkino Pym* (1977, R: John Power), *Alois Gugutzer, Filmvorführer: »Das Zelluloid läßt einen nicht los«* (1979, R: Peter Goedel).

Peter Ruckriegl

Werbung in Kino und Fernsehen. Werbespots funktionieren durch die Verknüpfung von visuellen Reizen und akustischen Mitteilungen, die Zuschauer von Produktvorzügen durch deren situativ-emotionale Einbettung überzeugen sollen. Werbung ist in der an Konsum- und Luxusgütern orientierten Gesellschaft Auslöser und Nachahmer modischer Trends wie Sendeformen, Genres oder Looks und Lifestyles. Werbung als formales und ästhetisches Experimentierfeld verstanden, kann mitunter filmhistorisch neue Entwicklungen anstoßen.

Historisch gesehen lassen sich im Kino und im Fernsehen vier Typen von Werbung feststellen: 1) vergleichende Werbung; 2) Verbindung von Warenlob und Leitbild (Figur und/oder Lifestyle). Letzteres kann fortan auch losgelöst vom Spot Träger der Werbebotschaft sein (die Marke wird mit einem Image versehen); 3) Betonung des visuellen oder akustischen Erlebnisses bei gleichzeitiger Zurücknahme des Produkts; 4) Herausforderung einer aktiven Zuschauerbeteiligung durch den Direct-Response-Spot (Telefonnummer oder Internetadresse eröffnen dem potentiellen Kunden die Möglichkeit der erweiterten Information).

Werbung im Kino ist ein Phänomen der ersten Stunde deutscher Lichtspielhäuser. Um 1897 fand die bewährte Reklame an der Litfaßsäule in veränderter Form ihren Weg in die Kinos. Hundert Jahre später hat sich der Werbefilm zu einer eigenen Kunst- und Ausdrucksform entwickelt. Die Werbung ist zum Indikator des gesellschaftlichen, politischen und ökonomischen Status quo der industrialisierten Staaten geworden. Gerade in der Kinowerbung wird die Globalisierung des Marktes sinnfällig. Extrem aufwendige und hochwertige Werbefilmproduktionen, die sich internationaler Filmstars und prominenter Motive bedienen, rentieren sich für den Werbenden nur durch ihren weltweiten Einsatz. Die ›Erzählabsicht‹ wird mit den dramaturgischen Mitteln eines Spielfilms verfolgt, Genremerkmale und Handlungsmuster bekannter → Blockbuster werden kopiert. Großaufnahmen, schnelle Schnittrhythmen und ausgefallene Charaktere sind wohl das augenfälligste Merkmal internationaler Kinospots, die zunächst auf ein junges Publikum ausgerichtet sind. Die Dauer der Werbefilme steigt mit der Komplexität der ›Handlung‹: Werbefilme im Kino beginnen bei 20 Minuten Länge und sind mit Blick auf die Produktions- und Einschaltkosten den großen und umsatzstarken Markenartikelfirmen vorbehalten.

Regionale Dienstleister nutzen die Kinowerbung, um das Publikum als Laufkundschaft direkt anzusprechen. Werbepächter, die vertraglich an ein Kino gebunden sind, bieten ihren Werbekunden Pauschalpakete für den Entwurf, die Produktion und die Schaltung von Werbespots und Diawerbung mit oder ohne Ton.

Spätestens mit der Anmeldung des einmillionsten Fernsehgeräts in westdeutschen Haushalten im Oktober 1957 war das Massenmedium Fernsehen neben Printmedien und Hörfunk zu einem attraktiven Werbeträger geworden. 1955 machte der Bayerische Rundfunk mit seinem Werberahmenprogramm am Vorabend den Anfang. Das Werbefernsehen war geboren und mit ihm auch von redaktioneller Seite her ein Format, dass sich als Präsentationsplattform für die Werbekunden anbot. Seitdem sind die Werbeeinnahmen fest einkalkulierter Bestandteil der Senderhaushalte geworden. Die Mischfinanzierung der öffentlich-rechtlichen Sendeanstalten »durch Rundfunkgebühren, Einnahmen aus Rundfunkwerbung und sonstigen Einnahmen« (§ 11 Abs. 1) ist im Rundfunkstaatsvertrag verankert.

Mit der Einführung des dualen Rundfunksystems 1984 ergaben sich dramatische Veränderungen am Werbemarkt. Hatten ARD und ZDF nur wenige Werbeminuten pro Tag anzubieten, entwickelte sich das Werbevolumen der privaten Sender proportional zur Nachfrage der Werbekunden. Vergleichbar mit dem Werberahmenprogramm der öffentlich-rechtlichen Sender am Vorabend, strukturieren die Privaten nahezu ihr gesamtes Programm inhaltlich und formal als attraktive Werbefläche. Für kurze Sendeabschnitte verkauft der Sender die Aufmerksamkeit seiner Zuschauer, die er für bestimmte Formate relativ klar definieren kann. Der Erfolg und damit die Attraktivität der Werbefläche der privaten Fernsehanstalten wird am Brutto-Werbeumsatz gemessen. Dieser ergibt sich aus dem Tausenderkontaktpreis, der sich aus den angesprochenen Zuschauern einer Zielgruppe errechnet. Nimmt die Gesellschaft für Konsumforschung (GfK) eine besonders hohe Toleranz eines Formats in einer bestimmten Zielgruppe (meist der 14–49-jährigen Zuschauer) an, ist das entsprechende Programmumfeld optimaler und wertvoller Werbeplatz für den Kunden. Bei den privaten Fernsehanstalten wird der Sekundenpreis bereits im Vorfeld der Ausstrahlung aufgrund der erwarteten Quote oder aufgrund eines Erfahrungswertes, etwa für einen festen Sendeplatz, durch das »pricing« festgelegt. Wird die Quote nicht erreicht, werden den Werbekunden freie Werbezeiten zur Verfügung gestellt.

Am 17.12.1997 wurden die gesetzlichen Regelungen über die Werbung in den gemeinsamen Richtlinien für private und öffentlich-rechtliche Fernsehsender neu ausgelegt. Danach dürfen ARD und ZDF ausschließlich vor 20.00 Uhr insgesamt 20 Minuten Werbung in ihr Programm integrieren. An Sonntagen, bundesweiten Feiertagen, in den Dritten Programmen und anderen öffentlich-rechtlichen Zusatzangeboten (Phönix, 3sat, ARTE) ist Werbung nicht zulässig. Die privaten Programme dürfen durch die verschiedenen Werbeformen 20 % ihrer gesamten täglichen Sendezeit an Werbekunden verkaufen.

Im Fernsehen sind folgende Werbeformen zu unterscheiden:

Spotwerbung: Kurze Werbefilme von weniger als 90 Sekunden.

Dauerwerbesendung: Werbeprogramme ab

90 Sekunden. Produkte werden in redaktionell gestalteter Form werblich präsentiert. Eine entsprechende Dauereinblendung informiert den Zuschauer über den Programmtyp.

Fernseheinkaufssendung/Teleshopping: In der Produktpräsentation wird zum direkten Kauf per Telefon, Fax oder Internet aufgerufen. Der Zuschauer erhält Angaben über Preise, Bestellmöglichkeiten und Versandkosten.

Sponsoring: Das Logo des Kunden tritt im Abspann in Erscheinung. Möglich ist auch ein Produkthinweis vor und nach der Sendung. Ausgeschlossen vom Sponsoring sind Nachrichten und Sendungen zum politischen Zeitgeschehen. Sponsoring ist in den öffentlichrechtlichen Programmen auch nach 20.00 Uhr möglich. In direktem Zusammenhang mit dem Sponsoring steht das Product Placement. Zumal bei den privaten Sendern finden sich Produkte des Sponsors augenfällig in die Spielhandlung von Spielfilmen integriert.

Platzierung von Werbespots: Werbung muss durch ein Jingle oder einen Werbebumper deutlich vom Programm abgegrenzt werden. Für die Scharnierwerbung werden mindestens zwei Werbespots (Blockwerbung) zwischen zwei Sendungen geschaltet. Unterbrecherwerbung wird innerhalb des laufenden Programms eingesetzt. Die Dramaturgie der Programme wird mitunter mit Blick auf die unterbrechende Werbung gestaltet. Eine Cliffhanger-Szene kann unmittelbar vor der Werbung stehen, um das Interesse des Zuschauers über die Unterbrechung hin aufrechtzuerhalten. Bestimmte Formate wie Gottesdienste, Kindersendungen, Nachrichten oder Dokumentarsendungen bis zu einer halben Stunde dürfen nicht unterbrochen werden.

Häufige Vermittlungsweisen der Kino- und Fernsehwerbung sind nachfolgend idealtypisch skizziert:

Product-Is-Hero-Spot: Die Ware ist Hauptdarsteller des Spots. Die Großaufnahme ist bei dieser Spotform das dominante ästhetische Mittel.

Mini-Geschichten-Spot: Das Produkt wird in den narrativen Kontext einer Kurzgeschichte verankert. Der Spot greift auf narrative Elemente des Spielfilms zurück (Rückblende, Zeitsprung durch Schwarzblende, Parallelhandlung usw.), oft als pointierter Alltagsgeschichten-Spot oder Genrezitat-Spot mit deutlichen Anleihen bei bekannten Filmvorlagen.

Problemlösungsspot: Die Aussage der Werbung ist zugleich die Lösung eines Problems, das der Verbraucher hat oder auf das er erst aufmerksam gemacht wird.

Pädagogischer Spot: Vorzüge und Anwendungsformen eines Produkts werden durch einen Sprecher (Mensch, Maschine, Tier) mitgeteilt. Computeranimierte Bilder können zudem die Wirkweise eines Produkts anschaulich verdeutlichen.

Tester-Spot: Ein ›überzeugter‹ Benutzer lobt ein Produkt, von dessen Qualität er sich selbst überzeugen konnte.

Demonstrationsspot: Der argumentative Schwerpunkt liegt in der Demonstration der Leistungs- und Wirkfähigkeit eines Produkts im Anwendungsfall, möglicherweise auch im direkten Qualitätstest mit vergleichbaren Produkten. Eine dramaturgische Steigerung stellt ein Zweifler dar, der einen überhöhten Anspruch an das Produkt stellt.

Spot als Kunstprodukt: Ästhetik, Montage und Dramaturgie sind durch ihre Künstlichkeit geprägt. Primär ist hierbei der visuelle und/oder akustische Eindruck. Das Produkt steht in keinem kausalen Zusammenhang mit dem Spot und wird zur nachgeordneten Botschaft.

Animierter Spot: Zeichentrick- und Knetfiguren werden zum Träger der Werbebotschaft in einem Comicstrip.

Julia Gerdes

Literatur: Günter Agde: Flimmernde Versprechen. Geschichte des deutschen Werbefilms im Kino seit 1897. Berlin 1998. – Berenice Kanner: The 100 Best TV Commercials ... and Why They Worked. New York 1999. – Eric Karstens / Jörg Schütte: Firma Fernsehen. Wie TV-Sender arbeiten. Reinbek bei Hamburg 1999.

Western. »Der Western ist das einzige Genre, dessen Anfänge mit denen des Kinos überhaupt fast identisch sind«, und er ist

»das amerikanische Kino par excellence« (Bazin). Bewegung als Movement und Action, das ist das Wesen des Western und des Kinos; Gewalt ist der Kern der Mythologie des Genres und der Mythologie Amerikas. Unter dem Titel »Gunfighter Nation« hat der Kulturhistoriker Richard Slotkin 1992 die Evolution des Genres mit der Geschichte Amerikas im 20. Jahrhundert, dem Jahrhundert des Kinos, derart parallelisiert, dass sich die Einsicht ergibt: »Der Western ist amerikanische Geschichte«, Geschichte, die zum Mythos wurde. Was den Western strukturiert, sind die beiden Archetypen der Mythologie Amerikas: der Mythos der Frontier, der Grenze zwischen Wildnis und Zivilisation im Zuge der Eroberung eines Kontinents zwischen 1776 und dem Ende des 19. Jahrhunderts, also der Ära des Wild West, und der Mythos der Regeneration Through Violence, der permanenten Erneuerung und Wiedergeburt Amerikas aus und durch Gewalt im Kampf Gut gegen Böse. So entsteht das Genre mit Edwin S. Porters *Der große Eisenbahnraub* im Jahr 1903, genau ein Jahrzehnt, nachdem der Historiker Frederick J. Turner 1893 in einem Aufsehen erregenden Vortrag die Frontier für geschlossen und die amerikanische Nation stolz für endgültig etabliert erklärt hatte: »Was das Mittelmeer für die Griechen war [...], das, und mehr, war die immer weiter zurückweichende Frontier für die Vereinigten Staaten«, nämlich der Raum der Geburt des Mythos. Als Mythopoesie erzählt der Western von einem historisch singulären Freiheitsversprechen, um es schließlich als Alptraum zu entlarven. Seine Blütezeit – zwischen etwa 1910 und 1960 »war der Western weltweit das bedeutendste Genre des Kinos« (Buscombe) – endet in den 70er Jahren zeitgleich mit dem traumatischen Desaster des Vietnamkriegs, den die USA noch einmal als Kampf an der letzten Grenze zwischen Gut und Böse zu führen vorgaben. Seither sind Western spärlich geworden. Die letzten bedeutenden Western, die noch entstanden, bewahren die Mythologie des Genres nicht, sondern wenden sie gegen sie. Clint Eastwoods *Erbarmungslos* (1992) lässt den einstmals wilden Westen in einer sintflutartigen, endlos währenden Regennacht enden, in der Gewalt keine regenerierende Kraft mehr ist, sondern nur noch zerstörerisch.

Westerngeschichten sind historisch situiert in der Zeit zwischen der Gründung der USA 1776 und dem sich durchsetzenden Industriezeitalter, in der Ära, in der die Natur eines unermesslich weiten Landes erobert, kultiviert und besiedelt wurde, in der sich um abgelegene Siedlerfestungen erst Dörfer, dann Städte bildeten. Die meisten Western spielen in der für diesen Prozess entscheidenden Phase zwischen 1865 und 1890. Der Stoff des Western ist die mythisierte historische Landnahme, der Zug von Osten nach Westen, und damit immer auch der Kampf, dann der Krieg gegen die Einwohner des Landes: die Indianer und ihre Lebensgrundlagen – ein Krieg, den der Western bis in die 50er Jahre als den gegen das naturhaft Böse nachträglich noch ideologisch legitimiert. Die Züge des Genozids an den Indianern werden bezeichnenderweise erst in der Zeit des Vietnamkriegs – und dann als politische Allegorien – im Western drastisch inszeniert, etwa in Ralph Nelsons *Das Wiegenlied vom Totschlag* (1969) und in Arthur Penns *Little Big Man* (1970). Diese gewaltsame historische Bewegung von einer Küste zur anderen ist im Western als Action strukturell geworden, für die Erzählform insgesamt und für die Inszenierung der Standardsituationen wie Überfall, Verfolgungsjagd und ritueller Shootout im Showdown. Action ist im Western stets Gewalt, und die Geschichte des Genres ist, vom in die Kamera und damit auf den Zuschauer schießenden Banditen in *Der große Eisebahnraub* bis zu Sam Peckinpahs Dehnung des gewaltsamen Todes in der Slow-Motion (→ Zeitlupe), immer auch die Geschichte einer spezifisch amerikanischen Ästhetik und Mythologie der Gewalt und ihres Bezugs zur Definition von Männlichkeit.

In der historischen Ära des Wild West entwickelte sich eine eigene amerikanische Form des männlichen Individualismus, die den klassischen Helden des Western, den Westerner, bestimmt: den Trapper und Jäger (Hunter), den einsamen Waldläufer und Indianerkämpfer (Scout), dessen Archetyp die Figur des Natty Bumppo in den »Lederstrumpf«-Romanen von James Fenimore Cooper (1789–1851) ist, die immer wieder verfilmt wurden. Der klassische Westerner ist ein Mann ohne Frauen (Frauen kommt oft die Funktion der Domestizierung des Mannes zu), er ist häufig einsam, ein Loner, er ist introvertiert und wortkarg, physisch höchst agil und gewandt, aber kaum reflektierend. Sein Handeln folgt einem ganz eigenen Ethos – dem des American Dream, der den Neuen Adam zur Schaffung des Paradieses in der Wildnis bestimmt, in das ihm die Gemeinschaft dann nachfolgen wird. Genau darin liegt jedoch das Potential des in der Evolution des Genres immer tragischer werdenden Konflikts für den Westerner: Je mehr Reiter und Planwagen-Karawanen ihm

Red River (1948, R: Howard Hawks): John Wayne und Coleen Gray

Der Westerner verabschiedet sich von seiner Frau – er hat noch Aufgaben zu erfüllen, das Land für sich zu erkunden, er ist im Kern ohnehin ein Einzelgänger. Die junge Frau wird bald darauf Opfer eines Indianerüberfalls. Das verhärtet den Helden zusätzlich. Männer, die unbedingt etwas erledigen müssen, bevor sie sich ihrer Familie, der Häuslichkeit einer sesshaft friedlichen Existenz zuwenden, bevölkern den Western zuhauf. Nur ungebunden sind diese Abenteurer vorstellbar, die frei schweifen wollen, am Horizont auftauchen und am Ende dort auch wieder verschwinden, keine Farmer, bestenfalls Viehzüchter, die dann mit ihren Rindern durchs halbe Amerika auf dem großen Treck unterwegs sind. Dass die frühen Colts oft weder zielgenau noch weit trafen, ist den Showdowns des Genres nicht anzumerken. Immer gewinnt der bessere Schütze – und das ist dann der bessere Mann. Die Vereinfachung im alten Genre, das in den USA schon um 1900 lebendig war, die schroffe Einteilung in Gut und Böse, die nur in den komplizierten oder den Spätwestern durch nuancierte Charakterzeichnung aufgehoben wird, die Moral des Sich-Durchsetzens, der definitive Sieg des Guten am Schluss – all diese Formeln des Westerngenres eignen sich offenbar vorzüglich für die visuelle Primärbildung jugendlicher Zuschauer, die von derlei Bewährungsproben, Zweikämpfen, Beweisen männlicher Härte und Entschlossenheit offenbar als Initiation ins Erwachsenenleben phantasieren. Im Italowestern der 60er Jahre wurden diese ›Urszenen‹ ins Ästhetizistische gedehnt. Dass sie auch zur Parodie reizen, ist kein Wunder. Nur einigen Western ist die Dimension der offenen Horizonte so eigen, dass die Stimmung des noch frei entscheidbaren Lebens sich bis heute erhält und selbst für ein älteres Publikum attraktiv sein kann: als eine Wunschphantasie, die sich immer wieder auf der Grenze zwischen Zivilisation und Wildnis entfalten kann, eben jener Grenze, die im Western ständig in beide Richtungen überschritten wird.

in die Freiheit folgen, je mehr Viehherden er, wie in Howard Hawks' erstem Western *Red River* (1948), in die Städte treibt, je mehr er den Eisenbahnen den Weg ebnet, je mehr Siedlungen und Städte er ermöglicht, umso enger wird sein Lebensraum, umso problematischer seine Lebensweise. Paradigmatisch für die zunehmend anachronistischer werdende Lebensform des Westerner lässt Sam Peckinpah in *Abgerechnet wird zum Schluß* (1970) seinen Protagonisten, der in der Wüste ein kleines Paradies schuf, von einem der ersten Automobile überfahren.

Die Motive von Rückzug und Flucht des Westerner vor der mit Macht voranschreitenden Zivilisation und das Motiv der sich auf der Basis des Gesetzes gründenden Gemeinschaft und dann Gesellschaft gruppieren sich um den Hunter, den Scout und den Cowboy (Viehtreiber) sowie zwei weitere archetypische Formen männlicher Existenz im Western: die des Outlaw, des Gesetzlosen, und die des Man of the Law, des Sheriffs oder Marschalls, der dem Gesetz selbstlos zur Durchsetzung zu verhelfen hat, auch wenn er, wie in Fred Zinnemanns *Zwölf Uhr mittags* (1952), die Gemeinschaft, der er dient, verachtet. Die durch Presseberichte, Lieder (seit dem Tonfilm haben Songs eine wesentliche Funktion im Western) und Heftchenromane zu Legenden verklärten historischen Banditen Billy the Kid und Jesse James sind Vorbilder unzähliger Outlaws im Western, der ebenso mythisierte Wyatt Earp, dem John Ford mit *Tombstone* (1946) in Gestalt von Henry Fonda ein Denkmal setzte, ist es für die Männer des Gesetzes.

Männer im Western sind stets Suchende, Jagende oder Gejagte. Die Bewegung durch die Landschaft zu Pferd akzentuiert dabei nicht erst seit Farbfilm und Cinemascope (→ Breitwand) das Elementare der Natur. Schon in den Stummfilmen *Der Planwagen* (1923) von James Cruze und *Das eiserne Pferd* (1924), John Fords Epos über den Eisenbahnbau, wird der Western zum großen amerikanischen Outdoor-Adventure. Erde und Himmel, Wasser und Land bedingen das Leben, und nur der überlebt, der ihre Zeichen zu deuten vermag. In den rasch wachsenden Städten wirkt der klassische Westerner meist als Stranger (ein weiterer Archetyp): als Fremder unter ihm Fremden. Der Western ist so das Genre einer amerikanischen Maskulinität, die ganz im Kampf verankert ist. Der historische Aufruf »Go West, Young Man!«, dem das Genre in seinen Figuren und Erzählformen folgt, birgt diese Potenz des Agonalen auf widersprüchliche Weise bereits in sich. Als Aufruf zur Eroberung des Landes im Westen durch Akte legitimierter Gewalt setzt er der Gewalt unbewusst zugleich ein Ende, denn was geschieht mit dem Westerner, wenn der Wild West erobert und zivilisiert ist und er vom jungen zum reifen, zum alternden Mann wird, wenn er also sesshaft werden müsste? John Fords *Der schwarze Falke* (1956) ist in diesem Sinn der amerikanische Western par excellence. Der geschlagene Bürgerkriegsveteran Ethan Edwards (John Wayne, der Star des Genres, in seiner wohl bedeutendsten Rolle) bricht auf, um die von Indianern ermordete Familie seines Bruders zu rächen und seine entführte und bei den Indianern aufgewachsene Nichte heimzuholen. Aus dem Suchenden wird auf der jahrelangen Odyssee ein immer erbarmungsloserer Killer, der seinen Krieg sogar gegen die Natur führt. Schließlich bringt er das Mädchen auf eine Farm zurück, aber er kann das Haus der Gemeinschaft nicht mehr betreten: Ford schließt ihn mit einer Wischblende (→ Blende, → Überblendung) für immer aus. Ethan Edwards ist nur einer von zahlreichen Charakteren im Western der 50er Jahre, dem »Adult Western« mit seinen tragischen Konflikten, an deren Körper und in deren Psyche die Wunden sichtbar werden, die die Geschichte des Wild West Amerika schlug. In *Winchester '73* (1950) und *Nackte Gewalt* (1953) lässt Anthony Mann, der eigentliche Tragiker des Genres, seinen von James Stewart verkörperten Protagonisten bereits gepeinigt bis an den Rand der Psychose gehen. Wenige Jahre nach dem Ende des Zweiten Weltkriegs war das wohl auch ein Reflex auf dessen Schrecken.

Ausgehend von der Frage nach dem Schicksal des Westerner, wenn sich die Zeiten ändern, lässt sich die Geschichte des amerikanischen Western als die eines doppelten Alterungsprozesses beschreiben. Der Western altert seit den 50er und definitiv seit den 60er Jahren in der Form des Spätwestern mit dem zunehmenden Verfall des American Dream vom Land der Tapferen und Freien, und paradigmatisch dafür altern seine Helden. Mit John Fords *Der Mann, der Liberty Valance erschoß* (1962) und Sam Peckinpahs *Sacramento* (1962) und *The Wild Bunch – Sie kannten kein Gesetz* (1969) wird Amerika in seinen letzten Helden und mit ihnen alt. Der Wild West ist längst Legende, und nostalgisch wie bei Ford, trotzig gegen die Zeit wie bei Hawks in *Rio Bravo* (1959), *El Dorado* (1967) und *Rio Lobo* (1970) oder wild in den Tod rennend wie bei Peckinpah treten die Westerner ab. Bezeichnend für ihr Schicksal sind zwei Protagonisten in den Western von und mit Clint Eastwood – des letzten Regisseurs, der noch im und mit dem Genre arbeitet – Gespenster: In *Ein Fremder ohne Namen* (1972) und *Pale Rider – Der namenlose Reiter* (1985), einer Variation des »Superwestern« (Bazin) *Mein großer Freund Shane* (1953, R: George Stevens), tauchen sie aus mythischer Tiefe noch einmal auf, tun, was sie tun müssen, um wieder zu verschwinden.

Die Krise des amerikanischen Western zu Anfang der 60er Jahre, als alle Geschichten erzählt zu sein schienen und der Western in Gestalt von Fernsehserien (etwa *Bonanza*) überwintern wollte (als Reprise der frühen Western-Serials des Kinos), ließ ihn unerwartet in Europa, vor allem in Deutschland und in Italien, als Genre neu aufleben. Mit *Der Schatz im Silbersee* (1962) hatte eine Karl-May-Verfilmung mit ihrem naiven Charme einer noch einmal klaren Unterscheidung von Guten und Bösen und ihrer noch naiveren Simulation der amerikanischen Landschaft an Drehorten in Jugoslawien nicht nur großen kommerziellen Erfolg, sondern erhielt durchaus positive Kritiken in Frankreich und sogar in den USA. In Italien nutzte Sergio Leone den einmaligen Moment und schuf mit *Für eine Handvoll Dollar* (1964) mit dem damals noch unbekannten Clint Eastwood in der Hauptrolle den Italo- oder »Spaghetti«-Western, der vor allem mit Filmen von Sergio Corbucci (*Mercenario – der Gefürchtete*, 1968) auch die politischen Diskussionen der Zeit aufgriff und eine eigene linke Romantik der Revolution kreierte. Die Italowestern reduzierten die Mythologie des Genres auf wenige Figurencharakteristika (etwa die Schweigsamkeit der Helden, die bis zur Stummheit gesteigert wird) und die Standardsituationen (den jetzt geradezu zelebrierten Shootout). Sie integrierten zynischen Humor und führten die dem Genre oft eigene Misogynie ebenso zynisch vor. In Leones *Spiel mir das Lied vom Tod* (1969) erreichte der Italowestern seinen Höhepunkt: als episch breite und mit der Musik von Ennio Morricone opernhaft strukturierte Reinszenierung des uramerikanischen Mythos der Landnahme entlang der Frontier. Nur einem Europäer, der von Amerika träumte, konnte das noch gelingen.

Die letzten großen amerikanischen Western sind Endspiele des Genres und Abgesänge auf Amerika. Michael Ciminos *Heaven's Gate – Das Tor zum Himmel* (1980) erzählt die Geschichte eines Weidekrieges zwischen Ranchern und osteuropäischen Einwanderern um die Jahrhundertwende derart drastisch als Geschichte brutaler Klassenkämpfe, dass der Film von der amerikanischen Kritik vielfach hasserfüllt attackiert wurde. Der kommerzielle Misserfolg des immens teuren Films ruinierte die Gesellschaft → United Artists und ließ den Western vollends als ein Genre erscheinen, das nicht zu revitalisieren sei. Jim Jarmuschs elegischer postmoderner Western *Dead Man* (1995) ist denn auch Totenklage und Travestie eines Genres.

Bernd Kiefer

Literatur: Frederick Jackson Turner: The Frontier in American History. New York 1953. [1893.] – André Bazin: Was ist Kino. Bausteine zur Theorie des Films. Köln 1975. [Frz. Orig. 1958. Darin: Der Western – oder: Das amerikanische Kino par excellence (1953). Die Entwicklung des Western (1955).] – Raymond Bellour [u. a.]: Le western. Sources, mythes, auteurs, acteurs, filmographies. Paris 1966. – Jim Kitses: Horizons West. Anthony

Mann, Budd Boetticher, Sam Peckinpah. London 1969. – Wolf Lepenies: Der Italowestern. Ästhetik und Gewalt. [1970.] In: Karsten Witte (Hrsg.): Theorie des Kinos. Frankfurt a. M. 1972. – Georges-Albert Astre / Albert-Patrick Hoarau: Univers du western. Paris 1973. – James Robert Parish / Michael R. Pitts: The Great Western Pictures. New York 1976. – Christopher Frayling: Spaghetti Westerns. Cowboys and Europeans from Karl May to Sergio Leone. Boston 1980. – Joe Hembus: Westerngeschichte 1540–1894. Chronologie, Mythologie, Filmographie. München 1981. – Michael Hanisch: Western. Die Entwicklung eines Filmgenres. Berlin 1986. – Phil Hardy (Hrsg.): The Western. London 1991. – Richard Slotkin: Gunfighter Nation. The Myth of the Frontier in Twentieth-Century America. New York [u. a.] 1992. – Edward Buscombe (Hrsg.): The BFI Companion to the Western. London 1993. – Joe Hembus: Das Western-Lexikon. Erw. Neuausg. von Benjamin Hembus. München 1995. – Georg Seeßlen: Western: Geschichte und Mythologie des Westernfilms. Marburg 1995. – Edward Buscombe: Der Western. In: Geoffrey Nowell-Smith (Hrsg.): Geschichte des internationalen Films. Stuttgart/Weimar 1998. [Orig. 1996.] – Hannes Böhringer: Auf dem Rücken Amerikas. Eine Mythologie der neuen Welt im Western und Gangsterfilm. Berlin 1998.

Wissenschaftsfilm. Film, der im Dienst der Wissenschaft und Forschung steht. Schon die Reihenfotografie (Étienne-Jules Marey, Eadweard Muybridge) diente der Aufzeichnung normalerweise unsichtbarer Bewegungsphasen – ein Interesse, das auch die Arbeiten des französischen Pathologen und Physiologen Regnault dominierte, der zwischen 1895 und 1900 erste Wissenschaftsfilme gedreht hat. Es waren Mediziner, Biologen und Ethnologen, die die Möglichkeiten des neuen Mediums erkannten und es in Forschung und Lehre einzubeziehen suchten. So finden sich schon früh Aufzeichnungen der Arbeit berühmter Wissenschaftler (in der Reihe von Filmen, die Anfang des Jahrhunderts in der Berliner Charité entstanden, sind z. B. einige der Arbeit des Chirurgen Ferdinand Sauerbruch gewidmet). Neben der Dokumentation wurden von Beginn an Instruktionsfilme produziert, die in Vorlesungen eingesetzt wurden. Heute werden Wissenschaftsfilme meist auf Video produziert.

Filme treten in allen Bereichen der Wissenschaft auf und erfüllen dabei sehr unterschiedliche Funktionen.

1) Forschungsfilm: Die wissenschaftliche Kinematographie im engeren Sinne dient dazu, insbesondere sehr langsame und sehr schnelle Bewegungsabläufe, die das menschliche Auge nicht erfassen kann, zu protokollieren und damit der Beobachtung zu erschließen. Häufig kommen dabei Spezialoptiken oder -kameras (wie Zeitraffer- oder Hochgeschwindigkeitskameras) zum Einsatz. Von der Registrierung mikroskopischer Vorgänge bis zur Aufzeichnung von Wolkenbewegungen oder schneller und komplizierter Handlungen wie im Sport dient der Film dazu, Daten für die eigentliche Analyse bereitzustellen. Entsprechend sind die Aufnahmen heute meist Material für elektronische Bildverarbeitungssysteme. Ein Sonderfall dieser Art des Wissenschaftsfilms sind visuelle kinetische Simulationen (wie z. B. die zellulären Automaten oder die aus der Chaostheorie bekannten Fraktale).

2) Dokumentationsfilm: Nicht nur die Dokumentation von einmaligen Ereignissen, sondern auch von handwerklichen Tätigkeiten und rituellen Handlungen, die in der Ethnologie und der Volkskunde untersucht werden und die oft im Aussterben begriffen sind, basiert auf der Fähigkeit des Films, eine Spur des Vorfilmischen zu bewahren und zu konservieren. Auf diese Art mag eine enzyklopädische Sammlung von Filmen entstehen. Das Programm der »Encyclopaedia Cinematographica«, das 1952 von Gotthard Wolf in Zusammenarbeit mit deutschen und österreichischen Wissenschaftlern ins Leben gerufen wurde und das zunächst vor allem Biologiefilme, später dann auch Dokumentationen aus anderen, vor allem auch sozialwissenschaftlichen Disziplinen produzierte, zielt auf eine audiovisuelle Sammlung, die die ganze gegenständliche Welt dokumentieren und damit der wissenschaftlichen Analyse erschließen will. Wolf wurde nach seiner Gründung 1956 Leiter des Göttinger Instituts für den Wissenschaftlichen Film, das dieses Programm bis heute weiterverfolgt.

3) Lehrfilm: Manche Wissenschaftsfilme dienen primär der Lehre. Sie sollen ihr Thema vollständig und mit den notwendigen Einzelheiten behandeln und dabei pädagogisch strukturiert sein (man spricht auch vom »single concept film«). Vor allem in der Arbeit der Fernuniversitäten haben derartige (Video-)Filme seit den 70er Jahren große Bedeutung erlangt.

4) Populärwissenschaftliche Filme: Die Popularisierung der Wissenschaft hat sich auch des Mediums Film bedient, sie bildet des Öfteren den Stoff für die Erzählung. So wurde Arbeit und Leben großer Wissenschaftler in manchmal höchst zweifelhafter Weise dramatisiert (wie z. B. in *Robert Koch, der Bekämpfer des Todes*, 1939, R: Hans Steinhoff, oder *Sauerbruch – Das war mein Leben*, 1954, R: Rolf Hansen). Die Geschichte wichtiger Erfindungen oder Entdeckungen sowie der moralischen und politischen Probleme, die sie aufgeworfen haben, wurde nachgezeichnet (wie in den Filmen über die Entwicklung der Atombombe). In manchen Genres dagegen wird in dokumentarischer Methode ein Sujet der Wissenschaft ausgebreitet (dazu zählen vor allem → Tierfilme und Reisefilme). Eine Sonderrolle spielt der (Spiel- und Dokumentar-)Film in den Erziehungsprogrammen der stalinistischen Ära: So wurde z. B. die Lysenko-Biologie auch in dramatisierter Form zu popularisieren versucht.

Die Popularisierung wissenschaftlicher Ergebnisse und Probleme ist heute eines der Kernsujets des Fernsehens und hat dort eine ganze Reihe von neuen Sendeformen entwickelt (von Magazinen über Quizsendungen bis hin zu Shows).

Hans J. Wulff

Literatur: Gotthard Wolf: Der wissenschaftliche Dokumentationsfilm und die *Encyclopaedia Cinematographica*. München 1965. – Gotthard Wolf: Der wissenschaftliche Film in der Bundesrepublik Deutschland. Bonn-Bad Godesberg 1975.

Wochenschau. Kurzer Film von insgesamt zehn bis zwanzig Minuten Länge, der vor der Einführung des Fernsehens im Kino vor dem Hauptfilm gezeigt wurde und in mehreren dokumentarischen Beiträgen von neueren Ereignissen aller Art berichtet, von politischem Zeremoniell und Naturkatastrophen.

Einzelne dokumentarische Berichte sind so alt wie der Film selbst. Bereits Lumières *Arbeiter verlassen die Fabrik Lumière* aus dem Jahre 1894 stellt eine authentische Alltagssituation dar. Indem Lumière 1895 Vertreter in verschiedene Länder schickte, wurden einerseits seine Filme rasch verbreitet, und andererseits konnte Interessantes aus aller Welt gefilmt werden. Die erste Firma, die eine regelmäßig erscheinende Wochenschau produzierte, waren jedoch → Pathé Frères mit Erscheinen des *Pathé Journal* (engl. *Pathé Gazette*) bereits vor 1910. In ihr wurden kurze Nachrichtenfilme (oft nur von einer Minute Länge) montiert, die weder thematisch noch stilistisch, sondern nur durch ihre Aktualität in Zusammenhang standen.

Bald folgten – auch in anderen Ländern – ähnliche Wochenschauen; etwa die *Gaumont Actualités* (→ Gaumont) in Frankreich, die zu Pathés größter Konkurrenz wurde, 1914 die *Meßter-Woche* in Berlin, die 1922 von der *Deulig-Woche* abgelöst wurde oder 1925 die *Ufa-Wochenschau*, die 1930 zur *Ufa-Ton-Woche* wurde. In den USA führend waren die Wochenschauen von → Paramount, Fox (→ 20th Century-Fox) und → MGM. Zwischen den Wochenschauproduzenten unterschiedlicher Länder bestanden Austauschverträge, um eine aktuelle und internationale Berichterstattung zu ermöglichen.

Als der Druck durch die Konkurrenz anderer Wochenschauen stärker wurde, kam es dazu, dass Ereignisse nachgestellt wurden. Die wohl bekannteste solcher Rekonstruktionen war die von Edward H. Amet, der in einer Badewanne mit Miniaturbooten die Zerstörung der spanischen Flotte im Spanisch-Amerikanischen Krieg inszenierte.

Während des Ersten Weltkriegs dienten die Wochenschauen der Militärberichterstattung, wenngleich nicht von der Front, sowohl in Europa als auch in den USA. In den Jahren 1922–25 dokumentierte Dziga Vertov die Russische Revolution mit der *Kino Prawda*.

Die amerikanische *Fox Movietone* (*Fox' tönende Wochenschau*) war 1927 die erste Tonwochenschau und konnte durch diese Neuerung einen bleibenden Erfolg für viele Jahre verzeichnen.

Auch während des Zweiten Weltkriegs diente die Wochenschau dem Publikum als trügerische Informationsquelle, weil sie als Propagandawerkzeug eingesetzt wurde. War die Wochenschau vor der Machtergreifung Hitlers eher von Unterhaltungsthemen beherrscht, so lag der Schwerpunkt der NS-Wochenschau, die dem Propagandaministerium und somit der staatlichen Zensur unterstand, deutlich auf Aufmärschen, Parteipropaganda und Erfolgsnachrichten.

Mit der Teilung Deutschlands gab es in Westdeutschland die *Neue deutsche Wochenschau*, *Blick in die Welt* und *Welt im Bild* und in Ostdeutschland *Der Augenzeuge*. Die Sofortberichterstattung der Fernsehnachrichten konnte durch technische Fortschritte wie tragbare Ausrüstung oder die Satellitenkommunikation die Wochenschau in ihrer Aktualität überholen. So konzentrierten sich die Wochenschauen zunächst eine Zeit lang auf Randerscheinungen und Kuriositäten, bevor sie in den 60er Jahren allmählich ganz aus den Kinos verschwanden. Heute werden die alten Wochenschauen vor allem als zeitgeschichtliches Dokument in Archiven aufbewahrt. Besonders das Institut für Wissenschaftlichen Film in Göttingen betreibt intensive Wochenschau-Forschung.

»Die Filmwochenschau [...] kennt keinen größeren Ehrgeiz, als die ganze Welt zu umspannen. Aber die Welt in diesen Wochenschauberichten ist gar nicht die Welt selber, sondern das, was von ihr übrig bleibt, wenn alle wichtigen Ereignisse entfernt werden.« (Kracauer.)

Stefanie Weinsheimer

Literatur: Siegfried Kracauer: Der verbotene Blick. Beobachtungen, Analysen, Kritiken. Leipzig 1992. – Martin Loiperdinger / Rudolf Herz / Ulrich Pohlmann: Führerbilder. Hitler, Mussolini, Roosevelt, Stalin in Fotografie und Film. München/Zürich 1995.

Zeitlupe / Zeitraffer. Stimmen die Geschwindigkeit der Aufnahme und der Projektion nicht überein, kommt es zum Zeitlupeneffekt, wenn die Aufnahme schneller erfolgt als die Projektion (das so genannte Überdrehen), oder zum Zeitraffereffekt, wenn die Aufnahme langsamer ist als die Projektion (das so genannte Unterdrehen). Im Englischen spricht man auch vom »overcranking« oder »undercranking« der Kamera, eine Ausdrucksweise, die aus der Zeit stammt, als die Kamera noch von Hand gekurbelt wurde, also das Tempo bei der Wiedergabe verändert werden konnte.

Ein Zeitraffereffekt entsteht auch bei der Vorführung alter Filme, die in einem anderen Tempo gedreht worden sind: Stummfilme wurden in einer Geschwindigkeit von 16–18 Bildern pro Sekunde aufgenommen, werden heute aber oft mit der Standardgeschwindigkeit von 24 Bildern pro Sekunde vorgeführt, was zu dem beschleunigten (›zappeligen‹) Bewegungsrhythmus der Akteure führt.

Zeitraffer wird im Spielfilm fast ausschließlich im komischen Sinne verwendet. Er war schon in der Stummfilmzeit eine der Slapstick-Techniken (z. B. in den Mack-Sennett-Komödien) und wird bis heute auf diese Art verwendet. Zeitrafferaufnahmen machen einen unnatürlichen und verkrampften Eindruck. Synkopierte Bewegungen dehumanisieren den Charakter und lassen ihn als mechanische Puppe erscheinen. So wirkt z. B. Jerzy Skolimowskis angestrengte Zeitraffer-Komödie *Die Gräfin und ihr Oberst* (1970) über weite Strecken wie eine Puppenanimation.

Im Lehrfilm (→ Wissenschaftsfilm), aber auch in manchen experimentellen Filmen dient der Zeitraffer dazu, sehr langsame Prozesse (wie das Aufgehen der Sonne oder das Erblühen einer Blume) zu kondensieren und in einer synthetischen Bewegung sichtbar zu machen. In *Koyaanisqatsi* (1982, R: Godfrey Reggio) z. B. dienen lange Zeitrafferaufnahmen des Verkehrs in den Straßenschluchten einer Großstadt dazu, das schnelle, rhythmische Pulsieren des Zivilisationslebens und die Spannung, die aus dem beständigen Wechsel von Bewegung und Stillstand entsteht, zu repräsentieren. Den Zeitraffer-Sequenzen stehen viel langsamere und weniger in sich gespannte Abschnitte entgegen, die das Naturleben repräsentieren sollen.

Die Funktionen der Zeitlupe sind vielfältiger und basieren auf ganz verschiedenen Qualitäten des Materials:

1) Ein besonderes Geschehen wird einer besonders intensiven Betrachtung zugänglich. Insbesondere im wissenschaftlichen Film dient sie dazu, schnelles Geschehen zu verlangsamen und dadurch überhaupt einer Besichtigung zuzuführen. Schnelle Ereignisabläufe können so entzerrt werden. Berühmt ist das Bild des Wassertropfens, der in Milch einschlägt. Manchmal wird extreme Zeitlupe mit eigens dafür konstruierten Hochgeschwindigkeitskameras aufgezeichnet.

Zeitlupenaufnahmen in der Sportberichterstattung (→ Sportfilm) wiederholen und intensivieren besondere Ereignissequenzen. Und auch im Kinderfernsehen (z. B. in *Die Sendung mit der Maus*) dient die Zeitlupe einer emphatischen Verfremdung.

2) Zeitlupenaufnahmen verklären in einer ähnlichen Art wie Weichzeichner-Bilder oder Überbelichtungen und werden ähnlich wie diese in → Rückblenden verwendet, die dadurch einen nostalgisch-verklärten, irrealisiert-lyrischen Beigeschmack bekommen. Ein Beispiel ist Sidney Lumets Tragödie *Der Pfandleiher* (1965) – eine Zeitlupenaufnahme zeigt das Leben der Familie in Europa, die danach in den Konzentrationslagern verschwand.

3) Als stilistisches Mittel der Darstellung von Gewalt ist die Zeitlupe vor allem in den Filmen von Sam Peckinpah entwickelt worden. Der Moment der Gewaltanwendung wird so vom Kontext geschieden, Gewalt als besonderer Erfahrungsmodus artikuliert. Die Gewaltausübung impliziert eine eigene

Zeit, scheint das zu besagen. Heute ist die Zeitlupe ein sehr auffälliges und verbreitetes Stilmittel in den Hongkong-Actionfilmen (z. B. in den Filmen von John Woo).

4) Häufigst verwendet wird Zeitlupe, um die Schönheit und die Bewegung des menschlichen Körpers im athletischen Vollzug darzustellen (nicht nur im Sportfilm, sondern oft z. B. auch in Werbefilmen). Hier kommt ein → Pathos in die Darstellung hinein, das ohne Zeitlupe so nicht produzierbar wäre.

Hans J. Wulff

Zensur. Allgemein wird die Filmzensur als eine Maßnahme der Gesellschaft aufgefasst, die sie vor der hypothetischen Wirkung der Filme schützt. Auf den ersten Blick mag das übertrieben erscheinen, denn damit wird der Illusion eine Suggestivkraft zugesprochen, über die sie in Wahrheit kaum verfügt. In autoritären Systemen (in den sozialistischen Ländern bis 1990, einigen islamischen Staaten) und in diktatorischen Regimes (z. B. in Deutschland 1933–45) wurde die Zensur als Vorzensur ausgeübt, in den parlamentarischen Demokratien erstreckt sich die Kontrolle auf fertige, noch nicht aufgeführte Werke, die einer Gruppe von Experten aus verschiedenen Bereichen, als Kommission konstituiert, vorgestellt werden. Dieses Gremium, das im Namen des Staates, der Kirche oder der Freiwilligen Selbstzensur spricht, kann die öffentliche Vorführung verhindern, erlauben oder diese Erlaubnis nach Altersgrenzen abstufen. Die Missachtung der Entscheidung wird als Verletzung der öffentlichen Ordnung verstanden und mit Geldbußen der Kinobesitzer geahndet; in Sowjetrussland allerdings wurde ab 1919 die Übertretung der Aufführungsbestimmungen als kriminelles Delikt definiert.

Gemeinhin werden solche Begrenzungen, die die Einschränkung und Beschneidung der Freiheit des künstlerischen Ausdrucks bedeuten, als Verteidigung sozialer, politischer, ethnischer, moralischer oder kultureller Normen begründet. Natürlich kann jedes Komitee zu Entscheidungen und Überziehungen neigen, wenn diese sozial und kulturell nicht homogene Gruppe, die als Repräsentant der Gemeinschaft auftritt, Kriterien etabliert, die die vermuteten Interessen der Gemeinschaft gegen die so interpretierten Angriffe des Einzelnen schützen. Jedoch werden diese Kriterien immer wieder angezweifelt, neu festgelegt und diskutiert. Dabei gleichen sich die Überlegungen, die bei der Entstehung der Filmzensur um 1909 in verschiedenen Ländern angeführt wurden und ihre Besonderheit im Vergleich zur literarischen Zensur bestimmten. Die ersten Zensurkomitees nahmen an, dass die unterprivilegierten sozialen Gruppen (Minderjährige, Frauen, Ungebildete oder Einwanderer) besonders der Wirkung eines Films ausgeliefert würden, da das Medium eine universelle, allen verständliche Sprache spreche und selbst den niedrigsten, ungebildeten Schichten der Gesellschaft zugänglich sei. Gefahren wurden darin gesehen, dass der starke visuelle Realitätseindruck Nachahmungstendenzen fördern und die Zuschaueremotionen so suggestiv beeinflussen könnte, bis sie außer Kontrolle geraten. Im Dunkel des Saals, unter den Bedingungen einer massenhaften Wahrnehmung, sei die Bewusstseinsschwelle heruntergesetzt und Zuschauer würden sich zu Reaktionen hinreißen lassen, die sie individuell nicht gezeigt hätten. Der Vergleich der Wahrnehmung eines Films mit Alkohol- und Drogenkonsum war weit verbreitet, besonders im russischen Diskurs um 1921–27.

Die Hegemonie des neuen Mediums, das Träume produziert, Leidenschaften freilegt, Magie ersetzt, Mode-, Verhaltens-, Sprech- und Denkweise in einem Misstrauen erweckenden Auditorium prägt und auf diese Weise die Autorität solch etablierter Erziehungsinstanzen wie Schule, Kirche, Verfassungsorgane oder die traditionell gefestigte Lebensweise außer Kraft setzen kann, wurde gefürchtet. Deshalb führte man eine Kontrolle des Konsums dieser kollektiven Träume ein. Die Zensurkommissionen stellten Anthologien visueller Tabus auf, die um den menschlichen oder sozialen Körper gruppiert waren und die Stabilität der kollektiven Identität verankert in religiösen, ethnischen oder moralischen Gemeinschaftswerten, vermeintlich bedrohten. Über die Geschichte dieser Verbote lässt sich die psychische Landschaft der Ängste einer Gesellschaft mitsamt ihren diskursiven Praktiken konstituieren. Blasphemie, Hexerei, subversive politische Aktionen gegen die herrschende Staatsordnung waren genauso reglementiert wie Nacktheit, Körperausscheidungen, Erotik, Tod und Gewalt. Für ihre Darstellung wurde ein symbolischer Repräsentationscode erarbeitet. Ein geschlossenes Beispiel dafür ist der Hays Code (→ Production Code), der in den USA 1930 akzeptiert und bis 1966 wirksam war; er stellte eine Selbstzensurmaßnahme der Produzenten und Verleiher dar und strebte ein striktes Reglementieren visueller und moralischer Tabus an.

Die Geschichte der Filmzensur durchlief in verschiedenen Ländern etwa die gleichen Etappen. Um 1909 entstanden die ersten Zensurbehörden. In Frankreich und Großbritannien waren sie an die kommunale Behörde gebunden, in Deutschland an das Polizeipräsidium. Während des Krieges übten die Militärbehörden einen großen Einfluss auf deren Entscheidung aus, in einigen Ländern (Deutschland, Russland u. a.) wurde dies auch institutionell verankert, nach dem Krieg sogar in der Verfassung: In Deutschland wurde 1920 das erste Lichtspielgesetz verabschiedet. Natürlich versuchten verschiedene gesellschaftliche Gruppen und Institutionen (Kirchen, Frauenbewegung u. a.) ihren Einfluss auf die Zensurentscheidungen geltend zu machen, und das Verhältnis der Zensur zur ökonomischen, sozialen und politischen Macht ließe sich über diese Entscheidungen verfolgen, etwa die Intervention des Untersuchungsausschusses für antiamerikanisches Verhalten in den USA um 1947, der politischen Polizei im Sowjetrussland ab 1918 oder die Aufführungsgenehmigung für Filme aus Osteuropa, in Westdeutschland kontrolliert durch einen interministeriellen Ausschuss beim Ministerium des Inneren.

Die Geschichte der Filmzensur und ihrer Praxis zu verschiedenen Zeiten zeigt, dass nicht nur fertige Produkte, sondern Ideen, ihre Ausführung oder gar die Form der Aufführung durch Restriktionen beschränkt wurde. Anfang des Jahrhunderts wurde diskutiert, ob Filme in getrennten Sälen für Männer und Frauen bei nicht ausgeschaltetem Licht vorzuführen seien. Die Dunkelheit wurde als Angriff auf die Sitten angesehen, das Kino als ein Haus für Rendezvous. In Russland durften Aufnahmen vom Zaren lange nicht gezeigt werden. Als das generelle Verbot 1911 aufgehoben wurde, gab es die Vorschrift, eine obligatorische Pause davor einzulegen, mit Schließen des Vorhangs, um so die Aufnahmen der Zarenfamilie von den profanen Slapstickkomödien und anderen Nummern des Filmprogramms deutlich zu trennen. Auch musste die Projektionsgeschwindigkeit streng eingehalten werden, deshalb wurde die Vorführung nur unter der Aufsicht des Theaterdirektors erlaubt. Man befürchtete die Verunglimpfung des Zaren durch ein nicht hierarchisches Programm und technische Unvollkommenheit. Wladimir Lenin empfahl, vor jedem Spielfilm in Sowjetrussland einen Kulturfilm oder eine politische Wochenschau vorzuführen, ab 1928 galt dies als Grundsatz, da sonst keine Genehmigung für den Kinobetrieb mehr erteilt wurde. Joseph Goebbels setzte, um die Bevölkerung zu zwingen, sich die Wochenschau anzusehen, eine ähnliche Verordnung durch; als sie nicht griff, weil die Zuschauer den Saal erst nach dem Ende der Wochenschau betraten, wurde angeordnet, die Kinokassen nach dem Beginn der Vorstellung zu schließen und den Eintritt allen zu spät Gekommenen zu untersagen. So konnte sich niemand mehr der Propaganda entziehen und dem Eskapismus hingeben. Während der NS-Zeit wurde die allmählich nationalisierte Filmproduktion nicht nur einer Vorzensur unterzogen, auch wurden Filmschaffende jüdischer Herkunft und politisch Missliebige aus allen Bereichen der Produktion entfernt. Die sowjetische Filmzensur berief sich oft auf die Klassendoktrin und führte Beschränkungen für Menschen nichtproletarischer

Abstammung ein, die ihnen das Ausüben und Erlernen von Filmberufen erschweren sollten. Filme wurden verboten als für die Arbeiterklasse »unverständlich« oder ihr »feindlich« gesonnen.

In Sowjetrussland, wo nach dem ersten Dekret über die Filmzensur vom Juli 1918 die Beschränkungen zunächst nur das Repertoire betrafen, wurde die Aufführungsgenehmigung nicht nach Altersgruppen, sondern nach Art des Kinos erteilt: freigegeben auf dem ganzen Territorium des Landes, nur in den Kinos des Filmkomitees oder gar nicht. Die verbotenen Filme (oder Filmsequenzen) wurden samt Negativen konfisziert. Schon damals stellte die Zensurkommission (ab 1923 eine selbständige Behörde, die auch die Erlaubnis zum Drucken und Aufführen von Stücken erteilte) Musterprogramme und Pläne der von ihr gewünschten Inszenierungen zusammen.

Gegen Mitte der 20er Jahre erstreckte sich die Zensur des Staates auf die Drehbücher (ab 1930/31 zentralisiert für die gesamte Sowjetunion); allmählich konnte die Zensur auf allen Ebenen eingreifen und in verschiedener Weise ausgeübt werden: Verweigerung und Hintertreibung einer Produktion, Veränderungen am Drehbuch und am fertigen Film, Festlegung der Besetzung und des Filmstabes – bis hin zur Kontrolle über die Zahl der Verleihkopien und die alltägliche Repertoirepolitik. Eine Auflagekommission entschied über die Einstufung aller produzierten Filme nach Kategorien und bestimmte damit, wie viel Kopien (und später – ob in Farbe oder Schwarzweiß) gezogen werden sollten, was zwischen 2000 für einen staatspolitisch wichtigen Film und 15 für einen weniger gewünschten liegen konnte. Die Repertoirekommission entschied jedes Jahr neu, welche Filme aus der Gesamtproduktion zugelassen wurden. 1935 verbot die Kommission 2700 Streifen, darunter 500 Spielfilme, die ab 1922 produziert worden waren. Durch Stalins Vorliebe für den Film war dieses Medium seiner direkten persönlichen Kontrolle ausgeliefert (→ Stalinismus und Film). Der akzeptierte Darstellungskanon erstreckte sich nicht nur auf bestimmte Bereiche (Pornographie, Konterrevolution), sondern auch die profilmische Realität und filmische Verfahren selbst. Auf diese Weise wurden Andeutungen einer problematischen Situation (Armut, Rechtlosigkeit, Missernte usw.), Zeigen unrasierter Gesichter oder regnerisches Wetter (im Dokumentarfilm) genauso ausgeschlossen wie zu stark individualisierte Ausdrucksmittel: subjektive Kamera, ausgefallene Ausnahmewinkel, exzentrische Spielweisen, Traumvisionen. Ihr Einsatz konnte zum Verbot eines Werkes führen. Die bekanntesten Beispiele dafür sind Sergej Eisensteins Filme *Die Beschinwiese* (1935–37), und der zweite Teil von *Iwan der Schreckliche* (uraufgeführt 1958).

Nach der Entstalinisierung änderte sich diese Praxis etwas, die Kontrolle wurde auf mehrere untere Ebenen – in die Produktionsgruppen der Studios – delegiert, wo die an der Entwicklung der Stoffe arbeitenden Dramaturgen gleich als erste Zensurinstanz auftraten. Nach dem Einmarsch in Prag 1968 erlebten alle sozialistischen Länder eine Verschärfung ihrer Zensurpolitik, denn die in der Tschechoslowakei gewährte Meinungsfreiheit wurde als Bedrohung der sozialistischen Stabilität gewertet. Mehrere Filme wurden eingefroren und erst in den Jahren nach den Umwälzungen um 1989/90 wieder entdeckt.

In anderen autoritären Regimes bildete ein Privatsektor der Filmwirtschaft einen Gegenpart zur strengen Zensur, die in den islamischen Staaten oft auch als Vorzensur ausgeübt wird. Die staatlichen Einrichtungen reglementieren die Repräsentation der Frau, der Religion, der sexuellen Beziehungen und der politischen Situation. Heute existiert in Japan, Europa und in den USA eine starke öffentliche Meinung gegen die Zensur. Vornehmlich der Jugendschutz beschäftigt sich in England, Deutschland, Japan, Schweden und in den USA mit der Kontrolle der Filme. In Frankreich ist dafür eine Kommission beim Ministerium für Kultur zuständig. In Italien, Norwegen und Spanien wirken ähnliche Kommissionen, die wiederum verschiedenen Ministerien zugeordnet sind. In Belgien ist die Zensur laut

Verfassung verboten, es findet also keine Filmkontrolle statt, aber die Justiz kann Filme – falls Klagen der Bürger eingereicht werden – und deren Distributoren strafrechtlich verfolgen. In Deutschland übernahmen nach 1945 die Militärbehörden der vier Besatzungszonen die Kontrolle über die Filmindustrie. Der in Umlauf befindliche Filmstock wurde beschlagnahmt, seine politische Aussage überprüft. Filme wurden freigegeben, wenn sie demokratischen Anforderungen entsprachen, etwa 221 jedoch aus dem Verleih genommen. 1949 wurde nach dem Vorbild der USA ein Modell der Selbstkontrolle entwickelt, um Eingriffe seitens des Staates zu vermeiden. Die Kommission der Freiwilligen Selbstkontrolle der Filmwirtschft (FSK, mit Sitz in Wiesbaden), in der die Verbände der Filmproduzenten, Verleiher und Kinobesitzer präsentiert sind, prüft die öffentlich zugänglichen Filme und ihre Werbung, ab 1980 kamen die Videokassetten, ab 1995 digitale Datenträger mit filmischen Sequenzen dazu. Die FSK stuft die freigegebenen Filme/Datenträger in fünf Kategorien ein: ohne Einschränkungen, ab 6, 12, 16 und 18 Jahren. Der Rechtsträger der FSK ist die Spitzenorganisation der Filmwirtschaft e.V. (SPIO), ihre Arbeit finanziert sich über die Prüfgebühren der Antragsteller. Seit 1989 kooperiert die Kommission mit den europäischen Prüfstellen. Seit 1991 (nach dem Rundfunkstaatsvertrag) werden die Entscheidungen der FSK an die Sendezeiten von Filmen im Fernsehen gekoppelt. Die Arbeit der FSK richtet sich nach Grundsätzen der Verfassung, die die Meinungsfreiheit nur dann beschränkt, wenn »höherrangige Grundrechte« wie der Schutz der Jugendlichen, der Ehe oder der Menschenrechte durch Filme beeinträchtigt werden könnten. Die Filme sollen u. a. nicht »das sittliche und religiöse Empfinden verletzen«, »verrohend wirken«, »das friedliche Zusammenleben der Völker stören« oder »die freiheitlich demokratische Grundordnung gefährden«, etwa durch »rassenhetzerische Tendenzen«.

Oksana Bulgakowa

Literatur: Konrad Lange: Das Kino in Gegenwart und Zukunft. Stuttgart 1920. – Lamar T. Beman (Hrsg.): Censorship of the Theatre and Moving Pictures. Cleveland / New York 1931. – Louis Nizer: New Courts of Industry. Self-Regulation under the Motion Picture Code. New York 1935. – Murray Schumach: The Face on the Cutting Room Floor. The Story of Movie and Television Censorship. New York 1964. – Gerald C. Gardner: The Censorship Papers. Movie Censorship Letters from the Hays Office, 1934 to 1968. New York 1987. – Sue Curry Jansen: Censorship. The Knot that Binds Power and Knowledge. New York 1988. – James C. Robertson: The Hidden Cinema. British Film Censorship in Action, 1913–1972. New York / London 1989. – Christiane Mückenberger (Hrsg.): Prädikat, besonders schädlich. Berlin 1990. – Jean-François Théry: Pour en finir avec la censure. Paris 1990. – Grigori Marjamow: Kremlewski zensor. Stalin smotrit kino. Moskau 1992. – Valeri Fomin: Sapreschtschennye filmy. Dokumenty, swidetelstwa, kommentarii. Moskau 1993. – Gregory D. Black: Hollywood Censored. Morality Codes, Catholics, and the Movies. New York 1994. – Catalogue of Forbidden German Feature and Short Film Productions Held in Zonal Film Archives of Film Sections. Westport 1996. – Francis G. Couvarez (Hrsg.): Movie Censorship and American Culture. Washington/London 1996. – Valeri Fomin: Kino i wlast. Sowetskoe kino 1965–1985. Dokumenty, swidetel'stwa, rasmyscienija. Moskau 1996. – Istorija otetschestwennogo kino. Dokumenty, memuary, pisma. Moskau 1996. – Felix Moeller: Der Filmminister. Goebbels und der Film im Dritten Reich. Berlin 1998.
Zensurprojekt des DIF: www.filminstitut.de/zensur.htm.

Zitat. Bildzitate, etwa der Malerei der Romantik im deutschen expressionistischen Film, haben in der Filmgeschichte Tradition, und es gibt wohl keine Literaturverfilmung, die nicht wortwörtlich die literarische Vorlage zitiert. Seit der → Nouvelle Vague aber gewinnt die Kunst des Zitats, die nicht identisch ist mit der originalgetreuen Kopie, sondern eine eigenständige Gestaltung des reproduzierten Originals einschließt, eine neue Qualität: in François Truffauts *Sie küßten und sie schlugen ihn* (1959) vor allem als autobiographische Reminiszenz an den Erlebnisort Kino, in Jean-Luc Godards *Außer Atem* (1960) vorrangig als ironisches Spiel mit den → Genremustern des → Gangsterfilms. Ein solcher Gebrauch von Zitaten, sei es als dezente Hommage an verehrte Regisseure, sei es als demonstrativer Bruch mit den klassischen Erzählkonventionen, setzt Filmerfahrung voraus und einen Filmzuschauer, der im gegenwärtigen Bild das zitierte Vor-Bild erkennt und diese Doppelcodierung des Filmbildes als Unterminierung der kinematographischen Realitätsillusion akzeptiert. Dieses Spiel mit der Anspielung, konstitutiv für die Selbstreflexivität des modernen Films, der sich in Auseinandersetzung mit der Filmgeschichte ausbildet, setzt sich in den folgenden ›neuen Wellen‹ fort: im → New Hollywood eines Francis Ford Coppola oder Martin Scorsese sowohl als cinephile Tendenz als auch als kritische Revision des klassischen Hollywood, im → Neuen deutschen Film insbesondere bei Wim Wenders und Rainer Werner Fassbinder als Zeichen verlorener kultureller Identität. Erweist das moderne Autorenkino einerseits im Bildzitat den Filmklassikern seine Reverenz, so kultiviert es andererseits einen Zitatstil, der im Retro-Look des Neo Noir, etwa Roman Polanskis *Chinatown* (1974), und in der Kunstform des Pastiche, etwa Fassbinders *Die Sehnsucht der Veronika Voss* (1982), kulminiert.

Funktioniert das Zitat in den Filmen der Nouvelle Vague noch als tendenziell elitäres Verfahren, entstanden im Kontext einer Wiederentdeckung von Filmkultur und ausgerichtet auf ein Publikum von Cineasten, so hat der postmoderne Eklektizismus der 80er Jahre auch im Film zu einer inflationären Verwendung des Prinzips Zitat geführt (→ Postmoderne und Kino), wie zuvor in der Literatur, Architektur und bildenden Kunst. In einem Kino der audiovisuellen Effekte, etwa in Steven Spielbergs *Indiana Jones*-Trilogie (1981–89), werden Bild- und Dialogzitate aus der Filmgeschichte und Populärkultur so exzessiv und nahtlos in die hyperrealistische Inszenierung integriert, dass der Zuschauer die zitierten Vor-Bilder weder allesamt wahrnehmen kann noch muss, jedenfalls nicht bei der ersten Rezeption. Nicht die Kenntnis des zitierten Originals ist erforderlich, damit der Film funktioniert, es genügt ein Wissen um die zitierten Genretypologien. Der Remix populärer Images, filmhistorischer Standardsituationen (→ Dramaturgie) und heterogener Genremuster, wie er für das postklassische Actionkino stilbildend wurde, geht weit hinaus über die Zitatkunst eines Brian De Palma und anderer Hitchcock-Epigonen und wäre ohne die seinerzeit neuen Distributionsmedien Kabel- bzw. Satellitenfernsehen und Videokassette kaum denkbar. Im permanenten Rekurs auf die Filmgeschichte schreibt sich die ständig anwachsende Filmerfahrung der Zuschauer in die Filmästhetik ein. In Zeiten von CD-ROM, DVD und Internet werden alle möglichen Images permanent reproduziert, ist nahezu alles und jedes Filmbild zitierbar geworden, nicht nur in den zahllosen → Remakes und Serials des Mainstreamkinos. Das ursprünglich romantisch gemeinte, später parodistisch variierte »Play it again, Sam« ist längst zum Credo einer Filmästhetik geworden, die sich nach dem Realitätsprinzip des Kinos konstituiert. In David Lynchs *Wild at Heart – Die Geschichte von Sailor und Lula* (1990) formieren sich die Identitätsentwürfe der Filmfiguren nach den Vorbildern der von ihnen zitierten Filmhelden, in Quentin Tarantinos *Pulp Fiction* (1994) werden die Filmfiguren durch die Medienbiographie ihrer Darsteller ironisch grundiert, und in Wes Cravens *Scream* (1997) entscheidet sich das Schicksal der Filmfiguren gemäß ihrer Kenntnisse der Genremuster des → Horrorfilms.

Gegentendenzen zu diesem populären Zitat-Kino, das zunehmend Filme aus Filmen generiert, finden sich nicht zuletzt in einem postmodernen Kunstkino, das explizit auf Vor-Bilder rekurriert und die eigene Künstlichkeit demonstrativ ausstellt, das die vergessenen Kunstwerke vergangener Epochen zu einem imaginären Museum versammelt und nicht nur zum eingängigen Leitmotiv funktionalisiert, wie die »Wally«-Arie in Jean-Jacques Beineix' *Diva* (1981), und das in seiner avanciertesten Form unzählige Zitate aus der Literatur-, Musik-, Kunst- und Filmgeschichte so miteinander verwebt, dass selbst erfahrene Filmkritiker das kunstvolle Verweissystem nicht mehr entschlüsseln können. Die postmoderne Kunst des Zitats, wie sie sich in den Filmen von Léos Carax, Peter Greenaway und insbesondere beim späten Godard beobachten lässt, ist nicht, wie etwa das Kino der Coen-Brüder, auf das vergnügliche Spiel mit Genretypologien ausgerichtet, sondern auf die Bewahrung einer im Recycling der Bilder vergessenen Hochkultur. Vollzieht sich die Entdeckung des Zitats als ikonographisches, narratives oder selbstreflexives Element einer modernen Filmsprache im Kontext einer wieder entdeckten Filmkultur, so benutzt die postmoderne Filmkunst Zitate zweiter und dritter Ordnung, was auch eine Verbindung von Fremd- und Selbstzitaten einschließt, nicht nur in den ›Lynchismen‹ eines David Lynch oder in Godards *Nouvelle Vague* (1990).

Jürgen Felix

Literatur: Frieda Grafe: Die Kunst der Epigonen. In: F. G.: Im Off. Filmartikel. München/Wien 1974. – Noël Carroll: The Future of Allusion. In: October 21 (1982). – Joel S. Zucker: Francis Ford Coppola. A Guide to References and Resources. Boston 1984. – Peter W. Jansen: Neue Gefühle. Ansichten zum internationalen Kino. In: Hans Günther Pflaum (Hrsg.): Jahrbuch Film 84/85. Berichte, Kritiken, Daten. München/Wien 1984. – Heinz-B. Heller: Made in U.S.A. Nouvelle Vague und die Bilder der Bilder aus Amerika. In: Augen-Blick. Marburger Hefte zur Medienwissenschaft 12 (1992). – Thomas Elsaesser: Augenweide am Auge des Maelstroms? Francis Ford Coppola inszeniert *Bram Stoker's Dracula* als den ewig jungen Mythos Hollywood. In: David Bordwell [u. a.]: Die Filmgespenster der Postmoderne. Frankfurt a. M. 1995. – Angela Dalle Vacche: Cinema and Painting. How Art Is Used in Film. London 1996. – Georg Seeßlen: Mr. Hitchcock Would Have Done It Better – Oder: Warum es keine wirkliche Nachfolge von Alfred Hitchcock gibt. In: Lars-Olav Beier / G. S. (Hrsg.): Alfred Hitchcock. Berlin 1999.

Zoom. Das Zoomobjektiv (auch: Transfokator, Vario-Objektiv oder Gummilinse) ist ein komplexes Linsensystem. Es ermöglicht eine kontinuierliche Modifikation der Brennweite (von Weitwinkel bis Tele) bei gleich bleibender Schärfeleistung während einer Aufnahme. Die Einstellung kann mit einem stufenlosen Zoomantrieb manuell oder elektronisch erfolgen, wobei manuelles Zoomen eine bessere Koordinierung mit den Objektbewegungen ergibt. Bei einer Objektivverschiebung vom großen zum kleinen Bildwinkel scheint sich die Kamera dem entfernt liegenden Objekt zu nähern, die umgekehrte Einstellung simuliert eine Rückwärtsbewegung. Deshalb wird Zoomen als »optische Kamerafahrt« bezeichnet. Allerdings fällt dabei die Relation von Raumtiefe, Abbildungsgröße und -distanz anders aus. Die Verengung oder Erweiterung des Bildausschnitts führt zu einer Größenänderung des Bildausschnitts und einer veränderten Tiefen-Wahrnehmung. Ein Haus scheint z. B. auf den Betrachter zuzukommen. Dieser andere Größeneindruck kann dem Gebäude eine dramatische Funktion geben. Die Geschwindigkeit von Personen, die hintereinander herlaufen, wirkt bei Zoomaufnahmen (Telestellung) langsamer, der Abstand zwischen ihnen geringer.

Als der Zoom in den 60er Jahren in Gebrauch kam, stieß seine häufige und oft auch unmotivierte Anwendung auf Ablehnung (»Verarmung des Kinos«, vgl. Hickethier); er wurde bei Dokumentationen eher als bei Spielfilmen als Ersatz für eine Kamerafahrt akzeptiert. Nach anfänglicher Skepsis ist die Anwendung des Zooms unter Berücksichtigung seiner speziellen Wirkungsweise heute ein etabliertes filmgestalterisches Mittel. Sein Einsatz verleiht den abgebildeten Objekten eine andere kinematographische Bedeutungskomponente, denn Zoomen entspricht nicht unserer natürlichen Seherfahrung.

Prinzipiell gilt, dass der visuelle Standortwechsel (Ferne/Nähe) eine intensivere Teilnahme des Zuschauers erzeugt. Langsames Heranzoomen konzentriert das Interesse auf einen kleinen Bildausschnitt, etwas, das Bedeutung erhalten soll, wird akzentuiert. Ein schneller Zoom ruft Erschrecken hervor (Schockeffekt). In *Brennpunkt Brooklyn* (1971, R: William Friedkin) wurde ein Reiß-Zoom eingesetzt, um den Eindruck von panischem Entsetzen auf dem Gesicht einer Frau zu verstärken. Dagegen vermittelt das Weg- oder auch Negativzoomen Distanz, weil zunehmend neue Bildelemente auftauchen.

Anwendung findet der Zoom zumeist aus produktionstechnischen Gründen als Ersatz für eine kostenaufwendigere Kamerafahrt (Verlegen von Schienen usw.). Häufig werden Zoom und Schwenk kombiniert, z. B. wird nach einem Panoramaschwenk auf ein Gebäude gezoomt, um den Schauplatz der Handlung zu etablieren (Establishing Shot). Auch die Synthese von Kamerafahrt und Zoom ist möglich. Das wohl berühmteste Beispiel ist die Turmszene in Hitchcocks *Vertigo – Aus dem Reich der Toten* (1958), wo bei einer Kamerafahrt durch das Modell eines waagerecht liegenden Treppenhauses gleichzeitig gegenläufig gefahren und gezoomt wurde. Dabei entstand der Effekt eines Schwindelgefühls. Bei der Produktion von *Superman* (1978) und *Superman II – Allein gegen alle* (1979) kam bei den Flugszenen eine neuartige → Special-Effect-Kamera mit einem doppelten Zoom-System zum Einsatz. Wie bei einer echten Kamerafahrt bleibt hier der Hintergrund als konstante Größe erhalten.

Ilona Grzeschik

Literatur: Günter Bentele: Der Zoom. Eine filmsemiotische Untersuchung. In: Annemarie Lange-Seidl (Hrsg.): Zeichenkonstitution. Akten des 2. Semiotischen Kolloquiums, Regensburg 1978. Bd. 2. Berlin 1981. – Raymond Fielding: The Technique of Special Effects Cinematography. London 1985. – Helmar Mehnert: Das Bild in Film und Fernsehen. Leipzig 1986. – Andreas Reil: Video von A bis Z. Bd. 2: Lexikon Film und Video. Köln 1990. – Knut Hickethier: Film- und Fernsehanalyse. Stuttgart/Weimar 1993. – James Monaco: Film verstehen. Kunst, Technik, Sprache, Geschichte und Theorie des Films und der Medien. Mit einer Einführung in Multimedia. Überarb. und erw. Neuausg. Reinbek bei Hamburg 2000. [Amerikan. Orig. 2000.]

Zwischentitel. Geschriebene Worte, die, anders als beim Vor- oder Abspann, zwischen die Einstellungen eines Films montiert werden.

In der Ära des → Stummfilms wurden die Dialoge in Form von Zwischentiteln wiedergegeben. Auch der Wechsel von Ort und Zeit wurde durch Zwischentitel eingeleitet. Oft waren sie passend zum Stil des Films gestaltet und verziert. Beispiel hierfür ist der expressionistische Stummfilm *Das Cabinet des Dr. Caligari* (1920, R: Robert Wiene). Durch Schriftart und -größe konnten mit dem Zwischentitel Stimmung und Lautstärke zum Ausdruck gebracht werden. Mit ›alt‹ wirkender Frakturschrift etwa ließ sich eine feierliche Verkündigung unterstreichen, oder man konnte einen entsetzten Aufschrei durch plakativ große, fette, verzerrte Buchstaben darstellen. Vor allem in seinen Melodramen wählte David W. Griffith eine manchmal gestelzt poetische Sprache für die Zwischentitel, um der Erhabenheit der Situationen und Gefühle gerecht zu werden und die neue Spielform Film an die ›hohe Kunst‹ anzugleichen. Der Ehrgeiz einiger Drehbuchautoren (wie Carl Mayer) und Regisseure (wie Friedrich Wilhelm Murnau) bestand darin, möglichst wenige Zwischentitel zu verwenden, um den Erzählfluss der Bilder nicht unnötig häufig zu unterbrechen – in *Der letzte Mann* (1924) gelang es beiden, mit nur einem (zudem ironisch gemeinten) Zwischentitel auszukommen. Der Surrealist Luis Buñuel setzte in seinen frühen Filmen Zwischentitel ein, um den Zuschauer zu desorientieren. Völlig irrelevante und falsche Angaben, z. B. »Vor 16 Jahren …« (wenn inhaltlich gar keine Rückblende einsetzt) sollten zum Bruch mit konventionellen Sehgewohnheiten führen.

Einige Regisseure des Neuen deutschen Films (besonders Alexander Kluge) entdeckten die zu dieser Zeit recht ungewohnten Zwischentitel wieder als verfremdendes Element, mit dem literarische Zitate oder Leitsätze eingeschoben werden konnten. Im heutigen Spielfilm findet man selten Zwischentitel. Wo sie noch eingesetzt werden, sollen sie meist den Eindruck vermitteln, der Film erzähle eine wahre Begebenheit, indem etwa – ganz im Nachrichtenstil – Orts- und Zeitangaben als → Inserts zwischengeschnitten werden.

Stefanie Weinsheimer

Verzeichnis der Mitarbeiter und ihrer Beiträge

Drew Bassett
Unterwasserfilm (mit Oliver Keutzer)

Esther Maxine Behrendt
Cartoon / (Zeichen-)Trickfilm / Animationsfilm, Doku-Drama, Kurzfilm, MacGuffin, Straßenfilm (mit Dr. habil. Norbert Grob)

Prof. Dr. Annette Brauerhoch
Blicke, Feminismus und Film

Dr. Oksana Bulgakowa
Stalinismus und Film, Zensur

Dr. Walter Dehnert
Amateurfilm (mit Dr. Eckhard Schenke), Ethnographischer Film (mit Sonja Speeter-Blaudszun), Kulturfilm

Kerstin Eberhard
Digitale Ästhetik, Mise en Scène, Strukturalismus / struktureller Film

Dr. Jürgen Felix
Film im Film, Künstlerfilm, Liebesfilm, Postmoderne und Kino, Zitat

Andreas Friedrich
Filmschulen

Prof. Dr. Horst Fritz
Impressionistischer Film

Miriam Fuchs
Amerikanische Nacht, Avantgardefilm / Experimentalfilm / Undergroundfilm, Programmkino

Julia Gerdes
Caligarismus, Einstellungsgrößen (mit Prof. Dr. Thomas Koebner), Expressionismus, Filmmusik (mit Prof. Dr. Thomas Koebner), Uraufführung (mit Kerstin-Luise Neumann), Werbung in Kino und Fernsehen

Dr. Rolf Giesen
Animation, Special Effects / Trick

Dr. habil. Norbert Grob
Autorenfilm, Breitwand, CCC, Columbia Pictures, Detektivfilm, Farbe, Filmkritik, Gangsterfilm, Hollywood, Kriminalfilm, Neuer deutscher Film, New Hollywood, Paramount, Regie, Retrospektive, Straßenfilm (mit Esther Maxine Behrendt), Studiosystem, Tobis, 20th Century-Fox (mit Ilona Grzeschik), Ufa (mit Ilona Grzeschik), Verleih, Warner Bros. (mit Ilona Grzeschik)

Michael Gruteser
Actionfilm, Mantel-und-Degen-Film, Ritterfilm

Ilona Grzeschik
Filmplakat, Kommentar / Voice-over, Kopierwerk, MGM, Oscar, Propagandafilm, RKO, 20th Century-Fox (mit Dr. habil. Norbert Grob), Ufa (mit Dr. habil. Norbert Grob), United Artists, Universal, Warner Bros. (mit Dr. habil. Norbert Grob), Zoom

Dr. Kerstin Gutberlet
New British Cinema

Bernd Hantke
Stream, Video

Britta Hartmann
Formalismus / Neoformalismus (mit Prof. Dr. Hans J. Wulff), Rückblende

Prof. Dr. Heinz-B. Heller
Direct Cinema, Dokumentarfilm, Filmgeschichte, Nouvelle Vague

Frank Henschke
Gerichtsfilm, Katastrophenfilm

Dr. Ulrike Hick
Kino, Pré-Cinéma-Forschung

Prof. Dr. Knut Hickethier
Fernsehen und Film, Fernsehspiel, Koproduktion, Schauspielen in Film und Fernsehen, Serie, Star / Starsystem

Dr. Kay Hoffmann
Kino-Architektur

Stephan Hoffstadt
Black Cinema

Nikolas Hülbusch
Kuleschow-Effekt

Hans-Joachim Hüttenrauch
Gag

Holger Jung
Sound Design

Dr. Hermann Kappelhoff
Neue Sachlichkeit

Dr. Anette Kaufmann
Produktionsablauf

Nils Keber
Filmmaterial

Dr. Frank Kessler
Filmwissenschaft (mit Prof. Dr. Hans J. Wulff), Filmzeitschriften (mit Prof. Dr. Hans J. Wulff)

Oliver Keutzer
Filmographie, Jump Cut, Last Minute Rescue, Master Shot, Match Cut, Plansequenz, Unterwasserfilm (mit Drew Bassett), Videoclip

Dr. Bernd Kiefer
Actors Studio, Attraktionsmontage, Faschismus und Film, Filmtheorie, Independent-Film, Kinoglaz, Konzertfilm (mit Prof. Dr. Hans-Christian Schmidt-Banse), Kulturindustrie, New American Cinema, Realismus / sozialistischer Realismus / poetischer Realismus / Neorealismus (mit Peter Ruckriegl), Revolutionsfilm, Western

Nikola Klein
Filmrestaurierung

Thomas Klein
Abenteuerfilm, Filmprotokoll, Schwarzweißfilm, Storyboard

Prof. Dr. Thomas Koebner
Akt, Anschlussfehler, Atmosphäre / Atmo, Bewegung, Bibelfilm, Buddy-Film, Dialog, Dramaturgie, Einstellungsgrößen (mit Julia Gerdes), Episch, dramatisch, lyrisch, dokumentarisch, Essayfilm, Exilfilm, Filmförderung, Filmmusik (mit Julia Gerdes), Frame / Einzelbild, Heimatfilm, Industriefilm, Ironie / Satire, Kanon / Wertung, Kultfilm, Limbo-Beleuchtung, Literaturverfilmung (mit Peter Ruckriegl), Massenregie, Metapher / Allegorie / Symbol, Monumentalfilm, Pathos, Perspektive, Problemfilm / Themenfilm, Psychoanalyse im Film / Psychiatrie im Film, Rhythmus, Synchronisation, Tonfilm

Heinz-Jürgen Köhler
Kinderfilm (mit Prof. Dr. Hans J. Wulff), Sportfilm (mit Prof. Dr. Hans J. Wulff)

Sandra Kühle
Remake

Prof. Dr. Martin Loiperdinger
Publikum

Dr. Susanne Marschall
Cast / Casting, Comicverfilmung, Komödie, Natur im Film, Parodie, Screwball Comedy, Set, Slapstick, Soap Opera, Theater und Film

Dr. Christiane Mückenberger
DEFA

Dr. Marion Müller
Abstrakter Film / absoluter Film / Cinéma pur, Architektur / Bauten, Cinéma Vérité, Film d'Art, Gaumont, Pathé

Robert Müller
American Society of Cinematographers, Kamera (Ästhetik), Schärfentiefe

Kerstin-Luise Neumann
Blockbuster, Box Office, Cliffhanger, Computeranimation, Drehbuch, Production Code, Trailer, Uraufführung (mit Julia Gerdes)

Dorothee Ott
Ballettfilm / Tanzfilm, Musicalfilm / Revuefilm

Hans Helmut Prinzler
Academy of Motion Picture Arts and Sciences, Archive, Babelsberg, Bavaria, Festivals, Filmmuseum, Filmpreise

Andreas Rauscher
A-Film / Event Movie, Alan Smithee, B-Film, Cameo, Fünfte Generation, Low Budget, Martial-Arts-Film / Eastern, Prequel, Preview, Science-Fiction-Film, Second Unit, Sequel, Trash

Christian Roggy
Digitalschnitt, Rückprojektion / Aufprojektion, Schüfftan-Verfahren, Splitscreen / Multiscreen, Timecode, Wagenradeffekt / Stroboskopeffekt

Peter Ruckriegl
Bildkomposition, Cinecittà, Epischer Film, Fotografie und Film, Literaturverfilmung (mit Prof. Dr. Thomas Koebner), Realismus / sozialistischer Realismus / poetischer Realismus / Neorealismus (mit Dr. Bernd Kiefer), Standfoto, Wechselmaske

Wolfgang Samlowski
Licht / Beleuchtung (mit Prof. Dr. Hans J. Wulff)

Dr. Eckhard Schenke
Amateurfilm (mit Walter Dehnert)

Mirko Schernickau
: Steadicam

Prof. Dr. Arno Schilson
: Medienreligion

Prof. Dr. Harald Schleicher
: Kamera (Technik und Geschichte), Montage, Point of View

Prof. Dr. Heide Schlüpmann
: Öffentlichkeit

Prof. Dr. Hans-Christian Schmidt-Banse
: Konzertfilm (mit Bernd Kiefer), Opernfilm

Daniel Schössler
: Double / Stunt / Stand-in, DVD, Episodenfilm, Kitsch / Camp (mit Stefanie Weinsheimer), Komparse, Œuvre, Parallelmontage

Dr. Cornelia Schwarz
: Filmrecht

Dr. Jörg Schweinitz
: Erzählen, Filmformate, Genre, Kellerfilm / Regalfilm, Malerei und Film, Stil, Stummfilm, Trümmerfilm

Ralph Sikau
: Dritte-Welt-Film

Sonja Speeter-Blaudszun
: Ethnographischer Film (mit Dr. Walter Dehnert)

Martin Steyer
: Mischung

Dr. Marcus Stiglegger
: Aufklärungsfilm, Exploitationfilm, Film noir, Gefängnisfilm, Horrorfilm, Kriegsfilm, Manga-Anime, Polizeifilm, Pornographischer Film, Roadmovie, Samuraifilm, Schock, Serial-Killer-Film, Sexfilm, Snuff, Splatterfilm, Surrealismus

Alexander Thies
: Finanzierung, Produzent

Prof. Dr. Guntram Vogt
: Stadt im Film

Dr. Ursula Vossen
: Außenaufnahme / Innenaufnahme, Ausstattung, Ausstattungs- und Kostümfilm, Blende, Cinema Nôvo, Credits, Double Feature, Free Cinema, Historienfilm, Kammerspielfilm, Kompilationsfilm, Maske, Melodram, Post-Production, Probeaufnahme, Spionagefilm, Take

Olaf Wehowsky
: Klappe

Stefanie Weinsheimer
: Bergfilm, Biopicture, Entfesselte Kamera, Kitsch / Camp (mit Daniel Schössler), Märchenfilm, Merchandising, Sidekick, Sitcom, Titel, Walt Disney Productions, Wochenschau, Zwischentitel

Fabienne Will
: Phantastischer Film

Prof. Dr. Hartmut Winkler
: Cadrage, Medium Film, Raum

Ivo Wittich
: Projektion

Prof. Dr. Hans J. Wulff
: Filmsemiotik, Filmwissenschaft (mit Dr. Frank Kessler), Filmzeitschriften (mit Dr. Frank Kessler), Formalismus / Neoformalismus (mit Britta Hartmann), Insert, Kinderfilm (mit Heinz-Jürgen Köhler), Kontinuität, Licht / Beleuchtung (mit Wolfgang Samlowski), Schuss-Gegenschuss, Sequenz, Spannung / Suspense, Sportfilm (mit Heinz-Jürgen Köhler), Thriller, Tierfilm, Traum im Film, Überblendung, Wissenschaftsfilm, Zeitlupe / Zeitraffer

Wassili Zygouris
: Piratenfilm, Proletarischer Film, Vorspann / Abspann

Register der Filmtitel

Das Register enthält die Originaltitel und die deutschen Verleihtitel der erwähnten Filme. Wenn der deutsche Verleihtitel sich vom Originaltitel nur durch das Hinzufügen eines Untertitels oder das Auslassen eines Artikels unterscheidet, wie z. B. bei *Alien* und *Alien – Das unheimliche Wesen aus einer fremden Welt,* wurde darauf verzichtet, beide Titel einzeln aufzuführen.

À bout de souffle (Außer Atem) 67, 199, 276, 289, 345, 393, 423, 425, 427, 676
À double tour (Schritte ohne Spur) 423
À nous la liberté (Es lebe die Freiheit) 31
À propos de Nice 547
Abbott und Costello Meet ... 641
Abenteuer des jungen Indiana Jones, Die 463
Abenteuer des Prinzen Achmed, Die 295, 355
Abenteuer des Robin Hood, Die (Robin Hood – König der Vagabunden) 8, 158, 255, 513, 660
Abenteuer des Sherlock Holmes, Die (1939) 112
Abenteuer des Till Ulenspiegel, Die 56
Abenteuer eines Zehnmarkscheins, Die 412
Abenteuer im Roten Meer 616
Abgerechnet wird zum Schluß 667
Abgeschminkt 310
Abschied von gestern 48, 148, 407, 579
Absolute Beginners 403
Abwärts 330
Abwege 598
Abyss, The (Abyss) 118, 642, 643
Abyss – Abgrund des Todes (Abyss) 118, 642, 643
Accattone – Wer nie sein Brot mit Tränen aß 499, 320
Acht Stunden sind kein Tag 169, 550, 551
Achteinhalb 97, 181, 289, 331, 446, 484, 609, 627
Addams Family 556
Adebar 53, 600
Adieu Philippine 100

Adventures of Gerard, The (Die Gräfin und ihr Oberst) 672
Adventures of Robin Hood, The (Robin Hood – König der Vagabunden) 8, 158, 255, 513, 660
Adventures of Sherlock Holmes, The (1905) 112, 325
Adventures of Sherlock Holmes, The (1939; Die Abenteuer des Sherlock Holmes) 112
Aelita 27
Ärger im Paradies 308, 309, 437, 542, 543
Affaire Dreyfus, L' 343
After Hours (Die Zeit nach Mitternacht) 198
Against All Odds (Gegen jede Chance) 198
Against the Wall 242
Âge d'or, L' (Das goldene Zeitalter) 51, 472, 484, 530, 607
Age of Innocence, The (Zeit der Unschuld) 43, 107, 254
Agonia 508
Agony and the Ecstasy, The (Michelangelo – Inferno und Ekstase) 330
Aguirre, der Zorn Gottes 411, 516
Ahasver 54
Ai no corrida (Im Reich der Sinne) 348
Aimée und Jaguar 349
Airport 290, 641
Akira 360, 361
Akira Kurosawa's Dreams (Akira Kurosawas Träume) 359
Akira Kurosawas Träume 359
Akte, Die 617
Aladdin 381, 403, 658
Alarm im Weltall 567
Alexander Newski 398, 496
Alexandr Newski (Alexander Newski) 398, 496
Alf 556

Alice Doesn't Live Here Anymore (Alice lebt hier nicht mehr) 381, 421
Alice im Wunderland 657
Alice in Cartoonland 656
Alice in den Städten 48, 228, 411, 516, 580
Alice in Wonderland (Alice im Wunderland) 657
Alice lebt hier nicht mehr 381, 421
Alien-Filme 334, 462, 540, 546
Alien – Das unheimliche Wesen aus einer fremden Welt 18, 31, 267, 342, 379, 450, 540
Alien – Die Wiedergeburt 540
Alien 3 540
Alien: Resurrection (Alien – Die Wiedergeburt) 540
Aliens – Die Rückkehr 540
All I Desire (All meine Sehnsucht) 378
All meine Sehnsucht 378
All Quiet on the Western Front (Im Westen nichts Neues) 323, 479, 640
All That Heaven Allows (Was der Himmel erlaubt) 347, 379, 380
All the King's Men (Der Mann, der herrschen wollte) 102
All the Marbles (Kesse Bienen auf der Matte) 577
All the President's Men (Die Unbestechlichen) 45, 107
Alle Herrlichkeit auf Erden 85
Alle sagen: I Love You 403
Alles auf eine Karte 238, 327
Allseitig reduzierte Persönlichkeit – Redupers, Die 409
Ally McBeal 555, 556
Alois Gugutzer, Filmvorführer: »Das Zelluloid läßt einen nicht los« 662
Alpen-Saga, Die 253

Alphaville (Lemmy Caution gegen Alpha 60) 538
Am Ende des Regenbogens 408 f.
Am Tag, als der Regen kam 598
Am Wege 169
Am Wendepunkt 57
Amadeus 40, 78, 195, 330
Amarcord 181
American Beauty 465
American History X 244
American in Paris, An (Ein Amerikaner in Paris) 57, 386, 399, 402
American Werewolf 368, 450
American Werewolf in London, An (American Werewolf) 368, 450
Amerika 320
Amerikaner in Paris, Ein 57, 386, 399, 402
Amerikanische Freund, Der 228
Amerikanische Nacht, Die 23, 181, 427
Amityville Horror, The (Amityville Horror) 463
Amor brujo, El (Liebeszauber) 59
Amore in città, L' (Liebe in der Stadt) 144
Amphitryon – Aus den Wolken kam das Glück 190, 638
Anatomie eines Mordes 246
Anatomy of a Murder (Anatomie eines Mordes) 246
Andalusischer Hund, Ein 51, 331, 338, 472, 484, 530, 606, 628
Andere, Der 46, 603
Andrej Rubljow 357, 585
Andromeda 539
Andromeda Strain (Andromeda) 539
Andy Warhol's Frankenstein 618
Anémic Cinéma 10, 50, 331
Anfrage 169
Angel – Straße ohne Ende 417
Angel Heart 264, 267
Angelic Conversation, The 417
Angels with Dirty Faces (Chicago) 632, 660
Angst essen Seele auf 304, 345, 410 f., 618
Animals Are Beautiful People (Die lustige Welt der Tiere) 616

Ankunft des Zuges, Die 199, 337
Anna Karenina 386
Anna Pawlowa – Ein Leben für den Tanz 57
Anne of the Indies (Die Piratenkönigin) 345
Année dernière à Marienbad, L' (Letztes Jahr in Marienbad) 31, 424, 607
Annie Get Your Gun (Duell in der Manege) 386
Annie Hall (Der Stadtneurotiker) 345, 433
Another Country 417, 571
Antonio das Mortes 98
Antz! 25
Anuschka 61
Apartment, The (Das Appartement) 139, 534, 640
Apocalypse Now 40, 107, 192, 194, 280, 322, 323, 421, 562
Apollo 13 643
Appartement, Das 139, 534, 640
Apus Weg ins Leben – 1. Auf der Straße 289
Arabian Nights (Arabische Nächte) 449
Arabische Nächte 449, 641
Arbeiter verlassen die Fabrik Lumière 337, 670
Architekten, Die 110
Aria 319
Arielle, die Meerjungfrau 295, 381, 403, 658
Aristocats, The (Aristocats) 403
Armageddon – Das jüngste Gericht 292, 405
Arme Jenny, Die 578
Arnulf Rainer 11, 600
Around the World in Eighty Days (In 80 Tagen um die Welt) 40, 83, 555
Arrivée d'un train à La Ciotat, L' (Die Ankunft des Zuges) 199, 337
Arroseur arrosé, L' (Der begossene Gärtner) 145, 306, 337, 557, 604
Arsen und Spitzenhäubchen 333, 545, 617
Arsenal 507
Arsenic and Old Lace (Arsen und Spitzenhäubchen) 333, 545, 617
Artisten in der Zirkuskuppel: ratlos, Die 618

Register der Filmtitel 685

Ascenseur pour l'échafaud, L' (Fahrstuhl zum Schafott) 423
Asphalt 55, 283, 581, 598
Asphalt Jungle, The (Asphalt-Dschungel) 14, 238, 327, 387
Asphalt-Cowboy 86
Asphalt-Dschungel 14, 238, 327, 387
Asphaltrennen 421, 515
Assassin, The (Codename: Nina) 571
Assault – Anschlag bei Nacht 421
Assault on Precinct 13 (Assault – Anschlag bei Nacht) 421
Asse 111
Asterix-Filme 295
At Land 628
At Old Fort Dearborn 281
Atalante, L' (Atalante) 241, 289
Atlantis 47, 603
Atomic Hero 625
Au pays noir 280
Auch Henker sterben 153, 480
Auch Zwerge haben klein angefangen 618
Auf dem Highway ist die Hölle los 516
Auf den Spuren seltener Tiere 616
Auf der Sonnenseite 110
Auf der Suche nach Mr. Goodbar 378
Auf glühendem Pflaster 107
Aufstand im Zuchthaus 242
Auge, Das 198, 516
Auge des Bösen, Das 425
Augen der Angst 266
Augen der Mumie Ma, Die 27
Augenzeuge, Der 111, 671
Aus der Mitte entspringt ein Fluß 107
Ausfahrt der Chinakrieger von Bremerhaven mit der »Straßburg« 280
Ausgerechnet Wolkenkratzer 29, 581
Außenseiterbande, Die 80
Außer Atem 67, 199, 276, 289, 345, 393, 423, 425, 427, 676
Austernprinzessin, Die 309, 636
Aventures de Till Espiègle, Les (Die Abenteuer des Till Ulenspiegel) 56
Awful Truth, The (Die schreckliche Wahrheit) 102

Babe – Ein amerikanischer Traum, The 574
Babe Ruth – Die Baseball-Legende 574
Babe Ruth Story, The 574
Babe, the Galant Pig (Ein Schweinchen namens Babe) 296
Baby Bachelor 559
Baby of Mâcon, The (Das Wunder von Mâcon) 43, 612
Babys Frühstück 337
Back to the Future (Zurück in die Zukunft) 44
Bad and the Beautiful, The (Stadt der Illusionen) 180, 518
Bad auf der Tenne, Das 56
Bad Lieutenant 198, 442, 456
Badende Venus 387, 400, 578
Badlands 515, 550
Bain, Le 553
Baise-moi (Fick mich) 618
Bal – Der Tanzpalast, Le 59
Ball of Fire (Die merkwürdige Zähmung der Gangsterbraut Sugarpuss) 526
Ballad of Cable Hogue, The (Abgerechnet wird zum Schluß) 667
Ballet mécanique 10, 50
Bambi 24, 93, 295, 303, 615, 657
Band, The 317, 318
Band Wagon, The (Vorhang auf!) 399
Bande à part (Die Außenseiterbande) 80
Bandito delle 11, Il (Elf Uhr nachts) 92
Bang Boom Bang – Ein todsicheres Ding 310
Barbarella 448
Barefoot Contessa, The (Die barfüßige Gräfin) 518
Barfüßige Gräfin, Die 518
Barkleys of Broadway, The (Tänzer vom Broadway) 401
Barry Lyndon 43, 46, 255, 305, 360, 363
Bartholomäusnacht, Die 256
Barton Fink 181
Basic Instinct 20, 129, 554
Bathing Venus (Badende Venus) 387, 400, 578
Batman 18, 43, 83, 103, 382, 450, 463, 547
Batman Forever 103

Batman Returns (Batmans Rückkehr) 103, 382, 450, 546
Batmans Rückkehr 103, 382, 450, 546
Battle of Santiago-Bay, The 567
Bawang bieji (Lebewohl, meine Konkubine) 232, 255
Beast from 20000 Fathoms, The (Panik in New York) 567
Beau Brummel 567
Beau Serge, Le (Die Enttäuschten) 423
Beautiful People (Die lustige Welt der Tiere) 616
Beauty and the Beast, The (Die Schöne und das Biest) 381, 403, 658
Becky Sharp 157
Beethoven (Ein Hund namens Beethoven) 296
Befreite Hände 60
Begierde 368, 379
Begossene Gärtner, Der 145, 306, 337, 557, 604
Behind the Green Door 457
Beil von Wandsbek, Das 110
Bekenntnisse des Hochstaplers Felix Krull 310
Bel Âge, Le (Man kann's ja mal versuchen) 423
Belle de jour – Schöne des Tages 554
Belle et la Bête, La (Es war einmal) 76, 279, 357, 616
Bellissima 97
Bells of St. Mary's (Die Glocken von St. Marien) 262
Below the Belt 577
Ben Akiba hat gelogen! 439
Ben Hur 27, 69, 83, 97, 144, 253, 313, 387, 397, 545
Berg des Schicksals, Der 62
Berg ruft, Der 63, 637
Bergkatze, Die 370
Berlin. Die Sinfonie der Großstadt 126, 148, 303, 382, 412, 578, 581, 637
Berlin Alexanderplatz (1931) 581
Berlin Alexanderplatz (1980) 61, 169, 230
Berlin, Ecke Schönhauser 110
Berlin um die Ecke 110, 293
Berlin von unten 581
Berliner Ballade 630
Berüchtigt 66, 262, 328, 355
Beschin lug (Die Beschin-Wiese) 508

Beschin-Wiese, Die 508
Besessene, Der 41
Best Years of Our Lives, The (Die besten Jahre unseres Lebens) 262, 379
Besten Jahre unseres Lebens, Die 262, 379
Bestie Mensch 496
Bête, La 554
Bête humaine, La (Bestie Mensch) 496
Betragen ungenügend 241
Better Tomorrow, A (City Wolf) 364
Bettgeflüster 348, 572, 641
Betty Blue – 37,2° am Morgen 347
Beunruhigung, Die 110
Bewegte Mann, Der 201, 310
Beyond the Forrest (Der Stachel des Bösen) 348
Bibbia, La (1965; Die Bibel) 71, 255
Bibel, Die (1965) 71, 255
Bibel, Die (1993–99) 71
Big Blue, The (Im Rausch der Tiefe) 642
Big Brother 529
Big Doll House, The 244
Big Heat (Heißes Eisen) 326
Big Parade, The (Die große Parade) 259
Big Shave, The (Die große Rasur) 338
Big Sky, The (Der weite Himmel) 86
Big Sleep, The (Tote schlafen fest) 114, 261, 328, 661
Big Time 317
Bilitis 303
Bill Cosby Show, Die 555
Billy Elliot – I Will Dance 59
Birdman of Alcatraz (Der Gefangene von Alcatraz) 242, 327
Birds, The (Die Vögel) 595, 616
Birds 2, The (Die Vögel 2) 20
Birth of a Nation, The (Die Geburt einer Nation) 13, 78, 80, 138, 144, 146, 255, 259, 278, 281, 323, 338, 379, 395, 397, 441, 604
Bis ans Ende der Welt 646
Bis das Blut gefriert 264, 266
Bis zum Happy End 408
Bismarck 619
Bitterer Honig 231, 499
Bizarre Morde 115

Register der Filmtitel

Black Mask 366
Black Pirate, The (Der schwarze Pirat) 7, 451
Black Swan, The (Der schwarze Schwan) 8, 451
Blackboard Jungle, The (Die Saat der Gewalt) 466
Blackmail (Erpressung) 278
Blade Runner 18, 31, 32, 45, 106, 118, 334, 361, 372, 442, 450, 458, 540, 580
Blade Runner – Director's Cut, Der 461
Blair Witch Project, The 354
Blaßblaue Frauenschrift, Eine 169
Blast Killer 18, 364
Blaubarts achte Frau 542
Blaue Engel, Der 55, 190, 586, 622, 638
Blaue Lagune, Die 349
Blaue Licht, Das 63, 159
Blechtrommel, Die 201, 640
Blick des Odysseus, Der 442
Blick in die Welt 671
Blick zurück im Zorn 231
Blind Date – Verabredung mit einer Unbekannten 309, 542
Blind Husbands (Blinde Ehemänner) 281
Blinde Ehemänner 281
Blinkity Blank 53
Blonde Venus 436, 437, 438
Blonder Traum, Ein 55, 580, 638
Blondie 101
Blood and Sand (König der Toreros) 102, 632
Blood Feast 571
Blood Ship, The 101
Blood Simple 115
Bloody Mama 238
Blossom Time 631
Blow Job 331
Blow Up 228
Blue Lagoon, The (Die blaue Lagune) 349
Blue Movie 270
Blue Steel 455, 456
Blue Velvet 460, 464
Bluebeard's Eighth Wife (Blaubarts achte Frau) 542
Blues Brothers 91, 107
Blut eines Dichters, Das 51, 338, 484, 607
Blutgericht in Texas 264, 266, 549
Bluthochzeit 59

Blutige Seide 266
Blutmond (Manhunter) 198, 549
Bob le flambeur (Drei Uhr nachts) 238
Boccaccio 70 144
Bodas de sangre (Bluthochzeit) 59
Body and Soul (1925) 78
Body and Soul (1947; Jagd nach Millionen) 197, 518, 577
Bodyheat (Eine heißkalte Frau) 460
Bonanza 550, 668
Bonfire of Vanities, The (Fegefeuer der Eitelkeiten) 592
Bonjour Kathrin 310
Bonnie and Clyde (Bonnie und Clyde) 14, 65, 238, 419, 515
Bonnie und Clyde 14, 65, 238, 419, 515
Boomerang (Bumerang) 633
Boot, Das 45, 61, 166, 201, 642, 645
Bordertown (Stadt an der Grenze) 660
Born to Dance (Zum Tanzen geboren) 386
Boston Blackie 101
Botschafter der Angst 328
Botschafter in Moskau 661
Boulevard der Dämmerung 180, 305, 438, 517
Bound for Glory (Dieses Land ist mein Land) 592
Bowery, Die 632
Boxcar Bertha (Die Faust der Rebellen) 154
Boyz 'n the Hood – Jungs im Viertel 79
Braindead 267, 625
Bram Stoker's Dracula 368, 446
Brassed Off – Mit Pauken und Trompeten 418
Brave One, The (Roter Staub) 433
Brazil 31, 448, 449, 464, 541
Breakfast at Tiffany's (Frühstück bei Tiffany) 348
Breaking the Waves 509
Brennpunkt Brooklyn 14, 328, 435, 455, 634, 678
Bride of Frankenstein, The (Frankensteins Braut) 264, 265, 546
Bridge on the River Kwaj, The (Die Brücke am Kwai) 102, 433
Bridges at Toko-Ri, The (Die Brücken von Toko-Ri) 568

Bridges of Madison County, The (Die Brücken am Fluß) 381
Brief, Der (1940; Das Geheimnis von Malampur) 660
Brief, Der (1966) 407
Brief an den Kreml, Der 328, 329
Brigadoon 386, 399
Brigham Young – Frontiersman (Treck nach Utah) 632
Bringing Up Baby (Leoparden küsst man nicht) 309, 383, 486, 514, 541, 542
Brittle Glory – Or the Continued Adventures of Reptile Man and His Faithful Sidekick Tadpole 555
Broadway 284
Broadway Melody, The 30, 386, 399
Broadway Melody of 1936 45
Broadwayträume 399
Broken Blossoms (Gebrochene Blüten) 262, 347, 377
Broken Lance (Die gebrochene Lanze) 84
Bronenosez Potjomkin (Panzerkreuzer Potemkin) 27, 160, 189, 199, 214, 278, 289, 371, 391, 392, 398, 476, 506, 510, 530
Brooklyn Girl 79
Brot der frühen Jahre, Das 407
Brot des Bäckers, Das 409
Brot, Liebe und Fantasie 97
Bruce Lee – Der Mann mit der Todeskralle 15
Bruce Lee – Todesgrüße aus Shanghai 365
Brücke, Die 10, 323, 324
Brücke am Kwai, Die 102, 433
Brücken am Fluß, Die 381
Brücken von Toko-Ri, Die 568
Brüder 476
Brumes d'automne 268
Brute Force (Zelle R 17) 325
Bubi Scholz Story, Die 574
Buck Rogers 537
Buck Rogers in the 25th Century (Buck Rogers) 537
Bübchen 409
Büchse der Pandora, Die 199, 554, 611
Buena Vista Social Club 318
Bug's Life, A (Das große Krabbeln) 25
Bugs Bunny 93
Bugsy 240

Bullets or Ballets (Wem gehört die Stadt?) 237
Bullitt 14, 328, 435
Bumerang 633
Bunte Tierwelt 616
Buntfilm 9
Burleske 319
Burn Hollywood Burn (Fahr zur Hölle, Hollywood) 20
Bus Stop 348
Bush Mama 79
Buster Keaton, der Cowboy (Der Cowboy) 439
Buster Keaton, der Mann mit den tausend Bräuten 372
Butch & Sundance – The Early Years (Butch und Sundance – Die frühen Jahre) 462
Butch Cassidy and the Sundance Kid (Zwei Banditen) 86, 87, 463
Butch und Sundance – Die frühen Jahre 462
Butterfield Eight (Telefon Butterfield 8) 348
Butterfly Kiss 516

C'era una volta il west (Spiel mir das Lied vom Tod) 191, 405, 668
C'est arrivé près de chez nous (Mann beißt Hund) 560
Cabaret 44, 58, 61, 402
Cabinet des Dr. Caligari, Das 28, 43, 70, 89, 90, 155, 199, 264, 286, 358, 449, 580, 604, 636, 679
Cabiria 27, 28, 43, 143, 281, 351, 394
Caduta degli dei, La (Die Verdammten) 304
Caduta di Troia, La (Der Untergang Trojas) 143
Caged Heat (Das Zuchthaus der verlorenen Mädchen) 154, 244
Cal 417
Caligula 554
Call Northside 777 (Kennwort 777) 633
Camelot – Am Hofe König Arthurs 661
Camille (Die Kameliendame) 261, 348
Camille 2000 (Kameliendame 2000) 554
Camille Claudel 77, 330
Can-Can 633
Cannibal Holocaust (Nackt und zerfleischt) 267, 560

Cannonball Run, The (Auf dem Highway ist die Hölle los) 366, 516
Cape Fear (1962; Ein Köder für die Bestie) 91
Cape Fear (1991; Kap der Angst) 91
Caprona – das vergessene Land 449
Captain Blood (Unter Piratenflagge) 8
Captain Courageous (Junge über Bord) 261
Captain Future 360
Captain Horatio Hornblower (Des Königs Admiral) 451
Carabiniers, Les (Die Karabinieri) 425
Caravaggio 78, 331, 418
Carl Peters 61
Carmen 59, 379, 431
Carmen 62 57
Carmen Jones 379
Carmen on Ice 574
Carmen von St. Pauli, Die 598
Carne per Frankenstein (Andy Warhol's Frankenstein) 618
Carrie – Des Satans jüngste Tochter 266
Cartouche (Cartouche, der Bandit) 9, 362
Cartouche, der Bandit 9, 362
Casablanca 152, 153, 192, 235, 261, 332, 333, 346, 349, 661
Casanova, Il (Fellinis Casanova) 97, 273
Casey and the Bat 573
Casino 107, 422
Caspar 106, 568
Cast Away – Verschollen 404
Cat People (Katzenmenschen) 195, 264, 345 f., 514
Catalog 118
Catch 22 625
Caudillo 314
Celebrity 91
Céline et Julie vont en bateau (Céline und Julie fahren Boot) 289
Céline und Julie fahren Boot 289
Cell, The 549
Central do Brasil (Central Station) 98
Central Station 98
Cercle rouge, Le (Vier im roten Kreis) 238

Cet obscur objet du désir (Dieses obskure Objekt der Begierde) 607
Chagrin et la Pitié, Le (Das Haus nebenan – Chronik einer französischen Stadt im Kriege) 100
Chair, The (Der elektrische Stuhl) 100
Chariots of Fire (Die Stunde des Siegers) 415, 577
Charme discret de la bourgeoisie, Le (Der diskrete Charme der Bourgeoisie) 446
Che? (Was?) 628
Chef, Der 456
Chemins de la mauvaise route, Les 100
Cheyenne 661
Cheyenne Autumn (Cheyenne) 661
Chicago 632, 660
Chicago 1930 454
Chien andalou, Un (Ein andalusischer Hund) 51, 331, 338, 472, 484, 530, 606, 628
Chienne, La (Die Hündin) 496
Chikago-Massaker 327
Chikyu boeigun (Weltraum-Bestien) 567
China Swordsman 365
Chinatown 115, 198, 328, 421, 655, 677
Chinese Ghost Story, A 15, 365
Chingachgook, die Große Schlange 110
Choirboys, The (Die Chorknaben) 455
Choix des armes (Wahl der Waffen) 240
Choose me – Sag ja 423
Chorknaben, Die 455
Chorus Line, A 403
Christiane F. – Wir Kinder vom Bahnhof Zoo 467, 580
Christopher Columbus – der Entdecker 255
Christopher Columbus: the Discovery (Christopher Columbus – der Entdecker) 255
Chronik eines Sommers 100, 121, 424
Chronique d'un été (Chronik eines Sommers) 100, 121, 424
Church, The 266
Cimarron 262, 434, 514
Cinderella 657
Cinema Paradiso 181, 662

Register der Filmtitel

Cinq minutes de cinéma pur 10, 51
Citizen Kane 31, 44, 76, 146, 157, 229, 262, 279, 289, 290, 389, 390, 461, 514, 518, 525, 526, 549, 567, 596
City Beneath the Sea (Die Stadt unter dem Meer) 642
City Lights (Lichter der Großstadt) 262, 379
City Wolf 364
City-Cobra, Die 456
City-Symphony 578
Clara Schumanns große Liebe 77
Cléo de cinq à sept (Mittwoch von 5 bis 7) 425
Cleopatra 45, 255, 396, 397, 553, 633
Clerks 354
Cliffhanger 64
Cloche, La 607
Close Encounters of the Third Kind (Unheimliche Begegnung der dritten Art) 539
Close Shave, A (Wallace & Grommit unter Schafen) 93
Clou, Der 86, 327
Club der toten Dichter, Der 444
Coalminer's Daughter (Nashville Lady) 368
Cobra (Die City-Cobra) 456
Cockfighter 421
Cocktail für eine Leiche 40, 284
Codename: Nina 571
Cœur gros comme ça, Un (Mit meinen Augen) 100
Colors – Farben der Gewalt 456
Colour Box 10
Come Back to the Five and Dime, Jimmy Dean, Jimmy Dean (Komm zurück, Jimmy Dean) 518
Come Back, Africa (Come back, Afrika) 415
Comet, The 541
Commission, The 654
Company of Wolves, The (Die Zeit der Wölfe) 356, 418, 450
Conan, der Barbar 447
Conan, der Zerstörer 447
Conan, the Barbarian (Conan, der Barbar) 447
Conan, the Destroyer (Conan, der Zerstörer) 447
Condamné à mort s'est echappé, Un (Ein zum Tode Verurteilter ist entflohen) 443

Confession of a Nazi Spy (Ich war ein Spion der Nazis) 261, 480, 661
Connection, The 415
Conquest (Maria Walewska) 378
Contact 552
Contes immoraux (Unmoralische Geschichten) 554
Cook, the Thief, His Wife and Her Lover, The (Der Koch, der Dieb, seine Frau und ihr Liebhaber) 612
Cool Hand Luke (Der Unbeugsame) 243
Cool World 415
Coquille et le Clergyman, La 51, 605
Corsican Brothers 566
Count of Monte Christo, The 436
Countryman and the Cinematographe, The 180
Court Jester, The (Der Hofnarr) 512
Cousins, Les (Schrei, wenn du kannst) 423
Cover Girl (Es tanzt die Göttin) 102, 367
Cowboy, Der 439
Crime Doctors 101
Criminal Code, The (Das Strafgesetzbuch) 102
Crimson Pirate, The (Der rote Korsar) 8, 451, 452, 555
Crooklyn 80
Crossfire (Im Kreuzfeuer) 514
Crouching Tiger, Hidden Dragon (Tiger & Dragon) 366
Crow, The 129
Crowd, The (Ein Mensch der Masse) 42, 371
Cruising 455, 531, 549
Cry-Baby 403
Crying Game, The 368
Cyrano de Bergerac 46, 256
Cyrano von Bergerac 46, 256

Dämonischen, Die 91, 264, 270, 538
Dahong denglong gaogao gua (Rote Laterne) 232, 255
Daisy Kenyon 378
Dallas 387, 551, 561
Dambusters, The 568
Dame im See, Die 115, 445, 454
Dame verschwindet, Eine 569
Dance of the Vampires (Tanz der Vampire) 439

Dancer in the Dark 403
Dances with Wolves (Der mit dem Wolf tanzt) 434, 616
Dangerous Female 237
Dangerous Game (Snake Eyes) 181
Dante's Inferno 658
Danton 254
Dark City 541
Dark Crystall, The (Der dunkle Kristall) 295
Dark Passage (Die schwarze Natter) 285, 454
Dark Star – Finsterer Stern 539
Das gibt's nie wieder 386
Dauernd Ferien 354, 580
Daughters of the Dust 79
David 410
David Copperfield 386
David Holzman's Diary (David Holzmans Tagebuch) 419
David Holzmans Tagebuch 419
Dawn of the Dead (Zombie) 267, 572
Day the Earth Stood Still, The (Der Tag, an dem die Erde stillstand) 538
Days of Heaven (In der Glut des Südens) 280
Dead Again (Schatten der Vergangenheit) 368
Dead Birds 150
Dead Man 668
Dead Men Don't Wear Plaid (Tote tragen keine Karos) 314
Dead Poets Society (Der Club der toten Dichter) 444
Deadlock 48, 409
Death in Venice (Tod in Venedig) 194
Death of a Salesman (Tod eines Handlungsreisenden) 611
Decision Before Dawn (Entscheidung vor Morgengrauen) 61
Deconstructing Harry (Harry außer sich) 91
Deep, The (Die Tiefe) 642
Deep Blue Sea 643
Deep Impact 291
Deep Throat 457
Deer Hunter, The (Die durch die Hölle gehen) 255, 323
DEFA-Kinobox 111
Dein unbekannter Bruder 110
Deja Vrooom 319
Déjeuner de bébé, Le (Babys Frühstück) 337

Register der Filmtitel

Déjeuner sur l'herbe, Le (Das Frühstück im Grünen) 269
Delicatessen 655
Dementia 13 154
Den Blodiga Tiden (Mein Kampf) 314
Denk bloß nicht, ich heule 110, 293
Denn sie wissen nicht, was sie tun 17, 654
Denn zum Küssen sind sie da 549
Dennis 294
Dennis the Menace (Dennis) 294
Denver-Clan, Der 561
Der aus dem Regen kam 615
Der leone have sept cabecas (Der Löwe mit den sieben Köpfen) 508 f.
Der mit dem Wolf tanzt 434, 616
Deranged 549
Dernier Tango à Paris, Le (Der letzte Tango in Paris) 347
Dernier Tournant, Le (Die letzte Wendung) 497
Derrick 550
Des Königs Admiral 451
Deserto Rosso, Il (Die rote Wüste) 31, 580
Design for Living (Serenade zu dritt) 308
Désirée 255
Desperate Journey (Sabotageauftrag Berlin) 660
Desperately Seeking Susan (Susan ... verzweifelt gesucht) 624
Destination Moon (Endstation Mond) 568
Detective Story (Polizeirevier 21) 328
Detstwo Gorkowo (Gorkis Kindheit) 495
Deulig-Woche 670
Deus e o Diabo na Terra do Sol (Gott und der Teufel im Lande der Sonne) 98
Deutschland im Jahre Null 498
Deux ou trois choses que je sais d'elle (Zwei oder drei Dinge, die ich von ihr weiß) 424
Deuxième Souffle, Le (Der zweite Atem) 327
Devil in Miss Jones, The 457
Diagonal-Symphonie 10
Diaries, Notes and Sketches 415

Dick Tracy 104, 113, 465, 552
Dick Tracy vs. Crime, Inc. 113
Dick Tracy's G-men 113
Die durch die Hölle gehen 255, 323
Die Hard (Stirb langsam) 15, 456, 546
Die Harder (Stirb langsam 2) 546
Dieb von Bagdad, Der (1924) 640
Dieb von Bagdad, Der (1940) 449
Dies ist mein Land 262
Dieses Land ist mein Land 592
Dillinger 238
Dimanche à la campagne, Une (Ein Sonntag auf dem Lande) 586
Ding aus einer anderen Welt, Das 538, 540
Dirnentragödie 286, 598
Dirty Dancing 58, 59, 334
Dirty Dozen, The (Das dreckige Dutzend) 323
Dirty Harry 14, 328, 338, 455, 456
Diskrete Charme der Bourgeoisie, Der 446, 607
Disque No. 957 268
Distant Voices, Still Lives (Entfernte Stimmen – Stilleben) 418
Diva 458, 677
Dive (Gefangen in der Tiefe) 642, 643
Do the Right Thing 79
Docks of New York (Die Docks von New York) 236
Docks von New York, Die 236
Docteur Popaul (Doktor Popaul) 367
Doctor Doolittle 634
Doctor Zhivago (Doktor Schiwago) 191, 387
Dog Star Man II 53
Doktor Popaul 367
Doktor Schiwago 191, 387
Dolce vita, La (Das süße Leben) 97
Dominatore di sette mare, Il (Pirat der sieben Meere) 453
Don Carlos 61
Don Juan 189, 620
Don't Look Now (Wenn die Gondeln Trauer tragen) 264, 531, 614
Doors, The 77, 91

Doorway to Hell 237
Doppelte Lottchen, Das 295, 465
Dornröschen 355
Double Indemnity (Frau ohne Gewissen) 348
Doulos, Le (Der Teufel mit der weißen Weste) 238
Dr. Crippen an Bord 329
Dr. Ehrlich's Magic Bullet (Paul Ehrlich – Ein Leben für die Forschung) 77, 660
Dr. Fu Man Chu 645
Dr. Jekyll and Mr. Hyde (Dr. Jekyll und Mr. Hyde) 197, 264
Dr. Jekyll und Mr. Hyde 197, 264
Dr. Kildare-Filme 386
Dr. Mabuse, der Spieler 96, 155, 329
Dr. No (James Bond jagt Dr. No) 569
Dr. Seltsam oder Wie ich lernte, die Bombe zu lieben 368
Dr. Strangelove, or How I Learned to Stop Worrying and Love the Bomb (Dr. Seltsam oder Wie ich lernte, die Bombe zu lieben) 368
Dracula 264, 265, 450, 640
Dracula (Bram Stoker's Dracula) 640
Dragão da Maldade contra o Santo Gucrrciro, O (Antonio das Mortes) 98
Draughtsman's Contract, The (Der Kontrakt des Zeichners) 193, 330, 360, 417, 458, 511, 655
Dreckige Dutzend, Das 323
Drei Männer im Schnee 310
Drei Musketiere, Die 362, 363
Drei Nüsse für Aschenbrödel 295, 357
Drei rauhe Gesellen 631
Drei Tage des Condor, Die 328, 570, 571
Drei Uhr nachts 238
Drei von der Tankstelle, Die 55, 190, 284, 622, 637
Dreigroschenoper 495, 623
Dritte, Der 56, 110
Dritte im Hinterhalt, Der 115
Dritte Mann, Der 31, 43, 341, 579
Drowning by Numbers (Verschwörung der Frauen) 600

Register der Filmtitel

Drowning Pool, The (Unter Wasser stirbt man nicht) 115
Drums Along the Mohawk (Trommeln am Mohawk) 632
Drums of Fu Man Chu (Dr. Fu Man Chu) 645
Drunkard's Reformation, The 344
Dschinghis Khan 96
Dschungelbuch, Das 295, 403, 657
Du Rififi chez les hommes (Rififi) 327
Du sollst mein Glücksstern sein – Singin' in the Rain (Singin' in the Rain) 41, 57, 284, 289, 386, 399, 402, 623, 625
Du und mancher Kamerad 111
Duck Soup (Die Marx Brothers im Krieg) 235
Duel (Duell) 13, 517
Duel in the Sun (Duell in der Sonne) 345, 379
Duell 13, 517
Duell in der Manege 386
Duell in der Sonne 345, 379
Dünne Mann, Der 386, 544
Duffy Duck 93
Dumbo – Der fliegende Elefant 295, 657
Dune (Der Wüstenplanet) 20
Dunkle Bedrohung, Die 463
Dunkle Kristall, Der 295, 447
Durch die Hölle nach Westen 83
Dynasty (Der Denver-Clan) 561

E la nave va (Fellinis Schiff der Träume) 97, 273
Earthquake (Erdbeben) 290, 291, 641
Easy Rider 102, 271, 316, 342, 419, 420, 515
Echoes of Silence 419
Ed Wood 624
Edward mit den Scherenhänden 357
Edward Scissorhands (Edward mit den Scherenhänden) 357
Egyptian, The (Sinuhe, der Ägypter) 84
Ehe, Eine 48, 408, 645
Ehe der Maria Braun, Die 255, 279, 411
Ehe im Kreise, Die 659
Ehe im Schatten 110, 629
Ei, Das 338

Eight Millimeter (8 mm – Acht Millimeter) 560
Eika Katappa 409
Ein zum Tode Verurteilter ist entflohen 443
Einer flog über das Kuckucksnest 487, 640
Einer mit Herz 653
Eins, zwei, drei 481
Einsame Entscheidung 571
Einsame Kämpfer, Der 326
Einsamkeit des Langstreckenläufers, Die 231, 576
Eintracht Borbeck 574
Einzelgänger, Der 198
Eiserne Pferd, Das 631, 667
Eiskalte Engel, Der 238, 289, 290, 364, 456
Eissturm, Der 406
Ekel 26, 266, 361, 487, 615
El Dorado – Gier nach Gold 255, 668
El Topo 608
Electra Glide in Blue (Harley Davidson 344) 455
Elefantenmensch, Der 368
Elektrische Stuhl, Der 100
Element of Crime 198
Elenden, Die (1912) 173
Elenden, Die (1934) 632
Elephant Man, The (Der Elefantenmensch) 368
Elf Uhr nachts 92, 458
E-Mail für dich 311, 348
Emak Bakia 50
Emanuela 554
Emil und die Detektive 295, 297
Emmanuelle 626
Emmanuelle in Amerika 560
Empire 52, 331, 415
Ende von St. Petersburg, Das 27, 507
Endstation Liebe 598
Endstation Mond 568
Endstation Sehnsucht 16, 17
Enemy Mine – Geliebter Feind 368
Enfant sauvage, L' (Der Wolfsjunge) 80, 535
Enfants du paradis, Les (Kinder des Olymp) 332, 333
Englische Patient, Der 381
English Patient, The (Der englische Patient) 381
Enter the Dragon (Bruce Lee – Der Mann mit der Todeskralle) 15

Entfernte Stimmen – Stilleben 418
Entr'acte (Zwischenspiel) 51, 189, 274, 331
Entscheidung in der Sierra 237, 327, 660
Entscheidung vor Morgengrauen 61
Enttäuschten, Die 423, 424
Epilog 95
Eraserhead 608
Erbarmungslos 665
Erdbeben 290, 291, 641
Erde bebt, Die 498
Erdgeist 554
Erinnerungen an die Unterentwicklung 508
Ermordung des Herzogs von Guise, Die 173, 522
Ernst Thälmann – Führer seiner Klasse 110
Ernst Thälmann – Sohn seiner Klasse 255, 443
Erpressung 278
Erscheinen Pflicht 110
Erste Evangelium – Matthäus, Das 70, 71
Erste Ritter, Der 513
Éruption volcanique à la Martinique 291
Erzählungen unter dem Regenmond 65
Es 407, 645
Es geschah in einer Nacht 101, 262, 542, 543
Es herrscht Ruhe im Land 410, 646
Es lebe die Freiheit 31
Es leuchten die Sterne 619
Es tanzt die Göttin 102, 367
Es war der Wind 168
Es war einmal 76, 279, 357, 616
Es war einmal in Amerika 372, 464
Escamotage d'une dame chez Robert Houdini 447, 566
Escape from Alcatraz (Flucht von Alcatraz) 243
Escape from New York (Die Klapperschlange) 540
Esmeralda 241
Espion, L' (Lautlose Waffen) 570
E.T. – Der Außerirdische 294, 295, 450, 540, 641
E.T. – The Extraterrestrial (E.T. – Der Außerirdische) 294, 295, 450, 540, 641

Et Dieu créa la femme (Und immer lockt das Weib) 348
Étoile de mer 605
Étrange aventure de Lemmy Caution, Une (Lemmy Caution gegen Alpha 60) 538
Every Day Except Christmas 230
Everybody Says I Love You (Alle sagen: I Love You) 403
Evita 403
Ewige Jude, Der 160, 480
Excalibur 447, 513
Executive Decision (Einsame Entscheidung) 571
Exorcist, The (Der Exorzist) 18, 264, 266, 368, 421, 531
Exorzist, Der 18, 264, 266, 368, 421, 531
Expeditionen ins Tierreich 616
Experiment, Das 618
Extase (Symphonie der Liebe) 349, 553
Eyes Wide Shut 626

F ... mich! 618
Face / Off (Im Körper des Feindes) 366
Fahr zur Hölle, Hollywood 20
Fahr zur Hölle, Liebling 115, 198
Fahrenheit 451 31, 538
Fahrkarte nach Marseille 661
Fahrrad, Das 110
Fahrraddiebe 123, 498, 579
Fahrstuhl zum Schafott 423
Fahrten des Odysseus, Die 449
Fair Game (Mamba) 592
Falcon and the Snowman, The (Der Falke und der Schneemann) 571
Falke und der Schneemann, Der 571
Fall für Harper, Ein 115, 328
Fall Gleiwitz, Der 110
Fall von Berlin, Der 584
Fallen Angel (Mord in der Hochzeitsnacht) 238
Falsche Bewegung 411
Falsche Mann, Der 635
Falsches Spiel mit Roger Rabbit 381, 658
Fame 59
Familienbande 556
Fan, The 617
Fando y lis 607
Fanfan la tulipe (Fanfan, der Husar) 9, 362, 363
Fanfan, der Husar 9, 362, 363

Fanfaren der Liebe 503
Fanny och Alexander (Fanny und Alexander) 273
Fanny und Alexander 273
Fantasia 295, 319, 657, 658
Fantasia 2000 658
Fantasmagorie 24, 25, 93, 241
Fantômas 27, 241, 352
Farewell, My Lovely (Fahr zur Hölle, Liebling) 115, 198
Fatiche di Ercole, Le (Die unglaublichen Abenteuer des Herkules) 449
Faust (1896) 351
Faust – Eine deutsche Volkssage 352, 611
Faust der Rebellen, Die 154
Faust im Nacken, Die 17, 102, 467
Faustrecht der Großstadt 329
Faustrecht der Prärie (Tombstone) 74, 405, 632, 667
Fear, The 281
Fear and Loathing in Las Vegas 531, 608
Fearless Vampire Killers or Pardon Me, But Your Teeth Are in My Neck (Tanz der Vampire) 439
Feet First (Harold Lloyd – Der Traumtänzer) 29
Fegefeuer der Eitelkeiten 592
Feierabend 111
Feiner Herr, Ein 237
Felix the Cat 93
Fellinis Casanova 97, 273
Fellinis Intervista 98
Fellinis Roma 97, 273
Fellinis Satyricon 97
Fellinis Schiff der Träume 97, 273
Femme est une femme, Une (Eine Frau ist eine Frau) 425
Femme mariée, Une (Eine verheiratete Frau) 548
Femmes en cage (Frauengefängnis) 244
Fenster zum Hof, Das 81, 328, 332, 454, 613
Ferien auf Saltkrokan 295
Feuerzangenbowle, Die 162, 309, 639
Fick mich! 618
Fight Club 532
Film esthétique, Le 173
Film in Which There Appear Edge Lettering, Dirt Particles, Sprocket Holes, etc. 600
Film Number 1–7 11

Film ohne Titel 630
Filmstudie 10
Filmvorführer, Der 662
Fimpen (Fimpen, der Knirps) 574
Fimpen, der Knirps 574
Final Fantasy 25, 118, 568
Fireworks 52
Firm, The (Die Firma) 617
Firma, Die 617
First Knight, The (Der erste Ritter) 513
Fisch namens Wanda, Ein 387
Fischerin vom Bodensee, Die 345
Fischkonzert, Das 169
Fish Called Wanda, A (Ein Fisch namens Wanda) 387
Fist of Fury (Bruce Lee – Todesgrüße aus Shanghai) 365
Fistful of Dollars, A (Für eine Handvoll Dollar) 668
Fitzcarraldo 411
Five Easy Pieces 420
Five Film Exercises 11
Flambierte Frau, Die 409
Flaming Creatures 415
Flammendes Inferno 290, 292, 634
Flash Gordon 537
Flashdance 58
Flesh 270, 415
Flesh for Frankenstein (Andy Warhol's Frankenstein) 618
Flic, Un (Der Chef) 456
Flicker, The 11, 600
Fliege, Die 267, 450
Fliegende Klassenzimmer, Das 295
Flintstones, The (Flintstones – Die Familie Feuerstein) 556
Flintstones – Die Familie Feuerstein 556
Flipper 550
Flowers and Trees 656
Flucht von Alcatraz 243
Fluß ohne Wiederkehr 75, 85
Fly, The (Die Fliege) 267, 450
Folie du Docteur Tube, La (Der Wahnsinn des Dr. Tube) 268
Foolish Wives (Närrische Weiber) 259
Footloose 58
Forbidden Planet (Alarm im Weltall) 537
Foreign Correspondent (Mord) 569
Forest of Bliss 127
Formicula 264

Register der Filmtitel

Forrest Gump 106, 314, 482
Forsthaus Falkenau 253
Fort Laramie 199
Four Men and a Prayer 632
Fox Movietone 671
Fox tönende Wochenschau 671
F. P. 1 antwortet nicht 55
Fräulein Smillas Gespür für Schnee 645
Franco, dieser Mann 314
Frank Patch – Deine Stunden sind gezählt 19
Frankenstein 264, 265, 368, 450, 640
Frankenstein – The Man who Made a Monster (Frankenstein) 264, 265, 368, 450, 640
Frankensteins Braut 264, 265, 546
Frau des G-Mann, Die 237
Frau im Mond, Die 566
Frau ist eine Frau, Eine 425
Frau meiner Träume, Die 400
Frau ohne Gewissen 348, 518
Frau, von der man spricht, Die 386, 542
Frauen, Die 542, 544
Frauen am Rande des Nervenzusammenbruchs 304
Frauen sind doch bessere Diplomaten 56
Frauenarzt Dr. Sibelius 96
Frauengefängnis 244
Frauenheld 660
Freddy's Nightmare 571
Free Willy 296
Freies Land 109
Freitag der 13. 68, 571
Fremde im Zug, Der 91, 613
Fremde Mädchen, Das 47
Fremde Stadt 409
Fremder ohne Namen, Ein 668
French Connection, The (Brennpunkt Brooklyn) 14, 328, 435, 455, 634, 678
French Kiss 545
Freudlose Gasse, Die 29, 283, 379, 412, 510, 581, 597, 635
Friday the 13th (Freitag der 13.) 68, 571
Frogmen, The (Froschmänner) 642
From Here to Eternity (Verdammt in alle Ewigkeit) 102, 323, 633
From Russia with Love (Liebesgrüße aus Moskau) 569
Frontier Marshal 632
Froschmänner 642

Früchte des Zorns 526, 632
Frühling braucht Zeit, Der 293
Frühreifen, Die 466
Frühstück bei Tiffany 348
Frühstück im Grünen, Das 269
Fünf Patronenhülsen 110
Fünf unter Verdacht 95
Fünflinge 632
Für Dich, Front 584
Für eine Handvoll Dollar 668
Full Metal Jacket 322, 325
Full Monty, The (Ganz oder gar nicht) 311
Funkelnde Sterne 574
Funkstreife Isar 12 61
Funny Face (Ein süßer Fratz) 402
Funny Girl 102
Fury (1936) 371, 386
Fury (TV) 296, 550
Fußball wie noch nie 574
Fuzis, Os (Die Gewehre) 98
Galgenvögel 260
Game, The 617
Gandhi 368, 415
Gangster von Key Largo 661
Ganz oder gar nicht 311, 418
Garde à vue (Das Verhör) 198
Gasthaus an der Themse, Das 330
Gattopardo, Il (Der Leopard) 46
Gaumont Actualités 241, 670
Gauner von Bagdad, Der (1960) 449
Gay Divorcee, The (Scheidung auf amerikanisch) 400
Gay Shoe Clerk 142
Gebrochene Blüten 262, 347, 377
Gebrochene Lanze, Die 84
Geburt einer Nation, Die 13, 78, 80, 138, 144, 146, 255, 259, 278, 281, 323, 338, 379, 395, 397, 441, 604
Gefährliche Freundin 349
Gefährliche Leidenschaft 238
Gefahr aus dem Weltall 641
Gefangen in der Tiefe 642, 643
Gefangene der Haifischinsel, Der 632
Gefangene von Alcatraz, Der 242, 327
Gefangene von Zenda, Der 173, 436
Gefürchteten Zwei, Die (Mercenario – der Gefürchtete) 668
Gegen jede Chance 198

Geheimnis des Abbé X 112
Geheimnis des verborgenen Tempels, Das 108
Geheimnis von Malampur, Das 660
Geheimnisse des Orients 55
Geheimnisse einer Seele 404, 413, 484, 485, 486
Geheimnisvolle Villa, Die 112
Geheimprotokoll 417
Geister 593
Geisterhaus, Das 645
Gelbes Land 232
Geld für Brot 136
General, Der 235
General, The (Der General) 235
Gentlemen's Agreement (Tabu der Gerechten) 633
Germania, Anno Zero (Deutschland im Jahre Null) 498
Germany Calling 480
Germinal 256
Gertie the Dinosaur 93
Geschichte der Nana S., Die 425
Geschichte der O, Die 554
Geschichte der Qiu Ju, Die 233
Geschichte über den Wind, Eine 148
Geschichte vom kleinen Muck, Die 56, 110, 295, 357
Geschichten der Revolution 508
Geschichtenerzähler, Der 635
Gesicht des Führers, Das 481
Get Shorty (Schnappt Shorty) 387
Getaway, The (Getaway) 15, 327
Geteilte Himmel, Der 110, 208
Gewalt und Leidenschaft 618
Gewand, Das 70, 84, 176
Gewehre, Die 98
Gewöhnliche Faschismus, Der 314
Ghost Dog – Der Weg des Samurai 520
Ghost Dog – The Way of the Samurai (Ghost Dog – Der Weg des Samurai) 520
Ghost in the Shell 361
Ghostbusters – die Geisterjäger 199
Ghosts of the Civil Dead (Hölle ohne Helden) 244
Giants (Giganten) 378

694 Register der Filmtitel

Gier 259
Giganten 378
Gigi 386, 402
Gilda 102, 345, 348, 367
Gimme Shelter 317
Ginger e Fred (Ginger und Fred) 401
Ginger und Fred 401
Girl Hunters, The (Der Killer wird gekillt) 113
Girls on Film 654
Gitta von Rattenzuhausbeiuns 110
Glace à trois faces, La 604
Gladiator 105, 129, 345, 397, 441, 442
Gläserne Zelle, Die 646
Glass Bottom Boat, The (Spion in Spitzenhöschen) 571
Glenn Miller Story, Die 641
Glocken von St. Marien, Die 262
Glöckner von Notre Dame, Der 640
Glückskinder 345, 347
Gnadenlose, Der 115
Go West (Der Cowboy) 439
God's Stepchildren 78
Godfather, The (Der Pate) 17, 279, 327
Godfather, Part II, The (Der Pate – Teil II) 463, 546, 547
Godzilla 264, 449, 538, 567
Gojira (Godzilla) 264, 449, 538, 567
Gold Diggers of 1933, The (Die Goldgräber von 1933) 399
Gold Rush, The (Goldrausch) 235, 262, 312, 639
Golden Girls 556
Goldene Nixe, Die 574
Goldene Stadt, Die 56, 158, 162
Goldene Zeitalter, Das 51, 472, 484, 530, 607
Goldenes Gift 73, 197, 514
Goldeneye 569, 570
Goldfinger 546, 569
Goldgräber von 1933, Die 399, 660
Goldrausch 235, 262, 312, 639
Golem, Der 54, 603
Golem, wie er in die Welt kam, Der 28, 90, 155, 449
Gone with the Wind (Vom Winde verweht) 26, 43, 46, 158, 227, 261, 332, 333, 346, 379, 386, 397, 442, 465, 567, 610

Gonin 198
Good Fellas – Drei Jahrzehnte in der Mafia 279 f., 422
Goodbye, Norma Jean (Die Marilyn Monroe Story) 77
Goonies, Die 294
Goonies, The (Die Goonies) 294
Gorillas im Nebel 368
Gorillas in the Mist (Gorillas im Nebel) 368
Gorkis Kindheit 495
Gorky Park 40
Gott und der Teufel im Lande der Sonne 98
Graduate, The (Die Reifeprüfung) 349
Gräfin und ihr Oberst, Die 672
Grand Canal à Venice, Le 280
Grand Central Murder 115
Grand Hotel (Menschen im Hotel) 30, 261
Grand Prix 578
Grande Illusion, La (Die große Illusion) 453, 496
Grandma's Reading Glass 454
Grapes of Wrath (Früchte des Zorns) 526, 632
Grauen in der Tiefe, Das 642
Gray Lady Down (U-Boot in Not) 642, 643
Grease 399
Great Dictator, The (Der große Diktator) 274, 309, 384, 480, 544
Great Muppet Caper, The (Die große Muppet-Sause) 403
Great Race, The (Das große Rennen rund um die Welt) 661
Great Train Robbery, The (Der große Eisenbahnraub) 66, 142, 337 f., 391, 658, 665
Great Ziegfeld, The (Der große Ziegfeld) 386
Greatest Show on Earth, The (Die größte Schau der Welt) 438
Greed (Gier) 259
Green Berets (Die grünen Teufel) 323
Gregory's Girl 418
Grido, Il (Der Schrei) 494
Griff aus dem Dunkel 549
Grissom Bande, Die 238
Grissom Gang, The (Die Grissom Bande) 238
Größte Schau der Welt, Die 438
Große Diktator, Der 274, 309, 384, 480, 544

Große Eisenbahnraub, Der 66, 142, 337 f., 391, 658, 665
Große Feuerschein, Der 584, 585
Große Freiheit Nr. 7 158, 639
Große Illusion, Die 453, 496
Große König, Der 162, 480, 619
Große Krabbeln, Das 25
Große Liebe, Die 347, 639
Große Muppet-Sause, Die 403
Große Parade, Die 259
Große Rasur, Die 338
Große Rennen rund um die Welt, Das 661
Große Ziegfeld, Der 386
Groundhog Day (Und täglich grüßt das Murmeltier) 311
Grün ist die Heide 250, 252
Grünen Teufel, Die 323
Gruppo di famiglia in un interno (Gewalt und Leidenschaft) 618
Guess Who's Coming to Dinner (Rat mal, wer zum Essen kommt) 102, 349
Guinea Pig 560
Gun Crazy (Gefährliche Leidenschaft) 238
Guns of Navarone, The (Die Kanonen von Navarone) 102
Gute Zeiten, schlechte Zeiten 551
Guyana – Kult der Verdammten 154
Guyana, the Crime of the Century (Guyana – Kult der Verdammten) 154

H_2O 10
Händler der vier Jahreszeiten 166, 304, 410
Hafen des Lasters (Gangster von Key Largo) 661
Hafen im Nebel 31, 497
Hair 304, 399, 402, 403
Hairspray 304
Hajukaden – Die weiße Schlange 360
Halbblut 628
Halbstarken, Die 466, 598
Hallo Janine 400
Halloween 68, 267, 368, 487, 549
Halunke, Der (Doktor Popaul) 367
Hamlet 61, 433
Hand an der Wiege, Die 658

Register der Filmtitel

Hand That Rocks the Cradle (Die Hand an der Wiege) 658
Hangmen Also Die (Auch Henker sterben) 153, 480
Hannibal 18
Hanussen 96
Hanzo the Blade 520
Hard Day's Night, A (Yeah! Yeah! Yeah!) 402
Hardcore – Ein Vater sieht rot 197, 560
Harlem Action – Eine schwarze Komödie 79
Harley Davidson 344 455
Harold Lloyd – Der Traumtänzer 29
Harper (Ein Fall für Harper) 115, 328
Harry außer sich 91
Harry und Sally 311, 334, 347
Hart an der Grenze 458
Hauch des Todes, Der 569
Haunting, The (Bis das Blut gefriert) 264, 266
Haus auf dem Geisterhügel, Das 625
Haus der Peitschen, Das 244
Haus in der 92. Straße, Das 633
Haus in Montevideo, Das 310
Haus nebenan – Chronik einer französischen Stadt im Kriege, Das 100
Heat 13, 198
Heat and Dust (Hitze und Staub) 417
Heaven Can Wait (Ein himmlischer Sünder) 518
Heaven's Gate – Das Tor zum Himmel 45, 640, 668
Heidi 295, 360
Heilige Berg, Der 62, 63, 64, 335, 637
Heimat (1938) 162
Heimat – Eine Chronik in elf Teilen (1984) 169, 253, 536
Heimweg 233
Heimweh 386
Heißblütig – Kaltblütig (Eine heißkalte Frau) 460
Heiße Spur, Die 115, 328
Heißes Eisen 326, 328, 454
Heißkalte Frau, Eine 460
Held von Burma, Der 660
Helga 39
Hell's Heroes (Galgenvögel) 260
Hello, Dolly 419, 634

Hellraiser – Das Tor zur Hölle 518
Hellraiser IV – Bloodline 20
Hells Angels on Wheels (Die wilden Schläger von San Francisco) 419
Hellzapoppin (In der Hölle ist der Teufel los) 180, 235
Henry – Portrait of a Serial Killer 549
Herbstmilch 253
Hercules 513
Herr der Fliegen 294
Herr der Ringe, Der 447
Herr der sieben Meere 451
Herr Satan persönlich 61
Herrin der Welt 96
Herz aus Glas 411
Herz und eine Krone, Ein 346, 438
Herz und eine Seele, Ein 550 f., 556
Herzen in Flammen 348
Herzkönig 95
Heuwetter 111
Hexen von heute 144
Hexenjäger, Der 266
Hi, Nellie! (Tag, Nellie!) 660
Hidden Agenda (Geheimprotokoll) 417
High Heels 381
High Hopes (Hohe Erwartungen) 417
High Noon (Zwölf Uhr mittags) 564, 640, 645, 667
High Plains Drifter (Ein Fremder ohne Namen) 668
High Sierra (Entscheidung in der Sierra) 237, 327, 660
High Wind in Jamaica, A (Sturm über Jamaika) 453
Himmel über Berlin, Der 279, 411, 503, 536, 581
Himmlischer Sünder, Ein 518
Himself as Herself 415
Hinterstreppe 581, 596
Hiroshima mon amour 423, 424
Hirschkäfer, Der 335
His Girl Friday (Sein Mädchen für besondere Fälle) 102, 542, 544
His New Job (Sein neuer Job) 180, 558
Histoire d'O (Die Geschichte der O) 554
Histoire d'un crime 440
Histoire de vent, Une (Eine Geschichte über den Wind) 148

Historias de la Revolucion (Geschichten der Revolution) 508
Hitch-Hiker, The 197
Hitler, ein Film aus Deutschland 409
Hitler – eine Karriere 314
Hitler lebt 338
Hitlerjunge Quex 161, 479
Hitlerjunge Salomon 96
Hitze und Staub 417
Hochzeitsmarsch, Der 255
Höhenfeuer 253
Hölle Hollywood, Die (Fahr zur Hölle, Hollywood) 20
Hölle ohne Helden 244
Hölleisengretl 253
Höllenfahrt der Poseidon, Die 290, 634
Höllenfahrt nach Santa Fé (Ringo) 193, 515
Hört Britannien 480
Hofnarr, Der 512
Hohe Erwartungen 417
Hokuspokus 310
Holiday 102
Hollywood Out-Takes 610
Hollywood Out-Takes and Rare Footage (Hollywood Out-Takes) 610
Hollywood Shuffle 79
Home Alone (Kevin – Allein zu Haus) 294, 634
Home of the Brave 317, 318
Homme qui ment, L' (Der Mann, der lügt) 607
Homunculus 54
Hon dansade en sommar (Sie tanzte nur einen Sommer lang) 553
Honey, I Shrunk the Kids (Liebling, ich habe die Kinder geschrumpft) 294
Hong gaoliang (Das rote Kornfeld) 232
Hook 294
Hooligan in Jail 280
Hora de los hornos, La (Die Stunde der Hochöfen) 508
Horror Infernal 266, 572
Hot Shots! – Die Mutter aller Filme 180
Hound of Baskerville, The (Der Hund von Baskerville) 112
House Divided, A 378
House of Bamboo (Tokio Story) 238
House of Rothschild, The 632

House on 92nd Street, The (Das Haus in der 92. Straße) 633
House on the Haunted Hill, The (Das Haus auf dem Geisterhügel) 625
House Party 79
How Green Was My Valley (So grün war mein Tal) 279, 526, 632
How the West Was Won (Durch die Hölle nach Westen) 83
How to Marry a Millionaire (Wie angelt man sich einen Millionär?) 84
Hudsucker – Der große Sprung 146
Hudsucker Proxy, The (Hudsucker – Der große Sprung) 146
Hündin, Die 496
Human Desire (Lebensgier) 36
Humoreske 621
Humoresque (Humoreske) 621
Humorous Phases of Funny Faces 93
Hunag tudi (Gelbes Land) 232
Hunchback of Notre Dame, The (Der Glöckner von Notre Dame) 640
Hund namens Beethoven, Ein 296
Hund von Baskerville, Der 112
Hunde, wollt ihr ewig leben 323
Hunger, The (Begierde) 368
Hunt for Red October, The (Jagd auf »Roter Oktober«) 569
Hunters, The 150
Huozhe (Leben!) 232
Husar auf dem Dach, Der 256
Hush ... Hush, Sweet Charlotte (Wiegenlied für eine Leiche) 264
Hussard sur le toit, Le (Der Husar auf dem Dach) 256

I Am a Fugitive from a Chain Gang (Jagd auf James A.) 237, 242, 327, 631, 660
I Love Lucy (Typisch Lucy) 556
I'm British But ... 127
I, the Jury (Der Richter bin ich) 113, 197
I Walked with a Zombie (Ich folgte einem Zombie) 514
I Want to Live (Laßt mich leben) 243
I Was a Male War Bride (Ich war eine männliche Kriegsbraut) 308
Icestorm, The (Der Eissturm) 406
Ich bei Tag und du bei Nacht 55
Ich denke oft an Piroschka 310
Ich, ein Schwarzer 121, 150, 424
Ich folgte einem Zombie 514
Ich kämpfe um dich 485, 626
Ich klage an 480
Ich liebe dich – ich töte dich 408
Ich tanz' mich in dein Herz hinein 41, 346, 400
Ich war 19 110
Ich war ein Spion der Nazis 261, 480, 661
Ich war eine männliche Kriegsbraut 308, 544
Ich werde laufen wie ein verrücktes Pferd 608
Identificazione di una donna (Identifikation einer Frau) 384
Identifikation einer Frau 384
Idi i smotri (Komm und sieh) 323
Ilsa – Die Hündin vom Liebeslager 7 154
Ilsa – She-Wolf of the SS (Ilsa – Die Hündin vom Liebeslager 7) 154
Im Angesicht des Todes 546
Im Banne des blonden Satans 569
Im Geheimdienst Ihrer Majestät 546
Im Jahr des Drachen 328, 455
Im Körper des Feindes 366
Im Kreuzfeuer 514
Im Labyrinth der Leidenschaften 304
Im Lauf der Zeit 410, 411, 516, 646, 662
Im Netz der Leidenschaften 503
Im Rausch der Tiefe 642
Im Reich der Sinne 348
Im Schatten des Zweifels 530, 615
Im Westen nichts Neues 323, 479, 640
Im Zeichen des Bösen 197, 279, 289, 327, 329, 536
Im Zeichen des Kreuzes 437
Im Zeichen des Zorro 362, 632
Images (Spiegelbilder) 635
Imitation of Life (Solange es Menschen gibt) 378
Immoral Mr. Teas, The (Der unmoralische Mr. Teas) 554
Imperium schlägt zurück, Das 546
In 80 Tagen um die Welt 40, 83, 555
In Cold Blood (Kaltblütig) 102
In den Klauen der Hunnen 479
In den Wind geschrieben 347, 378
In der Glut des Südens 280
In der Hitze der Nacht 455
In der Hölle ist der Teufel los 180, 235
In einem Jahr mit 13 Monden 580
In Gefahr und größter Not bringt der Mittelweg den Tod 580, 617
In jenen Tagen 629
In Old Arizona 631
I.N.R.I. 70
In Slavery Days 78
In the Heat of the Night (In der Hitze der Nacht) 455
In the Line of Fire – Die zweite Chance 482, 571
In tiefster Gefahr 642, 643
In weiter Ferne so nah 411
Independence Day 209, 541, 634
Indiana-Jones-Filme 68, 294, 458, 463, 546, 547, 677
Indiana Jones and the Last Crusade (Indiana Jones und der letzte Kreuzzug) 9, 463
Indiana Jones and the Temple of Doom (Indiana Jones und der Tempel des Todes) 9
Indiana Jones und der letzte Kreuzzug 9, 463
Indiana Jones und der Tempel des Todes 9
Indische Grabmal, Das 27, 96
Inferno (Horror Infernal) 266
Inferno und Ekstase (Michelangelo – Inferno und Ekstase) 330
Inherit the Wind (Wer den Wind sät) 246
Inhumaine, L' (Die Unmenschliche) 29
Innocents, The (Das Schloß des Schreckens) 266, 536

Insel der Schwäne 110
Insel der Seligen 47, 173, 359, 603
Inserts (Nahaufnahme) 457
Insider, The 618
Interview, Das (Fellinis Intervista) 98
Intervista (Fellinis Intervista) 98
Into the Night (Kopfüber in die Nacht) 91
Intolerance (Intoleranz – Die Tragödie der Menschheit) 27, 28, 39, 43, 70, 144, 253, 259, 278, 281, 338, 358, 391, 395, 439, 604
Intoleranz – Die Tragödie der Menschheit 27, 28, 39, 43, 70, 144, 253, 259, 278, 281, 338, 358, 391, 395, 439, 604
Invasion der Körperfresser, Die (Die Dämonischen) 91, 264, 270, 538
Invasion of the Body Snatchers (Die Dämonischen) 91, 264, 270, 538
Invisible Man, The (Der Unsichtbare) 567, 640
Ipcress – streng geheim 328
Ipcress File, The (Ipcress – streng geheim) 328
Irgendwo in Berlin 109, 629
Iron Curtain, The 633
Iron Horse, The (Das eiserne Pferd) 631
Is' was, Doc? 309, 542
Isadora 57
Island Earth, The (Metaluna 4 antwortete nicht) 567
Isn't Life Wonderful? (Ist das Leben nicht wunderschön?) 479
Ist das Leben nicht wunderschön 479
It Came from Outer Space (Gefahr aus dem Weltall) 641
It Happened One Night (Es geschah in einer Nacht) 101, 262, 542, 543
It's a Pleasure (Funkelnde Sterne) 574
Ivanhoe 340, 511
Iwan der Schreckliche 582, 583
Iwan Grosny (Iwan der Schreckliche) 582, 583

J'irai comme un cheval fou (Ich werde laufen wie ein verrücktes Pferd) 608

Jabberwocky 311
Jack Benny Show, The 555
Jack the Ripper – Der Dirnenmörder von London 550
Jacob's Ladder – In der Gewalt des Jenseits 628
Jadup und Boel 110, 293 f.
Jäger des verlorenen Schatzes 9
Jagd auf James A. 237, 242, 327, 631, 660
Jagd auf »Roter Oktober« 569, 643
Jagd nach Millionen 197, 518, 577
Jagdszenen in Niederbayern 252
Jahrgang 45 110, 293
Jaider – der einsame Jäger 408
Jakob der Lügner 110
James-Bond-Filme 14, 18, 32, 43, 107, 245, 387, 545, 546, 570, 640
James Bond – Der Hauch des Todes (Der Hauch des Todes) 569
James Bond – Der Morgen stirbt nie (Der Morgen stirbt nie) 546
James Bond – Der Spion, der mich liebte (Der Spion, der mich liebte) 569
James Bond – Die Welt ist nicht genug (Die Welt ist nicht genug) 18, 545
James Bond – Goldeneye (Goldeneye) 569, 570
James Bond – Goldfinger (Goldfinger) 546, 569
James Bond – Im Angesicht des Todes (Im Angesicht des Todes) 546
James Bond – Im Geheimdienst Ihrer Majestät (Im Geheimdienst Ihrer Majestät) 569
James Bond – Liebesgrüße aus Moskau (Liebesgrüße aus Moskau) 569
James Bond – Lizenz zum Töten (Lizenz zum Töten) 569
James Bond – Man lebt nur zweimal (Man lebt nur zweimal) 546
James Bond – Moonraker – Streng geheim (Moonraker – Streng geheim) 569, 610
James Bond jagt Dr. No 569
Jardinier et le petit epiègle, Le 306, 604

Jason and the Argonauts (Jason und die Argonauten) 447
Jason and the Golden Fleece (Jason und die Argonauten) 447
Jason und die Argonauten 447
Jasons Porträt 419
Jaws (Der weiße Hai) 18, 83, 266, 453, 616, 641
Jazzsänger, Der 157, 189, 194, 261, 385, 489, 562, 620, 631, 637, 659
Jazzsinger, The (Der Jazzsänger) 157, 189, 194, 261, 385, 489, 562, 620, 631, 637, 659
Jeder für sich und Gott gegen alle 411
Jenny 581
Jenseits der Straße 476, 581
Jenseits der Träume 549
Jenseits der Wolken 228, 586
Jenseits von Afrika 194, 332, 347, 381, 441, 444, 511
Jericho Mile (Die Jericho-Meile) 244
Jericho-Meile, Die 244
Jesse James (Jesse James, Mann ohne Gesetz) 632
Jesse James, Mann ohne Gesetz 632
Jesus Christ Superstar 402, 403
Jésus de Montréal (Jesus von Montreal) 72
Jesus von Montreal 72
Jetée, La 227
Jeune Fille et la Mort, La (Der Tod und das Mädchen) 612
Jeux des reflets et de la vitesse 10
Jezebel – die boshafte Lady 660
JFK (John F. Kennedy – Tatort Dallas) 255
Jimmy Orpheus 409
Jimmy the Gent (Ein feiner Herr) 237
Jin-Roh – the Wolf Brigade 361
John Carpenter's Vampires 617
John F. Kennedy – Tatort Dallas 255
Johnny Apollo 632
Johnny Got His Gun 625
Johnny Guitar (Wenn Frauen hassen) 289
Johnny Mnemonic (Vernetzt – Johnny Mnemonic) 541
Johnny zieht in den Krieg (Johnny Got His Gun) 625

Joli Mai, Le (Der schöne Mai) 100
Jolson Sings Again 102
Jolson Story, The 102
Jonas 579
Jonathan 408
Jour se lève, Le (Der Tag bricht an) 36, 197, 496, 497
Journey to the Center of the Earth (Die Reise zum Mittelpunkt der Erde) 449
Juarez 660
Jud Süß 160, 254, 480, 481
Judex 27
Judgement at Nuremberg (Das Urteil von Nürnberg) 246
Judith von Bethulien 338
Judou 254
Jüngste Tag, Der 541
Jugendwerkhof 111
Juice 80
Jules et Jim (Jules und Jim) 348
Jules und Jim 348
Julius Caesar (Julius Cäsar) 255
Junge Adler 296
Junge Mr. Lincoln, Der 77, 255, 632
Junge Törless, Der 407
Junge über Bord 261
Jungfrau auf dem Dach, Die 469
Jungle Book, The (Das Dschungelbuch) 295, 403, 657
Jungle Fever 79
Jungle Jim 101
Jurassic Park 106, 199, 382, 406, 449, 568, 616, 641
Just Another Girl in the IRT (Brooklyn Girl) 79
Just imagine 31

Kafka 331
Kagemusha – Der Schatten des Kriegers 520
Kaiser, die Bestie von Berlin, Der 479
Kaitei gunkan (U-2000 – Tauchfahrt des Grauens) 643
Kaltblütig 102
Kalte Herz, Das 110, 357
Kameliendame, Die 261, 348
Kameliendame 2000 554
Kampf der Welten 447, 538f., 567
Kampf in den Bergen 157
Kampf um Rom 96
Kanakerbraut 467

Kaninchen bin ich, Das 110, 293
Kanonen von Navarone, Die 102
Kanonenboot am Yangtse-Kiang 633f.
Kap der Angst 91
Karabinieri, Die 425
Karbid und Sauerampfer 56, 110
Karla 110, 293
Karlsson auf dem Dach 295
Karniggels 310
Karussell 500
Katz und Maus 48, 407, 408
Katze, Die 330
Katzelmacher 48, 410
Katzenjammer-Kids 93
Katzenmenschen 195, 264, 345f., 514
Keiner weniger 233
Kennen Sie Urban? 110
Kennwort 777 633
Kes 296
Kesse Bienen auf der Matte 577
Keusche Lebemann, Der 95
Kevin – Allein zu Haus 294, 634
Key Largo (Gangster von Key Largo) 661
Khush 127
Kid Brother, The 283
Kika 617
Killer, Die 196, 327, 641
Killer of Sheep (Schafe töten) 79
Killer wird gekillt, Der 113
Killers, The (Die Killer) 196, 327, 641
Killing, The (Die Rechnung ging nicht auf) 14
Killing Mrs. Tingle 618
Kimba, der weiße Löwe 360
Kinder auf den Straßen 660
Kinder des Olymp 332, 333, 396f.
Kinder, Kader, Kommandeure – Die DDR-Rolle 314
King Kong (King Kong und die weiße Frau) 29f., 192, 262, 345, 447, 449, 450, 514, 567
King Kong und die weiße Frau 29f., 192, 262, 345, 447, 449, 450, 514, 567
King of Kings (König der Könige) 71
King of New York (König zwischen Tag und Nacht) 240, 327

Kino Prawda 670
Kino und der Tod, Das 147
Kir Royal 550
Kiss Me Deadly (Rattennest) 113, 197, 328
Kiss Me Kate (Küß mich, Kätchen!) 386
Kiss of Death (Der Todeskuß) 633
Klapperschlange, Die 540
Klasse für sich, Eine 577
Klavierkonzert a-Moll 319
Kleine Amerikanerin, Die 479
Kleine Caesar, Der 236, 327, 631, 660
Kleine Gangsterkönig, Der 237
Kleine Haie 310
Kleine Horrorladen, Der 403
Kleine Soldat, Der 423, 425
Kleinen Füchse, Die 526
Kljatwa (Der Schwur) 584
Klute 115
Knights of the Round Table (Die Ritter der Tafelrunde) 511, 512
Knock-Out 574
Koch, der Dieb, seine Frau und ihr Liebhaber, Der 612
Köder für die Bestie, Ein 91
König der Könige 71
König der Löwen 295, 381, 658
König der Toreros 102, 632
König und der Vogel, Der 295
König und ich, Der 399
König zwischen Tag und Nacht 240, 327
Königin Christine 141, 255, 279, 377, 384
Königin Elisabeth 173, 436, 644
Königliche Hoheit 379
Kohlhiesels Töchter 636
Kokaku kidotai (Ghost in the Shell) 361
Kolberg 162, 395, 480, 639
Komissar (Die Kommissarin) 294
Komm und sieh 323
Komm zurück, Jimmy Dean 518
Kommissar, Der 550, 551
Kommissarin, Die 294, 508, 585
Komödie mit Musik 190
Komsomolsk – Stadt der Jugend 585
Konez Sankt-Peterburga (Das Ende von St. Petersburg) 27, 507

Kongreß tanzt, Der 55, 190, 622, 637
Kontrakt des Zeichners, Der 193, 330, 360, 417, 458, 511, 655
Kopfstand, Madame 408
Kopfüber in die Nacht 91
Kora Terry 639
Koyaanisqatsi 580, 581, 672
Krabat 449
Krambambuli 615
Krazy Kat 93
Kremlin Letter, The (Der Brief an den Kreml) 328, 329
Krieg der Sterne 9, 18, 46, 68, 194, 294, 295, 334, 368, 382, 447, 459, 463, 537, 540, 546, 547, 562, 568, 634
Krieg im Dunkel, Der 569
Krieg und Frieden 46
Krieger und die Kaiserin, Der 141
Küß mich, Kätchen! 386
Kuhle Wampe oder Wem gehört die Welt? 476, 477, 581
Kuß, Der 345

L.A. Confidential 198
La Habanera 379, 638
Laberinto de pasiones (Labyrinth der Leidenschaften) 304
Lachende Mann, Der 111
Ladri di biciclette (Fahrraddiebe) 123, 498, 579
Lady from Shanghai, The (Die Lady von Shanghai) 327, 379
Lady in Cement, The (Die Lady in Zement) 115
Lady in the Dark, The 438
Lady in the Lake, The (Die Dame im See) 115, 445, 454
Lady in Zement, Die 115
Lady Killer (Frauenheld) 660
Lady Vanishing, The (Eine Dame verschwindet) 569
Lady von Shanghai, Die 327, 379
Lady Windermeres Fächer 659
Ladykillers, The (Ladykillers) 310
Lächelnde Madame Beudet, Die 268
Längste Tag, Der 254, 633
Lamerica 123
Lancelot du Lac (Lancelot, Ritter der Königin) 513
Lancelot, Ritter der Königin 513

Land in Trance 98
Land that Time Forgot (Caprona – das vergessene Land) 449
Landpartie, Eine 289
Landstraße, Die 47
Lang lebe Ned Devine 311
Lange Weg nach Cardiff, Der 526
Lapis 11
Larry Flynt – Die nackte Wahrheit 618
Lassie-Filme 296, 550
Lassie Come Home (Heimweh) 386
Laßt mich leben 243
Last Action Hero (Der letzte Action-Held) 15
Last Command, The (Sein letzter Befehl) 432
Last Emperor, The (Der letzte Kaiser) 77, 255, 280
Last Hunt, The (Die letzte Jagd) 85
Last Movie, The 420, 421
Last Picture Show, The (Die letzte Vorstellung) 181, 420
Last Starfighter, The (Starfight) 568
Last Temptation of Christ, The (Die letzte Versuchung Christi) 72
Last Unicorn, The (Das letzte Einhorn) 449
Last Waltz, The (The Band) 317, 318
Latex 458
Laura 191, 329
Laurel & Hardy – In Oxford 559
Lautlos im Weltraum 539
Lautlose Waffen 570
Lawrence of Arabia (Lawrence von Arabien) 102, 144, 255, 290, 442
Lawrence von Arabien 102, 144, 255, 290, 442
League of Their Own, A (Eine Klasse für sich) 577
Leatherpusher 631
Leaving Las Vegas – A Love Story 368
Leben! 232
Leben auf dem Dorf, Das 620
Leben des Brian, Das 72, 273, 311
Leben des Émile Zola, Das 77, 660

Leben eines amerikanischen Feuerwehrmannes, Das 256, 314, 337
Leben ist schön, Das 274, 275
Leben und Sterben in L. A. 456
Leben von Adolf Hitler, Das 314
Leben, wie es ist, Das 241
Lebensgier 36
Lebenskünstler 102
Lebenszeichen 48, 411
Lebewohl, meine Konkubine 232, 255
Legend of the 7 Golden Vampires, The (Die sieben goldenen Vampire) 571
Legende von Paul und Paula, Die 56, 110
Lemmy Caution gegen Alpha 60 538, 569
Lenin im Oktober 583, 584
Lenin w Oktjabr (Lenin im Oktober) 583, 584
Leningrad Cowboys 517
Leopard, Der 46
Leoparden küsst man nicht 309, 383, 486, 514, 541, 542
Lerchen am Faden 294
Let's Dance 654
Let's Make Love (Machen wir's in Liebe) 633
Lethal Weapon 546
Lethal Weapon 4 366
Letter, The (Das Geheimnis von Malampur) 660
Letzte Action-Held, Der 15
Letzte Ausfahrt Brooklyn 645
Letzte Befehl, Der (Sein letzter Befehl) 432
Letzte Droschke von Berlin, Die 581
Letzte Einhorn, Das 449
Letzte Jagd, Die 85
Letzte Kaiser, Der 77, 255, 280
Letzte Mann, Der 28, 54, 66, 90, 142, 197, 278, 283, 286, 287, 472, 580, 581, 637, 679
Letzte Tango in Paris, Der 347
Letzte Versuchung Christi, Die 72
Letzte Vorstellung, Die 181, 420
Letzte Wendung, Die 497
Letzten Tage von Pompeji, Die 394
Letzten Tage von St. Petersburg, Die (Das Ende von St. Petersburg) 27, 507

Letztes aus der DADAER 111
Letztes Jahr in Marienbad 31, 424, 607
Level 5 105
Leviathan 642
Libero 574
Libertarias 254
Licence to Kill (Lizenz zum Töten) 569
Lichter der Großstadt 262, 379
Lichtspiel Opus I 10
Lichtspiel Opus II 10
Lichtspiel Opus III 10
Lichtspiel Opus IV 10
Lichtspiel schwarz, weiß, grau 10
Liebe der Jeanne Ney, Die 55
Liebe eines Detektivs, Die 328
Liebe in der Stadt 144
Liebe in Deutschland, Eine 96
Liebe ist kälter als der Tod 410
Liebe Mutter, mir geht es gut 409, 478
Liebe nach Fahrplan 294
Liebe niemals einen Fremden 349
Liebe ohne Illusion 95
Liebe 47 629
Liebelei 36
Liebenden, Die 423, 554
Liebenden von Pont-Neuf, Die 347
Liebesgrüße aus der Lederhose 554
Liebesgrüße aus Moskau 569
Liebesintrige 47
Liebeszauber 59
Liebling der Götter 55
Liebling, ich habe die Kinder geschrumpft 294, 657
Liebling Kreuzberg 550
Lieder für die Zeit nach einem Krieg 314
Life of an American Fireman, The (Das Leben eines amerikanischen Feuerwehrmannes) 256, 314, 337
Life of Brian, The (Das Leben des Brian) 72, 273, 311
Life of Emile Zola, The (Das Leben des Émile Zola) 77, 660
Life of Moses, The 568
Light Describing a Cone 11
Light Sleeper 197
Lights of New York 631
Lili Marleen 411, 646
Lina Braake 409
Lindenstraße 551, 561

Linie 1 403
Lisbon Story 228
Lissy 110
Listen to Britain (Hört Britannien) 480
Lisztomania 78
Little Big Man 368, 465, 665
Little Caesar (Der kleine Caesar) 236, 327, 631, 660
Little Foxes, The (Die kleinen Füchse) 526
Little Giant (Der kleine Gangsterkönig) 237
Little Italy 422
Little Mermaid, The (Arielle, die Meerjungfrau) 295, 381, 403, 658
Little Nemo 24
Little Old New York 632
Little Shop of Horrors, The (Der kleine Horrorladen) 403
Living Daylights, The (Der Hauch des Todes) 569
Living Desert, The (Die Wüste lebt) 616
Lizenz zum Töten 569
Locataire, Le (Der Mieter) 615
Loch, Das 243
Lockender Lorbeer 230, 499, 576, 578
Lodger, The (Scotland Yard greift ein) 550
Löwe mit den sieben Köpfen, Der 508f.
Lohn der Angst 9
Lohn der Giganten 240
Lohn und Liebe 478
Lohnbuchhalter Kremke 476, 477
Lola 411, 425, 646
Lola Montès (Lola Montez) 379
Lola Montez 379
Lola rennt 654
Lone Wolf 101
Loneliness of the Long Distance Runner, The (Die Einsamkeit des Langstreckenläufers) 231, 576
Lonely Villa, The 339, 435
Lonesome Cowboys 331
Long Day's Journey Into Night 436
Long Goodbye, The (Der Tod kennt keine Wiederkehr) 115, 328, 421
Long Live Ned Devine (Lang lebe Ned Devine) 311

Long Voyage Home, The (Der lange Weg nach Cardiff) 526
Longest Day, The (Der längste Tag) 254, 633
Look Back in Anger (Blick zurück im Zorn) 231
Looking for Langston 127
Looking for Mr. Goodbar (Auf der Suche nach Mr. Goodbar) 378
Lord of the Flies (Herr der Fliegen) 294
Lord of the Rings, The (Der Herr der Ringe) 447
Lost World, The 449
Lots Weib 110
Lotta aus der Krachmacherstraße 295
Louis Pasteur 77, 660
Louisiana Story 125
Love Bug, The (Ein toller Käfer) 294
Love in the Suburbs 280
Love Is a Many Splendored Thing (Alle Herrlichkeit auf Erden) 85
Love Me Tonight (Schönste, liebe mich) 284
Love Stinks – Bilder des täglichen Wahnsinns 53
Love Story 347, 379
Lovely Way to Die, A (Der schnellste Weg zum Jenseits) 115
Lucifer Rising 270
Lügner, Der (Der Mann, der lügt) 607
Lune dans le caniveau, La (Der Mond in der Gosse) 458, 459
Lust for Life (Vincent van Gogh – Ein Leben in Leidenschaft) 77, 330, 331
Lustige Welt der Tiere, Die 616
Lustige Witwe, Die 43

M 329, 581, 638
M. Butterfly 572
Macabre 625
Mach's noch einmal, Sam 346
Machen wir's in Liebe 633
Macht der Gefühle, Die 148
Machtergreifung Ludwigs XIV., Die 254
Mad Max 517, 538, 540, 578
Mad Max 2 – Der Vollstrecker 517, 540
Mad Max 3 – Jenseits der Donnerkuppel 540

Madame Curie 77
Madame de ... 44, 547
Madame Dubarry 27, 45, 370, 395, 636
Made in USA 427
Mademoiselle 73
Mädchen hinter Gittern 95, 96
Mädchen in Wittstock 111
Mädchen, Mädchen 408
Mädchen mit den Schwefelhölzern, Das 637
Mädchen ohne Vaterland 116
Mädel aus der Konfektion, Das 95
Männer 107, 201, 310
Männer von Aran, Die 40, 99, 241
Männerpension 201
Märkische Forderungen 110
Magnificient Obsession (Die wunderbare Macht) 348, 378, 641
Magnolia 608
Maharadscha wider Willen 95
Mahler 78, 195
Mahlzeiten 48, 407
Malatesta 409
Malcolm X 79
Maltese Falcon, The (Die Spur des Falken) 113, 195, 197, 328, 526, 661
Mamba 592
Man for All Seasons, A (Ein Mann zu jeder Jahreszeit) 102
Man kann's ja mal versuchen 423
Man lebt nur zweimal 546
Man on a Tightrope (Der Mann auf dem Drahtseil) 61
Man on the Moon (Der Mondmann) 91
Man Power (Herzen in Flammen) 348
Man spielt nicht mit der Liebe 95
Man Who Shot Liberty Valance, The (Der Mann, der Liberty Valance erschoß) 668
Man with the Golden Arm, The (Der Mann mit dem goldenen Arm) 469
Man Without a Face, The (Der Mann ohne Gesicht) 368
Manche mögen's heiß 308, 309, 348, 503, 610, 640
Manchurian Candidate, The (Botschafter der Angst) 328
Mandalay 660

Manhattan 535, 581
Manhunter (Blutmond) 198, 549
Maniac 549
Mann auf dem Drahtseil, Der 61
Mann beißt Hund 560
Mann, der herrschen wollte, Der 102
Mann, der Liberty Valance erschoß, Der 668
Mann, der lügt, Der 607
Mann, der sich verkaufte, Der 466
Mann im Keller, Der 112
Mann kämpft allein, Ein (Die Jericho-Meile) 244
Mann mit dem goldenen Arm, Der 469
Mann mit der Kamera, Der 10, 52, 126, 303, 391, 578
Mann ohne Gesicht, Der 368
Mann sucht sich selbst, Ein (Five Easy Pieces) 420
Mann zu jeder Jahreszeit, Ein 102
Mannahatta 29
Manoir du diable, Le 566
Marathon-Man (Der Marathon-Mann) 576, 592
Marathon-Mann, Der 576, 592
Marco Polo 458
Maria Walewska 378
Marienhof 551, 561
Marilyn Monroe Story, Die 77
Mark of Zorro, The (1920; Das Zeichen des Zorro) 362, 640
Mark of Zorro, The (1940; Im Zeichen des Zorro) 362, 632
Markt am Wittenbergplatz 412, 581
Marlowe (Der Dritte im Hinterhalt) 115
Marnie 486
Marokko 436
Marquis de Sade 458
Marquise von O, Die 359
Marquise d'O, La (Die Marquise von O) 359
Mars Attacks! 541, 568
Martha 111, 617
Marx Brothers im Krieg, Die 235
Mary Poppins 399, 657
Mary Shelley's Frankenstein 368
Maschera del demonio, La (Die Stunde, wenn Dracula erwacht) 266

Masculin – feminin oder: Die Kinder von Marx und Coca-Cola 424
M*A*S*H* 556
Mask, The (Die Maske) 450, 568
Maske, Die 450, 568
Mat (Die Mutter) 391
Mata Hari 347
Matrix, The (Matrix) 530, 541, 654
Mathias Kneissl 253, 408
Mauern 169
Maverick 661
Max Ernst – Journal I–III 331
Max Ernst – Mein Vagabundieren, meine Unruhe 331
McCabe und Mrs. Miller 345
Meantime 417
Meet Me in St. Louis 386, 399
Meeting Venus (Zauber der Venus) 432
Mein Bruder Kain 592
Mein Granada 314
Mein großer Freund Shane 438, 668
Mein Kampf 314
Mein Onkel 559
Mein wunderbarer Waschsalon 349, 416
Meine Lieder – meine Träume 83, 402, 418f., 633
Meine Universitäten 495
Mélo 43
Melodie der Welt 618
Melodie des Herzens 637
Memorias del subdesarrollo (Erinnerungen an die Unterentwicklung) 508
Men in Black 568
Men of Aran (Die Männer von Aran) 40, 99, 241
Menace II Society 80
Menace, La (Lohn der Giganten) 240
Mensch der Masse, Ein 42, 371
Mensch 217 480
Menschen am Sonntag 278, 413, 581, 637
Menschen im Hotel 30, 261
Menschen unter Haien 616
Mephisto 255
Mépris, Le (Die Verachtung) 181, 279, 290, 425, 426, 427
Mercenario, Il (Mercenario – der Gefürchtete) 668
Mercenario – der Gefürchtete 668

Register der Filmtitel

Merkwürdige Zähmung der Gangsterbraut Sugarpuss, Die 526
Merry Widow, The (Die lustige Witwe) 43
Meshes in the Afternoon 52, 607
Messer im Kopf 409
Meßter-Woche 670
Metaluna 4 antwortete nicht 567
Meteor 291
Metropolis 29, 30, 31, 43, 45, 55, 90, 278, 370, 371, 395, 450, 537, 552, 566, 579, 580, 581, 604, 637
Meuterei auf der Bounty 452
Michael 330
Michelangelo – Inferno und Ekstase 330
Midnight Cowboy (Asphalt-Cowboy) 86
Midnight Express (12 Uhr nachts – Midnight Express) 244
Midsummer Night's Dream, A (1935; Ein Sommernachtstraum) 612
Midsummer Night's Dream, A (1966; Ein Sommernachtstraum) 57
Midsummer Night's Dream, A (1999; Ein Sommernachtstraum) 612
Mieter, Der 615
Mifune 354
Mikrokosmos – Das Volk der Gräser 406
Milchstraße, Die 607
Mildred Pierce (Solange ein Herz schlägt) 378, 661
Million Dollar Mermaid, The (Die goldene Nixe) 574
Millionenspiel 169
Ministerium der Angst 153, 197
Ministry of Fear (Ministerium der Angst) 153, 197
Mir nach, Canaillen 110
Mirage (Die 27. Etage) 115
Misfits – Nicht gesellschaftsfähig 227, 586
Mission Impossible 14
Mission Impossible 2 366
Mission to Moscow (Botschafter in Moskau) 661
Mississippi Burning – Die Wurzel des Hasses 455
Mississippi-Melodie 386

Mit meinen Augen 100
Mit meinen heißen Tränen 195
Mittwoch von 5 bis 7 425
Mo' Better Blues 79
Moana 124
Moby Dick 616
Modern Times (Moderne Zeiten) 30, 262, 275, 289, 559
Moderne Zeiten 30, 262, 275, 289, 559
Moderns, The 423
Mörder sind unter uns, Die 36, 109, 629, 630
Moi, un Noir (Ich, ein Schwarzer) 121, 150, 424
Moi uniwersitety (Meine Universitäten) 495
Môme vert-de-gris, La (Im Banne des blonden Satans) 569
Momma Don't Allow 230
Mon Oncle (Mein Onkel) 559
Mond in der Gosse, Der 458, 459
Monde sans soleil, Le (Welt ohne Sonne) 616
Mondmann, Der 91
Mondo Cane 554, 560
Mondo senza sole, Il (Welt ohne Sonne) 616
Montana Sacra – Der heilige Berg 608
Monte Carlo 190
Monterey Pop 317
Monty Python – Das Leben des Brian (Das Leben des Brian) 72, 273, 311
Monty Python – Der Sinn des Lebens 311
Monty Python and the Holy Grail (Die Ritter der Kokosnuß) 273, 311, 512, 513
Monty Python's Flying Circus 311
Monty Python's The Meaning of Life (Monty Python – Der Sinn des Lebens) 311
Moon Is Blue, The (Die Jungfrau auf dem Dach) 467, 469
Moonraker – Streng geheim 569, 610
Mord 569
Mord – Sir John greift ein 305
Mord in der Hochzeitsnacht 238
Mord, mein Liebling 115, 517
More to Be Pitied than Scored 101
Morgen ist die Ewigkeit 378

Morgen stirbt nie, Der 546
Morgenrot 55
Morituri 95
Mork vom Ork 556
Morocco (Marokko) 436
Mortal Thoughts (Tödliche Gedanken) 518
Morte a Venezia (Tod in Venedig) 194
Mortelle randonnée (Das Auge) 198, 516
Mothlight 53
Mourir à Madrid (Sterben für Madrid) 314
Movietone News 620
Mr. Arkadin (Herr Satan persönlich) 61
Mr. Deeds geht in die Stadt 102, 542
Mr. Deeds Goes to Town (Mr. Deeds geht in die Stadt) 102, 542
Mr. Ed 556
Mrs. Miniver 387
Müde Tod, Der 29, 54, 359
München 1972 573
Münchhausen 56, 158, 162, 395, 639
Muhammad Ali, der Größte 574
Muhammad Ali, the Greatest (Muhammad Ali, der Größte) 574
Mujeres al borde de un ataque de nervios (Frauen am Rande des Nervenzusammenbruchs) 304
Mumie, Die (1932) 640
Mumie, Die (2000) 568
Mummy, The (1932; Die Mumie) 640
Mummy, The (2000; Die Mumie) 568
Munsters, The 556
Muppet Christmas Carol, The (Die Muppets-Weihnachtsgeschichte) 403
Muppet Movie, The (Muppet Movie) 403
Muppet Show 403
Muppets-Weihnachtsgeschichte, Die 403
Murder (Mord – Sir John greift ein) 305
Murder My Sweet (Mord, mein Liebling) 115, 517
Muriel's Wedding (Muriels Hochzeit) 311
Muriels Hochzeit 311

Register der Filmtitel

Music Lovers, The (Tschaikowsky – Genie und Wahnsinn) 78, 194, 330
Musik zum Sehen 319
Musketeers of Pig Alley 325
Muss 'em up 115
Mute Witness (Stumme Zeugin) 560
Mutiny in the Big House (Aufstand im Zuchthaus) 242
Mutiny on the Bounty (Meuterei auf der Bounty) 452
Mutter, Die 391, 507
Mutter Krausens Fahrt ins Glück 476, 477, 581
My Beautiful Laundrette (Mein wunderbarer Waschsalon) 349, 416
My Darling Clementine (Tombstone) 74, 404, 632, 667
My Fair Lady 399, 402
My Four Years in Germany 659
Mystère Picasso, Le (Picasso) 330
Mystères du château du dé, Les 29, 605
Mysterious Island, The 500

Nacht, Die 580
Nacht der Entscheidung, Die 58
Nacht des Jägers, Die 290, 536
Nacht hat viele Augen, Die 615
Nacht mit dem Teufel, Die 480
Nacht und Nebel 148
Nacht vor der Hochzeit, Die 542, 543, 544
Nachtportier, Der 304
Nachts auf den Straßen 598
Nachts unterwegs 660
Nachts, wenn der Teufel kam 329
Nachtschatten 409
Nackt und zerfleischt 267, 560
Nackt unter Wölfen 110
Nackte Gewalt 667
Nackte Kanone, Die 312, 439
Nackten Vampire, Die 266
Nächte der Erinnerung 422
Närrische Weiber 259
Nahaufnahme 457
Naked City, The (Stadt ohne Maske) 641
Naked Gun: From the Files of Police Squad, The (Die nackte Kanone) 312
Naked Lunch – Nackter Rausch 608
Naked Spaces: Living Is Round 127

Naked Spur, The (Nackte Gewalt) 667
Name der Rose, Der 97, 201, 645
Nanook of the North (Nanuk, der Eskimo) 99, 124, 128, 149
Nanuk, der Eskimo 99, 124, 128, 149
Napoléon 77, 142, 323, 396
Napoleon ist an allem schuld 310
Napoleon vom Broadway 542
Narbenhand, Die 238
Nashville 144, 421
Nashville Lady 368
Nasser Asphalt 466, 598
Natural Born Killers 242, 515, 530, 531, 550
Near Dark – Die Nacht hat ihren Preis 517
Negresco – Eine tödliche Affäre 409
Neue deutsche Wochenschau 671
New Centurions, The (Polizeirevier Los Angeles Ost) 328
New Jack City 80
New Rose Hotel 198
New York Stories (New Yorker Geschichten) 145
New Yorker Geschichten 145
Nibelungen, Die (1924) 29, 43, 54, 55, 254, 359, 449, 637
Nibelungen, Die (1966) 96
Nickelodeon 80
Nigger, The 78
Night Moves (Die heiße Spur) 115, 328
Night Must Fall (Griff aus dem Dunkel) 549
Night of the Hunter, The (Die Nacht des Jägers) 290, 536
Night on Earth 145
Nightmare – Mörderische Träume 68, 368, 546
Nightmare Before Christmas 357
Nightmare on Elm Street, A (Nightmare – Mörderische Träume) 68, 463, 546
Nikita 570
Nikolaikirche 255
Ninotschka 261, 542, 544
Nixon 255
No More Women 642
No Smoking 368
No Way Out – Es gibt kein Zurück 569

No Way to Treat a Lady (Bizarre Morde) 115
Noisefields 654
Nom de la rose, Le (Der Name der Rose) 97, 201, 645
Nome della rosa, Il (Der Name der Rose) 97, 201, 645
Nordsee ist Mordsee 408, 646
Norma Rae – Eine Frau steht ihren Mann 381
North by Northwest (Der unsichtbare Dritte) 14, 26, 91, 290, 328, 355, 564, 614
North Star, The 262
Nosferatu – Eine Symphonie des Grauens 29, 90, 155, 264, 359, 404, 449, 450, 636
Nosferatu (1979) 411
Nothing 11
Notorious (Berüchtigt) 66, 262, 328, 355
Notte, La (Die Nacht) 580
Nouvelle Vague 678
Novalis – Die blaue Blume 111
Novecento (1900) 42
Now, Voyager (Reise aus der Vergangenheit) 347
Nuit américaine, La (Die amerikanische Nacht) 23, 181, 427
Nuit et brouillard (Nacht und Nebel) 148
Number 4 53
Nur Pferden gibt man den Gnadenschuß 576
Nur Samstag Nacht 58

Objective, Burma! (Der Held von Burma) 660
Obyknowennyi Faschism (Der gewöhnliche Faschismus) 314
Ochsenkrieg, Der 60
Odds Against Tomorrow (Wenig Chancen für morgen) 327
Ödipussi 201
Öffentliche Feind, Der 237, 631, 660
Œil du malin, L' (Das Auge des Bösen) 425
Östliche Landschaft 111
Oh Dreamland 230
Ohm Krüger 480
O. J. Simpson-Story, Die 20
O. J. Simpson-Story, The (Die O. J. Simpson-Story) 20
Okami 520
Oklahoma! 57, 83
Oktjabr (Oktober– Zehn Tage, die die Welt erschütterten) 27, 39, 214, 506, 508

704 Register der Filmtitel

Oktober – Zehn Tage, die die Welt erschütterten 27, 39, 214, 506, 508
Olympia '52 573
Olympia: Fest der Schönheit 479, 574, 637
Olympia: Fest der Völker 479, 574, 637
On Dangerous Ground (Der einsame Kämpfer) 326
On Her Majesty's Secret Service (Im Geheimdienst Ihrer Majestät) 546
On the Bowery (Die Bowery) 632
On the Waterfront (Die Faust im Nacken) 17, 102, 467
Once Upon a Time in America (Es war einmal in Amerika) 372, 464
Once Upon a Time in China 365
One Armed Swordsman, The (Das Schwert des gelben Tigers) 364
One Flew Over the Cuckoo's Nest (Einer flog über das Kuckucksnest) 487, 640
One from the Heart (Einer mit Herz) 653
One Hundred Men and a Girl (100 Männer und ein Mädchen) 260
One, Two, Three (Eins, zwei, drei) 481
One Week 558
One-Eyed Jacks (Der Besessene) 41
Onkel Toms Hütte 351
Only Angels Have Wings (SOS – Feuer an Bord) 102
Opfergang 158, 162, 639
Optical Poem, An 11
Orphans in the Storm (Zwei Waisen im Sturm) 262
Orson Welles' Othello 366
Ossessione ... von Liebe besessen 161, 340, 497, 498, 503
Ostře sledované vlaky (Liebe nach Fahrplan) 294
Oswald the Lucky Rabbit 656
Othello (1952; Orson Welles' Othello) 366
Othello (1965) 366
Otto – Der Außerfriesische 201
Otto – Der Film 201
Otto – Der neue Film 201
Otto e mezzo (Achteinhalb) 97, 181, 289, 331, 446, 484, 609, 627

Otto er et Nasehorn (Otto ist ein Nashorn) 297
Otto ist ein Nashorn 297
Our Marilyn 127
Out of Africa (Jenseits von Afrika) 194, 332, 347, 381, 441, 444, 511
Out of the Past (Goldenes Gift) 73, 197, 514
Outfit, The (Revolte in der Unterwelt) 421
Ox-Bow Incident, The (Ritt zum Ox-Bow) 633

Padenije Berlina (Der Fall von Berlin) 584
Paisà 498
Pale Rider – der namenlose Reiter 668
Pane, amore e fantasia (Brot, Liebe und Fantasie) 97
Panik in New York 567
Panzerkreuzer Potemkin 27, 160, 189, 199, 214, 278, 289, 371, 391, 392, 398, 476, 506, 510, 530
Papa ante portas 201
Papillon 244
Paracelsus 61
Parallax View, The (Zeuge einer Verschwörung) 487
Paris gehört uns 423, 425
Paris nous appartient (Paris gehört uns) 423
Paris, Texas 411, 516, 646
Partie de campagne, Une (Eine Landpartie) 289
Party, The (Der Partyschreck) 310
Partyschreck, Der 310
Passage to India, A (Reise nach Indien) 416, 417
Passage to Marseille (Fahrkarte nach Marseille) 661
Passenger de la pluie, Le (Der aus dem Regen kam) 615
Passer-By, The 281
Passion de Jeanne d'Arc, La (Die Passion der Jungfrau von Orléans) 141, 289
Passion der Jungfrau von Orléans, Die 141, 289
Passionplay, The 359
Pate, Der 17, 279, 327
Pate – Teil II, Der 463, 546, 547
Pate-Trilogie 17, 68, 240, 327, 372, 421

Pathé Gazette (Pathé Journal) 440, 670
Pathé Journal 440, 670
Paths of Glory (Wege zum Ruhm) 61
Patriot Games (Die Stunde der Patrioten) 571
Patton – Rebell in Uniform 634
Paul Ehrlich – Ein Leben für die Forschung 77, 660
Paule Pauländer 408
Pawnbroker, The (Der Pfandleiher) 469
Peeping Tom (Augen der Angst) 266
Peking Opera Blues 364
Pelican Brief, The (Die Akte) 617
People vs. Larry Flynt, The (Larry Flynt – Die nackte Wahrheit) 618
Pépé le Moko – Im Dunkel von Algier 496
Perceval le Gallois 513
Perfect Blue 361
Perfido incanto 27
Perils of Pauline, The 100, 550, 658
Permanent Vacation (Dauernd Ferien) 354, 580
Permutations 118
Persona 117, 279, 446, 530
Peter Ibbetson 628
Peter Pan 657
Petit Soldat, Le (Der kleine Soldat) 423
Pfandhaus, Das 559
Pfandleiher, Der 469, 672
Phantom of the Opera (Das Phantom der Oper) 305, 640
Philadelphia Story, The (Die Nacht vor der Hochzeit) 542, 543, 544
PI 18
Piano, Das 193, 381
Picasso 330
Pierrot le Fou (Elf Uhr nachts) 92
Pillow Talk (Bettgeflüster) 348, 572, 641
Piloten im Pyjama 111
Pink Flamingos – An Exercise in Poor Taste (Pink Flamingos) 304, 624
Pink Panther, The (Der rosarote Panther) 93, 560
Pinky 633
Pinocchio 93, 657

Register der Filmtitel 705

Pippi-Langstrumpf-Filme 295
Pirat der sieben Meere 453
Piraten 453
Piratenkönigin, Die 345, 451
Pirates (Piraten) 453
P. J. (Der Gnadenlose) 115
Plácido 107
Pläsier 44
Plaisier, Le (Pläsier) 44
Planet der Affen 539
Planet of the Apes (Planet der Affen) 539
Planwagen, Der 667
Platoon 324
Platz für Tiere, Ein 616
Play It Again, Sam (Mach's noch einmal, Sam) 346
Player, The 92, 421, 453, 592
Playtime (Tatis herrliche Zeiten) 580, 581
Plötzliche Reichtum der armen Leute von Kombach, Der 253, 408
Pluie 268
Pocahontas 658
Point Blank 198, 238, 419
Pokémon 361, 381
Police Python 240
Polizei 325
Polizeirevier 328
Polizeirevier Los Angeles Ost 328
Polizeiruf meldet, Der 550
Polonaise 102
Polyester 625
Popeye 104
Porgy and Bess (Porgy und Bess) 83
Porgy und Bess 83
Porky Pig 93
Portiere di notte, Il (Der Nachtportier) 304
Portrait of Jason (Jasons Porträt) 419
Portrait of Jennie (Jenny) 581
Poseidon Adventure, The (Die Höllenfahrt der Poseidon) 290, 634
Posse (Posse – Die Rache des Jessie Lee) 79
Postman Always Rings Twice, The (1946; Im Netz der Leidenschaft) 503
Postman Always Rings Twice, The (1980; Wenn der Postmann zweimal klingelt) 198, 503
Potomok Tschingis-Chana (Sturm über Asien) 507

Poule aux œufs d'or, La 280
Préludes 319
Prêt-à-porter 92
Pretty Woman 129, 513, 658
Primary 121
Prince of the City 456
Prince Valiant (Prinz Eisenherz) 85
Prinz Eisenherz 85
Prinz von Bel Air, Der 556
Prinzessin Mononoke 361
Prise de pouvoir de Louis XIV, La (Die Machtergreifung Ludwigs XIV.) 254
Prisoner of Shark Island, The (Der Gefangene der Haifischinsel) 632
Prisoner of Zenda, The (Der Gefangene von Zenda) 173, 436
Private Life Show 169
Private Ryan (Der Soldat James Ryan) 324
Privatsekretärin, Die 95
Professional Soldiers 632
Project A Part II (Projekt B) 14
Projectionist, The (Der Filmvorführer) 662
Projekt B 14
Prospero's Books (Prosperos Bücher) 119, 393, 617
Prosperos Bücher 119, 393, 617
Psycho 107, 139, 194, 265, 266, 328, 341, 486, 511, 536, 635
Psycho IV 463
Psych-Out 419
Public Enemy (Der öffentliche Feind) 237, 631, 660
Public Enemy's Wife (Die Frau des G-Mann) 237
Pünktchen und Anton 295
Pulp Fiction 18, 270, 334, 355, 460, 676
Punishment of Anne, The 554
Purple Rain 624
Purple Rose of Cairo, The (Purple Rose of Cairo) 180, 300
Pyramid of Fear (Das Geheimnis des verborgenen Tempels) 108

Qiu Ju de gushi (Die Geschichte der Qiu Ju) 233
Quai des brumes (Hafen im Nebel) 31, 497
Quatre cents coups, Les (Sie küssten sie und sie schlugen ihn) 423, 425, 618, 676

Queen Christina (Königin Christine) 141, 255, 279, 377, 384
Quo vadis? (1912) 27, 351, 358, 394
Quo vadis? (1951) 45, 69, 70, 387

Rache für Jesse James 632
Rad, Das 50, 268
Radetzkymarsch 169
Radio Dynamics 11
Rächer der Unterwelt (Die Killer) 196, 327, 641
Rage in Harlem, A (Harlem Action – Eine schwarze Komödie) 79
Raging Bull (Wie ein wilder Stier) 279, 422, 454, 574
Raiders of the Lost Ark (Jäger des verlorenen Schatzes) 9
Rain Man 640
Rain People, The (Liebe niemals einen Fremden) 349
Rainbow Dance 11
Raining Stones 636
Raising Cain (Mein Bruder Kain) 592
Rambo: First Blood Part II (Rambo II – Der Auftrag) 324
Rambo II – Der Auftrag 324
Rampage – Anklage Massenmord 549
Ran 398
Rangierer 111
Rapeman 457
Rashomon – Das Lustwäldchen (Rashomon) 446, 518, 521
Raskolnikow 28
Rat mal, wer zum Essen kommt 102, 349
Ratten, Die 95
Rattenfänger von Hameln, Der 295
Rattennest 113, 197, 328
Raub der Sabinerinnen, Der 95
Raumschiff Enterprise 91, 537f., 538, 546
Raumschiff Enterprise (TV) 550, 568
Raumschiff Enterprise: Das nächste Jahrhundert – Gestern, heute, morgen 91
Raumschiff Orion 61
Rausch der Farben (Funkelnde Sterne) 574
Razzia 629
Rear Window (Das Fenster zum Hof) 81, 328, 332, 454, 613

Reassemblage 128
Rebecca 194, 279
Rebel Without a Cause (... denn sie wissen nicht, was sie tun) 17, 654
Rechnung ging nicht auf, Die 14
Red and White Roses 523
Red River 195, 555, 666, 667
Red Shoes, The (Die roten Schuhe) 57
Red Violin, The (Die rote Violine) 145
Reds 508
Regeneration, The 325
Région centrale, La (Die Zentralregion) 53
Règle du jeu, La (Die Spielregel) 76, 289, 389, 496
Reich wirst du nie 102
Reifeprüfung, Die 349, 419
Reigen, Der 611
Reine Margot, La (Die Bartholomäusnacht) 256
Reinheit des Herzens, Die 409
Reise aus der Vergangenheit 347
Reise nach Indien 416, 417
Reise nach Tilsit, Die 162
Reise nach Tokio, Die 289
Reise zum Mittelpunkt der Erde, Die 449
Reise zum Mond, Die 26, 43, 351, 366, 447, 537, 568, 604
Rekrut Willie Winkie 632
Rembrandt 330, 357
Rendezvous nach Ladenschluß 348
Rendezvous unterm Nierentisch 314
Replacement Killers 366
Repulsion (Ekel) 26, 266, 361, 487, 615
Requiem for a Dream 18
Reservoir Dogs – Wilde Hunde 181, 270
Retour à la raison 10, 50
Rettet Mrs. Tingle 618
Return of Frank James, The (Rache für Jesse James) 632
Revolt at Fort Laramie (Fort Laramie) 199
Revolte in der Unterwelt 421
Rheingold 409
Rhythmus 21 10
Rhythmus 22 10
Rhythmus 23 10
Rhythmus 25 10

Richard Wagner 330
Richter bin ich, Der 113, 197
Ride in the Whirlwind (Ritt im Wirbelwind) 419
Ridicule 256
Rien que les heures 126, 268, 580
Rififi 327
Rin Tin Tin 296, 659
Ringo 193, 515
Rio bei 40 Grad 98
Rio Bravo 555, 668
Rio Lobo 668
Rio, 40 graus (Rio bei 40 Grad) 98
Rio Rita 514
Riot in Cell Block Eleven (Terror in Block 11) 242
Rita, Sue and Bob, too (Rita, Sue ... und Bob dazu) 417
Rita, Sue ... und Bob dazu 417
Ritt im Wirbelwind 419
Ritt zum Ox-Bow 633
Ritter der Kokosnuß, Die 273, 311, 512, 513
Ritter der Tafelrunde, Die 511, 512
River of No Return (Fluß ohne Wiederkehr) 75, 85
River Runs Through It, A (Aus der Mitte entspringt ein Fluß) 107
Road to Glory, The 632
Roaring Twenties, The (Die wilden Zwanziger) 237, 660
Robe, The (Das Gewand) 70, 84, 176, 633
Robert Koch, der Bekämpfer des Todes 619, 670
Robin and Marian (Robin und Marian) 513
Robin Hood (1922) 640
Robin Hood – König der Vagabunden 8, 158, 255, 513, 660
Robin und Marian 513
Robocop 456
Rocky 577, 592, 617, 640
Rocky Horror Picture Show, The 334, 403
Roi et l'Oiseau, Le (Der König und der Vogel) 295
Rollerball 577
Rom, offene Stadt 123, 498
Roma (Fellinis Roma) 97, 273
Roma, città aperta (Rom, offene Stadt) 123
Roman Holiday (Ein Herz und eine Krone) 346
Romance 349, 553

Romanze in Moll 619, 639
Romeo and Juliet (Romeo und Julia) 612
Romeo i Julia 57
Romeo Must Die 366
Romeo und Julia 612, 634
Ronde, La (Der Reigen) 611
Room at the Top (Der Weg nach oben) 230
Room with a View, A (Zimmer mit Aussicht) 417
Rope (Cocktail für eine Leiche) 40, 284
Rosarote Panther, Der 93, 560
Rose Bernd 379
Roseanne 556
Rosen für den Staatsanwalt 274
Rossa, La (Die Rote) 407
Rotation 110, 629
Rote, Die 407
Rote Erde 169
Rote Kornfeld, Das 232
Rote Korsar, Der 8, 451, 452, 555
Rote Laterne 232, 255
Rote Lola, Die 518
Rote Sonne 48, 409
Rote Strumpf, Der 297
Rote Violine, Die 145
Rote Wüste, Die 31, 580
Roten Schuhe, Die 57
Roter Drache (Manhunter) 198
Roter Staub 433
Rothschilds, Die 160
Roue, La (Das Rad) 50, 268
Rue sans nom, La 495
Rübezahls Hochzeit 295, 355
Ruf der Wildnis, Der 632
Rumba 53
Run Silent, Run Deep (U 23 – Tödliche Tiefen) 642
Runaway Match, The 280
Rush, Rush 654
Russia House, The (Das Rußlandhaus) 569
Russische Wunder, Das 111
Rußlandhaus, Das 569, 571
Ryans Daughter (Ryans Tochter) 42
Ryans Tochter 42
Rythmes colorés pour le cinéma 9

Saat der Gewalt, Die 466
Sabine Kleist, 7 Jahre 110
Sabotageauftrag Berlin 660
Sacramento 668

Register der Filmtitel

Safe Place, A (Ein Zauberer an meiner Seite) 102
Safety Last (Ausgerechnet Wolkenkratzer) 29
Sag die Wahrheit 94
Salaire de la peur, Le (Lohn der Angst) 9
Salome 409
Salon Kitty – Doppelspiel 554
SA-Mann Brand 60, 161
Samouraï, Le (Der eiskalte Engel) 238, 289, 290, 364, 456
Samstagnacht bis Sonntagmorgen 230, 231
San Francisco 291
San Quentin 237
Sand Pebbles, The (Kanonenboot am Yangtse-Kiang) 633 f.
Sandmann, Der 170, 330
Sanfte Lauf, Der 48, 408
Sang d'un poète, Le (Das Blut eines Dichters) 51, 338, 484, 607
Sans Soleil – Unsichtbare Sonne 147
Saratoga 261
Sari Red 127
Saturday Night and Sunday Morning (Samstagnacht bis Sonntagmorgen) 230, 231
Saturday Night Fever (Nur Samstag Nacht) 58
Saturday Night Life 312
Sauerbruch – Das war mein Leben 670
Scanners 572
Scarabea 48
Scaramouche (Scaramouche, der galante Marquis) 8, 362
Scaramouche, der galante Marquis 8, 362
Scarface (1932) 197, 237, 239, 327, 469
Scarface (R: Joe d'Amato) 458
Scarlet Empress, The (Die scharlachrote Kaiserin) 437
Schafe töten 79
Schaffende Hände 335
Schamlose, Der 115
Scharf beobachtete Züge (Liebe nach Fahrplan) 294
Scharlachrote Kaiserin, Die 437
Schatten (1923) 154, 278
Schatten (1959) 270, 414
Schatten der Vergangenheit 368
Schatten und Nebel 91
Schatz der Sierra Madre, Der 9, 261, 661

Schatz im Silbersee, Der 668
Schatzinsel, Die 657
Schaukelpferd, Das 168
Schaut auf diese Stadt 111
Scheidung auf amerikanisch (1934) 400
Scherben 142, 282, 286, 287
Schießen, Das 419
Schießen Sie auf den Pianisten 80, 425, 427
Schindler's List (Schindlers Liste) 434, 536
Schindlers Liste 434, 536
Schlafende Paris, Das 579
Schlaflos in Seattle 311, 347, 349
Schlangenei, Das 44, 61, 646
Schlangengrube, Die 633
Schleichendes Gift 39
Schloß des Schreckens 266, 536
Schloß Gripsholm 310
Schloß im Mond (Schönste, liebe mich) 284
Schmale Grat, Der 325
Schmiere (Grease) 399
Schnappt Shorty 387
Schneeglöckchen blühn im September 478
Schneekönigin, Die 295
Schneewittchen und die sieben Zwerge 24, 303, 403, 449, 657
Schnellste Weg zum Jenseits, Der 115
Schnüffler, Der 115
Schöne Augenblick, Der 150
Schöne Mai, Der 100
Schöne und das Biest, Die (1946; Es war einmal) 76, 279, 357, 616
Schöne und das Biest, Die (1992) 381, 403, 658
Schönste, liebe mich 284
Schonzeit für Füchse 407, 408, 645
Schramm 549
Schrecklich nette Familie, Eine 555
Schreckliche Wahrheit, Die 102
Schrei, Der 494
Schrei aus Stein 64
Schrei, wenn der Tingler kommt 624
Schrei, wenn du kannst 423
Schritte ohne Spur 423
Schuh des Manitu, Der 201
Schuhpalast Pinkus 309

Schuhputzer 498
Schulmädchenreport 1. Teil – Was Eltern nicht für möglich halten 554
Schwan, Der 85
Schwanensee 57
Schwarze Augen 95
Schwarze Falke, Der 289, 667
Schwarze Natter, Die 285, 454
Schwarze Pirat, Der 7, 451
Schwarze Schwan, Der 8
Schwarzer Kies 329
Schwarzwaldklinik, Die 253, 551
Schwarzwaldmädel 250
Schwechater 600
Schweigen, Das 469, 554, 645
Schweigen der Lämmer, Das 18, 435, 456, 487, 549
Schweigende Welt, Die 616
Schweinchen namens Babe, Ein 296
Schwert des gelben Tigers, Das 364
Schwur, Der 584
Sciuscià (Schuhputzer) 498
Scorpio Rising 52, 270, 415, 515
Scotland Yard greift ein 550
Scott of the Antarctic (Scotts letzte Fahrt) 42
Scott und Huutsch 615
Scotts letzte Fahrt 42
Scream – Schrei! 547, 549, 676
Scream of Stone (Schrei aus Stein) 64
Sea Hawk, The (Herr der sieben Meere) 451
Searchers, The (Der schwarze Falke) 289, 667
Sechs Tage sieben Nächte 404
Second in Command, The 281
Seeräuber, Der 451
Sehnsucht der Veronika Voss, Die 381, 646, 677
Sei donne per l'assassino (Blutige Seide) 266
Seidenstrümpfe 481
Sein letzter Befehl 432
Sein letztes Kommando (Sein letzter Befehl) 432
Sein Mädchen für besondere Fälle 102, 542, 544
Sein neuer Job 180, 558
Sein oder Nichtsein 153, 274, 290, 309, 544
Sendung mit der Maus, Die 672
Sense and Sensibility (Sinn und Sinnlichkeit) 46, 406

Serenade zu dritt 308, 347, 542
Serengeti darf nicht sterben 616
Serpent's Egg, The (Das Schlangenei) 44, 61
Serpico 456
Sesame Street (Sesamstraße) 296
Sesamstraße 296
Seven (Sieben) 107, 549
Seven Chances (Buster Keaton, der Mann mit den tausend Bräuten) 372
Seven Years Bad Luck 307
Seventh Cross, The (Das siebte Kreuz) 153
Seventh Heaven 631
Seventh Voyage of Sindbad, The (Sindbads siebente Reise) 449
Sex, Lies, and Videotape (Sex, Lügen und Video) 460
Sex, Lügen und Video 460
Sex pervers 39
Shadow of a Doubt (Im Schatten des Zweifels) 530
Shadows (1923; Schatten) 270, 414
Shadows (1959; Schatten) 270
Shadows and Fog (Schatten und Nebel) 91
Shaft 78
Shakespeare in Love 18, 612
Shall we Dance? (Shall we Dansu?) 58, 59
Shall we Dansu? 58, 59
Shampoo 421
Shamus (Der Schamlose) 115
Shane (Mein großer Freund Shane) 438
Shanghai Express 279, 437
Shawnshank Redemption, The (Die Verurteilten) 244
She's Gotta Have It 79
Sherlock Holmes (1916) 112
Sherlock Holmes and the Great Murder Mystery (1908) 112
Sherlock Jr. (Sherlock Junior) 180, 300, 662
Sherlock Junior 180, 300, 662
Shichinin no samurai (Die sieben Samurai) 289
Shining, The (Shining) 266, 285, 445, 592
Shock 458
Shooting, The (Das Schießen) 419
Shop around the Corner, The (Rendezvous nach Ladenschluß) 348

Short Cuts 144
Show Girls 20
Show-Boat (Mississippi-Melodie) 386
Shrek – Ein tollkühner Held 25
Sidewalk Stories 79
Sie fuhren bei Nacht (Nachts unterwegs) 660
Sie küßten und sie schlugen ihn 423, 425, 618, 676
Sie leben bei Nacht 238
Sie nannten ihn Amigo 110
Sie nannten ihn Thunderbolt 236
Sie sind frei, Dr. Korczak 96
Sie tanzte nur einen Sommer lang 553
Sie trafen sich in Moskau 585
Sieben 107, 549
Sieben Chancen (Buster Keaton, der Mann mit den tausend Bräuten) 372
Sieben goldenen Vampire, Die 571
Sieben Samurai, Die 289, 520, 521
Sieben Sommersprossen 110
Siebente Siegel, Das 383, 516
Siebte Kreuz, Das 153
Siebtelbauern 253
Siège de Calais, Le 522
Sign of the Cross, The (Im Zeichen des Kreuzes) 437
Signal nach London 632
Silence of the Lambs, The (Das Schweigen der Lämmer) 18, 435, 456, 487, 549
Silent Running (Lautlos im Weltraum) 539
Silk Stockings (Seidenstrümpfe) 481
Silly Symphony 93, 656
Simpsons, Die 555
Simpsons, The (Die Simpsons) 555
Sindbad 360
Sindbad der Seefahrer 449
Sindbad the Sailor (Sindbad der Seefahrer) 449
Sindbads siebente Reise 449
Sinfonie einer Weltstadt 578
Singin' in the Rain 41, 57, 284, 289, 386, 399, 402, 623, 625
Singing Fool, The (Sonny Boy) 620
Sinking of the Lusitania, The 93
Sinn und Sinnlichkeit 46, 406

Sinuhe, der Ägypter 84
Sissi 45, 46, 77, 294, 303
Sissi, die junge Kaiserin 303
Sissi, Mädchenjahre einer Kaiserin 303
Sissi, Schicksalsjahre einer Kaiserin 303
Sister Act – Eine himmlische Karriere 658
Six femmes pour l'assassin (Blutige Seide) 266
Sjunde inseglet, Det (Das siebente Siegel) 383
Skřivánci na nitích (Lerchen am Faden) 294
Skyscraper-Symphony 578
Slaughter 560
Sledgehammer 93
Sleep 40, 330, 415
Sleepless in Seattle (Schlaflos in Seattle) 311, 347, 349
Sleepy Hollow 357, 450
Smog 169
Smoking 368
Smultronstället (Wilde Erdbeeren) 484, 626
Snake Eyes 181
Snake Pit, The (Die Schlangengrube) 133
Sneshnaja Korolewa (Die Schneekönigin) 295
Snow White and the Seven Dwarfs (Schneewittchen und die sieben Zwerge) 24, 303, 403, 449, 657
Snuff 560
So beginnt ein Leben 39
So grün war mein Tal 526, 632
So ist das Leben 581
Sodom und Gomorrah – Die Legende von Sünde und Strafe 27
Söhne der großen Bärin, Die 110
Sohn des Scheichs, Der 640
Solange ein Herz schlägt 378, 661
Solange es Menschen gibt 378
Solaris 538
Solas 467
Soldat James Ryan, Der 324
Soldier Blue (Das Wiegenlied vom Totschlag) 322, 665
Solo für Klarinette 198, 330
Solo Sunny 110, 208
Solomon's Children 659
Some Like It Hot (Manche mögen's heiß) 308, 309, 348, 503, 610, 640

Register der Filmtitel

Someone's Watching Me (Das unsichtbare Auge) 615
Something Wild (Gefährliche Freundin) 349
Sommer des Falken, Der 294
Sommernachtstraum, Ein (1935) 612
Sommernachtstraum, Ein (1966) 57
Sommernachtstraum, Ein (1999) 612
Sommersby 381
Son of the Sheik, The (Der Sohn des Scheichs) 640
Sonderling, Der 310
Song of Love (Clara Schumanns große Liebe) 77
Song to Remember, A (Polonaise) 102
Sonnensucher 110
Sonny Boy 620
Sonntag auf dem Lande, Ein 586
Sorge und Hoffnung im Angesicht der Dürre 150
Sortie des Usines Lumière, La (Arbeiter verlassen die Fabrik Lumière) 337, 670
SOS – Feuer an Bord 102
Sound of Music, The (Meine Lieder – meine Träume) 83, 402, 418f., 633
Souriante Madame Beudet, La (Die lächelnde Madame Beudet) 268
Sous les toits de Paris (Unter den Dächern von Paris) 622
Space Jam 577
Spanien 314
Spartaco (Spartacus, der Rebell von Rom) 394
Spartacus (1960) 72, 397
Spartacus, der Rebell von Rom 394
Spellbound (Ich kämpfe um dich) 485, 626
Spider-Man – Der Spinnenmensch 450, 463
Spiegelbilder 635
Spiel mir das Lied vom Tod 191, 405, 668
Spiel zu zweit 349
Spielregel, Die 76, 289, 389, 496
Spies Like Us (Spione wie wir) 571
Spike Lee's Spiel des Lebens 577, 578

Spinal Tap 20
Spinnen, Die 27
Spion, der aus der Kälte kam, Der 328, 570
Spion, der mich liebte, Der 569
Spion in Spitzenhöschen 571
Spione 329, 569
Spione wie wir 571
Spiral Staircase, The (Die Wendeltreppe) 195, 262
Spiste Horisonter 607
Splash – Jungfrau am Haken 657
Sprung in den Tod 238, 261, 661
Spur der roten Fässer, Die 294
Spur der Steine 110, 293
Spur des Falken 110
Spur des Falken, Die 113, 195, 197, 328, 526, 661
Spur führt nach Berlin, Die 95
Spur führt zurück – The Two Jakes, Die (The Two Jakes) 115
Spy in Lace Panties, The (Spion in Spitzenhöschen) 571
Spy Who Came In from the Cold, The (Der Spion, der aus der Kälte kam) 328, 570
Spy Who Loved Me, The (Der Spion, der mich liebte) 569
St. Valentine's Day Massacre (Chikago-Massaker) 327
Stab 547
Stachel des Bösen, Der 348
Stadt an der Grenze 660
Stadt der Engel 503
Stadt der Illusionen 180, 518
Stadt ohne Maske 641
Stadt unter dem Meer, Die 642
Stadtgespräch 102
Stadtneurotiker, Der 345, 433
Stage Fright (Die rote Lola) 518
Stagecoach (Ringo) 193, 515
Stahlnetz 550
Stakeout (Die Nacht hat viele Augen) 615
Stalingrad 324
Stand der Dinge, Der 331
Star! 634
Star Is Born, A (Ein Stern geht auf) 180
Star Trek (Raumschiff Enterprise) 91, 537f., 538, 546
Star Trek – The Next Generation: All the good Things ... (Raumschiff Enterprise: Das nächste Jahrhundert – Gestern, heute, morgen) 91

Star Trek II – Der Zorn des Khan 106, 118
Star Trek II – The Wrath of Khan (Star Trek II – Der Zorn des Khan) 106, 118
Star Wars (Krieg der Sterne) 9, 18, 46, 68, 194, 294, 334, 368, 382, 447, 459, 463, 537, 540, 546, 547, 562, 568, 634
Stardust Memories 181, 279
Starfight 568
Stargate 387
Starship Troopers 325, 568
Statschka (Streik) 38, 214, 506
Staying Alive 58
Steamboat Bill Jr. 14, 93
Steamboat Willie 93, 656
Stechlin, Der 169
Steiner – Cross of Iron (Steiner, das Eiserne Kreuz) 324
Steiner, das Eiserne Kreuz 324
Stella Dallas 378
Sterben für Madrid 314
Sterben in Spanien 314
Stern geht auf, Ein 180
Stern von Rio 95
Sterne 110
Sting, The (Der Clou) 86, 327
Stirb langsam 15, 456, 546
Stirb langsam 2 546
Stop Making Sense 317
Story of Joanna, The (Die Story von Joanna) 457
Story of Louis Pasteur, The (Louis Pasteur) 77
Story von Joanna, Die 457
Strada – Das Lied der Straße, La 289, 383, 516
Strafgesetzbuch, Das 102
Strand, Der 404
Strange Days 66, 593, 622
Stranger than Paradise 390
Strangers on a Train (Der Fremde im Zug) 91, 613
Straße, Die 283, 580, 596, 597, 604
Straßenbekanntschaft 629
Strawberry Blonde, The 102
Streetcar Named Desire, A (Endstation Sehnsucht) 16, 17
Streetwalkin' – Auf den Straßen von Manhattan 154
Streghe, Le (Hexen von heute) 144
Streik 38, 214, 506
Strictly Ballroom – Die gegen alle Regeln tanzen 58, 59, 311

Student von Prag, Der 47, 54, 278, 522, 566, 603
Studentin Helene Willfüer 95
Studie I–V 330
Studie Nr. 7 11
Studien Nr. 2–12 654
Stürme über dem Montblanc 63
Stukas 480
Stumme Zeugin 560
Stunde der Hochöfen, Die 508
Stunde der Patrioten, Die 571
Stunde des Siegers, Die 415, 577
Stunde, wenn Dracula erwacht, Die 266
Sturm über Asien 507
Sturm über Jamaika 453
Sturmhöhe 279, 640
Subida al Monte Carmelo (Montana Sacra) 608
Subway 458
Sünderin, Die 553
Sündige Grenze 95
Süße Hirse 150
Süße Jenseits, Das 145
Süße Leben, Das 97
Süßer Fratz, Ein 402
Suez 632
Sugarland Express 515
Sullivan's Travels (Sullivans Reisen) 180
Sullivans Reisen 180
Summer in the City 411
Sunny Side Up 631
Sunrise – A Song of Two Humans (Sunrise) 41, 279, 631
Sunset Boulevard (Boulevard der Dämmerung) 180, 305, 438, 517
Superfly 78
Superman 103, 104, 450, 463, 679
Superman II – Allein gegen alle 103, 679
Supermarkt 408, 409
Supernova 20
Susan ... verzweifelt gesucht 624
Suspiria 572
Swan, The (Der Schwan) 85
Sweet Charity 58, 399, 402, 403
Sweet Hereafter, The (Das süße Jenseits) 145
Sweet Sweetback's Baadasssss Song 78, 354
Swinarka i pastuch (Sie trafen sich in Moskau) 585
Swing Time 400

Swingers 181
Sylvester 142, 282, 286
Sylvia Scarlett 378
Symphonie der Liebe 349, 553
Symphonie einer Großstadt 578

Tabu 404
Tabu der Gerechten 633
Tacones lejanos (High Heels) 381
Tänzer vom Broadway 401
Tätowierung 407, 645
Tag, Ein 169
Tag, an dem die Erde stillstand, Der 538
Tag bricht an, Der 36, 197, 496, 497
Tag des Kampfes, Der 338
Tag, Nellie! 660
Tage der Idioten 409
Takovy je život (So ist das Leben) 581
Tango 60
Tango Lesson, The (Tango Lesson) 60
Tangos 60
Tanz der Vampire 439
Tanz mit mir (Scheidung auf amerikanisch) 400
Tap (Tap Dance) 58
Tap Dance 58
Tapp und Tast Film 53
Tarantula 616
Tartüff 611, 623
Tarzan (1999) 658
Tarzan, der Affenmensch 386
Tarzan, the Apeman (Tarzan, der Affenmensch) 386
Taste of Honey, A (Bitterer Honig) 231, 499
Tatis herrliche Zeiten 580, 581
Tatort 61, 169, 456, 550
Taucherkommando 642
Tauchfahrt des Schreckens 643
Taxi 91, 555
Taxi Driver 197, 198, 289, 421, 422, 655
Teaching Mrs. Tingle 618
Telefon Butterfield 8 348
Telephone Girl 631
Tempest – Der Sturm, The 417
Temptress Moon (Verführerischer Mond) 233
Ten Commandments, The (Die Zehn Gebote) 70, 438, 568
Tenant, The (Der Mieter) 615
Tender Is the Night (Zärtlich ist die Nacht) 633

Tendres Cousines (Zärtliche Cousinen) 303
Terminator 15, 540
Terminator 2 – Judgment Day (Terminator 2 – Tag der Abrechnung) 25, 106, 118, 541, 568, 643
Terra em Transe (Land in Trance) 98
Terra trema, La (Die Erde bebt) 498
Territories 127
Terror im Parkett 314
Terror in Block 11 242
Terror in the Aisles (Terror im Parkett) 314
Testament des Dr. Mabuse, Das 329, 638
Teufel mit der weißen Weste, Der 238
Teufelsreporter, Der 581
Texas Chain Saw Massacre, The (Blutgericht in Texas) 264, 266, 549
Thaïs 27
That's Entertainment (Das gibt's nie wieder) 386
Thelma & Louise 18, 86, 87, 387, 461, 517
Them (Formicula) 264
They Drive by Night (Nachts unterwegs) 660
They Live by Night (Sie leben bei Nacht) 238
They Shoot Horses, Don't They? (Nur Pferden gibt man den Gnadenschuß) 576
They Won't Forget 660
Thiassos, O (Die Wanderschauspieler) 144
Thief (Der Einzelgänger) 198
Thief of Bagdad, The (1924; Der Dieb von Bagdad) 640
Thief of Bagdad, The (1940; Der Dieb von Bagdad) 449
Thin Man, The (Der dünne Mann) 386, 544
Thin Red Line, The (Der schmale Grat) 325
Thing from Another World, The (Das Ding aus einer anderen Welt) 538, 540
Things to Come (Was kommen wird) 31, 537
Third Man, The (Der dritte Mann) 31, 43, 341, 579
This Gun for Hire (Die Narbenhand) 238

Register der Filmtitel

This Land Is Mine (Dies ist mein Land) 262
This Sporting Life (Lockender Lorbeer) 230, 499, 576, 578
Those Were the Happy Times (Star!) 634
Three Bad Men (Drei rauhe Gesellen) 631
Three Days of the Condor (Die drei Tage des Condor) 328
Three Musketeers, The (Die drei Musketiere) 362, 363
Three-Must-Get-Theres, The 362
Thunderbolt (Sie nannten ihn Thunderbolt) 236
Thunderheart (Halbblut) 628
THX 1138 539
Tidal Wave (Jenny) 581
Tiefe, Die 642
Tiger & Dragon 366
Tiger von Eschnapur, Der 8, 96
Til Death Do Us Part 556
Till Eulenspiegel, der lachende Rebell (Die Abenteuer des Till Ulenspiegel) 56
Time Code 354
Time Machine (Die Zeitmaschine) 404, 447
Time to Love and a Time to Die, A (Zeit zu leben und Zeit zu sterben) 347
Tingler, The (Schrei, wenn der Tingler kommt) 624
Tirez sur le pianiste (Schießen Sie auf den Pianisten) 80, 425, 427
Titanic (1943) 619
Titanic (1997) 105, 346, 372, 384, 396, 406, 634
To Be or Not to Be (Sein oder Nichtsein) 153, 274, 290, 309, 544
To Kill a Mockingbird (Wer die Nachtigall stört) 246
To Live and Die in L. A. (Leben und Sterben in L. A.) 456
To Sleep with Anger (Zorniger Schlaf) 79
Tochter vom Boche, Die 479
Tod der Maria Malibran, Der 381
Tod eines Handlungsreisenden 611
Tod im roten Jaguar, Der 570
Tod in Venedig 194
Tod kennt keine Wiederkehr, Der 115, 328, 421

Tod und das Mädchen, Der 612
Todeskuß, Der 633
Tödliche Gedanken 518
Tötet Hitler! 324
Tötet Mrs. Tingle 618
Togukawa – Gequälte Frauen 457
Tokio 1964 573
Tokio Story 238, 633
Tokyo monogatari (Die Reise nach Tokio) 289
Tokyo Olympiad (Tokio 1964) 573
Toller Käfer, Ein 294
Tom & Jerry 93
Tombstone 74, 404, 632, 667
Tommy 402
Tomorrow Is Forever (Morgen ist die Ewigkeit) 378
Tomorrow Never Dies (Der Morgen stirbt nie) 546
Tongues United 127
Toni 496, 524, 609
Tony Rome (Der Schnüffler) 115
Too for the Seesaw (Spiel zu zweit) 349
Tootsie 308, 311, 367, 368
Top Gun 464
Top Hat (Ich tanz' mich in dein Herz hinein) 41, 346, 400
Tora! Tora! Tora! 567, 634
Tote schlafen fest 114, 261, 328, 661
Tote tragen keine Karos 314, 533, 617
Toten Augen von London, Die 330
Totentanz, Der 54
Totentanz der Liebe 348
Totmacher, Der 330
Touch of Evil, The (Im Zeichen des Bösen) 197, 279, 289, 327, 329, 536
Tout va bien 427
Towering Inferno, The (Flammendes Inferno) 290, 292, 634
Toxic Avenger (Atomic Hero) 625
Toy Story 25, 106, 381, 447, 649, 658
Tracks 421
Trade Tattoo 11
Traffic in Souls 100
Trail of the Lonesome Pine, The (Kampf in den Bergen) 157
Trainspotting 418
Transgression 549

Trappola per un lupo (Doktor Popaul) 367
Trash 270, 331, 415
Treasure Island (Die Schatzinsel) 657
Treasure of the Sierra Madre, The (Der Schatz der Sierra Madre) 9, 261, 661
Treck nach Utah 632
Treffpunkt Kino 111
Trenck, der Pandur 619
Tri orisky pro Popelku (Drei Nüsse für Aschenbrödel) 295
Trip, The 419
Triumph des Willens 159, 161, 371, 395
Trommeln am Mohawk 632
Tron 33, 106, 118, 568, 580
Trou, Le (Das Loch) 243
Trouble in Mind 423
Trouble in Paradise (Ärger im Paradies) 308
True Romance 349
Truxa 619
Tschaikowsky – Genie und Wahnsinn 78, 194 f., 330
Tschapajew 495
Tschelowek s Kinoapparatom (Der Mann mit der Kamera) 10, 52, 126, 303, 391, 578
Tschetan, der Indianerjunge 294
Tschutschelo (Vogelscheuche) 294
Tung fong bat bai il (China Swordsman) 365
Tunnel, Der 60
Turkana Conversations 150
Turner & Hootch (Scott & Huutsch) 615
Turning Point, The (Am Wendepunkt) 57
Twelve Angry Men (Die zwölf Geschworenen) 246, 247
Twelve Monkeys (12 Monkeys) 449
Twentieth Century (Napoleon vom Broadway) 542
Twin Peaks – Der Film 463
Twin Peaks – Fire Walk with Me (Twin Peaks – Der Film) 463
Twister 405
Two Jakes, The (Die Spur führt zurück – The Two Jakes) 115
Two-Lane Blacktop (Asphaltrennen) 421, 515
Typisch Lucy 556

Tystnaden (Das Schweigen) 469, 554, 645

U 23 – Tödliche Tiefen 642
U-2000 – Tauchfahrt des Grauens 643
U-Boot in Not 642, 643
Über alles in der Welt 314
Überfall 598
Überfall der Ogallala 632
Üblichen Verdächtigen, Die 240, 518
Ufa Ton-Woche 479, 670
Ufa Wochenschau 670
Ugetsu monogatari (Erzählungen unter dem Regenmond) 65
Ulisse (Die Fahrten des Odysseus) 449
Ultimi giorni di Pompei, Gli 291, 394
Ultimo tango a Parigi, L' (Der letzte Tango in Paris) 347
Umberto D. 498
Un, Deux, Trois, Quatre! (Carmen 62) 57
Unbändiges Spanien 314
Unbestechlichen, Die 45, 107
Unbeugsame, Der 243
Und immer lockt das Weib 348, 554
Und täglich grüßt das Murmeltier 311
Und über uns der Himmel 629
Under the Cherry Moon 624
Under Your Spell 632
Undercover Blues – Ein absolut cooles Trio 571
Underground 481
Underwater Warrior (Taucherkommando) 642
Underworld (Unterwelt) 236
Underworld USA (Alles auf eine Karte) 238, 327
Unendliche Geschichte, Die 61, 201, 295, 447, 616, 645
Unfinished Diary 127
Unforgiven (Erbarmungslos) 665
Unglaublichen Abenteuer des Herkules, Die 449
Unheimliche Begegnung der dritten Art 539
Unmenschliche, Die 29
Unmoralische Geschichten 354
Unmoralische Mr. Teas, Der 554
Unser täglich Brot 110, 630
Unsere Nachbarn heute abend: Die Schölermanns 550, 551

Unsichtbare, Der 567, 640
Unsichtbare Auge, Das 615
Unsichtbare Dritte, Der 14, 26, 91, 290, 328, 355, 564, 614
Unten am Fluß 295, 449
Unter den Brücken 347, 639
Unter den Dächern von Paris 622
Unter fremden Menschen 495
Unter Mexikos Sonne 506
Unter Piratenflagge 8
Unter Wasser stirbt man nicht 115
Untergang Trojas, Der 143
Unternehmen Teutonenschwert 111
Untertan, Der 56, 110, 274, 383
Unterwelt 236, 436
Untouchables – Die Unbestechlichen, The 456
Unverbesserlichen, Die 550
Urteil von Nürnberg, Das 246
Usual Suspects, The (Die üblichen Verdächtigen) 240, 518

Världens bästa Karlsson (Karlsson auf dem Dach) 295
Vagabund, Der 281
Vagabund und das Kind, Der 559
Vampire Killers, The (Tanz der Vampire) 439
Vampire nue, La (Die nackten Vampire) 266
Van Gogh 331
Vangelo secondo Matteo, Il (Das erste Evangelium – Matthäus) 70, 71
Vanishing Prairie (Wunder der Prärie) 657
Vanya – 42. Straße 611
Varieté 54, 283, 581, 637
Vaterland ruft, Das 636
Venezianische Nacht, Eine 47, 173
Verachtung, Die 181, 279, 290, 425, 426, 427
Verbotene Liebe 551, 561
Verbrechen und andere Kleinigkeiten 460
Verdacht 564, 615
Verdammt, ich bin erwachsen 110
Verdammt in alle Ewigkeit 102, 323, 633
Verdammten, Die 304
Verführerischer Mond 233
Verheiratete Frau, Eine 548

Verhör, Das 198
Veritas Vincit 395
Verkaufte Braut, Die 190, 432
Verlobte, Die 110
Verlorene Ehre der Katharina Blum, Die 409
Verlorene Engel, Der 293
Verlorene Schuh, Der 54
Vernetzt – Johnny Mnemonic 541
Verrohung des Franz Blum, Die 242
Verrückt nach Mary 634
Verrufenen, Die 581
Verschollen im Weltraum 643
Verschwörung der Frauen 600
Verschwörung im Nordexpreß (Der Fremde im Zug) 91
Versuch eines Selbstmordes 338
Vertigo – Aus dem Reich der Toten 107, 194, 289, 615, 626, 655, 679
Verurteilten, Die 244
Vi pa Saltkrokan (Ferien auf Saltkrokan) 295
Vi vil ha' et barn (So beginnt ein Leben) 39
Via lattea, La (Die Milchstraße) 607
Victor / Victoria 308
Victoria, La 410
Vidas secas – Nach Eden ist es weit 98
Videodrome 267, 540
Vie telle qu'elle est, La (Das Leben, wie es ist) 241
Vier im roten Kreis 238
Vier Schwestern 54
Vier Söhne 631
View to a Kill, A (Im Angesicht des Todes) 546
Viktor und Viktoria 190, 308
Vincent van Gogh – Ein Leben in Leidenschaft 77, 330, 331
Violent Cop 198
Violent Streets (Der Einzelgänger) 198
Visiteurs du soir, Les (Die Nacht mit dem Teufel) 480
Vita è bella, La (Das Leben ist schön) 274, 275
Viva la muerte – Es lebe der Tod! 608
Vivre sa vie (Die Geschichte der Nana S.) 425
Vlemma ton Odyssea, To (Der Blick des Odysseus) 442
Vögel, Die 595, 616

Register der Filmtitel

Vögel 2, Die 20
Vogelscheuche, Die 294
Voie lactée, La (Die Milchstraße) 607
Volcano 405
Voleur du Bagdad, Le (Der Gauner von Bagdad) 449
Vom Mädchen zur Frau 39
Vom Winde verweht 26, 43, 46, 158, 227, 261, 332, 333, 346, 379, 386, 397, 442, 465, 567, 610
Von morgens bis mitternachts 358, 581
Vor Sonnenuntergang 95
Vorhang auf 399
Vorspiel auf dem Theater 168
Vorstadtkrokodile, Die 297
Voyage dans la lune, Le (Die Reise zum Mond) 26, 43, 351, 366, 447, 537, 568, 604

Wachsfigurenkabinett, Das 28, 44, 90
Wäscherinnen 111
Wahl der Waffen 240
Wahnsinn des Dr. Tube, Der 268
Wait Until Dark (Warte, bis es dunkel ist) 613
Waiting to Exhale (Warten auf Mr. Right) 80
Walk on the Wild Side (Auf glühendem Pflaster) 107
Wallace & Grommit unter Schafen 93
Wallenstein 61
Walzerkrieg 194
Wanderkino Pym (The Picture Show Man) 662
Wanderschauspieler, Die 144
War and Peace (Krieg und Frieden) 46
War of the Worlds, The (Kampf der Welten) 447
Warlords of the Deep (Tauchfahrt des Schreckens) 643
Warnung vor einer heiligen Nutte 181
Warte, bis es dunkel ist 613
Warten auf Mr. Right 80
Warum ist Frau B. glücklich 477
Warum wir kämpfen 314, 480
Was? 628
Was der Himmel erlaubt 347, 379, 380
Was kommen wird 31, 537
Wasser für Canitoga 60

Watch on the Rhine 661
Waterloo 322
Watership Down (Unten am Fluß) 295, 449
Waterworld 32, 641
Wavelength 600
Way Down East (Welt im Osten) 140, 262
We Are the Lambath Boys 230
Wedding-March, The (Der Hochzeitsmarsch) 255
Wee Willie Winkie (Rekrut Willie Winkie) 632
Weg des Friedens, Der 314
Weg nach oben, Der 230
Wege zu Kraft und Schönheit 335, 575
Wege zum Ruhm 61
Wehner – die unerzählte Geschichte 123, 170
Weib des Pharao, Das 27
Weiße Hai, Der 18, 81, 266, 451, 616, 641
Weiße Hölle vom Piz Palü, Die 62, 63, 64, 576, 637
Weiße Jungs bringen's nicht 577
Weiße Rausch, Der 63
Weite Himmel, Der 86
Welcome to Los Angeles (Willkommen in Los Angeles) 423
Welikoje sarewo (Der große Feuerschein) 584, 585
Welt der Suzie Wong, Die 347
Welt im Bild 671
Welt im Krieg, Die 314
Welt im Osten 140, 262
Welt ist nicht genug, Die 18, 545
Welt ohne Sonne 616
Weltraum-Bestien 567
Wem gehört die Stadt? 237
Wendeltreppe, Die 195, 262
Wenig Chancen für morgen 327
Wenn der Postmann zweimal klingelt 198, 503
Wenn die Gondeln Trauer tragen 264, 531, 614
Wenn du groß bist, lieber Adam 293
Wenn Frauen hassen 289
Wenn ich erst zur Schule geh 111
Wer den Wind sät 246
Wer die Nachtigall stört 246
Wer klopft denn da an meine Tür? 419

Werner – Beinhart 201
Wes Cravens New Nightmare (Freddy's New Nightmare) 571
West Side Story 399, 402, 639
Western Union (Überfall der Ogallala) 632
Westland Case, The 115
Westworld 538
What? (Was?) 628
What a Widow! 30
What Price Glory? 567, 631
What's up, Doc? (Is' was, Doc?) 309
When a Man Loves a Woman – Eine fast perfekte Liebe 381
When Harry Met Sally ... (Harry und Sally) 311, 334, 347
When We Were Kings 574
When Worlds Collide (Der jüngste Tag) 541
Where the Sidewalk Ends (Faustrecht der Großstadt) 329
Whistler, The 101
White Boys Can't Jump (Weiße Jungs bringen's nicht) 577
White Heat (Sprung in den Tod) 238, 261, 661
White Nights (Die Nacht der Entscheidung) 58
White Zombie, The 446
Who Framed Roger Rabbit (Falsches Spiel mit Roger Rabbit) 381, 658
Who's that Girl 624
Who's That Knocking at My Door? (Wer klopft denn da an meine Tür?) 419
Whole Town's Talking, The (Stadtgespräch) 102
Why We fight (Warum wir kämpfen) 314, 480
Wie angelt man sich einen Millionär? 84
Wie der Berliner Arbeiter wohnt 571
Wie ein wilder Stier 279, 422, 454, 574
Wiegenlied für eine Leiche 264
Wiegenlied vom Totschlag, Das 322, 665
Wild and Wooly (Der wilde Westen) 281
Wild Angels, The (Die wilden Engel) 419
Wild at Heart – Die Geschichte von Sailor und Lula 572, 677
Wild Boys on the Road (Kinder auf den Straßen) 660

714 Register der Filmtitel

Wild Bunch, The (The Wild Bunch – Sie kannten kein Gesetz) 14, 65, 572, 668
Wild One, The (Der Wilde) 515
Wild Orchid (Wilde Orchidee) 349
Wilde, Der 515
Wilde Erdbeeren 484, 626
Wilde Orchidee 349
Wilde Reiter GmbH 408
Wilde Westen, Der 281
Wilden Draufgänger, Die (Die wilden Schläger von San Francisco) 419
Wilden Engel, Die 419, 515
Wilden Schläger von San Francisco, Die 419
Wilden Zwanziger, Die 237, 660
Wilhelmsburger Freitag 169
Willkommen in Los Angeles 423
Willow Springs 409
Winchester 73 641, 667
Winter ade 111
Wir Bergler in den Bergen sind eigentlich nicht schuld, dass wir da sind 253
Wir können auch anders 310
Wir machen Musik 638
Wir Wunderkinder 310
Witchfinder General (Der Hexenjäger) 266
Within Our Gates 78
Witness for the Prosecution (Zeugin der Anklage) 246, 247, 640
Wittgenstein 617
Wizard of Oz, The (Das zauberhafte Land) 43, 357, 386, 399, 400, 449
Wo de fu qin mu qin (Heimweg) 233
Wo ist Coletti? 112
Wolfen 592
Wolfsjunge, Der 80, 535
Wollands, Die 409, 478
Woman Disputed, The 379
Woman of the Year (Die Frau, von der man spricht) 386
Women, The (Die Frauen) 542, 544
Wonderful World of the Brothers Grimm, The (Die Wunderwelt der Gebrüder Grimm) 83
Woodstock 316, 317
World Is Not Enough, The (Die Welt ist nicht genug) 18, 545

World of Suzie Wong, The (Die Welt der Suzie Wong) 347
Woyzeck 611
Written on the Wind (In den Wind geschrieben) 347, 378
Wrong Man, The (Der falsche Mann) 635
Wüste lebt, Die 616, 657
Wüstenplanet, Der 20
Wunder der Liebe, Das 554
Wunder der Prärie 657
Wunder des Schneeschuhs, Das 62
Wunder von Mâcon, Das 43, 612
Wunderbare Macht, Die 348, 378, 641
Wunderwelt der Gebrüder Grimm, Die 83
Wunschkonzert 639
Wuthering Heights (Sturmhöhe) 279, 640

Xena 513
X-Men 547

Ye Gods! What a Cast! 533
Yeah! Yeah! Yeah! 402
Year of the Dragon (Im Jahr des Drachen) 328
Year of the Horse 318
Yentl 368
Yi ge dou bu neng shao (Keiner weniger) 233
Yinghung bunsik (City Wolf) 364
Yojimbo – Der Leibwächter 520
You Can't Take It with You (Lebenskünstler) 102
You'll Never Get Rich (Reich wirst du nie) 102
You Only Live Twice (Man lebt nur zweimal) 546
You've Got Mail (E-Mail für dich) 311, 348
You Were Never Lovelier (Du warst nie berückender) 102
Young Indiana Jones Chronicles, The (Die Abenteuer des jungen Indiana Jones) 463
Young Mr. Lincoln (Der junge Mr. Lincoln) 77, 255, 632
Young Sherlock Holmes (Das Geheimnis des verborgenen Tempels) 108

Zabou 330
Zabriskie Point 228, 515
Zärtlich ist die Nacht 633

Zärtliche Cousinen 303
Zärtlichkeit der Wölfe, Die 549
Zappler, Der 297
Zauber der Venus 432
Zauberer an meiner Seite, Ein 102
Zauberer von Oz, Der (Das zauberhafte Land) 43, 357, 386, 399, 400, 449
Zauberhafte Land, Das 43, 357, 386, 399, 400, 449
Zazie 296, 579
Zazie dans le métro (Zazie) 296, 579
Zehn Gebote, Die 70, 438, 568
Zeichen des Löwen, Das 423
Zeichen des Zorro, Das 362, 640
Zeit der Unschuld 43, 107, 254
Zeit der Wölfe, Die 356, 418, 450
Zeit nach Mitternacht, Die 198
Zeit zu leben und Zeit zu sterben 347
Zeitmaschine, Die 404, 447
Zelle R 17 325
Zentralregion, Die 53
Zerbrochene Krug, Der 619
Zéro de conduite (Betragen ungenügend) 241
Zeuge einer Verschwörung 487
Zeugin der Anklage 246, 247, 640
Zimmer mit Aussicht 417
Zischke 467
Zombie 267, 572
Zorniger Schlaf 79
Zorro-Filme 645
Zu neuen Ufern 379, 638
Zuchthaus der verlorenen Mädchen, Das 154, 244
Zum Tanzen geboren 386
Zur Chronik von Grieshuus 54
Zurück in die Zukunft 44
Zwei Banditen 86, 87, 463
Zwei in einer großen Stadt 580
Zwei oder drei Dinge, die ich von ihr weiß 424
Zwei Tage im August 111
Zwei unter Millionen 407
Zwei Waisen im Sturm 262
Zweite Atem, Der 327
Zweite Erwachen der Christa Klages, Das 409
Zweite Heimat, Die 253, 536

Register der Filmtitel   715

Zweite Leben des Friedrich Wilhelm Georg Platow, Das   110
Zwischen gestern und morgen   629, 630
Zwischenspiel   51, 189, 274, 331
Zwölf Geschworenen, Die   246, 247
Zwölf Uhr mittags   564, 640, 645, 667
ZZZ Hamburg Spezial   11

00 Schneider – Jagd auf Nihil Baxter   571
1-2-3 Corona   56
7 Särge des Dr. Horror, Die (Das Haus auf dem Geisterhügel)   625
8 mm – Acht Millimeter   560
9½ Weeks (9½ Wochen)   347, 349
9½ Wochen   347, 349
12 Monkeys   449
12 Uhr nachts – Midnight Express   244

20. Juli, Der   95
27. Etage, Die   115
36 Kammern der Shaolin, Die   364
36th Chamber of Shaolin, The (Die 36 Kammern der Shaolin)   364
37,2 degré le matin (Betty Blue – 37,2 Grad am Morgen)   347
39 Steps, The (39 Stufen)   241, 328, 569, 614, 623
39 Stufen   241, 328, 569, 614, 623
42. Straße, Die   399, 631, 660
42nd Street (Die 42. Straße)   399, 631, 660
48 Stunden bis Acapulco   48, 409
77 Sunset Strip   661
100 Männer und ein Mädchen   260
1492 – Die Eroberung des Paradieses   255

1492 – The Conquest of Paradise (1492 – Die Eroberung des Paradieses)   255
1900   42
2001 – A Space Odyssey (2001 – Odyssee im Weltraum)   31, 192, 289, 334, 372, 387, 450, 453, 465, 519, 538, 539, 568
2001 – Odyssee im Weltraum   31, 192, 289, 334, 372, 387, 450, 453, 465, 519, 538, 539, 568
20 000 Jahre in Sing Sing   242, 660
20 000 Leagues under the Sea (20 000 Meilen unter dem Meer)   84, 643, 657
20 000 Meilen unter dem Meer   84, 643, 657
20 000 Years in Sing Sing (20 000 Jahre in Sing Sing)   242, 660

Sachregister

Abenteuerfilm 7
Absoluter Film → abstrakter Film
Abspann → Vorspann
Abspanntitel → Credits
Abstrakter Film 9
Academy Award → Oscar
Academy Format → Filmformate
Academy of Motion Pictures Arts and Sciences 12
Achsensprung → Kontinuität
Actionfilm 13
Actors Studio 15
Adaption → Literaturverfilmung
ADR → Sound Design
A-Film 18
Agfacolor → Farbe
Akt 19
Alan Smithee 19
Allegorie → Metapher
Amateurfilm 21
American Society of Cinematographers 22
Amerikanische Einstellung → Einstellungsgrößen
Amerikanische Nacht 23
Animated Cartoon → Cartoon
Animation 23
Animationsfilm → Cartoon
Anschlussfehler 25
Anthologiefilm → Kompilationsfilm
Architektur 26
Archive 33
Archivfilm → Kompilationsfilm
Arriflex → Kamera
Art Department → Ausstattung
Art Director → Ausstattung
Art House Movie → New British Cinema
A. S. C. → American Society of Cinematographers
Atelier → Studio
Atlas → Verleih
Atmo → Atmosphäre
Atmosphäre 35
Attraktionsmontage 38
Aufklärungsfilm 39
Aufnahme → Take
Aufprojektion → Rückprojektion
Auftragsproduktion → Finanzierung

Außenaufnahme 40
Ausstattung 43
Ausstattungs- und Kostümfilm 45
Auteur → Autorenfilm
Autorenfilm 46
Avantgardefilm 50

Babelsberg 54
Background → Komparse
Ballettfilm 57
Bauten → Architektur
Bavaria 60
Beleuchtung → Licht
Bergfilm 62
Bewegung 65
B-Film 67
Bibelfilm 69
Bildkader → Frame
Bildkomposition 72
Biopicture 76
Black Cinema 78
Blaxploitationfilm → Exploitationfilm
Blende 80
Blicke 81
Blimp → Kamera
Blockbuster 82
Blue Movie → pornographischer Film
Box Office 83
Breen Code → Production Code
Breitwand 83
Buddy-Film 86

Cadrage 88
Caligarismus 89
Cameo 91
Camera obscura → Projektion
Camp → Kitsch
Careercom → Sitcom
Cartoon 92
Cast/Casting 94
CCC 94
Central Cinema Company → CCC
Chronikfilm → Kompilationsfilm
Cinecittà 97
Cinema Nôvo 98
Cinéma pur → abstrakter Film
Cinéma Vérité 99
Cinemascope → Breitwand
Cinerama → Breitwand

Cliffhanger 100
Close Shot → Einstellungsgrößen
Close-up → Einstellungsgrößen
Columbia Pictures 100
Comicverfilmung 103
Computeranimation 105
Continuity → Kontinuität
Continuity System → Kontinuität
Courtroom Drama → Gerichtsfilm
Credits 106
Cut-away → Insert
Cut-in → Insert
Cutting → Montage

DEFA 109
Dekor → Architektur
Detailaufnahme → Einstellungsgrößen
Detektivfilm 111
Deutsches Institut für Filmkunde → Archive
Dialog 116
DIF → Archive
Digitale Ästhetik 118
Digitalschnitt 119
Direct Cinema 120
Disney → Walt Disney Productions
Doku-Drama 122
Dokumentarfilm 124
Dokumentarisch → Episch ...
Dokumentationsfilm → Wissenschaftsfilm
Dolby-Surround-Verfahren → Tonfilm
Domcom → Sitcom
Double 128
Double Feature 129
Dramatisch → Episch ...
Dramaturgie 130
Drehbuch 133
Dritte-Welt-Film 134
DVD 136

Eastern → Martial-Arts-Film
Editing → Montage
Eigenproduktion → Finanzierung
Einstellungsgrößen 138
Einstellungsprotokoll → Filmprotokoll
Einzelbild → Frame

Sachregister

Entfesselte Kamera 142
Episch, dramatisch, lyrisch, dokumentarisch 143
Epischer Film 143
Episodenfilm 144
Erzählen 145
Erzählzeit, erzählte Zeit → Dramaturgie
Essayfilm 147
Establishing Shot → Einstellungsgrößen, Master Shot
Ethnographischer Film 149
Event Movie → A-Film
Exilfilm 151
Expanded Cinema → Avantgardefilm
Experimentalfilm → Avantgardefilm
Exploitationfilm 153
Exposé → Drehbuch
Expressionismus 154
Extreme Close-up → Einstellungsgrößen
Extreme Long Shot → Einstellungsgrößen

Fahrt → Bewegung
Fantasyfilm → phantastischer Film
Farbe 156
Faschismus und Film 159
Fast-Motion → Bewegung
Feminismus und Film 163
Fernsehen und Film 165
Fernsehspiel 168
Festivals 170
Figure Lighting → Licht
Film d'Art 173
Film-Fernseh-Koproduktion → Fernsehen und Film
Filmfestspiele → Festivals
Filmförderung 173
Filmformate 176
Filmgeschichte 177
Film im Film 180
Filmkritik 182
Filmmaterial 186
Filmmuseum 187
Filmmusical → Musicalfilm
Filmmusik 189
Film noir 195
Filmographie 199
Filmplakat 199
Filmpreise 200
Filmprotokoll 202
Filmrecht 203
Filmrestaurierung 206
Filmschulen 208
Filmsemiotik 209

Filmstill → Fotografie und Film, Standfoto
Filmtheorie 211
Filmwissenschaft 217
Film-Zeitcode → Timecode
Filmzeitschriften 219
Finanzierung 222
Flash-ahead → Rückblende
Flashback → Rückblende
Flashforward → Rückblende
Fluxus-Film → Avantgardefilm
Foley → Sound Design
Formalismus 223
Forschungsfilm → Wissenschaftsfilm
Fotografie und Film 226
Fox → 20th Century-Fox
Frame 228
Frauenfilm → Feminismus und Film
Frauenfilmfestivals → Feminismus und Film
Free Cinema 230
Freiwillige Selbstkontrolle → Zensur
FSK → Zensur
Fünfte Generation 232

Gag 235
Gangsterfilm 235
Gaumont 240
Gefängnisfilm 242
Gemeinschaftsproduktion → Finanzierung
Genre 244
Gerichtsfilm 246
Großaufnahme → Einstellungsgrößen
Gummilinse → Zoom

Halbnah → Einstellungsgrößen
Halbtotale → Einstellungsgrößen
Handmade Film → Avantgardefilm
Hardboby → Actionfilm
Hays Code → Production Code
Heimatfilm 250
Heranschnitt → Insert
Heritage-Film → New British Cinema
High Mode → Steadicam
High-Key-Stil → Licht
Historienfilm 253
Hollywood 256
Horrorfilm 263

Imagefilm → Industriefilm
Imax → Kino-Architektur

Impressionistischer Film 268
Independent-Film 269
Industriefilm 271
Innenaufnahme → Außenaufnahme
Insert 272
Irisblende → Einstellungsgrößen
Ironie 273
Italowestern → Western

Jump Cut 276
Junger deutscher Film → Neuer deutscher Film

Kadrierung → Cadrage
Kamera 277
Kammerspielfilm 285
Kanon 287
Kasch → Maske
Katastrophenfilm 290
Kellerfilm 292
Kinderfilm 294
Kino 297
Kino der Attraktionen → Actionfilm
Kino-Architektur 299
Kinoglaz 302
Kitsch 303
Klappe 304
Kommentar 305
Komödie 306
Komparse 313
Kompilationsfilm 313
Kontinuität 314
Konzertfilm 316
Kopierwerk 320
Koproduktion 321
Kostümfilm → Ausstattungsfilm
Kriegsfilm 322
Kriminalfilm 325
Künstlerfilm 330
Kuleschow-Effekt 331
Kultfilm 332
Kulturfilm 334
Kulturindustrie 336
Kurzfilm 337

Last Minute Rescue 339
Laterna magica → Projektion
Lehrfilm → Wissenschaftsfilm
Licht 339
Liebesfilm 345
Limbo-Beleuchtung 350
Literaturverfilmung 350
Long Shot → Einstellungsgrößen
Low Budget 353
Low Mode → Steadicam
Low-Key-Stil → Licht
Lyrisch → Episch ...

Sachregister

MacGuffin 355
Märchenfilm 355
Make-up → Maske
Malerei und Film 357
Manga-Anime 360
Mantel-und-Degen-Film 361
Martial-Arts-Film 364
Maske 366
Massenregie 369
Master Plot → Dramaturgie
Master Shot 372
Match Cut 372
Match Dissolves → Überblendung
MAZ → Video
Medienreligion 373
Medium Film 374
Medium Long Shot → Einstellungsgrößen
Medium Shot → Einstellungsgrößen
Mehrkanalformate → Mischung
Mehrkanaltechnik → Tonfilm
Melodram 377
Merchandising 381
Metapher 382
Method Acting → Actors Studio
Metro-Goldwyn-Mayer → MGM
MGM 385
Mid Shot → Einstellungsgrößen
Mischbilder → Insert
Mischung 387
Mise en Cadre → Bewegung
Mise en Caméra → Bewegung
Mise en Scène 388
Montage 389
Montage der Attraktionen → Attraktionsmontage
Monumentalfilm 393
Morphing → Computeranimation
Multiplex → Kino-Architektur
Multiscreen → Splitscreen
Musicalfilm 398
Musik-Video → Videoclip

Nahe Einstellung → Einstellungsgrößen
Natur im Film 404
Neo Noir → Film noir
Neoformalismus → Formalismus
Neorealismus → Realismus
Neuer deutscher Film 406
Neue Sachlichkeit 412
New American Cinema 414
New Black Cinema → Black Cinema
New British Cinema 415
New Hollywood 418

Normalfilm → Filmformate
Nouvelle Vague 423

Oberhausener Manifest → Neuer deutscher Film
Objektive → Perspektive
Öffentlichkeit 429
Œuvre 430
Omnibusfilm → Episodenfilm
On-Air-Promotion → Trailer
Opernfilm 431
Oscar 432
Out-Take → Take

Panavision → Breitwand
Parallelmontage 435
Paramount 436
Parodie 439
Passage → Insert
Pathé 440
Pathos 441
Perspektive 444
Phantastischer Film 446
Phantom-Ride → Bewegung
Pink-Eiga → pornographischer Film, Sexfilm
Piratenfilm 450
Plakat → Filmplakat
Plansequenz 453
Platform Release → Preview
Plot → Erzählen
Plotpoint → Dramaturgie
Poetischer Realismus → Realismus
Point of View 453
Politthriller → Thriller
Polizeifilm 454
Populärwissenschaftlicher Film → Wissenschaftsfilm
Pornographischer Film 456
Postmoderne und Kino 458
Post-Production 460
Pré-Cinéma-Forschung 461
Preise → Filmpreise
Prequel 462
Preview 463
Probeaufnahme 465
Problemfilm 465
Production Code 468
Production Design → Architektur, Ausstattung
Production Designer → Architektur, Ausstattung
Production Illustrator → Ausstattung
Produktionsablauf 469
Produzent 471
Programmkino 472
Projektion 472

Proletarischer Film 476
Propagandafilm 478
Prop(erty) Master → Ausstattung
Psychiatrie im Film → Psychoanalyse im Film
Psychoanalyse im Film 482
Psychothriller → Thriller
Publikum 488

Querschnittfilm → Neue Sachlichkeit

Raum 491
Réalisateur → Autorenfilm
Realismus 493
Regalfilm → Kellerfilm
Regie 499
Remake 502
Requisite → Ausstattung
Retake → Take
Retrospektive 504
Revolutionsfilm 505
Revuefilm → Musicalfilm
Rhythmus 509
Ritterfilm 511
RKO 513
Roadmovie 514
Robin-Hood-Film → Ritterfilm
Rückblende 517
Rückprojektion 519
Rührung → Pathos

Samuraifilm 520
Satire → Ironie
Scenic Artist → Ausstattung
Schärfentiefe 520
Schauspielen in Film und Fernsehen 527
Schmalfilm → Filmformate
Schnitt → Montage
Schock 530
Schüfftan-Verfahren 532
Schuss-Gegenschuss 532
Schwarze Serie → Film noir
Schwarzweißfilm 533
Schwenk → Bewegung
Science-Fiction-Film 536
Screwball Comedy 541
Script → Drehbuch
Second Unit 545
Semi-Avantgarde → Avantgardefilm
Semiotik → Filmsemiotik
Sequel 546
Sequenz 547
Sequenzprotokoll → Filmprotokoll
Serial → Serie

Sachregister 719

Serial-Killer-Film 549
Serie 550
Set 552
Set Designer → Ausstattung
Sexfilm 552
Sexualaufklärungsfilm → Aufklärungsfilm
SFX-Mixing → Sound Design
Showdown → Western
Shooting Script → Drehbuch
Sidekick 555
Sitcom 555
Slapstick 557
Slow-Motion → Bewegung
SMTPE-Code → Timecode
Sneak Preview → Preview
Snuff 560
Soap Opera 561
Sound Design 561
Sound Mixing → Sound Design
Soundtrack → Filmmusik
Sozialistischer Realismus → Realismus
Spaghetti-Western → Western
Spannung 563
Special Effects 566
Spectacular Body → Actionfilm
Spionagefilm 569
Splatterfilm 571
Splitscreen 572
Sportfilm 573
Stadt im Film 578
Stalinismus und Film 581
Stand-in → Double
Standardsituation → Dramaturgie
Standfoto 585
Stapfilm → pornographischer Film
Star 587
Starsystem → Star
Steadicam 591
Stil 593
Story → Erzählen
Storyboard 595
Straßenfilm 596
Stream 599
Stroboskopeffekt → Wagenradeffekt

Strukturalismus 599
Struktureller Film → Strukturalismus
Studiosystem 600
Stummfilm 602
Stunt → Double
Subjektive → Perspektive
Super-8-Format → Filmformate
Supertotale → Einstellungsgrößen
Surrealismus 605
Suspense → Spannung
Swashbuckler → Abenteuerfilm
Symbol → Metapher
Synchronisation 608
Syntagma → Sequenz
Szenario → Drehbuch
Szene → Sequenz

Take 610
Tanzfilm → Ballettfilm
Technicolor → Farbe
Tempo → Rhythmus
Theater und Film 610
Themenfilm → Problemfilm
Three Strip Beam Splitter Camera → Farbe
Thriller 612
Tiefenschärfe → Schärfentiefe
Tierfilm 615
Timecode 616
Timing → Rhythmus
Titel 617
Tobis 618
Todd-AO → Breitwand
Tonfilm 619
Tonmischung → Mischung
Totale → Einstellungsgrößen
Trailer 624
Transfokator → Zoom
Trash 624
Traum im Film 625
Treatment → Drehbuch
Trick → Special Effects
Trickfilm → Cartoon
Tri-Ergon-Verfahren → Tonfilm
Trümmerfilm 629

TV-Film → Fernsehfilm
TV-Movie → Fernsehfilm
20th Century-Fox 630
Two-Shot → Einstellungsgrößen

Überblendung 635
Ufa 636
Undergroundfilm → Avantgardefilm
United Artists 639
Universal 640
Unterwasserfilm 641
Uraufführung 643

Vario-Objektiv → Zoom
Verleih 644
Video 646
Videoclip 654
Vitascope → Breitwand
Voice-over → Kommentar
Vorspann 655
Vorspanntitel → Credits

Wagenradeffekt 656
Walk-on → Cameo –
Walt Disney Productions 656
Warner Bros. 658
Wechselmaske 662
Wegschnitt → Insert
Werbung in Kino und Fernsehen 662
Wertung → Kanon
Western 664
Wirklichkeitsfilm → Neue Sachlichkeit
Wissenschaftsfilm 669
Wochenschau 670

Zeichentrickfilm → Cartoon
Zeitlupe 672
Zeitraffer → Zeitlupe
Zensur 673
Zitat 676
Zoom 678
Zwischenbilder → Insert
Zwischentitel 679

Abbildungsnachweis

Fotos (mit Ausnahme von S. 300): Filmmuseum Berlin / Deutsche Kinemathek
S. 300: Kay Hoffmann
S. 532: Graphik Martin Völlm

Inhalt

Vorwort 5

Begriffe von A bis Z 7

Verzeichnis der Mitarbeiter und ihrer Beiträge 681

Register der Filmtitel 684

Sachregister 716

Abbildungsnachweis 719